1997
中国医药年鉴

《中国医药年鉴》编委会　编

中国医药科技出版社

中共中央总书记、国家主席江泽民在中共中央政治局委员、上海市委书记黄菊陪同下，于 1996 年 4 月 27 日亲临上海信谊药业有限公司视察工作

李鹏总理、李岚清副总理一行 1996 年 4 月 1 日视察丽珠集团

▶ 1996年全国医药管理局局长会议在京召开　　　邓乔　摄

◀ 1996年全国医药管理局长会闭幕式上。图为国务委员彭珮云(左二)、国务院副秘书长徐志坚(右二)、国家经贸委副主行石万鹏(右一)、国家医药管理局局长郑筱萸(左一)在主席台上　　　邓乔　摄

▶ 1996年2月我国首批GSP达标企业上海市医药公司等6家企业挂牌,国家医药管理局在京举行授牌大会　　邓乔　摄

◀ 1996年4月24日全国医药科技工作会议在京召开，图为与会领导颁发先进集体奖　　邓乔　摄

▶ 第五届全国医药好新闻东药杯评选颁奖会　　邓乔　摄

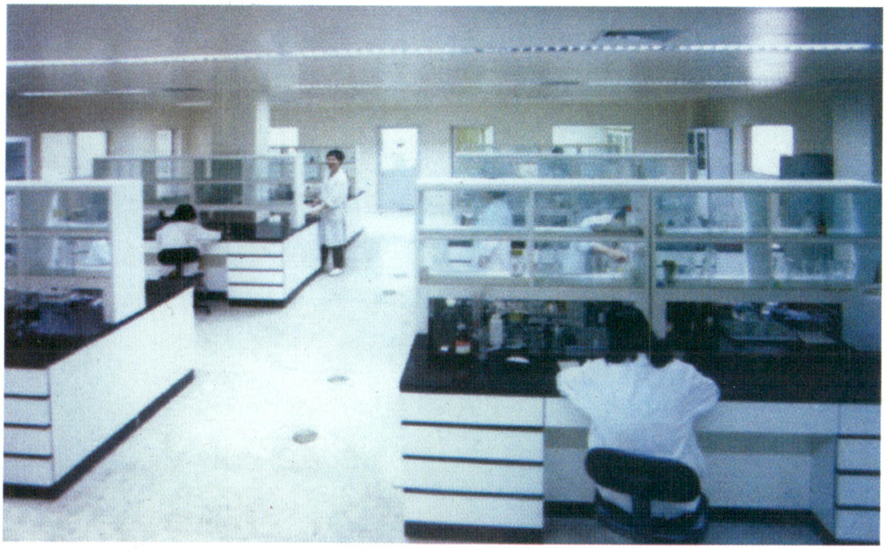

◀ 上海信谊药业有限公司质量监控系统

▶ 1996年10月全国医药行业学习贯彻六中全会精神大会在京召开　邓乔　摄

◀ 丽珠集团合成厂一角

▶ 1996年10月31日首届中国国际医药工业展览会在京开幕　邓乔　摄

◀ 内蒙古医药管理局丰富多彩的职工业余生活(1996年3月)　(闫玉仙)

广西源安堂制药厂

莫兆钦厂长正在办公

广西源安堂制药厂位于广西桂平市中沙，是近年新崛起的药业劲旅，拥有固定资产6000多万元，流动资金3500多万元，员工800多人，年产值规模5亿元以上。生产经营中成药、外用药品、医疗器械及卫生材料。主要产品有：肤阴洁、肤阴洁湿巾、肤阴洁栓、万发林(生发搽剂)、痛经一贴灵、八仙包、痛必安酊、痛必安擦敷巾、感冒一贴安、药物卫生巾、保健产褥包、婴儿保健尿垫等产品，其中：肤阴洁系列产品是拳头产品，荣获“中国公认名牌产品”称号和“七五全国星火计划成果金奖”、“广西医药卫生科技进步二等奖”，痛经一贴灵和八仙包双双荣获八五全国农业科技成果优秀项目。

广西源安堂制药厂座落于桂东南风景优美的大容脚下，依山傍水，群山环抱，自然资源非常丰富，“野火烧不尽，春风吹又生”，是一个天然的中草药基地。源安堂人看准这点优势，萌发了发掘民族精髓、弘扬中医药文化、但愿世间人安康的念头，于1990年利用当地盛产的岗松、满山香、大叶桉、蛇床子、黄柏等中草药，研制成功有效防治皮肤病、妇科病和性病的新药——肤阴洁，投放市场以来，深受患者欢迎，畅销全国各地，被美誉为“南国奇药”。肤阴洁的成功，进一步激发源安堂人不断开拓进取，莫兆钦厂长根据目前许多病人不愿打针、吃药的特点，引据传统中医学药物贴脐法：“脐为人身体的经脉百汇，为五脏六腑之所属；脐居身体其中，为阴阳交汇处，阴阳阻滞，诸病生焉，疏通阴阳，百病消除；脐部的气血流通，则肺气盛，阴气足，邪去正安；药气从脐进入人体，借其内在联系，通过机体经络作用于病变脏腑，从而达到治疗目的”的理论，从当地自然医药宝库中筛选出数十种名贵中草药，科学配方，精心研制成功“痛经一贴灵”、“八仙包”、“感冒一贴安”三个内病外治医疗新产品，成为市场抢手货。接着又开发生产“万发林”生发搽剂和痛必安酊剂，为民族医药增添了多枝奇葩。

广西源安堂制药厂，遵循“源远流长、安民济世、堂堂正正、造福众生”的企业宗旨，以一流的品牌、一流的质量、一流的服务、一流的效益奉献给社会而著称，先后荣获“中国医药保健品工业百强企业”、全国“明星企业”、“全国科技进步先进单位”等殊荣，被美誉为“药海明珠”！

厂址：广西桂平市中沙开发区

联系电话：(0775)3050019　3050105　3050102

邮编：537216　电挂：1020

广西源安堂制药厂全景

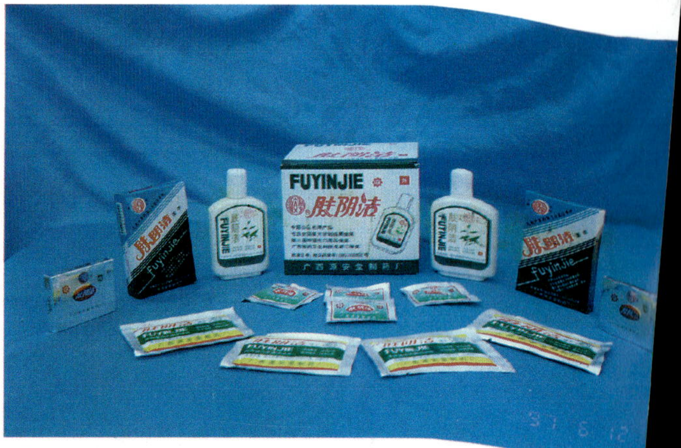

肤阴洁系列产品

莫兆钦厂长正在原料基地观察药材生产情况

江佩珍厂长　全国优秀星火企业家

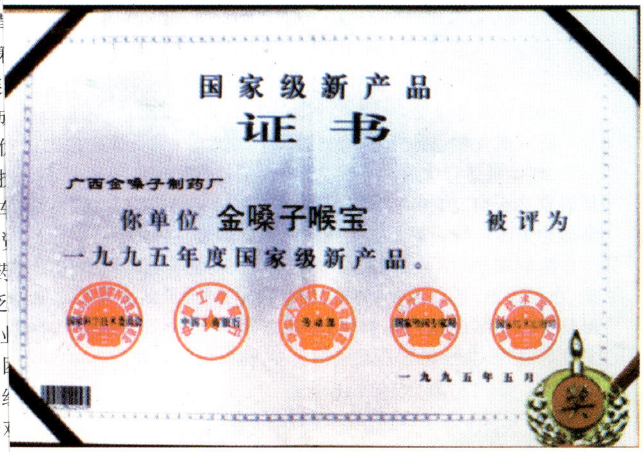

国家级新产品

证书

广西金嗓子制药厂

你单位 金嗓子喉宝 被评为

一九九五年度国家级新产品。

一九九五年五月

1996 年 10 月 2 日，国务院总理李鹏来柳州视察工作时，品尝了江佩珍厂长赠送的"金嗓子喉宝"后，对我厂的工作给予肯定，并高兴地说："金嗓子喉宝，我全部收下了"，还鼓励江厂长要为国家多作贡献。

广西金嗓子制药厂

广西金嗓子制药厂是广西制药行业的新秀，厂区座落在柳州市中心，于 1994 年按 GMP 要求筹建。主要产品为金嗓子喉宝含片、利血通、心血康、罗汉果玉竹冲剂、洛伐他汀、宁心宝。

金嗓子喉宝是华东师范大学生物系教授、著名细胞生物学家王耀发的科研成果，根据"医食同源"等中医理论和细胞生物学的 SOD 学说，以糖膏作为载体，独家采用科学的方法把十多种名贵中药与糖膏蜜炼而成。该产品具有疏风清热、解毒消肿、利咽止痛之功效，用于咽喉肿痛、声音嘶哑、急性咽炎、急性喉炎及除口臭等，人口清凉，数分钟即可见效。无任何副作用，总有效率为 96.7%。是广大教师、播音员、演唱艺员、公关、新闻等工作者及喜爱卡拉 OK 朋友贴身常备的保健药品，也是旅游常备的佳品。

1994 年金嗓子喉宝投入试产试销，当年产值达 7698 万元；1996 年，在柳州市遭受特大洪灾的情况下，销售收入仍达 1.2 亿元。

广西金嗓子制药厂为全民所有制企业，固定资产 2600 万元，拥有 90 年代国际先进水平的西德，意大利生产线大型设备 3 台套；现有职工 500 多人，其中专业技术人员 36 名。厂长江佩珍，是高级经济师。

广西金嗓子制药厂将继续发展多种新型的保健药品及治疗药品，为人类健康作出更大的贡献，我们相信金嗓子喉宝将成为中药含片中著名品牌。

都乐牌

法定代表人：江佩珍
电话：0772－2828391（总机）　2825718（供销科）
传真：0772－2821456 电挂：0059　邮编：545001
厂址：广西柳州市跃进路 28 号

深圳卫
畜牧场于 19
制剂的生产
为深圳市高
产品"低温
被深圳市评
彻执行《药
该厂位
米，拥有基
平的生产、
该厂
派专家驻厂

地址：中
电话：74

为全
中医
片又
成药
查》
型肝
缓解

漳州片仔癀集团公司的前身漳州市制药厂始建于 1956 年，是国家中成药行业大型骨干企业，连续六年入选全国五百家最佳经济效益工业企业，具有直接进出口权，以独家生产国家一级中药保护品种、国家绝密配方、荣获国家金质奖的漳州片仔癀而享誉海内外；专业技术人员占职工总人数 25%强，药品生产已逐步进入 GMP 轨道，并加紧筹建厂前区二十三层科研综合大楼。

具有四百多年悠久历史的传统产品"片仔癀"被誉为"国宝神药"，"中国特效抗菌素"，年创汇千万美元，居全国中成药单项产品创汇首位，近年来还相继开发研制出：片仔癀胶囊、复方片仔癀软膏、复方片仔癀含片、片仔癀痔疮膏、片仔癀茵胆平肝胶囊等系列产品。

1993 年元月八日，以漳州市制药厂为核心企业组建漳州片仔癀集团公司，现有集团公司全资控股机构漳州市药物研究所、福建省漳州辐照中心，集团公司控股企业漳州大酒店、香港漳龙实业有限公司、健力宝漳州饮料公司、中外合作漳盛制药有限公司，片仔癀贸易集团发展有限公司、南山日用品厂、东山金沙滩度假村有限公司；参股企业漳州兰田开发有限公司等。

漳州片仔癀集团公司（漳州市制药厂）在各级领导、社会各界关心及广大用户的支持下发挥名牌、资金、人才和集团群体优势获得较好的经济效益并再创历史最高水平。我们热诚欢迎广大客户前来洽谈联系业务。

兴建中的片仔癀科研综合楼

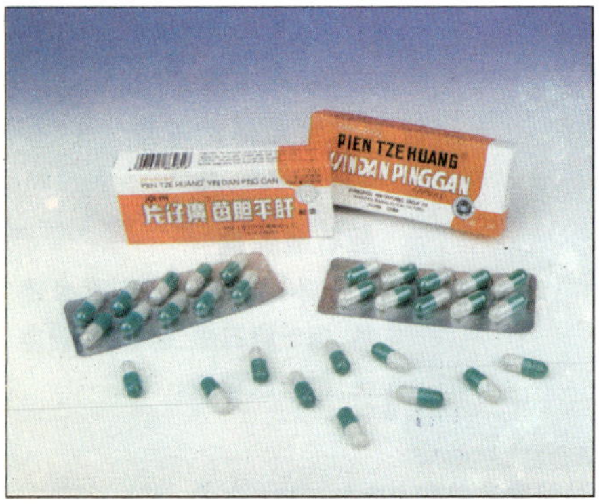

漳州片仔癀®茵胆平肝胶囊

泻火保肝

国家中药保护品种。

荣获第二届中国专利新技术新产品博览会金奖。

印尼雅加达 1993 年中国医药卫生科技成就展览会大奖。

福建省消费者委员会推荐产品。

主要功能：

清热利湿、泻火退黄、养血补肝，主治急慢性肝炎及工作繁忙、烟酒过度引起的肝火上炎。

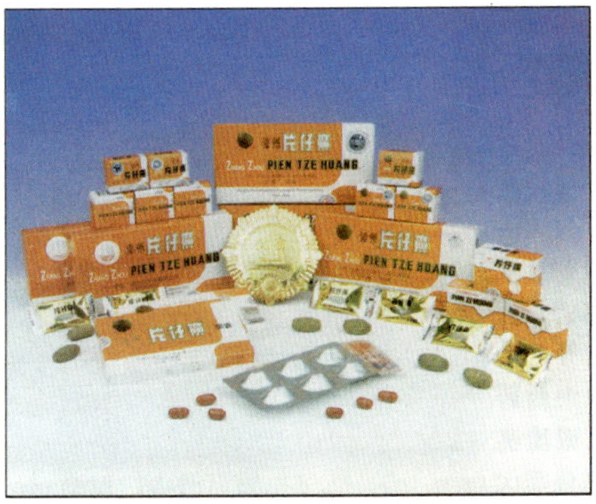

漳州片仔癀®

具有四百多年悠久历史的传统产品"片仔癀"被誉为"国宝神药"、"中国特效抗菌素"，年创汇千万美元，居全国中成药单项产品创汇首位，荣获国家金质奖。国家一级中药保护品种，保护期 20 年。

片仔癀源于明嘉靖年间，处方绝密，独家生产，疗效独特，畅销海内外，被誉为国宝神药，中国特效抗菌素。适用于急慢性肝炎、耳炎、眼炎、牙龈化脓、喉咙肿痛、喉娥乳娥、口舌诸疮、烫伤灼伤、刀枪伤痛、挫伤扭伤、蜂蛇咬伤、痈疔、各种感染及一切炎症所引起的疼痛、发热。具有消炎、清凉解毒、消肿止痛功能。（内服兼外敷，疗效更为显著。）

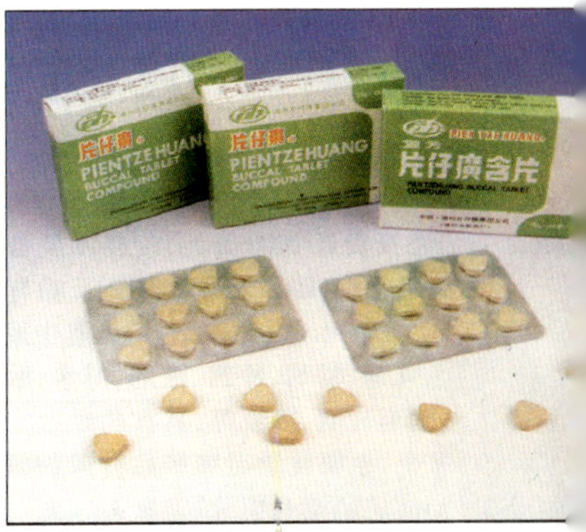

复方片仔癀含

含有片仔癀 当然不一样

"福建省名、优、新、特产品博览会"金奖。

福建消费者委员会 1996—1997

推荐产品。

主要功能：

清热利咽、消炎止痛、生津润喉

用于急慢性咽喉炎。

适用于感冒、烟酒过度引起的

喉肿胀、疼痛、口腔不适及口臭等。

漳州片仔癀集团公司（漳州市制药厂）

地址：福建漳州市上街　电话：0596－2025453 2025448　传真：2026435

《中国医药年鉴》1997年卷编辑委员会

《中国医药年鉴》1997年卷特邀编辑

目　录

第一部分　重要讲话与专论

第二部分　法规与行政保护公告

第三部分　医药生产与流通

第四部分　行业管理与改革

第五部分 各省、自治区、直辖市、计划单列市医药发展概况

第六部分 医药质量与监督

第七部分　医药科研与教育

第八部分　医药统计资料

第九部分　医药大事记

第十部分　港、澳、台及国外医药概况

第十一部分　1996年卫生部批准新药目录

第十二部分　1996年进口药品品种目录

第十三部分　国家专利局授予医药专利一览

附录　公费医疗用药品种

第　一　部　分

重要讲话与专论

吴邦国副总理对医药工作的重要指示（摘录）

（1996年1月3日）

1996年元月3日下午4：30～6：20，吴邦国副总理听取了郑筱萸局长关于医药工作情况的汇报，并做了以下重要指示。

一、医药行业发展的成绩要充分肯定

这些年来，医药行业发展很快，这与你们努力工作是分不开的。"八五"期间年平均以21%速度发展，是很快的。1978年医药工业总产值66亿元，1980年达到80亿元，1995年翻到1000亿元；利税1995年实现130亿元，而且是在价格严格管理的情况下实现的，是相当不容易的，基本解决了缺医少药的局面，化学制药工业销售额前50家的企业生产集中度达到40%，成绩是很大的。

医药行业这个部门不是福利部门，是个大产业。随着我国人民生活水平的提高，"粮食是越吃越少，但药会越吃越多"，这是对医药需求增加的必然趋势。医药发展这么快，除了国际市场外，国内的需求增长也是一个重要的因素。

你们制定的"九五"计划和2010年长远规划还是比较实在的。2000年医药工业总产值由1995年1000亿元增加到2000亿元，利税由130亿元增加到290亿元；2010年工业总产值达到8000亿元，年平均增长速度为15%，这是有条件达到的，也是可能实现的。听了你们的汇报，我认为，你们这个发展思路是对头的。

总之，成绩应该充分肯定，解决缺医少药，满足人民用药需要，功不可没。

二、关键是抓好"两个转变"

这次医药局长工作会议要认真贯彻十四届五中全会精神，关键是"两个转变"。你们要结合医药行业的实际，特别要针对当前存在的问题，有针对性地把"两个转变"讲得透一点。医药行业本身是高科技型的，技术含量高的产业，科技进步对医药经济增长的贡献率达到40%，但也有粗放型的问题。一是正如江总书记讲的治"散"的问题。现在医药工业企业，多数是小企业。应该集约化，集中抓你们定的50家大企业，要淘汰一批，也要吃进来一批。否则，面对千家万户就很难调整和实施集约化了。我们很多问题的落脚点，都要落实到企业上去。搞科研要把大专院校和科研院所同企业结合起来，因为需要企业出钱。搞新药开发必须加大投入，除国家给予必要扶持外，还是要发展企业规模，增加企业实力，企业是投资的主体。就是实施GMP改造，也要把落脚点落在企业上，特别是重点企业、骨干企业上，不能是所有的企业都改造。二是新建与老企业改造的关系问题。"九五"期间，医药行业的增长，应强调充分发挥老企业的作用。到2000年，企业个数要减少，不能到2000年，产值实现2000亿，企业数增到2万家。这一点各省市要切实把思想统一起来。三是药品质量性命攸关，必须高度重视质量。在不断提高并确保质量的前提下，还要把企业的经济效益搞上去。这次会议一定要结合医药实际把"两个转变"议透，用十四届五中全会精神统一大家的思想，在"九五"期间医药行业切实实施"两个转变"。

三、关于市场问题和体制问题

据各方面反映，医药市场管理问题特别突出。假药也整过，但整不下去，市场仍然混乱。现在有了"反不正当竞争法"，垄断不行，要打破，但不正当竞争不管也不行。这就涉及到管理体制问题。当前开大处方和回扣问题，实际是增加财政负担，而且造成大量浪费，还助长了不正之风。对"三资"企业也要实行国民待遇，迷信洋药也不行。对新药暴利要管，但作价也要合理，比如开发费也要打进成本。

体制问题要解决。市场也涉及体制问题。医药行业也是一个产业，产业就有它的特殊规律性。因此，市场问题和体制问题是个大问题，要专题研究，要按照它的特殊规律一起解决。

四、要抓好技术进步问题

医疗器械产业是高技术产业，很有发展潜力。但我们现在进口太多，一些大医院的CT、核磁共振、B超、内窥镜等多数是进口的。"九五"期间，我们能不能突破一下。我们是社会主义国家，有些产品一投放市场，很快就普及到县里，这个市场是很大的。现在高新技术又发展很快，因此说这是一个很大的产业。我到古巴去看到他们的生物工程搞得很好，治疗水平也很高，但无抗菌素生产。建议我们去古巴搞抗菌素厂，他们到我们这里搞生物药厂，古巴很重视研究工作，他们研究的溶栓药对冠心病的治愈效率很高，皮肤再生产品也有很高的水平，研究人员素质较高，都要会两门外语。相对来讲，我们这方面就比较弱些，需要加强。"九五"在新产品开发上要加大力度，不仅仅是数量增加，而且要有技术上的突破和质量上的提高，比如通过基因工程实现制造药品的重大突破。没有新药开发，就不可能发展成为医药强国，最多只能是生产大户，搞不好还要走下坡。怎么搞？还是应该把这项重任落实到生产集中度高的企业上。

总之，一是医药行业发展的成绩要充分肯定；

二是"两个转变"问题，要在"九五"中体现；

三是体制问题、市场问题和公平竞争问题，要在"九五"解决；

四是抓好技术进步，高新技术要有所突破；

五是要有正确的产业政策，引导"三资"企业健康发展。

最后，吴邦国副总理讲到，因为工作关系不能来参加局长工作会议，但看过华药、哈药、西安杨森等一些企业，他们的雄心都很大。这次详细看了你们送来的材料，又认真听了你们的汇报，也有了我的意见，请你们把意思转达给代表们。

国务委员彭珮云在全国医药管理局长会议上的讲话

（1996年1月7日）

听说你们这次会议开的很好，我很高兴，今天我是来看望大家的，没有准备讲话。郑局长一定要我即席讲几句。

首先，祝贺医药行业在"八五"计划期间所取得的成绩。医药行业在"八五"期间超额完成了各项主要的经济指标，有了很大的发展，在提高质量与效益、整顿医药市场、发展科技与教育事业等方面也取得了较好的成绩。这是与医药行业全体干部职工的努力分不开的，请代我向大家表示感谢和问候！

医药行业是一个十分重要的行业，关系到保障人民的健康与生命，促进经济发展和社会稳定。国务院十分关心这个行业，吴邦国副总理在会前已经对医药工作做了重要的指示，希望你们认真领会和贯彻执行，按照十四届五中全会与中央经济工作会议的精神，扎扎实实地做好1996年的工作。下面我仅就自己接触到的问题补充讲一点意见。

一、进一步贯彻落实国务院紧急通知，加强药品管理工作

在过去的一年中，你们在各级政府领导下，与有关部门协作，积极认真地贯彻国务院紧急通知，做了大量的工作，取得了阶段性的成果，但是整顿医药市场的任务还远没有完成，各地发展很不平衡，存在的问题还不少，希望你们坚持不懈，锲而不舍地把这项工作抓下去，不达目的不罢休。医药、卫生、工商等

部门都要积极开展自查自纠，首先整顿好内部，同时要齐心协力，依法取缔药品集贸市场和非法经营药品的行为，打击制售假冒伪劣药品行为，力争扭转医药市场的混乱局面，切实加强对药品的管理。

二、"九五"期间，要加快医疗保障制度的改革，在城镇要初步建立社会统筹医疗基金与个人医疗帐户相结合的医疗保险制度。去年在镇江、九江两个地级市进行了试点，试点的情况说明，经国务院批准的改革方案符合十四届三中全会指出的改革方向，符合实际情况，符合人民群众的愿望，基本上是可行的，改革已初见成效。国务院已批准今年要扩大试点，每个省要搞两个试点，以便进一步取得经验在全国逐步推广。这是一项关系广大干部职工切身利益的重大改革，扩大试点以后肯定会遇到更多的问题，各有关部门一定要密切配合，共同努力把这项改革搞好，达到既使城镇全体劳动者都能获得基本的医疗保障，又能与我国社会生产力的发展水平以及各方面的承受能力相适应，更好地发挥医疗资源效益，最大限度地遏制浪费现象。这同药品的供应和管理有极大的关系。希望大家站在全局的高度，积极关心和参与这项改革，为这项改革做出自己应有的贡献。

三、要坚决纠正行业不正之风

这些年来药品购销活动中的回扣风等不正之风，屡禁不止，危害十分严重。它不仅造成国家经济上的损失，阻碍医药经济的健康发展，而且腐蚀了一批干部、职工，败坏了社会风气，必须坚决加以制止。国家医药管理局对这个问题做了调查，提出了建议，在这次会议上，又进行了认真讨论，我想告诉大家的是，几位副总理和国务委员都做了批示，准备协调医药、卫生、财政、物价、税收、政法、监察等部门共同研究，采取有效措施来解决这个问题。也希望医药工商企业（含三资企业）象刚才戴庆骏同志所说，要正视自身存在的问题，从自己做起。

四、大家都很关心进一步理顺医药管理体制、药品价格等问题，国务院正在组织力量抓紧研究。

我相信，在党中央、国务院的正确领导下，经过我们上上下下同心协力，这些问题一定能得到解决。

今天就简单地讲这几点意见，谢谢大家。

国家经贸委主任王忠禹在全国医药管理局长会议上的讲话

（1996年1月4日）

同志们：

一年之计在于春。新春伊始，国家医药管理局在这里召开全国医药局长工作会议，很有意义。国务院领导对这次会议十分重视，邦国同志不仅阅读了国家医药管理局为他提供的全部资料，而且在会前专门听取了筱英等同志的汇报，并就今后医药经济的发展作了五点重要指示。这次会议，重要的是贯彻党的十四届五中全会和中央经济工作会议及邦国同志对医药工作的指示精神，研究落实五中全会提出的经济体制和经济增长方式这两个根本性的转变。这不仅关系到医药"九五"规划能否实现，而且关系到今后医药经济能否得到更大的发展。希望同志们集中精力，把会议开好。在这里，我和万鹏同志祝贺大会的召开！并预祝会议取得圆满成功！

近几年来，医药行业发展很快，1995年产值突破了1000亿大关，"八五"期间年均增长21%，这在全国各行业中可谓名列前茅。所以，"九五"期间医药行业要想巩固"八五"取得的成绩，并获得更大的发展，就要认真贯彻落实两个根本性转变。实现两个根本性转变，要做的工作很多，邦国同志已经讲得非常清楚了。如果从经贸委角度来看，医药行业有几个问题，在"九五"期间要更好地引起注意，切实抓好。

第一，要抓好改革 国有企业改革是经济体制改革的中心环节，特别是医药企业在这方面要做的工作很多，重点是搞好现代企业制度的试点，搞好“三改一加强”工作。从实际工作中可以看到，凡是改革搞得好的企业，都是紧紧地抓住了改革、改组、改造和加强企业内部管理。这方面的工作做好了，企业潜力非常大。医药行业既是一个特殊行业，又是一个重要行业。说它特殊，是它的产品特殊，需要的时候必须吃，不需要的时候就不能吃。吃的时候既不能多吃，也不能少吃。我们发展社会主义，就是要发展生产力，医药行业是保护生产力的行业，具有重大的社会效益，但是，当前医药企业数量多、规模小，低水平重复严重，结构也不尽合理，销售产值超过20亿的才五个。设备、工艺、技术落后，亟待改组改造，管理是更加重要的了，不搞管理怎么提高质量呢？医药行业没有效益不行，但重要的是医药产品质量，要让广大消费者放心，这是最重要的问题。

第二，要抓规划 今年是“九五”计划的第一年，凡是搞得好的行业、企业，首先都有一个明确的规划、战略目标和基本思路。从全国来说，“九五”规划已经有了一个宏伟蓝图，医药行业要根据国家总的安排，搞好发展规划，这是非常重要的。

第三，抓好开发 从工交战线来看，普遍存在一个问题，就是新产品开发能力特别差，过去我们知道研制一代、开发一代、生产一代、储备一代。这个问题对医药行业来说更加重要，所以要加强开发。讨论华北药厂技术改造方案，我向国务院领导汇报时讲，全国青霉素的产量在国际上来说是产量大国，出口大国，但大部分是原料出口，而我们自己需要的部分半合成抗生素，却仍需要大量进口，这就有一个深加工问题，不仅是解决外汇问题，还有增加生产能力问题。所以，药厂改革的任务很重，而且潜力也是很大的。特别是面临复关的严峻形势，更要求我们快抓开发，提高开发能力。怎么提高呢？还是要改革，搞“三改一加强”。

第四，抓市场 现在市场管理非常重要。假药充斥市场是不得了的，尽管这几年打假取得了一定成绩，但问题还是有的。抓市场要抓两方面问题，一是通过市场信息，来指导生产、发展生产；二是加大打击假冒伪劣药品的力度，这是人命关天的大事，一定要抓好。

第五，抓好队伍 一个行业、一个企业能否搞得好，最重要的是要有一个好的领导班子，一支好的职工队伍。我们医药战线的职工队伍是好的，这些年来为国家做出了突出贡献。但是，随着市场经济体制的建立，更好地完成“九五”计划这一宏伟任务，还需要进一步提高整体素质。新的形势，对我们提出了更高的要求，昨天我们委里开会讲，委机关干部要加强培训，一是提高外语水平，一是掌握计算机应用。这两个基本技能不掌握，对外交流，开展合作，包括提高我们自己的本领，都有困难。所以，队伍素质上去了，工作水平也就上去了。所以我们说，“两个文明”要一起抓。队伍建设也包括领导班子建设。领导班子强，一把手强，再有个好的队伍，这个企业一定能搞好。

参加这个会，主要是来表示祝贺。五中全会精神、邦国同志讲的五点意见，是这次会议的指导思想，希望大家认真学习，领会精神实质并结合医药行业实际，在实践中贯彻落实。一定要我说几句，我就说说我们经贸委日常接触经济运行当中遇到的问题，供医药行业参考。

谢谢大家。

贯彻十四届五中全会精神
绘制跨世纪医药发展蓝图

——国家医药管理局局长郑筱萸
在全国医药管理局长会议上的讲话

（1996年1月4日）

同志们：

全国医药管理局长会议今天开幕了。这次会议的中心议题是：贯彻落实党的十四届五中全会精神和中央经济工作会议的部署，回顾总结“八五”计划执行情况，研究制定医药发展“九五”计划和2010年长远规划，安排部署1996年医药工作。

我重点讲三个问题：

一、“八五”回顾与总结

“八五”是医药发展最快的时期。医药行业在党的“一个中心，两个基本点”的基本路线指引下，认真贯彻执行党的十四大精神，在改革中发展，在整顿中提高，以教育为基础，以科技进步为先导，不断提高经济效益和社会效益，保持了医药经济持续、快速、健康发展。医药工业预计1995年将实现翻第四番，是各工业部门发展最快的行业之一，取得了举世瞩目的成绩。

——**“八五”计划主要经济指标超额完成** 1995年医药工业实现总产值可望突破1000亿元大关，比1994年增长17.6%，“八五”期间年均递增21%，完成“八五”计划的170%，按可比价格计算是1990年2.5倍；1995年医药商业销售额将达到750亿元，比1994年增长11.1%，“八五”期间年均递增15.6%，是1990年的2.01倍；1995年出口创汇将达到30亿美元，比1994年增长15.4%，完成“八五”计划的183%，是1990年的2.6倍；1995年化学原料药总产量为33万吨，完成“八五”计划的132%，是1990年的1.7倍；“八五”期间，医药工业固定资产投资超过450亿元，1995年固定资产原值将突破500亿元，是1990年的3.8倍。

——**医药经济运行的质量和效益稳步提高** “八五”期间，虽然宏观经济环境并不宽松，但在医药经济加速由计划向市场的转轨驱动下，在全行业广大职工的努力下，医药经济总量持续快速增长，医药经济运行的质量和效益稳步提高。工业增加值、劳动生产率“八五”期间年均增长分别为25.7%、14.6%。1995年，医药工商预计实现利税130亿元，比1994年增长18.2%，完成“八五”计划的176%，为1990年的2.3倍，其中医药工业预计实现利税110亿元，比1994年增长19.6%，完成“八五”计划的229%；医药商业预计实现利税20亿元，比1994年增长15.6%，完成“八五”计划的77%。

——**医药产业和产品结构调整加快** “八五”期间，医药区域规模化趋势更加明显，长江三角洲、珠江三角洲、环渤海湾地区以其良好的区位优势与政策优势，医药经济规模总量仍雄居前列。广东、江苏、浙江、上海、山东、辽宁六个沿海省市经济总量之和超过全国的一半以上，规模经济、技术进步与对外开放显示出强大的优越性。“八五”期间，医药企业结构调整力度加大，国有大中型医药工业企业在医药经济中的主导地位逐步得到加强。1995年预计有5家大型企业销售额突破20亿元大关，化学制药工业销售额前50家的企业生产集中度由1990年的15%提高到40%。医疗器械企业也逐步向大型化、集约化、专业化方向发展。医药企业开始由生产经营向资产经营转变，由单一的国有形式向国有控股为主的股份制、合资、合作、参股、联合、租赁等多元化经济组织形式发展。“八五”期间，在实施专利和“复关”的推动下，医药产品结构调整步伐加快。化学原料药中以青霉素及β-内酰胺类药物和维生素等战略发展品种增长最为迅猛，已成为世界上最大生产国和出口国，维生素C成为世界上第二大生产国。药物制剂则向新剂型、新品种等方向发展；医疗器械机电一体化、一次性用品发展加快；药用包装材料较大幅度地进行了更新换代；引进了一大批国际先进的制药装备，开发了一批制药机械新产品。

——**科技进步取得显著成效** “八五”期间，医药行业推进科技体制改革，加大科技投入力度，以利用现代生物技术改造传统产业为重点，以创制新药为突破口，全面推行技术进步，促进科技成果转化为生产力，科技进步对医药的贡献率显著提高。在国家经贸委的支持下，以大型企业为龙头，组建了4个国家级企业工程技术中心。在国家计委和科委的支持下，以科研院所为主体组建了3个国家级技术研究中心。国家医药管理局为加强产业化技术、关键技术的开发和应用，还组建了9个局级工程技术中心。“八五”期间，累计有1500多种中西药新产品（其中一类新药38种）开发成功，并迅速产业化投放市场；医疗器械则有600多种新产品进入市场。其中头孢菌素、ACE抑制剂、钙拮抗剂、CT、MRI、直线加速器等产品都具有八十年代国际水平。青霉素、6-APA、萘普生、布洛芬、地塞米松、喹诺酮类、氨基酸等产品的生产工艺水平有所突破。抗生素主要品种发酵普遍采用了计算机自控技术，自动化控制水平稳步提高。

——**医药教育事业进一步发展** “八五”期间，医药教育抓住了经济持续快速增长所带来的发展机遇，增加投资水平，加大改革力度，进一步得到发展。中国药科大学分部和国家医药管理局培训中心建成并投入使用；全日制医药高、中等学校的招生数量和在校生规模都比“七五”增加一倍以上；五年共培训职工213.8万人次，比“七五”增长近一倍，每年的职工培训率在35%左右。医药教育的发展，提高了医药职工的素质，进一步改善了职工队伍的文化、技术结构。据统计，全行业职工中大专以上文化程度的占12%，中专、中技毕业文化程度的占15%，高中毕业文化程度的占37%，分别比“七五”末增加了4%、3%、7%，初中及以下文化程度的占36%，比“七五”末减少了14%。专业技术干部中，具有高级职称的占5.3%，中级职称的占23.6%，分别比“七五”末增加了96.3%和4%。

——**医药产品质量稳定提高** “八五”期间，强化全行业质量意识，推行全面质量管理，产品质量监督抽查合格率稳定在90%以上。换发了药品生产经营企业合格证，制订、修订并颁布了277个医药国家标准和行业标准。50%的原料药品种达到了欧、美、日等国药典标准，有25个企业的45种化学原料药通过了美国FDA检查。制定了《医药行业推行GMP、GSP八年规划纲要（1993～2000年）》，目前包括“三资”企业在内已有占总量10%的制剂生产厂（车间）进行了GMP改造，其中粉针生产厂（车间）进行GMP改造的达到50%以上。

——**医药外向型经济步伐加快** “八五”期间，随着我国对外开放步伐加快，医药市场国际一体化进程的加速，我国医药经济正由封闭、半封闭型向开放型、外向型转变。医药商品进出口蓬勃发展，我国已经成为世界原料药出口大国之一。与此同时，医药产品进口关税进一步降低，许可证等非关税措施减少，对符合条件的国外专利新药实施药品行政保护，国内市场也进一步对外开放，加速与国际市场接轨。医药行业对外开放步伐明显加快的另一个标志是“三资”企业迅猛发展，到1995年底，医药“三资”企业达1500家，5年协议利用外资金额达15亿美元，实际利用外资金额10亿美元。世界排名前20位的国际著名制药公司已有15家来华合资（或独资）建厂；在医疗器械领域，美国的GE、惠普和德国的西门子都已来华合资建厂。医药“三资”企业产品的销售额已占全行业13%，成为医药经济新的增长点之一。医药经济的外向型发展，提高了我国医药产业的对外竞争能力。

——**治理整顿医药市场取得初步成效** “八五”头两年重点是贯彻执行国务院29号文件《关于进一步治理整顿医药市场的意见》，而后两年的重点则是贯彻执行国务院53号文件《关于进一步加强药品管理工作的紧急通知》，可以说，整顿与提高贯穿整个“八五”计划始终。在国务院领导下，各级医药管理部门与有关部门密切合作，通过治理整顿，取缔或关闭了70个非法药品集贸市场，查处了非法经营的医疗机构、个体诊所和个体药贩20454家，打击了制售假劣药品的违法犯罪活动。四川绵阳等地在理顺经营机制、规范市场行为方面进行了有益的探索。山东、广东、浙江、广西等省区制定了一些措施，对净化医药市场、加强主渠道、建立良好流通秩序起到了积极作用。通过贯彻国务院53号文件，初步净化了医药市场，强化了政府对医药经济的宏观管理，改善了发展医药经济的外部环境。

——**加强了医药法制建设**　“八五”期间，国家初步建立起了医药管理法律法规体系。《药品管理法》的实施，使我国药品管理走向了法制轨道。医药立法进度加快，先后颁布了《药品行政保护条例》、《医药商品质量管理规范》、《医疗器械新产品管理办法》、《医疗器械广告审查办法》、《药品包装材料、容器管理办法》和《执业药师资格制度暂行规定》等法规、规章。《药品专营条例》尽管由于种种原因未能出台，但医药行业所做的大量工作，对医药法制建设还是很有意义的。“八五”期间，医药行业广泛开展了“二五”普法宣传教育工作，企业和职工的法律意识普遍增强。

——**精神文明建设促进了医药经济发展**　“八五”期间，尤其是1992年小平同志南巡讲话以后，全国医药行业扎扎实实地开展了学习小平同志建设有中国特色社会主义理论的活动，广大政工干部在各级党组织的领导下，积极宣传改革的意义，解释各项改革措施的道理，有针对性地进行形势任务教育，思想政治工作的舆论导向作用，直接保证了各项改革的顺利实施。与此同时，思想政治工作紧紧围绕企业的生产经营实际，把着力点放在转机制、抓管理、练内功上，有计划、有组织、有步骤地开展职业道德教育、企业文化建设和优秀企业、优秀企业家的评选工作，调动了广大职工的积极性、创造性，提高了职工队伍素质，为医药经济持续、快速、健康发展注入了活力。

五年的实践是不平凡的。我们紧紧把握改革与发展这一主旋律，进行了有益的探索，同时，也积累了经验：一是只有从医药的特点出发，增强市场经济观念，按照社会主义市场经济规律办事，大力促进生产力的发展，医药事业才会进步；二是只有深化企业改革和加强老企业技术改造，搞好国有大中型医药企业，发挥其主导作用，医药经济才能持续快速、健康发展；三是只有依靠各级政府和领导，统筹规划、合理分工、优势互补、协调发展，才能调动各方面的积极性，增加对医药投入，增强医药经济的实力，提高医药经济在国民经济中的地位；四是只有始终坚持把科研、教育放在突出位置，才能促进技术进步，保持发展的后劲；五是只有进一步对外开放，合理有效地利用外资，引进技术，消化吸收，才能加快我国医药经济与世界经济的一体化进程，缩小与国际先进水平的差距；六是只有理顺体制，健全法制，坚持不懈地依法规范医药市场，才能保持医药经济发展的良好环境；七是只有在任何时候都不放松精神文明建设，加强职工队伍建设，才能增强行业的向心力和凝聚力，职工的创业热情才能得到充分发挥。

但是，由于各种主客观条件的制约，医药行业在前进中还存在许多问题和困难。医药管理体制不顺，法制不健全，制约了医药经济的发展；医药工业宏观调控乏力，低水平重复建设难以控制；医药企业装备水平低，技术改造任务艰巨，企业组织结构的调整还面临着重重困难和阻力；医药工商企业经济效益下降，亏损企业增加；医药科技教育投入不足，新产品的开发和GMP改造缺乏政策导向和必要扶持，困难重重；医药利用外资政策“三原则”在部分省市和企业没有得到认真贯彻执行，缺乏宏观政策引导；医药市场仍不规范，医药购销活动中的不正之风，扰乱了正常的医药生产经营秩序。总体看，医药经济的素质仍不适应医药事业蓬勃发展的需要。对这些问题和困难，我们要予以高度的重视，要加强主观努力，营造良好的客观氛围，争取有所突破。随着我国社会主义市场经济体制的最终确立，法制的进一步完善，再经过我们五至十五年艰苦的努力，医药事业一定会有一个更大的发展。

二、医药发展“九五”计划和2010年长远规划的主要思路、目标和措施

根据国家计委给中央《关于制定经济和社会发展第九个五年计划的意见和原则》，我们在评估医药行业“八五”计划执行情况的基础上，综合考虑当前及今后我国社会经济发展的形势与环境，全面分析医药经济发展的基础和前景，经过上下结合，形成了《医药行业“九五”计划和2010年长远规划》，请大家讨论。这个《规划》是本世纪最后五年和新世纪开始十年的医药发展规划，具有跨世纪意义。下面，我就《规划》的主要内容谈几点意见。

（一）关于医药发展面临的形势

“九五”期间，是本世纪的最后五年，也是为进入下一个世纪做好准备的五年，在我国经济发展中处于关键时期。十四届五中全会通过的《中共中央关于制定国民经济和社会发展“九五”计划和2010年远

景目标的建议》，是指引全党和全国各族人民胜利跨入21世纪的宏伟纲领，也为医药发展指明了方向。

医药产业担负着保护人民健康、保护社会生产力的重要责任，需要更好更快地发展。面向21世纪，对医药产业来说，面临着极好的发展机遇。医药作为按国际标准划分的十五类国际化产业之一，是世界贸易增长最快的五类产品之一，同时也是高技术、高投入、高效益、高风险的产业。因此，医药产业成为世界经济强国竞争的焦点之一。生物技术方兴未艾，医疗器械向高精度、智能化转移，一些重要领域的技术革命正酝酿重大突破，必将大力推进医药产业的全面进步和快速发展。随着改革开放的深入和社会主义市场经济体制的建立与完善，医药市场前景广阔：到2000年，我国人民生活将达到小康水平，"人人享有初级卫生保健"，客观上要求医药行业在数量和质量上保证国家基本药物的生产和供应；到2000年，我国人口将增加到13亿，2010年达到14亿，而且逐步迈入老龄化社会，这样，我国医药市场的总量需求将高于国际市场的增长，要求更多更高效的治疗药物和诊断设备；我国人口结构中农村人口占80%，随着农村生活水平的逐步提高，合作医疗保险制度的健全与恢复，市场潜力很大；随着国际产业结构的调整，我国医药出口的外向度将加大，进入国际市场的空间将更广阔。这些，都将极大地促进医药产业的发展。从医药行业的发展情况看，建国46年，特别是改革开放17年来，我国医药事业迅猛发展，已经形成了基本完整的工业体系、市场流通体系和一支具有较高素质的职工队伍，为跨世纪发展奠定了坚实的基础。从各地医药主管部门"九五"规划的制定情况看，许多省市，如浙江、上海、江苏、河北、山东、辽宁、四川、江西等地政府都把医药作为支柱产业或主导产业来加以扶植发展。医药行业的骨干企业，如华北制药企业集团、东北制药集团、山东新华医药股份公司、哈尔滨制药集团、三维制药公司、鲁抗集团、深圳三九企业集团、珠海丽珠医药集团等，还有一大批国有大中型医药企业和"三资"企业都制定了雄心勃勃的发展规划，这些都是加速医药发展的基本保证。

但是，我们在看到发展机遇的同时，必须充分认识到存在的问题和面临的挑战。世界医药产业正逐步形成区域化、集团化，贸易保护现象日趋严重，以产品专利、技术垄断、市场渗透为核心的垄断竞争愈演愈烈。"复关"和知识产权保护给我国医药产业带来严峻形势。近年来，我国处于转型期的医药产业很难迅速脱胎于传统的计划经济，市场机制远没有形成，竞争中的不平等，国有医药企业负担沉重，医药销售利润率不断下降，新产品匮乏。医药产业组织结构仍处于高度分散、各自为战的局面，低水平重复建设的状况长期得不到解决，无法形成全行业的整体优势，在国际市场中处于被动的地位。

面临新世纪，形势迫使我们必须抓住机遇，迎接挑战，调整战略，迎头赶上，加速建设现代化的医药产业。

（二）关于医药发展的方针和目标

我们要坚持党的基本路线，把医药产业发展成为以教育为基础，以科技进步为先导，以调整结构为重点，以提高质量、效益为中心的高技术、外向型主导产业，跨入世界医药强国行列。

为此，我们提出了医药行业发展的十条指导方针：一是全面引入市场机制，以市场为导向，保持医药经济持续、快速、健康发展的方针；二是进一步深化国有企业改革，激发国有企业活力的方针；三是实施"科教兴药"，促进科技教育与医药经济紧密结合的方针；四是积极推进医药经济增长方式转变，把提高效益作为医药经济工作中心的方针；五是坚持择优扶强，形成一批大公司和大集团，重塑市场主体的方针；六是坚持全面质量管理，不断提高产品质量的方针；七是坚持走中西药结合和大医药的发展路子的方针；八是坚定不移地扩大行业国内外开放，形成大开放格局的方针；九是加强全行业统一管理的方针；十是坚持物质文明和精神文明相互促进、共同进步的方针。

根据我国经济建设的部署，结合医药的特点，《规划》提出了总体目标和部署，从1996年到下世纪中叶即2050年，医药工业的发展大体分三步走：

第一步：从1996年到2000年，医药工业总产值在现有基础上再翻一番，达到2000亿元，医药工业增加值达到650亿元，医药商业销售额达到1500亿元，实现工商利税290亿元，出口创汇65亿美元，劳动生产率达到12万元/人。形成以国有大中型企业为主体、多种经济成分协调发展、企业组织结构与产品结构基本合理的产业体系。制药工业大中型骨干企业和战略品种、优势品种达到国际九十年代初期先进水平，医疗器械工业达到国际八十年代末期先进水平。积极推进GMP、GSP、GLP、GB/T19000的质量保证体系建设，从质量、数量和品种上保证国家基本药物的有效及时供应和医院对常规医疗器械的装备需求，提前1～2年达到适应小康水平和“人人享有初级卫生保健”的要求。科技进步对医药经济增长的贡献率达到50%以上，新产品产值占医药工业总产值比重达到30%，新药研究实现由引进、开发为主向开发和创新相结合的战略转移。初步建立起社会主义医药市场经济新体制和现代企业制度。

第二步：从2000年到2010年，我国医药工业总产值再翻两番，达到8000亿元，医药工业增加值达到3000亿元，医药商业销售额达7000亿元，实现工商利税1600亿元，出口创汇350亿美元，全员劳动生产率达到24万元/人。医药行业提前实现到下世纪中叶我国经济发展第三步战略目标，全面建立起“统一、开放、竞争、有序”的社会主义医药市场体制和现代企业制度。全面实施GMP、GSP、GLP、GB/T19000的质量保证体系，新药开发实现向创新为主的战略转移，建立起完善的适应现代经济要求和医药商品特点的法律保障体系。医药产业发展成为国民经济的高技术、外向型主导产业。

第三步：从2010年到2050年，我国发展成为世界制药强国和医疗器械产品制造大国，建立起高度现代化的医药工商体系，建立起高度法制和文明有序的医药商品市场。

（三）关于医药的发展战略

为了实现《规划》目标，实施以下发展战略：

一是以提高经济运行质量和效益为中心的发展战略。医药经济在发展思路上，要以提高经济运行质量和效益为中心，医药经济增长的方式实现根本性转变，即由速度型向效益型、由粗放型向集约型转变，充分利用全行业现有固定资产存量，以存量引增量，以增量促存量，重点放在老企业的技术改造上。以提高科学管理水平和科技进步为突破口，加快结构调整，合理配置资源，发展集约型规模经济，显著提高经济效益，并加快全行业劳动生产率提高步伐。

二是医药产业布局和结构调整的发展战略。在地区布局上，“九五”期间，要对地区产业布局趋同、产业结构不合理的状况进行深度调整。东部、中西部地区要充分发挥各自优势，形成各具特色的医药产业群体，提高产品的质量和档次。要在投入和政策上给中西部地区以扶植，加快中西部地区医药的发展。在产业结构上，除继续发展药物外，要大力扶植医疗器械、卫生材料、制药机械、医药包装材料工业的发展，使其在整个医药工业中比重上升。在产品结构上，要调整原料药与制剂的比重，加快制剂开发，特别是新剂型、新品种的开发。

三是大公司、大集团的发展战略。要按照市场经济优胜劣汰的基本法则，国家对国有医药企业采取择优扶强的战略，使优者更优，强者更强。对资不抵债、生产经营条件恶劣、环境污染严重的企业，依据《破产法》、《环境保护法》等有关法律，实行兼并、转让、破产等措施，进行调整。对制造伪劣药品和器械的企业，要坚决取缔。通过优胜劣汰，着力发展一批以公有制为主体、以产权联结为纽带的跨地区、跨行业的大公司、大集团。力争到2000年有10家大型企业的销售额超过50亿元，进入世界销售额领先的100强行列，其中有1～2家大型企业集团销售额超过100亿元。

四是大医药的发展战略。“九五”医药要有一个大的发展，必须实施大医药的发展战略。医药产业要不断扩展新领域，在经济合理的基础上，扩大产品生产应用范围，如保健营养品、饲料添加剂、化妆品和兽药等。在行业管理上要从系统管理转到全行业管理，对各类医药生产经营企业，不论其所有制形式和隶属关系如何，都要纳入全行业管理体系，使所有企业的生产和经营活动都在统一、开放、竞争、有序的环境中接受行业的监督、管理、协调和服务。

五是“科教兴药”的发展战略。去年5月，国务院作出了《加速科学技术进步的决定》，要求：“在人口、资源、医药卫生等社会发展的重点领域，抓好一批综合性、关键性的重大科研项目和研究开发基地，加速建立新医药、中医药和医疗器械自主开发体系，到下世纪初，使严重危害人民健康的重要疾病发病率明显降低”。党中央、国务院的英明决策，是我们研究制定医药科技发展“九五”计划及2010年长远规划的依据。我们要认真贯彻《决定》精神，制定“科教兴药”发展战略，把医药技术创新作为医药经济发展的原动力，把技术创新的思路融入我们的经济发展和科技发展计划中，以提高我国医药产业和产品在国际上的竞争能力。“九五”期间，医药科技要实现重大转移，使其处于医药经济发展核心地位。

六是医药外向型经济的发展战略。医药是国际化产业，我国要想成为制药大国，就必须实施外向型经济发展战略。“九五”期间，医药行业要积极实施外向型经济发展战略，进一步扩大对外开放的广度、深度和力度，继续坚持“新品种、新技术、外向型”的原则，加快发展外向型经济，全面与国际医药市场接轨。同时，要加速建立一批外向型医药企业和医药产品基地，加大制剂产品出口。医药经济要形成外向型经济的格局。

（四）关于医药发展的措施

为了如期实现《规划》所确定的各项发展目标，提出以下措施：

1. 深化改革，切实转变经济增长方式。各级医药管理部门和医药企业要彻底扭转单纯上项目、要投资、低水平重复、片面追求产值的状况，把工作的重点放在技术改造、开发新产品、调整企业组织结构和产品结构、挖潜节约和加强管理上。对此，各地都要有一个长远规划和目标。要转换企业经营机制，推行现代企业制度，逐步作好公司制和股份制改革工作，搞活大中型医药企业。

2. 以市场为取向，保持医药经济跨世纪持续、快速、健康发展。“九五”计划是社会主义市场经济条件下的第一个五年计划，在计划指导思想上要有一个根本转变。要以市场为取向，政府培育市场，市场引导企业，企业开发市场。“九五”期间，各企业要形成自已的拳头产品、优势产品、名牌产品。同时企业要注意开发国内农村市场及饲料添加剂、营养滋补药品、健身保健器械等相关领域市场以及发展中国家市场，以调整市场方位，适应国内外激烈的市场竞争，保持医药经济跨世纪持续、快速、健康发展。

3. 理顺体制、健全法制，改善医药经济发展的环境。要根据十四届五中全会精神，探索在新形势下加强医药行业管理的新体制，切实加强医药的集中统一管理。要充分发挥协会在医药经济发展中的桥梁作用。要健全医药法制，为我国医药事业健康发展提供有力的保障。

4. 加快医药商业流通体制改革，建立适应社会主义市场经济要求的医药流通新体制。各级医药管理部门要强化行业管理和行政监督职能，整顿、规范医药市场。要推行医药商业流通体制改革，积极探索、创立在市场经济条件下医药流通新模式，通过试点，逐步推广、建立起规范的医药流通体系。

5. 深化价格改革，逐步建立起适应社会主义市场经济的药品价格管理模式。药品价格要充分发挥市场机制的有效调节功能，除少数垄断性的药品价格由国家定价外，对大量的竞争性药品，建议国家只管定价原则和办法，实行差率、利润率水平的控制。要会同国家计委等有关部门尽快制定并实施适应社会主义市场经济体制的《药品价格管理办法》，使任何类型的企业包括“三资”企业和进口药品经营企业都能在一个价格管理水平线上进行平等竞争，促进药品价格管理的规范化、程序化。

6. 加大对医药行业的投资力度，加速医药产业的发展。医药产业作为高新技术产业，在《九十年代产业政策纲要》中体现为国家重点扶持的产业。医药行业同时肩负保障人民健康的社会功能，“九五”安排的500亿元总投资，建议国家除主体作为竞争性产业纳入商业银行贷款外，局部应纳入国家政策性银行予以支持，如实施GMP、GSP、环境保护、计划生育药械、地方病用药、抗癌药物、饲料添加剂药物等发展领域。增加医药行业防疫救灾专项储备资金。调动各方面积极性，吸纳各种投资，促进医药经济以较快的速度持续、快速、健康发展。

7. 加快推行GMP和加速新药开发。这是本世纪末我国医药产业面临的两个重大课题。国家医药管理局对“九五”期间推行GMP的初步规划建议是：新建、扩建、改建的药品生产车间必须达到GMP；1997年，粉针剂、灭菌原料药车间达到GMP；1998年，大容量注射剂（输液）生产车间达到GMP；2000年，小容量注射剂、滴眼剂达到GMP；原料药、口服制剂及其它制剂到2010年达到GMP。国家要制定有关政策，扶持企业进行GMP改造。要制定统一的实施规划和配套措施，保证GMP改造的顺利实施。“九五”期间，要确立医药工业主导产业地位，加快新药开发由仿制向创制的转移。要建立国家创新药物体系，应用现代科学技术，改造我国传统的医药工业；鼓励企业加大科技开发投资力度；集中财力，侧重建立创新药物的基础开发和研究体系；要改造现有装备技术水平，加快医药科学技术转化为现实生产力步伐。要加快国有大中型医药工业企业国家级技术开发中心的建设步伐。

8. 加强医药教育，提高医药行业职工的整体素质。医药教育是培养人才、实施“科教兴药”战略的基础工程，应在教育设施、师资、教材建设等方面得到进一步加强。医药教育必须面向现代化、面向未来、面向世界，培养一批跨世纪的科技、生产、经营管理、政治工作的人才，把医药行业建设真正转到依靠科技进步和提高劳动者素质的轨道上来。要通过“211”工程建设，促进医药高等教育的发展；通过推行执业药师资格制度，促进医药岗位培训和继续教育；通过实行学历文凭和职业资格两种证书制度，为逐步形成医药行业管理人员和专业技术人员以及技术工人的培养、选聘、考核制度化创造条件。

9. 加强宏观调控，严格对“三资”企业的管理。引导外商投资要严格按照国家计委等三部委联合发布的《指导外商投资方向试行规定》、《外商投资产业指导目录》执行，保证引进外资的质量，促进民族医药工业的发展。要发展新产品、新技术、外向型项目。对一些经济效益和社会效益较好的中外合资企业，适当增加中方资本金的注入，并鼓励企业寻求外援性贷款，保持中方股份占有度的稳定，保证国有资产的保值增值。

10. 坚持“两手抓”，加强职业道德建设。实现医药发展“九五”计划及2010年长远规划，必须坚持“两手抓，两手都要硬”的方针，持之以恒地加强职业道德建设、基础管理和班组建设，培育有理想、有道德、有文化、有纪律的医药职工队伍，这是实现《规划》的重要保证。要坚持不懈地抓好行业风气，通过深化改革、加强管理、宣传教育和制度建设等综合治理，争取在《规划》实施期内医药行业风气有一个根本的好转，在人民群众中树立起良好的职业道德形象，保证医药改革与发展目标的顺利实现。

（五）关于影响医药发展的几个问题

医药工业低水平重复建设问题。这是当前影响医药经济发展的主要问题。对这个问题，在行业内还未引起足够的重视。有些地区和企业安排“九五”计划时，不是从全国大局出发，盲目上项目、增品种，仍在走低水平重复的老路。如果说，在“八五”期间这个问题没有解决好，那么“九五”就应下决心解决这个问题了。各地区、各企业在安排和落实“九五”计划项目时，一定要从本地区、本企业的实际出发，着力发挥自己的品种优势、技术优势、资源优势和人才优势，大力开拓国际国内两个市场，在提高经济效益上下功夫。各级医药行业主管部门，要加强宏观调控、政策引导和信息交流，为企业发展创造一个好的外部环境。通过“九五”计划的实施，使医药工业低水平重复建设问题得到较好的解决。

医药“三资”企业的政策引导问题。从1980年我国出现第一家医药合资企业开始，到1995年底已发展到1500家。通过兴办和发展“三资”企业，借助国外资金、技术、设备和人才，在推动医药行业上水平、上档次、上规模的发展过程中，确实发挥了重要的作用。但是，在兴办“三资”企业的过程中，也出现了一些值得深思和认真对待的问题：有些地区和企业搞合资的指导思想不对头，仅仅是为了享受国家减、免税优惠政策，为合资而合资，甚至搞假合资。对于这些问题，要引起我们足够的重视。在“九五”期间，要切实加强对医药“三资”企业的政策引导，加强宏观调控，实行国民待遇，引导医药“三资”企业健康发展，同时要十分注意引进技术的消化吸收工作。

医药市场管理和流通体制改革问题。这既是医药经济工作的重点，又是难点。随着由计划经济向市场经济的转轨，医药商品流通一、二、三级批发层次的流通格局和计划供应的模式已被打破，但尚未形成符合中国特色的社会主义市场经济和医药商业特点的新模式。对于医药市场管理在认识上还不太一致，有的认为医药市场应全部放开，有的认为医药主管部门缺乏行政手段和措施，对治理整顿医药市场有畏难情绪和松劲思想。对于建立一个什么样的医药流通模式尚未形成共识。这些问题，要认真解决。医药商品是治病救命的特殊商品，必须严格医药市场的管理，世界各国亦如此。实践证明，那个地区加强了医药市场管理，那个地区医药生产经营秩序就好，医药工商企业效益就高，医药经济就呈健康发展态势。国务院53号文件，对于医药生产经营管理的方针和措施讲的都很清楚，抓好落实，是一个长期的任务。“九五”期间，一定要把医药市场管理好，常抓不懈。在医药流通体制改革方面，许多地方创造了不少好的经验，要大胆改革，积极探索，通过“九五”计划的实施，建立一个符合中国特色的医药流通新模式。

以上几个问题，都是影响医药经济发展和“九五”计划实施的主要问题。这些问题，解决不好，发展战略和发展模式就会成为空中楼阁。资源有限，创意无限。让我们群策群力，迎接21世纪的挑战，绘制出跨世纪医药发展蓝图。

三、1996年工作要点

1996年是实施“九五”计划的第一年。医药工业总产值拟安排1150亿元，比1995年增长15%；医药工业增加值380亿元，比1995年增长15%；医药商业销售额880亿元，比1995年增长17.3%；实现工商利税150亿元，比1995年增长15.4%；出口创汇35亿美元，比1995年增长16.6%；化学原料药总产量36.3万吨，比1995年增长10%；固定资产投资115亿元，比1995年增长15%。

1996年医药工作的指导方针是：认真贯彻十四届五中全会和中央经济工作会议精神，积极推进经济体制和经济增长方式的两个根本性转变，全面实施医药中长期发展规划，深化国有医药企业改革，调整医药产业组织结构和产品结构，实施“科教兴药”战略，加强医药行业管理，依法规范医药生产流通秩序，提高医药经济增长的质量和效益，促进医药经济持续、快速、健康发展。

根据1996年医药工作指导方针，主要抓好以下工作：

（一）深化国有医药企业改革，积极推进经济体制和经济增长方式的转变

国有医药企业的改革，对于医药经济的发展，实现三步走的战略目标，具有极为重要的意义。1996年，要把深化国有医药企业改革，加强企业管理，加速企业技术进步作为医药经济工作的重点，认真抓好，切实转变经济体制和经济增长方式，提高医药经济增长的质量和效益。

建立现代企业制度是国有医药企业改革的方向。去年，我们在现代企业制度改革方面重点抓了试点企业的工作，在“产权清晰、责权明确、政企分开、管理科学”上加大改革力度，取得了初步经验。1996年，要继续抓好现代企业制度试点工作，在继续抓好上海三维制药公司、中国医药对外贸易总公司两个全国现代企业制度试点单位的同时，积极总结和推广试点单位的经验，带动面上医药企业建立现代企业制度。

在建立现代企业制度过程中，对医药企业要择优扶强，分类指导，突出重点，加强规划。要坚持把改革、改组、改造和加强管理结合起来，着力发展一批以公有制为主体，以产权联结为纽带，对医药经济有重大影响的跨地区、跨行业的大型企业集团，深化集团经营战略，发展规模经济。1996年，国家局拟选择综合实力50强的医药企业，在资金、技术改造、政策上给予支持，建立起“国家队”，增强其投资、融资能力和资本运营能力，发挥其在促进结构调整、参与国际竞争中的作用。各省市也要选择一部分企业，进行重点扶植，以增强医药经济的整体实力。

要坚定不移地依托现有企业进行技术改造，推动企业技术进步。对技术改造，在认识上要有一个飞跃。企业推动技术改造的立足点要放在企业自身，克服“等、靠、要”思想，要建立技术改造投资风险责任制。企业技术改造要与产品的升级换代，提高技术和装备水平结合起来。从今年起，国家医药管理局拟对《规划》中的基建、技改项目一个一个落实，尤其是“双加工程”、科研、教育、GMP改造、重大引进项目，采取重点支持和扶植措施。特别要加大对现有医药企业技术改造力度，充分发挥现有资产的利用效率。要以市场为导向，以产品为龙头，以调整结构为重点，以提高效益为目标，通过采用国内外先进和适用的技术成果，优化产业和产品结构，不断提高劳动生产率，提高产品质量，促进产品升级换代，降低物质消耗，提高资源综合利用效率，最终达到提高经济效益和社会效益的目标。

医药企业要眼睛向内，转变经营机制，加强企业管理。近年来，由于多种因素的影响，相当一部分企业放松了企业管理，企业的整体素质下降。从1996年起，各省市医药管理部门一定要把加强企业管理作为一项重要任务来抓。通过抓企业内部经营机制的转变，管理水平的提高，来促进医药企业提高产销率，提高资金利用率，提高质量和效益，降低生产成本。

要切实加强医药商业企业的改革。改革开放以来，我国医药商品流通冲破了计划经济“统购包销，逐级调拨”的模式，进入了多渠道，少环节，开放式的运营，虽然取得了一定成效，在发展中也产生了尖锐矛盾：市场混乱、机制不活、资金不畅、管理不善、效益下降，医药商业企业面临严峻的局面。1996年，我们要把医药商业企业改革作为重点，认真抓好。医药商业企业要树立改革观念、市场观念、信息观念、人才观念、竞争观念、效益观念，加大改革力度，做好市场开发，树立良好企业形象，不断提高经济效益。要加快医药商业流通体制改革试点，探索连锁经营的医药零售新模式，完善以国有医药商业为主渠道的遍及城乡的流通经营网络。1996年，还要加快县级批发经营单位机制的转变进程，调整城市网点建设，扩大城乡结合部以及农村地区网点的建设。通过1996年一年的工作，使医药商业企业面貌有一个大的改观，医药商业企业经济效益有一个显著的提高。

（二）实施“科教兴药”战略，促进科技教育与医药经济紧密结合

要加快医药经济的发展，关键在于充分依靠科技进步，实施“科教兴药”战略，把医药产业的发展转移到依靠科技进步和提高劳动者素质上来。“科教兴药”战略去年提出，今年要抓紧实施。经研究，决定今年上半年召开全国医药科技工作会议，进一步贯彻落实《中共中央、国务院关于加速科学技术进步的决定》，讨论国家医药管理局“关于加速医药科学技术进步的意见”。

实施“科教兴药”战略所采取的方针是：把提高经济效益作为医药工作的中心，充分发挥科技进步作用，努力提高科学技术支撑能力，把医药科技工作的重点定位在技术创新、产品开发、节能降耗、减少污染和提高医药经济增长的质量和效益上，实现医药经济增长方式从粗放型向集约型转变；增强新药研究开发力度，建立健全新药研究开发体系，提高与国际竞争能力；促进科技、教育与经济紧密结合，医药工作的各个环节都要充分发挥科技进步作用；把教育放在优先地位，医药教育要面向现代化、面向未来、面向世界，致力于提高医药行业从业人员素质，为医药行业培养一批跨世纪的优秀人才。

要把技术进步作为医药科技工作的中心环节。通过深化企业改革，逐步建立健全国有大中型企业技术开发机构和技术进步机制，使企业逐步成为新药研究、技术开发的主体。要加强对国家和局级的科学研究、技术开发、技术改造、技术引进等企业技术进步一条龙项目的支持，加速形成一批技术先进、经济效益好、在国际上有一定知名度的企业（集团）和拳头产品。要推动和支持大中型企业（集团）创建国家级工程技术中心。

要加快医药产品的研制开发，加强企业技术改造，推动高新技术在医药行业中的应用，努力提高医药产业整体水平。积极提高和改善新药研究和技术开发研究手段和条件，建立高效、新型的新药筛选模型和方法的专业试验室和筛选中心、安全评价体系，形成新药研究开发网络系统。要加快医药产品结构调整和技术创新步伐，实施“九五”医药新产品研制专项计划。积极采用生物技术、计算机技术、释药系统、生物医学工程技术等高新技术改造传统的制药工业和医疗器械工业。要加强医药行业工程技术开发中心的建设，逐步形成产学研相结合，以企业为主体的技术开发体系。要积极开展国际间的技术合作与交流，鼓励医药科研单位同国外医药科研机构合作和交流。

要加速科技成果的转化和产业化。建立健全科技成果转化的激励机制，采取有力措施推动企业、科研机构、高等院校以多种形式联合，共建技术开发机构与经济实体，逐步形成企业为主体，科研院所、高等院校、技术服务机构共同推进的技术进步机制，促进科技成果的转化和产业化。要抓紧实施“九五”重点科技（攻关）项目计划，包括“1035”医药技术开发计划（10个国内外首次上市一类新药、35个重要原料药和制剂品种）、“468”制药装备开发计划（4个包装装备、6个制剂装备、8个关键制药装备）、“8253”医疗器械开发计划（8项重大技术、2种创新医疗器械、5个普及型医疗器械新品种和3个生产基地）和“1531”介入医学相关医疗器械开发计划（15种医用导管、3种特殊医用材料、1种大型设备）。

要构筑跨世纪人才工程，建设高水平的科技队伍。科教兴药，人才是关键；培养人才，教育是基础。教育要与经济紧密结合，为医药经济提供高素质人才。要努力加强局属高等学校的建设，中国药科大学要力争在1996年内通过进入“211”工程部门预审；促进沈阳药科大学重点学科部分进入“211”工程；完成与华东理工大学共建制药工程学院的规划工作。要培养一批医药高层次科技人才，启动以造就一代学科

带头人、优秀科技骨干及优秀青年科技人员为目标的"十、百、千"工程。要设立青年专项科研基金，以资助回国的留学生和年轻优秀科技人才的科研工作。要加强继续教育和职业技术教育，认真开展岗位培训和技能开发工作，开展职业资格培训证书制度，推行执业药师资格制度，做好执业药师的培训和资格考试，通过培训全面提高职工队伍的素质。

要建立多渠道、多元化投资体制，增加科技投入。在国家逐年加大科技投入同时，引导和鼓励企业增加科技经费，逐步成为技术开发投入的主体。国有大中型企业用于技术开发的费用不少于企业上年度产品销售额的1.5%；企业在技术引进、技术改造中应有不少于设备总额10%的资金用于技术创新。要拓宽科技融资渠道，调动地方企事业单位及国内外团体或个人的投资积极性，积极吸纳社会资金，扩大资金来源。

要深化科技体制改革和教育改革，为实现"科教兴药"奠定体制和结构基础。医药行业大多数独立科研机构应努力创造条件，以多种方式更直接地为医药产业服务，或直接进入大中型企业（集团），或成为企业（集团）的组成部分，或在原有研究机构的基础上，发展成为科工贸一体化的科技型企业。要加快医药教育体制改革，提高教育质量和办学效益，积极探索与社会主义市场经济体制相适应的专业技术人员继续教育和职业教育办学机制和办学模式。

（三）加强行业管理，为医药发展创造良好环境

医药行业管理工作十分重要。各级医药管理部门要切实转变职能，实行政企分开，加强医药行业管理，为医药发展创造良好环境。

要把贯彻落实国务院《紧急通知》引向深入，积极探索医药商业流通体制的改革。1995年，各级医药主管部门在贯彻《紧急通知》中，紧紧依靠当地政府，与有关部门密切配合，整顿治理医药市场和生产经营秩序，取得了阶段性成果。去年12月，又召开了全国医药市场整顿工作会议，对前一阶段工作进行了总结。应当看到，贯彻《紧急通知》工作发展不平衡，部分已被取缔的非法药品集贸市场还有死灰复燃的可能，非法经营户由集中转为分散，由城市转向农村，由明处转到暗处，继续从事非法经营活动。所以，今年治理整顿医药市场的任务仍很艰巨。要在各级人民政府领导下，强化行业管理和行政监督职能，整顿、规范医药市场，对于回潮的非法药品集贸市场，坚决予以取缔。在贯彻《紧急通知》的同时，要积极探索医药商业流通体制的改革。国家医药管理局已成立了全国医药商业流通体制改革研究小组，在调查研究的基础上，提出了医药商业流通体制改革的初步方案。今年要通过试点，逐步推开。进行医药商业流通体制改革要遵循如下原则：要有利于建立统一、竞争、健康、有序的医药市场，防止地方封锁；发挥国有医药商业主渠道作用，严禁假劣药品潜入，医药批发不能搞国有民营和变相承包给个人；要根据当地的地域、人口、消费水平等情况进行医药商业网点布局，防止过多过滥；对农村网点的设立要进行专题研究，有条件的地区，国有医药专业批发单位可以将网点下伸；规范营销行为，承担救灾、抢险、防疫、战备任务；医药商业不准搞对外合资，也不准外商在我国境内搞独资经营。

加强医药法制工作。法制不健全也是影响我国医药发展的一个主要问题。要积极参与修改《药品管理法》，争取《药师法》早日立项，争取《医疗器械管理条例》、《药品流通管理条例》早日出台，并制定若干医药管理的规章，加强"三五"普法和企业法制建设，进一步加强医药法律法规体系建设。

强化医药质量管理工作。要抓好老企业换发合格证后的年检工作和GMP、GSP达标验收工作。要加强对新开办医药企业的审查，从1995年12月1日起，凡新开办医药企业须通过国家医药管理局的开办资格及GMP或GSP审查后，方可依法申领《药品生产（经营）合格证》，这是一个重要举措，各地要认真贯彻执行。在执行中有什么问题，要及时通气，不断完善。

完善医疗器械行政监督管理体系。通过一年多的运转，医疗器械行政监督工作已走上正轨。今年，我国医疗器械行政监督将全面实施医疗器械产品市场准入注册制。必须进一步加强对医疗器械的监督，首先要加强行政监督队伍建设，尽快提高监督人员素质，对内加大管理力度，对外适应国际交流；第二要加快立法工作，确实做到依法行政、依法监督，建立一套完整的法制管理体系；第三要设立必要的机构，配置必要的设备。

提高对外开放水平，参与国际合作和竞争。今年要把扩大对外开放的着重点切实放到优化结构和提高效益上，要加强宏观调控，严格对医药“三资”企业的管理。要认真执行国家计委等三部委联合发布的《指导外商投资方向试行规定》、《外商投资产业指导目录》，并结合医药行业实际情况，制定实施办法和着手制定《医药利用外资政策》，争取通过国务院综合部门颁布实施。要密切关注国家出口退税政策的调整对医药产品出口所带来的影响，及时调整出口产品结构，增强国际竞争能力。

加强信息与统计工作。信息与统计工作是行业管理和行政监督的重要内容与手段。在市场经济不断深入的情况下，信息与统计工作只能加强，不能削弱。要加快医药信息产业的发展，为建立准确、及时、全面的全国医药信息与统计现代化网络奠定基础，尽快实现全国联网及与国际联网。大型企业集团都要建立完善的信息系统，强化信息引导产业发展的功能。加强科技出版、新闻宣传、专利、咨询机构的建设和发展。要加强领导，做好工业普查工作。

切实转变机关作风，加强调研，提高医药宏观决策能力。要加强干部交流，提高机关的办事效率和质量。要研究医药行业管理的手段和措施。要切实转变机关作风，深入基层，深入实际进行系统的、有代表性的调查研究，掌握第一手资料，并对调查的材料进行分析、整理、研究，提出可供宏观决策和制定产业政策的意见和建议。根据医药发展规划和面临的实际问题，要重点对“科教兴药”深化国有大中型企业改革、流通模式、结构调整和药品分类管理问题以及各地的突出问题，开展调查研究。各级领导要亲自动手，切实组织落实。

加强精神文明和职业道德建设。必须把加强全行业精神文明建设放在行业跨世纪发展战略的高度，强化全行业职工共产主义、爱国主义、集体主义教育，培养救死扶伤、为人民健康服务的良好职业道德，彻底纠正医药购销活动中的不正之风。同时，每个企业都要建立丰富多彩的具有行业特点的企业文化，加强企业发展史、行业发展史教育，激发职工的积极性、创造性，增强事业心，使每个职工都能做到爱岗位、爱企业、爱行业、爱国家。

要密切关注医疗保险制度改革对医药经济的影响。医药经济必须与医疗卫生事业发展的目标相适应。今年，医疗保险制度改革的步伐将加快，将扩大试点范围。同时，国家正在探索改革医疗补偿机制、处方药和非处方药分类管理、医药分业管理。这些改革措施，将对医药的生产经营产生重大影响，要引起各级医药管理部门的高度重视。要加快改革，调整政策，制定措施，以适应改革的新形势和医疗卫生事业发展的需要。

同志们，今年是“九五”计划的第一年，也是实施医药宏观发展战略的开端。千里之行，始于足下。因此，各地都要紧紧地围绕今年工作重点，对今年医药经济运行的困难和问题要有充分的思想准备，扎扎实实地开展各项工作，迈出坚实、有力的第一步，为实现“九五”计划及2010年长远规划，创造一个良好开端。只要广大医药职工认真贯彻党的十四届五中全会和中央经济工作会议精神，同心同德，齐心协力，振奋精神，鼓足干劲，踏踏实实地沿着建设具有中国特色的医药事业的道路走下去，“九五”计划和2010年规划目标就一定能实现。

戴庆骏副局长在全国医药管理局长会议上的总结讲话

（1996年1月7日）

同志们：

全国医药管理局长会议经过四天的紧张工作，已经完成了预定议程，今天就要结束了。我受国家医药管理局党组的委托，对会议作简要总结。

一、会议概况

本次会议从1996年1月4日开始，到1月7日结束。参加会议的有来自全国各省、自治区、直辖市及计划单列市的代表、解放军总后医药管理局、新疆生产建设兵团医药管理局及武警总部卫生部代表、国家医药管理局机关各司室及直属单位代表，会议邀请中编办、国务院办公厅、国务院有关部委以及农工民主党等单位的代表，特邀医药行业全国人大代表、全国政协委员以及华北制药企业集团公司等大型企业代表出席了会议，到会代表总人数170余人。会议还邀请了32家新闻单位参加了会议的开幕式和闭幕式。

会议得到了国务院领导和国家经贸委领导的关心和支持。会前，国务院副总理吴邦国同志以及国家经贸委领导分别听取了医药工作汇报。吴邦国同志对医药工作作了重要指示，对开好会议提出了要求。国家经贸委主任王忠禹、副主任石万鹏出席了会议开幕式并作了重要讲话。今天国务委员彭珮云同志，国务院副秘书长徐志坚同志和国家经贸委副主任石万鹏同志在百忙中抽时间出席了会议闭幕式，特别是彭珮云同志参加我们的会议，是对我们的鼓舞和支持，让我们以热烈的掌声对领导光临会议表示衷心的感谢。

国务院领导对医药工作的重要指示，国家经贸委领导的重要讲话，对于医药行业深入贯彻十四届五中全会精神，实现两个根本性转变，加快医药发展，具有重要的指导意义。

会议按照预定的议程，回顾总结了医药行业“八五”计划执行情况，交流了经验，讨论了医药经济发展“九五”计划和2010年长远规划，安排了1996年医药工作重点，提出了认真贯彻十四届五中全会和中央经济工作会议精神，实现两个根本性转变，深化医药改革，加快医药发展的各项具体措施。会议圆满地完成了各项任务。

与会代表认为，这次会议有十四届五中全会和中央经济工作会议精神作指导，方向明确，具有较强的指导性、较大的动员作用和号召力。各省（区、市）医药管理部门的领导、部分医药专家学者和企业家济济一堂，集思广益，总结以往成绩，共商医药跨世纪发展大计。代表们说：回顾“八五”期间医药工作成就令人振奋。“八五”期间医药经济以年均21%的速度递增，是自第一个五年计划以来，我国医药经济发展最快的时期。取得成绩的最根本原因是我们贯彻执行了邓小平同志南巡讲话精神，使我们进一步解放了思想，开拓了思路。代表们认为，会议讨论的医药发展“九五”计划和2010年长远规划，既考虑了医药经济的客观基础和实力，又考虑了整个国民经济的大环境；既考虑了本世纪最后五年国内市场的需求趋势和人民大众用药的消费水平，又考虑了跨世纪医药经济与世界经济接轨的需要，立足于国内，立足于现在；着眼于发展，着眼于未来，计划与规划的指标先进可行，鼓舞人心，催人奋进。这次会议是医药行业一次承前启后，继往开来的会议。会议所研究的问题都是关系今后十五年我国医药经济如何发展的重大问题，特别是今后五年，处于世纪之交，是我国医药经济发展的关键时期，会议更具有重要性。它必将充分调动起广大医药职工的热情和积极性，与会代表普遍表示对医药的发展前途充满信心。

代表们完全赞同郑筱萸局长在《工作报告》中提出的“到2010年医药产业要发展成为以教育为基础，以科技进步为先导，以提高质量、效益为中心的高技术、外向型的主导产业，跨入世界医药强国行列”的战略目标，认为这个目标的提出，为医药经济描绘了跨世纪发展的宏伟蓝图。要实现这一战略目标，在今后五年内，必须大力推进医药经济体制改革，实现医药经济体制由计划经济向市场经济体制的转变；必须大力推进医药经济增长方式由粗放型向集约化转变，初步建立起有利于节约能源、降低消耗、增加效益的企业经营机制，有利于自主创新的技术进步机制，有利于市场公平竞争和资源优化配置的经济运行机制，以确保医药发展“九五”计划各项指标圆满完成，为实现2010年长远规划打好基础，创造条件，铺平道路。

代表们认为，郑筱 萸局长所作的《工作报告》，紧紧围绕贯彻十四届五中全会和中央经济工作会议精神这一中心议题，全面总结了“八五”期间的医药工作，切合实际地提出了制定医药行业“九五”计划和2010年长远规划的指导意见，安排了1996年的重点工作，内容全面、具体，符合十四届五中全会精神，具有阶段性的指导意义。

代表们对会议上介绍的经验给予了很高的评价，认为许多经验都有启发和借鉴作用。对这次会议的组织工作也给予了充分肯定，对为会议提供的文件及大量的专项材料、经验介绍材料及参考资料表示满意。

与会代表一致认为，这次会议是我国医药发展史上的一次重要的会议，也是一次成功的会议，它对我国医药经济未来的发展将产生重大而深远的影响。

二、对会议代表反映比较集中的几个问题的意见

在会议的讨论中，与会代表对郑筱萸局长所作的《工作报告》进行了认真的讨论，一致给予了较高的评价，也提出了一些很好的修改意见，会议文件组已经按照代表们提出的意见对《工作报告》做了修改，修改后的《工作报告》已发到代表手中。代表们对各专项材料也进行了认真讨论并提出了修改意见，会后将根据讨论提出的意见尽快修订下发。

现就代表们在讨论中反映比较集中的几个问题讲几点意见。

（一）关于进一步贯彻落实国务院“紧急通知”，加强药品市场管理问题。贯彻“紧急通知”工作仍然是今年的主要任务之一。我们要充分认识到贯彻“紧急通知”的长期性，整顿医药市场的艰巨性。必须克服“紧急通知就紧急一阵子”的思想，在国务院没有新的政策规定出台之前，都要以这个文件为准，继续贯彻落实下去。各地医药管理部门要结合《合格证》的年检工作，加强对持证企业监督检查，依法取缔非法经营。要严格控制城市新开办企业，积极发展乡村批发零售网点，扭转农村供药的混乱局面。要坚决制止已被取缔的药品集贸市场回潮，巩固已取得的成果。以打击制售假冒伪劣药品为重点，深入开展行业自查自纠工作，国家医药管理局继续加强重点地区的监测联系工作，将会同有关部门组织检查组，到各地检查工作。年内拟召开贯彻“紧急通知”的现场会和表彰会，总结交流经验，表彰先进，推动贯彻“紧急通知”工作深入发展。关于深化医药流通体制改革，规范医药市场行为问题。近年来，各地医药管理部门对改革医药流通体制，做了有益的探索，会上与会代表又深入研究了深化改革的意见，认为这项工作已经迫在眉睫，一致表示支持这项工作。我们希望各地医药管理部门尽快反馈意见，年内拟在有关省、市做进一步深入研究探索。关于规范医药市场行为，巩固整顿医药市场成果问题，有些省在政府的支持下，已出台了一些管理办法，有很好组织形式，成果显著。希望各地医药管理部门结合自己的情况主动大胆地做好这项工作。

（二）关于加强对医药“三资”企业的管理和引导问题。近几年来，我国医药“三资”企业的迅速崛起，推动了医药经济的发展，成为医药经济发展新的增长点之一和举足轻重的力量。当前，“三资”企业中出现的一些新特点和问题，也必须引起我们充分的重视。兴办“三资”企业一定要增强维护、发展民族工业和中国市场的意识，提高利用外资的水平，从重数量转向重质量和重效益上来。对于日益增多的以挤占我国国内市场为目的而缺乏新技术、新产品的纯制剂加工项目，原则上不再批准开办；对于外方控股的趋势，要保持清醒头脑，特别对经济效益好的合资企业，要坚决维护中方的利益，不能轻易向外方让股；对于中方资金短缺的问题，要通过各种渠道筹措，争取在合资企业中占有更大的比例；对于管理薄弱的合资企业，需要从各个层次加强管理，更好地发挥中方股东单位、董事和高级管理人员的作用。国家医药管理局为了更好地贯彻执行《外商投资方向试行规定》和《外商投资产业指导目录》，将制定实施办法并对目录的品种进行调整，以加强对外商投资企业的管理和引导。

（三）关于支持中西部地区发展问题。这是中西部地区代表极为关心的问题。我想，总的原则还是要结合中西部地区的特点，扶持优势，发挥特点，不搞低水平重复，真正增强中西部地区的经济实力和效益。在“九五”期间，我局将在以下几个方面对中西部地区给予支持：一是在项目审批上，条件基本相近的同类项目优先支持中西部地区；二是一些耗能高、技术水平不太高的老产品，根据比较利益的原则，实施由东部向中西部转移，支持东部地区腾龙换鸟，发展新产品、新技术，不再支持老产品在东部进行简单扩产，当然中西部地区也要具备一定条件，如宁夏上四环素，我们就是支持的；三是帮助中西部地区发展有地区优势和资源优势的品种；四是支持中西部地区与东部经济发达地区的联合、合作，特别是与大专院校、科研院所的合作。

（四）关于实施GMP、GSP的有关问题。会议代表有两种反应，一部分代表认为，从目前状况看，在《国家医药管理局推行GMP、GSP八年规划纲要》确定的时限内很难完成GMP、GSP改造任务；另一部分代表则认为，就应当强制执行《纲要》，不能退步，到2000年达不到《纲要》要求的企业一律关闭。这几年我们推行GMP、GSP改造工作是有成绩的。1994年换发证验收中，有156个药品生产企业、121个药品生产车间在进行GMP改造和加强管理方面取得了较为明显的效果，起到了一定的样板作用；到1995年有12个省(区、市)的24个药品经营企业被推荐为推行GSP做得较好企业，其中有6个已经现场验收。为了加强对药品生产、经营企业的管理，必须坚定不移地实施GMP和GSP，这是加强医药宏观调控的一项很重要措施。在实施过程中要择优扶强，优胜劣汰，对达不到要求的企业要淘汰一批，关闭一批，以利于推动结构的调整。由于企业多，改造任务大，需要资金多，到底如何制定切实可行的规划，以使医药行业的多数骨干企业都能完成软、硬件的改造任务，请各省（区、市）医药管理部门的领导回去做认真研究，按照这次会议提出的分剂型分步实施的方案，估算本地区完成改造的情况，以便对《纲要》作进一步的修订。

（五）关于制止医药购销活动中回扣风的问题。会议期间，代表们对国家医药管理局提出的《关于制止回扣风的措施和建议》提出了很多好的修改意见。会后我们将抓紧组织修改，本着先易后难、重点突破、长远规划、标本兼治、分期治理的原则，提出切实可行的意见。积极配合国务院纠正不正之风办公室，主动与卫生部等有关部门协调，统一认识，制定方案，争取尽早报国务院批准，在全国范围开展制止医药购销活动中回扣风工作。最近上海、山东、山西等省市医药管理部门制定了有力的措施，已取得一定成效。医药工商企业（含“三资”企业）要正视自身存在的问题，要从我做起，加强管理，加强自我约束，开展公平竞争。我们一定要树立信心，经过长期不懈地积极努力，逐步制止干扰医药经济发展的回扣风。

（六）关于加强统计工作问题。医药统计工作对于加强医药管理，提高决策水平具有重要作用。在1994年机关三定中，国家医药管理对统计机构作了调整，本意是加强统计工作。代表们对我局统计工作，包括对统计机构设置，提出了一些意见，会后我们将认真研究，争取尽快解决。当前统计工作确实存在一些问题，一方面是有一些部门单位对这项工作还不够重视，人员不落实，数据上不来。也有的统计人员本身积极性不高，影响了工作。如限产压库工作，由于各地不能及时提供数据，致使此项工作开展困难，影响了对医药经济运行的分析指导，不利于医药经济的健康发展。我们一定要认真宣传统计工作的重要性，各省（区、市）要加强对统计工作的领导，充分调动统计工作人员的积极性，制止统计工作的滑坡。另一方面是统计内容和口径不规范，比如有的是系统统计，有的生化药不统计，有的包装材料不统计，有的健字号药品不统计等等，今后必须规范统计口径，要按市场经济要求，结合本行业对经济预测、监控、分析的需求加以规范和完善。今年工业普查是件很重要的工作，邹家华副总理两次参加会议并提出要求，各省（区、市）医药管理部门的领导一定要重视起来，要加强领导，落实人员，按期保质的完成普查办交给我们的任务。

（七）关于加强医疗器械管理问题。医疗器械行政监督工作是国务院授予医药管理部门一项重要职能。

各省要设置相应的职能部门和配备具有一定水平的工作人员，认真担当好这项工作。按照国家医药管理局的医疗器械行政监督工作安排，1996年需要各省积极配合认真抓好以下两项工作：第一，一月份，国家医药管理局将发布几项有关医疗器械的行政规章，其中有一项是全国采用统一的医疗器械产品市场准入注册制。因此，需要各省在一季度做好充分准备，使产品注册能够按时实施。第二，积极推进医疗器械质量认证工作。1996年，国家医药管理局将会同国家技术监督局等部门提出一批率先实施产品认证的品种，同时，人工关节等品种要实行体系考查，这不仅需要有关企业自身努力，而且也更需要各省医药管理部门给予帮助和指导。我们希望在医疗器械生产比较集中的地区能出现首批获得医疗器械产品认证标志的企业和品种。

（八）关于加强对影响医药经济发展的因素进行研究问题。随着我国改革开放形势深入发展，我国经济逐步与世界经济接轨。在这种新形势下，影响医药经济发展的因素逐渐增多。我们必须对此引起重视，认真组织力量进行专题调查研究。比如外贸体制改革、降低出口退税和进口关税，知识产权保护及将来的"复关"；又比如医疗保险制度改革，实行处方药与非处方药管理等问题。我们要密切注视这些问题，认真开展调查研究，摸清这些问题对医药经济发展产生影响的程度，并针对问题提出对策。比如出口退税对医药出口的影响，各省（区、市）首先要弄清这一政策的调整对医药经济发展到底有多大的影响，在各省（区、市）医药管理部门研究出对策措施的基础上，国家医药管理局里再提出指导性的意见。

在会议讨论中，许多代表对医药体制、价格改革、人才培养等问题反映强烈。关于医药体制问题，国务院领导很重视，专门组织调研，拟定改革方案。对于同志们的意见和建议，我们将及时向国务院领导汇报和反映。关于价格改革问题，代表们的意见和我们的想法都是一致的，最终必须按价值规律、供求规律办事。国家医药管理局要把价格改革问题向国务院领导汇报，与有关部门协商，争取得到得合理解决。全国医药物价工作会议即将召开，会上将专门研究这个问题，听取省市意见，提出新的改革方案。关于人才培养问题，今年上半年要召开医药科技教育大会，会上要进行专门研究。需要强调的是，人才培养的概念，不要简单地局限在学校教育培养上，也要注意人才开发和招聘吸引人才，特别是海外留学生。

三、认真贯彻会议精神，做好1996年医药工作

（一）认真做好全国医药局长会议精神的传达贯彻

希望大家回去以后要认真传达国务院领导，国家经贸委领导同志的指示，传达郑筱 萸局长的工作报告。围绕实现"两个转变"这个关键问题，在领导班子中统一思想，提高认识，加深对实现"两个转变"深刻内涵的理解，真正把思想统一到建设有中国特色的社会主义理论和十四届五中全会精神上来，增强在医药行业执行抓住机遇，深化改革，扩大开放，促进发展，保持稳定方针的自觉性。医药经济发展离不开地方政府的领导、支持和帮助。各地医药管理部门要积极主动向本地政府汇报会议的情况和你们贯彻的意见，积极争取当地领导的支持。要结合各地实际开好地方医药工作会议，将全国医药管理局长会议精神尽快传达下去。请各地医药管理部门将贯彻落实全国医药管理局长会议精神的情况，及时向国家医药管理局作出报告。

（二）认真修订本地区医药发展"九五"计划和2010年长远规划

1995年以来，各地医药管理部门都陆续提出了本地区医药发展"九五"计划和2010年长远发展规划方案。大多数地方政府很重视"九五"期间医药经济发展，有不少地方政府把医药作为本地区经济发展的支柱产业或重点扶持产业，这是医药经济发展的有利条件。但由于大多数地区医药发展"九五"计划和2010年长远规划的形成，是在十四届五中全会和中央经济工作会议召开之前，这两个会议的精神在计划与规划中体现尚不充分。因此，会议之后，各地医药管理部门应当根据十四届五中全会、中央经济工作会议精神和这次局长会议精神，认真修订本地区医药经济发展"九五"计划和2010年长远规划。在修订中一定要有全局观念，要加以细化，要规划到重点区域，重点企业和重点品种。

（三）扎扎实实地做好1996年工作

1996年是贯彻十四届五中全会精神，执行"九五"计划和跨世纪发展战略的第一年。中央经济工作会议提出了1996年全国经济工作的指导思想，为我们做好1996年医药工作指明了方向。郑筱萸局长在工作报告中提出了1996年医药工作三项任务，为了全面完成这三项任务，强调三个问题：

1. 认清形势，正视困难。各地医药管理部门在安排1996年医药工作时，必须对本地区医药经济发展所面临的形势，作出充分估计。1996年我们所面临的形势，总的是好的，但也面临粮食、铁路货运调价、资金仍不宽松、出口退税政策的调整、价格改革方案未正式出台、生产的增长和市场扩大不同步等许多困难。这就要求我们必须认清形势、正视困难、保持清醒头脑。要认真分析本地区、本部门医药经济的外部环境，发挥优势，克服困难和减少不利因素的影响，迎接各种挑战。

2. 振奋精神，努力工作。1996年医药行业需要做的工作很多，任务很重，我们也面临着许多困难。在这种情况下，就需要我们振奋精神，努力工作，充分发动和依靠广大干部职工，创造性工作，为实现“九五”计划指标打好基础。1996年要以实现两个转变为主线，在深化国有企业改革、调整结构、治理整顿医药流通秩序、深化流通体制和价格改革、加快技术进步、转变机关职能和加强宏观管理上加大措施和力度。要认真落实国家经贸委提出的“三改一加强”、“三高一低”的工作重点和万鹏副主任向我们介绍的提高经济效益的十项措施，争取在提高医药经济运行质量与效益等方面取得明显进展。

3. 齐心协力，狠抓落实。1996年医药工作的大政方针已经确定，关键在于狠抓落实。这里再次强调，各地医药管理部门的领导一定要把的思想统一到十四届五中全会、中央经济工作会议以及全国医药管理局长会议精神上来。要树立工作紧迫感，集中精力搞好调查研究，及时掌握新情况，解决新问题；要深入实际，抓好典型，运用典型推动工作；要树立群众观点，坚持群众路线的工作方法，遇事同群众商量，多为群众办实事，取得群众的理解和支持，调动群众的积极性。

新的一年已经开始，一年之计在于春。让我们以崭新的工作姿态和精神风貌，投入新的工作任务中去，创造优异成绩，为执行医药经济发展“九五”计划，开好头，起好步，为实现医药经济跨世纪发展蓝图做出更大贡献。

加强软科学研究为医药经济发展服务

——郑筱萸局长在全国医药软科学研究工作会议上的书面讲话

（1996年4月18日）

今天在这里召开全国医药软科学研究工作会议暨第四届医药经济优秀论文“扬子江胃苏杯”评选表彰会，我代表国家医药管理局向出席会议的各位代表表示亲切的慰问！向受到表彰的优秀论文的作者表示热烈地祝贺！

软科学是一门新兴的学科。软科学研究是一种多学科、多层次的综合性研究活动。随着经济、科学、社会的不断发展，世界各国，都越来越重视软科学研究工作。从事各种咨询业务的软科学研究机构，数量越来越多，规模越来越大，人才越来越优秀，其作用也越来越明显。近年来，软科学在中国逐步兴起并受到重视，这是决策民主化和科学化的必然结果。当前，医药经济正面临着从传统的计划经济体制向社会主义市场经济体制的转变，从粗放型经济增长方式向集约型的转变，遇到了很多亟待解决的重大课题，不仅有医药发展战略、经济规划、经济决策、重大工程项目等一般产业发展所遇到的问题，还有很多医药经济所特有的问题，如医药管理体制问题，医药科研、医药企业GMP改造、发展“三资”企业的政策，医药分业和药品分类管理问题，医药宏观管理和调控的问题，医药法制建设问题，等等。因此，改革开放和医药经济发展，呼唤着医药软科学的繁荣和发展。

下面，我对如何发展软科学讲几点意见。

第一　运用软科学研究方法，搞好医药经济的基础研究。我们必须运用软科学的方法，加强医药经济的基础研究。比如医药工业低水平重复建设问题。这是当前影响医药经济发展的主要问题之一。对这个问题，在行业内还未引起足够的重视。有些地区和企业安排“九五”计划时，不是从全国大局出发，上项目、增品种，仍在走低水平重复的老路。这一点不是说我们没有认识到，而是决策不够科学。还有一个突出例子，医药经济预测和监测是作为国家宏观管理、制订发展战略和企业制订发展规划及战略决策科学化的基本条件。现在国际上无论政府部门为了推行有远见战略决策，实现有效的宏观调控，还是生产企业为了制订切实可行的中长期规划或者进行重大基建、技改项目的可行性研究，都要把不同层次的经济统计信息作为一项必不可少的基础工作。我们这方面的工作还十分薄弱。在1996年医药软科学研究课题中，我专门加了一条“建立统计信息网络指标体系和搞好监测预测工作”。

第二　要大力开展医药咨询和信息服务。这是发展市场经济、深化企业改革、调整产业结构等各方面的迫切需要，是执行“科学技术工作必须面向经济建设”这个方针的重要组成部分。近几年，医药咨询和信息活动已开始启动，但同当前医药经济发展形势的客观需要还不相称。我们正在建立和完善社会主义市场经济，伴随着改革的深化、开放的扩大，一切医药企业都依赖于国内外大市场，从而对咨询和信息服务的需求越来越多。

充分发挥咨询机构的决策服务、中介服务和对产业、企业的咨询等作用，使之成为发展市场经济、转变政府职能的重要措施之一。在市场机制日益增强、生产活动日益社会化、科学技术水平不断提高、各种信息快速传递的今天，建立医药咨询和信息服务体系，有助于提高劳动生产率，提高企业的效率、效益和技术水平。

第三　为繁荣软科学，要加速培养队伍。从事软科学研究的同志必须勤奋学习，逐步掌握专业知识，善于与不同专业的人员协同，不断开阔视野，跟踪新的信息，才能具有综合研究问题的能力。对医药管理部门和企业来说，要想制定成功的战略、策略以至实施操作方法，没有一批具有深厚的专业知识和实践经验的人才不行，没有系统和全面的研究论证也不行。所以，我们要通过多种途径，有计划、有步骤地造就一支高素质的医药软科学研究队伍。

有人说，软科学的任务是提出方案，采纳与否或结果如何是决策者的责任。最后做出决定的，当然是在决策人或决策集体。但作为软科学研究工作者，我们必须有强烈的责任感，要发扬科学界实事求是、严肃认真的光荣传统，实事求是、严肃认真，努力地提出科学的、符合客观规律的报告和建议。同时，软科学研究又是一种创造性的活动。在我们实现“两个转变”和宏伟目标的过程中，我们没有现成经验可资借鉴，没有固定的模式可以参照，在研究中我们可以也必须突破已不适应今天实际情况的传统的、权威的观念、理论和一切束缚人们思想的条条框框，在邓小平同志建设有中国特色社会主义理论指引下，去研究如何抓住机遇，调整战略，迎接挑战，谋求发展。

江泽民总书记就大兴调查研究之风作过重要讲话，从事医药软科学研究的工作者应该遵照讲话精神的要求，要理论联系实际，努力去解决实际问题。要认真地做调查研究，掌握实际情况，掌握科学数据，从定性到定量进行科学分析，这样才会获得正确的、有科学指导意义的结果。

同志们，繁荣医药软科学，是一项崭新的事业。希望通过这次会议，吸引更多的医药科技工作者、经济工作者和社会各界积极参与，团结奋斗、开拓进取，坚定地推动医药软科学研究和应用的发展和进步，为社会主义医药事业发展做出应有的贡献！

加强软科学研究促进医药经济持续快速健康发展

——在全国医药行业软科学研究工作会议暨第四届医药经济优秀论文“扬子江胃苏杯”评选表彰会上的讲话

国家医药管理局副局长张文周

（1996年4月18日）

同志们：

全国医药软科学研究工作会议暨第四届医药经济优秀论文“扬子江胃苏杯”评选表彰会今天开幕了。这次会议的主要任务是：贯彻落实1996年全国医药管理局长会议精神，总结“八五”以来特别是近二年来全国医药软科学研究工作经验，表彰先进单位和个人，部署今后两年医药软科学研究工作任务。

下面，我重点讲三个问题。

一、医药行业软科学研究工作的简要回顾

医药行业软科学研究工作起步较早。90年以前我们重点围绕医药管理体制、医药专营、2000年远景规划与产业政策等做了大量研究工作，并于1986年召开了一次全行业调研成果交流会和几次专题研讨会。根据中央、国务院关于“要大力开展软科学”，“要重视和加强决策研究、决策咨询机构的工作，发挥它们的参谋作用”等一系列重要指示精神，“七五”时期医药行业软科学研究有了一定的发展，积累了一定的经验。特别是进入九十年代以来，各省（市）医药管理部门进一步加强了对软科学研究的领导，各企事业单位在转轨变型中，也日益重视市场经济理论研究，尤其是局属高等院校非常重视软科学人才培养工作，全行业逐步注重了理论研究阵地的建设工作，加强了同新闻界和有关科研院所的联系和合作。这些都是应该充分肯定的。经过认真准备，1990年初我局在深圳召开了全国首届医药经济理论研讨会”。这次研讨会为我国医药行业“八五”规划和产业政策的制定起了积极作用，进一步完善了“八五”规划的指导思想即树立长远发展、大医药、大生产、竞争的观念，坚持技术进步和规模经济、瞻顾全局、扬长避短的优势观念。这届研讨会对医药管理体制、医药专营课题做了进一步探讨，为1990年国务院国发第29号文件的出台做了舆论准备。是年底，我局成立了全国医药行业软科学研究指导小组，明确政策法规司负责归口管理全行业软科学研究工作。至此，全行业软科学研究工作进入了新阶段。

邓小平同志南巡讲话以后，医药行业改革与发展面临着一系列新的问题和矛盾需要研究解决，于1992年10月组织召开了第二届医药经济理论研究会，对医药管理体制、事业属性、专营等课题做了研究总结，进一步澄清了一些模糊观念，认识到医药事业是经济事业，必须按经济规律办事；医药商品是特殊商品，从生产到流通都必须严格管理；医药管理体制必须是中西药合一的、监督与宏观调控相结合的统一、权威、高效的国家行政管理体制。同时，对医药企业的GMP改造、药品知识产权保护、“复关”对医药的影响等新课题，做了有益的探索。

1994年4月，在医药进出口贸易额由1978年的3.3亿美元，增加到1993年底的30亿美元、医药“三资”企业从无到有、发展到700多家的背景下，我局召开了第三届医药经济理论研讨会，重点研究了医药经济对外发展战略问题。这次会议确认了在医药行业利用外资工作中要坚持“新产品、新技术、外向型”三原则，进一步明确了我国医药经济的外向型战略目标与指导思想，充分认识到民族医药工业正面临着严峻的挑战，呼吁国有医药工商企业团结起来，共同协作，立足国内市场，走向国际市场，迎接“复关”的挑战。

1994年8月，国家医药管理局在新的“三定”中明确软科学研究工作的归口管理在政策法规司，局党组以贯彻执行国务院53号文件为契机，把软科学研究工作放在重要地位。局新的“三定”方案在机构和人员精简的情况下，基本维持稳定了原有政策法规司的编制和职能。局党组还决定从局机关和直属单位离退下来的司局级领导中选择4位经验丰富、责任心强的老同志聘为局特约研究员，增加力量专门从事软科学研究工作。还决定在原广州医药情报中心站的基础上成立局南方医药经济研究所，业务归口政策法规司，将原局科技情报所改组为信息中心，加强对信息工作、决策咨询的领导。局党组重视系统内软科学研究队伍建设的同时，还要求加强和系统外科研院所的联系与合作，这次我们就邀请了国家经贸委、国务院政策研究室、中国社科院的有关领导和专家来指导我们的工作，传授好的经验，让我们一并表示热烈的欢迎。

局党组对软科学研究工作的重视还体现在亲自承担重点调研课题上。去年，郑筱萸局长亲自抓53号文件贯彻执行、医药管理体制、医疗保险制度改革等重点课题；石峘副局长抓了医药流通体制改革的调研课题；戴庆骏副局长抓了搞好国有大中型医药工业企业的课题；张鹤镛副局长抓了执业药师、OTC的研究等。有些课题已产生良好的影响，如搞好国有大中型医药工业企业的调研，已引导起国务院及有关部委和新闻单位的关注，正进一步就新药开发、药品价格、利用外资等问题做深入地研究。医药分业管理、药品回扣问题也引起国务院领导同志的高度重视。

根据1995年全国医药管理局长会议对医药软科学研究工作指示精神，并经过多次讨论研究，我局于1995年2月以国药政字（95）第60号文下发了《关于1995年医药经济调查研究课题重点暨1996年医药经济论文评选征文的通知》，江苏、浙江、湖南、内蒙等省、自治区先后向下转发了此文，并结合本地实际下发了本年度软科学研究重点课题。根据这一总体部署，全国各地也形成了开展软科学研究工作的良好势头，从我们这次征集的论文和调研报告中可以看出。这次分别征集到论文120余篇，调研报告30余篇，许多报告是各省、市、自治区及地市级医药管理部门的领导同志撰写的，如江苏省的毛季琳局长、吉林省的牛淑敏局长、湖南省的王啸云局长、山东省的于国钧副局长以及南京市的吴仁杰局长、镇江市的朱守明局长、长春市的赵安武局长、南通市的张志超局长、开封市的刘北铭局长等都亲自撰写了很好的论文和调查报告。浙江省局的四个局长都参与其中，单赵博文副局长写了好几篇。我们还了解到，广东省的张训诚局长、广西自治区的王荣慈局长，湖北省的翁绍许局长、陕西省的王长秋总经理等领导同志均从医药法制、体制、市场管理、GMP改造、中长期规划等方面做了大量的调查研究工作，推动了当地的医药工作，取得了较好的效果。

中国医药商业协会、中国化学制药工业协会及局信息中心、几所药科大学及医药研究杂志近几年来围绕全局中心工作都做了大量研究和探索，提出了很好的咨询报告和意见。这些研究成果对上至国务院领导及有关部门，下至各级地方政府对医药工作的民主与科学的决策都做出了积极的贡献，是与我们在座的各位软科学研究工作的组织者、参与者是密不可分的。在此，我谨代表国家医药管理局党组对在医药行业软科学研究工作领域付出辛劳的同志们表示亲切的慰问和衷心的感谢。

回顾医药行业软科学研究工作所走过的道路，我们深刻体会到，软科学研究工作只有紧紧围绕经济建设这个中心工作，坚持建设中国特色社会主义理论，实事求是，解放思想才不会偏离方向；只有领导的重视、理解和参与，才会不断发展、不断创新；只有软科学研究人员的勤奋努力，不断学习，更新观念、更新知识，才会结出高水平、高质量的研究成果。医药行业的软科学研究工作十多年来取得了可喜的成绩。但是，我们应该清醒地认识到，软科学研究工作任重而道远，还存在许多不足。这里既有我们理论水平不高、思路狭窄、眼界不宽的问题，有我们研究方法陈旧、重复研究、调查多、研究得少、系统归纳总结得少的毛病，以及定性研究、静态研究得多，定量研究、动态研究得少的毛病，对软科学研究人才的培养、培训得也不够。总之，当前我们的工作与领导对我们的希望、与我们所承担的繁重任务，特别是我们行业所面临的国内外形势发展的要求还有不少的差距。我们要进一步总结，提高对软科学的地位、作用的认识，提高我们的理论水平、政策水平、研究水平，把工作做得更细、更扎实，埋头苦干，把软科学研究工作引向深入。

二、当前医药行业软科学研究工作面临的形势与任务

刚刚闭幕的八届人大四次会议通过了党的十四届五中全会提出的跨世纪宏伟纲要，《纲要》第九章“实施可持续发展战略，推进社会主义事业全面发展”中要求我们“进一步加强医药市场管理，大力开发新产品，不断提高药品质量”。我们医药行业的广大职工肩负着党和人民赋予的神圣使命。在今年初的全国医药管理局长会议上郑局长做了题为“贯彻十四届五中全会精神，绘制跨世纪医药发展蓝图”的报告。报告根据我国经济建设的总体部署和未来十五年的主要奋斗目标，结合医药的特点，提出从1996年到2050年医药产业的发展分三步走的战略目标和部署。到2000年，要“初步建立起社会主义医药市场经济新体制和现代企业制度”；到2010年，医药产业要“发展成为国民经济中的高技术、外向型主导产业”；到2050年“我国发展成为世界制药强国和医疗器械产品制造大国”。报告从不同角度分析了我国医药产业面向21世纪，面临着良好的发展机遇，国内外医药市场前景广阔，经过十多年努力也奠定了跨世纪发展的坚实基础，许多省市政府将医药产业列为地方支柱产业或主导产业。与此同时，报告提醒全行业广大干部职工“必须充分认识到存在的问题和面临的挑战”。“世界医药产业正逐步形成区域化、集团化、贸易保护现象日趋严重，以产品专利、技术垄断、市场渗透为核心的垄断竞争愈演愈烈”，而我们国有医药企业“负担沉重、医药销售利润率不断下降，新产品匮乏”，而且“市场机制远没有形成”，“竞争中的不平等”仍然存在，“医药产业组织结构仍处于高度分散、各自为战的局面，低水平重复建设的状况长期得不到解决，无法形成全行业的整体优势，在国际市场中处于被动的地位”。可以说我们面临的形势与挑战是严峻的，报告提出了最近的医药工作任务一是“深化国有医药企业改革，积极推进经济体制和经济增长方式的转变”；二是“实施‘科教兴药’战略，促进科技教育与医药经济紧密结合”；三是“加强行业管理，为医药发展创造良好环境”。报告号召我们“要切实转变机关作风，深入基层，深入实际进行系统的、有代表性的调查研究，掌握第一手资料，并对调查的材料进行分析、整理、研究；提出可供宏观决策和制定产业政策的意见和建议”。

根据全国医药局长会议的精神，我们进一步明确了1996年调研课题重点，并以国药政字（1996）第52号文“关于下达1996医药软科学研究重点课题的通知”下发给各地和有关直属单位，随后我局还进一步明确了各重点课题的牵头人与参加单位。现就这一计划做简要说明。

1.“科教兴药”战略研究

“科教兴药”战略是《医药行业“九五”计划和2010年长远规划》中提出的六大发展战略之一，是我们贯彻执行党中央国务院关于《加速科学技术进步的决定》的具体体现，是实现医药经济增长方式从粗放型向集约型转变的根本动力。该课题中有许多问题需要进一步研究，如：科技进步对医药经济增长的贡献率如何测算问题，以及如何提高贡献率，如何建立新药研究开发创新机制，如何提高我国新药的创制水平？如何提高新产品市场占有率？如何增强医药企业和研究机构的知识产权保护意识？如何加强医药的宏观调控布局，抑制低水平重复研究和生产？为本世纪末实现“人人享有初级卫生保健”的目标，医药科技工作承担着什么责任？

2.医药结构调整及企业内部改革的研究

该课题是我们一直在研究的内容，也是“九五”期间，医药经济改革的中心环节。结构调整的最基本的需要来自消费结构的不断变化，但又与技术水平的变化关系密切。因此，实施结构调整既要考虑其必要性，又要考虑其可能性。以经济效益为中心，进行产业结构、产品结构、企业组织结构调整，是实现“两个转变”的主要内容之一，这方面的研究，尤其关于企业资本运营的研究要求我们在深度上花气力、下功夫、出实效。

3.继续深入医药流通体制改革问题研究

“八五”期间，我国医药流通体制改革取得了那些成效？基本形成什么样的格局？希望大家都来总结。

今后我们研究医药流通体制改革的重点，应该放在医药流通所有制结构上，放在医药价格改革体系上，以及宏观调控体系、商品市场体系、经营形态、国内外两个市场有序竞争、扩大出口等方面。其中关于农村药械供应的问题应放在突出位置加以研究。

4. 进一步加强医药法制建设问题的研究

医药法制研究应包括建立健全医药法规体系的研究；论证在社会主义市场经济条件下修改《中华人民共和国药品管理法》的切实可行的意见；为了健全医药法制体系以及医药法制化管理的需要，进行医疗器械、药品流通和药师执业制度的立法专项调查；以及建立医药法制信息反馈制度和进行法制监督检查的调查。

5. 医疗保险制度改革对医药管理和发展的影响

国务院正在积极推进职工医疗保险制度改革的扩大试点，扩大试点会议刚刚结束。扩大试点无疑对医药管理和发展产生深远的影响。我们务必要重视对此课题的追踪调研。目前，对“医药分业管理”、“药品分类管理”造了一些舆论，但它们的科学定义、概念以及如何操作，缺乏对国内外的实证研究，有必要进行典型调研，提出各种模式进行试点总结。对此问题，彭珮云同志还要专题听取有关部委汇报，希望大家与医药管理体制、医药流通模式、药品价格改革等联系起来，做深入、系统地研究。

6. 医药行业利用外资问题的研究

对此问题以前曾做过专题研究。当前结合医药实际，需要深入研究如何贯彻落实国务院领导同志关于与国外合作，一要平等互利、二要长期合作、三要共同发展的原则，如何按照医药利用外资的“三原则”更好地利用外资发展和振兴我国医药工业，提高市场占有率？医药行业利用外资的规模多大为宜？

还有医药管理体制事关医药产业全局、医药统计信息工作是软科学研究的基础、保健药品的发展亟待引导，这些问题也需要很好研究，我们把这几个课题增补为近期重点研究课题，希望大家进一步予以关注。

三、关于继续加强医药软科学研究工作的几点意见

通过对医药行业软科学研究工作的回顾，结合当前面临的形势与任务，就搞好医药行业软科学研究工作谈几点想法，供大家考虑。

（一）进一步提高认识、加强领导

软科学是一门新兴的综合性学科，有其丰富的内涵，其主要目的是为各种类型及多个层次的决策提供科学依据，是一门决策科学。它包括实证理论研讨、调查研究、决策咨询等内容，它能够在建立社会主义市场经济体制和经济增长方式的转变过程中，提供新思想、新观念、新理论、新方法。它以解决经济社会发展和建立市场经济过程中出现的各种实际问题为重点，科研工作者、决策者、管理者相结合，讲求成果的目的性、实用性和可操作性，既开展超前的预测研究，又进行跟踪决策研究。因而，它能够为各级领导和企业及时提供全方位和全过程的预测与决策咨询服务。这也是我们从以前的经济理论研讨会改为软科学研究工作会的原因。我们在贯彻小平同志关于“科学技术是第一生产力”思想和实施“科教兴药”战略的实践过程中，应当转变观念，认识到作为社会科学范畴的软科学也属于第一生产力。我们面临的环境是一个非常复杂的开放的巨大系统，我们要集中精力贯彻以经济建设为中心的基本路线，必须使各个方面相互配合、相互促进、相互协调。医药行业是高科技、高投入、国际化竞争激烈的产业部门，它所服务的对象又是一个特殊的群体，承担着防病治病、康复保健、计划生育、抢险救灾的重大责任，必须保证人民用药的安全、及时、有效，如何处理好效率和公平、经济效益与社会效益的关系，无疑是错综复杂的。许多问题和矛盾互为因果，我们只有在进行科学分析、科学预测、跟踪决策的基础上，在软科学研究的基础上，才能做出正确的判断。从某种意义上来说，没有软科学研究就没有决策权。因此，我们一定要提高对软科学研究工作重要性的认识，加强领导。要将软科学研究纳入决策程序；增加对软科学研究的投入，重视软科学研究机构和基础工作的建设；提倡领导同志亲自参与软科学研究，出题目，出思想、出思路。

（二）进一步提高效率，加强协调

首先要做好选题工作，抓住难点、重点问题进行研究。低水平重复问题、市场管理与流通模式问题，涉及到假劣药品的整治，这是我们当前面临的难点也是热点问题；药品购销中的“回扣”问题，涉及到用药贵，看病难的问题，是领导、社会和群众关心的焦点问题，我们都要抓紧和抓住时机来研究解决。有许多问题，如果抓得及时、解决得快，就会事半功倍；否则的话，就会事倍功半，增加解决的难度，甚至积累新的问题和困难，欠拖难决。这样的问题我们行业有很多，给我们的工作造成了许多被动，没有起到决策咨询和参谋助手的作用。也给国家和人民带来了许多损失，如医药体制问题、农村用药问题、“以药养医”问题。

其次，不要重复研究。对一些已研究多年的问题，要很好地系统归纳总结；还有就是一个问题大家都在研究，互相抄袭研究成果的现象、一稿几投的现象也时有发生，这都不是科学、诚实的研究态度，要加以改进。

第三，要做好软课题研究的组织协调工作。每个地区、每个人不要各自为阵，要多沟通、交流，某一个问题在某一个地区或单位解决了，要进行很好总结，推广使用，互相借鉴，已取得的成果可以拿过来结合具体情况投入实用，今后国家局和省局要多注意这方面的组织协调工作。

第四，要走出去，请进来，要充分利用外脑。不要只在自己行业内打转转。要牢固树立为宏观决策服务、市场经济服务、为企业家服务的思想，与企业家交朋友，做好决策咨询工作，这在当前市场经济转型时期尤为重要，也是我们当前软科学研究工作的薄弱环节之一。在市场经济条件下，企业是自主经营、自负盈亏的独立法人，在激烈的市场竞争中，商场如战场，企业只有转变观念，审时度势，高瞻远瞩，根据国内外市场变化情况，不断调整自己的生产经营战略，调整生产规模，积极采用先进技术和改善经营管理，提高质量，降低成本，才能立于不败之地。否则，就要被淘汰。比如我们的几个战略品种维生素C、青霉素等原料药的生产经营企业都面临着这种情况，这就迫使企业不仅要重视硬投入，更要重视“软投入”。

（三）进一步提高质量，加强学习

只有高质量的产品，才会盈得高附加值。这一市场竞争的铁的规律同样适用软科学研究。提高软科学研究成果的质量，首先要坚持实事求是、解放思想的指导方针，进行全面、系统、理性地研究，防止片面、孤立、情绪化。这次征集的论文就体现了这些原则，我们要进一步系统研究，归纳总结、编辑成册，对一些文章要进行摘要，供领导参考。其次，要提高调查质量，要设计好几种调查方式，互相比较，互相印证，获得真实情况与数据。还要提高撰写调研报告的水平，要加强逻辑思维能力，精心写作，讲究词章，提高表达能力。这也是此次优秀论文和调查报告的经验所在。

提高软科学研究成果质量的根本出路是提高软科学研究人员的自身素质。要提高我们的思想理论水平、政策水平、在当前要特别注意进一步更新我们的知识，更新观念，这样才能提高我们的敏感性，才能发现问题，研究解决问题。我们提倡自觉学习，自我提高。也要根据情况组织培训，请专家学者来讲课。在我们的商学院和研究机构中要注意对软科学人才的培养和培训。同时，各地要实事求是地发挥离退休人员的积极性，他们经验丰富，更超脱，看问题可能比我们更全面，往往是旁观者清，要发挥他们的聪明才智，充实我们的研究力量；要注意对优秀人才的挖掘、鼓励和表彰，树立大家学习的榜样，要解除软科学研究人员的后顾之忧，为他们创造良好的研究环境。

总之，我们要共同努力，相互交流。对软课题的研究应当有实事求是的科学态度，尊重事实，坚持真理。要做到尊重领导而不迎合领导，承认现实而不迁就现实，抱着“慷慨陈辞，岂能尽如人意；鞠躬尽瘁，但求无愧我心”的态度做研究工作。应当认识到，软科学研究可以为领导者提供决策支持，不可能代替领导决策，不应该强求领导者完全按照软科学研究人员的意见进行决策。我们的意见不被采纳，说明我们还有待努力提高，有待宣传理解。

我们软科学事业正处在一个伟大的时代，变革的时代，任重而道远。让我们共同努力，携起手来，围绕“两个根本性转变”，充分发挥软科学研究的作用，为促进医药经济持续、快速、健康发展作出更大的贡献。

国务委员彭珮云在全国整治药品回扣违法行为工作电视电话会议上的讲话

（1996 年 5 月 31 日）

同志们：

1994 年 9 月，《国务院关于进一步加强药品管理工作的紧急通知》（国发［1994］53 号）下发后，各省、自治区、直辖市人民政府和国务院有关部门，按照国务院的部署，加强了对药品管理工作的领导，对本地区，本部门的药品管理状况进行了清查整顿，取得了一定效果。但药品管理工作中仍然存在着一些突出问题。为此，国务院办公厅今年 4 月又下发了《关于继续整顿和规范药品生产经营秩序、加强药品管理工作的通知》（国办发［1996］14 号）。强调指出："药品购销活动中的回扣问题相当普遍，这种违法行为已形成歪风，危害深重。"并要求"必须下大力气严肃查处。"为了督促各地在医药卫生行业中切实搞好这项工作，坚决制止这种违法行为，深入开展反腐败斗争，国务院决定对药品购销活动中的回扣违法行为进行一次专项检查，并责成国家工商行政管理局会同卫生部、国家医药管理局、国家中医药管理局、国务院纠正行业不正之风办公室等部门和单位，共同制定工作方案并组织实施。国家工商行政管理局等五个部门和单位已联合下发了《关于对药品购销中给予收受回扣等违法行为进行专项检查的工作方案》，今天又联合召开全国电视电话会议，对专项检查工作进行动员和部署。下面我就如何抓好整治药品购销活动中的回扣问题的工作再讲几点意见。

一、要充分认识药品回扣问题的性质及其危害性，坚定不移地予以整治

这些年来购销活动中的回扣愈演愈烈，已形成一股歪风。主要表现在：一上涉及的范围广。不少药品生产、经营企业和医疗机构及其采购经销人员在药品购销活动中，存在着给予和收受回扣的现象，甚至有些医生凭所开处方中某些药品的数量，领取回扣。二是回扣的形式多。有以宣传费、广告费、处方费、劳务费等各种名义给予、收受回扣的，有给现金的，也有给实物包括住房、汽车的，还有提供吃、喝、玩、乐的，五花八门，无奇不有。三是回扣的金额大。动辄几万元、十几万元，数目惊人。

这种违法行为危害深重，于国于民，有百害而无一利。一是造成国家税收大量流失和企业之羊的不平等竞争，一些不法的医药工商企业和个体承包者以丰厚的回扣，抢占市场，损害了其他经营者的合法权益，扰乱了社会经济秩序。二是一些企业实行高定价、高回扣，破坏了价格政策，推动药品销售价格上涨过快，加重了国家、企事业单位和患者的负担。三是严重败坏医药卫生行业的职业道德、腐蚀了一批干部、职工和医务人员，影响了正常的医疗秩序，损害了医疗质量。四是使制售假劣药品的违法犯罪活动有可乘之机。药品回扣问题已为广大干部、群众所深恶痛绝。如果各级政府和有关部门对回扣风打击不力，任其发展，将严重影响和阻碍我国医药、卫生事业的健康发展，我们必须把在全国范围内，深入整治回扣，作为反腐败斗争的一项迫切任务，提到重要日程上来。反腐败斗争能否广泛深入开展下去，真正收到显著成效，直接关系人心向背和政权存亡，是推动改革开放、促进经济发展，维护政治稳定的必要条件，是顺利实现"九五"计划和 2010 年远景目标的一项重要保证。

各级人民政府和有关部门，医药、卫生战线各级领导和广大职工，都要充分认识整治药品回扣问题的重要性和必要性。这项工作能否真正收到成效，关键在于各级领导的认识和决心。我们一定要统一认识，下定决心，认真贯彻国办发［1996］14 号文件，遵照《中华人民共和国反不正当竞争法》，切实搞好这次专项检查工作。

二、要加大执法力度，严肃查处药品购销中给予、收受回扣的违法行为

药品购销中的回扣问题严重的原则，除利益驱动这个直接原因外，还有法规制度不健全，管理不严，查处不力的问题，也有医院补偿机制、药品价格管理办法、医药管理体制等方面的问题。因此，整治药品回扣问题，必须充分认识这个问题的复杂性，统筹考虑，标本兼治。当前，治理的重点应该放在刹风治乱上，首先要把这股歪风遏制住，为进一步综合治理打好基础。

要搞好这次专项检查工作，首先要提高认识，划清合法与非法的界限。有些同志存在着一些模糊的认识，混淆了回扣违法行为与正常的折扣，让利的政策界限。因此，要从法制教育入手，通过学习《反不正当竞争法》、《国务院办公厅关于继续整顿和规范药品生产经营秩序，加强药品管理工作的通知》，使广大干部、职工提高认识、统一思想，分清是非，划清合法与非法的界限。要加强宣传力度，使人人都知道“回扣”是违法的、可耻的。还要大力表彰先进单位、先进人物，从理论和实际的结合上，大讲职业道德，大讲社会主义精神文明建设 。在坚决打击回扣违法行为的同时，有关部门要抓紧研究制订规范折扣、让利行为的办法。

这次专项检查，采取自查与检查相结合的办法。各级卫生行政部门、药品生产经营行业主管部门要结合队伍建设和职业道德教育，抓紧组织本行业、本系统对1993年12月1日《中华人民共和国反不正当竞争法》实施以来的药品购销行为进行全面的自查。在自查阶段，各有关部门要派人下去督查，本着谁主管，谁负责的经验，指导面上的工作。对自查不认真，敷衍了事的单位，行政主管部门要提出批评，督促其认真进行自查。有的单位负责人自身问题严重，有意让本单位走过场的，应及时果断地采取组织措施。对自查中主动发现、纠正的问题，可依法从轻处理。在自查自纠工作基础上，要进一步健全规章制度，严格管理，堵塞漏洞。

各级工商行政管理机关要会同卫生行政、医药管理和纠风办等部门组成联合检查组，对本地区药品生产、经营企业和医疗机构的药品购销情况进行重点检查。要加大执法力度，敢于碰硬，严格执法，对有意隐瞒，通过检查、举报、投诉发现的问题，要从严查处。对检查中顶风作案、情节严重的单位和个人，要依法从重严惩，决不姑息。构成犯罪的，要及时移送司法机关追究刑事责任。要严厉打击以给予、收受回扣为手段推销假冒伪劣药品的违法犯罪行为。要选择一些大案要案，通过新闻媒介公开曝光，以起到震慑和教育作用。

这次专项检查一定要重在实效。专项检查告一段落时，一个地区、一个单位应该做到对药品回扣问题的情况基本清楚，形成明辨是非的认识和风气，“回扣”的势头明显被遏止，建立起一套行之有效的防范措施。

对那些问题较多，情况复杂的单位，自查和检查时间不够，可适当延长，要保证工作的效果，绝不能搞形式主义的走过场。

三、要切实加强领导

李鹏同志在今年二月国务院召开的第四次反腐败斗争会议上指出，惩治腐败是各级政府的重要职责，主要领导理所当然地要对本地区、本部门的廉政建设负责。整治药品回扣问题，是一项十分艰巨、复杂的工作，各级人民政府要切实加强对这项工作的领导，主要负责同志要亲自过问，并指定一位负责同志具体领导。工商行政管理机关、卫生行政部门、药品生产经营行业主管部门和纠风办等部门，要充分发挥各自的职能作用，既各司其职，又密切协作，相互配合，以形成整体合力，切实抓出成效。

在整治药品回扣的工作中，要坚决反对地方保护主义和部门保护主义，保证国家法律和政令畅通。对涉及跨地区的案件，地方各级人民政府及有关部门要从大局出发，通力合作，积极协助查处。各级监察部门要加强行政监察。凡是这次整治药品回扣问题工作不积极、不得力的地方，对该地区的政府和有关部门的领导人员要追案责任，并通报批评。

今年年底前，国家工商行政管理局要会同卫生部、国家医药管理局、国家中医药管理局和国务院纠风办，将这次整治药品回扣问题的情况上报国务院。国务院对加强药品管理工作一直十分重视，针对药品管理混乱的深层次原因，正在深入进行调查研究，提出解决方案。《国务院关于进一步加强药品管理工作的紧急通知》（国发［1994］53号）和《国务院办公厅关于继续整顿和规范药品生产经营秩序加强药品管理工作的通知》，对加强对农村基层供药的管理，保证人民群众用药；加强药品生产、经营企业和个体工商户的严格审批和管理；加强对药品生产品种和质量的管理，抓紧解决药品的低水平重复生产问题；坚决取缔药品集贸市场，加快整顿和规范中药材专业市场等项工作也已提出了明确的要求。各地、各有关部门要认真贯彻执行，抓紧、抓好这些工作，使药品生产经营秩序有一个较大的好转，切实提高药品管理水平，保障人民群众用药安全、有效、方便、及时，保证我国医药卫生事业健康发展。

对于反腐败斗争，我们既要树立长期作战的思想，又要有现实的紧迫感，要打好一个一个的阶段性战役，一步一步地把斗争引向深入。让我们大家团结一致，排除一切干扰，克服困难，夺取这次整治药品回扣斗争的胜利！

实施“科教兴药”战略，加速医药科学技术进步，促进医药事业发展

——国家医药管理局郑筱萸局长在全国医药科技工作会议上的讲话

（1996年4月24日）

同志们：

全国医药科技工作会议今天开幕了，这是医药行业全面贯彻《中共中央、国务院关于加速科学技术进步的决定》和全国科技大会精神的一次重要会议。去年5月，中共中央、国务院召开了全国科技大会，做出了关于加速科学技术进步的决定，号召全党、全国人民全面落实邓小平同志提出的“科学技术是第一生产力”的思想，实施“科教兴国”战略，把经济建设转移到依靠科技进步和提高劳动者素质的轨道上来，这是继1956年党中央发出“向科学进军”的伟大号召和1978年召开的全国科学大会之后，我国科技发展史上的第三个里程碑，对促进我国科技、经济和社会发展，实现我国现代化建设的第二步和第三步战略目标将产生重大影响。党中央、国务院的英明决策，得到了全党、全国人民的拥护，一个“科教兴国”的热潮正在神州大地掀起，医药行业与全国各行各业一样，正在积极贯彻《决定》精神，努力开创医药产业发展的新里程。今年1月我局在全国医药局长会议上，明确提出把实施“科教兴药”战略作为实现“九五”计划和2010年长远规划目标的重要战略方针，为此，我局拟定了《国家医药管理局关于加速医药科学技术进步的意见》。今天，我们召开全国医药科技工作会议，要共同讨论如何实施“科教兴药”战略，加速医药科技进步，把医药产业的发展真正转移到依靠科技进步和提高劳动者素质的轨道上来。这次会议将对促进医药产业的腾飞起到积极的推动作用。

下面我重点讲四个方面的问题：

一、医药科技工作的回顾

医药行业担负着保护人民健康，保护社会生产力的重任，医药事业的发展是社会发展的一个重要组成部分，是关系到我国国计民生的大事。

改革开放17年来，医药事业得到飞速发展，是工业部门中发展最快的行业之一，医药工业总产值年平均增长速度达17.5%，平均4年翻一番，1995年比1980年翻了近四番，突破了1000亿元，成为世界医药生产大国，并形成了基本完整的医药工业体系。

医药产业的迅速发展是与坚持不懈地推动科技进步和不断提高劳动者素质分不开的。医药行业拥有一支成果斐然、具有相当实力的科技队伍，有独立科研机构100余所，95%以上的大中型企业建有研究开发机构，科研开发人员16万人；全国高等医药院系56所，行业中大专以上程度的人员占职工总数的12%。

1978年党中央召开全国科学大会，邓小平同志明确提出了“科学技术是生产力”、“四个现代化关键是科学技术的现代化”等英明论断，继而又提出“科学技术是第一生产力”的思想，极大地激发了广大知识分子的积极性和创造性。17年来医药科技工作者始终坚持党的“经济建设必须依靠科学技术，科学技术工作必须面向经济建设”的科技工作方针，不断改革、探索、进取，开创了医药科技工作的新局面，取得不少科技成果，获国家发明奖32项，国家科技进步奖154项，获国家医药管理局科技进步奖474项。

科技体制改革促使医药科研机构逐步适应社会主义市场经济发展的需要，改变了过去科研工作单靠吃“皇粮”的状况，医药科技工作已开始引入市场机制、竞争机制，激发了科技工作者的积极性，加速了科技工作为经济建设服务，科技成果商品化、产业化的进程。医药科研机构积极面向经济建设的主战场，以多种形式与经济建设相结合，许多科研院所和高校同企业建立了对口联系，不少科研院所创办了科技企业，有的进入企业，有的成为国家工程技术研究中心，有的整体向科技企业转化。通过改革，增强了科研院所自我发展的能力和动力，1994年科研院所和高等院校推广应用科技成果300余项，科技与经济脱节的状况大为改观。17年来，医药科技体制改革的主流是好的，方向是正确的，成绩是显著的，为医药事业的发展起到了巨大的推动作用。

在医药科技发展中，新药研究工作也不断得到加强，加快了医药自主研究开发的进程。为加强知识产权保护，适应药品实施专利保护的形势，国家医药管理局于1987年开始设立面向全国医药行业的新药研究基金，资助我国创新药的研究。1991年1月，成立了国家医药管理局新药研究管理中心，负责新药研究基金的管理及对新药研究进行指导和服务。国家对加强我国的新药研究给予了高度重视，于1993年成立了国家新药研究与开发协调领导小组，并增加了新药研究的投入，推动了我国的新药研究与开发。几年来，国家医药管理局新药研究管理中心通过不断努力，工作卓有成效，到目前为止，新药研究基金资助的项目共210项，其中4项已取得了新药证书，4项完成临床研究，正在申报新药证书，4项已进入Ⅱ期临床研究，5项已完成临床前研究；为提高我国新药研究水平，促使我国的新药研究尽快与国际接轨，国家医药管理局组织起草了《药品非临床研究质量管理规定》(国际通称GLP)，已由国家科委发布试行；建立了相应的各种专业领域的新药研究重点实验室和药物安全评价中心和实验动物中心；培养和锻炼了一大批从事创新药物研究的科技人才，积累了经验，为我国新药研究的进一步发展奠定了基础。

医药新产品的开发，加快了医药产品结构调整的步伐。从1985年实施《药品管理法》，按《新药审批办法》审批新药以来至1994年底，共批准新药（包括原料药和制剂）1123种，其中包括一批国际80年代的优新产品，如：头孢哌酮等新型头孢菌素，环丙氟哌酸等喹诺酮类抗菌药、氟康唑等新型抗真菌药、卡托普利等ACE抑制剂、硝苯地平等钙拮抗剂、阿霉素等新抗癌药、雷尼替丁等H_2-受体拮抗剂以及奥美拉唑等质子泵抑制剂等；还有相当数量的基因工程药物如：促红细胞生长素、集落刺激因子、白细胞介素-2、α及γ干扰素、乙肝疫苗、胰岛素等已开发成功，部分品种开始进入产业化；在药物制剂品种开发方面也有新的突破，多种先进的药物新剂型如：缓、控释剂、透皮吸收剂、膜剂、气雾剂、靶向制剂和新辅料不断问世，改变了我国长期以来制剂品种单一的落后面貌。

医疗器械新产品开发能力不断提高，产品结构趋于合理，现已能生产47个门类、3000多个品种、上万个规格的医疗器械产品，一批具有80年代国际先进水平的高技术产品相继开发成功，如：彩色多普勒超声诊断仪、超导型磁共振成像设备、中能医用直线加速器、正电子发射CT、中功率中频X线机、长时间动态心电记录分析系统、新型人体植入材料、医用系列导管等；在心电图机、常规监护设备、普通超声诊断设备、中小型X线诊断设备、手术器械、卫生材料、常规医用光学仪器、麻醉呼吸设备等一大批常规、基础医疗装备方面已形成我国自己的产业基础力量和基本配套的产品系列。“八五”期间，对医用超声诊断仪、呼吸机、麻醉机、单道心电图机等开展了可靠性增长试验，为提高我国医疗器械的质量和可靠性探索出有效途径，使产品质量水平上了一个档次。

药用包装材料新产品，如优质药用塑料瓶、易折曲颈安瓿、丁基胶塞、Ⅱ型玻璃输液瓶、优质机制胶囊、软膏用优质铝管、泡罩包装用铝箔、硬片等已逐步替代了落后的老产品，研制开发了一批药用包装材料生产装备的更新换代产品，加速了包装材料工业的技术进步。制药机械工业通过引进、消化、吸收，开发生产了全自动软胶囊制造机、水针生产连动线装置、混合制粒机、高效包衣机、多效蒸馏水机等新设备，提高了我国制药装备的水平。

采用高新技术改造医药传统产业是提高医药工业质量和效益的重要途径，多年来，广大医药科技工作者通过新工艺、新技术的研究开发，使青霉素、含氟皮质激素、布洛芬、萘普生、扑热息痛、呼吸机、麻醉机、B超、手术器械等医药产品的工艺技术和产品质量有了很大提高，促进了规模化生产，特别是计算机技术、微电子技术、表面处理技术等新技术的应用，使我国医疗器械产品的外观造型、内在技术含量、功能智能化、诊断的准确性能等方面都获得突破性的进展，电子信息技术、药物结晶技术与先进装备等在医药产品开发和生产过程中得到较广泛的应用，使传统的医药产业的改造取得了可喜的成绩。

推进了国际间医药科技的合作与交流，通过政府、民间、双边、多边等多种渠道开展国际合作交流，目前已与十多个国家和地区建立了科技合作关系，局直属科研、教学单位开展科技合作36项，校际合作21项，选派出国学习进修810余人次。

医药教育事业快速发展，医药中、高等教育体系已基本形成，“八五”期间全日制医药高、中等学校的招生数量和在校生规模比“七五”增加一倍以上。医药职工教育成绩显著，“八五”期间共培训214万人次，平均每年有43万人次参加各级各类培训，比“七五”期间增加近一倍，使医药行业职工素质有了较大的提高。目前全行业大专以上文化程度的人员占职工总数的12%，中专、中技文化程度人员占职工总数的15%，高中文化程度人员占职工总数的37%，分别比“七五”末期增加3个百分点、2个百分点和8个百分点，初中以下文化程度的人员占36%，比“七五”末期减少13个百分点。在医药科技教育的发展过程中，同时也锻炼、培养、造就了一批优秀的科技人才，医药系统有6名专家光荣当选为“两院”院士，一大批中青年科学家脱颖而出，成为新的学科带头人，在医药科技工作中发挥了骨干作用。

改革开放的17年，是医药科技体制改革不断深入，医药科技发展最快，变化最大的时期，这些成绩主要是依靠广大医药科技工作者和医药科技管理工作者坚持党的基本方针，共同努力，艰苦奋斗取得的。但是，我们也应清楚地看到医药科技工作中存在的问题还很多，一是医药科研院所通过改革，增加了活力，但从总体上看，科研机构设置重复，力量分散，科技资源配置不合理，科研课题低水平或高水平重复的状况依然存在，一些单位适应市场经济的能力薄弱，科技后劲不足；二是适应市场经济发展的科技运行机制尚未形成，产学研之间的有机结合及企业要成为自主研究开发和技术创新的主体等问题还没有根本得到解决，科技成果的转化率和规模效益还不高；三是科技投入严重不足，新药研究和发展医药高新技术步履艰难；四是医药经济的发展尚未转入依靠科技进步的轨道，医药经济的发展仍然没有摆脱传统的外延型、粗放型的增长模式，主要依靠扩大资金投入，大量消耗资源来促进经济的增长，劳动生产率低，能耗、物耗高，经济效益差，技术创新能力薄弱，产品缺乏竞争力；五是人才，特别是高层次专门人才及复合型人才缺乏，医药职工队伍中技术工人的技术、文化素质还不能适应医药科技发展的需要，全行业劳动者整体素质有待提高。这些问题需要在不断深化改革中加以解决。

二、医药科技工作面临的挑战和机遇

医药产业是世界公认的最有发展前景的高技术、国际化产业，是世界贸易增长最快的五类产品之一，医药市场的国际竞争十分激烈，而竞争的焦点又集中在科学技术的竞争上。化学药品的竞争主要是以创新研究为依托，强化专利保护，争夺市场垄断地位；以制剂技术为依托，开发名牌产品，争夺市场主导地位；以现代工程技术为依托，实现大宗品种规模化生产，争夺市场主体地位；以现代生物技术为依托，开拓医药产品与技术新领域，争夺市场优势地位。医疗器械则以生物医学工程技术、计算机技术、微电子数字化图象处理技术、精密机械加工技术等现代高技术与新工艺、新型材料的应用为依托，开拓各类新型诊断治疗装置和提高产品性能及可靠性来争夺国际市场。高科技产业需要以高投入来支撑，医药行业激烈的国际竞争，促使医药企业竞况相增加科技投入来发展医药高科技，而医药高新技术的作用又刺激吸引企业更高的投入，形成了国际医药产业的良性循环。

与国际发达国家相比，我国医药工业有很大差距，医药科技水平仍是决定与制约我国医药产业发展的重要关键，有不少医疗器械产品和药品虽能生产，但终因技术落后，在性能和质量上缺乏竞争力。化学药品虽已有大量出口，但出口主要是非专利原料药，效益低下；在化学药方面，虽然跟踪国际新药成果研究能力、化学合成药物的开发能力较强，但新药创制能力、制剂技术、生物药品的开发能力及药品规模化生产工程技术水平比较薄弱；医疗器械方面，我国新产品开发能力较差，品种规格少，技术水平不高，产品质理可靠性低；医药包装产品和技术以及制药装备的研究开发还很落后。所有这些医药科技的薄弱环节都直接影响了我国医药产业的发展。因此，我们正面临着国际医药产业加速发展高新技术革命的严峻挑战，面临着在科技高投入下强化知识产权保护，以技术、产品、专利、市场垄断为核心的竞争。

医药行业面临着严峻挑战，同时我们也应该看到国内外的形势给我们带来的机遇。我国现在正处在最好的历史发展时期，全国上下都在实施“科教兴国”战略，为科技工作创造了良好的环境。改革开放17年来，我国医药经济迅猛发展，许多省、市、部门将医药列入支柱产业和主导产业序列，医药产业要持续稳步发展，则需要科技进步的支撑。1978年全国科学大会以来，党中央、国务院关于科技工作的一系列方针、政策，为科技的发展提供了有力保证，推动了医药科技体制的改革，开创了医药科技工作的新局面。1995年党中央、国务院关于加速科学技术进步的决定，首次提出实施“科教兴国”战略，全面落实“科技是第一生产力的思想”，要求各级党和政府第一把手抓第一生产力，并提出了增加科技投入的若干重大措施，为医药科技进步创造了更为有利的条件，同时也向医药科技工作提出了更高的要求；国际上医药产业激烈的科技竞争，强化了我国医药科技工作者的竞争意识，医药新产品开发要以自主研究开发为主这一观念已形成社会各界的共识，并予以极大的关注，国家对医药科技的投入逐年增加，同时在社会上还蕴藏着很大的投入潜力；改革开放促进了医药国际科技合作，国外先进技术和优秀人才的引进和交流，将使医药科技工作立足于更高的起点，更有利于医药科技事业的发展。

我们要牢牢抓住机遇，迎接挑战，有效地发挥科技第一生产力在医药发展中的主导作用，促使医药事业持续、健康、高速发展。

三、医药科技工作的奋斗目标和指导原则

医药行业今后15年的总体目标是：坚持党的基本路线，以教育为基础，以科技为先导，以调整产业结构为重点，以提高质量、效益为中心，到2010年医药行业要发展成为高技术、外向型的主导产业，医药工业整体水平基本实现现代化，跨入世界医药强国之列。医药科技工作要紧紧围绕医药经济发展的需要，结合医药“九五”计划和2010年长远发展规划，把解决医药经济发展的重大问题作为首要任务。为确保医药行业总体奋斗目标的实现，国家医药管理局决定全面实施“科教兴药”战略，大力解放和发展第一生产力，加速医药科技成果向现实生产力的转化，努力发展教育，培养和造就德才兼备的医药科技人才，真正把医药产业的发展转移到依靠科技进步和提高劳动者素质的轨道上来，力争在今后的10年和15年达到以下目标：

——科技进步对医药经济增长的贡献率2000年达到40%以上，2010年达到50%以上；

——新产品产值占医药工业的比重2000年达到25%，2010年达到30%；

——能耗弹性系数2000年控制在0.48，2010年控制在0.5；

——万元产值能耗2000年下降到0.87，2010年下降到0.6；

——医药行业科技人员占职工总数比例2000年达到25%，2010年达到30%；其中大专以上文化程度人员的比例2000年达到60%，2010年达到70%；

——全员劳动生产率2000年达到12万元/人，2010年达到24万元/人；

——基本实现医药产业向自主研究开发为主的转移。

在实际工作中要坚持以下原则：

1. 坚定不移地贯彻中共中央、国务院关于“坚持科学技术是第一生产力的思想，经济建设必须依靠科学技术，科学技术工作必须面向经济建设，努力攀登科学技术高峰”的基本方针，引入市场机制，深化科技、教育体制改革；

2. 立足现实国情，借鉴国外成功经验，坚持高起点，坚持实事求是，按照“有所赶，有所不赶”的原则，确立有限目标，突出重点，把新药研究技术、生物技术、制剂技术、生物医学工程技术作为医药高科技重要发展领域；

3. 充分发挥科技进步作用，推进医药经济增长方式的转变，把技术创新、提高质量、降低消耗、节约能源、减少污染和提高医药经济增长质量和效益作为医药科技工作的重点。要处理好速度和效益的关系，提高经济整体素质和生产要素的配制效率，注重结构优化效益、规模经济效益和科技进步效益；

4. 加快医药自主创新研究步伐，加强新药研究开发的力度，高度重视知识产权保护，将研制自身拥有知识产权保护的新药作为主要目标，努力建立新药研究开发的激励机制和体系，增强我国自主创制新药的综合能力；

5. 把医疗器械产品的更新换代做为医疗器械行业研究开发的重点，增强创新力度，推广可靠性技术，全面提高产品质量。高度重视医药装备、医药包装产品和技术的研究开发和医药商业现代化技术的研究；

6. 坚持教育为本，把教育发展放在优先发展地位，营造尊重知识，尊重人才，人尽其才，人才辈出的环境和条件，面向现代化，面向未来，培养和造就一批跨世纪的科技、生产、管理和经营高级专门人才，并努力提高医药行业整体素质。

四、医药科技工作的任务和措施

在医药行业全面实施“科教兴药”战略，要贯彻落实《国家医药管理局关于加速医药科学技术进步的意见》，认真执行医药科技“九五”计划和到2010年发展规划，并推进“五一〇”、“五二〇”计划的实现。今后10年到15年医药科技工作的主要任务是：

1. 加强医药产品、技术创新研究，逐步实现医药工业技术结构向创新和高新技术转移的战略调整

——加强药物创新技术研究，参与专利药品国际竞争，实现新药研究向创新的战略转移

新药的创制，新技术的创新是医药工业实现可持续发展的基础，是医药工业科技进步水平的综合体现，在“九五”期间，要以研制有知识产权保护的新药作为主要目标，以研究防治严重危害人民健康的疾病以及其他常见病、多发病、疑难病的治疗药物为重点，研制开发10个国内外首次上市的新药。新药研究要注重自主创新与跟踪引进世界先进技术相结合，力求新药研究的技术、质量和研究体系与国际接轨。要以有条件的科研单位、高校、大型企业为依托，建立若干个符合国际规范的重点药物筛选中心，研究开发或引进先进筛选模型和新化合物设计合成技术，提高新药筛选的成功率；建立3～5个符合GLP的药物安全性评价中心和实验动物饲养基地，为提高新药研究的质量，步入国际市场创造条件；组建若干个布局合理，目标明确的包括化合物筛选、制剂研究、微生物、现代生物技术和传统药物研究、新型医疗器械研究等方面的研究开发中心；组建3～5个产学研，科工贸一体化的新药研究开发中心，逐步形成和完善以企业为主体的新药自主研究开发体系；建立国家、地方、企业三级新药研究开发组织网络，形成学科配套，按国际规范协调有效运行的机制；国家医药管理局新药研究管理中心要加强新药研究基金的管理，充分发挥新药研究管理、协调、服务效能，推动我国新药研究步入良性轨道。到2010年，基本形成我国独立自主的新药研究开发体系并初步实现新药研究向创新的转移。

——大力突破现代医药生物技术研究开发，加强生物合成、生物物理诊断、生物医学治疗为主要内容的现代生物技术应用，参与高技术领域竞争，实现医药技术结构的战略转移。

加强新型生物技术药品的研究开发和产业化、现代生物技术产业化关键技术的研究开发和采用生物技术对医药传统产业的技术改造，在“九五”期间要重点建成10个基因工程药物、酶工程和细胞工程药物及医疗诊断治疗器械的企业或生产基地，到2010年国内要基本形成具有一定生产规模的生物技术产业，争取研制和开发3～5个全新的生物工程药物，生产技术水平接近国际90年代先进水平。

——突破制剂品种和制剂技术的研究开发，提高药物的疗效和制剂的质量，重视优质药用包装材料、容器和先进医药装备研究，增强药品的国际市场竞争能力。

要进一步促进释药系统的发展，注重药物前体制剂、固体分散剂、包合化合物制剂、微囊制剂和新型药用辅料、制剂包装材料的研究开发，推进制剂生产的机械化、自动化、程控化，使制剂的生产技术有一个大的飞跃，80%的产品质量达到国际同类产品的标准，制剂品种规格在目前的数量基础上实现翻一番的目标，新型制剂销售额比例要占全部制剂的10%以上，提高制剂出口创汇的比重。

——重视对医药重大关键技术的研究和开发，采用先进的新工艺、新技术和先进技术经济指标，提高效率，降低成本，减少污染，增加产量，缩小与发达国家的差距。

要重点突破战略品种生产的关键技术，实现合理的经济规模生产，提高国际竞争能力；积极研究开发当代世界先进科学技术，如：不对称合成新技术、羰基化技术、催化技术、分离技术、固相合成技术、计算机技术以及高效节能降耗装备和仪器，加速先进科学技术在医药产业中的应用。医药器械产业要面对先进的医疗手段与技术，积极采用医学图象数字化处理技术、半导体激光技术、超声发射接收技术等高新技术，并要充分利用各专业领域的先进装备和生产技术，以形成一定的配套协作网络，加快现有产品的更新换代，在“九五”期间力争完成60%以上现有品种的技术改造和升级。加大可靠性研究力度，从整体上提高医疗器械的工业技术水平，达到国际80年代中、后期的先进水平。

2. 积极努力开发医药新产品，加快我国医药产业结构调整的步伐

调整我国目前医药产品的结构既是我国医药工业发展的重要任务，又是医疗保健卫生事业的需要，“九五”期间要继续实施医药新产品研制专项计划，每年要开发20个医药新品种。

为适应知识产权保护和我国新专利法的实施，在“八五”期间，研制了一批新型药用化合物，“九五”期间要从中选择适宜于工业化生产的品种推上生产；1993年实施药品行政保护以来，已有40多个国外专利药品获得我国的行政保护，我们要不断开发新原料药和新制剂品种，满足临床需要；“九五”期间要针对我国常见病，多发病，疑难病，继续选择对心脑血管、肿瘤、感染、病毒及神经系统、消化系统有治疗作用的重要品种进行研制，同时要继续开辟老品种的新制剂和特殊用途的制剂，增加制剂品种和配套的包装材料、容器产品；要重点研制开发30～50个具有90年代初国际先进水平的医疗器械新产品，并初步达到产业化水平；医药装备及医药包装的研究开发要注重引进、消化、吸收国外先进技术，努力创制新产品。

到2010年，我国医药产品品种结构要得到合理调整，药品品种将从目前的3000余种增加到6000余种，医疗器械品种力争超过4000个，以满足因人民生活水平提高而要求高标准的医疗保健事业发展的需要。

3. 推进企业技术进步，加速科技成果转化，增强医药产业综合实力，提高医药工业增长质量和效益

要深化医药企业的改革，建立有利于企业技术进步的机制，激发企业技术进步的动力。

加强对国家和局级的科学研究、技术开发、技术改造、技术引进、基本建设等技术进步一条龙项目的支持，通过对重要医药品种产业化生产技术的开发和改造，使其技术指标达到或接近世界先进水平，生产规模列入世界前列，最终形成10个技术先进，适度规模，经济效益好，在国际市场上有一定竞争力和知名度，销售额超过50亿元的企业和企业集团；

支持大中型企业同科研单位共建国家级技术开发中心，在“九五”期间，要同国家有关部门建立10个国家级医药工业性实验基地、产品开发基地、工程技术中心或生产力促进中心和一批局级工程技术研究中心；

加强企业技术开发机构建设，增强企业研究开发能力，企业技术开发机构要立足高起点，高层次，高水平，建立有效的资金筹措渠道和人才激励机制，不断改善企业研究开发条件，坚持企业自主研究开发和引进国外先进技术相结合，积极推进产学研结合，并努力使企业成为技术开发的主体，提高全行业工程技术整体水平；

加大技术改造力度，积极引进国外先进技术和关键设备，在“九五”期间，每年选择20项重要医药产品进行技术改造，实施“五年百项工程”，提高重点产品技术经济质量指标，增强在国内外市场的竞争

力。要加强技术引进的宏观管理，抓好技术引进的导向、论证和评估工作，注重消化、吸收、创新，提高投入产出效益。采取有力措施推进企业GMP改造，争取在10年内医药生产企业全部达到GMP标准；

加强宏观调控手段，建立企业技术进步评价体系，通过《新产品、新技术开发指南》、《高效节能技术装备目录》的发布，指导企业开发优良品种和采用先进技术及装备，限制或淘汰消耗高、效率低、污染严重的产品、技术和装备；

促进科技成果的转化和产业化，"九五"期间要从医药产业发展需要出发，遴选20项先进、成熟和适用的新产品、共性技术和关键技术纳入科技成果推广计划并组织实施；

要重视加强科技成果转化的中间环节，建立有利于成果转化为现实生产力的技术推广中心，加大技术推广的力度；大力培育技术市场，建立全国医药科技信息网络和10个医药技术市场网点，以形成全国统一、开放、高效的医药技术市场网络体系，加速科技与市场经济的有机结合；

在医药新产品开发、技术创新研究和医药进出口工作中要强化知识产权保护意识和法律意识，加强知识产权保护，推动医药科技进步，促进医药经济发展。到2010年，初步形成新药研究、技术创新、产品开发以企业为主体的格局，基本实现医药经济增长从粗放型向集约型的战略转移。

4. 实施跨世纪人才工程，建设高水平的科技队伍，全面提高劳动者素质

科技人才是第一生产力的开拓者，实施"科教兴药"，人才是关键，培养科技人才，教育是基础。要全国贯彻《中国教育改革和发展纲要》，充分发挥高等教育及其他各类教育在培养科技人才方面的主渠道作用，加速培养各级各类高质量的人才，造就一批德才兼备的科技后备力量，不断提高劳动者素质。

加强局属高等学校的建设，支持两所药科大学进入或部分进入"211"工程，并以此为基础，进一步发展建设我国现代化一流水平的药科大学；

要培养一批医药高层次科技人才，启动以造就新一代跨世纪的学术带头人和工程技术带头人、优秀科技骨干以及优秀青年科技人员为目标的"十、百、千"工程。到2010年要培养20位在国内外享有一定声誉的高级医药专家，重视跨世纪青年学术和工程技术带头人的培养、要不拘一格选拔人才，创造条件培养人才，吸收人才、对优秀青年科技人才要大胆委以重任，建立人才脱颖而出的竞争、激励机制，注重科技后备队伍的建设，努力在整体上形成结构合理、高效、精干的学术梯队。

培养和造就科技人才要注重德才兼备，加强精神文明建设，大力弘扬爱国主义精神、求实创新精神、拚搏奉献精神和团结协作精神，保证医药科技事业的繁荣昌盛。

加强继续教育，不断提高科技干部的技术和知识水平，增强行业的科技质量意识，努力培养一批懂专业，善经营，会管理的复合型人才和外向型人才，形成一支高级经营管理队伍。完善执业药师资格的考前培训和注册后的继续教育。

在加强科技队伍建设的同时，要注重提高全行业劳动者素质，首先要把住"入口"关，今后医药行业新增人员必须要受过技工学校以上的专业教育；要健全以岗位培训为主的职工教育体系，大力发展以中等职业教育为主体的医药职业教育，建立有效机制，推行学历证书、技术等级证书、岗位资格证书并重的证书制度，真正实现先培训后就业，先培训后上岗，落实培训、考核、使用、待遇相结合的政策，并使之规范化，从而造就一支适应医药事业发展需要的高素质的职工队伍。

5. 建立多渠道，多元化科技投资机制，增加科技投入

医药是当今世界技术发展前沿的高技术产业，医药产品的研究开发具有周期长，风险大，投入高等特点，医药高科技投入是医药科技进步的必要条件，是实施"科教兴药"的基本保证。因此，要采取有力措施，调整投资结构，争取全社会，多渠道，多层次增加医药科技投入。各级医药管理部门，各单位要积极主动地多渠道争取经费，科研院所，大专院校、大中型企业要以自身的科技实力和人才优势，通过竞争，争取更多的项目列入国家和地方的各类科技计划，以获得更多的科技经费；要提高国家新药研究基金的增长幅度，国家医药管理局今后将每年按20%的比例递增；拓宽新药基金的融资渠道，筹建国家新药研究基金会。在"九五"期间，要使新药基金经费在现在的基础上翻一番；引导和鼓励企业增加科技投入，逐步

使其成为科技投入的主体，国有大中型企业用于新产品研究和技术开发的费用应不少于企业上年度产品销售额的5%，技术密集型的高科技企业则应不低于10%；企业在技术引进、技术改造中应有不少于设备总额10%的资金用于技术创新；进一步拓宽国际科技合作渠道，通过各种官方和民间的科技合作，不断提高我国医药科技工作水平，并争取更多的科技经费；充分调动地方企事业单位及国内外团体或个人的投资积极性，吸纳社会资金，扩大资金来源。

6. 深化医药科技教育体制改革，建立科技经济结合的新体制，为实现“科教兴药”奠定体制和结构基础

独立科研机构要努力创造条件，按市场需求和机制开展科研开发和技术服务工作，鼓励和支持科研机构以多种方式更直接地为医药产业服务，或直接进入大中型企业（集团），成为企业（集团）的组成部分，或在原有的基础上，发展成为科工贸一体化的科技型企业；

继续探索建立适应社会主义市场经济的科研机构运行机制，按照“稳住一头，放开一片”的方针，调整科研机构组织结构，分流人员，要稳定和支持一支具有较高水平的精干队伍，从事应用基础性研究、创新研究、高新技术研究和重大工程技术攻关，对这部分力量国家要从经费、设备和待遇上予以重点支持。从事开发和生产经营的科技实体要转换机制，加强内部改革，提高科技和管理水平；

推进高校内部教学、科研体制改革，探索与社会、企业、地方共建的路子，强化为企业服务，为地方经济发展服务的意识，更紧密与企业相结合的新办学模式，积极拓宽办学思路，正确引导多渠道、多形式发展医药教育途径，鼓励更多的综合性大学、理工大学、医学院校培养更多的医药专门人才；

把建立新药、新技术创新机制作为现代企业制度建设的重要内容，增强企业依靠科技进步的动力和活力，使企业真正成为技术开发的主体。加强企业研究开发、设计机构及队伍建设，推动与科研单位、高等院校的联合与合作，逐步形成以企业为中心的技术开发应用体系，促进企业的产品开发，生产管理，营销策划等切实转到以科技进步为动力，适应市场需求为目标的轨道。

7. 加强党和政府对科技工作的领导

医药科技工作对医药事业的发展具有战略性的关键作用，各级领导干部，特别是党政第一把手一定要进一步提高思想认识，不断提高科技意识，真正从思想上、行动上重视科技，把科技工作放到应有的重要地位，加强对科技工作的领导，关心和重视科技队伍的建设，切实解决医药科技工作中存在的实际困难和问题，把握好科技与经济的有机结合，真正把“科教兴药”落到实处。同时，各级领导要带头学习现代科学技术知识、管理知识、经济知识、法律知识，不断更新和丰富知识，开阔视野，提高知识水平、理论水平、管理水平，增强领导能力，推动医药科技工作的顺利发展。

同志们，今年是“九五”计划的第一年，面对当今医药市场激烈的国际竞争和我国医药事业发展的需要，医药科技教育的任务是十分艰巨的，我们要乘全国科技大会的东风，坚定不移地实施“科教兴药”战略，解放思想，团结奋斗，开拓进取，为加速医药事业的发展做出更大的贡献。

立足技术创新　发展规模产业

——国家科委主任宋健在全国医药科技工作会议上的讲话

（1996年4月26日）

同志们：

全国医药科技工作会议今天就要闭幕了。这次会议是在“九五”计划的起步时期，为贯彻落实全国科技大会和党的十四届五中全会精神，全面落实“科教兴国”战略而召开的，会议对于促进医药行业的改革与发展，具有重大意义。

会议期间，国家医药管理局郑筱萸局长作了工作报告。代表们讨论了《国家医药管理局关于加速医药科技进步的意见》，充分肯定了我国医药工作的成就，总结交流了医药科技与教育的工作经验。大家就如何加速医药科技进步，促进医药产业的发展进行了广泛而深入的讨论，提出了许多有价值的看法和建议。会议开得十分成功。我代表国务院向大会表示热烈祝贺！向各位代表，并通过你们，向战斗在医药行业的广大科技工作者和全行业职工表示诚挚的问候！

借此机会，我想就医药科技的发展问题谈几点意见，供大家参考。

（一）

改革开放十几年来，我国的医药事业取得了长足的发展。先后建立了一批拥有较强研究开发力量、专业配套、设备条件较好的重点医药院校和研究院所，培养和造就了一批从事新药研制的科技队伍，初步形成了具有中国特色的医药研究开发体系。

“八五”期间，围绕“保障人民健康、控制人口数量、提高国民健康素质”的根本任务，根据国内外医药卫生科技的发展水平和趋势，组织实施了一批重大医药科研项目，取得了一批具有国内外先进水平的科研成果。在经济体制改革和科技体制改革的有力推动下，医药科研成果的产业化步伐逐渐加快，医药工业发展迅速。目前我国已形成了较为完整的医药工业体系，医药产业已经成为国民经济的支柱产业之一，去年产值已超过1000亿元，是1980年10倍多，为防治疾病、提高人民健康水平和国民经济发展做出了重大贡献。中国早已抛掉了“东亚病夫”的帽子。现在全国人民平均期望寿命已由解放前的不到50岁提高到过70岁，婴儿死亡率已接近发达国家水平，计划生育的医药保健工作十分成功，走在全世界发展中国家的前列。这些举世瞩目的伟大成就中，医药战线的工作者和全体职工为中华民族的生存和发展做出了不可磨灭的历史性贡献。

当前，科学技术的不断进步，特别是高新技术的迅猛发展，已经给人类的生产与生活方式带来了重大变革。科技实力已经成为决定人民的生活水平，衡量一个国家国际地位高低和综合国力强弱的决定因素。作为知识、技术密集的医药产业，近年来更是突飞猛进地发展。医药行业的科技含量、技术水平越来越高，企业规模越来越大。各国都在加强知识产权的保护。为了增强在医药领域的竞争力，各国都在谋划对策、调整战略。这一发展态势，对我国医药行业的发展产生深远影响，提出了新的挑战。

医药对我国来讲，是新兴而又古老的产业。多年来，我国医药产业增长速度较快，但仍然没有摆脱传统的外延型、粗放型增长方式。医药行业的产品质量、技术水平和劳动生产率较低，新药创制能力差，企业规模小且普遍达不到GMP标准，这些因素制约着我国医药事业的发展，急需在今后的改革与发展过程中加以解决。

《国民经济和社会发展“九五”计划和2010年远景目标纲要》向我们展示了未来15年社会主义现代化建设的前景，同时也向医药战线提出了新的、更高的要求。实行两个具有全局意义的根本性转变，实施科教兴国战略和可持续发展战略，要求我们尽快建立适应社会主义市场经济的新型体制和机制，更新发展思路，尽快把经济发展转移到依靠科技进步和提高劳动者素质上来，转移到以经济效益为中心的轨道上来。全社会都在关注提高新药研究开发能力，提高技术水平，向GMP标准靠拢，实现生产现代化。中医药研究开发和生产也要实现现代化。全社会对此呼声很高，要求也很迫切。这对包括医药事业在内的经济和社会发展来讲，是新的挑战，也是新的机遇。

自去年全国科技大会以后，实施科教兴国战略已在全国形成热潮。各地方、各部门都在积极行动，认真贯彻落实科技大会精神，纷纷出台“科教兴省（区、市）、“科教兴行业”的具体措施，努力促进本地区、本行业的科技进步。

科学技术是第一生产力。科技水平是决定我国医药产业发展的关键。在跨入“九五”之际，医药行业将全面实施“科教兴药”战略，为实现“九五”和2010年长远规划目标而奋斗，这是十分正确的发展战略，将对医药事业的发展具有决定性意义。

（二）

《关于加速医药科技进步的意见》明确了医药行业今后15年的奋斗目标。要实现这一目标，我们还需要做很多工作，其中最为重要的是自主创新能力建设及提高产业的规模和技术水平。

江泽民同志在全国科技大会上指出：“创新是一个民族进步的灵魂，是国家兴旺发达的不竭动力。”《中共中央、国务院关于加速科学技术进步的决定》中也明确指出：技术创新是企业科技进步的源泉，是现代产业发展的动力。这深刻揭示了创新在经济进步和产业发展中的关键作用。

医药产业是最有永恒发展前途的高技术产业。随着人民生活水平的提高，社会对医药产业的要求必然越来越高。随着世界贸易新秩序的建立和知识产权保护的加强，靠仿制国外新药的日子已经一去不复返了。我们是12亿人口的大国，不能单纯依靠进口药品或医药技术。要解决中国人民的吃饭、健康问题，只能靠我们自己。因此，必须立足创新，尽快建立自己的新药研究开发和生产体系，发展民族的医药产业。

当前，在医药工作上，一方面应集中力量，加速开发生产一批临床效果明显、不侵犯专利权而又对我国具有较大应用价值的产品；另一方面，从长远发展考虑，应大力强化创新，努力研制具有我国特色、拥有自己知识产权的新型药物和生物制品，进而发展我国的医药产业。改革开放以来，我们已经开发生产了一大批新药，青蒿素誉满世界。最近几年又成功地在生物工程药品方面取得了突破，如生物乙肝疫苗、干扰素、白细胞介素、粒细胞集落刺激因子、以及麝香的人工合成等。事实表明，中国医药工作者有能力开发新药，有能力接近世界前沿，有能力用现代科学理论和方法发掘中国传统医学的宝贵遗产，把中国的医药科学技术和生产提高到一个新水平。在这方面，任何悲观的论点都是没有根据的。

我们所讲的创新，并非孤立地指研究开发和经济运行本身，而是以满足社会需求为宗旨，以市场为导向，以提高国际竞争力为目标，从课题选择、研究开发、成果转化、产业化生产等，一直到市场开拓、推广应用的整个过程。所以，医药的创新，一是要着眼于社会的需求和产业发展，强化政策措施，使研究机构和产业部门实现从源头上的结合；二是要特别注意构筑好创新过程中的每一个环节，抓好各个环节之间的接口工作，如筛选和研究开发的接口，实验室与临床的接口，生产和临床的接口，生产和销售环节的衔接等。要全程推进研究、生产、临床、销售的科学水平和技术进步。

我们讲自主创新，并不排斥技术引进。对外开放，学习他人的经验，借鉴别国的长处，是我们现代化建设的一个基本方针。我们已从中获益匪浅。同时必须认真做好引进技术的消化、吸收和创新工作。要在学习和创新的基础之上，加速发展具有一定规模、具备国际竞争实力的民族医药产业。

中国目前有近9000家医药企业，但最大的企业年销售额仅20几亿人民币，这与国外跨国制药集团相比只是一个小药厂。我国95年医药年销售额为750亿人民币，仅相当于一个跨国制药集团的年销售额。这还不能满足人民医疗保健的需要，也难以应付激烈的市场竞争。目前，世界排名前15位的跨国医药公司都到中国来投资生产、开拓市场。竞争已逼进家门。

我国的医药行业要想在这场竞争中占有一席之地，就必须逐步形成大产业。因为有了大产业，才能有实力聚集人才，汇集资金，占领市场，才能真正成为技术创新的主体，从而支撑整个医药产业的发展。这也是国际医药产业发展的共同经验。我们可以看到，为了保持在国际市场的产品份额和国际竞争力，近年来，大型的跨国制药公司都在兼并和重组的过程中。

在这样的冲击和挑战面前，中国的医药企业应如何发展，是值得认真思考、仔细研究的重大战略性问题。我们已经计划建设一批大型的医药企业或企业集团，这很好。为了更好地适应经济和社会发展的要求，适应国内外市场竞争的需要，我们必须扩大企业或企业集团的规模，形成大产业；同时，也要按大中小并举的原则，继续促进中小企业的发展和进步。小企业要逐步搞大，大企业要更大。只有这样，我们的医药产业才能上水平、上规模，才能逐步走上大产业发展的良性轨道，更好地满足人民生活水平不断提高的需要。

（三）

要做到“立足技术创新，发展规模产业”，我们在实际工作的过程中还必须抓好以下几项工作：

第一，努力增加医药科技投入

国家对新药的研制工作非常关心和重视，财政上也给予了重点支持。目前国家每年对医药科技的投入是很少的。今后随着国家财政状况的好转，国家还将进一步增加投入。但仅靠国家投入是远远不够的。从医药产业持续、健康发展的角度来说，应该逐步使企业成为科技投入的主体。

医药是高投入、高风险、高回报的产业。为了取得竞争中的主动权，国际上大型的医药企业一般都将年销售额的15%以上用于新药创制。我国医药企业大大低于这一水平，仅在0.7%左右，且呈逐年下降趋势。这里有客观原因，很多企业目前的确面临着一些困难。但最主要的是主观认识问题。现在许多企业领导同志，仍然没有认识到依靠科技进步发展医药产业的紧迫性、重要性，仍然迁就于传统的粗放型生产，没有把科技投入看成是决定产业、企业未来命运的措施来看待。结果是有钱扩大生产规模，无钱投入科技开发，使医药产业仍然沿袭外延式、而非内涵式发展的模式。医药行业多年来产值不断翻番，经济效益增长缓慢，有时甚至出现滑坡的事实有力地说明了这一点。

科技是第一生产力，是社会和经济效益的倍增器。要想振兴我国的医药事业，使企业走上持续、健康发展的道路，必须以壮士断臂的决心，加强开发能力，提高生产的技术水平，使企业成为技术创新的主体，走依靠科技进步和提高劳动者素质的内涵式发展道路。要真正成为技术创新的主体，就必须大幅度增加企业对于科技的投入。国家医药管理局提出，到2010年医药企业的科技投入应达到销售额的5～10%，这是应该达到的目标。希望大家共同努力，争取早日实现。

在增加国家和企业投入的同时，也应努力开拓其它资金来源。建立多渠道、多层次、全社会的投入机制，增加对于医药科技的投入。

第二，积极开拓国内外两个市场

发展医药产业，同发展其它高技术产业一样，要立足国内市场，放眼国际市场。市场需求是产业发展的根本动力。我国人口众多，广大人民对医药卫生的期望越来越大，要求越来越高。我们的任务就是要满足人民群众日益增长的需求。目前世界各大医药公司纷纷进军中国市场，从某种意义上讲，占领国内市场也就是占领国际市场。首先要抢占国内市场，也要进军国际市场。国际医药市场每年的成交量很大，我们的出口潜力也很大。要认真总结经验教训，加强组织和管理，积极做好医药出口工作。应注意下列几个方面：

一是要调整出口产品的结构，提高出口产品的档次。二是积极开拓发展中国家市场，出口产品和技术。三是努力进入国际市场。在这方面，我们有许多工作要做，其中比较重要而又急迫的一点是关于制药企业的GMP改造问题。

医药是特殊商品，保证产品的质量至关重要。为保障人民用药安全和增强竞争力，制药行业必须尽快按GMP要求进行生产。要明确时间目标，给予宽限期，采取有力措施，加大改造力度，使我国的制药工业尽快与国际标准接轨。对宽限期过后仍达不到标准的企业，要关闭。

第三，培养新一代人才，充分发挥各类人才的作用

人才是发展高技术产业的关键。没有高素质的人才、特别是青年人才，高技术产业就没希望。医药产业也是一样。

当今，医药技术突飞猛进，正处于蓬勃发展时期，新技术、新方法日新月异。发展医药产业，必须要有一大批具备新的知识和技能的专门人才。因此，要采取坚定措施，吸引和培养一批从事研究开发、生产管理和市场经营的优秀人才，负责参与医药产业的发展工作。应集中更多的人力资源，从事新产品开发、市场开拓和产业化工作，这样我们才能做到"上有源头，外有出路"。

未来是属于青年人的。下世纪的宏伟目标要由他们去实现。青年人朝气蓬勃，最适合高技术及其产业工作。发展医药事业的希望在他们身上。希望各级领导干部尽早有这种紧迫感：长江后浪推前浪，世上新人超前人。老一代科技工作者要支持年轻人，给他们压担子，放手让他们锻炼成长，让他们为人民的需要而大胆工作，为事业的发展、祖国的利益而拼搏。

第四，加强联合协作，推进事业发展

医药行业是跨学科、跨部门的行业。目前我们国力有限，资源有限，但社会主义制度最大的优越性是可以集中力量办大事。建国四十几年来，这个优越性在科技方面体现得尤为突出。没有各方面力量的集中，就没有"两弹一星"等一系列科技攻关的重大成果，就没有高技术研究开发（863）计划以及产业化计划的成功。这一成功经验我们要坚持下去，发扬光大。

国家新药研究和开发协调领导小组的成立，为我们发挥各方优势、加强联合做了一些组织准备。今后要进一步组织协调，加强各有关方面的合作，组织好新药创制的大力协同。国家医药管理局作为医药主管部门，要认真履行行政职能，加强行业管理，努力促进医药事业的大发展。

医药是关系到中华民族生存和人民幸福的伟大事业。在迈向新世纪、实现第三步战略目标的伟大进程中，医药事业肩负着保护人民健康、促进社会生产力发展的神圣历史使命。希望大家团结奋斗，克服困难，努力工作，为中国医药事业的发展贡献力量。

谢谢大家！

积极合理有效地利用外资促进医药工业更好地发展

——郑筱萸局长

在全国医药行业利用外资工作会议上的讲话

（1996年9月11日）

同志们：

全国医药行业利用外资会议今天开幕了。这次会议的主要任务是，贯彻落实党的十四届五中全会、八届人大四次会议以及中央经济工作会议精神；传达学习中央利用外资的规定和要求；总结改革开放以来医药行业利用外资取得的成绩和存在的问题；交流兴办"三资"企业的经验；讨论、审议医药行业利用外资的政策和相应管理办法；探讨如何积极有效地利用外资，推动医药外向型经济的发展。

当前医药行业正全面实施“九五”计划和2010年长远规划，积极推进两个根本性转变，医药经济正进入以提高整体素质为中心的持续高速增长时期。医药行业利用外资工作如何适应新形势的要求，进一步发挥利用外资对医药经济发展的有益作用，是值得我们认真研究和思索的。因此，这次会议开得很及时，也很有必要，是医药行业利用外资工作的一次重要会议。

下面，我主要围绕医药行业利用外商投资现状、存在问题以及新形势下开创利用外资工作新局面，真正实现“外资为我所用”谈几点意见，供同志们参考。

一、医药行业利用外资现状及对行业发展的作用

1. 概况

改革开放以来，我国利用外资工作取得了很大成绩，特别是90年代以来，外商直接投资不断增长，外商投资占社会固定资产投资中的比重已近20%，外商投资企业日益成为我国国民经济的重要组成部分。医药行业是利用外资、开办“三资”企业较早的行业之一。医药管理部门以及医药企业，认真贯彻改革开放政策，积极引进外资和技术、产品、设备。在改革开放的初期，就与日本建立医药行业第一家合资企业——中国大冢制药有限公司。之后，合资企业发展逐步加快，截止1995年底，世界排名前10位的国际著名制药公司都已来华投资，40%的国有医药企业均建有合资项目，全国共建医药“三资”企业近1500家。据对1416家“三资”企业的统计，项目总投资额41.0亿美元，注册资金25.5亿美元，协议外资额19.5亿美元，实际利用外资12.7亿美元，总注册外资比49.7%。“三资”企业基本遍布全国，合资领域涉及原料药、制剂、医疗器械、卫生材料、诊断试剂、制药装备等医药产品的各个门类。

十几年来，医药行业在国家医药管理局关于兴办外商投资企业“新品种、新技术、外向型”三原则的引导下，“三资”企业有了很大发展。1993年我国最大500家外商投资企业中，医药行业有14家。1995年389家医药合资企业的工业销售产值达139.20亿元，占全行业的15.8%。海关统计表明，1995年“三资”企业产品进口8.76亿美元，占全行业进口量的比重为37.5%；产品出口4.06亿美元，占全行业出口量的比重13.6%。

2. 利用外资有力地促进了医药行业的发展

“八五”期间是我国医药行业改革开放以来发展最快的五年，经济总量持续、快速增长，医药工业总产值年均递增21%，1995年，医药工业总产值已达到1040亿元。这与医药行业积极利用外资，兴办医药“三资”企业，推动整个医药经济的快速发展是分不开的。突出表现在以下几个方面：

1）弥补了医药经济发展的资金不足

兴办“三资”企业，引进了大量的资金，弥补了我国医药工业发展中的国家资金投入的不足，为医药企业技术改造、推动我国医药行业的快速发展提供了财力支持。

“八五”期间，医药工业固定资产投资约450亿元，其中国家投入39.5亿元，而行业实际利用外商直接投资约12亿美元。“三资”企业已经成为我国医药经济的一支重要力量。“八五”期间，江苏省医药“三资”企业引入外资2.66亿美元，而同期省内全行业内资的技改投入不到16亿人民币，外资成了主要的投资来源。

医药“三资”企业的快速发展，培育了医药经济新的增长点。“八五”期间，医药合资企业的销售额年均递增约50%，超过全国医药工业总产值年均递增水平。

2）引进了先进生产设备、检测仪器以及与生产产品相关的先进工艺，促进了医药行业的技术进步

通过建立“三资”企业，引进了一批先进生产设备、检测仪器和先进技术，填补了一些国内空白，对加快医药行业技术进步和产业升级的步伐起到了积极的作用。如苏州胶囊有限公司，引进了美国华纳公司生产药用空心胶囊的专利技术；西安杨森引进了吗叮啉、息斯敏、西比灵等专利品种。医疗器械行业通过利用外资引进了CT、核磁共振、大型X光机、医用电子仪器以及齿科材料、卫生材料等一批高新技术与产品，推动了行业的技术进步。

3）大部分合资企业严格按照国际上普遍实施的GMP或ISO 9000要求建立，在厂房建设、工艺装备、

生产管理、质量控制等方面均达到了国际先进标准，为医药行业推行实施GMP提供了有益借鉴。一些合资企业如西安杨森、上海施贵宝、无锡华瑞等，还积极配合国家医药管理局，组织各种形式的讲座、培训，协助编制各项标准，在GMP的推广、实施，提高质量管理水平等方面，做了很多有益的工作。

4）合资企业先进的管理经验，特别是下大力气开发市场，对医药企业产生了巨大影响，促进了经营管理水平的提高。

我国的医药流通体制正处在由过去计划经济时期的统购包销、分级批发的模式向国际惯例靠拢的转型时期，合资企业带进了市场机制和竞争机制。一些营销方式，如采取举办学术研讨会、产品介绍会、新闻发布会等形式推荐、介绍产品，为我国的医药企业开拓市场开阔了思路，发挥了很好示范作用。如大冢于84年就聘用高级工程师给医生讲课对话，在医生心中留下深刻印象，很快使产品得到认可。这是在改革开放初期，合资企业就引入的不同于国内企业的一个非常典型的做法。

5）扩大了医药产品的出口品种和数额

“三资”企业的一些产品，填补了国内空白，替代了进口，并在改进、提高相应原材料质量，带动、扩大产品出口，为我国医药产品立足国内、走向国际开辟新天地。如上海施贵宝的施尔康，已取代美国生产的施尔康，出口到世界市场；苏州胶囊公司生产的胶囊不仅在国内市场十分畅销，同时还大量出口到国际市场，95年出口近5000万美元。这些无疑对改善我国医药出口贸易产品结构不无裨益。

此外，兴办“三资”企业还在一定程度上增加了国家财政收入，创造了就业机会，缓解了待业压力等。

二、医药行业利用外资存在的主要问题

医药行业在利用外商投资取得了巨大成绩的同时，也产生了若干不容忽视的问题，有的问题已具有相当的普遍性。对此，我们必须有清醒的认识，认真分析这些问题，采取相应的对策加以解决，这是医药行业利用外资健康发展、保证12亿人民用上药、用好药的需要，更是实现医药经济跨世纪发展目标的需要。有些问题看到了，也知道如何解决，只要统一思想、研究对策，就可以解决；还有些问题是看到了，也知道如何解决，但在实施上有问题，希望上下共同积极努力，同时，从实施上考虑方法，共同出点子，这是这次会议主要内容。只要统一思想，在利用外资的问题上会有主动权；不统一思想，则很被动，所以我认为这次会议召开地很及时。当前，主要存在以下几个问题：

1. 引进的新产品、新技术少，一些合资企业缺乏发展后劲

吸收国外先进技术，加快医药产业技术进步，是医药行业兴办“三资”企业的初衷，而十几年的实践证明，这方面虽然取得了一些成绩，但与我们所期望的还有很大差距。通过兴办“三资”企业，引进了一些新品种，有些还是国内短缺的。但是，真正属于专利期内的或受药品行政保护的品种很少。如1995年对150家合资企业生产品种的调查表明，属于专利期内或受药品行政保护的品种只有6个，多数是一般性或过了专利期的品种。即便是有些合资企业的“新品种”，也是由中方提供的药品，或者是我国新审批的保健品。医疗器械合资企业也是高新技术引进少，进口组装或简单加工多。

还有一些合资企业的外方股东仅有资金，没有新的产品、技术，或本身就不是医药企业，合资企业建立后即面临困难。为了企业发展，不得不另外寻找有新产品、新技术的外方，进行再合资。

新产品是医药企业发展的关键所在，是企业取得较好经济效益的基础和前提。合资企业如不能引进新产品、新技术，自然会造成企业自身发展后劲不足，而且对整个医药产业进步的推动作用也会大大减弱。

2. 外商投资企业产品结构不合理

产品结构不合理，反映在医疗器械领域，主要表现在一般性产品多，高技术产品少；高技术产品进口组装多，技术引进少；反映在药品生产领域，则主要表现在制剂项目多，原料药生产项目少。

在调查的合资企业中，仅有屈指可数的几家生产原料药。就全国范围来说，生产原料药或中间体的合资企业也是凤毛麟角，绝大多数是进口原料药，加工成制剂后在中国销售的项目。

然而，我国医药行业当前一个突出问题是制剂装置闲置，据统计，1994年，全国制剂生产能力已有40%以上放空，胶囊剂的生产能力闲置更达到60%，合资企业投资偏向制剂产品，使得医药行业产品结构不合理的问题更加突出。

外商追求高额利润是造成这一现象的主要原因。外商热衷于搞进口原料生产制剂项目，除了原料药生产项目一次性投资大、不愿把有关生产技术带入国内的因素外，主要是追求高额利润，既获得加工制剂的丰厚利润，又要赚取原料进口的高额利润，实现利润转移。而有些原料国内能够生产，有些还出口，价廉物美，但仍要进口价格高的同一产品。外商这样做，必然加剧医疗费用的恶性膨胀，增加病患者负担。

只有调整外商投资企业的产品结构，引导外商更多建立原料药生产项目，限制单纯制剂加工型项目，尽可能多采用当地生产的原辅料，才能降低成本，使医药行业“三资”企业健康发展，满足医疗用药需要，实现建立外商投资企业的目的。引进外资，要着眼于引进先进的技术和管理经验，对此我们做出的牺牲是让出一块国内市场，但我们的目的不是让市场，而是希望通过让市场引进技术和资金，来提高自身实力。我们是要利用外资，而不是被外资所利用。

3. 以占领中国市场为目标，产品出口很少

扩大出口，建立外向型医药企业，增加外汇收入和创汇效益。是吸收外资的基本意图和重要目标之一。然而多数合资企业规定的外销协议条款履行存在问题，产品没有出口或小量出口，甚至为零。一些合资公司特别是跨国公司投资的绝对控股的公司，既不生产原料也不生产制剂，而是从国外进口大包装的制剂到国内来分装、贴标签，甚至干脆从国外进口已经最后包装的制剂成品，到国内来换成中文包装，即投入市场销售。

据对176家国营大中型医药企业所兴办的104家合资企业的调查表明，1994年，合资企业的销售额总计为33.6亿元，出口创汇仅0.7亿美元，约占销售额的17%，远远低于176家国有企业的产品出口水平。

造成这一现象的重要原因，是外商仅仅把中国当做其产品的销售市场，不愿承担把合资企业产品向国际市场销售的责任。在我们调查的合资企业中，机构设置上都设有市场部，却没有一家设有国际市场部。即便是合资企业合同中规定了产品出口比例，外方也往往以各种借口不履行合同规定的义务。今后如不加强管理和引导，这个问题将日益严重。

此外，一些合资企业的产品本身竞争力不强，因而外销比例不大；一些合资企业，对外方技术消化吸收不力，国内配套能力差，医疗器械国产化低，零部件依靠进口，生产成本高等也是合资企业产品出口少的重要原因之一。

4. 合资企业所需的技术、产品依赖外方

医药企业的发展需要先进技术和新的产品，兴办合资企业的目的就是要引进新产品和技术。但从调查结果看，合资企业一般引进的是技术产品、技术设备，很少引进降低消耗、提高产品竞争力的生产技术。与跨国公司兴办的合资企业中又没有从事技术、产品开发的机构、装备、人员，当然也就不可能有新产品、新技术的开发能力，这就形成了合资企业不仅当前、而且今后也要依赖外方的局面。

5. 三资企业与民族医药工业存在严重的不平等竞争

改革开放以来，多数地区、特别是沿海开放地区的优惠政策特别是税收优惠在吸引外资方面发挥了很大作用。

然而，医药“三资”企业还享有其他行业外商投资企业没有的优惠，即在药品价格的管理的特殊待遇上。国有企业的价格是由中央及地方主管部门制定的，受价格管理的产品其销售额约占医药总销售额的80%，由于管得过死，调整周期长，在药品生产所需的原料如化工产品、粮食产品等上游产品的价格放开、不断提高价格的情况下，国有医药企业的产品往往处于无利甚至亏损生产的状态。即便是调整价格，也很难考虑市场开发、技术进步和新产品开发所需的投入，价格制定得明显偏低，根本无法形成良性发展的局面。

与此相反，外商投资企业的药品价格，实行备案制，即自行定价。合资企业在制定价格时，充分考虑了市场开发等各种费用及足够的利润，价格很高，往往高于国有企业同类、同质产品的几倍甚至几十倍。一般来说“价格越高，销售越差”，但目前在中国医药市场却恰恰相反。这是因为医院公费补偿不足，只

能靠“以药养医”，使得医生在治病的同时，考虑创收。这些将市场经济规律扭曲，使不平等竞争加剧。而当前，以药养医机制的客观存在，使得合资企业如虎添翼，使不平等竞争中的价格因素更加严重。

6. 合资企业中，中方股权下降，外方扩股、控股要求强烈

改革开放初期成立的合资企业，外方通常不要求占大股，很少有超过50%的。而时至今天，在全国较早成立的13家医药合资企业中，除3家外，均已由外方控股，外方注册资本的比例已达到80%以上。究其主要原因，一是一些合资企业近年来，随着市场发展，知名度提高，纷纷要求追加投资、扩大企业、发展生产，中方或是资金紧张，无力追加投资，或是无长远战略考虑，听任中方股权比例缩小，在合资企业中的地位日趋下降，管理、决策权减小。二是，外方看到中国是潜在的大市场，开办企业时，便纷纷要求占大股，特别是一些跨国公司，往往要求拥有90%以上的股份。

7. 国有资产流失问题突出

近年来，国有资产流失日益严重。资料表明，国有经营、非经营性资产总额约3.5万亿元，从80年代至今，平均每年造成流失高达500多亿元。医药行业也存在这样现象。

1）在建立合资企业中，对中方资金不按规定进行资产评估，低估甚至不估中方资产，按帐面净值入股，或只评估有形资产，对无形资产和土地不计价，使中方资产比例下降，国有资产受损。如一家合资企业，公司运作近2年了，中方的资产却一直由合资公司无偿使用，造成国有资产流失上亿元。在这个合资企业中，中方的土地由合资企业无偿使用。既不收取土地使用费，也不办理租赁手续；中方投入近3000万开发、上市的品种，包括国家保护品种以及中方有几十年历史的著名商标也不加评估、不予作价，无偿交给合资公司；中方其它固定资产及原有的部分流动资金，不及时进行清算，而由合资公司占有。

2）外商利用价格转移利润，造成国有资产间接损失。由于中方对国际市场不了解，许多合资企业的流通环节操纵在外方手中，外方高价进口原料设备，低价向国外本公司的企业出口最终产品，使企业应得的利润转移到外方手中，造成虚亏实盈。出现了合资企业账面亏损，而外商投资势头不减的现象。

8. 引资中存在各自为战的问题

有些地方从本地区本单位利益出发，片面追求数量、不顾实际效益，对引资形式、外资投向、配套能力等缺乏考虑，对外方竞相给予优惠政策，导致“鹬蚌相争，渔翁得利”现象屡屡发生。

此外，引资中还存在外方投资地区分布不平衡，主要分布于东南沿海地区，中西部地区特别是西部地区严重滞后；一些合资企业外商资金到位率低等问题。

三、关于医药行业利用外资工作的建议与要求

今后15年，医药行业要实现跨世纪发展宏伟目标，必须认真贯彻深化改革和扩大开放的方针。当前，医药行业利用外资已经进入一个新的发展阶段，既有机遇，更有挑战。如何继续做好利用外资这篇大文章？

首先要进一步明确利用外资的指导思想。医药工业利用外资的目的，是要发挥市场容量、生产能力及技术人员等方面的比较优势，通过吸收外资和技术，增强整个行业的竞争力，把我国建成世界医药强国。医药工业利用外资工作，要实现由数量速度型向质量效益型转变。我们必须有一种长远的战略眼光，利用外资，不仅要重视工业产值的增长，还要注意技术水平的提高；不仅要注意在国内竞争力方面的优势，还要注重国际竞争力的提高；不仅要着眼于当前的经济效益，还要兼顾中国医药工业长远发展的需要。

同时，要加大医药行业利用外资的协调、引导和管理工作的力度，要根据医药工业的长远发展目标和产业政策要求，把外资引导到重点发展领域、急需发展的产品、项目和扩大出口上来。

下边，就利用外资工作，如何紧紧围绕转变经济体制和经济增长方式，按照积极、合理、有效的原则，开创工作的新局面，上新台阶，谈几点建议和要求。

1. 开辟新渠道，大力吸收外资

通过十多年的改革开放，投资环境日臻完善，市场经济体制的逐步建立，外资到不到中国来的问题已基本解决。

然而，历史的经验提示我们，有利于我国经济发展的国际条件并不多，而且这种机遇往往稍纵即逝。

我们应当珍视当前有利于我国吸收外资的良好国际和国内环境，坚定不移地实行对外开放政策，抓住机遇，大力吸收外资，把吸收和利用外资的工作引向深入，促进医药工业发展，把我国建成医药强国，满足人民日益增长的医疗保健需要。当前，从国际形势整体来看，发达国家资金丰厚，看好亚洲市场，特别是中国，而医药行业更是热点。因此，我们要抓住机遇，让外资为我们服务。

当前，要进一步改善投资环境，增强对外资的吸引力，同时要努力开辟利用外资的新渠道、新方式。总体来说，医药行业利用外资的渠道和方式不多，大多是产业资本的直接投资，这种状况使我们对外资的选择余地很小，往往是外资选择我国的医药企业，而我们则处于被动状态，不能根据发展的需要，选择合适的外资，使利用外资工作受到了限制。

在今后的工作中，将利用外商直接投资与间接投资、利用产业资本与金融资本结合起来，要通过股票上市、发行债券等多种形式，更加主动有效地利用国内、国际金融市场来融通资金。一些地区和企业，已在积极探索和开拓。如深圳三九药业有限公司利用金融资本，山东新华制药股份有限公司H股即将在香港上市；华北制药股份有限公司的股票在日本上市的准备工作也在积极进行。对此既要勇于实践，更要总结成功经验，并加以推广。

为了更好地吸收外资，要扩大利用外资的渠道和方式，增大选择余地，降低利用外资的成本，我们在《医药行业利用外资政策（征求意见稿）》第九条就提出："医药企业拥有先进的产品、生产技术的，支持其直接利用境外金融资本或间接利用外资进行发展"。医药企业要根据自己的实际，选择最适宜的外资，保证民族资本的最大限度的保值、增值需要，促进中国医药工业的发展。

2. 努力提高利用外资的水平

为了不断提高医药行业利用外资的水平和经济效益，合理引导外资投向，优化外资的投资结构，要做好以下三项工作。

1）加强医药产业政策对外商投资的引导作用

当前兴办外商投资企业出现的一些问题，其中一个重要原因是在开办和审批中，没能很好地与产业政策和产业发展规划结合起来。这种状况在限额以下地方项目的审批中十分突出。发挥与加强医药行业利用外资的规范和引导作用是必要的。

多年以来，国家医药管理局里提出了一些政策和要求，诸如兴办外商投资企业的"新产品、新技术、外向型"三原则、禁止兴办商业性合资企业以及限制外商投资于一些战略性医药品种等，一些省市也根据各地的实际情况，制订了一些相应的政策，如福建省医药管理局比较早地发布了本省的"利用外资政策"，发挥了积极作用。然而，尚不够完善和系统。随着医药外商投资的发展，我们的认识不断提高和深入。在对医药行业外商投资企业进行调查研究和总结的基础上，拟订了《医药行业利用外资政策（征求意见稿）》，经过反复修改后，在这次会前又下发各地，请大家认真讨论修改。

这份政策导向性文件定稿和下发，将对新开办外商投资企业发挥规范、引导的作用。除了在技术、品种、项目等方面外，还希望在向中、西部地区倾斜方面发挥引导作用。

2）进一步贯彻《指导外商投资方向暂行规定》

这个规定及所附的《外商投资产业指导目录》，为规范和引导外商投资方向发挥了积极作用，我们要进一步认真地贯彻执行。

客观地讲，《规定》也还存在一些问题需要完善。如对于鼓励、限制类项目，没有明确的引导手段；对于指导目录品种，鼓励、限制类品种不完备，不能及时根据发展的实际进行调整；对于违反规定者缺乏监督和纠正措施，一些限制乙类医药项目未按要求报医药主管部门而是由地方自行审批，也只能听之任之。

对此我们将继续向国家计委、经贸委、外经贸部反映，使这个规定更加完善，发挥更大作用。

3）认真执行国家医药管理局《新建医药生产企业开办资格审查办法》

为了提高利用外商投资的质量，近年来，各级医药管理部门做了不少努力。广东、江苏和山东省医药管理局比较早地就外商投资企业的兴办标准和审批程序提出了要求、规定，尽管仍有局限性、力度不足等问题，还是发挥了积极的作用。为进一步贯彻落实有关文件精神，最近，国家医药管理局制订下发了《药品生产企业开办资格审查办法》(国药办字〔1996〕第285号)，该办法包括了新建外商投资药品生产企业的开办资格审查的内容和要求。请各省市医药管理部门按照医药行业利用外资的要求和审查办法，对新开办外商投资企业认真进行初审。

我们相信，只要认真贯彻国务院的要求，做好对外商投资药品生产企业开办资格的审查工作，将会提高医药行业利用外资的质量，纠正国有资产流失现象，促进我国医药工业的健康发展。

3. 处理好利用外资与发展民族工业的关系

当前，一定要正确处理好利用外资与发展民族工业的关系。关于经济自主性与吸收外商投资的关系，不仅是我们医药行业而且是一个全国、全球性的课题。实践证明，积极合理有效地利用外资，促进了中国医药工业的发展，也促进了民族工业的发展。我们不能把利用外资与发展民族工业对立起来。随着世界经济一体化，特别是医药工业作为一个国际化特点十分突出的产业，跨国界的兼并、联合之风是其它产业所不能比拟的。这都表明，民族工业的概念在变化，不再是自我封闭、纯而又纯的民族资本了。在当前的形势下，完全依靠自我积累发展中国的民族工业，是不合世界潮流，也不符合我国经济发展总体要求的。

但是，我们也要认识到，吸收外商投资对经济自主性是有影响的。加拿大是这方面一个典型的例子，由于美国资本在加拿大经济中占主导地位，一些加拿大人大声疾呼："加拿大是加拿大人的加拿大，还是美国人的加拿大?"，这正是加拿大经济自主性受到削弱，导致对美国经济高度依赖和经济结构脆弱性的表现。

不管世界经济怎样融合，我们必须保持经济的自主性，大力发展民族工业，保持国有经济在国民经济中的主导地位。《中共中央关于建立社会主义市场经济体制若干问题的决定》就明确指出，以公有制为主体的现代化制度是社会主义市场经济体制的基础，国有经济要控制国民经济的命脉，要对经济的发展起主导作用。

为此，我们在《医药行业利用外资政策（征求意见稿)》的第十条提出："支持大型、特大型国有医药企业以部分资产存量开办控股或占主导地位的外商投资项目"，希望各地、各企业特别是大型企业一定要坚持以我为主的原则，在主体是我、主要权益归我的前提下，积极利用外资，加速国有医药企业的发展壮大，促进民族工业的发展。

如果我们医药企业都合资了，而且都被控股，那么我们利用外资的工作不是成功了，而是失败了。

一些省市医药管理部门及医药企业在这个问题上保持了清醒的认识，在处理利用外资与发展民族工业的关系上做了很有益的工作。上海市医药管理局、新华制药集团公司及华北制药集团公司在兴办外商投资企业时，十分重视企业自身的价值和主体地位，从企业的长远发展需求出发，参与外商投资项目，不靠牺牲长远利益而获取短期效益。这些做法是值得提倡的。

4. 尽快实现国有企业与外商投资企业的平等竞争

当前实行的药品价格管理办法，使国有企业与外商投资企业处于严重的不平等竞争地位，是造成国有企业利润不高、甚至亏损的重要原因之一。这种违背市场经济规律的做法，应该尽早得到纠正。否则，不仅将继续遏制民族工业的自我积累和良性发展，而且将使创新能力本来就很弱的国有企业遭受更加巨大的困难，缺少发展后劲。除了市场开发和新产品的投入以外，规定一个合理的利润率，根据此利润率定价，同时，对商业企业规定一个利润率，对医疗机构也规定一个利润率，大家按此定出价格，到一定时候根据上游价格的变化，再修订价格，这样大家公平竞争。

众所周知，医药产业具有高技术、高投入、高效益的特点，已经使其成为世界经济强国激烈竞争的产业。而医药经济的一条基本原则是高技术所需的高投入，必须来源于现有产品的销售利润。

外商投资企业，由于管理、品种、资金等方面的优势，特别是在药品定价方面的优惠地位，销售利润一般都很可观。不过，从外商特别是跨国公司在华投资的安排可以看出，他们把产品、技术的研究开发留在母公司，并未把销售利润投资于在中国进行研究开发。到目前为止，外商投资的项目，没有一家建有研究开发机构，开办的企业往往是其在全球经营网络中的简单加工厂。

针对这一现象，我们在《医药行业利用外资政策（征求意见稿）》中提出，鼓励从事医药产品及技术的研究开发项目。今后要根据这一要求，积极引导，加强对外合作，以便提高中国医药工业的研究开发能力。

与此同时，我们一定要立足于自我，把创新能力的提高寄希望于民族工业的发展，寄希望于国有企业。这就要扭转国有企业利润低下、缺少研究开发资金的状况。造成这一现象的因素很多，其中价格政策和价格管理方面对民族工业的不平等做法是一个十分重要的因素。

因此，创造一个平等竞争环境，特别要实现国有企业与外商投资企业在价格方面的平等竞争是迫切而必要的，以便使民族工业形成良性自我积累机制，建立起产品、技术不断创新的能力，使中国的医药产业能在激烈的国际竞争中占有一席之地。

5. 吸收外商投资要讲大局

国家医药管理局将进一步加强对吸收外商投资项目的协调、组织。在跨国公司有计划、有目的、有步骤来华投资的情况下，需要增强与外商谈判实力和能力，更有必要从全行业和整体发展进行引导。加强协调、引导，包括进行投资区域调整。在沿海地区继续扩大利用外资的同时，要把利用外资向内地推进，在《医药行业利用外资政策（征求意见稿）》的第十一条我们做出了相应规定："对于确能发挥中西部地区资源优势且符合产业政策的限制类外商投资项目，可适当放宽限制"。

6. 加强对外商投资企业的管理

当前存在着一种普遍的倾向，就是对合资企业重兴办、轻管理。医药合资企业存在着合同未完全履行，中外员工同工不同酬，原料高进、产品低出，一些重大的财务支出，中方董事不清楚，对外方人员负责的财务管理，缺乏必要的监督等问题。

为了加强对合资企业的管理，各有关省市医药管理部门和股东单位，要推荐、选派有能力、有经验、有精力的人员担任董事，不能把董事当成一种荣誉性职务，董事要懂事，还要管事。要加强对中方管理人员特别是高级管理人员的教育、培训和监督。要深入了解情况，认真研究问题，真正履行职责，国家医药管理局将会同有关部门，在适当的时候对合资企业履约等情况进行一次检查，以维护中方合法权益，推动合资企业的健康发展。

同志们，8月初，以深化改革为中心内容，召开了"全国医药经济工作座谈会"，今天我们又以扩大开放为中心内容，召开了"全国医药行业利用外资工作会议"，这两个会议的共同目的，就是要不断提高我国医药经济的增长素质，促进医药经济两个根本性转变，促进医药事业的持续、健康发展。

当今的世界是开放的世界，实行对外开放是一个国家走向现代化的必由之路。党的十一届三中全会以来，对外开放作为一项基本国策，极大地促进了我国生产力的发展和综合国力的提高。吸引、利用外资又是对外开放政策的重要组成部分。我们要提高认识，更新观念，加强管理，认真引导，积极合理有效地利用外资，促进我国医药工业更好地发展，为实现我国医药经济跨世纪持续快速健康发展而努力奋斗！

关于药品回扣问题的调查报告

自从80年代中期药品回扣出现，十多年来愈演愈烈。药品回扣，严重困扰着医药工商企业的发展，已成为社会关注的热点问题之一，引起医药卫生界、新闻界和政府高层领导的重视。

为了了解药品回扣的严重程度和危害，分析其形成及发展的根源，寻求从根本上解决药品回扣问题的办法，国家医药管理局9月中旬组成专门的调查组，对浙江、上海、广东、福建、山东、黑龙江、北京等七个省市进行了专题调查，在深入、广泛调查的基础上，对有关药品回扣问题进行了认真、系统的研究。现将调查研究情况报告如下：

一、药品回扣愈演愈烈

1. 药品回扣形式五花八门

据调查，在药品购销活动中，医药工商企业之间、商业企业之间基本上采取实价折扣的形式；而医药工商企业与医疗单位之间也有实价折扣形式，但大多是回扣形式。

药品回扣的形式在过去主要是单项品种回扣。现在，药品回扣的形式已经五花八门，并还在不断翻新。主要形式有：

从品种数量划分：单项品种回扣；综合（多品种统一）回扣；

从回扣目的划分：批量（交易额）回扣；付款时间（回款）回扣；商业宣传回扣；

从回扣内容划分：实物回扣；货币回扣，又分支票、汇票回扣及现金回扣；

上述回扣属于真正意义上的回扣，即发生在购销双方之间，公开的帐内的部分货款返回，这些回扣多以冲减销售收入（冲红票）的方式实现，而现金回扣和实物回扣，一般以列支费用的方式实现。

除此以外，由于对回扣概念认识模糊或存在着曲解和滥用，也有人把为了做成药品交易或实现别的商业性目的，以各种名义在帐外暗地给予对方有关人员或集体的货币或实物也称为“回扣”。这些所谓的“回扣”不是严格的科学意义上的回扣，而是商业活动中的行贿受贿行为，属于商业贿赂的概念范畴。

2. 药品回扣日趋普遍

在80年代中期，药品回扣只发生在个别企业与医疗单位购销个别药品活动中，今天，回扣几乎已经涉及所有的医药工商企业、医疗单位和绝大多数药品。

在调查中发现，以前不要回扣的厂矿医院、乡镇医院也开始大幅度索扣；有的尽管购药量很小，也要回扣；以前未曾涉足回扣的国有医药商业企业也不得不顺势而为之，卷入回扣的漩涡；不仅竞争激烈的老品种有回扣，新上市的药品也有回扣，而且扣率更大。

3. 药品回扣扣率日益扩大

在80年代，药品折扣率一般是2～3%，高的也不超过5%，现在，回扣扣率一般已达到15%左右，有的地方已高达20～30%，有些品种更高。同时，实物回扣的价格不断提高，从冰箱、货架发展到计算机、通讯设备、汽车等。目前的回扣幅度已大大超出正常的界限，使市场竞争发生扭曲。

调查表明，浙江省的药品回扣扣率一般在20%左右，有的地区，如金华、宁波高达20～30%；上海的医药工商业虽然对当地药品市场有一定的控制能力，但扣率也在15%以上。

医药商业企业与医疗单位之间的过度回扣势必殃及医药工业企业。因为过高的回扣，商业单位没有条件和能力给出，只能转嫁到工业企业。据对浙江5个制药企业的调查，1995年上半年共生产制剂药品150种左右，若按规定出厂价计算，销售收入应为2.77亿元，实际销售收入为1.92亿元，扣率达30%。

由于药品回扣已经涉及众多的药品并成为各医药商业企业、各医疗单位普遍的市场行为，药品回扣不是发生在几个地区，而是发生在所有地区、所有药品市场上，因此被称为“药品回扣风”。“回扣风”不仅风势不减，反而愈刮愈烈。

二、药品回扣危害广泛深重

1．严重损害药品消费者的经济利益

药品大幅度回扣，实际上大大降低了医疗单位的药品进价，但医疗单位并未相应降低药品零售价格。医药工商企业的回扣让利，药品消费者并未受益，而全部为医疗单位所得。同时，由于有些药品的高额回扣来源于不合理的高定价格，医疗单位偏好使用这些价格高的药品，更加损害了消费者的经济利益。几年来，医药工商企业经济效益急剧下滑，而病患者抱怨看病越来越贵，看不起病，公费劳保医疗部门强烈反映医药费用上涨过快，主要原因就在于此。

2．医药工商企业效益严重流失

据对山东药品市场11个品种的进销差、销售毛利率、销售利润率统计，医药商业：21.92％、17.97％、2.97％；医疗单位：66.58％、39.96％、24.96％。

由于一般药品回扣率在15％左右，医疗单位的药品进销差高达35.3％，销售毛利率高达26.08％，按一般医药商业企业费用水平计算，医疗单位的销售利润率高达11.08％。医疗单位的药品回扣收入与其药品正常收入基本相当。据统计，1994年上海市卫生系统部门医疗单位的药品收入4.7亿元，其中2.4亿元是回扣收入。从全国来看，目前系统内医药商业对医疗单位的年药品销售达400亿元，再考虑到系统外销售部门，每年医疗单位获取的药品回扣收入可达70多亿元。

医疗单位获取的药品回扣来自于医药工商企业的让利。随着回扣的扩大，医药工商企业效益势必降低。医药工业企业和医药商业企业的销售利润率，1985年分别为12.5％、4.39％；1995年上半年仅为5.3％、0.93％。预计1995年医药工商企业的利润仅为39亿元。医疗单位获得的回扣额是工商企业利润的1.8倍；扣除税金，因回扣医药工商企业流失利润39亿元，是现有利润的一倍。

3．医药工商企业在困境中挣扎，生存与发展严重危机

医药行业属于技术密集的高技术、高投入、高风险行业。相应的利润回报和高额投入是行业发展的必要条件。随着国民对药品疗效、毒副作用及质量要求的提高，以及药品的专利保护，入关的临近和国内外市场竞争的加剧，我国医药行业正面临着严峻的挑战。只有加大战略性投入，加快新药研究和GMP改造的步伐，提高管理水平，才能适应市场环境的剧烈变化，避免在竞争中失败。

长期以来的微利和低投入政策已经导致我国医药行业产品和装备严重陈旧，在国际竞争中处于劣势。药品回扣造成的效益流失更是雪上加霜。目前，平均三分之一的医药工商企业亏损，亏损面和亏损额都呈增加的趋势。由于企业效益低下，朝不保夕，根本无力进行决定未来命运的战略性投入。这种状况继续下去，不仅会导致我国医药行业的存在与发展严重危机，也会对社会医疗保健水平产生严重影响。

4．掩盖行贿、受贿、索贿及贪污行为，国家财税大量流失

药品购销活动中名目繁多的所谓回扣，如：宣传费、促销费、临床观察费、交通费等，许多是以回扣之名行商业贿赂之实。虽然有些企业采取“鸵鸟政策”，在企业内部对回扣支付有严格手续，但对方业务人员签字或不签字，都可拿走回扣而不管其交不交公。有些帐内回扣，应对方要求汇入单位工会、食堂或别的帐户，形成“小金库”。因此，药品回扣给商业贿赂和购销人员贪污开了方便之门。

由于医疗单位是免税单位，即使公开进入医疗单位财务帐户的回扣，也造成国家税收的严重流失。按年回扣额70亿元计算，国家税收流失大约31亿元。

5．药品质量和合理用药意识淡化，病患者用药安全有效难以保证

由于药品的扣率、差价、利润成为医疗单位购销药品主要考虑的因素，导致不合理用药，甚至使伪劣药品进入一些医院。浙江某医院每天用环丙沙星乳液竟达1000多瓶，原因就是每瓶有30多元的利润。

假劣药品，含量不足或疗效不佳的药品成本低、扣率大，更容易销进医疗单位。然而，正是这些“药

品”对病患者的健康危害最大。

6. 诱导不合理的产品结构，加剧药品市场混乱程度

由于扣率或价格成为市场选择和竞争力的主要标准，而药品质量，疗效与合理用药退居次要地位，从而使药品市场出现一系列严重问题。

其一，既然靠回扣就可以售出药品，一些企业也就不再费时费力开发疗效特别的药品和研究市场真实需求量。从而诱导出不合理的产品结构和产品的低水平重复，反过来更加剧了回扣的严重程度。

其二，假劣药品回扣大，市场竞争力强，使其在市场上横行。

其三，一方面回扣导致不合理高定价格，另一方面不合理回扣让利，掩盖了商业贿赂，加剧了药品市场的不正当竞争。

三、药品回扣屡禁不止、愈演愈烈有着深层次的复杂原因

1. 财政对医疗单位拨款不足及补偿机制不合理是回扣产生的动因

长期以来政府财政对福利事业性质的医疗单位拨款严重不足。从全国来看，财政拨款占医疗单位职工工资总额，1960 年为 73%，1994 年仅为 38%；1994 年财政拨款仅占费用支出的 10%。目前，有的医院财政拨款仅够几个月的工资，而一些县和乡镇医院财政拨款少得更可怜。因医疗收费价格由国家控制，定价水平低，不足以弥补费用缺口。医疗单位除必须支付维持正常运转的工资福利和办公等费用外，为了评等升级，创优达标，还要大搞基本建设，如建楼房、购置大型医疗设备等等，这无疑需要大量的资金，形成很大的资金缺口。1994 年，相对于财政拨款，医疗单位费用缺口高达 90%，资金缺口导致的资金饥饿症使医疗单位产生强烈的创收动机和动力，形成“以药养医”的机制。

2. 医药不分的医疗体制以及过时的价格管理模式是产生回扣的条件

在正常情况下，医疗单位只有提高医疗服务水平，加强管理，约束费用开支才能消除或缩小其资金缺口。然而，我国医疗单位却有充分的条件不用走这条路，而通过药品回扣或压低药品进价就可以解决资金缺口问题。

条件之一：医药不分的医疗体制不仅是医疗单位获得正常药品差价收入的条件，同时也是索取和获得药品回扣的条件。

条件之二：现行药品价格仍属于计划经济形态的管理模式。这种管理模式的主要特征与弊端是：

(1) 国家对绝大多数国有企业生产的药品实行死板的国家定价管理形式，而对“三资”企业生产的药品的价格放开不管。由于政府实际上不可能替代企业准确预测近万个品种规格的药品（仅指西药）的成本和市场变化，依据药品的效能和质理合理调定价格，加上对“三资”企业，药品价格不加约束，使得一些药品的价格过高，有了回扣的余地。

(2) 更值得注意的是，现行的在规定批发价格基础上加成 15%的药品零售价格作价办法，给医疗单位不断索取大回扣或压低进价，从而无限制地获取非正常的药品收入，提供了有利的和合法的条件。

3. 药品市场管理乏力使回扣失去控制

(1) 由于执法不严，执法不公，加之执法力量不足，对假冒伪劣药品查处打击不力。假冒伪劣药品成本低，往往以更大的回扣率与合格药品、优质药品竞争，对扣率的逐年上升起着推波助澜的作用。

(2) 自从国务院 53 号文件下发以来，非法进入药品市场的行为和药品购销渠道混乱的现象有所收敛，但问题仍然存在。那些无证或证照不全，租用证照或挂靠经营的单位和个人也以高扣率与合法企业竞争，推动着扣率的上升。

(3) 产品结构及制药企业、药品批发企业总量管理失控，产品低水平重复、企业越办越多、越办越小、越办越滥，企业过度竞争，哄抬扣率。

(4) 药品市场管理法规建设严重滞后，医药管理部门缺乏管理药品市场的法律性授权和管理依据；对药品回扣、折扣等市场价格行为缺乏具体明确的规范与有力的管理。

四、制止药品回扣必须治标先治本，标本兼治综合治理

长期以来，药品回扣不但屡禁不止，反而愈演愈烈，其关键原因就是导致回扣的根源没有消除。因此要彻底解决药品回扣问题必须首先解决深层次的回扣动力和条件。

1. 政府应真正将医疗卫生事业当作福利事业对待，逐步增加财政拨款，按医疗服务成本，合理确定医疗服务收费价格，保证医疗单位日常费用和基本建设费用开支。同时，对医疗单位的规模发展及大型医疗设备购置要严格规划和管理，有效节制不合理开支。从而减弱或消除其索取回扣的欲望和动力。

2. 按照国际惯例推行医药分业的模式，使医疗单位没有追求药品回扣和药品差价收入的条件，失去对药品回扣和药品差价的兴趣。在当前难以立即分业的情况下，医疗单位药房要单独建帐，独立核算，药品收入上缴财政部门，由财政部门对医疗单位直接补偿。

3. 彻底改革现行的药品价格管理模式，除重要的垄断性药品和暴利性药品可实行国家定价管理形式外，其它大部分药品应从限制暴利的角度出发实行利润率、差率控制管理形式。对医疗单位药品零售环节及其它药品零售环节必须实行实际进价加规定差率或综合差率控制管理形式。

同时，在医疗服务收入和财政拨款不足以弥补费用缺口，而仍需药品差价收入情况下，价格管理部门应正视医疗单位的合理利益，客观上准确地测算并给予所必需的进销差率或综合差率水平。

4. 药品市场管理要走上法制化，经常化的轨道。在药品市场管理法规制定过程中，要明确界定折扣、回扣的概念，禁止回扣行为，严格规范折扣行为。要将解决药品市场上的不正当价格折扣行为、垄断暴利行为及以各种名义出现的商业贿赂行为等不正当竞争问题列入药品市场管理工作的日程表。

当前，要继续深入贯彻国务院 53 号文件，坚决取缔任何形式的药品集贸市场；严格控制制药企业及药品批发企业的开办；加大产品结构的宏观调控力度；对非法进入药品市场经营和药品购销渠道混乱等问题加大管理的力度。

5. 医药工商企业要进一步提高管理水平，要以长期观念权衡各种回扣、折扣策略的利弊得失。

五、目前解决药品回扣问题，有着难得的大好时机

第一，药品回扣的严重性和危害性已经引起医药卫生界、国务院及其有关部门乃至全社会的关注，要求解决药品回扣问题的呼声日益高涨。

第二，公费劳保医疗制度改革正在试点运行。在改革中，对于增加医疗单位的财政拨款，逐步实行医药分业及建立健康的医疗补偿机制，已成为有关部门的共识。

第三，药品价格改革方案正在研究制定之中。

第四，国家及许多地方医药管理部门已经把加强药品市场管理法规建设列入议事日程。

机会可遇不可求。我们必须抓住机遇，认真评价各种改革方案对解决药品回扣问题的作用和意义，积极主动地提出我们的意见，争取从根本上解决这个危害极其严重而又长期无法解决的问题。对此建议如下：

1. 向国务院专题报告药品回扣问题的严重性、危害及解决问题的方案，请国务院重视并协调解决。

2. 在研究设计医疗补偿机制和药品价格管理改革方案工作中，将解决药品回扣问题作为重要的工作目标之一。

国家医药管理局制止医药
购销活动中回扣风调查小组

全国卫生材料生产企业调查报告

全国卫生材料生产企业调查工作自1995年9月1日正式开始，至1995年10月31日结束，历时共60天。

这次卫生材料生产企业调查的范围包括生产医用敷料类、医用硬膏类、一次性医用产品。

一、我国目前卫生材料生产行业的现状

1. 卫生材料生产企业大量出现是目前行业的主要特点之一。

目前我国的卫生材料生产企业的数量远远超过了统计年报所统计的100余家的数量。80年代初以来，由于卫材厂投资少，技术简单，见效快，生产企业大量出现。出现了各行各业纷纷办卫材厂的现象，据调查，河北、河南、山东、湖北、浙江、江苏等省份的卫材生产企业数量均超过了100家，其中江苏泰兴一带据反映大大小小卫材厂就有200余家。其它非主要产棉省份的卫材企业数量也有很大发展。据业内人士保守估算，全国卫生材料生产企业或车间至少在1500家以上，这还不包括“开关厂”（生产不稳定的企业）。

2. 大型企业出现及年销售额大幅提高是特点之二。

卫生材料生产行业整体来说属于劳动密集型行业，产品价格较低。过去我国最大的卫材生产企业只不过是中一企业，企业职工很少有上千人的，年销售额几千万元的企业数量不超过10个。这次调查发现集团化经营的卫材企业已出现，如吴江医用保健品总厂（产品全部是卫生材料），湖北津奉集团等。职工人数超过千人的已不罕见，出现了年销售额超亿元的卫材企业，年销售额上千万元的已很多，其中吴江医用保健品总厂年销售额已达4.8亿。据不完全统计和业内人士保守推算，目前我国一年的销售额约在40～50亿人民币。

3. 产品出口量大是我国卫材生产行业的特点之三。

我国的卫生材料出口量巨大，约占整个销售额的60%～70%。产品基本覆盖了欧美市场。卫材行业内产品完全出口的外向型企业众多。

4. 老企业萎缩是行业特点之四。

我国的卫生材料行业老企业多建立于50～70年代之间。由于退休职工多，设备老化，技术力量外流等原因，现在普遍比较困难，甚至资不低债。

5. 老产品占主要地位，产品单一是该行业的特点之五。

目前卫生材料行业占主导地位的是医用敷料，产品仍以老产品为主，主要原材料为棉花、硬膏类大部分也是老产品，如氧化锌橡皮膏，伤湿止痛膏等。近几年除强生公司用弹性基材生产的创口贴带动了我国创口贴广泛利用弹性基材而使该产品上了一个档次外，其它新产品不多，而有限的几个新品种市场不乐观。如纸胶带。从这次调查中看出卫材行业在相当长的一段时间内仍还将以棉花为主要原材料。国外市场也是如此。除此之外，国外公司进军中国市场对中国卫材行业的冲击也不可忽视。如欧洲最大的拜尔斯道夫公司与常州卫材厂合资该公司控股70%。

二、卫生材料生产行业存在的主要问题与面临的主要困难

我国的卫生材料生产行业整体上来说不大景气，现正处于低谷。与国内外市场的需求不相适应，据调查，欧美市场一年的需求量约在100亿美元左右，而我国的医用敷料应该说整体质量是有竞争力的，但目前的状况是，“国外市场大，企业效益差”，通过调查，其原因是我们自已内部的问题。其中主要问题有以下几点：

1. 行业管理严重滞后，生产秩序混乱不堪。

卫生材料是直接用于人体或创面的应该属于特殊产品，而很多产品药典上均不标准。但目前该行业处于失控状态，行行业业均可以搞，目前搞卫材的五花八门，纺织系统、轻工系统、商业系统、劳改、乡镇甚至个体，都开办了很多卫材企业。这些企业在开办时基本上无人考核认证。产品出来后有时经销部门要求出证，这些企业胡乱搞个证件，就能应付。如调查中发现很多企业只有卫生许可证便开始生产销售了。

2. 管理者无法可依。

由于卫生材料的定义不十分准确，若干年来针对卫生材料的法规文件甚少，省市医药管理部门普遍感觉无法可依，造成找上门来的管管，不找的不管，也是致使企业数量恶性膨涨的主要原因之一。

3. 缺乏引导，信息不灵。

我国的卫生材料行业基本上处于无人管理的状况，没有必要的产业政策，及行业指导，也没有专门的研究开发部门。企业戏称自己是“游击队”，企业想找个“婆婆”都很难。由于信息不灵，企业被外商欺骗事件呈上升趋势，如某台商集团打着与我合资办厂旗号，骗了不少国内卫材企业。

4. 产品质量下滑，伪劣假冒充斥市场。

这次调查工作中大中型企业普遍反映目前卫材产品质量差、假昌伪劣产品充斥市场，具体表现为缺斤短两，脱脂棉不吸水，含有化纤物等，这次调查还发现了假冒伪劣卫材市场，据反映该市场一个月的销售量在500万元以上。目前卫材行业缺乏必要的监督，质量好坏一个样。

5. 出口无协调，企业自相残杀，外商渔利。

我国的医药敷料产品出口量很大，生产工艺简单造成一哄而上，因为缺乏必要的组织协调，造成相互压价，现在出口的企业利润已很微薄。如一打敷料块的利润只有几厘钱，企业只能靠规模维持。就产品销售而言，全行业已不能赚取销售利润，而是靠退税才略有盈利。今年出口退税减少和不能按时兑现，更使企业雪上加霜。而外商进口我们的产品分装后销售，其销售价已达我们的出厂价的几十倍，有的高达50倍以上。出口配额及准销证问题也亟待解决。

6. 原材料问题突出。

卫生材料行业的主要原材料为棉花，计划经济时一切都是计划，棉花也不例外，后来搞市场经济，棉花放开，计划也随之消失。但自九三年以来，国家对棉花实行四统一，对棉花实行封闭式计划管理，而卫材行业无人给计划。个别的省份有一点计划，也是杯水车薪，致使大量卫材企业无米下锅，企业要么等死，要么违法，有的企业被迫放弃前道工序，致使成本大幅度上升。可以说棉花的计划问题是困扰卫材行业的一个比较突出的问题。

三、对行业现状的一点意见与建议

1. 应尽快颁布与行业有关的法规政策，加强行业管理，按照药品生产企业管理那样，把所有的卫材企业纳入行业管理，严格按标准要求。

2. 国家医药管理部门应对卫材有相应的管理机构，成立研究开发机构，促进卫材行业的健康发展。

3. 加强行业指导，对技改贷款应有所安排。重点保护扶植有活力大中型企业，造就几个特大型卫材龙头企业。

4. 国家医药主管部门应协调企业的出口价格，一致对外，保护国家和企业利益。

5. 原材料计划问题，应向国务院有关部门进行协调，使卫生材料这一用棉大行业确保计划用棉。

6. 加强质量监督，打击伪劣假冒产品。

国家医药管理局

政策法规司政策研究处

企业发展之路就在自己脚下

——医药工业企业内部管理机制的调查报告

当前，我国经济体制正在发生一场巨大变革，在这一进程中，不少国有大中型医药工业企业通过转换机制、提高素质，使企业面貌焕然一新，得到了很大发展。然而，有一些企业在市场经济的大潮中束手无策，企业外部环境不宽松固然是不容忽视的客观实际，但管理思想落后、经营观念陈旧、领导素质较低、管理制度松弛，仍是阻碍医药企业发展的主要原因。

1995年，国有大中型医药工业企业调查小组经对176家国有大中型医药工业企业的调查发现，亏损企业占30%以上，而属于政策性亏损的还不到5%。通过调查给我们一个启示：面对不宽松的外部环境，国有医药企业切实下大功夫，通过企业内部深化改革和加强管理去克服不利因素，搞好企业，是现实有效的选择。

据此，国家医药管理局政策法规司从1995年下半年至1996年年初，进行了一次国有大中型医药工业企业深化内部改革的调研。我们先后到江西、湖南、上海、内蒙古、河北等省区市15家有代表性的医药工业企业进行了典型调查，总结了成功企业的一些经验，希望能给医药行业国有企业走改革之路以启发，使它们不断增强自身应变能力，在社会主义市场经济条件下，迅速步入良性发展的轨道。

一、国有企业转换机制是当务之急

我们在调查中发现，这些企业由于每个企业情况不同，当前企业内部运行机制就出现了三种状态：第一种是基本上没有适应市场经济体制的状态。在这种状态下，虽然企业在形式上也进行了一些改革，但其内部运行机制并没有发生实质性的转变，使企业的管理秩序不顺，生产效率下降，职工思想不稳，经济效益滑坡甚至陷入连年亏损、积重难返的境地。第二种，是新旧运行机制并存的状态。旧的内部机制还存在潜伏影响，但新的运行机制仍然处在一种不健全的发育阶段，还没有形成稳定的运行状态。在市场环境变化莫测、竞争更趋激烈的情况下，企业管理和经营决策机制出现摇摆不定。第三种，是初步形成新的运行机制的状态。新的运行机制开始对企业产生积极的作用，内部各系统协调发展，企业步入良性发展的轨道。

我国实行社会主义市场经济体制以后，国有企业的环境、性质、目标都发生了急剧而深刻的变化。在传统的计划经济体制中，企业所需的物资、资金、员工都是由国家按计划分配给的，生产的产品也都是由国家统购包销，国有企业只不过是个“生产车间”或“制造工场”，企业同市场隔绝，也不需要找市场。在这样的体制下，国有企业的加强管理，其内容无非是围墙以里的单一生产型管理。

当我国经济体制转向市场经济之后，国有企业几乎都被一下子推向市场经济的大海。人财物生产要素，企业要从市场中通过交换取得，而企业的产品必须经过市场交换，并在激烈竞争中接受用户的选择——这一选择是十分严峻的，被马克思形象地称之为“商品生产者的惊险跳跃”，如跳不过去，“被摔死的不是商品，而是商品生产者”。国有企业由过去的与市场隔绝，一下子变得与市场生死攸关。

在新旧体制转轨中，一些医药企业由于对市场机制的片面理解而忽视了改进和加强管理工作。一些厂长、经理把市场上的灵活经营与企业中的严格管理对立起来，相互混淆，管理失之于松懈；由于企业外部矛盾热点增加，一些厂长、经理主要精力转换，忽视了内部管理；承包制和职工收益与企业实现利润挂钩，引起了不少企业急功近利，短期行为，放松了管理；面对市场竞争和内部诸多问题，一些企业放松管理，以致出现了“以包代管”、“以罚代管”、“以奖代管”等倾向。

随着企业经营机制的转换，能否在市场经济激烈竞争中生存并发展壮大，主要取决于企业的正确决策和管理水平。“管理科学”是现代企业制度的重要组成部分，主要包括企业的科学领导体制、合理的决策程序、有效的劳动、人事、分配制度、先进的财会制度、现代的管理方法与技术，以及企业文化建设、企业形象战略建设等内容。

二、发展战略是提高市场竞争能力的根本

从主观上讲，没有一个医药企业不想提高自己的市场竞争能力，这就需要精心制定企业的发展战略。发展战略是企业在复杂多变的环境中，为求得自身的生存发展而进行的较长期的、有关全局性的总体谋划。企业发展战略主要包括：企业经营思想、产品战略、质量战略、管理战略、科技战略、投资战略、人才战略、商标战略等等。

企业的经营思想建立在什么观点之上，决定企业的经营成败。上海中西药业股份有限公司总经理王海钧十分形象地比喻：“企业是商海中的一条船，不搏击、不创新就难以生存，更谈不上发展。”他把计划经济比作“火车系统”，只能在高度集中指挥下行驶，他把市场经济比作“轿车系统”，由经营者把握方向盘，自己确定方向、速度和目地，但在行驶中要遵守交通规则。由此思想出发，他十分强调市场经济体制下的“企业自我设计”，提出了以市场为导向的“中西”的发展战略。

企业产品战略直接决定产品的发展，产品发展不能脱离市场需求，也不能脱离企业优势。华北制药厂作为我国医药工业的“排头兵”，在“九五”发展规划中提出了“11022”的奋斗目标——到2000年实现销售收入110亿元，实现利税22亿元。为实现这一目标，在产品战略上，他们一是继续以青霉素系列产品作为发展主线，产量将超过7000吨；一是利用现有原料药的优势，大力发展半合成抗生素，增加制剂生产的产量和剂型。

产品市场定位是由市场动态决定的。石家庄神威药业股份有限公司面对医药市场变化，扩大自己的视野，全面调查和分析市场。不仅分析城市市场，而且分析农村市场，不仅研究某一地区市场，而且研究全国各类地区市场。他们决定避实就虚，着力开发儿童、老年用药，形成儿童用药23个品种，老年用药10个品种，目前这两类产品产值占公司工业总产值的60%以上。

质量战略是指产品在市场上的定位，从实际意义上讲，就是在消费者心里的位置。赤峰北方联合制药厂经过市场调查，发现全国现有注射葡萄糖年产量20万吨，其中优质的仅有2万吨，备受用户的青睐，因而他们决定产品定位在这2万吨的档次中，即靠质量争市场的质量战略。他们对生产车间进行技术改造，总投资2060万元。改造后，葡萄糖生产采用了国内先进的酸法二次结晶工艺，产品质量居同行业之首列，深受广大客户的欢迎。仅此一项，年新增产值3220万元，新增利税736万元，一举扭转了亏损局面。

正确的企业发展战略是形成企业市场竞争力最主要的途径。许多成功的企业家都把发展战略作为企业的灵魂，作为激励全体员工积极性的动力，做为企业勇往直前的奋斗目标。反过来，在调查中我们也发现，一些原来的国家医药骨干企业，由于领导管理思想滞后于改革和经济形势的发展，没有制定企业的发展战略，仍然“等、靠、要”，眼睛老是盯住原有的市场空间，守株待兔，市场情况好就赚点，情况不好就亏损，而不是按照市场需求的变化及时调整产品结构，致使企业的产品积压，陷入连年亏损、积重难返的境地。

三、向资本运营转换是“第二次跳跃”

进入市场经济后，一些企业经营者把价值和资金、资本作为一条红线贯穿于企业经营活动的全过程，这是国有企业的又一次跳跃。如把企业由产品生产者向商品生产者的转变，称之为第一次跳跃的话，那么企业从商品生产者向资本经营者的转换就称之为第二次跳跃。其基本点就是要求国有企业和企业家搞好资本运营。资本运营就是营运资本，加速周转，不断增值。资本经营者最关心的不是多要资金，而是利用好资金，认为企业的生命在于资金的加速周转和存量资产的流动和重组，流到回报率更高的产品、行业上，实现资本的不断增值。资本经营者着眼于用较少资金投入调动更多的资本和资产，通过对外合资、对外协作，“借鸡下蛋”、“借船出海”，用社会化大协作，借他人财力获取最佳投资效益。所以，我们说医药企业向资本运营型转变，是变革性的转变，是深化企业内部改革的新思维。

近几年来，资金紧缺、资金利用效率不高一直困扰着许多医药企业的发展。1994年，国有医药企业的资产负债率为73.36%；自有流动资金占全部流动资金的比重不到20%，资金的利用效率呈下降趋势，资金利税率，1985年为32%，1990年为16.31%，1994年为10.36%。现在不少医药企业对生产经营过程中到底需要多少资金，现有资金应该投向哪里，效益如何，资金能否充分利用，占用在各种形态上的资金如何管理，如何重组和盘活存量等问题，缺乏科学的预测和决策。

石家庄第一制药厂在香港设立由企业控股的投资公司，1994年在香港发行股票，募集资金2.18亿元。股票境外上市后，他们利用2900万美元建立了一个年产三千吨VC的工厂，预计年销售收入达3亿元，利税超亿元。1995年，以该厂为核心企业，又组建了集团公司，围绕香港"投资公司"这个窗口，积极开展收购、兼并、控股、内部资本重组等工作，扩展了6个合资子公司和2个控股子公司。石家庄第一制药厂利用境外上市公司的作用，由以产品经营为主发展成为以资产经营为主，促进了企业的快速发展。

华北制药厂1994年在上海交易所挂牌上市，融集资金5亿元，用于技术改造和新产品项目建设。他们运营资本、外引内联，"八五"期间与外商合资合作的项目达12个，引进外资3500万美元；本着优势互补，先后对4家企业进行租赁经营，兼并了3个企业，又对2家企业控股经营，为华药"八五"任务的完成提供了重要保证。1996年元月华药集团公司成立后，他们将进一步搞好资本运营，筹措华药"九五"发展所需资金。他们一是从专业银行争取贷款、通过合资合作、补偿贸易的方法，通过发行债券、股票海外上市等途径来确保所需资金的及时到位；二是通过参股、控股、兼并走低成本扩张的道路。

资本运营是关系每个国有企业兴衰的重要问题，也是衡量企业经营素质高低的重要标准。任何企业不管其意愿如何，它的整个经营活动都与资本运营紧密相关。

四、企业管理需要不断创新

今天，企业已被推向市场，激烈的竞争迫使企业必须不断地调整自己的管理模式，建立起新的内部机制，才能适应市场经济规律，使企业得到迅速发展。在调查中，上海中西药业股份有限公司的事业部制和上海三维制药公司的"以人为本"的企业文化建设，给我们留下了深刻印象。

上海中西药业股份有限公司的前身是中西药厂，十年前仅拥有80万元净资产，现已发展成拥有7家子公司、8家控股公司，资产总额达5亿9千多万元的股份制企业。企业发展如此之快，不能不说是与他们创立的新的管理模式分不开的。1995年，他们在企业组织结构上实行事业部制，设立了按产品划分的医药、农药、卫生用药和综合等四个事业部。公司本部集中着经营管理的重大权限，是"投资中心"；事业部与公司本部是分层管理的关系，是公司内部独立实行经营核算的利润中心。事业部有偿占用公司资本金，除须按年支付资本利息外，还需上交技术开发费和管理费；公司向事业部下达分解的销售收入、回笼率、产值、品种、利润等指标；公司并把投资回报率、计划利润作为对事业部的考核指标。事业部是公司生产经营活动的主要承担者，处于督促下属工厂执行各项计划、实行公司总体目标的中间环节。事业部拥有所属企业人财物的调配权和产供销经营权。工厂是公司的"成本中心"，具有现场生产指挥管理权，其管理所要达到的目的是产品高质量前提下的最佳成本。事业部制解决了直线职能结构下，管理跨度过大，组织层次又过少的矛盾，使职能部门与业务单位的关系由平行转变为平面相交型，从而使组织结构处于最佳运作状态。这一管理上的重大突破，使企业内部的责、权、利关系清晰，企业资金管理意识、技术开发管理意识增强，投资管理、成本管理状况得到了根本改观，资金周转加速，销售货款回笼状况日益好转，回笼率由事业部成立之初的64.74%，上升为目前的90.97%。企业通过事业部的运作，逐步形成了利益共享、风险共担的机制，多个"老板"分担了过去一个"老板"的风险。市场细分化也解决了技术专一、市场多角的矛盾，保证了经营的灵活性。

上海三维制药公司总经理黄彦正有一句名言，即："企业要有比利润更高的追求"。这种追求就是6个字：忠诚、改革、完美。具体来说，忠诚，就是企业忠诚于顾客，职工忠诚于企业，企业忠诚于职工；改革，就是不断否定、不断发展、不断创新；完美，就是任何事情都以质量为第一的思想。这些追求已作为企业文化的精髓贯穿在三维公司整个企业的活动中，融化在全体员工的行动中。比如，在“人力管理资源化”中，他们首先把人力视为一种资源，这样，着眼点就不是把人管死，而是通过机制挖掘出人的积极性和智慧；不是以行政调配办法挖掘，而是让员工自主选择岗位去发挥。通过建立内部劳务市场，企业每个员工都可以公平竞争，在内部劳务市场上找到更加适合自己个性特征、心情更加舒畅的新岗位。从1993年起有近2千人次进出劳务市场。

企业文化是一门以人为本，以企业精神为核心，以实现企业管理整体优化为目标的管理哲学，把公共价值观融入企业管理之中。随着市场经济的发展，社会出现了价值取向多元化倾向，建设企业文化，就是做好员工价值导向工作，正确的追求，才能保证企业有一个全体员工接受的价值观、共同的目标、信念和追求。现在许多医药企业在实践上没有真正把企业文化建设作为管理科学，而是仅仅把它作为一种单纯的管理形式和手段。如一些企业一谈到企业文化时，就把举办几场文艺演出和舞会，看几场电影，组织几次文体活动作为主要“成绩”。没有把企业的目标、方针、计划，经过教化、熏陶、躬行，真正变成全体员工为之奋斗的自觉行动，把企业看成是自己的家。企业文化理论，是对传统企业管理理论的更新和发展！是以人为中心的管理科学。解决好如何调动人的积极性这个大课题，医药企业就必须结合实际尽快创造崭新的企业文化。

五、企业发展急需一批企业家

企业发展要靠企业家带领一班人，依靠广大职工去实现。在政企职责分开，企业经营权力越来越大的情况下，企业经营者的素质和个人品质对企业来说就成了头等重要的问题。

在这次调查中我们发现：一个医药企业有了高水平的经营管理者没有好的产品可以开发出好产品，没有资金可以“变”出资金，没有市场可以开拓市场；管理混乱可以在短期内改变局面；企业亏损，可以经过努力扭亏为盈。相反，一个不称职或怀有私心的企业经营管理者，就可以把一个好企业搞垮。医药企业改革和管理的实践一再证明，厂长（经理）不能与“企业家”相提并论，或者说它们之间不能简单地划等号。企业家不是一般的企业经营管理者，而是非常优秀的实业家，他除具备基本的管理者的技能外，还应该有较高的政策水平、无私的奉献精神、超前的谋划意识、勇于开拓的胆识等。

上海中西药业股份有限公司董事长兼总经理王海钧领导着“中西”经历了三个发展阶段。“六五”期间，“中西”面临抗癌药大量积压，企业处于半停产状态。经过大胆调整产品结构，走出低谷，“中西”不仅开发抗疟药，而且打开了拟除虫菊脂类农药和卫生用药的新天地，使“中西”成为国家拟除虫菊脂类杀虫剂的生产基地。“七五”期间，因“中西”地处市区，化工生产带来的“三废”及环境污染难以解决，有关部门督促他们移地改造。王海钧面对生存危机，大胆提出采用关联扩散型多角经营战略。即把市区的本部“空心化”，改造成新品开发和市场开发的“母体”，把生产全部转移到市郊和外省市的联营分厂。“中西”不仅生存了下来，而且在规模上、生产上都有了一个大发展。“八五”期间，王海钧抓住了“股份化”的机遇，进行股份制改造，通过发行股票，筹集资金9600万元，为“中西”发展增添了强大活力。1994年与1980年相比，“中西”的产值增长14.8倍，销售增长12.2倍，利润增长5.47倍，净资产增长27倍，总资产增长50倍，出口增长26倍，劳动生产率增长7.85倍，而职工人数仅增长0.78倍。对此，王海钧说，“中西”的每一个发展阶段都面临着一次新的挑战、新的拼搏。作为企业领导人，在挑战面前要沉着冷静，以大无畏的精神和必胜的信念去迎接挑战。会抓住机遇，把握机遇，那就能赢得挑战，推动企业发展。

石家庄神威药业股份有限公司董事长兼总经理李振江爱厂如家，视厂如命，心想职工，忘我工作，自1993年以来，他受到政府、部门重奖30万元，都贡献给了企业。石秋林同志任赤峰北方联合药厂厂长不到四个年头，他刚接手时是一个濒临倒闭的企业，1992年前亏损高达1123万元，但他竟能奇迹般地扭转了亏损。他尽管身患重病，有时昏倒在工作岗位上，却忘我工作。在两万吨淀粉改造工程中，每当病痛发作，他输完液有所缓解就又投入工作，日夜和工人在一起，以人格力量感动了工人。

培养和造就一批懂得社会主义市场经济的企业家，是搞好医药企业的一项基本工程。医药企业在改革和发展中反映的困难往往是物资短缺、资金紧张，但我们认为，在发展生产力所必需的各类要素中，最突出的是高水平的企业家人才匮乏。各地医药管理部门和组织部门，应积极研究探索建立区别于党政干部的企业家选拔、使用、评价、考核、奖惩、监督办法，为造就一支高素质、职业化的企业家队伍创造条件。企业家是在的实践中锻炼成长、脱颖而出的。

企业管理是一个永恒的课题。我国医药企业在经济体制转轨的大环境下，深化改革，转换机制，改进和加强管理的任务十分繁重。当前一些企业的管理既跟不上改革的形势，又失之于粗、失之于松，这一情况表明，向管理要质量，向管理要效率的潜力很大，就是在现有条件下，只要企业管理能提高到一个新的水平，使国有医药企业昔日的技术、管理和人才优势能变成市场竞争的优势，国有医药企业的总体状况就会改观，经济效益就会提高。

国家医药管理局政策法规司　董泰铎　申宁
国家医药管理局特约研究员　沈登乐

全国保健药品生产企业总体状况的调查报告

一、目前我国保健药品生产行业现状

保健药品生产企业是指由领有药品生产企业合格证和许可证，以生产药健字文号为主的企业或独立车间。通过这次调查，目前我国约有此类企业600家左右，主要集中于陕西、江苏、浙江、山东、福建、贵州、北京等省市，其中陕西最多，约有70余家（包括独立车间）。全国保健药品年产值约100亿元，其中山东最高，约15亿元左右。年出口额约2亿美元。保健药品生产企业已成为我国医药行业的一支重要力量。

1. 中小型企业众多，大企业独领风骚

目前我国保健药品生产行业中小企业众多，固定资产200万元以内的约占55%左右，200～800万元之间的约占35%，1000万元以上的约占10%。年销售收入1000万元以上的约占总数的20%，年销售收入上亿元的企业约占总数的2%，主要分布在山东、陕西、广东、吉林、北京等省市。

2. 保健药品生产行业普遍效益较好

通过这次调查发现，目前我国保健药品生产行业经济效益较好，亏损面不到10%（已停产或倒闭的企业未划入）。年利润超过100万元的企业约占总数的25%，说明市场需求仍然旺盛。

3. 企业硬件设施普遍较好

这次调查还发现，目前我国的保健药品生产企业大部分硬件设施较好，特别是近几年发展起来的企业，普遍具备GMP要求的生产车间，从总体上看，超过了中药、生化药生产行业的设备水平和生产环境。

4. 生产水平一般，技术含量不高

目前我国保健药品的主要品种是口服液，多为中药制剂，也有部分生物制剂（发酵产品），但活性难以保证，这与国外的同类产品相比水平差距较大，如韩国的一种三株菌，制剂现已出口到我国，该产品为冻干制剂，有效期二年，二年后检验活菌仍能达到90%以上。

5. 临床评价疗效尚可

这次调查，首都医药杂志刊登了保健药品疗效调查表，要求专业人员、医生、药师才有资格填写，从回收的调查表看，临床医生对保健药品评价尚可（详见调查表）。

6. 个体、私营或变相个体私营企业较多

二、目前保健药品生产行业普遍存在的主要问题

通过调查，保健药品行业从生产、经营、管理等方面还存在一些问题，具体表现为：

1. 产品质量不稳定，疗效不确切

保健药品由于它自身的特性，难以保证确切疗效，加之部分企业虽然硬件较好，但质量保证体系较差，造成产品质量难以保证。

2. 普遍存在夸大宣传现象

保健药品行业普遍存在所谓包治百病的夸大宣传现象，造成虚假繁荣，由于普通群众药理知识较差，致使上当受骗的较多。

3. 管理不严，监督不力

这次调查中，企业普遍反映监督管理不严，行业生产经营秩序混乱。

4. 价格不合理，处于失控状态

保健药品做为药品的一部分，本应有合理的定价，但现实是企业说了算，部分企业暴利现象严重，亟待健全保健药品价格管理机制。

5. 低水平重复，档次不高

部分企业不注重 产品的内在质量研究，单纯追求效益，大量存在捞一把就走的心理，存在严重的低水平重复生产建设现象。

6. 缺乏必要的扶植政策

保健药品市场较大，已成为药品市场的重要组成部分。但管理部门缺乏必要的投入和研究、开发费用，致使整个行业基本上靠企业自身投入，造成整个行业难以形成整体规划，缺乏产业政策导向，形不成健康有序发展的良好环境。

7. 企业之间缺乏必要的联系

保健药品生产企业各自为战，企业之间没有必要的沟通，信息不灵，亟待成立自己的行业协会。

8. 销售渠道混乱

保健药品一般难以进入医院，一些企业不满足只在药店销售，于是超市、百货商场大量销售保健药品，一些没有药品经营合格证和许可证的企业大量经营保健药品，与药品管理法不符。

9. 大量治疗药按保健药审批

一些生产企业力图省力，走捷径，将治疗药按保健药审批，难以达到治疗目的，并对人民群众用药安全造成威胁。

三、意见与建议

这次保健药品生产企业调查工作得到了企业的大力支持，企业反响强烈，纷纷呼吁国家应加强管理，重视保健药品的生产、科研、开发，主要意见与建议有：

1. 随着人民生活的提高，保健药品已成为整个药品的一个重要组成部分，其产值已占整个药品产值的10%左右，市场容量巨大。国家应正确对待该行业，把它纳入整个医药行业的整体发展计划。要有中长期的发展规划，在产业政策上，在产品开发、研究上要予以重视和倾斜。

2. 要严格管理，加强监督力度。既然是药品生产企业就应该按《药品管理法》严格管理，不能网开一面，并在价格管理上予以正确指导和引导。

3. 对质量好、效果可靠的保健药品，政府应予以扶植，打击伪劣产品。

4. 应建立国家级的保健药品研究单位，建立有序的研究、开发、生产一条龙体系，尽快使其成为健康快速发展的行业。

5. 应加强宏观调控。有关部门应严格按《药品管理法》办事，对低水平重复，以食品充保健药品，质量低劣的保健药品及其生产企业坚决按国务院办公厅 14 号文件要求，予以关停并转。

6. 保健药品包括保健品市场是巨大的，但广大保健药品生产企业要看到希望与危机并存。随着社会主义市场经济和法制的不断完善、职工医疗保障制度的逐步建立，随着药品知识的普及、药品分类管理的推进，广大消费者、患者的识别能力将不断提高，保健药品的生产应该认清形势，未雨绸缪，在质量、疗效上下功夫，只有生产出疗效可靠、质量稳定的保健药品，才能在激烈的市场竞争中站稳脚根，才能迎接国际跨国制药公司的挑战。

·专论·

加快医药科技进步　促进医药经济发展

国家医药管理局副局长　张鹤镛

医药行业是高科技、国际化、关系到全国十二亿人民健康的特殊产业群体，因此医药行业贯彻“中共中央、国务院关于加速科学技术进步的决定”，落实小平同志“科学技术是第一生产力”的思想实施“科教兴国”战略就显得十分重要。“九五”期间，我国要全面实现现代化建设的第二步战略目标，即初步建立起社会主义市场经济体制，到2000年在人口比1980年增加3亿的情况下，实现人均国民生产总值比1980年翻两番，基本消除贫困，人民生活达到小康水平，达到人人享有初级卫生保健的要求，同时，开始向到二十一世纪中叶实现中等发达国家水平的第三步战略目标迈进。

根据中共中央、国务院制定的国民经济和社会发展“九五”计划和2010年远景目标，结合医药行业特点，国家医药管理局制定了医药行业“九五”计划和2010年长远规划，提出了奋斗目标。到2000年我国医药工业总产值将在现有的基础上翻一番达到2000亿元，到2010年，将达到8000亿元规模，将使我国医药产业成为国民经济中高技术、外向型的主导产业，医药工业整体水平基本实现现代化，跨入世界制药强国的行列。

1. 医药科技工作取得重大进展，成绩显著

改革开放激发了广大医药科技工作者的积极性和创造性，也促进了国际间的合作与交流，我国的医药科技得到飞速的发展，创新药的研究，新技术、新产品的研制与开发都取得了丰硕成果，在一些重要领域中有突破性进展，缩小了与国际先进水平的差距。

①由国家医药管理局主持的“八五”国家重点科技攻关项目全面总结验收。

“八五”期间，国家医药管理局主持了103个药品、医疗器械科研专题和12个生物技术专题，组织了包括国家教委、卫生部、中科院、总后卫生部等8个部门所属82个科研单位的1450名科技骨干进行攻关，在五年攻关中，广大科技工作者为了医药事业的发展而团结协作，无私奉献，发挥了聪明和才智，取得了丰硕的成果。通过攻关，奥美拉唑、氟西汀等15个具有八十年代国际国内先进水平的新药投放市场，14兆伏医用驻波电子直线加速器、彩色多普勒超声诊断仪、超导型磁共振成像仪、正电子发射CT、X刀等23个医疗器械新产品获得市场准入和科技成果鉴定，填补了国内空白，优化了医药产品结构；通过攻关，研究开发了近三十种新型制剂和五条重要制剂产品成套技术生产线，从而大大促进了我国制剂生产整体水平的提高，缩短了与国际水平的差距；通过攻关，我国创新药物筛选技术和安全评价水平正在逐渐向国际规范和先进水平靠拢，切实推动了我国新药研究由仿制向创新的转轨；通过攻关，专用现代生物技术和现代制药工程新工艺、新设备改造传统产业方面取得了成绩，为重大产品的规模化生产，提高国际市场竞争力奠定了基础；通过攻关，对医用超声诊断仪、呼吸机、麻醉机、单道心电图机等开展了可靠性技术的研究和应用，明显提高了医疗器械产品的质量。

纵观“八五”期间医药科技攻关工作，有14个专题成果达到了国际先进水平，56个专题达到了国内领先水平，20个专题达到国内先进水平，共申请专利23项，有7项已获得批准，发表论文及研究报告445篇，获各级奖励26项，其中国家发明奖一项，国家“八五”科技攻关重大科技成果奖6项，据初步统计，“八五”期间攻关项目已累计新增产值7.4亿元，新增利税1.8亿元，出口创汇3700万美元，“八五”攻关成果在推动全行业的科技进步，提高科技对经济增长贡献率方面将显示出重要作用。

②新药研究取得新成果。

随着改革开放的不断深入，我国政治、经济、科技进入了国际大循环，知识产权保护日益完善，这对长期以来以仿制为主的医药产业是一个严峻的挑战，对此医药行业必须努力提高创制新药的能力和水平，向自主研究开发新药转轨，积极参与国际竞争。1987年国家医药管理局设立了新药研究基金，1991年1月成立了国家医药管理局新药研究管理中心，负责新药研究基金的管理，引导全国的研究开发力量从事创新药的研究。国家为加强对新药研究的支持力度于1993年1月成立了国家新药研究与开发协调领导小组，健全了新药研究管理体系，新药研究的投入逐年增加，到目前为止，局新药研究基金资助的项目共250项。其中1996年，新立项资助了40项，并对16项新药阶段评估后予以滚动支持，新药基金资助的一类新药研究项目迄今已有三项取得新药证书，正在申报与待取得新药证书的两项，正在进行临床的四项，有力地支持了到本世纪末完成十个创新药的目标。由国家医药管理局组织起草的药品非临床研究质量管理规定（GLP）在反复调研、考察、论证的基础上，经国家科委审定发布试行，在国家新药研究与开发协调领导小组支持下，组建三个服务于全行业以GLP为标准的药物安全性评价中心，促进我国的新药研究尽快与国际标准接轨。

③药物制剂水平不断提高。

我国化学药品虽有大量出口，1994年310种原料药品种出口量首次超过国内用量，但是出口主要是非专利的原料药，经济效益低下，药物制剂在医药工业中一直是个薄弱环节，这和以往重原料药轻制剂的思路有很大关系，因此制剂品种陈旧，剂型规格少，质量不稳定，临床疗效差，不具国际竞争能力，还直接影响到新药的开发，为了改变这一状况，跟踪世界先进技术，提高我国制剂技术水平，增加制剂品种，医药科技工作者学习、应用新理论和先进的技术，超越传统药剂研究范围，综合生物药剂、物理药剂、医学工程、高分子等学科进行新型的药物制剂的研究，同时注重制剂新工艺、新技术、新材料的研究开发，使我国的制剂水平上了一个新的台阶，各种先进的药物新剂型，如靶向、缓释、控释、透皮吸收、气雾剂、膜剂等先后研制成功，新型的药物辅料相继问世，缩短了与国际先进水平的差距，国家计委在医药行业设立第一个国家级工程研究中心——在上海医药工业研究院建立国家药物制剂工程研究中心，对全国医药制剂加大技术辐射力度，将为制剂工程技术成果的产业化发挥重要作用。

④大力推进医药行业的技术创新工作。

江总书记指出：“创新是一个民族的灵魂，是国家兴旺发达不竭的动力，一个没有创新能力的民族，难以屹立于世界先进民族之林”。医药行业推进技术创新工作以适应两个根本性的转变，增强企业发展的实力和后劲，是我国从医药大国向医药强国迈进的关键所在。

利用高新技术改造传统医药产业已取得明显成效，目前我国已在1/3的抗生素品种的发酵过程中采用计算机控制技术，使生产技术水平有显著的提高，取得了较好的经济效益。天津大学医药结晶工程研究中心和华北制药厂合作攻关研究的青霉素结晶新工艺和新设备的研究成果在生产上应用后在确保质量的前提下，使青霉素的收率提高4～5%，溶媒消耗降低30%，结晶器的容时生产能力提高了70%，经济效益显著。在其他药物的结晶过程中也将逐步采用结晶新工艺和新设备。

为了推进医药科技成果的产业化、商品化和国际化，需要在企业与科研机构或高校之间建立一种新的结合模式——即工程技术研究中心以探索科技、经济结合的新途径，为此国家计委建立国家药物制剂工程技术研究中心；国家科委组建国家医疗保健器具工程技术研究中心，国家医用加速器及放射设备工程技术研究中心，国家天然药物工程技术研究中心以及国家中成药工程技术研究中心；为把建立企业技术创新体系作为建立现代企业制度的重要内容，使企业成为科研开发、技术创新的主体，国家经贸委在华北制药厂、东北制药总厂、上海中西药业公司、珠海生化制药厂、上海药材公司、天津中药集团等大型企业或企业集团建立企业技术中心；国家医药管理局为了加速科技与经济的进一步结合，加强医药工业关键技术、工程技术的研究开发，在“八五”期间组建9个局级工程技术中心，如医药控制工程技术中心（航天工业总公司502所）、医药结晶工程技术中心（天津大学）、天然药物工程技术中心（沈阳药物大学）、医药装备研究中心（上海医药工业研究院）等运转良好，对提高医药生产技术水平发挥重要作用，这些工程技术中心将逐步成为行业科技成果的聚集中心，工程化技术的辐射中心。

2. 积极稳妥地深化医药科技体制改革

自 1985 年 3 月党中央作出关于科学技术体制改革的决定以来，医药科技体制改革不断探索，不断前进，医药科研机构已开始逐步适应社会主义市场经济体制的需要，加快实现机制转换的进程，向自我发展的道路迈进。

①科研院所的科技体制改革进一步深化。

国家医药管理局直属科研院所在全面实行技术经济承包责任制的基础上，进行了内部组织结构调整和人员分流，按照“稳住一头，放开一片”的方针调整组织结构。在稳定一支精干、高效的新药研究队伍的同时，将大多数的科技力量投入到经济建设主战场，以多种形式促进科技与经济的结合，增强自我发展的能力和活力，促进科研成果转化为现实生产力。

上海医药工业研究院是拥有职工近 900 人，其中科技人员 650 余名的大型医药工业研究院，1985 年首次进行了以拨款制度改革为主要内容的探索，1993 年被列入上海市 58 家开发型科研单位综合体制改革试点之一，推行了技术经济责任制，并在人事、分配制度等方面进行了改革，1996 年该院被国家科委列为全国科研院所改革试点单位之一，并以结构调整、人才分流和机制转换为重点，使该院的科技体制改革进入了一个新的阶段，该院“七五”、“八五”共承担国家攻关和“863”计划项目 43 项，有 10 项成果分获国家发明奖和国家科技进步奖，有 66 项成果获得部、委、局级奖励。

地方科研机构在不断改革进取中取得较好的成绩，有 30%的单位在科技实力和运行绩效方面均取得较好的成绩，有的已成为国家工程技术研究中心（如广东省医疗器械研究所、北京市医疗器械研究所），有的利用自身高科技、高素质人才优势大力发展科工贸一体化的科技型企业（如广州市医药工业研究所初步建立起以科研为主体，生产经营为两翼，科工贸一体化运行机制），有的与企业（集团）紧密结合，建立科研与生产相结合的新的运行机制（如华北制药集团新药研究开发中心）。

②在深化科技体制改革中企业应当成为科技开发的主体已逐步形成共识。

国有大中型医药企业在积极探索建立现代企业制度、优化资本结构、进行股份制改造过程中，促进科技资源的优化配置，增加科技投入，建立企业技术创新机制，提高企业的创新能力。上海华联制药公司是专业生产和销售甾体激素类、计划生育和抗肿瘤药物的国家骨干企业，全国医药 50 强之一，也是上海市医药行业中的第一家高新技术企业，自 1992 年至今，连续五年产值、销售额、利润等综合经济指标都以 30%左右的速度递增，科技开发费用从 1992 年占销售额的 3.01%递增到 1996 年的 6.21%，上海华联制药技术中心突出技术创新的指导思想，以市场为导向，产品为龙头，效益为中心，管理为基础，促进了企业的良性发展。该企业的高新技术产品的销售额占总销售额的 70%以上，形成了一批拳头新产品。

浙江海门制药厂是以生产阿霉素而逐步发展起来的制药企业，该厂“七五”期间科技投入占销售收入的 1.25%，“八五”期间科技投入占销售收入的 7.69%。其中 1995 年科技投入 900 万元，占销售额的 9.5%，“八五”期间开发成功新产品 8 只，新产品的产值、利税比重均在 80%以上，近十年来该厂通过技术创新增强了实力，为企业的腾飞创造了条件，该厂的医药工业研究所也逐步发展为合成药物研究开发基地。

华北制药厂是国有特大型医药企业，1992 年 11 月组建了企业技术中心——华北制药集团新药研究开发中心，逐步形成以企业为主体的新药研究开发体系，1993 年成为国家经贸委、国家税务局、海关总署第一批确认的国家认定企业技术中心，中心加速了新产品的开发与投产，1995 年度新产品、新品种、新规格产值占工业总产值的 24%，“八五”期间其投入 4 亿元用于技术改造，完成七项重大技改项目，为提高效益发挥了重要作用，“八五”期间该厂获国家科技进步奖 6 项，省部级科技奖 17 项，1995 年实现的利税为 1990 年的 2.5 倍。

3. 增强知识产权保护意识，完善知识产权保护体系

1985 年 4 月 1 日我国实施了专利法，明确了智力劳动成果是商品，知识产权要给予保护，但是当时的

中国专利法仅仅保护药品的生产方法而不保护药品的本身。1993年1月1日实施修改的专利法，对药品本身给予专利保护并延长了发明专利的保护期，同时我国又与美国、日本、欧共体等十七个国家或地区签订了药品知识产权保护的双边协议，亦即对符合条件的专利药品给予行政保护，为此国家医药管理局成立“药品行政保护办公室”，经国务院批准发布了“药品行政保护条例”及其实施细则，行使药品行政保护管理职能，从1993年1月1日起到1997年3月5日为止共受理申请81件，授权63项。药品行政保护工作既维护了国家法律法规的严肃性公正性，也提高了医药行业执法意识、专利意识，全行业经过培训而持有医药专利工作者证书者已达200人，他们利用知识产权法规维护自身的合法权益，在科研项目的立项，产品开发和成果推广的各个环节，都首先注意到知识产权保护状况以免产生侵权纠纷及不必要的损失。

4. 实施“科教兴药”战略，加速医药经济发展

医药是高科技、知识密集型产业，因此医药产业的发展必须依靠科技进步，医药行业要进一步牢固树立科学技术是第一生产力的思想，确立科技进步和技术创新在医药事业中的重要地位，努力攀登科技高峰。

①加强医药产品、技术创新研究，逐步实现医药工业技术结构向创新的战略调整。

医药新产品和新技术的研究与开发是医药经济实现两个根本性转变的基础，是医药科技进步的综合体现，在新药的研制中要高度重视知识产权保护，并将研制有自主知识产权的新药作为主要目标，在“九五”期间要研制开发10个国内外首次上市的新药。

②推进企业技术创新，增强医药产业综合实力，提高医药工业增长的质量和效益。

深化医药企业改革，在建立现代企业制度的过程中，逐步建立、健全国有大中型企业技术开发机构和技术进步机制，使企业逐步成为新药研究、技术创新、产品开发的主体。

加强医药企业技术开发机构建设，建立有效的资金筹措渠道和人才激励机制，加强重要医药产品的产业化规模化生产中的关键技术、专用技术和装备的研究，为最终形成10个技术先进、规模适度、经济效益好、竞争力强的企业或企业集团提供有力的技术支撑。

③加快产业结构调整，加速医药高新技术产业的形成和发展。

加强采用生物合成、生物物理诊断、生物医学治疗为主要内容的现代生物技术，优选一批有市场前景的产品如基因工程药物、蛋白质、多肽药物、核酸类药物及新型诊断试剂、医疗器械等以防治危害人民身体健康的重大疾病及疑难病症。

采用生物技术对医药传统产业——抗生素、维生素、氨基酸、甾体激素等重要领域进行改造，以达到提高效益、降低成本、保护环境的目的。

采用手性技术、催化、分离、固相合成、计算机等当代先进技术以及高效节能降耗装备和仪器在医药工业中推广应用。

④加速科技成果的转化和产业化。

采取有力措施推动产、学、研以多种形式联合，共建技术开发机构或经济实体，逐步形成以企业为主体，科研院所、高等院校、技术服务机构共同推进的技术进步机制，促进科技成果的转化和产业化，“九五”期间遴选20项先进、成熟和适用的新技术、新产品纳入科技成果推广计划并组织实施，大力培育技术市场，建立10个医药科技信息和技术市场常设机构以形成全国统一、开放、高效的信息网络系统，加速科技与经济的有效结合。

⑤建立多渠道、多元化的科技投资机制、增加科技投入。

必要的科技投入是实施“科教兴药”的基本保证，医药产业属于当今世界技术发展前沿的高新技术产业，医药新产品研究开发具有周期长、风险大、投入高等特点，因此必须建立以企业为主体的科技投入机制，形成多渠道、多层次、多元化的科技投入体系，引导和鼓励国有大中型医药企业增加科技投入，其用于新产品研究开发的费用应不少于企业上年度产品销售额的5%，技术密集型高科技企业不低于10%。企业在技术引进、技术改造中应有不少于设备总额10%的资金用于技术进步。

国家新药研究基金在逐年增加基础上，国家医药管理局按每年20%比例递增，在“九五”期间使基金翻一番。基金将重点支持新药研究、技术创新、科技成果的产业化、商品化。对跨世纪的青年科技人员将实施新药研究青年专项基金。

医药产品是世界贸易增长最快的五类产品之一，医药市场的激烈竞争，归根到底是科学技术的竞争，与发达国家相比，我国医药科技水平还有不小差距，我国医药产业的综合实力较弱，在以科技、产品、专利为核心的竞争中，我们还缺乏竞争能力。医药产业面临着严峻的挑战，但我们也应该看到实施“科教兴药”战略，为医药科技工作创造了良好的环境，改革开放18年来，我国医药经济迅猛发展，许多省、市、部门将医药列入支柱产业和主导产业序列，因此只有深化科技体制改革，着重抓好技术创新，以提高我国医药产业的整体水平，才能真正提高中国医药产品在国际市场上的竞争能力。

医药产业要实现今后十五年的发展目标，必须真正转移到依靠科技进步和提高劳动者素质的轨道上来，力争到本世纪末和2010达到以下目标：

①科技进步对医药经济增长的贡献率2000年达到40%以上，2010年达到50%以上。

②新产品产值占医药工业的比重2000年达到25%，2010年达到30%。

③万元产值能耗2000年下降到0.87%，2010年下降到0.6%。

④医药行业科技人员占职工总数比例2000年达到25%，2010年达到30%；其中大专以上文化程度人员的比例2000年达到40%，2010年达到70%。

⑤全员劳动生产力2000年达到12万元/人，2010年达到24万元/人。

⑥基本实现医药产业向自已研究开发为主的转移，形成若干个有优势、有特色具有国际竞争力和新药研究开发能力的企业集团。

要达到上述目标，关键在于贯彻落实邓小平同志关于科学技术是第一生产力的思想，加快建立科技新体制，把竞争机制引入技术创新和新药研究开发全过程，从而使科技要素得到优化配置，有利于科技优秀人才的成长和脱颖而出。在实现两个根本性转变过程中逐步建立符合科技自身发展规律和市场经济运行规律，科技与经济紧密结合的新体制，那么医药科技事业将会更加兴旺发达。

中国实行医药分业之必要性与可行性研究

中国药科大学国际医药商学院　课题组

茅庆连　杨　春　叶邦银　张黎亚

方　鑫　袁　飏　杨小群

一、医药分业的客观必要性

（一）医药分业是医疗活动的社会分工发展的需要

医药分业的基本含义是指在医疗活动中医生负责处方，药师负责配剂。在人类的早期社会，只有医生、药商却无药师，因此医生当时常常不仅要负责诊断与处方，而且要负责提供药物。中世纪时期首先是阿拉伯人开始重视药物的使用与国家管理，渐渐出现专门负责药物的配剂使用与管理的药师职业。与阿拉伯人接触较多的南意大利德意志皇帝佛里德里希二世于122年首先颁部了医药分业法律。随后，随着化学药物的使用，药师职业渐渐获得了社会的承认。从历史上来看，药师职业是医疗活动社会分工发展的结果。近现代以来医疗的社会分工进一步细化，形成了多种专业人才。总之，医疗活动社会分工是医药分业的技术基础，是医疗技术发展的必然结果，也是医疗进步的客观需要。

（二）医药分业是医疗安全的需要

在古代社会，统治者之所以提出分业除职业分工的需要外，其主要目的是为了统治者自身的安全（防止用药中投毒）。他们对医生既处方又供药心怀疑惧，并由此提出医生与药师不仅要在业务上分工，而且要在物理上经济上相互分离、相互监督的医药分业，以充分保证用药的安全。

在现代社会，由于医生单独既处方又卖药无法比较充分地保证患者的用药安全，不能形成有效的医疗相互监督机制，即使是在有技术分业而无经济分业的医院，也难保证医疗部门与药房部门相互之间的有效监督。

（三）医药分业是医疗活动经济合理的需要

在分业的医疗体制（包括仅有技术分业的医院）中，医生在给患者处方用药中难免要面临两种需要，一是患者治疗需要，一是医生的经济需要。当这两种需要产生矛盾时，医生常常自觉或不自觉地牺牲前者需要而满足后者。这既增加了患者和社会的经济负担，又大大减少了用药技术上的安全性，有效性与合理性。

（四）医药分业是形成以患者为中心导向的医疗体系的客观需要

由于医疗活动的特殊性，患者一般处在被动的地位。因为①患者一般不是医疗专家，不懂医药；②患者一般无法确定医疗专家（医生、药师等）判断的正确性；③由于生病，患者在就医时心理行为、意识判断常常处于软弱状态；故患者事实上不能判断预见治疗结果，也不知道该花多少费用。所以，只有通过医药在技术、经济上的相互分业、相互监督才能比较有效地监督控制医疗有关人员的行为，充分保证患者的合法权益。

随着现代医疗服务的进步与发展，患者导向的医疗服务意识已渐渐形成共识。要建立以患者为中心，以患者需要与利益为医疗的需要与利益的现代医疗体系，就需建立较充分、公正、客观地保证患者权益的分业体制；况且合业下医生与药师均无法向社会充分证明自己的客观公正性。单纯的道德约束无法取代制度的效力。

（五）医药分业是提高医疗用药水平，保证合理用药的客观需要

合业下，一般用药服务水平较低：①由于药师在医疗活动中的附属地位，难以形成药师强烈的专业意识与责任意识；②药师大多忙于配剂和忙于发药，无暇给患者提供比较深入的服务；③由于医院医疗活动的集中性，患者众多，客观上限制了药师专业服务的深入展开；④医与药的共同利益，极大地降低了相互监督机制作用。在我国，药师很少给患者提供比较深入的用药咨询服务。

分业，有利形成并强化药师的专业意识、责任意识，建立社会药物信息系统，提高用药的服务水平、合理性与科学性。另外，在药物零售方面常发生处方药在药店自由售出。由于药店销售人员、药师不是医生，不懂诊断乱卖药是极其危险的。

（六）医药分业是医疗社会活动监督性、公开性与规范性的客观需要

医疗活动要保证其安全、有效、合理与经济性，就必须置于相互的社会监督之下。要实现这一点，最有效的办法之一就是实现分业来实现医与药相互监督，进而实现社会的监督。

分业能较好地实现医疗活动的公开性。合业下，医疗活动（如处方）最多只能实现其内部的公开性，而对外则是不公开的，社会无法对其进行有效地监督。分业迫使处方向全社会公开，患者可以在任何自己满意的药店取药。

分业能促进医疗活动的规范。在合业下尤其是在个体诊所中，医生处方常常缺乏规范与约束。分业后，由于处方要公开化、接受监督，并有一定的通用性，客观上需要对处方行为进行规范。

二、我国实行医药分业的现实意义

1. 我国医药市场的一个明显变化趋势，就是商业零售发展迅速。以往的批发为中心，零售作补充的格局正在向“批零并立，各分天下，零售带批发”转变。其重要原因是由于实行医疗制度改革，个人负担增加，用药经济意识增强，以及“小病跑药店，大病上医院”的就医行为转变等多种因素。导致了自我医疗大量增加，零售迅速发展的局面。这同时也带来了很多问题：①处方药自由销售；②非医生的销售店员向

患者问病卖药；③大部分药店无药剂师，出现患者用药的安全无保障，用药无专业人员指导的严重局面。这要通过分业来强化促进与提高零售人员的用药服务技术水平，保障用药安全与有效。

2. 随着我国各方面体制改革的深入进行，农村集体医疗制度的改变，城市尤其是农村，个体医疗与社会办医迅速发展。一方面满足了人民医疗需要，另一方面带来诸多问题：①很多单位与个人名为办医实为售药；②处方缺乏规范与约束；③伪劣药品大多发生在这部分医疗活动中，致使人民生命安全没有保障；④大多为典型的医药合业，既开处方又卖药，滥开药物极为普遍；⑤片面追求药价购售差率。

因此，这部分医疗领域急需通过医药分业加以矫正规范。

3. 对我国经济改革和社会医疗保险改革具有重要意义。

三、实行医药分业需要解决的问题

分业能广泛地涉及到医生、药师、患者、医院、零售、医疗行政、保险等社会群体与组织，并调整他们之间的利益关系，改变各自的医疗行为习惯。所以这是一场深刻的医疗革命，是一个庞大的社会系统工程。根据国际医药分业经验，结合中国国情，我国实行分业必须充分注意以下问题：

1. 广泛持久深入地争取社会各界，尤其是医生、患者的支持和理解。

要想比较顺利地实行医药分业，一个重要的前提就是社会特别是医患的理解和支持。因为他们是直接参与者，也是受害者。没有他们的理解和支持，很难实施，实施了也很难深入。五十年代日本明确地提出分业，但由于缺乏医患的理解和支持，分业难以深入。直到六十年代末期日本医生充分认识了分业意义后，分业才进入较迅速发展的时期。

2. 医、药、患医疗行为的改变是一个渐渐的过程，需要加以时间。

对于患者发生的问题是：①患者用药由主要由医生决定改变为和药师共同决定；②用药指导主要找医师变为主要找药师；③诊断取药由过去的在一个固定的空间（医院或诊所）一次抉择连续完成，变为诊断与取药分两（医院与院外药店）两次抉择（选医院与选药店）间断完成，增加了患者医疗的空间活动距离与复杂性；④患者在医疗活动中由于过去的单纯相信医生，变为既相信医生又信任药师。

分业给医生带来复杂、多样的问题：①使医生在传统的医疗过程中唯一决策人的地位受到威胁。②使医生医疗活动（处方）受到了社会的直接监督，对医疗活动的适宜性、准确性、合理性建立起一种社会比较和评价，使医生产生一定的心理压力。③使医生传统的既负责诊断又提供药物的一体化连续性医疗行为习惯，改变为通常仅提供诊断与处方，不具体提供药物的分断式医疗方式。④使医生的收入由原来的药费收入为主，转向以技术服务为主，加剧了技术竞争影响了收入（关于这一点下面还将深入讨论）。

3. 医疗收入的合理补偿。

分业给医院带来的最大影响是经济影响，即分业将大大减少医（包括医院）的药费收入。

我国目前医院收入极大地依赖药费差价，一般医生收入的50～80%来源药费。分业将部分甚至全部地断绝医生的药费收入，那就要社会和政府以适当方式加以补偿，否则无法推行。

医生收入药费依赖弊端极多且不合理：

①从按劳分配原则来看，医生收入的药费依赖实质上是否认了医生的劳动价值、医生劳动之间质的差别，无论医生付出多少，均得到同样的劳动承认，即同样的诊断处方费。但却可能得到与其劳动的数量与质量并无直接关系的药费收入。②从社会伦理道德来看，医生收入主要不靠自己的技术而主要依靠药费，不符合惯常的社会道德。③收入的药费依赖也导致医生用各种手段追求药品利益。直接影响医生合理、经济地使用药物、甚至导致滥用药物。

分业后，医生收入就转向主要依靠其医疗技术收入为主。具体的目标是大幅度的提高医疗服务水平，提高诊断费与处方费。

4. 医药分业需要比较完备的药物服务体系。

分业需要由药物专家——药师为主提供的药物零售服务体系。目前的体系还不能适应分业的需求。

(1) 大部分药店无职业药师，甚至药剂师，无法给患者提供处方配药服务。

(2) 目前零售药物没有实行处方药与非处方药的分流，不利于分业的推行。

(3) 药店的数量与布局还不能满足分业的需要。

国家需要急需解决的问题：

(1) 建立以零售药师为主的药师考核，认证制度。

(2) 目前我国总体药师数量偏少，医生与药师比例不合理。

(3) 药师的社会地位与专业承认不够理想，大部分药师主要集中在医院和药厂，其主要工作是制剂和配方调剂，不可能为患者提供必要的咨询服务和开展临床用药研究。

四、医疗保险与医药分业

作为社会保险最基本的内容之一的医疗保险已成为能否建立完善的社会主义市场经济，形成劳动力市场的先决条件之一。因此推行全民医疗保险制度已势在必行。这已取得了全社会的共识。

(一) 医药分业作为推行医疗保险的配套制度，也有必要在我国推行

英国在本世纪初制定"健康保险法"时，即提出要实行医药分业。日本五十年代提出了全民健康保险，同时亦提出分业，但进展缓慢。六十年代随着医疗保险的普遍推行，医疗保险费用急剧增长，追求根源发现主要增长部分是药费的增长，当时日本医生收入的50%来源卖药，人均药费却是英国的五倍。医生滥开药物，大处方，开高价药现象普遍，为解决这个问题日本七十年代实行"强制分业"，使分业比较迅速地得到推行。

台湾在保险和卫生部门的配合下，待全民健康保险法通过两年之后实行医药分业。

(二) 实行分业使医疗保险制度更顺利推行，健康运作

医疗保险是一项民众普遍参与的社会自助保障制度，其经济来源主要是企事业单位、个人、政府财政。因此其生存发展前提条件就是资源的使用是合理、有效的。如果这项资源不能在制度上管理上保证其使用的有效性、合理性，那么医疗保险制度也将发生难以为继的窘境。因此，从合理运作医疗保险，吸取我国公费医疗制度的历史与现实的经验教训来看，实行医疗保险必须同时实行医药分业。否则，将无法从根本上消除目前医院靠卖药，医生滥开药物，开处方高价药的弊端。

其次，保险和分业具有共同的目标：普遍提高人民医疗服务水平使民众获得安全、有效、合理与经济的医疗服务。

合业条件下的改良措施无法从根本上保证保险医疗在药物使用上的安全性、有效性、合理与经济。

从患者的角度，为了控制患者用药的不经济行为可以采取提高患者医疗自付比例的方法。但仅靠控制患者行为，并不能从根本上解决用药的不合理行为。

加强对医院用药的管理控制，也是保证药费合理支出的重要手段，但它无法解决：①保险机构没有充足的人力和物力来保证对大量医院，诊所的有效监督；②任何手段均难以抵御"医疗需要"，医生可以根据这一词，公开追求不合理的用药经济利益；③和分业体制下的医、药、保三方面相互监督机制相比，合业体制下的单纯由保险和卫生行政部门对医院医生用药的监督机制存在着明显的不合理不健全不彻底的性质。

第 二 部 分

法规与药品行政保护公告

关于加速医药科学技术进步的意见

国家医药管理局

（1996 年 4 月）

《中共中央、国务院关于加速科学技术进步的决定》（中发［1995］8 号）是推动我国科技进步的纲领性文件，为全面贯彻落实中共中央、国务院的《决定》，对加速医药行业科学技术进步提出如下意见：

一、实施“科教兴药”战略，加速医药经济发展

医药行业是高科技、知识密集型产业。多年来，医药经济增长速度较高，但这主要是依靠粗放经营为主实现的速度型增长，医药产业的品种质量、技术水平、劳动生产率及国际竞争能力相对较低，而能耗、物耗相对较高。要加快医药经济的发展，实现医药产业成为以科技教育为先导，质量、品种、效益为中心，规模结构合理的高技术、外向型支柱产业，关键在于真正把医药产业的发展转移到依靠科技进步和提高劳动者素质的轨道上来。要坚定不移地实施“科教兴国”战略，采取有力措施，在“九五”和 2010 年，科技进步对医药经济增长的贡献率分别达到 40%和 50%以上；新产品产值占医药工业总产值比重分别达到 25%和 30%；医药行业科技人员占职工总数比例分别达到 25%和 30%，其中大专以上文化程度人员比例分别达到 60%和 70%，到 2010 年基本实现医药产业向自主研究开发的转移。

实施“科教兴药”战略，医药工作的重要方针是：

1. 树立科学技术是第一生产力的思想，全面落实“科教兴药”战略，确立科技进步在医药卫生事业中的重要地位，努力攀登科学技术高峰。以社会主义市场经济为指导，深化科技教育体制改革，推动产学研结合，加速医药科技成果工业化、产业化进程，保持医药经济持续、快速、健康发展；

2. 按照“有所赶，有所不赶”的原则，突出重点，确立有限目标的科技发展战略，选定新药研究技术、生物技术、制剂技术、生物医学工程技术为医药高科技重要领域，并相应推进“五一〇”、“五二〇”计划的实现；

3. 把提高经济效益作为医药工作的中心，充分发挥科技进步作用，努力提高科学技术支撑能力，把医药科技工作的重点定位在技术创新、提高质量、降低消耗、节约能源、减少污染和提高医药经济增长质量和效益上，保证实现医药行业“九五”及 2010 年的奋斗目标；

4. 加强新药和技术创新研究开发的力度，突出创新，掌握知识产权，发展高技术，建立健全有利于新药研究和技术创新的机制和体系，增强我国自主创制新药的综合能力，尽快实现新药研究向自主研究开发的转移；

5. 把医疗器械和制药装备产品的更新换代作为研究开发的重点，并注重增强创新力度。加强新技术、新工艺、新材料的应用，认真推进质量认证工作，积极推广可靠性技术，全面提高国产医疗器械和制药装备的产品质量；

6. 坚持教育为本，把教育放在优先发展地位，医药教育要面向现代化，面向未来，培养一批跨世纪的科技、生产、管理和经营高级专门人才；积极推进成人教育，努力提高医药行业劳动者整体素质，使医药经济建设和发展真正转移到依靠科技进步和提高劳动者素质轨道上来。

二、加强医药产品、技术创新研究，逐步实现医药工业技术结构向创新的战略调整

1. 新药的创制、新技术创新是医药工业实现可持续发展的基础，是医药工业科技进步水平的综合体现。在新药研制中要高度重视知识产权保护，并将研制有自主知识产权保护的新药作为主要目标，在“九五”期间，要研制开发10个国内外首次上市的新药。

新药研究的重点是：从天然产物，包括动物、植物、微生物、代谢产物、生化和海洋药物及人工合成新化合物中发现有治疗作用的活性物质；由天然产物中筛选先导化合物进行修饰合成；开发新型制剂、复方制剂（包括中西药复方制剂）产品和技术；研究基因工程、核酸、细胞因子、多糖类新生物产品，发现结构新颖、疗效独特、毒副作用小的新药。重点要针对心脑血管、肿瘤、感染和病毒感染、老年疾病以及消化系统、呼吸系统、神经精神系统等严重危害人民健康的疾病以及其他常见病、多发病的治疗药物。

为提高新药筛选成功率，研究开发或引入先进筛选模型和新化合物设计合成技术。建立多个专业重点实验室、药物安全评价中心，以形成新药研究网络系统，为新药筛选、研究、开发、申报、以及走向国际市场服务。

加强新药的开发，逐步形成以国有大中型企业为主体，产学研互相结合，符合我国国情的新药自主研究开发体系。

2. 为实现医疗器械工业技术结构的调整，要充分利用各专业领域的先进装备和生产技术，形成一定的配套协作网络。重点开展新技术、新工艺的应用，特别是加强计算机技术在产品研制和生产过程中的应用，从整体上提高医疗器械工业技术和工艺水平。

3. 组建若干个以科研单位、大型企业为主体，目标明确，布局合理的，包括化合物筛选、制剂研究、微生物、现代生物技术和传统药物研究、新型医疗器械研究、高节能医药装备、新型包装材料和技术、医药商业现代化技术等方面的研究开发中心。

三、推进企业技术进步，增强医药产业综合实力，提高医药工业增长质量和效益

深化医药企业改革，逐步建立健全国有大中型企业技术开发机构和技术进步机制，使企业逐步成为新药研究，技术创新，产品开发的主体。

1. 加强对国家和局级的科学研究，技术开发，技术改造，技术引进，基本建设等技术进步一条龙项目的支持，通过对重要医药品种产业化生产技术的开发，使其技术指标达到或接近世界先进水平，生产规模列入世界前列，为最终形成10个技术先进，适度规模，经济效益好，在国际市场上有一定竞争力和知名度，年销售额过50亿元的企业和企业集团（公司）提供技术支撑；

2. 加强医药企业技术开发机构建设，要立足高起点、高层次、高水平，建立有效的资金筹措渠道和人才激励机制，不断改善企业研究开发条件，加强重要医药产品的产业化，规模化生产中关键技术、专用技术和装备的研究。支持大中型企业同科研单位共建国家级技术开发中心。在“九五”期间，同国家有关部门建立10个国家级工业性试验基地、产品开发基地、工程技术中心；建成一批局级工程技术研究中心，积极推进产学研结合，逐步形成国家、部门（省、市）、企业三级技术开发体系，并努力使企业成为技术开发的主体，提高全行业工程技术整体水平；

3. 加强宏观调控手段，建立企业技术进步评价体系。通过新产品、新技术开发指南、高效节能技术装备目录的发布，指导开发优良品种、先进技术，限制或淘汰消耗高、效率低、污染严重的产品、技术和装备。

4. 加大技术改造力度，积极引进国外先进技术和关键设备，在“九五”期间，每年选择不少于20项重要医药产品进行技术改造，实施“五年百项工程”，提高重点产品技术经济质量指标，增强在国内外市场竞争能力。要加强技术引进的宏观管理，抓好技术引进的导向、论证和评估工作，注重消化、吸收、创新，提高投入产出效益。

四、加快产品结构调整，加速医药高新技术产业的形成和发展

加快医药产品结构调整和技术创新步伐，实施“九五”医药新产品研制专项计划，每年要开发20个医药新品种；采用生物技术、计算机技术、释药系统、先进制造技术等改造传统制药工业和医疗器械产业。充分发挥医药产业化优势，在“九五”期间重点促成10个基因工程药物、酶工程和细胞工程药物和医疗诊断治疗器械的企业或生产车间（基地）。

1. 加强生物合成、生物物理诊断、生物医学治疗为主要内容的现代生物技术应用，围绕危害人民身体健康的重大疾病及一些疑难病症防治和诊断，优选一批有市场前景的产品，包括基因工程药物、蛋白质、多肽药物，核酸类药物及新型诊断试剂、新型生物医学诊断、治疗器械等；

2. 加强采用生物技术对医药传统产业的改造

在抗生素、维生素、氨基酸以及甾体激素微生物转化等重要领域，采用重组DNA技术和原生质体融合技术，筛选新的菌种和对原菌种改造，研究固定化酶和固定化细胞等先进技术，改造传统的生产工艺，以达到提高收率、降低成本、保护环境的目的。

采用细胞工程的先进方法，对一些资源贫乏或属于需要资源保护且含量极低的动植物资源进行资源开发，并使之形成规模化生产。

在引进技术和创新的基础上，积极研究发展生物技术产业的生物反应器、高效分离纯化等关键技术，加快高新技术产业的形成和发展。

3. 积极采用当代先进科学技术，如手性技术、催化技术、分离技术、固相合成技术、计算机技术、医学图象数字化处理技术、半导体激光技术、超声发射接受技术、以及高效节能降耗装备和仪器等在医药工业中的应用和推广。

4. 注重医疗器械产品结构的调整，“九五”期间，以量大面广的医院常规及基础器材和装备的更新换代为重点，逐步形成具有我国特色和优势的产品系列，争取进入国际市场。要有重点、有计划地跟踪开发一批具有世界先进水平的高新技术产品。

要重视制药装备和包装技术的研究与开发，突出重点，研制一批具有国际先进水平的制药装备和包装技术与装备。

五、加速科技成果的转化和产业化

1. 建立健全科技成果转化的激励机制，采取有力措施推动企业、科研机构、高等院校以多种形式联合，共建技术开发机构与经济实体，逐步形成以企业为主体，科研院所、高等院校、技术服务机构共同推进的技术进步机制，促进科技成果的转化和产业化；

2．从医药产业发展需要出发，在“九五”期间，遴选20项先进、成熟和适用的新产品、共性技术和关键技术纳入科技成果推广计划，并组织实施；

3．加强技术成果信息网络建设，发展并健全科技成果转化的中间环节，大力培育技术市场。通过建立10个医药科技信息和技术市场常设场（站），以形成全国统一，开放、高效的网络体系，加速科技与经济的有效结合；

4．同有关部门筹建面向医药企业的生产力促进中心，为产品开发、技术推广进行诊断、咨询、服务，促进技术成果向现实生产力转化。

六、实施跨世纪人才工程，建设高水平的科技队伍，全面提高劳动者素质

“科教兴药”，人才是关键，教育是基础。要全面贯彻“中国教育改革和发展纲要”，促进教育与医药经济的结合，加速培养各级各类高质量的人才，造就一批德才兼备的科技后备力量，不断提高劳动者素质。

1．努力加强局属高等学校的建设，支持两所药科大学进入或部分进入“211”工程，并以此为基础，进一步发展建设我国现代化一流水平的药科大学；

2．要培养一批德才兼备的医药高层次科技人才，启动以造就新一代学科带头人、优秀科技骨干及优秀青年科技人员为目标的“十、百、千”工程，到2010年培养20位在国内有一定知名度的高级医药专家；要不拘一格选拔人才，创造条件培养人才、吸引人才，建立人才脱颖而出的竞争、激励机制。注重科技后备队伍建设，努力在整体上形成结构合理、高效精干的学术梯队。

3．要加强继续教育，不断提高科技干部的技术和知识水平。增强行业的科技质量意识。努力培养一批懂专业、善经营、会管理的复合型人才和外向型人才，形成一支高级经营管理队伍。完善执业药师资格的考前培训和注册后的继续教育。

4．要健全以岗位培训为主的职工教育体系，大力发展以中等职业教育为主体的医药职业教育；建立有效机制，推行学历证书、技术等级证书、岗位资格证书并重的证书制度，真正实现先培训后就业，先培训后上岗，落实培训、考核、使用、待遇相结合的政策，并使之规范化，从而造就一支适应医药事业发展需要的高素质的职工队伍。

七、建立多渠道、多元化科技投资机制，增加科技投入

加大科技投入力度，努力建立以企业为主体的科技投入机制，形成多渠道、多层次、全社会的科技投入体系。

科技进步离不开科技投入，必要合理的科技投入是实施“科教兴药”的基本保证，医药产品研究开发具有周期长，风险大，投入高等特点，医药产业属于当今世界技术发展前沿的高技术产业，要制定国家、部门、地方、企业科技投入政策和措施，实现《决定》提出的2000年全社会研究开发经费占国内生产总值的比例达到1.5%的目标。

1．国家对医药产业新药研究和技术创新给予更大的支持，争取有更多的医药项目列入国家和地方重点科技计划和“九五”科技攻关计划；推进一批医药项目列入国家高技术研究、基础性研究、技术开发项目及火炬计划、技术成果推广计划、地方重点科技项目，争取在医药行业承担和建立多个国家工业性试验基地、重点实验室、国家工程技术研究中心和生产力促进中心，增强医药研究开发实力，争得国家在投入上更大支持；

2. 国家新药研究基金在逐年增加的基础上，国家医药管理局按每年20%比例递增，在“九五”期间使“基金”经费比现在翻一番，筹建国家新药研究基金会。设立医药开发和奖励基金，重点支持新药研究、技术创新、科技活动和产业化、商品化开发，加大我国知识产权保护力度。实施面向二十一世纪，培养学科领域专家和学术带头人的新药研究青年专项基金；

3. 引导和鼓励企业增加科技投入，逐步成为科技投入的主体。国有大中型企业用于新产品研究和技术开发的费用应不少于企业上年度产品销售额的5%，技术密集型高科技企业不低于10%；企业在技术引进、技术改造中应有不少于设备总额10%的资金用于技术进步；

4. 拓宽科技融资渠道，调动地方企事业单位及国内外团体或个人的投资积极性，积极吸纳社会资金，扩大科研资源。

八、深化科技体制改革和教育改革，建立科技经济结合的新体制，为实现“科教兴药”奠定体制和结构基础

1. 医药行业独立科研机构应努力创造条件，按市场需求和机制开展科研开发和技术服务工作，鼓励和支持科研开发单位以多种方式更直接地为医药产业服务，或直接进入大中型企业（集团），成为企业（集团）的组成部分，或在原有研究机构的基础上，发展成为科工贸一体化的科技型企业；

2. 继续探索建立适应于社会主义市场经济体制的科研机构运行机制。一方面要按照“稳住一头，放开一片”方针，调整组织结构，分流人员，要稳定和支持一支具有较高水平的精干队伍，从事基础性研究、高新技术研究和重大工程技术攻关，对这些人员要从科研经费、设备和待遇上予以支持。另一方面，从事开发和生产经营的实体，要转换机制，加强企业内部制度改革，提高管理水平。

3. 积极推进高校内部教学、科研体制改革，探索与社会、企业、地方共建，强化为企业服务，为地方经济发展服务，更紧密与企业相结合的新办学模式，积极拓宽办学思路，正确引导多渠道、多形式发展医药教育途径，鼓励综合性大学、理工大学、医学院校培养更多医药专门人才；

4. 把建立新药、新技术创新机制作为现代企业制度建设的重要内容，增强企业依靠科技进步的动力和活力，使企业真正成为技术开发的主体。加强企业研究开发、设计机构及队伍建设，推动与高校、科研单位的联合和合作，逐步形成以企业为中心的技术开发应用体系，促进企业的产品开发，生产管理，营销策划等切实转到以科技进步为动力，适应市场需求为目标的轨道。

注：“五一〇”计划：

1. 研制开发10个国内外首次上市的新药；

2. 为形成10个大型企业和企业集团提供技术支撑；

3. 促成10个高新技术企业或生产车间的建立；

4. 组建10个国家级工程技术开发中心；

5. 通过10个科技信息和技术市场常设场（站）的建立，形成全国统一，开放，高效的网络体系。

“五二〇”计划：

1．每年开发20个医药新产品，实施产品研制专项计划；

2．选择20项重要医药产品进行技术改造，实施“五年百项工程”；

3．遴选20项产品和技术，实施科技成果推广计划；

4．培养20位高级医药专家，推进人才培养“十、百、千”工程；

5．促进国家新药研究基金逐年增加，国家医药管理局确保每年以20％比例递增。

国家医药管理局令

第14号

《制药机械管理办法》于1996年1月12日经国家医药管理局局务会审议通过，并经国家经济贸易委员会同意，现予发布。自1996年5月1日起执行。

局长：郑筱萸

一九九六年一月十二日

制药机械管理办法

第一章 总 则

第一条 为贯彻《中华人民共和国产品质量法》，加强制药机械行业管理，推行《药品生产质量管理规范》（GMP）和GB/T19000－ISO9000“质量管理和质量保证”系列标准，提高制药机械产品质量和技术水平，促进制药机械行业的发展，特制定本办法。

第二条 国家医药管理局负责全国制药机械的行业管理和监督工作。各省、自治区、直辖市医药管理部门负责本地区制药机械的行业管理和监督工作。

第三条 凡从事制药机械生产、经营、科研、质量检测的企事业单位必须遵守本办法。

第四条 国家鼓励制药机械的科学研究和先进技术的推广，鼓励生产、销售和使用经过质量认证的制药机械。

第二章 生产企业管理

第五条 制药机械生产企业必须具备下列条件：

（一）具有与所生产制药机械相适应的管理人员、工程技术人员和技术工人；

（二）具有与所生产制药机械相适应的厂房、设施、设备和卫生条件；

（三）具有与所生产制药机械相适应的生产技术管理规程；

（四）具有与所生产制药机械相适应的质量体系；

（五）符合国家对制药机械生产管理的有关要求和规定。

第六条 企业生产制药机械，必须取得县级及其以上工商行政管理部门颁发的《营业执照》。

第七条 施行工业产品生产许可证的制药机械产品目录，由国家医药管理局根据国家技术监督局的计划制定。

凡施行生产许可证的制药机械，企业必须取得《生产许可证》，方可从事生产。

第八条 禁止生产以下产品：

（一）国家明令淘汰的产品；

（二）假、冒、伪、劣产品。

第九条 国家对制药机械实行行业管理，鼓励军工、机械、电子等部门的企业充分利用现有基础和人才、技术优势，开发新型制药机械产品，开展专业化协作，发展规模经济。

国家对制药机械不搞定点生产。

第三章 经营企业管理

第十条 制药机械经营企业必须取得县级及其以上工商行政管理部门颁发的《营业执照》，方可开展经营业务。

第十一条 禁止经营下列产品：

（一）尚未取得《生产许可证》的企业生产的施行《生产许可证》的产品；

（二）产品合格证、产品铭牌及必备的技术文件不齐全的产品；

（三）国有明令淘汰的产品；

（四）假、冒、伪、劣产品。

第十二条 制药机械经营企业必须严格遵守《中华人民共和国反不正当竞争法》和《医药行业关于反不正当竞争的若干规定》等有关法律、法规，积极向用户推荐名优制药机械产品。

第十三条 国家医药管理局主办“全国制药机械博览会（展销会）”。未经国家医药管理局批准，任何单位不得召开全国性的制药机械博览会（展销会）。

第四章 新产品管理

第十四条 制药机械新产品，系指制药机械产品在国内首次采用新技术原理、新设计构思或在结构、材质、工艺等几方面或其中一方面比老产品有明显改进，从而显著提高了制药机械产品性能或扩大了使用功能，并对提高经济效益具有一定作用的产品。

第十五条 制药机械新产品科研试制、计划、立项申报、评审和项目的组织实施、成果鉴定，按照《国家医药管理局医药科研计划管理办法》（试行）、《国家医药管理局科技成果鉴定管理办法》（试行）及国家有关规定办理。

第十六条 国家医药管理局制药机械检测中心负责制药机械新产品的性能测试、例行试验和业务指导。

第十七条 制药机械新产品样机经生产考核后，必须进行鉴定验收。

制药机械新产品鉴定验收可将样机鉴定与投产鉴定合并进行。未经鉴定的新产品不准正式生产和销售。

第十八条　经鉴定合格的制药机械新产品，按有关规定申报国家级重点新产品试制计划或地区级重点新产品试制计划，并按国家现行规定享受优惠待遇。

第五章　产品标准与质量管理

第十九条　国家医药管理局负责制药机械行业标准化管理工作。

第二十条　制药机械国家标准由国家医药管理局负责组织起草，报国家技术监督局审批发布。

制药机械行业标准由国家医药管理局审定发布。

第二十一条　企业生产制药机械，必须有产品标准。凡没有国家标准、行业标准的产品，必须按照国家技术监督局颁布的《企业标准化管理办法》制定企业标准，并报国家医药管理局备案。

第二十二条　企业生产和销售制药机械产品，必须在产品或其说明书、包装物上标注所执行标准的代号、编号、名称。没有或达不到产品标准的制药机械禁止出厂和销售。

第二十三条　国家对制药机械产品质量实行以抽查为主要方式的监督检查制度。国家医药管理局负责制药机械产品质量抽查计划的申报，经国家技术监督局协调、审批后组织实施。

第二十四条　国家医药管理局制药机械检测中心及国家医药管理局委托的检测机构，负责全国制药机械的检测工作。

承担制药机械产品质量检验任务的机构，应当具备相应的检测条件和能力，并经省级以上人民政府产品质量监督管理部门考核合格。

第二十五条　制药机械生产企业的质量管理工作，要与采用国际标准和国外先进标准(简称“采标”)工作相结合，围绕“采标”工作加强质量管理，积极推行GB/T19000—ISO9000“质量管理和质量保证”。系列标准，建立、健全质量管理和质量保证体系。

第二十六条　国家鼓励制药企业优先选用获得《采用国际标准标志》(简称《采标标志》)的产品。获得《采标标志》的产品和单位，在全国制药机械博览会（展销会）及对外展览会上享有优先权。

第二十七条　制药机械《采标标志》的申请程序和使用要求按照国家技术监督局颁布的《采标产品标志管理办法》的规定执行。

第六章　质　量　认　证

第二十八条　国家依据GB/T19000—ISO9000“质量管理和质量保证”系列标准，推行制药机械生产企业质量体系认证制度。

制药机械生产企业根据自愿原则，可以向国家认可的制药机械质量体系认证机构申请企业质量体系认证。经认证合格的，由认证机构颁发企业质量体系认证证书。

第二十九条　国家依据具有国际水平的国家标准、行业标准及其他补充技术要求，推行制药机械产品质量认证制度。

制药机械生产企业根据自愿原则，可以向国家认可的制药机械产品质量认证机构申请产品质量认证。经认证合格的，由认证机构颁发产品质量认证证书，准许在认证产品及其包装上使用制药机械产品质量认证标志。

第三十条　对获得质量体系认证的制药机械生产企业，国家在企业技术改造、新产品开发立项、国内国际合作等方面予以支持。

制药企业应优先选用获得质量认证的制药机械产品。

第三十一条　获得质量体系认证的企业和获得质量认证的产品，由认证机构定期公布。

第七章　罚　　则

第三十二条　违反本办法第六条、第十条规定的，由工商行政管理部门按照国家有关法律、法规给予停产、停业、罚款等处罚，直至追究刑事责任。

第三十三条　违反本办法第七条、第十一条（一）款规定的，按照有关生产许可证管理的行政法规和规章查处。

第三十四条　违反本办法第八条、第十一条（二）、（三）、（四）款规定的，按照《中华人民共和国产品质量法》和《全国人大常委会关于惩治生产、销售伪劣商品犯罪的决定》处理。

第三十五条　违反本办法第十二条规定的，按照《中华人民共和国反不正当竞争法》和《医药行业关于反不正当竞争的若干规定》处理。

第三十六条　违反本办法第十三条规定的，由国家医药管理局责令举办单位立即停止举办活动，由此产生的经济损失及善后处理工作，由举办单位负责承担。

第三十七条　违反本办法第二十一条、第二十二条、第二十九条规定的，按照《中华人民共和国产品质量法》、《中华人民共和国标准化法》、《中华人民共和国产品质量认证管理条例》处理。

第八章　附　　则

第三十八条　本办法下列用语含义

（一）制药机械：完成制药工艺的生产设备。

（二）制药机械生产企业：主产或兼产制药机械的企业。

（三）制药机械经营企业：主营或兼营制药机械的企业。

第三十九条　本办法由国家医药管理局负责解释，自 1996 年 5 月 1 日起实施。

国家医药管理局令

第 15 号

《直接接触药品的包装材料、容器生产质量管理规范》（试行）于 1996 年 4 月 29 日经国家医药管理局局务会议审议通过，并经国家经济贸易委员会同意，现予发布，自发布之日起执行。

局长：郑筱萸

一九九六年四月二十九日

直接接触药品的包装材料、容器生产质量管理规范

国家医药管理局

（1996年4月29日）

（试行）

目　　录

第一章　总　　则

第一条　为保证药品质量，保障用药的安全和方便，根据《中华人民共和国产品质量法》和《中华人民共和国标准化法》制订本规范。

第二条　本规范是直接接触药品的包装材料、容器生产企业生产和质量管理的基本准则，适用于直接接触药品的包装材料、容器生产的全过程。

第二章　人　　员

第三条　企业必须配备数量足够、素质合格的具有专业知识、生产经验及组织能力的各级管理人员和与生产产品相适应的工程技术人员。企业应有组织机构图，所有负责人员应用书面形式列出各自的职责，且应有责有权。

第四条　企业领导人必须熟悉产品生产技术业务，有组织领导能力，有一定的科学文化知识，能够按本规范的要求组织生产，并对规范的实施与产品质量负全部责任。负责生

产技术和质量管理的企业领导人，必须具有大专以上或与之相当的学历，具有生产与质量管理的经验，负责制订企业的质量方针、确定质量目标、组织制定对产品进行检验和试验的方法，从而建立质量体系并使之有效运行。

第五条　企业生产与质量管理部门的负责人，应受过中等专业以上的教育或具有相当的学历，必须具有药品包装用材料、容器生产和质量管理的实践经验，有能力对产品生产与质量管理的实际问题作出正确的判断和处理。生产与质量管理部门的负责人应共同承担如下责任：(1) 书面程序和其它文件的审定；(2) 生产环境的监督和控制；(3) 保证工厂的卫生；(4) 工艺验证和分析仪器的校正；(5) 培训；(6) 合同生产者的批准和监督；(7) 物料和产品贮存条件的确定和监督；(8) 记录的保存；(9) 对是否执行本规范要求进行监督；(10) 对可能影响质量的因素进行检验、调查。

企业的生产与质量管理部门负责人不得互相兼任，也不得由非在编人员担任。

第六条　企业的生产车间主任应受过中等专业以上的教育或具有相当的学历，并有一定的生产技术实践经验。

第七条　企业从事关键岗位生产操作及质量检验的人员，应受过高中以上教育或具相当的学历。全部岗位的工作人员都应经专业培训考核合格，具有基础理论知识和实际操作技能。

第八条　企业应为所有工作人员提供培训，对新招入厂的工作人员除应给予与本规范相关的理论和实践的基础培训外，还应进行委派任务的岗位职责培训。企业必须对各类人员进行定期考核，每年至少一次。培训记录和考核情况均应存档。

第三章　厂　　房

第九条　企业的生产、行政、生活和辅助区的总体布局应合理，并有适应生产要求的卫生设施。洁净厂房的设计应符合医药工业洁净厂房设计规范。

第十条　厂房内应有足够的空间和场地安置设备、物料，并按生产工艺流程及所要求的洁净级别进行合理布局。同一厂房内和邻近厂房进行的各项生产操作不得相互妨碍。不同洁净级别要求的产品不得在同一生产区域内生产。

第十一条　厂房及仓库应有防止昆虫、鸟类、鼠类等动物进入的措施。洁净室和洁净区的厂房表面（天花板、墙壁及地面）应平整光滑无裂缝、易清洗。内墙与天花板、地面的交界处宜成弧形，表面层不脱落、不散发或吸附尘埃和颗粒性物质。

第十二条　厂房内布置应与产品工艺过程相适应，人流、物流合理。厂房内管道、照明动力线路应符合有关要求。生产区照度要与工艺要求相适应。

第十三条　厂房内应合理设置卫生通道、安全防火通道，消防设施与人员紧急疏散通道要符合国家公安消防部门的有关规定。

第十四条　凡生产不需药厂清洗的包装材料、容器的车间，其洁净度级别必须与被包装药品的生产（充填、灌封）车间相对应，并要根据包装材料、容器产品的生产工艺、工序及其质量、卫生要求，具体划定区域和确定洁净级别。

生产需药厂清洗的包装材料、容器的车间，亦应具有防污染、防尘措施，保证清洁。

不同洁净级别的具体要求如下：

洁净级别	尘埃数/立方米		活微生物数/立方米	换气次数（参考值）
	≥0.5 微米	≥5 微米		
100 级	≤3500	0	≤5	垂直层流 0.3 米/秒，水平层流 0.4 米/秒
10000 级	≤350000	≤2000	≤100	≥20 次/小时
100000 级	≤3500000	≤20000	≤500	≥15 次/小时
300000 级	≤10500000	≤60000	（待定）	≥10 次/小时

第十五条　洁净厂房内空气的尘埃数和活微生物数应定期按规定标准监测并符合规定，结果应予记录。洁净厂房的换气次数、温度与相对湿度应与生产工艺要求相适应。

第十六条　洁净厂房的窗户、天花板及进入室内的管线、风口、灯罩与墙壁或天花板的连接部位均应气密。洁净区对室外或与室外相通的区域应保持大于 9.8 帕（Pa）的压差。洁净级别不同的洁净区之间应保持大于 4.9 帕的压差，并应有指示压差的装置。洁净级别高的区域对相邻的洁净级别低的区域应呈相对正压。

第十七条　洁净厂房安装洗手池、下水道位置应适宜，不得产生污染。下水道开口位置应有防污染措施。

第十八条　洁净区应按工艺要求设置缓冲区域，人员与物料应分别通过与其生产洁净级别相适应的缓冲区进入。更衣室、盥洗室应便于进出，盥洗室不得与生产区、贮存区直接相连。

第十九条　在洁净厂房内，生产工艺过程中存在易燃、易爆、有毒、有害、高化学活性物料时，其废气的排放应与洁净空气流向严格分开，不得造成交叉污染。液体排放应采用管道输送，防止破坏洁净环境。

第二十条　凡对生产环境有洁净度要求的产品，除其生产区域按洁净级别控制外，其附属的备料间、检验室、取样室、生产区内的中间产品、待包装品贮存间、设备与容器清洗室、洁净工作服洗涤、干燥室的洁净级别应与生产区域相适应。

第二十一条　仓贮 区应有足够的面积和良好的存放条件，应分别设置原料、辅料、包装材料和成品库（或区）。设立外包装清洁场所，其照明、通风、安全设施及温度、相对湿度应与所存物料的要求相适应。待验品、起始原料、不合格品、退回或需再加工的产品、包装材料等应分别隔离存放，并设明显标记。

第四章　设　　备

第二十二条　设备的设计、选型、安装应符合生产要求，易于清洁，便于生产操作和维修、保养，确保安全。

第二十三条　凡接触药厂不洗即用产品的设备表面均应光洁、平整、易清洗或消毒、耐腐蚀，不使产品发生化学变化。

设备使用的润滑剂、脱模剂、清洗剂等不得对产品造成污染。

第二十四条　生产所用的传送设备尽量不穿越不同洁净级别的厂房。若需要穿越时，应设置防止较高级别的洁净区受污染的设施。

第二十五条　生产所需的自动化或程控设备经验证，其性能及精度应符合生产要求。

第二十六条　凡生产与药品同时服用进入人体内的产品的工艺用水以及生产工艺要求的纯水处理设备和贮罐、输送管道所用材料应无毒、耐腐蚀。管道不应有不能循环的静止角落，应规定灭菌、清洗周期。

第二十七条　生产过程中涉及易燃、易爆、高化学活性物料的设备与管道应具有严格的安全规范及检查验收制度。

第二十八条　用于生产和检验的仪器、仪表、量具、衡器等的适用范围和精度应符合生产和质量检验的要求，应有明显的状态标志，并规定校正期限。

第二十九条　设备应定期进行维修、保养和验证，其安装、维修、保养的操作不得影响产品的质量。设备更新时应予以验证，确认对产品质量无影响时方能使用。

第三十条　生产、检验设备（包括备品、备件）应建立设备档案，并应有各自的使用登记、记录其使用、维修、保养的实际情况，并由专人管理。

第五章　卫　　生

第三十一条　对企业的所有工作人员都应进行卫生方面的培训，所有进入生产区的人员均应严格遵守有关卫生制度。

第三十二条　生产企业应具有卫生清洁的环境，厂房及周围无污染源，生产区的空气、水质、场地应符合生产要求。有污染的物料、废料和垃圾转运站应远离生产区，并尽量封闭装卸和存放。

第三十三条　生产车间、工序、岗位均应按生产和洁净级别的要求制订其厂房、设备、容器等的清洁规程，内容至少应包括：清洁方法、程序、清洁周期，应使用的清洁剂或消毒剂，清洁工具的清洗方法和存放地点。

第三十四条　生产操作区内不得存放非生产物料，严禁吸烟、饮食、养花草及带入（或贮存）生活用品、食品及个人杂物等。更衣室、冲洗设施、消毒设施及卫生间不得对厂房的洁净级别产生不良影响。不得在生产区存放废弃物。

第三十五条　工作服的选材、式样及穿戴方式应与生产操作和厂房的洁净级别相适应，不同洁净级别厂房的工作服应严格区分、不得混用。工作服应按洁净级别的要求，使用各自的清洗设施，制订清洗周期。

第三十六条　洁净厂房内的生产操作人员和获准进入洁净厂房的人员，不得佩带任何装饰物。进入洁净厂房前，与生产工艺有关的人员必须洗手。操作人员应洗手并消毒（或戴无菌手套）后方能接触药厂不洗即用的产品。

第三十七条　洁净厂房应定期消毒。使用的消毒剂或灭菌剂不得对设备、原料、辅料、包装材料、成品等产生污染。消毒剂应轮换使用，防止产生微生物耐药菌株。

第三十八条　企业的生产人员应进行健康检查并建立健康档案，每年至少体检一次。传染病患者、体表有伤口者、皮肤病患者不得安排在直接接触产品的岗位。凡从事目检的工作人员应定期检查视力。

第六章　原料、辅料及包装材料

第三十九条　应建立生产所需的原料、辅料及包装材料的采购、贮存、使用等方面的管理制度。

第四十条　生产所需的原料、辅料及与产品直接接触的包装材料应符合法定标准和药用要求。不需药厂清洗即用的产品的包装材料、容器的清洁度，必须达到规定的标准要求。

第四十一条　生产企业应按规定的质量标准购进原料、辅料，并按规定的验收制度填写原料、辅料的帐、卡。原料、辅料入库后，应有醒目的“待验”标志，并向质量管理部门申请取样检验，合格后方能投产。

第四十二条　待检、合格、不合格原料、辅料的货位要严格分开，按批次存放，并有易于识别的明显标志。

不合格或超过有效期的原料、辅料不得使用并由授权人员批准按有关规定及时处理、记录在案。

第四十三条　原料、辅料及包装材料应分区存放。对有温度、湿度及特殊要求的原料、辅料、中间产品及成品，应按规定条件贮存，将固体和液体的原料、辅料分开贮存。应防止挥发性物料污染其它物料。易燃、易爆、高化学活性的原料、辅料的贮存、运输应符合有关安全规范。

第四十四条　企业应制订原料、辅料的贮存期。贮存期不应超过物料的有效期。期满后复验，特殊情况应及时复验。

第七章　生　产　管　理

第四十五条　生产部门负责人一般负有下列职责：(1) 确保产品质量合格，严格按照工艺规程组织生产；(2) 批准有关生产操作的指令，确保有关指令能严格执行；(3) 生产记录在存档前，由指定人员审核和签署意见；(4) 检查本部门厂房和设备的维护情况；(5) 确保进行规定的工艺验证和用于控制的设备的校验，并记录在案，写出报告；(6) 确保本部门的生产人员都经过所需的初级和继续培训，按需分配上岗。

第四十六条　企业必须获取《药品包装用材料、容器生产企业许可证》方能生产、经营直接接触药品的包装材料、容器。同时按法定标准组织生产。直接接触药品的包装材料、容器产品标准均为强制性标准。

第四十七条　每一产品均应制订生产工艺规程及岗位操作法，并按工艺规程与岗位操作法进行生产。生产工艺规程的内容至少应包括：品名，品种规格与配方结构，工艺流程图，工艺操作要求，原料、辅料、包装材料、中间产品、成品的质量标准及贮存的注意事项，主要原料的消耗定额。

第四十八条　每一批产品均应有一份反映各生产环节实际情况的生产记录。记录应字迹清晰、内容真实、数据完整，并有操作人、复核人的签名。记录应保持整洁，不得撕毁和任意涂改。记录更改时应在更改处签名，并使原数据可辨认。

批生产记录应按批号或生产日期归档，保存至产品有效期后一年。未规定有效期的产品生产记录至少保存三年。

第四十九条　在规定限度内具有同一性质和质量，并在同一连续生产周期中生产出来的一定数量的产品为一批。每批产品均应给定生产批号，并符合下述原则：每一批号产品务必是同一原料、辅料、同一配方、相同工艺条件所生产的产品。若生产量较大时，可以每班或每天产品量作为一批。

产品生产工艺具有混合过程的，以最后混合均一的一次混合量的产品为一批号。

产品应分批按标准检验合格后方能出厂。

从批记录中应能查出产品生产工艺条件、原料、辅料的质量指标情况。

第五十条　为了防止产品的污染，生产操作应符合以下要求：

（1）生产操作应衔接合理、传递迅速。

（2）生产开始应检查设备、器械和容器是否洁净。

（3）生产用的设备、器械和容器使用完毕后应立即清洗或擦拭干净。

（4）洁净厂房的空气过滤器安装或更换后应检查和监测其过滤效果，应符合洁净级别要求。

第五十一条　在每一生产阶段完成后必须由生产操作人员清场并填写清场记录。记录内容至少包括：工序名称、产品名称、生产批号、清场日期、检查项目及结果、清场人及复查人签名。清场记录应纳入生产记录。

第五十二条　产品生产全过程中的关键控制点应建立制度，定期进行监控与检查并作好记录。

第五十三条　工艺用去离子水、蒸馏水的水源应符合饮用水标准。去离子水符合企业内控标准，蒸馏水的质量应符合中国药典的规定，必要时去离子水、蒸馏水应控制微生物数。

第八章　质　量　管　理

第五十四条　企业的质量管理由厂长（经理）负责。质量管理部门应配备一定数量的质量检验人员、专职和兼职的质量检查人员，并有与检验要求相适应的仪器、设备。

第五十五条　质量管理部门的负责人负有下列职责：

①批准或否定起始原料、辅料、包装材料、中间产品、待包装产品的使用或成品出厂；②评价批次记录；③确保进行所有必须的检验；④批准取样指令、检验方法和其它质量控制程序；⑤确保进行所需的验证，包括分析程序的验证和控制设备的校正；⑥会同有关部门，核准能可靠地提供符合标准的原料、辅料和包装材料的供应商，在批准和建立协作关系之前，对供应商进行评估。

第五十六条　质量管理的基本任务如下：

（1）负责制订原料、辅料及包装材料的检验操作规程和管理制度。

（2）负责对原料、辅料及包装材料取样、检验、留样、出具检验报告书。

（3）有决定原料、辅料、中间产品投料及成品出库的权利。

（4）有决定内外包装、标签、说明书等的使用的权利。

（5）有处理退回的产品及不合格品的权利。

（6）负责建立物料的取样和留样制度。

(7) 负责原料、辅料、中间产品及成品的质量稳定性评价，为确定原料及辅料的贮存期、产品的有效期提供数据。

(8) 评定原料、辅料、中间产品及成品的贮存条件。

(9) 负责建立检验用的设备、仪器、试剂、试液、标准品、标准溶液、培养基等的管理制度。

(10) 负责厂房的尘埃数和活微生物数监测以及各种生产用水的质量监测。

(11) 负责制订质量检验人员、专职和兼职的质量检查人员的职责，并保证其工作的正常进行。

(12) 负责质量检验人员、专职和兼职的质量检查人员的专业培训，参与企业对各类人员进行的关于本规范及产品质量方面的培训和教育工作。

(13) 参与制订生产工艺全过程各工序岗位的操作标准，并进行监督控制。

(14) 参与制订与产品有关的质量标准。

第九章　生产管理和质量管理文件

第五十七条　生产和质量管理文件应确定所有物料的规格标准、生产及检验方法，保证所有生产人员和生产、质量管理人员按规定行使职责，为授权人员决定每批产品能否销售提供所需的材料，为调查质量问题提供线索。

文件应仔细设计、制订、检查和分发并由指定的授权人批准签署并注明日期。文件更改须经批准，且应有签字和日期，改动的理由应记录在案。

第五十八条　企业应有负责文件档案管理的部门或人员。

第五十九条　企业应有完整的生产管理和质量管理文件，内容至少应包括：

(1) 生产管理部门、质量管理部门、生产辅助部门的各项管理制度。

(2) 原料、辅料及包装材料的质量标准和管理制度。

(3) 每种产品的生产管理文件。如：产品配方、产品生产工艺规程、岗位操作法、生产指令等。

(4) 每种产品的质量管理文件。如：原料、辅料、包装质量标准，检验操作规程，取样及留样制度，原料、辅料的存贮期和产品有效期的确认制度，中间产品管理制度，不合格品处理和管理制度等。

(5) 厂房、设备、检测仪器等的设计、安装、使用、维护、保养制度等。

(6) 各部门各项卫生管理制度。如：环境、厂房、设计、人员的卫生制度，物料及人员进出洁净厂房的卫生管理制度，体检制度等。

(7) 关于本规范和专业技术的培训制度。

(8) 与产品的生产和质量管理有关的各种记录。如：物料验收、检验、发放等记录，批生产记录、批包装记录，不合格品处理记录，成品的销售和用户意见记录等。

(9) 其它。如：成品、原料、辅料、包装材料的出入库管理制度，物料报废制度，紧急情况处理制度等。

第六十条　企业应建立文件的起草、修订、审查、批准、撤销、印刷及保管的管理制度。分发、使用的文件为批准的现行文本，已撤销和过时的文件除留档备查外，不得在工作现场出现，以免与现行文本混淆。

第十章　包　　装

第六十一条　经检验合格的产品方能进行包装操作。包装操作开始前，应清除包装线上前次使用而与现行操作无关的所有产品、物料或文件。

第六十二条　每批产品的包装均应有记录。批包装记录的内容应包括：①包装日期；②被包装产品的名称、批号、规格及数量；③标签及合格证领取、使用、剩余的数量及处理情况；④包装材料、被包产品有无异常及处理情况；⑤本次包装操作完成后的包装操作者签名，并经核准、核对人签名。

第六十三条　产品的标签、合格证印刷后需经企业有关管理部门校对无误后才能由专人保管和发放使用。

第六十四条　标签的内容至少包括：①《药品包装用材料、容器生产企业许可证》证号；②品名；③批号；④规格；⑤数量（重量）；⑥生产日期、有效期；⑦生产单位及地址。

合格证至少应印有产品名称、规格、批号、生产日期、检验员工号、生产单位。

第六十五条　包装车间同时有数条生产线进行包装时，应有有效的隔离设施。包装生产线须标明所包装产品的名称、批号。

第十一章　自　　检

第六十六条　企业的管理部门应从生产厂内外熟悉本规范的专家中组织一个检查组，定期对其生产和质量管理进行全面检查。企业管理机构应根据自检报告采取改正措施。

第十二章　销　售　记　录

第六十七条　每批成品均应有销售记录，内容至少应包括：品名、批号、规格、数量、收货单位和地址、发货日期。根据记录应能追查每批产品的售出情况，必要时应能及时全部追回。

第六十八条　销售记录保存至产品有效期后一年，未规定有效期的产品销售记录至少保存三年。

第六十九条　产品退货应有记录，其内容至少应包括：品名、批号、规格、数量、退货单位和地址、退货原因及日期、处理意见。

第十三章　用　户　意　见

第七十条　对用户提出的关于产品质量的意见及使用中出现的异常问题，应详细记录并调查处理。

第十四章　附　　则

第七十一条　本规范由国家医药管理局负责解释。

第七十二条　本规范自公布之日起施行。

医疗器械产品注册管理办法

国家医药管理局16号令

（一九九六年九月六日）

第一条　为加强医疗器械管理，保障使用者的人身安全，维护使用者的权利，根据国家的有关规定，制定本办法。

第二条　进入中国市场的任何一种医疗器械产品，须由产品生产者或其委托代理人向中国政府医疗器械行政监督管理部门提出产品注册申请。

国家医药管理局是国务院授权的医疗器械行政监督管理部门。

全国采用统一的医疗器械产品注册证书和注册号。

第三条　医疗器械产品是指：为下列目的用于人体的，不论是单独使用还是组合使用的，包括使用所需软件在内的任何仪器、设备、器具、材料或者其它物品，这些目的是：

——疾病的诊断、预防、监护、治疗或缓解；

——损伤或残疾的诊断、监护、治疗、缓解或者补偿；

——解剖或生理过程的研究、替代或者调节；

——妊娠控制。

其对于人体体表及体内的主要预期作用不是用药理学、免疫学或代谢的手段获得，但可能有这些手段参与并起一定辅助作用。

第四条　医疗器械产品分为三类：

第一类是指通过常规管理足以保证安全性、有效性的；

第二类是指产品机理已取得国际国内认可，技术成熟，安全性、有效性必须加以控制的；

第三类是指植入人体，或用于生命支持，或技术结构复杂，对人体可能具有潜在危险，安全性、有效性必须加以严格控制的。

《医药器械产品分类目录》由国家医药管理局发布并定期调整。

第五条　国家医药管理局负责全国的医疗器械产品注册工作，并直接受理境内企业生产的第三类医疗器械产品和境外企业生产的医疗器械产品的注册审查。

国家医药管理局可委托省、自治区、直辖市医药管理局或省、自治区、直辖市政府确定的医疗器械行政监督管理部门（以下简称省级医疗器械管理部门）对辖区内企业生产的第一、二类医疗器械产品进行注册登记或审查。

获得委托的省级医疗器械管理部门应在每月月底将已注册的医疗器械产品汇总，上报国家医药管理局。

第六条　在规定范围内注册的产品，可在全国销售，不需重复注册。

第七条　境内企业生产的第一类医疗器械产品在省级医疗器械管理部门办理准产注册登记。

国家对境内企业生产的第二、三类医疗器械产品实施分阶段注册审查。第一阶段为试产注册，主要审查产品的安全性和有效性。第二阶段为准产注册，主要审查企业质量保证能力。

第一类医疗器械产品的准产注册应提供：

（1）产品标准及编制说明；

（2）产品性能自测报告（出厂检验报告）；

（3）产品使用说明书。

第二类医疗器械产品的试产注册应提交：

（1）试制报告；

（2）产品标准及编制说明；

（3）产品性能自测报告（出厂检验报告）；

（4）省级医疗器械管理部门认可的医疗器械质检机构出具的产品型式试验报告；

（5）产品临床研究或临床验证报告；

（6）产品使用说明书。

第三类医疗器械产品的试产注册应提交：

（1）产品技术报告；

（2）产品标准及编制说明；

（3）产品性能自测报告（出厂检验报告）；

（4）国家医药管理局认可的医疗器械质检中心出具的产品型式试验报告；

（5）产品临床研究或临床验证报告；

（6）产品使用说明书。

试产注册有效期为两年，试产注册后的第七个月开始，生产者即可申请准产注册。准产注册应提交：

（1）试产注册证；

（2）试产期间，产品及生产工艺的完善或更改报告；

（3）企业质量体系现状报告或企业质量体系考核（审核）证明；

（4）国家医药管理局（省级医疗器械管理部门）认可的医疗器械质检中心出具的产品型式试验报告。

准产注册有效期为四年，到期应复审换证。

已实施生产许可证的医疗器械产品，其准产注册和生产许可证审查合并进行。

第八条　境内医疗器械产品生产企业如能提供充分资料，证明该申请注册产品的作用机理及安全性能与市场合法在销产品相同或相似，确能保障安全有效，又能提供自身产品质量保证能力的证明时，可以向受理注册机构申请第三方产品检测程序或临床验证程序的豁免。

第九条　境外企业生产的医疗器械产品的注册，申请者应提供：

（1）申请人及生产者的合法生产、经营资格的证明文件；

（2）批准该产品进入市场的证明文件；

（3）产品质量标准；

(4) 产品使用说明书；

(5) 生产者的产品质量保证书；

(6) 在中国指定服务机构的证明及相关文件。

提供本条规定的证明文件的复印件，需由原出证机关签章或者出具所在国（地区）公证机构的公证文件。

国家医药管理局认为必要时，可以对申请注册的境外生产者生产的医疗器械产品进行评估。

国家医药管理局认为必要时，可以要求对申请注册的第三类医疗器械产品的生产者质量体系进行现场核查。

第十条　已使用过或使用后翻新的国外医疗器械产品（俗称二手货），其每件产品在进入中国市场销售时，必须取得国家医药管理局认可的医疗器械质量检测中心出具的安全性能合格的检测报告和主要技术性能检测报告，作为该件产品销售许可证件。

销售已使用过或使用后翻新的国外医疗器械产品的，应当在国家医药管理局备案。

第十一条　受理注册机构在收到完整的注册资料后的40个工作日内应作出是否同意注册的决定。

第十二条　国家医药管理局对省级医疗器械管理部门的注册审查，发现确有错误的，有权责令其及时纠正；如错误严重而又处理不当的，有权组织复核或撤消注册。

注册申请者对受理医疗器械注册的机构的注册审查结论有异议时，可依法要求复审，复审决定为终局裁定。

受理注册工作人员应秉公守法守纪，如有失职，泄漏企业技术秘密，徇私舞弊的，受理机构应当批评教育或给予行政处分。情节严重、构成犯罪的，依法追究其刑事责任。

第十三条　未经注册或未取得注册证件的医疗器械产品，不得进入市场，不得进行广告宣传及展销活动。

第十四条　对违反本办法规定的单位和个人，由省级以上（含省级）医疗器械管理部门给予警告或罚款。

（一）有下列情形之一的，给予警告处分：

1. 第二类医疗器械产品试产期满，不及时办理准产注册手续而在市场进行销售的；

2. 以未经注册的医疗器械产品参加各种形式展销活动的。

（二）有下列情形之一的，处以10000元以下罚款：

1. 在市场销售未经注册的境内企业生产的第一、二类医疗器械产品的；

2. 涂改、伪造、倒卖医疗器械注册证书、注册号的；

3. 伪造该医疗器械产品的生产年月的；

4. 销售未按本办法第十条规定办理安全性能合格检测等手续的产品的。

（三）有下列情形之一的，处以10000元以上30000元以下罚款：

1. 在市场销售未经注册的境内企业生产的第三类医疗器械产品的；

2. 第三类医疗器械产品试产期满，不办理准产注册手续，在市场进行销售的；

3. 在市场销售未经注册的境外企业生产的医疗器械产品的。

第十五条　对于医疗器械管理部门作出的处罚决定不服的，可依法申请复议。

对复议决定不服的，可在收到复议决定书之日起十五日内向人民法院提起诉讼。

第十六条　本办法由国家医药管理局负责解释。

第十七条　本办法自一九九七年一月一日起施行。过去国家医药管理局发布的有关医疗器械管理的规定与本办法有抵触的，以本办法为准。

关于继续整顿和规范药品生产经营秩序加强药品管理工作的通知

（国务院办公厅）

《国务院关于进一步加强药品管理工作的紧急通知》（国发［1994］53号，以下简称《紧急通知》）下发以来，各省、自治区、直辖市人民政府和国务院有关部门按照国务院的部署，加强对药品管理工作的领导，结合实际，采取措施，对本地区、本部门的药品管理状况进行了清查。通过清查整顿，取缔了一批非法的药品集贸市场，查处了一批非法的药品生产、经营单位和个体工商户，打击了制售假劣药品的违法犯罪活动，整顿和规范药品生产经营秩序的工作取得了一定效果。但是，也必须看到，各地区、各部门的工作进展很不平衡。药品管理方面仍然存在一些突出的问题，主要是：无证照或证照不全、出租或转让证照违法生产、经营药品的现象依然存在；一些药品集贸市场仍在开办，有的药品集贸市场被取缔后擅自重新开业，或者改头换面继续违法经营药品；整顿和规范中药材专业市场的工作进展迟缓，一些不符合标准的中药材专业市场尚未关闭，违反国家规定，允许中西成药、炮制中药饮片等进场交易；少数地区片面追求局部利益，在当地政府个别负责人的支持和纵容下，违法制售假劣药品、开办药品集贸市场等活动有恃无恐；一些部门自查自纠的态度不坚决，措施不得力，配合协作不够，互相扯皮。特别是药品购销活动中的回扣问题相当普遍，这种违法行为已形成歪风，危害深重。药品的低水平重复生产问题也急待解决。因此，加强药品管理工作的任务仍然十分艰巨，必须引起各地区、各有关部门的高度重视。为深入贯彻《紧急通知》精神，继续整顿和规范药品生产经营秩序，加强药品管理工作，经国务院同意，现就有关问题通知如下：

一、各级人民政府和有关部门要充分认识加强药品管理工作的重要性

各级人民政府和有关部门，要充分认识加强药品管理工作的重要意义，深刻认识这项工作关系人民群众的身体健康和生命安危，关系社会稳定，关系国民经济和社会的健康发展。必须把加强药品管理，保证药品质量，保障人民群众用药安全、有效、方便、及时，当作一件大事，认真抓出成效。实践证明，依法整顿和规范药品生产经营秩序，加强药品管理工作，关键在于各级人民政府的认识和决心，在于对人民群众的责任感。地方各级人民政府及有关部门要从大局出发，加强领导，采取有效措施，增强整顿和规范药品生产经营秩序的力度，严厉打击违法犯罪活动，坚决反对地方保护主义，保证国家法律和政令畅通。地方各级人民政府及有关部门主要负责同志对本地区、本部门药品管理负有领导责任。县级以上地方人民政府要主动向同级人民代表大会常务委员会报告本地区药品管理工作的情况，接受监督。各级人民政府行政监察部门要依照本身职责和有关规定，加强对下放及有关部门贯彻执行《中华人民共和国药品管理法》（以下简称《药品管理法》）和《紧急通知》的工作情况进行执法监察，并就执法监察中发现的问题提出相应的监察建议，对领导干部失职、渎职、以权谋私等违法违纪行为追究政纪责任。上级政府要对下级政府领导任期内药品管理状况进行认真考核，提出意见。

二、严肃查处药品购销活动中的回扣问题

当前，在药品购销活动中，存在着相当普遍的给予和收受回扣的违法行为，或以折扣、让利等各种名义搞回扣，造成国家税收流失和企业的不平等竞争，推动药品价格上涨，加重了企业和患者的负担，扰乱了社会和经济秩序，腐蚀了一批工作人员，并使制售假劣药品的违法犯罪活动有可乘之机，必须下大力气严肃查处。国务院有关部门要密切配合，统一行动，采取有效措施，对回扣违法行为依法认真查处，坚决刹住这股歪风，并针对产生回扣风的深层次原因，从根本上进行综合治理。

各级卫生行政部门、药品生产经营行业主管部门要结合队伍建设和职业道德教育，抓紧组织对本行业药品购销活动中的回扣问题，进行全面的自查自纠，并进一步建立健全有关规章制度，严格管理，堵塞漏洞。对自查出来的回扣款项，要按照有关规定，上交财政部门。

国务院决定对药品购销活动中的回扣违法行为进行一次专项检查，并责成国家工商行政管理局会同卫生部、国家医药管理局、国家中医药管理局、国务院纠正行业不正之风办公室等部门和单位，按照共同研究的工作方案，组织实施。要组成联合检查组，对药品生产、经营企业和医疗机构的药品购销情况进行抽查，重点查处典型案件。对检查出来的单位或个人除没收收受的回扣款等非法所得外，并以行贿、受贿论处；构成犯罪的，由司法机关依法追究当事人的刑事责任。对顶风作案、情节严重的单位和个人，要严肃处理，并通过新闻媒介公开暴光，以起到震慑和教育作用。

为治理药品价格混乱状况，制止回扣歪风，要切实加强对药品价格的管理和监督，深化药品价格改革。

医疗机构要实行医疗服务收入和药品销售收入分开核算的办法，分别管理。

三、加强对农村基层供药的管理，保证人民群众用药

要健全、完善农村基层供药的主渠道。乡镇卫生院和村卫生室以及乡村个体医疗诊所的用药，由县级卫生行政部门商县级药品生产经营行业主管部门提出计划，由县级国有医药（药材）公司统一供应。对于少数暂时尚未建立供应网点且人口稀少的边远地区的乡村用药，可以委托乡镇卫生院或乡镇供销社负责供应。国家医药管理局、国家中医药管理局要于今年内制订出具体实施方案，在2000年前完成全国农村供药网络的建设，保证人民群众的用药安全、有效、方便、及时。

地方各级人民政府卫生行政部门要在今年内完成对个体医疗诊所的检查和重新核发《执业许可证》工作。要加强对个体医疗诊所的监督管理，对以行医为名违法销售药品的，一律予以取缔，吊销其《执业许可证》。

四、增强执法力度，坚决整顿药品生产经营秩序

（一）加强对药品生产、经营企业和个体工商户的严格审批和管理。

国务院有关部门要在前一阶段清查整顿的基础上，对本部门的药品管理状况进行认真严格的自查自纠，抓出成效。各级人民政府及其卫生行政部门、药品生产经营行业主管部门、工商行政管理部门要继续组织力量进行认真清查，对违反《药品管理法》、《紧急通知》和有关法律、法规的药品生产、经营企业和个体工商户，要依法吊销其药品生产、经营的合格证、许可证及营业执照。对无证照或证照不全的生产、经营药品者，由卫生行政部门牵头，会同工商行政管理部门、药品生产经营行业主管部门、公安部门，坚决予以取缔。各省、自治区、直辖市人民政府药品生产经营行业主管部门要监督国有药品生产、经营企业进行自查，凡是将国有药品生产、经营企业或者其经营部承包给个人的，或者转让、出租其证照的，必须在规定的期限内进行清理纠正。逾期不自查纠正的，要对药品生产、经营企业负责人和有关人员予以行政处分，直至依法吊销其药品生产、经营的合格证、许可证及营业执照。以上工作要在1996年7月31日前完成。

地方各级人民政府及有关部门，要继续深入开展打击制售假劣药品违法犯罪活动，把查处制售假劣药品等违法案件，作为反腐败斗争的一项重点工作，抓出成效。

（二）加强对药品生产品种和质量的管理，抓紧解决药品的低水平重复生产问题。

当前药品的低水平重复生产，同品种药品竞相仿制，影响药品质量的提高，不利于新药研制、开发和对药品生产企业的知识产权保护，不仅阻碍药品工业现代化进程，而且加剧了药品生产经营秩序的混乱程度。

各省、自治区、直辖市人民政府卫生行政部门要对已经批准生产的药品进行清理整顿，在清理整顿期间暂停批准仿制已有批准文号的药品及保健药品。

对根据《中药品种保护条例》规定，已经申请中药品种保护的品种，在国家中药品种保护审评委员会受理审评期间，卫生行政部门不得对其他药品生产企业发放药品生产批准文号。药品生产经营行业主管部门要会同有关部门指导药品生产企业搞好产品结构调整，抓紧解决同品种低水平重复生产的问题。

卫生行政部门要会同有关部门，组织力量对同品种药品的质量进行检查。各级药品检验机构要加强对药品质量的检验和抽查工作。凡是在企业成品库待出厂的药品，经抽查检验有一批次达不到国家药品标准，或者达不到省、自治区、直辖市药品标准，并经复检后仍不合格的，要坚决依法撤销其药品批准文号。

医疗机构配制制剂，要严格按照《药品管理法》规定，只限于本医疗机构临床和科研需要而市场上又没有供应或者供应不足的药物制剂，不得配制其他任何制剂，严禁在市场上销售或者变相销售。发现医疗机构在市场上销售或变相销售配制制剂的，坚决取消其配制制剂资格，吊销其《制剂许可证》。

为杜绝乱办药品生产企业造成重复生产的现象，凡新开办的药品生产企业，必须经卫生部、国家医药管理局、国家中医药管理局联合审查同意后，方可按照有关规定办理立项、审批手续。新建、扩建和改建的药品生产企业及车间，必须符合《药品生产企业质量管理规范》（GMP），并经认证后，方可发给《药品生产企业合格证》和《药品生产企业许可证》。对现有未达到《药品生产企业质量管理规范》（GMP）的企业，由卫生部和国家医药管理局、国家中医药管理局共同提出限期整顿改造的措施，逾期仍未达到规范标准的企业要予以淘汰。

（三）坚决取缔药品集贸市场，加快整顿和规范中药材专业市场。

各地人民政府要组织有关部门，坚决依法取缔药品集贸市场。以药品展销中心、国药城、保健品批发市场、中药材专市场等名义变相开办的各类药品集贸市场，都必须予以关闭，并做好善后工作。

国家中医药管理局、国家医药管理局、卫生部、国家工商行政管理局和有关地方人民政府要加快整顿和规范现有中药材专业市场的步伐。对少数历史上形成的中药材主要品种的集中产地或传统的中药材集散地的中药材专业市场，要严格按照国务院有关部门联合制定的《关于印发整顿中药材专业市场标准的通知》（国中医药生［1995］7号，以下简称《标准》）进行整顿和规范，尽快做好申报、检查、验收、审批工作，为整顿和规范中药材专业市场积累经验。经过整顿，对符合《标准》有关规定的现有中药材专业市场，按规定程序发给有关证照后，方可继续开办，并切实加强管理，提高管理水平；对不符合《标准》有关规定的中药材专业市场，一律关闭。

这次整顿和规范药品生产经营秩序工作要在1996年9月30日前完成。

各省、自治区、直辖市人民政府和国务院有关部门要按照本通知要求，认真实施各项措施，共同搞好药品管理工作。各级人民政府有关部门要加强协作，互相配合，互相支持，不得扯皮、推诿。监察部、卫生部、国家工商行政管理局、国家医药管理局、国家中医药管理局等有关部门要在适当时候组织联合检查组，采取明查暗访的形式，对各地加强药品管理工作的情况进行抽查，对药品管理混乱地区的政府和有关部门的领导人员要依法追究责任，并通报批评。

一九九六年四月十六日

贯彻国务院办公厅关于继续整顿和规范药品生产经营秩序加强药品管理工作的通知

（国家医药管理局）

《国务院关于进一步加强药品管理工作的紧急通知》（国发［1994］53号，以下简称《紧急通知》）下发以来，在国务院和地方各级人民政府统一领导下，各级医药行业管理部门积极会同有关部门，认真开展治理整顿医药市场工作，使全国贯彻《紧急通知》工作取得一定的成效。为深入贯彻《紧急通知》，进一步治理整顿医药市场，确保人民群众用药安全、有效，国务院办公厅针对当前医药市场存在的问题，发出了《关于继续整顿和规范药品生产经营秩序加强药品管理工作的通知》（国办发［1996］14号，以下简称国办14号文件）。国办14号文件对各级人民政府以及政府有关部门前一阶段工作给予了肯定，并针对存在的问题提出了严格要求，对严肃查处药品购销活动中的回扣问题；加强对农村基层供药的管理问题；增强执法力度，坚决整顿药品生产经营秩序等问题作出了具体规定。为确保国办14号文件的贯彻落实，我局已于1996年5月12日至15日在山西临汾召开了全国各省、自治区、直辖市医药主管部门主管领导参加的医药市场治理整顿工作会议，研究部署了贯彻落实工作。在此基础上，国家医药管理局提出以下贯彻落实意见，请各地医药管理部门认真执行。

一、统一思想，坚定信心，切实加强领导，认真抓好落实

国办 14 号文件是继国务院《紧急通知》后，又一个加强药品管理工作的重要文件。文件的下发，充分说明国务院领导对继续整顿和规范药品生产经营秩序，进一步加强药品管理工作的决心。各级医药管理部门和药品生产经营企业，要认真学好文件，把握文件精神实质，进一步认识加强药品管理工作的重要意义，统一思想，坚定信心，克服困难，增强继续贯彻《紧急通知》，全面落实国办 14 号文件，做好整顿和规范医药市场工作的自觉性。借鉴整治医药市场工作先进地区的做法和经验，大胆行使行业管理职能，坚定不移地把治理整顿医药市场工作进行下去，真正把依法加强药品管理，强化药品质量，保障人民群众用药安全、有效、方便、及时，当作当前医药行业的大事，认真抓出成效。任何放松药品管理的观点和行为，都是对人民不负责任的表现，必须加以纠正。

各级医药管理部门要在当地政府统一领导下，积极主动会同有关部门，结合当地实际，提出贯彻国办 14 号文件的实施方案，协助政府及时研究部署工作。要把深入贯彻《紧急通知》，落实国办 14 号文件，列入各级医药管理部门的重要诤事日程。充分发挥新闻舆论宣传作用，大力开展宣传发动工作，造成声势，取得社会各界和广大人民群众的理解和支持，真正把国办 14 号文件落到实处。

二、加强治理整顿医药市场的力度，进一步规范生产经营秩序

（一）要在当地人民政府统一领导下，主动会同执法部门，突出重点，坚决取缔药品集贸市场，包括以开办药品展销中心、药品信息中心、保健品批发市场等名义，变相开办的各类药品集贸市场。坚决取缔无证或证照不全的非法经营户，继续深入开展打击制售假劣药品的违法犯罪活动，防止整顿后出现回潮。

（二）要进一步加强行业管理和宏观调控。坚持总量平衡、结构与布局合理的原则。各级医药管理部门要严格执行国家医药管理局的有关规定及行业发展要求，防止低水平重复生产，遏制经营企业盲目发展的势头。凡申请开办药品生产经营企业，必须按照《国家医药管理局关于申请开办药品生产经营企业审查工作暂行规定》（国药质字［1995］第 515 号）和医药行业发展规划、产业政策及有关规定办理。

新开办药品生产企业必须符合以下基本条件并经国家医药管理局进行资格审查同意后方可办理立项、审批手续：

1. 凡申请开办药品生产企业必须是具有企业法人资格的国内外经济组织。个体工商户和个人合伙组织不能申请开办药品生产企业，也不能获取药品生产企业的开办资格。

2. 开办国内制药企业，拟生产的品种符合医药行业发展规划，具有较好市场前景的四类以上新药二个，或是医药行业产业政策中鼓励发展的品种。

3. 开办制药“三资”企业必须符合“新产品、新技术、外向型”三原则，拟生产品种应符合国家计委等三部委联合发布的《外商投资产业指导目录》。

4. 生产规模与所拟生产的品种相适应，采用的生产工艺具有国内先进水平，所需原辅材料的供应有保证，生产成本在国内、国际市场上有竞争能力。

5. 具有与药品生产相适应的药师（执业药师）、助理工程师以上专业技术人员，以及经过制药专业培训的技术工人。企业法人代表必须具有中级或中级以上技术职称。

6. 具有与药品生产相适应的地域环境，“三废”治理措施落实。

7. 资金来源落实，项目已得到企业有关主管部门批准。

新建、扩建、改建的药品生产企业及车间，必须符合 GMP 要求，并经国家医药管理局组织 GMP 审查，合格后方可申办生产。

新开办药品批发企业，必须严格按国家医药管理局国药财字（1995）第 372 号下发的“药品批发企业开办资格审查办法（试行）”规定的条件和程序办理。

各省、自治区、直辖市医药管理部门近期要组织力量，对保健药品的生产及其经营情况进行检查，加强行业管理，具体要求将另行通知。

（三）要加强对麻醉药品生产经营单位的管理，严格执行《麻醉药品管理办法》和《麻醉药品经营管理办法》，结合我局和卫生部联合下发的《关于加强麻醉药品经营管理的紧急通知》要求，认真做好麻醉药品二级经营单位检查验收工作，对发生丢失、被盗案件的单位，要按上述文件规定严肃处理。

对违反《精神药品管理办法》有关规定，擅自销售精神药品的单位，要按《精神药品管理办法》严肃处理。

（四）要认真整顿和规范药品生产经营秩序，做到内乱和外乱兼治，生产企业和经营企业兼治。凡是将生产经营企业或者其经营部承包给个人经营，出租转让发票及其他合法票证、“合格证”等方式进行违法药品经营活动的；或把药品销售给非法的生产经营者、非法医疗机构或者从非法的生产经营者手中采购药品的；在中药材市场设摊点经营原料药及其制剂、中成药和需经炮制加工的中药饮片以及国家禁止销售的药品；工商企业办事处直接经营药品活动；生产企业销售本厂以外的药品等违反《药品管理法》、国务院《紧急通知》和国办 14 号文件规定的，都必须在 6 月 30 日前予以纠正，逾期不纠正的，由各地区医药管理部门会同有关部门，对这些企业做出处罚，直至吊销其药品生产经营企业“合格证”。

对医疗机构生产的制剂上市，个体诊所卖药，地方卫生部门联购分销进行变相经营的，要主支配合卫生部门予以制止，对各种形式的“招标”买药活动及利用“准销证”的形式进行封锁等行为予以抵制。

三、狠刹药品购销活动中的回扣风，在全行业认真开展自查自纠工作

当前，医药生产经营企业和医疗机构在药品购销活动中，给予、收受回扣现象突出，严重影响了医药经济的健康发展和群众的用药安全，有的已构成犯罪，必须花大力气予以治理。各级医药管理部门，要把纠正回扣不正之风，狠抓药品购销活动中的行贿、索贿违法行为和以回扣进行诱购诱销等不正当竞争行为，作为目前的重点工作来抓，坚决按照国办 14 号文件要求，按照国家工商行政管理局、卫生部、国家医药管理局、国家中医药管理局、国务院纠风办《关于对药品购销中给予、收受回扣违法行为进行专项检查的工作方案》和国家医药管理局的有关规定，积极会同工商、卫生、公安、监察、纠风办等部门，分三个阶段进行整顿。即要求各药品生产经营企业自查；协助执法机关重点检查，坚决禁止回扣行为，严格规范折扣行为，对帐外暗中给予对方单位或个人回扣，以及通过行贿手段诱购等违法案件，视情节轻重，分别给单位直接负责人和当事人以党纪政纪处分，触犯法律的要送交司法机关处理。各药品生产、经营企业根据自查和检查出的问题，进行内部整改，进一步建立健全规章制度，堵塞漏洞，严格管理，从制度上杜绝违法行为。

各级医药行业管理部门要积极主动地行使行业价格管理的职能，采取措施，切实加强药品价格的管理工作。要认真组织医药工商企业对价格执行情况进行自查和清理。对违反国家价格政策的行为要立即纠正。要严格成本管理，加强对定价成本的审核和管理，规范医药企业的价格行为，坚决制止高定价、大回扣的作法，对问题严重的要给予处罚并追究有关人员责任。

四、深化国有医药经济企业改革

各地医药管理部门要按照“两个根本性转变”的要求，进一步加大国有医药经济企业改革的力度，不断深化企业改革，引导医药经营企业逐步规模化、集约化、连锁化的路子，实行总代理和总经销，不断壮大国有医药经济实力，提高市场占有份额，不断提高国有医药商业主渠道供应能力和服务水平，开展国有医药商业企业无假药活动，巩固和发展国有医药商业企业主渠道地位和作用，以保障人民群众用药安全、有效、及时、方便。

五、切实加强对农村药品的供应和管理

当前，我国农村药品供应的主要问题是，一些地方国有医药商业主渠道供应受阻，购药渠道较乱，一些假劣药品流向农村市场，因假劣药品致死的人命案件时有发生。各级医药行业管理部门要积极主动地会同有关部门，按照国办 14 号文件规定要求，治理整顿农村药品市场，打击不法游医药贩，制止联购分销，改革和完善委托代批制度，规范购销渠道，净化农村药品市场。县级医药行业主管部门要积极配合卫生部门制定好乡镇卫生院和村卫生室以及乡村个体医疗诊所的用药计划，安排落实国有医药主渠道供应任务，保质保量按时供应药品。要认真搞好农村药品供应调查工作，积极进行试点，制定农村药品供应网络建设 2000 年规划和具体实施方案，并于 1996 年 10 月底前，将实施方案上报国家医药管理局。

六、调整充实机构，加强协调指导

为认真做好国办 14 号文件贯彻落实工作，国家医药管理局党组对贯彻国务院《紧急通知》领导小组和办公室成员进行了调整和充实，该小组继续负责贯彻国办 14 号文件的组织协调工作。办公室设在国家医药管理局财务与市场流通司。各省（区、市）医药管理部门也要调整和充实贯彻《紧急通知》领导小组和办公室的力量，继续作为贯彻国办 14 号文件的协调机构，强化药品管理工作。近期，国家医药管理局将派出检查组，到重点地区检查指导工作。

各省（区、市）医药管理部门要按照国办 14 号文件要求，在 7 月 31 日前完成自查自纠工作。整顿和规范药品生产经营秩序工作，要求在 9 月 30 日前取得阶段性成果，并将国办 14 号文件的贯彻落实情况于 10 月上旬报国家医药管理局。

国家医药管理局药品行政保护办公室公告

第一百零九号（受理公告）

申请人所在国：瑞士
申请人：汽巴—嘉基有限公司
申请药品名称：
　　通用名：帕曲膦酸二钠（Pamidronate Disodium）五水合物
　　商品名：雅利达（Aredia）干粉针剂
申请号：A-CH95122915
药品行政保护办公室对该药品的申请文件初步审查合格，予以受理，即日起转为实质审查，特此公告。

一九九六年一月十日

注：凡了解本产品已在国内生产或销售过的单位或个人，请与本办公室取得联系。

（见 1996 年 3 月 7 日《中国医药报》第 2 版）

第一百一十号（受理公告）

申请人所在国：瑞士
申请人：山德士公司
申请药品名称：
　　通用名：盐酸喹高莱（Quinagolide Hydrochloride）
　　商品名：Norprolac 片剂
申请号：A-CH96011201
药品行政保护办公室对该药品的申请文件初步审查合格，予以受理，即日起转为实质审查，特此公告。

一九九六年二月五日

注：凡了解本产品已在国内生产或销售过的单位或个人，请与本办公室取得联系。

（见 1996 年 2 月 10 日《中国医药报》第 2 版）

第一百一十一号（受理公告）

申请人所在国：英国
申请人：威康基金会有限公司
申请药品名称：
　　通用名：米伐氯铵（Mivacurium Chloride）
　　商品名：美维松（Mivacron）注射剂
申请号：A-GB96020702
药品行政保护办公室对该药品的申请文件初步审查合格，予以受理，即日起转为实质审查，特此公告。

一九九六年二月二十六日

注：凡了解本产品已在国内生产或销售过的单位或个人，请与本办公室取得联系。

（见 1996 年 3 月 7 日《中国医药报》第 2 版）

第一百一十二号（受理公告）

申请人所在国：瑞士
申请人：山德士公司
申请药品名称：

通用名：氟伐他丁钠（Fluvastatin Sodium）

商品名：Lescol 胶囊剂

申请号：A-CH96020703

药品行政保护办公室对该药品的申请文件初步审查合格，予以受理，即日起转为实质审查，特此公告。

一九九六年二月二十六日

注：凡了解本产品已在国内生产或销售过的单位或个人，请与本办公室取得联系。

（见 1996 年 3 月 30 日《中国医药报》第 2 版）

第一百一十三号（受理公告）

申请人所在国：美国

申请人：杜邦公司

申请药品名称：

通用名：洛沙坦钾（Losartan Potassium）

商品名：科索亚（Cozaar）片剂

申请号：A-US96021204

药品行政保护办公室对该药品的申请文件初步审查合格，予以受理，即日起转为实质审查，特此公告。

一九九六年二月二十六日

注：凡了解本产品已在国内生产或销售过的单位或个人，请与本办公室取得联系。

（见 1996 年 4 月 2 日《中国医药报》第 5 版）

第一百一十四号（受理公告）

申请人所在国：美国

申请人：杜邦公司

申请药品名称：

通用名：洛沙坦钾-双氢克尿塞（Losartan Potassium Hydrochlorothiazide）

商品名：Hyzaar 片剂

申请号：A-US96021205

药品行政保护办公室对该药品的申请文件初步审查合格，予以受理，即日起转为实质审查，特此公告。

一九九六年二月二十八日

注：凡了解本产品已在国内生产或销售过的单位或个人，请与本办公室取得联系。

（见 1996 年 4 月 2 日《中国医药报》第 5 版）

第一百一十五号（授权公告）

申请人所在国：比利时

申请人：杨森制药有限公司

申请药品名称：

通用名：盐酸左卡巴斯汀（Levocabastine Hydrochloride）

商品名：立复汀（Livostin）滴鼻剂

授权号：B-BE96031901

药品行政保护办公室对该药品的申请文件进行实质审查后，认为符合行政保护条件，即日起授予行政保护，特此公告。

一九九六年三月十九日

（见1996年4月13日《中国医药报》第5版）

第一百一十六号（授权公告）

申请人所在国：比利时

申请人：杨森制药有限公司

申请药品名称：

通用名：盐酸左卡巴斯汀（Levocabastine Hydrochloride）滴眼剂

商品名：立复汀（Livostin）滴眼剂

授权号：B-BE96031902

药品行政保护办公室对该药品的申请文件进行实质审查后，认为符合行政保护条件，即日起授予行政保护，特此公告。

一九九六年三月十九日

（见1996年4月13日《中国医药报》第5版）

第一百一十七号（授权公告）

申请人所在国：瑞士

申请人：汽巴—嘉基有限公司

申请药品名称：

通用名：福美斯坦（Formestane）粉针剂

商品名：兰特隆（Lentaron）粉针剂

授权号：B-CH96031903

药品行政保护办公室对该药品的申请文件进行实质审查后，认为符合行政保护条件，即日起授予行政保护，特此公告。

一九九六年三月十九日

（见1996年4月13日《中国医药报》第5版）

第一百一十八号（授权公告）

申请人所在国：意大利

申请人：Istituto Gentili 公司

申请药品名称：

通用名：阿仑膦酸钠（Alendronate Sodium）片剂

商品名：Alendros 片剂

授权号：B-IT96032104

药品行政保护办公室对该药品的申请文件进行实质审查后，认为符合行政保护条件，即日起授予行政保护，特此公告。

一九九六年三月二十一日

（见 1996 年 6 月 13 日《中国医药报》第 2 版）

第一百一十九号（授权公告）

申请人所在国：瑞士

申请人：汽巴—嘉基有限公司

申请药品名称：

通用名：双氯芬酸树脂盐（Diclofenac Resinate）

商品名：扶他林（Voltaren）口服滴剂

授权号：B-CH96032505

药品行政保护办公室对该药品的申请文件进行实质审查后，认为符合行政保护条件，即日起授予行政保护，特此公告。

一九九六年三月二十五日

（见 1996 年 6 月 13 日《中国医药报》第 2 版）

第一百二十号（授权公告）

申请人所在国：日本

申请人：辉瑞制药株式会社

申请药品名称：

通用名：安吡昔康（Ampiroxicam）

商品名：Flucam 胶囊剂

授权号：B-JP96032506

药品行政保护办公室对该药品的申请文件进行实质审查后，认为符合行政保护条件，即日起授予行政保护，特此公告。

一九九六年三月二十五日

（见 1996 年 6 月 15 日《中国医药报》第 2 版）

第一百二十一号（受理公告）

申请人所在国：瑞士

申请人：汽巴—嘉基有限公司

申请药品名称：

通用名：含有雌二醇和炔诺酮醋酸酯的透皮治疗剂

商品名：爱斯康（Estracomb）透皮治疗剂

申请号：A-CH96031206

药品行政保护办公室对该药品的申请文件初步审查合格，予以受理，即日起转为实质审查，特此公告。

一九九六年三月二十七日

注：凡了解本产品已在国内生产或销售过的单位或个人，请与本办公室取得联系。

（见 1996 年 6 月 15 日《中国医药报》第 2 版）

第一百二十二号（受理公告）

申请人所在国：日本

申请人：山之内制药株式会社

申请药品名称：

通用名：盐酸坦索罗辛（Tamsulosin Hydrochloride）

商品名：哈乐（Harnal）胶囊剂

申请号：A-JP96031507

药品行政保护办公室对该药品的申请文件初步审查合格，予以受理，即日起转为实质审查，特此公告。

一九九六年三月二十七日

注：凡了解本产品已在国内生产或销售过的单位或个人，请与本办公室取得联系。

（见 1996 年 6 月 18 日《中国医药报》第 2 版）

第一百二十三号

近来，我办公室多次收到杨森制药公司的报告，反映在北京的药品市场上，发现有未经药品西沙必利行政保护权利人授权和许可而销售药品西沙必利的行为。经查，情况属实。

鉴于杨森制药公司申请行政保护的药品西沙必利原料及其片剂和混悬剂（商品名为普瑞博思）均已于 1994 年 12 月 19 日获得药品行政保护证书，其授权号分别为 B-IE94121922、B-IE94121923 和 B-IE94121924。行政保护期为 7 年 6 个月，自授权之日起计算。为此，我办公室确认，根据《药品行政保护条例》的有关规定在行政保护期限内，未经权利人许可和授权，其它人不得进行西沙必利原料及其片剂、混悬剂的制造、销售行为。否则，视为侵权。

特此公告

一九九六年三月二十八日

（见 1996 年 6 月 18 日《中国医药报》第 2 版）

第一百二十四号（受理公告）

申请人所在国：日本

申请人：礼来日本有限公司

申请药品名称：

通用名：甲磺酸培高利特（Pergolide Mesylate）

商品名：协良行（Celance）片剂

申请号：A-JP96032908

申请日：1996 年 3 月 29 日

药品行政保护办公室对该药品的申请文件初步审查合格，予以受理，即日起转为实质审查，特此公告。

一九九六年四月十一日

注：凡了解本产品已在国内生产或销售过的单位或个人，请与本办公室取得联系。

（见 1996 年 6 月 22 日《中国医药报》第 2 版）

第一百二十五号（受理公告）

申请人所在国：德国

申请人：Heinrich Mack Nachf 公司

申请药品名称：

　　通用名：吡罗昔康（Piroxicam）凝胶剂

　　商品名：费定（Felden）凝胶剂

申请号：A-DE96041011

申请日：1996 年 4 月 10 日

药品行政保护办公室对该药品的申请文件初步审查合格，予以受理，即日起转为实质审查，特此公告。

一九九六年四月二十五日

注：凡了解本产品已在国内生产或销售过的单位或个人，请与本办公室取得联系。

（见 1996 年 6 月 22 日《中国医药报》第 2 版）

第一百二十六号（受理公告）

申请人所在国：美国

申请人：先达（Syntex ）公司

申请药品名称：

　　通用名：霉酚酸吗啉乙酯（Mycophenolate Mofetil）

　　商品名：Cellcept 胶囊剂

申请号：A-US96041014

申请日：1996 年 4 月 10 日

药品行政保护办公室对该药品的申请文件初步审查合格，予以受理，即日起转为实质审查，特此公告。

一九九六年四月二十五日

注：凡了解本产品已在国内生产或销售过的单位或个人，请与本办公室取得联系。

（见 1996 年 8 月 8 日《中国医药报》第 2 版）

第一百二十七号（受理公告）

申请人所在国：爱尔兰

申请人：艾汪达尔化学公司

申请药品名称：

　　通用名：克霉唑—倍他米松二丙酸酯霜剂

　　商品名：克舒爽（Clotrasone）霜剂

申请号：A-IE96041013

申请日：1996 年 4 月 10 日

药品行政保护办公室对该药品的申请文件初步审查合格，予以受理，即日起转为实质审查，特此公告。

一九九六年六月十八日

注：凡了解本产品已在国内生产或销售过的单位或个人，请与本办公室取得联系。

（见 1996 年 8 月 8 日《中国医药报》第 2 版）

第一百二十八号（受理公告）

申请人所在国：日本
申请人：赫斯特日本有限公司
申请药品名称：
　　通用名：非洛地平（Felodipine）
申请号：A-JP96032909
申请日：1996年3月29日
药品行政保护办公室对该药品的申请文件初步审查合格，予以受理，即日起转为实质审查，特此公告。

一九九六年六月二十五日

注：凡了解本产品已在国内生产或销售过的单位或个人，请与本办公室取得联系。

（见1996年8月10日《中国医药报》第2版）

第一百二十九号（受理公告）

申请人所在国：意大利
申请人：Mediolanum 制药有限公司
申请药品名称：
　　通用名：盐酸芦氟沙星（Rufloxacin Hydrochloride）
　　商品名：QARI片剂
申请号：A-IT96040410
申请日：1996年4月4日
药品行政保护办公室对该药品的申请文件初步审查合格，予以受理，即日起转为实质审查，特此公告。

一九九六年六月二十八日

注：凡了解本产品已在国内生产或销售过的单位或个人，请与本办公室取得联系。

（见1996年8月10日《中国医药报》第2版）

第一百三十号（受理公告）

申请人所在国：日本
申请人：礼来日本有限公司
申请药品名称：
　　通用名：尼扎替丁（Nizatidine）
申请号：A-JP96061815
申请日：1996年6月18日
药品行政保护办公室对该药品的申请文件初步审查合格，予以受理，即日起转为实质审查，特此公告。

一九九六年六月二十八日

注：凡了解本产品已在国内生产或销售过的单位或个人，请与本办公室取得联系。

（见1996年8月10日《中国医药报》第2版）

第一百三十一号

根据国家医药管理局药品行政保护复审办法第五章第十五条规定，国家医药管理局药品行政保护复审委员会授权国家医药管理局药品行政保护办公室发布如下公告：

意大利Gentili公司于1995年9月21日向国家医药管理局药品行政保护办公室提出Alendros片剂及其活性成分阿仑膦酸钠（Alendronate Sodium）的行政保护申请。药品行政保护办公室对本申请进行审查后，于1996年3月12日作出授予Alendros片剂行政保护、不授予阿仑膦酸钠行政保护的决定。Gentili公司对不授予阿仑膦酸钠行政保护的决定不服，于1996年4月19日向国家医药管理局药品行政保护复审委员会提出复审请求。

国家医药管理局药品行政保护复审委员会受理本案后，依法进行了复审。经1996年7月2日复审会议讨论决定：维持药品行政保护办公室的上述决定。并于7月18日发出复审决定书。特此公告。

一九九六年七月三十一日

（见1996年8月15日《中国医药报》第2版）

第一百三十二号（授权公告）

申请人所在国：瑞士

申请人：山德士公司

申请药品名称：

通用名：盐酸喹高莱（Quinagolide Hydrochloride）

商品名：Norprolac片剂

授权号：B-CH96073107

授权日：1996年7月31日

药品行政保护办公室对该药品的申请文件进行实质审查后，认为符合行政保护条件，即日起授予行政保护，特此公告。

一九九六年七月三十一日

（见1996年8月15日《中国医药报》第2版）

第一百三十三号（授权公告）

申请人所在国：瑞士

申请人：山德士公司

申请药品名称：

通用名：氟伐他丁钠（Fluvastatin Sodium）

商品名：Lescol胶囊剂

授权号：B-CH96073108

授权日：1996年7月31日

药品行政保护办公室对该药品的申请文件进行实质审查后，认为符合行政保护条件，即日起授予行政保护，特此公告。

一九九六年七月三十一日

（见1996年8月17日《中国医药报》第2版）

第一百三十四号（受理公告）

申请人所在国：意大利

申请人：BioResearch Spa
申请药品名称：
通用名：1，4-丁二磺酸硫代腺苷蛋氨酸
(S－Ademetionine 1，4－butanedisulfonate)
商品名：Transmetil 片剂
申请号：A-IT96071916
申请日：1996 年 7 月 19 日
药品行政保护办公室对该药品的申请文件初步审查合格，予以受理，即日起转为实质审查，特此公告。

一九九六年八月一日

注：凡了解本产品已在国内生产或销售过的单位或个人，请与本办公室取得联系。

（见 1996 年 8 月 17 日《中国医药报》第 2 版）

第一百三十五号（受理公告）

申请人所在国：德国
申请人：赫斯特公司
申请药品名称：
通用名：环吡司（Ciclopirox）指（趾）甲涂剂
商品名：巴特芬（Batrafen）指（趾）甲涂剂
申请号：A-DE96080217
申请日：1996 年 8 月 2 日
药品行政保护办公室对该药品的申请文件初步审查合格，予以受理，即日起转为实质审查，特此公告。

一九九六年八月十六日

注：凡了解本产品已在国内生产或销售过的单位或个人，请与本办公室取得联系。

（见 1996 年 9 月 5 日《中国医药报》第 2 版）

第一百三十六号（授权公告）

申请人所在国：日本
申请人：山之内制药株式会社
申请药品名称：
通用名：盐酸坦索罗辛（Tamsulosin Hydrochloride）
商品名：哈乐（Harnal）胶囊剂
授权号：B-JP96091609
授权日：1996 年 9 月 16 日
药品行政保护办公室对该药品的申请文件进行实质审查后，认为符合行政保护条件，即日起授予行政保护，特此公告。

一九九六年九月十六日

（见 1996 年 9 月 24 日《中国医药报》第 2 版）

第一百三十七号（授权公告）

申请人所在国：瑞士

申请人：汽巴—嘉基有限公司

申请药品名称：

通用名：含有雌二醇和炔诺酮醋酸酯的透皮治疗剂

商品名：爱斯加（Estragest）透皮治疗剂

授权号：B-CH96091810

授权日：1996 年 9 月 18 日

药品行政保护办公室对该药品的申请文件进行实质审查后，认为符合行政保护条件，即日起授予行政保护，特此公告。

一九九六年九月十八日

（见 1996 年 10 月 10 日《中国医药报》第 2 版）

第一百三十八号（受理公告）

申请人所在国：荷兰

申请人：辉瑞公司

申请药品名称：

通用名：替尼达普钠（Tenidap Sodium）

商品名：Enablex 胶囊剂

申请号：A-NL96090518

申请日：1996 年 9 月 5 日

药品行政保护办公室对该药品的申请文件初步审查合格，予以受理，即日起转为实质审查，特此公告。

一九九六年九月十九日

注：凡了解本产品已在国内生产或销售过的单位或个人，请与本办公室取得联系。

（见 1996 年 10 月 10 日《中国医药报》第 2 版）

第一百三十九号（授权公告）

申请人所在国：英国

申请人：威康基金会有限公司

申请药品名称：

通用名：米伐氯铵（Mivacurium Chloride）

商品名：美维松（Mivacron）注射剂

授权号：B-GB96100311

授权日：1996 年 10 月 3 日

药品行政保护办公室对该药品的申请文件进行实质审查后，认为符合行政保护条件，即日起授予行政保护，特此公告。

一九九六年十月三日

（见 1996 年 10 月 10 日《中国医药报》第 2 版）

第一百四十号（授权公告）

申请人所在国：美国

申请人：先达（美国）公司

申请药品名称：

通用名：霉酚酸吗啉乙酯（Mycophenolate Mofetil）

商品名：Cellcept 胶囊剂

授权号：B-US96100312

授权日：1996 年 10 月 3 日

药品行政保护办公室对该药品的申请文件进行实质审查后，认为符合行政保护条件，即日起授予行政保护，特此公告。

一九九六年十月三日

（见 1996 年 10 月 10 日《中国医药报》第 2 版）

第一百四十一号（授权公告）

申请人所在国：瑞典

申请人：辉凌公司

申请药品名称：

通用名：的斯加压素（Desmopressin）醋酸盐片剂

商品名：弥凝（Minirin）片剂

授权号：B-SE96102313

授权日：1996 年 10 月 23 日

药品行政保护办公室对该药品的申请文件进行实质审查后，认为符合行政保护条件，即日起授予行政保护，特此公告。

一九九六年十月二十三日

（见 1996 年 11 月 2 日《中国医药报》第 2 版）

第一百四十二号（受理公告）

申请人所在国：日本

申请人：大冢制药株式会社

申请药品名称：

通用名：瑞巴匹特（Rebamipide）

商品名：Mucosta 片剂

申请号：A-JP96110521

申请日：1996 年 11 月 5 日

药品行政保护办公室对该药品的申请文件初步审查合格，予以受理，即日起转为实质审查，特此公告。

一九九六年十一月二十日

注：凡了解本产品已在国内生产或销售过的单位或个人，请与本办公室取得联系。

（见 1996 年 12 月 12 日《中国医药报》第 2 版）

第一百四十三号（受理公告）

申请人所在国：日本

申请人：武田药品工业株式会社

申请药品名称：

通用名：伏利波糖（Voglibose）

商品名：倍欣（Basen）片剂

申请号：A-JP96102220

申请日：1996 年 10 月 22 日

药品行政保护办公室对该药品的申请文件初步审查合格，予以受理，即日起转为实质审查，特此公告。

一九九六年十二月十日

注：凡了解本产品已在国内生产或销售过的单位或个人，请与本办公室取得联系。

（见 1996 年 12 月 24 日《中国医药报》第 2 版）

第一百四十四号（授权公告）

申请人所在国：美国

申请人：杜邦公司

申请药品名称：

通用名：洛沙坦钾（Losartan Potassium ）

商品名：科索亚（Cozaar）片剂

授权号：B-US96122514

授权日：1996 年 12 月 25 日

药品行政保护办公室对该药品的申请文件进行实质审查后，认为符合行政保护条件，即日起授予行政保护，特此公告。

一九九六年十二月二十五日

（见 1997 年 1 月 2 日《中国医药报》第 2 版）

第一百四十五号（授权公告）

申请人所在国：美国

申请人：杜邦公司

申请药品名称：

通用名：洛沙坦钾-双氢克尿塞片剂

商品名：Hyzaar 片剂

授权号：B-US96122515

授权日：1996 年 12 月 25 日

药品行政保护办公室对该药品的申请文件进行实质审查后，认为符合行政保护条件，即日起授予行政保护，特此公告。

一九九六年十二月二十五日

（见 1997 年 1 月 2 日《中国医药报》第 2 版）

第一百四十六号（授权公告）

申请人所在国：爱尔兰

申请人：辉瑞（爱尔兰）有限公司

申请药品名称：

通用名：盐酸舍曲林（Sertraline Hydrochloride）

商品名：郁乐复（Zoloft）片剂

授权号：B-IE96122516

授权日：1996年12月25日

药品行政保护办公室对该药品的申请文件进行实质审查后，认为符合行政保护条件，即日起授予行政保护，特此公告。

一九九六年十二月二十五日

（见1997年1月2日《中国医药报》第2版）

第一百四十七号（授权公告）

申请人所在国：德国

申请人：Heinrich Mack Nachf公司

申请药品名称：

通用名：吡罗昔康（Piroxicam）凝胶剂

商品名：费定（Felden）凝胶剂

授权号：B-DE96122517

授权日：1996年12月25日

药品行政保护办公室对该药品的申请文件进行实质审查后，认为符合行政保护条件，即日起授予行政保护，特此公告。

一九九六年十二月二十五日

（见1997年1月2日《中国医药报》第2版）

第一百四十八号（终止公告）

国家医药管理局药品行政保护办公室已于1994年9月16日对日本化药株式会社申请的拉司太特（Lastet）软胶囊（活性成分为足叶乙甙）授予行政保护。授权号：94091621，授权日：1994年9月16日。

在药品行政保护期内，日本化药株式会社未按《药品行政保护条例实施细则》第二十六条的规定缴纳第三年度行政保护年费，根据《药品行政保护条例》第十五条第（二）款的规定，国家医药管理局药品行政保护办公室决定，自1996年12月27日起，终止拉司太特软胶囊在中国的药品行政保护。

一九九六年十二月二十七日

（见1997年1月9日《中国医药报》第2版）

第一百四十九号（受理公告）

申请人所在国：英国

申请人：Janssen-Cilag有限公司

申请药品名称：

通用名：利培酮（Risperidone）

商品名：维思通（Risperdal）片剂

申请号：A-GB96121722
申请日：1996年12月17日
药品行政保护办公室对该药品的申请文件初步审查合格，予以受理，即日起转为实质审查，特此公告。

一九九六年十二月三十日

注：凡了解本产品已在国内生产或销售过的单位或个人，请与本办公室取得联系。

（见1997年1月9日《中国医药报》第2版）

第一百五十号（受理公告）

申请人所在国：英国
申请人：Janssen-Cilag有限公司
申请药品名称：
　　通用名：利培酮（Risperidone）口服液
　　商品名：维思通（Risperdal）口服液
申请号：A-GB96121723
申请日：1996年12月17日
药品行政保护办公室对该药品的申请文件初步审查合格，予以受理，即日起转为实质审查，特此公告。

一九九六年十二月三十日

注：凡了解本产品已在国内生产或销售过的单位或个人，请与本办公室取得联系。

（见1997年1月9日《中国医药报》第2版）

第 三 部 分

医药生产与流通

1996年医药发展概况

1996年是“九五”计划的开局之年。在这一年里，医药行业认真贯彻党的十四届五中全会精神，积极推进两个转变，认真组织实施医药“九五”计划和2010年远景规划，不断深化国有企业改革，确定并开始实施科教兴药战略，强化医药宏观管理，进一步治理整顿医药生产经营秩序，医药经济保持了稳定发展，实现了开好头、起好步的目标。

医药工业、商业主要经济指标完成情况

全年医药工业总产值完成了1251.1亿元，比1995年增长17.4%，现行价产值1118.4亿元，比1995年增长17.0%；医药工业销售产值实现1051.0亿元，比1995年增长19.4%，产销率为94.0%，比1995年增长1.9个百分点。

在医药工业总产值中，化学药品产值为864.5亿元，比1995年增长15.6%，医疗器械产值为78.3亿元，比1995年增长11.5%，卫生材料产值为19.4亿元，比1995年增长10.9%，制药机械产值为4.8亿元，比1995年下降5.9%，药用包装材料产值为21.2亿元，比1995年增长1.9%，中成药产值为217.9亿元，比1995年增长19.5%，中药饮片产值为2.7亿元，比1995年增长12.5%。

化学原料药24大类总产量完成了37.8万吨，比1995年增长48.8%。医疗器械主要产品产量：手术器械产量完成了96377.7万件，比1995年增长10.4%，X线机产量完成了4314台，比1995年下降33.7%。

医药商品购销稳定增长。全年，医药商品六大类购进额为739.0亿元，比1995年增长10.5%，销售额为908.3亿元，比1995年增长13.0%，年末库存额为208.3亿元，比1995年下降0.5%。其中：(1)药品类购进额为444.4亿元，销售额为532.0亿元，年末库存额为100.8亿元，分别比1995年增长10.7%、14.7%、1.8%；(2)医疗器材类购进额为35.4亿元，销售额为45.3亿元，年末库存额为12.7亿元，分别比1995年增长5.7%、6.3%、－0.8%；(3)化学试剂类购进额为8.5亿元，销售额为12.0亿元，年末库存额为4.4亿元，分别比1995年下降3.4%、3.2%、12.8%；(4)玻璃仪器类购进额为2.7亿元，销售额为4.1亿元，年末库存额为1.6亿元，分别比1995年增长3.8%、1.2%、6.7%。

全年，医药工商业共实现利税156.1亿元，比1995年增长26.9%，其中：医药工业实现利税132.5亿元，比1995年增长14.5%；医药商业实现利税23.6亿元，比1995年增长35.6%。

科技进步情况

1996年，国家医药管理局在北京首次召开全国医药科技工作会议，讨论通过了《关于加速医药科学技术进步的意见》，对全行业实施科教兴药战略进行了动员部署。组织制定了“制药企业科技进步评价指标体系”，并进行了试评价工作。全面完成了“八五”国家重点科技攻关项目的验收任务。共对2个攻关项目，10个课题103个专题进行了检查验收。结果表明，有14个专题成果达到国际先进水平，56个专题成果国内领先，20个专题成果国内先进；共申请专利23项，已获准专利3项；获各级科技奖励26项，其中1项获国家发明奖，有6个专题获国家“八五”科技攻关成果奖；有2种新药和13种新药制剂获得新药证书并投产，6项重点制药工艺改造有重大突破；研究开发了55个医疗器械新产品。“九五”医药科技攻关工作全面启动。制定了《新型药物和关键技术的研究开发（1035、双六双五）计划》和《新型医疗器械和重大技术开发研究（8253）计划》。1996年度国家医药管理局科研试制计划启动实施。在药物研究开发方面，对1995年度征集的国家新药研究基金项目225个项目进行评审，立项40项；对65个申请国家医药管理局新药研究青年专项基金项目进行了评审，立项10项。在科技成果管理上，国家医药管理局主持鉴定24项，成果登记30项；评出1996年度局级科技进步奖36项；组织申报国家发明奖1项、国家科技进步奖5项。

质量管理情况

1996年，医药质量法规建设工作有较大进展。国家医药管理局局长令第14号发布了《制药机械管理办法》，局长令第15号发布了《直接接触药品的包装材料、容器生产质量管理规范》。制定并发布了《药品生产（经营）企业合格证年检工作管理办法》、《药品生产企业（车间）实施GMP达标验收管理办法》、《GSP达标企业评定办法》。这些行政规章的制定与发布，为强化医药质量管理奠定了坚实的基础。在标准化管理方面，全年共制（修）订国家标准11项、行业标准14项。有15个标准项目获得1996年度国家技术监督局科技进步奖和国家医药管理局优秀标准化项目奖。在GMP、GSP认证和质量认证方面，全年共有17个药品批发经营企业获得GSP达标企业称号；有5个企业通过了全国药品认证委员会认证检查。

1996年，医药产品质量国家监督抽查和卫生部门全国抽验合格率平均为81.9%，比1995年提高了近6个百分点。其中：医疗器械、制药机械、药品包装材料的国家监督抽查，全年共抽查了11个品种、173家企业生产的196个产品，结果合格企业128家，合格产品149个，抽样合格率为76%，比1995年提高了近9个百分点；化学药品抽验了24个品种、556个生产单位生产的1129批次的产品，结果460个企业生产的990个批次的产品合格，合格率为87.7%，比1995年下降了6个百分点。医药商品是治病救命、康复保健的特殊商品，必须安全有效，因此，医药商品的质量必须达到法定合格标准。1996年医药产品质量水平虽然总体上有所提高，但仍有18.1%的产品质量不合格，医药行政监督管理任务依然繁重。

医疗器械行政监督管理情况

1996年，医疗器械行政监督管理工作进一步加强。全年，国家医药管理局制定和发布了1项行政规章和9项行政规范性文件。即以国家医药管理局第16号令发布了《医疗器械产品注册管理办法》；制定发布了《医疗器械产品注册管理办法实施指南》、《医疗器械产品出口证明申办规定》、《医疗器械产品临床试用暂行规定》、《医疗器械产品检验的若干规定》、《医疗器械产品标签和使用说明书内容有关规定》、《医疗器械企业产品标准化工作规定》、《医疗器械产品质量监督若干规定》、《关于进一步加强对一次性使用无菌医疗器械监督管理的通知》、《关于对一次性使用无菌医疗器械申办生产许可证管理的补充通知》。这些规章的制定、实施，进一步完善和健全了医疗器械行政监督管理的法规体系，为强化医疗器械的行政监督管理奠定了基础。

《医疗器械产品注册管理办法》的发布实施，使我国在产品市场准入的管理上与国际接轨，加大了对医疗器械产品的行政监督力度。至1996年底，已注册国内企业生产的医疗器械三类产品2100项，一、二类产品11000项，境外企业进口产品注册1418

项。

医疗器械产品评审专家组织、体系认证机构和产品检测机构进一步完善。1996年2月12日，医疗器械产品评审专家委员会成立，此后又组成了评审专家委员会的心脏启搏器专家组和人工关节专家组。建立了医用超声仪器临床评估中心、医学影像仪器临床评估中心。这些机构的建立，使医疗器械行政监督管理向科学化、规范化及公正合理方向又迈进了一大步。

医药经济宏观调控与管理情况

医药行业推进“两个根本性转变”的重点是深化国有企业的改革，实施“科教兴药”战略，加速科技进步，加大医药经济结构调整的力度。在国有企业改革方面，重点做好“三改一加强”工作，积极实施大集团、大公司发展战略。1996年，国家医药管理局通过对企业的综合评价，确定了综合实力50强医药企业，并决定在资金、技术改造、政策上给予支持，增强其投资、融资能力和资本运营能力，发挥其促进结构调整、参与国际竞争的主力军作用。为促进大集团、大公司的发展，国家医药管理局制定5项措施：一是要严格控制新开办药品生产企业的审批，避免新的低水平重复；二是在项目审批方面优先向大集团大公司倾斜；三是拓宽融资渠道，探索组建医药投资基金与投资公司的新途径，多方筹集资金，首先保证重点企业、重点项目建设，在推荐股票发行上市时优先并重点保障大集团、大公司；四是小企业要积极探索股份制、外资“嫁接”改造、转让产权、租赁、兼并等多种改革形式，提高效益，增强活力，对资不抵债、抢救无望的要实施破产；五是充分发挥行业协会的作用。在国家二期“双加”项目中，有68个医药项目，总投资35亿元，其中有14个项目列入了1996年开工建设计划。在对企业的导向和市场调控方面，国家医药管理局组建了利福霉素S-Na盐的同品种协调体，开始筹建红霉素的同品种协调体；针对维生素C、青霉素两大战略品种的过度竞争状况，分别召开了维生素C同品种协调体和青霉素同品种协调体会议，进行协调，引导企业有序竞争。为确保灾情、疫情等特殊情况下的市场供应，国家医药管理局申请，国务院批示同意，建立了国家医药储备制度。国家医药储备制度的建立，加大了医药市场的调控力度，对维护政治稳定、经济稳定、社会稳定的大局，具有重要意义。

医药市场的治理整顿及药品价格管理情况

在医药市场的治理整顿方面，国务院办公厅印发了《国务院办公厅关于继续整顿和规范药品生产经营秩序加强药品管理工作的通知》。国家医药管理局对医药行业贯彻国务院办公厅的通知进行了认真研究和部署，印发了《国家医药管理局贯彻国务院办公厅关于继续整顿和规范药品生产秩序加强药品管理工作的通知的通知》，并于1996年5月12日召开了全国医药市场治理整顿工作会议。会议总结、交流了前一阶段各地治理整顿医药市场的经验，表彰了先进集体和先进个人，研究和部署了下一步治理整顿医药市场工作。为规范药品生产经营秩序，国家医药管理局制定并印发了《药品经营企业网点规划和设置的通知》、《药品生产企业开办资格审查办法》、《关于申请开办药品生产经营企业审查工作暂行规定》，并已着手制定《药品交易会管理办法》、《药品流通管理条例》等规章以及“全国农村药品供应网络建设规划与实施方案”。1996年，国家医药管理局会同有关部门和当地政府，对广东湛江、重庆南坪、河南商丘和洛阳以及甘肃、安徽等地的药品集贸市场治理后的回潮现象作了进一步的清理整顿，取得了一定成效。

为整治药品回扣违法行为，国家工商局、卫生部、国家医药管理局、国家中医药管理局、国务院纠风办五部门于1996年5月8日联合印发了《关于对药品购销中给予、收受回扣等违法行为进行专项检查的工作方案》，并于5月31日和12月6日两次召开全国整治药品回扣违法行为工作电视电话会议，对整治药品回扣工作进行部署和检查、总结。据统计，全国有4000多家药品生产企业、16000多家药品批发企业和60000多家药品零售企业进行了药品购销行为的自查自纠，国家医药管理局和各地医药管理部门对其30%的单位进行了重点抽查。通过整治，药品购销中的回扣风得到了初步遏制，药品生产经营秩序进一步好转。

在药品价格管理方面。为建立适应社会主义市场经济发展的药品价格管理体制和药品价格形成机制，建立健康有序的药品流通秩序，促进公平、合法、正当的价格竞争，保持药品价格的基本稳定，维护国家、企业和消费者的利益，国家计委会同国家医药管理局等部门，近年来一直探讨药品价格改革问题。1996年，药品价格改革取得新进展。国家计委于1996年8月21日发布了《药品价格管理暂行办法》，并于1996年9月15日开始执行。该办法在原则上实行政府直接管理与间接管理相结合，以间接管理为主，实行政府定价、政府指导价、受作价办法约束的企业定价、不受作价办法约束的企业定价；在管理对象上，中国境内的有关行政机构和药品生产、经营的企业、事业单位及其它组织和个人，进行药品价格活动，都必须遵守该办法。1996年12月27～29日，国家计委、卫生部、国家医药管理局、国家中医药管理局联合召开了全国药品价格管理工作会议，研究贯彻该办法并部署药品价格改革工作。

对外贸易与合作情况

积极扩大医药对外交流，加强医药对外经济与科技合作。1996年5月，中国政府和越南政府在京签署了中越医药合作协定，为中越医药经济、科技合作奠定了基础。中美商贸联委会医药产业小组，继1995年10月双方在京签署《关于中美商贸联委会医药产业小组备忘录》之后，于同年12月双方在美国华盛顿签署了《中美商贸联委会医药产业小组关联条款》。1996年7月，双方又签署了《中美商贸联委会医药产业小组工作方案》，自此，该小组的工作正式展开。中美商贸联委会医药产业小组是架在中美之间的医药经济技术合作与交流的桥梁，中国国家医药管理局和美国商务部将利用这座桥梁，扩大医药双边贸易和经济技术合作。

在医药对外贸易方面。1996年医药工业供应出口额达138.0亿元，比1995年增长1.1%。化学原料药供应出口量为8.7万吨，比1995年增长10.1%，其中抗感染类、解热镇痛类、维生素类是出口的主导产品。

（文　思）

化学制药工业

【概况】

1996年是第九个五年计划的第一年。“九五”是迎接21世纪到来的五年，是贯彻小平同志建设有中国特色的社会主义、实现第二步战略目标的五年。在“九五”开好头、起好步的一年中，为适应“两个根本转变”，提高医药经济增长的质量和效益，在市场形势较为严峻的情况下，广大医药战线职工，迎着困难上，奋力拼搏，仍取得较好的成绩。全年化学医药工业总产值896亿元，比上年提高19.65%，现行价工业总产值完成755亿元，比上年提高9.97%，从上述两个数字可看出，药品价格是下降的。工业销售产值完成 697 亿元。24 大类化学原料药产量 18.8 万吨，比上年略有下降。实现利税 68 亿元，其中利润 29.1 亿元，销售利润率只有 4.41%。企业亏损面 42%，还不包括潜亏。生产能力利用率低，第三次工业普查的 1995 年原料药仅 62.5%（经济日报 3 月 5 日数据为 31.3%至 38.5%），粉针 74.7%，水针 54.5%，片剂 44.3%，输液 58.7%，胶囊 39.4%。

1996 年，制药行业也掀起学邯钢的热潮，广泛开展学邯钢模拟市场，推行内部利润承包责任制，突出了以经济效益为中心的指导思想，开展提高技经指标，节约降耗，降低成本的活动。华北制药集团有限责任公司 14 个主要原料药的发酵单位、染菌率、发酵指数、全耗等六项主要技经指标有 47 项创本厂历史最好水平，13 项指标全国同行业第一，依靠科技进步，年创效益 2000 万元以上。山东新华医药集团有限公司攻克出口产品斯锑黑克针的质量关和咖啡因、茶碱母液萃取回收新技术关等，全年降耗增收 1563 万元。东北制药总厂 1996 年共节约化工原料 12654 吨，降低原料成本 4996 万元。

1996 年，一批高科技含量的新品种问世，如抗肿瘤药马蔺子素原料药及胶囊，抗血栓药蕲蛇抗栓酶，血管紧张素转换酶抑制剂赖诺普利米索前列醇等。

上海市医药工业产值突破 100 亿元，形成上海市第七支柱产业，新产品产值率 20%，新产品利润率 60%。

一批新产品已形成生产能力，如绍兴制药厂的罗红霉素、丽珠医药集团有限公司的丽珠赛乐以及有关企业的赛斯平、棒酸、安灭菌、舒巴坦钠等。为氨基酸输液配套的氨基酸原料药，通过技术攻关和工艺改进，部分品种如 L-苏氨酸、L-异亮氨酸、L-脯氨酸和 L-半胱氨酸的国产化水平有了提高。

产品质量进一步得到重视，一些企业推出“质量第一、信誉第一、防范第一”。1996 年结合 95 版药典的实施，各企业专门作了部署，不少企业还举办生产、技术、质量管理人员的培训班。厦门制药厂为执行 95 版药典，通过技术攻关，片剂解决了 9 个品种的崩解度、18 个品种的均匀度。哈尔滨制药厂的头孢噻肟符合 CP95 版和 USP23 版，但客户对色级、比容提出更高要求，该厂通过攻关得到解决。

结合国家医药局实施 GMP 规划，1997 年粉针剂的无菌原料药生产车间要达到 GMP，有关企业正积极整改。一批企业的产品在以往通过美国 FDA 检查的基础上接受了复查，又有一批产品（车间）通过 FDA 检查。

几年来，一些企业依靠技术进步创出了一批名牌产品，如北京制药厂双鹤牌奥复星、增效联磺片，西安制药厂利君沙，天津药业公司皮质激素系列产品，厦门星鲨集团的鱼肝油系列产品，西南药业股份有限公司的益保世灵针等。企业都意识到在市场经济中要用专利、商标、商品名保护自己。东北制药总厂的东北牌商标文字图形获美国商标注册证。

控制人口、节约资源、保护环境是可持续发展的主要内容。制药企业开始重视并推行清洁生产工艺，注意资源的节约使用和综合利用，保护环境。上海葡萄糖厂通过改进工艺，提高葡萄糖转化率，降低淀粉消耗，并使煤耗下降 50%，山东新华医药集团有限公司、东北制药总厂等企业在清洁生产上已作了有益的尝试。

1996 年，在产品出口上遇到困难。尤其是 VC、VB_1、VB_6 等产品。VC 由于生产发展过快，宏观调控乏力，又过多依靠国际市场而忽视国内市场的开发。世界最大的 VC 生产出口商为保其市场，大幅度降低价格，使我国 VC 出口价由过去 11～12 美元/公斤降到6美元左右，国内价格由每公斤110元左右降至50～60元，该品种一年损失即达15亿元。VB_1和VB_6亦由于国际市场大幅度降价使国内产量和出口量大幅度下降，不少生产单位被迫停产。

1996年，城镇医疗保障制度改革在镇江、九江试点取得初步成果和上海“控制总量、结构调整”改革的基础上，国务院确定1997年扩大至57个城市试点。非处方药在一些重点中外合资企业引起重视和开展工作，将对制药工业产生深远影响。

1996年12月，中共中央、国务院召开全国卫生工作会议，会后发布了《中共中央、国务院关于卫生改革与发展的决定》。《决定》提出新时期卫生工作的方针是：以农村为重点，预防为主，中西医并重，依靠科技与教育，动员全社会参与，为人民健康服务，为社会主义现代化建设服务。《决定》第七部分“加强药品管理，促进医药协调发展”，针对药品的医疗器械提出要求。第27条指出，“国家建立并完善基本药物制度、处方药与非处方药分类管理制度和中央与省两级医药储备制度”。第28条要求“制定医药发展规划，使医药产业与卫生事业协调发展。加强宏观管理，调整医药企业结构和产品结构。……”对医药生产供应提出新的更高的要求。医药管理部门和医药企事业单位正在学习贯彻中。

（俞观文）

【中国医药工业公司1996年工作】

一年来公司开展的各项工作始终以“坚持两个转变，深化企业改革，转换经营机制，狠抓经营管理，树立公司良好的企业形象，动员广大职工全面完成1996年各项任务”为指导思想，努力学习贯彻党的十四届五中、六中全会精神，坚持“两手抓，两手都要硬”的方针，取得了公司有史以来最好的经济效益，其它工作也有了突破性的进展：

一、1996年各项经济效益指标完成情况：

1996年公司全年共完成销售收入（含子公司、控股公司）25239.14万元，比1995年增长了72.32%；实现产值2890.91万元（中顺药厂），比1995年增长了8.98%，实现利润2450.63万元，比1995年上升1.33%；上缴利税总额374.58万元；综合经济效益4450万元，比1995年增长46.82%；资产保值升值率为15%以上；资产负债率为22.92%，比1995年下降1.37%；公司全年费用为1375.73万元，比上年同期增长27.47%。

（一）扩大经营范围，增加经济效益

3月份组建了生化药品销售部，上缴了40万元的利润，超额完成了承包任务；5月份组建了化工原料销售部；8月份组建了中成药销售部，已与10几家医院建立了业务关系，以及中国医药工业公司和平里大药房现已正式开业。

1996年11月公司正式取得了医药的进出口经营权，突破了多年来公司只可进行国内贸易的局面，为公司跨出国门奠定了基础，同时也为公司建立了一个新的经济效益增长点。

（二）清欠、压库、努力创收

在清理欠款和压缩库存工作中，有些处室在考核承包指标落实到人的同时，把清欠任务也落实到人，并在催款的明细表中分别签字，使职工在清欠过程中不仅产生了压力也产生了动力，一年来，公司清欠工作有了明显进展。

（三）注重销售队伍建设，扩大公司影响

制剂销售是公司近年来开辟的一个新领域，在注重扩大公司的知名度、在客户中树立威信上下功夫，1996年先后举行了两次近200人参加的大型联谊会；并邀请了由

150 人参加的高层次医药学专家座谈会；为了做好产品的推广工作又组织了四次由 150 人以上参加的大型产品介绍会。

为确保完成三倍于上年的承包任务，着重抓提高销售收入，并定期公布每个业务员，每家医院的销售额，经常分析客户的整体情况，客户品种情况、每年品种的数额情况，通过分析使大家心中有数，累计销售收入完成 3350 万元，利润 216 万元，圆满完成了承包任务。

（四）加强资金调配，财务管理上一新台阶

1996 年公司顺利完成了新办公楼计算机网络工程的硬件施工，设备都已安装调试完毕，给公司整体的计算机联网奠定了坚实的基础。与此同时，公司还对财务管理人员进行了计算机基础知识和财务软件的培训，随着公司会计电算化的逐步实施，不但可以最大限度的提高劳动效率，和会计决策能力同时为提高公司的现代化管理水平和经济效益迈出了可喜的一步。

二、加强管理、合资、联营、独资企业效益良好

1996 年，公司加强与中外合资企业的联系，积极协调股东间的有关事宜，先后参加了华瑞董事会及股东间的谈判，使中方股东应得的三笔补偿资金得以顺利到位；协调华瑞公司与中央有关部委的关系，协助他们解决了进口设备关税和有关原料的配额等问题；并利用我公司在华瑞的一些房产租赁为公司盈得了效益。协助苏州胶囊公司 13～16 条生产线扩建及中国大塚制药有限公司五期扩建的报批工作。参加了珠海丽康制药有限公司的董事会，关心其生产经营情况，使该企业扭亏为盈，并第一次得到了利润分成。另外，还加强了与西安杨森、上海施贵宝等公司的联系，使其从分利的次数、时间及分利总额增加方面得到了改善。配合北京罗纳普朗克·乐安制药有限公司筹建工作；配合有关部门及领导对外方的工厂及品种进行了考察，目前该企业已进入初步设计阶段。中兴药厂在国家医药管理局支持下于 1996 年 6 月份与德国 Merck 公司签定了合资意向书，届时公司组织部分人员成立了合资筹备小组，并赴德国进行了考察，目前，正在进行合资合同的谈判。连云港路坦制药有限公司的土建工作设备安装工作基本完成，GMP 水平比较高，目前已取得了药品生产合格证和许可证，1997 年初将正式投入生产。公司近几年开办的中外合资企业深圳万和、涿州东乐、珠海丽康经过几年的运作，经济效益逐年增加，1996 年公司从这三家企业分利累计近百万元，成为本公司经济效益又一个新的增长点。另外，公司针对海南华美等几个中外合资企业尚未形成经济效益的情况做了进一步调整，保证了公司的利益。

1996 年以来公司还加强了对国内合资联营企业的管理，特别是几个重点企业，协助他们搞好生产和经营工作。先后组织召开了中顺药厂董事会，并协助该厂安排好生产、经营方案，组织有关人员参与中顺药厂扩建项目的调研和修改设计方案，合理地削减了投资，使扩建工程得以顺利进行。并帮助他们适时召开销售工作会议，使该企业的销售工作逐步走入正轨。对连云港中金医药包装有限公司也经常关心其生产经营情况，特别是在出现中金公司与连云港制药厂合并成立集团公司的新情况下，本公司多次与当地医药管理部门磋商，保证了本公司在新的集团股份公司里的地位和权益。北京制药装备联合开发公司调整了董事长，理顺了与本公司的关系，各项工作正在有序地开展。中联化工医药公司在“三证”将要被吊销、本公司由于担保需要赔偿银行 260 万元贷款的情况下，公司派出业务骨干对该公司进行了全面整顿，严格管理，经过近一年的运作，中联公司1996年减亏28万元。

另外，公司对其它联营企业加大了管理力度，强调本公司在这些企业中的作用，保证公司应分得的利润及时返回公司。

公司所属的全资子公司，在过去的一年里，克服了资金不足，人员少，市场竞争激烈等困难，在抓好经济效益的同时，注重企业内部的自身建设，提高职工素质及企业的知名度，在公司领导及各处室的支持、配合下，在各子公司职工们的共同努力下，圆满完成了各项承包任务。

新组建的物业管理中心在过去的一年里，制定完善了各项有关综合业务楼的规章制度，建立健全各种机构，强化各项服务工作。

中欣医药经营公司为了提高效益。抓紧对销售人员的培训，增强考核力度，全年共完成销售收入2600万元，比上年增长了72%；实现利润83万元，比上年增加59.3%；在圆满完成上交任务的同时，还被西城区卫生局评为“药品质量信得过单位”。

中北公司面对1996年制药企业普遍不景气的状况帮助涿州东乐和深圳万和两个中外合资企业从资金、产品信息上给予了多方面的帮助，为这两个企业引进了三个品种，为企业注入了新的活力，保证了本公司按时分利。

中深、中人、中乐、中大、中天等几个子公司在过去的一年里，也努力开拓市场，积极创收，8个子公司各方面工作均取得了显著成绩。

三、发挥技术优势，积极开展科研咨询信息服务工作

1996年与河北省药物研究所合作研制开发抗癫痫药加巴喷丁列入国家医药局科研项目并争取研制开发费25万元；签署了与国家医药管理局联合研制开发加巴喷丁的合同书；与其它科研院所也加强联系促进科研产品的开发及转让工作；与四川红光化工厂合作开发生产医药产品这一项目经过几年工作，1996年有了显著的进展，已正式签定了合作议项书，在技术推广上组织了第四期细菌内毒素学习班，卫生部药典委员会已决定2000年版药典将收载部分抗生素品种细菌内毒素法检测热原的方法。公司还积极组织和推广稳定型VC片成果工作。

制剂销售工作与卫生部药政局联系，取得了“益保世灵”的进口产品许可证；为新增加的经营部门与香港及国内一些企业协商做其产品的代理工作，为公司提高经济效益发挥了积极作用。

另外利用公司的技术优势，积极开展咨询服务工作，讲求信誉，保质保量，注重效率，为许多中外企业进行了有关咨询服务工作。公司的信息编辑部在人员减少的情况下，紧紧围绕行业改革与发展这一重点，结合医药工业的热点问题，重点介绍了医药行业发展的总体情况及各地方企业的新经验新动向，对国外医药发展动态准确及时的向国内企业报道，全年共出版《化学医药工业信息》12期，受到企业的欢迎，同时也取得了良好的效益。

【1996年医药企业工业总产值、销售收入、利润总额前50位排序】

1996年工业总产值（不变价）排序

	单位名称	万元
1	华北制药集团有限责任公司	247202
2	三九企业集团（深圳南方制药厂）	174800
3	广州白云山企业集团公司	118875
4	山东新华医药集团公司	109720
5	东北制药总厂	103104
6	哈尔滨制药厂	96748
7	西安杨森制药有限公司	94547
8	新昌制药股份有限公司	91875
9	山东鲁抗医药企业集团公司	90264
10	齐鲁制药厂	86143
11	中美天津史克制药有限公司	80696

12	河南省驻马店地区制药厂	70328
13	上海先锋药业公司	69534
14	石家庄制药集团有限公司	66473
15	启东盖天力制药股份有限公司	66130
16	河南省南阳普康药业集团有限公司	64984
17	靖江葡萄糖厂	64841
18	上海三维制药公司	62492
19	珠海丽珠医药（集团）有限公司	61781
20	新乡制药股份有限公司	61018
21	武汉红桃开集团股份有限公司	56793
22	永宁制药厂	53136
23	兴化制药厂	52911
24	上海新亚药业有限公司	50483
25	上海四药股份有限公司	50101
26	海门制药厂	50029
27	哈尔滨制药二厂	50000
28	广州侨光制药厂	48101
29	河北制药（集团）有限公司	47921
30	中美上海施贵宝制药有限公司	46981
31	昆山制药总厂	44131
32	北京制药厂	41571
33	福州抗菌素集团有限公司	40819
34	仙居集团椒江制药厂	40302
35	岳阳制药有限公司	40174
36	苏州第六制药厂	40048
37	恒瑞医药集团公司	39945
38	杭州民生药业集团公司	39452
39	张家口市制药总厂	39030
40	上海中西药业股份有限公司	38227
41	天津市天津药业公司	38126
42	石家庄市二药企业集团公司	37324
43	椒江九洲制药厂	37282
44	康恩贝集团股份有限公司	37071
45	广东肇庆星湖生物化学制药厂	35835
46	江西制药厂	35497
47	西南合成制药总厂	34645
48	无锡第四制药厂	34056
49	四川制药股份有限公司	33969
50	上海信谊药业有限公司	32610

1996年工业总产值（现价）排序

	单位名称	万元
1	华北制药集团有限责任公司	279674
2	三九企业集团（深圳南方制药厂）	185008
3	西安杨森制药有限公司	147253
4	广州白云山企业集团公司	130073
5	中美天津史克制药有限公司	116306
6	山东新华医药集团公司	102265
7	东北制药总厂	97137
8	哈尔滨制药厂	96282
9	山东鲁抗医药企业集团公司	94549
10	中美上海施贵宝制药有限公司	69487
11	武汉红桃开集团股份有限公司	65327
12	靖江葡萄糖厂	63140
13	上海三维制药公司	62180
14	石家庄制药集团有限公司	60518
15	河北制药（集团）有限公司	56451
16	齐鲁制药厂	52998
17	珠海丽珠医药（集团）有限公司	48391
18	张家口市制药总厂	48380
19	上海先锋药业公司	46423
20	河南省驻马店地区制药厂	42183
21	河南省南阳普康药业集团有限公司	42125
22	康恩贝集团股份有限公司	41325
23	上海新亚药业有限公司	39322
24	杭州民生药业集团公司	37691
25	哈尔滨制药二厂	37409
26	四川制药股份有限公司	37243
27	新昌制药股份有限公司	36837
28	北京制药厂	34241
29	上海四药股份有限公司	33664
30	四川长征制药股份有限公司	33305
31	上海信谊药业有限公司	32868
32	华瑞制药有限公司	32318
33	陕西省西安制药厂	32087
34	石家庄市二药企业集团公司	31911
35	天津市天津药业公司	31863
36	上海第六制药厂	31651
37	西南合成制药总厂	31261
38	武汉制药厂	30801
39	阿斯托拉制药有限公司	30721
40	上海中西药业股份有限公司	30488
41	启东盖天力制药股份有限公司	30163
42	大连辉瑞制药有限公司	29973
43	福州抗菌素集团有限公司	29041
44	恒瑞医药集团公司	28086
45	上海华联制药有限公司	27197
46	牡丹江制药厂	26835
47	石家庄市华曙联合制药厂	25692
48	海门制药厂	25597
49	永宁制药厂	25035
50	大连制药厂	25007

1996年销售收入排序

	单位名称	万元
1	华北制药集团有限责任公司	265024

2	三九企业集团（深圳南方制药厂）	160111
3	广州白云山企业集团公司	156233
4	西安杨森制药有限公司	143472
5	山东新华医药集团公司	137210
6	中美天津史克制药有限公司	117952
7	哈尔滨制药厂	94198
8	东北制药总厂	90991
9	山东鲁抗医药企业集团公司	78527
10	珠海丽珠医药（集团）有限公司	76967
11	石家庄制药集团有限公司	65745
12	中美上海施贵宝制药有限公司	62348
13	靖江葡萄糖厂	60942
14	武汉红桃开集团股份有限公司	55233
15	上海三维制药公司	51729
16	河北制药（集团）有限公司	49864
17	上海先锋药业公司	45149
18	齐鲁制药厂	45064
19	康恩贝集团股份有限公司	41871
20	河南省驻马店地区制药厂	41280
21	张家口市制药总厂	40968
22	昆山制药总厂	36288
23	杭州民生药业集团公司	34912
24	河南省南阳普康药业集团有限公司	33320
25	大连辉瑞制药有限公司	32494
26	上海四药股份有限公司	32097
27	哈尔滨制药二厂	32092
28	上海新亚药业有限公司	31838
29	西南合成制药总厂	31827
30	上海中西药业股份有限公司	31704
31	新昌制药股份有限公司	31464
32	天津市天津药业公司	31073
33	四川制药股份有限公司	30729
34	阿斯托拉制药有限公司	30416
35	福州抗菌素集团有限公司	29205
36	华瑞制药有限公司	28218
37	武汉制药厂	27530
38	石家庄市二药企业集团公司	27186
39	北京制药厂	27057
40	上海华联制药有限公司	26563
41	陕西省西安制药厂	26226
42	大连制药厂	24666
43	牡丹江制药厂	24492
44	上海第六制药厂	24075
45	海南省海药实业股份有限公司	24000
46	恒瑞医药集团公司	23584
47	启东盖天力制药股份有限公司	23461
48	四川长征制药股份有限公司	23231
49	东风制药有限责任公司	23215
50	石家庄市华曙联合制药厂	23168

1996年利润总额排序

	单 位 名 称	万元
1	中美天津史克制药有限公司	57515
2	西安杨森制药有限公司	40788
3	三九企业集团（深圳南方制药厂）	37083
4	华北制药集团有限责任公司	27957
5	武汉红桃开集团股份有限公司	15228
6	珠海丽珠医药（集团）有限公司	12290
7	山东新华医药集团公司	11896
8	华瑞制药有限公司	10460
9	河北制药（集团）有限公司	8749
10	山东鲁抗医药企业集团公司	7928
11	大连辉瑞制药有限公司	7412
12	深圳海滨制药有限公司	7320
13	苏州胶囊有限公司	7095
14	广州白云山企业集团公司	6071
15	河北恒利集团制药公司	5909
16	哈尔滨制药厂	4300
17	桂林集琦药业股份有限公司	4028
18	海南省海药实业股份有限公司	3923
19	南京金陵（集团）有限公司	3518
20	四川制药股份有限公司	3357
21	海门制药厂	3303
22	河南省驻马店地区制药厂	3281
23	中美上海施贵宝制药有限公司	3011
24	湖北广济药业股份有限公司	3004
25	石家庄制药集团有限公司	2880
26	包装工业	2866
27	通化神源药业有限公司	2776
28	东风制药有限责任公司	2732
29	河南省华鑫制药厂	2729
30	山东金泰集团股份有限公司	2710
31	诺和诺德生物加工有限公司	2598
32	阿斯托拉制药有限公司	2490
33	天津市天津药业公司	2357
34	上海中西药业股份有限公司	2350
35	新昌制药股份有限公司	2262
36	齐鲁制药厂	2228
37	石家庄市华曙联合制药厂	2166
38	启东盖天力制药股份有限公司	2097
39	贝克诺顿制药有限公司	2083
40	上海美优制药厂	2068
41	成都蜀阳制药厂	2064
42	康恩贝集团股份有限公司	2046
43	山东药用玻璃股份有限公司	2018
44	张家口市制药总厂	2009
45	石家庄市华营联合葡萄糖厂	1918
46	华西医科大学制药厂	1908
47	上海四药股份有限公司	1810

48	河南东方制药厂	1759
49	广东肇庆星湖生物化学制药厂	1733
50	上海旭东海普药业有限公司	1676

（平　青）

【全国麻醉药品联合体工作】

1996年是全国麻醉药品联合体成立的第四个年头，在国家医药管理局、卫生部的支持、指导下，在各成员单位的配合下，充分发挥政府与企业间的桥梁和纽带作用，努力当好政府部门的参谋和助手，在麻醉药品的管理、开发、提高质量、协调服务等方面做了大量工作，取得了可喜的成绩，促进了全国麻醉药品的发展。

1996年，麻联体继续贯彻世界卫生组织提出的“到2000年消灭癌症疼痛”的指导方针，组织开发麻药新品种，做好宣传推广工作，使磷酸可待因原料及其复方制剂产量成倍增长，吗啡增长速度也很快，麻药销售额以25%的速度在增长。由于卫生部在国内推广癌症病人三阶梯止痛疗法，麻醉药品在止痛和止咳的使用比例也发生很大变化，1992年用于止咳的阿片占80%，用于止痛的不到20%，1996年二者基本相等，而且用于止痛的阿片还有进一步扩大的趋势。

1996年，继续坚持了“安全生产一体化”的指导思想，并于上半年组织企业根据安全生产一体化管理办法进行了自检。自检结果是令人满意的。通过自检，企业增强了安全意识，完善了从总经理到操作人员的层层责任制，建立健全了各项管理制度，使各项工作有章可循，有法可依。

经过几年的努力，1996年在罂粟种植方面又向前迈进了一步。品种进行了改良，收割提取实现了机械化，产量大幅度增长，为麻醉药品的进一步发展奠定了基础。

复方甘草片是目前我国止咳药中用量较大的品种，也是我国独有的产品。由于其疗效确切，价格低廉，在广大农村和中小城市的用量还在急剧增长，前景是好的。但是，随着罂粟种植采用机械化收割提取后，由于品种的改变，已不适于复方甘草片的生产，要使复方甘草片继续保持下去，放步发展，必须改革现行生产工艺。经各生产单位研究讨论，并经卫生部、国家医药管理局同意，于1996年下半年开始组织复方甘草片工艺改革的落实实施。制定了新的阿片粉原料质量标准，摸索出新的阿片粉制造工艺及复方甘草片生产工艺，并于年底将样品送临床验证。目前，此项工作正在进行中，进展比较顺利。

根据卫生部、国家医药管理局年初召开的“1996年麻醉药品、精神药品管理工作会议”精神，于1996年三季度组织了咖啡因产销调研。通过调研，提出咖啡因生产要控制总量，对《咖啡因管理规定》应进行修订，咖啡因购用证明也应进一步修改完善，以杜绝销售上可能发生的漏洞。

全国麻醉药品联合体简报是为成员单位工作通讯，交流情况，沟通信息，开拓视野服务的。1996年共出版麻联体简报10期。简报的内容与质量均有所提高，并注意加强了时间性。在做好麻联体简报发行工作的同时，抓好麻醉药品、精神药品的统计工作，出版了8期麻联体统计简报。

召开了1996年麻联体主任会议和工作年会。在主任会上，确定了麻联体全年的主要工作。继续坚持安全生产一体化的指导思想，抓好药物碱厂的筹建工作，采取多种措施促进麻药发展。在10月召开的工作年会上，回顾了麻联体成立四年来我国麻醉药品生产使用的发展情况，审议了罂粟种植和工厂化提取工作的进展报告，通报了近几年麻醉药品安全管理情况。这次会上，还进行了麻联体领导班子换届改选工作，并提出了新的一年的工作目标。

（刘　惠）

【化学制药技术交流】

1. 全国生物技术药物发展趋势研讨会在南京召开

中国医药工业科研开发促进会受国家医药管理局科教司委托于1996年10月5日至7日在南京召开"全国生物技术药物发展趋势研讨会",参加会议的有全国21个省市、123个单位165位代表。

会上国家医药管理局科教司李春湘作了题为"21世纪高技术研究计划的框架"报告,此外还邀请了10位专家进行专题报告:(1)中国药科大学刘景晶博士的"生物技术研究开发现状及发展趋势"。(2)上海医药业研究院朱宝泉副院长的"基因工程技术在医药工业中的应用及其进展"。(3)中国医学科学院生物技术研究所吴剑波所长的"医药生物技术的现状与展望"。(4)南京大学金以峰教授的"关于新药开发的几点设想"。(5)沈阳药科大学于荣敏教授的"国内外药用植物生物工程研究进展"。(6)珠海丽珠生物制药厂丁达明厂长的"生物工程药物的隐忧"。(7)杭州九源基因工程有限公司总经理柯传奎的"浅谈中国基因工程产业化的现状和投资"。(8)沈阳三生药业有限公司总经理娄丹的"生物工程下游技术的现状和展望"。(9)国家医药管理局华科医药知识产权咨询中心王为律师的"我国开发生物技术药物面临的知识产权保护问题"。(10)中国医药公司田卫星处长的"生物技术药物的国内外市场概况及发展趋势"。这些专题报告分别在生物技术制药领域的科研、开发、生产、知识产权保护等方面作了详细的阐述,沟通了信息,对提高生物药品技术水平和质量水平、提高国际市场竞争力起着重要的推动作用,达到了避免和纠正低水平重复,并共同发展的目的。

会议还邀请了有关科研单位、国外企业进行了信息发布和业务洽谈,为科研单位大专院校和企业的需要提供传递信息的场所。

会议还进行了小组讨论,就目前生物技术药物的现状以及成立产学、研联合体等问题进行了认真讨论。 (陈 珏)

2. 全国药用新辅料研制与应用研讨会在西安召开

由中国医药工业科研开发促进会和中国医药工业公司联合召开的"全国药用新辅料研制与应用研讨会"于1996年10月22日至25日在西安召开。出席会议的有医药科研单位、大专院校、制药企业、辅料厂等115个单位160多名代表。

会议共有9个专题报告:

(1)黑龙江省医药情报中心站齐继成作了"国内外药用辅料的研究应用及发展趋势"的报告。

(2)上海医药工业研究院、上海华康辅料应用技术开发公司沈慧风总经理作了"药用辅料应用技术研究"的报告。

(3)南京空军总院药剂科梁秉文主任作了"经皮给药及其渗透促进剂"的报告。

(4)沈阳药科大学胡良才教授作了"甲壳素及其衍生物作为缓释制剂辅料的研究进展"的报告。

(5)成都中医学院谢秀琼教授作了"重视药剂辅料应用、提高中药制剂水平"的报告。

(6)上海医药工业研究情报中心站黄胜炎高级工程师作了"辅料在口服缓、控释制剂开发中的应用"的报告。

(7)上海医科大学药剂教研室方晓玲教授作了"应用新型辅料提高口服固体制剂的体内外质量"的报告。

(8)上海医药工业研究院制剂室陈挺硕士作了"国产羟丙基甲基纤维素作为缓释药物骨架基质的研究"的报告。

(9)卫生部药品审评中心王子厚主任介绍了有关辅料在申报中的注意事项。

以上九个专题报告比较全面的介绍了国内外新辅料的生产、研究、应用的情况、最新动态及发展趋势，内容很丰富，信息量很大，是对我国辅料研制和应用的阶段性小结，十多年来新辅料的应用、研制已引起有关部门和企业的重视和关注，也多次召开会议研讨、推广、取得了较大的成绩，已有一批具有一定规模、一定水平的辅料厂及产品，但同时也看到与发达国家比辅料研制和开发在品种、型号和质量以及新辅料的推广应用等方面还存在较大的差距，通过会议看到了成绩，也明确了今后的努力方向。

会议还邀请了8个国内外单位介绍了药用辅料、制药机械产品的情况及应用，并组织了讨论和洽谈。

会议组织了小组讨论，代表们建议今后这样的会议要继续开，并希望增加专题小范围的进行研讨，并希望科研单位、大专院校、辅料厂、制药厂、医院各方面密切结合，优势互补共同开发，并采用新辅料的研制和引进国外先进的辅料相结合的办法，加速我国辅料和制剂工业的发展，提高我国的制剂水平。

（陈　珏）

3. 大力推广细菌内毒素检查法

1996年中国医药工业公司与中国药品生物制品检定所联合举办细菌内毒素学习班，本年度有9个药厂参加了学习。学习的品种有青霉素钾（钠）盐、普鲁卡因青霉素、氨苄青霉素、头孢唑啉钠、双硫酸卡那霉素、乳糖酸红霉素、硫酸庆大霉素、盐酸林可霉素等八个品种。

1996年11月卫生部药典委员会在昆明召开“抗生素专业委员会（扩大）会议”，根据学习过此法的药厂提供的数据，同意上述八个抗生素品种拟上中国药典2000年版，这是中国医药工业公司与中国药品生物制品检定所长期大力推广应用此法的成果。

实际上，细菌内毒素检查法替代家兔热原检查法的推广、对比试验工作自1993年中国医药工业公司与中国药品生物制品检定所就开始合作，至1996年共办过六期学习班，有38个药厂参加过学习，提供了上千批数据。得以使上述八个抗生素品种能顺利的通过，拟上中国药典2000年版。

细菌内毒素检查法将替代现行的家兔热原法，有许多优点：如可直接大幅度节约原材料成本费（每厂试行一个品种每年可节约成本费10万元左右），并提高工作效率5倍，还可节约粮食、节省人力、减少环境污染等，美国药典（23版1995年）已收载400多个品种，英国药典（1993年版）亦收载21种。中国药典2000年版准备收载抗生素品种。

（张光孝）

【中国医药工业科研开发促进会1996年工作】

1996年是我国国民经济步入“九五”计划第一年，中国医药工业科研开发促进会（以下简称药促会）新的一届理事会在党的十四届五中、六中全会和全国科技大会精神指引下，在国家医药管理局领导关心、指导下，开拓进取，积极为会员服务，较好地完成了药促会1996年工作。

一、药促会有一个强有力的智囊团——13位顾问是药促会搞好工作强有力的后盾

充分发挥药促会顾问作用，对做好药促会工作十分重要。为此，在1996年年初组织召开了在京顾问座谈会。崔月犁、潘学田、戴庆骏、秦新华、甘师俊、王子厚等九位顾问出席了会议。国家医药管理局石峘副局长、中国医药工业公司刘国权、沈全霖副总经理等也应邀出席，药促会会长李舜年同志为顾问发了聘书。

到会领导及顾问听取了药促会工作汇报后，给予了充分肯定。并对药促会进一步搞好工作充分发挥好桥梁纽带作用提出了许多建设性、指导性建议、希望和要求。还表示：只要药促会工作需要，一定会给予大力支持和帮助。与此同时，他们还带来许多国内外科技信息。

二、为帮助企业调整和优化医药产品结构，一年来共召开三次品种发展趋势研讨会，收到较好效果

1. 近一两年来，VC生产形势十分严峻，企业压力很大。应部分企业要求，于1996年7月在宁波与全国VC经济协调体共同组织召开了“全国VC及其系列产品开发和市场拓展研讨会”。会议听取了原局长齐谋甲、副局长戴庆骏、韩立新司长、黄金富副司长等领导讲话和10位专家分别以VC生产关键技术、政策法规、VC在饲料及食品添加剂中应用等专题报告，进行研讨。

2. 为促进我国生物技术药物研究开发，防止和纠正在此领域出现的高技术重复问题，受国家医药局科教司委托，于10月份在南京组织召开了“全国生物技术药物发展趋势研讨会”。会议安排了十一位专家分别从《S-863框架设想》、国内外生物技术药物发展概况、生物技术药物发展中隐忧以及国内外市场、临床、知识产权保护等专题报告，与会代表深受启发。

3. 为改变我国药用辅料落后状况，从而推动我国药物制剂发展和提高，在卫生部药审办王子厚主任提议下，于10月在西安组织召开了“全国药用新辅料研制及应用研讨会”。会上，8位专家从国内外药用辅料研究、应用、市场、新辅料在审批中应注意的事项等问题分别作了报告。

以上会议，除了有关领导和专家报告外，还安排了部分中外（境外）有关单位进行了信息发布和科技交流，促进了合作，有力地推动了医药产学研密切结合。普遍反映，收益好。

三、继续抓紧GLP推广宣传工作

1. 为配合国家GLP实施，受国家医药管理局委托，于1996年4月与科教司共同组织召开了“全国GLP学习研讨会”。国家科委陈传宏副司长，国家医药管理局张鹤镛副局长、胡圣榆副司长等领导以及三位专家作了专题报告，受到热烈欢迎。会后还为部分与会代表颁发学习培训证书。

2. 药促会组织会员单位有关专家起草的“GLP”经国家科委发布实施后，于1996年被解放军总后卫生部评为科技进步二等奖。

四、药促会在促进科技交流、合作、咨询服务、提供信息等方面进行了一些开拓性工作

1. 在促进会员单位与德国Glatt公司协作方面，已签订研究和生产两个协作的经济合同：

①“上海医工院——Glatt”制剂新技术中心已于1996年11月正式挂牌开业。目前研究业务繁忙，发展形势良好。

②上海天祥·健台制药机械厂——Glatt合资共建流化床系列设备厂已签协议。并召开了第一次董事会。

2. 为中国药科大学、苏州胶囊制药有限公司等与瑞士巴塞尔大学建立相互间国际联系——互派学者和进行培训等工作已顺利进行。

3. 整理汇编出版了《国内新药品种汇编》（1985年～1995年卫生部批准的新药）一书，受到广大医药工作者欢迎。

4. 为方便科研单位与企业协作，促进科技成果尽快转化为生产力，通过广泛调研、收集整理出版《新产品、新工艺、新技术项目汇编》供需项目500项。

五、较好地完成了药促会理事会交办的日常工作

1. 7月中旬在延吉召开了药促会第四

届二次理事会。名誉理事长张鹤镛副局长到会并作重要指示。理事长李舜年同志对药促会发展提出了十二条意见。会议通过了一年来工作报告和下一步工作要点；审查通过了一年来财务收支报告外，研究决定将药促会理事长、副理事长改称为会长、副会长。报民政部备案后使用。

2. 于 11 月在海南召开了药促会第四届二次联络秘书组会议，总结了 1996 年一年工作，提出研究了 1997 年工作要点并进行分工。根据理事会意见，从 1997 年开始，药促会理事会和联络秘书组会议合并一起召开。

3. 较好地完成了药促会会刊和简报等信息的出版发行工作。

4. 出版了第四届药促会简介和颁发了会员单位证书，加强了药促会自身建设和会员单位管理工作。

到 1996 年年底，会员单位达 186 个，其中大学 20 所，研究单位 37 个，企业 129 个。

【中国非处方药物协会 1996 年工作】

为适应中外医药发展形势需要，国家医药管理局于 1988 年 5 月成立了以齐谋甲局长为协会会长的“中国大众药物协会”。当年 11 月本会被世界大众药物协会接纳为会员单位，并被选为理事会成员。协会成立几年来，在“面向企业，为会员单位服务，沟通企业与政府部门间以及企业与企业之间的联系，建立与世界大众药协会以及国际组织之间交流与合作，推进我国医疗制度改革和非处方药制度建立并与国际接轨等方面做了大量有益的工作。

协会在国家医药管理局领导关心重视下，1996 年协会工作又上一新台阶。

一、1996 年 4 月 28 日～29 日协会召开了第二届一次会员代表会，会议完成以下议程：

1. 听取审议通过了协会成立以来的工作报告；

2. 审查通过了协会成立以来财务收支情况汇报；

3. 讨论修改了协会章程；

4. 讨论并决定协会更名为“中国非处方药物协会”；

5. 选举产生了以郑筱萸局长为会长的协会第二届理事会（具体名单详见附件）；

6. 研究讨论了协会工作以及有关重要事项。

二、根据协会工作需要，第二届理事会成立后，重新整顿和发展了一批会员。对原来的 78 个会员单位重新进行登记确认，同时发展了一批新会员，到 1996 年底，共有会员单位 98 个（到 1997 年 5 月会员单位达 113 个）。

三、目前在我国尚未实行处方药与非处方药分类管理制度，非处方药在中国还是一个全新概念。所以宣传教育工作任务非常重要，根据协会工作安排，协会积极开展了非处方药制度的宣传教育、培训工作。

1. 于 1996 年 7 月 20 日～22 日在长春组织召开了东北地区医药工商企业非处方药物学习研讨会。

2. 1996 年 12 月 4 日～6 日在深圳组织召开了中国非处方药物协会第二届一次理事会暨华南地区非处方药物学习研讨会。

①以上非处方药物学习研讨会主要是对与会医药工商企业进行非处方药物制度的普及教育工作、介绍基本概念、有关国外实行非处方药制度情况、实行此制度的目的、意义以及对企业有哪些影响，需要做好哪些准备工作等。

②协会第二届一次理事会主要总结了换届以来协会的工作情况，研究提出了 1997 年工作重点。

四、参加了国际 OTC 会议并进行考察交流

1996年10月26日～11月7日协会组团一行7人前往加拿大多伦多参加了“世界非处方药物协会”举办的第十二次会员大会和协会理事会。会后对加拿大非处方药物生产经营情况进行了考察，使大家增加了一些感性认识。

会后秘书处对会上交流的有关资料组织了翻译、印刷、发送有关局领导和会员单位，以便于大家学习参考。

五、协会为及时向领导和会员单位通报和交流有关国内外医药信息，创办了《中国非处方药物简讯》。

附件：

中国非处方药物协会第二届理事会名单

名誉会长：齐谋甲（国家医药管理局原局长）

会长：郑筱萸（国家医药管理局局长）

常务副会长：张鹤镛（国家医药管理局副局长）

副会长：贺端湜（山东新华医药集团有限责任公司董事长）

常务理事：黄纪晔（国家医药管理局国际合作司司长）

常务理事：白惠良（国家医药管理局办公室主任）

常务理事：李舜年（中国医药工业公司总经理）

常务理事：佘鲁林（中国医药公司总经理）

常务理事：张洪亮（中国医药对外贸易总公司总经理）

常务理事：乔俊峰（北京制药厂厂长）

常务理事：师春生（天津药业有限公司董事长）

常务理事：张宁（天津中美史克制药有限公司董事长）

常务理事：张建津（天津中药集团股份有限公司总经理）

常务理事：孙云山（上海市医药有限公司董事长）

常务理事：刘芓舫（上海信谊药业有限公司董事长总经理）

常务理事：王春耀（石家庄制药集团有限公司董事长）

常务理事：竺福江（杭州民生药业集团公司总经理）

常务理事：冯根生（正大青春宝药业有限公司董事长）

常务理事：徐孝先（珠海丽珠制药集团有限公司董事长）

常务理事：车明纲（广州医药集团有限公司董事长）

常务理事：郑鸿（西安杨森制药有限公司董事长）

常务理事：傅明仲（哈尔滨市医药公司总经理）

理事：郑栅洁（厦门鱼肝油厂总经理）

理事：严啸华（广西壮族自治区桂林制药厂厂长）

理事：李南高（昆明制药股份有限公司董事长）

理事：刘成德（新疆制药厂厂长）

理事：谢中其（常州制药厂厂长）

理事：赵俊章（北京第四制药厂厂长）

理事：丁世南（云南白药实业股份有限公司董事长、总经理）

理事：刘勤强（武汉市中联制药厂厂长）

理事：何光明（兰州佛慈制药有限公司董事长、总经理）

理事：余清华（安徽合肥医药采购供应站总经理）

理事：吴卫东（广州光华药业股份有限公司董事长、总经理）

理事：扈本山（总后卫生部药材供应站站厂）

理事：陆裕楝（中国三优高科技实业集团公司总经理）

理事：高菲菲（江苏臣功医药有限公司董事长）

理事：蔡东晨（河北制药集团有限公司董事长）

理事：李劲宏（中国医药（集团）沈阳采购供应站总经理）

理事：张思民（深圳海王药业有限公司总裁）

理事：李光甫（中国医药（集团）广州采购供应站总经理）

理事：葛刚（中国医药（集团）北京采购供应站副总经理）

秘书长：胡圣榆（国家医药管理局科教司副司长）

副秘书长：周福成（国家医药管理局政策法规司调研处处长）

马杏芬（中国医药工业公司，中国药促会秘书长）

【中外合资企业生产经营情况】

1996年中外合资企业继续以良好的形势发展，早期建立的中外合资企业相继进行扩建或开拓新的市场领域。中国大塚制药有限公司已开始五期工程——氨基酸输液车间的扩建，同时增加了市场投入，在销售各种输液的基础上，继续开发美喘清片和滴眼剂市场，销售额7919万元，税后利润346万元。华瑞制药有限公司增加注册资本1230万美元。进行年产700万瓶/班英脱利匹特和凡命车间的建设，包括主要原料大豆油的纯化车间，总投资约2.7亿元。1996年华瑞公司的销售额为2.82亿元，税后利润9131万元，主要产品英脱利匹特仍占全国市场的75%左右，凡命的市场份额也呈上升趋势。苏州胶囊有限公司投资7200万元进行三期扩建，新增4条胶囊生产线，同时增加注册资本620万美元，全年生产药用空心硬胶囊68亿粒，销售67亿粒，销售额1.68亿元，出口金额达493万美元，税后利润6385万元。上海施贵宝制药有限公司继续加大OTC药品的市场投入，把治疗药创造的利润大幅度地投入到OTC的市场开发，专门销售OTC的人员达80人，新上市了加合百服宁片和小儿百服宁滴剂。全年销售额7.2亿元，税后利润2560万元，增加注册资本500万美元。西安杨森制药有限公司仍然保持在全国医药行业的领先地位，有好几个品种的销售额超过亿元，普瑞博斯片由进口销售转为国内生产销售，全年销售额达14.3亿元，税后利润3.5亿元。天津史克制药有限公司也表现出非常好的发展趋势，销售额12.05亿元，税后利润达4亿元，新上市了泰胃美针剂和抗抑郁药赛洛特片，原料车间生产6-APA120吨，在营销策略上将处方药和非处方药分开管理。大连辉瑞制药有限公司经过几年来的市场开拓，已步入发展期，开始盈利，销售额2.47亿元，税后利润1800万元，主要产品舒普深（舒巴坦/头孢哌酮）、大扶康（氟康唑）、先锋必（头孢哌酮钠）、络活喜（苯磺酸阿莫洛地平），1996年新上市了希舒美（阿齐霉素二水合物）片剂和混悬剂。

（工业公司　张健）

【中国化学制药工业协会1996年工作】

中国化学制药工业协会于1996年3月在广东汕头召开三届五次会长会，8月在新疆召开三届六次会长会，听取工作报告和协会财务收支、预算报告，制订协会工作计划。结合医药工业行业发展趋势和对照深化改革的要求，定出协会工作目标和近期工作重点。在8月份举行的三届六次会长会上，协会名誉会长、国家医药管理局局长郑筱萸专程到会并作重要讲话。11月中旬在山东泰安相继召开三届七次会长会、三届四次理事会、三届二次会员大会、四届一次会员大会及四届一次理事会。在此期间协会换届工作顺利完成。四届一次会员大会选举中国医药工业公司等99个单位99名理事组成协会第四届理事会。在四届一次理事会上选举协会会长、副会长。会长：李舜年，副会长：俞观文、陈统辉、贺端湜、陈贤丰、吴挺宝、刘存周、徐孝先。聘请国家医药管理局局长郑筱萸为名誉会长；聘请金同珍、张思忠、聂应凯、王汝霖、史洪元为顾问，胡昭衡、董星五为特邀顾问。聘任沈贤姬为秘书长，周燕、龚相君为副秘书长。会议结合形势组织三个专题报告：山东新华制药厂所作“学习邯钢，博采众长，形成新华特点的管理方式”；刘存周副会长所作“协会组团访日交流、考察报告”；陈统辉副会长所作“论加大市场拓展力度与加快市场部建设速度”。

1996年全国医药工业技术工作年会于4月上旬在江苏南京召开。230个单位305名代表参加会议。会议主题是：科教兴药，坚持科技进步，注重依靠内涵来提高医药经济增长的效益和质量。把适应两个根本转变的需要特别是要把经济增长方式由粗放型向集约型转变作为会议的指导思想。组织了八个专题报告——“国内外制药工业发展概况”、“对专利药品许可与非专利药品开发的再认识”、“国内外口服缓释制剂研究动向及其药动学研究法”、“非处方药物的发展现状、遴选审批和在国内实施之前面临的问题”、“解热镇痛类药物发展动态和对本类药物品种结构调整的建议”、“制药生产上的新型精密微孔过滤技术”、“商标——企业发展的剑与盾”及协会GHP委员会考察日本、美国工作报告。会议安排华北、鲁抗、江苏臣功、上海三维、上海信谊、常州四药和重庆六药作经验交流发言。

1996年5月下旬在湖南召开协会工作机构第七次工作会议。工作报告总结了协会工作机构的活动特色，如：注意向深度和广度拓展工作；专业工作机构与协会省市联络处、地区性协会联手举办活动；开展活动逐步延伸至相关行业；活动形式既有举办会议也有信息提供及咨询服务等。报告中提及从事协会工作的人员应具备的条件，须注重自身素质的提高。一年中，协会中外合资企业工作委员会、统计协作委员会、环保、抗生素、软胶囊、甾体激素等专业工作机构及输液专业委员会氨基酸交流组组织了相关活动。

由中日两国制药工业协会共同主办的第二次中日制药产业交流研讨会于8月下旬在日本东京举行。以李舜年会长为团长的中方代表团一行12人赴日参加了本次会议。双方各作五篇讲演以作交流，中方的题目为：中国化学制药工业的现状与展望、中国职工医疗保险制度及其改革、中国制药工业实施GMP情况和展望、中国医药市场的概况、中国医药对外合作现状与展望。在日期间考察了三共株式会社平塚工厂、大正株式会社、高田株式会社和藤泽株式会社筑波研究所。

在1996年协会对6个副会长单位就改革开放以来特别是建立现代企业制度方面的经验、体会及问题进行调研。先后对山东新华医药集团公司、华北制药集团有限责任公司、哈尔滨制药厂、东北制药总厂、珠海丽珠集团、上海医药行业协会有关会员企业进行考察调研。既介绍作为重点国有企业在适应改革形势下奋力拼搏在市场经济中求发展的风貌，也反映实际存在的困难和问题。

1996年出刊协会简报计24期。发展两批会员单位计12家入会，会员单位达316家。

（沈贤姬）

饲料添加剂概况

1. 1996年10月16日～19日在湖北省武汉市召开了全国饲料工业标准化技术委员会换届会暨96年会。参加会议的有国家技术监督局、内贸部、国家医药局、化工部、农业部、渔业局、中国轻工总会、湖北省农业厅、湖北省技术监督局、中国饲料工业协会等部门和单位的近50名专家代表。

2. 由全国饲料工业标准化委员会主持编制的《饲料工业标准汇编》于1996年由中国标准出版社正式出版发行。该汇编是饲料工业行业最新、最全、最具权威性的标准。它汇集了国家技术监督局、国家医药管理局、农业部、国内贸易部、机械部、化工部、中国轻工总会、全国饲料工业办公室等部门有关饲料工业标准220项。其中饲料添加剂标准37项中有23项标准是由医药系统制定的。

3. 1996年7月2日～7月3日在宁波召开的全国VC及其系列产品开发和市场拓展专题研讨会上，国家饲料工业研究所有关专家做了关于VC等作为营养剂在饲料添加剂中的应用的报告。建议应拓展VC在饲料业的广大市场。

4. 1996年5月在北京国际展览中心举办了全国饲料工业博览会。

（邹　玲）

食品添加剂概况

1. 1996年负责组织、指导鞍山第五制药厂和广西北海金士明海洋生物责任有限公司分别起草了食品添加剂碘酸钾和海藻碘两个品种的国家标准，并召开了预审会，通过了预审。

2. 全国食品添加剂标准化技术委员会第十七届年会于1996年10月17日～20日在浙江桐芦召开。会上评审了食品添加剂新品种21个；扩大使用范围和使用量的品种25个；国家标准及行业标准4个。其中由鞍山第五制药厂起草的碘酸钾食品添加剂国家标准通过审查，广西北海金士明海洋生物责任有限公司起草的海藻碘食品添加剂国家标准尚需进一步补充有关资料。会上还对轻工部门提出的256种香料进行了讨论。同意列入使用卫生标准。

（陈　虹）

军队医药工业

【概况】

据217家军队医药企业情况统计，1996年共完成工业总产值48.7亿元，比上年下降2%；实现销售收入58.6亿元，比上年增长42%；实现利税8.5亿元，比上年增长11%。其中有22家药厂利税超过500万元，8家药厂利税超过1000万元，南方制药厂利税高达4.59亿元。这22家企业，占统计企业数的10%，而产值、利税却占统计企业数的60%和86%。亏损企业51家，占统计企业数的24%。

【GMP工作】

为推进军队医药企业GMP工作，1996年10月23日至25日，在昆明召开了军队医药企业GMP工作会议。参加会议的有原料药、粉针剂、大输液、水针剂、血液制品、生物制品等企业的领导和各大单位企业主管部门的领导共120多人。

会议的主要议题是：贯彻落实国家医药局《医药行业实施GMP“九五”计划》和《医药生产企业（车间）实施GMP达标验收管理办法》等文件精神，交流军队企业实施GMP工作的经验，研究97年、98年应达标的企业如何落实GMP达标和认证的问题。总后生产管理部张志祥副部长在会上做了《适应社会主义市场经济要求，积极推动军队医药企业健康发展》的报告。总后医药管理局崔维杰局长做了《加强领导，狠抓落实，为军队医药企业GMP达标而努力》的报告。国家医药局质量司叶副司长应邀出席会议，并就GMP达标和认证的问题作了报告。金陵制药（集团）有限责任公司、北京四环制药厂、三九企业集团深圳九新药业有限公司、成都蜀阳制药厂、武汉滨湖药厂、昆明南疆制药厂、济南明水利民制药厂等七家企业在会上介绍了实施GMP的经验。军队医药工业协会做了一年来工作总结。在此基础上，会议讨论了军队医药企业实施GMP工作的形势，并对GMP达标认证工作做了部署。

【产品开发】

1996年，国家卫生部批准军队药厂及科研单位研制开发的新药共34种。其中西药17种，中药7种，生物制品药10种。在这些药品种，属于一类新药的5种，二类新药4种，三类药9种，四类药16种。

【执业药师考试、注册】

1996年，全军组织121名专业技术人员，在北京、沈阳等六个考场参加了全国执业药师统一考试，27人取得执业药师资格。截止1996年底，全军取得执业药师资格的共231人，执业中药师24人。已对182名执业药师进行了登记注册和发证，注册率为85%。

【整治药品回扣】

为贯彻落实国务院办公厅[1996]14号文件和国家五部委关于整治药品回扣违法行为电视会议精神，6月20日，总后勤部召开了全军整治药品回扣违法行为工作电话会议。王太岚副部长作了重要讲话，向全军各级医药卫生管理部门提出了要求。在各单位自查自纠的基础上，10月，总后生产管理部和总后卫生部组成联合检查组，对沈阳、广州、北京战区10家医院和9家药厂进行了重点抽查。从抽查结果看，基本上达到了“一个好转、两个提高、三个明了”的整治目标。军队医药生产经营秩序进一步规范，药品回扣违法行为得到有效控制。

【优秀企业和优秀企业家】

总后勤部表彰“八五”期间军队生产经营优秀企业和优秀企业家。在表彰的40个优秀企业中，有医药企业6个。它们是：三九企业集团、北京四环制药厂、哈尔滨白天鹅制药厂、济南东方制药厂、南京金陵制药（集团）有限责任公司、成都蜀阳制药厂。在表彰的25名优秀企业家中，有5名药厂厂长。他们是：三九企业集团总经理赵新先、武汉滨湖制药厂厂长邓思清、济南明水利民制药厂厂长满其选、南京金陵制药（集团）有限责任公司总经理江中银、成都蜀阳制药厂厂长蒋德席。

在国家中医药协会评出的中药企业优秀企业家中，南京金陵制（集团）有限责任公司总经理江中银、济南东方制药厂厂长胡广勤榜上有名。

中国质量协会组织评选的1995年度全国质量效益型企业75个。其中医药企业有三家，三九企业集团深圳南方制药厂是军队唯一一家被评上的企业。

南京金陵制药（集团）有限责任公司、成都蜀阳制药厂被评为1995年度全国医药企业质量效益型企业。

中国医药质量协会组织评选出1996年度国家医药优秀QC小组共140个，其中军队医药企业有5个。他们是：深圳南方制药厂软膏车间皮炎平QC小组，安徽蚌埠涂山制药厂七车间QC小组和八车间QC小组，南京金陵制药（集团）有限责任公司脉络宁改进工艺QC小组，成都蜀阳制药厂冻干室QC小组。

【名优产品】

1996年，三九企业集团南方制药厂的999感冒灵冲剂（胶囊）、999正天丸，三九企业集团深圳九新药业有限公司的999注射用头孢曲松钠，北京四环制药厂的阿姆斯牌华素片，哈尔滨松鹤制药厂的龙光牌胸腺肽注射液等五种产品被认定为军队名牌产品。

三九企业集团三九兽药开发有限公司生产的“999克痢”、“999猪宝”荣获第45届布鲁尔世界发明博览会尤里卡金奖和96北京国际新产品发明奖。这是我国中药兽药制品第一次在国际获得最高奖

（王存禄）

制药机械工业概况

【行业管理】

. 1996年1月12日国家医药管理局第14号令，发布了《制药机械管理办法》。1996年12月27日国家医药管理局，国药质字[1996]第562号文发布了《制药机械管理办法实施细则》，这是我国关于制药机械行业管理的第一个规章。它的发布实施，标志着我国制药机械的行业管理已步入法制管理的轨道。

国家医药管理局综经字[1996]第201号文件印发了《制药机械行业"九五"计划及到2010年长远规划》。《规划》分析了制药机械行业发展的现状、面临的形势；提出了"九五"期间及到2010年发展规化的指导思想、发展目标、发展战略、发展重点及政策措施。《规划》制定的发展目标为："九五"期间制药机械工业总产值以平均13～15%的速度增长；2000年总值达14亿元；2010年比2000年翻两番；销售额、利税增长分别为14%、10%；劳动生产率2000年由2.39万元/人、年提高到5亿/人、年；主要产品技术水平与国际先进水平的差距，到2010年由目前的15～20年，缩短到五年左右；到2000年，要有五家以上药机企业年销售额一亿元以上，生产集中度达到30%，到2010年达到35%以上，实现企业与产品结构的合理调整；到2000年药机骨干企业要普及应用计算机辅助设计(CAD)和计算机辅助制造(CAM)技术。

中国制药装备行业协会第二届会员大会于1996年11月6日在桂林召开。会议审定并通过第一届理事会的工作总结，财务及会员变动情况的报告、协会章程，并对新形势下协会开拓工作的重点进行了研讨，选举产生了第二届理事会。

【质量标准】

1996年8月26日，国家医药管理局哈尔滨制药机械检测中心正式成立。该中心现有26人，检测设备先进，可开展33项制药机械产品的检测工作。至此，我国的制药机械行业已有天津制药机械检测中心，哈尔滨制药机械检测中心二个部级检测中心。

1995年四季度"铝塑泡罩包装机"国家监督抽查产品合格率为61.1%，低于工业产品国家监督抽查平均合格率。这一结果表明了我国铝塑泡罩包装机的产品质量问题是严峻的。许多企业对产品标准化认识不足，对产品质量认识不足，缺少科学的检测仪器及检测方法，外购元器件质量不佳等是造成合格率不高的主要原因。鉴于以上情况，国家医药管理局与中国制药装备行业协会于1996年7月9日在浙江省瑞安市召开了"铝塑泡罩包装机质量与技术研讨会"，六省市37个单位(其中制造铝塑泡罩包装机的企业24家)，共58人与会。会议期间宣传贯彻了《制药机械管理办法》；国家质量监督的有关政策与总体要求《YY/T0139-93铝塑泡罩包装机行业标准》；铝塑泡罩包装机电气安全的要求及其检测方法；有关专家介绍了国内外铝塑泡罩包装机的现状及发展趋势。全体代表对抽检中出现的质量问题进行认真的分析和研究，提出了可操作的措施方法。会议达到了预期的目的和效果，当年11月全国制药机械秋季博览会上的铝塑泡罩包装机的水平与质量都有显著的进步。

1996年国家监督抽查产品，多效蒸馏水机、热压式蒸馏水机合格率为100%。

为加强制药装备的标准化工作，国家医药管理局，国药质字[1996]第141号文，正式明确了国家医药管理局设计技术中心站，为全国制药装备标准化技术归口单位。

1996年6月24日至28日，全国制药机械行业第一期EGB/T1.1-1993培训研讨班在京举办。来自全国制药机械行业54个企事业单位的61名学员参加了培训，并获得了国家技术监督局颁发的标准化人员资格证书。

由国家医药管理局制药机械设计技术中心站，胡鹤立等4人起草的《YY/T0192-94制药机械标准体系表》，获1996年度国家医药管理局优秀标准化项目二等奖。航天工业总公司一院十三所原俊安、哈尔滨飞机制造公司林超、国家医药管理局设计技术中心站陈严华、上海远东制药机械总厂范德良、重庆制药机械厂李定群、常熟制药机械厂查丽文等六名药机标准化工作者，获1996年度国家医药管理局标准化先进工作者奖。

【新技术、新产品】

1996年20余个新产品通过鉴定并投放市场。其中，中南制药机械一厂研制的SY100/500输液自动线、北京制药设备厂研制的DPP铝塑泡罩包装机通过国家医药管理局组织的部级鉴定。

SY100/500型输液自动线主要特点为：

1. 机、电、气一体化，全线使用工业PC控制系统；

2. 从注射用水制备到产品包装，实现一条龙连续生产，完成输液生产中的各个工艺要求；

3. 换规格方便，既适合国内的B型输液瓶，又适合国际通用的A型瓶；

4. 采用喷射压差水帘洗瓶，根除了毛刷洗瓶的缺陷，洗瓶后瓶内无残存水，瓶口不会被擦伤，无玻屑产生；

5. 瓶塞可以用翻边胶塞，又可以用T型胶塞，灌装无机械磨损，杜绝了产生微粒的根源，具有国际先进技术，又适合我国国情；

6. 该设备的用材、选型符合输液生产的GMP要求。

有关专家认为该机具有国际九十年代水平。

北京制药设备厂研制的DPP铝塑泡罩包装机具有以下特点：

1. 悬臂模块式结构，易于实现功能的增加和扩充，且操作过程简单、方便；

2. 全平板式结构，可适用于包装各类形状药品及不同排列的板型，且模具加工简单，制造成本较滚筒模具大大降低，板形结构在一定范围内任意设定；

3. 模具更换方便、迅速；

4. 各运动部件以同步齿形带传动，确保同步运行，且准确、噪音低；

5. 具有光标自动识别功能，铝箔带上套印的图案及文字说明，板形位置准确且保持一致；

6. 采用机械辅助与气压联动成型，其成形后的泡形外观挺括、美观；

7. 具有PVC自动补偿装置，机器运行可靠、废品少；

8. 电磁离合器控制，定点停车，可确保电机不过载运行。

有关专家认为，该机是机电一体化的高科技药品包装机械，达到国际九十年代初同类机水平，符合GMP要求，可替代进口产品。

山东省蓬莱制药机械厂在螺杆粉剂灌装机上成功地运用了微粒控制步进电机驱动等新技术，使螺杆粉剂灌装机的技术水平，稳定性、可靠性有了新的突破。

该机主要技术参数与特点为：

1. 装量调节范围：0～9999步（1.5°/步）；

2. 装量精度<3%；

3. 速度调节范围：0～99　100级（最高10000步/秒）；

4. 变频调速范围：25～63Hz（0～140瓶/分）；

5. 不停车调整装量与速度；

6. 设定参数停电不丢失；具有参数记忆功能；

7. 具有空瓶检测、碰盖检测、产量统计、单步点动、自动识别等功能；

8. 电气系统体积小，维修方便，各单元均采用插接电路板，更换维修方便温度低，整个控制部分及驱动电路均在一个封闭机箱内。

【技术交流与讲座】

1. "水处理工程计算机辅助设计CAD平台的开发与应用"苏州市沧浪净化设备公司　葛明明主讲；

2. 日本真空冷冻干燥技术的发展与应用日本真空技术株式会社　二村馨博士主讲；

3. 软管灌装包装生产线和泡罩包装生产线　德国意韦卡设备总公司W. Straaub、D. Mertens先生主讲；

4. 澀谷工业的医药品制造系统　日本澀谷工业株式会社　蓑原义人主讲；

5. FGX型流化床旋风捕集式干燥机在布洛芬成品干燥上的应用　重庆精工制药机械有限公司　袁汝淳主讲。

【全国制药机械第四届年会】

于1996年11月19日至21日在浙江省温州市召开。会议共收到制药机械学术论文80篇，推荐60篇论文参加会议交流。经以国家医药管理局戴庆骏副局长为组长的11位专家组成的评审组的评审：特别奖一名、一等奖两名、二等奖4名、三等奖15名、优秀奖28名、荣誉奖9名。宝鸡制药机械厂钱经伟的《气升式发酵罐应用简介》，上海金桥喷雾干燥成套设备厂钱筱琪的《中药动态水提取生产线》等二篇论文获一等奖。

【计算机辅助设计　CAD】

上海天祥．健台制药机械有限公司利用CAD设计能实现参数化设计、选择标准化零件、系列化器件，实现功能化模块高效、合理、简练的组合等特点，成功地设计了GZPK100高速压片机、ZP100压片机两个系列压片机产品。改变了该厂过去压片机参数无序、规格不一、型号杂乱的情况。实现统一规格、标准化系列，给设计、制造、调试，以及用户使用、保养等都带来了好处。

由国家医药管理局设计技术中心站承担的搪玻璃新标准设备CAD设计施工图，全部完工，并已制成计算机光盘。这对搪玻璃设备标准的贯彻实施、行业的技术进步，必将发挥重要的作用。

重庆制药机械厂研制的SR型水浴式灭菌柜获国家医药管理局科技进步二等奖。

【生产营销】

随着我国GMP贯彻实施的不断深入，"九五"期间，全国制药行业将面临着艰巨的GMP改造任务。由于制药装备是制药企业实施GMP改造的重要条件，是制药工业生产的组成部分，一切先进的工艺都必须通过装备来实现。因此，药机企业普遍意识到，如何适应和满足药品生产并符合GMP要求，如何为药厂GMP改造服务是药机行业所面临的重要课题，也是药机企业、药机工业发展的根本所在。

目前，紧紧围绕GMP的要求，改造老产品，研制新产品，提高产品质量的热潮已经掀起。1996年20余种新产品投放市场。产品质量，尤其是外观质量不断提高。96年国家抽查产品多效、热压式蒸馏水机，合格率100%，被誉为符合GMP要求、质量上乘的设备。1996年我国制药企业已超过400家，产品品种、规格超过1100种，出口产品的规格、数量不断增多。八大类产品皆有出口，其中以制剂产品出口量最大，目前，我国药机产品已出口到美国、日本、东南亚、非洲、香港等数十个国家和地区。出口创汇最多的属制剂机械及药品包装机械。广东大家、西安杨森等合资企业对宝鸡制药机械厂生产的多效蒸馏水机、北京制药机械厂生产的铝塑泡罩包装机等产品都表示满意并给予了较好的评价。

受国家医药管理局委托，中国制药装备协会1996年7月5日至10日在天津大港组织召开了制药机械替代进口产品专家评审会。首批纳入评审的产品共51项，被评为替代进口产品的36项，暂不评为替代进口产品的9项，不能作为替代进口产品的6项。

中国制药装备行业协会与中国医药对外贸易总公司于1996年9月16日至29日在印度尼西亚雅加达市联合举办了“'96中国第三届制药装备、医疗器械展览会”24个单位，共参展样机35台（套）。药机以片剂机械、液体灌装机、胶囊充填机、中药制丸机、粉碎机及制药包装机械为主。不但90%的样机被购，而且还签署了部分期货与合作项目。达到了通过印度尼西亚，扩展贸易范围，辐射周边邻国，提高我国药机企业、药机产品知名度的目的。

（*石　青*）

医药包装工业概况

【《直接接触药品的包装材料、容器生产质量管理规范》发布】

为满足制药企业推行GMP和实现现代化要求，从1993年3月起，国家医药管理局委托中国医药包装协会组织起草了《直接接触药品的包装材料、容器生产质量管理办法》讨论稿，经五次讨论、修改，并先后征求了全国22个省（区、市）医药管理局和一些重点企业的意见，于1996年4月29日经国家医药管理局局务会审议通过，并经国家经济贸易委员会同意，于1996年4月29日发布执行。

【第十次医药包装工作会议】

1996年7月29日至8月1日在福建省召开了第十次全国医药包装工作会议。来自全国26个省、自治区、直辖市医药管理部门负责医药包装管理工作的39名代表参加了会议。会议学习宣传了国家医药管理局第15号令，总结了第九次全国医药包装工作会议以来的工作，讨论了下两年度的工作安排、1997年药包材生产企业换发证工作及《药品包装“九五”发展规划》等。

【部分药包材企业换发许可证】

在1996年中，全国各省（区、市）医药管理部门，继续完成1995年度换发许可证工作，截止96年底换发证工作结束，经国家医药管理局审查、备案，先后批准了538个企业换发了生产许可证，其中换证的企业为433个，新发证企业为105个。

【医药包装标准修订】

1996年完成报批发布的标准有GB5197-1996玻璃输液瓶铝盖、GB5198-96抗生素瓶铝盖和YY0236-1996药品包装用复合膜和YY0249-1776药用软膏铅管。

【中国医药包装协会换届】

1996年11月，中国医药包装协会第五次全国会员代表大会在山东济南召开。通过了新修改的章程，选举产生了新的领导机构——第三届理事会，选举了常务理事、会长和副会长，通过了会长提名的秘书长和副秘书长。至1996年底，协会拥有会员564个。

【第二届医药包装材料博览会】

由国家医药管理局主办、中国医药包装

协会、山东省医药管理局协办，山东省医药包装广告公司承办的“'96全国第二届医药包装展览订货会”于1996年11月13日至15日在济南市“山东省工业展览馆”举办。来自北京、上海、江苏等省、市的106个生产企业参加了展览。

（冯国平　黄启胜）

医药商业

【概况】

据统计，1996年全年全国国有医药商业药品、医疗器材、化学试剂和玻璃仪器四大类商品销售实际完成363.35亿元，比上年增长13.94%，其中：药品增长15.26%；医疗器材增长6.14%；化学试剂减少3.48%；玻璃仪器减少2.70%。四大类全年购进实际完成249.14亿元，比上年增长5.49%，其中药品增长6.28%；医疗器材略有下降；化学试剂减少7.27%；玻璃仪器基本持平。

从四大类购销情况看出：一是销售好于购进，销售增长幅度高于购进增幅8.45个百分点；二是各大类商品发展不平衡，药品类一花独秀，购销稳步增长，占四大类总额90%；三是药品销售增长呈逐季回落之势；四是药品纯销增幅高于总销增幅，全年纯销占总销的63%。

从市场特点分析，消费需求持续增长；居民个人医疗保健消费支出增加；公费医疗制度改革试点扩大，总体筹资水平增加；人口增长仍是增销的主要原因。销售额大幅增长最主要的原因，是零售市场日渐畅旺。零售业经营灵活，对市场需求适应性强，各地都十分重视零售市场的开发；随着医疗保障制度改革的推进，OTC药物分类管理的实施，患者自费购药比例将加大；以及人民生活水平的提高，这些因素，都极大地推动了医药零售市场的发展，使医药商品销售出现了明显增长的趋势。

1996年，在各级医药主管部门的领导下，医药市场治理整顿和医药流通体制改革取得了较大进展，全国医药商业加强管理和转换机制，积极主动地开展了以下几个方面的工作：

一、围绕医药主管部门的中心工作，积极开展调查研究。为进一步发挥行业协会在政府和企业之间的桥梁纽带作用，中国医药商业协会结合国家医药管理局1996年调研课题，以国务院办公厅（96）14号关于继续整治和规范药品生产经营秩序，加强药品管理工作的文件精神为指导，以配合推进医药流通体制改革为重点，在浙江省、江苏省常州、武进、辽宁大连、河北唐山等地医药主管部门、商业协会和各个企业的支持配合下，开展了一系列调查研究工作。通过调研，对医药商业组织结构即批发、零售网点（定点药房）的设置问题，怎样做好农村供应工作及农村供应网点怎样设置等问题为医药主管部门结合行业实际，制定深化改革的有关政策，提供了有关依据，并提出了建设性意见。

二、进一步加强信息网络建设，为企业经营决策服务。

在市场经济条件下，企业对信息要求越来越高，商品信息成为商业企业在市场竞争中决策的重要依据。各地医药商业企业十分支持信息工作，全国医药商品信息网的建设不断加强和完善。通过组织分批培训，提高报表质量召开信息网工作会，总结经验，表彰先进等办法，增强了信息网的凝聚力。同时，坚持做好市场调研预测，顺利完成年度统计汇编，使统计年报资料继续保持了连续性和完整性；进行了零售物价指数的测算工作，并及时交流反馈。

三、开展质量管理工作，促进企业基础管理规范化。医药商业GSP达标企业年内验收6家，国家医药管理局对6家达标企业给予了表彰、授牌、宣传，以树立名牌企业形象。为适应社会主义市场经济、适应医药流通体制改革发展要求，中国医药商业协会协助组成GSP修改起草小组、审定小组，使之更加完善，更符合实际。帮助广大医药经营企业人员学习、理解、掌握、执行好《95新版药典》，举办培训班，请专家讲课，收到较好的效果。

四、一年来，药品、医疗器材、化玻专业组织召开全国上下半年，春秋季交易会，开展了各专业各种形式的活动，促进了商品信息和经营工作以及企业改革经验的交流。劳动人事专业围绕贯彻《劳动法》，就全面推进劳动制度改革及企业职工养老、医疗、失业保险等进行了研讨。

五、进一步完善协会组织建设，更好地发挥行业协会作用。各省市医药商业协会各项工作和组织建设有了很大的发展，在当地政府和主管部门的重视支持下，各项工作生气勃勃，卓有成效，在为行业服务方面都有一些很好的经验，加强了协会在行业中的地位、作用和影响。

（庞　莉）

【麻醉药品、精神药品经营管理经验交流会】

根据卫生部、国家医药管理局1996年麻醉药品管理工作会议的安排，由中国医药公司主持召开的部分省市麻醉药品、精神药品经营管理经验交流会于1996年5月5日至6日在四川省成都市举行。卫生部药政局、国家医药管理局综合经济司派员指导，中国医药公司龚家申副总经理、药品处孙曼华副处长参加并主持了会议。

会议主要内容为：

一、汇报一地设两个麻供点的工作情况（包括分工供应模式、销售经营管理情况、新产品推广情况、经营管理中存在的问题及改进意见）。

二、探讨如何引进竞争机制，搞好麻、精药品管理工作，防止发生丢失、被盗案件。

三、贯彻执行“关于加强麻醉药品经营管理的紧急通知”的情况。

河南、湖南、湖北、辽宁、沈阳、哈尔滨、四川、山东、石家庄、武汉、合肥、陕西、江苏等14个省会城市一地设两个二级麻供点的单位在会上分别汇报了经营管理方面的经验及贯彻紧急通知的情况。卫生部药政局、国家医药管理局综合经济司及中国医药公司的负责同志在会议上分别就一些政策性的问题及经营管理中的一些具体问题做了讲话和总结。

与会单位一致认为麻醉药品是国家实行严格管理的特殊商品。我国麻醉药品在计划经济时期一直采用封闭式专营模式。这种方法对加强麻醉药品的管理，保证医疗需求，防止流弊滥用起到了积极作用。但这种经营模式由于一地只设一个二级麻供点，独家经营，没有压力，没有竞争，更没有比较。所以个别单位在供应中把麻药经营代为促销手段，利用麻醉药品制约医疗单位，搞硬性搭配，服务态度欠佳，造成了不好的影响，甚至延误了急需病人的使用。实施部分省会城市一地设两个二级麻供点之后打破了原有的垄断经营局面。对于改善服务态度，提高服务质量起到了积极的促进作用。同时部分省医药公司作为二级麻供点使省公司的监督管理较能得到进一步发挥。变单纯管理为管理与经营相结合，通过经营活动了解麻醉药品在供应中存在的问题，指导全省麻醉药品的供应，协调全省麻醉药品的余量调剂及促进新品种的推广使用。部分省会城市一地设两个麻药供应点经过具体实施是可行的，也符合麻药的使用进一步发展的趋势。与会单位还一致认为，由于我国各地区发展不平衡，具体情况各有差异，省会城市一地设两个麻供点的作法要根据实际情况逐步推行，不能盲目搞一刀切。

与会代表在交流麻精药品经营管理工作的经验和贯彻“紧急通知”所做的工作情况时，重点谈到注重专业人员的配备，各项规章制度的设立和严格执行以及防水、防盗、报警装置的配置。在麻、精药品屡屡丢失、被盗的情况下，各单位普遍高度重视这方面的工作，在各个环节把好关，杜绝此类事故的发生。

1996 年三季度起，有关领导部门将联合对二级麻供点进行验收。会议要求各二级麻供点严格按照验收条件做好验收准备。

（张予敏）

【九大城市器械公司经理座谈会】

1996 年 5 月 8 日至 12 日，在张家界市召开了第二十届九大城市器械公司经理座谈会。会议交流了 1995 年各单位在经营管理方面出台的新举措；三项制度改革方面的经验；开展了信息员评比工作。

1996 年 9 月 12 日至 16 日，在牡丹江市召开了第二十一届九大城市器械公司经理座谈会。会议总结了九大城市器械公司统购分销美国强生血糖仪的营销工作，并就今后如何发展统购分销工作进行了研讨。

（史启敏）

【全国中心城市国营医药零售商店协作体会议】

1996 年 11 月 4 日至 8 日，第四届全国中心城市国营医药零售商店协作体会议在广州召开。参加会议的有：中心城市零售商店 32 家，工业客户 4 家，到会代表约 280 人。会议由中国医药（集团）公司药品处张予敏处长主持，广州市医药集团李益民总经理到会讲了话。

会议主要内容有：1. 国家医药管理局赵显文司长就今后医药市场形势，定点药店（医药分业）及药品价格问题作了介绍，他指出：医药行业总的形势是好的，但不能忽视当前存在的问题（如工业、商业利润总额下降、企业亏损等）；医药分业是大势所趋，但目前还有许多实际问题（如医药补贴等）需解决，操作起来难度较大；药品价格管理紊乱，尤其是新药、进口药的价格。现有关部门正在制定新的办法及实施细则。2. 进行医药零售市场的发展趋势调研报告交流。通过调研交流表明医药零售市场已成为医药商业经济发展中的重要组成部分、竞争日益激烈，医药零售商店药品销售额愈来愈大，随着公费医疗制度、医药分业、OTC 制度、医疗保险等各种医疗改革政策的出台，更为医药零售市场发展注入新的生机和活力。如何进一步开拓零售市场？大家也提出了不少积极的办法和措施，如发展连锁经营、规模经营；变粗放型经营为集约型经营；企业现代化管理；主动出击，积极开发市场需求的新产品；改善购物环境、增添企业后劲；提高员工整体素质等等。

（吴瑞芳）

【全国生物技术药物发展趋势研讨会】

1996 年 10 月 4 日至 7 日，中国医药工业技术促进会和中国药科大学联合举办了全国生物技术药物发展趋势研讨会。会议主要内容：1. 关于生物技术药物发展趋势及现状的专题报告；2. 四个单位发布了有关新产品、发酵设备、包装材料等信息；3. 座谈讨论了国内生物技术药物科研、生产的现状，为到会者提供了一个相互了解、相互学习、相互探讨的机会。对科研、生产单位加快产品结构调整起了一定指导作用。

（吴瑞芳）

【全国医药商业统计信息协作网工作会议】

中国医药商业协会于1996年10月13日至16日在广西桂林市主持召开了全国医药商业统计信息协作网工作会议暨第八次统计竞赛交流会。参加会议的有中国医药商业协会统计信息协作网的各成员单位及部分统计工作先进单位的代表。

中国医药商业协会常务副会长杨万顺到会并就“如何利用现有渠道进一步加强统计信息工作”做了发言，信息部对统计信息网工作进行了总结。与会代表结合预定的议题讨论通过了协作网工作办法和统计竞赛评比办法；审议评选出12个统计工作先进单位，15个报表质量优秀单位，11个优秀网点单位。会议总结交流了各地在贯彻执行统计法规，保障统计数据质量利用多种统计调查方法开展市场分析预测工作，积极开拓统计信息领域，发挥统计工作整体功能等方面的经验体会。

会议一致认为今后两年是深入贯彻执行“九五”计划和2010年远景规划，积极推进经济体制和经济增长方式两个根本转变的关键时期，因此搞好统计信息工作适应并服务于“两个转变”至关重要。会议确定了今后两年工作重点，提出进一步搞好国家法定统计报表的报送工作；加强统计信息的交流与反馈；完善各级网络组织，是搞好统计信息工作的前提和基础。

（郝　玲）

【全国医药商品信息网工作年会】

全国医药商品信息网工作年会于1996年5月21日至23日在四川省巫山县召开，中国医药商业协会信息部主持了会议，41个单位的61名代表参加了会议。会议总结了信息网的工作进展情况，表彰了优秀信息员，交流了各地运用信息为企业经营决策服务的经验体会，发布了医药市场、卫生统计信息，初步协商了第二批报送全部品种数据的单位。

全国医药商品信息网是1993年6月在北京成立的，基本任务是适应市场经济条件下企业对信息的需求，搞药品品种的销售、库存数据的收集、汇总、分析、反馈等信息服务。信息网现有网点单位70家，其中有一级站4家，省市公司、二级站58家，县级公司8家，这些单位分布在全国各地，汇总后的数据基本上可以反映出全国的药品消费情况。150品种信息报表每半年报送一次，汇总、反馈一期《全国医药商品信息》，目前已汇总、反馈6期。报表可用度已达98%以上。20家报送药品全部品种信息的试点工作1994年4月正式起步，按照销售额大、计算机基础好、地区分布合适这三项基本原则，在原有70家网点单位中，挑选20家企业，签定了协议；并为试点企业装备了机器设备等；开发了全部品种信息录入汇总软件，组织了培训。截至目前，20家试点企业都报送了数据，大部分企业的数据符合要求。目前已汇总、反馈了1995年第一、第二季度的《全国药品销售分析报告》，第一、第二季度的汇总数据分别为4.98亿元和5.35亿元，分别占同期全国药品类销售金额的7.93%和7.7%；会议要求各单位克服困难，保证报表及时、准确、全面，提高汇总数据的时效性，更好地为企业服务。

（姜修昌）

【第八届全国医药经济信息发布会】

1996年11月8日至11日，国家医药经济信息中心站举办了“第八届全国医药经济信息发布会”。来自医药工商企业、科研单位代表180多人参加了会议。国家医药管理局政策法规司潘广成司长，科技信息研究所禹茂章所长，广东省医药局郑小弘副局长等领导到会并讲话。廖清江、付家钧、戴莹等专家教授会上作了报告。

会上发布的信息有：第80届广交会原料药外销市况分析；我国实施非处方药制度

的工作进展及具体部署；老年病药物开发前景；开发复方制剂新品种；我国进口药品市场分析；我国保健食品管理办法和添加剂品种开发近况；褪黑激素发展情况；1996 年我国医药经济运行形势回顾和 1997 年展望；上海市医院用药分析；广州市医院用药分析及 MEINET（医药经济信息网电脑联网系统）内容介绍。

此外，以资料汇编形式发布的信息有：第 80 届广交会初析及近年国内外药市述评；全国化学药品产销回顾与预测；世界医药发展现状和趋势；钙制剂和钙调节剂市场现状透析；第 80 届广交会中药类商品外销市况分析；中成药与国际接轨的策略；我国尚需进口的某些原料药品种国外生产厂商介绍；“九五”期间我国制药工业发展重点与规模展望；中国药品行政保护发布汇编。

（吴瑞芳）

【医药流通体制改革调查研究】

为进一步深化医药流通体制改革，切实转变国有医药商业企业经济增长方式，总结推进建立现代企业制度以及开展集团化、集约化、规模化、连锁化经营的经验和作法，探讨做好现阶段农村供应工作的有效途径，中国医药商业协会调查组于 1996 年 4 月中旬赴浙江省十家企业、9 月中旬赴河北唐山医药股份有限公司、11 月中旬赴江苏常州药业股份有限公司、武进县医药总公司、辽宁大连医药集团公司进行实地调研，总结了浙江省医药流通体制改革经验，向国家医药管理局局长会议推荐了常州、武进、大连三家企业为典型发言单位。

从调查情况看，浙江省医药流通体制改革走在全国前列，在彻底打破计划经济时期分级设置机构、分层调拨批发的旧体制以后，首先实行站司机构合并，按市场机制跨地区按需择优组织货源，进入九十年代，进一步加大改革力度，切实转换企业经营机制，探索实施产权制度改革，推进建立现代企业制度，改变了投资主体单一的局面，至 1996 年，全省拥有 101 家医药批发企业，其中年销售额 1 亿元以上的有 21 家，年利税 500 万以上有 11 家。全省有 12 家规范化的股份公司，销售额占全省 35%，利润占 55%。通过调查，总结推广了义乌市医药公司建立新型商卫关系的新模式，通过几年的努力，公司用经济手段协商让利、用诚心诚意的服务调整和当地医院的关系，使医院主动撤消药房采购员，把医院采购任务完全交与市医药公司外联员，百分之百从市公司进货，从而促进形成了企业规模经营。现代化管理运行模式。

在农村供应工作上，浙江、江苏两省随着地区经济、医药卫生事业的发展和人民生活水平的提高，农村供应的形式有了新的变化和发展。调查中分析了农村供应工作的发展趋势，一是医药商业企业下伸网点，实行连锁化经营；二是对经营十分困难的供销社代批点实施兼并收买；三是对经营实力较强的供销社形成新的商商关系；四是以优质服务密切与农村卫生院的供需关系；五是直接面向农村个体医销售和送货上门服务。因此，企业要把做好农村供应工作作为开拓市场、巩固市场、发展市场、开展规模化、连锁化经营的重要组成部分；医药主管部门要在政策上支持企业建设农村网点，在管理上加强农村医药市场的整顿和规范化。调查结束后有专题调查报告。

（刘晓平）

【中国医药商业协会三届一次理事会议】

中国医药商业协会二届四次暨三届一次理事会 1996 年 3 月 18 日在上海召开。有 85 个理事（会员）单位的 104 名代表参加了会议。国家医药管理局副局长石岫，原国家医药管理局副局长、协会顾问关舟、李晓东到会并讲话。会议主要讨论了五项议题：

一、杨万顺常务副会长代表二届理事会总结了协会3年工作情况，对三届协会工作提出了建议；

二、会议审议通过了经修改的协会章程及有关办法；

三、按章程规定，通过发展了49家新会员；

四、经充分酝酿和协商，选举产生了协会第三届理事会74名理事、26名常务理事，会长石岖，副会长：朱长浩、杨万顺（常务副会长）、孙云山、吴宣隆、冯赞胜、付明仲、曲延泰、阎国斌、赵博文、徐孝先。聘请名誉会长郑筱萸，顾问关舟、李晓东、杨荣光、沈登乐。

五、研究确定了1996年工作重点：主要是围绕深化医药流通体制改革和切实转变经济增长方式问题，从医药的社会效益和企业经济效益出发，开展有重点的调查研究；进一步巩固完善全国医药商品信息网络，坚持做好统计基础工作；加强医药商业质量管理基础工作，配合国家医药管理局质量部门抓好重点；组织开展企业管理、企业内部改革等方面的经验交流和工作研讨；做好化玻分会工作；加强协会自身建设，进一步发挥协会在政府与企业之间的桥梁和纽带作用。

（庞　莉）

【中国医药商业协会三届二次理事会议】

中国医药商业协会三届二次理事会议于12月4日在武汉召开。参加会议的有59个理事单位的77名代表。国家医药管理局原副局长、协会顾问关舟、李晓东等出席了会议并讲了话，协会常务副会长杨万顺主持会议。

会议围绕医药商业流通体制改革和建立现代企业制度及如何建立有序的医药市场体系进行了座谈交流。

会上通过了石岖会长所做的协会1996年工作概况和1997年工作重点的报告，以及秘书处汇报的协会财务收支情况；常务副会长杨万顺通报了协会关于浙江省等地深化流通体制改革的调研情况；上海市医药有限公司董事长孙云山介绍了参加世界非处方药物协会第十二届大会的主要议题“建立自我药疗，对卫生保健有所贡献”，其目的是使成员国了解全球OTC药物发展趋势，交流各国处理问题的方法以及加强经济上的协作和联系。浙江省医药商业协会会长、协会副会长赵博文就赴法国、比利时、美国医药考察及浙江省医药商业经营和流通体制改革“八五”以来的情况作了详细介绍。浙江医药商业1995年全省医药商品销售额达74.23亿元，与1990年的16亿元相比增长了3.56倍，位次从1990年的第七位上升到第二位，实现利税2.52亿元，比1990年增长1.8倍，全省医药商业在各级领导的重视、关怀下和支持下，深化改革，扩大开放，开拓市场，加强管理，进一步促进了医药经济的高速发展。丽珠医药集团公司总经理、协会副会长徐孝先就如何建立有序的医药市场体系进行了发言，提出了医药行业的管理方式和运作模式，发展代理制，走信息产业化道路，完善医药市场体系等方面建议。

会议通报了有关信息，召开了市场信息座谈会；按照章程规定，审改通过吸收了南京华东医药公司为中国医药商业协会正式会员；确认了中国医药公司理事变更为佘鲁林同志，同时为常务理事、第一副会长；增补了四家地区性协会为理事单位：江西省医药商业协会、沈阳医药商业协会、荆沙市医药商业协会、上海医药商业协会。

（庞　莉）

【中国医药商业协会劳动工资协作组年会暨劳资工作研讨会】

1996年3月21日至23日在上海市召开了中国医药商业协会劳动工资协作组95

年会暨劳资工作研讨会，协作组成员单位的27名代表出席会议。中国医药商业协会顾问李晓东、杨荣光、常务副会长杨万顺等领导同志参加会议并讲了话。

会上杨万顺副会长对劳资协作组近几年在修订工人技术等级标准，交流研讨企业劳资工作经验等方面发挥的作用做了充分的肯定，希望今后要加强信息沟通，进一步探讨在新形势下做好企业劳资工作的方法，促进行业内劳资管理工作的健康发展。国家医药管理局劳动工资处李双成处长对劳动工资协作组自成立以来，坚持交流研讨活动，形成制度的做法进行了肯定，认为它在医药行业内是开展活动最好的，是协助局主管部门开展劳资工作，对劳动工资协作组几年来所做的工作表示感谢。其后，李双成处长传达了劳动部全国劳动工作会议精神，介绍了今后劳动工作的基本方针，目标任务等，并着重提出了近期在医药行业内开展劳动工作的重点任务。

会议围绕贯彻《劳动法》，全面推进劳动制度改革及企业职工养老，失业保险制度改革等进行了交流。上海市医药局劳资负责同志介绍了上海医药企业劳动工作的发展情况，并结合工作实践提出劳资工作所面临的问题和矛盾如：企业经济效益增长能力与工资增长的矛盾；在职工自我保护意识不断增强情况下劳动关系中的矛盾；劳动者素质提高与经济发展需求的矛盾等等，认为应超前研究这些问题的解决办法。广州市医药公司介绍了实行职工养老保险的做法，并对如何做好企业职工补充养老保险，实行这一保险的作用等进行了分析，提出了有实用性的建议。

上海市医药有限公司、重庆医药股份有限公司、武汉医药（集团）股份公司介绍了本单位在使用人才、为各类人才创造公平竞争的局面及减员增效，搞好企业人才交流市场的做法。会议交流使与会代表感到很有学习借鉴之处。

（禹同生）

【十五城市化玻公司经理会暨化玻分会三届二次理事会】

1996年十五城市化玻公司经理座谈会暨化玻分会三届二次理事会于1996年8月1日至4日在青岛市召开。出席会议有各单位经理和理事代表40余人。会议主题是：通过总结1995年工作情况和经验，探讨在社会主义市场经济条件下，国有医药商业企业如何发挥自身优势，积极参与化玻市场竞争，巩固主渠道地位，发展壮大企业实力。北京、上海、沈阳、广州、武汉、新疆、哈尔滨等单位在会上作了重点发言，交流了有关企业转换机制、加强企业管理、运用营销策略积极参与市场竞争，发挥优势拓展市场、盘活资产开展多元化经营、提高经济效益的经验。

会议期间，上海化试站就举办短期化试培训班的筹备情况作了介绍，代表们进行了认真讨论，并希望早日实施，化玻商情中心负责人在会上汇报了商情工作的情况及下一步工作计划。分会期间就化玻行业的发展作了建议性发言。

理事代表还审议了分会会费收支情况的报告，并讨论通过了有关单位入会的申请。

（贯荣伟）

【《中国药品生产经营企业大全》出版】

由国家医药管理局质量管理司与中国医药商业协会联合编辑的《中国药品生产经营企业大全》正式出版（以下简称《企业大全》）。

《企业大全》是以1994年全国换发药品生产经营企业合格证资料为基础，由国家医药管理局质量司组织各省、自治区、直辖市医药行业主管部门汇总近5000家药品生产企业和近13000家药品经营（批发）企业的最新情况。内容包括：企业名称、地址、邮政编码、法人代表、经济类型、行政主管部门、电话、电挂、产品注册商标、合格证编号、年营业额、职工总数、技术人员数、生产（经营）范围、主要产品等。《企业大全》包括了到1995年底全国获得《药品生产（经营）企业合格证》的企业。是迄今为止我国同类工具书中收载药品工商企业数量最多、信息量最大、最具权威性的最新版本，可作为确认企业具有《合格证》资格的依据，为医药工商企业经营活动及各级医药管理部门工作提供了有价值的参考。

《企业大全》由中国医药科技出版社于1996年8月正式出版。

（田卫星）

【以中国医药（集团）公司为核心企业的国药集团成立】

国家经贸委以国经贸企［1996］924号文批准，同意以中国医药（集团）公司为核心企业组建国药集团（以下简称集团）。

国药集团是以中国医药（集团）公司为核心企业，以资产和生产经营为纽带，由众多企业在自愿、平等、互利、互惠基础上，共同组建的跨行业、跨地区、综合性、多功能的企业集团。

集团的宗旨是：质量第一，服务至上。本着“团结求实，高效创新”的精神，致力于医药事业不断发展；运用现代化经营管理手段，积极开拓国内外市场，促进集团成员与国内外企业开展合作经营，以优质医药商品服务人类。

集团以核心企业为基础，广泛联系、发展国内外经济技术合作，形成多功能、综合性、多层次的经营群体；以医药生产经营为主要支柱，向相关领域渗透、拓展，形成科、工、贸、金融一体化协调发展的格局，成为实力雄厚，跨国经营的大型集团化经济联合体。

集团的任务是：

1. 围绕集团的经营目标，研究制订集团发展战略和规划，协调各成员企业开展横向联合和联合行动，为成员企业生产经营提供服务。

2. 组织交流国内外经济技术情报信息，促进集团内包括知识产权在内的各种资源相互转让加交易，促进共同发展。

3. 协助集团成员开拓国内外市场，发展多种形式的委托代理业务，发挥调剂余缺，互通有无的功能，就进出口商品的品种、价格、市场进行协商、协调。

4. 推动生产要素合理流动和资源优化配置，促进企业之间经济协作，共同利用现有资源，实现优势互补。

5. 组织人才、技术、市场开发和专业培训、联合举办各种商品展览、展销。

6. 协商、协调解决集团成员之间的经营关系与纠纷。

集团由集团核心企业、紧密层企业、半紧密层企业、松散层企业四个层次的成员单位组成，将进一步发挥集团的群体优势和综合功能，强化资产纽带，提高经济效益，立足国内，面向世界，为发展我国医药产业做出更大的贡献。

（王新春）

【中央各部委外贸出口工作会议】

1996年1月9日至11日在北京召开了中央各部委外贸出口工作会议。会议由国家外经贸部计财司主持。刘山在副部长出席会议并讲话。会议传达了李岚清副总理1995年10月在杭州会议上的讲话精神，传达了1996年度厦门出口工作会议精神。会议总结了1995年各部委工贸公司的出口情况，对退税比例过小与退税时间过长和退税手续过繁提出了意见，请外经贸部与财政部，税务总局协调。

会议期间，由外经贸部计财司与各外贸公司具体衔接了1996年度的出口与收汇计划指标。

（杨　勇）

【苏州中化药品工业有限公司前景报告会】

苏州中化药品工业有限公司（以下简称苏州中化）前景报告会，于1996年2月29日在人民大会堂举行。参加会议的有关部门领导有：全国人大常委会副委员长吴阶平、卫生部部长陈敏章、副部长曹荣桂，国家医药管理局局长郑筱萸、副局长石岴，国务院台湾事务办公室副主任孙晓郁。

苏州中化系由台湾中国化学制药有限公司、中国医药公司、苏州第二制药厂在苏州建立的合资公司，全称为苏州中化药品工业有限公司，是迄今为止大陆与台湾医药界最大的合作项目。作为台湾地区最早建立、也是最大的制药企业——台湾中国化学制药股份有限公司，于1992年派出考察小组，考察了国内医药市场及投资环境，最后选择了苏州。1993年，苏州中化正式成立。苏州中化预计总投资5000多万美金，分三期建设，第一期工程为1700万美金，占地4.5万平方米。苏州中化厂房于1993年12月破土动工，至1996年2月胜利竣工。工厂建造符合90年代国际水平GMP，投产的剂型有五种，粉针剂、片剂、颗粒剂、胶囊及隐形眼镜护理液。在建厂期间，中国医药公司运用其全国销售网络，对台湾中化公司的抗感染药“赐福乐信”、“降血脂”药实行总代理，为苏州中化产品开拓了市场。

苏州中化董事会兼总经理王勋辉在报告会上发言指出：鉴于海峡两岸都面临加入世界经济贸易组织，两岸的制药企业都不可避免地参与国际大竞争，为提高我国制药水准，发展和维护中国人的民族工业，作为苏州中化，这一迄今为止两岸医药界最大的合作项目，在两岸医药交流史上具有重要意义。

卫生部副部长曹荣桂致词：苏州中化药品工业有限公司是集美国资金、台湾技术的企业。中华民族是勤劳、勇敢而又富有智慧的民族，我们的祖先在历史发展的进程中谱写过许多值得我们炎黄子孙骄傲的篇章，历史是不会中断的，也不可以中断。我们今天的合作，就是在谱写中华民族新的历史篇章，我们期待着海峡两岸的交流与合作能促进相互间的理解，进而完成祖国统一大业。

石岴副局长致词：海峡两岸医药界具有互补性大陆方面具有原料药生产、科学研究、开发新药及人才优势，台湾医药界具有优良制剂技术、企业管理和市场营销经验，以及一定的融资手段。两岸医药界相互交流、互惠互利、取长补短、具有重大意义。石岴副局长还重点介绍了苏州中化合作伙伴之一——中国医药公司。中国医药公司是具有40多年历史的全国最大的药品销售集团，多年来，按照国家要求积极推行GSP管理，完善全国营销网络，在苏州中化建厂期间承担了台湾中化产品的进口销售工作，为递进两岸医药界合作与交流做出了贡献。今后苏州中化产品上市，国家医药管理局仍要求中国医药公司继续与台湾中化公司密切合作，使海峡两岸医药界最大合作项目早日成功。

（田卫星）

【中美信息合作项目会谈】

1996年10月8日中国医药公司、中国医药商业协会在北京与中美梅特利克公司就双方有关信息合作项目举行了会谈。

双方首先交流了该项目的进展情况，并对英文版的《中国药品销售分析情况》第一期出书表示祝贺。美方总裁卡特先生要求，20家上报单位数据量要平衡，指标填报要齐全，他希望中国医药公司信息部能在这几方面加强工作，努力提高上报数据质量；中方佘鲁林总裁在对卡特先生提出的意见表示赞同之后，提出在中方为美方提供数据由美方编辑出书这项工作开展的同时，希望美方也能将美国药品市场动态及购销情况等信息反馈给中方各级网员单位，以利于中美双方在药品市场信息方面更好地交流。佘鲁林总裁还建议将来在网员单位中采用“会员制”，互相交换信息，为企业决策服务。

针对“第一期”上报数据不平衡的情况，中国医药商业协会常务副会长杨万顺、顾问杨荣光和信息部王锦霞主任认为，这是符合目前在中国开展信息工作的实际情况的，各单位上报数据不细分类别、药品来源与去向不明，不能普遍采用计算机处理数据以及在尚未实现计算机联网的条件下，数据盘采用邮寄方式上报而造成损坏及延误时间等等，都是目前进行这项工作所遇到的问题及困难。今后的工作重点应是：①进一步完善上报及汇总软件，以确保独立操作使用。②进入 inter net 网及通过电话线加快数据上报和信息传递速度。

双方还交换了关于香港回归后中国体制、发展趋势以及开展信息联网工作面临的问题及前景等有关方面的问题。

（陈　琰）

医药商品流转统计报表

（1995 年）

地区	药品类(万元)					医疗器材类(万元)				
	总购进	其中:纯购进	总销售	期中:纯销售	期末库存	总购进	其中:纯购进	总销售	期中:纯销售	期末库存
全国总计	**3690769**	**2130813**	**4385016**	**2825888**	**913999**	**332061**	**165748**	**411177**	**255834**	**122691**
北京市	108729	61456	120951	94928	25334	11568	5359	13099	11015	2515
天津市	39424	30587	46535	29040	9451	2304	1150	2614	2235	929
河北省	179188	108503	200837	143983	49317	15633	7746	18671	14447	5608
山西省	68020	33512	78659	53203	19003	6340	2921	7774	4915	3633
内蒙区	39303	18803	52250	39379	20573	4675	1236	6285	4608	2721
辽宁省	116220	74276	148952	122251	43968	10691	4685	13857	10401	6133
吉林省	34786	22130	42862	30679	23935	2749	1258	3447	2593	2082
黑龙江	74404	39640	95397	65465	28730	7463	3918	9413	6476	3926
上海市	116973	99174	134631	83429	23349	15557	12616	18997	7334	3739
江苏省	355797	188506	413336	270224	71509	35390	18500	42694	23746	9833
浙江省	361067	218688	403054	234617	55103	30701	15258	33650	15934	5845
安徽省	157811	99765	244793	125635	10929	12705	5628	21496	10390	1871
福建省	124975	61393	137717	90607	22667	9882	4400	13321	9088	3210
江西省	57901	29269	73627	51259	18652	6783	2917	9392	7199	3348
山东省	265984	161290	320381	258823	68198	24352	12557	31742	26788	9269
河南省	175737	104962	201183	142916	50780	14974	6627	18067	14287	7090
湖北省	109260	69012	134636	110434	32527	10998	6409	13565	11282	4932
湖南省	95843	58527	116973	92507	31922	6402	3584	8963	7052	3447
广东省	431027	206058	485413	216196	72730	25892	9375	30227	12357	7271
海　南	25708	5991	26903	9484	5129	1349	211	1572	317	420
广西区	70880	36592	87764	56420	19680	7280	3185	8651	5503	2680
四川省	132518	86216	163547	116784	48451	13652	6712	17751	12824	7479
贵州省	26216	16707	33608	25670	12628	2651	1171	3725	2954	1716
云南省	109087	59600	127437	90015	33776	10443	5531	12650	9098	4536
西藏区	7506	3289	4794	2974	3228	117	—	180	180	316
陕西省	117818	92466	153750	80661	22673	6223	2868	9294	6833	4106
甘肃省	42845	23534	50959	31485	17515	3596	1778	4262	3365	2343
青海省	18598	10639	21701	18133	5544	954	483	1237	840	693
宁夏区	13147	5592	16387	12570	4083	1418	422	2288	1953	633
新疆区	59724	23898	73215	55331	18304	6561	2161	6887	5200	2737
上海站	55333	30581	63881	23076	15239	12782	11680	13648	1122	3290
天津站	13646	8980	17008	5994	2780	1216	562	1504	200	1014
北京站	29810	19522	32369	11738	12700	5006	1952	5287	938	2130
广州站	55484	21655	59506	29978	13592	3754	888	4967	2360	1196
沈阳站	6806	4124	8421	6543	3138	979	434	1425	676	872
上海化试站										

续表

地区	化学试剂类(万元)					玻璃仪器类(万元)				
	总购进	其中:纯购进	总销售	期中:纯销售	期末库存	总购进	其中:纯购进	总销售	期中:纯销售	期末库存
全国总计	**84570**	**46632**	**116069**	**74728**	**45955**	**27685**	**16961**	**41127**	**25509**	**14693**
北京市	10	3	21	21	5			26	26	1
天津市	3542	2787	4856	2756	1341	1297	1136	1767	865	270
河北省	4163	2843	4774	3437	1342	1207	512	1602	1365	468
山西省	1170	379	1735	1433	699	634	266	1005	782	439
内蒙区	611	219	855	721	426	258	77	378	310	218
辽宁省	5072	2700	6935	5221	3499	2279	1544	3091	2082	1179
吉林省	883	464	2299	1694	816	632	340	1252	827	475
黑龙江	2435	1435	3302	2352	1305	821	527	1543	941	491
上海市										
江苏省	7542	4163	9825	6904	3206	2235	1187	2972	2028	1197
浙江省	5133	3219	6270	3836	1612	851	533	1178	536	347
安徽省	1413	656	2475	1453	442	481	200	795	523	196
福建省	1436	633	1712	1247	685	305	124	440	287	171
江西省	1073	442	1479	1292	826	299	170	343	271	305
山东省	5758	3259	7711	6782	2859	2166	1124	3339	2853	1254
河南省	4075	2148	5083	4516	2109	1072	507	1802	1532	702
湖北省	4595	1881	5832	4460	2261	1627	905	2485	1731	980
湖南省	1661	843	2417	1758	1065	937	589	1170	683	441
广东省	2904	888	3898	1990	1339	2147	1079	3410	1344	727
海　南										
广西区	1799	612	2477	1834	620	719	307	1024	643	333
四川省	3138	1736	4463	2807	1652	996	662	1514	878	941
贵州省	492	198	701	631	424	123	20	279	229	155
云南省	1122	94	1375	933	327	397	76	495	296	217
西藏区			1		15					7
陕西省	1908	958	2697	2100	1237	628	340	1046	598	401
甘肃省	669	296	834	641	396	326	159	491	373	183
青海省	178	132	279	187	219	51	12	117	73	64
宁夏区	131	29	344	311	148	57	26	161	142	102
新疆区	1252	376	1834	1346	1032	518	255	944	726	476
上海站										
天津站	97	57	202	78	350					
北京站	4506	2953	6800	2914	4552	2222	1930	3236	1119	1125
广州站	2998	1324	3951	1709	1673					
沈阳站	324	192	411	324	212	24	15	33	25	34
上海化试站	12804	8905	18632	7364	7473	2400	2354	3222	1446	828

【1995 年全国 24 个城市化学药品零售物价指数测算情况】

1995 年全国化学药品零售物价指数测算工作经过北京、上海、天津、广州、南京、长沙、哈尔滨等 24 个城市医药商业企业的共同努力顺利完成。这次价格指数编制工作与历年相比有几个变化，一是统计市场扩大，价格指数的统计市场由原来的 17 个增加到 24 个；二是统计品种增加，编制价格指数的代表品规由 82 种调整为 116 种；三是实行了分类编制指数，从单纯编制国产药品价格指数改为国产药品、合资药品、进口药品分类编制价格指数，从而更全面、更准确地反映了药品价格水平的变化情况。

1995 年化学药品零售物价指数测算结果是：

1. 列入此次指数测算的有北京、上海、天津、南京、杭州、青岛、石家庄、成都、重庆、哈尔滨、大连、长春、沈阳、长沙、武汉、广州、兰州、乌鲁木齐、太原、西安、福州、南昌、合肥、郑州等 24 个城市（南宁、昆明因故此次未能列入）。

2. 经测算，以 1994 年为基期，1995 年 116 个化学药品代表品种规格零售物价指数为 106.6%，比上年 113.83%下降 7.23 个百分点，其中国产药品价格指数为 110.6%、合资药品价格指数为 107.10%、进口药品价格指数为 92.92%。

116 个代表品规中 1995 年价格上调的有 94 个、下调的有 21 个、持平的有 2 个。

1995 年全国 24 个城市化学药品零售物价指数表

城市	指数	城市	指数	城市	指数	城市	指数
北京	105.46	武汉	106.64	南昌	109.63	成都	107.54
天津	110.63	西安	108.57	大连	107.35	长沙	108.24
上海	106.92	重庆	109.86	乌鲁木齐	105.58	合肥	108.68
广州	102.64	福州	109.48	长春	104.31	石家庄	108.59
沈阳	109.72	哈尔滨	104.39	杭州	107.94	郑州	111.40
南京	107.39	青岛	103.27	太原	105.25	兰州	112.44

1995 年全国 24 个城市 116 个药品零售物价指数统计表

序号	品名	规格	单位	平均价(元) 1995	指数(以上年为 100)	备注
	总计				**106.60**	
一	国产药品类				110.60	
1	青霉素针(钠盐)	80 万 iu	支	0.65	112.07	包括钾、钠(瓶、支各种规格)及青霉素普鲁卡因针
2	洁霉素针	10 × 20m l60 万 iu 易折	盒	14.08	133.08	包括粉针
3	硫酸链霉素针	100 万 iu	瓶	0.58	113.73	包括粉、水针
4	氨苄青霉素针	0.5g	瓶	1.18	101.72	包括各种规格及干糖浆

续表

序号	品　　名	规　　格	单位	平均价(元) 1995	指数(以上年为100)	备　　注
5	先锋霉素5号针	0.5g	瓶	6.91	102.98	包括先锋霉素1号针
6	庆大霉素针	10×2ml 4万iu	盒	2.38	108.68	包括各种规格
7	卡那霉素针	10×2ml 50万iu	盒	4.27	113.87	包括粉、水针及丁胺卡那霉素针
8	红霉素针	30万iu	瓶	1.28	131.96	包括各种规格
9	土霉素片	100×25万iu	瓶	5.84	132.43	包括各种规格
10	氯霉素片	100×0.25g	瓶	11.77	111.46	包括各种规格
11	红霉素片	100×12.5万iu	瓶	20.79	111.12	包括各种规格
12	乙酰螺旋霉素片	12×0.1g	盒	3.86	107.22	包括各种规格及肠溶片
13	先锋霉素4号胶囊	12×0.125g	瓶	5.17	96.64	包括各种规格
14	舒氨西林针	0.75g	瓶	34.13	97.38	包括各种规格
15	交沙霉素片	12×0.2g×2板	盒	28.63	101.63	包括各种规格
16	氟哌酸胶囊	24×0.1g	盒	3.67	98.39	包括各种规格
17	氧氟沙星片	20×0.1g	盒	42.77	94.08	包括各种规格
18	环丙沙星针	100ml0.2g	瓶	47.49	75.09	包括各种规格及片、胶囊
19	复方新诺明片	100×0.48g	片	12.00	100.67	包括新诺明片及小儿片
20	甲硝唑片	100×0.2g	瓶	4.96	105.76	包括各种规格
21	痢特灵片	100×0.1g	瓶	2.20	115.79	包括各种规格
22	黄连素片	100×0.1g	瓶	7.19	103.30	包括各种规格
23	吡哌酸片	100×0.25g	瓶	12.30	103.71	包括各种规格及胶囊
24	去痛片	100片	瓶	3.81	100.53	包括解热止痛片、安乃近片、解热止痛散、扑热息痛片(复方)
25	消炎痛片	100×25mg	瓶	2.04	117.92	包括各种规格及胶囊、肠溶片
26	布洛芬片	100×0.1g	瓶	3.91	107.42	包括各种规格及胶囊、肠溶片
27	速效伤风胶囊	10粒	盒	0.86	102.38	包括各种规格及胶囊、肠溶片
28	安痛定针	10×2ml	盒	1.65	113.79	包括复方氨基比林针(新方)
29	复方美沙芬片	12片	盒	6.80	123.64	包括帕尔克、美沙芬
30	环磷酰胺针	5×0.2g	盒	13.08	130.93	包括片剂
31	喃氟啶片	100×50mg	瓶	17.38	99.60	包括各种规格及胶囊(复方)
32	5-氟脲嘧啶针	5×10ml 0.25g易折	盒	7.90	117.21	包括片剂及复方氟脲嘧啶片
33	维生素B_1片	100×10mg	瓶	1.10	112.24	包括各种规格及针剂
34	维生素B_2片	100×5mg	瓶	1.56	126.83	包括各种规格及针剂
35	维生素B_6片	100×10mg	瓶	1.29	114.16	包括各种规格及针剂
36	维生素C片	100×0.1g	瓶	2.24	102.28	包括各种规格及针剂

续表

序号	品　　名	规　　格	单位	平均价(元) 1995	指数(以上年为100)	备　　注
37	浓维生素 AD 丸	A10000×100's D1000×100's	瓶	3.30	125.00	包括淡丸及大小丸、滴剂
38	酵母片	100×0.5g	瓶	1.25	119.05	包括食母生片
39	雷尼替丁胶囊	100×0.15g	盒	8.97	98.25	包括各种规格
40	西咪替丁片	100×0.2g	瓶	11.13	100.00	包括胶囊、针剂
41	氢化可的松针	5×20ml 100mg 易折	盒	9.16	112.95	包括各种规格及片剂
42	地塞米松磷酸钠针	10×2ml 5mg	盒	4.88	108.44	包括各种规格及地塞米松片
43	丙酸睾丸素针	10×2ml 25mg	盒	5.29	129.98	包括各种规格
44	催产素针	10×1ml 10iu(合成)	盒	3.96	133.78	包括各种规格
45	胰岛素针	400iu 10ml	瓶	21.43	118.33	包括长效
46	强的松片	100×5mg	瓶	4.92	128.46	包括各种规格
47	黄体酮针	10×1ml 20mg 易折	瓶	3.73	118.04	包括复方及长效
48	安定片	100×2.5mg	盒	1.14	115.15	包括舒乐安定片
49	奋乃静	100×2mg	盒	2.54	147.67	包括氟奋乃静癸酸脂片
50	卡马西平片	100×0.1g	瓶	9.55	105.41	
51	谷维素片	100×10mg	瓶	4.19	194.88	
52	扑尔敏片	100×4mg	瓶	1.34	112.61	包括针剂
53	舒必利片	100×0.1g	瓶	12.58	106.07	
54	利福平片	100×0.15g	瓶	25.77	105.96	包括胶囊
55	异烟肼片	100×0.1g	瓶	2.77	133.82	
56	乙胺丁醇片	100×0.25g	瓶	20.93	114.31	
57	氨茶碱片	100×0.1g	瓶	2.18	126.74	包括复方及针剂
58	咳必清片	100×25mg	瓶	1.88	127.89	
59	复方甘草合剂片	1000 片含鸦	瓶	16.76	102.82	包括不含鸦片
60	复方降压片	100 片	瓶	2.47	107.39	包括罗布麻片
61	潘生丁片	100×25mg	瓶	3.61	109.06	
62	硝酸甘油片	100 片	瓶	1.82	104.00	包括复方、缓释片、针剂、贴膜
63	硝苯吡啶片	100×10mg	瓶	2.45	102.08	
64	辅酶 A 针	10×100iu 易折	盒	4.13	118.68	包括各种规格
65	肌苷针	10×2ml 100mg 易折	盒	2.99	134.08	包括片剂
66	葡萄糖大输液	500ml	瓶	3.90	121.12	包括各种规格葡萄糖及葡萄糖氯化钠
67	右旋糖酐针	500ml	瓶	10.44	130.83	包括糖、盐各分子量
68	葡萄糖针	5×20ml 25%	盒	2.95	128.82	包括各种规格
69	氯化钾针	5×10ml 10%	盒	2.16	109.64	包括各种规格及片剂

续表

序号	品名	规格	单位	平均价(元) 1995	指数(以上年为100)	备注
70	胃舒平片	120片	瓶	2.38	137.57	包括各种规格
71	多酶片	100片	瓶	4.25	108.14	包括各种规格
72	紫药水	20ml	瓶	0.69	125.45	包括各种规格及红药水、碘酒
73	小儿止咳糖浆	100ml	瓶	1.99	115.03	包括各种咳嗽糖浆
74	肤轻松软膏	10g	支	0.75	131.58	包括各种规格
75	氯霉素眼药水	8ml	瓶	0.43	130.30	包括新霉素、卡那霉素、洁霉素、利福平、消炎、斑马眼药水
76	红霉素眼膏	2g	支	0.40	117.65	包括红霉素软膏
二	中外合资企业药品类				107.10	
1	先锋必针	1g	瓶	100.61	101.12	
2	吗丁啉片	30×10ml	盒	16.79	102.07	包括混悬剂
3	西比灵胶囊	20×5mg	盒	27.86	102.84	
4	息斯敏片	10×10mg	盒	10.08	101.10	
5	达克宁霜	15g	支	8.30	101.84	
6	康泰克缓释胶囊	10粒	盒	11.14	107.84	
7	芬必得胶囊	10×0.3g×2板	盒	18.72	117.29	
8	泰胃美片	20×0.4g	盒	45.80	103.08	包括各种规格
9	肠虫清片	10×0.2g	盒	10.23	107.12	包括各种规格
10	脂肪乳剂	500ml 10%	瓶	105.25	100.03	包括各种规格
11	博列康尼片	20×2.5mg×25板	盒	226.60	114.68	包括各种规格
12	倍他乐克片	20×50mg×25板	盒	331.41	117.27	包括各种规格
13	洛赛克胶囊	14×20mg	瓶	240.66	105.44	
14	施尔康片	30片	瓶	21.15	121.41	包括重施尔康、小施尔康
15	先锋霉素6号胶囊	24×0.25g	盒	64.56	103.63	包括各种规格及针剂、口服混悬剂
16	开博通片	20×12.5mg	盒	41.54	115.94	包括各种规格及复方开博通
17	复方康纳乐霜	5g	支	4.67	115.88	包括各种规格
18	喘乐宁气雾剂	200次	盒	33.31	111.74	包括各种规格
19	18-氨基酸针	500ml	瓶	43.06	114.19	
20	邦迪创可贴	100片	盒	23.34	115.77	包括各种规格
三	进口药品类				92.92	
1	西力欣针	0.75g	支	70.01	95.36	包括各种国别及规格
2	复达欣针	1g	瓶	184.02	84.32	包括各种国别及头孢噻肟针

续表

序号	品名	规格	单位	平均价(元) 1995	指数(以上年为100)	备注
3	泰利必妥片	100×0.1g	盒	283.50	90.75	包括各种国别及针、滴耳液、眼膏、眼药水
4	山地明胶囊	50×0.1g	盒	2852.02	94.90	包括各种国别及针、口服液
5	脑活素针	5×5ml	盒	186.20	92.27	包括各种国别
6	枢复宁针	5×4ml 8mg	盒	1588.25	89.73	包括各种国别及片剂
7	溴隐停片	30×2.5mg	瓶	196.11	94.79	包括各种国别及规格
8	干扰素针	300万u	瓶	310.11	95.92	包括各种国别及规格
9	胃仙U片	30片	瓶	39.77	104.47	
10	甲基苄肼胶囊	50×50mg	瓶	194.80	104.07	
11	丝裂霉素针	2mg	支	23.02	117.39	
12	白蛋白针	50ml 20%	瓶	378.13	98.15	包括各种国别及规格
13	菌必治针	1g	瓶	167.73	92.02	包括各种国别及规格
14	淋必治针	2g	瓶	74.51	100.54	
15	1.6二磷酸果糖针	5g	瓶	109.07	92.79	
16	优维显针	100ml×0.3g	瓶	882.52	93.54	
17	欧乃派克针	100ml×0.3g	瓶	883.06	93.92	
18	消石素胶囊	40粒	盒	36.14	104.45	
19	卡他灵眼药水	15ml	瓶	28.39	95.14	
20	速眠安片	100×15mg	瓶	218.21	101.01	包括针剂

【1995年全国医药商业企业前50名（按销售、利税总额）排序】

金额单位：人民币万元

企业名称	销售总额	排序	利税总额	排序
上海市医药有限公司	154043	1	3321	5
广东省广州市医药公司	130190	2	6619	1
中国医药上海采购供应站	81103	3	2868	6
浙江省杭州医药站股份有限公司	75952	4	3867	3
中国医药广州采购供应站	73215	5	1675	19
湖北省武汉医药集团股份有限公司	53578	6	1895	16
陕西省西安飞龙医药股份有限公司	52025	7	1920	14
江苏省常州药业股份有限公司	50249	8	2402	9
江苏省南京医药股份有限公司	48948	9	4428	2
中国医药北京采购供应站	47692	10	2553	8
天津市医药工贸集团公司	47480	11	3750	4

续表

企　业　名　称	销售总额	排序	利税总额	排　序
黑龙江省哈尔滨市医药公司	45240	12	2801	7
北京市医药公司	43929	13	2339	10
浙江省宁波医药股份有限公司	42042	14	1908	15
河南省平顶山医药联合集团公司	36886	15		
浙江省医药药材公司	36852	16	1058	33
云南省医药公司	36412	17	1812	18
山东省济南医药采购供应站	35337	18	1371	23
山东省济宁市医药集团公司	35107	19		
辽宁省沈阳医药集团公司	34442	20		
江苏省无锡医药股份有限公司	34040	21	1666	20
湖北省医药公司	33112	22		
江苏省苏州医药采购供应站	31585	23	1047	34
广东省医药公司	30180	24		
福建省福州医药采购供应站	30060	25	1133	28
北京市西城区医药总公司	27992	26	2002	12
浙江省震元股份有限公司	27870	27	1447	22
广东省深圳中联广深医药有限公司	27444	28	1470	21
福建省厦门医药采购供应站	27202	29	1929	13
四川省成都市医药公司	27171	30		
上海市黄浦区医药公司	27154	31	1175	26
浙江省嘉兴医药采购供应站	26308	32	1017	36
陕西省医药公司	26296	33		
辽宁省大连市医药集团有限公司	26170	34	1837	17
浙江省温州医药商业集团有限公司	24200	35		
安徽省合肥市医药公司	23147	36		
河北省石家庄市医药药材股份有限公司	22955	37		
安徽省淮南市医药公司	22932	38		
山东省青岛医药采购供应站	21889	39		
中国医药上海化学试剂采购供应站	21854	40		
河北省唐山医药采购供应站	21425	41	1125	30
四川省绵阳药业（集团）总公司	20880	42		
广东省深圳市新药特药有限公司	20688	43		
北京永安医药总公司	20570	44	2303	11
江苏省南通医药股份有限公司	20537	45	774	45
浙江省金华医药采购供应站（金华市医药公司）	20155	46		
江苏省南京药业股份有限公司	19899	47	1157	27
上海浦东新区医药药材有限公司	19895	48		
江苏省镇江药业集团有限责任公司	19820	49	1127	29
山东省青岛药材采购供应站	19539	50		

续表

企业名称	销售总额	排序	利税总额	排序
北京市燕京医药公司			1189	24
青海省西宁市医药总公司			1181	25
广东省深圳市健安医药公司			1101	31
湖南省长沙市医药公司			1075	32
浙江省诸暨市医药公司			1029	35
浙江省湖州医药采购供应站			1008	37
云南省昆明市医药公司			944	38
安徽省合肥医药采购供应站			930	39
浙江省义乌市医药公司			884	40
云南省医药医疗器械工业公司			874	41
江西省南昌市医药公司			787	42
上海市闵行供销药材医药总公司			784	43
浙江省鄞县医药药材公司			783	44
江苏省连云港医药采购供应站			759	46
新疆维吾尔自治区新疆医药公司			759	47
江苏省江阴医药股份有限公司			757	48
新疆维吾尔自治区新特药民族药公司			757	49
新疆维吾尔自治区乌鲁木齐市医药总公司			751	50

医疗器械工业

【概况】

根据中国医疗器械工业公司、中国医疗器械行业协会统计资料，列入1996年医疗器械工业统计年报的企业数为330家，工业总产值（现行价格、新规定）74.47亿元，工业总产值（不变价格、新规定）76.49亿元，工业增加值（生产法、新规定）19.14亿元，工业销售产值（现行价格、新规定）71.82亿元。1996年这330家企业年末负债合计82.38亿元，流动负债合计66.26亿元；年末资产合计125.36亿元，流动资产合计73.46亿元；年末所有者权益合计42.8亿元，实收资本22.86亿元。产品销售收入70.63亿元，利润总额1.94亿元，利税总额5.59亿元，净利润1.998亿元。在这330家企业中，亏损企业93家，亏损面占28.18%，亏损额1.97亿元（见表1）。1996年医疗器械主要产品产量、供应出口量见表2。

【1996年医疗器械产品进出口情况】

据海关统计，1996年医疗器械产品进口总计为5.78亿美元，比1995年同期增长13%。其中：卫生材料406.85万美元；材料类产品1234万美元；设备、仪器类产品5.62亿美元。1996年医疗器械产品出口总计为5.66亿美元，比1995年同期增长9.63%。其中：卫生材料2.29亿美元；材料类产品2462万美元；设备、仪器类产品3.12亿美元（详见表3、表4）。

表1　全部大中型(小型)工业企业一览表

计算单位:万元

地区	企业单位数(个)	其中:亏损企业数(个)	年末职工人数(人)	工程技术人员(人)	工业总产值(现行价格、新规定)	工业总产值(不变价格、新规定)	工业增加值(生产法、新规定)	工业销售产值(现行价格、新规定)	年末负债合计	流动负债合计
总计	**330**	**93**	**121430**	**12989**	**744715.51**	**764903.33**	**191363.65**	**718205.92**	**823789.14**	**662646.17**
北京市	21	4	5333	972	23353.60	20581.09	9495.93	24542.57	38095.20	27484.70
天津市	20	7	8061	743	25819.80	33546.70	11900.10	25219.40	35229.00	31898.90
河北省	34	5	5883	634	21614.63	19733.20	5525.40	21634.08	39768.78	27772.01
山西省	4		681	101	1686.50	998.40	309.70	1634.90	2075.20	1963.20
内蒙自治区	1		413	11	673.40	521.30	164.00	543.00	946.60	848.10
辽宁省	11	6	3117	242	9957.00	8039.00	1884.10	9304.00	36650.80	29316.30
吉林省	5	3	1756	221	2327.00	1655.00	−154.50	2411.00	8769.90	8258.90
黑龙江省	4	2	2591	373	19615.00	19597.00	5786.00	18958.00	12697.00	6567.00
上海市	36	5	9529	1067	76744.40	64847.00	22854.91	77867.30	94614.23	66923.27
江苏省	66	21	33262	3075	185777.63	179681.81	48439.05	171871.84	154472.00	117709.27
浙江省	41	8	10479	972	148389.63	198781.54	26201.47	144703.68	134131.82	123612.09
安徽省	6	2	1213	118	4665.00	4739.00	1187.60	4691.00	8968.10	3502.00
福建省	3	1	1047	99	13379.90	11349.82	2235.30	12843.44	6490.50	6236.50
江西省	4		1417	76	3803.61	5607.73	1051.83	3602.58	2546.14	2287.04
山东省	13	4	8528	689	67709.80	76538.50	16845.50	64340.17	58169.80	32822.10
河南省	5		5642	661	17404.70	16999.90	4457.00	16677.90	19154.00	11946.00
湖北省	6	3	2375	345	7313.00	6917.70	1600.30	7118.00	20728.70	19737.60
湖南省	2		1287	103	3514.00	3493.00	1282.00	3003.00	2772.00	2547.00
广东省	14	7	3646	743	35527.64	35392.50	18430.04	28911.83	49474.90	34828.88
广西区	3		445	74	1931.00	3499.60	978.40	1643.77	1544.90	1228.90
四川省	10	6	4404	432	11469.70	9060.36	2635.19	10969.78	20983.95	14456.59
贵州省	3	1	1618	220	18811.20	4893.30	3539.90	20437.40	38205.80	36621.80
云南省	2		659	81	1757.00	1620.00	255.00	1556.00	2575.00	2104.00
陕西省	10	5	6279	786	36639.03	32395.05	3332.13	38938.63	29903.90	48004.90
甘肃省	6	3	1765	151	4831.34	4414.83	1127.30	4782.65	4820.92	3969.12

续表

地区	年末资产合计	流动资产合计	年末所有者权益合计	实收资本	产品销售收入	利润总额	利税总额	所得税	净利润
总计	**1253621.75**	**734596.65**	**428013.91**	**228647.36**	**706313.61**	**19381.38**	**55887.05**	**5085.65**	**19982.88**
北京市	61880.90	31846.00	23100.50	13546.40	26011.48	1541.19	3897.73	597.39	1160.15
天津市	59968.60	28607.70	24734.60	16200.40	27847.90	−1286.80	157.40	133.50	−381.60
河北省	47068.67	23744.65	6927.94	9623.49	21938.86	−1160.17	984.71	164.45	93.51
山西省	3459.90	2116.50	1385.70	1063.70	1913.50	36.50	226.20	8.10	17.40
内蒙自治区	12080.00	705.60	261.40	261.00	656.30	10.10	15.40	0.00	0.00
辽宁省	47181.60	21417.10	8761.80	9996.20	9082.20	−1706.35	−1115.60	35.50	−1509.35
吉林省	6314.00	2923.00	−2457.00	2019.00	2422.00	−1032.10	−974.40	0.30	−1043.00
黑龙江省	44812.00	36234.00	32114.00	9533.00	15902.00	5971.00	7619.00	63.00	6034.00
上海市	120319.50	79567.40	25765.84	16958.80	76582.48	1195.32	5860.95	318.02	864.68
江苏省	237152.95	126209.86	84202.17	58085.14	164248.84	3989.86	13145.48	1140.17	2566.73
浙江省	202040.60	116311.29	67097.19	11242.10	147352.62	6692.65	10154.86	1520.22	5542.26
安徽省	10894.20	6305.50	1912.10	1650.50	4078.10	−719.20	−499.20	13.30	−711.50
福建省	9982.70	7311.60	3491.20	1888.00	12188.70	121.10	681.50	14.00	121.00
江西省	3471.13	1818.54	807.30	915.30	3668.86	110.73	259.90	33.70	72.00
山东省	83898.70	47525.50	25900.90	13566.60	60682.90	4970.60	7243.60	60.70	4966.00
河南省	40928.00	17898.00	21774.00	6642.00	17247.90	408.10	1194.60	119.00	289.00
湖北省	20495.20	13983.00	−333.50	6800.60	6331.20	−1170.10	−806.20	25.00	−1072.60
湖南省	6413.00	2815.00	3641.00	3215.00	2804.00	5.00	273.00	1.50	3.00
广东省	94365.74	61072.45	44890.75	12254.98	30212.88	4252.15	7260.92	640.53	4453.82
广西区	3501.10	1425.10	1956.20	1430.00	1462.20	18.80	369.66	3.15	15.65
四川省	27591.03	13206.41	6609.09	7146.61	10666.69	−939.88	100.17	78.42	272.53
贵州省	53714.10	38336.60	15508.40	1102.50	21253.90	−212.80	−156.60	50.30	−263.20
云南省	3896.00	2147.00	1321.00	1062.00	1501.00	4.00	−56.00	0.00	4.00
陕西省	43586.90	47036.60	24856.00	19114.00	35561.20	−1524.20	65.70	65.40	−1509.00
甘肃省	8605.23	4032.25	3785.33	3330.04	4695.90	−194.12	−15.73	0.00	−2.60

表 2　1996 年医疗器械产品产量，供应出口量

产　品　名　称	计量单位	产量	出口量
基础外科手术器械	万件	1287.89	565.13
专科手术器械	万件	164.83	10.70
器械包	万包	1.98	0.15
节育器	万件	339.15	0.00
针灸针	万支	0.00	10712.87
玻璃注射器	万支	2212.24	477.69
一次性注射器	万支	27918.74	9590.96
金属注射针	万支	3041.00	240.00
一次性注射针	万支	6667.00	6853.00
采血针	万支	702.67	548.02
一次性静脉输液针	万支	636.46	0.00
穿刺针	万支	73.40	0.00
动静脉留置针	万支	1000.00	700.00
体温计	万件	450.00	602.02
听诊器	万件	39.79	0.97
天平	万台	17.69	0.98
体重秤	台	36764.00	13285.00
心电图	台	20938.00	12086.00
脑电图	台	7.00	0.00
监护仪	台套	1401.00	1301.00
生理记录仪	台	97.00	0.00
裂隙灯	台	2076.00	738.00
手术显微镜	台	2948.00	664.00
硬式内窥镜	台	1543.00	74.00
软式内窥镜	台	1566.00	256.00
眼压计	台	3182.00	125.00
检眼镜	支	5355.00	300.00
生物显微镜	台	102611.00	33304.00
人工晶体	枚	41642.00	6.00
磁疗	万只	76.00	5.88
理疗仪器	台	238567.00	10523.00
高压氧舱	台	27.00	5.00
体疗设备	台	150600.00	6500.00
体外碎石机	台	350.00	0.00
磁共振设备	台	14.00	0.00
小型 X 线诊断设备	台	1617.00	720.00
中型 X 线诊断设备	台	1062.00	73.00
大型 X 线诊断设备	台	551.00	14.00

续表

产　品　名　称	计量单位	产量	出口量
专科X线诊断设备	台	33.00	2.00
模拟定位机	台	19.00	0.00
医用X线电视系统	台套	3.00	0.00
X线附属设备	台	55089.00	1867.00
医用X光管	只	20752.00	4022.00
医用X光胶片	万平米	104.45	0.08
医用观片灯	台	250.00	0.00
医用加速器	台	20.00	0.00
后装腔内治疗机	台	20.00	0.00
远距离治疗机	台	12.00	0.00
骨密度仪	台	15.00	0.00
肾放射仪	台	5.00	0.00
人工心肺机	台	9.00	0.00
血液净化设备（人工肾）	台	50.00	0.00
血液净化器	万件	6.77	1.22
氧合器	万件	0.18	0.00
体外反搏装置	台	23.00	0.00
心脏起搏器	台	1119.00	0.00
无影灯	台	5588.00	702.00
手术台	台	3227.00	313.00
高频电刀	台	916.00	2.00
心脏除颤器	台	140.00	1.00
婴儿培养箱	台	468.00	186.00
呼吸机	台	50788.00	242.00
麻醉机	台	1432.00	24.00
吸引器	台	10807.00	5270.00
生化分析仪	台	182.00	1.00
尿分析仪	台	915.00	0.00
离心机	台	7506.00	2436.00
蒸馏水器	台	3188.00	0.00
干燥箱	台	2009.00	0.00
恒温水箱	台	41.00	0.00
培养箱	台	1217.00	0.00
真空泵	台	6838.00	0.00
压缩机	台	1000000.00	53328.00
制氧机	台	3000.00	0.00
病床	台	64435.00	0.00
医用推车	辆	65.00	0.00

续表

产　品　名　称	计量单位	产量	出口量
颈椎牵引机	台	52.00	0.00
冰箱	万台	35.02	0.00
低温箱	台	120248.00	0.00
液氮容器	台	3054.00	1116.00
颅脑降温仪	台	106.00	0.00
空调机	台	19.00	0.00
真空冷冻干燥箱	台	54.00	0.00
假牙	万只	1264.10	0.00
复合树脂齿科材料	套	10000.00	0.00
医用橡皮膏	万筒	506.54	57.17
带药贴膏	万片	14207.21	546.00
脱脂纱布	万米	11699.22	8822.37
医用绷带	万卷	707.61	11.80
脱脂药棉	吨	1667.51	675.00
纱布块	万片	1011.45	954.36
口罩	万个	41.20	0.00
丝线	万件	40.54	0.00
一次性输液器	万套	23102.62	217.00
一次性输血器	万套	103.05	0.00
导管	万套	63.58	0.00
血袋	万套	213.70	0.00
体外引流袋	万只	164.63	73.00
导尿管	万件	161.43	0.00
手套	万副	2405.00	2405.00
医用车辆	辆	238.00	0.00
蒸汽灭菌设备	台	16362.00	2538.00
煮沸灭菌设备	台	285.00	217.00
医用激光仪器	台	821.00	11.00
铅玻璃	公斤	12000.00	0.00
B型超声诊断仪	台	2693.00	137.00
多普勒超声诊断仪	台	196.00	197.00
牙科综合治疗机	台	1349.00	3.00
牙科钻机	台	4158.00	0.00
牙科手机	万件	0.07	0.00
牙科椅	台	2200.00	0.00
洁牙器	台	87.00	0.00
技工室器具	件	12200.00	0.00
超声波雾化器	台	22560.00	0.00

表 3 1996 年医疗器械产品进口情况(海关统计)

产品名称	单位	数量	美元额/元	与去年同期比增长%		主要进口国别、地区
				数量	金额	
总计			**577998988**		**13.00**	
卫生材料合计	—		4068527		15.12	
橡皮膏		7435	142070	331.77	1815.72	美国、日本、台湾、丹麦、加拿大、香港、德国、新加坡
其它胶粘敷料及有胶粘涂层的物品		91965	1096719	96.99	86.14	(>2 万美元)美国、日本、泰国、香港、德国、加拿大、新加坡
药棉、纱布、绷带		456079	1647876	44.81	−30.15	(>5 万美元)美国、印度、日本、香港、德国、台湾
其它软填料及类似物品		219542	1181862	−31.35	104.26	(>10 万美元)韩国、奥地利、香港
材料类产品合计			12300064		23.46	
无菌外科肠线/类似缝合材料及粘合胶布		58491	4119811	1.58	184.73	(>10 万美元)英国、美国、比利时、德国
牙科粘固剂及其他牙科填料;骨骼粘固剂		37926	918850	5.43	15.05	(>4 万美元)德国、美国、韩国、英国、香港、日本、巴西
*急救药箱药包		188	7122	−13.76	−33.34	
成套、零售包装的牙科用蜡及造型膏	—	76789	261811			(>1 万美元)美国、德国、荷兰、台湾、日本、香港
以熟石膏为基本成分的牙科用其他制品		66143	192170			(>1 万美元)美国、德国、日本
*X 光用成卷的感光胶片	平方米	16107	20304			
硫化橡胶制避孕套		180392	4774293	26.46	91.97	(>20 万美元)日本、英国、马来西亚、韩国、英国
硫化橡胶制其他卫生及医疗用品		142342	1423952	90.32	102.82	(>9 万美元)日本、美国、香港
硫化橡胶制外科手套	双	3236470	89888	2916.20	492.42	(>1 万美元)马来西亚、美国、韩国
硫化橡胶制医疗用衣着用品及附件		16605	108957	77.03	30.01	(>1 万美元)德国、日本、美国
羊肠线		2088	71490	8.69	219.42	台湾、日本
*纸浆、纸、纤维素絮纸等的制衣服及衣着附件		48920	199332	−46.97	−93.10	
*纸浆、纸等制的其他家庭、卫生或医院用品		49191	112084			
*仪器、设备类合计			561630397		12.78	

续表

产品名称	单位	数量	美元额/元	与去年同期比增长%		主要进口国别、地区
				数量	金额	
*熔融石英等熔融硅石制实验室、医用玻璃器皿		1955	29993			
*其他温度在0℃至300℃时线膨胀系数不超过 5×10^{-6}/开尔文的玻璃制实验室、卫生及配药用器皿		1764	7424			
*其他实验室、卫生及配药用玻璃器皿		20496	174045	−28.68	−45.89	
*其他装有或可装计量装置的液体泵	台	871	828702	−33.10	−39.97	
*其他往复式排液泵	台	1574	1500963	−56.62	−17.90	
*其他回转式排液泵	台	2318	394324	184.77	−72.20	
*其他离心泵	台	2804	6156932	−57.08	−34.57	
*T≤−40℃的柜式冷冻箱，容积≤800 l	台	101	143466	0.00	−26.45	
*T>−40℃的柜式冷冻箱，500 l<容积≤800 l	台	6	9186	−85.00	−82.23	
*T>−40℃的柜式冷冻箱，容积≤500 l	台	167	139282	119.74	98.19	
*T≤−40℃的立式冷冻箱，容积≤900 l	台	55	126059	89.66	35.86	
T>−40℃的立式冷冻箱，500 l<容积≤900 l	台	11	52120	10.00	111.86	
*T>−40℃的立式冷冻箱，容积≤500 l	台	27	41160	−79.07	−50.05	
*其他冷藏或冷冻柜、箱、展示台、陈列箱等	台	404	1926577	−53.40	−18.57	
*未列名制冷设备	台	511127	6798067	−11.03	6.71	
*制冷机组及热泵的零件		151886	1509838	−19.94	−11.72	
*T≤−40℃的冷冻设备的零件		55432	368353	−60.70	−11.22	
*T>−40℃，容积>500l的冷藏或冷冻设备零件		34565	391308			
*编号8418设备的未列名零件		250203	1582458	4.10	−12.96	
医用或实验室用消毒器具	台	2751	9049462	0.59	22.28	(>180万美元)日本、美国、德国
*其他干燥器	台	1204	12145500	−54.51	−6.93	
*蒸馏或精馏设备	台	147	6363245	61.54	24.72	
*制氧机	台	14	343326			
*编号8419其他设备的零件		553357	6110565	−17.75	−12.07	
*未列名离心机，包括离心干燥机	台	2267	6518097	412.90	15.73	

续表

产品名称	单位	数量	美元额/元	与去年同期比增长%		主要进口国别、地区
				数量	金额	
*非家用型水的过滤、净化机器及装置	台	8242	10736672	−26.48	3.82	
*非家用型气体的过滤、净化机器及装置	台	13724	5376117	−75.49	−4.70	
*其他离心机(包括离心干燥机)零件		25953	438957	238.37	17.12	
*编号 8421 未列名机器的零件		318623	3858077			
*科研、医疗专用卤钨灯	只	1513	19569	−11.62	−47.54	
*其他科研医疗专用白炽灯,P≤200W,V>100V	只	10587	3628			
*科研、医疗专用未列名白炽灯泡	只	13469	33309	−11.68	231.37	
*科研、医疗专用汞或钠蒸汽灯及金属卤化物灯	只	18	7269			
*其他科研、医疗专用放电灯管	只	8341	21662			
*弧光灯	只	2719	91430			
*紫外线灯管或红外线灯泡	只	289711	284431	106.07	13.63	
*编号 8539 所列货品的零件		203426	1886707	−6.45	30.56	
*磁控管	只	1330678	1841438	−72.02	45.14	
机动医疗车	辆	619	10758993	368.94	218.28	韩国、日本、美国、瑞典、德国、英国
*未列名特殊用途的机动车辆	辆	78	8314128	−51.85	−54.08	
非机械驱动残疾人用车	辆	713	80641	−16.12	−15.36	台湾、香港、美国、日本、墨西哥、德国
*其他残疾人用车	辆	71	36851	−77.81	−4.62	
*未列名复式光学显微镜	台	1265	1768514	92.25	36.80	
*复式光学显微镜的零件、附件		4794	152813	35.16	−1.99	
*显微镜(光学显微镜除外);衍射设备	台	143	813809	38.83	−29.53	
*显微镜(光学显微镜除外)及衍射设备的零件		413	51082	−18.38	−19.89	
*感量为 0.1 毫克或更精密的天平	台	375	275705	7.14	−17.47	
*感量为 0.1 毫克以上 50 毫克及以下的天平	台	119	126019	−50.42	13.03	
心电图记录仪	台	723	11939527	−79.55	83.82	(>100 万美元)美国、日本、新加坡
B 型超声波诊断仪	台	440	10376259	−68.30	−52.70	(>100 万美元)美国、日本、韩国
其他超声波扫描装置	台	141	8890187			(>50 万美元)美国、日本、德国、以色列
核磁共振成像装置	台	50	39245100	−7.41	21.00	荷兰、日本、美国、德国、香港、以色列、丹麦

续表

产品名称	单位	数量	美元额/元	与去年同期比增长%		主要进口国别、地区
				数量	金额	
闪烁摄影装置	台	7	1877425			法国、日本、德国、英国、香港
病员监护仪	台	3161	18902229	44.73	1.74	(>100万美元)美国、德国、法国、香港
未列名电气诊断装置	台	2257	42344328	−47.44	43.53	(>100万美元)日本、美国、德国、香港、荷兰
紫外线及红外线装置	台	4130	1112044	201.90	6.73	(>10万美元)马来西亚、英国、日本、美国、法国
注射器,不论是否装有针头	台	32417986	811417	53.44	42.18	(>10万美元)新加坡、美国、日本
管状金属针头		304087	2787456	14.29	8.05	(>30万美元)日本、美国、新加坡
缝合用针		3962	755501	153.16	612.29	美国、比利时、英国、日本、香港
其他针、导管、插管及类似品		79379048	4394580	225.94	30.15	(>20万美元)美国、日本、新加坡、香港、意大利
牙钻机,可与其他牙科设备组装在同一底座上	台	421	475794	−41.12	−31.48	德国、美国、香港、韩国、日本、芬兰、台湾
装有牙科设备的牙科用椅	台	2325	2613604	142.95	−55.39	(>25万美元)芬兰、台湾、美国、德国、日本
牙科用未列名仪器及器具		19809	4847599	−79.54	51.58	(>20万美元)日本、德国、美国、芬兰
眼科用其他仪器及器具		108290	12951548	101.98	49.58	(>100万美元)美国、日本、德国
听诊器	个	3559	317414	2724.60	4812.77	美国、日本、香港、新加坡、法国、德国
血压测量仪器及器具	个	1331028	43329998	−31.18	3.84	(>10万美元)日本、中国、美国、香港
内窥镜	台	639	9766317	−4.34	40.13	(>50万美元)日本、美国、德国、香港
肾脏透析设备(人工肾)	台	419	6175306	−96.86	−20.78	(>10万美元)德国、美国、日本、瑞典、意大利、香港
透热疗法设备	台	58	193797	−46.79	88.27	美国、瑞典、意大利、日本
输血设备	台	1246	1717014	248.04	179.03	(>1万美元)美国、德国、荷兰、瑞士、瑞典、奥地利
麻醉设备	台	236	4491385	−7.09	37.25	(>20万美元)美国、德国、英国、香港、法国
其他医疗、外科或兽医用仪器及器具	台	114357	61256996	−97.56	7.32	(>200万美元)美国、德国、日本、香港、新加坡、法国
按摩器具	台	223364	6257031	−70.46	−50.69	(>19万美元)日本、香港、台湾、美国
机械疗法器具及心理功能测验装置	台	6496	1073299	−69.99	−29.63	(>10万美元)日本、美国、德国、意大利

续表

产品名称	单位	数量	美元额/元	与去年同期比增长%		主要进口国别、地区
				数量	金额	
(臭氧、氧气、喷雾)治疗器、人工呼吸器等	台	14341	4524093	−24.11	0.28	(>30 万美元)美国、德国、瑞典、日本、香港、意大利
*其他呼吸器具及防毒面具		5628	131849	74.95	−6.75	
人造关节		6459	1706562	82.56	77.83	(>27 万美元)美国、法国、德国
其他矫形或骨折用器具		37789	720499	488.25	95.47	(>5 万美元)美国、德国、香港
假牙		677	111058	−6.49	197.79	(>5 千美元)巴西、德国、香港、日本、美国
假牙的固定件		4486	142074	−16.68	10.36	(>5 千美元)美国、德国、香港、日本、中国
其他人造的人体部分		14777	2167935	−37.37	48.23	(>5 万美元)德国、美国、瑞典、台湾、比利时
助听器、不包括零件、附件	个	14121	524046	−33.57	−27.06	(>5 万美元)丹麦、日本、香港
心脏起搏器、不包括零件、附件	台	1098	1331748	11.93	35.98	(>30 万美元)美国、德国、瑞典
为弥补生理缺陷或残疾而穿戴、携带或植入人体内的其他器具		11934	851243	−20.76	7.66	(>2 万美元)美国、德国、新加坡、法国、日本
X 射线断层检查仪	台	220	40689534	−17.91	−2.64	(>100 万美元)日本、德国、美国、以色列、荷兰、瑞典、法国
其他，牙科用 X 射线应用设备	台	33	694837			(>18 万美元)日本、德国、瑞典
其他，医疗、外科或兽医用 X 射线应用设备	台	365	28288413			(>100 万美元)日本、美国、德国、荷兰
医疗、外科、牙科或兽医用 α、β、γ 射线的应用设备	台	88	12549222	−93.43	−55.97	(>20 万美元)美国、德国、日本、法国、以色列、加拿大
*X 射线管	个	101	888287	−26.81	15.99	
X 射线影像增强器	个	672	2224768	−28.51	−42.85	(>5 万美元)日本、荷兰、法国、美国、南斯拉夫、香港
*其他射线发生器、高压发生器、控制板及控制台、荧光屏、检查或治疗用的桌、椅及类似品，品目 9022 所列设备的零件、附件		196958	4571733	36.01	45.25	

续表

产品名称	单位	数量	美元额/元	与去年同期比增长%		主要进口国别、地区
				数量	金额	
*液体温度计,可直接读数	个	285096	46738	4.47	−2.58	
*未列名温度计及高温计,未与其他仪器组合	个	228765	167874	47.41	−10.43	
*气体或烟雾分析仪	台	267	2162769	−43.79	56.73	
*色谱仪及电泳仪	台	232	4163461	−20.27	−10.08	
*使用光学射线(紫外线、可见光、红外线)的分光仪、分光光度计及摄谱仪	台	115	2919630	−42.50	−22.48	
*使用光学射线(紫外线、可见光、红外线)的其他仪器及装置	台	218	2326354	−13.83	−11.94	
*其它仪器及装置(理化分析/测量/检镜)	台	1890	10712137	−4.16	−12.67	
*恒温器	台	1063407	1624458	42.07	3.90	
*其他自动调节或控制仪器及装置		27439	20559020	−81.06	372.96	
*自动调节或控制仪器及装置的零件及附件		157643	4463976			
*牙科椅和理发用类似椅及其零件		7822	153029	−77.19	3.45	
医疗、外科、牙科或兽医用家具(如手术台、检查台、带机械装置的病床、架、椅等)		319919	1621622	−32.08	−5.04	(>10万美元)美国、香港、日本、德国

注1:带*的产品为,表中数以原海关统计数值的10%计。

注2:不含带*产品,进口总计为4.33亿美元,比去年下降4.20%。其中:卫生材料406.85万美元;材料类产品11996.12万美元;仪器、设备类4.17亿美元。

表 4　1996 年医疗器械产品出口情况（海关统计）

产品名称	单位	数量	美元额/元	与去年同期比增长%		主要出口国别、地区
				数量	金额	
总计			**566032382**		**9.83**	
卫生材料合计			229156030		−1.92	
橡皮膏		1253542	6087372	−27.87	−18.17	(>75 万美元) 古巴、德国、香港
其它胶粘敷料及有胶粘涂层的物品		1025260	7306276	92.59	128.31	(>55 万美元) 美国、香港、加拿大
药棉、纱布、绷带		36601745	194750424	−5.75	−5.45	(>1200 万美元) 美国、日本、德国、意大利、韩国
其它软填料及类似物品		5229480	21011958	8.41	23.38	(>25 万美元) 美国、日本、德国、韩国、加拿大、澳大利亚
材料类产品合计			24621097		−46.33	
无菌外科肠线/类似缝合材料及粘合胶布		278665	3492896	−90.37	−80.14	(>15 万美元) 美国、墨西哥、德国、古巴、西班牙
牙科粘固剂及其他牙科填料；骨骼粘固剂		40612	956889	−12.51	−14.10	(>2 万美元) 韩国、香港、古巴、瑞典、德国、新加坡
＊急救药箱药包		12411	90457	49.51	58.91	
成套、零售包装的牙科用蜡及造型膏		57489	52938			(>3 万美元) 加蓬、香港
以熟石膏为基本成分的牙科用其他制品		14189	114268			(>3 千美元) 美国、台湾、泰国
＊X 光用成卷的感光胶片	平方米	46535	166018			
硫化橡胶制避孕套		317804	2313457	6.95	16.38	(>15 万美元) 古巴、乌干达、哥伦比亚、韩国、日本、阿联酋
硫化橡胶制其他卫生及医疗用品		1667148	4966243	8.63	−3.77	(>25 万美元) 香港、德国、美国、阿联酋、古巴
硫化橡胶制外科手套	双	156659812	11064080	−26.56	−12.96	(>45 万美元) 美国、阿根廷、德国、香港、古巴、希腊
硫化橡胶制医疗用衣着用品及附件		38531	304070	−38.05	41.22	(>1 万美元) 荷兰、法国、德国、芬兰、英国、香港
羊肠线		7349	321292	−79.89	−66.64	(>5 万美元) 印度、德国、乌克兰
＊纸浆、纸、纤维素絮纸等的制衣服及衣着附件		70059	238624	−37.32	−43.05	
＊纸浆、纸等制的其他家庭、卫生或医院用品		156085	539865	−92.35	−90.45	
仪器、设备类合计			312255255		32.38	
＊熔融石英等熔融硅石制实验室、医用玻璃器皿		55862	184436	−94.23	−93.57	
＊其他温度在 0℃至 300℃时线膨胀系数不超过 5×10^{-6}/开尔文的玻璃制实验室、卫生及配药用器皿		6961	44957			

续表

产品名称	单位	数量	美元额/元	与去年同期比增长%		主要出口国别、地区
				数量	金额	
*其他实验室、卫生及配药用玻璃器皿		195571	473172	−10.11	−10.20	
*其他装有或可装计量装置的液体泵	台	1213	67567	−59.35	−74.38	
*其他往复式排液泵	台	8659	177656	−72.47	−39.09	
*其他回转式排液泵	台	850	129045	−90.97	−78.48	
*其他离心泵	台	124498	2582569	45.73	−19.87	
*T≤−40℃的柜式冷冻箱，容积≤800 l	台	55	8822	−23.61	−22.35	
*T>−40℃的柜式冷冻箱，500 l<容积≤800 l	台	27	22402	42.11	30.91	
*T>−40℃的柜式冷冻箱，容积≤500 l	台	674	172214	123.18	167.38	
*T≤−40℃的立式冷冻箱，容积≤900 l	台	18	6881	−78.82	−58.26	
T>−40℃的立式冷冻箱，500 l<容积≤900 l	台	19	27204	90.00	85.12	
*T>−40℃的立式冷冻箱，容积≤500 l	台	581	89770	303.47	160.54	
*其他冷藏或冷冻柜、箱、展示台、陈列箱等	台	786	388875	47.19	−19.17	
*未列名制冷设备	台	133845	452164	−38.46	−14.11	
*制冷机组及热泵的零件		64854	150119	739.10	72.91	
*T≤−40℃的冷冻设备的零件		24260	43718	39.46	−10.64	
*T>−40℃，容积>500 l的冷藏或冷冻设备零件		37630	173738			
*编号 8418 设备的未列名零件		308260	1045507	28.24	6.33	
医用或实验室用消毒器具	台	4742	755926	−38.00	−1.82	(>5 万美元) 越南、古巴、印度尼西亚、哈萨克、澳门、埃及
*其他干燥器	台	704	390954	−64.12	37.74	
*蒸馏或精馏设备	台	143	199822	286.49	792.14	
*制氧机	台	36	289813			
*编号 8419 其他设备的零件		516286	1000008	81.14	57.12	
*未列名离心机，包括离心干燥机	台	319	589248	−64.20	48.30	
*非家用型水的过滤、净化机器及装置	台	3778	334219	453.88	77.12	

续表

产品名称	单位	数量	美元额/元	与去年同期比增长%		主要出口国别、地区
				数量	金额	
*非家用型气体的过滤、净化机器及装置	台	53615	518247	88.18	126.61	
*其他离心机（包括离心干燥机）零件		5596	50033	379.52	276.73	
*编号 8421 未列名机器的零件		169654	450766			
*科研、医疗专用卤钨灯	只	43237	43317	−63.93	−57.79	
*其他科研医疗专用白炽灯，P≤200W，V>100V	只	13513	16847			
*科研、医疗专用未列名白炽灯泡	只	97147	73809	−7.14	129.23	
科研、医疗专用汞或钠蒸汽灯及金属卤化物灯	只	4372	8163			
*其他科研、医疗专用放电灯管	只	105615	84647			
*弧光灯	只	27773	30767			
*紫外线灯管或红外线灯泡	只	93007	47642	−43.39	−85.42	
*编号 8539 所列货品的零件		184269	845742	−26.71	−5.40	
*磁控管	只	588997	126752	−27.25	303.86	
机动医疗车	辆	3	41017	200.00	503.19	朝鲜、香港、蒙古
*未列名特殊用途的机动车辆	辆	27	557145	28.57	19.80	
非机械驱动残疾人用车	辆	93818	5585044	63.65	56.59	(>20 万美元）美国、香港、沙特、阿根廷、马来西亚、日本
*其他残疾人用车	辆	728	48518	−2.15	−23.57	
*未列名复式光学显微镜	台	21276	1824339	−4.98	7.87	
*复式光学显微镜的零件、附件		25925	666680	6.89	70.24	
*显微镜（光学显微镜除外）；衍射设备	台	7420	451055	−28.04	−28.16	
*显微镜（光学显微镜除外）及衍射设备的零件		17821	162743	106.19	44.67	
*感量为 0.1 毫克或更精密的天平	台	110	31761	−41.80	21.34	
*感量为 0.1 毫克以上 50 毫克及以下的天平	台	1099	41994	−81.31	−58.67	

续表

产品名称	单位	数量	美元额/元	与去年同期比增长%		主要出口国别、地区
				数量	金额	
心电图记录仪	台	12836	17363086	−5.87	21.13	（>15万美元）美国、德国、香港、澳大利亚、新加坡、日本
B型超声波诊断仪	台	660	1489445	−33.67	−47.48	（>10万美元）香港、美国、日本、土耳其
其他超声波扫描装置	台	66	606108			（>1万美元）香港、马来西亚、英国、泰国
核磁共振成像装置	台		91552			德国、日本、以色列、香港
闪烁摄影装置	台	96	74803			日本、美国
病员监护仪	台	1550	6749734	−15.21	−11.91	（>1万美元）香港、美国、埃及、新加坡、印度尼西亚
未列名电气诊断装置	台	21435	1110333	809.80	78.92	（>20万美元）日本、苏丹、香港
紫外线及红外线装置	台	3897	235931	−69.71	−61.66	（>2万美元）韩国、瑞士、香港、荷兰、西班牙
注射器，不论是否装有针头	台	153555334	9214840	14.23	−23.29	（>50万美元）俄罗斯、日本、美国、德国、土库曼、古巴
管状金属针头		320994	2504740	45.70	17.30	（>18万美元）德国、美国、新加坡、荷兰
缝合用针		57968	793552	−35.85	−12.35	（>5万美元）巴西、德国、美国、肯尼亚
其他针、导管、插管及类似品		467697042	27573242	50.89	57.11	（>100万美元）日本、美国、德国、古巴、香港、意大利
牙钻机，可与其他牙科设备组装在同一底座上	台	272	68410	−25.68	121.87	（>1万美元）埃及、美国、越南
装有牙科设备的牙科用椅	台	199	256557	−59.96	−53.16	（>3万美元）泰国、台湾、澳大利亚
牙科用未列名仪器及器具		1180434	2208180	188.14	9.83	（>5万美元）日本、美国、泰国、台湾、香港
眼科用其他仪器及器具		100001	1437555	33.39	59.05	（>10万美元）日本、法国、巴西、肯尼亚
听诊器	个	1214676	1464133	19.61	6.81	意大利、香港、阿根廷、德国
血压测量仪器及器具	个	8088416	75015908	−85.45	35.25	（>100万美元）美国、德国、日本、香港、法国、意大利
内窥镜	台	579	1529008	−90.35	66.56	（>5万美元）香港、菲律宾
肾脏透析设备（人工肾）	台	9	1515685		2013.31	（>10万美元）香港、日本、古巴
透热疗法设备	台	2291	173136	−34.06	11.87	香港、古巴、苏丹
输血设备	台	20010	85140	−38.30	35.17	日本、乌克兰、扎伊尔、希腊、乌拉圭、俄罗斯、比利时、巴西

续表

产品名称	单位	数量	美元额/元	与去年同期比增长%		主要出口国别、地区
				数量	金额	
麻醉设备	台	862	269432	470.86	−65.61	(>2万美元) 德国、美国、日本、卢旺达、新加坡
其他医疗、外科或兽医用仪器及器具	台	43801562	15405752	15.40	−16.07	(>80万美元) 香港、日本、美国、德国、埃及、韩国
按摩器具	台	28024971	70878385	62.26	37.27	(>1000万美元) 美国、日本、香港
机械疗法器具及心理功能测验装置	台	3518105	1449405	2256.37	37.97	(>10万美元) 美国、日本、香港、马来西亚
(臭氧、氧气、喷雾) 治疗器、人工呼吸器等	台	92100	1353495	−11.12	−49.20	(>12万美元) 泰国、美国、香港、韩国
*其他呼吸器具及防毒面具		37595	239445	−15.85	3.65	
人造关节		2371	468431	100.42	130.99	香港、古巴、美国、印度
其他矫形或骨折用器具		640360	2535327	359.43	248.60	(>13万美元) 美国、德国、古巴
假牙		34134	2256502	31.83	13.49	(>12万美元) 香港、新西兰、日本、土耳其、新加坡
假牙的固定件		25650	597449	−34.77	−25.73	(>10万美元) 英国、日本、香港
其他人造的人体部分		13104	217536	38.05	−36.47	(>2万美元) 澳大利亚、古巴、香港、泰国
助听器、不包括零件、附件	个	825612	13013698	112.71	174.66	(>11万美元) 新加坡、丹麦、香港、美国
心脏起搏器、不包括零件、附件	台	167	852390	542.31	257.77	美国、香港
为弥补生理缺陷或残疾而穿戴、携带或植入人体内的其他器具		277260	3059264	62.51	147.90	(>10万美元) 美国、香港、巴西、阿尔及利亚、德国、台湾
X射线断层检查仪	台	142	9230848	115.15	1282.01	(>14万美元) 日本、香港、苏丹
其他，牙科用X射线应用设备	台	20	24236			土耳其、埃及、日本、孟加拉、肯尼亚
其他，医疗、外科或兽医用X射线应用设备	台	1069	2630533			(>20万美元) 日本、印度、香港、巴基斯坦、卢旺达、孟加拉
医疗、外科、牙科或兽医用α、β、γ射线的应用设备	台	20	24576	−52.38	−90.76	韩国
*X射线管	个	5452	1297070	973.23	1295.04	
X射线影像增强器	个	15	55995	−95.68	−55.53	阿根廷、日本、美国、香港

续表

产品名称	单位	数量	美元额/元	与去年同期比增长%		主要出口国别、地区
				数量	金额	
*其他射线发生器、高压发生器、控制板及控制台、荧光屏、检查或治疗用的桌、椅及类似品；品目 9022 所列设备的零件、附件		37267	835695	43.89	38.66	
*液体温度计，可直接读数	个	3951205	1827535	33.11	70.87	
*未列名温度计及高温计，未与其他仪器组合	个	6040007	2913517	19.31	2.43	
*气体或烟雾分析仪	台	140	159245	976.92	667.82	
*色谱仪及电泳仪	台	95	80075	−67.58	−56.86	
*使用光学射线（紫外线、可见光、红外线）的分光仪、分光光度计及摄谱仪	台	251	102473	−52.73	27.04	
*使用光学射线（紫外线、可见光、红外线）的其他仪器及装置	台	10383	121860	35.18	149.44	
*其它仪器及装置（理化分析/测量/检镜）	台	1380	366438	92.20	291.74	
*恒温器	台	942854	1335263	42.20	28.25	
*其他自动调节或控制仪器及装置		299589	1894020	447.37	142.71	
*自动调节或控制仪器及装置的零件及附件		68332	1391639			
*牙科椅和理发用类似椅及其零件		6674	24930			
医疗、外科、牙科或兽医用家具（如手术台、检查台、带机械装置的病床、架、椅等）		568205	2273884	31.07	32.45	（>10 万美元）古巴、香港、日本、越南

注 1：带*的产品为，表中数以原海关统计数值的 10%计。

注 2：不含带*产品，出口总计为 5.37 亿美元，比去年增长 6.97%。其中：卫生材料 2.29 亿美元；材料类产品 2358.61 万美元；仪器、设备类 2.85 亿美元。

【全国医疗器械博览会概况】

1.'96 全国医疗器械（春季）博览会

1996 年 4 月 23 日至 28 日，全国医疗器械（春季）博览会在北京举行，来自全国各省、市、计划单列市、各有关部委以及来自中国人民解放军的 1200 多家企业参加了在中国国际展览中心的展出，博览会总展出面积 32000 平方米，规模之大谓历届之最。全国人大常委会副委员长王光英同志出席了开幕式并为大会剪彩，卫生部原部长钱信忠、国家医药管理局局长郑筱萸、原局长齐谋甲、卫生部副部长曹荣桂、总后卫生部副部长傅征、北京市副市长阳安江以及国家有关部委的领导同志、各省市医药局的负责同志、北京市各有关部门的负责同志和来京、在京的医疗器械、医疗单位代表出席了开幕式。开幕式由中国医疗器械工业公司总经理王国立同志主持，国家医药管理局局长郑筱萸同志致开幕词。这次博览会展示了“八五”期间我国医疗器械工业取得的成果，也展示了我国医疗器械行业当前的科技水平，创下了总成交额 11.7 亿元的好成绩。通过博览会可以看出，一些企业在开发和提高产品质量上发展较好，其原因大致有以下几类：

- 企业重视设备更新和新品开发。
- 搞单位大协作，优势互补，形成整体优势。
- 集各路人才，形成强大的开发群体。
- 依靠高校科研力量，开发研究新产品。
- 军转民或利用原有技术优势。
- 自己创造发明，或用他人专利。
- 汲取国外先进技术或引进国外关键部件开发新品。

这次博览会是在进入“九五”的第一年召开的，各省市有关部门和各医疗器械生产企业按照中央十四届五中全会的精神和国家医药局关于医疗器械“九五”发展设想的要求编制和落实计划，全国医疗器械博览会对行业结构的调整、产品的开发和质量的提高以及服务的改进都起到了积极的推动作用。

2. 全国医疗器械（秋季）博览会

'96 全国医疗器械（秋季）博览会于 1996 年 11 月 11 日至 11 月 16 日在广州市中国出口商品交易会隆重举行，国家医药管理局副局长石峘，广东省副省长汤炳权，省人民政府李文岳副秘书长，广州市副市长姚蓉宾，中国医疗器械工业公司总经理王国立，以及广东省、广州市人民政府、国家有关部门和一些省市医药管理局的负责人出席了开幕式。开幕式由王国立总经理主持并致开幕词，国家医药管理局、广东省和广州市的领导为大会剪彩。

'96 中国医疗器械(秋季)博览会共有展台 1600 个，展地面积 30600 多平方米，参加展出的有来自各省、市、计划单列市、各有关部委以及来自中国人民解放军的医疗器械生产与经营单位计 44 个展团共 1160 家，到会代表 3000 多人。本届博览会最后成交额为 10.69 亿元，比北京会（11.7 亿元）低 8 个多百分点，比 1995 年同期的上海会（11.04 亿元）低约 3 个百分点。

博览会上大多数需方的注意力集中在产品实用和质量信誉度较高的地区和厂家，北京的 X 线机、上海和科美思的心电图机、汕头和海鹰的 B 超在总成交量中分别占了很大或较大份额，这表明大多数需方需要实用、价位适中而质量可靠的产品，这些产品尤其受一些二级站采购人员的青睐。

从近三届博览会的成交情况看，这两年的市场需求总量稳定。在需求总量稳定的总形势下具体产品门类上有涨落，如心电图机本届比上届翻了一番，而呼吸麻醉机这届比上届又少了近一半。检验类仪器由上届的 2360 台下降到 347 台，不到上届的百分之十五。

由于国产产品普遍在功能特别在可靠性上与进口产品有较大差距，需方一般都希望购买进口产品，博览会上一些较大的经营性公司和某些地区的展台上展出的产品较多的是进口的。但进口产品毕竟比较昂贵，售后维修也未必有保障。所以国产产品还是受到大多数医院的关注，质量信得过的国产产品还是很热销，北京万东的X线机的畅销，上海在本届博览会上总成交额位居第一就是明显的例子。

1996年全国医疗器械博览会主要产品销售情况详见表5。

表5　一九九六年全国医疗器械博览会主要产品销售情况

序号	产品名称	广州(96.11)		北京(96.04)		上海(95.11)		备注
		数量	销售额(万元)	数量	销售额(万元)	数量	销售额(万元)	
总计			70539		77480.6		62468.7	
1	医用直线加速器	13	2406	12	2605	9	1508	
2	核素治疗机(钴60、后装)	10	425	13	540	7	275	
3	其他各类治疗机	4567	5282	5322	3330	4271	1543.8	
4	MRI	5	2080	1	510	2	1276	
5	X-CT	14	3360	12	3705	4	1217	
6	大型医用X线机	36	1020	14	1695	65	1494.5	
7	500mA X线机	201	2659	200	4383	290	3605.4	
8	400mA、300mA X线机	141	1109	104	753.7	160	1109	
9	200mA X线机	351	1497	409	1880.1	407	1668.9	
10	100mA X线机	336	1502	478	1137	1020	1975.6	
11	专用X线机	40	568	53	44	25	98.3	
12	彩色B超诊断仪	23	1154	62	1786.3	36	1821.5	
13	黑白B超诊断仪	1204	7061	1681	7776.9	1223	4391.2	
14	病人监护仪	854	4337	1295	7447.4	722	2217.5	
15	心电图机	5261	3385	2758	2217.4	4177	2690	
16	内窥镜	815	2975	481	2147.7	502	2127	
17	显微镜	576	385	1739	925.8	806	618.3	
18	生化分析仪	347	2587	2360	2188.8	196	913.6	
19	呼吸麻醉机	504	1703	954	2640	850	1323	
20	牙科治疗设备	584	1136	706	1791	570	946,8	
21	医院消毒设备	2482	1083	2908	2284.8	4341	1702.7	
22	理疗康复设备	1767	418	2450	1666.2	3382	403.6	
23	一次注射、输血、输液器		1955		1726.5		1868	
24	医用车、床、台、架、灯		2176		2887		6392	
25	救护车	2357	18276	1879	19413	2568	19282	

【中国医疗器械工业公司组团参加开罗国际博览会】

中国医疗器械工业公司组织了29家国内生产、经销医疗器械的企业，经营公司和外贸公司参加了埃及开罗国际博览会。此次展览会历时17天，于1996年3月29日闭幕。

中国医疗器械展团展品包括超声设备，大型X线机，大型碎石机，生化仪器，光学设备，手术室设备，激光理疗仪器，监护设备，卫生材料，一次性医疗用品和齿科材料及设备。在开罗国际展览中心6号馆内实际租用标准摊位(3M×3M)22个，面积达200多平方米。此次展览会签订的期货合同总额达110万美元，其中超声设备37.4万，占34%；一次性用品26万，占23.6%；婴儿培养箱13万，占11.8%；手术电刀、激光治疗设备11.4万，占10.4%；胎儿监护仪10万，占9%；其它设备12.2万，占11%。

许多企业除了洽谈期货和同之外，还进行了与埃方合资、合作办厂的洽谈。例如山东威海高分子制品厂和上海卫生材料厂都就合资办厂的项目于埃商进行了接触，并实地考察了几家工厂，双方都表示会后就这些项目要继续联系。展览会期间多家医院都邀请鹭岛公司的代表去现场演示他们的激光治疗仪器，看到仪器的效果之后，这些医院纷纷表示要求订货。通过此次展览会，参展的国内企业宣传介绍了自己的产品，与埃及客商建立了广泛的贸易联系，大多数企业都在当地找到了信誉良好的经销商和代理商，达到了开发国际市场的目的。此外，各企业对埃及的市场需求，产品价格，贸易特点也有了较为深入的了解。

【中国医疗器械行业协会召开第二届理事会第二次全体会议】

在计划经济向社会主义市场经济过渡的过程中，如何把协会建设好，使之成为凝聚行业骨干成员的组织，是当前改革中进行探索的重要课题。为了做好理事会成员单位的工作，调动其积极性，使之与协会之间保持密切的联系，中国医疗器械行业协会于1996年6月召开了第二届理事会第二次全体会议。会议期间，王国立会长结合行业实际情况分析了上半年的经济形势，提出了解决当前行业发展中问题的意见；徐虹副会长作了一年来的工作总结和今后一个阶段工作安排的讲话，各专业委员会交流了分会和专业委员会的活动情况，同时布置了下一年度的工作任务。会议期间，代表们考察了吉安市和井冈山市人民医院。并向老区医院赠送了医疗器械，受到了当地党政领导和医疗单位的欢迎。井冈山市人民政府向协会颁发了荣誉证书，感谢协会对老区医疗单位建设的关心。这次活动，不仅总结了工作，安排了新一年度的工作任务，还使与会代表受到一次革命传统教育，收到了较好的效果，得到了协会理事单位的认同。

【中国医疗器械行业协会合资企业座谈会】

1996年10月15日～16日，中国医疗器械行业协会在北京皇苑大酒店召开了第一次合资企业座谈会，参加会议的有来自全国各地共30个合资企业的中方副总经理及财务主管人员共30人。

会议认为，这些年来，根据我国医疗保健事业发展的需要，随着改革开放政策向纵深发展力度的加大，医疗器械行业利用外资、吸收国外先进技术，引进科学管理经验已逐渐形成一个不可抗拒的发展趋势。据不完全统计，我国已组建了400多家医疗器械合资企业，这些合资企业囊括了各门类的主要产品，使医疗器械行业从产品品种、结构、数量、性能以及效益上都较开放的初期上了明显的台阶。合资企业的运行机制和管理促进了国有企业观念的转变，市场竞争的局面为行业发展带来了生机。

会议还请到了国家税务总局地税司许善达司长、国家医药管理局械政司卜绮成司长和北京海关的陶济生关长分别介绍了税制改革对合资企业的税赋变化的影响及税制改革的方向，医疗器械行政监督体制、质量认证工作以及海关关税的基本内容和关税政策等，全体与会代表都非常认真地听取了会议发言和讲座，积极参加讨论、提出问题、介绍本企业的情况，代表们反映这次会议的内容很好，非常及时，对企业有较大的指导意义，并希望今后能有更多的机会参加协会组织的有关会议。会议开得圆满、成功。

第 四 部 分

行 业 管 理 与 改 革

市场管理与调研工作

【全国医药市场治理整顿工作会议召开】

为进一步深入贯彻国务院《紧急通知》，认真做好国办发〔1996〕14号文件的落实工作，国家医药管理局于1996年5月12日至15日在山西临汾召开了全国医药市场治理整顿工作会议。全国29个省、自治区、直辖市医药行业主管部门和医药市场治理整顿先进集体、先进个人的代表共180多人出席了会议。此次会议受到国务院领导和有关方面的重视和大力支持。国务委员彭珮云同志在会议上作了书面讲话；全国政协、国务院办公厅及国务院有关部门的同志，山西省委、省政府有关负责同志参加了会议。郑筱萸局长在会上作了工作报告，石岿副局长作了总结报告。会议表彰了在贯彻国务院《紧急通知》，治理整顿医药市场，打击假劣药品工作中成绩突出的59个先进集体和77名先进个人，并向医药行业的干部职工发出了积极支持和投身医药市场治理整顿工作的倡议书。会议学习了国务院14号文件，交流了经验，研究了问题，部署了工作，坚定了信心，达到了会议预期的目的。

（刘晓平）

【药品批发企业开办资格审查施行】

为贯彻落实国家医药管理局《药品批发企业开办资格审查办法（试行）》，强化国家对药品流通领域的宏观管理，严格开办药品批发企业的审批，1996年，国家医药管理局开始执行对新开办药品批发企业实行开办资格审查制度。至1996年底，共认定了福州开发区海峡医药有限公司等10家新开办药品批发企业的开办资格。（刘晓平）

【国务院办公厅发出《关于继续整顿和规范药品生产经营秩序加强药品管理工作的通知》】

国务院办公厅于1996年4月16日发出《关于继续整顿和规范药品生产经营秩序加强药品管理工作的通知》。

《通知》要求：一、各级人民政府和有关部门要充分认识加强药品管理工作的重要性；二、严肃查处药品购销活动中的回扣问题；三、加强对农村基层供药的管理，保证人民群众用药；四、增强执法力度，坚决整顿药品生产经营秩序。

（高三章）

【国家医药管理局下发《贯彻国务院办公厅〈关于继续整顿和规范药品生产经营秩序加强药品管理工作的通知〉的通知》】

为确保《国务院办公厅关于继续整顿和规范药品生产经营秩序加强药品管理工作的通知》（以下简称国办发〔1996〕14号文件），国家医药局于1996年5月9日，发出贯彻落实国办发〔1996〕14号文件的通知。

《通知》指出：一、统一思想，坚定信心，切实加强领导，认真抓好落实；二、加强治理整顿医药市场的力度，进一步规范生产经营秩序；三、狠刹药品购销活动中的回扣风，在全行业认真开展自查自纠工作；四、深化国有医药经营企业改革；五、切实加强对农村药品的供应和管理；六、调整充实机构，加强协调指导。

（高三章）

【对药品购销中给予、收受回扣等违法行为进行专项检查的工作方案制定】

国家工商局、卫生部、国家医药局、国家中医药局、国务院纠风办，为贯彻国办发〔1996〕14号文件精神，制定了整治回扣工作方案：1. 专项检查的组织领导；2. 检查范围和检查重点；3. 具体部署和实施步骤。

（高三章）

【全国整治药品回扣违法行为工作电视电话会议】

1996年5月31日，国家工商局、卫生部、国家医药局、国家中医药局、国务院纠风办联合召开全国电视电话会议，对专项检查工作进行动员和部署。国家医药局石峘副局长等有关部门的领导在会上讲了话。彭珮云国务委员作了重要指示：1. 要充分认识药品回扣问题的性质及其危害性，坚定不移地予以整治；2. 要加大执法力度，严肃查处药品购销中给予、收受回扣的违法行为；3. 切实加强领导。（高三章）

【全国整治药品回扣违法行为工作第二次电视电话会议】

1996年12月6日，国家工商局、卫生部、国家医药局、国家中医药局、国务院纠风办、最高人民检察院联合召开第二次全国电视电话会议，总结前一阶段工作，交流工作中的经验和体会，研究如何解决工作中存在的问题。国家医药局张文周副局长等有关部门的领导讲了话。彭珮云国务委员作了重要讲话：

一、正确估计前一阶段取得的工作成绩，认真分析工作中存在的问题；

二、继续抓紧抓好下一阶段专项检查工作，确保整治工作取得更大成绩：1. 切实加强领导，加大宣传力度，进一步提高认识；2. 在自查自纠的基础上，进一步做好重点检查和抽查工作，使整治工作取得更大的进展；3. 严格依法行政，注意区分政策界限；4. 加强管理、建章立制，综合治理，力争从源头上更好地解决药品回扣问题。

（高三章）

【《药品经营企业网点规划和设置的通知》印发】

为进一步贯彻落实《紧急通知》和国办发〔1996〕14号文件，国家医药管理局发出贯彻执行《药品经营企业网点规划和设置》的通知。

《药品经营企业网点规划和设置》的主要内容包括：一、现状和问题；二、目标和任务；三、药品批发企业网点设置方案；四、政策与措施。（高三章）

【《整顿中药材专业市场标准》下发】

国家中医药局、国家医药局、卫生部、国家工商局共同制定了《整顿中药材专业市场标准》，要求各地做到：1. 有关部门要各负其责，加强协作；2. 做好中药材专业市场审批工作；3. 加强对中药材专业市场规范化管理；4. 严肃法纪，加强监督管理。

（高三章）

【医药分业改革的可行性方案起草】

为了支持职工医疗保障制度改革，建立具有约束力的社会医疗保险制度和正常的医疗费用补偿机制、药品需求机制，1996年6月，国家医药管理局财务与市场流通司研究起草了《关于实行医药分业改革的方案》（简称《方案》）。

为使改革方案切实可行并具有说服力，《方案》系统阐述了我国现行医药合业医疗体制的诸多弊病，分析了改革医药合业体制实行医药分业，对于改革职工医疗保障制度、建立适应社会主义市场经济条件的新型社会医疗保险制度的必要性与紧迫性，并通过科学、合理、负责的分析和测算，阐明了实行医药分业改革的可行性。在此基础上，以系统的方法、动态的方法研究提出了改革的目的、目标与原则，最后提出了相应的改革步骤与措施。

该《方案》为此后给高层领导提出有关改革建议及促进职工医疗保障制度改革的不断深化提供了系统的基础性研究资料。

（丁晋垣）

【《药品交易会管理办法》制订】

为了进一步贯彻落实国务院53号文件的规定和精神，强化对药品交易会的管理和监督，规范交易会行为，解决药品交易会存在的问题，建立和维护正常的药品交易会秩序，保护参会企业和药品消费者的正当权益，国家医药管理局财务与市场流通司和政策法规司开始制订《药品交易会管理办法》（简称《办法》）。

《办法》的起草遵循了下列指导原则：

1. 按照统一管理、分级负责的原则，加强国家和省、市、自治区药品生产经营行政管理部门对药品交易会的监督职能；

2. 明确举办药品交易会的审查、批准程序和权限；

3. 对药品交易会举办、管理与服务、参会资格、交易与竞争行为等实行系统、有效的管理和监督；

4. 明确药品交易会的进入规则、交易规则和竞争规则；

5. 明确交易会主办单位的服务和管理责任，并赋予必要的现场管理权力；

6. 对违规企业或单位必须给予必要和有效的处罚，使《办法》具有足够的约束力。

该《办法》拟报国家经济贸易委员会同意后，于1997年以国家医药管理局局长令形式下发执行。 （丁晋垣）

【定点零售药店建设工作】

为了推进职工医疗保障制度改革，建立新型的职工医疗保险制度，国务院在江苏省镇江市和江西省九江市试点的基础上，决定1996年进一步在全国57个城市进行扩大试点，并要求在年底前启动。为此，1996年4月国务院办公厅以国办发〔1996〕16号文转发了《国家体改委等四部委关于职工医疗保障制度改革扩大试点的意见》（以下简称《意见》）。《意见》明确提出了“职工在若干定点医疗机构就医，可持处方到定点零售药店购药，以促使医疗机构提高医疗服务质量。”和“医疗保险行政管理部门……会同医药主管部门进行定点零售药店的审定。”的改革措施。

为了贯彻国办发〔1996〕16号文件精神和四部委的《意见》，积极支持职工医疗保障制度改革扩大试点工作，国家医药管理局于1996年6月下发了《关于认真贯彻国家体改委等四部委关于职工医疗保障制度改革扩大试点意见的通知》，并于7月召开了部分省市定点零售药店管理工作座谈会。

会后，国家医药管理局起草了“定点零售药店管理试行办法”，并就定点零售药店的工作设想向国务院医改办等部门进行了专题汇报。一些地方的医药主管部门也积极开展工作，有的已取得了一定的进展。如山东省体改委、山东省医药管理局已联合制定、下发了《山东省定点零售药店管理办法》；石家庄市经省政府同意将同步实施定点药店的试点。

为了促进各地定点零售药店的建设与管理工作，国家医药管理局及时转发了《山东省定点零售药店管理办法》，并对各地医药管理部门提出了相应的要求。

（丁晋垣）

【全国农村药品供应网络建设规划工作】

1996年初，国办发〔1996〕14号文件明确要求国家医药管理局、国家中医药管理局于年内拿出具体实施方案，并要求在2000年前完成全国农村供药网络的建设，保证人民群众用药安全、有效、方便、及时。

为了完成国务院提出的任务，做好今后的农村药品供应工作，自1996年3月初开始，国家医药管理局先后派出5个调查组赴浙江、贵州、山西、河北、吉林等省进行专题调查，另要求其他10多个省（区、市）自行调查。调查后，由各调查组分别提出了调查报告。在汇总分析这些调研报告的基础上，国家医药管理局于1996年9月提出了《农村药品供应情况综合调查报告》。在对20来个省（区、市）调查研究的基础上，经反复研究、修改于1996年10月至11月间拟定了《全国农村药品供应网络建设规划与实施方案》(以下称《规划》)(草案)。1996年12月上旬又召集十几个地区医药管理部门和医药企业的有关同志开会，对《规划》(草案）进行了修改和补充。为了确保《规划》的质量，又将《规划》(草案）提交1997年1月上旬召开的全国医药管理局长会议作进一步讨论、修改和完善。

《规划》按照客观、系统、动态、可行的科学规划方法，在客观地总结现状，科学分析存在问题的基础上，预测了未来几年市场、政策、法律等环境与条件的变化，提出了今后农村药品供应网络建设工作的方针、目标和实现方针、目标所需要的相关政策与措施。

《规划》对当前农村供药存在问题的基本判断是：

1. 普遍存在重城市、轻农村的倾向。

2. 假劣药品充斥有些地区的农村药品市场。

3. 无证或证照不全经营药品的企业、个体户、个体医疗诊所及游医药贩非法经营药品活动猖獗。

4. 一些乡镇卫生院、乡村卫生室及个体医疗诊所购药渠道混乱，有的地方乡镇卫生院及农村合作医疗已不复存在，有的已经由个人承包。

5. 由于非法经营和假劣药品的冲击，国有医药商业主渠道的农村药品供应工作受到严重干扰。

6. 农村药品供应批发网点布局尚不尽合理，零售网点数量不足。

为了在2000年前能够解决上述问题，《规划》的总目标确定为：到2000年，建立和完善主要由县及县以下药品批发和零售网点构成、以国有主渠道为主的农村药品供应网络，做到安全有效、方便及时、布局合理、规模经济、灵活效率、竞争有序。

据此，《规划》提出今后农村供药工作的重点：一是下大力量净化农村药品市场，保证药品质量。二是因地制宜采取灵活有效的措施尽快完善农村药品供应网络，尤其要优先解决一些老、少、边、山、穷地区的供药网点严重不足问题。三是通过医药流通体制的改革，提高农村供药系统的效率与效益，增强服务与竞争能力。（丁晋垣）

【医药救灾储备工作】

1996年我国的灾情很严重，先后有云南丽江地区、新疆阿图什地区、西藏和内蒙古包头地区发生了严重地震灾害。入夏以后，南方大部分地区和华北地区，连续降了大到暴雨，湖南、安徽、广西、贵州、江西、浙江、湖北、新疆、河北等省区出现了历史罕见的特大洪水，给国民经济和人民生命财产造成了巨大损失，部分灾区也出现了一定程度的疫情。江西、浙江、湖南、湖北、安徽、广西等省区，痢疾、肠炎、伤寒、乙脑、钩体病、红眼病、皮炎、感冒等疫病患者急剧上升，比较严重。

面对十分严峻的灾疫形势，全国医药行业的广大干部职工振奋精神，克服困难，尽职尽责，及时供应急救和防疫药物，为我国实现“大灾之年无大疫”做出了应有的贡献。

国家医药管理局1996年7月3日及时向全国医药行业主管部门发出了《关于认真做好急救防疫药械供应工作的紧急通知》。1996年8月5日，在国务院组织召开的全国救灾防病电话会议上，郑筱萸局长做了重要讲话，要求全国医药工业企业把救灾防疫药械的生产作为当前的头等大事做好；要求各级医药管理部门和药械供应单位，认真检查、落实24小时值班制度，认真做好救灾防疫药械的及时供应，任何急需药物的组织供应都不得推诿、延误。同时，号召受灾省、区、市、县的医药管理部门和工商企业，要发扬革命人道主义和艰苦奋斗精神，积极组织对口支援和开展生产自救。

在国家医药储备资金和救灾防疫药械储备严重不足的情况下，国家医药管理局积极组织中国医药公司等局属公司向受灾地区调运急需药物，及时了解各地灾情、疫情，积极与卫生、防疫、气象、民政等部门联系，做好协调、配合工作。还在局机关及局在京直属单位发起救灾募捐活动，筹集到捐款40万元和大量衣物用品，及时送往受灾最重的广西、贵州、湖南、内蒙古、新疆等困难地区，表达一份爱心。同时，多次及时地向国务院、国家经贸委、国家计委、财政部等上级和负责部门紧急反映情况，获得了国家财政增拨1000万元医药储备资金的有力支持。

尽管今年国家医药管理局在医药储备、救灾防疫方面做了许多富有成效的工作，但当前我国的医药储备、供应工作还处于忙于应付的十分被动的困难局面。总结了多年来医药储备工作的经验和教训，并借鉴国外的做法，国家医药管理局向国务院提出了建立中央与地方两级医药储备制度的建议。这个建议引起了国务院、国家经贸委、国家计委、财政部和其它有关部门领导同志的重视。经过多方面努力工作，国务院决定，拟从1997年起，在我国逐步建立起中央与地方两级医药储备制度。（王春雷）

【法规与条例制定】

一、1996年1月12日经国家医药管理局局务会审议通过颁布第14号局长令《制药机械管理办法》，该《办法》共八章39条，对制药机械生产企业、经营企业管理以及新产品、产品标准与质量管理、质量认证等方面作出了明确的规定。该《办法》自1996年5月1日起执行。

二、1996年4月29日经国家医药管理局局务会审议通过颁布第15号局长令《直接接触药品的包装材料、容器生产质量管理规范》（试行）该《规范》共14章72条，明确本《规范》是直接接触药品的包装材料、容器生产企业生产和质量管理的基本准则，同时对人员、厂房、设备、卫生、原辅料及包装材料、生产管理、质量管理、包装、自检、销售记录等作出了明确规定。

三、1996年9月6日国家医药管理局发布第16号局长令《医疗器械产品注册管理办法》。该《办法》共十七条，明确医疗器械的定义采用国际标准化定义；按照国际大多数国家对医疗器械分类的排序调整了我国的分类顺序；规定进入中国市场的任何一种医疗器械产品，须由产品生产者或其委托代理人向中国政府医疗器械行政监督管理部门提出产品注册、登记，实行市场准入管理制度。

国家医药管理局是国务院授权的医疗器械行政监督管理部门。

全国采用统一的医疗器械产品注册证书和注册号。根据《行政处罚法》明确了部门规章的处罚规定。（崔恩学）

【全国医药软科学研究会议】

1996年4月18日至20日，在江苏省扬州市召开了全国医药软科学研究工作会议暨第四届医药经济优秀论文“扬子江胃苏杯”评选表彰会。第四届全国医药经济论文征文，共收到论文及调查报告155篇，是医药行业一批重要的软科学研究成果。经过评委会认真评选，评出荣誉奖6篇，一等奖3篇，二等奖7篇，三等奖27篇，表扬奖17篇，组织奖3名。

【调研工作】

一、1996年5月，国家医药管理局以国药办字〔1996〕第183号文下发“关于召开‘加强药品管理’专题调研研讨会的通知”，为全国卫生工作会议起草“关于加强药品管理的调研报告”召开了专门的研讨会，并赴河北、浙江等省实地调研，经过反复修改和征求卫生、国内贸易部以及全国政协的意见，于1996年6月25日形成了全国卫生工作会议卫生改革与发展专题调研报告之六“关于加强药品管理的调研报告”。

二、1996年3月至1996年9月，我局参与中央编制委员会组织的国家医药管理体制改革调研活动，向国务院提出了建立统一、权威、高效的国家医药管理体制的建议。

【国家医药管理局组团考察西藏医药】

按照党中央的要求，为做好医药行业支援西藏工作，经局党组研究决定，国家医药管理局首次组织考察组，局综合经济司韩立新司长任组长，考察组成员有河北省医药管理局宁忠义副局长、上海市医药管理局蔡新云处长、广东省医药管理局黄东成处长、华北制药集团公司开发部姜宏铎副经理、河北制药集团公司郭唐季副总裁、珠海丽珠医药集团公司总经办刘康年副主任、广东威达医疗器械集团公司总经办刘丽彬副主任、山东新华医药集团公司生产计划部付恒谦部长、局综合经济司规划一处童应安工程师。考察组一行十人在自治区医药管理局薛立志副局长、周文凯主任和区医药公司鞠世双副经理的陪同下，于1996年9月12日至18日对西藏医药事业状况进行了考察。先后主要对区医药公司、西藏红景天浸膏厂、日喀则地区医药公司、山南地区医药公司和扎囊县医院、琼洁县医院等单位的仓储、门市部和营业设施、医疗条件、人民群众药品消费状况进行了详细考察。

考察组根据西藏医药现状，提出了必须从西藏实际出发、循序渐进发展医药事业的思路。首先要理顺体制，整顿规范医药市场，加强管理，搞好医药商品流通，保证供应，提高经济效益，为今后发展打下基础；其次是立足地产药材和藏药优势，适度开展药材加工利用，以及藏药的生产，提高产品附加值和效益，同时进行必要的练兵；然后在西藏的基础工业和交通有了较大改善，为其他工业项目上马提供了必要条件时，通过各种方式和途径加快医药工业的发展。考察团还提出了动员全行业力量，支援西藏，帮助其发展的建议：第一要宣传西藏，让大家了解西藏，以便帮助西藏；第二要组织全行业力量，无偿支援西藏，为其发展起步给予必要的“输血”；第三要发挥大中型医药企业资金和技术优势，在西藏基础条件有所改善的情况下，采用优势互补，互惠互利的方式，帮助西藏建立一些药材加工和制剂生产企业，使西藏医药通过“造血”取得坚实迅速的发展。

此次考察后，国家医药管理局鉴于西藏地区医药行业目前的现状和困难，根据区医药管理局的要求，组织上海市医药管理局、广东省医药管理局、河北省医药管理局和上海医药销售公司、华北制药集团公司、河北制药集团公司、深圳南方制药厂、珠海丽珠医药集团公司、广东威达医疗器械集团公司、山东新华医药集团公司等有关单位提供无偿支援，帮助解决区内各有关单位的运输车辆、通信设备和区医药公司的部分质量检测设备，以利药品经营管理活动的开展和保证广大藏民用药安全。（童应安）

【国家医药管理局关于统计工作的两项决定】

1996年3月14日，国家医药管理局党组书记郑筱萸主持召开局党组会议，研究了局综合经济司司长韩立新提出的“关于加强统计信息工作的意见”，并对有关统计机构、人员问题做出两项决定：

1. 国家医药管理局统计办公室挂靠在综合经济司，业务工作由综合经济司负责，编制暂定5人，……经费由财务司拨付。统计办主任由韩立新同志兼任。

2. 加强对统计工作人员的培养，提高

医药统计工作人员的素质。对未设立统计机构、未配备统计人员的省局，要尽快设立、配备。

这一决定，进一步明确了统计工作是政府职能，加强了国家医药管理局对统计工作的领导，将有力地促进统计工作为医药行业经济运行服务的功能。（黄美珠）

财价管理工作

【1995年度直属企事业单位国有资产产权登记年检工作】

至1996年8月底，国家医药管理局对所属128家企事业单位（直属单位37家、企业所属子公司91家）进行了产权登记工作。其中一级产权登记单位8家，二级产权登记单位120家。

此次产权登记年检工作，采取收集汇总的方法，按照财务隶属关系自下而上，逐户填报。年检结果表明，国家医药管理局直属128家企事业单位的资产总量为36亿元，其中流动资产27亿元，长期投资2亿元。负债总额28亿元，其中流动负债22亿元。国家所有者权益8亿元，1995年利润总额0.8亿元，净资产收益率7.64%，资本收益率10.42%。

此次产权登记年检工作反映出来的主要问题有：

1. 个别企业没有实收资本，形成空壳企业；

2. 少数企业由于经营管理不善等原因，形成亏损，造成资不抵债。

（李苓苓）

【国家医药管理局决定向直属五公司派出监事会】

根据国家经济贸易委员会、国家国有资产管理局《关于派出第二批监事会的通知》精神，国家医药管理局于1996年9月3日，决定向中国医药工业公司、中国医药公司、中国医药对外贸易总公司、中国医疗器械工业公司、中国医药物资供销总公司等五公司派出监事会。监事会是我国现阶段加强对国有企业财产监督，防止国有企业财产流失，对企业财产保值增值实施监督的组织。

国家医药局向直属五公司派出的监事会由国家经贸委、财政部、国家国有资产管理局、中国工商银行、国家医药管理局等五部门代表聘请的经济、金融、法律及企业经营管理方面的专家，被监督企业的管理者和职工代表等多方组成，成员13人。

监事会的主要职责为：审查企业财务报告，监督、评价企业经营效益和企业财产保值增值状况；根据工作需要，查阅企业的财务帐目和有关资料，对存在的问题提出询问；监督、评价经营者的经营业绩，向监督机构提出任免和奖惩意见；根据企业经营者的要求，对资本运营、经营管理等方面提供咨询意见，协助企业解决生产经营及管理中存在的实际问题；监督企业的资本性支出及投资收益，监督企业将产权转让收入用于资本再投入；研究通过给监督机构的工作报告。（周晓燕）

【《医药行业信贷指导目录》制定】

根据中国人民银行“关于征求《“九五”时期信贷政策（讨论稿）》意见的函”和“关于请你部门提供《信贷指导目录》的函”，国家医药管理局给予了相应的回复并制定了《医药行业信贷指导目录》，主要内容是：

一、优先支持类

1. 列入国家基本药物目录的药品及重要的出口优势医药产品；

2. 国家重点支持的生物工程药品、放

射性药品、地方病用药、解热镇痛药物、新型药物制剂及优质药用制剂辅料，按GMP生产的所有药物制剂，医药专用紧缺中间体6－APA、7－ADCA、7－ACA、异植物醇、3甲基吡啶、4甲基吡啶、山梨醇、苯甘氨酸、对羟基苯甘氨酸、苯乙酸等品种；

3. 利用国际90年代技术，并具有产品可靠性要求的常规新型诊断、治疗、化验、理疗、保健用器械、仪器和设备，利用国际90年代新技术的更新换代产品及其配套件和部件；

4. 新型优质卫生材料、敷料，药用包装材料、容器及医用基础材料、高品质医用传感器件及专用器件，替代进口的新型高效节能医药工业用生产设备等；

5. 符合国家产业政策的国有大中型骨干医药企业的GMP改造；

6. 国家专利品种和国家一、二类新药等；

7. 以兼并、收购、合作、股份制改造等方式实行规模化、集约化生产经营的医药工商企业；

8. 实施连锁化经营战略的医药商业企业；

9. 具有市场潜力和经济效益的农村药品批发、零售网点的建设；

10. 医药批发企业的GSP改造项目；

11. 医药商业企业的灾情、疫情储备。

二、限制支持类

1. 国家在生产领域中限制生产的产品；

2. 没有先进生产工艺技术，达不到最低技术经济规模要求的产品生产和建设；

3. 不按GMP要求，低水平、同品种生产的重复建设；

4. 不符合特殊药品管理规定的特殊药品品种的生产和建设；

5. 严重污染环境，经过治理仍达不到环保要求的非必备药、常备药品种和医药中间体。

(1) 500MA以下医用X线机、CT机、14MEV以下医用加速器；

(2) 不具备多普勒技术的医用B型超声诊断仪器及非电子超声探头；

(3) 不具备智能闭环控制的医用激光仪器；

(4) 无精密动态补偿及不具备监护仪制造能力的呼吸机、麻醉机等医用急救设备；

(5) 新建的人工晶体、体外循环设备制造厂；

(6) 规模效益较差的一次性使用制品：

5000万只/年以下的一次性输血器、输液器；

8000万只/年以下的一次性注射器；

80万/年以下的一次性透析器。

三、禁止支持类

1. 药品中的淘汰品种；

2. 医疗器械中公布的淘汰品种；

3. 制药机械中已公布的淘汰品种；

4. 包装材料、容器中已公布的淘汰产品；

5. 不能保证使用安全有效的医疗器械。（陈仙霞）

【《教育事业费财务管理和经费使用效益考核办法（试行）》下发】

国家医药管理局于1996年2月11日以国药财字〔1996〕第37号文，向局所属三所高等院校，下发了教育事业费财务管理和经费使用效益考核办法（试行）。其目的是为了提高高等院校教育事业经费的财务管理水平和各项资金的使用效益，掌握和运用考核指标，分析教育事业费在社会主义市场经济中的增减变动因素及经济效益增长情况。

一、考核的原则

1. 社会效益和经济效益相统一。教育事业财务工作的任务是积极筹措，合理分配，有效使用各项资金。把社会效益放在首位的同时，要努力提高经济效益，实现社会效益和经济效益的统一。

2. 重点考核与一般考核相结合。在对教育事业财务管理和经费使用效益进行全面考核的基础上，对重点指标进行重点考核，突出工作重点，并加以分析。

3. 真实性。财务管理和经费使用效益考核的结果，是国家制定社会发展计划和有关方针、政策、法规以及各校进行经济活动决策的重要依据。要全面地真实地反映财务管理和经费使用效益的实际情况。

二、考核的范围

教育事业财务管理工作，财政拨款，各单位组织的各项收入、支出以及文教行政周转金。

三、考核指标体系

1. 综合指标：是反映各校教育事业费、全部的收入、支出情况，以及财政拨款占全部支出的比重，同时也是反映全部事业费用于人员费用、公用费用的支出，占全部事业费支出的比重。

2. 单项指标：是直接反映经费的筹集、分配使用和效益的财务指标，同时反映与经费使用有密切联系的，体现事业发展成效和工作质量的指标。

四、考核方法

各单位在考核工作中，应实行综合考核与单项考核、重点考核与一般考核相结合。主要是采用指标百分制，量化的考核办法。考核指标的计算，可采用比较法、比例法、因素分析法等，并制订了指标项目表即综合指标和单项指标。

综合指标的考核有11个，每个指标都有计算公式：

①全年经费实际支出占财政拨款支出的比重：$\dfrac{\text{全年经费实际支出数}}{\text{全年财政拨款数}}\times 100\%$

②年度预算调整指标为年初下达预算的比例：$\dfrac{\text{全年调整后的财政预算数}}{\text{年初下达财政预算数}}\times 100\%$

③教职工平均开支数：

$$\frac{\text{全年实际支出数}}{\text{年末教职工人数}}$$

④“工资”目教职工全年平均支出数：

$$\frac{\text{全年实际支出数}}{\text{“工资”目全年开支教职工数}}$$

⑤“工资”目教职工全年平均人员经费的支出数：$\dfrac{\text{人员经费支出数}}{\text{“工资”目全年开支教职工数}}$

⑥“工资”目教职工全年平均公用经费的支出数：$\dfrac{\text{公用经费支出数}}{\text{“工资”目全年开支教职工数}}$

⑦人员经费的支出占全年实际支出的比重：$\dfrac{\text{人员经费支出数}}{\text{全年实际支出合计数}}\times 100\%$

⑧公用经费的支出占全年实际支出的比重：$\dfrac{\text{公用经费的实际支出数}}{\text{全年实际支出合计数}}\times 100\%$

⑨预算外收入抵支率：

$$\frac{\text{全年抵支收入数}}{\text{全年预算外纯收入}}\times 100\%$$

⑩抵支收入占实际支出的比重：

$$\frac{\text{抵支收入支出数}}{\text{全年经费实际支出数}}\times 100\%$$

⑪借文教行政周转金当年回收率：

$$\frac{\text{当年实际回收数}}{\text{当年应回收数}}\times 100\%$$

单项指标的考核分为经济效益和社会效益的考核。经济效益的考核有七个指标即：

①每个学生平均开支数：

$$\frac{\text{全年实际支出数}}{\text{全年平均在校生数}}$$

②每个学生平均教学仪器设备值：

$$\frac{\text{年末教学仪器设备原值}}{\text{全年平均在校生数}}$$

③每个学生平均图书资料册数：

$$\frac{\text{年末公共图书总册数}}{\text{全年平均在校生数}}$$

④每个学生平均校舍面积：

$$\frac{\text{年末校舍面积总数}}{\text{全年平均在校生数}}$$

⑤学校危房占全校房屋建筑物面积的比例：$\frac{\text{年末危房面积数}}{\text{年末房屋建筑物面积数}}\times100\%$

⑥机动车辆全年平均燃料及修理费的支出：$\frac{\text{燃料及修理费实际支出数}}{\text{年末机动车辆数}}$

⑦修缮费全年平均支出水平：

$$\frac{\text{修缮费全年实际支出数}}{\text{年末房屋建筑物面积}}$$

社会效益的考核有 4 个指标

①教职工与学生的比例：

$$\frac{\text{年末在校学生数}}{\text{年末教职工人数}}$$

②专任教师与学生的比例：

$$\frac{\text{年末在校学生数}}{\text{年末教职工人数}}$$

③专任教师占教职工的比重：

$$\frac{\text{年末专任教师数}}{\text{年末教职工人数}}\times100\%$$

④小汽车与教工的比例：

$$\frac{\text{年末“工资”目开支人数}}{\text{年末小汽车数}}$$

考核工作，一般按财政年度每年一次。从 1995 年起执行。 （马瑞新）

【1995 年度全国医药工商企业会计决算会议】

1995 年度全国医药工商企业会计决算汇审汇编会议暨中国医药会计学会第五次财会理论研讨会于 1996 年 3 月 20 日至 25 日在海口市召开。此次会议，由国家医药管理局财务与市场流通司赵显文司长主持，海南省工业厅许晓民副厅长到会作了重要讲话，中国医药会计学会副会长到会组织了财会理论研讨工作，许修雷处长对会议作了总结发言。各省、自治区、直辖市及计划单列市医药主管部门和工商企业的 140 名代表参加了会议。

会议期间，传达学习了朱镕基副总理关于整顿会计工作秩序的“约法三章”；完成了 1995 年全国医药工商企业年度会计决算的汇审汇编工作；交流了工作经验；评比表彰了 1995 年度全国医药工商企业会计报表的优胜单位；医药工商企业的 12 位代表在大会和分组会议上宣读了论文；研究确定了下一步如何搞好全行业医药财会工作，以及推广完善计算机运用等方面的工作意见。

一、按照全国医药工商企业汇总会计报表评比标准，会议评选出 1995 年度先进单位并予以了表彰。

获得 1995 年度全国医药工商企业汇总会计报表的优胜单位是：北京市医药总公司、上海市医药管理局、江苏省医药管理局、河南省医药管理局、安徽省医药管理局、云南省医药总公司。优良单位是：黑龙江省医药管理局、浙江省医药管理局、山东省医药管理局、湖南省医药管理局、四川省医药管理局、重庆市医药管理局。

获得 1995 年度全国医药商业企业汇总会计报表的优秀单位是：内蒙古自治区医药总公司、辽宁省医药管理局、福建省医药管理局、甘肃省医药管理局、青岛市医药总公司。

获得 1995 年度全国医药工业企业汇总会计报表的优秀单位是：江西省医药总公司、湖北省医药总公司、广西自治区医药管理局、新疆自治区医药管理局、宁波市医药管理局。

二、狠抓会计基础工作，进一步提高会计核算水平和会计信息质量。会议上传达学习了朱镕基副总理提出的整顿会计工作秩序的“约法三章”。整顿会计工作秩序是今年会计工作的重点工作之一。中央决定在 1996 年开展一次全国范围的整顿会计工作秩序的活动，希望各地区医药管理部门和有关单位要将这项工作列入议事日程，主动开展工作，认真地做好准备工作，加强和完善自我监督、自我检查工作，建立健全内部会计监督机制，从组织上保证会计信息的质量水平。

三、为了进一步推动全行业的财会电算化工作，提高财会数据的时效性，国家医药管理局决定对各医药管理部门和直属单位开通电子信箱业务，并重新组建全国医药财会计算机开发应用小组。小组成员由许修雷、刘桂芬、陈仙霞、周晓燕、王润泽、周军（江苏）、韩允明、张海峰、盖少春、裘欣、李润华、李昊等12位同志组成。组长：许修雷，副组长：刘桂芬、陈仙霞。小组在国家医药管理局财务与市场流通司领导下开展工作，具体负责行业财会电算化应用方面的协调、指导工作。（陈仙霞）

【1995年度全国医药工商企业主要财务指标完成情况简析】

1995年是"八五"计划的最后一年，在国家宏观经济运行环境趋紧、市场竞争日益激烈的情况下，全国医药生产、经营仍实现了稳步发展。从1995年全国医药工商企业财务决算汇总结果分析，医药行业1995年总的经济运行呈现以下特点：

一、医药工业继续保持产值、销售、利润同步增长的发展态势，医药商业效益下滑的趋势有所遏制。1995年，医药工业企业累计完成工业总产值（1990年不变价）847亿元，比上年增长26%，"八五"期间年均递增33%，按可比价格计算是1990年的4倍；完成产品销售收入726亿元，比上年增长34.67%；医药商业完成商品销售净额720亿元，比上年增长17.65%，"八五"期间年均递增9%，是1990年的1.6倍；全国医药工商企业实现利税102亿元，比上年增长46%，其中工业企业82亿元，增长41%，商业企业19.61亿元，增长13.4%；医药工业实现利润40.07亿元，比上年增长35.6%，医药商业实现利润4.04亿元，下降4%。

二、医药行业的经济实力进一步增强。到1995年末，医药工商企业拥有的资产总额达到1693亿元，其中拥有净资产440亿元，分别比1990年增加3.8倍和3.5倍，为企业参与竞争、吸引外资创造了有利条件。

三、地区之间、不同所有制企业之间经济发展不平衡，企业的盈利能力较低，整体效益不高。1995年财务数据表明，医药行业的区域规模化趋势更加明显。江苏、浙江、上海、山东、河北等地区实现了医药经济的飞速发展，成为医药行业的排头兵，浙江、江苏、北京3省市的商业利润突破亿元，北京、宁波、青岛3城市的商业企业无亏损。全国医药工业企业总的趋势是股份制企业效益好于国有企业，国有企业好于集体企业。医药工业企业销售利润率为5.52%，比上年提高0.73个百分点，其中国有企业为2.02%，股份制企业为12.2%、集体企业为1.35%；医药商业企业销售利润率为0.56%，比上年下降0.13个百分点。

四、全国医药工商企业亏损面扩大、亏损额增加的问题依然十分突出。1995年，全国医药工业企业亏损面为34.5%（其中国有工业企业亏损面为36%），比上年增加2.54个百分点，全国有重庆、甘肃、内蒙古、贵州等4省（区、市）工业汇总性亏损；医药商业亏损面为23.77%，与上年基本持平，全国有青海、黑龙江、安徽、贵州、宁夏、甘肃、海南、辽宁、湖南、河南、四川、广东、吉林、重庆等15个省（区、市）商业汇总性亏损。

五、资金紧缺、应收帐款增加、费用率提高仍是制约医药经济发展的主要因素。1995年，全国医药行业财务费用、应收帐款分别比上年净增12.8亿元和45亿元，从而加剧了企业资金紧张程度。医药工业企业费用率为23%，比上年提高1.2个百分点；医药商业企业费用率为15.62%，比上年提高0.25个百分点。因此，及时调整产品、商品结构，挖掘企业内部潜力，努力降低成本、费用水平，提高资金使用效率才是提高企业经济效益的根本途径。

（陈仙霞）

1995年全国医药商业主要财务指标排名表

单位：万元

地　区	商品销售收入	名次	地　区	利　润	名次
合计	6,907,949		合计	33,628	
广东省	792,205	1	浙江省	15,318	1
浙江省	650,986	2	江苏省	14,422	2
江苏省	646,846	3	北京市	12,211	3
山东省	453,058	4	上海市	6,234	4
上海市	395,694	5	*宁波市	4,517	5
四川省	328,581	6	福建省	4,059	6
湖北省	304,602	7	云南省	3,886	7
安徽省	297,876	8	湖北省	3,032	8
北京市	288,400	9	天津市	2,731	9
河南省	281,949	10	陕西省	2,448	10
河北省	270,622	11	江西省	2,076	11
福建省	219,369	12	广西区	2,072	12
湖南省	202,866	13	新疆区	2,030	13
陕西省	202,465	14	山东省	1,643	14
黑龙江省	194,729	15	山西省	1,102	15
广西区	186,445	16	河北省	1,085	16
云南省	182,277	17	*大连市	926	17
天津市	173,483	18	*青岛市	804	18
辽宁省	158,002	19	青海省	－34	19
江西省	132,198	20	*重庆市	－39	20
宁波市	125,887	21	黑龙江省	－64	21
山西省	119,745	22	安徽省	－166	22
新疆区	90,123	23	贵州省	－224	23
内蒙古区	81,640	24	宁夏区	－346	24
甘肃省	79,017	25	甘肃省	－666	25
吉林省	71,497	26	内蒙古区	－888	26
青岛市	66,729	27	海南省	－1,062	27
重庆市	55,368	28	辽宁省	－2,962	28
贵州省	47,390	29	湖南省	－3,623	29
大连市	44,043	30	河南省	－4,492	30
宁夏区	28,480	31	四川省	－7,921	31
青海省	20,094	32	广东省	－8,605	32
海南省	7,310	33	吉林省	－9,668	33

（财务与市场流通司提供）

全国医药商业企业财务主要指标完成情况表

（1995 年度）

单位：万元

地　区	商品销售净额		商品销售毛利		费用总额		财务费用		销售税金及附加		利润总额	
	本年数	上年数	本年数	上年数	本年数	上年数	本年数	上年数	本年数	上年数	本年数	上年数
全国总计	7,203,802	6,123,058	1,142,738	971,354	1,125,394	940,878	263,804	226,327	20,779	20,210	40,441	42,175
北京市	284,657	251,786	57,990	50,953	46,364	37,631	10,047	9,217	1,104	1,437	12,211	12,743
天津市	172,973	163,018	37,270	38,001	38,802	35,657	12,955	11,359	258	334	2,731	5,397
河北省	269,184	224,632	46,232	38,111	45,262	36,952	10,859	9,155	507	694	1,085	1,038
山西省	119,595	92,962	22,420	17,587	21,272	17,357	5,072	4,258	225	253	1,102	−15
内蒙古自治区	81,329	78,455	19,937	17,755	21,083	17,533	5,831	4,420	244	235	−888	521
辽宁省	156,402	174,759	33,577	35,586	37,011	40,194	7,726	9,194	634	695	−2,962	−5,124
*大连市	43,774	44,103	9,062	8,618	8,246	7,905	1,200	1,352	183	132	926	756
吉林省	70,653	76,118	15,779	15,605	25,787	25,814	7,234	10,497	276	434	−9,668	−9,316
黑龙江省	194,398	182,168	41,650	39,202	41,812	37,012	9,834	8,478	562	599	−64	2,006
上海市	394,693	316,347	56,118	43,284	51,279	39,502	6,448	5,102	725	810	6,234	4,173
江苏省	645,606	519,844	101,863	81,353	85,933	66,585	15,856	13,386	1,297	803	14,422	12,497
浙江省	649,791	485,738	72,518	57,267	59,874	45,189	10,897	8,399	905	681	15,318	13,092
*其中：宁波市	125,741	83,735	13,932	9,248	11,154	7,106	1,392	1,023	156	82	4,517	2,654
安徽省	297,256	251,380	39,558	34,981	39,347	33,960	9,758	8,448	476	425	−166	610
福建省	219,018	177,428	29,742	23,374	25,552	20,121	5,090	4,153	892	551	4,059	3,176
江西省	131,914	114,176	25,269	21,384	22,987	19,201	5,074	4,226	287	325	2,076	1,561
山东省	452,443	403,707	85,674	71,115	83,711	65,578	20,269	14,323	784	794	1,643	5,162
*其中：青岛市	66,728	57,179	12,386	10,570	11,753	9,777	2,358	2,402	125	126	804	828
河南省	281,665	219,175	40,214	33,590	46,128	38,414	13,039	10,233	415	444	−4,492	−3,709
湖北省	301,459	268,571	41,447	38,559	32,193	30,693	2,708	2,708	5,392	4,892	3,032	2,144
湖南省	202,381	181,160	39,381	33,278	43,568	36,610	9,642	8,323	518	550	−3,623	−3,010
广东省	790,739	682,446	90,607	78,714	102,979	83,224	30,087	21,001	1,602	1,416	−8,605	−579
海南省	7,307	7,618	542	639	1,894	1,653	783	680	25	21	−1,062	−546
广西自治区	184,543	151,068	29,844	25,249	27,893	22,993	4,744	4,010	443	497	2,072	2,070
四川省	325,693	266,525	61,138	49,484	70,811	61,235	19,954	17,631	947	1,046	−7,921	−11,257
*其中：重庆市	55,202	46,957	10,900	9,292	12,738	11,075	2,933	2,924	136	219	−39	−158
贵州省	46,101	47,402	8,431	9,103	8,710	9,141	2,314	2,764	134	205	−224	−361
云南省	180,480	152,687	31,067	26,037	27,590	22,614	7,732	6,178	391	359	3,886	3,097
陕西省	201,811	157,023	34,958	22,817	37,884	26,892	8,810	7,634	434	441	2,448	505
甘肃省	78,513	72,324	14,937	12,814	15,523	13,615	3,781	3,345	224	267	−666	−985
青海省	20,004	36,166	3,739	4,644	3,681	4,446	983	1,366	62	32	−34	625
宁夏自治区	28,319	20,639	4,976	4,036	5,266	4,082	1,449	1,296	85	96	−346	−123
新疆自治区	89,462	74,811	17,994	15,129	16,246	13,493	3,822	3,580	266	210	2,030	1,461
直属企业	325,413	272,925	37,866	31,703	38,952	33,487	11,006	10,963	665	664	6,813	5,322

（财务与市场流通司提供）

全国医药商业企业财务主要指标完成情况表

（1996 年度）

单位：万元

地区	商品销售净额		商品销售毛利		费用总额		财务费用		销售税金及附加		利润总额	
	本年数	上年数	本年数	上年数	本年数	上年数	本年数	上年数	本年数	上年数	本年数	上年数
全国总计	8,125,658	7,203,802	1,286,749	1,142,738	1,281,849	1,125,394	286,874	263,804	19,495	20,779	37,481	40,441
北京市	328,244	284,657	64,507	57,990	57,138	46,364	11,328	10,047	1,054	1,104	8,862	12,211
天津市	196,166	172,973	44,543	37,270	43,899	38,802	16,263	12,955	392	258	2,640	2,731
河北省	310,031	269,184	50,298	46,232	49,056	45,262	11,106	10,859	661	507	1,486	1,085
山西省	147,346	119,595	26,408	22,420	24,967	21,272	5,496	5,072	402	225	475	1,102
内蒙古自治区	82,400	81,329	20,525	19,937	21,583	21,083	5,474	5,831	273	244	−977	−888
辽宁省	191,828	156,402	40,674	33,577	48,387	37,011	10,855	7,726	736	634	−7,806	−2,962
*大连市	53,697	43,774	10,462	9,062	9,833	8,246	1,528	1,200	154	183	627	926
吉林省	89,382	70,653	26,374	15,779	28,603	25,787	8,658	7,234	410	276	−368	−9,668
黑龙江省	212,545	194,398	44,255	41,650	43,713	41,812	9,042	9,834	762	562	768	−64
上海市	589,635	394,693	76,652	56,118	70,958	51,279	9,652	6,448	979	725	10,156	6,234
江苏省	725,191	645,606	116,778	101,863	100,823	85,933	16,368	15,856	1,639	1,297	14,448	14,422
浙江省	758,819	649,791	84,554	72,518	70,451	59,874	11,663	10,897	1,170	905	16,826	15,318
*其中:宁波市	155,526	125,741	16,484	13,932	12,969	11,154	2,035	1,392	213	156	5,296	4,517
安徽省	318,445	297,256	43,022	39,558	45,922	39,347	10,991	9,758	640	476	−3,609	−166
福建省	247,597	219,018	33,438	29,742	29,827	25,552	5,688	5,090	1,037	892	3,393	4,059
江西省	143,003	131,914	28,270	25,269	25,880	22,987	3,500	5,074	367	287	1,883	2,076
山东省	492,990	452,443	93,175	85,674	93,330	83,711	21,034	20,269	1,029	784	576	1,643
*其中:青岛市	66,727	66,728	12,385	12,386	11,752	11,753	2,358	2,358	125	125	804	804
河南省	301,733	281,665	41,699	40,214	48,844	46,128	13,411	13,039	553	415	−5,004	−4,492
湖北省	239,246	301,459	43,467	41,447	46,070	32,193	12,397	2,708	703	5,392	−2,847	3,032
湖南省	212,901	202,381	41,090	39,381	46,722	43,568	9,462	9,642	669	518	−5,452	−3,623
广东省	908,171	790,739	105,629	90,607	111,233	102,979	23,459	30,087	1,861	1,602	2,062	−8,605
广西自治区	178,737	184,543	30,234	542	29,680	27,893	5,480	4,744	490	443	419	2,072
海南省	52,000	7,307	7,705	61,138	7,291	1,894	2,179	783	223	25	624	−1,062
四川省	330,609	325,693	61,256	29,844	74,258	70,811	20,274	19,954	956	947	−10,990	−7,921
*其中:重庆市	63,546	55,202	10,404	10,900	13,206	12,738	2,973	2,933	126	136	−531	−39
贵州省	46,620	46,101	8,630	8,431	9,494	8,710	2,512	2,314	150	134	−785	−224
云南省	200,264	180,480	34,683	31,067	31,584	27,590	8,197	7,732	474	391	3,184	3,886
陕西省	219,520	201,811	28,738	34,958	32,594	37,884	7,553	8,810	428	434	1,754	2,448
甘肃省	82,921	78,513	15,843	14,937	17,489	15,523	3,939	3,781	268	224	−1,827	−666
青海省	30,568	20,004	5,879	3,739	5,524	3,681	1,413	983	126	62	267	−34
宁夏自治区	31,944	28,319	6,293	4,976	5,713	5,266	1,533	1,449	112	85	459	−346
新疆自治区	97,414	89,462	20,034	17,994	18,095	16,246	3,612	3,822	315	266	1,892	2,030
直属企业	359,388	325,413	42,096	37,866	42,721	38,952	12,335	11,006	616	665	4,972	6,813

（财务与市场流通司提供）

1996年全国医药商业主要财务指标排名表

单位：万元

销售收入			利税			利润总额		
地区	排名	金额	地区	排名	金额	地区	排名	金额
合计		8,158,823	合计		229,347	合计		37,481
广东省	1	909,507	江苏省	1	30,697	浙江省	1	16,826
浙江省	2	759,262	浙江省	2	29,223	江苏省	2	14,448
江苏省	3	726,024	上海市	3	23,102	上海市	3	10,156
上海市	4	593,219	广东省	4	18,890	北京市	4	8,862
山东省	5	493,815	北京市	5	18,572	*宁波市	5	5,296
直属企业	6	360,304	山东省	6	11,811	直属企业	6	4,972
四川省	7	333,157	直属企业	7	9,643	福建省	7	3,393
北京市	8	332,938	天津市	8	9,523	云南省	8	3,184
安徽省	9	318,956	福建省	9	9,368	天津市	9	2,640
河北省	10	331,858	河北省	10	8,631	广东省	10	2,062
河南省	11	301,862	黑龙江省	11	8,543	新疆区	11	1,892
福建省	12	248,277	云南省	12	8,253	江西省	12	1,883
湖北省	13	240,940	*宁波市	13	7,388	陕西省	13	1,754
陕西省	14	221,120	江西省	14	6,254	河北省	14	1,486
湖南省	15	213,449	陕西省	15	5,606	*青岛市	15	804
黑龙江省	16	213,185	新疆区	16	5,280	黑龙江省	16	768
云南省	17	202,653	广西区	17	5,079	*大连市	17	627
天津市	18	197,038	山西省	18	3,907	海南省	18	624
辽宁省	19	193,441	湖北省	19	3,279	山东省	19	576
广西区	20	179,725	吉林省	20	3,194	山西省	20	475
*宁波市	21	155,697	安徽省	21	2,734	宁夏区	21	459
山西省	22	147,435	青岛市	22	2,568	广西区	22	419
江西省	23	143,368	*大连市	23	2,370	青海省	23	267
新疆区	24	98,271	内蒙古区	24	2,293	吉林省	24	−368
吉林省	25	90,286	宁夏区	25	1,951	*重庆市	25	−531
甘肃省	26	83,401	青海省	26	1,412	贵州省	26	−785
内蒙古区	27	82,735	甘肃省	27	1,108	内蒙古区	27	−977
青岛市	28	66,728	湖南省	28	962	甘肃省	28	−1,827
重庆市	29	63,772	贵州省	29	747	湖北省	29	−2,847
*大连市	30	53,883	海南省	30	624	安徽省	30	−3,609
海南省	31	52,104	*重庆市	31	423	河南省	31	−5,004
贵州省	32	47,598	辽宁省	32	146	湖南省	32	−5,452
宁夏区	33	32,275	河南省	33	−15	辽宁省	33	−7,806
青海省	34	30,620	四川省	34	−2,859	四川省	34	−10,990

（财务与市场流通司提供）

【1996年药品价格改革工作】

1996年是药品价格改革的关键一年。围绕国家计委下达的《药品价格暂行管理办法》，国家医药管理局做了大量的调查研究及协调工作，为稳步推进药价改革奠定了基础。

一、召开全国医药物价工作会议，专题研究药品价格管理体制的改革问题。国家医药管理局郑筱萸、石峘、张文周等领导同志到会讲话，并深入到各讨论小组认真听取代表的意见。会议还邀请国家经贸委政策协调司、国家计委价管司主要负责同志到会讲话，与代表共同商讨药价改革的问题。

二、对《药品价格暂行管理办法》中不

完善的地方，国家医药管理局有关部门以书面调查，深入企业调查和专题会议调查等多种形式，摸清情况，分析研究，多次与有关部门交换意见，并先后八次正式向国家计委报告，系统地提出修改意见。

三、1996年8月，《药品价格暂行管理办法》正式下达后，国家医药管理局及时转发了有关药价改革的一系列文件，并与国家计委、卫生部、国家中医药管理局等四部委联合召开了全国物价工作会议。贯彻《暂行办法》，配合国家计委将药价改革中的各项措施逐步地加以落实。

四、密切关注各地药价改革的进程，利用《全国医药价格行情》宣传药价改革的重要性。勾通各地情况、介绍先进经验，引导各地根据本地区的实际情况将药价改革工作不断推向深入。（刘爱英）

【进口药品价格管理】

为了做好进口药品价格管理工作，随时掌握进口药品价格的变化情况，1996年9月国家医药管理局与北京海关签订了合作谅解备忘录，双方约定将不定期地交流进口药品价格和报关资料的变化情况。这项工作的开展将对正确审定进口药品价格、打击进口药品走私、维护正当经营者的合法权益，起到积极的作用。（蔡小明）

【麻醉药品、计划生育药具价格调整】

为解决因原材料价格上涨造成的企业生产亏损问题，经深入生产企业专题调查和商有关部门同意，对亏损生产的麻醉药品度冷丁针、强痛定、雌酚酮等10种原料和左旋18甲滴丸等16种计划生育药具的价格作了适当的调整，特别是避孕药价幅度较大，品种达26种，调价金额1800万元。使避孕药品生产企业多年亏损生产经营的状况有了根本的改变，有效地促进和保证上了避孕药品的正常生产。

（蔡小明）

【医药价格行情网络工作】

本着促进价格信息交流，为企业经营提供更多更好的价格服务的原则，1996年医药价格行情网络工作，充实了行情期刊的内容，增加了定期交流价格的品种、定期刊登全国十大城市的部分药品时点价格，有效地提高了价格信息服务的时效性和实用性。信息覆盖面不断扩大已从创办初二十几个城市扩展到五十二个省、地、县级城市。网员单位报表和稿件数量、质量都明显提高。为进一步做好医药价格行情网络工作，国家医药管理局财务与市场流通司于1997年2月25日～28日在浙江省杭州市召开了全国医药物价暨医药价格行情工作会议，全国医药工商企业，省、市医药管理部门代表共200余人参加了会议。会上总结了1996年全国价格行情网络工作，表彰了在医药价格行情网络工作做出突出成绩的16个先进集体、58名优秀通讯员。（蔡小明）

【药品价格管理基础工作】

为完善药品价格管理的基础工作，1996年国家医药管理局财市司改进了药品价格的指数编制工作，将统计市场由17个扩大到26个，增加了列入编制价格指数的代表品的统计品种，由82个调整为116个，实行了进口药品、国产药品、合资药品指数的分类编报，更加准确地反映了各类药品价格水平的趋势，为企业经营和政府价格管理决策提供了基础资料。（蔡小明）

行业规划与经济协调

【《医药行业“九五”计划和2010年长远规划》下发】

1996年4月5日，国家医药管理局以

“国药综经字〔1996〕第112号”文正式颁布《医药行业“九五”计划和2010年长远规划》。这是社会主义市场经济条件下，医药行业的第一个中长期规划，它为医药行业描绘了一幅宏伟的发展蓝图。其总体奋斗目标是：坚持党的基本路线，以教育为根本，以科技进步为先导，以调整结构为重点，以提高质量效益为中心，到2010年，医药行业要发展成为高技术、外向型的主导产业，我国将从一个医药大国转变为医药强国。为实现这一奋斗目标，规划部署了两个战略步骤：第一步（从1996年至2000年），形成以国有大中型企业为主体，各种经济成分协调发展，企业组织结构和产品结构基本合理的产业体系。制药工业大型骨干企业和战略品种、优势品种达到国际九十年代初期先进水平。医疗器械工业主要产品达到国际八十年代末期水平。积极推进GMP、GSP、GB/T19000的质量保证体系建设。从质量、数量和品种上保证国家基本药物的有效及时供应和医院对常规医疗装备的需求，提前1～2年达到适应小康水平和人人享有初级卫生保健的要求。初步建立起社会主义医药市场经济体制，大多数国有大中型骨干企业初步建立起现代企业制度。第二步（2000年～2010年）：建立起“统一、开放、竞争、有序”的社会主义医药市场经济体制。国有企业建立现代企业制度，形成一批具有较强国际竞争力的大企业、大集团，全面实施GMP、GSP、GLP、GB/T19000，新药开发实现向创新为主的战略转移，医药行业发展成为国民经济的高技术、外向型的主导产业。（陈素红）

【《医药行业“九五”节能计划及2010年发展设想》下发】

按照党的十四届五中全会精神，结合医药行业总体发展目标和医药经济存在的资源消耗高、技术水平低、经济效益低的现状，国家医药管理局组织制定了《医药行业“九五”节能计划及2010年发展设想》，并以“国药综经字〔1996〕第35号”文印发。

节能工作的总任务是：为医药工业经济的发展做好能源动力保障。以企业为主体，以降低产品单耗为核心，加强管理，大力推广应用节能新产品、新材料、新设备、新工艺，使节能工作系统化、科学化、现代化。

“九五”期间的节能目标是：

（1）能源消费弹性系数控制在0.48以下；

（2）万元产值环比降低率控制在3.5%以上；

（3）“九五”期末达到万元产值能耗0.87吨标准煤/万元；

（4）水的重复利用率“九五”期末达80%；

（5）材料利用率“九五”期末达74%。

（林殿佑）

【《医药行业环境保护“九五”计划和2010年长远规划》下发】

为建立环境保护与经济发展并重的医药生产新秩序，引导医药行业向生产现代化、无害化、清洁化方向发展，达到经济效益、环境效益和社会效益的统一。国家医药管理局组织制定了《医药行业环境保护“九五”计划和2010年长远规划》，并以“国药综经字〔1996〕第146号”文印发。

“九五”医药行业环境保护的基本任务是：按“预防为主、防治结合、综合治理”的方针，以有机废水污染治理为重点，加快污染治理和综合利用技术的开发推广，加大环保投资力度，不断提高科学管理水平，积极推广清洁生产，有效控制污染发展趋势，促进医药经济的持续、快速、健康发展。

“九五”医药行业环境保护主要指标是：

工业废水处理率达到60%以上，重点企业工业废水处理率达到70%以上，处理达标率达到60%；

工业废气年平均增长率控制在2～3%，工业废气处理率达到80%以上，重点企业工业废气处理率达到90%以上；

固体废弃物以综合利用为主，推广无害化为宗旨，综合利用率达到60%以上。

到2010年医药行业环境保护总目标是：完善行业环境保护法规体系；形成自主开发的科技进步机制，基本解决医药重点产品的污染治理技术，初步完成环境保护从"末端治理"向清洁生产转变；行业的环境污染基本得到控制。（张明奇）

【医疗器械与制药机械行业"九五"计划下发】

国家医药管理局以"国药综经字〔1996〕第201号"文下发了《医疗器械行业"九五"计划和2010年长远规划》和《制药机械行业"九五"计划和2010年长远规划》（以下简称"计划"）。"计划"分为：现状、市场预测、发展的指导思想、发展的目标和重点、政策措施等五个部分。

1. "计划"中重点产品上品种上水平目标、产品结构及产业结构调整目标和总体目标主要是："九五"末，主要产品技术水平与世界先进水平的差距由目前的20年左右缩短到15年左右。主要医疗器械产品品种的40%达到国际八十年代末、九十年代初的水平，10%达到当时世界先进水平。"九五"末，有60%医疗器械产品贯彻可靠性设计的内容，20%的产品门类进行产品可靠性考核，5%的产品可靠性达到国际九十年代初的水平。医疗器械工业前三十家企业（集团）的生产集中度从1993年的57%提高到2000年的70%，大部分骨干企业基本建立现代企业制度。

到"九五"末要有一个年销售额超过30亿元，三个年销售额超过10亿元的大型企业，预计工业总产值达300亿元以上，按年均25%的速度增长。出口创汇预计为15亿美元，机电类医疗产品的出口额应占全部出口总额的80%以上。要保持医疗器械总出口额接近或略大于进口额。

制药机械工业发展目标是："九五"期间制药机械行业工业总产值将以年均13～15%的速度增长，到2000年要有5家以上的企业实现年销售额1亿元以上，生产集中度达到30%。

2. "计划"确定医疗器械"九五"发展重点是：满足国内绝大多数用户需求的产品和品种，利用国际八十年代中期以后成熟技术生产的更新换代的和国内市场缺乏或空白的常规和基础产品，质量可靠、性能稳定、功能适当、物美价廉的量大面广的普及型产品，机电一体化的诊断、治疗、检验型仪器设备，并稳步发展保健康复理疗型医疗器械。

制药设备发展重点是：密闭生产、减少人流物流，缩短生产周期的多功能连续化生产的产品。

3. 实现"九五"计划的主要措施是：加快改制改组，推行现代企业制度；依靠技术进步，推进技术转化为生产力；进一步扩大对外开放，尽多尽快地吸收国外先进技术；改善政府职能，加强宏观调控；加强对生产企业和产品的质量论证，促进行业质量管理；多渠道筹集资金，加大投资力度等六条。

（陈思超）

【《麻醉药品生产"九五"发展规划》下发】

国家医药管理局以"国药综经字〔1996〕第482号"文发布了《麻醉药品生产"九五"发展规划》。规划分析了我国麻醉药品生产状况和市场前景，明确提出了大力发展麻醉药品新品种，到"九五"期末使我国医疗用麻醉药品年消耗量接近中等发达国家水平的发展目标。

实现"九五"计划采取的对策与措施是：

1. 加快重点麻醉药品生产厂的技术改造；2. 建立麻醉药品质量标准体系，不断提高产品质量，改进包装，参与国际竞争；3. 改进罂粟种植与收割，抓好CPS工程项目；4. 酌情引进麻醉药品新品种和兴办合资企业；5. 积极、稳妥地推进麻醉药品供应体制的改革；6. 加强新产品的宣传推广工作；7. 建立麻醉药品产、供、销一体化的监控网络；8. 加强麻醉药品生产经营法规和制度建设。

《麻醉药品生产“九五”发展规划》是我国“九五”期间麻醉药品生产发展的指导性文件，它的下发执行，必将促进我国麻醉药品品种结构调整和生产的健康发展。

（高　峰）

【1996年医药经济统计简述】

1996年，伴随着“九五”计划的顺利启动，国有大中型企业内部改革进一部深化，医药行业经营秩序的治理整顿取得初步成效。医药经济运行情况良好，医药工业继续保持较高发展速度，医药商业保持稳步发展态势。

医药工业情况　1996年实现工业总产值（1990年不变价）1251.14亿元，比1995年增长20.27%，现价工业总产值完成1118.39亿元，比1995年增长17.01%。分类比较见表1：

表1

分类	90不变价（亿元）	比上年同期（%）	现价（亿元）
医药工业总产值	1251.14	20.27	1118.39
化学药品	864.48	18.04	727.35
医疗器械	78.26	15.99	72.94
卫生材料	19.45	12.47	21.15
制药机械	4.76	−3.13	4.99
中成药	217.93	23.47	227.54
中药饮片	2.69	14.30	3.12
药用包装	21.25	3.93	22.11
其他	42.32	122.73	39.20

从表1可看出，除制药机械工业外，其他七类均较1995年有不同程度的增长，从总的情况看，不变价工业总产值的增幅比现价工业总产值的增幅高3.26个百分点。从分类情况看，现价工业总产值比不变价工业总产值大的有卫生材料工业、制药机械工业、中成药工业、中药饮片工业、药用包装工业，而化学药品工业、医疗器械工业和其他工业的现价产值均比不变价产值低。

1996年实现工业销售产值1050.95亿元，产销率为93.97%，比1995年的92.90%提高1.07个百分点。从分行业看，化学药品工业完成691.82亿元，产销率95.12%，医疗器械工业完成70.71亿元，产销率96.95%，卫生材料工业完成20.47亿元，产销率96.79%，制药机械工业完成4.64亿元，产销率92.96%，中成药工业完成208.02亿元，产销率91.42%，中药饮片工业完成3.23亿元，产销率103.50%，药用包装工业完成21.30亿元，产销率96.35%，其他工业完成30.75亿元，产销率78.44%。医药工业出口交货值完成138.03亿元，比1995年增长1.11%。

在医药工业总量保持高速增长的同时，区域发展差距进一部拉大，不变价工业总产值列前十位的地区，其工业总产值总量占全国医药工业总产值的比重由1995年的71.76%提高到72.67%，其现价产值占全国的比重达69.38%。这十个地区的情况见表2：

表2

位次	地区	不变价产值（亿元）	占全国比重（%）	现价产值（亿元）
1	广东	126.83	10.14	120.76
2	江苏	119.36	9.54	87.33
3	浙江	117.01	9.35	78.99
4	山东	113.86	9.10	102.05
5	河南	89.23	7.13	59.33
6	上海	87.77	7.02	82.79
7	河北	71.76	5.74	76.82
8	四川	70.57	5.64	65.40
9	湖北	57.93	4.63	50.13
10	辽宁	54.88	4.39	52.43
	合计	746.56	72.67	776.03

医药商业情况　1996年医药商业购销两旺，保持稳步增长态势。医药商品购进总额738.99亿元，比1995年增长10.54%。分类情况如下：药品类444.39亿元，同比增长10.68%，医疗器械类35.36亿元，同比增长5.55%，化学试剂类8.48亿元，同比下降3.38%，玻璃仪器类2.73亿元，同比增长4.48%，中药材类65.19亿元，同比增长11.75%，中成药类168.83亿元，同比增长11.57%，其他类14.01亿元，同比增长12.50%。

医药商业销售总额完成908.30亿元，比1995年增长13.03%，其中对居民和社会集团商品零售532.50亿元，同比增长14.38%，商品库存总额208.31亿元，同比下降0.52%。从分类情况看，药品类总销444.39亿元，同比增长14.65%，其中对居民和社会集团商品零售335.71亿元，同比增长15.50%，库存总额100.82亿元，同比增长1.80%；医疗器械总销45.29亿元，同比增长6.35%，其中对居民和社会集团商品零售27.46亿元，同比增长7.95%，库存总额12.73亿元，同比下降0.50%；化学试剂类总销11.99亿元，同比下降3.64%，其中对居民和社会集团商品零售2.62亿元，同比下降1.84%，库存总额4.37亿元，同比增长6.34%；玻璃仪器类总销4.06亿元，同比下降2.26%，其中对居民和社会集团商品零售1.06亿元，同比下降6.80%，库存总额1.57亿元，同比增长4.84%；中药材类总销89.55亿元，同比增长9.38%，其中对居民和社会集团商品零售42.16亿元，同比增长13.13%，库存总额36.15亿元，同比下降0.55%；中成药类总销207.39亿元，同比增长13.06%，其中对居民和社会集团商品零售110.98亿元，同比增长12.72%，库存总额50.29亿元，同比下降4.59%；其他类总销17.99亿元，同比增长19.59%，其中对居民和社会集团商品零售12.52亿元，同比增长25.94%，库存总额2.38亿元，同比增长1.14%。

从总的情况看，医药商品购销平稳增长，零售增幅高于总销售增幅。库存减少，这一方面说明需求增大，市场复苏，另一方面也可能是企业为压缩占压资金而采取减少库存的经营策略，反映出资金紧张状况仍然困扰着企业。

经济运行质量及效益　1996年医药工商实现利税153.24亿元，利润72.27亿元，分别增长22.90%和36.02%。其中工业实现利税129.66亿元，利润67.87亿元，同比分别增长22.81%和37.07%，分行业情况见表3：

表3

分类	利税总额(亿元)	利润总额(亿元)
化学药品	66.66	29.36
医疗器械	7.88	4.18
卫生材料	1.58	0.48
制药机械	0.23	−0.08
中成药	35.33	18.22
中药饮片	−0.13	
药用包装	2.07	0.35
其他	18.59	15.50

从表3看出，各行业的情况极不平衡，制药机械工业和中药饮片工业仍未走出低迷状态，经济效益进一步下滑。总体上虽然经济运行的质量和效益有明显提高，但区域发展仍不平衡，全国有九个地区出现汇总性亏损，全国亏损企业亏损总额达27.88亿元。如何帮助这些地区和企业提高经济运行的质量，仍将是医药行业的一个重大课题。

医药商业实现利税23.61亿元，利润4.40亿元，同比分别增长21.55%和23.35%，效益的增长高于生产经营的增长。全国有八个地区出现汇总性亏损，亏损面比1995年的14个减少了5个。

总之，1996年医药经济运行情况良好，

实现了生产和效益同步增长。但这并不能说明医药经济已经走上良性发展轨道，全行业结构调整仍然任重道远。我们必须进一步解放思想，抓住机遇，切实抓好两个转变，加速医药产业结构、产品结构、企业组织结构的调整，促进医药工业良性发展。

（温世宏）

【全国医药经济工作会议】

1996年8月8日至8月11日，国家医药管理局在青海省西宁市召开了全国医药经济工作会议。全国各省、自治区、直辖市及计划单列市医药管理局、解放军总后医药局和“医药工业50强”部分企业代表、国家医药管理局局领导及有关司室代表共计148名代表参加了会议。会议由局综合经济司具体筹办。

会议的主要任务：认真贯彻落实党的十四届五中全会和八届人大四次会议精神，以提高经济效益为中心，结合医药行业“九五”计划和2010年长远计划，探讨如何推进“两个根本转变”，提高医药经济素质，促进医药行业健康发展。

戴庆骏副局长在会议开幕上发表了讲话。他对医药行业96年上半年经济运行情况和经济效益下滑的原因进行了深刻分析，并着重指出：

医药工业发展的现状已经表明，目前医药经济的结构性矛盾日益突出，经济效益不断滑坡，经济运行整体素质不高，产品技术含量较低，是典型的粗放型经营，因此，推进两个根本性转变，提高医药经济的素质是医药行业最迫切的任务。在这样的形势下召开全国医药经济工作座谈会，就显得十分重要，将产生积极的、深远的影响。戴庆骏副局长要求，在当前推进两个转变过程中，要抓住重点，寻求突破。

会议期间，代表们结合医药经济发展状况和企业实际，对戴局长的讲话进行了热烈的讨论。部分会议代表做了经验交流发言。

郑筱萸局长在会议闭幕式上做了题为《大力推进“两个根本性转变”，不断提高医药经济增长素质》的讲话，指出要重点抓好以下几项工作：

一、加快以建立现代企业制度为目标的国有企业改革步伐。

（一）要继续抓好现代企业制度试点工作。

（二）要继续贯彻好《转机条例》，不折不扣地落实《转机条例》赋予企业的14项自主权利。

（三）强化企业内部管理，应从以下4方面入手：

1. 切实提高企业经营者的素质。

2. 学习推广邯钢经验，加强成本管理。

3. 加强各项企业基础管理，逐步建立一套高标准、严要求、物质利益和精神激励机制相结合的科学考核体系，提高企业管理的基础水平。

4. 搞好市场预测与市场开拓。要积极拓宽外贸渠道，增加产品出口；积极参与职工医疗保障制度改革、处方药和非处方药分类管理等关系医药行业改革、发展的各项工作，及时了解和掌握医药市场变化。

二、把科学技术作为医药经济增长的主要因素，增强企业科技创新能力。

（一）加大科技投入，加快新药研究步伐。

（二）加大技改力度，增强企业的应变能力。“九五”期间，医药发展的立足点以现有企业为依托进行技术改造，原则上不再铺新摊子，要避免造成新的低水平重复建设。“九五”期间企业的技术改造要在投资主体、管理方式、宏观管理覆盖面三方面实现转变；要实现技术改造与技术进步、与产品结构调整、与企业“三改一加强”相结合。

三、实现大集团、大公司发展战略，优

化企业组织结构。

（一）要抓好企业组织管理体制建设，建立符合现代企业制度要求的、规范化的企业组织机构。

（二）要重视大集团、大公司发展战略的研究。要特别注意研究透彻企业自身情况和内部经营条件、目标市场情况和国家有关政策，敢于谋新思路、求大发展。

（三）要强化资本经营管理。要学会从单纯的产品经营转变为产品经营和资产经营紧密结合的经营方式，积极促进金融资本和产业资本的结合，运用较少的资本，调动、吸纳、盘活更多的资本，加快企业实力扩张。

（四）加强宏观调控，促进大集团、大公司发展战略的实施。

郑筱萸局长要求医药行业在推进两个根本性转变中，要切实加强行业管理，工作要有新突破。最后，郑局长还指出，在实现两个根本性转变过程中，由于新旧体制的撞击，各种矛盾交织在一起，这属于正常现象。医药行业要发扬团结一致，艰苦创业的奋斗精神。希望同志们既看到困难，又要不怕困难，增强克服困难的勇气和信心，真正把国有企业改革这篇文章做大、做好。

（陈天晓）

【全国医药工业环境保护技术交流会】

为了更好地落实《医药行业"九五"计划和2010年长远规划》，贯彻第四次全国环保会议精神，促进医药行业污染防治技术的进步，国家医药管理局于1996年9月6日至9日在黄山召开了首次全国医药工业环境保护技术交流会。出席会议的有28个省（区、市）、65个单位的81名代表。

会议的主要内容：对医药行业环境保护"九五"计划和2010年长远规划作了说明；交流了21篇技术材料；落实了"九五"环保科研课题。

戴庆骏副局长出席了会议，并作题为《加强环保管理，推进科技进步，为医药经济可持续发展而努力》的重要讲话，对医药行业环境保护工作提出六点重要指示：

一、各级领导要高度重视医药环保工作，处理好医药经济发展与环境保护的关系。

"先污染，后治理"，实践证明是一条弯路。"纯自然主义"排斥经济发展也行不通。我国必须选择经济与环境协调发展之路。

二、更新环保观念，推行清洁生产，实施污染防治。

推行清洁生产，实现污染防治是当今国际环境保护政策和策略的大趋势。清洁生产是变"末端治理"为"源头削减"的重要措施，是国内外工业污染治理经验的基本总结，是环境保护思想的创新和最佳方式。

三、加大环保科研及成果推广力度。

环保科研是医药科技进步的重要组成部分，在《医药行业环境保护"九五"计划和2010年长远规划》中也做为重要内容，我们必须花大力气抓紧抓好。要建立产、学、研合作的开放式环保科研开发体制，加强现有环保科研机构的管理，使其更好地为行业服务；环保科研课题的选择要突出重点，首先是量大面广大类产品生产的环保问题，课题中要包括环保信息系统的研究；要建立环保科研成果转让的市场化机制。

四、要坚持建设项目"三同时"。

要坚持建设项目与环境保护设施同时设计、同时施工、同时验收投产的"三同时"原则，逐步解决污染欠帐，搞好项目环境影响评价书的编制和审查工作；建设项目的决策，不仅从规模、效益方面考虑，也应从污染及治理方面进行决策。

五、要加强环保管理工作。

环保管理是企业管理的重要组成部分，必须高度重视。强化企业各级人员的责任感和环保目标责任制，形成企业的全员参与的环保管理体系。

六、大力加强环保宣传，提高全行业的环保意识。

资源、环保、人口问题是经济能否实现可持续发展的三大关键因素。“必须切实保护资源和环境，不仅要安排好当前的发展，还要为子孙后代着想。决不能吃祖宗饭，断子孙路，走浪费资源和先污染、后治理的路子”。（张明奇）

【全国医药技术改造工作座谈会】

全国医药技术改造工作座谈会于1996年10月17日至21日在重庆市召开。国家经贸委、国家计委、中国工商银行、中国建设银行、中国交通银行、各省（区、市）医药管理局以及部分建设项目企业的代表参加了会议。

会议主要内容是：总结“八五”医药技术改造工作；研究、制定“九五”医药技术改造思路和要点；交流技改经验；衔接1997年技改项目。

郑筱萸局长出席了会议，并作了《坚持“三改一加强”，促进两个根本性转变，为完成“九五”医药技术改造任务而奋斗》的重要讲话。讲话分为：1～8月份全国医药经济运行简况；“八五”医药技术改造回顾；“九五”医药技术改造工作思路及要点；坚定信心，扎实工作，为做好“九五”医药技术改造工作努力奋斗——四个部分。

郑局长在谈到“九五”医药技术改造工作时指出：

一、指导思想：贯彻中央经济工作总方针，落实十四届五中全会和八届人大四次会议精神，根据国务院、国家经贸委对“九五”技术改造的布署，结合国家医药管理局《医药行业“九五”计划和2010年长远规划》，按照实现两个根本性转变和建立适应社会主义市场经济规律的投融资机制的要求，组织实施好医药技术改造工作，切实实现经济体制和经济增长方式的根本转变，提高现有企业的整体素质和应变能力。

二、主要思路：以现有企业为依托，以市场为导向，以产品为龙头，坚持“三改一加强”的方针，坚持技术进步、择优扶强、“抓大放小”的原则。逐步实现投资主体、管理方式和管理覆盖面三个转变。加大结构调整力度，优化资产重组，转换经营机制。下大力气研究市场，提高改造选项准确性。进一步拓宽投融资渠道。

三、工作重点：调整好四个结构，即调整企业组织结构、调整产品结构、调整技术结构、调整投资结构。

郑局长还强调指出，要加强技改干部队伍建设，加强学习，提高素质，转变思想观念，把国有企业的改革、改造作为经济体制改革的中心环节来抓，加强企业管理，通过资产这一纽带促进企业改组，调整结构，切实提高医药经济增长的质量和效益。

（高国彪）

【全国医药节能工作会议】

全国医药节能工作会议于1996年12月3日至6日在陕西省西安市召开，来自全国27个省（区、市）、102个单位、139名代表参加了会议。

会议总结了医药行业“八五”期间能源管理工作的经验和成果，以及1996年开展的向节能管理要效益活动；交流了94篇节能先进技术和典型管理经验；表彰了华北制药股份有限公司等56个先进节能企业、陈士选同志等64名节能先进工作者；研究了医药行业1997年节能的重点工作。

戴庆骏副局长出席了会议，并做题为“强化节能工作，为促进经济增长方式转变而奋斗”的重要讲话。讲话对医药行业“九五”节能工作及提高医药经济运行效益具有重要的指导意义。

讲话对医药行业“八五”期间节能工作

进行了科学地总结，肯定了行业认真贯彻执行国家能源政策，大力推广应用节能先进技术与设备，促进了经济增长方式由粗放型向集约型的转变，保障了医药经济持续、快速、健康地发展，完成了国家对行业能源利用的指标。同时也指出了存在的问题与不足。

戴庆骏副局长提出了几点重要要求：

一、充分认识节约能源的战略意义

能源问题一直都是我国经济和社会发展的突出问题。只有节约能源才是最现实的选择，我们必须充分认识到节约能源的重要性和紧迫性，增强使命感和责任感。

二、围绕提高经济运行质量和效益，强化节能管理

深化改革，强化管理，提高经济增长的质量和效益，是今后一段相当长的时间内企业面临的主要任务。企业加强对节能工作的管理，是“转机制，抓管理，炼内功，增效益”活动的重要部分，是促进经济增长方式转变的重要内容。

三、加快节能降耗和能源综合利用的技术改造步伐，推进企业技术进步

医药行业能源原材料消耗高、利用率低的主要原因是技术装备和工艺落后，通过技术改造来实现节能的任务是相当繁重的。国家对技术改造、节约能源、综合利用等给予许多优惠政策，各地区各企业要充分运用好这些政策，把节能与综合利用的技术改造搞上去。

四、搞好信息交流工作

进行节能信息交流是促进技术进步的有力手段。搞好信息交流应该是多方面多层次的，范围不应局限地方与行业，要和国内、国际上同行业或其它有关行业进行交流，扩大视野，开阔思路。

五、各地方各企业要进一步完善好本单位的“九五”节能计划

做好“九五”节能计划对搞好节能工作十分必要。计划要有预见性、开拓性和先进性。那些还没有制定节能计划的地方和企业，抓紧时间研究制定。

六、节能降耗是个系统工程，需要各方面的配合

节能离不开工艺装备、管理与操作等方面的理解和支持，要争取各方面的配合与支持，才能做好节能工作。　　（林殿佑）

企业改革与管理

【医药企业股票上市情况】

1996年顺利完成了东北制药股份有限公司、南京医药股份有限公司、广东威达医疗器械集团股份有限公司的股票上市，共筹集资金近5亿元，为企业发展注入了活力；至1996年底，医药行业（包括地方推荐）共有24家企业股票上市；同时积极做好山东鲁抗医药股份有限公司及北京万东医疗装备公司1997年的股票上市运作工作，争取A股额度近1亿元，预计又可募集资金近6亿元。

在积极做好国内A股发行上市工作的同时，选择一批有实力的医药企业进行境外上市试点，其中，山东新华集团股份有限公司香港发行H股工作已于1996年12月31日正式在香港联交所挂牌上市，募集资金2.8亿元；华北制药股份有限公司、哈尔滨医药股份有限公司、三九集团、广州医药股份有限公司四家企业已列入全国第四批境外上市企业。　　（陈天晓）

【1995年度“医药工业50强”评出】

为贯彻实施大集团、大公司的发展战略，更好地发挥行业“排头兵”企业作用，在1994年度“医药工业50强”评定工作基础上，1996年又进行综合评价确定了1995年度“医药工业50强”，其中：化学制药工业企业44家，医疗器械企业3家，医药包装企业2家，制药机械企业1家。此次“医药工业50强”企业（不含中药企业）是在医药行业152家大型工业企业中选择确定的。评价方法采用国家经贸委确定千家重点联系企业的综合评价体系，根据企业1995年的经济指标，从市场占有率、利税总额、成本费用利润率、流动资产周转率、产品销售率等多项定量的指标进行综合考核，同时在企业具备一定经济实力、有较为合理的产品结构和发展潜力的条件下，兼顾到地区间医药经济的平衡发展等诸多定性因素，进行的综合评价。

同时，推荐确定了医药行业进入千家重点试点企业的名单，并将华北制药集团公司、东北制药集团公司、山东新华医药集团公司推荐进入300家重点企业行列；将山东新华医药集团公司和哈尔滨医药集团推荐为全国百户企业集团试点单位。

1995年度“医药工业50强”企业是：

企业名单	综合评价得分
化学制药工业44家	
西安杨森制药有限公司	97.97
珠海丽珠医药集团股份有限公司	95.83
齐鲁制药厂	94.51
河北制药集团有限公司	93.76
南方制药厂	92.78
国营靖江葡萄糖厂	92.50
华北制药集团有限公司	91.40
四川制药股份有限公司	88.76
山东新华医药集团有限责任公司	88.67
哈尔滨医药股份有限公司	88.39
华中医药集团公司	88.14
天津药业有限公司	87.02
南京金陵制药集团有限公司	86.24
浙江海门制药厂	85.84
石家庄第一制药集团	83.88
山东鲁抗医药企业集团公司	83.78
上海三维制药公司	83.50
浙江新昌制药股份有限公司	83.00
上海四药股份有限公司	82.77
杭州中美华东制药有限公司	82.65
江西东风制药有限责任公司	82.13
江西赣江制药有限责任公司	80.84
西南药业股份有限公司	80.38
扬州制药厂	79.03
南京医药集团公司	77.95
上海中西药业股份有限公司	77.79
杭州民生制药集团公司	77.65
吉林制药股份有限公司	76.68
上海医药工业集团公司	75.83
四川长征制药股份有限公司	75.34
张家口制药总厂	74.68
上海华联制药公司	73.04
昆明制药股份有限公司	72.04
广州白云山企业集团公司	71.89
东北制药集团公司	70.22
西安制药厂	69.48
福州抗生素总厂	69.21
海南海药股份有限公司	68.91
上海新亚制药公司	68.78
湖南岳阳制药有限公司	66.87
武汉制药集团股份有限公司	64.16
北京制药厂	57.94
医疗器械企业3家	
北京万东医疗装备公司	76.49
广东威达医疗器械集团公司	73.59
苏州医疗器械厂	64.65
医药包装企业2家	
山东药用玻璃股份有限公司	81.15
南通玻璃一厂	63.88
制药机械企业1家	
辽阳制药机械股份有限公司	67.67

（陈天晓）

【医药行业新增大型企业26户】

经国家经贸委、国家计委、国家统计局、财政部、劳动部、人事部6部委组成的全国划分企业类型协调小组，依据《大中小型工业企业划分标准》，对1995年度全国新增大型工业企业的申报认证工作，进行了严格的核实和审查，以“国经贸〔1996〕922号”文件，公布了1995年度全国新增大型企业名单。其中医药行业1995年度新增大型工业企业26户。鉴于已公布认证的部分大型工业企业的类型发生了变化，有的企业被兼并、解体或破产，有的企业被认证为新的类型，因此，部分原认证类型的企业予以撤销，其中，医药行业予以撤销的大型二档企业四户。

截止1995年度，累计审定认证的医药行业工业企业合计为170户。其中特大型企业4户。

1995年度全国新增大型工业企业名单（医药行业部分）及撤销原认证的大型工业企业名单（医药行业部分）如下：

杭州民生药业集团公司	大	一
福州抗生素总厂	大	一
海南省海药实业股份公司	大	一
朝阳制药厂	大	一
深圳南方制药厂	大	一
赤峰松源集团总公司	大	二
浙江金华制药厂	大	二
安徽四通生物医药有限公司	大	二
河南东方制药厂	大	二
新乡制药股份有限公司	大	二
广东省广宁县葡萄糖厂	大	二
山东淄川制药厂	大	二
安徽省无为制药厂	大	二
佛山康宝顺药业有限公司	大	二
肇东市振兴制药厂	大	二
深圳海滨制药有限公司	大	二
河南省南阳第二制药厂	大	二
河南省华鑫制药厂	大	二
厦门星鲨实业总公司	大	二
广州侨光制药厂	大	二
杭州默沙东制药有限公司	大	二
泰州制药总厂	大	二
正大青春宝药业有限公司	大	二
杭州天目山药业股份有限公司	大	二
中国通化东宝实业集团公司	大	二
四川省峨眉山市医药玻璃厂	大	二

以上为新增，以下为撤销。

杭州民生药业集团公司	大	二
海口制药厂	大	二
福州抗生素总厂	大	二
朝阳制药厂	大	二

（陈天晓）

【医药行业新增进出口自营权企业60家】

1996年，在国家适当放宽企业自营进出口审批标准、适当放开自营出口范围等有关政策的推动下，医药企业自营进出口工作取得新进展。全年，内蒙古赤峰制药厂、浙江海门制药厂、湖北制药厂、山东烟台第二制药厂、湖南岳阳制药有限公司、江西东风制药有限责任公司、西南药业股份有限公司、海南药业实业股份有限公司、新疆制药厂、苏州医疗器械厂、长沙九芝堂药业集团公司、云南白药实业股份有限公司等六十家医药行业生产企业获得了自营进出口经营权。医药自营出口企业增多，医药产品出口基地扩大，有力地促进了医药产品的自营出口和医药外向型经济的发展。

（武小壮）

【《医药行业深化企业改革、加强企业管理的实施意见》下发】

根据国家经贸委96年国有企业改革工作实施意见和《“九五”企业管理纲要》精神，国家医药管理局以（“国药综经字〔1996〕第222号”文件）印发了《医药行业深化企业改革、加强企业管理的实施意见》，部署了1996、1997年的企业改革与管理的工作任务。

通过两年的工作要达到如下基本目标：

1. 现代企业制度试点目标：

——抓好国务院百户现代企业制度试点中2户医药企业的试点工作，通过国务院现代企业制度试点领导小组的总结验收；

——医药行业现代企业制度试点网络企业参照国家总体安排运行，在一些难点问题上有所突破，为在全行业全面推进现代企业制度奠定基础；

——其它进入各级地方政府的现代企业制度试点企业，要参照国家关于试点工作的总体部署，积极争取当地转发的支持，立足本企业实际进行大胆探索。

2. 股份制试点目标：

——贯彻国家股份制有关规定，修改完善医药行业股份制试点产业政策：

——推行行业股份制改造，促进行业组织结构优化，资本结构有所改善；

——完成4家A股股票上市企业材料的审批、推荐工作，确保上市工作顺利；做好2～3家境外上市企业的申报、推荐工作。

3. 集团化发展战略目标：

依据医药行业“九五”计划和2010年长远发展规划，指导企业做好集团发展战略规划，实施医药行业大集团、大公司发展战略。实行择优扶强政策，至1997年底，初步形成8～10家具有一定规模和实力的医药大集团、大公司。

4. 质量管理目标：

制药工业大中型骨干企业和战略品种、优势品种要达到八十年代末、九十年代初期先进水平；医疗器械工业主要品种质量要达到国际八十年代水平；重点推进GMP、GSP、GB/T1900～ISO9000系列的质量保证体系，从质量和品种上保证国家基本药物的有效及时供应和医疗单位对常规医疗器械的装备需求；

5. 经济效益目标：

企业产品产销率达到95%以上；

企业成本费用降低5～10%；

企业流动资金周转率提高15～20%；

亏损企业减少5～8%，亏损额度减少10%。

6. 设备、节能、安全、环保等专业管理目标：

大中型医药骨干企业先进水平设备占有率要达到25%以上，能源消费弹性系数控制在0.5以下，水的重复利用率提高5%；千人死亡率及千人重伤率明显下降，杜绝重大事故发生；工业废水处理率、工业废气处理率、固体废弃物综合利用率分别达到60%、80%、60%以上。

7. 企业综合管理目标：

——企业管理的基础工作明显加强，做到科学、先进、规范。医药工业企业的标准化管理、定额工作、计量工作、信息工作、规章制度、职工教育工作，要达到国家医药管理局国药企字（92）第552号文件提出的各项标准；

——企业现场管理显著改善，大中型企业要达到现场整洁、纪律严明、物流有序、设备完好、生产均衡的要求；

——各项专业管理水平上一个台阶。

（陈天晓）

【《药品生产企业开办资格审查办法（试行）》发布】

根据《国务院关于进一步加强药品管理工作的紧急通知》〔国发（1994）53号〕及国家有关政策，国家医药管理局于1996年7月19日发布了《药品生产企业开办资格审查办法（试行）》。

该办法适用于中华人民共和国境内申请新开办的药品生产企业，包括各种形式的联营企业、中外合资企业、中外合作企业及外商独资企业。

取得药品生产企业开办资格的基本条件为：

1. 申请开办药品生产企业必须是具有法人资格的国内外经济组织。

2. 拟生产品种中应具有较好市场前景的三类以上新药或是产业政策中固定资产

投资领域鼓励发展的品种。

3. 生产规模与品种相适应，工艺具有国内先进水平，原辅材料的供应应有保证。

4. 具有与药品生产相适应的技术人员和管理人员。

5. 符合 GMP 要求。

6. 具有与药品生产相适应的地域环境，“三废”治理措施落实。

7. 资金来源落实。

审查程序为：

1. 拟开办药品生产企业的经济组织向所在省（自治区、直辖市）药品生产经营行业主管部门报送开办资格申请书。

2. 经省（自治区、直辖市）药品生产经营行业主管部门初审同意后报国家医药管理局。

3. 国家医药管理局在收到完备资料及初审意见后，30 日内作出同意或不同意的批复。

新开办的外商投资药品生产企业除须按有关利用外资政策审查外，还须符合下列条件：

1. 生产具有国际先进水平的产品。

2. 能不断获得新技术和新产品。

3. 其产品应面向国内、国际两个市场。

该办法还对药品生产企业开办资格申请书的内容及附件作了规定。

（沈家鹏）

【《医药行业职工伤亡和经济损失事故管理办法》出台】

遵照国务院 75 号令发布的《企业职工伤亡事故报告和处理规定》，以及国家关于加强事故的报告、统计和强化行业安全管理的要求，结合医药行业的实际，国家医药管理局组织制定了《医药行业职工伤亡和经济损失事故管理办法》，1996 年 5 月以“国药综经字〔1996〕第 204 号”文颁布执行。这是医药行业首次制定的安全法规。

该《办法》共分九章三十条。

各章及要点是：

第一章　总则（共五条）

制定的依据；适用范围；管理原则；企业负责人及各级主管部门所负的责任。

第二章　事故定性（共二条）

因公伤亡、经济损失事故的规定。

第三章　事故划分标准（共四条）

轻伤、重伤、死亡事故及经济损失事故的划分标准。

第四章　事故快报（共三条）

事故快报要求的条件、程序、时间、内容。

第五章　事故调查（共四条）

事故调查的分级管理；调查组的成员要求及其职责、权力。

第六条　事故书面报告（共三条）

事故书面报告的要求及内容。

第七章　事故统计（共三条）

事故统计的程序、计算方法、格式及内容。

第八章　奖惩（共二条）

执行办法的奖惩规定。

第九章　附则（共四条）

未尽事宜的规定；解释权；实施日期。

（林殿佑）

【《医药工业企业合理用能设计导则》颁布】

为使医药行业能源管理科学化、规范化，在设计中贯彻实施节约与合理利用能源，国家医药管理局组织制定了《医药工业企业合理用能设计导则》行业标准，并以“国药质字〔1996〕第 272 号”文颁布执行。

标准共分十一章

标准各章及要点：

1. 范围

标准适用范围。

2. 引用标准

引用 11 个标准及规定。

3. 总则

节能篇的要求；能源计量的要求；采用能源的原则。

4. 制药工艺

制药工艺设计合理用能的要求。

5. 制药生产装置

制药生产装置的设计有关合理用能的规定。

6. 制药企业厂房建筑

制药企业厂房及密封设计合理用能的规定。

7. 热力系统

企业热力系统设计合理用能的各项规定。

8. 电力系统

企业电力系统设计合理用能的各项规定。

9. 给水、排水系统

企业给水、排水系统设计合理用能的各项规定。

10. 空气系统

企业空气系统设计合理用能的各项规定。

11. 制冷系统

企业制冷系统设计合理用能的各项规定。 （林殿佑）

【《药用玻璃窑炉经济运行管理规范》颁布】

为保障重点耗能设备药用玻璃窑炉运行中节约能源，保证其经济运行，国家医药管理局组织制定了《药用玻璃窑炉经济运行管理规范》行业标准，并以“国药质字〔1996〕第272号”文颁布执行。

规范共分六章，各章及要点如下：

1. 范围

标准适用范围。

2. 引用标准

引用三个国际标准。

3. 定义和计算方法

对熔化率等九个术语定义并规定公式。

4. 技术管理

技术管理的内容及要求。

5. 运行管理

运行管理的内容及要求。

6. 经济运行评估

经济运行评估的等级、标准及计算公式。 （林殿佑）

【中国医药（集团）公司成立】

为了更好地贯彻中央经济工作会议精神，发挥企业群体优势，优化产业组织结构，实现规模经济，促进资源合理配置和技术进步，提高整体经济效益，增强企业市场竞争实力，提高国家宏观调控的有效性。经国家医药管理局党组研究决定，组建以中国医药公司为核心企业的国药集团。

中国医药公司是国家医药管理局的直属企业，也是国内外久负盛名的医药商业企业。党的十一届三中全会以来，中国医药公司经营规模不断扩大，到1995年底，中国医药公司已有2个分公司，9个直属企业，另有15个参股公司（其中1个中外合资企业），全公司总资产18.90亿元，实现利税7905万元。经中国医药公司及其所属企业和参股企业协商一致，决定成立国药集团。经国家经贸委国经企〔1996〕第924号文件批复同意，中国医药公司已正式更名为中国医药（集团）公司，并按集团化管理运作。

（陈天晓）

技术改造与工程设计

【医药行业“八五”技术改造概况】

“八五”期间，医药行业认真贯彻执行党中央、国务院把扩大再生产的重点放在技术改造上来的方针，按照国家经贸委加快技术改造步伐，调整结构，提高效益的要求，加大了医药技术改造工作力度，努力提高技术改造在医药固定资产投资中的比重，一大批国有企业得到了改造，支持了医药行业持续、快速、健康的发展。

一、投资概况

“八五”期间，医药技术改造项目投资总规模201.74亿元，占医药行业固定资产总投资的68.19%，是“八五”规划投资规模的2.77倍，是“七五”技术改造的2.6倍。共安排项目1525个（包括“七五”结转项目），其中，限上项目58个，总投资71.6亿元。

“八五”期间，医药技术改造共安排投资171.16亿元，累计完成156.12亿元，占安排投资91.21%。其中，完成项目1241个，占安排项目81.4%。技术改造项目总投资超过10亿元的地区有：上海、山东（含青岛市）、江苏、广东、辽宁（含沈阳、大连）、四川（含重庆）、浙江。

“八五”医药技术改造投资特点一是资金来源多元化；二是东部与中西部地区呈梯度分布；三是对天津、哈尔滨、沈阳、上海、武汉、重庆六个老工业基地给予了重点支持。

二、主要成绩

支持了医药行业持续、快速、健康的发展。在全国技改投资“两个比重”（技改投资占国有单位固定资产投资比重和银行贷款占全部技改投资比重）继续降低的形势下，医药行业技改却形成了自己的小气候，技改投资是基建投资的2.3倍，成为固定资产投资的主要方式。据调查测算，医药工业总产值实现第三、四个翻番，技术改造的贡献占七成以上。

支持了国有大中型企业发展，推动了企业结构调整。坚持择优扶强原则，医药工业50强企业中有29家的55个项目列入国家技改专项计划。华药、东总、新华、鲁抗、哈药、川药等一大批国有企业得到了改造，呈现出发展迅速的好势头，在医药经济中的主导地位得到加强，化学制药工业销售额前50家的企业集中度由1990年的15%提高到40%，医疗器械40家企业销售额占医疗器械总销售额的67%，企业结构正逐步向大型化、集中化、专业化方向发展。

支持了新产品和战略品种发展，加快了医药产品结构调整。1991～1995年4月全国发放的各类新药证书857个中，绝大部分是靠技术改造实现产业化投放市场的；青霉素和维生素C形成了规模生产。1995年，青霉素（折工业盐）产量约9700吨，成为世界上最大生产国和出口国；维生素C产量突破22000吨，成为世界第二大生产国，两个战略产品均占世界市场份额30%以上。核磁、大型X光机等一大批精密医疗器械通过消化吸收国产化实现了产业化生产。药用包装材料实现了升级换代，新增50亿支易折曲颈安瓶和约20亿只优质药用塑料瓶、丁基胶塞生产能力，部分替代了落后产品。制药机械通过技术改造生产出换代产品，如全自动胶囊填充机、高速压片机、混合制粒机、多效蒸馏水机等。

提高了医药产品质量，增强了市场竞争能力，扩大了出口创汇。已有大约50%的原料药达到了欧、美、日等国药典标准，45个化学原料药和9个制剂通过美国FDA检查；310个重点原料药品种出口量已超过国内耗用量，制剂产品出口也超过1亿美元；医疗器械产品出口额首次大于进口额。1995年医药出口额近30亿美元，是1990年的2.6倍。

促进了技术引进和自主创新技术应用于工业化生产。在青霉素、红霉素、维生素C、葡萄糖、玻璃窑炉等改造中，计算机控制生产技术得到了推广应用；青霉素生产通过对引进菌种及生产技术消化吸收，每立方米发酵容积生产产率由1990年的0.4～0.5吨/年提高到1995年的0.7～0.8吨/年。

通过引进技术、消化吸收，促进了精密医疗器械工业上水平。打破部门界线，充分利用军工、中科院系统的技术和装备力量，加强科研开发、技术攻关、技术引进、消化吸收，使一大批国内外高新技术在医疗器械产品中得到应用，大大提高了精密医疗器械及传统医疗产品的技术性能和质量水平，总体水平与世界先进水平的差距由“七五”末的30年缩短到目前的20年左右。主要产品中30%达到国际八十年代初水平。

节能新技术得到应用，降低了生产成本，提高了经济效益。结合技术改造，采用节能新技术、新设备、新材料、新产品，如热动冷联产技术、多效蒸发器设备等，使医药工业考核产品万元产值能耗由1990年的2.07吨下降到1994年的1.013吨标煤，能源消耗弹性系数控制在0.5以内。

（高国彪）

【医药技术改造优秀项目和先进工作者】

国家经贸委以“国经贸改〔1996〕918号”表彰了“八五”期间技术改造优秀项目和先进工作者。其中医药行业受表彰的有华北制药厂“八五”青霉素系列技术改造项目；东北制药总厂年产万吨维生素C技改工程；浙江海门制药厂阿佛菌素农畜两用抗生素技改项目；北京万东医疗装备公司“八五”期间大型医用射线机引进技术消化吸收技术改造项目。部门荣获技术改造先进工作者称号的是国家医药管理局吴爱军同志。

（杨淑梅）

【医药行业第二期“双加”工程导向性项目确定】

1996年8月22日国家经贸委以“国经贸改〔1996〕555号”下发了《关于下达技术改造第二期“双加”工程导向性项目计划的通知》，确定了医药行业在“九五”期间的技术改造第二期“双加”工程导向性项目共68项，总投资35.0935亿元，专项贷款25.2942亿元。这批项目较好地体现了医药行业“九五”发展的总体规划，这批项目的实施，将为实现医药行业“九五”的发展目标打下良好的基础。

确定这批项目的指导思想是：以市场为导向，效益为中心，以增强国有大中型企业竞争能力为目的，依托现有企业，围绕医药经济发展的重点和难点，把改革、改组、改造与加强企业管理结合起来，发挥技改投入对存量资产优化的推动作用，突出重点、统筹兼顾，择优扶强。（童应安）

【医药技术“改造专贷项目”】

1996年国家共下达医药技术改造项目72个（续建45个，新开27个），总投资32.1亿元，当年安排投资总额18.65亿元，其中专项贷款12.79亿元，国家补贴0.02亿元，企业自筹5.84亿元。在72个项目中“双加”工程26个（限上9个，限下17个），当年投资总额13.95亿元，其中专项贷款9.95亿元，企业自筹4亿元；限额以上项目2个，当年投资总额0.66亿元，专贷0.2亿元，企业自筹0.46亿元；环保项目7个，当年安排投资0.15亿元，国家补贴0.02亿元，企业自筹0.13亿元；其他限下项目37个，当年投资3.89亿元，专贷2.64亿元，企业自筹1.25亿元。

据统计96年已完成技术改造投资13.03亿元，占当年投资总额的70%，其中完成专贷9.35亿元，占专贷总额的73%。在45个续建项目中，已建成投产28项，包括一期“双加”项目4个。其中达到预期规模和效益的项目27个，占45个续建项数的60%。1996年组织了对苏州医疗器械厂、青海制药厂、哈尔滨市医药公司奋斗药店等技术改造项目的竣工验收工作。

（杨淑梅）

【1996年医药建设项目两项《规定》实施】

为提高医药工程设计质量和水平，加强医药工程设计标准化、规范化工作，国家医药管理局制定、颁布了《医药建设项目可行性研究报告内容和深度的规定》和《医药建设项目初步设计内容和深度的规定》，该两项《规定》于1996年1月1日起开始执行。

（陈慧萍）

【医药行业获一、二级注册建筑师情况】

根据《中华人民共和国注册建筑师条例》的规定，经全国注册建筑师管理委员会批准，1996年7月2日《中国建设报》公布了"获得中华人民共和国一级注册建筑师资格人员名单人数"（第一批），共5285人，其中特许注册建筑师309人，考核批准的有4403人，经考试获取资格的有573人。医药行业共12名同志获全国一级注册建筑师资格，其中特许人员为上海医药设计院的周尚鑫同志，考核批准的有上海医药设计院的杨振华、顾志清、郑龙、蔡玲玲、温穗卿、周淑萍，重庆医药设计院的杨明仁、李钧、吴应碧，武汉医药设计院的樊运泰。

根据《全国注册建筑管理委员会关于印发二级注册建筑师资格考试大纲，考核认定及报考规定的通知》（建注字〔95〕第25号），国家医药管理局对医药行业申请全国二级注册建筑师资格考核认定人员进行了审核，获全国二级注册建筑师资格的共19名，他们是上海医药设计院的陈辉、连敏、顾继红、余伟琪、王文惠、牟震、王朝中、朱玉琴、曹伟清、金滨、李冰、颜盾白，重庆医药设计院的程文德、肖景、洪继娣、姚晓莹，武汉医药设计院的王宜昌、阮兵、辜声富。国家医药管理局以"国药综经字〔1996〕第444号"公布。（陈慧萍）

【医药3个项目获全国第七次优秀工程设计奖】

由建设部组织的全国第七次优秀工程设计项目评选活动，共收到申报优秀工程设计515项，经全国优秀工程勘察设计评选委员会最终审定，共评出优秀工程设计219项，其中金质奖52项，银质奖70项，铜质奖97项。建设部以"建设（1996）623号"公布了全国第七次优秀工程设计第五次优秀工程勘察获奖项目名单，并对获奖单位颁发了奖牌和奖状。由上海医药设计院设计的"华北制药厂青霉素分装车间"、"昆明制药厂蒿甲醚工程"荣获金质奖，由武汉医药设计院设计的"南京同仁堂制药厂制剂楼改造工程"荣获铜质奖。（陈慧萍）

【《医药工业洁净厂房设计规范》颁布】

为贯彻执行国家《药品生产质量管理规范》，国家医药管理局综合经济司根据国家医药管理局推行GMP委员会的工作安排，参照世界卫生组织《药品生产质量管理规范》，从我国国民经济发展实际水平和我国医药行业的生产现状出发，组织制定了《医药工业洁净厂房设计规范》（简称GMP设计规范），并以"国药综经字〔1996〕第26号"予以颁布。《规范》规定了凡是医药建设项目，包括各种资金来源的基本建设，技术改造等项目都要按此《规范》进行GMP设计，并于1997年1月1日起实施。

（高国彪）

对外经济技术合作与交流

【重要团组互访】

一、出访团组

1. 郑筱萸率团访问英国

为了加强中、英两国医药管理方面高层次的联系与交流，探讨两国医药合作新的领域，应英国卫生部和葛兰素公司的邀请，由国家医药管理局局长郑筱萸同志率团一行7人于1996年6月2日对英国进行了访问。在英期间，郑局长与英国卫生部部长就加强两国医药、科研、贸易等方面的合作进行了会谈，还参观访问了英国葛兰素公司，就原料药生产及新产品开发方面进行了深入的会谈，并就我国医药"九五"发展规划及投资政策等情况向英方医药界同行进行了介绍。通过此次出访加深了与英国政府医药管理部门高层次接触，为今后政府间的合作打下了良好的基础。（综合处）

2. 郑筱萸率团访问美国

为加强我国医疗器械在临床影像设备方面的国际合作，特别是推动和发展同医疗器械跨国公司的生产技术合作，郑筱萸局长率医疗器械代表团一行3人于1996年11月26日至12月6日访问美国。在美期间，代表团参加了在美国芝加哥举行的北美放射学会的第82届年会，会见了美国商务部官员，就中美商贸联委会医疗器械专业组的工作安排交换意见，同时还考察和访问了美国通用电气公司医疗设备集团，就双方的进一步合作进行了探讨。代表团在返程途中还顺访了美国通用电气公司医疗系统设在日本东京的亚洲总部及生产厂。

（吕秀珊）

3. 石岨参加中德西门子协调委员会会议

中国机电工业与德国西门子公司第十二次协调委员会于1996年9月4至6日在马来西亚槟城召开，石岨副局长作为医疗器械小组组长参加了会议。该会议中心议题是研究第十一次会议拟定项目的进展情况，讨论合作中的成就和问题，确定下一步进行合作的项目，研究解决合作中的问题。

医疗器械小组双方沟通了情况，并以会议纪要的形式详细申明了观点，尤其在国产化问题上要求今年能达到40%，明年开始出口，X-光系列应尽快国产化。在销售上明确了合资企业独立销售，西门子公司只是代理关系，重申了第九次协调会上"医疗小组会议纪要"第三条：即只要合资企业能生产的产品德国就不再生产，也不再向中国销售（已存产品可销其它国家），合资企业供应不上的，在征得合资企业同意后才能向中国出口的条款。在每项条款都强调了合资企业董事会的作用。（吕秀珊）

4. 戴庆骏率团赴意大利、德国考察中小医药企业

1996年7月15日至27日，戴庆骏副局长率中、小医药企业考察团赴意大利、德国考察，先后考察了11个中、小型医药企业，并与德国制药工业协会会晤。此行的考察目的是通过了解国外中小医药企业的产品和技术，推动欧洲中、小型医药企业来华合作，探讨它们与中国医药企业生产、技术合作或合资的可能性，引进其专利产品，促进我国医药产品结构的调整和技术进步，提高国内民族工业在国际上的竞争力。欧洲中小企业，尽管实力不如大型企业强，但它们往往在某一生产领域具有突出的特点；生产设备非常先进，既重视产品和市场的开发，又从事专门化加工，对我国发展医药外向型经济具有很好的借鉴作用。考察团努力工作，较圆满地完成了出访任务。

（吕秀珊）

5. 张文周率团访问俄罗斯

应俄罗斯卫生与医药工业部的邀请，张文周副局长率团于1996年6月10日至20日赴俄考察访问。访俄期间，代表团拜访了俄卫生与医药工业部，就两国医药管理部门设置、法规政策、新药审批以及两国医药行业之间进行合作的可能性和互补性等交换

了意见。还参观了制药企业、医疗器械生产厂家、医药进出口公司和医药研究院校，探讨了双方在生产、进出口贸易方面进行合作的有关事宜，并且拜会了中国驻俄大使李凤林，进一步了解了俄医药行业的有关情况，两国在医药领域可开展的工作，存在的风险等。

通过这次访问，对俄罗斯医药行业的整体情况、医药管理体制、医药工业现状和医药市场情况进行了实地考察，对于加深两国医药行业之间的了解，加强双方今后的合作起到了积极的作用。（李继林）

6. 张鹤镛率“专利及新药开发”考察团赴日本访问

应日本制药工业协会的邀请，张鹤镛副局长率团一行5人于1996年10月7日至19日赴日本对日制药工业进行了考察，重点是新药研究开发和专利保护情况。此次考察得到日本制药工业协会的认真安排和接待，先后访问了日本厚生省药物局、日本国特许厅等政府机构及日本制药工业界的两家主要协会：日本制药工业协会和日本大众药协会，并对日本主要的制药企业和研究所，包括武田、三共、大正、山之内、藤泽、钟纺、田边、住友、日本微化所等9个单位进行了考察。这次访问，得到了大量信息，沟通了与日本制药界的相互了解。

访日代表团还应日本制药工业协会的要求，由代表团成员，来自上海医药专利事务所的王巍就中国专利制度及其对中国制药工业的影响做了讲演，受到了出席报告会的近30家主要企业的高层管理人员的欢迎。报告后，应与会人员要求，代表团成员国家医药管理局药品行政保护办公室主任胡圣榆回答了有关药品行政保护问题。此次考察主要收获如下：

(1)了解了日本制药工业发展概况及发展趋势，例如日本也在推行“医药企业”，也值得我国借鉴；

(2)了解了日本新药研究开发的发展趋势、研究重点和研究开发策略，特别是三共、山之内、大正等企业较详细地介绍了本公司科研开发策略，很有借鉴作用；

(3)对日本专利制度包括修改内容有了较详细而确切的了解，有助于我国专利管理和药品行政保护审批工作，此外，还了解了日本制药企业专利管理的机构、人员、职能等经验；

(4)对日本非处方药生产、经营也有一定了解，并由三共公司赠送一册日本OTC产品手册；

(5)建立了今后联系渠道，有利于及时了解日本制药业发展动态。（刘美云）

7. 新药研究开发考察团赴欧洲访问

为了学习借鉴西欧制药企业及高等院校新药研究开发经验，了解新药研究最新动向，加快我国新药研究步伐，逐步形成以企业为主体的我国新药研究体系，参与新药研究国际间合作与交流，科教司王明学司长一行6人于1996年6月20日赴瑞士、德国、英国考察访问，参观访问了13个大型制药企业和高等院校。通过考察访问进行了大量面对面交谈讨论，不仅从整体水平上了解了欧洲新药研究的情况，而且找出了国内新药开发中存在的问题，为今后我国加强新药开发工作提供了科学的依据。（综合处）

二、来访团组

1. 江泽民接见美国施贵宝总裁

1996年7月9日，国家主席江泽民在中南海接见了来访的美国制药商联合会主席、布迈施贵宝公司总裁韩保德先生一行。接见时国家医药管理局局长郑筱萸等在座。

同日，石岨副局长在局内接待了韩保德先生一行。石岨副局长向客人介绍了我国有关鼓励外商投资及医疗改革方面的政策、措施，以及对国外医药知识产权所进行的有效保护，希望施贵宝公司继续加强与中国在医药领域里的合作。韩保德先生对中国政府所做出的努力表示赞赏，并表示将遵循国家医药管理局的指导，继续扩大上海施贵宝的产品出口，并准备引进更多的新产品，扩大在华投资。（陈　兵）

2. 邹家华副总理接见罗氏公司总裁

1996 年 3 月 11 日，国务院副总理邹家华在钓鱼台国宾馆接见瑞士罗氏公司总裁安德塞·洛恩伯格及其一行，郑筱萸局长、戴庆骏副局长参加了会见。会谈主要涉及罗氏计划与上海三维制药厂合资生产维生素 C 事宜。邹副总理提出外国企业开展对华合作要遵循“平等互利、长期合作、共同发展”的三项原则，包括在生产、技术、人员交流、经营管理等各领域的全面合作，使合作双方能得到共同发展。医药品关系到人民健康，所以非常重要。我们欢迎国外企业来华合作，但应符合双方利益和国家有关规定。（王雅雯）

3. 郑筱萸会见法玛西亚·普强公司总裁

1996 年 5 月 20 日，郑筱萸局长会见了法玛西亚·普强公司总裁约翰·赞宾斯基博士一行。赞宾斯基博士介绍了法玛西亚和普强公司合并的一些情况，法玛西亚·普强公司已进入世界制药前十名；在华建立了多家合资企业和一些培训中心，并聘请了世界各地的专家对中国医生进行产品应用培训。

郑局长对法玛西亚·普强公司与中国制药界的合作表示满意，并希望能通过双方的共同努力，把无锡华瑞制药有限公司办成中国合资企业的样板。（吕秀珊）

4. 郑筱萸会见美国默沙东总裁

1996 年 10 月 4 日下午，郑筱萸局长在局内会见了美国默沙东公司董事会主席、总裁兼首席行政执行长官高万霆先生一行 7 人，宾主就中国医药的发展方向、医药产业的投资环境、鼓励外商投资的有关政策以及默沙东公司与中国的合作等进行了富有成效的交谈。

郑局长向客人介绍了中国医药工业在“八五”期间所取得的巨大成就、国家医药管理局制订的“九五”规划的主要内容、中国医药管理制度改革的最新进展等。郑局长着重介绍了国家医药管理局制订的“医药行业利用外资政策”，同时对医药跨国公司来华投资提出了希望和要求。郑局长对杭州默沙东所引进的产品、技术也表示了肯定。

高万霆先生对郑局长的热情接待、全面的介绍及中肯的意见表示感谢。他表示：现在也是我们公司制订发展计划的有利时机，今后默沙东公司将在更高技术领域内与中国进行长期的合作，引进更高技术的产品和医疗技术。（陈　兵）

5. 诺华公司总裁来访

1996 年 11 月 6 日，戴庆骏副局长在局会议室接见了瑞士诺华（Novartis）公司总裁丹尼尔·瓦色拉（Daniel L. Vasella）先生及其一行。

瓦色拉先生首先介绍了诺华公司的基本情况。诺华公司系由瑞士山道士公司和汽巴—嘉基公司合并而成，1996 年 3 月，两家草签了合并计划，到现在已基本完成了全球范围的合并。瓦色拉先生是公司首任总裁，中国是他上任后正式访问的第一个国家。

戴副局长对总裁先生在新公司成立后这么快就来华表示赞赏。同时还介绍了医药行业利用外资政策和中国政府对外国投资者的利益所提供的有效保障，和对国外专利产品所进行的有效保护。戴副局长说：中国在对外合资、合作方面有许多良好的条件，诺华公司很有实力，欢迎积极开展与中国医药行业之间的合作。国家医药管理局对于指导外商投资有一个基本的“三原则”，即：新产品、新技术和外向型。我们有责任和义务

为医药“三资”企业提供指导和服务，因为“三资”企业的健康发展是符合双方的利益的。（吕秀珊）

【对外经济合作】

1．全国医药行业利用外资工作会议

1996年9月11日～14日，国际合作司在安徽黄山市组织召开了“全国医药行业利用外资工作会议”，国家有关部门领导和各省市医药管理部门代表共80余人出席了会议。会议主要内容包括贯彻落实党的十四届五中和中央经济工作会议精神，学习中央有关利用外资的要求，总结医药行业利用外资成绩，交流兴办三资企业的经验，讨论、审议医药行业利用外资政策和相应管理办法。

会上，郑筱萸局长做了关于“积极合理有效地利用外资促进医药工业更好地发展”的主题报告，国务院研究室胡和立处长、国家经贸委李振中处长也分别讲了话，黄纪晔司长最后为大会做了总结发言。大会获得了圆满成功。（李继林）

2．医药行业利用外资政策

在过去工作的基础上，根据新的形势、新的认识，对“医药行业利用外资政策”进行了全面修改，对一些基本概念重新进行了更加科学的界定，对开办医药“三资”企业提出了更加明确的要求，并制订了相应配套的措施。对该“政策”广泛征求了局内各部门、国家经贸委、国家计委、外经贸部的意见，同时还下文正式征求了各省市医药管理部门的意见。9月黄山会议之后经过再次修改、完善，形成了《医药行业利用外资政策》（试行）稿，并准备在征求有关部门意见的基础上，形成最后完成稿，适时发布。（李继林）

3．维生素C出口协调工作

进入1996年后，随着国际市场的变化，维生素C出口价格一跌再跌，出现效益大幅度滑坡，国内维生素C生产企业面临巨大困难。我司积极参与，进行了维生素C出口协调的一些工作，除派人参加在苏州、宜昌召开的“维生素C经协体会议”外，还与外经贸部协商制订“维生素C出口管理暂行办法”，提出应控制维生素C生产总量，在维生素C出口管理中应体现医药管理部门的意见，充分发挥出口配额的作用，整顿维生素C出口秩序；向国务院领导呈交了“关于改善维生素C生产和出口管理建议的报告”；会同国家经贸委对维生素C生产和出口进行协调；并直接同罗氏公司进行接触，了解该公司维生素C生产现状及对华合作意图，介绍我国的有关政策，使该公司在华合作更加符合我国的产业政策。（李继林）

4．新开办外商投资药品生产企业资格审查

国务院办公厅《关于继续和规范药品生产经营秩序和加强药品管理工作的通知》（国办发〔1996〕14号文）明确指出“凡新开办的药品生产企业，必须经卫生部、国家医药管理局、国家中医药管理局联合审查同意后，方可按照有关规定办理立项、审批手续”。1996年7月19日，国家医药管理局办公室以国药办字〔1996〕第285号下发了《药品生产企业开办资格审查办法（试行）》。依照《药品生产企业开办资格审查办法》和局内分工，国际合作司具体承担新开办外商投资药品生产企业资格审查工作。

截至1996年年底，共收到有关省、市医药管理部门申报的“资格审查”初审意见4件。其中通过“资格审查”的项目有：(1)上海华联制药有限公司与香港秉信化学工业有限公司合资建立的“上海信联化学制药有限公司”（国药外字〔1996〕第469号）；(2)浙江双鸽集团有限公司和台湾济生化学制药股份有限公司合资建立的“浙江济生制药有限公司”（国药外字〔1996〕第498号）。正在进行“资格审查”的项目有：(1)上海新亚制药有限公司和罗氏（中国）投资公司等拟合资建立的“罗氏新亚（上海）维生素有限公司”，生产维生素 B_6；(2)上海先锋药业有限公司拟与意大利安替比奥公司合资建立的“上海安替比奥先锋制药有限公司”，生产棒酸及其与羟氨苄青霉素的混合物。

新开办外商投资药品生产企业资格审查工作得到了有关省、市医药管理部门的理解和大力支持。但是，也有一些地方的一些项目，未经过我局的资格审查，即宣告签约、成立。对此，我们正在调查，进一步完善此项工作。（陈　兵）

5. 有关利用外资工作的软课题调研

1996年度，国际合作司承担、组织了多项有关利用外资工作的调研，深入调查、分析了医药行业利用外资存在的一些主要问题；进一步明确了利用外资的指导思想，就利用外资工作如何紧紧围绕转变经济体制和经济增长方式，按照积极、合理、有效的原则，开创工作的新局面，上新台阶，并提出了建议和要求。

主要工作有：

（1）应国家医药管理局《关于1995年医药经济调查研究课题重点暨1996年医药经济论文评选征文的通知》要求，根据局关于有关医药行业软科学研究的布置，黄纪晔司长具体指导了《医药行业利用外资中的一些问题和建议》一文的编辑、撰写工作。文章在对104家医药“三资”企业的调查的基础上形成调查报告，回顾了行业利用外资的现状，所取得的成绩及对行业发展的作用，对存在的问题进行了全面、深入的分析，并针对这些问题，提出了切实可行的对策和建议。

（2）根据中央财经领导小组的布置，1996年4月，由外经贸部牵头组织各有关委、部、局开展了“有关利用外资风险”的调研，国家医药管理局国际合作司具体承担了医药行业利用外资和市场准入的课题调研。走访了外经贸部、财政部、国家海关、国家统计局、国家工商行政管理局、全国工业普查办公室等部门，从各方面收集有关数据、资料，收获很大。从各部门收集来的统计数据有很大差别，但却能从不同的角度来说明问题。从外经贸部得到了外经贸系统近3年来所审批的医药外商投资的全部资料，为全面掌握行业利用外资情况打下了良好的基础。

在调研基础上，结合过去的工作，拟出《医药行业利用外资和市场准入》调研报告，报告内容包括：医药行业利用外资现状及对行业发展的作用；医药行业利用外资中的一些问题和建议；医药行业吸收外商投资以来的发展情况分析；“九·五”期间医药行业吸收外商投资指导思想；为实现“九·五”计划的行业发展目标，医药行业需投入资金额分析；有关数据，等5个部分。

（3）国家经贸委关于“改善和加强引进外资管理”课题的调研 1996年5月14日，国家经贸委召集有关部门会议，布置中财办“改善和加强引进外资管理”课题调研任务。通过国家医药局国际合作司提交了以《改善和加强引进外资管理》为题的调研报告，报告内容：一、医药行业利用外资的现状及分析①“八五”期间，外商直接投资数量占本行业、重点产品的比重；②中方要求合资的主要原因；③“八五”期间利用外资的成效和经验（包括技术、管理、转换经营机制等）；二、医药行业利用外资中存在的问题及风险①存在的问题；②外商投资企业产品所占市场份额情况；目前市场占有率，预测“九五”期间发展趋势。三、加强引进外资管理的建议①医药行业利用外资政策；②医药行业利用外资的指导思想；③重点扶持、保护产品的意见和建议等内容。

（陈 兵）

6. 中美商贸联委会（JCCT）

（1）JCCT 药品工作组第一次会议在京举行

1996 年 7 月 11 日至 12 日，在国家医药管理局举行了中美商贸联委会医药产业小组药品专业组第一次会议。

双方就药品行政保护，中国改革医药市场流通模式、整顿医药生产、流通秩序，处方药及非处方药分类管理等一些共同关心的话题展开了深入的讨论。最后，双方代表团就《中美商贸联委会医药产业小组工作方案》进行了热烈而富有建设性的讨论，明确了 1996 年度的工作安排。

中美商贸联委会医药产业小组中方主席、国家医药管理局国际合作司司长黄纪晔出席会议，签署了《中美商贸联委会医药产业小组工作方案》，并会见了与会代表。

（2）派代表出席"第十届中美商贸联委会"1996 年 9 月 26～27 日，国际合作司常文佐副司长代表国家医药管理局赴美国华盛顿出席了第十届中美商贸联委会会议，并参加了产业发展与行业合作工作组会谈。期间，和美国商务部助理部长 RAYMOND VICKERY 先生进行了会谈，就委托加工、国家医药管理局与美国 FDA 合作的意向、以及在医疗器械质量保证体系方面的合作等问题交换了意见，同时对 1997 年的工作安排都提出了建设性的意见。会谈取得了良好的结果。（陈 兵）

【中韩医药新闻合作】

应韩国医界新闻社的邀请，中国医药报社罗铨宝副社长为首的一行 4 人，于 1996 年 5 月 6 日至 12 日访问韩国，参观了医师学会、制药协会、绿十字制药企业等单位，重点与医界新闻社的有关人员交流了两社新闻报导和报纸经营等情况，探讨了共同感兴趣的问题并签定了交流有关医药卫生新闻、信息的合作协议。半年多来，双方按照《协议》精神进行了下列工作：

（1）双方正在交换各自出版的报纸，每期若干份，每周邮寄一次，加深了双方报纸的印象和影响。

（2）医药报社委托驻延边站记者阅读韩方《医界新闻》报，并将该报各期有价值的新闻、信息和有关资料及时译成中文，由编辑部有选择地编发刊登在医药报第六版"国际医药"专栏，开始为读者提供有关信息和情况。（刘美云）

【中越两国政府医药合作协定】

应国家医药管理局邀请，以越南政府医济部第一副部长黎文传为首的医药代表团，于 1996 年 5 月 9 日至 5 月 16 日来华，签署中越两国医药合作协定，并参观制药、医疗器械厂。

5 月 10 日，郑筱萸局长、张文周副局长等会见了越南代表团并相互介绍了两国医药法规、市场等方面的管理现状、问题及今后改革的意见。之后，举行了签字仪式，郑筱萸局长、黎文传副部长分别受本国政府的委托代表各自政府在中越两国医药合作协定文本上签了字，这是国家医药管理局成立以来签署的第一个政府间医药合作协定。

签字仪式后，张文周副局长向越南代表团介绍了中国医药管理体制。

协定全文如下：

中华人民共和国政府和越南社会主义共和国政府医药合作协定

中华人民共和国政府和越南社会主义共和国政府（以下简称"双方"）为进一步促进两国医药事业的发展和医药领域的合作，双方在平等互利，互相尊重原则的基础上达成如下协议。

第一条

双方将在两国现行法律和实际条件的基础上，促进医药（含药品、医疗器械、制药机械、药用包装材料和容器，下同）经济技术的交流与合作。

第二条

双方的合作将通过下列方式进行：

（一）交换医药方面的法律、法规、图书、期刊、学术论文等资料；

（二）互派药学专家和代表团进行交流和考察；

（三）互相通报医药生产、科研和市场情况；

（四）促进双方医药生产制造技术及设计方面的合作；

（五）鼓励、支持双方医药企业建立合资、合作生产企业；

（六）为对方医药产品进入本国市场提供协助；

（七）双方协商同意的其它合作方式。

第三条

为维护两国人民健康，保证双边贸易中，医药产品的质量，双方将互通情况，加强合作。

第四条

中方指定国家医药管理局为本协定的协调单位，越方指定医济部为本协定的协调单位，组织、指导双方合作单位实施本协定。本协定的年度计划由中国国家医药管理局和越南医济部协商确定。

第五条

双方执行本协定的有关费用按下列规定负担：

（一）执行本协定第二条第一款的有关内容在年度计划中商定；

（二）执行本协定第二条第二款的有关内容，根据对等原则，其往返国际旅费由派遣方负担，在境内的食宿、交通费用由接受方负担；

（三）双方合作单位的有关费用，依据相应合同规定负担。

第六条

（一）本协定自签字之日起生效，有效期五年。除非一方在期满前六个月通过外交途径书面通知另一方，要求终止本协定，则本协定将自动延长五年；

（二）本协定经双方协商，可进行修改；

（三）本协定的终止不影响根据本协定正在执行项目的完成，双方另有协议的除外。

本协定于1996年5月10日在北京签定，一式两份，每份都用中文和越文写成，两种文本同等作准。（秦晓岭）

【智力引进工作】

1）人才引进

通过有关渠道实施引起国外技术及管理人才项目，共落实6个项目，确定7名专家，项目涉及知识产权，GMP认证等；

2）派出培训

先后组织“医药涉外经营”，“医药经营质量管理”，“新药研究与开发”，“知识产权保护”等培训团组赴国外培训；为参加外单位出国培训人员办理出国手续，计派出培训人员90名。（秦晓岭）

【两岸交流】

一年来，共派出赴台团组4批6人次。通过两岸交流，增进了相互了解，促进了贸易合作，对医药行业吸引台资，加强技术合作起到了积极的作用。（综合处）

医药科技信息

【概况】

1996年是“九五”计划的开头年，全国

各级医药信息机构进一步贯彻落实全国科技大会精神和国务院《关于“九五”期间深化科技体制改革的决定》及国家科委《关于进一步加快和深化科技信息体制改革的意见》，医药信息化建设取得了较大进展，信息化程度有了较大提高，一个明显的标志就是国家医药管理局信息中心的全国医药计算机信息网络系统“中国医药信息网”的试运行成功。各级医药信息部门已充分认识到信息资源建设和开发利用是国家信息化的核心内容，信息化的最终目的是便捷、准确地向国内外信息市场和用户提供其所需的信息资源。数据库作为网上信息资源的重要组成部分，其建设也取得了一定的进展，据国家科委、国家计委共同开展的全国信息资源调查统计，全国大约有3000个数据库，其中医药行业建立了38个数据库。国家科委、国家计委、国家信息中心从调查汇总的数据库中筛选出1038个数据库，汇编成《中国数据库大全》，收入《大全》的医药行业开发的数据库有14个，占1.34%。一些数据库已网络化、市场化，产生了较好的社会效益和经济效益。一些医药工商企业投入数额不小的资金相继建立了具有一定规模的局域网。大多数大中型工商企业及科研设计单位、大专院校的信息手段现代化水平有了很大提高。这些都标志着医药信息上了一个大台阶。

1996年医药信息记事

【全国医药信息网络工作会议】

1996年6月3日至5日，国家医药管理局在南京召开了“全国医药信息网络工作会议”。会议的主要内容是：讨论组建中国医药信息网和网络运行的有关问题；介绍国内外网络联机系统的有关情况；进行联机的现场演示。140名代表出席了会议。国家医药管理局副局长戴庆骏到会并做了题为“贯彻全国医药科技工作会议精神，加快建设中国医药信息网，促进医药经济发展”的讲话，他明确指出：面对信息技术革命的挑战，从我国医药信息工作的基础和现状出发，加快医药信息网络建设是当务之急。国家医药管理局信息中心要加快建成国家医药网络中心，实行全行业联网。各省（直辖市、自治区）的医药信息机构和国家医药管理局各专业信息中心站，要努力创造条件，逐步将其分别建成为地区医药网络中心和医药专业网络中心。他强调：医药信息网络建设和数据库建设需要认真规划、统一标准，需要各方的配合，切不可各行其是，各搞一套，造成十分有限的人力物力财力的浪费，在统一规划下，各医药企事业单位和信息机构都应服从大局，积极参与。国家医药管理局信息中心主任禹茂章做了题为“建立全国医药信息网，加快医药行业信息化进程”的工作报告，报告主要论述了中国医药信息网的重要性与紧迫性，介绍了中国医药信息网的基本功能、作用与实施步骤，并指出面对全球信息化浪潮，我们医药信息机构应充分认识到当前的形势，要在服务方式和运行机制方面作相应的转变。这是振兴医药信息产业的需要，是加快医药行业发展的需要。会议讨论修订了《中国医药信息网章程》。国家医药管理局信息中心副主任金秀范同志作总结讲话。

（董　庆）

【中国医药信息网试运行成功】

经国家医药管理局批准，由国家医药管理局信息中心主办、局内各有关部门协办的全国医药计算机信息网络系统——中国医药信息网于1996年7月1日试运行。该系统现已成为全国医药领域不可缺少的，最具有权威性的医药科技、经济、市场、管理和政策法规的服务系统，在科研、生产、市场经营和行业管理等诸方面发挥重要作用。截止1996年底网员单位已发展到100多家，该网络的建成使医药信息手段现代化迈上了一个大台阶。"中国医药信息网"可提供以下服务：

一、取机实时信息检索服务

每个工作日发布最新医药信息，包括医药综合信息和医药商情信息两部分。

二、数据库联机检索服务

1. 科技数据库检索：包括"中国药学文献数据库"、"中国医药发明专利数据库"、"医药科技成果库"。

2. 经济信息数据库检索：包括"全国药品药用化工、医疗器械商品进出口库"、"全国药品进口库"、"全国制药企业与产品库"、"药品包装材料及容器生产企业库"、"全国医疗器械商品数据库"。

此外，还有一些数据库正在建设之中，拟在1997年陆续上网2～3个数据库。并实现国际联网，开展E-mail，BBS等服务。

"中国医药信息网"的网络中心即国家医药网络中心，设在国家医药管理局信息中心。（董　庆）

【全国医药文献资料协作网理事单位会议】

全国医药文献资料协作网理事单位会议于1996年6月3日至5日在南京召开，国家医药管理局直属科研院所、专业信息中心站、高等院校、大中型企业的理事单位，医药卫生系统部分单位及有关的医疗器械单位共34名代表，参加了会议。会议由"协作网"理事会副会长黄衍涛同志主持，国家医药管理局信息中心主任禹茂章同志到会并做了重要讲话。国家医药管理局信息中心副主任、"协作网"理事会会长肖岩同志作工作报告。她总结了"协作网"成立以来所做的大量工作和取得的成绩，并指出不足，她认为"协作网"的工作还有待于更加深入地开展。会议讨论并修改了"协作网"章程；增补副会长单位三个，理事单位十个；讨论通过了医药系统外文核心期刊和医药系统外文原版核心期刊目录；并对"协作网"计算机开发工作进行了研讨。

（董　庆）

【信息中心代表团赴英考察】

1996年1月11日至22日，应英国PJB信息出版公司董事长Philip. J. Brown博士邀请，国家医药管理局信息中心禹茂章等一行3人对PJB公司进行了工作访问，并就双方合作的有关问题进行详细洽谈。代表团在PJB公司与董事长进行了多次会谈，并参观了联机演示及整个公司的工作状况。通过访问，为继续合作打下了基础，双方都认为找到了合适的合作伙伴，并初步达成了合作协议：新闻合作继续进行，并将新闻进行联机检索服务；合作出版《中国医药市场指南》，1996年上半年出版并拟定1997年再出补充本；PJB公司拟委托我方代销其出版物与光盘。此外，还对我方信息人员的赴英培训进行了探讨。在英期间，代表团还对大英图书馆、英国制药工业协会、城市大学情报系、国际英联盟农业局及Glaxo-Wellcome公司等单位的信息工作进行了参观学习。

【第三次全国医药行业工业普查工作结束】

为期两年的第三次全国医药行业工业普查工作在全国医药工业普查协调领导小组的统一部署下，在各级医药管理部门强有力的组织实施下，经过全国医药行业近3万普查人员两年多的团结奋战，于年底圆满结束。通过普查摸清了医药工业的底数，这不仅为全国和各地区医药发展的长远规划及政策研究提供重要的依据，而且为医药企业正确投资，技改和生产经营行为的正确引导起到了积极的作用。普查结果显示：1995年，全国医药工业企业为8365个（其中中药厂2775个），比1985年增加5412个；资产总额为1519.6亿元，比1985年增长14.9倍；实收资本337.4亿元；1995年末全国医药产品销售收入959.8亿元，比1985年增长6.2倍；上交税金67.2亿元，比1985年增长6.8倍；工业增加值为285.0亿元。结果表明：近十年是我国医药经济增长速度最快的时期。尤其是医药“三资”企业在改革开放中迅速发展壮大。在坚持新技术、新产品、外向型的原则下，1995年末，兴办的“三资”医药企业由1985年的5个增加到1200个，增长了240倍，引进的资金和技术为医药行业的发展做出了重大贡献。通过普查，进一步摸清了我们的家底，为我国医药事业的发展提供了详实的依据。医药工业普查事后抽样调查结果显示，总体误差为0.39%，低于全国普查的误差率（0.47%），达到了预期质量目标要求，说明我们的普查数据真实可靠。工业普查工作的另一个重要内容是对普查资料的开发利用，它对于各地区、各医药企业单位研究解决医药经济运行和生产经营中的实际问题，制定加强宏观调控和微观管理政策，实现党的十四届五中全会提出的两个转变，实施医药行业“九五”计划和2010年长远规划都具有重要意义。经各省（自治区、直辖市）医药管理局推荐，国家医药管理局组织专家评议，评选出工业普查优秀研究报告44篇，其中一等奖2篇，二等奖7篇，三等奖20篇，纪念奖15篇。为表彰各有关单位和个人对第三次工业普查工作的贡献，国家医药管理局工业普查办公室被全国工业普查办评为国家级先进集体，李士久、刘秀娟、董庆同志被评为先进个人。同时国家医药管理局也表彰了本系统内的先进集体37个，先进个人120名。

（董　庆）

【第三次全国医药行业工业普查优秀研究报告获奖项目】

一等奖

1. 实现医药经济增长方式从粗放型向集约型转变

获奖者：李士久　国家医药管理局信息中心

2. 十年来甘肃工业经济运行分析

获奖者：杨　华　甘肃医药（集团公司）局

二等奖

1. 从工业普查的数字中看企业发展的新貌——对第三次工业普查期间的生产经营工作分析

获奖者：郭　莹　东北制药总厂

2. 分析品种结构提高行业后劲加快经济发展

获奖者：江莉倩　张宝康　常州市医药管理局

3. “三资”企业状况简析

获奖者：华惠明　无锡华瑞制药有限公司

4. 优势企业要发展，困难企业要新生

获奖者：鞠丽霞　浙江省绍兴市医药局

5. 湖北省大中型医药工业企业现状及发展问题的探讨

获奖者：徐文林　湖北省医药局

6. 我省医药工业在用锅炉运行现状及改进前景

获奖者：李柏林　湖北省医药局

7. 摸清家底展望未来，加速湖北医药经济的腾飞

获奖者：湖北省医药局

三等奖

1. 医药“三资”企业的现状及发展趋势

获奖者：董　庆　国家医药管理局信息中心

2. 抓实大集团，抓住大市场，抓出大效益——从工业普查数据看集团的发展

获奖者：陈一华　东北制药集团公司

3. 浅析我市医药工业企业设备现状

获奖者：张宝康　常州市医药局

4. 加强技术改造调整产品结构增添企业后劲

获奖者：戴伊倩　常州市医药局

5. 合理的产品结构是企业经济发展的基础

获奖者：白美娟　常州制药厂

6. 浅议企业资金的紧缺状况及其对策

获奖者：王小强　常州第三制药厂

7. 积极而稳妥地调整产品结构打好企业翻身仗

获奖者：章恩贻　韦国风　常州第三制药厂

8. 依靠科技进步优化产品结构提高企业效益——认真实施第三次工业普查推进企业高新技术产业化

获奖者：张　健　苏州第四制药厂

9. 加强技术经济指标管理提高经济效益

获奖者：肖武平　江苏省南通制药总厂

10. 科技进步对企业发展的作用及其思考

获奖者：陈鹤云　江苏南通玻璃一厂

11. 我厂职工素质的现状与对策

获奖者：陈鹤云　江苏南通玻璃一厂

12. 管中窥豹，可见一般（斑）——试从我厂工普资料分析看安徽化学医药工业发展状况

获奖者：徐益可　安徽省淮南市第六制药厂

13. 福建省医药工业现状与发展构想

获奖者：林文棋　福建省医药局综经处

14. 福建省医药工业普查人事指标浅析

获奖者：郭艳萍　福建省医药局人教处

15. “八五”淄博市医药工业发展总体评价与分析

获奖者：于　健　山东省淄博市医药工业公司

16. 对效益下滑成因的思考

获奖者：庞冬梅　山东新华医药集团有限责任公司

17. 土霉素生产现状、前景浅析

获奖者：徐　明　山东淄川制药厂

18. 对新疆医药工业普查的分析

获奖者：李正新　新疆自治区医药局

19. 新疆制药厂设备状况分析

获奖者：王　涵　新疆制药厂

纪念奖

（略）　　　　　（董　庆）

【第三次全国医药行业工业普查先进集体、先进个人名单】

先进集体

天津市医药总公司	山西省医药总公司	辽宁省医药管理局
江苏省医药管理局	山东省医药管理局	河南省医药管理局
广东省医药管理局	陕西省医药管理办公室	新疆自治区医药管理局
北京万辉药业集团	天津药业有限公司	天津市氨基酸公司
东北制药集团公司	吉林制药股份有限公司	上海三维制药有限公司
上海四药股份有限公司	常州市第四制药厂	常州市医药管理局
杭州市医药管理局	福州抗生素总厂	福建省三明制药厂
江西东风制药有限责任公司	青岛市医药总公司	淄博市医药工业公司
开封市医药管理局	河南开封制药厂	襄樊市医药管理公司

广州市医药管理局	桂林市医药管理局	海南海药实业股份有限公司
成都市医药管理局	四川制药股份有限公司	贵州省凯里制药厂
陕西省西安制药厂	西北合成药厂	青海制药厂
新疆制药厂		

先进个人

刘敏慧	刘淑丽	冯关玉	张洪珍	胡杰敏	李文茹	刘玉双	刘松涛	刘建英
刘慕佳	汪玉景	陈国安	刘淑琴	蔡进兰	曹　蓉	高凤兰	靳胜利	张凤霞
李淑兰	祁一明	骆国峰	刘　涛	马文慧	兰洪梅	马梦林	田晓华	郭　莹
刘淑杰	王　凯	刘　晔	李志忠	张洪林	张林云	贾淑琴	王学斌	荆雪梅
沈吟芳	曹杏莉	魏　侃	史维兰	施菊香	王宗敏	张蓉芳	吕雪华	高　强
吕杭生	林坚慧	凌恩庆	鞠丽霞	程　菁	顾国荣	程　伟	施伟国	樊乃宁
徐益可	赵辽东	张　航	刘振兴	许马温	罗智敏	邹国昌	李芳志	曾宪光
田宜勇	魏世银	宠冬梅	刘德庆	蒋　冬	李亚松	丁二兰	段保平	马凤杰
李柏林	姜　兵	李雪松	林　奇	吴永安	曹　冰	彭伟红	罗力华	徐湘平
吴志明	曾圭荣	杨佩琼	张小懿	黄建声	宋　莉	李慧玲	杨震寰	罗玉洁
朱建文	范怀壁	黎运达	刘　娅	张代杰	李　杰	李世玲	金瑞清	王锦才
谢陆萍	朱　岚	杜超琦	王维玉	任　伟	陈汝祥	刘长水	张宏斌	王宏仪
仲彦萍	杨　华	李建敏	刘惠珍	魏　炜	王素贞	陈秀梅	蔡学政	康凤娥
魏向红	刘建英	王　涵						

（董　庆）

【全国科技信息优秀成果和先进工作者】

为纪念我国科技信息事业创建 40 周年，国家科委、国防科工委、中国科学院、中国科协、国家自然科学基金委联合对全国科技信息成果和信息工作者进行奖励和表彰，共评出优秀科技信息成果 233 项、先进工作者 203 名，国家医药管理局信息中心的《中国药学文摘》获二等奖，国家医药管理局抗生素信息中心站黄乐毅同志被评为先进工作者。（董　庆）

【《全国医药信息》研讨会暨表彰会议】

1996 年 10 月 8 日～11 日，《全国医药信息》研讨会暨表彰会议在深圳召开。国家医药管理局副局长戴庆骏到会并讲话。他首先讲了信息的重要性，强调了信息在我们经济发展中起到的重要作用，他说：医药发展离不开信息，今天信息已变成一个产业，他本身就能创造财富。领导决策不当主要是对信息掌握不太清楚，缺乏研究分析。各级领导要关心、掌握、利用好信息才能对形势有清晰的认识。二是要各省区市领导、通讯员、编辑部上上下下共同努力、扎扎实实把《全国医药信息》办好，办出特色。国家医药管理局信息中心副主任金秀范做工作报告，她总结了 1995 年和 1996 年前 3 季度的工作，布置了下步工作的安排，并对各省区市信息站提出了希望和要求。会议还表彰了 1995 年度《全国医药信息》优秀集体 9 个，优秀个人 27 名。戴庆骏副局长为获奖者颁奖。

（董　庆）

【1996 年全国医药经济运行分析暨全国医药商情年会】

1996 年 10 月 21 日至 24 日，全国医药商情网与国家医药管理局综合经济司在江西井岗山市联合召开了“96 全国医药经济运行分析暨全国医药商情年会”，各省医药行业行政管理部门计划处的负责同志以及全国医药商情编委和网点代表共70余人参加了会议。大会就当前我国的医药态势、市场、行情等进行了分析、预测，介绍了今年秋季广交会医药保健品的出口情况，部分省市介绍了本地区的医药经济运行情况及其积极推进两个根本转变，提高经济运行质量和效益的经验。《全国医药商情》副主编李振国同志对95年工作和96年的任务做了汇报，他谈到：今年以来，网刊的质量有了改进和提高。首先是信息的内容与质量上：信息的时差缩小了；医药经济运行、医药市场分析、预测的信息多了，一味的报价少了；好新闻、独家新闻多了。较好地起到了信息窗口的作用。与会代表对这种有报告、有讨论、接近实际、接近市场的年会予以充分的肯定。会上还对商情网的7名先进联络员进行了表彰。（董　庆）

信息网络活动

【国家医药管理局中草药信息中心站】

1996年9月21日～24日，国家医药管理局中草药信息中心站与国家医药管理局天津药物研究院联合主办的“中药新药研究与开发信息交流会暨《中草药》杂志第五届编委会”在河北省承德市召开。130名代表出席了会议。会议邀请了13名国内知名专家和中青年学科带头人围绕中药新药研究方面的热点问题作了专题学术报告。组织了北京医科大学、中国医学科学院药物研究所、药用植物研究所和安徽、山东医药研究所等20多所科研单位和大专院校进行了科研成果发布，部分企业进行了产品介绍和展示。《中草药》编委会的编委们听取了《中草药》杂志主编聂荣海同志所做的“编辑部近年来工作总结”，集思广益，为进一步提高刊物质量出谋划策。会议调整和组织了第五届新的编委会。新的编委会将每2年召开一次，每4年召开一次大型的学术交流会。

（董　庆）

【国家医药管理局经济情报中心站】

1996年2月，在广州召开了《医药经济》常委编委会，研究系列报刊的办刊方针、报道提要，为报刊1996年的工作确定了方向。1996年9月，在青岛召开了《医药经济》系列报刊的记者、通讯员代表大会，总结前一年度的成绩，安排新一年度的工作。1996年11月，在广州召开了第八届全国医药经济信息发布会，发布了“1997年医药市场趋势”、“广交会信息”等信息共15项，并进行了Meinet电脑网演示。（董　庆）

【华北地区医药情报协作网】

1996年8月19日至22日，第七届华北地区医药情报协作网年会在山东蓬莱召开，15个省市的121名代表出席了会议。国家医药管理局信息中心副主任金秀范同志到会并做了重要讲话。会议邀请了有关专家做了《国内药品市场分析与需求预测》、《关于中药新品种开发有关问题》、《论医药企业的信息化》及《中国保健食品现状分析与对策》的学术报告。会上还对65篇信息论文进行了评审，评选出二等奖五个，三等奖十个。会议还举办了医药科研院所成果发布活动。十几个企业与科研单位的代表进行了洽谈和意向合作。（董　庆）

【全国省级医药情报网】

1996年8月11日至14日，全国省级医药情报网座谈会在贵州省贵阳市召开。国家医药管理局信息中心主任禹茂章、中国医药科技出版社社长余传隆到会并讲话。来自陕西、吉林、沈阳、山东、上海、广东、广州、贵州等省市医药信息部门的负责人参加了会议。会议的中心议题一是传达信息工作的方针政策，二是研究交流工作，会议决定今后每年召开一次。

（董　庆）

【上海经济区医药情报协作网】

1996年10月23～27日，上海经济区第九届医药情报协作网网员大会在杭州召开。参加会议的有8省1市代表130多人。会议对1995年经济区情报协作网工作进行了总结，请有关专家作了《美国OTC药物介绍》、《国内外新药开发动态》、《国内医药市场近况与发展趋势》、《医药保险制度改革动态介绍》及《当前开发新药的几点设想》的专题报告。进行了信息与论文交流，各科研单位作了医药产品科研成果信息发布。

（董 庆）

精神文明建设

【21部委联合举办社会主义精神文明建设知识大赛】

1996年4月国家医药管理局与中国纺织总会、地矿部、建设部、煤炭部、机械部、电子部，化工部、交通部、邮电部、内贸部、中国轻工总会、国家建材局、中国兵器工业总公司、中国核工业总公司、中国石油天然气总公司、中国石油化工总公司、中国有色金属总公司等21个部委（局、总公司）联合开展社会主义精神文明建设知识大赛。

这次知识大赛，是认真贯彻党的十四届五中全会和八届人大四次会议精神，迎接党的十四届六中全会胜利召开的重大举措，也是引导广大职工学习政治，掌握国情，普及法律基本知识，了解合格公民应具备的素质和行为方式，努力成为“四有”公民的一次较大规模的群众性自我教育、自我提高活动。国家医药管理局对此项活动十分重视，党组书记、局长郑筱萸亲自担任大赛组委会主任，并委托中国医药职工思想政治工作研究会认真做好职工参赛的组织协调工作；中国医药职工思想政治工作研究会常务副会长张汉华同时担任大赛组委会委员。

知识大赛自开始至颁奖结束历时8个月，21个部委共有170多万职工直接参加了大赛试卷的答题活动。

在这次大赛中，医药行业直接参加答题的职工68000余人，参赛人数在21个部委中名列第7位。其中组织工作出色，实际参赛人数最多（6200余人）的湖北省医药管理局获优秀组织奖；参赛人数超出或接近3000人的广西、黑龙江、河南、江苏、辽宁、四川、甘肃（医药集团公司）、浙江、山东等省医药管理局及职工参赛率较高的昆明市药材公司分获组织奖。同时获个人特等奖、一等奖各一名；二等奖5名；三等奖15名。

（张全宽）

【全国医药行业学习贯彻六中全会精神暨政研会成立十周年大会】

1996年10月25日至29日，为期5天的全国医药行业学习贯彻六中全会精神暨政研会成立十周年大会在北京隆重召开。

这次会议，是在党的十四届六中全会刚刚落下帷幕，全党、全国正在掀起学习贯彻六中全会精神高潮的有利形势下召开的，也是国家医药管理局党组以实际行动抓住机遇，大力推进医药行业两个文明建设再上新台阶的重要举措。会议集动员、学习、培训、部署为一体，以六中全会精神为指导，总结了十年来医药行业精神文明建设和思想政治工作的基本经验，研究部署了当前和今后一个时期医药行业精神文明建设和思想政治工作的主要任务；特别邀请中宣部秘书长戴舟、中组部组织局副局长邵忠和、国家经贸委副秘书长蒋黔贵以及国家医药管理局副局长戴庆骏，分别就深入学习贯彻六中全会精神、加强和改进基层企业党的建设、搞好国有大中型企业、当前医药经济运行情况等四个方面的问题进行了大会专题辅导。北京市医药总公司、上海市医药集团总公司、华北制药集团有限公司、天津医药工贸集团公司、广州市医药公司、常州药业股份有限公司等六个重点地区和企业大会交流了贯彻六中全会精神的工作思路。

中国职工思想政治工作研究会会长袁宝华、副会长赵荫华，中华全国总工会书记处书记张富有，中组部组织局副局长邵忠和，国家经贸委副秘书长蒋金楚等有关部门领导同志出席大会开幕式，并作了重要讲话。国家医药管理局党组书记、局长郑筱萸，副局长戴庆骏、张鹤镛、张文周以及原局长齐谋甲，原副局长刘永纲、李晓东等老同志和各省（区、市）医药系统党政领导、政研会秘书长，部分大中型医药企事业单位主要负责同志480余人出席了会议。

会上，郑筱萸作了“贯彻六中全会精神，总结经验，开创新局面”的大会主题报告和大会闭幕讲话。他在主题报告中总结回顾了十年基本经验，着重对医药行业如何贯彻落实党的十四届六中全会精神，以医药职业道德建设为主线，大力开展创建文明行业活动提出要求，并突出强调，在创建活动中要做到四个到位，即认识到位：尤其是领导干部要真正确立“两手抓，两手都要硬”的指导思想，建立起两个文明建设协调发展的基本格局；领导到位：建立健全精神文明建设领导体制和考核奖惩机制，做到两个文明建设统一规划、统一部署、统一实施、统一检查；力量到位：集中精力抓战略性、方针性、导向性问题，涉及面广、群众关心、影响全局的问题，政风、党风、行风建设及改革和建设中的难点、热点问题；措施到位：在全行业大力开展以倡“三学”（学理论、学文化、学法律）、讲“四职”（职业理想、职业道德、职业纪律、职业技能）、树“六优”（优季班子、优质产品、优良服务、优级管理、优等员工、优美环境）为内容的精神文明建设系统工程，尤其是以树“六优”为核心内容，开展优秀形象创建活动，在这一基础上实现创建文明行业的目标。　　（张金宽）

【国家医药管理局行业精神文明建设指导委员会成立】

1996年10月31日，国家医药管理局党组在全国医药行业学习贯彻六中全会精神大会闭幕后，根据六中全会决议要求和医药行业实际情况立即召开扩大会，研究并正式成立了国家医药管理局行业精神文明建设指导委员会及其办公室。

国家医药管理局党组书记、局长郑筱萸，党组成员、副局长石峘、戴庆骏、张文周出席会议。全国政协委员、国家医药管理局原副局长刘永纲以及14位省市医药管理局党政负责同志，局机关党政工团、有关职能司室、政研会的领导同志20余人列席会议。国家医药管理局行业精神文明建设指导委员会的人员名单如下：

顾问（按姓氏笔画排列）：

石万鹏　国家经贸委副主任
刘永纲　国家医药管理局原副局长
孙金龙　共青团中央书记处书记
齐谋甲　国家医药管理局原局长
杨春贵　中共中央党校副校长
赵荫华　中国职工政研会副会长
虞云耀　中共中央组织部副部长
滕一龙　中华全国总工会副主席
戴　舟　中共中央宣传部秘书长

主任：

郑筱萸　国家医药管理局局长、党组书记

副主任：

石　峘　国家医药管理局副局长
戴庆骏　国家医药管理局副局长
张鹤镛　国家医药管理局副局长
张文周　国家医药管理局副局长

委员（按姓氏笔画排列）：

刁友军　辽宁省政协常委
卜绮成　国家医药管理局械政司司长

于明德　辽宁省医药管理局局长、党组书记
王　平　中国医药职工政研会秘书长
王明学　国家医药管理局科教司司长
王啸云　湖南省医药管理局局长、党组书记
白惠良　国家医药管理局办公室主任
冯赞胜　广州市医药公司经理
孙云山　上海市医药有限公司董事长、党委书记
孙立民　国家医药管理局监察专员办公室专员
孙启松　山东省医药管理局局长、党委书记
孙美桓　江西省医药管理局副局长
刘玉明　中国石油化工医药工会全国委员会主席
刘宏发　国家医药管理局直属机关工会主席
刘国权　中国医药报社社长
刘新坤　国家医药管理局老干部司司长
许世杰　中国文化研究会企业文化专业委员会秘书长
许家驹　北京万东医疗装备公司经理、党委书记
许留明　华北制药集团有限责任公司副董事长、党委副书记
吴美琪　国家医药管理局质量司司长
吴挺宝　东北制药集团公司总经理、党委副书记
张文清　天津市医药总公司党委副书记
张汉华　中国医药职工政研会常务副会长
张训诚　广东省医药管理局局长、党组书记
张意龙　重庆市医药管理局局长、党委书记
金秀范　国家医药管理局直属机关党委常务副书记
茅明安　中国医药科技出版社社长
邹祥英　上海医药集团总公司党委副书记
房爱卿　国内贸易部行业管理司副局长
欧新黔　国家经贸委经济政策协调司司长
郑申雄　江苏省医药管理局副局长、党委副书记
赵万祥　北京市医药管理局党委书记
赵戌生　天津医药工贸集团公司党委书记、副总经理
赵仲光　浙江省医药管理局局长、党组书记
赵显文　国家医药管理局财市司司长
俞寿民　常州药业股份有限公司党委副书记
曹文庄　国家医药管理局人事劳动司副局长
黄纪晔　国家医药管理局国际合作司司长
崔维杰　解放军总后医药管理局局长
黄德门　广西医药管理局副局长(正局级)
韩立新　国家医药管理局综合经济司司长
鲁省民　山东新华医药集团公司副董事长、党委书记
廖沈涵　国家医药管理局直属机关团委书记
潘广成　国家医药管理局政策法规司司长

指导委员会的工作职能是：

1. 认真贯彻执行中央精神文明建设指导委员会关于加强社会主义精神文明建设的战略部署和局党组的有关各项决定；

2. 对医药行业精神文明建设工作进行全面指导，提出全行业精神文明建设的重点任务；

3. 审议颁布医药行业精神文明建设中、长期规划和年度计划，以及各项工作制度和管理办法；

4. 定期召开指导委员会全体会议（每年召开1～2次)，听取精神文明建设办公室的各项工作汇报，提出指导性意见；

5. 不定期召开“指委会”主任会议，研究解决日常工作中的紧急事务。

办公室的工作职能是：

1. 认真贯彻落实局党组和国家医药管理局行业精神文明建设指导委员会的工作部署与指示。定期向局党组和指导委员会汇报各项工作任务的完成、执行情况，提出工作建议；

2. 针对行业特点，编制全行业精神文明建设中、长期规划及年度工作计划。制定具体实施细则，定期检查落实；

3. 建立制定行业精神文明建设考核评估机制和管理办法，促进行业精神文明建设逐步向科学化、制度化、规范化的方向发展；

4. 建立和完善医药行业文明单位、文

明班组、文明职工和全国医药行业劳动模范、先进集体的评比程序、评选条件和表彰管理制度；

5. 根据中央的要求和医药事业发展的需要，配合有关部门制订适合本行业特点的党政干部培训制度，为培养医药行业高素质的干部队伍服务；

6. 与各级党政群组织建立紧密的全行业精神文明建设网络体系，大力开展精神文明建设和思想政治工作、企业文化建设的各项活动，形成党、政、工、团、政研会齐抓共管的运行机制；

7. 参加局机关和全行业各种带有战略性、全局性的经济工作会议，努力为物质文明建设提供精神动力和思想保证；

8. 深入调查研究，定期总结交流全行业两个文明建设的信息经验，推动两个文明建设的健康发展。　　（张金宽）

【全国医药行业政研会第九次秘书长工作会议】

1996年6月9日至12日，为期4天的全国医药行业政研会第九次秘书长工作会议在江苏省无锡市召开。

这次会议的主要任务是，深入贯彻中宣部、国家经贸委关于加强和改进企业思想政治工作的若干意见精神，研究制定医药行业“九五”精神文明建设规划，对下步工作作出安排。行业政研会正副会长、正副秘书长，各省市医药政研会秘书长以及部分大中型医药企业党委书记、厂长（经理）130余人出席了会议。

国家医药管理局党组书记、局长、政研会会长郑筱萸出席会议并作了大会主题报告，重点从形势与任务两个方面对当前国际国内形势的发展以及医药行业两个文明建设中的问题进行了深入的分析，突出强调在当前和今后一个时期，医药行业精神文明建设和思想政治工作的三项重点任务是：第一，必须从讲学习、讲政治、讲正气的高度，确立医药行业两个文明建设协调发展的基本格局；第二，继续推动邓小平建设有中国特色社会主义理论的学习、研究、宣传，不断向深度和广度发展；第三，必须把推进“两个根本性转变”作为医药行业精神文明建设和思想政治工作同经济工作相结合的着力点。

会议期间，与会代表围绕会议主题，对行业“九五”精神文明建设规划（征求意见稿）进行了认真的研究和讨论，从内容措施、实施力度，以及文字修改方面提出了多方面的建设性意见，为六中全会后“规划”的进一步修改完善和在全行业的贯彻实施奠定了良好的基础。北京市医药总公司、华北制药集团有限公司、上海三维有限公司、天津医药工贸集团公司、广州市医药公司、张家港市医疗器械厂等六个单位，大会交流了学习贯彻“若干意见”以及实施医药职业道德建设系统工程，建立职工行为规范，塑造优秀企业形象的思路和经验。与会同志还听取了张家港市委宣传部部长钱学仁、华东师范大学教授曹世潮、原上海市工业工委宣传处处长张振芳等同志关于精神文明建设和企业文化建设的专题讲座，并赴张家港市进行了实地参观考察。　　（张金宽）

【第一届国家医药管理局优秀图书评选工作】

1996年7月4日至5日在北京召开了第一届国家医药管理局优秀图书评选工作会议。

评选工作由国家医药管理局主办，中国医药科技出版社承办，聘请28位领导和著名专家学者组成的评选委员会主持进行。同时成立评选委员会办公室进行具体组织工作，参照全国科技优秀图书奖的评选办法，聘请7位专家组成的审读组，对申报的103种图书进行审读（包括科技内容、编较印装质量），提出初审意见，经评委认真评议，获奖作品最后由评选委员会审定一致通过。

本届获奖作品共71种（荣誉奖2种，一等奖11种，二等奖20种，三等奖38种），是经各省、市、自治区医药管理部门和国家医药管理局直属单位对已出版的图书（其中中国医药科技出版社出版1200多种）进行认真筛选，并对申报作品进行初评，最后由评选委员会评选出来的。

此次评选图书涉及到的出版社，有人民卫生出版社、科学出版社、科学技术出版社、军事医学科学出版社、中国社会科学出版社、化学工业出版社、中国发展出版社、中国医药科技出版社、企业管理出版社、北京大学出版社、南京大学出版社、北京农业大学出版社、北京医大协和医大联合出版社、河南大学出版社、天津科学技术出版社、湖北科学技术出版社、上海科技文献出版社、吉林人民出版社、辽宁人民出版社、内蒙古文化出版社、天津科技翻译出版公司等21家出版单位。中国医药科技出版社有60种图书参评，占参评总数的58.2％，有47种图书获奖，其中荣誉奖1种，一等奖8种，二等奖15种，三等奖23种，占评出总数的66.2％。

（余传隆）

附 第一届国家医药管理局优秀图书一等奖

一等奖（11种）

书名	作者	责任编辑	出版者
中国多相脂质体研究——抗癌药物靶向载体	主编：顾学裘 副主编：苏德森 李焕秋 马竹卿 马远鸣 黄迪泽 顾茂瑜 吕兴庄 赵威伯 马洪林 孙美祥 王凤林 林棋桐 黄景健 宋正亮	张乃東	中国医药科技出版社
药用辅料应用技术	主编：张光杰	高宣亮	中国医药科技出版社
实用推拿手法彩色图谱	主编：孙树椿	李书祯	中国医药科技出版社
天然药物地理学（第2版）	黄泰康 赵海宝 刘道荣		中国医药科技出版社
临床皮肤病鉴别诊断学	傅志宜	于素芝	中国医药科技出版社
药物分析	主编：安登魁 副主编：张正行 盛龙生	潘清海	济南出版社
医药科技情报新篇	余传隆	彭泽邦	中国医药科技出版社
动物活性成分化学	张豁中 温玉鳞	张洪善 袁向远	天津科学技术出版社
腹部外科实践	吴咸中 黄耀权	于素芝	中国医药科技出版社
中成药学（第2版）	主编：黄泰康 副主编：胡昌良 赵海宝 郑櫟元 廖工铁 陈建伟 刘道荣 宋明尚武 江中银 董泽贤 王荣娣 陶文明 李秉铭 常彦魁 王继光	李华祥	中国医药科技出版社
新编药物学（第13版）	主编：陈新谦 金有豫	孙祖基 吕佩斌	人民卫生出版社

第 五 部 分

各省、自治区、直辖市
计划单列市医药发展概况

北　京　市

【概述】

1996年北京医药行业贯彻稳定经济工作的方针，继续转变观念，深化改革，坚持两手抓，两手都要硬，医药工作取得较好成绩。

截止1996年底北京地区有医药生产企业183家，医疗器械生产企业500余家，医药包装生产企业40余家，制药机械和卫生材料生产企业5家，医药商业批发企业241家，医药零售网点355家，中外合资企业116家。全行业资产总额61.8亿元。

——经济持续稳定发展。全年全行业工业总产值实现30亿元(现价)，比上年增长23.5%；工业产销率99.4%；商业销售额54亿元，比上年增长19.5%。全行业实现利税5.4亿元，其中商业企业实现利税2.7亿元。工业企业亏损面30%左右，全行业实现出口供货额2.26亿元。

——改革继续深化。全市医药行业努力实现两个根本转变，以建立现代企业制度为方向，抓紧企业领导机制和内部管理机制的改革。为适应加强行业管理的需要，北京市医药管理局正式挂牌，对全市医药行业的行使行业管理和行政管理职能，为全市医药行业的改革提供了有力的保证。一些企业按公司制管理模式进行了改革，北京制药厂和万东医疗装备公司的股份制改造方案已基本敲定。万辉公司的成立，比较好地发挥了工商联合的优势，为进一步发展打了基础。

——结构调整日趋合理。在市场经济体系日益完善的条件下，各企业对结构调整的紧迫性认识逐步深化。企业从生产经营型向资产经营型的转变有了较大的发展。一批企业注意利用自己的资产优势，抓住机遇，进行产业结构调整，为企业的发展筹集资金，并开辟新的经营领域。万东公司的厂前区开发项目和市医药公司马连道仓库的开发改造项目都已正式启动。工业企业的联合，工商企业的联合，联锁经营的商业企业的联合已成规模。

——生产经营成绩明显。结构调整适应市场需求变化，一些过去在亏损边缘徘徊的企业有了新的生机。生化药厂由于狠抓了一批市场适销产品的生产，企业经济效益有了较大幅度提高。全行业亿元以上产品的数目比上年有所增加，奥复星系列产品、国公酒、乌鸡白凤丸、华素片、X光机系列产品、周林频谱仪、CT机销售额都保持在亿元以上。商业企业在探索集团化和联锁经营过程中，一批大中型商业企业的经营继续显示出强大的优势。同仁堂集团公司年销售额12亿元。北京市医药公司、北京医药站、西城医药公司和北京永安医药公司的销售额进入了全国商业销售排序的前50名。燕京医药公司、医药经济技术经营公司、朝阳区药材公司也进入上述排序的前100名内。市各医药批发企业销售额占北京地区医疗单位全年购进额的72%，比上年增长12%，全市国有医药商业销售总额占全市医药销售总额的75%。比上年增长3.5%。

——行业管理进一步规范。医药行业以继续贯彻落实国务院14号文为契机，在整顿医药行业不正之风中加强了行业管理。结合贯彻国家医药管理局《新开办药品生产企业资格审查办法(试行)》，对医药生产经营企业和医药经营企业进行了年检，进一步加强了医药生产经营企业的专业标准建设。还认真执行医疗器械产品市场准入办法，对215个医疗器械产品进行了鉴定，发放了市场准入证。通过打击医药经营的不正之风，维护了北京地区医药市场的正常经营秩序，使北京医药市场在繁荣中，继续保持了较高的声誉。在整顿医药市场的同时，加强了农村和边远地区的药品零售网点的规划布局建设，一年来已初步理顺了通县、延庆、平谷、密云、房山等八区县的零售网点布局，为农村和广大农民防病、治病创造了方便条件。

——企业管理有所加强。在学邯钢活动的推动下，各企业眼睛向内，加强了以成本管理为核心的内部经济核算，注意压缩各种费用开支，健全财务管理制度，努力提高资金利用率。万东公司狠抓财务管理，各项管理费用比上年降低10%，控制了成本上升的势头。北京制药厂严格车间工艺管理，开展奥复星收率攻关，一年来已使奥复星的收率比上年提高了11.83%。继第二制药厂通过美国FDA验收和第四制药厂通过澳大利亚质量认证后，1996年北京制药厂的大输液车间已在国内国有企业中第一家通过GMP初评。万东公司和长峰公司也通过ISO 9000认证。市医药公司、北京医药站、市医药经济技术经营公司已通过GSP评审。医药生产企业的质量稳定提高率和市场抽查合格率保持了较高的水平。医药经营企业严把进货关，保证了药品质量。为增强企业后劲，各企业创造条件加大了技术改造力度。一批大的技改项目顺利实施为企业的规模化经营奠定了物质基础。

——企业精神文明建设加强。一年来各企业认真学习贯彻党的十四届六中全会精神，加强班子建设，加强党的建设，加强职工队伍建设，坚持全心全意依靠职工办好企业，并结合行业的特殊地位，加强了对不正之风的纠正和打击力度，加强了职工行业道德规范教育，使企业精神文明建设有了较大进步。

（郝忠玺）

【北京市医药管理局挂牌】

根据中共中央、国务院批准的《北京市党政机构改革方案》以及北京市医药管理工作的实际情况和特殊需要，北京市政府下发京政办（1996）53号文件，确定由北京市医药总公司履行北京市医药行业行政管理和行业管理职能，使用北京市医药管理局名称和印章，不再单独设立机构。1996年11月7日，北京市医药管理局正式挂牌办公，行使职能。

（王　栋）

【医药被定为市经济发展重点】

1996年，北京市政府把生物工程和新医药列为“五大新的经济增长点”之首。北京市政府成立了以常务副市长金人庆为组长、副市长胡昭广为副组长的北京市生物工程和新医药产业领导小组。出台一系列政策，加大投入，优先解决贷款总规模，对高技术企业优先安排股份制改造和上市。北京制药厂和北京万东医疗装备公司等企业的20余项项目，被列为重点依托单位和重点项目。

（医　宣）

【金人庆考察第二制药厂】

7月23日，北京市常务副市长金人庆与经委副主任刘克信、市财政、市工商行的领导到第二制药厂进行调研和现场办公。金人庆听取了厂长顾鹏的汇报，详细了解了各项经济指标的完成情况，并到生产车间进行了考察。金人庆认为，北京第二制药厂有良好的质量管理基础和训练有素的职工队伍，该厂生产的原料药直接供应国内外各制药厂，没有库存，产品市场较好。应给予一定的资金支持，缓解当前的困难局面。他提出：(1)资金只能补充到生产流动资金之中，不准挪用；(2)注入资金后，该项资金当年不准欠息；(3)生产的产品不准积压；(4)当年全厂生产经营不准亏损。9月底700万元贷款到位，各生产车间陆续开工。制药二厂在四季度扭转了被动局面，年底实现了不亏损、不欠息、不积压。

（张英石）

【北京医药站首批 GSP 达标】

1995 年末，国家医药管理局在全国医药行业组织了《医药商品质量管理规范》（GSP）达标考核认证，北京医药采购供应站、北京市医药公司以严密的质量管理而顺利通过，成为全国首批六家达标企业中的两家。1996 年 2 月 8 日，国家医药管理局在北京医药采购供应站、北京市医药公司举行了授、揭牌仪式，国家医药管理局局长郑筱萸、北京市医药总公司总经理冯国安等领导为站、司揭牌。

（万晓明）

【加大医药行业结构调整力度】

为增强企业整体开发能力，北京医药采购供应站、北京市医药公司确定了规模化、集约化、多元化、专业化的发展策略，按照这一思路对经营组织结构进行了调整：将国药精品公司及京华医药公司、保健品公司两个门市划归北京医药大楼管理和运作经营，扩充大楼的经营范围和规模；将京北分公司和保健品公司两机构实行统一领导、合并管理，进行优势互补，增强整体实力；将化学试剂公司和玻璃仪器公司合并，成立专营化玻商品的专业公司；将专业仓库马连道仓库和汽车队合并，以探索仓储运输向配送服务、物业管理的模式转变的路子。结构调整理顺了各方面关系，为规模化、集约化经营打下了基础。

（万晓明）

【贯彻《服务规范》】

多年来，北京医药采购供应站、北京市医药公司坚持为人民服务，认真搞好医药商品的供应服务工作，北京医药采购供应站、北京市医药公司及所属的药品公司、新特药品公司长年坚持急救及灾疫情的值班，进行夜间售药。1996 年，国家医药管理局颁布《医药商品零售企业服务规范》后，北京医药采购供应站、北京市医药公司认真贯彻，所属各零售企业均建立健全了急救值班、夜间售药、挂牌服务等制度，并以北京医药大楼、佳康药店等单位为窗口，开展建设“放心药店”活动，取得了很好的效果，方便了广大患者。

（万晓明）

【治理整顿医药市场受国家表彰】

北京医药采购供应站、北京市医药公司在全国医药市场治理整顿工作中，坚持社会主义的经营方向，发扬国有企业为人民服务的宗旨，规范市场行为，注重信誉，严把进货、生产、销售等各个环节的质量关，严格按有关法规执行，保证了消费者利益。在 5 月中旬召开的全国医药市场治理整顿工作会议上，北京医药采购供应站、北京市医药公司被授予“全国医药市场治理整顿工作先进集体”的荣誉称号。

（万晓明）

【进行药品回扣专项检查】

北京市为落实国办发〔1996〕14 号文件精神，整治药品回扣，专门成立了市政府牵头，由市工商局、医药局、卫生局、监察局、纠风办等单位领导参加的联席会议，下设办公室，组织检查工作。

自查自纠工作从 7 月上旬开始。全市 858 家药品生产、经营、批发企业和医疗机构参加了自查自纠。自查出折扣、回扣总金额超过 10 亿元。并通过举报线索查处了 52 人收受回扣金额 72.533 万元，进行了查证处理。同时，对重点单位进行了综合检查，重点检查取缔了 6 个无证经营药品单位。

（章和泰）

【全年技改投资完成 5964 万元】

1996 年，北京医药总公司加大了技术改造的力度，全年安排总投资 8972 万元，至年底累计完成5964万元。其中重点项目2项，总投资7672万元，1996年累计完成4604万元。1996年计划竣工项目2项，总投资1300万元，年底全部竣工投产。

（杨泉来）

【新特药品公司向老区送温暖】

1996年，北京医药采购供应站、北京市医药公司所属新特药品公司成立四十周年。60年代，闻名全国的"抢救61个阶级弟兄"的事迹就发生在新特药品公司。为弘扬社会主义文明风气，坚持为人民服务宗旨，该公司举行了赴当年抢救61个中毒民工的发生地山西省平陆县慰问的活动，并向该地医院赠送了救护车，以支援当地的医疗卫生事业。

（万晓明）

【北京制药厂获市证监委A股上市批复】

1996年，北京制药厂按照建立现代企业制度的要求，确定了股份制改造思路。全厂上下统一思想，转变观念，较好地完成全年生产任务。现价医药器械产值完成3.37亿元。比上年增长18.76%，综合产值完成5.17亿元，比上年增长28.47%；含税医药器械销售收入3.2亿元，比上年增长6.49%，综合销售收入4.93亿元，增长30.1%；实现利税2600万元，比1995年增长35.8%，利润达到800万元，增长99.50%。1月注射剂分厂成为全国第一家通过国家卫生部GMP专家认证初审的国有医药企业。北京制药厂还加快了股份制改造的步伐，完成了资产评估等前期准备工作，取得了北京市证监会A股上市批复。

（北　药）

【奥复星产值超亿元】

奥复星是北京制药厂的名牌产品，1996年，北药投资50万元，对奥复星原料氟嗪酸进行新工艺改造，使月产量由0.8吨提高到2吨，月总收率水平由1995年的25.05%提高到36.88%，原料成本从2371.6元/吨下降到1337.4元/吨。在提高产量的同时，北药厂还加大了市场开发力度，不断提高市场占有率。经过努力，1996年奥复星片产量8543.66万片，比1995年增长116.95%；销售收入7225.44万元，增长46.62%；奥复星输液产量达90.42万瓶，增长39.49%，销售收入2951.14万元，增长110.07%。1996年，奥复星系列产品产值和收入均突破亿元。

（北　药）

【北京蜂王精走向世界30年】

北京蜂王精是北京第四制药厂1966年研制成功的高级天然营养补剂，当年即打入国际市场，至1996年已出口世界50多个国家和地区，常盛不衰。曾荣获国家优质产品金质奖，国际蜂产品博览会特别金奖。30年来累计出口34 657万支创外汇4585万美元。1996年10月，北京第四制药厂在北京主持召开了"庆祝北京蜂王精走向世界30周年暨研讨会"，参加大会的有各级领导、医药学专家、国内外客商、各界代表100余人。代表们回顾北京蜂王精的发展历程，总结30年的成功经验。国际蜂联蜂疗常设委员会主席、北京医科大学副校长林志彬教授指出，北京蜂王精能够立得住，靠的是优异的质量，科学的研究，合理的应用，因而成为大家公认的好产品。著名营养学家于若木说，北京蜂王精让世界认识国药，使国药走向世界，成为沟通世界的纽带，取得可喜的成绩，做出应有的贡献。

（四　药）

【北京制药四厂再获中药出口"准入证"】

1996年澳大利亚TGA（卫生、家庭服务局）向北京制药四厂发出"制造许可证"确认该厂"已全面达到澳大利亚的临床药物——医药产品的GMP水平"。这表明，该厂中草药制剂的GMP管理达到了国际水平，获得了向世界出口的“准入证”。北京制药四厂是以“中药西制”为特色的外向型企业，1991年通过澳大利亚GMP认证，使该国成为北京蜂王精的主要出口国。1995年底，澳大利亚对北京制药四厂做了第二次认证，TGA官员对四厂进行了严格检查，认为“其设备局部百级净化系统对产品保证能力大大高于该产品所要求的水平”；“工厂的文件和记录具有很高的水准，人员培训和设备校准活动也具有很高的水平”。澳大利亚是欧共体联盟药品生产检查互相承认公约组织（PIC）的签约国，因此，通过了澳大利亚的GMP认证，签约国均予承认。表明北京制药四厂打开了草药原料和产品向世界出口的大门。

（医　宣）

【发现一粒假药双倍赔偿】

10月24日北京市西城医药总公司向社会郑重发布“药品质量、优质服务双承诺”，顾客购买一味、一粒假药（经药检部门确认）按药品售出价格的2倍予以赔偿。公司要求有关人员鉴定质量保证责任书，明确各自职责，建立内部奖惩制度，以保证双承诺得到全面落实。

（医　宣）

【降血脂新药研制成功】

北京市医药行业独家产品降血脂新药——洛伐他汀于11月4日获得市卫生局批准并向卫生部正式注册。该药由北京生物化学制药厂和国内有关科研单位开发成功的。洛伐他汀属国家四类新药，是国际上首选的降脂新药，它能抑制内源性胆固醇水平，并能 部分增高高密度脂蛋白，尤其是有抑制冠心病和粥样硬化病变，具有口服剂量小，毒副作用小等特点，洛伐他汀于1996年6月开发成功，同年8月临床试验全部完成。

（郑丽清）

【承办全国医疗器械博览会】

4月，北京市医药经济技术经营公司受中国医疗器械工业公司的委托，成功地承办了’96全国医疗器械（春季）博览会。博览会在中国国际展览中心举行，规模空前，展台面积30000多平方米，共有1200多个厂家参展，参展品种22大类，共10000多项。展品中新产品多；上档次改型换代产品多；名优产品多、获奖产品多。充分显示出我国“八五”期间医疗器械工业发展的成果。全国人大副委员长王光英为大会剪彩。大会成交额达到11.7亿元，超过历史最好水平34.2%。北京展团成交额近1.9亿元，超过历史最好水平42%，居全国展团之首。有10万多人次参观。

（刘志民）

【万辉集团销售收入达1.7亿元】

1996年，万辉药业集团工商结合、优势互补，生产经营取得好成绩。全年完成销售收入1.7亿元，实现利税634.55万元，外贸出口102万元。其中：集团全年工业总产值7400万元，较上年增长35%；销售收入达6248万元，较上年增长29.4%；实现利税454.55万元，较上年增长167.4%。集团商业各经营单位完成销售收入1.12亿元，较上年增长74.8%，实现利税180万元，较上年增长202%，平均毛利率为12.4%。1996年集团职工福利水平也有较大幅度的提高。

（郭　华）

【涂装生产线技改设计通过审查】

大型医用X射线设备及医用电子仪器是万东装备公司主导产品，该仪器是机电一体化的高科技产品，技术含量高，可靠性强。但由于国内涂装水平较低，该产品外观比较粗糙，在与国外产品的竞争中处于劣势。为解决这一问题，公司投资2543万元，引进国外先进涂装设备对原有涂装生产线进行改造。该工程在原一期工程基础上，新征地14155平方米，新建建筑面积5400平方米。该项目初步设计已通过审查。项目完工后，该场区年涂装能力可达11.5万平方米，可新增销售收入1400万元，利润420万元。不仅满足该公司产品的涂装需要，还可为其他企业提供服务。

（尹　丽）

【万东公司通过ISO 9000认证】

万东医疗装备公司于12月5日通过了由中国质量协会质量保证中心与法国国际质量认证有限公司依据ISO 9001进行的质量体系认证。为产品打入国际市场提供了条件。

（尹　丽）

【万东公司获自营进出口权】

1996年11月，北京万东医疗装备公司经北京市政府批准，正式具有自营进出口权。万东医疗装备公司以生产医用设备为主。该公司是继北京制药厂、北京制药二厂之后，医药总公司系统第三家获得自营进出口权限的企业。

（外　经）

【巨石保健品公司成立】

1996年12月，中外合资北京巨石保健品公司正式获准成立。该公司是北京市医药总公司与中国天诚（集团）总公司、北京银洲实业总公司和美国巨石有限公司四方合资成立的，投资总额为100万美元。其中，北京医药总公司占20%股份。该公司主要生产经营鲨鱼软骨、脑黄金等保健食品。

（外　经）

【产品结构调整初见成效】

北京制药二厂是北京地区生产化学原料药的重要厂家之一。1990年开始生产制剂产品，但规模很小，制剂销售额占原料药的十分之一。1996年制药二厂加大产品结构调整力度，将化学原料药进行深加工，生产出威氏克胶囊。该药品是降血脂降胆固醇改变血液粘度、治疗和预防血管硬化的重要药物。3月投入市场后，因其质量好、疗效显著、价格适中，很快在北京打开了销路。全年制剂销售额占全厂销售额的20%以上。为制药二厂扭亏做了贡献。

（张英石）

【经营公司通过GSP验收】

北京医药经济技术经营公司，做为国家医药管理局首批“医药商品质量管理规范”（GSP）达标试点的32家商业企业之一，于10月通过严格考评，以94.11%的得分率，获得国家医药管理局颁发的“全国医药商业单位管理规范达标企业”的标牌。这是目前国内衡量医药商业企业综合管理水平的最高标准。北京医药经济技术经营公司通过实行GSP标准，使企业管理上升到一个新水平，促进了经营水平的提高。全年实现销售收入2.4亿元，人均创利税9万元，实现利润比上年增长138%，实现利税比上年增长150%。

（刘志民）

【加大环境治理力度】

1996年，北京医药总公司制定并实施了环境保护的“九五”规划，并结合北京市医药行业的特点加大企业结构和产品结构的调整。万东医疗装备公司放弃了污染大的产品，主抓污染小、市场好的射线类产品；北京药厂4月下马了污染大的老工艺VC的生产，使总厂COD的排放量基本达到国家标准；制药厂一分厂也进行了机构调整，将生产化学原料药的几个车间集中成立了原料药分厂，并停止了污染大的TMP、SNZ和SD的生产，使排放总量削减了近1/3。总公司全年还抓了治理项目七项。北京制药四厂安装了4吨除尘脱硫一体化设备。万东公司投资28万元在主机车间安装了喷、浸漆的净化治理装置。北京药厂投资6万元，对空压机房噪声进行了治理，投资10万元修复了吸附塔，避免酸性废水的污染。使职工的生产环境和生活环境得到改善。

（医　宣）

【污染扰民搬迁项目通过验收】

万东医疗装备公司由原医用射线机厂、医用空调设备厂和医用电子仪器厂合并成立。污染扰民搬迁项目是与企业调整和技术改造相结合的综合配套项目。该工程于1996年6月竣工，用时一年，项目总投资4462万元，新建建筑面积8 835平方米，利旧改造面积10720平方米，新增真空滤油、注油、浸漆、净化处理及环保配套等设施46台（套），形成固定资产3100万元，不仅解决了原有的污染扰民问题，还充分利用了原有场地，扩大了生产能力。可年产各类医用射线机及电视系统3000台（套），医用电子产品1150台（套），新增销售收入7950万元，利润1316万元，税金480万元。

（尹　丽）

【劳动工资配套改革见实效】

北京万东医疗装备公司是北京市企业劳动工资综合配套改革试点。试点的主要内容是：企业实行集体协商决定工资；企业职工收入实行银行个人帐户；企业给经营者实行年薪制；企业工资水平要遵循市劳动部门发布的工资增长指导线来确定。一年来的改革实践证明试点是成功的。该公司全年实现利润1512.4万元，比上年增长48%；实现利税2648.7万元，比上年增长36.57%；国有资产保值增值，职工收入比去年增长18%，实际工资增长6%。北京市医药保健品公司1996年实行了企业工资总额与实现利税挂勾的分配机制，调动了企业和职工的积极性，提高了企业的经济效益，当年新增工资达到10.9万元，职工的个人收入明显提高。

（靳东生）

【职工交流服务中心成立】

经北京市劳动局批准，1996年12月医药总公司成立了职工交流服务中心。该中心承担总公司所属企业富余人员的分流、安置、托管工作，为实现企业减人增效打下了基础。

（靳东生）

【北京医药获四项“十佳”】

1996年度北京市十佳优秀企业、十佳优秀（经理）厂长、十佳党委书记、十佳新产品的评比揭晓。北京万东医疗装备公司被评为十佳企业；北京医药经济技术经营公司陈济生被评为十佳经理；医疗器械研究所李继丰被评为十佳党委书记；制药三厂生产的米非司酮被评为十佳新产品。

（王　栋）

【医药总公司成立教育中心】

为贯彻“科教兴药”的战略方针，推动北京医药教育事业的发展，医药总公司教育中心9月正式成立。教育中心是医药总公司直属单位，对总公司直属学校国有资产进行统一管理，实行主任负责制。教育中心立足医药行业、面向社会，承担培养适应北京医药经济发展和社会需要的各类专门人才的任务。1996年，该中心已完成7500平方米的教学办公楼和1500平方米配套设施的基建任务，设有实验室、语音室、电教室和计算机室等，初步具备了办学条件。医药器械中专和技工学校已迁入新校开学。职工大学和职工中专进行两校合并。1996年中心共招收13个专业新生1236人。其中：中专339人、技校255人、职工大学22人、职工中专121人、党（干）校499人。现在校生共计3778人。其中中专887人、技校771人、职大32人、职工中专818人、党（干）校1270人。

（刘广生）

【北京市医药总公司主要领导】

总经理　冯国安

副总经理　王晓云（女）

　　　　　张桂华（女）

　　　　　贺　旋

党委书记　赵万祥

党委副书记　冯国安

　　　　　　谢　颖

（王　栋）

天　津　市

【概况】

1996年天津医药行业按照市委、市政府的统一部署，改革有新发展。天津市医药管理局改为天津市医药总公司，并于7月1日正式挂牌。新组建的医药总公司是具有企业法人资格的国有独资性质的大型控股公司，独立核算、自主经营、自负盈亏，并依照市政府的授权对原医药管理局所属单位的全部国有资产进行经营管理，承担保值增值的责任。据1996年末统计，天津市医药总公司共有企事业单位339家，其中工业企业67家，批发零售贸易企业255家，服务及行政事业单位17家。在工业企业中有主要企业47家，按行业分：化学医药企业19个、医疗器械企业14个、中成药企业13个、眼镜企业1个。按经济类型分：国有企业17个、集体企业11个、外商投资企业14个、股份制企业5个。1996年末全公司职工总数36218人。

1996年末全公司工业固定资产原值154590万元，净值127104万元。国有资产保值增值率完成105%。全年实际生产品种为820种，其中化学原料药60种，化学医药制剂345种，医疗器械107种，中成药263种，其他45种。工业总产值（90不变价）实现244004万元，其中，化学医药工业实现产值189879万元，中成药工业实现产值31564万元，医疗器械工业实现产值18900万元。工业增加值实现123156万元。工业产销率完成100.33%。

主要产品产量：24大类原料药1996年完成2350.533吨，中成药完成1808.75吨。

工商企业1996年实现利税85198万元，其中工业利润61802万元，税金25201万元，商业利润－2322万元，税金517万元。

1996年商业总购进180009万元，商业总销售211742万元，其中社会商品零售额100300万元。

1996年末全公司共有外商投资企业14个。全年实现产值（90不变价）127560万元，占全公司总产值的52.28%，实现利税77672万元，占全公司工业利税的89.28%。

1996年天津市医药行业新发展有以下几项。

——多种形式的改革取得阶段性成果。一是完成了由医药管理局向医药总公司即由政府职能部门向企业的转换，初步确立了国有资产管理的新体制。7月1日正式挂牌运行后，制订了《国有资产管理实施细则》及有关制度，为今后深入做好国有资产保值增值工作奠定了良好基础。二是加大兼并、调整和盘活存量资产的力度。其中完成兼并7户，实行租赁经营1户，实行国有民营1户；将医疗器械工业公司和眼镜公司两个行政性公司转为实体性公司；盘活、出让土地地块，取得收益3350万元。三是继续推行现代企业制度，对1995年已建立现代企业制度的药业公司、力生药厂进一步规范运作，同时对中央药厂实行了现代企业制度。

——学习推广邯钢经验，加强企业管理，收到较好效果。除以培训班、经验交流会对职工进行教育外，各企业开展了“找差距、查漏洞、制订整改措施”的活动，结合实际制订目标成本、目标利润，并把指标层层分解、落实到个人，制订了相应的奖罚措施，与工资奖金挂钩。

——扩大全方位的对外开放，产品出口和利用外资工作达到新水平。在产品出口方面，全年出口收购值完成4.02亿元。其中天津药业公司在得到自营出口权后，出口潜力得到较好发挥，全年出口创汇额突破1000万美元大关，达到1066万美元；出口收购值完成10476万元，成为天津市医药行业的出口明星企业。在利用外资方面，新成立两家合资企业即赫素制药有限公司和天津伊玛机器有限公司，总投资额1020万美元，其中外资663万美元。

——深入落实科教兴药战略，投产了一批有潜力的新产品。全年新品试制完成26项，新品投产完成40项，新产品产值完成7.37亿元，新产品利润完成7000万元。其中优氟泰胶囊、培普里欧针剂、阿赛松原料及片剂、溴莫普林、盐酸莫索尼定、依普拉丰、倍他米松等一批原料药及气动骨科器械、电动关节刨削器、大视野手术放大镜等一批医疗器械较有发展前途。在工艺改进方面，完成盐酸环丙沙星环合、水解一步法等11项，提高了收率，节约了原材料，降低了成本，创效781.44万元。

（萨　禾）

【中药产销概况】

1996年，天津药材集团公司通过实施集团经营体制的调整，重新确定了销、供、产正常的经营秩序，在原材料供应、产销的衔接安排等方面关系进一步得到理顺，确保了生产经营的正常运转。工业生产扭转了连续两年的下滑势头，全年完成工业总产值27053万元，比上年增长13.07%，工业产销率为103%，比上年提高0.4个百分点。工商销售总额完成15.11亿元，比上年增长14%；其中出口销售3992万元，比上年增长18.2%；出口创汇282万美元，比上年增长5.8%。销售收入完成13.51亿元，比上年增长13.8%；销售税金4980.5万元，比上年下降9.6%；实现利润102万元，比上年下降13.56%。

通过深化改革，加大奖罚力度，天津药材集团公司较好地调动了企业经营者的积极性。全年两个骨干商业分公司和进出口部共购进集团产中成药2.66亿元，比上年增长45.4%；销售集团产中成药3.37亿元，比上年增长35%。经营实力的增强，为集团工业的发展，为实现规模经济奠定了基础。工业企业更加重视市场开发，通过宣传使一些老产品重新打开市场。乐仁堂药厂的老产品“醒脑降压丸”重现生机，当年实现销售400万元。包装印刷厂、美伦公司、格斯宝公司加强市场开发，经营和效益也有显著提高。商业区县公司开展“无假药承诺”活动，经营和服务都上了一个新台阶。为做好服务工作，该公司通过积极扶持零售药店，加强对零售药店的改造，全年共增加零售药店21家。和平公司、南开公司主动筹集资金，改造了滨江药店、新中国药店和天津药店，推动了零售经营工作的开展。

（萨　禾）

【医药商业经营概况】

1996年，天津市医药商业的骨干企业天津医药工贸集团公司商品总购进完成54462万元，比上年增长14.79%；商品总销售完成62109万元，比上年增长10.01%；销售收入45795万元，增长16.7%；销售税金1422万元，增长22.2%；实现利润4587万元，增长79.2%。

1. 统一进货。确定了20个国产药品和20个进口药品为公司统一管理、统一进货的品种，对这些药品实行了统一进货。其中

20个国产药品全年进货1700万元，由于批量大，毛利率提高了5个百分点，增加利润100余万元。

2. 明确划分销售范围。对三个骨干药品分公司重申了各自的销货渠道，并严格了统一价格的规定，避免或减少了集团公司内部相互降价竞争，维护了公司的整体利益。

3. 努力发展连锁经营。9月份公司的零售中心店太平大药房开业，到年末实现零售额133万元，利润16万元。在此基础上，塘沽、大港、开发区三家连锁零售店也在筹建中。

4. 积极扩大联营成果。经认真挑选，与上海医药工业销售公司等实力较强的单位组建了津沪、泰和、通达3家联营公司，积极发挥各自的优势，取长补短，全年销售4000余万元，提高了市场占有率。

5. 继续强化回款。层层建立了清欠领导小组，有组织有计划地压缩应收帐款。由于回款措施得力，在增销数额较大的情况下，不但抑制了应收货款的上升，还比年初压缩了783万元。

6. 优化库存商品结构。该公司定期组织库存商品排队，采取内部调剂余缺，外部退换货等方法解决近期商品，集中力量推销呆滞逾量品种，同时严把进货关，凡列入近期、逾量的品种，一律不得进货，使库存商品日趋合理。

（萨　未）

【行业管理】

1996年7月1日，天津市医药管理局按照市委、市政府的部署改组为医药总公司，同时成立天津市医药行业管理办公室，承担原天津市医药管理局的行政管理职能。半年来，行业管理工作进展顺利：

1. 建立健全行业管理职能，充实完善各项管理制度，从思想观念、服务宗旨和监督管理上实现三个转变。行业管理办公室成立后，根据人员少、任务重的状况，采取因人而宜、以岗定责、以责定人的原则，对行业管理工作进行了具体分工，对生产、包装、经营、市场、医疗器械、质量管理等工作都指定专人负责，同时按照国家及市政府有关文件精神，先后建立，健全了《药品零售企业审批办法》、《医疗器械市场准入标准》、《医疗器械广告审查标准》、《毒麻药品管理办法》、《天津市药品定点购销管理办法》及有关程序。为提高工作人员素质和办事效率，还先后制定了《廉政建设规定》，来信来访接待制度及例会制度等，为搞好行业管理奠定了良好基础。

2. 统筹规划，严格标准，努力做好监督管理工作。一是开好各类工作会，办好培训班。为提高企业经营者及相关人员遵法守法的自觉性，半年来先后组织召开了医疗器械市场准入、广告宣传、药品生产经营、药品包装及质量管理、化验等15次工作会和培训班，到会及参训人员1500余人。二是抓了医疗器械、药品生产经营企业的年检认证工作。至年末，累计发放医疗器械注册证615个，药品生产企业合格证129个，药品零售企业合格证420个，药品批发企业合格证165个（含分证），药包材企业许可证35个。三是规范市场行为，认真查处销售伪假劣药、以物代药无证经营等非法经营活动。先后配合市工商局查处了4起药店的非法经营活动和一起不实广告，进一步规范净化了医药市场。四是进一步加强对毒麻药品的管理。配合国家安全局、公安局对全市毒麻药品生产经销企业的管理工作进行了抽查，防止了违法事件的发生。

3. 继续做好对国家基本药物目录和天津市职工医疗费报销品种目录的调整工作。在深入调研的基础上，经对企业上报的357个品种进行筛选，选出45种报国家中医药局；在对天津市职工医疗费报销品种逐个进行审核后对604个西药品种和570个中成药品种提出列入报销范围的意见。

（萨 未）

河 北 省

【概况】

1996年，全省医药工业总产值完成72.9亿元，比上年增长33%；医药工业增加值完成24.7亿元，比上年增长47%；化学原料药总产量达5.9万吨，比上年增长18%；三大主导产品青霉素折工业盐完成5500吨，比上年增长23.8%；维生素C完成6400吨，比上年增长137%；葡萄糖完成4.15万吨，比上年增长80%；1996年，完成出口交货值11.2亿元，比上年增长9.3%，其中，青霉素工业盐、维生素C、链霉素的出口量分别占全国同品种出口量的40%、15.2%和55.4%。全年固定资产投资力度加大，投资额超过10亿元。

全省医药商业经营形势明显好转，回升势头强劲，效益有所提高。其中商品购进总额完成34亿元，比上年增长10.5%；国内纯销售完成24.9亿元，比上年增长13%。

1996年，全省医药行业实现工商利税10亿元，比上年增长19%，其中工业利税9.13亿元，比上年增长17.3%；商业利税0.87亿元，比上年增长64.18%。企业亏损下降35.8%，企业亏损面为29.45%，与去年持平。

1996年，全省医药经济工作取得一定成绩，实现了开好局，起好步的总体要求。但也存在一些问题和薄弱环节。表现以下方面：(1)医药经济结构性矛盾十分突出，产业结构、产品结构、企业组织结构不尽合理。在医药工业门类中，中成药、医疗器械、药包材发展缓慢、档次不高，产值仅占全省总量的10%，且缺少重点企业的支撑。在化学制药工业中，制剂落后于原料药，能进入国际市场参与竞争的品种寥寥无几；企业组织，低小、散乱差的问题依然十分突出，工业企业中80%以上是中小企业，这为数众多的中小企业，有活力的不多，产品重复、能力过剩，设备闲置，资产浪费严重。(2)科技开发步伐迟缓的局面仍未得到根本性的改变。一方面科研开发投入不足，造成新药开发数量不多，另一方面由于选题与市场不相适应，开发的新药难以推向市场。(3)市场意识落后，开发力度不够，投入不足。

【精神文明建设成果喜人】

1996年，全省医药战线的广大干部职工，认真学习六中全会决议和《邓小平建设有中国特色社会主义理论纲要》及省五次党代会文件等，提高了思想认识，树立起良好的职业道德，推动了全行业的精神文明建设。在“三三三一”（三学、三查、三克服、一坚持）活动中以树立“三观”为目的查思想、查作风、查工作、查行风，使全行业职工精神面貌为之一新。衡水市医药局开展“优质服务无假药”工程，在全体职工中开展“讲四职”（职业理想、职业道德、职业纪律、职业技能）、“倡三学”（学理论、学科学、学法律）、“树六优”（优良服务、优质产品、优秀班子、优级管理、优等员工、优美环境）活动，取得良好的效果。石家庄市医药局全面落实“鱼水工程”、“形象工程”，谋事想民、办事为民、勤政爱民，全心全意为人民服务，大力开展“全市药店无假药”活动，树立医药行业的良好形象。保定市结合行业特点，在全系统开展“岗位建功立业”、“党员奉献日”活动。唐山、邢台、秦皇岛、邯郸等地结合“三三三一”和“鱼水工程”活动，开展爱岗、敬业和创三优活动。全省医药行业两个文明建设取得可喜成绩。

【资本运营新突破】

为彻底解决医药工业企业"三低一小一差"（结构优化度低、科技含量低、外向度低、经营规模小、效益差）的现状，全省医药行业紧紧牵住优化资本结构提高资本运营效率这个"牛鼻子"，继续做好资本运营工作。以产权为纽带，通过无偿划拨、兼并、控股、参股、租赁和委托经营等多种方式，实现生产要素的优化配置，使强者更强，优者更优。列入省首批24家企业集团的华药、石家庄一药、河北制药都已于年内挂牌运营。1996年底，在石家庄市委、市政府的支持领导下，石家庄制药集团、河北制药集团又实现了强强联合，组建了石家庄制药集团有限责任公司。

1996年，资本运营工作已由少数大型企业试点迅速向全省大面积铺开。邢台医药局以资产重组为重点，提出了"借助外力重组资产，转变机制集约经营"的改革思路，以恒利集团为核心，对亏损严重的邢台市制药厂实行托管经营，壮大了恒利集团的经济实力，市制药厂也实现了扭亏，从而带动了整个地区医药经济的发展。衡水、沧州等地以区域内优势企业为核心对亏损严重的企业实行租凭经营和兼并，经济效果十分明显。唐山、承德率先进行了政府机关的改革工作，组建了由政府授权经营的国有资产控股集团公司。

医药行业大型骨干企业在"八五"后期低成本扩张、超常发展的基础上，1996年又取得新成果。到年底，华药已收购、控股、兼并了11家企业，转让了两个企业，华药股票境外上市工作完成了验资论证，已被国家正式批准为第四批境外上市企业；石家庄制药集团在香港增资扩股的工作正积极运作；投资7亿多元建设的栾城医药基地多家企业，在程维高书记的直接关怀下，已被华药、石药、河北葡萄糖厂兼并。同时，按照"产权明晰、责权明确，政企分开，管理科学"的现代企业制度要求，在理顺集团公司内部关系，探索集团科学管理模式方面，进行了大量的探讨和研究工作。

【药品经营管理步人法制化】

1996年河北省医药市场立法工作在全国率先出台了《河北省药品经营管理规定》，并以省政府第156号令颁布实施，受到国家医药局的重视与表彰。全省各地结合贯彻国发（1994）53号文件和国发（1996）14号文件精神，以颁布实施《河北省药品经营管理规定》为契机，加大了市场整顿力度，展开一场打假治劣，净化医药市场的整顿工作。1996年，省医药局先后4次召开专题工作会议，研究制定贯彻国办发14号文件、整治药品购销活动中的回扣风的工作措施，有效地遏制了回扣风。在省委、省政府的直接领导下，省医药局协同有关部门狠抓医药市场整顿工作，多次组织人员到无极、安国等地明查暗访，发现问题及时查处，抓苗头，抓反复，防止了回潮。1996年，在全国医药市场治理整顿工作经验交流表彰会议上，河北省获"全国医药市场治理整顿工作先进集体"称号，并在会上作典型经验介绍。1996年9月，安国中药材专业市场通过国家验收。

【发展集约规模经营】

推动医药商业体制改革是1996年医药经济工作的重点之一。在年初召开的全省商业企业改制研讨会上制定了总代理——批发——零售连锁的发展思路，认真推广了承德、石市、沧州变分散经营为集约经营的经验。各地医药局转变思想，提高认识，增强紧迫感，加快了改革步伐。实行了统一进货、统一核算、统一管理的集约规模经营体制，增强了企业实力，加强了企业管理，树立良好的企业形象。1996年，医药商业企业通过改制，遏制了商业利税下滑的势头，全年实现利税8631万元，比上年增长64.18%。河北省石家庄药材股份有限公司、唐山医药采购供应站成为国家医药局授牌的17家“96年医药商品质量管理规范（GSP）达标企业”。为保证农村药品供应，省医药局按照控制批发、搞活零售的指导思想，经过充分调查研究，编制了农村药品网点设置规划，现已下发执行。

【科技兴药与开发】

1996年在科技兴药，加快新技术推广，新产品开发，解决科研经费问题方面有了新的突破，其表现：一是新药开发基金300万元已落实。在科研投入上，形成了国家拨款、银行贷款、企业自筹，基金扶持的多元化投资格局。二是列入省级以上新产品技术研究开发项目比往年多1.5倍，达97项（其中国家科委32项，国家经贸委42项、国家医药局32项，省科委20项，省经贸委57项、省计委2项)。三是在研新产品速度加快。全省在研的1～4类新药123个，其中，处于临床前研究的73个，进入临床的32个，申报生产的28个。1996年获卫生部批准生产的新药证书22个，新开发二、三类药品多于往年。1996年全省获国家医药局科技进步奖两项，获省科技进步奖7项，获省优秀新产品奖11项。1996年河北省医药局被评为“八五”科技管理先进单位。科研开发为促进医药经济快速、高质量增长、奠定了基础。目前全省筛选的10个科技含量高的项目，预计到1997年全部建成投产，新增产值10亿元，新增利税2.8亿元，将成为医药经济新的增长点。

【合资合作新进展】

1996年实际利用外资达6 355万元，比1995年提高16.1%。1996年初，在叶连松省长的直接关怀下，与省化工厅在北京成功地举办了招商洽谈会，会上签订合资项目4个，总投资5 500万美元，合同利用外资2000万美元；香港经贸洽谈会，华胜制药（中美合资）与香港长盈公司签订增资扩股合同，项目总投资由1000万美元增加到2998万美元，新引进外资500万美元，首批资金已经到位。石家庄一药与香港中国制药签订了合资生产阿齐霉素项目合同；厦门洽谈会，签约项目34个，总投资3.8亿美元，合同利用外资1.9亿美元；上海经济技术洽谈会，河北省秦皇岛药用包装厂与美国凌龙集团签约，合同利用外资308万美元；5月叶连松省长亲自率团访荷兰促成了张家口制药总厂与荷兰吉斯特公司合资生产青霉素V及半合成抗生素项目，利用外资3000万美元。1996年，三次组团出访，加之各项洽谈会，共签订项目合同42项，总投资5.39亿美元，合同利用外资2.53亿美元，比1995年提高42.9%。

在招商工作中既注重引进资金，更注意引进技术和产品，以改变河北省医药的产品结构，壮大经济实力，提高市场竞争力。上海洽谈会，华北制药厂从上海医药工业研究院引进低聚果糖、普伐它定两项新产品。张家口制药总厂与世界上规模最大、水平最先进的青霉素类产品生产企业——荷兰吉斯特公司合资生产青霉素V及半合成抗生素项目。该项目实施后，将对河北省产品结构优化、技术水平提高产生促进作用。

【鱼水工程树新风】

结合省委、省政府提出的想民、爱民、为民的“鱼水工程”，省医药局狠抓药品生产、经营、服务质量，在全行业推行了“百厂千店创三优活动”。被首批授牌的85家“三优”企业向全省人民做出了优质、优价和优良服务的“三优”承诺。承诺的主要内容有：不生产经营假药、劣药，生产经营假药者，除依法追究法律责任外以一赔十，劣药以一赔五；保证遵守国家价格管理规定，明码标价，不擅自定价，自觉抵制回扣行为，如违反，按所购药品违价金额的十倍退还消费者；礼貌待客，服务热情周到，计量准确，遵守服务公约，发生争吵给予当事人100～500元罚款。通过创三优（优质、优价、优良服务）活动，全省医药生产经营企业主动接受社会公众监督，树立行业精神文明新风尚。

【抗洪救灾做贡献】

1996年8月初，河北省连降暴雨和特大暴雨，洪水成灾。全省医药干部职工，在省委省政府的指挥下，讲政治、顾大局，全力以赴，投入到抗洪抢险的斗争中去，以最快的速度，组织起医药系统的抗洪救灾网络，各级领导把抗洪救灾当做压倒一切的政治任务。从8月6日晚接到第一次救灾供药命令，到救灾结束，共向灾区紧急调送47个批次，60余个品种的药品，总量达34.6吨。总金额300多万元。在抗洪救灾中，接到省、市防洪调集药品的指令后，医药供应部门都按时按量完成任务，无一例延误遗漏，在全省抗洪表彰会上，河北省医药局获“抗洪抢险先进集体”称号。

（薛云霞　牛育新）

山　西　省

【概述】

1996年，山西省医药行业的主要经济指标在1995年增幅较高的基础上保持了稳定发展，对外开放、结构调整、引资融资、企业内部改革和行业精神文明都取得了许多新进展。

——医药工业基本实现预期目标。1996年，全省医药行业完成现价工业销售总产值11.63亿元，比上年增长1.43%，其中医疗器械现价工业总产值和现价销售产值两项指标（下同）分别增长40.14%和34.09%，中成药分别增长10.7%和10.56%，中药饮片分别增长256.35%和232.86%，药用包装分别增长38.83%和69.37%。直属医药工业企业的主要经济指标因太原制药厂、大同制药厂的影响有所下降，但剔除这两个“特困”企业后，其他8个直属企业的工业总产值比上年增长，实现利润均达到目标要求。

——医药商业发展稳定。1996年山西省医药商品总购进完成13.08亿元，比上年增长15.4%，商品总销售完成16.14亿元，比上年增长19.82%；商品纯购进、纯销售分别增长9.01%和20.56%；实现利润完成1371.8万元，比上年增长27.01%；商品总销售增长3000万元以上的企业有3户，增长2000万元以上的有3户，增长1000万元以上的有3户，增长500万元以上的有5户，省直18个地市商业公司全部为盈利企业。

——医药经济运行质量有了一定提高。经过一年的努力，山西多数医药工商企业的生产销售结构都发生了新的变化，适销产品增加，消化能力进一步增强。太原制药厂的喹喏酮类产品和福尔系列产品，芮城制药厂的系列药物贴剂，太原晋阳制药厂的氯芬待因，山西中药厂的传统产品龟令集、定坤丹，大同中药厂的仲景胃灵丹，太原卫生材料厂的一次性产包等产品都增加了生产，满足了市场要求；商业企业库存平均保持在2.9个可销月水平，脱销断档品种减少，周转加快，货源充裕；直属医药企业经过清产核资，消化流动资产损失3211.7万元，消化固定资产损失207万元，消化“三清”等其他损失2265.71万元，老产品库存比重下降；大同第二制药厂、太原卫生材料厂、侯马中药厂和太原中药厂均增加了生产增值税金。医药商业企业增缴税金2000余万元。

——医药产品结构得到较快调整。大同制药厂选准项目，仅用不到5个月时间，开发生产出磷霉素新产品，正在开发的青霉烷砜、对羟基苯甘氨酸和盐酸二苯美伦，已进入小试和中试阶段。太原制药厂增加福尔系列和生物系列产品。大同药材公司饮片厂开发消食豆、草决明茶等新产品。太原中药厂开发的新产品肾康灵已投放市场，该厂还被国家医药管理局正式确定为碘油丸定点生产厂。

——医药引资融资成绩显著。太原制药厂与香港中企基金投资管理有限公司合资合作项目经过一年多艰苦运作，于7月上旬签字，组成了中港合资山西博康药业有限公司，一次引入6700万元人民币。大同制药厂从香港峻龙公司引入200万元港币，组成中港合资山西云龙药业有限公司，建成磷霉素生产线。太原卫生材料厂经过努力，从国家经贸委获得100万元设备更新拨款，从世界银行引进韩国政府200万美元贷款的有关手续正在办理过程中。山西中药厂国家“双加”工程项目贷款2929万元基本到位。山西省医药总公司与IBN北京分公司共同组建福尔泰医学有限公司，促成果变商品，以项目引资融资。

——医药对外开放比较活跃。1996年，山西各医药企业连续与外商广为接触，抓住机会，宣传医药名优产品，探讨外设“窗口”的条件和途径。运城药材公司派人出访斯里兰卡，考察和了解外设医药康复中心的具体办法；太原医药药材公司与冰岛、乌兹别克斯坦、香港等国家和地区的有关贸易团体进行了经贸接触；大同医药公司、朔州和阳泉医药药材公司、大同第二制药厂和同振药业有限公司分别派人参加了赴美研修考察活动；山西省医药公司就在香港设立分销机构做了一系列前期准备工作。省医药总公司与哥斯达黎加、加拿大、美国、韩国、日本等国家的一些商社和企业进行经贸交流，还组织直属企业的领导同志赴山东、江苏，对医药名牌企业进行参观学习。为集中宣传山西省的医药企业和医药产品，山西省医药总公司还先后组团参加'96天津全国商品交易会、'96中国国际医药工业展览暨技术交流会和'96山西名优特新产品交易会。

——医药科教工作取得新成绩。为加大科技投入，山西省医药总公司根据《山西省医药行业科技基金管理办法》筹集40万元药科基金，将其中26万元用于山西省药物培植场鹿王系列酒的开发，使该产品很快取得“食”字号批文，并投入市场。太原制药厂研究所研制的盐酸西嗜利嗪已进入二期临床。为加大干部职工培训工作力度，山西省医药总公司组建了医药培训中心，对直属企业的100余名领导干部进行了实施“两个根本转变”培训。山西省医药总公司还选送180余名专业人员，到山西财经学院、山西医科大学、山西省经济干部管理学院，参加医药企业管理、医药财会和药学高等教育专业证书培训；组织有关人员参加执业药师和执业中药师考前辅导、GSP研讨班和新版药典标准操作培训。省中药材学校在基础教学和专业教学方面取得了新进展。

——医药主要专业工作在同行业处于领先地位，1996年，山西省医药各项工作按照“上水平、比名次、做贡献”的总体要求，获得了多项荣誉。山西省医药总公司获'96山西名优特新商品交易会优秀组织奖，工业普查工作、医药科技统计工作、劳动工资年报工作等均获国家医药管理局和国家中医药管理局先进集体、先进单位称号。黄芪栽培新技术研究获国家中医药管理局科技进步一等奖。省医疗器械研究所被评为山西省科技先导型企业，该所的A－BOPM－I血压血氧脉搏监护仪课题组获全国医药科技先进集体称号。太原制药厂喷雾氨苄QC小组等6个小组分别获国家医药管理局和国家中医药管理局优秀奖。长治医药公司等一批医药企业，分别被当地党委和政府命名为文明单位。山西省医药总公司被国家医药管理局命名为全国医药市场治理整顿先进集体。临汾地区医药管理局治理整顿医药市场的做法和经验受到山西省委、省政府和国务院领导的充分肯定和高度评价，崔惠民局长荣获全国五一劳动奖章。

（赵玉莲　龚晋文）

【山西省垣曲县实行医药分业管理】

1996年11月下旬，山西省垣曲县人民政府召开县长联席会议，批准了由垣曲县医药管理局和县卫生局联合提出的医药管理体制的改革办法，决定在县级医院实施。

垣曲县医药、卫生系统在贯彻落实国务院办公厅和国家五部局关于整顿治理医药市场、整治药品购销活动中的不正之风的文件精神过程中，深感医药市场的混乱状况和医卫系统存在的“回扣”等不正之风，在一定程度上是由于现行医药管理体制不顺造成的。因此，在清查整顿中提出了边整边改，理顺医药管理体制的思路，即实行医药分业管理，从根本上解决医药市场存在的问题。

医药分业管理的具体措施，是医院撤销药房，由县医药药材公司接收医院药房的司药人员，在医院设立药店。县医药药材公司根据各医院的不同情况，分别与医院达成司药人员的接收、过渡、管理及药品供给质量、标准、品种、时间要求的协议。为弥补医院撤销药房而形成的经济损失，县医药药材公司从销售给医院的药品中提取一定的毛利给予补偿。

分业管理做法在社会和全国医药行业引起强烈反响，《中国医药报》在头版辟专栏进行讨论。

（赵玉莲　龚晋文）

【太原制药厂专题调查】

1996年8月下旬，中共山西省委、山西省人民政府组成联合调查组，对太原制药厂进行专题调查。这次调查是根据中共山西省委常委扩大会议精神，由山西省人民政府彭致圭副省长挂帅，省经贸委牵头，省委政研室、省政府办公厅、省工商银行、省建设银行、太原市政府及省医药总公司的共同组织下进行的。调查组经过历时10天的调查，就太原制药厂的生产经营状况、企业能否救活和怎样救活的问题，写出了专题调查报告。

调查组认为，根据太原制药厂的生产经营状况，目前该厂面临两种选择：一是全面停产和全面破产，这样将造成每年停产损失6180万元，少收税金1000万元，各项资产损失2亿元，同时失去太原制药厂在全国的医药市场、名牌优势和质量优势，5200名在职职工和1000余名离退休干部职工的生活将面临严重困难，给社会带来不稳定；二是实施救活政策，全面启动生产。

调查组认为，太原制药厂的生产经营尽管十分困难，但存在许多有利条件和因素。目前应对太原制药厂实施银行注入、政府增资、旧帐暂缓、限期抓好、逐年还帐的救活政策，全面启动生产。

8月30日，调查组在太原制药厂召开专门会议，专题研究了如何救活该厂的有关问题。山西省人民政府彭致圭副省长出席了会议，山西省经贸委、省财政厅、省劳动厅、省国税局、省工商银行等部门的领导及山西省医药总公司的领导出席了会议，并在会上重点发言，对太原制药厂怎样全面启动生产提出了意见和建议。彭副省长在总结讲话中指出，太原制药厂存在的问题是多年积累的结果，扭亏需要一个过程，仅靠企业自身和一、二个部门的支持是不够的，必须大家帮助，企业才能走出低谷和困境。他要求各部门要协调配合，逐项落实扭亏措施，帮助企业渡过难关。

（赵玉莲　龚晋文）

【全国政协中医药专家在山西省中药材学校调查】

1996年9月12日，由全国政协科教文卫体委员会副主任王绵之教授率领的中医药专题调查组一行五人，在山西省政协和山西省医药总公司领导的陪同下，来到国家级重点中专山西省中药材学校调查中药人才培养情况。

调查组在听取了省中药材学校领导关于本校基本情况、中药人才培养情况、当前存在的问题和今后的发展思路的汇报后，与校领导就专业设置、人才培养目标、现代科技在中药教育中的应用等问题进行了认真分析讨论。

调查组成员还观看了校史展览室、中药标本和药用植物标本园。王绵之教授为山西省中药材学校题词：“充分而合理地利用现代科技，以更好地继承发展中药事业，面向世界，造福人类。”

（赵玉莲　龚晋文）

【彭致圭副省长出席全省医药工作会议】

1996年2月8日，山西省医药总公司在太原召开全省医药工作会议。这次会议的主要任务，是贯彻落实山西省第七届党代会和全省经济工作会议及全国医药管理局长会议精神，回顾总结“八五”计划执行情况，研究确定山西医药发展“九五”计划和2010年长远规划，安排部署1996年山西医药工作的主要任务。山西省医药行业各医药工商企事业单位的党政负责同志参加了会议。

山西省人民政府彭致圭副省长出席了2月8日上午的大会并讲了话。他在讲话中充分肯定了1995年全省医药工作取得的成绩。彭副省长在向与会人员通报了全省经济工作的总体形势后，指出：医药行业是高科技、高附加值产业，医药经济要超常规发展，力争成为山西的支柱产业之一。医药发展的关键是实施“两个转变”，必须采取积极措施，克服和消化资金紧缺等困难，而要解决这一问题，必须首先搞好资本经营，在全行业推行目标成本管理，狠抓节能降耗，制定科学合理的原材料定额和工资定额等。

（赵玉莲　龚晋文）

【全国医药市场治理整顿工作会议】

1996年5月12日至14日，全国医药市场治理整顿工作会议在山西省临汾市召开。这次会议的主题，是认真贯彻党的十四届五中全会精神，总结交流各地贯彻落实《国务院关于进一步加强药品管理工作的紧急通知》的做法和经验，研究部署深入贯彻落实国务院53号文件和国务院办公厅14号文件精神，进一步加强医药市场治理整顿工作，规范医药生产流通秩序，继续为保障人民群众用药安全有效作出新贡献。参加会议的有全国30个省市、自治区医药行业主管部门的代表和医药市场的治理整顿工作先进集体及先进个人代表。国家医药管理局局长郑筱萸、副局长石岿，全国政协委员、原国家医药管理局副局长刘永纲、山西省人民政府副省长彭致圭、山西省人大副主任孙祥炎、山西省政协副主席秦国栋出席会议并讲话。卫生部、公安部、国家技术监督局和山西省经贸委、省工商局及省医药总公司的领导出席了会议。会上，宣读了国务委员彭珮云同志的书面报告，郑筱萸局长作了题为《认真贯彻国办14号文件，继续加强药品管理，为确保人民群众用药安全有效作出新贡献》的报告。石岿副局长作了总结讲话。

彭珮云国务委员在书面发言中，充分肯定了全国医药市场治理整顿工作取得的成绩，指出了还存在的主要问题，要求各地区和各有关部门要高度重视医药市场治理整顿工作，把加强药品管理，保证药品质量，保障人民群众用药安全、有效、方便和及时，当作一件大事，认真抓出成效。

郑筱萸局长在报告中强调指出，各级医药部门要认清形势，抓住机遇，在当地政府的统一领导下，会同有关部门，掀起一场深入贯彻《紧急通知》，全面落实国务院办公厅14号文件的热潮，把治理整顿医药市场工作大大向前推进一步。对于今后的工作，他明确提出了三项要求：一是要突出重点，进一步整顿药品生产经营秩序；二是要进一步开展自查自纠，狠刹购销活动中的"回扣"风；三是要深化医药流通体制改革，进一步加强农村药品管理和供应。

大会对在贯彻国务院《紧急通知》，治理整顿医药市场和打击制售伪劣药品工作成绩突出的山西省医药总公司等59个先进集体，临汾地区医药管理局局长崔惠民等77名先进个人进行了表彰。

会议期间，代表们系统回顾了自开展治理整顿医药市场以来各地贯彻执行国务院《紧急通知》的基本情况，认真学习了国务院办公厅14号文件，并结合文件精神对彭珮云同志的发言和郑筱萸局长的报告进行了讨论。全体与会先进代表还向全国医药管理部门和工商企业职工发出了倡议书。

（赵玉莲　龚晋文）

【"顺天立"药店整修一新】

太原市国有老字号"顺天立"药店，经过三个月的改造扩建后装修一新，1996年12月13日，"顺天立"药店迎来了它的80华诞暨改建开业典礼。

"顺天立"药店是太原市保留下来的老药店之一，创建于1917年，店名是创始人高梦久先生为表达办店宗旨"顺乎天意，利于民心"的意愿而命名的。该店多年来一直保持"药材地道、药品齐全、药量准确、买卖和气"的传统，把人的因素放在首位，要求职工规范化操作，每年组织业务技术比武，提高职工素质。在品种上根据市场发展提供信息，增加名优特新产品，对一些稀少品种也保持必备，经营的品种达1100多种，中草药常年保持在500种以上，中成药300种以上。在价格上，严格执行物价政策，以实际行动平抑物价，取信于民。在质量上，严把进货关、炮制关和销售关，完善质检制度，严格杜绝伪劣药品上柜。在服务上，要求员工主动为顾客介绍药品，问病给药，做到小病当大夫，大病当参谋，苦练抓药"一把准"，坚持开展代客兼药、为顾客邮寄药品等多项服务。近年来，销售由1984年的27万元增加到120万元，利税由1984年的3万元增加到14万元。

为了更好地为顾客服务，扩建的"顺天立"药店除保持原有的经营特色外，还增设了助听器专柜、进口药品专柜和保健药品专柜，同时还积极筹备开设太原市第一家药店免费门诊服务。

（赵玉莲　龚晋文）

【山西省人大代表集体视察山西省医药总公司】

1996年1月9日，山西省人大代表一行53人，到山西省医药总公司进行工作视察。参加视察的有山西省人大常委会主任王庭栋、副主任李玉明，省人大常委王敬、李维德、吴德春、郭风娥、傅小燕等。代表们详细听取了山西省医药总公司经理王芷芳关于全省医药工作情况汇报，就全省医药事业的现状与发展、医药市场整顿、药品价格管理等问题进行了咨询。部分代表视察医药工作后，根据视察情况还做了重点发言。

山西省人大代表集体视察省医药总公司尚属首次。

（赵玉莲　龚晋文）

【'97山西医药向社会大展示活动】

1996年12月27、28、29日三天，由山西省医药总公司统一组织的'97山西医药向社会大展示活动在全省各地同时展开。这次大展示活动，是山西省医药总公司改变过去每年召开一次全省医药工作会议的传统作法，大胆创新，将会议内容和有关文件转化为宣传材料，在全省组织实施的一次进一步贯彻中共山西省委、山西省人民政府关于搞好国有企业的实施意见，振奋行业精神，展示产品优势，展示企业特色和行业新风的活动。这在山西省医药行业尚属首次。

12月27、28、29日三天，山西省各医药工商企事业单位的干部职工近一万余人，在各地市医药管理局的精心组织和安排下，在当地举行了内容丰富、形式多样的展示活动。一是医药职工组成自行车环跑队、摩托车方队、锣鼓队、军乐队和老年秧歌队，身披绶带，手执印有山西医药行业标志的彩旗，行进在主要街道，向社会展示医药职工的风采；二是在主要街道、繁华地段和主要城镇，各医药工商企业设立展台，展示各自的产品和商品，一些医药生产厂家还邀请医药专家教授，向群众进行义诊赠药活动；三是各地市医药管理局通过各种新闻媒体和板报、宣传画等形式，宣传国务院53号文件和国务院办公厅14号文件精神，向群众传授防假打假和自我保护的有关知识。在这三天时间里，各地市医药管理局还召开了有各地市党委、行署领导、各有关部门负责同志、经济和药学方面的专家参加的医药工作座谈会，共同探讨发展医药经济的规划和构想。

山西省人民政府副省长彭致圭为这次大展示活动文件专辑写了题为“山西医药行业是个有发展前途的行业”的前言。国家医药管理局副局长郑筱萸为这次活动题词：“展示医药产品优势，展示医药企业特色，展示医药行业新风”。

这次大展示活动是山西省医药总公司实施1997年医药经济“抓调整、抓基础、上水平”等一系列目标措施的开端。

（赵玉莲　龚晋文）

【中药材科技扶贫】

山西省有着丰富的中药材资源，野生药材有1000余种，家种药材有60多种，药材总量达2亿公斤，中药材的生产、供应和出口在全国占有重要位置。山西省有50个贫困县，中药材资源占全省总资源的60%以上，是当地经济收入的主要来源。党参、黄芪、黄芩、远志、柴胡、连翘、生地等大宗药材大部分分布在贫困山区。因此，对贫困地区进行中药材科技综合开发，实施采种养加工程，实现产品向商品转化，对于贫困地区的脱贫致富具有重要意义。

鉴于上述，山西省医药总公司与山西省扶贫办根据山西省委、省政府《扶贫攻坚三大温饱工程实施意见》中要求在干石山区种植中药材的安排意见和山西省政府王文学副省长的批示，经过认真调查和论证，于1996年12月26日提出了联合进行中药材科技扶贫的实施意见：

一、由山西省医药总公司、山西省扶贫办和省农业发展银行组成山西省中药材科技扶贫领导组，负责对中药材科技扶贫工作的组织领导和统一协调。领导组组长由山西省医药总公司王芷芳经理担任、副组长由省扶贫开发局和省农业发展银行的负责同志担任。各有关地市和县也成立相应的领导组。各级政府扶贫部门主要负责中药材科技扶贫计划的下达、任务的落实和督促检查。各级医药部门主要负责中药材生产技术指导、信息服务和中药材的收购及销售。各级农业银行主要负责扶贫贷款的落实和使用监督。为保证中药材科技扶贫任务的落实和业务运作一体化管理，领导组决定由山西省扶贫培训中心和山西省药材公司共同组建山西省中药材科技扶贫开发总公司，负责中药材科技扶贫的具体运作和组织协调，同时具体承担科技扶贫任务。

二、山西省医药总公司要把中药材科技扶贫远期规划和近期计划纳入全省医药“九五”发展规划，把中药材扶贫的科技、生产经营和管理纳入全省医药行业管理。具体分两步实施，第一步，选择重点县和当家品种进行试点。1996年和1997年选择忻州地区的代县、五台县、保德县、五寨县和吕梁地区的方山县、柳林县、长治市的平顺县、武乡县、壶关县，晋城市的陵川县、沁水县和晋中地区的榆社县的36个乡（镇），覆盖贫困人口23万人，选择20个种植品种16个收购品种为当家品种，使试点区贫困人口平均增收111元，第二步，从1998年开始在贫困地区选择适宜种植中药材的贫困县逐步推广，并逐步完成：1. 建立中药材科技基地，为农民提供技术保证；2. 建立中药材良种培植供应基地，为农民提供籽种秧苗保证；3. 建立地道大宗当家品种种植养殖基地，为农民提供生产保证；4. 建立中药材经济技术、市场信息咨询中心，为农民提供服务保证；5. 理顺省地（市）县乡收购销售渠道和加工出口渠道，为农民提供销售保证。

三、为适应市场经济的要求和培植贫困地区致富的造血机能，对中药材科技扶贫所需的资金，由分配各县乡扶贫种养业切块资金解决，数额以各级医药公司与贫困乡村签订的种植和收购合同而定，首先由各地（市）县医药药材公司做出规划，报地（市）县扶贫办，并纳入各地（市）县整体扶贫用款计划。由省扶贫办和省农业发展银行共同下发文件，统一由承担扶贫任务的各级医药药材公司和药材公司，建立当地农业银行贷款，承贷承还，专款专用。在管理上单独开户、单独列帐。由各级扶贫部门、农业银行监督使用。医药部门通过商业行为，收购农民的中药材产品，使扶贫资金转入农民手中，再通过销售收回资金，循环使用，借鉴山西省妇联使用扶贫资金进行连环脱贫的先进经验和方法，充分发挥扶贫资金的效益。

（赵玉莲　龚晋文）

【大同制药厂开发磷霉素获得成功】

大同制药厂通过与香港峻龙公司引资合作，仅用不到5个月的时间，就完成了磷霉素厂房改造和设备安装，实现了一次试车成功，创下了本厂所上项目速度最快的历史记录。1996年9月28日，磷霉素投料开产，至11月9日生产出1.5吨磷霉素。到年底生产磷霉素10吨，实现产值560万元，创利约100万元。大同制药厂生产的首批磷霉素，已由大同第二制药厂收购，分装成无菌粉针投放市场。

（赵玉莲　龚晋文）

【山西医药工业列为重点发展行业】

中共山西省委、山西省人民政府在《中共山西省委、山西省人民政府调整产业结构实施方案》中，将山西医药工业列为全省重点发展的六大优势行业之一；并将中西药、医疗器械、卫生材料确定为实施产品战略重点发展的系列产品；提出山西医药工业要以抗菌素、生物制药和名优中成药为重点；集中改造太原制药厂、长治康宝制药厂、山西中药厂等骨干企业，采用高新技术，实现制药工业的新突破，将太原制药厂和长治康宝制药厂建成科研和生产基地，将抗菌素制剂、定坤丹、龟令集等推向国际市场，预计投资13.7亿元，新增销售20亿元，利税5亿元。

（赵玉莲　龚晋文）

【山西省医药行业管理办公室挂牌】

1996年9月27日，中共山西省委办公厅下发了晋办发（1996）56号文件“关于省医药总公司加挂省医药行业管理办公室牌子、省二轻工业总公司改为省二轻工业总会的通知”。文件指出：“经省委、省政府同意，省医药总公司加挂‘山西省医药行业管理办公室'牌子，承担行业管理职能，其他均不变。”

（赵玉莲　龚晋文）

【山西省医药行业实行统一标志】

经过广泛征集和专家评审，山西省医药总公司正式确认了全省医药行业行业标志，并决定从1996年12月开始实行。

山西医药行业标志的图形以字母“J”和“Y”组成，分别为“晋药”汉语拼音第一个字母的艺术变形，表明山西医药之意，通俗易懂，使人一目了然。整体造型简洁、活泼，具有时代感和现代气息。标志以绿色为基本色调，给人以安全、舒适之感，并象征生命。标志整体为绿叶衬托下的太阳，热情积极，蒸蒸日上，以绿叶代表中药，图形代表西药，表明山西医药行业门类齐全，实行统一管理体制。

（赵玉莲　龚晋文）

内蒙古自治区

【概况】

1996年，全区医药行业工业企业实现工业总产值59210万元，比上年下降2.5%。医药工业销售产值56986万元，比上年增长3.4%。化学原料药产量达8344.2吨，完成年计划102.9%，比上年增长16.2%。医药产品出口创汇1246万美元。全年医药商业购进总额68173万元，比上年下降1.2%，销售总额96826万元，比上年增长4.5%，库存42653万元，完成年计划110.3%，比上年下降2%。预算内工商企业全年累计消化煤、电、原辅材料涨价和往年遗留的各项财产损失1384万元，共计实现利税3069万元，比上年增长63%。盈亏相抵后预算内工商企业净亏损2809万元，比上年减亏5.8%。低于全国医药工商企业的亏损面。全区预算内工商企业在相对趋紧的大环境下取得了比上年有所减亏的好成绩。

【管理与改革】

1996年，内蒙古医药化工（集团）总公司紧紧抓住“学邯钢、抓改革、抓管理、增效益”活动与学哈药进行药品“质量、价格、服务”三承诺活动的契机，积极为企业创造条件，促使企业进一步加强管理，深化改革，广泛开展横向经济联合，努力提高经济效益。

年初，内蒙古医药化工（集团）总公司发出通知，首先在全系统开展了“学邯钢、炼内功、挖内潜、增效益”活动。随后又组织厂长（经理）赴邯钢学习考察，制定了具体实施办法和考核指标。并在全系统举办学邯钢培训班、经验交流会，确立重点、严格考核，收益明显。国有大型企业赤峰制药厂借鉴邯钢经验，调整经济责任制，给九个车间重新制定目标成本，经过两个多月的运作，主导产品土霉素碱公斤成本三个车间分别下降了3.37元、8.77元、5.96元；土霉素盐下降了8.35元；萘普生公斤成本下降了140.58元；同时企业内部劳动人事制度、分配制度、劳动用工制度改革也取得了突破性进展。呼和浩特市、包头市、乌海市、锡盟、乌盟医药分公司等商业企业进一步加强管理、优化服务，在药品“质量、价格、服务”方面公开向社会承诺，取得了明显的经济效益和社会效益。包头市医药分公司实行“三承诺”后商业零售额比承诺前月增长25.86%；锡盟医药分公司比承诺前增长22.8%，部分旗县医药支公司零售额占到全部销售额的一半以上。同时为加快内蒙古医药经济的发展，增强企业的市场竞争能力，内蒙古医药化工（集团）总公司积极进行内引外联、横向联合、合作兼并工作。到1996年底，已创办合资企业8家；同国内的三株药业有限公司、巨人集团、广西金士明集团、阿盟吉兰泰盐化公司等大型国有、民办企业广泛接触，进行兼并、合资、合作洽谈，目前集宁中药厂与三株药业有限公司已正式组建了股份制企业。

【质量和监督】

1996年，内蒙古医药化工（集团）总公司认真贯彻国家有关部门关于质量工作的方针、政策、法规，进一步加强医药质量的监督检查，强化药品质量保证机制，树立质量第一的观念，加大在全行业范围内推行TQC、GMP、GSP的力度，提高内蒙古自治区医药行业整体质量水平。在宏观管理上严把新开办医药生产、经营企业的审批关，杜绝不合格的企业上马和低水平的重复建设。在加强药品管理上，制定了《内蒙古自治区医药行业实施GMP、GSP“九五”实施规划》、制定并印发了全区药品生产企业实施GMP软件管理文件目录，在全区广大医药职工中狠抓员工质量意识教育，重点对全区第二批合格证审查员进行了培训。1996年，全区医药产品综合质量等级品率为112.04%，质量监督抽查合格率92.3%，质量损失率0.15%。全区医药行业继1995年有三个产品获自治区名牌产品称号后，1996年又有两个医药产品获得自治区名牌产品称号（凉城县鸿茅酒厂鸿茅牌药酒、赤峰北方联合制药厂注射用葡萄糖）。各级企业名牌意识不断加强，促使自治区医药产品质量再上新台阶。1996年赤峰制药厂和甘旗卡制药厂还荣获“全国医药行业质量效益型企业”称号。

【科研与教育】

1996年，内蒙古医药化工（集团）总公司贯彻落实年初全区医药科技大会通过的《关于实施科教兴药战略、加速科技进步的意见》，加速新药科研、立项、开发、引进和资金的落实工作。全年新产品产值率5.89%，新产品利税率占到15.8%。包头制药厂四类新药嗜硝泡腾片、医工所三类新药痔炎平、大唐药业有限公司四类新药联苯苄凝胶囊以及伊盟医药分公司甘草、麻黄高效持续利用技术等一批新产品、新技术开发项目，先后列入国家和自治区科技规划。其中伊盟医药分公司进行的“甘草人工栽培技术的系统研究”获国家科学技术进步三等奖。随着自治区医药事业的发展，医药职工教育也得到了加强。到1996年底，通过各类教育人数达29112人次，各类专业技术人员6742人，占职工总人数的26.8%。

【医药市场治理整顿】

1996年，内蒙古医药化工（集团）总公司认真贯彻落实国务院（1994）53号文件和国办发（1996）14号文件精神，在全区各级政府和当地公安、卫生、工商等部门的大力协助下，开展了大量工作。自治区各级人民政府对整顿和规范药品生产经营秩序、加强药品管理、进行药品回扣专项检查工作十分重视，自治区包文发副主席亲自主持召开主席办公会议和全区电话会议，部署和动员全区药品回扣专项检查工作。各地医药管理部门在当地政府的支持下，配合卫生、工商有关部门严厉打击制售假劣药品的违法犯罪活动，规范药品经营秩序，保障了全区各族人民群众用药的及时、安全、有效。呼和浩特市、包头市、赤峰市、乌海市、呼盟、巴盟等地为加强医药市场管理，医药部门与工商部门联合成立医药工商所，加强对医药市场的管理和监督，成效显著。1996年，各级医药管理部门与各有关部门配合共检查医药市场251次，查出有问题的医药商品价值457万元，没收非法经营146万元，取缔非法经营户257户。土右旗敕勒川药材市场、赤峰同兴药材街、喀喇沁旗牛营子药材市场已经开始依法关闭和转营。

【两个文明建设】

年初，总公司确立了以经济效益为核心的领导干部考核制度，明确提出“以效益论功过，以效益论成效、以效益论升降，以效益看班子、从效益看干部、从效益看实绩”的班子建设原则，并根据这一原则先后对亏损严重的7个单位的领导班子进行了调整，促使企业各级领导班子真正将提高经济效益放到了首要的位置。总公司党委紧紧围绕党的十四届六中全会《决议》精神及自治区党委有关贯彻落实意见，以企业文化建设为核心，在全系统范围内开展了以“讲四职”、“树六优”、“倡三学”为主要内容的企业精神文明建设活动，激发了广大职工献身自治区医药事业的热情。

【重要事件】

1月26日，内蒙古医药化工（集团）总公司在呼和浩特市召开全区医药工作会议，回顾总结“八五”计划执行情况；研究制定内蒙古自治区医药发展“九五”计划和2010年长远规划；安排部署1996年全区医药工作。

3月21日，内蒙古医药化工（集团）总公司发出通知，号召系统内各级医药企业开展“学邯钢、炼内功、挖内潜、增效益”活动。

5月13日，内蒙古医药化工（集团）总公司组织系统内11户重点企业的20余名厂长（经理）赴邯钢实地考察学习。

6月25日，内蒙古自治区包文发副主席在呼和浩特市主持召开全区整治药品回扣违法工作电话会议，贯彻全国药品回扣专项检查电视电话会议精神，动员和部署内蒙古自治区药品回扣专项检查活动。

9月5日，内蒙古自治区政府沈淑济副主席主持召开主席办公会议，专门研究呼和浩特制药厂改革、生产、稳定等问题，并对下一步解决呼和浩特制药厂的问题作了部署。

（徐天平）

辽　宁　省

【概述】

1996年全省医药经济运行基本稳定，总体保持稳步回升。全年实现医药工业总产值54.83亿元，比上年增长2%，主要门类的化学药品工业完成产值40.26亿元，比上年增长5.6%；工业销售产值完成47.37亿元，比上年下降1%，产销率为90.4%；全年药品销售总额25.67亿元，比上年增长6%；全行业以国有企业改革为中心，在资产流动重组及产权制度改革方面取得了较大成果。本溪医药联合总公司改制为本溪药业（集团）有限公司；鞍山、本溪，丹东等5个市7个医药生产企业通过资产重组和组织结构改造，生产得到恢复；全行业7户医药企业依法实行破产；21户医药企业改制为规范化的股份公司，6户国有药品批发企业改制为有限责任公司；两个大型国营药品零售企业实现连锁经营；东北制药集团公司股票获准在深圳证交所上网发行，募集资金2.88亿元；实施外向牵动战略和利用外资工作取得进展。加大招商引资力度，积极对外联系与洽谈，把重心放在与国外较大公司的合作上面，东北制药总厂巴斯夫公司、沈阳山之内制药有限公司二期工程开工建设；持科技兴药战略取得进展。全省累计获得批准新药215种，医疗器械二、三类新产品224项；创建国家级工程技术中心两个；4个实验室被列为省级重点实验室；产学研结合签约15项。

1996年全省医药购销继续回升。医药商业企业改革创新意识增强，购销继续保持增长，库存趋向合理。医药六大类商品完成总购19.26亿元，比上年增长5.9%；总销

25.67 亿元，比上年增长 6.24%；库存 8.19 亿元，下降 4.81%。从地区看，购进超亿元的市由上年的沈阳、大连 2 市，又新增鞍山、锦州共 4 个市；销售过亿元的市由上年沈阳、大连、鞍山、抚顺、锦州 5 市，又新增葫芦岛市共 6 个市。

多年形成的结构和机制性矛盾仍很突出。一是医药工业生产低水平重复现象严重，中小企业数量较多，畅销产品、制剂出口产品、形成规模生产的产品较少；二是经济效益不好，亏损严重。加之资金紧张，相当一部分生产企业陷入困境。

（巴学伟）

【对外经贸及技术合作】

1996 年全省医药行业签订利用外资合同 7 项，协议投资总金额 8478 万美元，其中利用外资额 6147 万美元，新开办三资企业 3 户。截至 1996 年底，全省医药行业三资企业已达 91 户，总投资额为 4.59 亿美元，利用外资额 2.26 亿美元。医药三资企业当年实现产值 17.1 亿元，占全省当年医药工业总产值的比重由上年的 26.1%上升到 31.2%。1996 年全省完成医药出口交货值 12.5 亿元，比“八五”期间平均值 5.43 亿元增长 1.3 倍，比上年增长 8.7%，生产出口产品的企业 36 户，出口品种达 60 余种。其中化学原料药全年出口 8464 吨，比上年增长 25.3%，占全省化学原料药总产量的 45%；医疗器械出口交货值达到 6.4 亿元，占全省医药行业当年出口交货值的 51.3%；三资企业完成出口交货值 7.7 亿元，占三资企业当年销售产值的 45%。

（张秋实）

【质量管理】

依照“药品生产经营企业合格证管理办法”，对企业进行 1996 年度检查。全省大部分药品生产经营企业通过年检。其中 3 户药品经营企业、5 户药品生产企业被责令限期整改，整改后有 1 户企业年检不合格。举办洁净厂房检测、粉针剂 GMP 达标学习班，共有 80 多个企业 120 余人参加了培训。全省医药行业 QC 成果发布 26 个小组，其中优秀成果 17 个，先进成果 9 个，向国家医药管理局、国家中医药管理局推荐小组 13 个，被评为优秀成果 12 个，先进成果 1 个。省质量管理协会成果发布 5 个小组，被评为一等奖 1 个，二等奖 2 个，三等奖 2 个。开展用户满意产品评选活动，收到用户评价卡 53 封。8 个企业的产品被评为辽宁省医药行业用户满意产品。创建放心药店，向顾客提供优质药品和优质服务，并接受社会各界的监督。对药品包装用材料、容器生产企业换发许可证，换证企业 29 户，经检查有 11 户符合标准，获得国家医药管理局批准。

（赵渤阳）

【化学药品工业】

1996 年拥有企业 136 户，占全行业企业总额的 54.8%；职工总数为 5.74 万人，占全行业的 69.6%；固定资产原值 33.48 亿元，占全行业的 70.7%；产品销售收入 32.41 亿元，比上年增长 1.6%；实现利税 1.51 亿元，比上年下降 29.8%。化学药品工业发展的主要特点：生产保持平稳增长。1996 年完成工业总产值 40.29 亿元，比上年增长 5.6%；工业销售产值完成 32.7 亿元，比上年增长 0.1%，产销率 88.9%；工业增加值完成 10.39 亿元，比上年增长 18.8%；加快了企业组织结构调整的步伐，规模经济效益进一步增强。1996 年产值亿元以上经济规模的企业 7 户。东北制药总厂首次突破 10 亿元大关，完成 10.31 亿元、欧姆龙（大连）有限公司 5.56 亿元、大连辉瑞制药有限公司 3.23 亿元、朝阳制药厂 2.24 亿元、东北第六制药厂 2 亿元、大连制药厂 1.94 亿元、沈阳第一制药厂 1.92 亿元。这 7 户重点企业共实现产值 27.22 亿元，比上年增长7.3%，占全行业总产值的49.6%；调整产品结构，增强市场竞争能力。1996年全省统计的30种畅销产品，共实现销售产值19.72亿元，占全行业的42.6%；其中过亿元的品种有5个。大连辉瑞制药有限公司生产的先锋铋1.08亿元、大连制药厂青霉素针1.13亿元、东北制药总厂维生素C3.75亿元、磷霉素钠粉针1.84亿元、欧姆龙(大连)有限公司电子血压计3.09亿元。这些畅销产品在市场上形成了较强的竞争能力。

（马文慧）

【医药管理】

1996年全省医药管理工作重点是继续深入贯彻国务院《关于进一步加强药品管理工作的紧急通知》、国务院办公厅国办发〔1996〕14号、省政府辽政办发〔1996〕48号文件精神，加强药品产销管理，保持医药经济稳步发展。坚持严格药品批发企业资格审查和总量控制，加大检查和整治力度，共查处或取缔无证、证照不全、出租或转让证照等47户违法经营单位。药品回扣违法行为有所收敛，在企业自查自纠基础上，各市相继抽查272户，占企业总数38%，省对各市抽查71个单位，全省共查出回扣金额2379.4万元。省医药管理局制发《关于清理整顿药品委托经营单位加强农村药品市场管理的通知》，规范农村药品的供应网点，全省已核发药品委托经营证书276户。医药流通体制改革取得进展，大连市医药集团公司和东北制药集团供销公司等单位，在实行统购分销、规模经营和零售连锁经营等方面收到成效，在全省交流推广。加强医药法制建设，经考核，全省首批医药行政执法人员135人通过并取得行政执法资格。

（马梦麟）

【医疗器械工业】

1996年全省医疗器械完成工业总产值7.18亿元；工业销售产值7.66亿元，其中出口交货值6.42亿元，医疗器械出口占全省医药产品出口的比重，由1995年的45.5%上升到51.3%，完成利税总额2806万元。深入贯彻1996年全省医疗器械工作会议精神，坚持以市场为导向，以新产品为龙头，以经济效益为中心，上品种、上水平、上规模。东大阿尔派国产CT、蓝光数字减影仪等高科技产品投放市场，有助于增强全省医疗器械产品在国内外市场上的竞争能力。

（张兴文）

大　连　市

【概况】

1996年，大连市医药行业共有医药工业企业63个。其中，制药厂(点)46个，医疗器械厂17个。纳入行业计划统计的医药企业33个，其中，全民所有制企业10个，集体所有制企业12个，三资企业11个。年末有职工8834人，有工程技术人员499人，占5.6%。固定资产原值84027万元，净值60519万元。全市医药行业实现工业总产值135012万元(1990年不变价)比上年增长3.14%。现有国有医药商业企业18个，下设独立核算的医药批发经营单位59个，有医药零售门点361个(包括兼营柜台)，委托经营单位复盖到各区、(市)、县的乡镇。全市医药商业全年商品购进总额52433万元，比上年增长12.2%；销售总额为66862万元，增长14.9%。其中，纯销售额56514万元，增长14%；库存为1697.4万元，减少4.1%。

大连市医药管理局有直属工业企业12个（制药厂11个，医疗器械厂1个）。其中，全民所有制单位3个，集体所有制单位6个，其它性质企业3个。共有职工5552人，工程技术人员288人，占5.2%。年末固定资产原值57094万元，净值40363万元。局直属医药商业企业10个，其中，市级公司4个，区(市)县级公司6个。共有职工2568人。

1996年，全市医药行业及市医药管理局所属医药工商企业生产、经营的主要特点：

1. 医药经济平稳增长，运行状况基本正常。1996年全市医药行业工业总产值实际完成135012万元(1990年不变价)，按现行价实现140199万元，增长6.37%，其中局直属工业企业实现工业总产值（现行价）66346万元，比上年增长13.32%；全行业工业销售产值完成139160万亿元，比上年增长8.88%；工业产销率达99.3%比上年增长2.3个百分点，局直属工业企业销售产值完成61754万元，比上年增长13.51%；产销率为93.2%，比上年增长1个百分点。全行业工业出口交货值完成69138万元，增长18.29%。医药工业呈现出国有企业经济技术指标比上年略有下降，“三资”企业和局属企业仍然保持上升趋势。

局属商业企业全年商品购进总额48243.5万元，比上年增长11.8%；销售总额61339.7万元，增长14.3%；库存15350.1万元，减少5.2%；销售收入53883万元，增长23.09%；医药市场货源充足，市场需求稳步增长，零售业日益兴旺，商业企业经济效益有升有降，但总体呈回升趋势。

2. 实施“科技兴药”战略，加快对外开放步伐。市医药管理局认真贯彻全国医药科技工作会议精神，在建立技术创新新机制，努力开拓科技与经济结合的新途径方面下功夫，大力培育新的经济增长点。大连辉瑞制药有限公司在前几年推出5个新品种的基础上，1996年又新上3个品种，并加大广告宣传力度，工业总产值增长73.15%；大连制药厂搬迁改造前期启动项目罗红霉素和红霉素菌种引进工程，已列入国家“九五”“双加工程”导向性计划，通过专家评估，新产品罗红霉素中试工作与大连理工大学的合作取得突破性进展，中试车间设备安装调试已经结束投料试产。大连金港制药厂的“鼻塞通”获准上二期临床，同时，已获国家级新药榄香烯乳新产品证书。大连中药厂“伤科接骨片”完成创省名牌产品的前期各项工作。1996年进一步加大招商引资工作，与外方接触频繁，并在国外建立销售市场。由于几年来的对外开放，大连市医药“三资”企业在全市医药经济运行中的比例和位置尤为突出，仅工业总产值已占72%。医药科技力量不断增强，到年末已有大连市医药行业30人取得国家医药管理局颁发的“执业药师”证书。

3. 深化企业内部改革，促进产品结构调整。首先，增强市场观念，努力开拓国内外两个市场。大连中药厂、大连金港制药厂确立了巩固外销区域，加强省内业务关系，发展沪、川客户，产品直销医院的方针，实行风险抵押承包责任制，加强销售、回款、催款一条龙管理。其次，对国有资产进行优化组合，“抓大放小”，加快分离分流和增资减债的步伐。大连制药厂通过了全市现代企业制度试点单位方案审定，将大连金光化工厂剥离分出，大连灯泡厂予以兼并，把与美国辉瑞公司合资建成的中国大连辉瑞制药有限公司大部分股份转让，合1.9亿元，除还本付息余下用于搬迁改造。大连医疗器械厂整体与三株集团合作联营为其生产“生态美”等产品，不仅解决了职工的安置问题，而且偿还了企业原有的部分债务。全年局直属企业共安置富余人员657人，分流874人。对局直属的大连第二、第三制药厂和意宝乐药厂3个集体小企业，采用兼并、下放到县区等方法予以搞活。第三，盘活固定资产，加速资金周转。大连药材集团公司通过盘活土地资产，将京海饭店二期工程及开发董家沟土地转让，不仅缓解了资金紧张的矛盾，而且获得可观的经济效益。大连医药物资供销总公司和辽东医药公司不盲目增加贷款，用好用活自有资金，把沉淀资金集中清理予以使用。

4. 规范医药市场行为，维护药品经营秩序。国务院办公厅国办发〔1996〕14号文件下发后，市局与卫生、工商、公安、技术监督等部门通力合作，在市政府的领导下，采取各种有效措施，继续加大整顿和规范我市医药市场的力度。先后出台了《大连市药品零售企业管理办法》、《大连市药品零售企业审查验收标准》，召开了首次大连市药品零售管理工作会议，对全市医药商业负责人进行了业务培训。在整治药品回扣违法行为工作中，市医药局成立了专门机构，对各经营企业有针对性地进行调查研究，把握动向，综合指导，对自查和抽查中发现的问题及时纠正。全市还设立举报、投诉电话6部，对在业务交往中有违纪现象的职工进行严肃处理。在国务院和辽宁省五部门联合检查组来大连抽查到的药品生产企业13个，经营单位14个中，没有发现重大问题，对大连市药品整治回扣的工作给予较高评价。另外，市、县两级商业公司对靠母体“供血过活”的寄生公司坚决予以清理。大连药材集团公司撤、停、并、转了61个性质相近，经营状况不佳，管理不善的基层单位，集中向主业倾斜。大连医药集团公司与挂靠本公司的企业全部解除隶属关系。各县区医药公司还坚决抵制个人挂靠国营医药商业企业兴办零售药房，保持了企业信誉。

5. 加强职业教育，提高企业综合素质。大连市在医药商业企业开展了“敬业、创优、树形象”为主题的规范服务竞赛活动。大连药房每天安排固定时间对营业员进行专业知识、营销技能和职业道德方面的教育，此举受到国家医药管理局领导高度评价。药材集团公司坚持开展药工以老带新，药材鉴别技术竞赛活动。医药物资供销总公司还从沈阳药科大学招聘了10位大学生，充实到销售岗位，加强企业的经营技术力量。大连中药厂建立了以降低成本为目的，实行成本——否决——倒推——全员的管理模式，对本厂1000余种生产原料、辅料和包装材料等实行采购成本总价控制，降低成本10%。在国有工业企业升档晋级活动中，该厂获准升为省一级企业，同时还被市政府命名为花园式工厂和企业现场管理免检单位。

全市医药行业存在的主要问题：(1)少数企业管理滑坡，观念陈旧，改革缓慢，至使出现严重亏损。(2)招商引资工作力度不够，成效不大。(3)资金匮乏，人才短缺，技术力量薄弱，新产品开发慢。(4)医药工商企业营销战略思路窄，广告宣传意识差。

【大仁堂走上连锁经营之路】

大连大仁堂药房，始建于1933年，现隶属于大连药材集团公司。它以经营地道的中药材，精制的中成药而闻名遐迩，1993年被国内贸易部命名为“中华老字号”，并被评为“药品质量、物价、计量信得过单位”，“中药供应工作先进单位”，“大连市涉外旅游定点药房”。

年初，大连药材集团公司首先对所属的零售药房进行了资格审查，从药房的行政区域分布、客流量以及店堂的营业面积进行了可行性研究，从中选出具有一定规模符合开办条件的药品零售企业开办大仁堂连锁店，并且按照开办连锁店的惯例，做到管理、核算、店名、标识、广告、价格、进货、着装等10个统一。在此基础上，建立配送中心，制定管理办法，开展业务培训，健全商品销售、质量信息反馈系统，使大仁堂在不改变原有老字号优良传统及特色的基础上，重新赋予其新的内容，走上连锁经营之路。

12月28日，大仁堂连锁店中心店正式开业，10个分店分布于市内三区，职员280余人。

（陈 幸 王云凤）

吉 林 省

【概况】

1996年，吉林省医药行业职工92451人，专业技术人员8933人，占职工总数的9.7%。医药工业企业218户，其中化学制药企业占36%，中药制药企业占51%，医疗器械、制药机械、卫生材料、药用包装材料等企业占13%。固定资产原值30.35亿元，比1995年增加约5亿元，增幅16.6%。医药商业批发企业290户，药品经营网点4500多户。

1996年，全省医药经济工作积极推进经济体制和经济增长方式的转变，实现了“九五”计划开门红。

主要经济指标继续稳定增长。1996年医药工业完成总产值37.42亿元，实现利税5.3亿元，比1995年分别增长11.2%和55.8%；销售产值完成30.7亿元，产销率达82%；出口交货值2.63亿元，比1995年增长20%；资金利税率8.61%，比1995年增长38.87%。医药商业完成总购6.7亿元，总销8.9亿元，亏损额比1995年减少9300万元，税金增加1480万元。

加速企业组织结构调整，骨干企业、名牌产品主导地位日益突出。通化东宝集团公司、敖东药业股份公司、吉林制药股份公司、通化金马药业股份公司、通化白雪山制药厂5户企业的产值和利税分别占全省医药工业的26.29%和70.53%。镇脑宁、安神补脑液单品种的年产值超过亿元，复方益肝丸、血栓心脉宁等5个单品种年产值超过5000万元，占工业总产值的19.56%。企业转制、兼并、破产、联合取得了突破性进展。

医药科技工作成效明显。舒心素胶囊等23个项目列入国家和省的科技计划，复方益肝丸等10项成果获省科技进步奖。实施固定资产项目8个，完成投资1.3亿元，新增产值4亿元，利税0.9亿元，新产品投产84个，实现产值5.17亿元，利税1.87亿元，分别占总产值、利税的13.8%和34.8%。

医药教育事业不断发展。普通药学高等院校和成人大中专药学专业招生人数稳步增长，在岗职工培训率达30%以上。干部队伍中，大专以上文化程度的已达43%，专业技术干部中，具有高中级职称的达26.5%。

加强企业管理，继续贯彻推行GMP、GSP。全省制药企业约20%的制剂车间（厂）进行了GMP改造，舒兰合成药厂被国家医药管理局评为产品质量管理先进单位。吉林市药材公司获全国首批GSP达标企业。药品质量稳定提高，医药产品质量国家监督抽查合格率稳定在90%以上。

影响医药经济发展的因素和存在的主要问题是：医药企业组织结构、产品结构不合理的矛盾仍然比较突出；医药工业企业装备落后，工艺水平低，技术改造任务艰巨；医药商业企业经营规模小，亏损企业户数较多、亏损额较大；医药科技和教育的投入严重不足，人才匮乏；医药新产品开发滞后。

（林春秋）

【全省医药工作会议】

2月8日至9日，全省医药工作会议在通化市召开。各市、州医药管理局局长、医药工业、商业企业的厂长、经理共120多人参加了会议。会议期间，刘淑莹副省长到会作了重要指示；牛淑敏同志作了“全力推进经济体制和经济增长方式转变，促进全省医药经济持续、快速、健康发展”的工作报告；通化东宝集团公司等4户单位介绍了典型经验；围绕着医药“九五”计划和2010年规划和工作报告等进行了座谈讨论；表彰了“八五”期间全省医药行业经济效益最佳企业、优秀企业32个，优秀企业家36名。

会议的重点是全面回顾总结“八五”期间医药行业取得的成绩和存在的主要问题，确定“九五”计划和2010年医药发展的目标和战略，部署1997年工作任务。

（林春秋）

【强化行业扭亏工作】

截止6月底，行业亏损企业116户，亏损额9406万元，比1995年同期亏损企业增加19户，亏损额增幅为45%。为遏制亏损势头，省医药局召开专门会议，研究扭亏增盈的措施，并组成工作组，深入基层、企业，进行调研，分类指导，坚持“五抓、五带、五促进”的工作思路。即：抓两头，带中间，促进全局发展；抓改革重组，带动技术改造，促进企业新生；抓观念更新，带动思想解放，促进营销机制转换；抓市场研究分析，带动企业骨干品种的确定，促进经济增长方式的转变；抓科学管理，带动集约化经营，促进规模经济的实现。由于扭亏工作力度大，措施得力，全年亏损额控制在1.5亿元，比1995年减亏18%。

（林春秋）

【名牌产品】

国家中医药管理局推荐的1995年度吉林省医药名牌产品

产品名称	商标	生产企业
镇脑宁	东宝牌	通化东宝药业股份有限公司
安神补脑液	敖东城牌	延边敖东药业集团股份有限公司
小儿热速清	双健牌	中化四平市制药厂
澳泰乐冲剂	林源牌	敦化市制药厂
利脑心胶囊	敖东城牌	延边敖东药业集团股份有限公司
心脑舒通胶囊	康健牌	中国中医研究院洮南制药厂
人参精	林海牌	吉林省抚松制药厂

（林春秋）

【医药工业利税十强企业】

吉林省医药工业利税十强企业表

单位：万元

名次	企业名称	1996年完成利税	比1995年同期%	占利税总额%
1	通化东宝集团公司	20074	32.70	37.73
2	延边敖东药业集团公司	7392	83.10	13.96
3	通化金马药业股份公司	5860	40.44	11.13
4	长春康达股份有限公司	5796	56.33	10.94
5	通化神源药业股份公司	3531	285.73	6.60
6	通化白雪山药业股份公司	2901	41.10	5.47
7	华康制药厂	2357	—2.67	4.53
8	吉林制药股份有限公司	1704	—39.68	3.21
9	敦化市制药厂	1106	99.44	2.08
10	通化白山制药一厂	1100	9.23	2.07
	合计	51803	6.5	97.83

（林春秋）

长　春　市

【概况】

1996年，长春市医药工业企业53户。按经济类型分：国有企业28户，集体企业13户，股份制企业3户，合资合作企业8户，私营企业1户；按产品类别分：化药26户，中药13户，医疗器械7户，医药包装3户，制药机械2户，卫生材料1户，饮片加工1户。工业企业拥有固定资产原值4.16亿元，净值2.91亿元。完成工业总产值6.43亿元，比上年4.85亿元增长1.58亿元，实现利税7679万元。

商业批发企业124户，零售药店千余家，其中市内批发企业21户，零售药店400余家。商业企业拥有固定资产原值1.11亿元，净值8367万元。商品总购进额1.66亿元，比上年增长18.6%。实现利税46万元。

职工18758人，各类专业技术和管理人员2386人，占职工总数的12.7%，局属12户企业有职工8043人，占全行业职工总数的42.8%，各类专业技术管理人员1502人，占行业技术管理人员总数的62.9%。

【“买断经营”与“当期效益法”试行】

长春制药厂以买断经营的新招法进行债务重组，成立长春制药有限责任公司。长春制药厂的“买断经营”方式被国家计委经济研究所总结为国有企业债务重组和企业创新有机结合的一种有效形式。长春市中药厂以“当期效益法”的方式进行债务重组，成立长春中药集团。中药厂实行的“当期效益法”改革在全国是率先进行的试验，也是长春今后推行的一种重要的改革方式。

【“能人经济”与用人制度改革】

长春市医药行业在企业建立了风险利益机制和能人经济的用人格局，实行了重抵押、聘任制，用专长，以实绩取人。先后果断地调整了50多名厂（经理）级干部的工作，对个别不服从分配的干部进行免职处理。由于工作到位，公平、迅速地调整班子，平稳地解决了班子老化、专业结构不合理以及少数干部不适应、不能胜任现职工作等问题。调整后的班子讲改革、讲管理、讲奉献，素质较高，干劲十足。医药股份公司班子稳住了商业局势，医药公司班子调整后销售额由去年的2100万元猛增到3200万元。

【企业管理初见成效】

为切实抓好管理年活动，局成立了管理年活动办公室，制定了活动方案；企业建立了相应的活动机构，制定了措施；做到每个战役都有部署、有总结、有检查、有通报。长春制药有限责任公司安乃近产量七月份达90吨，收率达72%，创历史最好水平。中药制药集团在堵漏控潜上节约的资金40多万元，被省、市选为管理年活动典型，先后在省、市会议上介绍经验。长春市兽药厂仅领导干部装卸货物就节约运输费12万元。新特药站、西药批发站、中药批发站，开展售前、售中、售后服务质量管理活动，收到明显的经济效益和社会效益。各企业加强基础管理，完善各种规章制度60余条，管理机制进一步强化。

【全国医药原料药、中间体调剂会】

1996年5月21日至24日在长春市召开会议，由长春市医药物资供应公司承办。

【基因工程新的增长点】

长春市医药局加大开发生物工程药物的工作力度，把它作为长春市医药行业发展的主攻方向和重点。选定了以筹建长春基因工程药物研究所和长春金赛医药生物技术有限公司为突破口，集中人才和科技优势，开发、研制、生产具有国内先进水平的高技术、高附加值的基因工程医药产品。同解放军农牧大学联合创办了长春基因工程药物研究所，主要进行抗乳癌药和细胞生产因子的研究。同时，积极支持留美归来的金磊博士和长春高新技术产业股份有限公司洽谈，筹建了长春金赛医药生物技术有限责任公司。组织省内有关专家对金博士提出的“人生长素（hGH)”、“粒细胞集落刺激因子(GCS)”两个项目进行论证，并多次到国家医药局和省、市推荐介绍宣传两个品种，已经通过卫生部新药评审，进入临床观察，并被省计委列入总投资1.7亿元的重大项目，一年后可望投产。

【医药市场整顿工作】

在市政府整顿医药市场办公室统一领导下，在市卫生、工商等部门的配合下，集中力量，对黄河路市场和黑水路等五条街路进行了清理和整顿，清除违法经营的药品零售业户24家，重新布局国营主渠道批发企业6户。在清理整顿中，确定了整顿范围、原则、重点、步骤和措施，通过正面教育疏导，联合检查，对违法经营业户进行通告，没收药品等处理手段，达到了清理整顿的目的。

【机关减员缩编　理顺职能】

局党委本着“责权明确，精干高效”的原则，进行了机构改革和推进公务员制度。本着“公平、平等，竞争、择优和德才兼备”的原则，进行了竞争上岗。对3名年龄偏大、身体不能坚持正常工作的同志办理了提前离岗手续，对机关长期借调的10名同志予以清退并重新进行妥善安置。

（石宝瑛）

黑龙江省

【概况】

1996年全省医药工业总产值完成38.507亿元，比上年增长20.32%；工业产品销售收入稳步提高，全省独立核算医药工业企业实现销售收入28亿元，比上年增长12%；全省商业总销售完成23.4亿元，比上年增长4.2%；经济效益有较大提高，工商利税实现4亿元，比上年增长20.8%。基建技改工作取得成效，全年安排17项基建技改项目，当年有13项竣工投产。新产品开发取得进展，全年共开发新产品68种，新增产值4.6亿元。地方名牌优势产品得到培植和发展，全年共培植发展名牌优势产品30种，有20种产品产值超过2000万元，其中，双黄连粉针、头孢唑啉、青霉素、氨苄青霉素钠、葡萄糖5个品种产值超过亿元。按照省委部署，全省医药系统深入开展“国有企业进入市场”大讨论，企业改革进一步深化。按照《中华人民共和国公司法》对股份制试点企业进行规范，引导哈尔滨医药集团股份有限公司、肇东华星制药股份有限公司、哈慈集团股份有限公司等股份制试点企业，向现代企业制度转轨。加快了医药企业集团的组建步伐，发展和完善了泰格集团、澳利达集团和黑龙江医用氧气集团，形成了一定规模优势。加大企业产权制度改革力度，牡丹江市医药系统以建立现代企业制度为目标，实施结构重组、机构重塑的“双重”战略，收到较好效果；齐齐哈尔等地、市、县医药系统，对资不抵债及资产负债率较高的企业，采取剥离、分立、破产、兼并等措施，实现资产优化组合。黑龙江省医药管理局确定“先发展、后规范”以加快发展医药工业的思路，按照“三个有利于”的标准，放宽政策，有力地培植了发展医药经济的新增长点。为加强药材生产基地建设，推动地道药材生产发展，根据省政府实施农业和农村经济产业化的要求，制订了“九五”期间及2010年中药材系列开发规划，确定了黑龙江省药材发展重点品种和药材生产基地建设。各地、市、县医药企业，采取商商、商贸、商农、商工等多种形式的联合，扶持发展了农药低残留人参和防风、黄芩、龙胆草等地道药材生产；开展了旺季药材收购，满足了市场需要；依法保护了野生药材资源，促进了资源合理开发利用。加大了医药市场整顿力度，药品流通秩序有所好转，保证了人民群众用药的安全有效。哈尔滨市药材总公司“三承诺”经验在全行业推广后，不仅净化了医药市场，推动了全省医药系统精神文明建设，而且提高了国有医药商业的声誉，促进了医药经济的发展。1996年全省医药经济总的运行态势良好，医药工业、医药流通、医药科技、医药教育、医药管理和医药改革等各项工作都有新的突破，取得新的进展。

（李钧贵　杨元复　王永山）

【医药工业重点企业发挥龙头作用】

黑龙江省医药管理局注重医药工业重点企业的发展，培植医药经济新的增长点，加快重点项目建设，发挥它们的龙头带动作用。狠抓医药工业重点基建技改项目，按国家和省的产业政策，安排基建、技改项目17项，年内完成投资2.1亿元，竣工投产、达产项目22项（含上年结转项目），其中：当年竣工7项、投产6项，新增产值3.9亿元，新增利税5330万元。继哈尔滨制药厂千吨青霉素项目与哈尔滨中药二厂粉针基地建设项目列入国家第一批“双加工程”项目之后，哈尔滨世一堂制药厂改造项目也被列入国家第二批“双加工程”项目。狠抓30户重点企业的生产调度，定期进行工业统计分析，每季度召开一次全省医药工业经济运行分析会议，掌握、了解全省医药工业经济运行态势，促进医药生产质量、效益稳步提高。全省医药系统30户重点工业企业，克服了诸多不利因素，增加生产，扩大销售，保持了较高的发展速度，全年实现产值33.17亿元，占全省医药工业总产值的86%。哈尔滨制药二厂、哈尔滨制药三厂、哈尔滨中药二厂、哈尔滨世一堂制药厂、庆安制药厂、佳木斯中药厂、松鹤制药厂等十余户工业企业生产速度增幅在20%以上，对全省医药经济发展起到了拉动作用。

（李钧贵　杨元复　王永山）

【产品结构调整】

黑龙江省医药系统实施新产品开发和名牌优势产品发展战略，制订了《新产品开发战略规划》和《名牌产品发展战略规划》，落实了新产品开发启动资金。新开发的头孢菌素6号、EPO、阿齐霉素等新产品已达到国内先进水平，将成为黑龙江省医药经济新的增长点。1996年共开发新产品68种，新增产值4.6亿元、利税8900万元。省医药管理局对名牌产品采取大力扶持政策，积极开发名优产品国内外市场。通过临床研讨会、学术报告会、新闻发布会、名优产品推广会以及广告宣传等形式，扩大了黑龙江省名牌产品的知名度和市场占有率。双黄连粉针、头孢唑啉、青霉素、氨苄青霉素钠等名牌产品，形成规模生产和规模效益。

（李钧贵　杨元复　王永山）

【中药材生产发展】

根据黑龙江省人民政府《关于深入实施农业和农村经济产业化的调查方案》，黑龙江省医药管理局成立了以主管局长和总工程师为正副组长的省中药材系统开发调查领导小组，抽调人员深入药材重点产区、重点工业企业和重点科研单位进行调查，形成黑龙江省中药材开发调查报告。制定黑龙江省“九五”期间及2010年中药材开发规划意见，提出中药材开发对策与建议，并对人参、龙胆草等重点品种形成专题报告，上报国家有关部门，加快了全省中药材系列开发和推进农村经济产业化进程。为加强野生药材资源保护和基地建设，召开了全省野生药材资源保护区暨生产基地建设会议，研究保护区基地生产的发展、管理、综合经营以及领导事宜；又召开了人参生产暨旺季药材生产收购会议，稳定了人参生产，部署了药材生产旺季工作；还召开了中药材生产科研会议，落实了科研项目，制定了黑龙江省1996至1997年度药材生产基地工作规划，下达了1996年全省中药材种植、收购指导性计划，巩固了杜蒙、林甸、肇源、尚志、虎林、密山等17个市县的人参、防风、龙胆草、西洋参等生产基地。通过实地考察，在河北省怀来县异地建立黄芩生产基地，以保证黑龙江省特别是哈尔滨中药二厂双黄连系列产品的发展。为加强中药材生产和野生药材资源保护工作，征得省编委同意，黑龙江省医药管理局下发了《关于加强中药材生产管理工作的通知》，解决了地市县中药材生产和野生药材资源保护机构问题。

（李钧贵　杨元复　王永山）

【科教兴药新成果】

黑龙江省各级医药部门认真贯彻“科教兴药”方针，继续实施新产品开发和名牌优势产品发展战略，在立项、定点上进一步放宽政策。省医药管理局制定下发了《新产品开发战略规划》和《名牌产品发展战略规划》，落实了新产品开发启动资金，极大地调动了广大科技工作者开发新产品的积极性。1996年又有一批新的科研成果面世。双黄连粉针等新产品已达到国内先进水平，成为黑龙江省医药经济新的增长点。经各研制单位申报，各地市医药管理局推荐，省医药评审委员会评定，科教兴药新成果中有十个项目荣获黑龙江省医药行业科技进步奖，其中：双黄连粉针新工艺研究等四个项目获科技进步一等奖；刺五加注射液工艺改进等四个项目获科技进步二等奖；茶碱缓释片等二个项目获科技进步三等奖。十个获奖项目是：

双黄连粉针新工艺研究　获黑龙江省医药行业科技进步一等奖。哈尔滨中药二厂完成。

奥力保克胶囊（10MG）　获黑龙江省医药行业科技进步一等奖。黑龙江澳利达制药有限公司研制。

羟乙基淀粉代血浆固体原料研制与开发　获黑龙江省医药行业科技进步一等奖。黑龙江省牡丹江温春制药厂研制。

司乐平（拉西地平）片　获黑龙江省医药行业科技进步一等奖。哈尔滨制药三厂研制。

刺五加注射液工艺改进　获黑龙江省医药行业科技进步二等奖。黑龙江乌苏里江制药有限公司完成。

血栓康胶囊　获黑龙江省医药行业科技进步二等奖。佳木斯中药厂完成。

蜂王浆系列口服液灭菌新工艺　获黑龙江省医药行业科技进步二等奖。哈尔滨制药三厂完成。

18-氨基酸注射液　获黑龙江省医药行业科技进步二等奖。哈尔滨制药六厂研制。

精制鱼油（鱼油烯康）　获黑龙江省医药行业科技进步三等奖。大兴安岭制药厂完成。

茶碱缓释片　获黑龙江省医药行业科技进步三等奖。齐齐哈尔市鼎恒升制药厂研制。

（李钧贵　杨元复　王永山）

【双黄连气雾剂获金奖】

在国家科委和广州市人民政府联合主

办的第八届中国新产品博览会上，哈尔滨制药三厂生产的国家级新药双黄连气雾剂，一举被评为金奖。双黄连气雾剂是哈尔滨制药三厂继双黄连水针剂、双黄连口服液之后，开发的又一双黄连系列产品。

（李钧贵　杨元复　王永山）

【医药市场整顿】

黑龙江省医药行业继续认真贯彻国务院（1994）53号和国务院办公厅（1996）14号文件精神，加强药品市场整顿，流通秩序有所好转。黑龙江省人民政府办公厅下发（1996）33号《关于加强药品生产经营管理工作的通知》，全省进一步加强了清查整顿药品市场的工作。副省长张成义同志亲自带队，医药、卫生、工商、公安、技术监督等有关部门参加，组成联合检查组，对哈尔滨火车站站前药品市场、三棵树药材集贸市场进行检查整顿。三棵树药材集贸市场经过规范，已通过国家有关部门验收予以保留。各地、市、县医药主管部门与卫生、工商、公安等部门配合，在当地政府领导下，整顿了过多过滥的经营网点，打击了制售假劣药品的不法行为，医药流通秩序有所好转。黑龙江省医药管理局按照省政府黑政发（1995）40号文件精神，对哈尔滨市生化药品批发企业进行检查整顿，并对具备经营条件的，换发了《药品经营企业合格证》，纳入行业管理轨道。黑龙江省还大力加强了对农村药品供应，开展向农村下伸经营网点工作，进一步理顺农村药品供应渠道，做出乡及乡以下医疗单位用药由当地医药（药材）批发企业统一供应的规定。

（李钧贵　杨元复　王永山）

【开展“三无”活动】

黑龙江省医药商业系统认真学习推广哈尔滨市药材总公司“三承诺”经验，广泛开展了无经销假劣药品行为、无违反价格规定行为、无违背服务准则行为的“三无”活动，推动了行业精神文明建设。实行承诺制度，重塑了国有医药商业企业形象。黑龙江省医药管理局9月份召开了全省“三承诺”经验交流会，总结了哈尔滨市药材总公司、牡丹江市医药管理局、绥化地区行政专员公署医药化工局、兰西县药材公司、哈尔滨市人民药店等单位的经验。这项活动得到国家中医药管理局、省委宣传部、省精神文明办、省纠风办等领导部门的关注和支持，并推广了开展这项活动的经验；省内外10多家新闻单位对“三无”活动开展情况进行了宣传报道，推动“三无”活动向纵深发展，哈、齐、牡、佳、大庆等地市和绥化、黑河、嫩江等市县，通过开展“三无”活动，公开实行承诺制度，不仅净化了当地医药市场，同时收到较好的社会效益和经济效益，极大地推动了全省医药系统的精神文明建设。

（李钧贵　杨元复　王永山）

【三项承诺经验推广】

哈尔滨市药材总公司三项承诺经验推广全国，被评为哈尔滨市十大新闻之一。国家中医药管理局、黑龙江省医药管理局、哈尔滨医药集团股份有限公司分别做出关于开展向哈尔滨市药材总公司学习的决定。哈尔滨市人民政府在市药材总公司召开了“推广三项承诺开展货真价实满意店活动现场会”，并首次启动哈尔滨市质量发展奖励基金，奖励哈尔滨市药材总公司。全国中药放心药店建设现场会在哈尔滨市召开，国家卫生部副部长兼国家中医药管理局局长张文康和省市领导出席会议，并讲了话。哈尔滨市药材总公司总经理张利君作了题为《全面实施三项承诺充分发挥国有医药商业主渠道优势》的典型发言。人民日报在头版发表题为《编织药业文明之网》的长篇通讯，新华社、中央电视台、工人日报等中央新闻单位及省市新闻媒介都对三项承诺予以连续报道。

哈尔滨市药材总公司1996年实现销售收入2.87亿元，利税1650万元，分别比上年增长35%，成为黑龙江省文明单位标兵。

【彭珮云视察哈尔滨市药材总公司】

国务委员彭珮云同志于1996年8月20日到哈尔滨市药材总公司视察，并为人民药店题词："积极进取，自加压力，狠抓落实，贵在坚持"。这是彭珮云国务委员首次对医药商店进行工作视察。

（李钧贵　杨元复　王永山）

【企业改革深化】

黑龙江省医药管理局1996年继续执行组建医药集团、联合兼并、股份制试点和实施机构重组、机制重塑的"双重"战略。按照《中华人民共和国公司法》对股份制试点企业进行规范。对运作较好的哈尔滨医药集团股份有限公司、哈慈集团股份有限公司、肇东华星制药股份有限公司，加强领导，不断完善；哈慈集团股份有限公司继哈尔滨医药集团股份有限公司之后，成为黑龙江省医药行业第二家股票上市公司；对不具备试点条件的佳木斯医药集团股份有限公司等试点企业停止股份制试点，恢复原所有制形式；对经营不景气，已资不抵债的五常制药股份有限公司，按照《中华人民共和国公司法》的有关规定实行清算，保证股份制试点健康有序地进行。对企业集团的组建，加大了指导力度，加快了步伐。发展、完善了以闫家岗制药厂为依托、工商贸结合的泰格集团，以庆安新特药为依托、工商卫联合的澳利达集团和以黑龙江医用氧气总公司为依托、工工联合的医用氧气集团。黑龙江省医药系统加大了对产权制度改革的力度，牡丹江市以建立现代企业制度为目标，实施机构重组、机制重塑的"双重"战略，收到了较好的效果。各地、市医药部门在深化企业改革中不断开拓进取，对资不抵债的齐齐哈尔药材站实行剥离、破产；对资产负债率较高的齐齐哈尔医药站、齐齐哈尔第一制药厂牡丹江制药二厂、牡丹江药材站、佳木斯医药站等企业实行剥离、分立，死一块，活一块，实现了资产的优化重组，使企业获得了生机。各医药企业按市场经济要求进行了经营机制的"重塑"，建立了优胜劣汰的用人机制和市场经济的经营机制，为医药企业的进一步发展奠定了基础。

（李钧贵　杨元复　王永山）

【全国医药行业质量效益型先进企业】

国家医药行业重点骨干企业、全国工业企业500强之一哈尔滨制药厂，1996年获全国医药行业质量效益型先进企业称号。为确保产品质量，强化质量管理，严格执行GMP、SOP标准，不断完善管理手段，建立一整套完善的质量监控网络，在车间、工段、班组层层设立质量检查员，严把质量关。质量管理从岗位生产到结束生产，全部细化到各个工序，走出了一条以质量创造经济效益的管理之路。哈尔滨制药厂面临国内青霉素滞销、产品降价、能源材料上涨的困难局面，学习邯钢经验，深挖内部潜力，大幅度调整产品结构，严格生产工艺，倒算成本，1996年消化掉5238万元减利因素，实现工业总产值9.56亿元，销售收入11.04亿元，分别比上年同期增长16.63%和12.31%，创利税9000万元。哈尔滨制药厂抓生产经营从思想政治工作入手，抓思想政治工作从生产经营切入，把思想工作与生产经营融为一体，相互促进，摸索出两个文明协调发展的经营管理模式。开展"双文明活动"竞赛，推动企业管理上台阶。开展"文明职工"活动，全面提高职工队伍素质，到年底全厂有90%以上的职工达到文明职工标准。

（李钧贵　杨元复　王永山）

【黑龙江省首家GSP达标企业】

哈尔滨市医药公司1996年被国家医药管理局批准为"GSP——医药商品质量管理

规范——达标企业”。这是黑龙江省首家通过 GSP 国家认证的国有医药商业企业。为达到国家医药商品质量管理规范标准,该公司从 1992 年开始进行质量管理规范工作。该公司是黑龙江省一家大型国有医药商业企业，主要经营化学药品、医疗器械、化学试剂、玻璃仪器四大类医药商品。哈尔滨市医药公司新药特药商店,是全国九大城市新药特药协作体之一。负责全省急救药品的供应，担负着二、三级批发和零售业务。特色经营给企业带来很好的经济效益和社会效益,1996 年销售额达 1 亿元。为提高服务质量,增设了问药咨询、缺药登记、投诉信箱、代办邮购、免费包装、代客粉碎等多项配套服务，使用微机联网调拨开票，质量跟踪服务。

（李钧贵　杨元复　王永山）

【国家公务员制度推行】

按照《国家公务员条例》、《黑龙江省国家公务员制度实施方案》和《黑龙江省人民政府工作部门推行国家公务员制度基本程序》的要求，在黑龙江省推行国家公务员制度工作领导小组办公室指导下,成立了黑龙江省医药管理局推行公务员制度领导小组,省编委向省医药管理局下达了职能配置、内设机构和人员编制“三定方案”。“一定”职能配置:根据全省推行国家公务员制度工作会议精神,制定局机关工作人员向国家公务员过渡实施方案和局机关职位分类、职位设置方案。明确过渡范围、对象、方法、步骤和各阶段的时间安排，以及过渡的具体要求。公务员过渡工作的关键，是按职位设置编制好职位说明书和搞好述职报告。“二定”内设机构：向国家公务员过渡前，省医药管理局内设 13 个处室：办公室、政策研究室、人事教育处、综合业务处、生产计划处、科技质量处、财务企管处、史志办公室、老干部处、物价处、审计处、机关党委、纪检监察室。过渡后省编委下达内设机构为 8 个行政业务处室：办公室、人事教育处、发展规划处、市场流通处、科技质量处、财务审计处、经济协调处、中药材处和机关党委、纪检监察室、离退休干部工作处。“三定”人员编制：过渡前人员编制为 103 人，其中正副厅级 7 人（含离职未离休 1 人），正副处级 26 人（含处级员 2 人）。过渡后省编委核定正副厅级 6 人，正副处级 21 人（不含非领导职务）。新下达行政编制 57 人，另配老干部工作编制 3 人，核定工勤人员 8 人，总计 68 人，为原编制的 66%，实减 35 人，缩减 34%。经省推行国家公务员制度工作领导小组办公室检查验收,黑龙江省医药管理局被评为推行国家公务员制度实施优秀单位。

（李钧贵　杨元复　王永山）

【国家公务员招考工作】

根据省委组织部、省人事厅的有关规定，1996 年，黑龙江省医药管理局面向社会，公开招考了 5 名国家公务员。这是国家机关工作人员进出人事制度改革的重要举措。根据省委组织部、省人事厅《关于印发〈1996 年省直机关首届招考机关工作人员、国家公务员面试工作方案〉的通知》精神，遵循公开、平等、竞争、择优原则，省医药管理局制定了首届招考国家公务员面试工作方案，并由局长、主管局长、纪检组长、局总工程师及局有关处室负责人组成招考领导小组。通过笔试、情景模拟办公自动化、实例拟制文稿、专业测试等一系列考试之后，经全面考核，择优录用。经两个多月的考试，招录了能源环保、企业管理、科技管理、种植收购、生产调度等五个职位国家公务员各一名,并已正式走上省医药管理局各处室的专业岗位。

（李钧贵　杨元复　王永山）

【黑龙江省医药系统进入省文明建设先进行

列】

黑龙江省精神文明建设指导委员会在1996年12月23日召开的全体会议上，命名黑龙江省医药系统为全省文明单位建设先进系统，这标志着黑龙江省医药系统精神文明建设工作登上了一个新台阶。黑龙江省医药系统创建文明系统工作是从1993年开始的。几年来，全行业以建设文明单位、创建先进系统为目标，以群众性精神文明创建活动为载体，以培养高素质的职工队伍为方向，开展先进集体、先进工作者（劳动模范）和文明职工、文明单位、文明系统的评比表彰活动，举办全省医药系统“双文明”知识竞赛，开展无经销假劣药品、无违反价格规定、无违背服务规范的“三无”活动，公开向社会做出质量、价格、服务三项承诺。通过一系列文明系统创建活动，1996年全省医药系统县以上各级文明单位已占总数的71%，其中14个单位被命名为省级文明单位或省级文明单位标兵，绥化、双鸭山等9个地、市被命名为地、市级文明单位建设先进系统。

（李钧贵　杨元复　王永山）

（更正：《中国医药年鉴》1996卷　黑龙江省医药发展概况　撰稿人应为李钧贵　杨元复　王永山）

上　海　市

【概况】

1996年，上海医药完成工业总产值92.02亿元，比上年增长23.6%；完成销售产值（含税）突破100亿元，比上年增长18.6%。产销率98.3%；商业销售52.4亿元，比上年增长18.1%；出口产值14.6亿元，比上年增长11.5%，其中自营出口完成1.3亿美元，比上年增长33.2%；实现利润为3.05亿元，实现利税7.03亿元比上年略有增长。医药行业各企业在实践中重视市场研究和开发，大幅度增加销售人员的数量，优化销售队伍的知识结构，加强商商、工商联合，提高了上海医药主力产品的市场占有率，医药行业中年销售额超过1000万元的产品已达100多个。年内，新产品开发和投产的进展加快，投入开发资金占全行业销售收入的2.65%，由于科研开发投入力度的加强，加快了新品的开发速度。赖诺普利、奥美拉唑、银杏酮酯，以及精密显微手术器械、早期癌症诊断仪、新型心电图机等一批高新技术的开发项目已先后开发成功。1996年共有新产品开发项目581项，其中352项列入总公司新产品试制计划，培菲康、息隐、舒氨新等30多只药械新产品，目前形成了规模生产能力，单个产品的产值已超过1000万元以上，其中计划生育新药息隐的产值已突破亿元大关。科研开发的加快和新产品投入规模生产，有力地促进了医药经济发展。新产品产值率达20%，新品利润率达60%。医药行业继续深化国有企业改革，完善企业经营机制，铸造多元投资主体，促进了企业产销发展和效益提高，年内共有30家企业产值超亿元，比上年增长20%。其中上海三维制药有限公司、上海先锋药业公司、上海四药股份有限公司、新亚药业有限公司、中美上海施贵宝制药有限公司等企业产值超过5亿元。中西、信谊、六药超过3亿元；第一生化、华联、五洲、延安超过2亿元；同仁、长征、海普、强生、中一、中三、九药、衡山、天平、上葡等企业也成了产值超亿元的骨干企业。

【改革深化】

1996年，上海医药列入市现代企业制试点的单位已达到13户，其中12户企业已进入实质运作，这些企业正在成为上海医药行业发展的骨干力量。与此同时，还注重强化改革试点企业的规范运作，一是制定有关制度，明确和理顺了股东会、董事会、经理层和监事会的各自权责及相互关系；二是制定下发有关意见和办法，要求企业在改制中坚持职工民主管理、维护职工的合法权益，并由职代会或职工大会选出的职工代表进入董事会、监事会，参与对企业的决策和监督管理；三是制定下发《关于在建立现代企业制度中加强和改进党的建设若干意见》，要求企业在推行现代企业制度的过程中，充分发挥党组织的政治核心作用，保证党和国家的方针政策在本企业的贯彻执行，并要求在改制中党组织的负责人要通过法定程序进入董事会，参与企业决策。从而为真正建立现代企业制度打下扎实的基础。

在深化企业改革中，加快了企业组织的结构调整，主要采取了四项措施：一是兼并。由优势企业兼并劣势企业，完成三对，即上药九厂兼并申光药厂、兽药厂兼并上药十八厂、医用激光厂兼并医疗九厂。二是联合。完成二对，即医用听诊器厂与合力医疗器械厂两家股份合作制企业联合，新成立了上海四菱医疗器械厂，延安、天丰、九福联合成立了三丸药业有限公司。三是代管。即实行两厂一长制，先后有五洲药厂对先锋药业公司、医用专机厂对医用仪器厂、齿械厂对上械厂三对企业实行了两厂一长。四破产。已有医电厂、医仪厂两家企业经上级有关部门批准列入市破产企业试点。

【医药营销】

上海医药面对医疗保险制度改革的出台、出口退税率下降和贯彻国务院办公厅14号文件等带来的市场环境的新变化，医药工商企业积极调整了营销策略。一是抓总代总销品种扩大，加大商业企业向市外拓展的力度。总代总销品种扩大到20多个。市公司、器批、医疗经理部等商业单位到沈阳、海南岛、北京、济南等地设立办事处，把促销工作直接做到用户。二是抓同品种共同体的巩固和扩大，推进产品规模优势的建立。从而进一步增强了共同体的竞争优势。三是抓了产品代理的试点，探索工商联手共同拓展市场的新形式。四是抓联合体的自营出口，扩大医药出口市场份额。

1996年，上海医药工商企业充分发挥上海医药产品的质量、信誉和品牌优势，从更深层次上进行探索、研究并推动了市场的拓展。3月15日，成功地举办了“走向廿一世纪、上海新药新貌展示会”，向各级领导和社会各界汇报了上海医药行业在“八五”期间开发的新药和部分名、特、优药品，以及上海医药行业的新面貌和“九五”发展的新远景。

为了摆脱低水平竞争并向高层次质量竞争迈进，上海医药工业销售公司联合上海医药工业26家制剂企业推出55个新产品，在上海、北京、广州等36个大中城市举行了“上海新药质量千里行”活动，把医药市场的竞争逐步提高到产品质量竞争上来。这项活动得到了国家医药管理局、各地政府及各地卫生、技术监督部门及广大用户高度评价和热情支持，被誉为“放心工程”。上海市药材有限公司开展了以“保障药品一流质量、使病人放心；坚持规范优质服务，使客户放心”内容的“双放心”活动，得到了左焕琛副市长的支持和赞同，并受到了本市医疗机构和医药商业的欢迎。

以精神文明融贯于上海医药的名牌工程、放心工程，是上海医药行业去年以来从深层次拓展市场的一种有益尝试，从而使上海新药质量和服务进一步取信于全国市场。

【医药出口】

上海医药（集团）总公司国有企业充分利用自营进出口的政策，到国际市场“设点抢滩”，千方百计拓展海外市场，1996年完成出口产值14.6亿元，比上年增长

11.5%，其中自营出口创汇完成1.3亿美元，比上年增长33.2%。上海医药外贸出口逐步转变为以海外直接用户为主体的自营出口，并加快在品种、质量等方面与国际接轨的步伐，自营出口额已占出口总额的一半以上。上海药品制剂首次进入南美、非洲等医药市场。上海三维制药公司、医药外经公司、中华制药厂、中西药业股份有限公司、新亚药业有限公司还到境外办企业。

【20多家医药企业进入浦东】

据不完全统计，至1996年底已有20多家中外医药企业进入浦东，总投资超过30亿元，其中先锋药业公司、新亚药业公司、信谊药业公司、上海罗氏制药有限公司等一大批药业企业在浦东建成投产，这标志着上海"药谷"在浦东已粗具规模。上海第三制药厂通过土地批租，投资数亿元，在浦东张江建成占地300亩的国内医药行业投资规模最大的现代化头孢菌素生产基地——上海先锋药业公司；新亚药业公司在浦东新区建成现代化制药企业，新厂占地面积达7万平方米，其中绿化面积占50%以上；上海医药科研和医药商业企业在浦东建造了上海中药研究所；上海药材有限公司和上海医药有限公司分别投资近亿元，在浦东造起了国药大厦、上海国际医药贸易大厦。5年中，上海医药行业在浦东投资建设了近30个项目，全部投产后，每年可新增产值40亿元。瑞士、挪威、德国等一批制药跨国公司，与上海医药企业合资，在浦东建成了一批有影响的合资项目。中瑞合资的上海罗氏制药有限公司在浦东张江高科技园区建成投产，总投资达4500万美元，是国内医药行业投资额最多的合资企业之一。该项目配备了世界上最先进的医药生产设备；主要生产抗生素、免疫药物、抗癌药物和维生素等产品。上海淮海制药厂与挪威奈科明公司共同投资3000万美元建成上海奈科明有限公司，生产新一代的非离子造型剂，填补了国内空白。

【生物技术工业园区兴建】

一期工程总投资达3.9亿元的上海生物技术工业园区，6月6日在浦东金桥动工建设。现代生物与医药是上海发展高新技术产业三大突破口之一。为加快基因工程医药科研成果产业化，促进上海生物技术产业的发展，由中科院有关研究所，上海的医学高校、医药高新技术企业、实业公司和外方共建了这个上海生物技术领域的产、学、研共同体。首批进入园区的单位及基因工程医药产业化项目有：上海华新高技术有限公司的白细胞介素-2和α2b-干扰素、上海联合赛尔生物工程有限公司的人生长激素、上海实业一医大生物技术有限公司的链激酶、上海三维生物技术有限公司的G-集落细胞刺激因子。首批进入园区的5个产业化项目，其生产技术都是由国内科学家和工程技术人员自己开发的，其中4个是国家"八六三"计划项目，1个是上海市重点发展项目，技术含量高。

【瑞士罗氏公司加大在上海投资】

国际著名制药大公司——瑞士罗氏公司看好中国投资环境，加大在上海投资。据统计，该公司已在上海医药行业建立5家合资企业，总投资达1.7亿美元。

近年来，一批国际医药大公司、名牌专业公司相继在申城"落户"，在上海医药系统已建合资企业45家，协议投资总额达5.4亿美元。上海医药系统十分注重同国际大公司、名牌专业公司进行合作。几年来，相继与美国布迈·施贵宝、强生、先令、德国西门子、拜耳、德尔格、日本光电、挪威奈可明等世界跨国公司建立合资企业，1996年，中瑞合资的上海罗氏制药有限公司在浦东张江高科技园区建成投产，总投资达4500万美元，是国内医药行业中投资额最多的合资企业之一。它配备了世界上最先进的医药生产设备，主要生产抗生素、免疫药物、抗癌药物和维生素等产品。这批合资医药企业的建立，有力地促进了上海医药经济的发展。1996 年上海医药合资企业的销售产值已突破 20 亿元，成为上海医药经济发展的又一新的增长点。

【上海开展药品购销检查】

1996 年，为深入贯彻《国务院关于进一步加强药品管理工作的紧急通知》精神，上海医药系统全面开展药品购销中给予收受回扣违法行为的专项检查工作。上海医药局要求各企业对本单位自 1993 年 12 月 1 日以来，在药品购销活动中给予、收受回扣的问题，都要进行严肃认真的自查。凡有将本单位药品生产经营业务承包给个人经营或转让、出租证照、转开代开药品发票、擅自改变经营方式或扩大经营范围、私扩大经营网点、擅自设立药品外加工点、无证生产药品等行为的，必须立即清理，立即纠正。

今后凡仿制已有批准文号的药品必须严格按照《药品管理法》规定的程序，先报市医药局审查同意后，报送市卫生局审批。在清理整顿期间，上海暂停批准仿制已有批准文号的药品。

上海明确这次专项检查“回扣”的范围，是药品生产，经销企业(包括在沪三资企业、外地来沪设立的经营机构、办事处和医疗机构)以及这些单位的购销人员。同时对医疗器械购销中给予、收受回扣的违法行为也列入专项检查范围。

专项检查过程中有关部门对本市个别药品经营行业存在的代开药品发票，以物代药、擅自改变经营方式的不规范行为进行严肃查处。主要领导部门还对 10 多起收受回扣的严重经济案件立案侦查。

（朱　翔）

江　苏　省

【概况】

1996 年，全省医药系统内完成工业总产值 129 亿元，列全国同行业首位；比上年增长 17.01%，高于全省工业生产的平均增长速度。其中，完成原料药总产量 3.82 万吨，占全国总量的 11%；完成中药材收购 4.2 亿元，比上年增长 16%。

全省医药商业完成销售总额 84 亿元，比上年增长 13.18%，其总额和增长幅度均列全国同行业前列。

全省医药企业实现工商利税 11.79 亿元，比上年增长 13%。其中工业利税 8.61 亿元，比上年增长 11.86%，实现利润 3.35 亿元；商业利税 3.18 亿元，比上年增长 16.17%，利润 1.44 亿元。全省医药工业企业的亏损面为 32.4%。

全省医药经济运行质量逐步提高，产值超亿元的工业企业由 1995 年的 23 个增加到 31 个；工业销售利税率达到 10.31%，比 1995 年提高了零点四个百分点；资产负债率为 65.05%。

【企业改革力度加大】

全行业推行现代企业制度和企业内部改革取得新进展。被列入省级现代企业制度试点的启东盖天力制药有限公司，按照要求完成了阶段性工作。较早完成股份制改造的南京医药股份有限公司的社会公众股，成功地在上海证交所挂牌上市。有 4 家企业完成了“多元化”的资产重组和股份制改造。

在机构改革中被重新定位的各级医药主管部门，充分发挥行业管理的职能，以搞活国有大中型企业为突破口，大力推进转让、兼并、联合等改革形式。如连云港市医药管理局不断强化对所属企业的协调和指导，及时帮助企业解决生产经营中的困难和问题。去年该市工业生产和经济效益的增长幅度分别达到了181%和164%，是全省医药行业唯一没有直属亏损企业的市。南京市医药管理局根据本地实际情况，按照抓大放小的原则，一手抓大企业，使大的更强；一手抓特困企业，积极帮助他们寻找新的生存和发展环境。他们把有较强经济实力的南京医药股份有限公司与有较好工业基础的南京第二、第三制药厂进行联合，成立了科、工、贸一体化的南京医药集团有限责任公司。目前，该集团公司的综合经济实力已挤身全国国有医药工业五十强之列。同时，将由于种种原因，靠自身能力已难以摆脱困境的南京天宇医疗器械公司，全资并入广东威达集团，以期在新的条件下求得更好的发展。苏州、无锡、常州等市医药管理局在这方面也做了积极的探索，通过加强工商之间的联合，促进优势互补，如去年挂牌运行的雷允上药业集团公司（苏州）、无锡三禾集团公司等企业，在新的条件下，都显示出良好的发展态势。

各生产经营企业积极探索与市场经济相适应的企业内部管理机制和经营机制，不断增强企业的应变能力和市场竞争力，创造了许多成功的经验。如扬子江药业集团始终把市场开发放在一切经济活动的首位，全厂1600名职工，有600多人在跑市场、搞调研，发扬“四千四万”的精神，密切关注市场的动态，牢牢地把握市场的主动权。近年来，该企业一直保持着跳跃式发展的势头，1996年完成工业产值7.03亿元，实现利税1.25亿元，规模总量和效益指标均跃居省内同行业前列和全国同行业十强之列。南京华东医药公司等企业把连锁经营、跨区联合等新的营销方式由理论探索推向实践，除在本地开设了十家连锁药房外，还分别在北京、郑州等地设立了分支机构，在香港筹建经营网点，取得了良好的社会效益和经济效益。无锡华瑞制药有限公司、苏州胶囊公司、无锡阿斯特拉公司、连云港恒瑞集团公司、江苏金鹿集团、宏宝集团等企业精心培育自己的优势产品群，并努力使产品优势转化为市场优势，产出最佳效益。在1997年的全国医药局长会议上，郑筱萸局长在工作报告中称赞和表扬了全国一些深化企业内部改革，着力推进两个根本性转变的优秀企业，点到名的有8家企业，江苏就占了4家，他们是常州药业股份有限公司、江苏扬子江药业集团、江苏臣功医药有限公司、南京医药集团有限公司。

【“科教兴药”战略推广】

1996年全省共确立新产品试制计划、新产品开发计划和社会发展项目共203项，下达医药科研开发项目138项，总投资1.17亿元；完成新产品鉴定或注册207项。全省又有4个企业和9个产品分别被认定为高新技术企业和高新技术产品。新产品产值率达到24.4%，比1995年提高四个百分点。全省共有14个项目被列入国家技术改造“双加”工程计划，总投资达4.46亿元；有15个项目列入国家重点续建和新开工项目计划，当年投资达1.95亿元。各级各类教育全面发展，两所省属中专校的在校生规模已分别达到1200人，今年暑期后可望达到1500人。职工教育逐步走上规范化、法制化的轨道，机关干部公务员过渡培训考试取得较好成绩。全省又有173人通过了执业药师全国统考，使全省获得执业药师和执业中药师的总人数达到260人，列全国同行业前列。

【外向型经济新进展】

全年完成三资企业审查项目16个，总投资7821万美元，协议利用外资4027万美元。具有较高技术水平的苏州普强、碧迪等合资企业相继建成投产，华瑞二期工程、无锡法玛西亚公司等在建项目进展顺利。全年完成出口交货值18.85亿元，占全国130亿元总出口额的14.5%。对外交流进一步加强，在去年4月份的中国医药大会上，省局作了江苏医药经济建设成就和投资环境的专题报告，受到100多位海外代表的关注；组织省内部分医药企业领导赴欧洲进行了“医药企业发展战略与市场开拓”专题考察，并达成了8个合作意向。

【经济结构调整】

1996年，全省又有3家工业企业晋升大型企业行列，3家工业企业升入中型企业行列，新组建企业集团5个。目前，全省共有大型企业17家，中型企业45家，企业集团16个。其中，南京医药集团公司、靖江葡萄糖厂、金陵制药集团有限公司、扬州制药厂、苏州医疗器械厂、南通玻璃一厂和扬子江药业集团公司、金陵制药厂、常熟制药集团公司、连云港康缘制药有限公司等企业分别进入全国医药工业和中成药工业五十强的行列。优势产品得到进一步发展，全省产值超亿元的产品已超过20个。

【医药经营秩序稳定】

全省各地继续认真贯彻国务院国发(1994)53号文件、国办发(1996)14号文件和省政府苏政发(1996)112号文件精神，在卫生、药政、工商等部门的支持配合下，进一步依法规范市场和生产经营秩序，不断巩固医药市场整顿成果。省医药管理局等单位分别被评为全国医药市场治理整顿先进集体。在此基础上，各地主动把工作重点延伸到基层和农村市场，一手抓管理，一手抓建设，对全省98.9%的委托代批点进行了重新审查注册；根据新的行政规划，及时填补了医药商业网点的空白点，全年新增批发网点11个，一批零售网点得到改造。按照国家有关部门的部署和要求，与工商等部门共同组织开展了药品购销活动中收受回扣违法行为的专项检查治理工作，及时纠正了不规范行为，制订和完善了相关的规章制度。

【质量和监督管理】

全省医药行业继续大力推行全面质量管理，产品质量稳定提高率达88.24%。启东盖天力制药有限公司、常州药业股份有限公司、南京医药股份有限公司等企业获“全国医药行业质量效益型先进企业”称号，常州第二制药厂针剂QC小组、南京同仁堂制药厂设备科QC小组等26个QC小组分别获国家医药管理局、中医药管理局优秀QC小组称号。南京医药股份有限公司、江苏健桥医药总公司通过了全国第二批GSP达标验收。标准化工作得到进一步推进，全年共完成708项医疗器械企业标准的审查。医疗器械行政监督管理职能进一步加强，全年受理注册申请182项，批准注册153项；受理了268家企业1468个产品的换证申请。

【市场管理和供应工作】

各地医药商业流通企业在努力改善经营环境、增设便民措施、延长营业时间、确保人民群众用药及时供应的同时，按照国办发(1996)14号文件的要求，采取切实措施，加强对农村医药市场的管理和供应，收到了较好的效果。如武进市医药总公司、吴县医药公司等企业集中资金扶持农村集镇医药网点建设，扩大经营覆盖面，既满足了农村医疗和农民用药需要，又巩固了市场，取得了良好的社会效益和经济效益。各地中药材生产收购部门按照市场经济的要求，认真做好中药材的生产收购工作，努力为市场提供充足的货源，使中药紧缺品种逐步减少，目前全省县以上城市的中药饮片成方率达到95%以上。无锡药材站、徐州医药股份有限公司、苏州医药站、无锡医药股份有限公司、南京药业股份公司、镇江药业集团公司等企业，充分发挥国有主渠道的作用，以可靠的商品质量、充足的货源、优良的服务，牢牢把握着市场的主动权，取得了良好的业绩。目前，全省国有医药商业的市场占有率达到80%以上，城乡医药市场供应状况良好。

【两个文明协调发展】

全省医药行业广泛开展了向社会公开推出药品“质量、价格、服务”三承诺活动和创建“放心药店”工程活动。到去年底，全省已有98%的批发企业和95%的零售企业向社会公开作出了三项承诺，国有医药商业企业正以全新的形象接受社会各界的检阅。与此同时，全行业的思想政治工作紧紧围绕企业的生产经营实际，有计划、有步骤地开展人生观、世界观教育，精心培育自己的企业精神，激发广大干部职工爱党、爱国、爱企、爱岗位，积极向上的进取心和克服困难、奋力拼搏的决心，使全体医药职工始终保持着良好的精神状态和精神风貌。

【存在的矛盾和问题】

首先是，总体来说经济效益不高，特别是国有医药工业企业效益低下的问题依然十分突出。第二，企业组织结构虽然有所改善，但大而不强，小而不活的问题依然存在。

（郭桂珍）

南京市

【概况】

1996年，南京市医药行业完成工业总产值8亿元，比上年增长1%；工商销售收入17.7亿元，比上年增长5.4%，其中工业企业6.7亿，比上年下降2.9%，商业企业11.0亿元，比上年增长3.3%，实现利税1.5亿元，比上年增长40.4%，其中工业0.68亿，比上年增长54.5%，商业0.87亿，比上年增长24.3%；实现利润9000万元，比上年增长77.0%，其中工业企业3896万元，比上年增长5.8倍，商业企业5120万元，比上年增长15.7%；完成出口供货值13378万元，其中自营出口1172万美元。全年产销率93.1%。

南京市医药总公司获南京市1996年完成国民经济和社会发展奋斗目标建设新南京先进单位。6月19日，该公司被中宣部、国家司法局授予“全国法制宣传教育先进集体”称号。

【南京医药股份有限公司主要经济指标列全省同行业之首】

南京医药股份有限公司开拓经营，充分发挥各分公司优势，各项指标再创新水平，该公司实现销售收入5.14亿元，利税4712亿元，利润3183万元，分别比上年增长4.48%，6.39%，17.93%，继续位居全省医药商业企业的榜首。

【南京金陵制药（集团）公司实现年利润4600多万元】

1996年南京金陵制药(集团)公司大力推进脉络宁名牌战略，面向市场，内抓职工凝聚力，外抓企业形象，立足于建立全国营销网络，加大营销力度，主产品脉络宁产销再创历史最好水平。1996年，该公司实现利润4616万元，位居全省工业企业第四位，本市医药行业榜首。

【医药系统扭亏工作取得新进展】

1996年，市医药总公司以改革为突破口，坚持一厂一策，对行业内亏损企业从观念、机制、班子、产品、管理等方面进行综合治理，先后与南京制药厂、南京第二制药厂、南京天宇医疗器械总公司等亏损企业签订责任状，明确目标，奖惩挂钩。各企业干群齐心协力，强化各项扭亏措施，南京第二制药厂当年实现扭亏增盈，南京制药厂亏损额控制在目标值内，并比上年减亏50%。

【新药开发步伐加快】

1996年，南京市委、市政府确定把生物工程、医药产业列为南京市两个优先发展的新兴产业之一，坚持科技兴药，努力加快新品开发。1996年，新产品投入数达30个，新品产值率达24%，开展了对7个国家级新药开发研制，有9个产品取得药品批准文号，在全市科技成果奖评选中，南京大学制药厂的促肝细胞生长素、南京振中生物工程公司的香菇多糖冻干剂获一等奖。

【南京医药集团成立】

1996年8月19日，南京医药集团及其核心企业南京医药集团有限责任公司正式挂牌成立。该集团是由南京医药股份有限公司、南京第二制药厂、南京第三制药厂3个紧密层企业和15个半紧密层和松散层企业组成。

集团以资产为纽带，实施资本运营，盘活存量，调整生产布局，实现以科技为龙头，以工业为核心，以商贸为基础，以金融为后盾的科、工、贸一体化的发展战略。

【促肝细胞生长素项目竣工】

南京大学制药厂的促肝细胞生长素项目是南京市重点项目，总投资2000万元，按GMP标准设计，施工。1996年上半年，建成投产形成了年产300万支生产能力。促肝细胞生长素是国家一类新药，该项目竣工投产为企业带来了显著的经济效益，1996年该厂实现利润达798万元，跃居全省医药工业企业前10名。

【南京医药A股股票上市】

1996年6月7日，南京医药股份有限公司的《南京医药》社会公众股在上海证券交易所上网定价发行，这是全国医药商业首家上市企业。共募集资金1.17亿元，为公司开发新品，发展工业生产提供了资金。

【市医药商业开展“三承诺活动”】

12月25日，南京市医药管理局在市政府会议室召开南京市药品经营企业“三承诺”新闻发布会，全市18家商业批发企业、117家药品零售企业，公开向社会作出“质量、价格、服务”三承诺，自觉地接受社会监督，全面地推行了以“建放心药店、卖放心药品”为主要内容的行业职业道德建设。

（钱鹏飞）

浙　江　省

【概况】

1996年，是“九五”计划实施的第一年，浙江省医药管理局党组确定了以化学药为基础，中西药结合、药械并举、科工贸全面发展的工作思路。全省医药工业总产值117.01亿元，比上年增长21.45%；医药商业总销售88.19亿元，比上年增长18.8%。医药产品出口交货值16.82亿元，比上年增长20.2%。医药工商实现利税10.79亿元，比上年增长8%。

至1996年底，纳入统计口径的全省医药工业企业有182家，其中化学药品工业企业90家，占55%；医疗器械工业企业36家，占20%；大型企业11家，占6%，中型企业41家，占23%。全省医药商业企业有400家，其中独立法人单位101家，分支机构299家。医药零售企业有3200多家，其中国有医药公司所属800多家，供销社系统1000多家，其余为其它集体和个体。

【企业改革】

医药企业改革冲破了局限于内部改革的思路，向以资产为纽带的企业制度改革拓展。行业内资本重组加快。仙居药业集团股份有限公司、温州医药商业集团、嘉兴医药集团和海宁医药集团等完成了组建。温州医药商业集团全年实现利润1000多万元，相当于组建集团前六年利润的总和。全省9家医药工业企业集团实现产值44亿元、利税4亿元，分别占全行业比例的37.5%和61.3%；同时，金信康恩贝集团公司收购控股了金华药厂和舟山药厂，新昌制药股份有限公司兼并了杭州利民药厂，杭州胡庆余堂药厂加入中国青春宝集团，浙江省医药供销公司与浙江省医疗器械公司合并，浙江省医药实业公司与浙江省医药发展公司合并等。行业外资本向医药行业渗透增多，三九集团参股宁波药材股份有限公司和衢州医药责任有限公司，尖峰集团兼并了临海药厂，万马集团兼并南湖药厂，锦江集团兼并三天门药厂等。

【培育主导产业】

浙江医药被省委、省政府确定为“九五”期间培育的四大主导产业之一。围绕培育医药主导产业的要求，省医药管理局通过思想发动、专题调研、参观考察等多种工作手段，经过全行业上下的努力，制订出《关于培育浙江省医药主导产业的方案》，省政府办公厅转发各地实施。《方案》确定了医药主导产业要“上规模、高科技、市场化、国际化”的战略任务。明确要求经过五年以上的奋斗，产业层次和运行质量获得显著提高，形成运用高新技术多、开放度高、企业管理好、集中度增加快、科技人员比例大和市场开拓能力强的现代化产业，成为浙江省21世纪重要的经济增长点，发展成浙江工业经济整体素质全面提高的标志产业之一；经过调整，建立起与省内其它相关产业相互关联、相互促进、联动发展的新型关系；在全国医药行业中牢固确立医药大省地位，并从整体上与国际医药经济接轨。指出了发展、培育的10个主攻点、组建大集团、建设大基地、培育大产品、完善大产业、发展大流通、中药上水平、制剂上台阶、资本上规模、企业上星级、人才上档次。

【机构改革】

省、市地医药管理局完成了机构改革，省医药管理局和杭州、宁波、温州、台州、丽水、衢州和湖州市医药管理局列入了政府序列，落实“三定”方案，转变职能，强化了行业管理。省医药管理局机构改革工作进展顺利，主要抓了四项工作：一是落实人员编制，通过实体公司分流、离岗退养、提前退休等多途径精简机关人员，并认真实施公务员制度和落实有关政策。严格按照“三定”方案规定的内设机构数和名称执行，内设办公室、人事教育处、综合经济处、财务物价处、市场流通处、科技质量处、医疗器械处等7个职能处室和直属机关党委，纪检组、监察室由省纪委和省监察厅派驻。全局65名编制（不含纪检组、监察室和离退休管理人员），其中局长1名，副局长3名，正副处长18名；二是调整处室班子，提拔任用年轻干部，机关处级干部平均年龄44.83岁，比原来降低4.8岁；三是试行“双向选择”，对机关非领导职务的公务员进行处室与本人的双向选择，竞争上岗；四是公开招收一批应届大学毕业生，补充到各有关业务岗位。整个机关处于稳定、有序状态。

【科技进步】

进一步明确促进科技进步的思路、重点和政策。决定筹措100万元建立省科技进步和新药研究专项资金，有偿贷放。设立科技进步奖励基金30万元，用于奖励行业内技术水平高、社会和经济效益突出的项目，以及在科技工作岗位上兢兢业业、敬业奉献的科技工作者。建立省医药科技信息中心。全省新认定执业药师和执业中药师分别为56人和8人。共有20个国家四类以上新药投产。符合GMP的杭州九源基因工程公司，开发并生产出国内第一家获卫生部批准、处全国领先水平的G-CSF。全省医药产品质量稳定提高，稳定率达90%，30个品种获省“高质量医药产品”称号。杭州医药站股份有限公司和浙江震元股份有限公司通过国家局GSP达标验收。参麦注射液、黄芪生脉饮成为浙江名牌，获省部级TQC成果11只。确定了一段时期的技术改造方向。省批以上医药在建项目13项，总投资3.57亿元，竣工项目6项，完成总投资1.5亿元，竣工项目新增产值4.7亿元，实现利税8500万元，创汇400万美元。全省医药行业固定资产净值平均额达15.7亿元。争取到国家“双加”项目15项，总投资7.5亿元，占全国医药行业“双加”项目总投资的近六分之一。一大批医药企业改变了技术落后的面貌，一些企业采用了国际水平的先进工艺和技术装备，涌现出参麦注射液、天保宁、康莱特、百令胶囊、依维菌素、罗红霉素、医用冰箱等一批主导产品。

【强化医疗器械行业管理和监督】

制订了《浙江省医疗器械产品市场准入审查实施办法》、《浙江省医疗器械产品临床试用暂行办法》等五个规范性文件。基本完成老产品的换证工作，办理换证企业237家，二、三类产品680个。进行新产品的市场准入工作，受理新产品212个，其中62家企业的27个新产品取得了注册证书和注册号。

【市场开拓】

一批医药工业企业扩充营销队伍，采取多种形式到省外主要地区设立办事处、销售代表。有的企业，运用企业形象，以产品为龙头，建立连锁经营网络，增强市场辐射能力。明确医药商业发展思路，探索建立“高效开放、宏观调控、有序竞争、科学管理”的医药流通新体制，推动商业企业规模化、集约化、连锁化、多元化经营，逐步形成以资产为纽带的统一管理、统一核算、调批零一体化的母子公司或企业集团，初步形成了以产品为龙头的“全国总代理、地区分销商、零售连锁店”的分层次流通格局。义乌市医药公司运用经济手段，优质服务，实现了向市内四个大医院100%的供货率，全年实现利税超过1000万元。

（章峰梅）

宁 波 市

【概况】

1996年全行业完成工业总产值6.21亿元，比上年增长10.23%；实现商业销售18亿元，比上年增长29%；完成出口交货值1.53亿元，比上年增长26.76%；实现工业利税5338万元，比上年增长24.66%；实现商业利税6549万元，比上年增长20.56%；工业产品产销率达到94.92%，比上年增长2个百分点；完成固定资产投资2573万元（市区）。

1996年宁波医药经济运行主要特点是：(1) 医药工业喜忧参半。部分工业企业能在宏观经济环境和国际市场变化的双重压力下，面对形势，知难而进，取得了较好的经济效益，而部分企业产品老化、结构不合理，导致出现亏损，余姚制药厂甚至因资不抵债而破产。(2)医药商业发展势头良好。1996年全市医药商业销售额取得了在全国超过13个（省）市的优异成绩，全市已有5家企业全年销售超亿元，占全市医药商业企业的36%。(3) 医疗器械发展较快。1996年，全市医疗器械工业产值达到6295万元，比上年增长90%，一批科技含量较高的企业在原有基础上又有了新的发展。宁波戴维医疗器械公司成为浙江省第一家获得ISO-9000认证的医疗器械企业。

【医药经营秩序整顿】

根据国务院《关于进一步加强药品管理

工作的紧急通知》和国务院办公厅《关于继续规范药品生产流通秩序，加强药品管理工作的通知》精神，在市政府统一领导下，会同市卫生局、工商局、公安局、技术监督局，集中力量采取各种措施，进一步整顿医药市场，取得了一定实效。一是药品生产经营秩序有所好转。1996年4月，局下发文件要求各企业继续做好自查自纠工作，在此基础上，进行抽查，对抽查出来的问题及时整改，有效地保证了人民群众用药安全有效。二是药品购销中的回扣得到遏制。1996年5月31日全国召开整治药品回扣违法行为工作电视电话会议后，宁波市医药局按有关规定，在明确划清回扣与折扣界线的基础上，在系统内要求各企业自查自纠，自查自纠面达90%以上，并配合国家医药管理局、省医药管理局进行专项抽查。此外，还派员参加市政府的治理整顿小组，于9月10日起，对150余家药品生产、经营单位及医疗机构进行检查，在新闻媒介上公布举报电话，经过两月的检查，共立案查处2起。三是《合格证》年检井然有序。1996年全局首次对25家工业企业。36家商业批发企业，370家商业零售企业进行了《药品生产（经营）企业合格证》年检，现场年检122家，其中18家商业零售企业被限期整改。

【学习邯钢严格管理】

按照市委、市政府要求，行业内广泛开展了“学邯钢、练内功、降消耗、增效益”活动，在学邯钢活动中，各企业不是简单的生搬硬套，而是根据行业、企业特点，从抓劳动纪律、操作规范、生产安全入手，狠抓车间成本核算和产品质量管理。通过这项活动，使企业内部管理有了新的起色，尤其是宁波立华制药有限公司推行的“模拟法人制度”，把车间职工推向市场，层层环环实行市场交易，彻底打破吃企业大锅饭的现象，该企业也因此被宁波市人民政府评为“三星级”企业。

【产品开发与市场开拓】

1996年全市共有19种产品批准生产。其中有慈溪制药厂开发的盐酸环丙沙星软膏和氧氟沙星软膏两只国家级四类新药；完成临床试验报卫生部待批的有天衡制药厂开发的国家级二类新药多索茶碱及片，国家级四类新药马吲哚及片和酮基洛芬缓释片；宁波制药厂开发的舒林酸获1996年度国产级新产品。在市场开拓上，各企业通过加强市场投入，培养一批高素质的营销队伍，积极开拓国内外市场，产品的出口创汇不仅为企业增加了可观的经济效益，而且为企业开辟新的广阔的发展空间，1996年全市医药工业完成出口交货值15267万元，比上年增长26.76%。

【医药商业初具规模经营】

为适应日愈激烈的市场竞争，市各医药商业企业重视规模经营，收到了较好的成效。其一，加强总代理、总经销，扩大市场覆盖面和份额。宁波医药股份、药材股份两大商业公司，取得了国内130多家名特优医药工业企业的产品总代理权；其次，加强对零售网点的建设和管理，各医药商业企业普遍重视对所属零售药店实行连锁经营管理，采取统一进货、统一价格、统一标志，开展了“放心药店”活动，通过对社会公开承诺、公布举报电话等，使1996年我市药品零售总额有较大幅度增长，获得了经济效益、社会效益双丰收。第三，通过建立财务监督机制，运用电脑联网对资金运转状况进行追踪，对客户进行信誉排队的方法，使资金运行质量得到提高。

【加大技改投入，加快结构调整】

近年来，各企业普遍吸取了“六五、七五”期间忽视技术改造、结构调整，导致设备陈旧、产品老化，企业发展无后劲的沉痛教训，积极加大技改投入，一批资金投入大、档次高的工程相继开工、竣工。仅1996年就完成技改投资2573万元。宁波制药厂1000吨VC扩建工程，宁波医药股份有限公司4000平方米的药品器械仓库全面竣工；天衡制药厂枢丹GMP移地改造工程已进入施工阶段，这使我市医药工业在执行“九五”计划的第一年有了一个较好的开端。

【精神文明建设】

1996年在抓经济建设同时，加大了精神文明建设的力度，主要抓了以下几方面工作：(1)加强理论学习，进一步巩固广大党员干部的理论基础，坚定了理想信念。(2)联系实际，按照市委、市政府统一部署，于1996年3、4月间开展了企业形势任务教育，增强了企业的凝聚力和向心力。(3)加强党建和领导班子建设。(4)争创文明单位，树立行业新风。在企业中普遍开展了创文明车间、班组、柜组活动，尤其是商业企业向社会公开实行“三承诺”活动，改善了服务态度，受到人民群众称赞。(5)组织扶贫济困献爱心，据不完全统计，行业内一年来共筹集了10多万元支援贫困灾区和挽救失学儿童，损赠衣物3万多件。宁波医药股份有限公司、宁波医药供销公司分别与宁海县前童镇的两个村结对扶贫；宁波药材股份有限公司与贵州省黔西南州结对扶贫。

1996年，宁波医药股份有限公司、药材股份有限公司、鄞县医药药材公司被评为省医药商业“双十佳”企业；宁波立华制药有限公司、天衡制药厂被评为省医药工业优秀企业；余姚医药药材公司、北仑医药药材总公司被评为省医药商业优秀企业。

（郎旭霞）

安　徽　省

【概况】

1996年，安徽医药工业企业有353家，其中药品生产企业167家，医疗器械生产企业79家，卫生材料生产企业18家，医药包装材料生产企业73家，中药饮片生产企业16家。列入统计范围的企业91家，按生产规模分：大型企业7家，中型企业15家，小型企业69家；按生产类型分：化学药品生产企业50家，医疗器械生产企业6家，卫生材料生产企业4家，医药包装材料生产企业7家，中成药生产企业22家，中药饮片生产企业2家。医药商业企业149家，下属分支批发机构609家，共有商业批发网点758家，零售企业2080家。

列入统计的工业企业固定资产原值13.6亿元，比1995年增长6.3%；商业企业固定资产原值5.3亿元，比1995年增长10.4%。

全行业职工52737人，其中医药工业29518人，医药商业21516人，其他1703人。在医药工业职工中，药品工业24821人，医疗器械工业1813人，中成药工业2884人。在职工队伍中，干部9032人，工人43705人，分别占职工总数的17.1%和82.9%。干部队伍按技术等级分：高级职称294人，中级职称2061人，分别占干部总数的3.3%和22.8%；按文化程度分：大专以上的3338人，中专中技的3331人，分别占干部总数的36.9%和36.8%。工人队伍按文化程度分：大专以上的2392人，中专中技的7386人，高中职高的15825人，分别占工人总数的5.8%、16.9%和36.2%。

全年开发新产品44个，新产品产值

4.1 亿元，占全省医药工业总产值的 11.03%；新产品实现利税 5459 万元，利税率 47.04%，占利税总额的 40%。

1996 年安徽医药生产经营情况

项　目	单位	1996 年	1995 年	比上年同期±%
工业总产值	万元	369208	305119	21.00
其中：化学药品工业	万元	257892	216062	19.36
医疗器械工业	万元	4962	1078	360.30
卫生材料工业	万元	6073	4545	33.62
药品包装材料工业	万元	22906	14714	55.67
中成药工业	万元	76934	68375	12.52
中药饮片工业	万元	441	345	27.83
化学药品二十四大类产量	吨	4999.28	6626.16	－24.55
化学药品五大类制剂				
1. 抗菌素分装	万瓶	12470	14592	－14.54
2. 针剂	万支	141367	139123	1.61
3. 片剂	万片	2712040	2334888	16.15
4. 大输液	万瓶	10012	9714	3.07
5. 胶囊	万粒	390534	302547	29.08
中成药工业总产量	吨	12946.8	11070.52	16.95
中药饮片产量	吨	194.53	162.22	19.92
医药商业销售总额	万元	346000	303008	14.19
其中：国内纯销售	万元	235495	190222	23.80
出口金额	万元	26456	23080	14.63
其中：化学药品	万元	18409.2	17699	－33.12
中成药	万元	1721	1064	61.75
出口量	吨	10665.9	8881.17	20.09
其中：化学药品	吨	2101.68	2547.47	－17.50
中成药	吨	1248.27	1148.7	8.67
工商利税总额	万元	13520	17117	－21
其中：工业利税	万元	10420	13200	－20
商业利税	万元	3100	3917	－20.86

【医药市场整顿】

国务院办公厅（96）14 号文件下发后，安徽省医药局即部署贯彻，并在省政府、省人大带领下，会同省卫生厅等省直有关部门到阜阳、铜陵、淮南等地市检查指导贯彻工作；还配合国家医药局、国家中医药局对全省医药市场进行调查，多次到阜阳检查指导贯彻 14 号文件工作。经过上下共同努力，多方配合，取得了阶段性成果：查获假劣药品 5037 批，价值 500 多万元，取缔证照不全药品经营户 511 家，其中包括淮南国庆商城 58 家无证照违法经营户和太和县 150 家无证或证照不全的经营单位。关闭了铜陵县皖南中药材市场。

【查处药品回扣】

省政府专门召开电话会议对贯彻国家五部委 127 号文件进行部署，传达了国家查处回扣工作中的重点和政策界限。医药工商企业在地市医药局的组织下进行了自查，自查面达到 100%。安徽省医药局积极配合国家工商局等中直部门组成的检查组对部分医药企业作了重点抽查。全省对618个药品生产经营企业和医疗单位进行了回扣让利重点抽查，初步认定回扣的款物470万元，折扣让利额2569万元。

【医药质量管理加强】

卫生部1995年药品质量抽检结果在《人民日报》刊载，安徽有7个企业13个批次不合格（其中生化制药厂2家，4个批号）。回良玉省长阅后即批示："卫生部公布的药品质量抽检结果，不合格的生产厂家我省最多，为8家，还有一家被假冒，问题非常突出。药品的质量既事关人民的生命和健康，也事关企业的生存和发展，切不可掉以轻心，决不能含糊。我们要以对人民对事业高度负责的态度对待此事。希望相关单位、部门及政府要以此为反面教材，举一反三，加大生产经营秩序的整顿，加大学邯钢和推进两个根本性转变的力度，使企业经营管理水平真正有所提高。"杜宜瑾副省长也作了"通报全省，引以为戒"的批示。接回省长、杜副省长批示后，安徽医药省局即要求有关地市医药局和企业进行调查，找出事故原因并制订改进措施。并会同省经贸委、卫生厅等有关部门联合召开了不合格药品生产企业负责人的专题会议，提出整改和查处意见。安徽省医药局以此为契机，要求各地市医药局和企业认真贯彻回省长批示，健全质量保证体系，严把产品质量关。1996年，产品稳定提高率88.23%，比上年同期提高28.23个百分点；合肥神鹿集团公司的温胃舒养胃舒，芬格欣药业集团公司的芬格欣FE功能口服液，皖北制药厂的盐酸林可霉素获安徽省名牌产品称号。

【亳州中药材专业市场通过验收】

亳州种植经营中药材历史悠久，明末清初达到鼎盛时期，有各地药业会馆36处，专业药材行、号、帮、店达百余家，成为与河南禹州、河北祁州、江西樟树齐名的中药材集散市场。十一届三中全会后，亳州高度重视药都建设，药材种植面积不断扩大，市场规模和档次不断提高。为了真正达到药材经营由分散型向集中型转变，亳州市委市政府于1994年4月与珠海侨置业发展公司签订了《关于投资兴建中国中药材交易中心协议书》，确定在紧邻京九铁路亳州站的"魏武经济技术开发区"划出20公顷土地作为"交易中心"的第一期工程使用。交易中心总投资3亿元，首期投资1.5亿元，建筑面积20万平方米。"交易中心"1996年1月份进入正常运转，10万平方米的交易大厅设有摊位6000多个。目前日上市品种2000多种，日成交额300万至500万元，日人流量5万至6万人。全市有500多个药材专业村，3.5万个药材专业户，经营药材的人员达30万人。1995年元月12日，中共中央总书记、国家主席江泽民为亳州题词："华佗故里，药材之乡"。1996年9月，亳州中药材专业市场首批通过国家验收。

（赵建祥）

福 建 省

【概况】

1996年福建省医药工业（不变价）总产值完成21.5亿元，比上年增长17.4%；现价总产值完成22.04亿元，比上年增长16.6%；工业增加值率为42.4%，比上年提高11.66%；工业销售产值完成20.07亿元，比上年增长12.3%；医药产品出口交货值5.16亿元，比上年增长1.4%。医药商业商品销售总额28.34亿元，比上年增长14.4%，其中药品类销售15.77亿元，在六大类商品中增幅最大为14.5%；购进总额

24.16亿元，比上年增长14.7%；商品库存5.16亿元，比上年增长16.8%。全省药材种植面达4万亩，比上年增长10.2%；药材收购量达600万公斤，比上年增长15.83%；地产药材收购金额达13500万元，比增34.8%；中药材成方率达95%以上。医药产销稳定增长，医药工业、商业整体经济效益增幅较大。医药工、商累计实现利税4.78亿元，比上年增长31.9%。其中医药工业实现利税3.84亿元，比上年增长38.1%；实现利润2.49亿元，比上年增长21.3%。漳州片仔癀集团有限公司实现利润1.6亿元，居全省医药工业企业创利之冠。医药商业实现利税9368.8万元，比上年下降0.5%；实现利润3393.5万元，下降16.4%。医药商业企业创利最多的是厦门医药站，1996年实现利润高达1166万元，比上年增长14%。

【企业改革深化】

1996年，福建省首批建立现代企业制度试点企业福州抗生素集团有限公司、漳州片仔癀集团有限公司完成了试点方案的制订。福州抗生素集团有限公司被福州市政府授权营运国有资产。漳州片仔癀集团有限公司接管了漳州化学品厂，使片仔癀系列产品扩大到化妆品。三明市成立了以三明医药站为核心，以三明医药站四海药行、保健品经营部、医药酒家为紧密层，十个县（市）医药公司为松散层的医药集团，这是福建医药商业企业第一家集团。集团核心与其他成员企业在业务上以联手经营、联购分销为主要合作形式，做到利益均沾，风险共担。通过集团组建工作的开展，推动了企业经营机制的转变。三明医药站全年资金销售总额突破亿元大关，完成利税800万元，分别比1995年增长34.4%和39.1%，其中利润445.2万元，比增40.6%，创历史最好效益。该企业内部管理也跃上了一个新的水平，在保持销售大幅度增长的情况下，费用率下降了0.29个百分点。福建医药行业把企业改革、改组、改造和加强管理结合起来，继续开展了“转机制、抓管理、练内功、增效益”活动，医药企业普遍采取了工效挂钩的分配形式，激发了广大职工的工作积极性和创造性，推动了全省医药经济质量和效益的提高。厦门医药站进一步规范管理，完善配套改革，组织职工学习贯彻“厦门医药站全员劳动合同制实施细则”。一月份起，与全体员工签订“劳动合同”，至年底，全站有526人分别签订了3年、5年、10年和无固定期限合同，形式制约机制。在此同时，进一步完善“三项制度改革方案”的相关内容，上半年对资金提取和分配系数做了适当的调整，年终对全站职工进行年度等级考核评定和各部门定员工作，在职工中形成激励机制。该站经营机制的进一步转换，促进扩销增效，经济效益在全省医药商业保持领先地位。福州抗生素集团公司积极开展“学邯钢、降成本、增效益”活动，切实加强企业管理，坚决实行“模拟市场核算，成本一票否决”，取得了明显成效，产品制造成本大幅度下降，原材料采购成本、原材料单耗、能耗明显降低，公司不仅消化了2680万元的外部减利因素，而且提前1个月完成全年利润指标，工业总产值完成了4.08亿元，比1995年增长50.5%，出口创汇高达1888美元。

【科技进步新进展】

7月份省医药局在福州首次召开了全省医药科技工作会议，明确了今后医药科技工作的目标与重点，对全行业实施科教兴药战略进行了总动员，推动了全行业科教兴药意识的增强。各地、各企业普遍加强了对科技工作领导，加大了科技投入。省医药局下达了《1996年新技术（新产品）开发项目计划》，并组织实施去甲基金霉素等58个新产品开发项目。着重抓了国家医药局下达的攻关项目"西梭霉素"和省科委下达的攻关项目"环孢菌素"的开发工作，并多次组织专家到福州福兴制药公司指导"西梭霉素"的技术开发，促使该项目实现工业化生产并取得一定的效益。福建顺顺制药有限公司重视科技开发，拨款36.6万元，奖励科技人员，较好地激发了他们搞科研的热情。三明制药厂从1992年始，把蕲蛇酶注射液作为开发系统对待，先后投入2000多万元开发研究费。在组织机构上成立"三明医药研究所"、"蕲蛇酶注射液中试车间"和"蕲蛇养殖场"。在技术力量上配备专兼职科研人员100多人，分3个课题分别攻关实施。1996年底国家二类新药——蕲蛇酶注射液获卫生部试生产批文，并开始投放市场。福建天神微生物公司的胞壁佳获国家新药证书。全年医药新产品布点94个，已批准生产的有82个。省医药局还组织了医药科技成果鉴定7项。

在技术改造方面，一是集中资金，择优扶强。全年完成技改投资工作量7500万元，比1995年增长7.1%。重点抓了国家"双加"工程项目漳州片仔癀集团片仔癀出口车间改造、国家专贷项目厦门中药厂片剂车间改造、健力宝漳州公司年产6万吨健力宝饮料生产线异地搬迁扩产改造、厦门美华制药厂有限公司二期工程改造以及福州抗生素集团有限公司去甲基金霉素开发改造项目的前期工作等项目。二是督促企业做好"八五"技改项目竣工验收和投产达产工作，三是抓好行业"九五"技改计划的项目，落实和跟踪服务。省医药局组织召开了全省医药技改工作会，对"八五"医药技改工作进行回顾和总结，推动"九五"技改项目的启动实施，在基本建设方面，主要是督促省医药学校落实实验楼基建项目扫尾与决算工作，以及学生运动场地的投资扫尾。

【医药教育新进步】

医药教育上着重抓好福建医药学校建设。1996年福建医药学校招收全日制中专生308人。同时，全行业积极推行了执业药师资格制度，完成执业药师注册登记共106人，占全省具备执业药师资格总人数的86.6%。全省老中医药专家师承工作于7月份完成，参加师承工作的有16人，通过合格考试的有14人。省医药职工教育培训中心全年共举办了13期培训班，培训干部、职工923人次。省医药局与省中医学院联办医药专业大专班。福州抗生素集团有限公司与福州大学联办了第二届医药工业现代化管理大专班。全行业逐步建立健全了岗位培训为主的职工教育、继续教育体系，促进了福建医药行业劳动者质素的提高。

【行业管理加强】

1996年福建加强了医药经济运行的综合协调和跟踪服务，充分发挥统计信息综合功能，建立季度医药经济运行分析例会制度，促进医药生产经营正常运行。积极做好行业"九五"计划和2010年规划的发布并组织实施，督促各地市和重点企业的规划编制工作。促使行业规划目标和任务逐步得到落实。

强化了医药质量管理。全省医药行业不断增强意识，建立质量保证体系，促进行业质量水平上台阶。大力推行了GMP、GSP工作，严格执行了《合格证》审查员制度，抓好换发合格证后的年检工作，贯彻执行国家局《关于新开办药品生产经营管理办法》，加强了对新办医药企业的资格审查。组织了新厂及车间技改的GMP审查项目12项，已获批准发证的有4项。完成了年初确定的GSP试点单位的工作，试点企业福州医药站已被国家医药局评为GSP达标企业。开展了医药产品争创名牌活动，厦门中药厂鼎炉牌新癀片、海珠喘息定等5个品种被省政府确认为第二批福建名牌产品。认真贯彻实施国家中医药局等四部委《关于出口中成药产品质量论证和检验放行制度的通知》，办理了中成药产品出口注册 36 个品种。

加强医疗器械行政监督管理。贯彻国家医药局《医疗器械产品注册管理办法》等有关规定，开展了医疗器械产品市场准入的注册登记和审查。现已注册了 120 个产品，审查了国家医药局注册的三类产品 7 个。努力推行医疗器械质量体系认证工作，举办了 ISO-9000 系列质量认证企业内审员培训班。制定了《福建省医药产品标准管理规定》。成立了省医药专业标准技术委员会。已经完成了 4 项省地方标准的制订，组织了 30 多个医疗器械产品企业标准的审定，完成标准备案 40 多项。贯彻实行医疗器械广告审查办法，采取了对医疗器械行政监督措施，有力地促进我省医疗器械工业的健康发展。

加强麻醉药品和精神药品的经营管理。认真贯彻《国家医药局、卫生部关于加强麻醉药品经营管理的紧急通知》，在企业自查和整改的基础上，严格按《麻醉药品二级经营单位验收条件》对省内 9 个二级麻供点进行现场检查和验收，促进全省麻药经营管理水平的提高，同时，认真搞好第三次工业普查的行业组织协调工作，保质保量地完成医药工普任务。

【整治医药市场有成效】

全省认真贯彻国务院《关于进一步加强药品管理工作的紧急通知》和国务院办公厅《关于继续整顿和规范药品生产流通秩序，加强药品管理工作的通知》的精神，继续加大了整顿和规范医药市场秩序的力度。据不完全统计，全省查获了无证照或证照不全的非法经营户 50 家，查获违法个体药贩 17 人。非法经营中西药品 555 种，价值 59 万元。三明市清理了无证照经销假劣药品地下窝点 2 个，查获 200 多种中西药品、价值 12 万元。光泽县查获了 2 个地下窝点、非法经营药品 295 种，没收的药品价值 10 多万元。福州西门药材市场现已被福州市政府明令取缔。莆田市、南平市医药局被评为全国医药市场治理整顿先进单位，泉州市医药局陈国荣等 3 人获全国医药市场治理整顿先进个人称号。

在开展药品回扣违法行为专项检查中，省医药局同省工商局、省卫生厅、省政府纠风办等有关部门制订了全省整治药品回扣方案，并在认识药品回扣问题的危害性、明确划清折扣与回扣界限的基础上，认真组织了药品生产经营单位对药品购销活动中的回扣问题进行了自查自纠。召开了“贯彻国办发 14 号文件自查自纠阶段工作汇报会”，与会代表向全省医药行业广大干部、职工发出了共同抵制药品回扣的倡议书，推动了行业自查自纠工作的深入开展。对检查中发现的问题，各医药行业及时进行了纠正，并制定和完善了各种规章制度，加强了管理，堵塞了漏洞。全省医药行业专项检查药品回扣违法行为取得了成绩，得到了国务院检查组的肯定。

在整治医药市场和药品回扣的同时，全省加强了医药市场规范化建设。开展了“建设放心药店，规范服务行为”活动。省医药局向各地医药管理部门和医药商业企业下达了向哈尔滨市药材公司学习的决定，并要求全省医药商业零售企业贯彻国家医药局的《医药商品零售企业服务规范》。泉州市医药局通过开展质量检查评比活动，建设放心药店卓有成效。三明、龙岩医药站、永安市医药公司等商业企业开展了向社会承诺服务活动。福州回春中药站和泉州第二医药公司钟楼药店还被国家列入创建“全国涉外中药名店”单位。

【精神文明建设】

福建医药行业注重“两手抓、两手都要

硬”，进一步强化了思想政治建设。富有成效地开展了职业道德、行业纠风、反腐倡廉等一系列教育活动，倡导创业、敬业和艰苦奋斗精神，并在全行业大力推行优质产品、优质服务等创优活动，涌现出大量的先进集体和个人。9月份，省医药局与省人事厅联合召开了全省医药行业“双先一优”暨“八五”达标企业表彰大会，表彰了38个先进集体、67位先进个人、27位优秀思想政治工作者和28家达标企业。省医药局被省直机关党工委评为1995～1996年度省直机关精神文明单位。

新闻宣传工作得到加强。举办了第六届福建医药新闻奖“安摩乐杯”评选活动，评出一等奖、二等奖作品各5篇，三等奖作品10篇。福建有7篇新闻作品获得全国医药新闻奖，省医药局连续四届获得全国医药新闻奖评选组织奖。历经多年的《福建省志·医药志》编写工作于1996年完成。

【医药行业存在问题】

一是医药经济结构性矛盾比较突出。产业、企业组织、产品、价格等结构不尽合理、且调整缓慢，企业规模不大，全省140多家制药厂多是小企业；药品经营企业也有散、乱、小的问题；产品低水平重复严重，生产能力大量闲置，产品在国内外市场占有率还较低。二是医药市场秩序尚须规范。制售假劣药品活动屡禁不止；整治药品回扣等工作还须努力。三是医药科技水平较差。医药科研力量既薄弱又分散，难以形成合力；具有规模生产能力和重大经济效益的科研成果还极少；科研成果的转化率还很低；企业技术开发和技术装备总体水平还不高；科技投入严重不足。四是部分医药企业生产经营困难，经济效益不好。一些医药工业、商业亏损严重的问题仍然未得到改观，扭亏增盈的任务还相当艰巨等等。

（林永兴、张炳祥）

江　西　省

【概况】

1996年，全省获证生产药品企业178家。其中，化学药品生产企业40家，中成药生产企业46家，中西药兼产85家。医疗器械生产企业74家，药品包装、卫生材料等生产企业7家。有大型制药企业6家，中型制药企业13家。医药商业批发企业307家，零售企业1722家。年末工商企业固定资产原值23.4亿元。其中，工业20亿元，商业3.4亿元。有医药职工55796人。其中工业39155人，商业16641人。工业职工按行业分布，化学制药20962人，医疗器械2518人，中成药13019人。

1996年是“九五”计划的头一年。全年医药工业总产值完成27.18亿元，比上年增长1.75%；完成医药工业增加值6亿元，比上年下降10.8%；产品产销率达95%；外贸出口交货值3.5亿人民币，比上年下降35.6%；商业总销16.6亿元，比上年增长10.4%；全行业实现利税3亿元，比上年下降20%。主要产品质量稳定提高率85%，完成新产品开发62个，新产品产值率达18.5%。完成基建、技改项目9项，固定资产投资1亿元。全省中药材种植面积176911亩，其中播种面积47038亩，林木面积79847亩，中药材收购量达5.24万公担。

【改革与管理】

1996年的企业改革，按照“抓好大的，放活小的”要求进行，力求从整体上搞活医药经济。经江西省人民政府批准，江西省医药总公司（医药局）进行国有资产经营管理体制改革，成立了江西省医药国有资产经营公司，系受省政府委托经营国有资产的省直属经济组织，对国有资产承担保值增值责任。受权资产总额 5.47 亿元，1996 年底完成筹建工作并挂牌运作。由江西东风制药有限责任公司筹建的“东风药业股份有限公司”，其 2400 万股 A 股于 8 月 30 日在上海证券交易所以每股 6.8 元的价格上网发行，募集资金 1.6 亿元。东风制药有限责任公司与黎明制药厂合资组建的东明药业有限公司建成投产。江西制药厂改组为江西制药有限责任公司。原抚州市医药公司划并给抚州地区医药公司。樟树医药集团进一步完善了法人治理结构，由松散型变为紧密型企业。小型企业的改革迈出了较大步子。江西医疗器械厂被民星集团租赁经营。由多家出资在庐山医药公司招待所基础上组建成“庐山月照宾馆”。景德镇制药厂、乐平制药厂与外商进行了合资经营。这些改革为困难企业摆脱困境，寻求发展奠定了基础。

1996 年是江西医药企业参加国际医药博览会、洽谈会、招商引资会最多、成效最为明显的一年。省医药局先后组团参加了 1996 年意大利国际医药博览会、上海第二届中德医药洽谈会、江西省利用非公有制资金洽谈会、深圳对外贸易和招商引资新闻会、郑州中西部经济技术洽谈会等，组织 10 批 32 人次出国考察，为招商引资筛选项目 21 个。全年新办三资企业 3 家，引进外资 100 万美元。

企业营销工作引起重视。省医药局推出名牌战略，重点抓省政府确定的 6 个省医药名牌产品和 27 个行业创名牌工程。企业把市场开拓放在重要位置，普遍派出得力干部抓销售，增加了营销人员，落实了营销政策。商业企业积极配合，增加名牌产品销售。到年末，名牌产品的销售普遍有较大幅度增长。其中 P-转移因子和瑞贝克销售额增长 10 倍以上。当年经省名牌战略领导小组认定，医药行业又有 3 个产品被评为江西省名牌产品。即飞宇牌硫酸小诺霉素、鹿迪牌化积口服液、博雅牌人血白蛋白。

商业流通企业在坚持和完善“统一进货、分散销售”，发展规模化、集约化经营的同时，狠抓了经营管理，下发了《进一步加强医药商业企业经营管理的决定（试行）》，对 23 个重点县（市）公司的经营情况进行直接调度，抓商品适销率、供应率和帐货相符率考核。把扩大和占领零售市场作为重点，制订下发了《江西省药品零售网点设置及管理办法（试行）》，全年新增零售网点 25 家。开展了零售店统一标识、连锁经营和质量、物价、服务“三承诺”活动。全省医药零售额比上年增长 30%。

以学邯钢为重点，强化工业企业管理。省医药总公司成立了学邯钢领导小组，各企业均成立了由一把手挂帅的组织机构，把学习邯钢经验作为闯市场、渡难关、增效益的主要措施来抓。当年，主要医药产品万元产值综合能耗同比下降 21.7%，全年节约标煤 10 万吨。34 个重点化学原料药产品的主要技术经济指标好于上年的占 65%，加上其他增收节支措施，全年预算内企业成本节约 3000 万元。

劳动人事管理步入正轨。省医药总公司系统共推荐、评审九个系列专业技术人员 1000 余人。其中初级 800 多人，中级 166 人，高级 60 人。至当年底全系统共有中级以上职称人员 1761 人。其中高级职称 291 人。加强了执业药师考试和注册登记工作。至年底全行业共有 199 人取得执业药师和执业中药师资格，其中 159 名执业药师已经注册登记。当年全系统职工平均工资收入为 5202 元，比上年增长 8.5%。

【医药质量与监督】

以实施 GMP、GSP 和质量法规为重点，加强质量监督检查。根据国家和《江西省医药行业实施 GMP、GSP 九五计划》目标，省医药局采取由近及远，先重点制剂，后一般制剂的办法，先后对7家大输液生产企业进行了检查督促。检查了进口药品管理情况，针对隐患，省局专此发文规定，把查处进口假药作为质量检查、财务审计、纪检监察的重要工作内容，并列为选拔任用干部的否决条件之一。这对企业触动很大。根据近年社会各界对中药饮片质量下降反映强烈的情况，专门组织了全省中药质量检查。中药饮片存在的主要问题是不能完全符合药典和地方饮片炮制规范、管理制度不严等。通过检查，制订了提高饮片质量的措施。加强医疗器械监督工作，修订了40余项产品标准，转移产品注册证书59个，发放15个产品市场准入批准文号，审核产品广告69个。依法对药品生产（经营）企业合格证年检进行抽查。对23家药品包装企业进行了换证验收，对3家新开办药品包装企业发放了许可证。

医药市场管理，以认真贯彻落实国务院国发办（1996）14号文件和江西省政府赣府发（1996）18号文件精神为主线，继续开展了医药市场整顿，特别对无证照的非法经营进行了清理整治。按照国家三局一部的《标准》，樟树市药材市场通过了国家验收。在有关部门的支持配合下，取缔了非法经营人用药的南昌长运兽药市场，杜绝了三个单位非法开办医药批发业务。对药品购销活动中的“回扣”，普遍进行了自查自纠和重点抽查，全省医药经营秩序明显好转。

【科研与教育】

当年省医药局抓科技进步的力度比以往任何一年都大，分别两次召开了全行业科技现场会和全省医药科技工作会议。下发了《江西省医药局关于加速行业科技进步的规定》，并将《规定》的执行列入厂长经理年度目标管理考核主要内容。企业把推动科技进步与实现经济工作目标紧密结合起来，积极开展工作。全年共开发新产品62项。其中属国内首创新药8项，即：牛黄上清胶囊、桂灵胶囊、舒胸胶囊等。新产品中原料药12项，制剂30项，中成药31项。VC新工艺、新技术的研究与开发，VD_2 生产工艺及装备研究，7-ADCA及头孢拉啶的研制等5个项目已列入国家级重点科技攻关计划。盖克星缓释片、炎痛喜康透皮吸收软膏研制等12项被列入江西省科委重点科技计划。江西省药物研究所有两个国家一类新药正在研制中。科技成果转化速度加快，新产品投产率达60%，新产品产值率达18.5%。坚持以产品为龙头，以市场为导向进行技术改造。省医药总公司所属企业当年在建项目12项，总投资50685万元，实际完成投资1亿元，比上年增长38%。当年竣工项目9项。

职工教育培训得到加强。省医药学校扩大了招生规模，当年在校生1180人。中药材技校和企业办技校共招收新生550人，成人医药高校招生102人。组织了两批共15名县公司经理到先进县公司挂职锻炼。全年全行业有16800人次参加了各种专项培训，职工队伍素质又有新的提高。

【医药重要事件】

1月26日至29日，国务院职工医疗保障制度改革检查验收组在九江市召开会议。会议由国务院副秘书长徐志坚主持，国务委员彭珮云作了重要讲话。国家医药局局长郑筱萸、江西省常务副省长黄智权和江西省医药局的领导同志出席了会议。会议充分肯定了九江市医疗保障制度改革的做法。

1月31日至2月2日，江西省医药工作会议在南昌召开。全省医药企事业单位250多名代表参加了会议。江西省省长舒圣佑、副省长朱英培、国家医药局局长郑筱萸分别到会作了重要讲话。会议回顾总结了全省医药行业“八五”计划实施情况及1995年医药工作，部署了“九五”计划及2010年规划，重点讨论研究了如何推进全行业经济体制和经济增长方式的两个转变、实现企业改革和扭亏增盈两个突破问题。郭月秋局长作了《推进“两个转变”，实现“两个突破”，加快江西医药发展》的报告。

2月29日，江西省人民政府以赣府字(1996)39号文下发《关于江西省医药总公司进行国有资产经营管理体制改革试点方案的批复》，同意江西省医药总公司改组为江西省医药国有资产经营公司（设编制83人）和江西省医药总公司（设编制15人），保留省医药管理局的牌子。省医药国有资产经营公司作为投资主体，经营省政府授权范围内的国有资产，省医药总公司行使全省医药行业和行政管理职能。实行“三块牌子，两套人马，两种职能”。

4月16日，江西省股份制改革联审小组以赣股(1996)05号文批准东风制药有限责任公司筹建“江西东风药业股份有限公司”，同意以其青霉素生产部分的资产，作为发起人股，组建上市的股份有限公司。总股本为6240万股。当年6月底，经有关部门正式批准成立。8月30日，“东风药业”2400万股A股在上海证券交易所上网定价发行。

5月19日至20日，省医药总公司在南昌紧急召开全省医药厂长、经理、书记座谈会。主要针对药品销售不畅的突出问题，认真研究了市场问题，提出了《关于搞好地产品购销工作的意见》、《关于开拓市场、搞活销售、增收节支、提高效益的几点意见》。

5月28日，江西省体改委与江西省医药总公司批复同意组织实施《江西制药厂建立现代企业制度试点实施方案》，将江西制药厂改组为国有独资公司“江西制药有限责任公司”。

8月7日至10日，省医药总公司在庐山召开了全省医药厂长、经理、书记座谈会。郭月秋总经理作了《主攻工业，搞活商业，全面完成今年各项工作任务》的报告。会议围绕进一步解放思想，转变观念，促进医药企业改革、发展与稳定，研究了主攻工业、搞活商业的新思路、新举措。

由江西省医药管理局、江西省医药公司、东风制药公司、国药公司、东亚制药厂与庐山医药公司以股份合作制形式筹建的“江西省医药管理局庐山培训基地”（又称月照宾馆），于8月8日正式开张。

根据江西省人民政府赣府字（1996）39号文的《批复》，经一段时间努力，江西省医药总公司机关分别调整了内部机构，由原总公司的12个处室调整为经营公司8个部室，总公司3个处，并对机关编制进行了定员、定岗、定责，同时按“双向选择”原则，调整了机关工作人员，还制定了部、处、室职责和《江西省医药国有资产经营公司章程》等，尔后，江西省医药国有资产经营公司于当年10月28日正式挂牌运行。

12月底，江中制药厂、江西国药有限责任公司，被国家中医药管理局评为“全国中药工业50强”企业。

【医药统计与信息】

按月编印了《医药工业生产经营简报》、《医药商业商品购、销、存总值电讯月报》、《医药工商企业月度主要财务指标快报、实报》。坚持编印《江西医药信息》，全年12期，到当年底累计编印126期。收集、整理、印刷上年度《江西省医药工业、商业统计资料》。积极开发利用统计信息，按季度汇总全省医药主要经济效益指数，进行分析通报，不定期地向有关领导机关提供全国化学药品工业149家重点企业的产值、销售收入、利润排名情况。组织开展了第三次工业普查工作，收集、审核、汇总了江西省医药工业企业普查报表，分别上报国家和省有关部门。因工作出色，全行业共评选出工业普查先进集体15个、先进个人38名。省医药局获国家中医药局、江西省工普办评定的先进集体称号。全行业当年在各种新闻媒体刊（用）各类稿件200余篇，较好地反映了行业的信息和情况。为此，《中国医药报》江西记者站被评为先进记者站。

表1 江西省医药工业主要指标

类别	工业总产值（90）万元		利税总额（万元）		主要产品产量（吨）		劳动生产率（元/人年）	
	本年实际	比上年±%	本年实际	比上年±%	本年实际	比上年±%	本年实际	比上年±%
化学药品	156840	－11.77	5496	－57.16	7697.1	－45.38	12647	－18.62
中成药	97257	33.74	17730	17.06	16885	15.81	23446	－1.28
医疗器械	12499	26.28	675	423.26			9905	86.36
其它	5265	－22.61	221				3255	－55.15
合计	271861	1.75	23680	－16.00			15363	－10.19

表2 江西省医药商业主要指标

单位：万元

类别	商品总销售额		国内总购进		对居民和社会集团的销售		期末库存	
	本年实际	比上年±%	本年实际	比上年±%	本年实际	比上年±%	本年实际	比上年±%
药品类	81967	11.3	61509	6.2	57505	12.7	18591	－0.3
中药类	73434	11.4	58054	6.2	41313	17.2	23404	4.3
器化玻类	10795	－3.7	7650	－6.2	7410	－2.8	4112	－8.1
合计	166378	10.3	127399	5.5	106297	13.2	46182	1.3

表3 江西省预算内医药工商企业经济效益指标

类别	实现税利		销售税利率%		资本金利润率%	上交税利	上交利润
	本年实际	比上年±%	本年实际	比上年±%			
医药工业	7444	－43.6	7.75	－28	5.14	6919	1208
医药商业	6370	19.4	4.45	12.65	15.27	5308	653
合计	13814	－34.2	5.78	－19.72	8.28	12227	1861

【国有医药企业】

当年，江西国有医药工业企业84家，产值19亿元，占全省工业总产值70%；商业批发企业307家，零售药店1722个。当年国有医药企业发展特点：一是在市场形势十分严峻的情况下，特别是青霉素和Vc两大战略品种市场低弥、价格大跌，全年降价减利约3000万元，国有医药企业艰难跋涉，通过改革和学邯钢抓管理降成本等工作，医药工业总产值虽有所下降，但中成药工业总产值比上年增长24%；医药工业产销率为97%。二是国有医药商业加大了促销力度，并坚持“低毛利、低费用，高销售、高利润”的营销策略，推行“三承诺”活动，大力扩展零售网点，推行连锁经营，使整体效益水平有所提高。

（曾永根）

山　东　省

【概况】

1996年全省工业生产突破百亿大关，增长幅度创高水平。全年医药工业产值完成113亿元，较上年增长48.97%，增长幅度较全国平均水平高出33个百分点，工业产值总量占全国的近10%，标志着山东从医药大省开始向医药强省跨越。

全省商业销售稳增趋好，扩大零售效果显著。全年医药商业总销售完成57.24亿元，较上年增长8.51%，其中纯销售46亿元，增长10.86%。全省医药商品零售额达5.98亿元，较上年增长17.15%。全省出现了部分零售额过500万元的县公司，过1000万元的零售店。青岛药材站、莱州医药公司年零售额分别过5000万元和1000万元，占纯销额的30%以上；济南医药大楼日零销额达30000元。

对外开放不断扩大，出口创汇势头不减。全年医药产品出口交货额11亿元，较上年增长30%；其中医疗器械产品出口大幅度增加，完成4.12亿元，较上年增长了91.92%。山东新华制药厂、鲁抗、青岛华钟公司等继续发挥出口基地的作用，增长势头不减，山东新华制药厂全年出口达到3100万美元。全省自营进出口的企业已达10家，自营出口额折合人民币4.9亿元。制剂出口品种达39个，出口额占出口总额的10.65%。全年批准外商投资企业23个，总投资5.43亿美元，合同外资额2.83亿元。

工商利税成倍增长，行业贡献越来越大。全年工商利税实现28亿元，较上年增长166.51%，绝对额超过"八五"末工业产值额。其中工业利税25.62亿元，利润18.85亿元，分别比上年增长180%和253%，医药商业实现利税1.5亿元，较上年增长47.65%。工商税金与上年相比为国家多贡献5亿元。

（隋晓燕）

【实施"三治理"、"六带动"】

1. 实施"三治理"。

（1）治低，即治理低水平重复。凡是低水平重复的、污染环境严重的、靠人力、物力、财力高投入、高消耗、浪费大、效益差的项目一律不批不建，已针对性地取消了省内20多家生产企业的生产资格，对新报的低水平重复项目基本未批；医疗器械注册登记、市场准入也积极开展了工作。同时，通过改组、改造，治理整顿原有的企业，进一步优化企业组织结构，形成技术进步优势。

（2）治小，即治理和改变现有工商企业和产品规模弱小状况，坚持"抓好大的"。在"抓大"工作过程中，坚持"五个抓住不放"，即抓住改革不放，抓住技术改造不放，抓住科研上新不放，抓住企业管理不放，抓住结构调整不放，使国有大中型企业进一步发展壮大，增强了活力和后劲。据对24个企业统计，实现产值和利税分别占全省医药总量的77.63%和90%。

（3）治散，即治理与统一管理和宏观调控相违背的分散管理、分散发展状况。通过治理，改变散漫、盲目发展状况，强化各级医药管理部门的政府职能；所有企业，不分所有制、隶属关系如何，均纳入行业管理范畴，形成全省统一管理和宏观调控的局面。

2. 实施"六个带动"。

（1）科教带动　全年科研和新产品开发完成116项，获国家新药证书30个，新产品产值为25.1亿元，较上年增长80%，新产品产值率22.2%，实现利税7.2亿元。继续抓好跨世纪人才培养工程和各类培训、教育。全年继续教育2500人次，岗位培训

28000人次，局属中专毕业和技校毕业生分别为479人和680人。

（2）规模带动　奋力实施“百项工程”，目前已初见成效，年产值过5000万元的新产品12个，其中过亿元的4个。加快技术改造。全年固定资产投资完成7.65亿元，较上年增长19.53%；省管以上20个重点工程项目投资规模26.74亿元，已有12个立项，总投资规模20.49亿元，占“九五”总投资的41%，现已有8个开工。实施名牌战略。利用名牌企业打出名牌产品，利用名牌产品巩固和扩大名牌企业声誉。全力抓好现有的、以22个产品为主的名牌产品群，同时围绕市场需求和社会消费心理，再创一批在国内、国际有知名度的名牌企业和名牌产品。加快基地建设，实施区域经济带动。进一步增加了济南、淄博、济宁、青岛、潍坊、烟台、聊城、威海等地的投入，加快对内和对外合作、开放。

（3）市场带动　继续认真贯彻落实国务院《关于加强药品管理工作的紧急通知》精神，进一步强化管理职能和行政监督职能，打击制售假劣药品的犯罪行为，使医药商品流通法制化、规范化、秩序化。进行商业流通体制的改革，针对企业弱小、分散、各自为战等弱点，对商业运营机制和现有格局加以改造、改组。通过工商企业和商商企业联合实现规模化、集约化经营。同时大力推行总代理、总经销和连锁经营方式，已创造了许多宝贵的经验。扩大销售网点，重点向乡镇延伸，到1996年底全省批发网点已达1087个，零售网点达1128个。

（4）管理带动　强化企业内部管理。1996年，全省医药工业经济效益6项指标有5项好于上年，其中资金利税率、成本费用利润率较上年提高了12%和9.5%，全省省级考核的重点产品质量稳定提高率达95%，较上年提高了5个百分点，省级药品抽查合格率96%，高于全国平均水平5个百分点。新华、东阿阿胶集团连续10年监督抽查全部合格。在行业内广泛深入开展“学新华、向管理要效益、要质量、要速度、要人才”的活动。夯实管理基础，优化现场管理，大力推进企业现代化管理。鲁抗作为1996年度省级现场管理样板企业通过咨询，新华作为第二批省级管理示范企业已通过考评。努力培养高素质的管理人才和管理队伍。采取多种形式，培训现有管理人员并大力推广和应用现代化管理方法和手段。

（5）外向带动　坚持把合作的重点放在国际大财团、大商社、大公司上。目前，国外大财团、大商社已进入山东医药行业投资，在谈项目过1000万美元的有6个。进一步强化两大开发区和重点市地开放力度，完善和优化外向工作的总体格局。围绕今后目标和发展要求，大力改善了投资环境，改进了招商方法，增加对外吸引力，引进了较多的技术、资金和设备。进一步开辟国际市场，扩大出口。继续重点扶持新华、鲁抗、华钟和济南药厂等几个出口大户，同时再培植一批出口创汇企业。

（6）改革带动　坚持从实际出发，统筹规划、精心组织，整体上推进、重点上突破。坚持抓好大的、放活小的，把现有的国有大企业、重点企业和利税大户做为扶持重点，支持其运用兼并、购买、控股、参股等手段，盘活存量资产，实行集约化投入、集团化经营、多角化滚动，加速其扩张发展，形成新华、鲁抗等一批具有明显带动作用的、较强竞争优势的大公司、大集团，促进了全省医药国有企业战略性改组，推动国有资产的流动和重组。

（隋晓燕）

青 岛 市

【概况】

青岛市医药总公司，为市直大（一）企业。现有直属企业22个，其中医药工业企业7个，医药商业企业13个，专业医药工业设计院1个，医药大厦1座，另有合资企业4个。1996年底，固定资产原值29217万元，净值22794万元，职工8000人，其中各类专业技术人员2598人。

1996年，在市委、市政府的领导下，市医药总公司带领全市广大医药职工深入学习贯彻党的十四届五中、六中全会精神，正确处理“改革、发展、稳定”三者关系，克服各种困难，积极开展资产运营，通过盘活存量资产，调整企业及产品结构，加快技术进步，加强基础管理，扩大市场营销，企业适应市场能力明显增强，使全市医药经济实现了稳步发展，取得了可喜的成绩，并呈现三个特点：

一是工业快速发展，经济结构趋于合理。全行业工业总产值首次突破十亿大关，达到10.3亿元，比95年增长34%，其中系统内完成总产值5.6亿元，与95年大体持平。全行业化学药品、中成药、医疗器械工业产值比达到5.9：1.5：2.6。全行业产销率达到98.89%，系统内产销率达到105.49%，分别比95年提高5.01和10.59个百分点。

二是商业稳定发展，零售成为增长点。商业总销售完成8.6亿元，比95年增长6.7%，商业纯销完成7.4亿元，比95年增长11.6%；零售总额完成1.08亿元，比95年增长30%以上。

三是效益下滑局面被遏制，出现增长势头。全系统实现工商利税3500万元，利润3100万元，分别比95年增长15%和14%。其中，工业实现利润2230万元，比95年增长19%；商业实现利润870万元，比95年增长5.3%。

【抓大项目，为“九五”发展夯实基础】

医药总公司从推进两个根本性转变出发，围绕“九五”计划和2010年长远规划，对关系经济整体发展的重大项目狠抓落实，取得可喜进展。

认真制订《医药城项目方案》。在1995年征地300亩的基础上，从年初开始，成立领导小组和筹建小组，组织力量起草了《医药城项目建设方案》，并进行多次修改和研讨，使方案得到进一步完善。此期间，还赴京向国家局做专题汇报，向省医药局、市委和市政府汇报，使该项目得到了各级领导的肯定和支持。

被列为省、市重点的降钙素项目进展较快。1996年3月底完成了合作企业合同、章程的签订和工商注册。市政府先后两次召开市长办公会支持该项目发展。已先期投入20万美元和400万元人民币做项目启动资金。11月，组织降钙素项目小组赴美，就生产技术条件、新药审批和工厂设计建设等问题进行了大量的咨询、磋商和洽谈，先后取得了工艺技术、质量检验、新药审报等一大批资料。并在国家限定的免税期限之前与美方签订了多项设备供货合同，为项目全面进入实质性工作奠定了良好基础。

外向型经济进一步发展。全年共接待来青外商医药考察团组十几批，其中，德国史瓦伯集团与法国博福益普生集团合作开发银杏叶提取项目考察3次，初步定在青岛投资建厂。积极面向国际市场，拓宽发展领域，产品出口大幅度增长。全行业完成产品出口交货值2.75亿元，经95年增长86%。第二药厂奈替米星原料药首次实现出口，中药公司产品成功进入马来西亚市场。

【实施资产重组优化，全面推进资产运营】

1995年，全市医药行业着眼于解决多年来存量资产分布相对分散、规模小等问题，对企业结构进行了大力度的调整和优化，为培植产品优势和企业优势进行了积极的探索。

实施中药公司与海药所联合，探索企业与科研机构改革新路。1996年4月，经过论证，将中药公司与海药所联合，对内一套班子，对外两块牌子。中药公司领导班子团结一心，通过卓有成效的工作，顺利地渡过了磨合期，在很短的时间里推出新产品苦甘冲剂投放市场。联合后，中药公司增强了科研力量，优化了产品结构，增加了后备产品；海药所改善了科研条件，解除了经费不足之忧，科研人员可以专心搞科研，彼此实现了优势互补。此举得到了市委、市政府的充分肯定。

青药公司出让部分资产，实现生产集中。5月，组织青药公司有偿出让了二车间土地和房产，转让费总额2000万元。青药公司经过努力，搬迁后的新诺明生产线已于年底开始试产。另外，总公司还协调医药站将设在青药公司内的仓库产权有偿转让给青药公司，解决了多年的历史遗留问题。通过资产调整盘活，青药公司在生产要素配置上形成相对集中、合理的布局。

在盘活优化存量资产的同时，医药总公司还注意以增量资产的适度扩大，提高存量资产的运营效能。全系统5个续建项目完成技术改造投资2500万元，其中，海洋药物基地、深海龙系列改造等技改项目的土建已竣工验收。药材站精制饮片生产技术改造项目10月已开工建设。第二药厂的奈替米星合成工艺的改造即将完工。医药大厦投资200万元进行了部分装修改造，开办了天一大酒店。医药设计院集资购置了自有的办公场所。另外，全系统有6个新项目被列入固定资产投资计划，其中青药公司氟罗沙星项目和中药分厂项目、第二药厂奈替米星项目被列入国家“双加”工程项目。

【紧盯市场调整结构，工业实现持续发展】

为使企业更好地适应日益严峻的外部环境，保持稳定发展，医药总公司在年初提出“总量稳定，结构调整，狠抓销售，确保效益”的要求。组织企业从实际出发，因地制宜，选好突破口，从而使工业生产实现了稳定发展。

加大销售力度，提高市场占有率。企业普遍增加产品宣传投入，制定以回款指标为主要考核内容的销售承包政策，奖金向销售一线倾斜；增加销售人员力量，目前工业销售人员总数已达到600多人。中药公司“以点带面，辐射销售”的做法，被青岛市树为“十大营销模式”之一，他们还投入1600万元，进行市场宣传，营造产品市场，保持了强劲发展势头，全年完成产值1.1亿元，实现销售收入1.2亿元，实现利润2198万元，实现利润列全市预算内企业第四名。电子厂针对器械行业的特殊竞争环境，从“软件”入手，开展优质服务和灵活的销售策略，在同行业企业中保持重要的地位。

以市场为导向，调整产品结构，积极生产适销对路的产品。黄海药厂发挥品种全优势，抓住常规药品俏销时机，积极组织生产，使生产经营创历史最好水平，工业增加值、销售收入、利润都比1995年有较大提高。

继续增加科技投入，狠抓新产品的开发。全年有4个项目列入国家级科研计划，争取返还增值税27.7万元、拨款107万元、低息贷款200万元。完成新产品开发15个，拿到新证书3个。完成新产品产值1.4亿元，新产品产值率达到25%。与此同时，各企业还注重加强技术革新，第三药厂改造藻酸双酯钠生产工艺，降低了原料成本，提高了产品的竞争力。

尼克组合片、沃尔得、奈替米星、海通、海力特、环丙沙星滴眼液、氧氟沙星软膏、感冒灵、养心氏、深海龙第一批新产品先后投放市场，对全市医药经济发展产生了较强带动力。据统计，全系统年销售收入前8位的产品，其销售收入之和占总额的54%。其中，养心氏、奈替米星达到3000万元以上，快胃片达到7000万元。

【调整经营策略，商业发展步伐加快】

1996年，医药市场供、需出现新的变化，医药商业企业面临前所未有的困难。为适应新形势，总公司提出“扩大批发，加快零售，推进整体发展，完善流通体系”的商业发展要求。调整思路，运用社会主义市场经济的方法和手段，研究新情况，解决新问题，大胆地开展工作，使全市医药商业又有新发展。

企业实行购进和付款集中统一管理，进一步提高整体竞争实力。药材站对内部结构进行调整，分成中成药、零售、化学药品、第三产业、饮片、工业六大支柱，站领导分工负责，并按经营业绩分配奖金，对强化内部管理起了很大作用，全年实现总销售2.2亿元，继续保持了全省药材行业排头兵地位。平度公司和胶州公司还按商业信誉，优化销售对象，对信誉差和回款不及时的单位实行现款现货或不做销售，有效地压缩了应收和应付，降低了资产负债率。

进一步加快零售发展，零售网点建设步伐加快。去年投资近300万元，新上网点27处。目前全系统共有零售网点128处，其中市内57处，市区71处。医药站针对零售薄弱环节，提出加快零售发展，计划新上20处网点，并已有4处开业。中药公司转变观念，大胆涉足商业，在“金百合大药房”的基础上，投资200万元，新上了一批零售网点。规模扩大，效益明显提高，系统内出现了一批零售额过100万元的药店。药材站在内部成立了零售配发中心，实行连销管理，并按零售额大小对各店进行分类管理，在重点药店实行微机管理，该站全年完成零售额5000万元，占纯销的四分之一，宏仁堂药店完成零售1300万元，成为全省第一药店。莱西公司积极扩大零售，其零售额达到纯销的39%。

【加强管理转换机制，开展管理示范工程活动】

“抓管理，转机制，增效益”是96年管理工作的主旋律。各企业以“管理示范工程”和“学邯钢”为载体，大力加强基础管理，完善内部管理机制，提高效率，降低成本，增加效益，使企业整体管理水平有明显提高。

“管理示范工程”活动开展的扎扎实实富有成效。成立了活动领导小组，制定活动方案，深入企业调研，召开会议落实进度，特别是九月份的胶南会议，对该项活动的开展起到了很大的推动作用。各企业以开展活动为契机，自觉加大力度。总公司适时地在工业企业推广了黄海药厂“学邯钢模拟市场成本测算”，在商业企业推广了潍坊器械站“倒挤费用法”的经验，并在《青岛医药信息》上宣传了胶州公司等单位的成功做法。通过开展活动，企业在工作的方式、方法和措施上更贴近市场经济的要求。

企业基础管理得到进一步加强。各企业通过对市场信息分析，加大适销对路商品的购进和销售，同时，对94年以前的老产品进行分析排队，及时进行调整处理，使库存结构得到进一步改善。医药站经过四年努力，通过实行“三治”（治小、治散、治观念陈旧）、“三集中一把关”（财务、业务、宣传费集中管理和各部门对外进货付款领导把关）等管理，使企业负债率降低了7个百分点，固定资产增加了6倍多，去年完成总销 2.65 亿元。器械站加强内部管理，开展药品经营，企业发展出现了好的转机。

企业改革工作有新的进展。把改革与管理结合起来，在适应市场需要，完善内部运行机制等方面做了大量工作。减人增效取得进展，全年，结合产品结构调整，通过退养、辞退等方式，分流富余人员 397 名。试点单位青药公司、中药公司按《公司法》的要求进行了规范，在商业企业改革试点中，胶州公司已经开始前期准备工作，医药设计院改制模式已经确定。

【整顿市场规范秩序，行业管理进一步加强】

继续整顿医药市场。认真贯彻了国办发 14 号《通知》，并以市政府办公厅名义下发了青岛市贯彻意见。在落实过程中，行业管理办公室把个体药贩、外地驻青办事机构从事非法经营等作为重点，先后查处了两个非法经营的外地驻青办事处，取缔了三个挂靠经营机构和两处非法经营网点。并对胶州、莱西个体药贩进行了重点查处，没收药品近百万元，对非法经营者起到了震慑作用。

认真贯彻国家工商局等五部门联合下发的《关于对药品购销中给予、收受回扣等违法行为进行专项检查的工作方案》，在全市召开了新闻发布会，并先后三次召开全行业企业负责人会议进行督促落实。企业自查、自纠面达到 100%。并通过了省、市有关部门联合进行的专项检查。

结合实施 GMP、GSP，做好新开办医药企业的论证、定点、发证工作。全年组织论证 3 次，新定点医药工业企业 1 个，对 6 个医药生产车间进行了《合格证》发证前的初验。定点医药商业批发网点 2 个，定点并办理《合格证》零售网点 31 个。开展了《合格证》年检工作。共有 31 个医药生产企业、83 个医药批发企业、6 个代理医药进出口企业及 111 个医药零售企业年检合格，另有 3 个医药生产企业和 4 个医药批发企业被限期整改，年检面达到 100%。

狠抓产品质量工作。产品质量稳定提高率达到 95.6%，监督抽查合格率达到 100%。

医疗器械行业管理得到加强。根据国家医药管理局《医疗器械产品市场准入审查规定》，对全市生产的医疗器械产品实施市场准入注册制度。

【精神文明建设】

从实际出发，学习贯彻了中共中央《关于加强企业思想政治工作的意见》和六中全会精神，总公司党委及时举办了企业领导干部和机关干部学《决议》短训班。开展了党员“学习建设有中国特色社会主义理论和党章知识竞赛”和千名职工“社会主义精神文明建设知识大赛”。中药公司用市场经济理论统一职工思想，大大增强了职工的责任感和积极性，经营公司党政领导积极围绕经营实际抓思想，职工积极性得到了较好地发挥。

突出了以职业道德建设为核心的思想道德教育。开展了以爱国主义、集体主义和社会主义为主旋律的各种教育活动。三药建立了利用班前班后会形式开展教育的制度。黄海药厂分七批对全体职工进行了培训。胶州、平度公司在开展承诺服务的基础上，对全体职工进行了职业道德培训。总公司制定和修改了系统职工职业道德行为规范。去年在向贫困地区的募捐中，全系统职工捐款 8.42 万元，衣物万余件，中药公司和二药还捐赠了价值 10 万余元的药品。

大力弘扬先进，发挥了典型人物的导向作用。坚持开展三十佳活动，激发广大职工的参与意识和竞争意识。在省局双先表彰会上，总公司等 7 个单位荣获先进集体称号，3 名职工荣记二等功，9 名职工荣记三等功，8 名职工被授予“积极分子”称号，获奖和介绍经验的数量都是全省最多的。

发挥了“三优一做”活动的载体作用。在“三优一做”活动中自觉地与创城、企业管理、综合治理等工作有机结合，收到了一些实实在在的效果。二药与青岛日报社联合组织了“青岛市民迎香港回归50题有奖竞答”，2000名市民参加活动。商业单位认真组织普法学习，运用法律手段维护企业利益，追回了几百万元的欠款。

【以班子建设为重点　全面加强党建工作】

总公司始终把提高领导干部的素质，加强班子建设作为党建工作的首要任务。95年结合改选换届，对领导班子进行了全面考察，顺利完成了9个单位的改选换届任务，对17个单位的班子进行了调整，选拔任用了15名厂级领导干部。通过调整充实，进一步改善了班子的结构，提高了班子的整体水平。

贴近经济抓党建，大力加强基层组织和党员队伍建设，注重发挥党员的先锋模范作用。认真开展了“学理论、学党章、促发展”活动和“党性在改革开放实践中闪光”活动。华钟公司党建每年有新的要求，去年开展了“无死角、比贡献、看提高”活动。医药站党委在健全政工机构、完善政工队伍建设的同时，进一步加强党员队伍和基层支部的建设。青药公司调整基层支部后，对支部书记进行了全面培训，收效较好。1996年系统内新发展党员55名，转正51名。胶州公司党总支，发动党员带头资助扶贫单位的一个困难家庭两名失学儿童从小学到中学的全部费用，受到社会的高度评价。

狠抓了制度落实。去年总公司党委编印下发了《企业党建工作制度》，使党建工作进一步规范化、制度化，中药公司把党内外监督和领导干部述职有机地结合起来，形成了制度，受到市里的高度评价。在廉政建设方面，各单位把领导干部讲政治、讲党性做为一件大事来抓，认真贯彻中央、省市和总公司有关规定，严以律己，在广大职工中有较高威信。

工会、共青团在同级党组织的领导下，围绕生产经营，认真履行了职责，较好地发挥了“桥梁”和“纽带”作用，为保持职工队伍的稳定和良好的精神状态，促进两个文明建设做了大量卓有成效的工作。

（刘　凯）

河　南　省

【概况】

1996年，全省医药工业企业196个，其中化学药厂110个，中药厂55个，医疗器械厂8个，卫生材料厂10个，药用包装材料厂5个，制药机械厂1个，其他6个。职工89309人。固定资产原值37.2亿元。完成工业总产值90.21亿元，比上年增长15.16%，产值在全国同行业居第6位。其中：化学药品完成75.9亿元，比上年增长16.02%；中成药完成10.8亿元，比上年增长15.11%；医疗器械完成8695万元，比上年增长35.31%；卫生材料完成1.30亿元，比上年下降9.89%；产销率完成95.67%，比上年上升1.7%。出口交货值完成3.5亿元，比上年增长3.2%。主要产品产量：24大类化学原料药完成14826吨，比上年增长20.58%；中成药完成20261吨，增长7.80%。列入财务统计的155户医药工业企业实现利税2.95亿元，比上年下降12.73%。

全省医药商业共有国有批发企业201个，批发网点1408个，零售网点3200多个。全省国有医药商业职工41872人。固定资产原值8.34亿元。商品购进总额26.36亿元，比上年增长0.27%；商品销售总额完成32.62亿元，比上年增长5.49%，销售额居全国同行业第8位。实现利税600万元，比上年增加1709万元。

（赵　翼）

【现代企业制度试点新进展】

1996年，列入省建立现代企业制度试点单位的新谊医药集团的试点方案已通过论证，进入实施操作阶段，华中医药集团正在完善方案。南阳普康药业集团有限公司等已挂牌的12家医药集团大部分已按规范形式组建完毕，开始运营。华中医药集团在资金调配、产品开发、配套生产、技术攻关、盘活存量资金等方面充分发挥集团优势，在全国医药工业50强综合测评中，位次由上届的第34位移居本届的第11位。全省医药工业企业有16个进行了改制，3个企业进行了重新组合，4个濒临倒闭的企业找到了新的投资者。

（赵　翼）

【医药商业实施重大改革】

1996年，全省医药商业为适应社会主义市场经济发展的需要，经省政府同意，改变了原来全省医药商业企业统一管理、统一财务核算的管理体制，把医药商业财务管理、统一核算下放市地管理，一年来的运行效果较好，实现利税由亏转盈。省医药局组织有关市地到浙江、江苏、安徽学习考察医药商业改革、经营、管理等经验，制订了河南省医药商业改革意见。

（赵　翼）

【结构调整取得明显成效】

1996年，河南进一步加大调整力度，结构性矛盾有所改善。一是抓区域结构调整。继续把新乡、郑州、驻马店、南阳作为医药工业龙头区域发展，4个龙头区域的医药工业总产值占全省医药工业总产值的56.28%。二是抓产业结构调整，加快中成药、医疗器械发展。中成药和医疗器械工业产值分别比上年增长15.11%和35.31%。焦作卫生材料厂成为全国40家最大的卫生材料企业之一，居第5位。三是抓大放小，择优扶强。省局重点监测的26户大中型企业完成产值47.1亿元，占全省的57.93%，实现利税占省局汇总的155户企业的73.61%，利润占101.9%。新谊医药集团、宛西制药厂被确定为全国中药工业50强企业。四是抓产品结构调整。压缩了四环素、土霉素等老产品的生产，氨苄青霉素、头孢三嗪、硫氢酸红霉素、氢化可的松等新产品相继问世，填补了省内空白。市场覆盖率占全国50%以上的优势产品洁霉素、环丙氟哌酸、氟哌酸增产均在30%以上；加大了月月舒、双黄连口服液、冬凌草系列、骨质增生一贴灵等一批中药优势产品的生产量，增强了河南省医药产品的竞争实力。

（赵　翼）

【实施技改"双加"工程，培植新的经济增长点】

1996年，全省安排"九五"医药技改项目45个，项目投资均为1000万元以上，总投资28亿元。其中有10个项目被中国国际工程咨询公司医药专家组推荐为A类项目，总投资7.74亿元；6个被推荐为B类项目，总投资2.78亿元。已有9个"双加"二期工程项目开始实施，8个续建项目全部竣工投产，总投资1.9亿元，已完成9800万元。

（赵　翼）

【质量意识有提高】

1996年，一些老企业根据GMP分期达标的要求对厂房进行改造，一批企业（车间）硬件达到或接近GMP要求。不少工商企业健全各项质量管理制度，认真贯彻医药生产质量管理规范，软件管理进一步加强。省医药公司被国家医药管理局评为1996年度医药商品质量管理规范达标企业。群众性的质量管理QC小组活动广泛开展。217个QC小组参加活动，获国家级优秀QC小组2个，省、部级优秀QC小组13个，省局级优秀QC小组40个，直接增加经济效益1.27亿元。举办3期质量教育培训班，350余人参加了培训。

（赵　翼）

【医药市场整顿】

1996年，在省政府统一领导下，各级医药管理部门密切协同有关部门继续狠抓了国务院53号和国务院办公厅14号文件精神的贯彻落实，对医药市场进行了治理整顿。开展了自查自纠工作，撤销了不符合条件的批发网点33个，纠正了个人承包的批发部7个、零售商店12个，取缔46家三证不全的药品经营户。配合有关部门整顿规范了全省的中药材专业市场，禹州中药材专业市场已得到国家批准。严肃查处并取缔了一些违反规定的医药经营单位和非法药市。开展了整治药品回扣工作，全省医药系统共查出回扣、让利总额4100万元，其中给予3202万元，收受898万元。

（赵　翼）

【医药科技教育】

1996年，省局及时召开了全省医药科教工作会议，认真落实国家关于加速医药科学技术进步的意见，强调实施科教兴药战略。全省医药行业已有21个产品获得新药证书。向省经贸委推荐省级优秀新产品、新技术16项，获一等奖1项，二等奖5项，三等奖10项。获省级科技进步奖10项，其中二等奖3项，三等奖7项。南阳化学制药厂等3家企业被省科委评为火炬先进高新技术企业。电子信息技术已应用于医药工业抗生素发酵过程、企业管理、动力能源监测等。37家医药工业企业加入全国医药工业技术经济指标计算机分析网络系统。医药教育有新发展。省医药学校、医药技工学校培养中专生232人，技校生318人。全省取得国家执业药师资格152人，选拔省局级跨世纪学术、技术带头人32名。

（赵　翼）

【企业管理素质有提高】

1996年，医药行业积极推广邯钢经验，完善规章制度，加强现场管理、成本管理，压缩不合理资金占压和开支，降低能源和原材料消耗。全省医药工业万元产值综合能耗达2.45吨标煤，比上年下降2.59%。南阳制药有限公司、华中医药集团被国家医药局评为医药行业节能先进企业。宛西制药厂被国家中医药局评为中药工业设备管理先进单位。开封制药厂、众生制药厂被评为省安全生产先进单位。在“转抓练增”活动中，河南东方制药厂、华鑫制药厂、郑州新郑制药厂、南阳化学制药厂、百泉制药厂、淅川制药（集团）有限公司等6个企业被评为省综合评价先进企业。

（赵　翼）

【精神文明建设】

1996年，全省医药行业进一步加强思想政治工作，重视精神文明建设。召开了全省医药职工思想政治工作研究会第二次年会；组织全省医药职工参加由国家21个部委联合主办的“社会主义精神文明建设知识大赛”，省局获“组织奖”。部分企业政工干部参加了省企业文化建设研讨班。各级医药管理部门和企业普遍重视三观教育、职业道德教育和法制教育，纠正行业不正之风，搞好廉政建设，树立行业新风。国家医药局对河南医药“二五”普法工作给予了充分肯定。宛西制药厂被评为河南省职业道德建设“十佳单位”。在全省医药系统积极开展价格、质量、服务三承诺和放心药店、建设中药名店活动，提高了服务质量和服务水平。

（赵　翼）

1996年河南省医药工业主要指标完成情况 单位：万元

项　　目	年度计划	实际完成	占年度计划％	上年完成	比上年±％
一、医药工业总产值	900000	902000	100.23	783297	15.16
化学药品	745000	759374	101.93	654502	16.02
医疗器械	6400	8695	135.86	6426	35.31
卫生材料	17000	13027	76.63	14456	－9.89
制药机械	700	666	95.14	604	10.26
中成药	115000	108101	94.00	93914	15.11
中药饮片	3300	2085	63.18	2801	－25.56
药用包装材料	11300	8635	76.42	9393	－8.07
其他	1300	1473	113.31	1201	22.65
二、主要产品产量（吨）					
24大类化学原料药	12000	14826	123.55	12296	20.58
中成药总产值		20261		18801	7.80

（赵　翼）

1996年河南省医药商业主要指标完成情况 单位：万元

项目 / 完成 / 类别	商品购进总额		商品销售总额		年末库存	
	本年完成	比上年±％	本年完成	比上年±％	本年完成	比上年±％
类值合计	263643	0.27	326215	5.49	78042	－16.90
药品	174137	0.91	212574	5.66	42865	－15.59
医疗器械	15657	4.59	19213	6.36	6746	－4.85
化学试剂	3626	10.97	4956	2.46	1776	－15.79
玻璃仪器	1173	9.83	1730	－4.00	1720	145.01
中药材	13682	0.20	20095	－1.42	9212	－29.00
中成药	52203	4.46	62898	6.84	15256	－23.08

（赵　翼）

湖　北　省

【概况】

1996年，全省医药经济保持快速发展的势头，"九五"开局良好。

1. 医药工业部分：全年完成工业总产值57.9亿元(90年不变价)，比上年同期增长34%。其中，化学药品工业完成35.54亿元，比上年增长49.26%，中成药工业12.11亿元，比上年增长18.1%，卫生材料工业6.78亿元，比上年减少8.38%。出口交货值8.87亿元，全年实现销售收入40.51亿元，比去年增长27.4%，利税总额3.45亿元，比去年增长125.5%，其中利润1.47亿元。产销率达到94.5%，比去年增长3个百分点。

2. 医药商业部分：全省医药商业购销两旺，全年完成销售额29亿元，与上年相比增长6.1%，商品销售税金及附加0.63亿元，比上年增长16.8%，利润总额0.3亿元，与上年持平。销售中批发和零售比例有了较大变化，全省医药商业零售额上升了18.2%。

【结构调整初见成效】

1996年，湖北省医药行业致力于结构调整工作，促使医药经济增长方式由粗放型逐步向集约型转变，促进了全省医药经济增长的质量和效益的提高。

在区域结构调整方面，突出了大城市医药经济的集中度，以武汉为龙头的医药经济迅速发展，带动了全省医药经济的发展。

在企业结构调整方面，狠抓了重点骨干企业建设，培植了一批新的经济增长点，企业联合、兼并、集团化运作进一步加强。工业总产值超亿元的企业由上年的9家增加到15家；商业销售超亿元的企业有4家。工业总产值在5000万元以上的企业有25家。宜药集团有限责任公司、武汉制药（集团）股份有限公司跻身全国医药行业50强之列。

在产品结构调整方面，原料药、制剂、中成药、卫生材料、医疗器械等所占比重进一步调整，分别占全行业工业总产值的29.2%、31.9%、19.8%、14.2%和1.5%，产品结构渐趋合理。红桃K生血剂、龙牡壮骨冲剂、马应龙痔疮膏、健脾生血冲剂、金龙舒胆冲剂、华珍生发冲剂、便乃通、血美安、脉君安、当归养血膏、替硝唑、恶丙嗪、布洛芬、无环鸟苷、特非那丁、舒心口服液、滋心阴、补心气口服液及维生素、氨基酸系列产品等一批名优新特产品的市场占有率稳步提高。

【科研与新产品开发】

1996年，下达科研计划52项，其中，列入国家医药管理局的科研攻关计划2项，列入省级重点科研计划16项，省医药管理局安排34项。全年安排新产品开发项目59项，新产品推广项目2项。科研和新产品开发总投资累计7000万元，全年完成科研成果鉴定16项，投产13项。其中，甲氟哌酸、维C钙、血美安胶囊等一批省重大新产品开发项目，已通过验收，开始投入生产。有6个新产品开发项目获新药证书。

【外贸出口持续增长】

1996年，湖北省医药产品出口交货值达到8.78亿元，卫生材料出口继续保持全国领先地位，制剂出口量明显增加，原料药出口也保持了适度的增长比例。不少企业积极争取自营出口权，有自营出口权的企业达到8家，出口创汇超过1000万元的有20家。

【引进利用外资】

1996年批准合资项目5个，引进外资3

亿余元。马来西亚金狮集团分别与荆门中天集团、黄石抗生素总厂合资。与荆门中天集团组建中天亨迪药业有限公司，总投资2.5亿元，引进外资1亿元；与黄抗组建黄石亨迪制药有限公司，引进外资8000余万元。广济药业股份有限公司扩建200吨/年饲料及核黄素，利用世界银行贷款800万美元。

【医药质量管理】

继续开展群众性质量管理小组活动，全省有11个QC小组分别获国家医药管理局、国家中医药管理局及省经贸委优秀QC小组称号。湖北制药厂、武汉中联制药厂、宜昌民康制药厂三个单位分别被国家医药管理局、国家中医药管理局授予全国医药行业质量工作先进集体。有6人被授予质量工作先进个人。

【医药管理体制】

1996年4月17日，湖北省机构编制委员会发文批复，湖北省医药总公司加挂湖北省医药管理局的牌子，行使全省医药行业管理职能。管理体制、人员编制及经费渠道等维持现状。

【行政监督与管理】

1996年3月7日，湖北省人民政府办公厅发文（鄂政办函〔1996〕25号）批复，授权湖北省医药总公司负责全省医疗器械的行政监督和行业管理职能。1996年12月29日，湖北省人民政府法制办公室发出公告，明确湖北省医药管理局具有行政执法主体资格。执法范围：药品管理监督。

1996年8月29日，湖北省人民政府办公厅以鄂政办发〔1996〕114号文件转发《湖北省医疗器械产品市场准入审查规定》。省政府办公厅强调，医疗器械是关系到人民群众身体健康的特殊商品，必须加强行业管理和行政监督，要求各地遵照执行。

【医药市场整顿】

1996年，湖北省医药行业认真贯彻国务院《关于进一步加强药品管理工作的紧急通知》（国发〔1994〕53号文件），及国务院办公厅《关于继续整顿和规范药品生产经营秩序，加强药品管理工作的通知》（国办发〔1996〕14号文件），加强医药市场秩序的整顿和规范，取得了明显成效。

国务院办公厅国办发〔1996〕14号文件下发以后，湖北省政府及时召开了全省加强药品管理，整治药品回扣违法行为电视电话会议，副省长孟庆平在会上作了重要讲话。湖北省医药管理局迅速制定了《湖北省医药行业十不准》，并发出《关于在全省医药行业认真开展自查自纠工作的通知》。全省医药行业已按照要求，认真开展自查自纠，取得了明显效果。进一步规范了自身行为，完善了各项管理制度，提高了管理水平。

蕲春县蕲州中药材专业市场，按照国务院有关部门联合制定的《关于印发整顿中药材专业市场标准的通知》要求，反复整改，已通过国家中医药局等部门组织的联合检查验收。

对一些地方和部门擅自开办非法药品集贸市场进行了有力打击。依法治理了已被关闭的汉西市场的回潮现象；武汉市海军工学院四号门集贸市场在开业不久即依法予以取缔。

【全国药品交易会】

受中国医药公司委托，湖北省医药公司成功地举办了1997年上半年度全国药品供应交流会。这次会议得到了中共湖北省委、省人民政府的高度重视，湖北省副省长李大强、孟庆平等亲自批示，多次过问筹备情况。要求铁路、民航、公安等有关部门给予大力支持，并动员武汉市社会各界全力协助。1996年12月5日，药交会开幕。来自全国各省、市、自治区医药工商界代表1万多人会集武汉，进行洽谈交流。这次药交会的成功举办，有力地宣传了湖北，提高了湖北的知名度，促进了湖北省医药经济的发展。

【精神文明建设】

1996年，湖北省医药管理局在组织群众性精神文明创建活动的基础上，举办了两次范围广泛、具有一定影响的大型活动。

1. 组织全省医药行业参加国务院21个部委联合开展的社会主义精神文明建设知识大赛。从5月至9月，全省医药行业的百厂千店万人参加了竞赛，超额完成了国家医药管理局下达的3000份答卷任务，实际答卷6233份，取得了较好成绩。其中，96分以上的试卷3688份，优秀率占59.1%，429名同志还为精神文明建设各献了一计。这次活动的组织安排，得到了国家医药管理局的充分肯定，先后两次在《医药政工动态》上予以介绍。湖北省医药管理局被国务院21部委大赛组委会评为全国40个优秀组织奖之一，是全国医药行业唯一一个最高集体荣誉奖。有三位同志分别获个人二、三等奖。

2. 首次组织开展了湖北省医药行业"滨湖杯"卡拉OK比赛。比赛分通俗、民族两种唱法，预赛、复赛和决赛三个阶段进行。通过全省各地、市、州、县医药主管部门层层推荐选拔。最后，有来自全省各地的572名选手参加了预赛，18支代表队60名选手进行了复赛和决赛，近两万人次职工观看了演唱比赛。

（李天书）

武　汉　市

【概况】

1996年，武汉市医药行业完成医药工业总产值18.8亿元，其中市医药局属企业完成100678万元，分别比上年增长45.7%和11.3%。局属工商企业实现销售收入14.92亿元，增长14.95%，其中预算内工业企业销售收入8.5亿元，增长9.5%；产销率97.2%，增长2.1个百分点；商业销售收入6.42亿元；增长12.9%。工商企业实现利税9600万元，+25.8%。其中预算内工业企业利税7400万元，增长+36.8%，商业利税2200万元，持平。出口交货值1.54亿元，下降13.7%。

主要工作特点：1. 推行"两个转变"，效益观念进一步增强。大多数企业组织结构、产品结构调整步伐加快。武药集团对厂内组织结构进行了重大调整，原料药与制剂并重，实行分厂制，内部机制较活，竞争力增强，产值、收入、利润分别递增24%、12%、18%；医药集团公司不断调整经营战略，多元化发展格局基本形成，主营实现利润800万元外，三产业继续稳定发展，其筹建的武汉民生导电陶瓷有限公司已正式投产，成为该公司新的经济增长点。结合学邯钢，推行模拟市场核算，实行成本否决，开展"三盘活一消化"活动，武药、中联、马应龙、四药等单位各项管理进一步加强。武抗产品价格因素减利1043万元，水电煤涨价因素179万元，使企业面临困境，但他们眼睛向内，向内挖潜，节约水电价值近百万元，仅洁霉素提高单产一年增效350万元。

2. 围绕转机建制，改革力度进一步加大。股份制企业规范化运作逐步完善。局属五户股份制企业按照建立现代企业制度的要求，不断深化内部改革，经济效益稳步提高。健民、马应龙、医药三个集团公司为股票上柜作了大量的前期准备工作。马应龙药业公司树立全员市场意识，狠抓销售，取得了良好的经济效益。四药、中联实施了以资产保值增值为内容的资产经营责任制；医疗设备厂在公有民营取得一定成效基础上实行了股份合作制，特别是康乐制药厂新班子上任一年，加强团结，顽强拼搏，一举扭亏为盈。为加快发展，抓住机遇，与深圳东泰生物制品有限公司达成兼并协议。三项制度改革有了新进展。全局10户企业签定了集体劳动合同，1.3万名职工与所在企业签定了劳动合同，占职工比例的70%，新的用人机制逐步形成；37户国营和集体企业执行工资总额与效益挂钩和包干办法，并重点向营销、科技人员倾斜，按照效率优先、兼顾公平的原则，分配关系进一步理顺，绝大多数企业职工收入稳步提高。

3. 依靠科技进步的自觉性明显提高。局为促进企业技术进步，重新修订完善了《局技术进步表彰奖励条例》。96年，共试制新产品28个，有三年统计期内投产新产品30个，新产品产值4895万元，产值率4.57%；新产品销售收入2999万元，占销售收入的3.51%；新产品利税600万元，利税率8.11%。乙酰水杨酰咪唑原料及片剂“楚来”、依诺沙星滴眼液获新药证书。截止96年底，局属企业形成1000万元规模的产品有15个，去年增幅较大的产品有：林可霉素8600万元，+16.9%；安乃近7800万元，+29%；麝香痔疮膏3549万元，+64%；脉君安1600万元，+63%；八户工商企业有37个品种的产值达7亿元，占全局总产值的70%。局技经指标考核24个产品，共36个指标，达到计划指标的有32项，占89%。在32项可比指标中，持平和好于95年水平的有20项，占63%。市考核我局七个重点产品的消耗，有六个产品达标，完成率86%。武药、二药、中联、马应龙、武抗等单位通过改进产品工艺，采用先进技术，对降低成本，提高技经水平都取得了良好的效果。吡唑酮、利福平胶囊、安乃近、国药集团药品入库验收成果获国家医药局QC优秀成果奖；健民准备车间干燥工艺获国家中医药局QC优秀成果奖；碘油胶丸等5个QC成果获武汉市优秀成果奖。

4. 整顿医药市场，规范经营有新进展。贯彻国务院办公厅14号文，加强医药市场管理，整顿和规范生产经营秩序取得了一定的成绩。局及所属企业成立了医药整顿领导小组，加强了对整顿工作的领导。针对我市医药市场存在的问题，局制定了贯彻14号文的具体要求和措施，对企业经营行为进行规范；企业对药品回扣进行了自查自纠，并把确保药品质量作为重要内容，认真清仓查库，对不合格药品进行销毁，确保主渠道保障群众用药的安全与有效。局属大中型企业产品质量稳定，建档产品质量年检合格率100%。在整顿和规范药品生产经营秩序工作中，配合有关部门打击制售假劣药品的违法犯罪行为，全市联合行动5次，并对三家一次性输液器生产企业进行突击检查，对管理混乱的一企业收回产品生产许可证；同时解除了少数企业联营挂靠和个人承包。配合有关部门坚决取缔非法药品市场，使医药经营秩序有所好转。

5. 加强领导班子建设，行业新风进一步弘扬。为进一步提高各级领导班子素质，适应集约经营的新要求，局党委对大中型企业领导班子进行了考核，调整充实了部分企业的领导班子。重点抓了国有企业领导干部廉洁自律，严肃查处了违法违纪案件，开展了效能监察，进一步纠正了行业不正之风。企业领导班子在加强自身建设的同时，加强了干部的培训、考核和管理，加强了营销队伍、科技队伍的培养。医药行业开展了职业道德教育、树行业新风活动。国药集团发起与50户工商企业联合向社会发出“不售假劣药品”的五项承诺；全市中药材进行了中草药知识竞赛和操作比武等活动，激发了职工敬业爱岗精神；商业零售店开展了“建设放心药店，规范服务行为”活动，向社会展示了医药行业的新面貌。在百年罕见的洪水面前，医药行业广大职工做到了生产经营和防洪抢险两不误，各单位及广大干部职工捐款、捐药价值93万元，有力地支援了灾区群众防病治病和恢复生产。全局二五普法，社会治安综合治理圆满完成目标，同时被市政府授予政府工作目标管理立功单位。

（罗方友）

【挂“绿十字” 售“放心药”】

武汉市医药经营门点从十二月起开始悬挂“市政府认可药品零售统一标志”的标牌，这是我市进一步整顿药品经营秩序，确保群众吃“放心药”采取的新举措，随着医疗体制改革和人们医疗保健知识的提高，越来越多的市民对于多发病，常见病常到药店买药治疗。零售药店出售的药品质量对人们的身体健康负有越来越重要的责任。目前我市有零售经营门点500多家，年经营额3亿多元。经过几年的整治，医药零售市场秩序不断好转。为进一步加强医药市场管理，市政府决定：武汉地区所有药品零售经营门点均应悬挂统一标志。标志为长方形灯箱，灯箱两侧以白、绿两色为底色，正中为红色与绿色菱形图案镶嵌的绿十字，“白色”表示洁净、卫生，“绿色”象征生命、健康，“绿十字”为国际通行的救死扶伤标志。药店如出现违规违法行为将收回标志。

【健民集团连续十年持续发展】

武汉健民药业（集团）股份有限公司系国家重点中药企业，是湖北省中药行业唯一的国家二级企业，是国务院经贸委确定的全国中成药小儿用药基地。工业总产值、销售收入、实现利税等三项指标连续10年逐年稳步增长。企业总资产由10年前不足400万元增至2.6亿元，净资产增长了37.5倍，利税增长了48.4倍，利润增长了43倍，各项技经指标名列国家中药行业前茅，企业先后被评为中国明星企业、全国质量效益型先进企业、全国500家最佳经济效益型先进企业、全国中药行业优秀企业等荣誉称号。目前，健民集团已发展成为拥有15家子公司，集生产、科研、经营于一体的现代化中药集团。1996年，完成工业总产值2.8亿元，销售收入2.5亿元、利税4800万元，分别比上年增长14%、17.28%和16%。该公司加快发展的主要做法：1.牢固树立全员的市场观念，不断充实、加强营销队伍建设，以质取胜，以诚取信，在新产品推广方面取得了较大突破；2.坚持深化企业改革，强化内部管理，坚持质量第一，强化成本意识，将产品成本考核作为管理工作重中之重，为企业创效益；3.加快科技开发，提高优势产品科技含量，每年科技投入占销售收入3%以上，以开发、生产市场需要的新产品和科技含量高、疗效好的名优产品；4.通过资产重组，发展壮大企业。该公司坚持一业为主，多产业发展战略，利用合资、参股、收购等方式进行资产重组，同时利用名牌效应来增加企业的无形资产，促进了集团公司的发展。

（罗方友）

湖 南 省

1996年全省医药经济运行情况基本正常，医药工业实现扭亏为盈。全年完成工业总产值（1990年不变价）20.21亿元，比1995年增长5.5%；工业销售产值16.4亿元，比1995年下降4.66%；工业产销率为84%，比1995年下降，24大类原料药产量9239吨，比1995年增长37.95%。完成医药商品总销售24.57亿元，比1995年增长9%。医药市场货源充足，需求稳步增长。

1996年全省医药工商利税为1.1亿元，其中工业利税8700万元，商业利税

2255万元。全年工商累计亏损比1995年下降10.3%，其中医药工业净利润1378万元，企业亏损面控制在24%，亏损额比1995年下降35.14%，医药工业实现扭亏为盈，完成省政府下达的扭亏增盈任务。长沙市医药行业实现全行业无亏损企业的目标。全年出口交货值为1.4亿人民币，其中已获自营出口权的4家企业出口创汇700万美元。湖南制药厂、岳阳制药有限公司、中南制药机械二厂等企业出口产品在国际市场上赢得了较好的声誉。

1996年，全省医药行业"九五"计划启动顺利，固定资产投入大幅增长。列入国家第一期"双加"和国家专项的在建项目：衡阳制药厂的水针改造、洞庭制药厂的环酸、芳酸扩产以及白云山正清制药有限公司的风痛宁改造项目完成情况良好。其中洞庭制药厂项目实施进度快，得到国家医药管理局的表扬。1996年中根据全省医药行业的实际情况对"九五"部分重点项目计划进行了调整，进一步突出了有资源优势、有技术领先水平和有市场潜力3个重点，调整项目数占总项目数的70%。国家医药管理局、国家经贸委已审查确定岳阳制药有限公司的螺旋霉素等3个项目为国家二期"双加"项目。1996年所争取的"双加"项目数是湖南省医药行业有史以来最多的一年，占全省"双加"项目总数的6.5%，全省专项贷款总额的3.6%。这将对于增强医药重点企业的发展后劲，促进医药经济结构的科学合理起到重要作用。

1996年，湖南省医药市场整顿进入攻坚阶段。全省24个中药材集贸市场，国家有关部门只批准保留邵东县廉桥、岳阳花板桥两个中药材专业市场，其余22个中药材市场必须关闭。为此，1996年12月31日湖南省委、省政府召开全省整顿中药材专业市场电视电话会议，对全省整顿工作进行再次动员和具体部署，限定1997年元月15日前，除继续保留的邵东廉桥、岳阳花板桥中药材专业市场外，其余市场实施强制性关闭。全省在开展中药材市场整顿工作的同时，还抽调5000余名专职或兼职人员组成800多个检查组对4554家药品生产、经营企业和医疗单位的药品回扣问题进行检查并督促其整章建制。全省立案197起，当年结案86起，收缴罚没108.67万元。与此同时，全年取缔无证照药品经营户596家，收缴销毁伪劣药品462.97万元，并对113家医药工业企业和543家商业批发企业进行了《药品经营企业合格证》年检。通过一系列工作，全省医药经营秩序有了一定的好转。

1996年，湖南省医药管理局首次召开全省医药科技工作会议，以医药科技"31054"工程为重点的科教兴药战略开始实施。二类新药阿克泰妥、盐酸二苯美仑、甲磺酸多沙唑嗪等7个项目的研究按阶段计划顺利完成。湖南省医药工业研究所1996年新开课题10个，投入67万元，替硝唑胶囊、阿齐霉素颗粒剂、丹曲林钠等5个课题完成生产前评审，盐酸西替利嗪、萘普生肠溶胶囊等5个课题已进入临床阶段。中药科研成果转化为生产力成效明显，全省各级药材公司与科研院所联系与合作更为密切，慈利县杜仲科研站等3个药材科研机构，也在中药材栽培技术、病虫害防治、专用化肥、烘烤加工等方面取得了很大的突破。医药产品质量管理水平不断提高。湖南制药厂的磺胺嘧啶、中南制药厂的阿斯匹林、岳阳制药有限公司单硫酸卡那霉素等8个产品通过"采标"认可。全省有9个企业的28个产品办理了出口中药产品质量注册手续，获得质量注册证书。

湖南省医药中专、医药技校教学条件改善，在校生总数已达1998人。全省有89人取得执业药师资格，10人取得执业中药师资格。

1996年，医药工商企业加快了经营机制转换步伐，各项改革成效明显。衡阳中药实业股份有限公司于1996年1月19日在深圳发行A股，使湖南省拥有了首家医药股。怀化白云山正清制药有限公司股票实现上柜交易。长沙九芝堂制药厂继兼并长沙市药材公司后又与长沙神箭制药厂联合，开创了工商兼并、强强联合的先河。湘西制药厂被湘泉集团兼并，湘江制药厂和湖南制药厂推行邯钢成本倒算法，使企业管理跨上了新的台阶。

中药材生产日益得到重视，深加工综合开发迈出了新的步伐。桂阳县农业局利用世界银行开发红壤贷款建立万亩栀子基地；桑植、龙山、永顺、凤凰等县利用长江防护林工程投资，大面积营造黄柏林；慈利县将杜仲基地由10万亩扩展到40万亩；新田县利用国家扶贫资金大力种植天麻、杜仲等。吉首市、洪江市、安化县及邵阳市等中药材集中产区已建成激素用药生产基地。益阳湘云制药厂已建成60吨双烯生产线、30吨奥氏生产线、10吨醋酸泼尼松生产线，成为目前国内配套最具规模的激素生产企业之一。

湖南省医药行业管理工作力度加强，各项协调服务、调控监督工作取得新成绩。1996年医药物价涨幅大大低于省政府下达的医药价格控制目标。第三次工业普查完成，基本摸清了行业家底。全年依法审批医疗器械广告44份，查处假冒广告1件，转报国家批准的医疗器械许可证1个，注册换证18个。

全行业精神文明建设取得新成绩。各级党的组织以“先导工程”、“先锋工程”为重点，组织干部、党员学习邓小平有中国特色社会主义理论、党的十四届五中、六中全会精神，进一步解放思想、转变观念。1996年6月在怀化召开的全省医药行业思想政治工作会议，推广了白云山正清制药有限公司企业文化建设的经验，促进了企业文化建设。在全省遭遇严重洪灾的情况下，全省医药行业紧密团结，开足马力生产抗灾防疫药品，商业企业抓好疫用药品的调拨供应，确保了用药需求。

1996年当中，全省医药行业面临的最主要的问题是医药经济结构性矛盾相当突出，在很大程度上制约了医药经济的发展，有待今后通过改革、改制、改造，对医药产业结构、企业组织结构以及医药产品结构进行大力调整，以推动全省医药经济快速健康地发展。

（张小京）

【东江维C生产线建成投产】

1996年3月17日，东江制药厂维C生产线产出第一批成品。经鉴定，产品全部达到合格标准，部分指标达到优质品标准，实现一次性投产成功。

该项目系湖南省“八五”重点项目，总投资1.3亿元，该项目的投产，填补了湖南省维生素产品的空白。

（张贺文）

【湖南省医药行业推广学习怀化白云山正清公司企业文化建设经验】

怀化白云山正清制药有限公司是1994年由怀化地区制药二厂与广州白云山企业集团公司合作组成的股份制企业，经过三年的艰苦创业，实现工业产值翻两番，成为怀化地区盈利大户。该厂取得成功的一条根本经验，就在于他们坚持以人为本，凝聚人心，提高了职工素质。把企业文化建设与经济建设融为一体，塑造了满足“上帝”需求的主体市场模式，建立科学的现代组织和规范的管理机制，营造了全方位的企业文化氛围。1996年6月16日至6月18日，在怀化召开的全省医药行业思想政治工作会上，省医药管理局要求全行业学习白云山正清制药有限公司的经验，解决好思想政治工作与经济建设、改革开放和行业特点相结合的问题，在思想工作的运行机制、工作内容、工作途径、工作方法等方面创造新的路子，以促进全省医药经济的发展。

（张贺文）

【湖南省 3 家企业进人全国 50 强】

1996 年底国家医药管理局公布的全国医药 50 强企业中有湖南省岳阳制药有限公司（即原岳阳市制药一厂）；同年底由国家中医药管理局公布的全国中药企业 50 强中，有湖南省长沙九芝堂集团有限公司和衡阳中药实业股份有限公司（即原衡阳中药厂）。

进入全国 50 强序列的企业，将在项目建设、资金、技术、出口贸易等诸多方面得到国家重点扶持和享受到有关优惠政策。

（张小京）

【湖南省开展整顿规范药品生产经营秩序工作】

针对医药生产经营秩序混乱，假劣药品泛滥等诸多问题，国务院办公厅于 1996 年 4 月下发了国办 14 号文件，在全国范围内开展整顿规范药品生产经营秩序工作。湖南省医药管理局接此文件后十分重视，主持召开局行政办公会、局直属单位工作会和部分地市县医药局长会议，学习文件，研究贯彻实施意见，并明确省医药管理局局长是全省行业第一责任人，各地市县医药局长是当地行业的第一责任人，各医药工商企业的厂长、经理是本企业的第一责任人，其责任目标是监督和保障国务院办公厅 14 号文件在本地或本单位的贯彻落实。

湖南省医药管理局在贯彻国务院办公厅 14 号文件精神时，根据全省医药行业内乱的状况，提出了制止行业内乱的“十不准”规定，对药品购销中帐外暗中回扣问题，也提出了若干处置办法。全省性的整顿规范药品生产经营秩序工作全面展开，1996 年已取得阶段性成果，医药生产经营秩序有所好转。

（张小京）

广　东　省

【概况】

1996 年全省完成医药工业总产值 125 亿元，比上年增长 13.6%；医药商业销售 97 亿元，增长 3.5%。实现工、商利税 20.2 亿元，增长 15.4%，其中，工业实现利税增长 14.1%，高出产值增长 0.5 个百分点，利润增长 13.8%，高出产值增长 0.2 个百分点。医药商业由上年全省汇总亏损 3500 万元变为盈利 3200 万元。

【集约化经营调整】

广东省医药集约化经营的调整，已完成六大医药集团的组建任务。在原广州市医药总公司所属企业基础上组建的广州医药集团有限公司，由医药工业、商业、科研、设计等 35 个单位组成，年工商销售值近 50 亿元。列入国家医药工业 50 强的省内 4 家医药集团（南方、丽珠、白云山、威达）完成医药工业产值由前年占全省医药工业产值的 29% 下降为 28%，实现利税占 39.9% 上升到 41.3%。提高 1.4 个百分点。

【名优产品显规模】

在宏观调控偏紧，组织生产资金困难的情况下，广东省不少医药企业采取压老产品，大众化产品，集中资金扩大名优产品生产而取得了规模效益。国家确认的广东省 75 个中药保护品种及国家、广东省确认的 84 个名优医药产品，去年完成产值、实现利税均达到年计划增幅近两成的要求。广州光华药业股份有限公司生产的速效伤风胶囊、佛山制药二厂生产的鼻炎康等名优产品实现利润比上年大幅度增加，一个品种就为企业创造利润近500万元。

【产品结构调整】

1996年，广东省技术含量高的医疗器械产业加快了发展，工业产值比上年增长近4成，占全省医药工业总产值由6.5%提高到7.9%，增加了1.4个百分点。一批高科技的医疗器械新产品开发投产，广东威达医疗器械公司去年实现利税大幅度增加。资源消耗大的中成药由量的追求转向质的飞跃，总产量虽然比上年下降6个百分点，产值持平，而增加值却高出产值增长20多个百分点。

【高新技术产品成为新经济增长点】

广东省医药生产经营企业增强了开发新产品意识，加快了科研成果转化为生产力，当年投产当年获利的项目增加，形成新的经济增长点。被评为1996年广东省科研进步奖的"丽珠肠乐"，投产当年创产值5772万元，实现利税1740万元。被评为1996年广东省优秀新产品的"2000高斯永磁型共振成像系统"，投产半年就完成产值1000万元，创造利税400万元。

【投资走向内涵】

1996年，广东省要求新建药厂明显减少，单纯依靠数量扩张的外延发展得到遏制，投资内涵的技改项目增加，年末医药工业企业人均拥有固定资产净值7.38万元，比上年的5.49万元增加近两万元。技术设备的更新，产品升级的步伐加快，广东省医药工业的增加值比上年增加19.6%，高出产值增长6个百分点。

【医药商业经营】

广东省国有医药商业积极探索多种经营模式，扭转了参与市场竞争的被动局面，全省医药商业由汇总亏损变为盈利。广州市药材公司、医药公司、深圳市医药生产供应总公司所属药品零售门店，采用连锁经营，销售额和实现利税大幅度增加。顺德、南海市对国有医药商业实行股份制改造，强化了内部管理，降低了经营费用，增加了国家税收和职工收入。东莞市、乐昌市医药商业经营部门，适应城区范围扩大，偏远农村交通条件改善等新情况，增加药品零售供应网点，加大地产药材收购力度，既为群众购药提供了方便、及时，又为山区资源增值，企业提高效益闯出了一条新路。

【国有企业改革】

国有企业改革是医药经济体制改革的重点，又是难点。1996年，广东省内各种类型的医药生产经营企业，进一步解放思想，敢于跳出行业、地区的局限，大胆冲出省的大门，实施存量资产重组，实行低成本扩张，大胆进行结构调整，并取得初步成效。江门制药厂成为股票上市的江门甘化集团的一名成员，资金来源扩宽，生产范围扩大，医药在社会经济的地位不仅没有削弱，反而促进了药厂向大医药的方向发展。丽珠医药集团所属的丽宝生化制药公司通过外部的强强联合，成为国内拥有生产一、二类生化新药最多的公司。南方制药厂通过收购兼并，实现低成本的扩张，目前拥有年创利润超千万元品种6个，其中皮炎平软膏一个品种的年创利润突破亿元大关。

【"九五"规划制定】

"八五"后期，广东省、市、县都着手制定"九五"计划及2010年发展规划。1996年元月召开的全省医药工作会议，省局各职能处（室）为会议提供了11份计划、规划及说明，为全省医药经济的发展提供了一个明确的发展方向、战略目标和基本思路。其中最难得的是，各级医药主管部门对一时热的项目，都能冷静论证，不急于上马，避免了广东省参与全国性的维生素C大战，减少了人力、财力、物力的损失。对一些市场前景看好的项目，敢于加温扶持，从而使广东省的生物工程制药初具规模，形成新的经济增长点。对个别难度大的项目，多方组织攻关，使传统中成药剂型增加，增创了发展新优势。

【科教兴药三开发】

1996年，广东省内的“三个开发”取得新进展。

在开发医药产品方面，1996年6月召开的全省医药科技大会出台了“科教兴药”十条措施，为加快医药产品的研制开发，提供了组织、人才、资金等方面的保证。1996年全省通过总结、鉴定的新产品项目有47个，医疗器械高技术含量的产品占67%。

在开发医药地域方面，截至1996年年底，21个地级市都能发挥本地资源优势，建立了自已的药厂，这些后建的医药生产企业起点高、竞争力强，清远华能制药有限公司生产头孢氨苄异型白片的生物利用度高，产品供不应求，1996年完成年产值3000多万元，创利税500多万元。

在开发医药基地方面，由于各方面的共同努力，国家设在广东省内的两个医药基地（中心）筹建进展顺利。1996年5月，筹建三年的国家医疗保健器具中心通过了国家专家组的验收，国家科委已正式行文确认，现已全面开展运作，已有20多项科研成果通过“中心”的“孵化设施”转化为生产力。中心所属的佛山医疗器械生产基地，去年完成销售额3090万元，比上年增长40.5%，实现利润102万元，增长47.8%。中山国家健康科技产业基地，在完成起步区两平方公里三通一平的基础上，已有两家投资亿元以上的高科技企业在基地破土建厂，招商签约八个项目也从1997年开始全面施工。

【药品市场管理与监督】

为确保广东省医药经济的有效增长，结合贯彻落实国务院下发两个关于加强药品管理工作的文件（国发〔1994〕53号、国办发〔1996〕14号），各地重视抓市场工作，并针对产品进入市场的各个环节，采取多种有效措施，提高了“广药”的市场竞争力。

不断提高干部职工的质量意识，进一步完善质量监控体系，加大了购置质量检测仪器的投入，以优质产品进入市场取胜。1996年前三个季度全省产品质量等级品率达85.7%，比上年同期增加0.15个百分点；产品质量损失率为0.24%，比上年减少0.04个百分点。

根据医药产品的特殊性，省内企业产品的广告宣传逐步转向产品介绍会、质量征询会、委托总代理、总经销等，推销产品的针对性增强，节约了一批大众化的广告费开支，增加了产品进入市场的效益。

贯彻落实国办发14号文、粤府办43号文，广东省做了大量工作，查处了药品购销活动中的回扣行为，全面整顿了清平、普宁两个中药材专业市场，首批获得了国家的验收审批发证，关闭了13个未经批准兴办的药品集贸市场，进一步规范中药材专业市场经营行为。

1996年制定了《药品生产经营合格证督查办法》、《广东省医疗器械管理办法实施细则》，培训了一批药品合格证督查员、医疗器械监督员，并多次单独或配合有关部门对无证或证照不全生产经营药品、医疗器械的单位、个人进行检查和处罚，仅医疗器械方面就查处了4家非法生产企业，罚没款达300多万元，维护了合法企业的生产经营利益，又为企业提供一个平等竞争的外部环境。

【医药管理体制改革】

继广东省医药局进入政府编制序列后，省属21个地级市进一步完善了医药管理体制，多数地级市医药管理局进入政府编制序列。“三定”过程中，吸收一批年纪轻、懂专业、善管理的人员充实到各级医药管理队伍。

【职工培训工作】

积极开展多形式、多层次的培训，共有5.5万人次参加了各种培训，全员培训率达55%，其中岗位培训1万人；继续教育1万人，大中专（技校）学历教育5000人，职业技能考核1.5万人，其他短期培训1.5万人，广东省医药行业用于职工教育经费达600万元，为行业输送了大中专（技校）毕业生1000人。目前，广东省医药行业专业技术人员有34627人，比上年增加一成多，取得执业药师资格424人，执业中药师资格20人，较好地保证了行业经济发展的人才和技术的需求。

【抗灾急救供应】

1996年10号、15号、18号强台风袭击粤东、粤西，给当地工农业生产带来严重的破坏，广东省医药管理局除下发《关于认真做好抗灾急救防病药械供应工作的紧急通知》，组织工作组到现场指导救灾外，同时根据广东省委、省政府的要求，组织了行业对口支援粤东、粤西医药行业救灾复产活动，共筹集捐款52万元，捐药折款81万元，其中广州市捐款20万元，捐药折款25万元。已及时分发给受灾地区。

【存在的问题】

一是地区发展不平衡仍然存在。全省医药经济的增长和税利的增长，集中在珠江三角地区，东西两翼和北部山区的亏损企业和亏损额仍处上升态势。

二是大企业的发展掩盖了一批中小企业的经营不善，搞活中小企业的办法不多，成效不够明显。

三是医药商业的改革滞后，近百亿的销售额，全省汇总盈亏相抵仅有几千万元的利润，内部漏洞很多 急待加强管理，规范医药市场管理的任务仍然十分繁重。

（广东省医药管理局办公室）

广 州 市

【概况】

1996年广州医药管辖全行业企事业单位324家，其中制药工业55家，药包材器械86家，中药饮片6家，商业批发企业128家。年末职工3.2万人，固定资产原值25.6亿元，净值19.1亿元。完成工业总产值（不变价）40.18亿元，比上年增长15.2%，年产值超亿元以上的企业有10家，工业销售产值38.87亿元，工业增加值15.5亿元，出口产品交货值2.5亿元。商业总销售额28.4亿元，增长18.79%，全行业实现利润1.9亿元，增长11.7%，其中，工业利润1.4亿元，增长16.6%，商贸及其他企业利润0.5亿元，增长0.3%，全行业利税总额4.5亿元，增长12.5%，全员劳动生产率5.3万元/人。

【行政职能改革】

一是撤销广州市医药总公司；二是组建广州市医药管理局，是广州市人民政府主管医药行业的职能部门，加强广州地区医药行业管理；三是将原经委口企业及相关企业组建广州医药集团有限公司。广州市医药管理局、广州医药集团有限公司分别于7月和10月正式进入运作，切实实行了政企职能分开。

【企业改革】

加快医药工业经济和商业经营方式的发展。全行业工业总产值首次突破40亿元的历史记录，达到“九五”发展目标的要求。探索商业连锁经营方式，广州市药材公司将国有96家药店，组成“广州采芝林药业连锁店”，广州市医药公司将国有31家药店组成“广州健民医药连锁店”，黄埔区药品公司将10家零售店组成“广州康宁药业连锁店”，这三家连锁店均实行“七个统一”。

【行业管理加强】

一是加强了质量管理监督工作，加快了药厂实现GMP和商业GSP步伐，敬修堂药业股份有限公司，潘高寿药业股份有限公司和奇星药业有限公司通过澳大利亚TGA认证。广州市医药公司通过国家GSP认证达标成为全省第一家通过国家医药管理局认证的医药商业单位。二是加强了对广州地区医药经营市场和药品零售网点的监督管理。三是组织开展对广州地区药品生产经营《合格证》督查及健全督查队伍，加大对药品经营市场执法力度；四是加强医疗器械行政监督，制订了《广州市医疗器械管理办法》，成立了广州医疗器械行业协会；五是加强了教育培训工作，举办了11期中西药营业员培训班，商业网点人员基本上实现持证上岗，10月份广州医药中专学校易地重建新校全面投入使用；六是全面加强了广州地区医药行业的信息工作、统计工作和物价工作。

【医药市场整顿新进展】

各企业认真贯彻国务院办公厅国办发(1996) 14号《关于继续整顿和规范药品生产经营秩序加强药品管理工作的通知》，分别于5月、10月召开全行业的大型会议，明确药品购销活动中的行为，整顿和规范医药市场，促进合理公平竞争。

(陈炳华)

深　圳　市

【概况】

1996年，深圳市医药工业已达87家，其中药品生产企业35家，医疗器械生产企业52家。医药批发企业82家，其中国营专业公司32家，外贸及窗口企业50家。零售药店430家。全行业固定资产净值14亿元。全行业员工9900人，各类专业技术人员2700人，占员工总数的26%。纳入统计的医药生产企业22家，销售产值38亿元，比上年增加27%。工业利润8亿元，比上年增加60%，利润增加率大于销售产值增加率。出口产值1100万美元。纳入统计的医药商业16家，销售总额11亿元，比上年增加10%。

全市医药企业在坚持科技进步方面做了不少努力，得到了上级有关部门的肯定，一批单位被鼓励办成医药工业发展的支撑点或项目样板，一批医药企业或产品获得荣誉称号或奖项。三九集团经广东省科委、广东省经委、广东省计委联合批准，成立“广东省基因工程药物研究开发中心”，是广东省首批三家省级工程技术研究开发中心之一。南方药厂通过了中国质量协会企业质量监督检验合格评审，成为全国首批获得“中国企业监督检测机构评审合格证书”的企业之一。经深圳市政府批准，三九集团和安科高技术有限公司，成立企业博士后工作分站，培养医药高级专业人员。南方制药厂获国家中医药局授予质量检测先进集体称号。深圳塑胶股份有限公司质管部获国家医药管理局授予全国医药行业质量工作先进集体称号。南方药厂产品三九胃泰被广东省经委评为“九·五”期间实施“三个一批”的名牌产品。深圳奥沃国际科技发展有限公司产品奥沃旋转式伽玛刀被国家科学技术委员会、中国科学技术协会、中国科学院、国家外国专家局联合授予全国第三届科技人才技术交流展示大会金奖。海王药业有限公司产品银可络获国家中医药管理局科技进步一等奖。一批产品获广东省医药管理局科技进步奖：南方药厂科研成果白芍总甙及胶囊剂开发、深圳联谊九天电子技术有限公司产品2000高斯永磁型磁共振成象系统、深圳太太药业有限公司产品太太口服液分别获一等奖，南方药厂产品肝达片、深圳安科高技术有限公司产品ASC-553多参数病人监护仪分别获二等奖，中坚实业（深圳）有限公司产品SPW型白细胞增长仪获三等奖。

深圳市医药企业员工发扬互助友爱精神，向全国灾区捐赠药品折款45万元，职工个人捐款6.5万元，集体捐款21万元；集体捐款助学46万元。

【顺应市场发展经营】

4月，国务院办公厅肯定江西九江、江苏镇江二市职工医疗保障制度试点工作，并决定在全国扩大试点。在这之前，全国各主要城市医疗保险机构也已经普遍采取了限制劳保药费上涨的措施。深圳医药企业对医疗制度改革作出了积极回应，运用五种方法调整产品结构，灵活经营，扩大市场占有率，取得了较好的成绩：

一是扩大基本药物产量。三九集团根据各地公费报销药品目录，调整生产品种，九个品种产量超过万箱，其中感冒灵冲剂26万箱、皮炎平软膏20万箱、三九胃泰冲剂17万箱、正天丸11万箱、壮骨关节丸7万箱，罗噻嗪、头孢噻肟钠产量也大幅度增长。海滨制药有限公司为了增强销售优势，投资500万元，新建β-内酰胺药物粉针生产线，生产适应农村需要的药品，使该厂的抗菌消炎类品种在各省市药品供应中保持占有较大份额。

二是举办产品研讨会，深入宣传。万乐药业有限公司为了扩大产品销售，承办了第三届亚洲临床肿瘤协会国际学术研讨会，向国内外专家宣传了该厂的抗癌药品。该厂产品进入了国家基本药物目录，产值达3000万元，利润300万元。海王同爱药业有限公司的金碘是全国至今为止唯一的补碘药品。该公司在华北、华东、华南分片召开防治碘缺乏症的研讨会，介绍该公司产品的优越性。该公司产品已列入3个省市的公费医疗报销目录，投产第一年，单项产品销售产值就达4000万元。万和药业有限公司在20个城市组织了氨基酸胶囊学术研讨会，该药物已被多个城市批准列入公费医疗报销目录，创产值近亿元。

三是重点促销拳头产品，保证效益增长。深圳市制药厂重点宣传联邦止咳露，在25个城市召开产品研讨会，产品被列入8个城市的公费报销目录，单项产品产值达亿元，利润900万元。深圳市中药厂重点品种洁身纯被列入3省会城市公费医疗药品目录，单项产品产值达1800万元，赢利300万元。中联制药厂重点产品仲景胃灵已列入5个城市的公费医疗报销目录，单项产品产值800多万元。南粤制药厂二个重点产品口泰和碧洁已列入2个省会城市的公费医疗报销目录，产值2000万元，利润200万元。

四是开创租赁新机制，促成新产品进入市场。各大城市开展医疗保障制度改革后，严格控制购置大型诊疗设备，为了使产品走向市场，深圳奥沃国际科技发展有限公司联合金融机构和医院，采用新的融资方式：厂家与具有优势的医院合作建立治疗中心，金融机构出资购买设备后把设备租赁给中心，租赁期一般为3至5年，租赁期内所得利润由金融机构、厂家、医院三家共享。这种联合经营模式解决了医院的资金难题，使高科技产品尽快进入市场。安科、迈瑞等公司也与使用单位采取了不同方式的合作，并加强了售后服务，使销售额继续增长。

五是继续开拓保健品市场。随着人群保健意识的提高，一些独特品种继续保持较好销售势头。太太药业有限公司、日宝来福磁性用品有限公司产值均达3亿元。

【结构调整与资产重组】

在深圳市二次创业的进军声中，三九集团与医药生产供应总公司围绕国有资产保值增值、创名牌、创建大型集团的目标，反复论证改革方案和发展规划，调整产业和产品结构，实行资产重组、集约经营。

深圳市医药生产供应总公司1996年实现工商总销12亿元，比上年同期增长50%；工业总产值3亿元，比上年同期增长139%，实现利润3400万元，实现扭亏为盈。深圳市医药生产供应总公司扭亏为盈的具体做法有三条：

一是盘活存量资产。该公司首先对11家经营无方、产品无出路的小型企业采取了关、停、并、转等措施，盘活存量资产到优势企业，扶持重点企业发展优势品种，上规模，扩大市场占有率。该公司属下有7家大企业利润增长速度超过50%，使总公司整体效益大大提高。

二是加大工业投资。该公司确定医药工业为主导产业，由多种渠道争取到资金，基本上都投向医药工业，共计投入流动资金1500万元，技术改造资金900万元，巩固了医药工业。

三是推行统购分销。该公司一改过去下属各企业分头进货，竞相向客户让利的弊病，将18家商业公司的采购权集中到总公司采购供应部，实行统一购进。同时成立零售连锁公司，将原分设在各公司属下的药店集中经营。

以南方药厂为主体的三九集团利用名牌优势和生产优势，开展结构调整和资产经营，在组建大集团进程中创造了辉煌业绩，由创业时的500万元起家，发展至现在的总资产54亿，其中国有固定资产10.5亿元；累计向国家交税3.17亿元，向军队上交利润3.2亿元。三九集团的资产经营经验：

一、债权变股权。三九集团把被拖欠的货款当作投资，再注入适当的资金收购或兼并这些公司，盘活了呆滞的存量资产，加强了药厂的销售网络建设。到1996年底止，三九集团在8个城市投资控股了部分医药公司，在华东、华南地区建立起有效率的销售网络。

二、结构调整与资本扩张相结合。三九集团在扩大规模形成集约经营的过程中，把产品结构调整和盘活社会上存量资产紧密地结合起来。它兼并收购的企业都起到了加强生产薄弱环节、填补品种空白的作用。三九集团兼并成立的九惠制药厂成为南方药厂中药中间体的生产基地。三九集团收购雅安药厂，增添了中药肌注及静脉针剂和中药大输液品种，充实了集团发展中药制剂长远目标的项目。此外，三九集团利用名牌、管理机制、科技专利、营销网络、市场信誉等无形资产吸引社会上的合作者，盘活社会上的存量资产，跨出医药行业，创建其他产业。

【医药市场整顿】

4月，国务院办公厅发出《转发〈关于深入开展打击生产和经销假冒伪劣商品违法行为意见〉的通知》及《关于继续整顿和规范药品生产经营秩序、加强药品管理工作的通知》二个文件，深圳市政府即时宣传贯彻，并结合市人大和市政协有关整顿医疗秩序和医药市场的议案，成立了有医药、卫生、工商、公安、质量监督等部门参加的领导小组，组织层层实施。清理整顿工作历时5个月，检查医疗机构1880家，检查药品生产企业28家，检查药品批发企业60家，检查零售药店近400家，检查医疗器械企业50家。深圳市医药管理办公室还及时地制订下发了《零售药店经营规范》，使零售药店经营有规矩可循。

这次清理整顿工作，组织落实，计划周详，步调一致，查处认真，收效显著。整顿后的深圳市医药市场呈现出较为规范的新面貌：一、诊所以药代医现象基本扭转。大多数诊所按要求把药品条柜封闭起来；有的改为内部药房，凭处方发药。诊所零售药品现象大为减少。二、五家无证生产药品、医疗器械企业被查封，无证生产药品、医疗器械现象已经制止。三、国营药店的形象已经树立，连锁经营药店发展壮大。四、零售药店营业人员法律观念大大加强，踊跃参加中西药营业员培训班。本年度办培训班5个，受训学员400人，是上年度的5倍。

【连锁药店推行】

中联广深医药有限公司和深圳市医药公司的连锁药店迅速扩展。这两家公司的连锁药店基本上采用了统一购进、统一验收、统一配送、统一定价、统一核算的经营方式，并制订了质量管理制度、财务及商品流转管理等项制度；服务质量好，赢得了市民的信赖，取得了显著的经济效益。前一公司建成连锁药店7家（含改造3家），零售面积550m²，比上年增加1.5倍；零售额1110万元，比上年增加11倍，营业额的增加倍数是面积增加倍数的7倍。后一公司建成连锁药店3家（含改造1家），连锁经营面积357m²，新增零售额近1000万元。

（李学松）

广西壮族自治区

【概况】

广西医药工业分为化学药品、中成药、医疗器械医药包装、中药饮片等5个门类。1996年共有企业156家，列入1996年统计口径117家，其中独立核算企业108家，大型二类企业5家，中型企业12家，其他为小型企业。按经济性质分，国有经济企业71家，集体经济企业32家，股份制经济企业4家，三资经济企业9家，其他经济企业1家。1996年医药工业企业主要经济指标：年未职工总数27385人，固定资产原值135379万元，净值104569万元，资产负债率65.7%。全年完成工业总产值23.57亿元（现价），按1990年不变价为25.40亿元，比上年增长12.34%；工业增加值8.88亿元，产品销售收入19.04亿元，实现利税2.52亿元，其中利润9671万元；亏损企业46家，亏损金额3802万元。

主要产品产量　全年生产化学原料药和中间体1327.81吨，其中二十四大类原料药生产15大类32个品种581.69吨。五大类制剂产量，抗生素分装8581万瓶，针剂1.39亿支，片剂79.77亿片，大输液2059万瓶，胶囊5.7亿粒。医疗器械主要品种产量，生化分析专用试剂带2636.88万条，一次性输液器148万套，中成药产量共生产11个剂型3.07万吨，其中片剂9498吨，冲剂7103吨，糖浆4775吨，口服液1633吨，蜜丸1461吨。

出口交货　全年出口交货值13853万元，比上年增长27.88%。其中化学药品工业7175万元，中成药工业6636万元，中药饮片工业42万元。1996年出口主要品种是抗寄生虫病药左旋咪唑138.25吨，比上年增长72.06%，青蒿琥酯11公斤，这是该品种获得新药证书后首次获准出口的原料药。

质量科技　1996年广西医药工业企业贯彻执行《药品管理法》、《产品质量法》、《标准化法》、《计量法》等有关法规，积极推行GMP，开展创名优产品活动，推行全面质量管理，提高产品质量。三金牌三金片，玉林牌湿毒清胶囊等2个产品获广西经贸委授予的广西名牌产品；三金牌桂林西瓜霜、罗汉松牌胃友双层片、天和牌天和骨通贴膏等11个产品获广西经贸委授予的广西优质产品。在开展群众性质量管理活动中，桂林三金药业集团公司机器猫等10个QC小组被评为广西医药局优秀QC小组。桂林天和制药厂创可贴等2个QC小组被评为国家医药管理局优秀QC小组。

科技兴药战略开始实施，全年新产品产值完成5.95亿元，比上年增长68.08%，1996年新产品产值率为25.47%，比上年增加9个百分点。1996年通过医药新产品科技成果鉴定的有蛤蚧定喘胶囊等6个项目；天和骨通贴膏等6个项目获广西新产品开发优秀成果奖；阿斯匹林肠溶片等9项获广西医药科技进步奖；玉叶解毒冲剂等3项获广西科技进步奖。

医药工业经济运行特点　1996年医药工业发展速度为12.34%，比"八五"期间医药平均增长速度低16个百分点，但根据1996年医药经济指标分析，1996年医药经济运行的质量有所提高：①效益增长高于产值增长，1996年医药利润总额比上年增长43.44%，高于产值增长21个百分点。②产品结构得到进一步调整，新产品产值率比上年增加9个百分点，高附加值剂型抗生素分装，大输液，胶囊剂等分别比上年增长25.17%，67%，50.17%。③医药产值和利润总额在全国排位分别上升到第15位、第14位。

存在问题　①扭亏增盈任务艰巨，亏损企业达46家，亏损金额增3802万元。②企业资金短缺，影响生产经营正常运行，1996年产成品资金增加3627万元，应收帐款增加9639万元，以上二项比1995年多占用资金13282万元。③产品库存仍然偏高，1996年末产品资金39216万元，比上年同期上升12.2%。④企业费用增加，内部管理仍待加强，1996年销售收入比上年增加8.41%，而销售费用、管理费用、财务费用分别比上年增长28.4%、15.77%、24.52%。

广西医药国内贸易分药品、医疗器械、玻璃仪器、化学试剂、中成药、中药材等六大类，1996年医药批发企业395家，其中自治区医药管理局直属二级医药批发企业13家，零售药店5000家，年末职工人数1.36万人，固定资产原值4.47亿元，净值3.47亿元。1996年经营实绩：商品销售总额17.87亿元（不含税），比上年下降3.15%，商品流通费用2.798亿元（费用率15.65%），比上年上升0.32%，商品销售税金4660万元，利润总额419万元，比上年下降69.78%。1996年独立核算亏损户数102家，比上年增加52家，亏损额1027万元，同比增加35.49%。

医药商品六大类购销总额　1996年药品类购进81983万元，销售100492万元，医疗器械类购进6641万元，销售8279万元，化学试剂类购进1710万元，销售2225万元，玻璃仪器类购进740万元，销售944万元，中成药类购进50480万元，销售61169万元，中药材类购进13374万元，销售18986万元（以上为统计口径，含税）。

医药贸易业年销售额超亿元单位有南宁市医药总公司、柳州市医药总公司、桂林医药站，比上年少三个单位。

医药贸易经济运行特点：①广西医药贸

易在“百业经药，无序竞争”及不正当竞争的影响下，使国有医药贸易受到制约，1996年全区医药商品销售总额同比下降3.15%，费用水平比上年增加0.54个百分点。②1996年医药贸易业资产负债率为69.30%，同比下降3.18%，有所好转，但应付帐款比应收帐款高9435万元，坐支外单位货款严重。③期末库存42820万元，相当于当年销售水平的2.87个月，比上年减少0.16个月，但总体上还存在库存结构不合理，畅销品种缺货、长线品种有积压。④由于增值税纳税程序新规定，必须先付货款后才能抵扣，因此1996年已交增值税大于应交增值税723万元，相应减少利润723万元，另外因为费用率上升减少利润965万元，使1996年医药贸易业利润下降79.78%。

【结晶山梨醇装置投产】

广西南宁化学制药厂200吨/年结晶山梨醇装置建成投产。该项目是广西区科委1995年下达的重点科研项目，由南宁木薯技术开发中心承担，下属南宁市化学制药厂实施，投资120万元，建成两条年产各100吨的结晶山梨醇生产线，其中一条为食品级硬质结晶山梨醇生产线，一条为药用结晶山梨醇生产线。前者质量指标达到广西区技术监督局批准的企业质量标准，经差示扫描量热分析，其大部分为γ晶型，质量与法国ROQUETTE公司产品相近。后者经差示扫描量热分析，含有γ晶型和δ晶型，其他质量指标符合中国药典95版标准，并获得了广西区卫生厅批准的生产批文号，专为药厂生产大输液配套。该项目于1996年10月通过了广西区科委鉴定，认为食品级山梨醇质量与国外同类产品相近，属国内首创。药品级山梨醇生产工艺水平属国内领先。该项目二个产品投产后，可替代进口，年节汇、创汇60万美元。

【桂林第三制药厂生产创历史最好水平】

桂林第三制药厂1996年完成工业产值1.04亿元（现价），按1990年不变价完成1.25亿元，比上年增长172%，销售收入完成9133万元，比上年增长113%。利润总额完成4028万元，比上年增长395%，该厂利润总额占全区医药工业利润总额41.65%，居广西医药工业首位，一跃成为广西医药工业的利税大户。该企业生产大幅度增长，主要是其拳头产品阿维菌素产量增加，1996年完成3吨，比上年增长200%。

【玉林药厂改革包装】

1996年玉林药厂强化防伪力度，致力改革药品包装，全厂产值和销售收入实现双过亿，创历史最好水平，仅“湿毒清胶囊”和“鸡骨草丸”二个产品年销售量分别达到5万箱和3.8万箱，分别比上年增长31.6%和35.7%。该厂在内包装方面进行了三方面改革：①把普通瓶盖改为防盗瓶盖，只能一次使用。②在空心胶囊上分别印上“玉药”字样和“玉林牌”商标图案，便于识别真假。③“正骨水”采用喷雾型和摩擦型两种档次高、使用方便的新包装。外包装注重印刷工作，凸版印刷改为胶版印刷，并采用特殊油墨印刷，在紫外线照射下，不同角度显示出多种色彩及标记；出口包装采用激光环彩封口标记；对湿毒清胶囊、鸡骨草丸等七个特色品种申请了“外观设计”专利，增强了防伪力度。

【GM-509系列监护仪研制成功】

由广西医疗器械研究所研制的GM-509监护仪于1996年11月由广西区医药管理局注册批准上市。该仪器以心电、血压、体温、血氧、电源、数据显示、液晶图像显示、心电控制、示控、数据通讯等模块为基本单元，作成积木式结构，根据不同要求，插入相应模块，组成GM-509A、B、C、D型监护仪。仪器能进行血压、脉率、心电、体温、血氧饱和度监护，同时显示趋势图。适用于医疗单位的急诊，内外科危重病员的监护之用。

【桂林医药站调整商品库存结构创效益】

桂林医药站1996年把压缩库存、盘活资金作为当年工作重点。①实行库存商品定额管理，以商品周转来核定各部门的库存定额，高的要降下来，使期初库存3217万元压缩到期末库存2100万元，压缩了31.61%。②对各部门购进渠道作进一步明确规定，优选进货厂家和单位，不准从个人和非国有渠道及挂靠单位购进商品，强化合同制，临时补货要履行审批手续。执行好坏与奖励和效益工资挂钩。③健全业务协调会议制度，每季末由企管办根据需要组织有关部门人员参加对经营活动中出现的一些问题进行议论和协调。由于措施落实，1996年该二级站取得了较好经营效果，销售增长9.01%，毛利增长8.93%，利税实现516万元，同比增长74.92%，创历史最好水平。人均劳动效率32万元，人均利税1.96万元，存货周转同比加快21.31%。这些指标均优于全区医药贸易业平均指标。

【灵山县医药总公司做好农村药品供应】

灵山县医药总公司1996年致力于农村药品销售网点建立，逐步趋于合理，达到方便农村人民群众用药的格局。全县范围内已先后设立有21个批发点、43个零售门市部，网点固定资产达225万元，经营品种3000多个，药品供应在该县农村市场占有率达65%以上，群众用药安全率为100%，1996年销售收入2000万元，实现利税85万元，其中利润30万元。

【永福县医药公司建设放心药店】

永福县医药公司建设放心药店，对社会开展“质量、价格、服务”三承诺是突破口。他们的做法是：①认真学习、积极发动、激发全体职工搞“三承诺”的责任感和积极性。②清仓查库，弄清家底，用三个月时间对公司库存1500多个品种规格的药品质量进行认真清查、包括进货渠道、药品外观质量、生产批号、有效期，不让一粒（一味）假药从公司仓库、门店流入市场。③整章建制、加强管理、狠抓落实、坚决做到“三必须”（必须对供货单位进行资格审查，必须对购进药品质量验收，购进进口药品必须有口岸检验报告原件）“五把关”（把好进货渠道和合同关，入库验收关、在库养护关、出库复核关、售后服务和质量跟踪关）。“六不卖”（药品所含成分名称和含量与标准规定不符的不卖；国家卫生行政部门规定禁止使用的不卖；未取得批准文号的不卖；变质不能药用的不卖；污染不能药用的不卖；超过有效期不卖）④改善店客店貌，树立崭新形象。

（吴国兴）

海　南　省

【概况】

1996年，海南省医药工业企业共58家（其中正常生产及报送报表的24家），完成工业总产值12.7亿元（按90不变价计算，下同），比上年增长70.0%，占全省工业总产值的9.8%，在全省工业各行业中排在第四位；工业增加值为5.8亿元，比上年增长190%；利税完成1.5亿元，比上年增长16%，其中利润总额8115万元，比上年下降7.4%。在全国财会年报汇总评比中，医药工业总产值排在全国的21位，利税总额排在全国的17位，利润总额排在全国的15位；医药商业共260家（其中报送报表的23家），1996年完成销售收入5.2亿元，利税624万元。

海南省医药工业 1996 年产值、利税表

单位：万元

项目名称	1996 年	1995 年	同期相比增长％
工业总产值	127050	74664	70.0
占全省工业总产值(％)	9.8	6.8	增加 3 个百分点
工业增加值	58017	19372	90
销售产值(现行价)	105668	48288	118.8
产销率(％)	80.3	82	下降 1.7 个百分点
销售收入	102668	57784	77.7
利税总额	15446	13352	15.7
利润总额	8115	8762	－7.4
填报企业数	24	18	增加 6 个
亏损企业数	6	4	增加 2 个
亏损面	25	22.2	增加 2.8 个百分点

1996 年海南省主要医药产品产量表

产品名称	单位	1996 年	1995 年	增长率％
头孢氨苄胶囊	万粒	4238	2160	96.2
头孢拉定胶囊	万粒	1298	833	55.8
氨苄青霉素胶囊	万粒	8327	5137	62.1
羟氨苄青霉素胶囊	万粒	9773	4692	108.3
奥美拉唑胶囊	万粒	238	263	－9.5
快克胶囊	吨	520	298	74.5
氟康唑	万粒	95	27	251.9
特拉唑嗪片	万片	2305	78	增加 29.6 倍
羟氨苄青霉素干糖浆	万包	9143	7493	22
注射用头孢唑啉钠	万支	889	642	38.5
注射用头孢拉定	万支	486	137	254.7
噻吗灵	万支	63	44	43.2
干扰素	万支	11	未投产	
红宝太圣胶囊	万粒	1877	—	
龟鳖丸	吨	43	30	43.3
参灵丸	万瓶	45	31	45.2
肠胃康冲剂	万包	1304	2410	－46
鹿龟酒	吨	6440	6868	－6.2
鱼肝油	万瓶	440	388	13.4
保妇康栓	万粒	334	304	9.9

【主要产品产量】

1996 年，海南省医药五大制剂产品除大输液外，均有不同程度的增长，其中胶囊剂完成 6.4 亿粒，比上年增长 64％；片剂完成 2.9 亿片，比上年增长 7.4％；抗生素分装完成 1481 万支，比上年增长 37％；水针完成 156 万支，比上年增长 478％；大输液完成 448 万瓶，比上年下降 27.9％。化学原料药乙酰螺旋霉素完成 22.6 吨，比上年增长 37.8％；维生素 E 油停产，比上年减产 24 吨。

【新产品开发】

1996 年医药工业坚持以市场为导向，积极开发新产品，其中海南海药实业股份有限公司开发的国家二类新药紫杉醇注射液、头孢克洛及头孢西丁钠等 3 个产品被评为国家级新产品；海灵制药厂开发的泰得欣及伤风友口服液，海南三叶制药厂开发的青霉素 V 钾及小儿生血糖浆，海南养生堂药业有限公司开发的朵而胶囊，海南海富制药有限公司开发的再克冲剂等新产品已陆续投放市场，取得良好的经济效益和社会效益。为加快新产品开发速度，各大中型医药企业基本上都成立了新产品开发科研机构。

1996 年海南省医药新产品产值产量表

产品名称	生产厂家	产值(万元)	产量
紫杉醇注射液	海药实业股份有限公司	1843	2 万支
头孢西丁钠		—	—
泰得欣	海灵制药厂	1100	9 万支
伤风友口服液		—	—
青霉素 V 钾	三叶制药厂	1516	2659 万片
小儿血生糖浆		未投产	
朵而胶囊	养生堂药业有限公司	1974	12 吨
头孢克洛(胶囊、冲剂)	海药、海富、三叶	1244	18 万粒、53 万包
脑多泰	福林生物工程公司	—	—

【技术改造】

1996年，海南省医药工业企业加大技术改造力度，使之形成新的经济增长点。全年技术改造项目9项，总投资4.8亿元。其中海药实业股份有限公司新厂房搬迁改造项目、海灵制药厂口服液车间新建项目、海口氧气厂医用氧改造项目已竣工投产；亨新药业有限公司厂房异地改造项目进入调试阶段；三叶制药厂中药车间改造项目、养生堂药业有限公司厂房异地改造项目正在顺利进行；海富制药有限公司易地改造项目、亚洲制药厂异地改造项目、海口保税区际中药业有限公司年产150万支海脉素项目、海南诚成药业有限公司厂房新建项目正在加紧筹建。另外海药实业股份有限公司年产96万支紫杉醇注射液、新大洲药业有限公司年产120万支干扰素、海南制药厂年产200吨维生素E油及欣安生物工程制药有限公司年产2亿粒九如干泰胶囊被列入“九五”期间国家第二批“双加”工程项目计划。海南五指山制药厂鸦胆子油项目初步列入国家开发银行支持计划。

【企业改革】

1996年，海南省医药工业改革的重点是坚持“抓大放小”的原则，盘活存量资产，推进资产重组。海南制药厂是50年代建起来的国有老企业，曾经是海南省制药行业的龙头企业。随着经济体制改革的不断深入，国有企业外部环境也发生了一系列的变化，加上内部管理不善，不注重自身经营管理水平和市场竞争能力的提高，因此企业陷入困境，变成制药行业的亏损大户。为搞活该厂，海南省工业厅亲自派人同当地政府和工业部门及企业研究商量解决办法，希望通过改革来扭转企业的亏损局面，同时将情况向省、厅领导做了书面报告。省工业厅领导亲自带队到通什市帮助解决海南制药厂的改革问题，并通过省政府协调省农垦总局等有关部门支持企业改革工作。去年下半年通什市政府调整该厂的领导班子，完成招聘厂长工作。企业改制工作有待进一步研究、落实。另外还支持海南天然药业有限公司、海南亨通制药厂、海南东联工贸有限公司、中国医学科学院药用植物资源海南分所实验药厂等医药工业企业完成产权转让和资产重组工作，使这些停产企业重新焕发出生机，闲置的资产得到利用。此外，还有海南扬光药业公司、海南星岛制药厂、海南华宝制药厂、海南海虹雷允上药业有限公司的产权转让和资产重组工作正在进行中，有望1997年完成。

【质量管理与认证】

1996年，为加强出口中药产品质量管理，国家开始实行出口中药产品质量注册制度。海南海药实业股份有限公司的红宝太圣胶囊和肠胃康冲剂、海南凤凰国际药业有限公司的益智增高丸（男用、女用）、海南天夫制药有限公司的天夫膏、海南博大药业有限公司的月月安胶囊、仙草风湿胶囊和龙胆风湿胶囊等8个产品获得出口中药产品质量注册证。

1996年，医疗器械产品管理进一步完善，海南欣安生物工程制药有限公司的医用无纺纱布获得准产注册证。1996年，海南海药实业股份有限公司再次被评为全国医药工业50强企业；海南亨新药业有限公司的参灵丸通过美国FDA认证，准许进入美国市场。

【执业药师】

1996年，海南省医药工商企业共有114人参加国家医药管理局培训中心举办的执业药师考前培训和自学，其中59人参加了全国第二批执业药师资格考试，共有10人获得执业药师资格。同时，共有27名获得执业药师资格人员准许注册上岗（第一批统考合格和通过认定者40人）。（王琨）

四 川 省

【概况】

1996年,四川省共有医药工业企业244个，比1995年增加54个，职工74979个，其中工程技术人员占12.2%，年末固定资产原值39.02亿元，增长35.77%，固定资产净值27.69亿元，增长38.66%。化学制药工业113个(同期91个),职工40092个;医疗器械工业17个（同期15个)，职工8288人；中药工业（含中药饮片）79个(同期59个)，职工18342人，药用包装材料工业21个(同期14个)，职工26577人。国有经济102个；集体经济58个；中外合资企业(已投产)33个,其中独资企业2个;股份制经济企业34个。大型企业17个，中型企业25个，小型企业202个。

1996年，全省医药商业按自然网点统计有4602个，其中：批发企业949个，零售3653个。批发企业中,国有经济819个,集体经济45个，股份制经济85个；市属362个，县属331个，县以下256个。零售企业中，国有经济1065个，集体经济791个，其他经济332个;市属848个，县1140个，县以下1665人。职工总数27342人，其中：批发企业16681人，零售10661人。

【生产经营完成情况】

1996年，全省医药工业生产、销售、经济效益全面增长，实现了“九五”计划的开门红。全年实现工业总产值70.53亿元，较去年同期增长22.2%，居全国第8位。实现销售产值60亿元，较去年同期增长21.5%(详见附表1)。

附表1：

1996年四川省医药工业生产完成情况

名　称	单位	1996年实际	比1995年±%	备注
一、工业总产值(90价)		705259	22.2	
其中:化学药品工业	万元	430988	11.1	
医疗器械工业	万元	14575	29.7	
中药工业	万元	228849	43.6	
药用包装材料	万元	25999	46.7	
二、工业销售产值	万元	599964	21.5	
其中:化学药品工业	万元	326842	1.3	
医疗器械工业	万元	11407	11.9	
中药工业	万元	230839	60.9	
用药包装材料	万元	24278	116.2	
三、出口交货值	万元	60021	－31.2	
其中:化学药品工业	万元	58763	－31.0	
医疗器械工业	万元	15	－95.4	
中药工业	万元	379	－54.3	
药用包装材料	万元	—	—	
四、工业增加值	万元	279862	84.9	
其中:化学药品工业	万元	133004	80.4	
中药工业	万元	129907	94.7	
五、主要产品产量				
(一)化学原料药	吨	25997	－28.1	
其中:抗感染药类	吨	4117	－17.2	
解热镇痛类	吨	909	6.6	
维生素	吨	620	－31.7	
心血管系统类	吨	149	－11.8	
呼吸系统类	吨	53	－11.7	
消化系统类	吨	657	22.3	
(二)主要中成药产品				
销售额				
地奥心血康胶囊	亿元	4.47		
洁尔阴洗液	亿元	2.6		
风湿液	万元	7569		
心达康片	万元	1909		
三勒浆口服液	万元	7478		
脂必妥片	万元	3613		
抗病毒冲剂	万元	5053		
生脉注射液	万元	3270		

1996年，全省医药商品总购进22.91

亿元，比1995年下降5.4%。其中：从生产者购进13.22亿元，从批发贸易业购进9.60亿元。总销售38.43亿元，增加25.3%，其中：批发15.47亿元，零售22.89亿元。

全省独立核算医药商业实现商品销售收入33.32亿元，上升1.4%。商品销售净收入（扣除销售折扣及折让）33.06亿元，其中：医药（药品、医疗器械、化学试剂、玻璃仪器等）23.61亿元，中药（中药材、中成药）9.45亿元，分别较去年同期增加1.5%、4.6%和下降4.8%。全年发生经营费用2.56亿元，管理费用2.83亿元，财务费用2.03亿元，合计支出7.43亿元，增加49%，占商品销售收入的22.3%，增加0.8个百分点。盈亏相抵后，全行业亏损10804万元，亏损企业240户，亏损面52.2%。

【经济效益】

1996年，全省医药工业取得了较好的经济效益。全年实现利税74448万元，其中利润32714万元（抵亏后），分别较同期增19.5%和12.3%，有13户企业利润超千万元，其利润合计44575万元，占全省利润总额的136.3%（详见表2、表3）。

附表2：

1996年四川省医药工业主要经济效益指标完成情况

指　　标	单位	1996年	1995年
产品销售收入	万元	564379	
产销率	%	91.8	
实现利税	万元	74448	
其中利润	万元	32714	
百元固定资产净值实现利税	%	26.89	
销售利税率	%	12.4	
全员劳动生产率	元/人	37325	
资产负债率	%	63.5	

附表3：

1996年医药工业利润超千万元企业名单

企业名称	1996年实现利润(万元)
地奥制药公司	18365
四川制药股份有限公司	3004
恩威制药公司	3149
卫生部生研所药厂	2326
蜀阳制药厂	2104
华西医大制药厂	1908
泸州药业有限公司	1725
华美制药公司	1722
美大康药业公司	1235
蜀乐制药公司	1045
华联制药公司	1123
四川太极制药有限公司	5357
西南合成制药总厂	1512

【修改"九五"规划】

遵照省委、省府抓紧修改行政区域调整后"九五"发展规划的指示，四川省医药局在国家医药局和国家中医药局行业发展规划及产业政策指导下，结合四川（新四川）医药经济发展实际，对原编制的《四川省医药行业"九五"计划及2010年发展规划纲要》进行了修改。

修改后的四川省医药"九五"及2010年发展规划立足四川医药经济发展实际，提出了未来15年四川省医药经济重要发展指标：(1)2000年要重塑四川医药大省形象。医药工业总产值要完成150亿元，利税20亿元；(2)2010年，要实现"医药强省"的目标，全省医药工业产值要完成600亿元，利税90亿元；(3)在"九五"和第十、第十一个五年计划中，要充分发挥四川省中药材资源优势，和依托成都地奥制药公司、恩威制药有限公司、太极制药有限公司、泸州药业集团等重点企业，进一步加快发展四川省中药工业，逐步提高中药工业在四川医药工业的比重。到2000年，中成药工业产值占全省医药工业产值的比重由目前的32%提高48%，利税比重由56%提高到59%。

【基本建设和技术改造】

1996年四川省医药行业紧紧围绕“四川省医药‘九五’和2010年发展规划”，加快基本建设和技术改造步伐。全年完成医药工业固定资产投资2.12亿元。

总投资12153万元的四川制药股份有限公司青霉素及6-APA技改项目，1996年完成投资计划8000万元，新建冷冻站、空压工程等。

四川太极集团公司一、二期技改项目全部建成并投入使用。总投资8633万元的三期技改工程，1996年共完成投资计划4965万元，新建了三条糖浆剂生产线，改造了提取车间。

成都制药四厂70丁胺卡那霉素技改工程1996年完成投资计划2630万元，完成了结晶、层析、溶媒回收、冷冻部分工序的改造。

万县医药站综合楼搬迁工程竣工落成并投入使用。四川制药股份有限公司、川抗所制药厂、四川太极集团公司、泸州药业公司、四川天府药业股份有限公司、西南华神药业公司六个企业列入了国家二期“双加”工程。六个项目总投资3.6亿元，其中国家专贷2.59亿元。西南华神药业股份有限公司、泸州药业有限责任公司、四川太极实业集团股份有限公司、四川天府药业股份有限公司项目可行性研究报告已经国家中医药组织有关专家初审通过，并上报国家经贸委审批。四川天府药业股份有限公司项目已下达了1000万元年度投资计划。

8月，四川省经济贸易委员会分别以川经贸(1996)技改234号和川经贸(1996)技改435号文同意四川长征制药股份有限公司年产3吨依维菌素和年产30吨7—ACA头孢配套工程的立项报告。该二项目总投资15060万元。预计项目建成后，可新增销售收入4亿元，新增利税1.8亿元，创汇2210万美元。

成都地奥制药有限公司、四川制药股份有限公司、太极制药有限公司列入1996年四川省“2233”工程。

【对外经济合作】

1996年，新建中外合资企业9户，总投资3242.6万美元，其中协议引进外资1221.3万美元。截止1996年底，四川省共有医药三资企业89家，总投资16234万美元，协议引进外资7164万美元。

新批准的9户中外合资企业是：中美乐山裕恒药业有限公司、重庆莱美药业有限公司、重庆奇龙制药有限公司、四川武华药业有限责任公司、成都通联药业有限公司、四川金龙(摩耶堂)制药有限责任公司、四川(西藏)联通医保设备有限公司、四川百讯制药有限公司、成都海尔药业有限公司。

【省医药科技大会】

为进一步贯彻落实《中共中央、国务院关于加速科学技术进步的决定》和国家医药局、国家中医药局全国医药科技工作会议精神，四川省医药局组织召开了全省医药科技工作会议。会议通过了《四川省医药科技“九五”计划及2010年发展规划》、《四川省医药局关于加速医药科技进步的意见》和《四川省医药行业选拔和培养跨世纪专业技术带头人后备人员试行办法》；会议决定要全面实现“科教兴药”战略，大力解放和发展第一生产力，加速医药科技成果向现实生产力的转化，努力发展教育，培养和造就德才兼备的医药科技人才，真正把医药产业的发展转移到依靠科技进步和提高劳动者素质的轨道上来。会议提出今后10年到15年四川医药科技发展目标：

科技进步对医药经济增长的贡献率2000年达到40%以上，2010年达到50%以上；

新产品产值占医药工业比重2000年达

25%,2010 年达 30%;

科技人员占职工总数的比例 2000 年达到 25%,2010 年达到 30%;

全员劳动生产率 2000 年达到 12 万元/人,2010 年达到 24 万元/人。

【科技及新产品】

1996 年,四川省医药行业获得各类科技扶持发展资金 1044 万元。超声聚焦抗早孕和抗肿瘤治疗仪列入国家科委"九五"科技攻关项目;抗肿瘤药紫杉醇和治疗风湿关节炎药普来定胶囊列入国家重点新产品开发项目;另有 16 个项目列为四川省重点新产品开发项目。

7 个医药科技项目获四川省科技进步奖。其中四川联大生物活性羟基磷灰石涂层材料及陶瓷修复体研究和重庆医药工业研究所的氟康唑研究获一等奖;埋植式给药装置研究获二等奖;加酶抗感冒药——力克舒研究开发、熊胆舒喉片、沙棘黄酮及心达康片工艺技术研究开发应用、四环素全程无油发酵及百乐来片等 5 项研究获三等奖。

【质量管理】

为大力推行药品生产质量管理规范,提高药品生产企业质量管理水平。四川省医药管理局制订了《四川省药品生产企业质检机构等级认证管理办法》。123 家药品生产企业质检机构通过了等级认证。其中成都地奥制药公司、四川制药股份有限公司、乐山第二制药厂、四川裕利来福制药有限公司、内江制药厂、长征制药股份有限公司、美大康药业有限公司、东方制药股份有限公司、雅安三九药业有限公司等 9 个企业质检机构获 A 级证书。

青霉素系列产品、地奥心血康、枕中健脑液、洁尔阴洗液、扑炎痛片、500ml 玻璃瓶输液瓶、庆大霉素、B 超 CX 系列等 8 个产品列为四川省名牌产品;丁胺卡那霉素、洁尔阴洗液、青霉素系列产品、氨基酸输液、地奥心血康、头孢噻肟钠等 6 个产品列为四川省"一、三、五"名牌发展战略计划品种。

为了加强医疗器械产品行政监督管理工作,四川省医药行业组建了"四川省医疗器械产品质量监督检测中心"。1996 年共审查注册医疗器械产品 49 个,其中一类产品 13 个,二类产品 19 个,三类产品 17 个。

【医药价格管理】

1996 年 10 月,《四川省中成药价格管理暂行办法》出台。该《暂行办法》对中成药价格管理原则和管理权限、作价原则和作价办法、医疗单位自制中成药价格、价格管理和监督检查等都做了相应规定。该《暂行办法》随文附发的四川省省管中成药价格品种共 66 个。自 1996 年 11 月 15 日起正式施行。

【职业教育和培训】

1996 年,四川省医药行业依托成都中医药大学和四川省医药学校组建了执业中药师培训中心。"培训中心"办公室设在四川省医药局教育处。全省有 200 多人参加了执业药师、执业中药师的培训,624 人参加了执业药师、执业中药师的资格考试。到 1996 年底,共有 273 人取得执业药师、执业中药师资格。

根据"劳动法"和"职业教育法"规定,一些行业的部分工种必须持证上岗。1996 年四川省医药行业结合本行业特点,着重对新建药品生产企业的工人、中西药营业员进行了上岗培训。共举办培训班 10 多期,532 人经考核合格领取了岗位培训证。

为加强对技术工人的培训,四川省医药行业组建了"四川省医药技工学校"。全年共培训、考核了技术工人 2000 余人。

【扭亏增盈】

阿坝藏族自治州制药厂是四川省委、省政府确定的 23 户解困重点企业之一。1996 年在省级有关部门支持,帮助下,该企业加强内部管理和产品促销工作，经济效益明显提高，提前两年实现扭亏增盈解困目标。1996年共完成工业产值2592万元，较1995年增长25%；实现销售收入1889万元，较1995年增长53%，弥补潜亏34万元后实现净利润180.2万元，是1995年的5.3倍。

【医药市场整顿】

四川省人民政府办公厅以川办发〔1996〕98号文发出“贯彻国务院办公厅关于继续整顿和规范药品生产经营秩序，加强药品管理工作的通知”。通知要求要充分认识加强药品管理工作的重要性；增强执法力度，依法整顿、规范药品生产经营秩序；要认真清理整顿现有药品品种，加强药品品种的审批管理；切实加强农村药品管理及药品网点建设，确保农村用药供应。各级医药管理部门在当地政府领导下，积极与有关部门密切配合，进行了认真贯彻落实。取缔了非法经营活动，严厉打击了制售假劣药品的违法行为。全年共依法取缔32000多户“无证”或证、照不全的经营点，捣毁制售假劣药品的地下黑窝点15个；查处假劣药品150多万元。

为进一步整顿和规范医药市场，10月30日李蒙副省长主持召开了由成都、内江、南充、达川四地市市长、专员、秘书长和省级有关部门领导参加的四川省加强药品管理工作领导小组办公会议，会议要求在11月30日前关闭非法药品集贸市场和未经批准的中药材专业市场。成都市人民政府及时做出了统一认识、顾全大局，将荷花池、五块石两个中药材市场合并搬迁的决定。由于统一思想，工作进展较顺利。11月底圆满完成了经营场地搬迁合并的任务，12月底正式通过了国家验收。

按照四川省人民政府关于建立四川省突发事件急救用药械储备金制度的要求，四川省医药行业制订了“急救药械储备金使用管理办法”和“急救用药械储备暂行管理办法”，明确了代储备单位四川省医药公司、成都市医药公司急救药用械的代购、代储、代运的责任和义务，规定了储备商品购进价格的申报办法和组织安排调运急救用药械的程序。

【急救供应】

6月29日，简阳市禾丰镇永兴鞭炮厂发生特大爆炸事故。四川省医药局徐宽宁局长带队专程前往简阳市人民医院看望慰问住院伤员和参加急救的医护人员，并派四川省医药公司、成都市医药公司送去价值4.6万元的急救药械，使伤员得到了及时救治。

【大事记】

1月26日，四川省委书记谢世杰同志视察了成都制药二厂。

3月28日，国家医药局郑筱萸局长考核四川。先后考察了成都、内江、乐山等地的医药工商企业，并题词勉励四川医药：加强管理，发挥优势，为中西部医药经济发展再创辉煌。

4月9日，中共四川省委副书记秦玉琴视察了四川长征制药股份有限公司，对该公司“八五”期间取得的成就给予了积极评价，并勉励公司员工要抓住机遇，加快发展。

国家天然药物工程技术研究中心在成都成立。该“中心”前期投入2000万元，是目前国内唯一的国家级天然药物工程技术研究中心。该“中心”将依托成都生物研究所和成都地奥制药公司的科技实力和工程技术力量，办成科技一流、技术集中、设备先进、工程配套，能与国际制药工程技术接轨的高新技术研究中心。

国家计委、国家科委把养麝列入《中国21世纪议程》优先项目计划。四川省养麝研究所根据这一计划编制了“养麝十年发展规划”并通过了中国科学院动物研究所、四川联合大学等五所科研和教育单位的专家论证。

四川省医药工业评出15强。通过对企业销售收入、实现利税、实现利润三项指标进行综合评价排序，全省医药工业评出15强。它们是：(按得分高低排列)成都地奥制药公司、四川制药股份有限公司、恩威制药公司、成都生物研究所制药厂、蜀阳制药厂、华西医科大学制药厂、泸州药业有限公司、长征制药股份有限公司、华美制药公司、蜀乐制药股份有限公司、美大康制药有限公司、成都制药二厂、华联制药公司、光大制药有限公司和奇力制药有限公司。

为庆祝中国共产党建党75周年，活跃职工文化生活，推动两个文明建设健康发展，6月3～7日，四川省医药管理局在成都隆重举办了"四川省医药行业庆祝建党75周年《蜀乐杯》优秀歌曲大赛"。

(周亚莉)

成 都 市

【概况】

1996年，成都市医药行业完成工业总产值26亿元，比上年同期增长22%，其中市属企业完成9.3亿元，比上年增长23%；实现利税4.8亿元，比上年增长40%，其中市属企业实现利税8254万元，亏损为489万元，盈亏相抵盈利7765万元，比上年增长4.4%；医药工业出口值完成2.2亿元。二十四大类原料药完成2603吨。

全行业商业完成总销售8.8亿元，比上年增长6%，其中市属商业完成6亿元，比上年增长10%；商业亏损为2776万元，其中市属企业亏损为1852万元，完成了减亏目标。

1996年产值上亿元，利税过千万的企业有：

企业名称	产值（亿元）	利税（万元）
中科院成都地奥制药公司	4.5	23945
四川制药股份有限公司	3.4	3876
成都制药四厂	3.1	618
成都恩威制药有限公司	2.1	2323
卫生部成都生物制品研究所	1.7	4229
成都药业有限责任公司	1.3	1607
成都蜀阳制药厂	0.85	3982
华西医大制药厂	1.06	3075
成都康弘制药有限公司	1.1	1400
四川光大制药有限公司	0.48	1366

1996年销售上亿元，利税过百万的企业有：

企业名称	销售（亿元）	利税（万元）
成都市医药公司	2.5	544
成都市金牛区医药总公司	1.3	722

【调整结构、推进经济体制转轨】

1996年，成都市医药局在产业结构、产品结构和企业组织结构调整方面做了大量工作。

在产业结构调整方面，成都市医药局从搞好整个成都医药经济的大局出发，改变以往只注意抓市属企业工作的作法，按照"择优扶强"的原则，在全行业上百个企业中筛选出10户医药企业的"带头羊"进行重点调度和扶持。全年，这10户企业的产值占全行业产值的71%，利税占全行业利税的96%。

在产品结构调整方面，成都市医药局以市场为导向，从上千个产品中筛选出10个市场占有率高、科技含量高、附加值高、效益高的支柱产品和拳头产品，开足马力生产。

在企业组织结构调整方面，1996年，成都市医药局继续在四川制药股份有限公司和成都制药二厂进行了建立现代企业制度的试点工作。四川制药股份有限公司根据市政府办公厅转发的市体改委、市工商局、市国资局《关于依照〈中华人民共和国公司法〉对原股份有限公司和有限责任公司进行规范报告的通知》(成办发〔1996〕10号)精神，在"股份公司章程""股本结构""法人治理机构"方面进行了规范。该公司股票已于12月6日在上海证券交易所上市。成都制药二厂严格按照成办发〔1996〕10号文的精神组建成国有独资公司，更名为成都药业有限责任公司，该公司于12月18日正式成立。1996年，四川制药股份有限公司产值增长5%，实现利税3876万元，成都药业有限责任公司产值增长14%，利税增长31%。彭州市医药局将该市的医药公司和中药材公司、成都亨达制药厂组成集团公司，实现了集约化经营，增强了在市场上的竞争能力，1996年实现税利400余万元。

1996年，成都市医药局还按照"抓大放小"的原则，除了抓好大企业的工作外，还对小企业采取多种灵活的方式加大改革力度。如按照市政府要求，对成都制药五厂进行了小型企业改革的试点工作，该厂组建股份合作制方案已报市上基本通过；完成了通德公司对成都制药三厂的兼并。目前，成都制药三厂的生产经营发展正逐步趋于正常。1996年完成产值1309万元，比上年同期增长33%，实现利税275万元。成都制药四厂收购成都丝厂的方案已报市上通过，现正在实施中。成都制药六厂、十二厂、兰氏制药公司等企业，因负债过重，在当地政府的支持下，都实行了转让，重新输入资金，重新起步。成都海润制药厂同香港芬丝投资有限公司、中华医学会、四川蜀达投资咨询服务有限公司合资，组建成四川华西协和制药有限公司，共投资6000万元，使该企业获得发展的机会。

【科技进步和职工教育】

在技改方面，成都市医药局继续抓了四川制药股份有限公司的青霉素、6APA技改"双加"工程和成都制药四厂的年新增50吨丁胺卡那霉素技改工程。6APA技改工程现已完成土建80%以上的工作量，部分设备已到位，车间空压站已安装完工。年新增50吨丁胺卡那霉素技改工程，银行资金已到位，完成了结晶、层析、溶媒回收、冷冻部分改装。另外，四川光大制药有限公司、四川华美制药有限公司、成都制药三厂、成都中汇制药有限公司的技改工程也在进行之中。全行业在建项目9个，总投资39536万元，现已实现13200万元。项目建成后，将新增产值15个亿，新增利税3亿元。

在科研方面，1996年医药企业共开发新产品(包括移植产品)26个，投产16个，已完成市政府下达的目标任务。四川联大研制的埋植式给药装置已完成年计划进度。1996年我们还加大了技术经济指标的考核力度，扩大了考核范围，考核企业由8个增加到16个，考核品种由38个增加到50个，考核指标由127项增加到153项。

在职工教育方面，全行业全员培训目标任务数3864人，占全行业职工总数的24.3%。1996年已完成了全员培训目标任务3975人，占全行业任务数的100.3%，其中干部岗位培训262人，工人岗位培训589人，工人等级技术培训411人，适应性培训2207人，学历教育273人，继续教育233人。

【"学邯钢""创四好"，加强企业管理】

今年，成都市医药局在加大企业改革力度的同时，深入开展"学邯钢""创四好"的活动，进一步加强企业管理工作。

四川制药股份有限公司、成都药业有限责任公司在去年获得首批"四好企业"的基础上，1996年订出了新的创建目标，努力提高创建工作的质量和水平，力争巩固和扩大创建成果，实现“四好企业”的“二连冠”。四川光大制药有限公司、成都市医药公司是1996年争创的企业，他们正严格按照《成都市创“四好企业”考评细则》要求，扎扎实实地开展创建工作，力争年终通过考评，达到“四好企业”标准。

局组织四川制药股份有限公司、成都地奥制药公司、成都药业有限责任公司、成都中药厂、成都制药一厂、四厂的领导参加市上举办的全市100户学邯钢培训班。医药各企业加强了学邯钢的组织领导，成立了学邯钢领导小组，加强了学邯钢的宣传力度，各单位用厂报、板报、广播、闭路电视，进行宣传邯钢经验，为职工购买邯钢经验介绍一书，组织职工学习。在学习基础上，结合企业实际开展了试点工作。川药有二十个班试点。成都药业有限责任公司在两个主要生产车间试点。他们在试点单位都下达了成本指标，这样做都取得了好的效果。中科院成都地奥制药公司在学邯钢、加强企业管理中，总结了从企业开办以来就引入市场机制、重视市场开发的经验，把邯钢经验同企业实际结合起来，加强成本管理，取得了明显的经济效益。

在财务管理方面，在去年完成四川制药股份有限公司、成都药业有限责任公司、四川光大制药有限公司、成都中药厂、成都医药公司制定《内部财务管理办法》基础上，1996年全面完成了成都制药一厂、四厂、成都医药站、成都市中药材公司、成都中药材站、成都市医药工业公司的《内部财务管理办法》的制定工作；完成了1995年企业产权年检、登记审查、汇总工作；分解下达了企业效益、国有资产保值增值和控亏目标；组织财会人员会计电算化培训学习，培训人员400多人并全部通过考试拿到了合格证书；部署整顿会计工作秩序和学邯钢的情况，对成都药业有限责任公司、成都中药厂、四川光大制药有限公司、成都市医药公司、成都市中药材公司进行了对口重点检查，受到了检查单位的好评。

在质量管理方面，1996年主要产品质量指标计划完成率93%，质量稳定提高率93%，完成了市政府下达的质量目标；组织了行业内41名企业领导干部参加全国第二期企业领导干部质量管理和质量保证知识培训班的学习和45人参加的医药行业计量检定员复查换证培训班，举办了100余人参加的药品生产企业质检机构等级认证学习班；召开了市医药行业第十六次QC成果发表会。经评选，有11个QC小组的成果被推荐参加全国医药行业成果发表会，QC成果创经济效益410万元；组织进行全行业药品生产企业质检机构等级认证工作，对第一批60个申报企业中的48个企业的质检机构进行了等级认证审查工作，目前，已有40家通过了认证。1996年荣获全国医药行业质量工作先进集体。

在营销管理方面：全年组织医药工商企业参加了成都、西安、郑州的产品博览会，每次都得到了各企业的大力支持，特别是有的企业厂领导亲自参与，重视市场调查，产品的促销工作，得到了市上的表扬。1996年初，组织了医药工商企业参加'96成都名、优、特、新产品博展会，会上获市政府颁发金奖的产品5个、银奖产品2个、获市政府组织工作一等奖。1996年9月，'96郑州（成都）工业产品博展会，获市政府颁发的组织工作一等奖。在劳资管理方面，我们继续坚持“安全第一，预防为主，防消结合，防治结合”的方针，继续贯彻“谁主管，谁负责”的原则，狠抓安全生产工作，并开展了安全生产周和《四川省劳动安全生产法律法规知识竞赛》活动，1996年，生产经营上未发生大的事故。1996年还继续狠抓了提升设备和避雷装置的安检工作，消防和夏季防洪工作。

【整顿和规范药品生产经营秩序】

1996年4月，国务院再次发出了《关于继续整顿和规范药品生产经营秩序加强药品管理工作的通知》(国办发〔1996〕14号，以下简称《国务院办公厅通知》)，成都市医药局根据国家、省、市政府的布署，全年主要做了以下工作。第一，召开了全行业贯彻落实《国务院办公厅通知》和专项治理回扣违法行为的会议，全面安排了有关工作；第二，充实健全了各级加强药品管理领导小组和工作班子；第三，进行了专项治理回扣违法行为的自查自纠工作，自查药品金额29.55亿元，其中折扣、让利4491万元；第四，配合卫生、工商、公安、技术监督部门开展打假治劣活动5次，取缔无证经营115家。目前，贯彻落实《国务院办公厅通知》的工作已进入查处阶段，专项治理回扣违法行为的工作已告一段落。1996年成都市医药局还协同卫生、工商等部门对成都荷花池中药材市场的搬迁、合并、整顿做了大量工作。现该市场已正式通过国家验收，待批准发证。

【加强精神文明建设】

1996年，成都市医药局在精神文明建设上主要做了以下工作：

认真贯彻党的十四届六中全会、省委六届七次全委会议和市委八届八次会议精神。局召开了企业书记会议进行传达后，各企业领导班子首先带头学习“决议”，领会“决议”精神，联系实际，总结企业精神文明建设的经验和存在的问题，修定精神文明建设“九五”规划。

为了加深理解，成都药业有限责任公司、成都市医药公司等单位还请了市委党校、社科院的专家、教授进行了专题辅导。全面落实“爱国主义教育实施细则”，深入开展了以提高产品质量，搞好优质服务为重点的“爱国、爱岗、做主人”的主题教育活动。继续开展了学习先进模范人物的活动。组织企业职工参加了全省医药行业纪念建党75周年优秀歌曲大赛活动，10个企业的11名歌手参加了比赛，举办了市医药职工摄影艺术展览，参展作品100幅。在工业企业继续开展了创建文明单位活动，商业企业开展优质服务活动。工业企业继续保持荣誉，商业企业中，成都市中药材公司同仁堂、德仁堂药店和药材商场，成都市医药公司春熙药房和中心药房分别获成都市优质服务最佳和先进单位。成都市国营商业在灾情、疫情面前，充分发挥了主渠道作用，受到了省市领导的好评。如市医药公司在简阳一家鞭炮厂发生爆炸和重庆发生鼠药中毒事件时，公司经理封良益亲自指挥调集药品、器械。新都县医药局在急性肠道传染病流行时，千方百计组织药品、器械供应。1996年，还结合青年特点，组织了一次“迎接21世纪，我为‘九五’建新功”的演讲比赛。组织行业职工参加了市八运会的比赛，组织行业职工为府南河捐款32134元。

1996年，成都市医药局还在企业领导班子中继续开展了创“四好”活动；在党员中开展了交特殊党费，向府南河献爱心活动和向贫困地区送温暖活动；配合人事局，组织、指导企业进入人才市场，建立市场经济的人事管理体制，根据实际需要调控人才流向，完成人才调整交流50人，两次组织企业参与市学生供需见面会，安置大中专毕业生65名。

(李　维)

重　庆　市

【概况】

1996年是“九五”计划实施的第一年，

重庆医药工业在连续多年保持持续、稳定发展，提前两年完成“八五”计划主要目标后，遇到了前所未有的困难，导致全行业经济增长速度放慢，并第一次出现了汇总性亏损。

当年，在全行业38户企业中，共实现工业总产值（不变价）19.67亿元，同比增长8.30%。实现工业销售产值13.78亿元，同比增长7.58%，上缴税金5995万元，同比净减少990万元。造成行业亏损的主要原因：一是全国各地盲目兴建药厂，低水平重复生产，造成药品供大于求局面，各企业降价竞售，年内仅因药价跌落损失效益2490万元；二是受国家外贸政策调整影响，重庆医药一向具有的出口优势突然转化为企业的难题，企业在出口效益遭受损失的同时，又承受了因全国性医药产品出口受阻对国内市场造成的巨大冲击；三是重庆医药正处于高投入转入产出的初始阶段，“八五”期内完成固定资产投资7.16亿元，其中西南制药一厂环保迁建和合成药厂三峡搬迁投资近4亿元，企业债务负担沉重；四是医药经济结构，包括产业结构，企业组织结构，产品结构不能适应市场急剧变化的要求，缺乏有足够竞争力的拳头产品和高附加值产品，难以承受来自市场的巨大冲击。

【《重庆医药工业“九五”结构调整规划》编辑完成】

为抓住历史性发展机遇，根据重庆市委、市府提出的“一年起步，五年振兴”的发展目标和要求，重庆市医药管理局在对重庆医药进行认真分析、论证的基础上，制订了“九五”结构调整规划。“九五”规划目标为：到2000年实现工业总产值（90年不变价）60亿元，完成出口交货值（现价）15亿元，实现工业利税6亿元。重庆医药战略性调整，初步确立了六大战略：

（1）扶优扶强，组建企业集团，培植主力大企业战略。其基本思路是：组建以西南合成制药总厂为核心的化学制药集团；支持太极集团发展，探索集约化、规模化发展重庆中药工业的组织形式；以市场占有最大化为目标，组建和完善以医药股份公司为主体的医药商业集团公司。

（2）重点行业发展战略。其基本思路是：扩张化学原料药优势，强化医药制剂开发生产；壮大中药工业，使之成为重庆医药振兴的强劲支撑；加快医疗器械产品开发和产业化速度，使之成为新的经济增长点。

（3）坚持市场导向，坚持科技领先，培植产品优势，实施拳头产品、名牌产品战略。

（4）加大科技进步，提高创新能力和技术水平，实施科技兴药战略。

（5）强化市场意识，研究营销策略，改善营销手段，实施市场拓展战略。

（6）大力提高开放和提高利用好“两个市场”、“两种资源”的水平，实施对外开放战略。

【企业改革取得新成果】

1996年12月，西南合成制药总厂、重庆市前进营养食品工业公司及其双方主管部门签署兼并协议，完成了西南合成制药总厂对重庆前进营养食品工业公司部分兼并。由此，西南合成制药总厂寸滩新厂的占地面积由802亩扩大到1488亩，同年2月，重庆中药股份公司股票上市，成为第二家重庆医药的上市公司。重庆医药股份有限公司对重庆化学试剂玻璃仪器材公司和重庆医药保健器材公司整体兼并进入审批程序。重庆制药六厂推行现代企业制度进入实施阶段，部分企业在推进三项制度改革，转换经营机制上有新的进展。

【化学原料药主要产品技经指标处于国内先进水平】

1996年1月到9月，重庆生产的20个化学原料药可比产品中，有12个品种在收率、主要原料单耗、原料成本方面均位于全

国同品种前三位以内。（陈一平）

贵州省

【概况】

1996年，全省医药工业总产值完成10.83亿元，比上年增长29.42%；医药工业销售产值完成8.09亿元，比上年增长27.86%；医药商品销售收入完成4.74亿元，比上年下降1.47%；全省医药行业实现利润盈亏相抵，亏损1364万元，比上年减少亏损1434万元，减亏幅度为51.34%。

——整治药品回扣歪风。1996年5月，按照全国统一部署和要求，贵州省医药管理局会同贵州省卫生厅、贵州省监察厅、贵州省工商行政管理局等部门联合开展整治药品回扣违法行为专项治理，查出药品购销活动中折扣让利金额385.3万元，给医疗单位和个人促销费688.23万元，报销各种非正常开支32.3万元。

——"择优扶强"全面启动"135工程"。为保证贵州医药行业"九五"计划的顺利实施，贵州省医药管理局按照"抓大放小，择优扶强"的原则，在全省医药工业内筛选18户具有一定规模和实力的工业企业进入贵州省医药工业"135工程"重点企业，并对进入该工程的重点企业给予政策上的倾斜和支持。1996年18户贵州省医药工业"135工程"重点企业完成产值6.67亿元，占全省医药工业总产值的61.62%。

——实施"科技兴药"战略，加快产品结构调整。1996年，全省医药行业对强化科技意识，注重科研开发，向技术含量高的国家级新药方向迈进的意识大为增强，共研制开发引进国家级新药5项，省级保健药品10项。中信现代药业有限公司生产的"咽立爽"产品被列入国家科委火炬计划项目。贵州省中药研究所独立承担的贵州省科学技术基金项目《贵州小檗属药用植物资源调查及综合性研究》，被评为1996年贵州省科技进步三等奖。

——深化企业改革，积极推进"两个根本性转变"。安顺制药厂在确保国有资产不流失的前提下，实行了整体转让，实现了国有资产的合理重组。贵阳中药厂在深化企业改革中，推出以倡导重视患者利益为宗旨的"平民医疗计划"重塑国有企业形象。实现了扭亏为盈。

【医药工业"135"工程启动】

贵州省医药工业"135"工程于1996年初正式启动。

贵州省医药工业"135"工程即到2000年有一批工业企业的工业总产值分别达到1亿元，3亿元，5亿元以上的规模。

在贵州省医药工业"135"工程启动仪式上，贵州省医药管理局向首批进入"135"工程的18户重点企业授牌。在首批18家医药工业重点企业中，"九五"期间产值将突破30亿元以上；固定资产总投资将达6亿元人民币；新建和技术改造项目约42个，开发研制、引进新产品约70个。

为保证"135工程"的顺利实施，贵州省医药管理局就具体政策保障措施及组织保障措施等一系列具体细则邀请有关综合部门的专家进行咨询论证，并积极向省委省政府争取有关政策。

（李温洲　王英伟）

【龟龄寿保健药酒通过鉴定】

由贵州港澳龟龙保健药品有限公司生产的保健药酒"龟龄寿酒"，于1996年12月通过贵州省科委组织的科技成果鉴定。

鉴定委员会经过论证后认为，该药酒已达到国内同类保健酒行业的先进水平。

（李温洲　王英伟）

【信邦带项目拓展扶贫天地】

贵州信邦药业有限公司根据国际国内开发利用银杏叶制成治疗各种心脑血管疾病的药物，结合贵州省银杏资源的优势，把开发"银杏天宝"药品作为扶贫开发项目。利用扶贫贷款在贵州省罗甸县一些极贫乡种植银杏2400亩，育苗60多亩，使400多家贫困户受益，并救活了濒临倒闭的罗甸制药厂。该公司开发生产的"银杏天宝"1996年投放市场后，产品产值5000多万元。该公司一跃成为贵州省医药工业"135工程"重点企业，并被列为贵州省绿色产业带动项目龙头企业。

贵州信邦药业有限公司的迅速崛起，"银杏天宝"的开发成功，为贵州省罗甸县带出一项新产业，辟出一条脱贫新路。1996年11月2日，国务委员、国家扶贫开发领导小组组长陈俊生到贵州考察扶贫工作时，亲自考察了贵州信邦药业有限公司项目扶贫的情况，为信邦药业有限公司亲笔题词："扶贫兴邦、信邦兴黔"给予鼓励，吴亦侠省长并同时署名表示赞同。

（李温洲　王英伟）

【中药材生产列入支柱产业】

1996年10月，贵州省委省政府作出了大力发展绿色产业的决定。在"关于大力发展绿色产业的决定"中，确定银杏、杜仲为"九五"期间以开发中药资源的主导产品，把建设中药材生产基地作为加快发展贵州农村经济，稳定脱贫、富民兴黔的重大措施。贵州省委、省政府按照确立主导产品的不同要求，建立服务体系，多渠道解决绿色产业发展基金，省财政每年安排500万元作为启动资金，有偿滚动使用，并在理顺利益机制，实行优惠政策，创造良好的外部环境方面予以倾斜和扶持。

1996年重点启动的银杏、杜仲等8个绿色产业品种，明确杜仲、银杏的产业化建设由贵州省医药管理局和贵州省林业厅共同负责。

（李温洲　王英伟）

【洪涝灾害导致药业损失严重】

1996年6月底至7月初，贵州大部分地区连降暴雨，贵阳、铜仁、凯里等地遭受百年未遇的洪涝灾害，全省40多个县市也分别遭受不同程度的洪涝灾害。在这次洪涝灾害中，全省医药行业损失达3782万元，损失达百万元以上的企业有6户；千万元以上的企业1户，全省24户医药工商企业遭受不同程度的损失。其中思南县药用酒精厂、黄平县医药公司、贵州省医药公司、贵阳市医药公司、贵州神奇制药有限公司等工商企业损失最为严重。洪涝灾害发生后，医药行业受灾企业迅速组织职工投入抗洪抢险斗争中，在洪水中极力争取抢出尚未被洪水浸泡的药品，尽可能使损失减少到最低限度，以最快的速度开展生产自救，恢复生产，并积极投入到全省防疫用药供应准备工作中，确保防疫用药的生产供应。

（李温洲　王英伟）

【贵州医药行政机构改革方案确定】

随着贵州省行政机构改革工作的不断深入，贵州医药行政管理机构的改革方案1996年已基本确定。贵州省人民政府办公厅以黔府办〔1996〕26号文件批复了贵州省医药管理局职能配置、内设机构和人员编制方案。明确贵州省医药管理局为省政府的医药行政管理部门，人员编制由原38人减至37人（包括事业编制），内设5个职能处室和机关党委。

全省九个地、州、〈市〉的医药管理机构也发生了较大的变化，遵义、安顺、黔南、黔东南四个地州医药管理局被撤销，与经贸局、经济局合并。六盘水市医药管理局由原行政部门成建制改为事业单位。其余地州市医药管理局保持相对稳定。

（李温洲　王英伟）

【贵州神奇、长寿长乐集团开展新春“送温暖”活动】

1996年新春佳节到来之际，贵州神奇制药有限公司在党支部书记、总经理张芝君的号召下，公司全体党员以及中层以上职员每人自愿捐资200～500元不等，共计2万元，在公司总经理的带领下，到贵阳制药厂进行慰问，向贵阳制药厂特困职工和特困党员献上神奇公司的一片诚挚的心意。

贵州长寿长乐集团心系革命老区群众，为使部分生活贫困的群众过好春节，出资10万元，向遵义市和遵义县部分生活困难群众开展“送温暖，迎新年”活动，帮助这部分群众过好春节。

（李温洲　王英伟）

【贵州省对药品回扣违法行为进行专项检查】

根据国务院办公厅《关于继续整顿和规范药品生产经营秩序、加强药品管理工作的通知》（国办发〈1996〉14号）精神，按照国家有关部、局、办的统一部署，贵州省工商行政管理局、省卫生厅、省医药局、省中医管理局、省政府纠风办等五个部门根据全省实际情况，联合制定了《关于对全省药品购销中给予和收受回扣等违法行为进行专项检查的实施意见》。1996年6月17日，贵州省人民政府办公厅以黔府办发〔1996〕100号文转发了《实施意见》。

《实施意见》中规定，成立由省政府分管领导负责，省工商局带头，省卫生厅、省医药局、省中医局、省纠风办等部门参加的“贵州省药品回扣专项检查工作领导小组”。领导小组办公室设在省工商局。定期或不定期的召开专项检查联席会议，听取专项检查的情况汇报，研究解决工作中的问题，协调各部门的工作，负责综合全省专项检查情况。

全省药品回扣违法行为专项检查实行自查与检查相结合，查处与整改相结合的方式分阶段进行，重点检查药品生产、经销企业和医疗机构以及企业、单位的购销人员是否以折扣、让利以及宣传费、广告费、处方费、劳务费等各种名义给予购药单位和个人回扣；以为购药方购买各种商品，报销各种开支或提供吃、喝、游、玩等方式进行贿赂；以给予回扣等手段推销假冒伪劣药品等违法行为。按照《实施意见》的要求和部署，全省医药行业全面开展药品回扣违法行为专项检查。

（李温洲　王英伟）

【安顺制药厂产权整体出让】

安顺制药厂是1970年8月建立的以生产中西成药为主的国有专业生产企业，拥有43个药品生产批文。1995年底，该厂总资产（评估前）660.58万元，其中固定资产298.8万元，占45.2%；流动资产355.6万元，占53.8%。该厂自1990年起连续6年亏损，累计亏损额达303万元，负债率高达96.47%。1996年，安顺地区行署按照国家“抓大放小”的改革部署，决定将安顺制药厂作为首批启动的改革试点企业。以产权改革为契机，促其实现体制与发展上的战略性改组。在确保国有资产不流失的情况下，1996年8月26日，安顺地区行署正式批准对安顺制药厂实行产权整体有偿转让。根据评估报告和国有资产管理部门确认安顺制药厂共有国有净资产（所有者权益）821.6万元，受让方宏伟实业有限公司以评估确认后实际拥有821.6万元的净资产价格买下安顺制药厂。

（李温洲　王英伟）

【贵阳虹桥、遵义沙坝两药材市场被取缔】

继国务院发出《关于进一步加强药品管理工作的紧急通知》后，1996年4月，国务院办公厅又发出了14号文件，强调要继续整顿和规范药品生产经营秩序，进一步加强药品管理。1996年，全省医药市场治理整顿工作在1995年的基础上：进一步加大了力度，贵阳虹桥、遵义沙坝两药材市场违法经营国家明令禁止在药材市场出售的中西成药，经营秩序混乱，不符合国家对开办药材专业批发市场标准。1月15日，贵阳虹桥药材批发市场被贵阳市政府下令取缔。7月1日，遵义市沙坝药材批发市场被关闭。至此，全省医药市场的治理整顿工作取得了阶段性成果。

（李温洲、王英伟）

云南省

【概况】

医药经济运行情况正常　1996年全省医药工业总产值（90不变价）11.25亿元，较上年增长22%；销售产值10.3亿元，实现利税1.33亿元，分别较上年增长15.7%和25%；产销率为89%，较上年增长3个百分点；完成化学原料药产量81吨，中成药产量3832吨，分别较上年减少21吨和120吨。医药商业完成总销22.2亿元，纯销15.6亿元，实现税利0.82亿元，与上年基本持平。市场货源充裕，零售业有较大发展。

——企业改革步伐加快。省医药总公司在转体三年后，进一步深化改革，建立现代企业制度，进行企业集团试点，按照“公司法”规范运作，组建了云南医药集团，成立了云南医药集团有限公司。以名牌产品为龙头，以资产为纽带、跨地区的紧密型企业集团—云南白药集团相继成立。昆明制药股份有限公司、丽江药业有限公司、红河州制药股份有限公司和大理州中药厂改制以来，加强企业管理和产品结构调整，积极开拓市场，实现了产值、利税、职工收入同步增长的好势头。昆药公司1996年完成产值突破2亿元，居全省首位。

——药品生产经营秩序整顿工作取得阶段性成果。彻底关闭了非法的“西南药业市场”。重点整治了“菊花园药材市场”，并通过了国家一部三局的检查验收，成为全国17个合法药材专业市场之一。全省许多地、州、县人民政府先后出台了规范性文件，对辖区内医疗机构和经营企业的进货渠道都作了明确规定，并有了配套的奖罚规定。

——加速企业技术进步和产品结构调整。据不完全统计，全省全年投入基建、技改资金达2.38亿元，其中新建药厂、医疗器械厂5个项目投入资金5352元；技改（含商业网点建设）24个项目，投资1.85亿元。技改资金为基建投资的3.6倍，技术改造力度加强。产品结构调整加快。今年定点品种达300多个，上报卫生部申请批准文号的中成药共60个，已批准生产11个。有的企业直接购买了12个新药投入生产，并积极开拓市场，如排毒养颜胶囊、洛美沙星胶囊、鞘蕊苏口服液、附片口服液等，都是一些较好的品种。另外云丰牌云南白药、昆明牌蒿甲醚注射液、血塞通注射液等七个产品正在申报为省级名牌产品，以发挥名牌优势。

——顺利完成第三次工业普查任务。全省医药行业共有86家工业企业参加普查。其中制药企业65家、药品包材企业8家、医疗器械企业13家。在认真培训的基础上，采取分级负责、多层把关，反复核对、审核汇总的方法开展工作，为普查工作提供了详实可靠的数据和有价值的材料。

——整治药品回扣专项检查初见成效。全省有2899家药品生产经营企业和医疗单位开展了自查自纠，占应查数的96.82%。

其中有463个工商企业，1994年底至1996年6月，查出有回扣违法行为的单位和个人199个，回扣金额69.55万元。通过自纠，上缴回扣金额20.69万元。在企业自查的基础上，全省还组织了抽查和交叉检查。通过整治和专项检查，药品购销活动中的回扣风有所遏制，折扣让利行为得到规范。

——存在的问题和困难。企业结构不合理。在全省151个药品生产企业中（含分厂、车间），大中型企业仅7个，其他95%都是小型企业，且基本为制剂企业，加工能力过剩。而原料生产呈萎缩状况；产品结构不合理，低水平重复现象仍相当严重，缺乏市场竞争力；药用包装材料工业规模小且分散，产品质量不稳定，难以适应药品生产需求；科技力量薄弱，尤其是开发产品的专业人员匮乏。

【注重科技进步】

技改力度加强。据不完全统计，全省投入基建、技改的资金达2.38亿元。其中新建药厂、医疗器械厂5个项目投入资金5352元；技术改造（含商业网点建设）24个项目，投资1.85亿元，是基建投资的3.6倍。南疆药厂、腾冲药厂等一些老企业以新、优产品为依托，改建生产线向GMP规范靠拢，又扩大了产品生产规模；积极进行产品结构调整，开发新产品。定点品种达300多个，上报卫生部申请批准文号的中成药共60个，已批准生产的11个。昆明贝克诺顿制药有限公司研制的新药头孢克罗胶囊，昆明中药厂研制的扶正抗衰膏、百宝丹擦剂、感冒消炎颗粒、感冒消炎胶囊，云白药公司研制的松漏争胶囊、云南白药创可贴，云南植物药厂研制的灯盏花冲剂，天紫红药厂研制的泻痢王胶囊、伤风亭颗粒等新药都已分别通过新药审评或获得批准文号；现代化管理逐步实现。继省医药公司、云白药公司、昆药公司等较早开始微机管理的企业之后，今年市医药公司又投资20万元购买了七套微机，从开票、业务、仓库、财务、机关办公等都引进了微机管理，经营业务也基本使用计算机网络系统管理。省工业公司、集团公司药品分公司也相继引进了微机管理；引进新技术，提高生产力。中成药片剂薄膜包衣技术、中成药片剂直接压片技术、中药浸膏直接喷雾制粒、中成药颗粒包衣技术等新技术已在部分厂试验成功，并投入批量生产。注意知识产权保护。云白药公司的云南白药、云南白药胶囊被批准列为国家中药一级保护品种，期限20年；昆药公司的血塞通注射液、昆明中药厂的止咳丸、感冒消炎片，云白药公司的宫血宁胶囊、云南白药酊、云南白药膏、热毒清片被批准为国家中药二级保护品种，期限7年；昆明振华药厂舒心降脂片、昆明中药厂的舒肝冲剂、止泻冲剂、天麻祛风补片正在申报中药品种保护。云白药公司和昆药公司已向国家专利局申请发明专利4个、外观设计专利1个；部分企业已编制和办理了产品条型码，为产品进入国际市场创造条件。实施名牌战略。已有云白药公司的云南白药系列产品、宫血宁胶囊，昆药公司的蒿甲醚注射液、血塞通注射液，昆明中药厂的感冒消炎片、舒肝冲剂，云南金泰得制药总公司的三七总甙系列产品等七个产品，申报省级名牌产品，以进一步发挥名牌优势。

【丽江药业有限公司改制见成效】

丽江药业有限公司自1996年元月进入现代企业制度试点运行以来，注意强化管理、调整产品结构、开拓市场，把改制、技改和实施名牌战略有机地结合起来，使企业焕发了生机。1996年完成工业总产值1251万，销售收入1024万，实现利润120万元，分别比上年增长39%、33%和268%。这家公司改制后注重建立与社会主义市场经济体制和现代企业制度相适应的科学管理体系，将管理人员由占生产工人的40%，精简为11%。加强成本管理，使产品产量提高25%，成本下降20%，职工收入也随之增加了30%左右。在生产经营方面，该公司注意调整产品结构，停产部分亏损和微利产品，集中资金、设备、劳力生产主导产品。同时，实行规模销售战略，积极发展区域性总代理、总经销，建立经销网络。使云南白药、岩白菜素片等主要产品，都呈现出生产销两旺的局面，获得较好的经济效益。为了尽快实现企业集约经营，公司把发展的着眼点放在科学管理与技术进步上。通过引进、研制、联营、购买、开发新技术、新产品和拓宽服务新领域，寻求新的增长点。在继续开发紫杉醇、皂素粗品的基础上，加大资金投入，在短时间内开发精品，提高企业技术水平。该公司积极实施名牌战略，维护和发挥云南白药的名牌优势。引进资金，增强实力，加入云南白药集团公司，为其控股分公司。年生产配额为全部云南白药的13%，可年产云南白药500万瓶，销售900万元，实现利税200万元左右。

【抗癌药秋水仙碱恢复生产】

具有治疗急性痛风和抗癌功效的植物药秋水仙碱及其片剂，停产多年后，1996年元月又获准由西双版纳制药厂恢复生产。1971年，昆药等单位，以秋水仙碱为原料，合成出我国第一个抗癌新药秋裂胺，对乳腺癌疗效显著，且毒性大大低于秋水仙碱，仅为其1/10，而化疗指数则为其的1.75倍。1973年通过鉴定，并由昆明制药厂生产。1978年获全国医药卫生科学大会奖，1979年获省科技成果奖，收载入1977年版《中华人民共和国药典》。

【祥云县医药公司获得两个效益双丰收】

祥云县医药公司上靠政策法规，靠地方政府；下靠加强医药市场管理，靠增强自身实力，管好了市场，搞活了经营。自1993年以来，基本遏制住了假劣药流毒市场。总销、实现利税年年逞两位数增长。1996年总销和实现利润比上年分别增长31.8%和19.9%。名列大理州11个县级医药公司榜首，成为全县财贸系统的利税大户。

他们的主要做法和经验：

一是治理整顿医药市场常抓不懈。二是在整治的基础上，采取有力措施，搞好有效管理，巩固成果。三是提高服务质量，增强自身实力，让群众吃上好药、放心药。

【2，3丽江—中甸大地震中的药品供应】

1996年2月3日19时14分，丽江—中甸交界处，发生了7.0级强烈地震。身陷震中，遭受惨重损失的丽江地区医药公司，以公司经理刁劲光为首的数十名干部职工，首先想到的是自己的社会责任。震后仅40分钟，即在没有号召，无人组织的情况下，冒着余震的险情，摸黑来到了仓库抢险救灾。为抗震救灾的药品供应赢得了时间。他们及时做出两个决定：一是向行业领导报告灾情，同时通告地、县医院：救灾药品由地区医药公司负责供应；二是迅速编制出外伤急救药品要货计划，并于当地23时，向相隔200公里外的省医药公司下关站紧急求援。对方立即连夜开仓、连夜装运，于2月4日凌晨2时，发出第一批三车，价值32万元的急救药品，6时抵达灾区。是这次抗震救灾中到达得最早最及时的急救物资。同一天，得到消息的省医药公司成立了救灾药品调运小组。24小时值班。到13日止，共向灾区发出急救药品、医疗器械30车，空运三批计155.8吨、约200多个品种规格，价值514.5万元。2月5日，省医药总公司成立抗震救灾领导小组，并号召干部职工向灾区捐钱捐物。到2月14日止，总公司所属11个单位，共向灾区捐衣物16952件，计9吨；现金85157元；部分药品生产、经营企业捐赠了价值39万元的各类急救药品及救灾物资。

在抗震救灾最初最艰苦的12个昼夜里，丽江地区医药公司，共向解放军、武警、省地县医疗队、卫生院等96个单位发放出185批（次），500多个品种规格、价值520万元的急救药械。装卸、收发量相当于企业正常情况下11个月的工作量。他们高效出色的工作，确保了灾民“有药可医”，为抗震救灾做出了积极贡献。

【蒿甲醚胶囊开发成功】

7月9日，由云南省卫生厅，省医药管理办公室共同主持的新闻发布会宣布：国内外第一个安全、有效的新一代血吸虫病预防药、国家级五类新药蒿甲醚胶囊开发成功。

蒿甲醚是由昆明制药股份有限公司独家生产的新一代抗疟新药。近几年，该公司和中国预防医学科学院等院所，根据国家“八五”攻关科研项目“口服预防药物的研究”要求，在扩大蒿甲醚系列产品的临床应用上作出了积极努力，将抗疟药物蒿甲醚胶囊开发成为一个新型的、迄今为止国内外尚无可在现场应用的血吸虫病预防药物。经动物试验证明：本品除抗疟作用外，主要是对血吸虫幼虫有较好的杀灭作用；兔、犬感染血吸虫尾蚴后，每周或每2周口服该药1次，连服3～4次，即可杀死95～100%的雌虫。而雌虫所产虫卵正是感染血吸虫病的根由。故该药能有效地达到预防血吸虫病的目的。疫区试用表明：该药用于血吸虫病的预防，剂量小，无明显不良反应，是目前预防血吸虫病最好的新药。

【刘一褒捐资创立教育科研基金】

9月4日，滇港合作昆明积大制药有限公司董事长兼总经理刘一褒先生，以个人名义向昆明医学院捐赠80万元港币，创立“刘一褒教育科研基金”。旨在：奖励优秀教师和学生；帮助贫困学生完成学业；赞助部分有实用价值的科研项目。同时，积大与昆医还签订了8年的业务合作协议，主要内容是：刘先生以80万元港币作为资助昆医教育科研的基金，每年捐助8万元；昆医每年向积大输送5名德才兼备的人才；双方在互利互惠的原则下共同合作，促进科技成果商品化的转变；积大和昆医均同意成为对方的教学生产实习药厂和科研试验基地。

刘一褒先生被昆明医学院聘为名誉教授。

刘先生是广东梅州大浦县人。早年就读于国外大学。曾获得机械工程学士和工程哲学硕士双学位。他不仅到云南搞实业，而且心系云南人民疾苦和医药科教事业。自1988年以来，刘先生已先后捐资数百万元港币用于助教、赈灾和兴办地方公益事业。这次捐资活动更开创了云南医药企业助教、兴科技、育人才的先河。

【省政府召开整治药品回扣违法行为专项检查动员大会】

8月26日，省政府副秘书长、专项检查领导小组组长邹纲仁在会上提出，为保证专项检查达到预期目的，要坚持四个结合，即：面上自查与重点联查联纠相结合；整治药品回扣违法行为与规范药品经营秩序相结合；阶段性整顿与严格日常管理相结合；整治药品回扣与制裁制售假劣药品违法行为相结合。全省成立了以省政府办公厅为首的省级专项检查领导小组，设立了办公室。省内大部分地区和有关职能部门，也都成立了相应机构并作了层层部署。会议要求坚决克服地方保护主义和部门保护主义，认真全面地搞好自查自纠，接受重点检查和抽查。新闻单位、宣传机构要加强宣传力度，自始自终给予密切配合，扩大宣传效果和社会影响，造成强大声势，引导群众对专项检查的监督和参予，充分发挥舆论监督作用。各级有关部门要尽快向社会公布举报电话，设立举报箱，建立举报、投诉制度。并做到件件举报投诉有结果，对群众有交待。同时要注意保护举报人，奖励有功人员。注意区分政策界限，严格依法办事。

【云南医药集团有限公司确立龙头地位】

9月26日，经省政府批准，以云南省医药总公司及所属企业为主体，组建云南医药集团，成立云南医药集团有限公司并正式挂牌运营。至此，自1993年11月8日以原省医药局为基础，成建制转体的省医药总公司，经过近三年运行，经营机制进一步转换，一个以产权关系为纽带的母子公司管理体制建立。三年来，总公司在深化企业改革，转换经营机制，加强国有资产管理等方面都取得较好成绩。总公司所属工商企业的生产、销售、利税实现了较大幅度的持续增长。1996年实现工业总产值5.16亿元，为1994年转体初的1.72倍；销售收入4.74亿元，实现利税9421亿元，分别比转体时增长65%和59%；其中实现利润较1994年增长48.9%。完成或超额完成了与省政府签订的经营责任目标和扭亏增盈指标。国有资产也实现了保值增值。

改制后的云南医药集团有限公司是具有独立法人资格的国有独资有限责任公司，经省政府授权，统一经营管理授权范围内的国有资产，并以混合型控股公司形式，在进行资产经营的同时，从事生产经营和多种经营。

【云南白药集团成立】

12月28日，经省政府批准：云南白药集团成立，原云南白药实业股份有限公司更名为云南白药集团股份有限公司。

云南白药集团是一个以云南白药为龙头，以资产为纽带的紧密型企业集团。其以云南白药实业股份有限公司为母公司，分别对子公司——大理州制药厂、文山州制药厂和丽江药业有限公司，实行以现金形式投资控股（控股比例为51%），同时进行公司制改制。该集团对云南白药生产经营实行“五统一”即：统一计划管理、统一使用“云丰”牌商标、统一批准文号、统一销售价格、统一销售管理（包括对内对外贸易）。同时为确保云南白药产品质量，对药品的质量标准、检测方法、生产工艺和包装也做了严格规定。

（李铁军）

陕　西　省

【概况】

1996年，陕西省共有医药工业企业206个，其中国有企业92个、股份制企业9个、集体企业92个、中外合资企业13个。医药工业职工人数42572名，其中工程技术人员4865名；固定资产原值15亿元，净值10.5亿元。

全省共有医药商业公司120个，其中省级公司9个，地市级公司15个，县级公司96个；医药批发企业670家，零售企业1500余家。医药商业职工24100名。

【生产与经营情况】

1996年，全省医药工业总产值32.9亿元（90不变价27亿元）比上年增长23%，利税5.6亿元，比上年增长40%，利润3.7亿元，比上年增长33%，医药工业在继续高速增长的同时，实现了高质量的增长。

全省医药商业购销两旺，医药商品购进总额17.67亿元，比上年增长13.56%，医药商品销售总额21.9亿元，比上年增长4.4%。医药商业企业实现利润1750万元。

1996年，医药行业以综合经济效益指标221.71的高分居全省各工业行业之首，成为陕西最具发展潜力的优势产业之一。

【陕西省医药管理办公室加大为企业服务力

度】

1996年，陕西省医药办进一步转变政府职能，加大为企业的服务力度，受到企业欢迎。全办人员定期分批深入企业，了解情况，引导帮助企业解决实际问题。西安三宝双喜、一枝刘、萃生、山海丹、西安正大等一批制药公司在省医药办的多次指导帮助下，加强企业管理，提高人员素质，优化生产配置，调整营销策略，加大市场开发力度，企业效益显著提高。为保证九·五目标的实现，省医药办加强了对重点项目的跟踪服务，西安制药厂红霉素及其衍生物扩产改造、光华制药厂200吨泰乐菌素生产线建设、汉江制药厂2#多功能车间改造等亿元以上项目进展顺利。

为了提高企业领导的整体水平和现代化管理意识，1996年省医药办精心选聘师资，举办了全省“药品生产企业高级管理人员培训班”，使全省36个重点企业的生产、质量主管领导60余人受到了现代管理培训。

为使企业冲出陕西走向全国，省医药办积极组织省内17家重点生产企业参加了中国郑州中西部地区经贸洽谈会、中国西安国际经贸洽谈会和96香港经贸洽谈会，组织近五十家企业两次参加全国医疗器械博览会，收到良好效果。

【“首届陕西省医药法规知识电视大奖赛”成功举行】

为推动医药整顿工作深入开展，强化全行业职工法制意识和职业道德意识，规范医药企业生产经营行为，1996年11月21～23日，陕西省经贸委与省卫生厅、省纠风办在陕西省电视台联合举办了“首届陕西省医药法规知识电视大奖赛”。这种群众喜闻乐见的宣传形式受到企业热烈响应，数千人参加了预赛和决赛，全行业掀起了学习、宣传、遵守医药法规的热潮。由于省医药办的精心策划和组织，大赛取得了圆满成功，受到社会各界的高度赞扬。国家医药局、中医药局给大赛发来了贺电。

【药定点供应制度全面推行】

为深入贯彻国务院国办发[1996]14号文件精神，巩固医药市场治理整顿成果，理顺药品购销渠道，坚持主渠道进货原则，保证药品质量，1996年，陕西在全省推行药品定点采购供应制度。

药品供应单位的定点工作，按照分级负责、分级定点、分级管理的原则，由省、市（地）政府卫生部门和医药行政主管部门按照省医药管理办公室和省卫生厅制定的标准，在辖区范围内的国有医药经营企业中确定。被定点的医药经营企业必须保证药品质量可靠，供应及时，并严格执行价格政策。全省各级医疗单位必须按照定点供应制度的规定，在省、市确定的供应定点单位采购药品，定点采购量必须达到采购总量的70%以上。至1996年底，全省已确定的药品定点供应单位185家。

【医疗器械产品实行市场准入审查】

按照国药器监字[1996]6号文件要求，1996年陕西在省经贸委内设立省医疗器械注册审查办公室，对省内近百种二、三类医疗器械进行了注册换证，对二十余种医疗器械新产品进行了注册发证，进一步将医疗器械产品的管理纳入规范化、法制化的轨道，对于医疗器械产品质量的提高和与国际标准接轨，起到了积极作用。

【第三次工业普查】

陕西省医药办被国家医药局评为先进集体，刘长水、张宏斌等4人被评为先进个人。张宏斌等2人被国家工普办评为国家级先进个人。

【西安制药厂经济效益为陕西省国有制药企业之首】

1938年始建于延安、现址于西安市汉

城路的西北地区规模最大、品种最多的国有大型制药企业——陕西省西安制药厂，1996年，在厂长吴秦的领导下，对内加大改革力度，对外加大市场开发，进一步取得好成绩，实现销售收入3.2亿元，利税3000万元，经济效益居全省国有医药企业之首。

【陕西省医药公司全面改革取得成效】

1996年，省医药公司解放思想，更新观念，在企业经营思想、经营模式、管理结构、工资分配、资金调度、财务管理、企业文化建设等方面进行系统全面改革，取得了显著的成效。1996年全公司医药商品销售总额3.61亿元，比上年增长34.9%；利润总额360万元，比上年增长170%；实现利润97.2万元，比上年增长110%；职工年人均收入8300元，比上年增长20.97%；人均劳动生产率43.7万元，比上年增长36.34%。

（陕西省医药管理办公室）

西　安　市

【概况】

1996年，全市有乡及乡以上独立核算医药工业企业92个，按经济性质分类：国有医药工业企业35个，集体企业42个，中外合资企业6个，股份制企业9个；按隶属关系分类：省属医药工业企业14个，市属企业3个，区县属企业28个，部队所属企业5个，高等院校、科研单位及医院所属企业15个，其他所属企业27个。职工25430人，其中工程技术人员3125人。拥有固定资产原值9.22亿元，净值5.46亿元。当年医药工业总产值完成17.75亿元，比上年增长16.39%；产品销售收入21.97亿元，增长24.34%；产品销售税金及附加1.53亿元，增长6.25%；实现利税6.24亿元，增长57.4%；医药工业增加值完成13.17亿元，增长63%；全员劳动生产率为5.17万元/人，比上年提高6.5%；产品质量计划指标完成率和质量指标稳定提高率均达100%。

1996年，全市有各类医药商业企业768个，其中省属商业企业130个，市属商业企业638个；国有医药商业批发企业280个，医药零售企业348个，个体医药零售商户140家。从业人员4200人，其中各类专业技术人员380人。市属医药商业当年国内药品总购进7.1亿元，比上年增长3.23%；国内药品总销售8.24亿元，增长3.37%；药品库存1.71亿元，下降8.17%；商品销售收入7.83亿元，下降2.56%；商品销售税金及增值税1611万元，增长5.84%；利税合计1356万元，下降9.47%。

【市政府治理药品购销中私收回扣的四条纪律】

1996年5月，在全市治理医药市场不正之风工作会议上，西安市人民政府郑重宣布了四条纪律，强调违反者必将受到严肃查处。这四条纪律是：

一、医药生产、经营企业的工作人员，在帐外以所谓促销费、宣传费、开处方费、劳务费、境内外旅游等名义暗中给予对方回扣的属行贿行为；医疗单位的工作人员索取、收受上述回扣的属索贿受贿行为。凡领导干部、业务负责人及采供双方业务人员，在购销活动中暗中给予或收受回扣的，一经发现，并核实，视情节轻重按有关规定处理。

二、医疗单位除药剂科外，其他科室和个人一律不得自行购进、销售药品。严禁向医药生产、经营单位或个人提供医生处方和用药累计数量，违者纪律处理。

三、凡违反规定从非定点单位、非国营主渠道购进的药品、医疗器械、卫生材料，库管人员不得收货，财务人员不得结帐，有关负责人不得签字报销，并根据有关规定给予有关人员纪律处分。造成严重后果触犯刑律的，要追究刑事责任。

四、对在治理过程中发现私拿回扣和不执行治理整顿规定的顶风违纪问题，各单位必须在一个月内作出处理。超过处理时限，又无正当理由的，上级主管部门要追究其主要负责人的责任。各级监察机关对重点案件要直接查处，同时监督、检查各单位对违纪问题的查处，对年内达不到治理目标的牵头部门领导及有关单位负责人，按公务员考核单项不合格记录在案；属失职的，追究纪律责任。

【西安镇江两制药企业全面合作】

以生产“利君沙”而闻名全国的西安制药厂与具有一定原料生产优势的镇江制药有限责任公司1996年6月28日在西安市签订合作协议书。西安制药厂近年来以名牌产品“利君沙”打开市场，取得良好信誉，市场需求量不断扩大，原料相对比较紧张。而具备利君沙原料生产条件的镇江制药有限公司却因生产资金匮乏，难以维持正常生产。按协议规定：西安制药厂将向镇江制药有限公司注入1000万元资金，在合作体中占全部股份的51%；“镇江制药有限公司”将成为未来西安西药集团的成员单位，并提供一定数量的原料。合作后，西安制药厂抗菌药品红霉素年产量将达到全国总产量的60%以上。

【“一枝刘”进军高科技】

西安一枝刘集团公司过去以生产保健品和药品为主导产业，为发展我市保健品及医药业作出了应有的贡献。在市场经济深入发展的新形势下，该集团近两年研制开发高科技产品两大类近30个品种，一类是高科技电子产品。其中：社会安全监控系统、智能卡保密电话、纯净水设备及智能卡水表、电表、气表，均已完成科研过程，有的已批量投产，有的即将投产。另一类是对保健品、医药品等传统产品进行更新换代。遵循国家有关医药生产“新产品、新剂型、外白型”的方针，利用先进的生产工艺、先进的设备，研制开发出微生态制剂、酶工程制剂，为人们防病治病做出新贡献。

【“杨森”捐助“交大”设立奖教基金】

“西安杨森奖教基金”仪式1996年6月25日在西安交通大学科技馆举行。这是西安杨森制药有限公司捐助西安交大专门设立的奖项，首期捐款8万元人民币，用于奖励该校在生物医学工程等学科教学、科研和管理方面有突出贡献的中青年教师。

【西医大药学院成立】

1996年4月29日，西安医科大学药学院正式成立，这是目前西北地区唯一一家药学院。该院的办学宗旨是，在搞好教学的同时，将以秦巴山区的药用资源开发为主线，从事药物制剂、药理及质量标准的研究；以临床合理用药为主线，开展体内药物分析及生物制剂学、药物动力学的研究；培养高层次药学人才，开发利用药用资源，造福人类社会。

【“脐乐尔”列为国家“星火计划”攻关项目】

“脐乐尔”是陕西国华医药研究所投资1000万元开发的一种主治肝胆病的外用新型药品，它以独特的增效药液功能设计，对急慢性肝炎、老年性前列腺疾病、急慢性肠炎、小儿消化不良及妇女月经不调等疾病有明显疗效。临床试用后，颇受患者欢迎。1996年10月该药被列为国家“星火计划”重点攻关项目。

【“萃生药业”转化一项成果】

西安萃生药业有限公司是西安市高新产业开发区直接创办的一家股份制企业。全新的机制带来工作的高效率，只用一个月时间就转化了一项成果，形成年产值5000万元的产业规模。1996年3月6日，公司引进省医院历经8年研制成功的国家级外伤新药——美得喜乳膏。4月份完成设备购置、场地改造、试生产等工作，形成规模生产。5月底“美得喜”乳膏已投放全国45个大中城市。20天销售100多万元，签订销售合同800多万元。当年该产品产值达1000多万元，利税300多万元，实现了科技成果当年转化，当年投产，当年盈利。

【用生物技术培养紫杉醇获重大突破】

西安一枝刘制药有限公司科技人员经过两年的努力，从中国红豆杉树皮中分离的内生真菌培养生产紫杉醇取得重大突破，经国际联机文献检索，这项成果处于国际领先水平，专家们认为，该成果为保护医药资源，发展紫杉醇规模生产具有重大意义。

经国际联机文献检索，国际上在该领域1995年报道为紫杉醇的最高产率是0.669微克/升，该公司紫杉醇产出率超过国际1995年报道的产出率的3000倍左右。这项研究已申报国家新药研究开发项目，不久将实现工业化生产。

【大庆药厂向贫困地区捐赠药品】

西安大庆制药厂是一家有30年历史的制药企业，曾获西安市科技开发先进企业和陕西省先进企业等多项荣誉。该厂生产的100多种产品行销全国各地，其中“天麻蜂乳”填补了西北地区空白，获省、市名优产品称号。为了回报社会各界对他们的支持和厚爱，1996年12月3日，该厂将自产的价值100万元的药品捐赠给部分特困企业和蓝田县、户县贫困山区的人民群众，市县有关领导对此举表示高度赞扬和感谢。

【长城药厂依靠“双优”赢得市场】

西安长城制药厂依靠优质产品和优质服务，在强手如林的市场竞争中站稳了脚跟，赢得了市场。他们把质量视为企业的生命，始终坚持“质量第一、用户至上”的办厂宗旨，制订了高于国家和省颁标准的内控标准和工艺流程，实施规范化、标准化管理，建立和完善了厂、车间、班组三级质量监督体系，使产品质量稳步提高，强力解毒注射液、维生素C注射液、氟哌酸胶囊等5个产品在“八五”期间荣获全军和陕西省优质产品称号，1993年以来各级药检部门先后抽查168个批次产品，合格率达到100%。该厂还把为用户提供优质服务作为搞好营销工作的着眼点，在抓销售人员职业道德教育的同时，广泛开展“假如我是一个用户”的讨论和“文明服务忌语”活动。采取请进来走出去的办法，请医学专家、教授讲课辅导，对销售人员进行专业知识培训，对销售科实行“两定四包”责任，使销售收入逐年增长。

【自力中药厂多方联合促进发展】

西安自力中药厂多年来一直以优质的产品质量，可靠的企业形象在广大用户中享有信誉，曾被评为“全国医药系统先进集体”、“省级先进企业”、“省级文明单位”等。面对药品市场的激烈竞争，他们不吃老本创新路，以名牌产品为龙头，多方联合，寻求发展。该厂生产的名牌产品“安坤冲剂”被誉为中国妇女卫生保健精品，销路看好，但生产规模较小。西安太极集团公司看中了这个产品的市场潜力，主动提出与该厂合作，共谋发展。于是两厂结缘，很快扩大了“安坤冲剂”的生产规模和销售量。1996年仅此一项产品的销量就突破了600万元。他们还采取技术联营的办法，将陕西省血液研究所的“皂矾丸”等产品引入生产线，以加工的方式为该所生产出合格产品。对“阳春玉液”、“武力拔寒散”等老产品，他们通过找婆家移地生产。1996年该厂完成产值800万元，实现利税70多万元，分别较上年增长27%和33%。

【京西药厂创名牌拓展市场】

西安京西制药厂推行名牌战略，定期对职工进行质量教育，组建质量网络，实行质量一票否决，加强质量监测检查，使创名牌落到实处。继10%、50%葡萄糖、丁卡针获“全国信得过药品奖”、“西安名牌产品”、“西安市质量先进产品”之后，1996年又有两种产品获“市质量先进产品”称号，产品销往北京、上海、天津及云南、贵州、广西等地区，部分药品还出口俄罗斯等国，创工业总产值8114万元，较上年增长49.8%，提前100天完成生产任务。

【洪庆制药厂重视研制新产品】

西安市洪庆制药厂以山海丹企业集团、二炮西安多学科研究所为依托，结合自身特点，确定了一条以中老年用药、脑血管系统用药、中成药为主、中西药结合的新产品研制方向。近两年来，招聘各类专业人才近百名，投资数百万元进行山海丹系列产品、治疗老年性痴呆症新药智达片、主治变态反应性疾病新药双调素片、治疗心肾病的黄芪胶囊等的研究。同时与上海药物所、辽宁省中药研究所合作进行新药开发，1996年已取得阶段性成果，止嗽口服液已完成卫生部新药审批，不久将投放市场，成为继山海丹胶囊之后的又一拳头产品。

【万寿路中药材市场成为全国七大中药材市场之一】

西安市万寿路中药材市场经过近年来的治理整顿，市场面貌大为改观，流通秩序进一步好转，各经营商户与市管会签订了经营责任书，制订了服务承诺，增强了遵纪守法和服务意识。1996年10月经国家中医药管理局、卫生部、国家工商局联合检查验收，批准万寿路中药材市场为全国七大中药材专业市场之一。

【治理整顿医药市场】

1996年西安市进一步贯彻国家及省、市治理整顿医药市场的指示精神，4月以来，市工商、卫生、医药、公安、监察等部门协同作战，集中力量对全市694户生产、经营药品、医疗器械、卫生材料的企业和个体户进行了全面清理、整顿，对51户未换发“合格证”的企业和108户未换发“许可证”的企业提出限期补办的要求；对23户未办理“两证”的经营户予以取缔。经过对全市集贸市场的调查摸底，将11处沿山集贸市场有中药材出售的商户予以取缔。在全市医药市场整顿中共查扣“三无”药品400余箱，没收非法所得3万余元，纠正违法违章药品广告500余条，查处虚假广告8起。对万寿路中药材市场内非法经营中成药和西药的237户坚决予以取缔，查处和没收各类假冒伪劣及国家明令禁止上市的中药材20多个品种，共760多公斤。其中，假冒伪劣中药材530公斤，国家明令禁止上市的罂粟壳等130多公斤，保证了人民群众用药的安全有效。

（赵启慎）

甘 肃 省

【概况】

1996年，甘肃医药行业职工人数22512人，纳入统计的企业64个，拥有固定资产73525万元。其中工业企业有43个，职工人数11669人，固定资产原值46867万元；商业二级批发企业24个，商业全系统从业人员10843人，商业营业场所和自有仓库面积各30多万平方米，固定资产26658万元；科研教育方面，有省药物研究所和医药职工中专学校各一所。

甘肃医药集团公司是甘肃医药行业中集工商科教为一体的大型企业集团，有工业企业12个、商业二级批发企业18个，药物研究所和职工中专学校各一所，拥有固定资产4.01亿元，职工8700人。1996年完成工业总产值（1990年不变价，下同）2.17亿元，比上年下降0.1%；商业销售总额3.83亿元，比上年增长3.91%。

1996年，甘肃医药工业完成工业总产值5.13亿元，比上年增长17.28%。总产值构成中：化学药品工业2.66亿元，增长9.96%；医疗器械工业4601万元，增长47.8%；卫生材料工业693万元，增长64.22%；中成药工业1.39亿元，增长33.43%；药用包装工业2223万元，增长14.06%；其他工业3338万元，比上年下降9.69%。

化学原料药总量完成2143吨，比上年增长3.78%，其中二十四大类统计品种618吨，比上年下降11.45%。化学药品五大类制剂产量为：抗菌素分装2509万瓶，比上年下降6.69%；针剂12545万支，增长7.13%；片剂264914万片，下降14.08%；大输液1956万瓶，下降21%；胶囊8853万粒，增长0.47%。化学医药中间体103吨，下降76.05%。药用淀粉产量8563吨，增长150.3%。医药器械及卫生材料主要产品产量为：各种病床1206台，压力蒸汽消毒设备102台，医用橡膏5.28万筒，医用绷带5.14万卷，脱脂药棉23吨，脱脂纱布4万米。中成药总产量2563吨，比上年增长5.95%。

1996年，医药商业总购进7.09亿元，比上年增长0.41%，总购进构成中，药品类4.33亿元，医疗器械类3144万元，化学试剂类462万元，玻璃仪器类244万元，中药材类1.08亿元，中成药类1.29亿元。医药商业总销售9.21亿元，比上年增长5.22%，总销售构成中，药品类5.57亿元，医疗器械类3948万元，化学试剂类570万元，玻璃仪器类331万元，中药材类1.45亿元，中成药类1.72亿元。

1996年，医药工业实现销售收入4.48亿元，比上年下降1.39%，产品销售率为102.98%，医药集团公司实现销售收入2.18亿元，比上年下降5.26%。

1996年，工商企业实现利税1585万元，其中工业876万元，商业709万元。

1996年，对外贸易出口交货值为3387万元，其中化学原料药出口58.3吨，出口额1085万元；中成药出口121吨，出口额1554万元。中药材出口748万元。

【管理与改革】

健全了机构，依法行政，医药行业管理进一步加强。由省医药管理局起草的《甘肃省药品经营管理规定》，准备列入省政府地方行政法规计划。还制发了《甘肃省药品零售企业开办资格审查办法（试行）》和《甘肃省药品生产经营企业合格证年检办法》。结合市场整顿工作在全省范围内开展了药品生产经营企业合格证年检工作。在医疗器械行业管理和行政监督方面，根据国家医药局关于医疗器械产品条例等有关规定，对100个医疗器械产品进行了注册审查，对68个医疗器械产品广告进行了审查和备案审查，完成医疗器械产品抽样和委托检审180批次。在药品生产经营合格证发放工作方面，本着从严把关，有利发展的原则，发放了医用氧、药包材等生产企业合格证。

1996年，甘肃医药行业在企业改革方面取得较大进展，天水药业公司由所在地三个医药单位合并成立后，已被省政府确定为省列第二批现代企业制度改革试点单位；对资金紧缺、产品结构单调的兰州中药饮片厂进行了引资改制，使企业投入正常生产经营，创造了效益，并为职工增加了收入；由具有资金和技术优势的兰州佛慈制药厂为龙头，组建由武威制药厂、兰州敦煌制药厂及其他有关企业参加的大型企业“佛慈中药集团”，形成中药竞争部分领域中的整体实力，并且促进了“九五”期间中药技改项目的顺利进行。

【质量与监督】

1996年，甘肃医药行业不断强化质量意识，认真开展全面质量管理活动，保持了医药质量的稳定和提高，产品质量等级品率为78.41%，质量稳定提高率达到92.86%。武威制药厂麝香壮骨膏已通过质量体系考核，被确认为甘肃省名牌产品，并列入国家中药保护品种。按照国家医药管理局实施GMP、GSP规划的要求，认真组织各企业学习国家有关规定，联系本企业实际做好实施计划和安排，并适时做好申报工作。为了强化经营企业的质量意识，进一步规范经营行为，举办了一期GSP工作培训班，组织了全行业商业企业的主管领导学习了国家医药管理局编发的《医药经营企业质量管理》教材，对参加学习人员组织考核并颁发了《合格证》。QC小组活动不断深入，1996年度有8个QC小组获得全省医药行业优秀QC小组称号，酒泉制药厂提高右旋糖酐发酵收率QC小组评为国家医药管理局优秀QC小组；兰州佛慈制药厂四分厂提取班QC小组及平凉制药厂大蜜丸质量控制QC小组分别被国家中医药管理局评为优秀和先进QC小组；定西制药厂贞芪扶正冲剂QC小组被评为甘肃省优秀QC小组。

【科技教育】

1996年，甘肃医药行业科技进步步伐加快，先后为4个新产品项目筹集到63万元科研基金和1000万元科技贷款，35项新产品开发考核计划全面落实和完成，省药研所的金参润喉合剂和洁白胶囊、河西制药厂的福寿康胶囊、兰州中药厂的童子玉液酒获得新药证书并投入生产；兰州中药厂舒肝消积丸、河西制药厂前列泰片已通过卫生部评审，即将获得三类新药证书；西北合成药厂冻伤灵软膏已完成Ⅱ期临床，武威制药厂消瘤片和平凉制药厂康灵片已批准进入Ⅱ期临床；定西制药厂和兰州制药厂联合开发的贞芪扶正胶囊获甘肃省优秀新产品新技术成果二等奖，药物研究所小儿咳喘宁冲剂获甘肃省优秀新产品新技术成果三等奖。全年新产品产值达1800万元，产值在100万元以上的有兰州制药厂的贞芪扶正胶囊和天水制药厂的苁蓉通便口服液等。

1996年，甘肃医药行业按照职工教育的基本要求，坚持在岗业务培训和新职工上岗前业务培训相结合，开展了多层次、多渠道的职工培训和继续教育，甘肃省医药职工中专学校现已成为甘肃医药行业培养技术人才和职工再教育的基地，全行业有各类专业技术人员1600多人，占职工总数的6%，执业药师设岗数达57人。

【第三次工业普查完成】

第三次工业普查是甘肃医药工业厂情厂力、行业基本情况的重要调查，也是对医药工业统计工作水平的全面检阅，通过普查，各企业统计工作水平有了较大的提高，统计台帐、原始记录以及核算方法有了较大改进。这次普查调查了甘肃医药工业41个企业的基本情况、产销存和成本费用情况、价格及盈利情况、资产状况、生产能力及技术装备状况，到1996年5月，普查的数据处理上报工作全面完成。甘肃省医药管理局杨华同志撰写的《十年来甘肃医药工业经济运行趋势分析》被评为国家医药管理局第三次工业普查成果研究一等奖。

【医药市场整顿】

1996年，甘肃医药行业继续加大整顿医药市场的力度，规范药品生产经营秩序。一是根据国家《整顿中药材专业市场标准》，清理关闭了兰州龚家湾、焦家湾两个中药材市场，对列入兰州商贸中心建设规划的兰州黄河中药材市场，坚持标准，加强市场软硬件建设，至9月份正式通过国家验收，批准为中药材专业市场。二是从治理医药行业内乱入手，结合《合格证》首次年检工作，在药品生产经营企业中开展了自查自纠活动。使一些个人承包、挂靠、异地设点经营等问题得到了纠正。三是按照国务院关于对药品回扣违法行为进行专项检查的决定和国家五部委联合制定的工作方案，以及甘肃省药品回扣专项检查工作联席会议提出的工作安排，在全行业开展了药品回扣自查自纠工作，查处自1993年12月至1996年6月给予折扣让利款2046万元，并进行了处理。四是整顿农村医药市场，农村药品供应和管理工作逐步得到加强，省医药管理局和卫生厅联合下发了《关于指定农村供药单位的通知》，对农村医药市场采取强硬措施进行整治，严厉打击了无证经营和个体药贩，理顺了农村供药渠道。据统计，整顿医药市场以来，全省共关闭中药材市场5个，取缔非法经营单位和个体经营户427个，打击游医药贩616人次，查没假劣药品累计达3562种(次)，相当于正品价值137万元。

（张福林）

青　海　省

【概况】

1996年全省医药经济运行情况趋于正常。据统计，全省医药工业实现总产值1.41亿元，比上年增长4.02%；工业销售产值1.22亿元；产销率79.2%，比上年下降11%。全省医药商业销售总额37843万元，比上年增长11.95%；全省行业实现利税6113万元，比上年增长67.02%。(其中工业实现4509万元，增长78.93%；商业实现1604万元，增长14.38%)。

【企业改革】

根据中央"抓大放小"、省政府有关企业改革的部署、医药工商企业不断深化改革，探索发展路子。"三普"药业股份有限公司制定了"以药为业、多产业发展"的方针，已形成以药为主兼顾金融、房地产、农用机动车制造六种产业的新格局，在药业上重点抓好产品结构调整，开发新产品，积极发展国际合作伙伴、向跨国公司方面发展，取得了一定成绩。青海制药厂充分利用省政府列为全省企业改革重点单位的有利时机，抓好与省医药物资公司合并后的内部组织结构调整工作，建章健制，加大市场开发力度，为形成科工贸一体的新型企业，打下了坚实基础。省药用胶囊厂随明胶公司一起组成上市股份公司，在深圳发行成功，成为青海省又一上市公司。西宁医药总公司昆仑制药厂年内破土动工，为组建商工一体的新型公司打下了基础。省第三制药厂与海南大兴集团公司，深宝安集团公司等多次进行合作谈判，寻找出路，最终与海南利秦有限公司联姻，组建了青海大地药业有限责任公司。1996年对虫草精等87个品种（规格）的化学药品、中成药价格进行了调查和调整；对三普红景天及多种移植品种进行了客观定价，对平抑物价、促进医药经济发展起到了一定的作用。医药商业改革不断深入。组建了三普子公司——青海省医药有限责任公司；青海省医药保健品有限公司内部股改日益完善，为改善经营资金单一化、深化股份制企业运作等方面迈出了新的步伐。医药商业普遍试行了集中购进、分层经营等的改进，为企业营造了较好的微观经营环境。组织开展工业普查工作，共完成10户工业企业的普查任务。

【大力推进"科技兴药"】

1996年青海医药系统全面启动了以开发中藏药资源为重点的"科技兴药"战略。

依托三普公司，成立了省有关领导为顾问、省内医药、卫生系统高层次研究人员为核心的中藏药研究促进会，着力于中藏药研究与开发。并在西宁召开了全国首届藏药天然药研讨会，突出了对我省特有资源“大黄、锁阳、罗布麻、红景天、塞龙骨”等的系列研究，获3项成果，三普公司与省内科研机构共同研制开发的“三普红景天”胶囊已正式投产上市。果洛州大黄种植生产基地已得到国家中医药管理局认可和支持，并拨款50万元用于一期开发。

【规范医药市场】

全省各地继续认真贯彻国务院《关于进一步加强药品管理工作的紧急通知》和《关于继续整顿和规范药品生产经营秩序加强药品管理工作的通知》精神，进一步整顿医药市场取得了成效。结合省情制定了贯彻14号文件的具体办法，提出并明确了刹回扣风的四条政策界限，完善了各州地（市）级药品管理职能，拟定了《青海省中药材专业市场整顿方案》，下发了《青海省医药零售企业审批方法》，规范市场行为，为加强全省药品管理打下了基础。在反回扣工作中，全省医药工商企业自查面达100%，省、州（地、市）医药主管部门与有关部门密切合作，积极开展检查工作，省局还把专项检查和企业年检抽查有机地结合起来。西宁市医药管理局对西宁地区医药零售企业进行了检查，关闭了一批无证经营药店和打着行医为名售药为实的个体诊所。全省共检查了5个生产厂家、30户商业，检查面达50%以上。同时全行业围绕药品回扣专项斗争开展了强大的舆论宣传工作，据不完全统计，全省各地共印发宣传资料1.2万余份，举办黑板报、宣传栏130余期，张贴标语7100余条，并设立了专项检查举报电话。截止1996年底，共自查出药品回扣款额425万元，收缴被查回扣款13万元，查出过期、变质、不合格药品50余种，取得了显著成绩。在整顿非法经营和刹回扣风的同时，重点扶持农牧区医药零售网点的建设。共增设了农牧区医药零售网点31个。

【精神文明建设】

1996年制定下发了《青海省医药行业“九五”政治思想工作规划》，出现了一级抓一级、首先抓本级，一级带一级的喜人形势；从强化职工的爱国主义、共产主义、集体主义教育入手、抓好职工的行为、岗位规范教育、使干部职工在发展社会主义市场经济的新形势下，树立起了拚搏奋进、努力奉献的价值观，各单位在具体的工作中自觉找差距、拿措施、抓落实。“三五”普法全面启动，各单位成立了领导小组，制定了普法规划。1996年有5户企业、单位或班组被国家医药管理局评为各种单项奖先进单位，7人被评为先进个人，1人被评为优秀企业家；4个班组被省医药局评为优秀班组，9人被评为优秀班组长或优秀营销员。

（马国威）

宁夏回族自治区

【概况】

1996年底，宁夏回族自治区共有医药工业企业7个，其中，系统内5个，系统外2个。按企业规模分，中型企业1个，小型企业6个；按经济类型分，国有经济企业4个，集体经济企业1个，股份制经济企业2个；按行业性质分，化学品工业企业3个，中成药工业企业4个。全自治区共有县级以上医药商业企业43个，其中自治区级公司4个，地市级公司1个，县级公司38个。全自治区共有医药商业批发企业51个，医药零售企业148个。医药科研单位1个。全自治区医药系统共有在职职工3959人，其中医药工业职工1540人，医药商业职工2304人，其他职工115人。各类专业技术人员1149人，占职工总数的29%。

1996年，全自治区医药工业总产值完成11181万元（不变价），同期相比增长29.8%。其中系统内医药工业总产值完成10780万元（不变价），同期相比增长34.88%。全自治区医药工业销售产值完成10140万元，同期相比增长13.77%。全自治区医药工业产销率为88.36%，同期相比减少11.72个百分点。系统内医药工业销售产值完成9184.8万元，同期相比增长16.7%。系统内医药工业产销率为87.31%，同期相比减少12.88个百分点。1996年，全自治区系统内医药工业实现利税691万元，同期相比下降14.16%。其中，实现利润247万元，同期相比增长19.89%，完成自治区政府下达扭亏增盈任务指标的117.62%。全自治区系统内医药工业企业无亏损户。

1996年，全自治区医药系统内商业企业商品销售总额完成32276万元，同期相比增长13.3%，完成年计划的121%。实现利税1808万元，同期相比增长183.83%。其中，商业盈利企业累计盈利608万元，同期相比增长13%，完成自治区政府下达盈利指标的102.54%。医药商业亏损企业3户，比自治区政府下达的亏损指标减少1户。亏损面同期相比减少25%。亏损额149万元，比自治区政府下达的扭亏任务指标减亏490.8万元，同期相比减亏735.6万元。1996年，全自治区系统内医药商业企业盈亏相抵后，实现利润459.2万元，同期相比增加利润805万元，比自治区政府下达的扭亏增盈指标净增利润509.2万元。

1996年，全自治区系统内医药工商企业实现利税2455万元，同期相比增长53.44%，比自治区政府下达的扭亏增盈任务增加43.44个百分点。其中，实现利润706.2万元，同期相比增加利润846.4万元。

【扭亏增盈工作】

1996年，宁夏医药经济工作面临资金紧张、各种原材料价格及费用上涨、市场竞争激烈、企业亏损严重、历史包袱重等问题。尤其是1995年医药商业企业亏损严重，主要企业库存结构不合理，扭亏任务比较艰巨。针对这种情况，宁夏医药管理局提出："齐心协力，真抓实干，打好医药翻身仗"的目标，在全系统内积极开展"转机制，抓管理，练内功，增效益"活动，全面加强企业管理，加大扭亏增盈工作力度。一是强化企业法人代表责任意识。系统内企业法人代表全部签订了扭亏增盈目标责任书，各企业的主要领导按规定交了风险抵压金，增强了企业领导成员的风险责任意识和工作积极性。自治区医药公司甩掉了多年亏损帽子，全年实现扭亏增盈，比年初签订的责任目标净增利润53.11万元；自治区药材公司比年初签订的扭亏增盈责任目标减亏303.26万元。中卫县医药药材公司、永宁县医药药材公司、固原县医药药材公司分别比年初签订的扭亏增盈责任目标增加利润25.39万元，15.17万元、8.43万元。二是自治区医药局机关积极帮助困难企业解决问题。1996年，经过各种努力，共为困难企业争取到财政周转金1000多万元，银行新增贷款2000多万元，缓解了部分企业资金紧张的矛盾。三是开展"两个百分点"活动（即降低费用率1个百分点，提高毛利率1个百分点）。各企业都把加强管理，降低费用、增加效益摆在首位，把责任目标层层分解到科室、班组或责任人，制定严密的奖惩考核办法，充分调动职工参与企业管理的积极性。1996年，宁夏医药商业销售额增长13.3%，毛利率上升2.47个百分点，费用率下降0.82个百分点，仅此两项相对增加效益1481万元。

【医药市场整顿】

1996年，宁夏医药管理局认真贯彻国务院53号文件、宁夏区人民政府134号文件、国务院办公厅14号文件精神，依法行政，加强药品市场管理，配合有关部门对全自治区249家药品生产经营企业和医疗机构进行重点检查。自治区整治药品回扣专项领导小组还派出5个检查组，对全区22个地县市的30家县以上药品生产经营企业和医疗机构进行了重点抽查。据不完全统计，全区共查处药品违法案件154起。吊销药品生产企业证照10家，吊销零售药店证照6家，取缔无证照个体药贩131家；查处无证或证照不全非法经营药品57家，没收非法金额57.53万元，罚没款22.93万元。全区共查处假药42种，劣药618种，罚没款22.3万元。全区共查处药品回扣案16起，其中检察机关立案4起，各级工商行政机关立案查处的12起，查出药品回扣金额89.78万元。1996年，宁夏医药管理局被国家医药管理局评为全国医药市场治理整顿先进集体。

【技术改造】

历时18个月，宁夏制药厂《年产600吨四环素盐酸盐项目》技改工程，提前5个月一次性试车成功。该项目共投资6220万元，可年创产值1.2亿元。

【企业改革】

按照建立现代企业制度的原则，组建了康亚药业有限公司和宁夏源源药业有限公司。按照改革、改组、改造相结合的方法，分别将石嘴山市石嘴山区医药药材公司、石嘴山市石炭井区医药药材公司、陶乐县甘草制品厂从原机构中分离出来，划归自治区医药总公司管理，将严重亏损的盐池县医药药材公司部分职工分流到灵武县医药药材公司，解决了下岗职工的生活安置问题。按照人事制度的有关规定，充实、调整了宁夏新药特药公司、宁夏制药厂、宁夏中药厂、宁夏康亚药业有限公司、盐池县医药药材公司的领导班子。按照《劳动法》的有关规定，宁夏医药系统共有27个企业，3096人签订了劳动合同，占全部职工总数的78%。

【职工教育】

1996年，宁夏医药管理局根据国家的招生计划，完成了40人的招生任务。全年共评审各类职称51人。到1996年底，在全自治区医药职工队伍中，大专以上文化程度的有356人，占职工总数的8.9%，中专文化程度的有450人，占职工总数的11.4%。在专业技术队伍中，具有高级职称的有30人，中级职称的有409人，分别占专业技术干部总数的2.6%和35.3%。

【精神文明建设】

1996年，结合开展“百城万店无假货”活动，宁夏医药管理局以“两个规范”为标准，在全自治区医药系统开展了以“经营优质商品，开展优质服务”为主要内容的“双优”活动。全自治区国有医药零售药店，全部悬挂了标有“国有”字样统一标志的灯箱，营业员统一着装，佩证上岗。为推动这一活动深入发展，宁夏医药管理局李春贵局长5月10日通过宁夏电视台向社会郑重作出不销售假药的承诺，在社会上引起较大的反响。1996年，宁夏医药管理局还在全自治区医药系统开展“团结、务实、服务、奉献”的企业精神教育活动，以培养职工的爱岗敬业精神，提高医药企业和职工的整体素质。

（连伯亭）

新疆区维吾尔族自治区

【概况】

1996年全区医药工业总产值（90年不变价）完成38199万元，与上年持平，工业增加值完成11782万元，较上年增长14.33%，工业产销率93%，较上年上升9.07个百分点；医药商业总销售（含税）完成127536万元，较上年增长20.2%；医药商业纯销售97753万元，较上年增长18.8%；实现工商利税7110万元，较上年下降17.8%。

1996年，全区医药工商企业不断深化内部改革，着力推进两个根本性转变。在组建集约生产经营的集团，优化产品及资本结构，积极探索建立现代企业制度等方面有实质性的进展，如正在筹建中的新疆药业集团，以自治区医药总公司及直属企业为主体，以资产为纽带，按现代企业制度要求进行组建，目前正在进行方案的审定和审批。新疆华世丹制药厂与优德制药有限公司以产品、资金为纽带组建了华世丹药业有限公司；新疆湖光制药厂打破地域界限与山东三株药业集团联合组建了新疆三株新鹿药业有限责任公司；新疆医药总公司业务部作为自治区医药流通领域首家试点，正在着手进行股份制改造；成立了全区麻黄素协调体，加强了对麻黄素的管理与协调。

召开了全区医药名牌产品战略研讨会，推荐了16个新疆医药名牌产品。产品质量稳中有升。产品质量稳定提高率达88%，比上年上升3个百分点。企业存在的突出矛盾和问题：一是经济效益下滑，盈利水平下降，扭亏增盈任务艰巨；二是资金占用结构不合理、运营效率低，流动资金依然紧张；三是产业结构、产品结构不能适应市场需要。

（刘新星）

【铁木尔·达瓦买提视察我区制药企业】

1996年4月26日，全国人大副委员长铁木尔·达瓦买提在自治区副主席米吉提·纳斯尔及医药、卫生等部门负责人陪同下，先后视察了新疆医学院特丰制药厂、新疆制药厂和新疆中药总厂，并就新疆医药经济的发展提出三点希望和要求，一要发扬勇于创新的创业精神，二要立足于企业自身搞好技术改造，三要发挥野生药材资源优势，开发具有地方特色的医药产品。

（董兴阑）

【国家医药管理局郑筱萸局长视察我区医药工作】

1996年8月13日至17日，国家医药管理局郑筱萸局长借参加在我区召开的全国化学工业协会理事会之机，视察了我区部分医药企业。郑筱萸就医药行业推进两个根本转变强调指出：一、新疆医药的发展要立足自己的优势，注重开发具有地方特色的拳头产品和民族药；二、要加大科技投入，加强技术改造，加大市场开拓力度，努力转换企业经营机制；三、要积极引导企业由生产经营型向资本经营型转变；四、要实施大公司、大集团战略。

（董兴阑）

【医药新产品开发】

1996年，自治区研制开发保健药品6个，分别是：前列宁液、氨杞康口服液（无糖型）、斯亚旦生发液、罗布麻茶、奥斯曼生眉液、佳加铁口服液，医疗器械产品3个，分别是：得羚减肥器、961微量分析仪、虎狼助阳器，以上产品大部分已投放市场，其中部分产品已取得良好的经济效益和社会效益。

（王平山）

【自治区首批执业药师挂牌上岗】

自治区首批23名注册执业药师，获准注册上岗执业，行使国家规定的权力。这些执业药师的主要职责是对本单位的药品质量负责，按照操作规程和《药品管理法》、《产品质量法》等法规，指导和监督合理用药，保障人民用药安全、可靠、促进药品市场的健康发展。

（陈绵贵）

【药品市场管理】

1996年10月，自治区整治药品回扣违法行为协调办公室派出两个由自治区工商局、自治区医药管理局、卫生厅和自治区纠风办组成的联合检查组，从10月11日至10月25日分别对南北疆和田、喀什、阿克苏、巴音郭楞、伊犁、塔城、阿勒泰和博尔塔拉等9个地州市进行检查，对8个县、11所医院、5个医药公司和3个药品生产厂等基层单位进行了抽查。

检查组认真宣传了整治药品回扣违法行为的重大意义以及区分折扣与回扣的政策界限。针对查出的问题或漏洞，督查建立健全规章制度，遏制回扣、规范折扣，使我区药品市场走上健康发展的轨道。

（刘志俊）

【自治区药品经营企业（批发、零售）网点规划和设置方案】

根据国家医药管理局《药品经营企业网点规划和设置》（国药财字（1996）第226号）的总体布局和要求，自治区医药管理局制定自治区药品经营企业（批发、零售）设置和布局规划：

1.“九五”期间，批发企业总量控制在100家，独立法人企业96家；零售企业（含个体药店）按每1.5万人设立一个零售点，总量控制在1200家；“九五”末，乡镇、兵团团场等人口较集中的应设立零售点；零售网点总数要求达到45%以上。

2．2010年，批发企业总量控制在90家，独立法人企业控制在30家；零售企业按每万人设点，总量2100家；乡镇、兵团团场零售网点设点覆盖面达到90%以上。

（刘志俊）

第 六 部 分

医药质量与监督

【全国医药质量工作座谈会】

1996年1月，国家医药管理局质量管理司在哈尔滨市召开了全国医药质量工作座谈会。各省、自治区、直辖市及计划单列市医药管理局质量处处长及总后勤部医药管理局的代表、有关制药生产企业的质量工作负责人出席了会议。会议由质量管理司司长黄得惠同志主持。国家医药管理局副局长张鹤镛同志到会并作了题为“总结经验，开拓新时期医药行业质量工作新局面”的讲话。

张鹤镛同志在讲话中回顾并总结了“八五”期间医药行业质量管理在健全质量法规体系，换发《药品生产（经营）企业合格证》，推行GMP、GSP，强化标准化、计量基础管理和加强监督抽查，实施产品生产许可证制度，加强制药装备行业管理等七个方面的工作；提出了“九五”期间和2050年医药行业质量工作奋斗目标、指导方针和为做好“九五”期间及2010年医药行业质量工作所采取的主要措施；部署了1996年质量工作的三方面重点是加速医药质量法规建设；加强行业管理，为医药经济发展创造良好环境；加速推行GMP、GSP和质量认证。最后，他要求，质量工作要真抓实干，勇于实践，探索在社会主义市场经济条件下如何抓好医药质量，在实践中为医药经济的发展创造良好的环境，为实现我们的战略目标而勤奋工作，为实现医药经济持续、快速、健康发展而作出我们的贡献。

质量管理司对1996年加速医药质量法规建设工作，换发药包材企业许可证工作，药品生产（经营）企业合格证年检工作，加强国家监督抽查不合格企业的监督检查工作，做好行业标准化归口管理和计量工作，加快推行GMP、GSP，做好达标验收工作，推行GB/T19000系列标准，组建制药机械认证委员会等工作提出了具体安排意见。

与会代表认真讨论了张鹤镛副局长的讲话，交流了“八五”工作经验和“九五”工作打算；认真讨论了《国家医药管理局药品生产（经营）企业合格证年检工作管理办法》（讨论稿）、《医药行业实施GMP“九五”规划》，对1996年医药行业质量工作计划和主要活动安排提出了修改意见。

（陈燕萍）

【中国医药质量管理协会二届二次理事会暨质量管理经验交流会】

中国医药质量管理协会于1996年4月17日～19日，在石家庄召开二届二次理事会暨质量管理经验交流会，来自会员单位一百多位理事及代表出席了会议。

会议内容是：①总结二届一次理事会以来医药质协工作；②修改章程，研讨医药质协工作如何发挥桥梁纽带作用；③表彰全国医药行业质量效益型先进企业（1994年）、先进医药质协和医药质协系统先进工作者；④现场学习参观华北制药集团有限责任公司的质检工作岗位及生产现场；⑤交流医药行业质量效益型先进企业和如何做好医药质协工作的经验；⑥会议期间还召开了二届二次常务理事会，审核批准医药质协咨询师。

会上，原国家医药管理局局长、中国医药质量管理协会顾问胡昭衡发来贺词，国家医药管理局局长郑筱萸作书面讲话，国家医药管理局原副局长、中国医药质量管理协会会长刘永纲作会议总结报告；中国医药质量管理协会副会长杨柏林作工作报告；华药集团公司作了加强管理和适应市场两个经验介绍及QC成果发表报告；广东、上海、江西医药质协和中国医药公司上海采购站、常州药业股份有限公司、武汉健民药业集团股份有限公司、吉林制药股份有限公司等质量效益型先进企业也作了经验交流报告。

此次会议，各位领导对医药行业开展全

面质量管理工作，和在市场经济条件下，围绕实现“两个根本转变”加强协会自身建设，充分发挥医药质协的重要作用，均提出了更高的要求。与会代表结合全国医药管理局长会议确定的医药工作指导思想、工作部署，以及本次会议精神，进行了认真热烈的讨论，在肯定工作成绩同时，提出了很多好的建议和希望。

（杨柏林）

【《医药行业实施 GMP“九五”计划》发布】

根据国家医药管理局制定的《医药行业“九五”计划和 2010 年长远规划》，并在我局 1993 年制定的《医药行业推行 GMP、GSP 八年规划纲要》的基础上，根据近几年来调查掌握的企业推行 GMP 的情况及企业现状，并结合我国国情，起草了《医药行业实施 GMP“九五”计划》，在 1996 年 1 月份召开的全国医药质量工作座谈会上征求了各省、市医药局的意见，进行了修改，于 9 月份以国药质字（1996）第 366 号文正式印发。

《医药行业实施 GMP“九五”计划》对原《八年规划纲要》中的实施 GMP 目标步骤进行了调整，适当推迟 GMP 达标的年限，使“九五”计划更切合实际，更有利于调动企业实施 GMP 的积极性，有利于推动整个行业 GMP 工作的发展。

（王者雄）

【《药品生产企业（车间）实施 GMP 达标验收管理办法》印发】

根据《医药行业实施 GMP“九五”计划》，1997 年医药行业将开始 GMP 达标验收工作。为使该项工作规范化、程序化、制度化，以保证达标验收的工作质量，国家医药管理局以国药质字（1996）第 367 号文印发《药品生产企业（车间）实施 GMP 达标验收管理办法》。 （王者雄）

【《粉针剂、大容量注射剂实施 GMP 检查评审细则》发布】

根据国家医药管理局制定的《医药行业“九五”计划和 2010 年长远规划》及《医药行业实施 GMP“九五”计划》，国家医药管理局组织有关生产企业，依据《药品生产质量管理规范》（1992 年修订）及“粉针剂实施 GMP 指南”和“大容量注射剂实施 GMP 指南”，起草了“粉针剂实施 GMP 检查评审细则”和“大容量注射剂实施 GMP 检查评审细则”，于 1996 年 4 月下旬召开了由起草单位、有关生产企业及部分省、市医药局质量处参加的审定会。会上对两个《检查评审细则》进行了认真的修改、审定。以国药质字（1996）第 196 号文印发，作为生产企业 GMP 自查的标准及我局组织的 GMP 达标验收的判定标准。两个《检查评审细则》已印成单行本，向各地发行。

（王者雄）

【《医药商品零售企业服务规范（试行）》印发】

国家医药管理局于 1996 年 10 月 10 日印发了《医药商品零售企业服务规范（试行）》。此规范共七章 23 条，包括总则、经营条件、人员素质、服务程序、服务纪律、质量活动与记录及附则。印发此规范，强化企业管理，规范药店服务行为，端正经营思想，促进行业精神文明建设。

（王志萍）

【《医药行业实施 GSP“九五”计划》印发】

国家医药管理局于 1996 年 9 月 10 日印发了《医药行业实施 GSP“九五”计划》，提出 GSP“九五”奋斗目标：到“九五”期末，药品经营企业需完成 GSP 改造，符合 GSP 合格要求后，方可依法领取《药品经营企业合格证》。分三步实施：一、新开办的药品经营企业必须达到 GSP 要求；二、1997 年大型和部分中型医药批发企业要达到

GSP要求；三、“九五”期末，中小型医药批发和零售企业要符合GSP合格要求。

（王志萍）

【《国家医药管理局GSP达标企业评定办法》印发】

国家医药管理局于1996年5月2日印发了《国家医药管理局GSP达标企业评定办法》。此办法适用于全国医药经营企业GSP达标的申请、评定、管理及监督。此办法规定国家医药管理局负责制定GSP达标企业标准；组织现场评审、材料审定、公布审定结果、颁发证书及标志等工作；各省、区、市医药管理局负责本地区申请GSP达标企业的初审、推荐和获得称号企业违背GSP的处理。

（王志萍）

【《开办药品经营（批发）企业GSP审查评定细则》印发】

国家医药管理局于1996年5月16日印发了《开办药品经营（批发）企业GSP审查评定细则》，此细则内容包括：机构与人员、设施与设备、规章制度三部分，其中有11项否定项，当各部分及否定项得分率均达到90%，则为GSP审查合格。凡开办药品经营（批发）企业必须通过当地省（市）医药主管部门进行初审，并报国家医药管理局审定批准后，方可依法申领《药品经营企业合格证》。

（王志萍）

【国家医药管理局GSP修订起草及审定小组成立】

在有关省（区、市）医药管理部门推荐的基础上，国家医药管理局审定批准成立国家医药管理局GSP修订起草小组及审定小组，张鹤镛副局长任GSP审定组组长，审定小组共26人组成。GSP修订起草小组由吴美琪任组长，共19人组成。GSP修订小组于8月在北京召开了关于修订92版GSP工作座谈会。讨论确定了新版GSP修订大纲和章节内容，并进行了起草工作分工。10月在昆明召开了新版GSP初稿审稿会，会后与会修订小组成员根据审稿会上提出的修改及补充意见对GSP初稿进行修改后，于12月寄至北京。国家医药局质量司负责统稿，形成修改稿。打印后提交审定组成员及1997年全国医药质量工作座谈会讨论。

（王志萍）

【《药品生产经营（批发）企业合格证年检管理办法》印发】

国家医药管理局、国家中医药管理局于1996年3月11日印发《生产（经营）企业合格证年检管理办法》。此办法共13条，规定了年检的内容、方法及有关问题的处理。已取得《药品生产（经营）企业合格证》的药品生产、经营企业，均需按本办法接受年检，国家医药管理局负责组织全国年检工作，并监督检查实施情况，各省、自治区、直辖市医药行业主管部门负责本地区年检工作的实施，制定实施办法和计划。该办法自发布之日起实施。

（王志萍）

【国家医药管理局优秀质量管理小组】

中国医药质量管理协会，于1996年5月29日至6月2日在青岛市召开了’96全国医药行业质量管理小组（简称QC小组）成果发表、交流会。评出国家医药管理局优秀QC小组140个（名单见附录）。

附：国家医药管理局优秀QC小组名单

（排名不分先后）

单位名称	QC小组名称
天津南华制药有限公司	粉针QC小组
天津市医院设备厂	三车间装配组QC小组
天津市氨基酸公司输液厂	四车间QC小组

单位名称	QC小组名称
天津中国大冢制药有限公司	天津工厂生产一科QC小组
石家庄四药股份有限公司	三车间QC小组
张家口市制药总厂	103车间氨苄青霉素钠QC小组
石家庄市第一制药集团维达药业公司	提炼二组QC小组
石家庄市第一制药厂	一车间一甲脲QC小组
石家庄市第二制药厂	合成车间质量QC小组
华北制药股份有限公司	质检处微量青霉素测定QC小组
华北制药股份有限公司玻璃厂	305车间新品开发QC小组
唐山医药采购供应站	计算机管理QC小组
石家庄乐仁堂	调剂部QC小组
山西芮城制药厂	“宝宝一贴灵”QC小组
山西同领药业有限公司	原料车间QC小组
山西晋新制药总厂	三车间咪唑工段QC小组
山西朔州医药药材公司	药品经营部QC小组
太原制药厂一分厂	101车间喷雾氨苄攻关QC小组
内蒙古包头医药站	质检科QC小组
内蒙古通辽制药厂	水针车间足叶乙甙注射液QC小组
呼和浩特市制药厂	五车间种子QC小组
内蒙古赤峰制药厂	104车间QC小组
内蒙古赤峰制药厂合成分厂	105车间QC小组
内蒙古通辽医药站	质管科QC小组
锦州市制药五厂	四车间双唑泰栓QC小组
辽阳制药机械股份有限公司	搪小件崩瓷研究QC小组
东北制药总厂三分厂	黄连素QC小组
东北制药总厂研究院	头C菌种选育发酵QC小组
辽宁省朝阳制药厂	四车间提炼工段QC小组
锦州市医药公司新特药批发站	储运科QC小组
沈阳第一制药厂	氨酚待因片QC小组
大连制药厂	十车间提取QC小组
大连医药集团药品公司	质检QC小组
辽宁省瓦房店市医药公司	药房QC小组
吉林省舒兰合成药厂	二车间氯乙酸QC小组
吉林省舒兰合成药厂	三车间QC小组
吉林制药股份有限公司	阿司匹林QC小组
吉林省吉林松源食品工业公司制药厂	葡萄糖QC小组
吉林市药材公司	质管处QC小组
吉林省四平市化学制药厂	技术科QC小组
齐齐哈尔鼎恒升制药厂	中心(爱森)QC小组
哈尔滨市医药公司	进出口医药商品经营部QC小组
哈尔滨制药厂	八车间利福平QC小组
哈尔滨制药厂	九车间柱白中试放大QC小组
哈尔滨制药厂	十车间QC小组
上海光电医用电子仪器有限公司	大冲浪QC小组
上海五洲制药厂	三车间306发酵QC小组
上海市医药有限公司沪西分公司	仓储部QC小组
上海市医药有限公司延安东路分公司	仓储部QC小组
中国医药上海采购供应站	全方位开拓市场决策型QC小组

单位名称	QC小组名称	单位名称	QC小组名称
中国医药上海采购供应站	《GSP》达标QC小组	浙江仙居制药股份有限公司	一车间可的松QC小组
上海三维制药有限公司维生素C分厂	VC精制QC小组	浙江仙居制药股份有限公司	碱性脱羧QC小组
上海先锋药业公司	苯唑青霉素钠QC小组	浙江海门制药厂	抗一车间阿霉素QC小组
中国医药上海化学试剂采购供应站	化剂公司溧阳路仓库QC小组	杭州医药站药品分公司	药品仓库QC小组
上海四药股份有限公司	403车间发酵QC小组	空军蚌埠涂山制药厂	七车间QC小组
常州市第二制药厂	针剂QC小组	空军蚌埠涂山制药厂	八车间QC小组
江苏金坛市制药厂	合成二车间QC小组	安徽定远大江医疗用品有限责任公司	石膏绷带QC小组
江苏金鹿集团张家港市医疗器械厂	厂部QC小组	江西国药有限责任公司	激素车间QC小组
江苏盐城明江集团公司	肌醇分厂QC小组	江西制药厂	四车间提炼工段QC小组
苏州第四制药厂	克林霉素QC小组	江西赣江制药有限责任公司	十二车间精制QC小组
苏州第四制药厂	402车间QC小组	江西制药厂	五车间发酵QC小组
无锡市第四制药厂	水针QC小组	山东济南鲁药集团总公司VC分厂	精制车间QC小组
江苏省扬州医药站	新特药仓库QC小组	山东鲁抗医药股份有限公司	三车间铝塑QC小组
江苏扬州制药厂	特非那丁QC小组	山东潍坊医药站	质量管理QC小组
江苏扬州制药厂	盐酸土霉素QC小组	山东新华医药集团有限责任公司	头孢拉定QC小组
江苏兴化制药厂	ATP针剂QC小组	青岛制药股份有限公司	氟罗沙星QC小组
无锡医药采购供应站	新特药公司财务股QC小组	青岛医疗器械站	仓储管理QC小组
常州药业股份有限公司	第二QC小组	焦作市化学制药厂	零二分厂QC小组
常州药业股份有限公司	第一QC小组	焦作市康力药业股份有限公司	一分厂发酵车间QC小组
南京金陵制药(集团)有限公司	脉络宁改进酯提工艺QC小组	焦作市医药站	储运科仓库QC小组
南京医药股份有限公司	质量管理检验QC小组	南阳市化学制药厂	研究所QC小组
南京制药厂	六车间盐酸普鲁卡因QC小组	河南开封制药厂	三车间机修QC小组
南京第二制药厂	酮康唑车间QC小组	河南平顶山医药集团药品公司	质检科QC小组
杭州中美华东制药有限公司	四车间提炼工段QC小组	河南驻马店地区制药厂二分厂	205QC小组
杭州民生药业集团公司	102车间QC小组	河南省医药公司	质量管理QC小组
		湖北制药厂	七车间发酵QC小组

单位名称	QC小组名称
湖北宜药集团有限责任公司	胶丸车间QC小组
湖北省荆沙医药站	质管科QC小组
武汉标达药业有限公司	标达助QC小组
武汉第四制药厂	五车间胶囊QC小组
武汉制药集团股份有限公司	十一车间吡唑酮QC小组
武汉国药集团股份有限公司	质检科QC小组
湖南制药厂	还酰化QC小组
湖南岳阳制药有限公司	九车间提炼二段QC小组
广东汕头万年青制药集团公司	《胆石通胶囊》创名牌QC小组
广东太阳神集团有限公司黄江保健品厂	二车间洗瓶QC小组
广州卫生材料厂	微机开发应用QC小组
广东湛江吉民药业股份公司	皮康霜QC小组
广州市医药公司	医药批发部联合QC小组
广州明兴制药厂	片剂车间感冒通包衣QC小组
广州药用包装材料厂	研究室VC涂布剂国产化QC小组
广州光华药业股份有限公司	强力枇杷露质量攻关QC小组
桂林天和制药厂	创可贴QC小组
桂林三金药业集团公司	郁金香QC小组
广西梧州医药批发站	阜民门市部QC小组
绵阳市730厂11分厂	提高CSBS－9C、B超仪开关电源可靠性QC小组
四川长征制药股份有限公司	704车间粉针工段QC小组
西南医疗器械厂	锻压模具QC小组
成都蜀阳制药厂	陈干室QC小组
成都制药四厂	卡那霉素发酵QC小组
成都制药四厂二分厂	分析QC小组
成都华福宁制药总厂	橙皮甙精制工艺改进QC小组
成都同仁堂	强化质量管理QC小组
四川制药股份有限公司	411车间QC小组
中科院成都地奥制药公司	地奥心血康胶囊QC小组
成都制药二厂三分厂	麦迪霉素片QC小组
重庆大新药业股份有限公司	妥布霉素提取QC小组
西南药业股份有限公司	氨基酸原料国产化QC小组
云南宣威医药采购供应站	综合商场QC小组
昆明制药股份有限公司	片剂车间QC小组
陕西省汉江制药厂	702车间QC小组
西安第四制药厂	片剂车间QC小组
西安第四制药厂	解热止痛散QC小组
甘肃酒泉制药厂右旋糖酐原料分厂	提高右旋糖酐发酵收率QC小组
深圳南方制药厂	软膏车间皮炎平QC小组

（杨柏林）

【全国医药行业质量效益型先进企业】

中国医药质量管理协会，于1996年11月19日中国医药质量管理协会二届四次会长会上，审核通过了40个医药工商企业为“全国医药行业质量效益型先进企业（1995年）”。名单如下（排名不分先后）：

北京第三制药厂
天津六中药制药有限公司
中美天津史克制药有限公司
华北制药集团有限责任公司
河北唐山医药采购供应站
赤峰制药厂
内蒙古甘旗卡制药厂
东北制药总厂

大连医药集团公司
吉林省舒兰合成药厂
哈尔滨制药厂
哈尔滨市医药公司
上海新亚药业有限公司
上海医药工业销售公司
中国医药上海采购供应站
江苏启东盖天力制药股份有限公司
常州药业股份有限公司
南京医药股份有限公司
杭州正大青春宝药业有限公司
浙江震元股份有限公司（绍兴医药站）
合肥神鹿药业股份有限公司
安徽淮南医药集团有限公司
合肥市医药公司
福州福兴医药有限公司
福建福州医药采购供应站
江西江中制药厂
山东东阿阿胶（集团）股份有限公司
山东新华医药集团有限责任公司
山东鲁抗医药企业集团公司
武汉健民药业（集团）股份有限公司
广州光华药业股份有限公司
广州市医药公司
中国医药广州采购供应站
汕头超声仪器研究所
广西壮族自治区梧州医药批发站
中科院成都地奥制药公司
陕西省西安制药厂
宁夏回族自治区永宁县医药药材公司
南京金陵制药（集团）有限公司
成都蜀阳制药厂

（杨柏林）

【表彰全国医药行业质量工作先进集体、先进个人】

为了总结医药行业“八五”期间质量工作经验，表彰先进，发扬成绩，进一步推动我国医药行业质量管理工作，在去年组织各省、市医药局推荐的基础上，国家医药局今年审定全国医药行业质量先进集体 94 个，先进个人 64 名，并以国药质字（1996）第 67 号文通报表彰。

（王者雄）

【医药国家标准、行业标准发布情况】

1996 年，经国家医药管理局、国家技术监督局批准发布医药标准 25 项，其中医药国家标准 11 项，医药行业标准 14 项。具体编号、名称、发布及实施日期见下表：

序号	标准编号	标 准 名 称	发布日期	实施日期
1	GB16174.1-1996	心脏起搏器　第一部分：植入式心脏起搏器	1996-03-07	1996-10-01
2	GB/T16175-1996	医用有机硅材料生物学评价试验方法	1996-03-07	1996-10-01
3	GB/T16292-1996	医药工业洁净室（区）悬浮粒子的测试方法	1996-04-10	1996-10-01
4	GB/T16293-1996	医药工业洁净室（区）浮游菌的测试方法	1996-04-10	1996-10-01
5	GB/T16294-1996	医药工业洁净室（区）沉降菌的测试方法	1996-04-10	1996-10-01
6	GB16313-1996	食品添加剂　抗坏血酸	1996-05-21	1996-12-01
7	GB16314-1996	食品添加剂 L-抗坏血酸玻璃输液瓶盖　第一部分	1996-05-21	1996-12-01
8	GB5197.1-1996	铝盖（代替 GB5197-85）	1996-12-02	1997-07-01
9	GB5197.2-1996	玻璃输液瓶盖　第二部分铝塑组合盖（代替 GB5197-85）	1996-12-02	1997-07-01
10	GB5198.1-1996	抗生素玻璃瓶盖　第一部分铝盖（代替 GB5198-85）	1996-12-02	1997-07-01

续表

序号	标准编号	标准名称	发布日期	实施日期
11	GB5198.2-1996	抗生素玻璃瓶盖第二部分铝塑组合盖（代替GB5198-85）	1996-12-02	1997-07-01
12	YY0236-1996	药品包装用复合膜（通则）	1996-01-30	1996-05-01
13	YY0237-1996	制药用辅料　磷酸氢二钠	1996-01-30	1996-07-01
14	YY0238-1996	制药用辅料　甲基纤维素	1996-01-30	1996-07-01
15	YY0239-1996	制药用辅料　乙基纤维素	1996-01-30	1996-07-01
16	YY0240-1996	制药用辅料　硅酸镁铝	1996-01-30	1996-07-01
17	YY/T0241-1996	制药用中间体　2，4-二氯氟苯	1996-01-30	1996-07-01
18	YY0242-1996	医用输液、输血、注射器用氯丙烯专用料	1996-05-17	1996-10-01
19	YY/T0243-1996	一次性使用无菌注射器用橡胶活塞（代替ZBC31012-89）	1996-05-17	1996-10-01
20	YY/T0244-1996	口腔材料生物试验方法短期全身毒性试验：经口途径	1996-05-17	1996-10-01
21	YY/T0245-1996	管形消化道吻合器（代替GB8668-88）	1996-05-17	1996-10-01
22	YY/T0246-1996	鼻咽活体取样钳	1996-05-17	1996-10-01
23	YY/T0247-1996	医药工业企业合理用能设计导则	1996-07-11	1997-01-01
24	YY/T0248-1996	药用玻璃窑炉经济运行管理规范	1996-07-11	1997-01-01
25	YY/T0249-1996	药用软膏铝管	1996-12-30	1997-07-01

（陈燕萍）

【医药产品监督抽查结果】

1996年，国家技术监督局组织对13种医药产品进行了国家监督抽查(统检)工作，全年4个季度共抽查218家企业、237个品种，抽查合格企业157家、合格产品174种，全年抽查合格率为73.4%。具体抽查结果见下表：

季度	抽查品种	抽查企业数	合格企业数	抽查产品数	合格产品数	抽样合格率（%）
1	医用低速离心机	8	7	9	8	88.9
2	医用X射线防护装置用具	28	23	28	23	82.1
	丁基橡胶抗生素瓶塞	9	6	18	13	72.2
	二氧化碳激光治疗机	12	7	12	7	58.3
	光固化机	8	4	8	4	50.0
3	髋关节假体	11	8	13	10	76.9
	超声多普勒胎心诊断、监护设备	13	7	18	12	66.7
	电磁波治疗仪（统检）	41	25	41	25	60.9

续表

季度	抽查品种	抽查企业数	合格企业数	抽查产品数	合格产品数	抽样合格率（%）
4	多效蒸馏水机	11	11	11	11	100
	一次性使用输血器	8	7	8	7	87.5
	一次性使用输液器	42	36	42	36	85.7
	医用诊断X射线机	12	9	14	11	78.5
	医用高压氧舱	15	7	15	7	46.7

（陈燕萍）

【医药标准化奖励】

1996年，经国家医药管理局、国家技术监督局组织评审、公布，2项国家标准获国家技术监督局科技进步奖、13项国家标准和行业标准获国家医药管理局标准化优秀项目奖、28位同志获国家医药管理局标准化先进工作者奖。具体名单如下：

1996年度获国家技术监督局科学技术进步奖项目名单

项目名称	获奖等级	主要完成单位	主要完成者
GB8368-93一次性使用输液器	二等	国家医药管理局医用高分子产品质量检测中心	吴平、施燕平、蒋文强、梁志红、林红
GB15213-94医用电子加速器性能和试验方法	三等	北京医疗器械研究所	章兆圆、吴甚、王小韵

1996年度获国家医药管理局优秀标准化项目奖名单

项目名称	获奖等级	主要完成单位	主要完成者
GB11236-95TCu宫内节育器	一等	上海医用缝合针厂	余国恩、沈怡韵、姚小颖、蔡志敏、张炎麟
YY/T0141-93医药工业洁净室（区）悬浮粒子测试方法	一等	上海医药管理局药品测试所	吴聆、徐进庆、纪炜、步伯荪
YY/T0195-94心电图机可靠性试验方法	二等	国家医疗器械质量监督检验测试中心	吴达明、朱克兴
YY/T0192-94制药机械标准体系表	二等	国家医药管理局制药机械设计技术中心站	胡鹤立、陈严华、江有镛、陈可葆
GB15571-95食品添加剂葡萄糖酸钙	二等	山东新华制药股份有限公司	叶泳嫦
YY0169-94丁基橡胶药用瓶塞及化学试验方法	二等	湖北华强化工厂	肖美芳、李吉生、赵明艳、王继柏、王秀臣
GB15570-95食品添加剂叶酸	三等	常州制药厂	张春华、贺家英、许瑞群

续表

项目名称	获奖等级	主要完成单位	主要完成者
YY0201-95 100MA 医用诊断X射线机	三等	杨州医疗器械厂	张所长、郑林利、傅健、朱念保、许德连
YY0215.1-95 电热消毒柜安全、消毒效果通用技术条件	三等	广东医疗器械质量检测中心	黄秀莲、张丹延、王培连、陈孟
YY0215.2-95 臭氧消毒柜安全、消毒效果通用技术条件	三等	广东医疗器械质量检测中心	黄秀莲、张丹延、王培连、陈孟
GB14755-93 食品添加剂维生素D_2	四等	江西赣南制药厂	姜家坤、俞寄萍、魏小弟、肖荣芳
YY0164-94 超声多普勒胎儿监护仪	四等	深圳安科高技术有限公司	何涛、白湧
GB14751-93 食品添加剂维生素B_1	四等	东北制药厂	韩长贵、程玉珠、张绍雄、黄秋寅

1996年度获国家医药管理局标准化先进工作者奖名单

姓名	申报单位
刘仁域	北京市医药管理局
林唯曾	上海市医药管理局质量处
孟繁荣	天津市医药行业管理办公室
陈继智	广东省医药管理局
沈国鑫	国家医疗器械质量监督检验测试中心
傅国宝	国家医疗器械质量监督检验测试中心
吴　平	国家医药管理局山东包装材料、容器产品质量检测中心
忙安石	国家武汉医用超声波仪器质量监督检测中心
章兆园	国家医药管理局医用生化仪、加速器质量检测中心
贺铭鸣	国家医药管理局口腔材料质量检测中心
陈严华	国家医药管理局制药机械设计技术中心站
陈永和	国家医药管理局天津药物研究院
张荣庭	国家医药管理局天津药物研究院
步伯荪	上海市医药管理局药品测试所
原俊安	航天工业总公司一院十三所
林　超	哈尔滨飞机制造公司
邵其芳	西南医用设备厂
范德良	上海远东制药机械总厂
李定群	重庆制药机械厂
崔红菱	上海玻璃厂
宋德贞	上海玻璃厂
谢　淼	山东新华制药股份有限公司
于伯英	华北制药股份有限公司质检处
顾　锋	中美上海施贵宝制药有限公司
张春华	常州制药厂
奚传林	江苏江山制药有限公司
查丽文	常熟市制药机械厂
陈　杰	浙江海门制药厂

（陈燕萍）

【1996年17家企业GSP达标】

1996年全国有12个省（市）及中国医药公司经初审合格后推荐20个医药经营企业申请GSP达标验收，经过对推荐材料审查后，国家医药管理局组织了四个验收组，根据《国家医药管理局GSP达标企业评定办法》的要求，于9～12月先后对符合申报要求的17家企业进行了现场审查验收。并报国家医药管理局GSP达标验收审定组审定通过。批准授予北京市医药经济技术经营公司、河北省石家庄医药药材股份有限公司、河北省唐山医药采购供应站、吉林省吉林市药材公司、哈尔滨市医药公司、上海市医药工业销售公司、中国医药上海化学试剂采购供应站、南京医药股份有限公司、江苏健桥医药总公司、杭州医药站股份有限公司、浙江震元股份有限公司、福建省福州医药采购供应站、山东省医药公司、河南省医药公司、中国医药广州采购供应站、广州市医药公司、云南省宣威医药采购供应站医药商品质量管理规范达标企业称号。

(王志萍)

【中国医药北京采购供应站等6家企业首批达到GSP标准】

国家医药管理局于1996年2月8日在北京召开了1995年度GSP达标企业授牌大会。向全国首批达到GSP标准的北京市医药公司、中国医药北京采购供应站、中国医药上海采购供应站、上海市医药公司、江苏省无锡医药股份有限公司、常州药业股份有限公司等6家企业授予"医药商品质量管理规范达标企业"称号。

(王志萍)

【国家医药管理局GMP检查员培训班】

为了进一步提高国家医药管理局GMP检查员素质,统一认识,以利于开展GMP检查验收工作,我处于5月中旬举办了一期国家医药管理局GMP检查员培训班,请美国FDA官员施存博士讲授有关GMP检查及验证等内容;请国内有关企业及合资企业介绍粉针剂、大容量注射剂生产验证的有关内容;叶瑛瑛副司长对粉针剂、大容量注射剂实施GMP指南及达标验收评审细则作了说明,有61人参加了培训。

(王者雄)

【粉针剂GMP培训班】

根据《医药行业实施GMP"九五"计划》,粉针剂首先要达到GMP要求,1997年将进行粉针剂生产企业(车间)的达标验收。因此,我处于6月至7月在重庆、上海、石家庄分别举办了一期冻干粉针和两期粉针剂GMP培训班。培训班的主要内容是宣贯医药行业实施GMP"九五"计划;讲解粉针剂实施GMP指南及检查评审细则;介绍粉针剂生产验证的内容;参观当地实施GMP较好的粉针企业(西南药业公司、上海第四制药厂、上海新亚制药厂、华北制药厂);交流实施GMP的经验和体会。企业报名很踊跃,三期共有290名学员参加了培训,其中有副厂长、总工、车间主任、处长(科长)及有关技术人员。学员普遍反映收获很大。

1996年4月和10月,连续与西安杨森制药有限公司联合举办了第二期、第三期GMP文件编制与管理培训班,两期共有137名学员参加了培训。

(王者雄)

【国家医药管理局第二批GMP检查员聘任】

为了实施GMP达标验收检查工作,需要有一批GMP检查员队伍。经组织培训、考核,聘任了第二批GMP检查员22名。两批共聘任65名GMP检查员,并颁发证书。

(王者雄)

【医药经营质量管理人员培训实现三统一】

5月上旬质量管理司在连云港市举办了第三期医药经营质量管理师资培训班。此培训班是最后一期,共为全国培训医药经营质量管理师资139名,为各省区市医药经营质量管理人员的培训实现教师、教材、内容三统一提供了保证。

(王志萍)

【GSP达标验收细则宣讲班】

4月上旬质量管理司在青岛举办计划达标企业19个36名代表参加的医药商品质量管理规范验收细则宣讲班,此班为企业正确理解、实施GSP,顺利进行GSP达标验收工作创造了条件。

(王志萍)

【《药品检验操作规程》出版及师资培训】

为了使企业能尽快并准确地贯彻执行《药品检验操作规程》,国家医药管理局质量司于5月底在北京举办了一期宣传贯彻《药品检验操作规程》师资培训班,由药典委员会的同志介绍1995版药典概况，并由参加本标准起草工作的同志讲解标准的有关内容。每个省、市推荐了3名同志参加培训，经培训的同志可作为师资，对本地区内的药品生产、经营企业在岗检验人员进行宣贯培训。共65名同志参加了培训。

（王者雄）

【《药品生产验证指南》出版】

为了指导药品生产企业实施GMP时开展验证工作，引导实施GMP工作不断深入发展，国家医药管理局质量司组织有关企业的专家编写了《药品生产验证指南》一书。全书分总则、厂房与设施的验证、检验方法的验证、制剂生产的验证、原料药生产的验证、计算机系统验证管理等，共6篇26章，约65万字。

该书于1996年二季度出版，为GMP培训提供了教材。

（王者雄）

【《医药标准化工作手册》编辑】

为进一步规范医药行业的标准化工作，提高医药标准化人员的工作能力，经国家医药管理局办公室批准，质量管理司于1996年完成了首次编印《医药标准化工作手册》一书的工作。该书收集并介绍了我国有关标准化方面的法律、法规和与标准化工作有关的规章、办法；我国关于制、修订国家、行业、企业标准的工作程序和编写各级标准的一般规定和表述方法；有关国际标准化组织机构的情况和国际标准化组织中有关医药技术领域标准化工作内容和发展信息；我国医药标准化专业机构的工作现状以及现行医药标准目录等，是国家医药管理局第一部有关标准化方面集实用和信息为一体的参考工具书。适用于生产、经营、检测、管理医药产品的企业事业单位和各级医药管理部门的标准化人员工作时参考。

（陈燕萍）

【决定全国医药零售企业悬挂绿十字标志】

为了发挥社会各界对药品零售企业的经营行为的监督作用，从严要求药品零售企业，树立“质量第一”的经营思想和“顾客至上”的服务宗旨。国家医药管理局于1996年11月8日决定在全国所有合法的药品零售企业悬挂统一的“绿十字”标志，并在全国医药系统征集绿十字标志图案。

（王志萍）

第 七 部 分

医药科研与教育

医药科研工作

【全国医药科技工作会议】

经国务院批准全国医药科技工作会议，于1996年4月24日至26日在北京召开。本次会议的主要内容是：动员、部署实施“科教兴药”战略，促进医药事业发展。会议得到国务院领导同志的关心和支持。会前，国务院副总理吴邦国对会议做了重要书面指示；国务委员兼国家科委主任宋健于3月26日听取了国家医药局关于医药行业和医药科技工作情况的汇报，4月26日亲临大会，针对医药科技工作发表了题为“立足技术创新，发展规模产业”的讲话，充分肯定了医药科技和经济取得的长足发展，并就立足技术创新，发展规模化产业做了重要指示：1. 努力增加医药科技投入；2. 积极开拓国内外两个市场；3. 培养新一代人才，充分发挥各类人员的作用。全国人大倪志福副委员长、国务院副秘书长徐志坚以及国务院办公厅、国家经贸委、国家科委和其他各有关部委、局的领导同志出席了会议。国家经贸委俞晓松副主席在开幕式上做了讲话。

会议正式代表215名，出席会议的有各省、自治区、直辖市及计划单列市医药管理局或相应的医药管理部门、解放军总后医药管理局的领导及科技、教育处的负责同志；国家医药管理局机关各司室和在京直属单位的领导、直属科研机构和高校的领导和代表；医药行业主要大中型企业代表以及各省、市、区医药科研机构的代表。中国科学院、中国医科院和解放军军事医学科学等有关科研机构以及部分医药高等院校的代表也参加了会议。参加会议的还有来自国家医药管理局工程技术中心的代表。会议还特别邀请部分从事医药研究的中国科学院和中国工程院院士参加会议。

会议听取了国家医药管理局局长郑筱萸关于医药科技的工作报告；发布了《国家医药管理局关于加速医药科学技术进步的意见》（下称《意见》）；国家医药管理局科技教育司司长王明学、中国药科大学黄文龙教授、沈阳药科大学刘学教授分别就《意见》的起草过程、医药科技发展趋势及科技成果转化机制做了专题报告；浙江省医药管理局、上海三维制药有限公司、天津药物研究院、中国大恒公司、中国药科大学、上海医疗设备厂等六个单位的代表进行了大会发言。大会对全国37个医药科技工作先进集体、60个医药科技工作先进个人、36个医药科技管理工作先进个人进行了表彰，并颁发了荣誉证书。会议期间，代表们就医药行业“八五”科技工作的成绩、经验和存在问题及今后的努力方向进行了比较深入的讨论，提出了很好的意见和建议。国家医药管理局副局长张鹤镛做了会议总结。

（林渌蒿）

【“八五”国家重点科技攻关医药项目验收】

根据国家计委、国家科委、财政部印发的《“八五”国家重点科技项目（攻关）计划验收办法》的要求（计科技函［1994］057号），国家医药管理局科技教育司于1995年9月～1996年3月组织了由国家医药管理局组织实施的“八五”国家重点科技项目（攻关）计划“85-921新型医疗器械研究开发”、“85-922新型药物研究开发”两个项目及“14MeV医用驻波电子直线加速器”和“激光医疗技术”两课题的共计103个专题的验收工作。攻关验收专家委员会考核结果：已按考核目标完成或超额完成计划的专题68个，占专题总数的66%，这些专题成果在技术上、工艺上具有创造性进展，处于国际或国内领先水平；另外基本完成计划任务的专题28个，占专题总数的27.2%；两项合计96个专题，占专题总数的93.2%。其中获国家科技进步奖3项，省部级奖8项；申请专利10项，已获授权的发明专利3项，实用新型专利1项；发表论文111篇。在此基础上，验收专家委员会对国家医药管理局提交的两个项目计划的执行报告进行了评审，并由科技教育司按要求编制了两个项目的项目验收报告，上报两委一部。

（沈建雷）

【“九五”国家医药科技攻关计划项目通过论证并启动】

由国家医药管理局组织的“医疗器械及其关键技术的研究开发”、“新型药物及其关键技术的研究开发”两个医药重大科技攻关项目，于1996年1月在北京通过专家论证，并分别于1996年6月和1996年8月由国家科委正式批准，列入“九五”国家科技攻关计划。

其中“医疗器械及其关键技术的研究开发”项目考核目标：1. 开发10～15项具有国际先进水平，对诸如医用光学、医用放射影像、医用超声等领域的产品性能水平及临床医疗水平有显著提高作用，有广泛应用价值的重大关键技术；2. 重点开发有高性能价格比的常规医疗器械的升级换代品种和有我国自己创新技术特点的医疗器械新品种10个；3. 本项目完成后，促进X线数字影像设备、超声外科设备、数字心电图3个医疗器械产业化基地的形成。

在“新型药物及关键技术的研究开发”项目考核目标中要求：1. 研制开发五种国内首次上市的全新药物；2. 研制国际上使用面广、疗效好、毒副反应小、专利期已过或将要到期的优新药物十种；3. 研究开发十种新型制剂；4. 攻克六项新型制剂关键技术，建立和完善四条新型制剂的生产线；5. 突破制药工程中四项关键技术，提高五个重大战略产品的生产技术水平；6. 研制开发六种制药装备和四种药用包装材料及包装技术。

（沈建雷）

【“八五”攻关成果、“九五”攻关招标新闻发布会】

为了加强宣传和扩大医药、卫生工作的影响，向社会各界展示医药、卫生系统“八五”国家重点科技攻关成果，广泛地动员全社会各界力量投入到即将开始实施的医药、卫生“九五”国家重点科技攻关计划中来，国家科委、卫生部、国家计生委、国家医药管理局、国家中医药管理局五个部委于1996年2月12日在北京联合召开了“国家科技攻关（医药卫生）‘八五’成就、‘九五’招标新闻发布会”。国家医药管理局科技教育司王明学司长、王澍仁处长、沈建雷等同志出席了发布会。会议邀请了新华社、中央电视台、中央人民广播电台、中国国际广播电台、人民日报、光明日报、解放军报、科技日报、健康报、中国医药报、中国中医药报、北京电视台、北京人民广播电台、北京日报等20余家新闻单位出席，同时邀请了：国家计委、国家经贸委、国家教委、财政部、内贸部、中国科学院、总后卫生部等国务院有关部委代表；还有中国医学科学院、预防医学科学院、中医研究院、军事医学科学院等科研单位院士、专家或管理人员代表。

新闻发布会上各组织部门的主管领导就“八五”攻关计划项目的主要成就和“九五”攻关计划招标的主要内容分别做了报告，并回答了记者的提问。

（沈建雷）

【“九五”国家科技攻关计划部分医疗器械

专题招标】

根据国家科委关于重点科技攻关项目组织实施的有关要求，国家医药管理局科技教育司组织了“96-905 医疗器械重点品种及关键技术”项目部分专题的招标工作。其中包括：“数字化多道心电图机的研究开发”、“心、腹两用多功能 B 型超声诊断仪”、“大功率医用半导体激光手术刀的研究”、“多功能半导体激光治疗仪的研究开发”、“超声外科手术设备关键技术的研究开发”等 5 个专题。经过向全国各省、市、自治区及有关部委单位招标，共收到有效标书 44 份，科技教育司于 1996 年 5 月 2 日～5 月 8 日分别召开了各专题的专家初评会，评出 25 个投标申请进入复审。1996 年 5 月 14 日～5 月 17 日在北京召开招标专题评标专家复审会，经对申请单位答辩考评，最终确定了中科院半导体所、清华大学、汕头超声仪器研究所等 5 个单位分别中标。之后，国家医药管理局科技教育司与各承担单位分别签定了攻关专题合同，并已由国家科委批准执行。

96-905 项目的其它 4 个专题，由于情况清楚，申报单位优势突出，科技教育司以委托方式确定了专题承担单位，并分别签定了攻关专题合同。

（沈建雷）

【医药科技“九五”计划及 2010 年远景目标编制完成】

为适应我国医药事业的发展，加强对医药科技工作的宏观指导，提高全行业的生产技术水平，促进医药科技进步，国家医药管理局科技教育司于 1994 年 8 月开始，组织了“九五”及 2010 年医药科技发展规划基础资料的编写工作，委托国家医药管理局医药工业信息中心（上海医药工业研究院内）为牵头单位，邀请了全国约 30 家单位、70 余位医药科技人员及有关专家参加本项工作。基础资料的内容包括：1. 创新药物发展战略；2. 原料药新产品；3. 制剂新产品；4. 制剂技术；5. 生物技术；6. 装备与制药工程；7. 重要品种技术水平提高等七个部分。该资料详细描述了国内、外科技水平和发展趋势，并对“九五”及 2010 年科技规划以及攻关课题提出了建设性的建议。国家医药管理局科教司在“基础资料”的基础上，根据国家科技发展的总体政策和国家医药管理局医药工业发展规划，着手编制了“九五”及 2010 年医药科技发展规划，经过数次专家论证，四次修改易稿，于 1995 年 12 月完成了医药科技“九五”计划和 2010 年远景目标，并于 1996 年 4 月在全国医药科技大会上正式发布。该计划对医药科技“九五”攻关计划及长远发展发挥了良好的宏观指导作用。

同时，由科技教育司组织全国医疗器械骨干企业、有关部委系统、专业学会等 42 个单位编写的“九五～2010 年医疗器械行业科技发展规划”，也于 1995 年底编制完成，在 1996 年 4 月的全国医药科技大会上向全行业正式发布。

（包锦芝）

【“八五”攻关医药项目成果多媒体演示系统的开发】

根据国家计委、国家科委、财政部“关于做好‘八五’科技攻关成果多媒体演示汇报会准备工作的通知”(计司科技函［1995］064 号）文的要求，为向党中央、国务院、全国人大、政协等中央领导及社会各界汇报、宣传医药行业执行“八五”国家重点科技攻关计划“85-921 新型医疗器械研究开发”、“85-922 新型药物研究开发”两个项目的情况，取得的成果，产生的社会效益和经济效益，展示国家重点科技计划对医药经济的增长和对我国医疗卫生事业发展的贡献，由国家医药管理局科技教育司委托全国医药技术市场协会（中西新药应用研究所）自1996年1月至1996年5月，组织设计、编制“八五”攻关医药项目成果多媒体演示系统。其中包括两个项目的成果多媒体演示及数据库查询系统；各项成果的视频资料的拍摄及编辑合成；图片资料的计算机采集处理。所有资料已如期上报两委一部综合办公室，并通过全国医药技术信息网络开展咨询服务。

（沈建雷）

【“九五”医药行业技术开发指南编制】

根据国家经贸委的要求，为指导各地方、各部门在“九五”期间，更有针对地组织、推荐、申报、筛选医药重大技术开发项目，国家医药管理局科技教育司组织编写了《“九五”医药行业技术开发指南》。该“指南”共有三个部分：第一部分：医疗器械，其中提出了“医用光纤内窥镜关键技术开发”、“医学影像数字化技术”、“新型B型超声探头技术”、“医疗设备可靠性工程技术”4个重点发展领域；第二部分：制药装备工程关键技术；第三部分：医药技术，其中提出了“化学医药重要产品的关键生产技术”、“现代医药生物技术”、“药物制剂关键技术”3个重点发展领域。在提交的“指南”论证报告中，共提出了30项重点任务目标，53项建议开发重点技术及相应的技术指标。“指南”将经过同行专家的最终审议，下发到各地方。“指南”提出的各项指导性目标，将对医药行业的技术进步、产品的更新换代起到积极的作用。

（沈建雷）

【中国介入医学技术发展战略及学术研讨会】

由国家科委、卫生部、国家医药管理局联合举办的“中国介入医学发展战略及学术研讨会”于1996年11月18日～11月20日在北京召开。开幕式上，国家科委社会发展司甘师俊司长、卫生部科技教育司刘海林司长和国家医药管理局科技教育司王明学司长分别做了讲话。会上，刘玉清院士等5位临床和生物医学工程专家分别做了题为①我国介入医学现状及发展战略的探讨；②我国心血管介入性治疗的现状和展望；③介入神经放射学的现状和未来；④肿瘤介入性治疗技术的进展；⑤生物医学工程与介入性诊疗技术的专题报告。

介入诊疗技术是一项新兴的多学科交叉的高新技术，是临床医疗正快速发展的一个新的技术领域，它为心、脑血管病、恶性肿瘤的诊断和治疗提供了新的手段。为了支持我国这一新兴技术的发展，国家科委计划在“九五”期间，将介入诊疗技术及其相关器械的应用研究增列为国家“九五”重大科技攻关项目，将由卫生部和国家医药管理局共同负责组织实施。本次研讨会就是为了组织、动员全国各界力量参与到这项计划中来，同时也为结合我国具体情况，更准确、科学地选择攻关目标和重点，请各方面专家在这次研讨活动中出谋献计。

（沈建雷）

【医疗器械科技信息系统开发工作验收】

“医疗器械科技信息系统”是国家医药管理局科技教育司于1992年委托国家医药管理局医疗器械情报中心站和上海医疗器械研究所进行开发的，其目的是推动医疗器械行业信息产业的发展，服务于社会，为国家决策提供参考。该系统包括“医疗器械产品信息”、“医疗器械研究生产单位信息”、“临床医疗装备信息”、“医疗器械科技文献信息”、“医疗器械专利信息”等五个部分。经过几年的系统开发和数据积累，信息系统的开发工作已基本完成，科技教育司于1996年11月7日在上海组织对该信息系统的验收。邀请上海市医药管理局科技情报研究所汪敏澍所长、上海医疗器械高等专科学校唐树森副校长、全国医药技术市场协会黄永勤副秘书长等5位参加了验收评审。通过对照合同任务书的要求和立项当时的背景，专家组进行了认真的评审，并通过了对该系统开发的计划任务验收。

为了深入地推动医疗器械科技信息工作，讨论信息系统的进一步建设、管理、推广和应用工作，会议还邀请了江苏省医药管理局科技处、河北省医药管理局医疗器械处、山东省医药管理局科技处、北京医疗器械研究所等7家单位的代表出席。

（沈建雷）

【中国国际放射医学影像技术考察团赴美】

为了了解国际上医学影像技术的发展动态、最新成果，由中国科学院、国家医药管理局、国投中嘉公司和解放军总医院联合组成技术考察团，赴美国进行了为期两周的技术考察。首先，考察团参观、考察了1996年12月1日至12月6日在美国芝加哥举行的1996年度的北美放射学会(RSNA)年会。在这个世界性的大会上，各大公司都将最新的放射医学影像技术及产品进行展示，考察团分别对“放射影像数字化技术”、“CT技术”、“磁共振成像技术”、“数字血管减影技术”、“PACS和远程诊断技术”、“超声诊断技术”、“核素医学影像技术”等方面进行了不同程度的考察。同时，“九五”医药科技攻关计划已开始实施，为在某些高新技术领域，加强与国际间的技术合作，探寻技术引进的可能，借此机会，考察团与有关方面进行了接触、洽谈，以寻求合适的合作伙伴及合作方式。

考察期间，考察团分别参观、考察了美国STERLING公司和施乐（XEROX）公司，并进行技术合作洽谈。此外还参观了两家医院，一个是在纽约的The Mount Sinai Medical Center的医学影像工程部，另一个是在旧金山的加利福尼亚大学（UCSF）附属医院的医学影像中心。

（沈建雷）

【医药行业工程研究中心座谈会】

国家医药管理局科技教育司于1996年10月29日～30日在上海召开了医药系统国家和国家医药管理局属各类“工程中心”的工作座谈会。张鹤镛副局长到会并讲了话，要求各“工程中心”要在促进科技成果转化、推动科技成果产业化、培养人才、实施创新工程方面充分发挥作用。会议期间各“工程中心”的代表就运行机制、促进企业技术进步、技术创新，以及如何加强为企业服务等方面开展了研讨和交流。国家医药管理局科技教育司对各“中心”今后的工作提出明确的要求：1.“工程中心”必须贯彻创新精神，在机制、制度和技术上开展创新工作，在探索中求发展，不断地充实和完善自身建设；2. 根据市场经济发展的需要，开展新产品、新工艺、新技术和装备的研究开发，抓好与医药企业技术进步的切入点，在技术服务中不断地提高水平；3. 必须正确处理好与依托单位的关系，接受依托单位的行政领导，取得依托单位的重视和支持，依托单位要成为“工程中心”的强大技术后盾，并提供行政保障和后勤支撑；4.“工程中心”是一相对独立的科研开发机构，接受国家医药管理局的业务指导。根据需要，“工程中心”可设立独立帐户，并拥有独立对外开展业务的权利，技术咨询和技术服务的收入归“工程中心”所有，可用于“工程中心”的业务发展，国家医药管理局科技教育司将努力为“工程中心”创造条件，提供必要的信息交流窗口，使“工程中心”在行业中更加有效地发挥技术辐射作用。

最后会议审议了“国家医药管理局工程中心管理办法（草案）”，提出了修改意见并一致通过。

（包锦芝）

【中国医药制剂设备技术考察团赴欧洲】

1996年12月2日～16日，国家医药管理局组团赴德国、意大利对制药企业及制药设备企业进行考察、访问。拜访了本次考察的邀请单位RIECKERMANN公司的汉堡总部，考察了Uhlmann公司的铝塑包装机、Fette公司的压片机、MG-2公司的胶囊灌装机和BPS公司的液体粉针灌装设备等，并参观了Pfizer和Bayer制药企业的制剂包装及固体制剂车间。

通过本次考察和访问，结合我国制药企业的现状，考察提出以下几点建设性意见：1.必须加强制药设备企业的专业化生产的宏观调控。本次参观的制药设备厂均为较大规模的制药设备企业，每一个公司只生产专一的制药设备，精益求精，使各企业均能在各自的领域中处于领先地位，这对我国制药设备企业是一条值得借鉴的经验。2.制药设备企业必须加强与制药企业（用户）的联系。在考察中，代表团成员发现，各制药设备厂与制药厂有着密切的联系，经常根据制药技术的发展和用户的需要进行新产品的开发和改进，使制药设备能不断地跟上制剂技术发展的要求。有的新产品是制药厂和制药设备企业共同合作开发的。我国的制药设备企业也应该采取相应的措施，加强与制药企业的联系与合作，促进制药设备新产品的开发。

除上述外，国外企业重视人才培训和在工艺设备和管道布置中严谨的GMP意识均给人留下深刻的印象。

（包锦芝）

【全国医疗器械研究所所长联谊会成立】

为更好地推动科研体制改革，加强各医疗器械研究所之间的交流与合作，加速科技成果的转化，根据1995年4月在庐山召开的“地方医疗器械研究所所长座谈会”纪要的精神，在广东省医疗器械研究所和北京医疗器械研究所领导的积极筹划和安排下，1996年2月在广州召开了“全国医疗器械研究所所长联谊会成立大会暨所长联谊会第一次会议”，国家医药管理局科技教育司王澍仁处长出席了会议。

参加“所长联谊会”成立大会的有北京、天津、上海、广东省、广西、广州市、浙江省、山东省、山西省、武汉、辽宁省等十一家地方医疗器械研究所及汕头超声仪器研究所、国家医药管理局上海医疗器械情报中心站等共13个单位。

会议讨论并通过了“所长联谊会”章程，选举了广东省医疗器械研究所为主任单位，北京市医疗器械研究所为副主任单位。会议还就“如何适应社会主义市场经济，当好一个所长”、“医疗器械信息产业的开发与网络的建立”、“科技成果转让及产业化”、“市场开发与营销”等议题开展了研讨和交流。

（沈建雷）

【国家科学技术奖励药品、医疗器械专业评审委员会成立】

1996年国家科学技术奖励工作办公室对国家级奖励专家评审机构进行了调整，重新设立“药品、医疗器械专业评审委员会”。国家医药管理局局长郑筱萸同志出任主任委员；国家医药管理局科技教育司司长王明学同志任副主任委员。

【96’全国医药结晶及粒子过程技术学术会议】

1996年4月，国家医药管理科技教育司在天津大学国家医药管理局医药结晶中心举办了“96’全国医药结晶及粒子过程技术学术会议暨研讨学习班”，共有50家药厂80名代表参加会议，会议为代表提供了近30万字的讲座资料，争取到国家外专局智力引进经费3万元，邀请了世界著名的生化结晶专家M.A.Larson教授到会讲课，为医药结晶技术的推广与发展起到了促进作用。

（李　宏）

【首次医药行业重大技术巡回推广活动】

1996年5月，为了贯彻“科教兴药”战略，落实全国医药科技工作会议的精神。国家医药管理科技教育司组织了首次医药行业重大技术巡回推广活动。推广活动在山东、江西、江苏三省进行，受到了当地企业的热烈欢迎和好评。签订意向合同66项。

（李　宏）

【医药行业膜分离技术应用交流研讨会】

1996年10月国家医药管理科教司在河北省石家庄市组织召开了医药行业膜分离技术应用交流研讨会。会议内容把现代膜技术知识普及与现实医药工业有机地结合起来，对膜技术在医药行业的广泛应用产生巨大影响。

（李　宏）

【巴西中国科技成果展览会参展】

1996年12月国家医药管理科教司组织昆明制药厂、上海信谊制药厂等十个单位组成医药分团参加了由国家科委的组织巴西中国科技成果展览会，共签定大宗代理协议8项，对巴西的医药市场进行初步了解，取得了比较圆满的效果。

（李　宏）

【全国医药技术市场信息网络及科技成果管理工作会议】

1996年8月在北京召开了全国医药技术市场信息网络及科技成果管理工作会议。会议讨论了全国医药技术市场信息网络的实施方案和《国家医药管理局科技成果鉴定办法》（征求意见稿）。会后全国医药技术市场协会就信息网络工作分别到广东、黑龙江等地培训上网骨干。同时积极与新加坡维信集团在信息合作方面接触洽谈旨在与新加坡、北京大学在信息方面建立网络合作。

（李　宏）

【上海医药工业研究院改革试点方案获批复】

国家科委政策法规与体制改革司于9月4日下发“关于对上海医药工业研究院改革方案的批复”（国科政字［1996］052号），原则同意上海医药工业研究院改革方案的基本思路，并要求在深化改革过程中，加快机制转换的步伐，按照“稳住一头，放开一片”的基本思路，大胆探索，积极进取，力求在一些专业上取得突破性进展的同时，争取在科技产业化发展上取得更大成就，早日完成由科研事业型向科技企业化的转轨。

上海医药工业研究院是国家科委体制改革的试点单位之一。

（林渌蓠）

【国家新药研究基金1996年度立项项目启动】

由国家医药管理局新药研究管理中心负责组织实施的国家新药研究基金，面向全国，每年9～10月受理申请，经形式审查、初审、复审择优立项后，采取“滚动”资助方式进行管理。目前资助范围包括化学创新药物、生物技术产品、海洋药物、生化药物、新药物制剂和中药等类别。该基金1995年受理申请226项，经评审共立项资助42项，于1996年开始启动实施。经全面检查评估，16项完成阶段合同计划、进展良好的在研项目也一并进行了滚动资助。另外，国家医药管理局新药研究青年专项基金与本基金同时受理，经评审1996年度有10项获得资助。

（王兰明）

【新药研究与开发赴美培训班】

国家医药管理局新药研究管理中心主办、美国协尔公司和宾州大学承办的“新药研究与开发赴美培训班”于1996年12月11日至1997年1月2日在美国费城正式举行。本培训班团长为国家医药管理局新药研究管理中心国家新药研究基金办公室主任王淑仙研究员，全部成员共29人，分别来自11个省、直辖市和解放军的科研院所、制药企业、医药管理和医药营销部门的25个单位。

在国内进行了预培训后，培训班邀请了20多位美国药学界资深专家围绕新药研究与开发安排了24个专题讲座，包括药物及生物技术产品的研究现状及发展趋势、新药研究的基本程序和方法、FDA的审批程序及审评要求、新药研究开发项目的技术管理和组织实施等内容。演讲者中既有FDA官员、大学教授，也有制药公司高级决策人和高级研究人员。此外，还穿插安排了对Wyeth-Ayerst，Bristol-Myers Squibb，Sanofi-Winthrop，Cytogen，Omega等公司研究开发部门的实地参观、考察和交流，受到了热情的接待。

通过这次培训，使全体学员全面了解了美国新药研究与开发的现状，并对新药研究与开发作为系统工程的复杂性和艰巨性有了更加清醒的认识，尤其对其高效的法制管理和研究队伍内的"团队精神"留下了深刻的印象。

（王兰明）

【医药专利工作者证书培训班】

1996年1月、8月，国家医药管理局药品行政保护办公室分别在珠海市、牡丹江市举办了"医药专利工作者证书培训班"第四期（华南区）、第五期（东北区）。此培训班以培养医药行业专利管理工作骨干，完善医药专利工作体系为目的，针对我国医药企事业单位开展知识产权保护工作的状况和实际需要安排学习内容。结合医药特点重点讲述了知识产权的概况、专利知识、许可证贸易、专利战略、药品商标、无形资产评估及药品行政保护等课题。来自医药行业管理部门、科研院所、高校和重点企业的科技管理人员80多人参加了培训，并且通过考试，获得了《国家医药管理局医药专利工作者证书》。

（蔡洪秋）

【中美新药开发与专利保护研讨会】

1996年11月14～16日，在北京，药品行政保护办公室组织并举办了"中美新药开发与专利保护研讨会"。来自国内医药行业，负责新药开发与科研管理的代表与美国辉瑞公司和专利事务所的律师共同进行了研讨和交流。

（蔡洪秋）

【医药行业专利工作座谈会】

1996年12月，国家医药管理局科技教育司、药品行政保护办公室在广州主持召开了首次的"全国医药行业专利工作座谈"。会议重点讨论了医药行业专利工作的发展现状，分析了存在的问题，并且交流了专利工作先进单位的经验，统一了促进医药知识产权工作的发展，为经济建设服务的认识，增强了做好专利工作的紧迫感。国家医药管理局副局长张鹤镛在座谈会上作了重要讲话，科技教育司副司长胡圣榆作了会议总结。

（蔡洪秋）

【化学及医药产品专利保护研讨会】

国家医药管理局药品行政保护办公室于9月3日在北京组织召开了"化学及医药产品专利保护研讨会"。研讨会邀请了欧洲专利局（EPO）化学审查部的两位专家，就"欧洲专利制度下的化学品及药品保护"等问题进行了交流。国内京津地区的医药科研、管理部门和企业的代表60多人参加了会议。

（蔡洪秋）

【1996年行政保护审批情况】

1996年，药品行政保护办公室共收到来自日本（6件）、美国（3件）、英国（3件）、瑞士（3件）、意大利（2件）、德国

（2件）、瑞典（1件）、爱尔兰（1件）、荷兰（1件）和芬兰（1件）的申请23件，受理22件。

1996年批准的行政保护申请共17件

1996年批准的行政保护项目

序号	公司名称	授权保护范围	授权日
1	比利时杨森制药有限公司	盐酸左卡巴斯汀（Levocabastine）及立复汀（Livostin）滴鼻剂	1996年3月19日
2	比利时杨森制药有限公司	立复汀（Livostin）滴眼剂	1996年3月19日
3	瑞士诺华公司	兰特隆（Lentaron）粉针剂	1996年3月19日
4	意大利 Istituto Gentili 公司	Alendros 片剂	1996年3月21日
5	瑞士诺华公司	双氯酚酸树脂盐（Diclofenac Resinate）及扶他林（Voltaren）口服滴剂	1996年3月25日
6	日本辉瑞制药株式会社	安吡昔康（Ampiroxicam）及 Flucam 胶囊剂	1996年3月25日
7	瑞士诺华公司	盐酸喹高莱（Quinagolide Hydrochloride）及 Norprolac 片剂	1996年7月31日
8	瑞士诺华公司	氟伐他丁钠（Fluvastatin Sodium）及 Lescol 胶囊剂	1996年7月31日
9	日本山之内制药株式会社	盐酸坦索罗辛（Tamsulosin Hydrochloride）及哈乐（Harnal）胶囊剂	1996年9月16日
10	瑞士诺华公司	爱斯加（Estragest）透皮治疗剂	1996年9月18日
11	英国威康基金会有限公司	米伐氯铵（Mivacurium Chloride）及美维松（Mivacron）注射剂	1996年10月3日
12	美国先达（Syntex）公司	霉酚酸吗啉乙酯（Mycophenolate Mofetil）及 Cellcept 胶囊剂	1996年10月3日
13	瑞典辉凌公司	弥凝（Minirin）片剂	1996年10月23日
14	美国杜邦公司	洛沙坦钾（Losartan Potassium）及科索亚（Cozaar）片剂	1996年12月25日
15	美国杜邦公司	Hyzaar 片剂	1996年12月25日
16	辉瑞（爱尔兰）有限公司	盐酸舍曲林（Sertraline Hydrochloride）及郁乐复（Zoloft）片剂	1996年12月25日
17	德国 Heinrich Mack Nachf 公司	费定（Felden）凝胶剂	1996年12月25日

【天津药物研究院实验动物楼改造工程验收】

11月，国家医药管理局实验动物管理委员会办公室主持对天津药物研究院实验动物楼改造工程进行了验收。经专家的论证，认为基本达到二级标准，并通过了验收。

（罗改焕）

【新药研究管理中心成都实验动物基地成立】

国家医药管理局于9月10日下发“关于成立国家医药管理局新药研究管理中心成都实验动物基地的通知”（国药科字[1996]第374号），同意国家医药管理局新药研究管理中心与四川养麝研究所共同组建“国家医药管理局新药研究管理中心成都实验动物基地”。基地设在四川养麝所，以该所原有的场地、设备、技术条件为基础，承担新药研究管理中心下达的国家新药研究基金项目的有关实验动物的供应，并以合作或委托方式为国内外提供合格的实验动物及其他服务。

（新　药）

【《医药实验动物简明教程》出版】

国家医药管理局实验动物管理委员会

办公室组织有关专家编写的《医药实验动物简明教程》于4月份由中国医药科技出版社出版发行。该教程是根据中华人民共和国劳动部和国家医药管理局颁发的《中华人民共和国工人技术等级标准（医药行业）》的要求，为促进医药行业药理实验工和药理实验动物饲养工达到技术等级标准而编写的，同时还制定了“药理实验动物饲养及药理实验中级技术工人培训教学计划和实验动物学的培训大纲”。

（罗改焕）

【科技成果鉴定】

1996年有25项科技成果通过了国家医药管理局组织的科技成果鉴定（鉴定项目见附表）

国家医药管理局1996年度科技成果鉴定项目

序号	鉴定项目	研制单位	批号
1	特拉唑嗪	河北省药物研究所	国药鉴字（96）第001号
2	格列喹酮	天津药物研究院	国药鉴字（96）第002号
3	格列甲嗪	天津药物研究院	国药鉴字（96）第003号
4	盐酸羟甲唑啉及其滴鼻液	天津药物研究院	国药鉴字（96）第004号
5	盐酸丁丙诺啡及注射液	天津药物研究院	国药鉴字（96）第005号
6	吉非罗剂及其片剂	天津药物研究院	国药鉴字（96）第006号
7	硝苯地平固体分散剂	天津药物研究院	国药鉴字（96）第007号
8	艾地苯醌	天津药物研究院	国药鉴字（96）第008号
9	甲磺酸培高利特	天津药物研究院	国药鉴字（96）第009号
10	固有荧光早期癌症诊断仪的应用研究	上海医疗器械研究所 中国科技开发院惠州分院	国药鉴字（96）第010号
11	VL-1电视腹腔镜	上海医用光学仪器厂	国药鉴字（96）第011号
12	醋酸强的松发酵生产过程计算机智能控制和动态优化研究	浙江仙居制药厂 浙江大学智能控制工程公司	国药鉴字（96）第012号
13	KT型智能化补料控制器 FX型防污染消沫控制器	航天工业总公司 第五〇二研究所	国药鉴字（96）第013号
14	NTY-300型多功能起声手术装置的研制	南京铁道医学院 江苏、铁医美达康医疗设备厂	国药鉴字（96）第014号
15	应用酶工程技术生产L-苯丙氨酸	中国药科大学	国药鉴字（96）第015号
16	天-苯甜二肽制备工艺	中国药科大学	国药鉴字（96）第016号
17	丹参组织培养多倍体育种技术研究总结	中国药科大学	国药鉴字（96）第017号
18	环孢素（原料药及口服液）研究	四川抗菌素工业研究所	国药鉴字（96）第018号
19	环孢素软胶囊的研究开发	四川抗菌素工业研究所	国药鉴字（96）第019号
20	DPP170平板铝塑泡罩包装机	北京制药机械厂	国药鉴字（96）第020号
21	JX-100X刀系统	第一军医大学	国药鉴字（96）第021号
22	罗红霉素及其片剂	上海医药工业研究院 浙江省绍兴制药厂	国药鉴字（96）第022号
23	脉冲掺钕钇铝石榴激光治疗仪	中国航天工业总公司 第三研究院第八三五八研究所	国药鉴字（96）第023号
24	SYA100/500型大输液生产自动线	中南制药机械一厂	国药鉴字（96）第024号
25	ZULS超声去脂减肥仪	北京中科电气高技术公司 北京医大第三附属医院 解放军第四一一医院	国药鉴字（96）第028号

【科学技术奖励】

1996年医药系统获国家级科学技术进步奖3项，其中二等奖2项，三等奖1项。

1996年国家医药管理局科技教育司从34项科技进步奖推荐项目中评选出国家医药管理局局级科技进步奖26项其中一等奖2项，二等奖6项，三等奖18项。同时首次评选了医药杰出优秀著作奖。从17项推荐的项目中评选出国家医药管理局局级杰出优秀著作奖10项，其中一等奖1项，二等奖5项，三等奖4项（获奖项目见附表）。

国家医药管理局

1996年度科技成果获奖项目

一、国家级科学技术进步奖

1996年4月评定

二　等　奖

1. 柱晶白霉素（吉他霉素）研究

完成单位：国家医药管理局四川抗菌素工业研究所

完成者：谢丽芳　陈永乐　孙　益　张学云　卢　毅　王　励　王明蓉　姚　瑜　赵茂增

2. 卡前列甲酯工业性试验

完成单位：东北制药总厂

完成者：顾玉山　吴元鎏　万凤霞　程远光　张裕生　杨忠泰

三　等　奖

3. 丙烯酸树脂的试制和应用

完成单位：国家医药管理局上海医药工业研究院

完成者：沈慧凤　蔡婉玉　盛洁玉　付文君　陈丽娟

二、局级科学技术进步奖

1996年10月评定

（一）获科技成果奖项目

一　等　奖

1. 青霉素菌种选育及发酵工艺研究和新型搅拌器的研制

完成单位：华北制药集团有限责任公司

完成者：谢玲玲　刘桂同　娄　忻　祁桂玲　孟晓芬　高建军　张嗣良　杨路军　黄祖培

2. 羟基磷灰石生物活性材料制备新工艺

完成单位：四川联合大学（原四川大学）

完成者：张兴栋　陈继镛　冯键清　许建光　邹　萍　李玉宝　刘小光　黄　玫　翁　杰

二　等　奖

3. 应用酶工程技术生产l-丙氨酸

完成单位：中国药科大学

完成者：吴梧桐　刘景晶　吕炜峰　苏东坡　史进元

4. 盐酸丁丙诺啡及其注射液

完成单位：国家医药管理局天津药物研究院　青海制药厂

完成者：张丽云　郁伟文　梅学仁　侯信菊　李瑞英　靳朝东　罗振福

5. 氟康唑

完成单位：重庆医药工业研究所

完成者：夏永鹏　傅洁民　张宝珊　罗　翔　兰志银　陈小勇　饶中树

6. 抗抑郁剂盐酸氟西汀及其胶囊、片剂的研制

完成单位：国家医药管理局上海医药工业研究院　江苏省常州第四制药厂

完成者：时惠麟　王小妹　谢国伟　高达敏　惠丽敏　钟家义　王永辉

7. 头孢菌素C高产菌株选育及发酵工艺的研究

完成单位：国家医药管理局上海医药工

业研究院

完成者：朱宝泉　赵文杰　王　力
陈瑛瑛　张乃音　李露苡
洪肇琳

8. MEA-3型医用钾钠氯钙离子分析仪

完成单位：上海医疗器械研究所

完成者：屠月弦　沈佳成　叶庆生

三　等　奖

9. 奥扎格雷及注射用奥扎格雷钠的研制

完成单位：沈阳药科大学
丹东制药厂

完成者：刘少诚　田兆军　栾　燕
高丽莉　王敏伟

10. 《双清口服液》的开发研究

完成单位：沈阳药科大学
天津中央制药厂

完成者：徐绥绪　朗家茹　王喆星
许秀之　潘文军

11. 壬苯醇醚避孕胶冻

完成单位：中国药科大学制药有限公司

完成者：沈　立　伍少安　彭锡棋

12. 高效尼莫地平胶囊剂的研究（"普利"尼莫地平胶囊的研制）

完成单位：中国药科大学
海南普利制药有限公司

完成者：张钧寿　张　煊　范敏华
赖树清　王　毅

13. 格列吡嗪及其片剂

完成单位：国家医药管理局天津药物研究院

完成者：宋礽渊　张丽云　苏　稚
叶燕辉　罗振福

14. 盐酸羟甲唑啉及其滴鼻液

完成单位：国家医药管理局天津药物研究院

完成者：郁伟文　张增均　侯信菊
刘厚孝　王景阳

15. 吉非罗齐及其胶囊

完成单位：国家医药管理局天津药物研究院

完成者：张丽云　宋礽渊　苏　稚
陈　欣　罗振福

16. 氟罗沙星及其片剂和胶囊的研制

完成单位：国家医药管理局
上海医药工业研究院
广州明兴制药厂

完成者：张秀平　丁　健　林先顺
高达敏　高建胜

17. 好氧法生产VB_{12}技术的消化吸收

完成单位：华北制药集团有限责任公司

完成者：陈秀兰　郭振宇　周晓冰
牛志国　洪顺义

18. 乙酰螺旋霉素质量研究

完成单位：中国药品生物制品检定所
北京医科大学临床药理研究所
中国医药工业公司

完成者：金少鸿　李家泰　薛闻鹂
唐秋瑾　陈　珏

19. 医用电子加速器性能和试验方法

完成单位：北京医疗器械研究所

完成者：章兆圆　吴　畏　王小韵

20. 血浆分离器

完成单位：宁波血液净化设备厂

完成者：施永申　施　斌　胡海平

21. TPS-I型微机化外照射放疗计划系统

完成单位：北京医疗器械研究所

完成者：曲桂红　姚宝善　韩树奎

22. HXJ-2呼吸监护仪

完成单位：上海医疗设备厂

完成者：郁　明　沃艳兰　吴明康
朱弘鑫

23. GIS-8纤维上消化道镜

完成单位：上海医用光学仪器厂

完成者：经正荣　徐　明　黄银妹

24. 2000高斯永磁型磁共振成像系统

完成单位:深圳联谊九天电子技术有限公司

完成者:马继军　倪金照　邓群立　杨伟华　习　科

25. 无菌水针成套技术研究

完成单位:广州天心药业股份有限公司

完成者:李永熙　黄粤东　曾丽娜　翟颂红　林宝儿

26. 国际 PIC 组织 GMP 审计

完成单位:北京第四制药厂

完成者:赵俊章　陆庭夷　刘瑞云　段　燕　刘立津

（二）获奖杰出优秀著作

一　等　奖

(1)《药物分析》

完成单位:中国药科大学

完成者:安登魁　张正行　盛龙生

二　等　奖

(2)《中药工程学》

完成单位:华东中药工程集团有限公司

完成者:曹光明　黄泰康　任德权　胡昌良　李吕梁

(3) 药厂反应设备及车间工艺设计

完成单位:沈阳药科大学
武汉化工学院
华东理工大学
上海医药设计院

完成者:蒋作良　殷斌烈　缪志康　张启锡

(4)《药用植物化学分类学》

完成单位:中国药科大学

完成者:周荣汉

(5)《生物制药工艺学》

完成单位:中国药科大学

完成者:吴梧桐　袁勤生　李继珩　何执中

(6)《药剂学》第二版

完成单位:中国药科大学

完成者:刘国杰　屠锡德　毛凤裴　李汉蕴　张钧寿

(7)《化学统计学基础》

完成单位:沈阳药科大学

完成者:罗　旭

(8)《天然药物地理学》

完成单位:中国药科大学
海军医学专科学校

完成者:黄泰康　赵海宝　刘道荣　王士林　程新法

(9)《中成药学》

完成单位:中国药科大学
南京药物研究所

完成者:黄泰康　胡昌良　陈建伟　李功彦

(10)《有机化学》第三版

完成单位:中国药科大学

完成者:廖清江　张珮瑛　夏　鹏　黄嘉梓　居绍敬

【"八五"攻关重大科技成果及先进个人表彰】

为弘扬广大科技工作者在科技攻关中顽强拼搏、勇于攀登、无私奉献的精神，表彰他们在"八五"攻关中做出的突出贡献，国家计委、国家科委、财政部于 1996 年 11 月 12 日在北京组织召开了国家"八五"重点科技攻关重大科技成果及先进个人表彰大会。国家医药管理局郑筱萸局长、科技教育司王明学司长、卢爱英副处长、上海医疗设备厂陆弘厂长、天津药物研究院张殿镇等同志出席了表彰会,关受到江泽民总书记等国家领导人的亲切接见。

由国家医药管理局推荐并获表彰的重大科技成果是:含氟皮质激素类药物的生物脱氢及其化学合成新工艺研究(天津药业公司)、抗抑郁剂盐酸氟西汀及其胶囊、片剂的研制（上海医药工业研究院、常州第四制药厂）、麻醉机、呼吸机关键部件和关键技术的开发研究（上海医疗设备厂），精密显微手术器械的开发研究（上海手术器械厂），萘普生新工艺研究（上海医药工业研究院、湖北制药厂），血气分析用化学传感器的开发研究（南京分析仪器厂）；

获表彰的先进个人是：张殿镇（天津药物研究院），陆弘（上海医疗设备厂）。

（沈建雷）

【“八五”攻关优秀专题奖颁发】

国家“八五”医药重点科技攻关计划项目在各承担单位的精心组织和配合下，经过科技人员的奋力拼搏，实现了“八五”攻关的总体目标，较好地完成了攻关任务。为弘扬医药行业广大科技工作者在科技攻关中顽强拼搏、勇于攀登、无私奉献的精神，表彰他们在“八五”攻关中做出的突出贡献，经“八五”攻关验收专家委员会推荐，国家医药管理局审定，“氟康唑”、“呼吸麻醉机及关键部件的开发研究”等29项专题被评为国家医药管理局“八五”科技攻关优秀专题，并对“新药安全性评价方法的研究”等10项完成得较好的专题予以表扬。在1996年4月于北京召开的全国医药科技大会上，国家医药管理局向获奖单位颁发了荣誉证书，以资鼓励（详见获奖名单）。

（沈建雷）

附件：

获 奖 名 单

一、优秀专题名单

1．85—921—01—03	呼吸麻醉机及关键部件的开发研究	上海医疗设备厂
2．85—921—01—05	精密显微手术器械的开发研究	上海手术器械厂
3．85—921—04—01	固有荧光早期癌症诊断仪的应用研究	上海医疗器械研究所
4．85—921—03—01	血气分析用化学传感器的开发研究	南京分析仪器厂
5．85—921—02—01	电视腹腔镜手术系统	上海手术器械六厂 山东新华医疗器械厂 上海医用光学仪器厂
6．85—921—01—08	新型开颅机的开发研究	广东省医疗器械研究所
7．85—09—02—02	14Mev 医用驻波电子直线加速器	北京医疗器械研究所
8．85—09—02—03	14Mev 驻波加速管	清华大学
9．85—922—01—02	抗衰老药研究	中国医学科学院药物研究所
10．85—922—01—07	抗真菌抗生素筛选技术和筛选模型的研究	中科院北京微生物所
11．85—922—01—11	糖肽类抗生素筛选模型的研究模型的研究	中国医学科学院医药生物技术所
12．85—922—02—29	氟康唑	重庆医药工业研究所

13. 85—922—02—18	糖肾平	天津药物研究院
14. 85—922—02—06	艾地苯醌	天津药物研究院
15. 85—922—02—24	奥美拉唑	常州第四制药厂
16. 85—922—02—21	抗抑郁剂氟西汀	上海医药工业研究院 常州第四制药厂
17. 85—922—02—08	ACE 抑制剂—赖诺普利	上海五洲药厂 上海延安制药厂
18. 85—922—03—01	气雾剂成套技术生产开发	上海信谊药厂
19. 85—922—03—07	粉末吸入剂研究	上海医药工业研究院
20. 85—922—03—08	导向性微球与载单抗毫微球研究	北京医科大学药学院
21. 85—922—03—09	肝动脉栓塞微球研究	上海医药工业研究院
22. 85—922—03—03	软胶囊关键技术研究	上海延安药厂
23. 85—922—03—20	粉体工学及其片剂生产中应用（粉体基础物性测定仪）	天津药物研究院
24. 85—922—04—03	引进苏氨酸工业化生产工艺研究	天津氨基酸公司
25. 85—922—04—09	含氟皮质激素类药物生物脱氢新工艺	天津药业公司
26. 85—922—04—08	萘普生 20 吨中试规模的开发研究	上海医药工业研究院 湖北制药厂
27. 85—922—02—02	培高利特	天津药物研究院
28. 85—922—02—14	β-榄香烯抗肿瘤临床应用研究	大连医药科学研究所
29. 85—922—02—26	特拉唑嗪	河北药物研究所

二、获表扬专题名单

30. 85—922—01—04	新药安全性评价方法的研究	军事医学科学院放射医学研究所 中国药品生物制品检定所 上海医药工业研究院
31. 85—922—02—05	新抗生素临床评价方法研究	北京医科大学临床药理研究所 上海医科大学华山医院抗生素研究所
32. 85—922—02—04	棒酸及奥格门汀制剂的研究	四川抗菌素工业研究所 江西制药厂
33. 85—922—02—27	新型肝病药硫普罗宁	河南医药科技研究所 常州第三制药厂
34. 85—922—02—22	阿片类戒毒药物	军事医学科学院毒物药物研究所

35.	85—922—03—16	中枢神经系统药物缓释制剂	中国药科大学 广州医药工业研究所 上海延安药厂
36.	85—922—04—07	扑热息痛中间体— 氨基酚工艺改进	山东新华药厂
37.	85—922—04—02	单组份麦迪霉素 A_1 产品 开发研究	沈阳药科大学
38.	85—922—04—06	布洛芬新生产工艺的研究开发	中国医药研究开发中心 山东新华制药厂
39.	85—922—04—05	雌酚酮合成新工艺研究	中国药科大学 湖南合成药厂

【全国医药科技工作先进集体和先进个人表彰】

国家医药管理局于1996年4月4日下发“关于表彰全国医药科技工作先进集体和先进个人的决定”(国药科字[1996]第127号),决定对经推荐和审定的37个医药科技工作先进集体、60个医药科技工作先进个人、36个医药科技管理工作先进个人予以表彰，并颁发荣誉证书。名单如下：

全国医药科技工作先进集体名单

北京制药厂研究所
华北制药厂108车间青霉素发酵水平攻关组
山西省医疗器械研究所A-BOPM-I血压血氧脉搏监测仪课题组
赤峰制药厂药物研究所
东北制药总厂万吨维生素C工程科技攻关组
吉林制药股份有限公司优必达课题组
哈尔滨中药二厂中药研究所
上海三维制药有限公司环丙沙星课题组
上海华联制药有限公司米非司酮课题组
常州市第四制药厂奥克攻关组
杭州中美华东制药有限公司研究所
宁波制药厂舒林酸课题组
蚌埠涂山制药厂药物研究所
福建省三明医药研究所
江西东风制药有限责任公司原料药分厂青霉素发酵课题组
山东新华制药厂研究院
河南省驻马店地区医药研究所
湖北省医药工业研究所合成室
湖南省医药工业研究所新药研究开发室
广东省丽珠新药工程技术研究开发中心
桂林三金药业集团公司中药研究所
海南海药实业股份有限公司海口市制药厂紫杉醇研究开发小组
成都制药二厂扑炎痛攻关组
西南合成制药总厂合成药物研究所
西安制药厂科技开发处
天水制药厂药物研究所
青海制药厂药物研究所
宁夏制药厂四环素碱技改项目组
新疆制药厂药物研究所
中国药科大学新药研究中心
沈阳药科大学天然药化教研室
上海医药工业研究院合成室抗感染组
天津药物研究院合成二室404组
四川抗菌素工业研究所环孢素研究专题组
福建省微生物研究所环孢素研究小组
国家医药管理局控制工程中心
三九企业集团医药研究院

全国医药科技工作先进个人名单

张大为　北京万东医疗设备公司
徐石麟　北京制药工业研究所
张炳勋　天津市医疗器械研究所
韩贵安　华北制药厂
聂新永　河北省药物研究所
傅启新　太原制药厂
陈文标　内蒙古赤峰制药厂
李　昕　东北制药集团公司沈阳第一制药厂
娄　丹　沈阳三生药业有限公司
祁振海　哈尔滨制药厂
罗佳波　黑龙江省医药工业研究所
陈彬华　上海信谊药业有限公司
陈永江　江苏省连云港制药厂
贺曾佑　扬州制药厂
屠永锐　常州市第四制药厂
吴美洲　浙江仙居制药股份有限公司
应锦松　温州第二制药厂
沈宁晨　宁波市东海制药厂
焦鹤年　宁波制药厂
顾静宜　合肥制药厂
叶宝春　福建省三明制药厂
陈梅生　福州梅生医用设备有限公司
朱建明　江西国药有限责任公司
曹可宗　江西东风制药有限责任公司
王遂英　山东鲁抗医药企业集团公司
曲明绪　山东省医药工业研究所
周清莲　青岛第二制药厂
李海珍　青岛制药股份有限公司
赵大海　河南开封制药厂
张锡阳　中南制药机械二厂
苏如锋　中南制药机械一厂
吴定汉　广东威达医疗器械集团公司
魏景新　广州兴华制药厂
邹节明　广西桂林三金药业集团公司
欧　彪　广西玉林制药厂
黄益富　桂林市康兴激光仪器厂
周文谦　海南亨新药业公司
赵国强　四川长征制药股份有限公司
邓天德　成都制药四厂
夏永鹏　重庆医药工业研究所
马德银　西南合成制药总厂
何顺志　贵州省中药研究所
连敏君　陕西汉江制药厂
曹营军　陕西省西安制药厂
杨　峰　甘肃省河西制药厂
孙西平　甘肃省酒泉制药厂
王忠效　宁夏药物研究所
李　军　新疆制药厂
高　云　新疆哈密制药厂
吴梧桐　中国药科大学
沈建民　沈阳药科大学
俞阿乔　上海医疗器械高等专科学校
梅民权　上海医药工业研究院
张殿镇　天津药物研究院

曹胜华　四川抗菌素工业研究所

李汉蕴　中国医药研究开发中心

洪金基　福建省微生物研究所

翁　屹　三九企业集团

马清钧　军事医学科学院生物工程研究所

曹本红　上海放射性药物研究开发中心

全国医药科技管理工作先进个人名单

姜美琪　北京制药厂

邢富斋　河北省医药管理局

邵亚明　山西省医药总公司

肖清俊　内蒙古区医药管理局

傅成春　辽宁省医药管理局

李佩文　吉林省医药管理局

张建平　黑龙江省医药管理局

竺宜范　上海三维制药有限公司

俞汀陶　常州市医药管理局

倪仁星　台州市医药化工局

张荣生　安徽省医药管理局

郑庆煜　福建省医药管理局

刘小俊　江西省医药管理局

李伯涛　齐鲁制药厂

夏　林　青岛市医药行业管理办公室

李德文　南阳化学制药厂

牛树伟　新乡市新辉制药厂

张秀淞　湖北省医药工业研究所

王昌林　湖南省医药管理局

黄作桢　广东太阳神集团有限公司

韩宇东　海南海药实业股份有限公司海口市制药厂

李月月　成都市医药管理局

周俊德　重庆制药七厂

罗祥斌　贵州省医药管理局

安书林　甘肃省医药管理局

胡吉东　宁夏制药厂

王开勋　新疆区医药管理局

殷晓进　中国药科大学

黄国礼　沈阳药科大学

沈士林　上海医药工业研究院

李树奎　天津药物研究院

唐宁馨　四川抗菌素工业研究所

黄衍涛　国家医药管理局信息中心

林善钊　福建省微生物研究所

王金锐　三九企业集团医药研究院

高　峰　上海放射性药物研究开发中心

【全国医药科技统计工作会议】

全国医药科技统计工作会议于96年10月4日至8日在西安召开。来自全国33个省、自治区、直辖市、计划单列市、解放军总后医药管理局和局直属单位的代表参加了会议。会议总结了95年的医药科技统计工作；表彰了95年医药科技统计工作的先进省、区、市；针对96年新的统计指标体系和报表进行了培训；布置了96年的医药科技统计工作。

（张象麟）

【1996年科技统计工作评奖结果】

一等奖：四名

上海市医药管理局
江苏省医药管理局
浙江省医药管理局
北京市医药总公司

二等奖：五名

河北省医药管理局
宁波市医药管理局
湖南省医药管理局
天津市医药管理局
重庆市医药管理局

三等奖：四名

山西省医药总公司
内蒙区医药总公司
青岛市医药总公司
成都市医药管理局

表扬：六名

广东省医药管理局
甘肃省医药管理局
吉林省医药管理局
四川省医药管理局
山东省医药管理局
广西区医药管理局

（张象麟）

【医药科技统计数据填报概况】

一九九六年共收到41个省、自治区、市的757个具有科技开发能力机构1995年度的医药科技统计数据（新疆区和长春市的未报数据），全部数据汇总概况如下：

1. 机构概况：统计机构总数为757个，其中独立研究院所68个，高等院校11所，大型企业122个，中型企业351个，小型企业193个，89%的企业设有技术开发机构，统计数据反映了医药行业科技活动的概况。

2. 人员情况：统计人员总数为577853人，其中专业技术人员118242人，占职工总数的20%，从事科技活动的人员36990人，占专业技术人员的31%，从事课题研究的人员18720人，占从事科技活动人员的51%。

3. 课题情况：全年在研课题4290项，其中基础性研究153项，占3.6%，应用研究765项，占17.8%，试验发展1611项，占37.6%，生产试制与设计1277项，占29.8%，技术推广示范与服务178项，占1.8%，生产性活动406项，占9.5%。课题计划投资195085.7万元，当年支出科研经费60865.4万元。

4. 科研成果情况：全年获科技成果1585项，其中获国家级奖17项，获省、部级奖86项。成果应用917项，占57.9%，有应用计划的成果286项，占18.9%。

5. 科技经费情况：全年科研机构，高等院校和企业所属科技开发机构科技经费172279.3万元，其中，政府拨款14691.7万元，占8.5%，企业拨款61432.5万元，占35.6%，贷款22986.7万元，占13.3%。

科研机构全年总经费57718.2万元，其中政府拨款11187.1万元，占19.4%，各种事业收入36226.3万元，占62.8%。

企业用于技术开发、技术引进、技术改造及购买国内技术的经费339310.2万元，其中政府拨款1975.6万元，占0.6%，企业自有资金176820.4万元，占52%，专项贷款133325.4万元，占39%。

6. 新产品开发情况：全年开发国家级、省级新产品1025项，产值1066955.8万元，占产品总产值6371770.6万元的16.7%。

（张象麟）

【全国医药行业科学技术统计各类机构数据上报概况】

省、市	单位类型						
	合计	大型企业	中型企业	小型企业	独立院所	非独立院所	高等院校
合计	757	122	351	193	68	5	11
北京市	26	1	13	6	5	0	0
天津市	39	2	20	15	2	0	0
河北省	24	7	12	4	1	0	0
山西省	13	1	6	4	1	1	0
内蒙自治区	11	1	6	3	1	0	0
辽宁省	37	9	17	4	6	0	1
沈阳市	14	3	8	1	1	0	1
大连市	3	1	1	1	0	0	0
吉林省	20	3	7	0	7	0	2
长春市	0	0	0	0	0	0	0
黑龙江省	19	5	10	1	3	0	0
哈尔滨市	10	4	6	0	0	0	0
上海市	75	11	28	27	6	1	2
江苏省	88	16	38	28	5	0	1
南京市	8	4	1	3	0	0	0
浙江省	38	8	18	9	3	0	0
宁波市	14	0	3	11	0	0	0
安徽省	21	5	11	3	2	0	0
福建省	11	2	5	2	1	0	1
厦门市	4	0	1	1	2	0	0
江西省	12	5	3	3	1	0	0
山东省	63	9	26	26	2	0	0
青岛市	10	0	1	8	1	0	0
河南省	17	2	12	2	1	0	0
湖北省	18	5	9	1	2	1	0
武汉市	9	3	5	0	1	0	0
湖南省	20	2	13	4	1	0	0
广东省	51	7	35	4	4	0	1
广州市	23	4	14	3	2	0	0
深圳市	4	1	3	0	0	0	0
广西壮族自治区	32	4	14	10	2	0	0
海南省	2	1	0	1	0	0	0
四川省	30	4	18	3	2	0	1
成都市	15	3	9	2	0	0	0

续表

省、市	单位类型						
	合计	大型企业	中型企业	小型企业	独立院所	非独立院所	高等院校
重庆市	19	5	6	6	1	1	0
贵州省	3	0	1	0	1	0	0
云南省	8	1	4	2	1	0	0
陕西省	12	4	5	1	0	1	1
西安市	3	0	2	1	0	0	0
甘肃省	8	0	3	2	2	0	1
青海省	2	0	1	0	1	0	0
宁夏回族自治区	3	0	1	1	1	0	0
新疆维吾尔自治区	0	0	0	0	0	0	0

表一、医药行业职工及科技人员

1995 年　　1. 按单位类型分类　　单位：人

	机构数（个）	职工总数	专业技术人员	从事科技活动人员	从事科研项目人员
合计	757	577853	118242	36990	18720
大型工业企业	122	241459	48775	11393	6299
中型工业企业	351	254821	45624	12665	5673
小型工业企业	193	60376	11690	3536	1575
独立研究开发机构	68	10129	7102	6465	4270
非独立研究开发机构	5	512	284	216	151
高等院校	11	5250	3826	2407	683
其它	7	5306	941	308	69

1995 年　　2. 按医药专业技术领域分类　　单位：人

	机构数（个）	职工总数	专业技术人员	从事科技活动人员	从事科研项目人员
合计	757	577853	118242	36990	18720
化学药	399	392484	79627	24245	12491
医疗器械	110	50538	9491	4248	2074
制药机械	13	8178	1448	542	329
中药	186	94998	20764	5519	2494
其它	49	31655	6912	2436	1332

1995年 3. 按省、市、自治区地域分类 单位：千元

机构数（个）	职工总数	专业技术人员	从事科技活动人员	从事科研项目人员	
合　计	757	577853	118242	36990	18720
北京市	26	16356	4159	1265	595
天津市	39	25205	4834	1726	970
河北省	24	32486	6193	1173	683
山西省	13	12697	2061	350	187
内蒙自治区	11	8019	1739	227	111
辽宁省	37	39911	7725	3351	1150
沈阳市	14	24827	4319	1885	645
大连市	3	3948	209	103	70
吉林省	20	12121	2917	1104	569
长春市	0	0	0	0	0
黑龙江省	19	18502	3357	531	242
哈尔滨市	10	14320	2487	372	159
上海市	75	46677	12085	4803	2745
江苏省	88	56922	10861	4458	1832
南京市	8	3501	637	148	81
浙江省	38	27983	4663	1699	978
宁波市	14	3450	478	230	136
安徽省	21	14845	2587	725	259
福建省	11	9530	2116	844	377
厦门市	4	1377	397	174	119
江西省	12	15395	2478	734	405
山东省	63	49891	11060	2748	1592
青岛市	10	4977	1242	252	131
河南省	17	25105	2426	762	419
湖北省	18	20237	4520	1250	707
武汉市	9	9043	1935	577	319
湖南省	20	17521	3761	667	361
广东省	51	27398	5899	1991	1183
广州市	23	13321	2943	878	480
深圳市	4	2485	856	272	170
广西壮族自治区	32	16300	3145	839	456
海南省	2	1321	345	75	27
四川省	30	21837	5468	1854	898
成都市	15	10856	2684	736	431
重庆市	19	16362	3574	789	399
贵州省	3	5726	1302	332	96
云南省	8	3789	1066	239	125
陕西省	12	13272	3500	619	264
西安市	3	1686	241	104	35
甘肃省	8	3919	710	601	331
青海省	2	1346	449	181	126
宁夏回族自治区	3	943	60	22	7
新疆维吾尔自治区	0	0	0	0	0

表二、医药行业科技经费投入及来源

1995 年　　1. 按单位类型分类　　单位：千元

	科技经费合计	政府拨款	企业拨款	贷款	事业收入
合计	1722793	146917	614325	229867	495108
大型工业企业	555339	12625	277401	87057	139606
中型工业企业	462575	5601	275749	69866	27272
小型工业企业	97351	242	50522	21546	19639
独立研究开发机构	562354	111467	3345	51398	298693
非独立研究开发机构	14828	404	5010	0	6357
高等院校	29246	16578	1858	0	2913
其它	1100	0	440	0	628

1995 年　　2. 按医药专业技术领域分类　　单位：千元

	科技经费合计	政府拨款	企业拨款	贷款	事业收入
合计	1722793	146917	614325	229867	495108
化学药	976369	100933	403011	150787	195926
医疗器械	255182	14853	49329	24950	136203
制药机械	10446	20	4036	100	5908
中药	244210	11026	138121	18210	35448
其它	236586	20085	19828	35820	121623

1995 年　　3. 按省、市、自治区地域分类　　单位：千元

	科技经费合计	政府拨款	企业拨款	政府专项贷款	银行贷款	事业收入
合计	1722793	146917	614325	43519	186348	495108
北京市	87532	11273	7328	1500	11800	31741
天津市	54564	8183	15112	902	250	21985
河北省	43272	2340	22754	0	1500	12502
山西省	10022	871	2475	0	0	2441
内蒙自治区	3471	170	1909	0	400	962
辽宁省	116995	21015	36905	3750	7620	
沈阳市	79498	16739	35207	3600	4300	119606
大连市	14103	0	14083	0	0	0
吉林省	196300	4925	18734	2000	39130	449
长春市	0	0	0	0	0	6244
黑龙江省	23708	2964	7921	8070	0	0
哈尔滨市	10014	50	3611	2950	0	177
上海市	282983	41565	78418	1146	44020	79550
江苏省	95083	5351	54271	2190	12810	8254

续表

	科技经费合计	政府拨款	企业拨款	政府专项贷款	银行贷款	事业收入
南京市	7425	800	5680	80	500	24883
浙江省	72486	4981	33076	3100	900	2690
宁波市	17341	0	13699	300	750	0
安徽省	16802	1361	5484	5000	300	750
福建省	23525	2636	3821	0	15000	769
厦门市	4608	3059	547	0	0	763
江西省	12832	3631	2651	5700	0	10527
山东省	102704	2870	86277	535	3138	746
青岛市	9332	839	2750	0	2700	2592
河南省	4751	805	4977	0	500	228
湖北省	34647	1656	12511	80	0	13121
武汉市	4368	106	2788	0	0	5146
湖南省	22386	1332	12237	200	1500	85934
广东省	208489	7807	58575	5300	28500	4197
广州市	59482	3887	14520	5100	20500	0
深圳市	41137	0	40977	0	0	0
广西壮族自治区	27931	80	16235	50	1650	1038
海南省	1500	0	1500	0	0	12362
四川省	83416	6166	31983	2020	450	8283
成都市	58365	200	25729	2000	100	0
重庆市	42722	1243	7767	1300	6500	639
贵州省	1102	1062	0	0	0	0
云南省	5955	1102	3317	0	0	15330
陕西省	26215	295	15180	0	0	4606
西安市	17949	0	12199	0	0	15947
甘肃省	24023	1826	823	176	2100	2162
青海省	9149	5509	28	200	200	0
宁夏回族自治区	1707	0	0	0	300	0
新疆维吾尔自治区	0	0	0	0	0	0

表三、医药行业新产品开发项目概况

1995年　　1. 按单位类型分类　　单位：千元

	项目数	年产值	利润	出口	科研支出	生产投入
合计	1025	7589706	1065797	529334	366162	1285553
大型工业企业	241	2938080	389013	160911	143769	659312
中型工业企业	510	3548090	573241	306518	151157	389001
小型工业企业	232	896664	74640	38245	58624	165592
独立研究开发机构	32	136378	20162	23660	7789	38457
非独立研究开发机构	3	1197	787	0	979	1124
高等院校	3	2541	493	0	0	0
其它	4	66756	7460	0	3844	32067

1995年　　2. 按医药专业技术领域分类　　单位：千元

	项目数	年产值	利　润	出　口	科研支出	生产投入
合计	1025	7589706	1065797	529334	366162	1285553
化学药	595	5128280	684159	450363	273143	825652
医疗器械	143	525882	73580	67797	30855	163888
制药机械	14	13984	2262	0	2542	6381
中药	240	1277835	236084	11174	46713	202874
其它	33	643725	69711	0	12909	86758

1995年　　3. 按省、市、自治区地域分类　　单位：千元

	项目数	年产值	利　润	出　口	科研支出	生产投入
合计	1025	7589706	1065797	529334	366162	1285553
北京市	22	239604	40398	44757	7428	21013
天津市	55	233967	23278	16290	17158	60218
河北省	11	59222	8057	3815	3260	12464
山西省	4	2063	425	0	386	1379
内蒙自治区	11	10254	2697	0	927	6581
辽宁省	53	260648	46611	56465	42738	103831
沈阳市	27	202324	38697	56465	34410	64341
大连市	5	33011	13393	−12	420	976
吉林省	13	75623	14896	0	2853	37506
长春市	0	0	0	0	0	0
黑龙江省	18	221765	42624	0	2395	66654
哈尔滨市	15	216764	40154	0	2265	64154
上海市	162	776538	113512	106306	24900	105925
江苏省	124	1435715	222820	35076	50433	232980
南京市	15	183925	43073	26	1934	90839
浙江省	80	1352257	208682	154783	17101	50801
宁波市	28	67496	7008	1323	4814	5017

续表

	项目数	年产值	利　润	出　口	科研支出	生产投入
安徽省	19	132275	17270	7200	5518	9271
福建省	10	12616	4068	113	615	1950
厦门市	0	0	0	0	0	0
江西省	14	85607	5576	180	548	4030
山东省	94	399058	49856	30003	23519	201408
青岛市	23	210955	5326	0	24850	33126
河南省	8	74132	3540	0	1302	13082
湖北省	23	53486	8654	6539	3487	2640
武汉市	9	14877	2901	0	602	740
湖南省	32	91341	20274	3017	17154	17266
广东省	77	681860	73236	14120	17164	106666
广州市	34	247898	18892	542	5752	10627
深圳市	8	194631	42270	0	21616	22726
广西壮族自治区	62	207480	27499	21661	7043	58505
海南省	5	292173	4500	0	36000	35000
四川省	10	136464	27402	25827	3576	17195
成都市	4	77465	23130	0	2100	9700
重庆市	13	94288	11727	200	6866	10682
贵州省	3	56756	2460	0	3544	31667
云南省	10	51985	11403	0	1190	2213
陕西省	11	15987	1176	1671	16307	7701
西安市	7	8930	204	1671	14913	5227
甘肃省	17	30449	5159	0	1050	5080
青海省	0	0	0	0	0	0
宁夏回族自治区	0	0	0	0	0	0
新疆维吾尔自治区	0	0	0	0	0	0

表四、医药行业企业经济概况

1995 年 1. 按单位类型分类 单位：千元

	总产值	新产品	销售收入	出口	资金	资产原值	实现利税	新产品	上缴利税
合计	63717706	10669558	52102477	7352375	33308134	29399875	7038331	1750738	3362319
大型工业企业	32170865	4414455	28025292	4854390	15634115	15981018	3697151	825547	1579641
中型工业企业	25893457	4977787	19729724	2241431	14456858	11192423	2937501	767487	1533179
小型工业企业	4592254	967450	3541954	218365	2553674	1897081	322188	121437	195359
独立研究开发机构	319678	177336	200378	37223	233351	168703	21346	19743	12907
非独立研究开发机构	12363	6477	5979	0	9517	3063	—488	1418	0
高等院校	16760	2541	12440	0	5843	11466	1889	540	454
其它	712329	123512	586710	966	414776	146121	58744	14566	40779

1995 年 2. 按医药专业技术领域分类 单位：千元

	总产值	新产品	销售收入	出口	资金	资产原值	实现利税	新产品	上缴利税
合计	63717706	10669558	52102477	7352375	33308134	29399875	7038331	1750738	3362319
化学药	44808600	7035939	36083263	6434104	21466932	20775321	4100128	1119390	1944721
医疗器械	3269700	807007	2773238	608192	2292514	1815251	314621	98504	261960
制药机械	269495	26065	249074	4997	281188	275787	27742	4502	17243
中药	11331139	1621382	9777682	212176	7151220	4848258	2222135	363462	816185
其它	4038772	1179165	3219220	92906	2116280	1685258	373705	164880	322210

1995 年

3. 按省、市、自治区地域分类

单位:千元

	总产值	新产品	销售收入	出口	资金	资产原值	实现利税	新产品	上缴利税
合计	63717706	10669558	52102477	7352375	33308134	29399875	7038331	1750738	3362319
北京市	1370369	298408	1208818	166618	686660	847817	149571	43808	84307
天津市	2500418	541600	2237693	280826	1372135	1311595	458204	45515	135118
河北省	4595158	132718	3732889	574130	1939172	2642356	660718	29195	318965
山西省	551526	2063	471356	8966	460614	302016	13829	359	19418
内蒙自治区	363092	11019	323359	134613	133421	186769	13250	4990	19687
辽宁省	2246063	396591	1744636	421895	2488754	2060715	124958	82243	82393
沈阳市	1588088	307257	1264417	405875	1947577	1626295	82477	67544	47040
大连市	311890	33171	400812	64000	239510	157235	35670	11585	13116
吉林省	1102134	115556	679566	57151	940642	516528	244321	28087	116895
长春市	0	0	0	0	0	0	0	0	0
黑龙江省	1881992	255283	1867817	223164	1101207	1287256	358563	49970	253957
哈尔滨市	1723723	241483	1695695	195405	941892	1021273	359228	46670	241410
上海市	6529824	1428795	6106858	1378698	4275716	1811151	468511	303150	294327
江苏省	7097138	1806324	5127979	974656	2864652	2760029	570523	304711	249415
南京市	415890	223715	380566	21261	254000	229131	52784	55159	9692
浙江省	6427312	1856192	4186658	549248	2486447	1875487	554830	266843	305576
宁波市	437851	87624	329333	54683	123515	118744	32151	18513	15930
安徽省	1513902	146043	996915	149040	434499	655498	70158	18093	41725
福建省	609643	33817	571179	240232	287106	324477	68215	6059	14610
厦门市	53835	5596	48141	338	39998	12583	2260	0	2246
江西省	1297499	35633	1056312	190772	767728	765925	104446	3908	72835
山东省	4421637	751057	4105042	516293	2228572	2605810	463761	111362	180755
青岛市	588540	210955	380927	4229	299556	183199	29345	3225	8243
河南省	1024185	73010	587609	67314	391663	347803	23351	391663	18749
湖北省	1551804	94888	1147041	130785	937946	893196	104120	12960	35542
武汉市	821731	50187	763686	11416	442010	479998	74247	7418	18898
湖南省	1121759	92986	912760	81857	609339	904574	99739	14773	55062
广东省	5106180	798686	4304552	123083	2954795	2110575	851859	106928	541190
广州市	1916612	308442	1711197	94333	1150162	1089336	299360	39660	278955
深圳市	2091597	194631	1929071	11288	283433	662113	396357	81227	35333
广西壮族自治区	1971499	358828	1174169	46194	1010452	718183	177007	64480	86742
海南省	305600	97772	238433	0	338157	279356	64367	15325	10590
四川省	2241324	403944	2250218	418383	1484964	1172008	384331	51852	132103
成都市	1497656	223325	1589837	276712	964863	713708	319966	35322	94038
重庆市	1581543	170579	1267212	415742	890053	711082	88686	24172	71466
贵州省	662880	113512	551540	0	358770	135950	49872	14066	39400
云南省	387614	52750	352692	8886	214763	204057	79984	22562	33373
陕西省	1418780	23383	1565818	40521	467478	582141	260718	2640	49923
西安市	86521	8714	68090	1834	34590	60167	5570	940	4162
甘肃省	173890	32694	162603	18770	147174	174173	11207	5606	7999
青海省	105350	13450	81769	0	0	46796	17995	0	15227
宁夏回族自治区	73878	0	700	0	49243	32678	5454	0	102
新疆维吾尔自治区	0	0	0	0	0	0	0	0	0

表五、医药行业企业技术活动概况

1. 按单位类型分类

1995 年　　单位：千元

	技术开发	上级拨款	专项拨款	自有资金	技术引进	上级拨款	专项贷款	自有资金	技术改造	上级拨款	专项贷款	自有资金
合　计	894203	17769	173554	649998	151550	687	27089	99684	2289658	1210	1081859	1014032
大型工业企业	344431	9425	78705	258916	98324	467	26989	52868	1647953	120	772320	792497
中型工业企业	409508	7635	71036	296660	16549	200	100	11749	528121	1020	284639	152554
小型工业企业	109821	449	21513	67751	15897	20	0	14287	69662	70	21850	28959
独立研究开发机构	8619	110	1500	5797	0	0	0	0	8870	0	2500	5520
非独立研究开发机构	0	0	0	0	0	0	0	0	0	0	0	0
高等院校	150	150	0	0	0	0	0	0	1550	0	550	1000
其它	21674	0	800	20874	20780	0	0	20780	33502	0	0	33502

2. 按医药专业技术领域分类

1995 年　　单位：千元

	技术开发	上级拨款	专项拨款	自有资金	技术引进	上级拨款	专项贷款	自有资金	技术改造	上级拨款	专项贷款	自有资金
合　计	894203	17769	173554	649998	151550	687	27089	99684	2289658	1210	1081859	1014032
化学药	612903	13439	143477	427909	78163	220	7800	46553	1871054	1080	881615	886552
医疗器械	96098	2605	11360	64227	14029	0	0	13529	87153	0	63010	17213
制药机械	9113	20	100	8174	0	0	0	0	2740	0	0	2740
中药	125224	813	13477	105925	30968	0	16489	14479	185567	130	84534	65670
其它	50865	892	5140	43763	28390	467	2800	25123	143144	0	52700	41857

1995 年

3. 按省、市、自治区地域分类

单位:千元

	技术开发	上级拨款	专项拨款	自有资金	技术引进	上级拨款	专项贷款	自有资金	技术改造	上级拨款	专项贷款	自有资金
合计	894203	17769	173554	649998	151550	687	27089	99684	2289658	1210	1081859	1014032
北京市	21275	1010	7100	12255	0	0	0	0	12000	0	12000	0
天津市	21837	879	1780	20784	13559	0	0	13559	3180	0	2500	350
河北省	53021	4000	7600	40575	7700	0	7700	0	249047	0	171250	77797
山西省	1793	20	0	1773	0	0	0	0	3550	20	3500	30
内蒙自治区	3857	190	400	1912	135	0	0	135	6583	100	3500	2983
辽宁省	38905	904	9750	44088	600	0	0	600	538034	150	386330	130654
沈阳市	25535	644	3600	20761	0	0	0	0	526540	150	385330	127860
大连市	3200	0	0	3200	15	0	0	15	5325	0	0	5325
吉林省	17322	517	4300	12505	24267	467	10000	13800	2000	0	0	2000
长春市	0	0	0	0	0	0	0	0	0	0	0	0
黑龙江省	20491	82	8021	9444	8363	0	0	8363	32255	0	19000	13255
哈尔滨市	11008	2	2901	5279	8283	0	0	8283	32155	0	19000	13155
上海市	168900	5710	46796	100531	26763	220	0	26543	46918	790	17100	29028
江苏省	83167	307	20790	53321	740	0	0	740	418112	0	94689	299389
南京市	2171	0	80	1425	0	0	0	0	0	0	0	0
浙江省	65462	384	13200	50560	8500	0	0	8000	98595	0	31200	45455
宁波市	32331	0	3250	21421	0	0	0	0	20335	0	12700	7135
安徽省	8531	800	6700	4059	220	0	0	220	48625	0	6900	40625
福建省	20328	504	16060	3224	0	0	0	0	7584	0	4000	4234
厦门市	205	0	0	205	0	0	0	0	0	0	0	0
江西省	13933	107	6327	1465	2850	0	2800	50	15240	0	20	3320
山东省	47687	230	1800	45111	1172	0	0	1172	272465	0	104260	166405

续表

	技术开发	上级拨款	专项拨款	自有资金	技术引进	上级拨款	专项贷款	自有资金	技术改造	上级拨款	专项贷款	自有资金
青岛市	7794	50	0	4527	1090	0	0	0	0	0	0	0
河南省	2975	0	260	2675	0	0	0	0	8497	0	0	8197
湖北省	8685	0	280	9610	0	0	0	0	9566	0	9833	7243
武汉市	3976	0	0	4181	0	0	0	0	133	0	0	443
湖南省	12190	10	415	9635	421	0	100	321	22118	0	10050	12068
广东省	84746	1385	9000	72738	14571	0	6489	3582	30179	120	5594	23865
广州市	42736	45	8300	33008	6489	0	6489	0	6459	0	5144	1315
深圳市	41137	0	0	41137	0	0	0	0	0	0	0	0
广西壮族自治区	15453	80	1000	12341	0	0	0	0	35945	30	21870	13045
海南省	2830	0	0	1200	18300	0	0	300	37562	0	0	0
四川省	39549	200	20	36915	297	0	0	297	141532	0	16500	59926
成都市	33054	200	0	30754	0	0	0	0	106288	0	7500	48705
重庆市	15993	50	7550	8326	0	0	0	0	169780	0	148513	13317
贵州省	18960	0	0	18960	20780	0	0	20780	33502	0	0	33502
云南省	951	0	0	951	1207	0	0	1207	3481	0	550	2931
陕西省	2771	0	55	1908	0	0	0	0	17432	0	0	11737
西安市	565	0	55	510	0	0	0	0	17352	0	0	11657
甘肃省	15894	150	900	1012	0	0	0	0	216	0	0	216
青海省	2030	200	200	1630	0	0	0	0	0	0	0	0
宁夏回族自治区	0	0	0	0	0	0	0	0	0	0	0	0
新疆维吾尔自治区	0	0	0	0	0	0	0	0	0	0	0	0

表六、医药行业科学研究与技术开发项目概况

1995 年

1. 按单位类型分类

	项目数（项）	投资额（千元）	政府（千元）	贷款（千元）	自筹（千元）	投入人员（人）	甲类人员（人）
合　　计	4290	1950857	38758	215888	583992	19036	9641
大型工业企业	792	615997	3818	53685	222295	4495	2548
中型工业企业	1540	844172	8042	133454	264611	8082	3325
小型工业企业	587	224160	286	17535	55249	2828	954
独立研究开发机构	1090	219945	21014	8884	35296	2726	2115
非独立研究开发机构	19	14585	534	325	4194	91	63
高等院校	238	26014	5064	505	408	718	562
其它	24	5984	0	1500	1939	96	74

1995 年

2. 按医药专业技术领域分类

	项目数（项）	投资额（千元）	政府（千元）	贷款（千元）	自筹（千元）	投入人员（人）	甲类人员（人）
合　　计	4290	1950857	38758	215888	583992	19036	9641
化学药	2636	1314530	28361	131715	400559	10239	6334
医疗器械	421	204994	4876	48809	64514	2383	958
制药机械	31	14264	0	100	6940	125	59
中药	921	299153	1420	21384	94784	5511	1768
其它	281	117916	4101	13880	17195	778	523

1995 年

3. 按研究开发的合作关系分类

	项目数（项）	投资额（千元）	政府（千元）	贷款（千元）	自筹（千元）	投入人员（人）	甲类人员（人）
合计（研究开发的合作）	4290	1950857	38758	215888	583992	19036	9641
与中科院研究所合作	80	42108	1106	1715	11512	365	247
与其他研究院、所合作	571	402679	3642	16579	163994	2211	1268
与高等院校合作	383	325553	4475	39682	56906	2858	1038
与大中型工业企业合作	148	48580	894	6450	17465	430	294
与其他企业合作	237	122961	3814	16820	39340	785	459
与国外合作	55	159542	425	29460	46540	339	166
本单位独立研究	2816	849434	24402	105182	248235	12048	6170

1995年

4. 按省、市、自治区地域分类

	项目数（项）	投资额（千元）	政府（千元）	贷款（千元）	自筹（千元）	投入人员（人）	甲类人员（人）
合　　计	4290	1950857	38758	215888	583992	19036	9641
北京市	197	65209	2238	2000	11055	446	333
天津市	211	36696	210	1420	27948	1243	573
河北省	110	75468	360	1400	10031	395	275
山西省	41	6497	216	200	2260	144	86
内蒙自治区	29	5943	190	320	2776	103	87
辽宁省	210	112551	1959	10200	13919	1185	576
沈阳市	90	27746	1568	2800	5948	452	249
大连市	9	355	20	0	213	42	16
吉林省	99	32666	1336	2770	9063	435	303
长春市	0	0	0	0	0	0	0
黑龙江省	67	22730	360	5050	5348	186	147
哈尔滨市	43	3508	30	50	2100	97	88
上海市	608	233237	16751	26346	79019	1512	937
江苏省	516	237557	3609	15490	34733	1379	898
南京市	37	8831	0	0	2203	76	54
浙江省	277	99554	193	12003	29042	1158	493
宁波市	73	34663	0	10090	18279	130	89
安徽省	86	56671	450	8820	6810	383	205
福建省	71	46157	779	18000	16484	297	108
厦门市	75	7369	1237	2580	2599	132	100
江西省	74	44418	174	7377	4168	208	145
山东省	317	156578	424	3002	32912	1252	610
青岛市	25	22940	0	0	3283	176	94
河南省	35	91831	1400	40920	16041	395	91
湖北省	130	78214	345	16482	16492	3204	988
武汉市	50	28387	0	0	3060	2360	261
湖南省	86	18229	40	1400	9150	323	190
广东省	266	151440	2454	5359	62993	787	524
广州市	137	65260	744	4612	27660	432	273
深圳市	19	29510	0	0	26535	53	41
广西壮族自治区	149	41724	80	14404	23327	555	343
海南省	17	54491	0	1000	62248	102	96
四川省	184	80699	1231	2470	26159	954	599
成都市	52	56430	30	2200	20493	309	212
重庆市	78	48975	680	5150	9652	337	185
贵州省	18	231	22	0	26	10	10
云南省	59	6320	70	150	2133	104	82
陕西省	35	42606	231	1300	16620	206	123
西安市	6	16110	0	0	12167	69	27
甘肃省	109	6450	1051	185	733	1153	261
青海省	6	2878	648	0	1830	38	27
宁夏回族自治区	4	0	0	0	111	10	10
新疆维吾尔自治区	0	0	0	0	0	0	0

1995 年

5. 按专业技术领域分类

	项目数（项）	投资额（千元）	政府（千元）	贷款（千元）	自筹（千元）	投入人员（人）	甲类人员（人）
合计（专业技术领域）	4290	1950857	38758	215888	583992	19036	9641
化学合成	682	529685	10934	37364	99415	2882	1760
生物技术	329	361894	9163	79480	82166	2835	1023
天然药物	174	33145	2632	2055	37010	933	423
制剂	1370	408703	4067	20611	169845	4244	2979
中成药	897	252686	2294	14962	76781	5302	1882
医疗器械	363	160992	4470	26409	53467	1248	766
制药机械	38	42009	117	20400	13371	212	96
医药包装	20	49048	29	9560	8927	135	51
软科学	57	2995	142	0	1879	85	67
其它	360	109700	4910	5047	41131	1159	594

1995 年

6. 按课题活动类型分类

	项目数（项）	投资额（千元）	政府（千元）	贷款（千元）	自筹（千元）	投入人员（人）	甲类人员（人）
合计（课题活动类型）	4290	1950857	38758	215888	583992	19036	9641
基础研究	153	12765	5331	0	2780	409	325
应用研究	765	285100	11638	34797	126619	4216	2405
试验发展	1611	727609	15507	29451	167933	4834	3317
生产试制与设计	1277	581732	3981	84990	179144	4846	2482
技术推广示范与服务	78	21954	161	2600	8526	228	139
生产性活动	406	321697	2140	64050	98990	4503	973

1995 年

7. 按研究开发的阶段类型分类

	项目数（项）	投资额（千元）	政府（千元）	贷款（千元）	自筹（千元）	投入人员（人）	甲类人员（人）
合计（研究开发的阶段）	4290	1950857	38758	215888	583992	19036	9641
实验室研究阶段	1550	459870	14676	8442	88403	4311	3019
中间试验阶段	784	493106	5731	44927	109953	4614	1913
生产技术开发阶段	719	509018	5983	108127	158205	3538	1994
推广应用阶段	784	386144	3834	42512	197157	5255	1885
其它	453	102719	8534	11880	30274	1318	830

1995 年

8. 按课题来源分类

	项目数（项）	投资额（千元）	政府（千元）	贷款（千元）	自筹（千元）	投入人员（人）	甲类人员（人）
合计（课题来源）	4290	1950857	38758	215888	583992	4290	9641
国家攻关计划	139	84579	9040	6325	12044	815	562
国家医药管理局计划	115	53725	2140	65	8955	374	250
国家自然科学基金	64	7351	2523	0	1327	160	111
国家火矩计划	16	4290	50	5234	2034	159	92
国家高技术发展计划	6	4098	1195	0	490	50	30
新药研究基金	54	30183	1745	200	3662	217	179
国家重点企业技术开发	10	28531	200	7400	5349	46	23
国务院各部委局及中科	74	38556	2125	13000	11408	308	160
国务院各部委企业技术	14	31880	450	0	2609	63	42
工业性试验计划	13	41990	440	7350	3666	124	51
各省（区、市）科技计划	404	228878	6690	32067	91151	1571	1042
各省（区、市）企业技术	103	69013	287	3070	15055	337	196
各省（区、市）医药管理	393	160370	210	14821	48762	1163	618
其它地方政府部门下达	118	13	979	2450	14490	292	198
各省（区、市）火矩计划	27	57548	4150	6770	13294	95	54
本单位自选课题	2419	912635	5713	112784	291984	12384	5572
外单位委托研究课题	203	32960	303	400	7803	425	271
其它	118	104673	518	3952	49909	454	190

表七、医药行业科技成果及投入产出

1995 年

1. 按单位类型分类

单位：千元

	项目数（个）	研究阶段投入					应用效益	
		投入人员（个）	投入经费	政府	贷款	自筹	产值	利税
合计	1585	13009	665921	50341	165023	454667	3551680	648411
大型工业企业	276	2848	203615	3205	60385	150883	990656	234846
中型工业企业	641	5429	304063	5546	97958	194687	1041535	218890
小型工业企业	286	1442	38437	123	2840	35352	269672	37035
独立研究开发机构	275	2342	106669	33196	2975	69752	1237467	157050
非独立研究开发机构	6	57	1613	40	0	1573	100	40

续表

	项目数（个）	研究阶段投入					应用效益	
		投入人员（个）	投入经费	政府	贷款	自筹	产值	利税
高等院校	91	831	9711	8231	65	1452	2000	0
其它	10	61	1813	0	800	968	10250	550

1995年

2. 按医药专业技术领域分类

单位：千元

	项目数（个）	研究阶段投入					应用效益	
		投入人员（个）	投入经费	政府	贷款	自筹	产值	利税
合计	1585	13009	665921	50341	165023	454667	3551680	648411
化学药	967	8364	502678	35793	141014	336636	2947530	532634
医疗器械	174	971	54739	3161	5769	46839	138964	21141
制药机械	16	54	3139	0	100	4537	281	65
中药	350	3174	84864	10062	14220	53351	347903	70189
其它	78	447	20501	1325	3920	13304	117002	24382

1995年

3. 按专业技术领域分类

单位：千元

	项目数（个）	研究阶段投入					应用效益	
		投入人员（个）	投入经费	政府	贷款	自筹	产值	利税
合计（专业技术领域）	1585	13009	665921	50341	165023	454667	3551680	648411
化学合成	187	1768	182447	10093	71935	104375	649724	143110
生物技术	105	2113	121388	7494	54783	65274	785855	179813
天然药物	47	317	36612	1227	790	34620	18168	8040
制剂	628	3584	145645	13284	11120	121856	546293	118655
中成药	279	3024	56857	549	9521	44124	538497	85320
医疗器械	136	677	45485	3908	5119	37127	98155	16762
制药机械	21	173	6312	50	100	7859	754991	52036
医药包装	7	113	10270	0	3850	4620	24817	1055
软科学	22	64	2825	1395	0	1424	1200	100
其它	153	1177	58080	12341	7805	33388	133980	43520

1995年　　4. 按省、市、自治区地域分类　　单位：千元

	项目数（个）	研究阶段投入					应用效益	
		投入人员（个）	投入经费	政府	贷款	自筹	产值	利税
合计	1585	13009	665921	50341	165023	454667	3551680	648411
北京市	66	133	7696	2214	0	5482	16545	4530
天津市	56	664	11012	750	750	9713	33247	7619
河北省	65	622	24710	1325	1750	21635	115735	49886
山西省	16	103	2344	23	30	2291	16473	2240
内蒙自治区	10	56	1600	0	0	1600	1542	920
辽宁省	51	667	46363	1813	30630	7102	254456	108474
沈阳市	24	378	34671	1805	27950	4916	196737	99034
大连市	5	3	300	0	0	300	30830	11516
吉林省	29	180	4466	160	40	7583	117435	28124
长春市	0	0	0	0	0	0	0	0
黑龙江省	41	111	5232	100	141	4671	7166	3838
哈尔滨市	32	104	2592	100	120	2052	1256	298
上海市	195	1647	169029	18209	49517	101193	1110394	125139
江苏省	172	1364	60515	8352	21000	31163	353024	66608
南京市	11	53	1495	0	250	1245	400	140
浙江省	116	896	51397	10184	2700	38513	322508	39175
宁波市	31	59	6055	0	2190	3865	34704	7357
安徽省	20	126	9026	750	15550	3914	13592	3054
福建省	24	156	7864	616	100	2648	1032	230
厦门市	9	20	301	172	0	139	0	0
江西省	15	72	3348	60	180	3108	86732	12799
山东省	122	833	43953	780	13130	28619	154195	43827
青岛市	9	200	4846	30	20	4796	40013	7506
河南省	10	737	1905	10	600	1885	144833	11101
湖北省	67	1935	7984	405	1245	6352	15251	3963
武汉市	26	1251	1454	0	45	1427	2521	383
湖南省	46	302	16560	0	200	17980	4505	133
广东省	127	388	34438	1719	5420	27299	138760	29075
广州市	58	201	18114	1313	4500	12301	54056	5340
深圳市	7	41	11940	0	0	11940	90954	34355
广西壮族自治区	101	409	29410	0	14250	15160	89082	14034
海南省	8	69	55480	0	0	55480	0	0
四川省	60	701	10117	2061	250	6794	292392	23411
成都市	8	100	2795	100	0	2695	81200	18090
重庆市	26	177	14167	0	1550	12617	45771	4826
贵州省	2	0	0	0	0	0	0	0
云南省	19	41	1212	0	0	1212	1437	734
陕西省	14	118	17402	515	3780	14457	9598	1321
西安市	8	72	15471	0	3770	11701	7126	939
甘肃省	46	178	5249	93	0	5156	9474	2616
青海省	0	0	0	0	0	0	0	0
宁夏回族自治区	0	0	0	0	0	0	0	0
新疆维吾尔自治区	0	0	0	0	0	0	0	0

1995 年

5．按成果推广应用形式分类

单位：千元

	项目数（个）	研究阶段投入					应用效益	
		投入人员（个）	投入经费	政府	贷款	自筹	产值	利税
合计（成果推广应用）	1585	13009	665921	50341	164223	454667	3551680	648411
成果已经应用	276	2848	203615	3205	60385	150883	990656	234846
成果正在应用过程中	641	5429	304063	5546	97958	194687	1041535	218890
有应用计划	286	1442	38437	123	2840	35352	269672	37035
未应用	285	2402	108482	33196	2975	70732	1247717	157600
成果已经推广	6	57	1613	40	0	1573	100	40
成果正在推广	91	831	9711	8231	65	1452	2000	0

1995 年

6．按成果的研究阶段类型分类

单位：千元

	项目数（个）	研究阶段投入					应用效益	
		投入人员（个）	投入经费	政府	贷款	自筹	产值	利税
合计（成果研究阶段）	1585	13009	665921	50341	165023	454667	3551680	648411
实验室研究阶段	197	1012	24320	6883	855	17234	9889	1282
中间试验阶段	135	914	86838	13099	15830	69643	39440	5566
生产技术开发阶段	299	2560	175324	5663	71390	99519	854751	178865
推广应用阶段	728	7397	312593	21418	70528	210471	2476174	433034
其它	226	1127	66846	3278	6420	57800	171426	29664

1995 年

7．按任务来源分类

单位：千元

	项目数（个）	研究阶段投入					应用效益	
		投入人员（个）	投入经费	政府	贷款	自筹	产值	利税
合计（任务来源）	1585	13009	665921	50341	165023	454667	3551680	648411
国家计委、科委、经贸	90	1824	141067	16243	63976	60976	564914	124340
国家医药管理局	79	1055	43270	14003	1180	28696	93218	37164
国务院其它部委	21	286	23014	1120	13000	8876	23512	4500
省、区、市医药管理局	183	1811	123646	3830	19322	101122	302529	74937
省、区、市其他部门	75	716	48461	2374	6440	39337	342405	82202
省、自治区属地市级政	45	386	41423	847	23040	17536	175551	37051
自选	952	6580	223869	2064	34265	190733	2019784	277241
接受委托	67	200	12070	9500	0	2727	16383	7420
其它	73	151	9101	360	3800	4664	13384	3556

表八、医药行业各类机构科技活动概况（按省、市、自治区地域分类）

1995 年　　　　1. 职工人数　　　　单位：人

	合计	大型企业	中型企业	小型企业	独立院所	非独立院所	高等院校
合计	577853	241459	254821	60376	10129	512	5250
北京市	16356	3700	9652	1433	814	0	0
天津市	25205	4999	15130	4412	664	0	0
河北省	32486	25224	5911	1278	73	0	0
山西省	12697	5225	6351	981	108	32	0
内蒙自治区	8019	3307	3817	869	26	0	0
辽宁省	39911	27467	9395	1142	660	0	1247
沈阳市	24827	18838	4695	29	18	0	1247
大连市	3948	3150	498	300	0	0	0
吉林省	12121	4384	6530	0	440	0	676
长春市	0	0	0	0	0	0	0
黑龙江省	18502	10366	7549	474	113	0	0
哈尔滨市	14320	9894	4426	0	0	0	0
上海市	46677	16435	18266	8886	2482	133	475
江苏省	56922	16636	28558	10125	383	0	1220
南京市	3501	2163	512	826	0	0	0
浙江省	27983	12093	12607	2880	403	0	0
宁波市	3450	0	1579	1871	0	0	0
安徽省	14845	6969	6583	1204	89	0	0
福建省	9530	4205	3657	551	120	0	997
厦门市	1377	0	872	385	120	0	0
江西省	15395	12265	2180	858	92	0	0
山东省	49891	23157	18109	8287	338	0	0
青岛市	4977	0	1388	3467	122	0	0
河南省	25105	4646	19536	876	47	0	0
湖北省	20237	10973	8136	641	411	76	0
武汉市	9043	5173	3801	0	69	0	0
湖南省	17521	4976	11217	1163	165	0	0
广东省	27398	7233	18330	1102	725	0	8
广州市	13321	2626	9466	816	413	0	0
深圳市	2485	1467	1018	0	0	0	0
广西壮族自治区	16300	5985	7462	2441	220	0	0
海南省	1321	800	0	521	0	0	0
四川省	21837	6895	13131	715	559	0	215
成都市	10856	3664	6567	479	0	0	0
重庆市	16362	9183	4784	2136	221	38	0
贵州省	5726	0	1692	0	90	0	0
云南省	3789	1391	1754	564	80	0	0
陕西省	13272	8328	4288	371	0	233	52
西安市	1686	0	1315	371	0	0	0
甘肃省	3919	0	2892	356	311	0	360
青海省	1346	0	1124	0	222	0	0
宁夏回族自治区	943	0	825	87	31	0	0
新疆维吾尔自治区	0	0	0	0	0	0	0

1995年　　2. 从事科技活动人数　　单位：人

	合计	大型企业	中型企业	小型企业	独立院所	非独立院所	高等院校
合计	36990	11393	12665	3536	6465	216	2407
北京市	1265	146	625	56	428	0	0
天津市	1726	140	828	229	529	0	0
河北省	1173	889	178	39	67	0	0
山西省	350	110	76	82	68	14	0
内蒙自治区	227	34	122	52	19	0	0
辽宁省	3351	1416	939	48	205	0	743
沈阳市	1885	863	262	8	9	0	743
大连市	103	66	12	25	0	0	0
吉林省	1104	274	158	0	323	0	330
长春市	0	0	0	0	0	0	0
黑龙江省	531	222	224	8	77	0	0
哈尔滨市	372	213	159	0	0	0	0
上海市	4803	1022	1225	509	1934	85	28
江苏省	4458	817	1714	835	310	0	782
南京市	148	82	18	48	0	0	0
浙江省	1699	457	923	186	133	0	0
宁波市	230	0	87	143	0	0	0
安徽省	725	189	371	98	67	0	0
福建省	844	596	125	26	72	0	25
厦门市	174	0	57	0	117	0	0
江西省	734	499	112	31	92	0	0
山东省	2748	1310	814	423	201	0	0
青岛市	252	0	24	150	78	0	0
河南省	762	321	386	19	36	0	0
湖北省	1250	519	482	18	203	28	0
武汉市	577	307	238	0	32	0	0
湖南省	667	85	421	63	98	0	0
广东省	1991	534	1011	61	377	0	8
广州市	878	184	448	45	201	0	0
深圳市	272	131	141	0	0	0	0
广西壮族自治区	839	273	297	188	71	0	0
海南省	75	24	0	51	0	0	0
四川省	1854	507	706	52	349	0	215
成都市	736	295	407	24	0	0	0
重庆市	789	429	146	71	128	15	0
贵州省	332	0	0	0	88	0	0
云南省	239	89	79	7	64	0	0
陕西省	619	294	191	12	0	74	48
西安市	104	0	92	12	0	0	0
甘肃省	601	0	156	54	163	0	228
青海省	181	0	32	0	149	0	0
宁夏回族自治区	22	0	3	0	19	0	0
新疆维吾尔自治区	0	0	0	0	0	0	0

1995 年	3. 科技经费收入					单位：千元

	合计	大型企业	中型企业	小型企业	独立院所	非独立院所	高等院校
合计	1722793	555339	462575	97351	562354	14828	29246
北京市	87532	3000	9829	1323	73254	0	0
天津市	54564	2654	14491	2023	35396	0	0
河北省	43272	28864	10396	2375	1637	0	0
山西省	10022	5170	595	550	1156	2551	0
内蒙自治区	3471	1185	2017	12	257	0	0
辽宁省	116995	56156	25389	290	11650	0	23510
沈阳市	79498	46228	5559	0	4201	0	23510
大连市	14103	8540	206	5357	0	0	0
吉林省	196300	166148	14380	0	15032	0	80
长春市	0	0	0	0	0	0	0
黑龙江省	23708	2845	16574	618	3671	0	0
哈尔滨市	10014	2767	7247	0	0	0	0
上海市	282983	42102	88990	23194	121981	6274	442
江苏省	95083	26658	34742	15687	17996	0	0
南京市	7425	5621	221	1583	0	0	0
浙江省	72486	16979	25547	3279	26681	0	0
宁波市	17341	0	11213	6128	0	0	0
安徽省	16802	6946	8424	591	841	0	0
福建省	23525	17623	1849	350	3703	0	0
厦门市	4608	0	0	0	4608	0	0
江西省	12832	11110	182	0	1540	0	0
山东省	102704	64420	14347	8107	15830	0	0
青岛市	9332	0	1900	5784	1648	0	0
河南省	4751	120	3373	480	778	0	0
湖北省	34647	4039	8613	506	20729	760	0
武汉市	4368	2931	868	0	569	0	0
湖南省	22386	2805	14934	2725	1922	0	0
广东省	208489	26769	47349	710	133511	0	150
广州市	59482	2067	19900	500	37015	0	0
深圳市	41137	23160	17977	0	0	0	0
广西壮族自治区	27931	5145	12907	2057	7762	0	0
海南省	1500	0	0	1500	0	0	0
四川省	83416	19786	44356	560	13802	0	4658
成都市	58365	17036	40969	360	0	0	0
重庆市	42722	10307	2286	128	28551	1450	0
贵州省	1102	0	0	0	1102	0	0
云南省	5955	424	3317	0	2214	0	0
陕西省	26215	2384	19876	32	0	3793	130
西安市	17949	0	17917	32	0	0	0
甘肃省	24023	0	4857	12985	5905	0	276
青海省	9149	0	1659	0	7490	0	0
宁夏回族自治区	1707	0	0	0	1707	0	0
新疆维吾尔自治区	0	0	0	0	0	0	0

1995年　　4. 科研课题项数　　单位：项

	合计	大型企业	中型企业	小型企业	独立院所	非独立院所	高等院校
合计	4290	792	1540	587	1090	19	238
北京市	197	8	65	17	106	0	0
天津市	211	17	99	17	78	0	0
河北省	110	42	42	13	13	0	0
山西省	41	7	8	3	19	4	0
内蒙自治区	29	11	9	2	7	0	0
辽宁省	210	60	50	5	65	0	30
沈阳市	90	30	25	0	5	0	30
大连市	9	5	2	2	0	0	0
吉林省	99	24	21	0	27	0	26
长春市	0	0	0	0	0	0	0
黑龙江省	67	22	32	0	13	0	0
哈尔滨市	43	22	21	0	0	0	0
上海市	608	82	230	116	132	8	40
江苏省	516	74	150	72	129	0	91
南京市	37	15	4	18	0	0	0
浙江省	277	84	106	42	45	0	0
宁波市	73	0	16	57	0	0	0
安徽省	86	16	40	6	24	0	0
福建省	71	14	21	11	23	0	2
厦门市	75	0	8	7	60	0	0
江西省	74	18	8	9	39	0	0
山东省	317	88	92	81	56	0	0
青岛市	25	0	7	16	2	0	0
河南省	35	2	22	2	9	0	0
湖北省	130	47	43	5	33	2	0
武汉市	50	19	30	0	1	0	0
湖南省	86	16	54	8	8	0	0
广东省	266	29	164	18	50	0	5
广州市	137	18	82	16	21	0	0
深圳市	19	10	9	0	0	0	0
广西壮族自治区	149	26	67	37	13	0	0
海南省	17	7	0	10	0	0	0
四川省	184	26	70	10	44	0	28
成都市	52	16	29	5	0	0	0
重庆市	78	29	20	8	18	3	0
贵州省	18	0	0	0	8	0	0
云南省	59	16	24	0	19	0	0
陕西省	35	12	17	0	0	2	4
西安市	6	0	6	0	0	0	0
甘肃省	109	0	40	13	44	0	12
青海省	6	0	4	0	2	0	0
宁夏回族自治区	4	0	0	0	4	0	0
新疆维吾尔自治区	0	0	0	0	0	0	0

1995 年

5. 科研成果项数

单位：项

	合计	大型企业	中型企业	小型企业	独立院所	非独立院所	高等院校
合计	1585	276	641	286	275	6	91
北京市	66	0	7	5	54	0	0
天津市	56	4	22	5	25	0	0
河北省	65	20	28	13	4	0	0
山西省	16	3	5	4	3	1	0
内蒙自治区	10	5	0	2	3	0	0
辽宁省	51	14	19	3	6	0	9
沈阳市	24	8	7	0	0	0	9
大连市	5	0	0	5	0	0	0
吉林省	29	14	3	0	5	0	7
长春市	0	0	0	0	0	0	0
黑龙江省	41	15	26	0	0	0	0
哈尔滨市	32	15	17	0	0	0	0
上海市	195	12	78	50	45	5	5
江苏省	172	15	48	31	42	0	36
南京市	11	3	1	7	0	0	0
浙江省	116	30	54	22	10	0	0
宁波市	31	0	8	23	0	0	0
安徽省	20	4	11	2	3	0	0
福建省	24	6	6	6	6	0	0
厦门市	9	0	0	6	3	0	0
江西省	15	5	2	3	5	0	0
山东省	122	29	40	42	11	0	0
青岛市	9	0	2	6	1	0	0
河南省	10	1	8	0	1	0	0
湖北省	67	25	33	0	9	0	0
武汉市	26	4	22	0	0	0	0
湖南省	46	7	33	2	4	0	0
广东省	127	14	83	9	17	0	4
广州市	58	5	38	9	6	0	0
深圳市	7	4	3	0	0	0	0
广西壮族自治区	101	8	57	24	7	0	0
海南省	8	5	0	3	0	0	0
四川省	60	8	23	6	3	0	17
成都市	8	3	3	1	0	0	0
重庆市	26	10	6	3	7	0	0
贵州省	2	0	0	0	0	0	0
云南省	19	14	5	0	0	0	0
陕西省	14	4	6	3	0	0	1
西安市	8	0	5	3	0	0	0
甘肃省	46	0	25	8	1	0	12
青海省	0	0	0	0	0	0	0
宁夏回族自治区	0	0	0	0	0	0	0
新疆维吾尔自治区	0	0	0	0	0	0	0

1995 年　　6. 总产值　　单位：千元

	合计	大型企业	中型企业	小型企业	独立院所	非独立院所	高等院校
合计	63717706	32170865	25893457	4592254	319678	12363	16760
北京市	1370369	340135	915526	75530	39178	0	0
天津市	2500418	437150	1960630	92098	10540	0	0
河北省	4595158	4150700	408528	35930	0	0	0
山西省	551526	256253	264778	30495	0	0	0
内蒙自治区	363092	208257	130310	24525	0	0	0
辽宁省	2246063	1825694	384753	18856	0	0	16760
沈阳市	1588088	1311650	256738	2940	0	0	16760
大连市	311890	264410	7760	39720	0	0	0
吉林省	1102134	572401	522153	0	5000	0	0
长春市	0	0	0	0	0	0	0
黑龙江省	1881992	1475391	386704	3984	15913	0	0
哈尔滨市	1723723	1464870	258853	0	0	0	0
上海市	6529824	2554226	2924777	984962	65859	0	0
江苏省	7097138	2614447	3638702	843579	410	0	0
南京市	415890	292250	40030	83610	0	0	0
浙江省	6427312	3682661	2419638	323315	1698	0	0
宁波市	437851	0	244343	193508	0	0	0
安徽省	1513902	653450	721072	135080	4300	0	0
福建省	609643	379658	213969	16016	0	0	0
厦门市	53835	0	0	53835	0	0	0
江西省	1297499	1128098	123385	46016	0	0	0
山东省	4421637	2529211	1393830	479596	19000	0	0
青岛市	588540	0	100470	484670	3400	0	0
河南省	1024185	491230	499592	33363	0	0	0
湖北省	1551804	912562	597574	31388	10280	0	0
武汉市	821731	592382	229349	0	0	0	0
湖南省	1121759	496487	539882	84379	1011	0	0
广东省	5106180	1482735	3412258	106397	104790	0	0
广州市	1916612	341209	1518726	51217	5460	0	0
深圳市	2091597	1752614	338983	0	0	0	0
广西壮族自治区	1971499	506551	1300208	143799	9729	0	0
海南省	305600	182600	0	123000	0	0	0
四川省	2241324	920280	1240791	40206	4390	0	0
成都市	1497656	705985	758713	26000	0	0	0
重庆市	1581543	977059	520177	62647	21660	0	0
贵州省	662880	0	0	0	0	0	0
云南省	387614	158652	182312	46650	0	0	0
陕西省	1418780	1217953	168964	19500	0	12363	0
西安市	86521	0	67021	19500	0	0	0
甘肃省	173890	0	153370	18000	2520	0	0
青海省	105350	0	105350	0	0	0	0
宁夏回族自治区	73878	0	72668	1210	0	0	0
新疆维吾尔自治区	0	0	0	0	0	0	0

1995年 7. 新产品产值 单位：千元

	合计	大型企业	中型企业	小型企业	独立院所	非独立院所	高等院校
合计	10669558	4414455	4977787	967450	177336	6477	2541
北京市	298408	133678	126776	4226	33728	0	0
天津市	541600	281433	238424	19732	2011	0	0
河北省	132718	101277	29467	1974	0	0	0
山西省	2063	0	1090	973	0	0	0
内蒙自治区	11019	0	9507	1512	0	0	0
辽宁省	396591	327643	65164	1243	0	0	2541
沈阳市	307257	266180	37293	1243	0	0	2541
大连市	33171	2181	160	30830	0	0	0
吉林省	115556	83600	31956	0	0	0	0
长春市	0	0	0	0	0	0	0
黑龙江省	255283	192390	62893	0	0	0	0
哈尔滨市	241483	192390	49093	0	0	0	0
上海市	1428795	495660	797429	116166	19540	0	0
江苏省	1806324	372659	1247165	186500	0	0	0
南京市	223715	167262	24071	32382	0	0	0
浙江省	1856192	1337086	434765	84341	0	0	0
宁波市	87624	0	51561	36063	0	0	0
安徽省	146043	56199	89544	300	0	0	0
福建省	33817	33101	487	229	0	0	0
厦门市	5596	0	0	5596	0	0	0
江西省	35633	1892	26219	7522	0	0	0
山东省	751057	455965	166223	127137	1732	0	0
青岛市	210955	0	18113	191082	1760	0	0
河南省	73010	0	73010	0	0	0	0
湖北省	94888	24295	60313	0	10280	0	0
武汉市	50187	12779	37408	0	0	0	0
湖南省	92986	322	84554	8110	0	0	0
广东省	798686	262398	433300	2225	100763	0	0
广州市	308442	30608	274176	2225	1433	0	0
深圳市	194631	2400	192231	0	0	0	0
广西壮族自治区	358828	32228	291109	30489	5002	0	0
海南省	97772	22172	0	75600	0	0	0
四川省	403944	103072	279872	11000	0	0	0
成都市	223325	67749	134576	11000	0	0	0
重庆市	170579	84198	85022	1359	0	0	0
贵州省	113512	0	0	0	0	0	0
云南省	52750	2886	49204	660	0	0	0
陕西省	23383	5720	6756	4430	0	6477	0
西安市	8714	0	4284	4430	0	0	0
甘肃省	32694	0	12023	18151	2520	0	0
青海省	13450	0	13450	0	0	0	0
宁夏回族自治区	0	0	0	0	0	0	0
新疆维吾尔自治区	0	0	0	0	0	0	0

医药教育工作

【1996年医药教育综述】

自1993年2月以来，全国医药教育贯彻《中国教育改革和发展纲要》，在管理体制改革、办学体制改革、招生就业体制改革、投资体制改革等方面均已取得重大成就。自1994年国家医药管理局所属三所高校即开始实行招生并轨改革。至1996年全国医药院校均已实行招生并轨改革，体制改革的进展和成功为高等教育的内涵建设和发展创造了良好条件，因此1996年全国高等医药教育已进入内涵建设和发展的新阶段。中国药科大学和沈阳药科大学不但早已实现招生并轨交费上学和双向选择的改革，当年招生规模也提前达到95末期的目标。在此基础上，中国药科大学申请进入“211工程”全面建设学校，经国家教委同意，国家医药局于1996年5月5～8日组织评审专家进行部门预审并获得通过；沈阳药科大学已确定进行重点学科建设；上海医疗器械高等专科学校自1995年开始实施“精密医用电子仪器专业教学改革试点计划”，1996年试点进展顺利。中国药科大学和沈阳药科大学申请“国家理科基础科学研究和教学人才培养基地”基础药学专业点，也获得国家教委批准并先后启动实施。

在体制改革继续深化的同时，从1995年起教学内容和课程体系也已推进到实质性改革的阶段。因此国家医药管理局结合国家教委的总体计划，牵头组织全国高等药学教育面向21世纪教学内容和课程体系改革软课题研究。整个课题分三个层次18个子课题，首期投资补助经费10万元启动研究工作。各课题通过开题报告后已进入实质性研究阶段，1996年已顺利完成对药理学科和制药工程学科的发展研讨。

教材建设方面，药学高等专科教育所需17本教材从1994年起全面部署，国家医药管理局科技教育司组织河南开封医学高等专科学校等近20所学校承担。1996年已全部出齐，并且又部署了16本配套实验教材的编写工作。

在医药行业科技人员继续教育方面，全国执药师资格考试工作顺利进行。由国家医药管理局科教司组织编写的全套《执业药师培训教材》共14本，300余万字，1996年春已全部出齐。工程技术人员方面以化学制药工艺工程师和抗生素工艺工程师为对象的继续教育科目指南也已编审完毕，将正式公布推行。国家医药局科技教育司职工教育处在中国医药教育协会职业教育委员会的协助下，从1995年下半年至1996年夏对全国医药技工学校的基础调研已基本完成，并于1996年11月首次召开了全国医药技工学校校长会议，确定6门专业课程的教学大纲。

（苏怀德）

【《面向21世纪高等医药教育教学内容和课程体系改革计划》软课题研究全面启动】

本课题由国家教委和国家医药管理局联合立项，国家医药管理局科技教育司具体组织实施。1996年1月13～15日组织专家对所申请项目进行评审，确定了三个层次的18个研究课题。具体是：

《高等医药教育面向21世纪教学内容和课程体系改革计划》
专家推荐立项项目（药学部分）

层次	内容	项目名称	项目单位	主持人	项目协作组牵头人
一	21世纪人才需求及培养模式研究	21世纪我国高等药学教育专业结构及人才培养模式研究	中国药科大学	黄家梓	
		培养我国跨世纪中西医药结合高层次药学人才的研究	中国药科大学	严永清	
		药学本科教学质量评价体系的研究	沈阳药科大学	李　野	
二	专业设置及教学内容改革研究	药化专业课程体系和教学内容的改革	北京医科大学	张礼和	
		药物化学课程体系和教学内容改革	中国药科大学	华维一	张礼和
		药物化学高层次人才培养的教学核心——药物设计	上海医科大学	仇缀百	张礼和
		重点药学院校药学专业人才培养类型及培养模式的研究与实践	上海医科大学	张　鹏	
		药学专业药物化学课程教学内容改革	北京医科大学	仉文升	张　鹏
		生物技术制药六年制专业课程体系和教学内容改革研究与实践	沈阳药科大学	杨秀珍	
		联合培养生物技术制药高层次人才的研究与实践	中国药科大学	吴晓明	
		临床药学专业课程体系和教学内容改革	华西医科大学	倪　丹	
		临床药学课程体系和内容的研究	中国药科大学	戴德哉	倪　丹
		临床药学课程教学内容的改革	北京医科大学	严宝霞	倪　丹
三	专业课程教学内容及教学方法改革研究	药剂学教学内容和课程体系改革	沈阳药科大学	张汝华	
		药事管理学教学内容，方法，手段的改革	西安医科大学	杨世民	
		深化药事法规法学类课程改革	中国药科大学	邵　蓉	杨世民
		高等医药院校药剂学三段式教学法	浙江医科大学	梁文权	

自1992年中央公布《中国教育改革和发展纲要》以来，全国医药教育体制改革已获重大成果，使改革进一步推向教育的核心即教学内容和课程体系。为使全国高等医药教育适应21世纪医药事业的发展和适应社会主义市场经济体制的要求，必须着力研究如何进行教学内容和课程体系改革。为此动员全国医药教育工作者参加本课题研究就十分必要。

课题的基本实施方式是：统一规划，分科立项，分批实施，分级管理，成果通过实践检验和专家鉴定。

6月13日～15日国家医药管理局和国家教委联合召开开题报告会，统一了研究项目和进程。研究经费由国家教委、国家医药管理局和项目承担单位各支持1/3。会后，研究经费已逐步落实，各项目正在紧张有秩地研究之中。

（苏怀德）

【中国药科大学211工程建设申请通过部门预审】

国发［1994］39号《关于〈中国教育改革和发展纲要〉的实施意见》宣布“211工程”正式启动实施。“211工程”是指从发文起至2010年，面向21世纪，重点建设100所左右的高等学校和一批重点学科点，以实现四化建设各主要领域需要的高层次建设人才基本立足国内培养的奋斗目标。该工程的主要建设内容包括三部分：100所左右的高等学校（整体建设），一批高等学校重点学科（学科建设）和高等教育科研公共服务体系（信息网络建设）。

中国药科大学发动全校师生经过长时间酝酿提出了该校参加“211 工程”建设的规划和申请。国家医药局根据全国医药事业长远发展对人才的需求，决定支持该校整体进行“211 工程”建设。在取得国家教委同意后，由国家医药管理局组织专家评审委员会，于 1996 年 5 月 5～8 日对中国药科大学进行实地考察和部门预审。局有关司、室的负责同志列席了预审会议。

专家评审组认真审议了中国药科大学整体建设规划和有关子项目的论证报告，全面考察了中国药科大学的教学、科研及公共设施，并广泛听取了各方面的意见。专家组认为中国药科大学历史悠久，教学注重质量，科研结合实际，培养学生基础理论扎实，实践能力较强。学校规模已达到国家教委要求并已成为国内规模最大、配套齐全的高等药学教育基地，已基本具备通过部门预审的条件。专家组同意学校的整体建设规划并一致建议通过部门预审，报请上级审核并批准预备立项。为使该校“211 工程”建设健康、顺利进行，专家组并提出了若干重要建议。

附：国家医药管理局“211 工程”部门预审专家评审委员会名单（按姓氏笔画排列）

国家医药管理局“211 工程”部门预审专家评审委员会

（按姓氏笔画排列）

姓　名	职　务	职　称	专　业
王　镭	中华医学会副会长	教授	医学
许文思	上海医药工业研究院	教授、工程院院士	生物技术
张礼和	北京医科大学药学院院长	教授、科学院院士	药化
张鹤镛	国家医药管理局副局长	教授	药学
陈可冀	中国中医研究院	教授、科学院院士	中药
苏怀德	国家医药管理局科教司副司长	教授	药理
周后元	上海医药工业研究院	教授、工程院院士	药化
周同惠	中国医学科学院药物研究所	教授、科学院院士	药分
姚　泰	上海医科大学校长	教授	生理
胡之璧	上海中医药大学	教授、工程院院士	中药、生物技术
胡宏纹	南京大学	教授、科学院院士	有机化学
奚念朱	上海医科大学	教授	药剂
嵇汝运	中国科学院药物研究所	教授、科学院院士	药化
葛锁网	江苏省教委副主任	教授	数学
靳瑞征	沈阳药科大学校长	教授	药剂

（苏怀德）

【华东理工大学制药工程学院筹建】

为弥补医药行业制药工程人才的不足，充分发挥综合性理工科大学的办学力量，经华东理工科大学申请，国家教委和国家医药管理局联合发文（教直［1996］8号1996.6.28）同意华东理工大学组建制药工程学院。该院为大学的二级学院，依托该校现有的相关学科和专业组建而成。在教学科研和学科建设上同时接受国家医药管理局有关司室的业务指导。

国家教委支持该院加强与国家医药管理局所属院校和企业在人才培养、科技开发上的合作，紧密结合我国医药工业发展的需要，进一步加强学科、专业建设，充分调动和发挥学校在教学、科研上的综合优势与实力，将该学院建设成为产学研紧密结合的新型学院，力争成为支撑我国制药工业发展的高级专门人才培养和科学研究的主要基地之一。

国家医药管理局将该制药工程学院的建设和发展纳入本行业人才培养、科学研究以及学科建设发展的总体规划，在组织各项科研与教育活动，发展新的重点学科、重点科研基地与教育基地等方面，在各类科技攻关及新药开发等课题的申请、招标中，将该学院视同局属院校同等对待，并支持该学院与医药企事业单位在人才交流、培养和科研开发方面的合作。支持该学院在上海市的医药产业中发挥更大的作用。

（苏怀德）

【第四批“国家理科基础科学研究和教学人才培养基地”专业点申报获许】

为加强自然科学基础研究和教学人才的培养，国家教委自1991年起先后分三批在全国建立了61个“国家理科基础科学研究和教学人才培养基地”专业点（简称“基地”）。1996年7月教委决定进行第四批“基地”专业点的建设工作。申报范围包括医药院校。中国药科大学和沈阳药科大学经认真研究、论证申报了基础药学专业点。8月下旬，国家医药管理局领导同意学校申报意见，确定将根据基地建设的要求，在“九五”期间结合学校建设对基地的建设给予支持。9月中旬国家教委组织专家评审后决定将两校的基础药学作为第四批建设的基地药学专业点，要求二校通过基地建设，对全国药学基础科学研究和教学人才培养起重要作用。

（苏怀德）

【全国医药技工学校教学工作会议】

国家医药管理局科教司于1996年11月在河南开封召开全国医药技工学校教学工作会议。会上恢复、组建了六个技工学校专业协作组，即化学制药专业协作组，药物制剂专业协作组，抗生素专业协作组，医疗器械与制药机械专业协作组，中药专业协作组和医药商业专业协作组。各协作组选举了组长单位，制订了活动计划。会议讨论修订、修改和制订技工学校专业教学计划及教学大纲的工作计划，并依据各专业协作组分工、分头开展工作，定于1997年9月底完成。会议还研究探讨了技工学校专业课教材的推荐、选用和编写问题。

（吴凯云）

【高等专科药学专业规划教材出版】

建国以来第一套高等专科药学专业规划教材于1996年正式出版发行，全套共十七本：

高等数学　张德舜主编　石中陆主审
应用数理统计　林士美主编　姚金华主审
无机化学　侯新初主编　汤启昭主审
有机化学　马祥志主编　岳保珍主审
人体解剖生理学　张尚俭主编　王启华主审
微生物学　唐珊熙主编　牟家琬主审
分析化学　张其河主编　高文兰主审

生物化学　　赖炳森主编　　王淑如主审
物理化学　　侯新朴主编　　金祖德主审
药理学　　张大禄主编　　李新芳主审
药物化学　　孙常晟主编　　李仁利主审
药剂学　　邹立家主编　　陆　彬主审
药物分析　　蔡美芳主编　　刘文英主审
天然药物化学　杨其蒀主编　　徐绥绪主审
药用植物学　许文渊主编　　沈联德主审
生药学　　罗集鹏主编　　金蓉鸾主审
物理学　　潘百年主编　　张学贤主审

这套教材是国家教委“八五”教材建设的一个组成部分,是国家医药管理局根据国家教委的安排,组织全国设置高等专科药学专业的院校130多名教师,花费两年多的时间完成的。与这套教材配套的实验、习题等教材将于1998年陆续出版发行,全套教材于“九五”后期修订。

(张修淑)

【全国药理学科发展研讨会】

全国药理学科发展研讨会于1996年3月25日～27日在浙江宁波市召开。参加会议的34名代表来自24个单位,分别代表医药院校、研究院所、医药企业及医药管理部门。国家医药局科教司副司长苏怀德教授及学校教育处张修淑参加并主持了会议。中国药科大学药理教研室承担业务准备,浙江省医药学校承办会务,浙江省医药局、新昌制药集团公司等单位给予了大力支持。

会议共收到论文19篇,13位代表在会上宣读了论文。秦伯益、刘耕陶两位院士做了专题报告。学术交流内容不仅反映了我国药理学科几个主要方面的成果已接近或达到较高的水平,而且预示着进一步发展的方向是瞄准国际先进水平的。同时通过研讨也看到了我们存在的差距。与会者一致认为,21世纪药理学科将是医学和药学的核心学科之一。以药理学科为核心将形成一个宠大的学科群体,由从属地位走向主导地位。会议就药理教学内容和课程体系改革、药理科学研究和中药药理等三方面进行了专题研讨并取得一系列共识。

为在会后长期组织活动,进一步团结同行,会议决定成立全国药学教育与新药研究药理学科发展研究协作组。由中国药科大学牵头,沈阳药科大学、上海医科大学药学院、第二军医大学药学院、中国医科院药物所、中国军事医学科学院毒物药物研究所、华北制药厂和新昌制药厂等组成核心组,以推动今后活动。

(苏怀德)

【全国制药工程学科发展研讨会】

全国制药工程学科发展研讨会,于1996年6月11～14日在上海华东理工大学召开。这次会议是国家医药管理局为全面推进我国高等药学教育教学改革,推动制药工业现代化进程,探讨制药工程学科建设而组织召开的首次研讨会。全国23所理、工科大学,医药院校和有关的研究院所,国有及中外合资大、中型企业的专家,教授、工程技术人员共71人参加了会议。

会议就制药工程学科的国内外现状,面向21世纪的发展前景及在我国制药工业发展中的作用和学科建设等问题进行了认真地讨论。

会议对制药工程学科的意义、内容和任务进行了探讨。

会议决定成立全国制药工程学科建设研究会,确定由清华大学、天津大学、华东理工大学、华南理工大学、浙江工业大学、沈阳药科大学、中国药科大学、武汉化工学院、国家医药管理局上海医药工业研究院、上海医药设计院、化工部上海化学工业研究院等单位组成首届核心组。华东理工大学为召集单位。确定研究会的任务:开展制药工程学科建设,促进教学改革和教材建设,开展信息和学术交流,沟通企业与高校的联系和对制药工程人才培养要求等。该会接受国家医药管理局的指导，原则上每2年召开一次会议。

（张修淑）

【第二次全国药事管理学科研讨会】

在国家医药管理局科技教育司推动下，全国药事管理学科研究协作组于1996年8月9日～11日在沈阳药科大学召开了第二次全国药事管理学科研讨会。出席这次会议的有华西医大药学院、沈阳药科大学等10所院校药事管理学科的专家学者。国家医药管理局科教司苏怀德副司长出席会议。

会议认为全国执业药师资格考试已把药事管理列为必考科目，国家教委已把药事管理列为药学专业的主要学科之一。国家医药局科教司也把药事管理学列为重点发展学科之一。这给本学科的发展提供了大好机遇。代表们认为在药学类本、专科专业中开设54学时的药事管理课程是必要的。代表们还就本、专科教学内容，研究生教育的发展等以及教材建设等问题进行了专题研究并取得了共识。

（苏怀德）

【《执业药师继续教育管理暂行办法》发布】

根据人事部、国家医药管理局联合颁布的《执业药师资格制度暂行规定》第十三条和第二十二条的规定和国家医药管理局颁布的《执业药师注册登记管理办法》第六条要求以及国家关于专业技术人员继续教育的有关精神，国家医药管理局于6月28日颁发了《执业药师继续教育管理暂行办法》。该办法共十五条，分别提出执业药师继续教育的性质、目的、意义、对象、内容、时间、经费来源、培训单位，内容制定原则以及实行执业药师继续教育登记证书制度等等。

（吴凯云）

【医药行业首批执业药师培训中心组建】

1995年3月国家医药管理局印发《执业药师培训中心设置、管理暂行办法》，并对首批执业药师培训中心申报审批时间和办法提出具体要求。截至到1996年2月，共收到28个省（区、市）医药管理部门报来的申报材料。经过执业药师培训专家组的认真审查讨论及局领导研究同意对申报材料与手续齐备，办学条件基本符合要求的13个单位批准为首批执业药师培训中心。并予以公布。他们是：

天津市执业药师培训中心（办学点：天津市医药局职工大学）

上海市执业药师培训中心（办学点：上海医科大学、上海医药局职工大学）

江苏省执业药师培训中心（办学点：中国药科大学）

浙江省执业药师培训中心（办学点：浙江医科大学、浙江医药学校）

安徽省执业药师培训中心（办学点：安徽省医药学校）

福建省执业药师培训中心（办学点：福建省医药职教中心）

湖北省执业药师培训中心（办学点：同济医科大学）

山东省执业药师培训中心（办学点：山东医药学校，山东中医学院）

广东省执业药师培训中心（办学点：广东药学院，广东省医药学校）

广西壮族自治区执业药师培训中心（办学点：广西医学院）

黑龙江省执业药师培训中心（办学点：黑龙江商学院，黑龙江省医药干校）

辽宁省执业药师培训中心（办学点：沈阳药科大学）

解放军总后执业药师培训中心（办学点：解放军第二军医大学）

（吴凯云）

【首批执业药师“药事管理与法规”高级研

修班】

依据国家人事部全国高研班计划安排，国家医药管理局与国家人事部联合举办“全国执业药师药事管理与法规”高级研修班。于1996年1月8日～13日在北京举办，参加人数达68人，全部是各省（市、区）医药企事业首批执业药师，大多数担任企事业的业务负责人和总工程师等职。高研班以讲座与讨论相结合的形式，讲座内容为：《中国药典95版概述》、《国家“九五”期间医药法律法规建设思路》、《新药评审及有关技术规定》、《美国FDA介绍及药品管理法有关问题》、《药品专利及行政保护》、《药师法起草过程及内容介绍》、《处方药与非处方药介绍》。

（吴凯云）

【《全国执业药师资格考试培训教材》出版】

1996年国家医药管理局成立了以郑筱萸局长为名誉主任，张鹤镛副局长为主任的执业药师资格考试培训教材编审委员会。由科技教育司负责依据国家医药局编写、国家人事部审定的全国执业药师资格考试大纲的要求，组织有关专家编写，于5月份出版了《全国执业药师资格考试培训教材》。该套教材是对执业药师有关各方面业务要求的具体体现，是执业药师参考人员培训，备考的主要材料，也是考试命题组卷的主要依据。

全国执业药师资格考试培训教材包括书目：

《考试大纲》、《药事管理知识》、《药事法规汇编》、《药剂学》、《药理学》、《药物分析》、《药物化学》、《生药学》、《综合知识与技能概要》、《实用药学英语》、《实用药学日语》、《药事法规解说》和《药学专业知识复习大纲》。

（吴凯云）

【1996年全国执业药师资格考试简况】

国家医药管理局与国家人事部共同举行的1996年全国执业药师资格考试于9月14、15日二天举行。其报名人数达到7123人，实际参加考试人数为4281人，参考率是60.1%。考试成绩合格的人数为1008人，合格率达23.6%。考试分三个科目4个考卷，分别为“药事管理与法规”、“药学专业知识1”（药理与药分）、“药学专业知识2”（药剂与药化或药剂与生药）和“综合知识与技能”。每场考试时间为150分钟，每个考卷为140道题，分A型、B型、C型和X型4种题型。A和X型题每题1分，C和B型题每题0.5分，共计100分。各试卷试题按修订后的《全国执业药师资格考试大纲》要求，其内容包括：掌握部分约占60%、熟悉部分约占30%、了解部分约占10%。所有考试涉及到的内容均覆盖《考试大纲》要求内容的85%以上。考试总体难易程度保持在中等水平，与1995年保持一致。个别专业依据去年情况做了一定程度的调整。考试试卷由国家医药管理局组织，国家人事部审定。考试命题与组卷人员由国家医药管理局邀请医药教育界和工商界本专业领域的权威人士组成，有很高的学术业务水平和多年的实践经验，大部分参加过去年的工作。考试及格分数线按人事部人办发［1997］6号文件规定，“药事管理与法规”和“综合知识与技能”2个科目均为60分，药学专业知识科目1和2按总分110分计算，其1或2部分均不得低于52分。考试分科目情况为：药事管理与法规”及格率37.01%，及格人数1588人，最高得分为89分，平均分为53.25分；“综合知识与技能”及格率35.67%，及格人数为1519人，最高得分为91分，平均分为52.24分；“药学专业知识1”（药理与药分部分）及格率（55分）为46.34%，及格人数1971人，最高得分为89

分，平均分为48.08分；“药学专业知识2”（药剂与药化或生药部分）及格率（55分）为46.34%，及格人数1971人，最高得分为90分，平均分为49.43分。

考后反映各方面都比较满意，本次全国执业药师资格考试试卷题量适当，难易适中，试题没有超纲。考试反应出了执业药师资格应具有的水平。与去年比较，内容与程度一致，而考试成绩有较大提高。其一是合格率高了近9个百分点，其二是各科目平均分有所提高并趋于合理，其三是各科目考试分数与人数分布比例正常，呈正态分布。

（吴凯云）

【1996年全国执业药师资格考试分析】

1. 执业药师参考人员工龄分布及合格情况：

执业药师参考人员专业工龄在6～10年的人数最多，约占31%，其考试合格情况呈工龄越少合格率越高的现象，考试合格人员中工龄在10年以下的约占总数的47%，11～20年的为30%以上。

工龄段年	3以下	3～5	6～10	11～15	16～20	21～25	26以上	未知
实考人数	134	555	1327	1147	390	191	174	362
比例%	3.1	13.0	31.0	26.8	9.1	4.5	4.1	8.5
合格人数	61	96	316	267	39	36	13	180
比例%	6.1	9.5	31.3	26.5	3.9	3.6	1.3	17.9
合格率%	43.9	17.3	23.8	23.3	10.0	18.9	7.5	49.5

2. 执业药师参考人员学历分布及合格情况：

执业药师参考人员的学历程度较高，大专以上的约占70%，其考试合格情况呈学历越高合格率越高的现象，考试合格人员中大学本科学历的约占60%。

学历	研究生	大学	大专	中专	高中	初中	未知
实考人数	88	1854	1038	911	62	14	315
比例%	2.1	43.3	24.2	21.3	1.4	0.3	7.4
合格人数	36	602	162	102	2		104
比例%	3.6	59.7	16.1	10.1	0.2		10.3
合格率%	40.9	32.5	15.6	11.2	3.2		33.1

3. 执业药师参考人员专业分布及合格情况：

执业药师参考人员中所学专业为药学及相近专业的约占80%，其考试合格比例为76%，其合格率不相上下。

所学专业	相同	相近	不同	未知
实考人数	2491	888	336	566
比例%	58.2	20.7	7.8	13.2
合格人数	565	197	86	160
比例%	56.1	19.5	8.5	15.9
合格率%	22.7	22.2	25.6	28.3

4. 执业药师参考人员专业职称及合格情况：

专业职称	高级	中级	助理	员级	其他	未知
实考人数	157	1541	1724	65	81	714
比例%	3.7	36.0	40.3	1.5	1.9	16.7
合格人数	47	602	411	6	5	155
比例%	4.7	59.7	40.8	0.6	0.5	15.4
合格率%	29.9	24.9	23.8	9.2	6.2	21.7

【1996年执业药师资格考试情况表】

XH	SS	BMS	SKS	CKL	HGS	HGL	LNZS
1	北京市	207	130	62.8	52	40.0	167
2	天津市	92	63	68.5	20	31.8	114
3	河北	472	321	68.0	124	38.6	359
4	山西	155.	107	69.0	9	8.4	61
5	内蒙古	61	43	70.5	4	9.3	36
6	辽宁	241	160	68.4	16	10.0	287
7	吉林	230	109	47.4	12	11.5	71
8	黑龙江	339	158	46.0	18	11.5	94
9	上海市	276	190	68.8	85	44.7	295
10	江苏	361	172	47.7	61	35.5	306
11	浙江	246	137	55.7	63	46.0	238
12	安徽	324	190	58.6	46	24.2	192
13	福建	112	72	64.3	35	48.6	153
14	江西	254	169	66.5	33	19.5	232
15	山东	585	361	61.7	62	17.2	309
16	河南	463	275	59.4	23	8.4	211
17	湖北	230	159	69.1	36	22.6	171
18	湖南	205	116	56.6	32	27.6	121
19	广东	710	457	64.4	126	27.6	547
20	广西	111	73	65.8	23	31.5	104
21	海南	93	47	50.5	9	19.1	45
22	四川	351	192	54.7	48	25.0	284
23	贵州	110	88	61.8	6	8.8	27
24	云南	163	91	55.8	1	1.1	75
25	陕西	188	119	63.3	16	13.4	97
26	甘肃	95	41	43.2	1	2.4	56
27	青海	53	34	63.1	7	20.6	25
28	宁夏	26	10	38.5	5	50.0	21
29	新疆	213	122	57.3	16	13.1	47
30	解放军	156	96	61.5	19	19.8	255
31	西藏						

注：

BMS　报名数

SKS　实考人数

CKL　实考率SKS/BMS（%）

HGS　合格人数

HGL　合格率HGS/SKS（%）

LNZS　两年执业药师总数（含认定、考试合格）

（吴凯云）

第八部分

医药统计资料

【1996年独立核算工业企业主要经济效益指标分析(一)①】

地区	企业亏损面(%)	百元固定资产原价实现的总产值(元)		百元固定资产原价实现的利税(元)	全部资金周转次数(次)	资金利税率(%)
		现价(新规定)	90不变价(新规定)			
全国总计	**38.50**	**165**	**186**	**19.49**	**1.19**	**10.00**
北京市	25.24	128	117	14.06	0.98	5.67
天津市	40.43	181	146	56.30	1.19	25.65
河北省	26.92	133	124	16.05	1.49	10.87
山西省	29.90	105	118	1.08	0.96	0.65
内蒙自治区	34.09	102	100	3.47	0.99	1.92
辽宁省	52.07	104	110	3.50	0.79	1.79
吉林省	50.96	118	122	17.77	0.63	7.95
黑龙江省	37.59	119	124	9.37	1.01	5.37
上海市	11.83	287	304	22.73	1.36	8.23
江苏省	31.07	186	254	15.07	1.53	8.25
浙江省	20.00	215	320	20.54	1.43	10.12
安徽省	32.97	172	231	0.40	1.39	0.23
福建省	35.71	202	201	34.71	1.37	16.61
江西省	44.74	127	132	11.53	0.94	6.48
山东省	34.66	219	245	55.93	1.84	31.24
河南省	38.42	157	238	8.05	1.28	4.85
湖北省	51.85	175	202	11.79	1.41	7.07
湖南省	46.72	110	114	3.78	0.98	2.45
广东省	38.59	177	186	27.72	0.90	10.85
广西自治区	41.67	168	182	18.13	1.17	9.76
海南省	37.50	228	206	27.74	2.34	18.32
四川省	46.97	163	177	18.68	1.20	10.21
贵州省	47.22	267	277	12.01	0.80	4.54
云南省	25.93	173	169	26.73	1.00	12.16
陕西省	42.22	218	172	43.01	1.39	21.39
甘肃省	44.12	107	94	1.87	1.00	1.00
青海省	60.00	138	127	23.16	0.87	11.19
宁夏自治区	28.57	174	179	0.19	1.14	0.09
新疆自治区	42.86	83	78	1.86	1.25	1.82

【1996年独立核算工业企业主要经济效益指标分析(一)②】

地　区	企业亏损面(%)	百元固定资产原价实现的总产值(元)		百元固定资产原价实现的利税(元)	全部资金周转次数(次)	资金利税率(%)
		现价(新规定)	90不变价(新规定)			
医药工业	**38.50**	**161**	**187**	**17.41**	**1.26**	**9.51**
北京市	25.24	144	129	10.35	0.88	5.06
天津市	40.43	201	169	72.83	1.27	32.14
河北省	26.92	133	124	16.40	1.53	11.21
山西省	29.90	101	120	−1.02	1.03	−0.64
内蒙自治区	34.09	95	96	2.93	1.08	1.71
辽宁省	52.07	105	114	3.89	0.94	2.21
吉林省	50.96	99	100	9.47	0.79	5.53
黑龙江省	37.59	114	119	7.28	1.04	4.31
上海市	11.83	283	302	21.37	1.32	8.48
江苏省	31.07	188	260	15.14	1.56	8.37
浙江省	20.00	217	338	18.02	1.46	8.84
安徽省	32.97	164	224	−3.10	1.49	−1.87
福建省	35.71	190	215	15.71	1.48	8.25
江西省	44.74	94	108	3.39	0.98	2.32
山东省	34.66	228	265	60.93	2.10	35.69
河南省	38.42	155	243	7.73	1.38	4.86
湖北省	51.85	170	191	10.47	1.64	7.04
湖南省	46.72	106	119	0.61	0.99	0.40
广东省	38.59	172	192	24.81	0.84	9.23
广西自治区	41.67	130	139	17.13	1.33	11.71
海南省	37.50	189	182	22.43	2.25	16.01
四川省	46.97	132	158	6.10	1.20	3.77
贵州省	47.22	123	132	−9.58	0.67	−5.98
云南省	25.93	198	209	25.07	1.12	10.77
陕西省	42.22	187	141	41.95	1.36	22.14
甘肃省	44.12	94	82	−3.96	1.02	−2.13
青海省	60.00	133	123	23.64	1.05	13.62
宁夏自治区	28.57	218	239	1.27	1.31	0.58
新疆自治区	42.86	73	66	1.46	1.59	1.97

注:“医药工业”指不包括中药工业的数据。

【1996年独立核算工业企业主要经济效益指标分析(一)③】

地　区	企业亏损面(%)	百元固定资产原价实现的总产值(元)		百元固定资产原价实现的利税(元)	全部资金周转次数(次)	资金利税率(%)
		现价(新规定)	90不变价(新规定)			
化学药品工业	**38.40**	**156**	**186**	**14.08**	**1.23**	**7.77**
北京市	23.68	167	151	10.03	0.97	4.99
天津市	26.32	215	175	82.87	1.27	34.65
河北省	31.33	134	126	16.64	1.56	11.41
山西省	37.29	100	121	−2.94	1.01	−1.86
内蒙自治区	34.48	97	98	3.29	1.11	1.91
辽宁省	54.55	105	116	4.16	0.86	2.23
吉林省	46.05	92	94	7.02	0.75	4.28
黑龙江省	46.38	111	117	4.56	1.10	2.81
上海市	2.70	297	329	19.91	1.40	8.15
江苏省	28.70	188	281	13.52	1.57	7.40
浙江省	21.59	213	356	18.34	1.50	9.45
安徽省	40.82	160	228	−5.40	1.51	−3.29
福建省	31.37	199	235	16.34	1.42	8.16
江西省	53.85	94	108	3.57	0.96	2.44
山东省	37.97	144	177	14.17	1.46	8.96
河南省	38.53	157	251	7.99	1.40	5.03
湖北省	47.95	163	186	12.10	1.69	8.35
湖南省	49.23	107	123	0.75	1.04	0.51
广东省	36.90	177	199	23.21	0.85	8.47
广西自治区	36.84	114	124	15.54	1.30	11.28
海南省	45.00	189	182	22.43	2.25	16.01
四川省	46.07	146	178	6.61	1.25	4.00
贵州省	37.04	126	141	−10.95	0.64	−6.70
云南省	33.33	206	218	26.98	1.13	11.33
陕西省	44.00	232	173	55.82	1.46	27.37
甘肃省	41.67	88	80	−3.23	1.06	−2.12
青海省	50.00	133	123	23.64	1.05	13.62
宁夏自治区	—	218	239	1.27	1.31	0.58
新疆自治区	41.67	72	66	1.26	1.64	1.74

【1996年独立核算工业企业主要经济效益指标分析(一)④】

地区	企业亏损面(%)	百元固定资产原价实现的总产值(元)		百元固定资产原价实现的利税(元)	全部资金周转次数(次)	资金利税率(%)
		现价(新规定)	90不变价(新规定)			
医疗器械工业	**33.83**	**171**	**184**	**18.36**	**1.12**	**8.64**
北京市	23.08	87	79	11.91	0.68	5.63
天津市	30.77	107	149	5.87	1.17	4.16
河北省	13.04	108	109	13.63	0.98	8.44
山西省	60.00	52	47	1.50	0.48	0.86
内蒙自治区	100.00	27	25	−26.95	0.30	−16.37
辽宁省	44.00	165	166	5.64	1.76	3.30
吉林省	50.00	218	217	66.49	1.07	24.72
黑龙江省	40.00	265	264	79.05	0.62	20.16
上海市	24.24	224	201	14.48	1.01	5.01
江苏省	32.35	203	194	15.75	1.58	8.83
浙江省	19.44	282	379	18.49	1.19	6.04
安徽省	16.67	233	249	26.50	1.29	12.12
福建省	46.67	102	98	3.74	1.60	2.72
江西省	16.67	122	185	8.79	1.36	5.41
山东省	24.00	226	263	26.52	1.54	14.09
河南省	55.56	145	138	4.57	0.94	2.42
湖北省	57.89	95	106	−0.69	1.25	−0.50
湖南省	41.18	91	93	−6.26	0.70	−3.60
广东省	30.77	198	218	57.54	0.88	19.76
广西自治区	66.67	78	125	2.95	0.85	2.65
海南省	—	—	—	—	—	—
四川省	66.67	42	51	0.10	0.73	0.07
贵州省	33.33	37	16	−0.15	0.73	−0.17
云南省	—	1163	—	87.50	0.93	7.45
陕西省	25.00	56	56	13.07	0.80	9.44
甘肃省	50.00	114	108	0.85	1.26	0.55
青海省	—	—	—	—	—	—
宁夏自治区	—	—	—	—	—	—
新疆自治区	—	—	—	—	—	—

【1996年独立核算工业企业主要经济效益指标分析(一)⑤】

地　区	企业亏损面(%)	百元固定资产原价实现的总产值(元)		百元固定资产原价实现的利税(元)	全部资金周转次数(次)	资金利税率(%)
		现价(新规定)	90不变价(新规定)			
卫生材料工业	**42.75**	**165**	**152**	**12.03**	**1.49**	**7.68**
北京市	50.00	1	1	−0.96	0.44	−0.51
天津市	—	138	79	14.31	1.15	7.49
河北省	14.29	173	114	17.03	1.25	8.35
山西省	—	124	85	17.75	1.29	9.93
内蒙自治区	50.00	88	65	8.25	0.28	5.61
辽宁省	100.00	11	7	−2.92	0.66	−7.34
吉林省	33.33	178	110	3.09	0.81	1.64
黑龙江省	—	43	28	3.53	0.72	3.07
上海市	—	375	242	124.88	1.71	47.65
江苏省	71.43	192	137	−1.71	1.14	−0.79
浙江省	8.33	193	195	16.27	2.31	10.81
安徽省	50.00	100	165	−7.35	0.63	−3.56
福建省	25.00	194	130	23.93	1.39	12.38
江西省	100.00	59	35	−12.00	1.30	−9.40
山东省	41.67	197	191	−0.41	1.37	−0.24
河南省	75.00	156	145	5.14	1.66	3.14
湖北省	60.00	299	322	2.41	1.76	1.19
湖南省	66.67	123	114	2.31	0.76	1.27
广东省	—	157	118	19.75	1.36	10.65
广西自治区	20.00	494	442	64.51	1.58	17.87
海南省	—	—	—	—	—	—
四川省	50.00	93	57	−1.70	0.79	−0.96
贵州省	50.00	305	154	19.48	1.52	8.09
云南省	—	—	—	—	—	—
陕西省	50.00	67	43	2.80	0.86	1.88
甘肃省	50.00	180	94	−9.84	0.88	−2.95
青海省	—	—	—	—	—	—
宁夏自治区	—	—	—	—	—	
新疆自治区	—	167	65	21.51	0.67	7.12

【1996年独立核算工业企业主要经济效益指标分析(一)⑥】

地　区	企业亏损面(%)	百元固定资产原价实现的总产值(元)		百元固定资产原价实现的利税(元)	全部资金周转次数(次)	资金利税率(%)
		现价(新规定)	90不变价(新规定)			
制药机械工业	**45.83**	**102**	**97**	**4.20**	**0.76**	**2.60**
北京市	—	194	183	14.02	0.62	3.98
天津市	100.00	90	54	−8.64	1.03	−5.64
河北省	—	—	—	—	—	—
山西省	—	—	—	—	—	—
内蒙自治区	—	—	—	—	—	—
辽宁省	37.50	96	86	6.60	0.69	3.60
吉林省	66.67	46	44	−18.16	0.35	−9.74
黑龙江省	—	205	205	16.54	0.94	6.49
上海市	—	403	385	28.23	0.67	6.27
江苏省	50.00	237	214	23.27	0.69	7.21
浙江省	—	69	67	6.39	1.04	5.33
安徽省	—	—	—	—	—	—
福建省	—	—	—	—	—	—
江西省	100.00	44	36	−2.82	0.37	−1.45
山东省	33.33	101	113	0.79	0.75	0.53
河南省	—	199	177	15.12	1.15	9.09
湖北省	50.00	74	83	4.69	0.81	5.14
湖南省	30.00	131	120	9.86	0.93	5.96
广东省	50.00	46	46	7.20	1.45	7.66
广西自治区	—	—	—	—	—	—
海南省	—	—	—	—	—	—
四川省	75.00	90	81	−3.94	0.84	−2.50
贵州省	—	—	—	—	—	—
云南省	—	—	—	—	—	—
陕西省	100.00	46	46	−19.77	0.43	−12.46
甘肃省	—	—	—	—	—	—
青海省	—	—	—	—	—	—
宁夏自治区	—	—	—	—	—	—
新疆自治区	—	—	—	—	—	—

【1996年独立核算工业企业主要经济效益指标分析(一)⑦】

地区	企业亏损面(%)	百元固定资产原价实现的总产值(元)		百元固定资产原价实现的利税(元)	全部资金周转次数(次)	资金利税率(%)
		现价(新规定)	90不变价(新规定)			
中成药工业	**40.20**	**187**	**180**	**29.26**	**0.96**	**11.78**
北京市	31.58	93	88	21.25	1.07	6.38
天津市	66.67	102	73	3.45	0.79	1.79
河北省	32.35	139	129	10.70	0.98	6.31
山西省	12.50	134	105	15.72	0.72	7.29
内蒙自治区	27.27	149	129	7.45	0.68	3.02
辽宁省	52.38	96	86	0.44	0.34	0.13
吉林省	53.33	151	161	32.16	0.51	10.27
黑龙江省	27.03	158	157	23.83	0.87	11.19
上海市	25.00	316	299	43.35	1.52	6.83
江苏省	28.57	153	154	15.59	0.94	7.37
浙江省	28.00	201	212	35.27	1.26	17.84
安徽省	26.09	199	255	14.27	1.14	6.61
福建省	41.67	243	159	96.21	1.13	35.96
江西省	44.62	256	224	43.34	0.89	14.41
山东省	31.25	178	152	32.57	0.92	14.95
河南省	27.45	172	211	10.03	0.87	4.83
湖北省	46.67	201	258	18.62	0.89	7.19
湖南省	47.06	126	97	14.65	0.95	9.04
广东省	40.98	196	169	37.21	1.18	17.49
广西自治区	44.78	196	213	19.05	1.09	8.84
海南省	—	463	348	59.32	2.55	27.10
四川省	43.48	256	233	56.82	1.21	23.12
贵州省	51.43	456	468	40.11	0.86	10.02
云南省	19.23	147	126	29.69	0.84	14.35
陕西省	32.14	450	404	50.85	1.55	17.73
甘肃省	40.00	175	152	30.45	0.95	16.22
青海省	50.00	222	209	35.89	0.42	6.41
宁夏自治区	50.00	105	84	-1.53	0.82	-0.83
新疆自治区	50.00	105	107	3.15	0.98	1.99

【1996年独立核算工业企业主要经济效益指标分析(一)⑧】

地区	企业亏损面(%)	百元固定资产原价实现的总产值(元) 现价(新规定)	90不变价(新规定)	百元固定资产原价实现的利税(元)	全部资金周转次数(次)	资金利税率(%)
中药饮片工业	**30.77**	**207**	**179**	**-0.73**	**1.68**	**-0.30**
北京市	—	1204	885	67.70	2.45	11.80
天津市	100.00	347	42	-58.98	1.73	-22.09
河北省	—	—	—	—	—	—
山西省	—	169	165	20.86	0.79	3.84
内蒙自治区	—	469	469	33.33	0.42	4.20
辽宁省	—	24	24	5.16	0.75	3.52
吉林省	—	—	—	-13.04	0.19	-2.96
黑龙江省	—	—	—	—	—	—
上海市	—	433	486	25.17	2.11	6.78
江苏省	33.33	73	55	-3.59	1.88	-1.74
浙江省	—	—	—	—	—	—
安徽省	50.00	—	—	—	1.27	-1.65
福建省	60.00	131	158	-17.62	2.30	-8.97
江西省	—	1034	1034	51.43	2.39	10.40
山东省	—	—	—	—	—	—
河南省	50.00	123	122	6.35	1.35	4.09
湖北省	50.00	120	77	0.92	1.67	0.53
湖南省	—	84	84	3.80	1.10	2.62
广东省	—	—	—	—	—	—
广西自治区	50.00	252	376	-21.09	1.71	-8.58
海南省	—	—	—	—	—	—
四川省	100.00	110	95	-65.20	0.28	-21.45
贵州省	60.00	58	55	-6.76	0.83	-3.36
云南省	—	90	59	9.70	0.99	5.81
陕西省	—	—	—	—	—	—
甘肃省	—	—	—	—	—	—
青海省	100.00	33	9	-29.18	0.27	-15.78
宁夏自治区	—	—	—	—	—	—
新疆自治区	100.00	99	36	-8.90	0.78	-3.72

【1996年独立核算工业企业主要经济效益指标分析(一)⑨】

地　　区	企业亏损面(%)	百元固定资产原价实现的总产值(元)		百元固定资产原价实现的利税(元)	全部资金周转次数(次)	资金利税率(%)
		现价(新规定)	90不变价(新规定)			
药用包装工业	**35.92**	**98**	**94**	**9.14**	**1.14**	**6.20**
北京市	100.00	114	106	3.95	0.54	1.52
天津市	—	—	—	—	—	—
河北省	11.11	92	73	9.82	1.04	6.85
山西省	50.00	182	169	109.28	2.20	77.37
内蒙自治区	—	—	—	—	—	—
辽宁省	20.00	47	39	−20.34	0.53	−13.04
吉林省	70.00	130	106	4.90	0.95	2.24
黑龙江省	20.00	60	55	6.31	1.07	4.41
上海市	33.33	169	182	9.56	0.86	4.05
江苏省	28.57	145	139	37.63	1.83	6.44
浙江省	15.38	128	123	13.11	1.40	8.00
安徽省	—	213	206	15.23	1.73	9.60
福建省	18.18	147	115	13.55	1.97	8.91
江西省	50.00	52	42	−5.17	1.12	−4.04
山东省	57.14	82	78	7.13	0.92	5.44
河南省	40.00	67	86	5.51	0.69	3.15
湖北省	57.14	181	183	13.08	1.22	7.97
湖南省	50.00	31	31	0.20	0.90	0.16
广东省	50.00	22	21	−5.36	0.82	−5.72
广西自治区	—	117	127	10.31	1.61	9.56
海南省	—	—	—	—	—	—
四川省	40.00	98	97	9.86	1.34	6.74
贵州省	—	16	11	2.13	0.20	1.37
云南省	100.00	38	38	−12.50	0.84	−10.34
陕西省	66.67	11	12	−10.51	0.57	−7.94
甘肃省	40.00	43	35	−1.07	0.78	−0.73
青海省	—	—	—	—	—	—
宁夏自治区	—	—	—	—	—	—
新疆自治区	—	831	544	100.00	1.20	10.19

【1996年独立核算工业企业主要经济效益指标分析(一)⑩】

地区	企业亏损面(%)	百元固定资产原价实现的总产值(元) 现价(新规定)	90不变价(新规定)	百元固定资产原价实现的利税(元)	全部资金周转次数(次)	资金利税率(%)
其他工业	**42.55**	**1235**	**1329**	**609.16**	**3.90**	**137.95**
北京市	—	—	—	—	—	—
天津市	50.00	145	54	19.87	2.04	13.33
河北省	—	—	—	—	—	—
山西省	—	—	—	—	—	—
内蒙自治区	—	—	—	—	—	—
辽宁省	58.33	415	394	55.74	1.47	18.48
吉林省	—	—	—	—	—	—
黑龙江省	20.00	50	50	4.17	1.26	3.03
上海市	—	—	—	—	—	—
江苏省	—	388	795	21.95	3.42	13.28
浙江省	—	192	191	21.03	1.33	9.80
安徽省	—	—	—	—	—	—
福建省	25.00	515	555	71.81	2.08	23.40
江西省	—	—	—	—	—	—
山东省	—	3513	3834	1939.78	6.65	297.25
河南省	66.67	102	117	−21.39	4.85	−195.58
湖北省	100.00	84	164	−87.41	0.31	−32.69
湖南省	50.00	52	40	6.52	2.50	7.42
广东省	80.00	268	264	58.46	0.38	9.81
广西自治区	—	144	69	22.92	1.91	17.84
海南省	—	—	—	—	—	—
四川省	—	—	—	—	—	—
贵州省	—	—	—	—	—	—
云南省	—	—	—	—	—	—
陕西省	—	—	—	—	—	—
甘肃省	100.00	—	—	—	0.82	−4.07
青海省	—	—	—	—	—	—
宁夏自治区	—	—	—	—	—	—
新疆自治区	—	—	—	—	—	—

【1996年独立核算工业企业主要经济效益指标分析(二)①】

地　　区	工业产品销售率(%)	销售利税率(%)	工业成本费用利润率(%)	工业增加值率(%)	人均利税(元/人)	全员劳动生产率(元/人)	工业经济效益综合指数
全国总计	**94.05**	**12.90**	**7.13**	**32.60**	**11010**	**30479**	**0.83**
北京市	93.89	7.89	3.18	38.86	7756	27457	0.71
天津市	99.41	31.72	26.92	48.22	34925	54019	1.52
河北省	93.06	13.37	7.97	29.80	13448	33226	0.89
山西省	93.00	1.19	－5.64	24.55	410	9837	0.35
内蒙自治区	97.09	3.57	－2.54	20.69	1433	8707	0.39
辽宁省	91.93	3.55	－1.62	24.66	2075	15242	0.43
吉林省	84.67	18.52	10.70	38.88	8100	20986	0.73
黑龙江省	91.99	9.05	2.54	24.17	6142	18871	0.58
上海市	110.48	7.62	3.39	24.85	13667	42842	0.86
江苏省	94.71	8.77	2.81	26.72	7814	25707	0.74
浙江省	97.88	10.84	5.58	26.98	12299	34663	0.85
安徽省	91.02	0.28	－4.69	31.49	178	24274	0.52
福建省	93.05	18.25	13.20	36.06	17160	35983	1.07
江西省	94.18	11.10	5.16	22.58	6089	15147	0.59
山东省	86.79	25.78	24.06	38.38	31514	47452	1.53
河南省	96.54	6.60	2.26	30.77	3505	21060	0.64
湖北省	93.94	8.32	3.73	29.67	4751	20908	0.69
湖南省	83.54	4.17	－2.74	36.98	1691	18261	0.50
广东省	94.47	16.62	10.78	37.78	29018	70184	1.15
广西自治区	94.88	12.89	5.36	37.11	9107	31290	0.83
海南省	83.17	15.04	8.35	45.66	40917	153687	1.96
四川省	91.68	12.86	6.20	40.60	10191	36119	0.89
贵州省	77.48	7.32	－0.77	47.82	3546	37710	0.70
云南省	93.27	17.69	10.49	33.22	14287	30735	0.89
陕西省	95.88	22.15	14.30	36.35	19760	36385	1.16
甘肃省	90.81	1.96	－5.72	29.27	751	12629	0.39
青海省	88.73	19.03	9.89	43.87	11083	28887	0.87
宁夏自治区	90.69	0.11	－0.21	21.86	65	13290	0.43
新疆自治区	92.36	2.51	－3.89	29.89	1629	21839	0.52

【1996年独立核算工业企业主要经济效益指标分析(二)②】

地区	工业产品销售率(%)	销售利税率(%)	工业成本费用利润率(%)	工业增加值率(%)	人均利税(元/人)	全员劳动生产率(元/人)	工业经济效益综合指数
医药工业	**94.66**	**11.92**	**6.57**	**30.14**	**10303**	**28643**	**0.80**
北京市	92.49	8.77	2.50	41.87	5064	29402	0.70
天津市	100.01	36.37	34.63	51.94	44898	64508	1.80
河北省	92.90	13.54	8.34	29.91	14962	36204	0.92
山西省	92.10	−1.18	−7.34	21.87	−404	8716	0.30
内蒙自治区	98.04	3.13	−3.15	20.23	1325	8748	0.39
辽宁省	92.76	3.92	−0.56	24.03	2407	15692	0.47
吉林省	88.47	11.43	4.55	29.69	4939	15396	0.57
黑龙江省	93.54	7.19	1.25	19.69	5249	16122	0.52
上海市	111.29	8.34	3.93	24.31	13712	44181	0.88
江苏省	94.51	8.75	2.88	26.00	7908	25509	0.74
浙江省	98.35	9.31	4.44	25.44	10640	32576	0.80
安徽省	91.25	−2.30	−6.63	31.05	−1385	22764	0.46
福建省	93.18	8.82	3.82	29.03	7787	27268	0.76
江西省	95.58	4.37	−0.24	19.90	2129	11716	0.44
山东省	86.51	25.99	24.97	37.14	33707	46907	1.62
河南省	96.62	6.29	2.37	28.98	3549	20606	0.64
湖北省	93.14	7.69	3.65	28.69	4558	21222	0.71
湖南省	87.53	0.71	−5.15	31.35	256	13884	0.40
广东省	93.86	14.95	9.32	34.51	29639	70764	1.10
广西自治区	92.81	14.52	7.98	32.46	9495	23380	0.83
海南省	82.01	15.45	8.65	48.79	36904	151446	1.91
四川省	91.84	4.99	−0.27	34.02	3262	24036	0.61
贵州省	74.84	−13.41	−17.07	39.56	−2817	14340	0.15
云南省	96.70	14.20	7.84	30.61	13026	31470	0.85
陕西省	94.65	23.52	17.01	32.12	21160	30222	1.14
甘肃省	95.45	−4.54	−9.48	24.79	−1598	9373	0.27
青海省	87.83	19.82	11.15	40.04	13642	30689	0.94
宁夏自治区	85.30	0.63	3.07	24.04	461	18968	0.53
新疆自治区	95.14	2.38	−4.44	23.53	1582	18622	0.50

注:“医药工业”指不包括中药工业的数据。

【1996年独立核算工业企业主要经济效益指标分析(二)③】

地 区	工业产品销售率(%)	销售利税率(%)	工业成本费用利润率(%)	工业增加值率(%)	人均利税(元/人)	全员劳动生产率(元/人)	工业经济效益综合指数
化学药品工业	**95.19**	**10.08**	**4.69**	**29.09**	**9209**	**29653**	**0.76**
北京市	90.23	7.93	1.97	41.21	5115	35192	0.74
天津市	100.02	38.80	38.16	51.61	59813	80113	1.99
河北省	92.73	13.59	8.60	29.75	16385	39323	0.95
山西省	91.71	−3.45	−7.93	20.00	−1217	8309	0.26
内蒙自治区	97.85	3.43	−2.78	20.14	1567	9266	0.40
辽宁省	89.86	4.29	−0.67	25.46	2505	16075	0.46
吉林省	87.52	9.54	2.05	29.35	3933	15115	0.52
黑龙江省	93.53	4.56	−1.15	17.98	3446	15055	0.46
上海市	113.88	7.54	3.77	23.20	16091	55600	0.96
江苏省	95.11	7.71	1.76	24.90	7526	25997	0.71
浙江省	97.51	9.89	4.50	27.31	11864	37708	0.86
安徽省	90.08	−3.99	−7.83	31.10	−2608	24039	0.44
福建省	93.06	8.78	3.61	27.86	7660	26061	0.74
江西省	95.70	4.64	0.09	19.50	2455	12647	0.45
山东省	93.42	9.84	5.07	26.66	9654	26163	0.77
河南省	96.59	6.46	2.59	29.05	3945	22525	0.66
湖北省	92.66	9.36	5.79	28.73	6673	25820	0.79
湖南省	86.02	0.84	−4.86	28.32	367	14820	0.40
广东省	93.49	13.60	8.01	32.32	29810	73328	1.08
广西自治区	92.20	15.19	9.03	29.17	9601	20469	0.80
海南省	82.01	15.45	8.65	48.79	36904	151446	1.91
四川省	91.72	5.06	0.16	34.69	4061	31225	0.68
贵州省	73.34	−15.66	−18.48	38.81	−3359	15033	0.12
云南省	96.59	14.70	8.35	30.82	13892	32650	0.87
陕西省	94.56	25.76	20.10	35.67	28812	42689	1.36
甘肃省	94.02	−4.07	−9.12	27.83	−1729	13060	0.31
青海省	87.83	19.82	11.15	40.04	13642	30689	0.94
宁夏自治区	85.30	0.63	3.07	24.04	461	18968	0.53
新疆自治区	94.50	2.09	−4.71	23.33	1418	18974	0.50

【1996年独立核算工业企业主要经济效益指标分析(二)④】

地区	工业产品销售率(%)	销售利税率(%)	工业成本费用利润率(%)	工业增加值率(%)	人均利税(元/人)	全员劳动生产率(元/人)	工业经济效益综合指数
医疗器械工业	**96.93**	**11.22**	**6.52**	**29.37**	**7313**	**20051**	**0.72**
北京市	103.95	12.20	4.73	48.74	5438	19285	0.69
天津市	99.03	5.48	0.69	62.81	1833	21021	0.73
河北省	94.27	14.36	2.42	36.79	4970	14483	0.64
山西省	98.12	2.77	−4.67	31.74	346	3810	0.31
内蒙自治区	154.88	−84.40	−45.99	−25.12	−5553	−1421	−0.59
辽宁省	106.66	3.31	1.71	16.51	4139	19990	0.61
吉林省	89.54	30.52	42.34	31.20	31374	32059	1.44
黑龙江省	93.32	40.01	45.90	35.62	30866	36838	1.43
上海市	100.32	6.47	0.12	26.50	5094	20924	0.58
江苏省	90.28	9.18	4.08	27.11	6441	22527	0.74
浙江省	103.59	6.64	4.03	15.18	7778	18028	0.60
安徽省	100.13	13.54	1.64	40.21	4159	14736	0.74
福建省	88.26	4.20	1.06	42.97	3890	45483	0.83
江西省	90.92	7.67	2.34	30.02	2365	9880	0.57
山东省	91.65	13.26	9.76	21.13	8746	15713	0.81
河南省	95.16	4.17	0.96	31.16	1289	12744	0.50
湖北省	97.04	−0.80	−7.80	37.12	−201	10207	0.39
湖南省	92.81	−9.24	−12.60	36.67	−1612	8629	0.22
广东省	95.18	28.95	28.73	54.22	36634	68434	1.54
广西自治区	88.60	4.41	−5.16	84.37	1199	26717	0.71
海南省	—	—	—	—	—	—	—
四川省	91.23	0.14	−5.81	28.16	29	3543	0.29
贵州省	67.54	−0.43	−6.95	34.48	−43	3701	0.25
云南省	90.32	8.33	2.44	105.38	2500	35000	1.02
陕西省	105.23	16.83	2.89	14.79	3454	2180	0.50
甘肃省	96.58	0.75	−2.27	27.04	239	8608	0.42
青海省	—	—	—	—	—	—	—
宁夏自治区	—	—	—	—	—	—	—
新疆自治区	—	—	—	—	—	—	—

【1996年独立核算工业企业主要经济效益指标分析(二)⑤】

地区	工业产品销售率(%)	销售利税率(%)	工业成本费用利润率(%)	工业增加值率(%)	人均利税(元/人)	全员劳动生产率(元/人)	工业经济效益综合指数
卫生材料工业	**96.76**	**7.96**	**2.54**	**26.80**	**4165**	**15360**	**0.65**
北京市	25.00	−1.80	−2.97	−8416.67	−435	−24396	−31.89
天津市	107.16	9.65	—	45.89	2430	10779	0.65
河北省	96.65	10.47	1.25	34.50	3665	12848	0.64
山西省	99.70	13.02	2.05	24.76	5138	8875	0.61
内蒙自治区	94.62	31.84	−0.73	37.68	1431	5780	0.44
辽宁省	102.48	−27.80	−23.82	13.42	−32863	16815	0.02
吉林省	74.77	2.39	−2.40	22.30	657	8443	0.34
黑龙江省	101.38	7.38	0.07	18.78	1169	2674	0.37
上海市	93.21	35.59	28.62	43.47	93842	122372	2.36
江苏省	100.20	−0.97	−3.49	18.11	−324	6592	0.34
浙江省	98.96	8.92	4.66	25.20	8159	24390	0.86
安徽省	94.01	−8.90	−12.44	26.42	−3083	11035	0.20
福建省	99.76	10.46	5.80	12.89	4618	4824	0.63
江西省	114.51	−15.12	−19.80	−7.71	−3144	−1197	−0.09
山东省	83.99	−0.26	−3.91	15.38	−99	7393	0.33
河南省	97.55	3.30	−0.38	22.07	1071	7189	0.49
湖北省	99.34	0.93	−2.06	25.85	441	14186	0.52
湖南省	89.10	3.14	−3.01	43.68	453	10513	0.44
广东省	94.81	13.28	5.21	27.87	14270	31509	0.83
广西自治区	95.01	13.72	6.63	33.72	19031	49095	1.12
海南省	—	—	—	—	—	—	—
四川省	103.62	−1.78	−5.61	16.40	−998	8943	0.29
贵州省	107.10	6.80	−2.60	56.08	2060	18065	0.75
云南省	—	—	—	—	—	—	—
陕西省	43.96	3.36	−1.00	−78.39	443	−8323	−0.18
甘肃省	110.25	−5.16	−11.30	31.60	−635	3662	0.24
青海省	—	—	—	—	—	—	—
宁夏自治区	—	—	—	—	—	—	—
新疆自治区	113.13	13.71	6.15	29.83	5294	12255	0.63

【1996年独立核算工业企业主要经济效益指标分析(二)⑥】

地　　区	工业产品销售率(%)	销售利税率(%)	工业成本费用利润率(%)	工业增加值率(%)	人均利税(元/人)	全员劳动生产率(元/人)	工业经济效益综合指数
制药机械工业	**92.81**	**5.21**	**−2.07**	**41.17**	**1359**	**13541**	**0.49**
北京市	99.90	7.41	2.67	55.12	4901	37417	0.78
天津市	106.68	−8.82	−16.35	62.34	−1933	12500	0.32
河北省	—	—	—	—	—	—	—
山西省	—	—	—	—	—	—	—
内蒙自治区	—	—	—	—	—	—	—
辽宁省	89.93	7.43	0.66	22.76	1818	6021	0.40
吉林省	89.89	−42.83	−34.70	38.45	−5057	4874	−0.18
黑龙江省	83.15	9.31	1.08	26.40	3945	12936	0.53
上海市	100.11	10.42	5.61	29.44	4470	18782	0.63
江苏省	94.83	13.14	9.40	53.26	6304	34203	0.87
浙江省	65.52	15.72	6.29	57.57	4067	25100	0.75
安徽省	—	—	—	—	—	—	—
福建省	—	—	—	—	—	—	—
江西省	90.74	−5.00	−9.66	29.17	−628	2825	0.18
山东省	58.35	1.12	−6.44	57.24	205	14898	0.42
河南省	97.06	11.92	6.50	33.64	2879	12727	0.70
湖北省	91.07	9.64	0.09	40.15	2011	12761	0.55
湖南省	96.83	10.26	1.20	55.90	2551	18895	0.69
广东省	104.84	14.53	4.57	40.86	6399	16830	0.75
广西自治区	—	—	—	—	—	—	—
海南省	—	—	—	—	—	—	—
四川省	85.88	−4.74	−10.46	34.00	−1345	10448	0.26
贵州省	—	—	—	—	—	—	—
云南省	—	—	—	—	—	—	—
陕西省	89.75	−48.83	−34.77	14.81	−5701	1981	−0.33
甘肃省	—	—	—	—	—	—	—
青海省	—	—	—	—	—	—	—
宁夏自治区	—	—	—	—	—	—	—
新疆自治区	—	—	—	—	—	—	—

【1996年独立核算工业企业主要经济效益指标分析(二)⑦】

地区	工业产品销售率(%)	销售利税率(%)	工业成本费用利润率(%)	工业增加值率(%)	人均利税(元/人)	全员劳动生产率(元/人)	工业经济效益综合指数
中成药工业	**91.52**	**17.00**	**9.62**	**42.38**	**13785**	**37419**	**0.95**
北京市	97.72	7.22	3.75	28.77	16019	20179	0.65
天津市	94.99	3.76	−5.13	27.55	2456	19969	0.44
河北省	95.47	10.31	1.74	28.27	3964	14565	0.57
山西省	96.97	13.67	4.08	39.28	4878	16295	0.65
内蒙自治区	92.56	6.05	1.00	22.62	1886	8535	0.42
辽宁省	84.79	0.47	−9.73	29.99	194	12751	0.26
吉林省	80.35	27.12	18.97	49.35	12050	27975	0.93
黑龙江省	84.28	20.03	10.87	46.49	9587	29472	0.89
上海市	101.92	4.85	1.21	34.04	14446	35883	0.80
江苏省	96.29	11.59	2.99	43.78	7076	30316	0.77
浙江省	94.88	21.39	13.87	36.64	23002	48133	1.17
安徽省	90.21	8.91	2.25	33.01	6660	30651	0.72
福建省	92.23	42.73	46.91	54.97	47620	66014	2.00
江西省	92.14	21.08	14.52	26.48	14227	22268	0.87
山东省	88.47	24.10	17.22	45.84	20085	50246	1.17
河南省	96.36	8.57	1.41	39.37	3306	22365	0.63
湖北省	97.31	10.96	4.07	34.01	5437	19954	0.67
湖南省	72.07	13.73	4.59	53.14	8624	39544	0.87
广东省	96.22	21.93	15.71	47.09	27754	69002	1.37
广西自治区	95.93	12.12	4.06	39.51	8996	36634	0.84
海南省	85.98	14.21	7.72	38.09	54157	161082	2.13
四川省	91.42	26.45	19.56	50.86	33269	76330	1.55
贵州省	78.32	14.14	6.11	50.67	12020	69245	1.10
云南省	87.51	24.23	15.92	37.33	16203	29998	0.97
陕西省	99.65	16.35	4.33	49.31	14079	61382	1.23
甘肃省	78.63	22.25	8.29	41.05	11930	28129	0.91
青海省	93.42	20.38	9.28	67.95	5933	24952	0.83
宁夏自治区	108.32	−1.42	−9.10	14.74	−504	5119	0.23
新疆自治区	88.74	3.16	−3.05	40.39	1964	26472	0.57

【1996年独立核算工业企业主要经济效益指标分析(二)⑧】

地　　区	工业产品销售率(%)	销售利税率(%)	工业成本费用利润率(%)	工业增加值率(%)	人均利税(元/人)	全员劳动生产率(元/人)	工业经济效益综合指数
中药饮片工业	**102.98**	**−0.25**	**2.94**	**23.24**	**−249**	**16365**	**0.49**
北京市	103.97	5.41	3.19	55.60	8407	83132	1.40
天津市	101.87	−16.67	−15.63	11.41	−9674	6491	−0.09
河北省	—	—	—	—	—	—	—
山西省	158.72	5.13	1.97	−6.38	3494	−1807	0.38
内蒙自治区	89.94	11.11	6.90	36.69	1690	8732	0.53
辽宁省	84.55	11.69	4.74	45.00	5595	11786	0.57
吉林省	—	−20.00	1.32	—	−3529	−3824	−0.04
黑龙江省	—	—	—	—	—	—	—
上海市	99.15	3.95	1.26	17.20	7559	22379	0.70
江苏省	161.66	−1.35	−5.40	28.15	−1977	11364	0.54
浙江省	—	—	—	—	—	—	—
安徽省	100.66	−1.32	−4.04	22.30	−779	13117	0.39
福建省	123.77	−6.41	−7.84	−60.36	−6869	−30909	−0.24
江西省	105.80	4.99	1.98	7.46	1837	2755	0.63
山东省	24.56	—	—	100.00	—	—	0.42
河南省	87.76	5.73	5.17	71.92	4140	57509	1.06
湖北省	99.24	0.60	−0.97	7.19	439	4123	0.38
湖南省	83.50	5.45	—	35.75	1333	10593	0.49
广东省	—	—	—	—	—	—	—
广西自治区	93.54	−7.28	−11.40	23.19	−3729	10339	0.22
海南省	—	—	—	—	—	—	—
四川省	96.80	−101.37	−56.92	7.20	−11746	1429	−0.75
贵州省	106.07	−5.17	−6.69	53.74	−1412	6497	0.38
云南省	96.54	9.71	1.87	38.94	7111	25611	0.69
陕西省	—	—	—	—	—	—	—
甘肃省	—	—	—	—	—	—	—
青海省	105.13	−82.93	−47.37	33.33	−23448	8966	−0.39
宁夏自治区	—	—	—	—	—	—	—
新疆自治区	74.06	−7.34	−4.61	11.99	−5882	7882	0.19

【1996年独立核算工业企业主要经济效益指标分析(二)⑨】

地　　区	工业产品销售率(%)	销售利税率(%)	工业成本费用利润率(%)	工业增加值率(%)	人均利税(元/人)	全员劳动生产率(元/人)	工业经济效益综合指数
药用包装工业	**96.42**	**10.06**	**1.79**	**27.78**	**4178**	**12378**	**0.57**
北京市	99.75	3.47	-3.61	33.91	581	5685	0.37
天津市	—	—	—	—	—	—	—
河北省	99.39	10.90	2.80	29.72	4619	12881	0.60
山西省	99.76	57.08	5.40	87.63	13987	20.68	2.06
内蒙自治区	—	—	—	—	—	—	—
辽宁省	90.19	-47.27	-35.38	20.06	-4738	2177	-0.31
吉林省	100.54	3.74	-5.19	32.14	1277	10860	0.43
黑龙江省	95.74	10.85	4.30	29.93	3980	11307	0.57
上海市	104.57	5.94	-0.13	23.54	3593	14930	0.51
江苏省	96.45	26.80	22.45	39.04	28788	43231	1.43
浙江省	91.83	11.34	4.37	31.39	6780	20731	0.72
安徽省	97.53	10.95	5.34	29.61	4940	20471	0.78
福建省	100.08	7.83	-0.32	26.38	2985	8524	0.64
江西省	99.02	-10.31	-11.45	16.03	-2622	4189	0.17
山东省	96.36	10.52	3.84	26.04	3822	11375	0.55
河南省	105.04	7.70	-0.83	35.05	1133	4838	0.44
湖北省	77.69	10.19	-0.16	30.28	3408	14306	0.57
湖南省	104.46	0.63	-9.06	23.14	244	8862	0.31
广东省	110.54	-21.35	-21.67	25.83	-14993	15951	0.13
广西自治区	101.18	10.99	5.03	67.62	2358	18141	0.90
海南省	—	—	—	—	—	—	—
四川省	93.27	9.60	0.76	28.90	3867	11082	0.58
贵州省	66.67	15.38	—	40.00	500	1500	0.31
云南省	109.07	-36.14	-25.89	-3.27	-8911	-891	-0.21
陕西省	112.08	-34.02	-29.95	-319.63	-9428	-30553	-1.64
甘肃省	104.72	-2.41	-10.89	21.28	-470	4043	0.22
青海省	—	—	—	—	—	—	—
宁夏自治区	—	—	—	—	—	—	—
新疆自治区	148.87	9.20	—	38.35	3478	11087	0.73

【1996年独立核算工业企业主要经济效益指标分析(二)⑩】

地区	工业产品销售率(%)	销售利税率(%)	工业成本费用利润率(%)	工业增加值率(%)	人均利税(元/人)	全员劳动生产率(元/人)	工业经济效益综合指数
其他工业	**78.37**	**45.29**	**61.27**	**53.59**	**158031**	**171763**	**4.65**
北京市	—	—	—	—	—	—	—
天津市	100.00	13.89	6.10	31.71	10531	24403	0.92
河北省	—	—	—	—	—	—	—
山西省	—	—	—	—	—	—	—
内蒙自治区	—	—	—	—	—	—	—
辽宁省	95.14	15.78	6.28	34.93	6373	16586	0.89
吉林省	—	—	—	—	—	—	—
黑龙江省	91.23	8.70	6.52	26.42	5294	16873	0.61
上海市	—	—	—	—	—	—	—
江苏省	94.58	5.97	0.52	30.37	2299	12338	0.88
浙江省	93.06	11.01	5.94	32.10	9125	26768	0.80
安徽省	—	—	—	—	—	—	—
福建省	96.64	14.43	11.18	27.27	92346	180615	2.18
江西省	—	—	—	—	—	—	—
山东省	75.49	49.22	72.35	56.54	308709	316075	8.41
河南省	75.61	−49.55	−109.59	29.96	−10327	14813	−3.38
湖北省	92.98	−129.67	−59.26	−21.05	−40690	−8276	−1.12
湖南省	99.25	7.13	−7.69	5.66	3708	1685	0.46
广东省	99.25	29.81	20.13	55.44	46681	118519	1.60
广西自治区	102.79	14.92	6.98	34.90	8505	18692	0.96
海南省	—	—	—	—	—	—	—
四川省	—	—	—	—	—	—	—
贵州省	—	—	—	—	—	—	—
云南省	—	—	—	—	—	—	—
陕西省	—	—	—	—	—	—	—
甘肃省	96.17	−15.75	−17.89	−0.96	−4837	−306	−0.03
青海省	—	—	—	—	—	—	—
宁夏自治区	—	—	—	—	—	—	—
新疆自治区	—	—	—	—	—	—	—

【1996年医药工业企业单位数】

计算单位：个

分　　组	企业单位数	分　　组	企业单位数
总　　计	3528	中成药工业合计	1034
在合计中：大中型企业	871	在总计中：大中型企业	194
国有经济企业	1793	国有经济企业	555
集体经济企业	950	集体经济企业	181
股份制企业	222	股份制企业	100
“三资”企业	480	“三资”企业	169
化学药品工业合计	1605	中药饮片工业合计	63
在合计中：大中型企业	539	在合计中：大中型企业	2
国有经济企业	932	国有经济企业	44
集体经济企业	350	集体经济企业	12
股份制企业	92	股份制企业	3
“三资”企业	199	“三资”企业	4
医疗器械工业合计	421	药用包装材料工业合计	158
在合计中：大中型企业	66	在合计中：大中型企业	29
国有经济企业	142	国有经济企业	47
集体经济企业	200	集体经济企业	86
股份制企业	11	股份制企业	5
“三资”企业	60	“三资”企业	13
卫生材料工业合计	140	其他工业合计	55
在合计中：大中型企业	23	在合计中：大中型企业	7
国有经济企业	41	国有经济企业	12
集体经济企业	70	集体经济企业	29
股份制企业	2	股份制企业	1
“三资”企业	23	“三资”企业	11
制药机械工业合计	52		
在合计中：大中型企业	11		
国有经济企业	20		
集体经济企业	22		
股份制企业	8		
“三资”企业	1		

【1996年工业总产值】

计量单位：万元

地区	企业数（个）	在工业总产值构成中（1990年不变价、新规定）								
		合计	其中							
			化学药品工业	医疗器械工业	卫生材料工业	制药机械工业	中成药工业	中药饮片工业	药用包装工业	其他工业
全国总计	**3528**	**12511376**	**8644788**	**782552**	**194479**	**47619**	**2179339**	**26937**	**212493**	**423169**
北京市	124	248329	146231	26734	12	966	54736	1999	853	16798
天津市	50	227540	180554	19330	432	465	24927	548	—	1284
河北省	156	717600	646574	13208	2337	—	45447	—	10034	—
山西省	97	132185	113265	724	1158	—	14513	230	2295	—
内蒙自治区	47	59255	49368	199	612	—	8907	169	—	—
辽宁省	248	548826	402962	72468	1901	6398	55761	330	1574	7432
吉林省	226	374177	162388	19171	678	534	181767	—	9639	—
黑龙江省	150	383721	288865	25920	928	1098	61022	—	3801	2087
上海市	93	877698	691175	79604	16319	5009	51861	14159	19571	—
江苏省	177	1193649	986164	118583	6578	5392	35138	1327	36228	4239
浙江省	182	1170138	859683	143388	36488	1271	112255	—	12141	4912
安徽省	91	358591	244221	4962	6073	—	79988	441	22906	—
福建省	126	215545	142558	13569	856	—	40761	1218	3817	12766
江西省	115	270861	156840	12447	456	178	98654	362	1924	—
山东省	176	1138552	530839	91546	11269	1429	124332	7	24537	354593
河南省	193	892397	750706	7085	12499	666	112083	2261	5885	1212
湖北省	192	579296	355460	9595	67869	7469	121106	417	17158	222
湖南省	137	202073	135909	12821	4077	9239	38962	400	461	204
广东省	196	1268283	884974	83516	6952	2732	271403	276	4206	14224
广西自治区	117	253989	63130	4072	12235	—	167815	1178	5286	273
海南省	24	114710	86829	—	—	—	27881	—	—	—
四川省	244	705748	431477	14575	2563	2724	228445	404	25432	128
贵州省	115	108279	28075	208	648	—	79056	205	66	21
云南省	54	92826	61219	—	—	—	30273	783	551	—
陕西省	104	272018	181637	4288	783	2049	80391	—	2257	613
甘肃省	38	45179	24258	4539	363	—	12074	—	1784	2161
青海省	5	10236	8767	—	—	—	1447	22	—	—
宁夏自治区	7	11476	9398	—	—	—	2078	—	—	—
新疆自治区	44	38199	21262	—	393	—	16256	201	87	—

【1996年按经济类型分组的工业总产值】

计算单位：万元

地　　区	国有经济	集体经济	股份经济	三资经济	其他经济
全国总计	**5954284**	**1476882**	**1327889**	**1986800**	**438070**
北京市	189069	27363	5123	46801	3476
天津市	83998	6749	13467	176220	—
河北省	627314	96868	26025	2708	15239
山西省	86329	11366	3336	15186	1250
内蒙自治区	55598	4801	—	205	—
辽宁省	262409	69682	11956	177360	2921
吉林省	147280	25391	130564	57230	2361
黑龙江省	130296	32125	185295	21303	242
上海市	540168	23803	64152	199820	—
江苏省	484744	212943	51096	124536	—
浙江省	281614	153172	133889	188903	32274
安徽省	175354	63613	8843	15508	3096
福建省	135700	14526	3456	57873	4648
江西省	181781	33517	—	45675	—
山东省	363002	135844	115970	74935	330701
河南省	447734	101078	11920	30708	1895
湖北省	187003	149609	117017	45469	2200
湖南省	134463	27386	18962	13804	1632
广东省	634361	125915	109218	324694	13373
广西自治区	163223	24727	35717	9850	2218
海南省	37806	22118	45462	18664	3000
四川省	293552	72602	204101	68946	14837
贵州省	26790	17857	14951	43252	1480
云南省	60893	5230	11935	16998	64
陕西省	132721	11761	3920	196009	—
甘肃省	40862	1861	—	8597	—
青海省	9938	—	1125	—	—
宁夏自治区	11181	—	—	—	—
新疆自治区	29101	4975	389	5546	1163

【1996年工业增加值】

计量单位：万元

地区	工业增加值（生产法）								
	合计	其中							
		化学药品工业	医疗器械工业	卫生材料工业	制药机械工业	中成药工业	中药饮片工业	药用包装材料工业	其他工业
全国总计	**3591967**	**2090876**	**211467**	**55815**	**20176**	**945118**	**7109**	**59430**	**201976**
北京市	87915	57894	13050	−1010	565	15766	1513	137	—
天津市	134426	114273	8074	346	485	9627	518	—	1103
河北省	228921	205295	4823	1227	—	13811	—	3765	—
山西省	28839	18766	253	418	—	7256	−15	2161	—
内蒙自治区	12434	9798	−54	315	—	2313	62	—	—
辽宁省	121744	89335	11770	417	1613	15418	99	362	2730
吉林省	139693	46559	5995	244	213	82894	−13	3801	—
黑龙江省	88268	48703	9099	231	141	28390	—	1159	545
上海市	205713	144481	23600	10989	1542	18652	2173	4276	—
江苏省	233323	163712	33664	1669	3174	15243	500	14733	628
浙江省	210137	139371	16200	9100	753	39151	—	3972	1590
安徽省	83905	53391	1867	970	—	20573	101	7003	—
福建省	77918	33707	6022	164	—	34116	612	1288	3233
江西省	57171	26773	2473	−59	63	27517	27	377	—
山东省	391668	115386	16562	1789	727	66777	57	6699	183671
河南省	179858	135202	2313	2599	252	36012	1639	1524	317
湖北省	148356	89003	3205	16307	2602	32066	47	5150	−24
湖南省	72565	33290	4599	1927	5608	26874	143	109	15
广东省	453047	252584	41033	2568	1131	146616	—	1115	8000
广西自治区	84339	16860	2116	4610	—	59570	183	800	200
海南省	58017	43874	—	—	—	14143	—	—	—
四川省	258864	120749	3042	457	1002	126815	18	6781	—
贵州省	49743	9672	171	719	—	39054	115	12	—
云南省	31599	17817	98	—	—	13241	461	−18	—
陕西省	119688	85827	447	−526	305	39935	—	−6300	—
甘肃省	14737	7333	1045	219	—	5699	—	473	−32
青海省	4853	3784	—	—	—	1043	26	—	—
宁夏自治区	2444	2058	—	—	—	386	—	—	—
新疆自治区	11782	5379	—	125	—	6160	67	51	—

【1996年工业销售产值】

计量单位：万元

地区	企业数（个）	在工业销售产值构成中（现价）								
		合计	其中							
			化学药品工业	医疗器械工业	卫生材料工业	制药机械工业	中成药工业	中药饮片工业	药用包装工业	其他工业
全国总计	**3528**	**10509544**	**6918229**	**707137**	**204739**	**46375**	**2080227**	**32335**	**213025**	**307477**
北京市	124	253670	150832	30426	3	1024	56245	2829	912	11399
天津市	50	278826	221459	14437	808	830	33189	4625	—	3478
河北省	156	714864	639834	12360	3438	—	46640	—	12592	—
山西省	97	109239	86029	782	1683	—	17912	373	2460	—
内蒙自治区	47	58755	47865	333	791	—	9614	152	—	—
辽宁省	248	475904	327863	76633	3184	6393	52393	299	1682	7457
吉林省	226	306968	139341	17203	818	498	137217	—	11891	—
黑龙江省	150	340049	255935	24175	1538	1107	51470	—	3932	1892
上海市	93	914721	709203	89345	23562	5243	55848	12524	18996	—
江苏省	177	827149	625407	112101	9233	5652	33524	2871	36405	1956
浙江省	182	773010	508270	110534	35739	857	101381	—	11619	4610
安徽省	91	242492	154646	4649	3451	—	56227	456	23063	—
福建省	126	201187	112710	12370	1269	—	57239	1255	4886	11458
江西省	115	245656	131390	7491	876	196	102991	383	2329	—
山东省	176	885634	404375	71835	9771	741	128874	14	24790	245234
河南省	193	573740	457514	7065	12646	727	88134	2000	4854	800
湖北省	192	470823	288007	8379	62673	6042	91753	649	13214	106
湖南省	137	163938	101114	11638	3931	9714	36452	334	492	263
广东省	196	1140288	734605	72155	8737	2902	302520	276	4772	14321
广西自治区	117	222558	53292	2346	12988	—	148150	738	4455	589
海南省	24	105668	73738	—	—	—	31930	—	—	—
四川省	244	600158	327036	11407	3859	2601	230151	688	24278	138
贵州省	115	80915	18522	335	1373	—	60368	230	67	20
云南省	54	88717	55845	84	—	—	31044	1143	601	—
陕西省	104	329744	230790	4684	803	1848	88864	—	2209	546
甘肃省	38	46524	24936	4370	764	—	10916	—	2328	3210
青海省	5	9816	8300	—	—	—	1434	82	—	—
宁夏自治区	7	10140	7303	—	—	—	2837	—	—	—
新疆自治区	44	38391	22068	—	801	—	14910	414	198	—

【1996年按经济类型分组的工业销售产值】

计算单位：万元

地　　区	国有经济	集体经济	股份经济	三资经济	其他经济
全国总计	**5698740**	**1350157**	**1226691**	**1881464**	**352492**
北京市	183983	26343	1857	38469	3018
天津市	82147	7158	13540	175981	—
河北省	584519	93310	23696	2563	10776
山西省	80810	10812	2917	13275	1425
内蒙自治区	54058	4582	—	115	—
辽宁省	235847	56899	9954	170382	2822
吉林省	123344	16009	116348	50052	1215
黑龙江省	121484	31175	171001	16081	308
上海市	632333	23059	63450	195879	—
江苏省	469579	198803	45954	112813	—
浙江省	272773	142293	125270	196090	36584
安徽省	158028	59396	8750	13991	2327
福建省	127238	13706	2242	54221	3780
江西省	174545	30575	—	40536	—
山东省	336397	125281	105461	68268	250227
河南省	434880	97595	12340	27400	1525
湖北省	175962	138916	113627	39983	2335
湖南省	111419	23780	17413	10043	1283
广东省	598821	115708	104226	306371	15162
广西自治区	152272	22964	35465	9809	2048
海南省	25185	17929	45471	15644	1439
四川省	279410	60461	184712	61730	13845
贵州省	19688	11097	7859	40999	1272
云南省	55481	5883	11526	15826	1
陕西省	125783	10238	1430	192293	—
甘肃省	38087	1289	—	7148	—
青海省	8712	—	1104	—	—
宁夏自治区	10140	—	—	—	—
新疆自治区	25815	4896	1078	5502	1100

【1996 年按经济类型分组的出口交货情况】

计算单位：万元

地　　区	国有经济	集体经济	股份经济	三资经济	其他经济
全国总计	**773973**	**237245**	**107230**	**249996**	**11929**
北京市	16566	1117	—	184	43
天津市	14695	26	—	24073	—
河北省	98106	9155	214	—	54
山西省	7110	2692	—	—	—
内蒙自治区	9057	1387	—	19	—
辽宁省	47018	423	508	77230	—
吉林省	12871	587	4526	8277	—
黑龙江省	2294	281	19651	1477	—
上海市	112105	1886	17241	12830	—
江苏省	103590	62185	153	18640	—
浙江省	72023	50700	13329	26398	8184
安徽省	15714	28	—	4076	—
福建省	39382	3630	—	7746	—
江西省	26613	8521	—	—	—
山东省	49363	20402	6279	33170	984
河南省	28439	3009	66	5688	—
湖北省	23384	53247	5096	7001	—
湖南省	8612	3416	220	318	—
广东省	35953	8088	3449	8601	1564
广西自治区	9924	795	1395	1739	—
海南省	—	—	20	—	—
四川省	16243	1770	34752	7256	—
贵州省	3999	17	—	204	—
云南省	1058	—	319	382	—
陕西省	10810	655	—	627	—
甘肃省	976	109	—	1554	—
青海省	14	—	—	—	—
宁夏自治区	393	—	—	—	—
新疆自治区	7661	3119	12	2506	1100

【1996年工业部门商品零售额】

计量单位：万元

地区	总计	其中							
		化学药品工业	医疗器械工业	卫生材料工业	制药机械工业	中成药工业	中药饮片工业	药用包装工业	其他工业
全国总计	**491671**	**231817**	**152544**	**5739**	**4468**	**81216**	**11558**	**3679**	**650**
北京市	43648	5615	16435	64	989	20142	—	403	—
天津市	4237	291	1884	44	—	77	1941	—	—
河北省	12174	9462	1893	115	—	704	—	—	—
山西省	3277	2917	219	25	—	116	—	—	—
内蒙自治区	2478	1393	326	112	—	647	—	—	—
辽宁省	35443	27334	913	—	223	6923	37	—	13
吉林省	10105	5794	831	—	—	3480	—	—	—
黑龙江省	19367	13560	1725	—	—	3409	—	300	373
上海市	95976	28151	56149	3414	—	—	8262	—	—
江苏省	58391	37356	17956	225	—	2796	58	—	—
浙江省	25173	11138	4609	221	—	8956	—	—	249
安徽省	36354	27761	939	76	—	4603	—	2975	—
福建省	5636	1743	2459	27	—	1384	23	—	—
江西省	7953	5185	1751	62	280	675	—	—	—
山东省	26105	10243	13153	318	314	2077	—	—	—
河南省	7437	6262	93	11	—	1012	59	—	—
湖北省	8290	2140	2136	349	—	3113	548	—	4
湖南省	6927	4020	428	27	269	2183	—	—	—
广东省	40903	16676	21269	7	2393	446	101	—	11
广西自治区	7271	2762	1369	242	—	2898	—	—	—
海南省	20	20	—	—	—	—	—	—	—
四川省	4056	1327	1755	2	—	971	—	1	—
贵州省	645	191	130	—	—	260	64	—	—
云南省	1799	394	103	—	—	837	465	—	—
陕西省	22660	5933	3463	120	—	13144	—	—	—
甘肃省	4930	4014	556	58	—	302	—	—	—
青海省	195	134	—	—	—	61	—	—	—
宁夏自治区	—	—	—	—	—	—	—	—	—
新疆自治区	221	1	—	220	—	—	—	—	—

【1996年化学药品五大类制剂产量汇总表】

地　　区	抗菌素分装（万瓶）产　量	针　剂（万支）产　量	片　剂（万片）产　量	大输液（万瓶）产　量	胶　囊（万粒）产　量
全国总计	**792199**	**2432531**	**29991590**	**146419**	**3815105**
北京市	62	7817	555289	1072	9317
天津市	—	12329	469546	1765	165562
河北省	225328	96630	1284695	11403	215636
山西省	16749	226398	918599	3326	157573
内蒙自治区	2220	6346	221890	1193	13533
辽宁省	64617	23667	975450	3748	220025
吉林省	1034	18667	789611	3012	51663
黑龙江省	137210	20236	748359	6233	86015
上海市	40119	124378	1557918	2144	175439
江苏省	15544	469826	2270132	19439	228578
浙江省	3253	71591	1282612	6788	427896
安徽省	12470	141367	2628027	10012	390254
福建省	11046	37521	468953	2864	147950
江西省	48337	51143	592805	5702	45145
山东省	100922	125652	1912451	10128	85046
河南省	12733	511531	4678380	11898	376870
湖北省	23209	86526	773996	9808	102593
湖南省	829	84767	429292	4335	25134
广东省	13553	61058	2614919	3430	518155
广西自治区	8582	13879	797743	2059	57242
海南省	—	—	—	427	—
四川省	40422	93872	1853870	11393	169110
贵州省	—	2798	83893	2051	9464
云南省	2597	43826	474788	3588	23700
陕西省	3557	78816	1038743	5118	100545
甘肃省	2509	12545	264914	1956	8853
青海省	420	2288	71815	323	244
宁夏自治区	1701	4499	87062	584	484
新疆自治区	3176	2558	145738	620	3079

【1996年24大类化学原料药产量汇总表】

产品分类	计量单位	产量
24大化学原料药总计	吨	378456.782
其中：单列品种合计	吨	160197.229
一、抗感染类药	吨	54312.803
二、解热镇痛药	吨	43180.936
三、维生素类药	吨	31535.577
四、抗寄生虫病药	吨	270.628
五、计划生育及激素类药	吨	782.315
六、抗肿瘤药	吨	39.422
七、心血管系统药	吨	2366.219
八、呼吸系统用药	吨	2699.581
九、中枢神经系统用药	吨	7859.569
十、消化系统用药	吨	26685.799
十一、泌尿系统用药	吨	2700.004
十二、血液系统用药	吨	2209.182
十三、调节水、电解质及酸碱平衡药	吨	9410.902
十四、麻醉用药	吨	484.833
十五、抗组织胺类及解毒药	吨	344.131
十六、生化药	亿单位	13860.510
十七、消毒防腐用药	亿单位	17613.416
十八、五官科用药	亿单位	28.854
十九、皮肤科用药	亿单位	2.995
二十、诊断用药	亿单位	614.983
二十一、滋补营养药	亿单位	1158.510
二十二、放射性同位素	亿单位	—
二十三、制剂用敷料及附加剂	亿单位	2894.436
二十四、其他化学原料药	亿单位	8534.458

【1996 年全部独立核算工业企业主要指标（一）①】

分组	企业单位数（个）	利润总额	利税总额	应交所得税	应交增值税	所有者权益
按工业总产值（现价）分组	**3326**	**679592**	**1324743**	**146429**	**562843**	**5720687**
医药工业	2288	498710	971515	103708	412567	4402513
中药工业	1038	180882	353228	42721	150276	1318174
1 亿元及以上	243	730761	1094634	115789	326621	3418163
医药工业	201	571298	856818	84938	255677	2822437
中药工业	42	159463	237816	30851	70944	595726
5 千万—1 亿元	237	40836	136381	15063	82952	827042
医药工业	177	—1079	60927	7840	53992	567530
中药工业	60	41915	75454	7223	28960	259512
3 千万—5 千万元	244	11882	63884	4871	44412	391581
医药工业	183	5940	41953	3695	30539	268102
中药工业	61	5942	21931	1176	13873	123479
1 千万—3 千万元	810	—25885	62369	8049	73251	670126
医药工业	565	—23675	35896	5423	49258	475395
中药工业	245	—2210	26473	2626	23993	194731
5 百万—1 千万元	559	—22863	2423	1831	20310	205135
医药工业	364	—18505	—2116	1140	13096	132373
中药工业	195	—4358	4539	691	7214	72762
1 百万—5 百万元	897	—41064	—24440	590	12533	172842
医药工业	596	—27838	—16961	605	8185	113203
中药工业	301	—13226	—7479	—15	4348	59639
50 万—1 百万元	140	—7037	—6287	14	571	11284
医药工业	84	—4080	—3601	12	348	6672
中药工业	56	—2957	—2686	2	223	4612
10 万—50 万元	114	—3059	—2131	23	742	8339
医药工业	74	—1429	—753	17	555	7387
中药工业	40	—1630	—1378	6	187	952
10 万元以下	82	—3979	—2090	199	1451	16175
医药工业	44	—1922	—648	38	917	9414
中药工业	38	—2057	—1442	161	534	6761
化学药品工业	**1521**	**293949**	**667136**	**67346**	**327369**	**3681790**
1 亿元及以上	175	364180	601928	53187	213449	2519129
5 千万—1 亿元	150	—7230	42514	6256	43479	497592

【1996年全部独立核算工业企业主要指标（一）②】

分组	企业单位数（个）	利润总额	利税总额	应交所得税	应交增值税	所有者权益
3千万—5千万元	142	−4389	22346	2751	22844	172802
1千万—3千万元	421	−19116	23479	4082	35004	342040
5百万—1千万元	238	−12882	−2895	732	7655	79822
1百万—5百万元	315	−21738	−16559	321	3911	60377
50万—1百万元	35	−2931	−2765	2	128	2680
10万—50万元	26	−872	−345	15	444	6293
10万元以下	19	−1073	−567	—	455	1055
医疗器械工业	**399**	**42316**	**79609**	**4618**	**30167**	**426954**
1亿元及以上	14	36248	46851	2348	8225	166378
5千万—1亿元	13	3141	8919	862	4914	38514
3千万—5千万元	22	9693	14882	509	4498	65394
1千万—3千万元	73	−565	8094	510	6952	77685
5百万—1千万元	65	−2419	1195	160	3065	35874
1百万—5百万元	140	−2184	658	194	2208	34797
50万—1百万元	29	−593	−449	4	87	2857
10万—50万元	28	−193	−116	2	54	765
10万元以下	15	−812	−425	29	164	4690
卫生材料工业	**131**	**4825**	**15839**	**1746**	**9396**	**71568**
1亿元及以上	5	6002	10122	938	3511	15371
5千万—1亿元	6	1745	3838	359	1858	11795
3千万—5千万元	6	12	641	78	545	8763
1千万—3千万元	31	−714	1524	297	1890	21720
5百万—1千万元	20	−1028	−226	49	695	5776
1百万—5百万元	55	−1119	−79	21	825	6863
50万—1百万元	4	−40	25	3	57	−33
10万—50万元	3	−35	−34	—	1	110
10万元以下	1	2	28	1	14	1203
制药机械工业	**48**	**−843**	**2277**	**311**	**2544**	**32493**
5千万—1亿元	1	202	376	27	154	2827
3千万—5千万元	2	202	650	74	374	4236
1千万—3千万元	10	−351	1236	147	1305	17155
5百万—1千万元	10	−161	281	41	355	5083

【1996年全部独立核算工业企业主要指标（一）③】

分　　组	企业单位数（个）	利润总额	利税总额	应交所得税	应交增值税	所有者权益
1百万—5百万元	21	－347	87	22	326	3128
50万—1百万元	2	－321	－305	—	12	168
10万—50万元	2	－67	－48	—	18	－104
中成药工业	**986**	**182195**	**353259**	**42532**	**149199**	**1305232**
1亿元及以上	42	159463	237816	30851	70944	595726
5千万—1亿元	60	41915	75454	7223	28960	259512
3千万—5千万元	60	6792	22694	1176	13805	121095
1千万—3千万元	237	－1974	26376	2577	23730	191081
5百万—1千万元	184	－4343	4208	630	6913	70621
1百万—5百万元	286	－13207	－7930	－94	3933	56167
50万—1百万元	47	－2834	－2576	2	214	4248
10万—50万元	37	－1570	－1331	6	176	761
10万元以下	33	－2047	－1452	161	524	6021
中药饮片工业	**52**	**－1313**	**－31**	**189**	**1077**	**12942**
3千万—5千万元	1	－850	－763	—	68	2384
1千万—3千万元	8	－236	97	49	263	3650
5百万—1千万元	11	－15	331	61	301	2141
1百万—5百万元	15	－19	451	79	415	3472
50万—1百万元	9	－123	－110	—	9	364
10万—50万元	3	－60	－47	—	11	191
10万元以下	5	－10	10	—	10	740
药用包装材料工业	**142**	**3485**	**20728**	**2384**	**14634**	**83531**
1亿元及以上	4	9421	13305	1528	3606	28853
5千万—1亿元	7	1063	5280	336	3587	16802
3千万—5千万元	9	878	3422	203	1837	8866
1千万—3千万元	22	－3467	157	140	3342	13290
5百万—1千万元	26	－2011	－636	125	1187	4769
1百万—5百万元	52	－2244	－1083	41	733	6848
50万—1百万元	9	－137	－75	3	43	1052
10万—50万元	8	－34	－10	—	16	319
10万元以下	5	16	368	8	283	2732

【1996年全部独立核算工业企业主要指标（一）④】

分组	企业单位数（个）	利润总额	利税总额	应交所得税	应交增值税	所有者权益
其他工业	**47**	**154978**	**185926**	**27303**	**28457**	**106177**
1亿元及以上	3	155447	184612	26937	26886	92706
3千万—5千万元	2	—456	12	80	441	8041
1千万—3千万元	8	538	1406	247	765	3505
5百万—1千万元	5	—4	165	33	139	1049
1百万—5百万元	13	—206	15	6	182	1190
50万—1百万元	5	—58	—32	—21	21	—52
10万—50万元	7	—228	—200	—	22	4
10万元以下	4	—55	—52	—	1	—266
按固定资产原价分组	**3326**	**679592**	**1324743**	**146429**	**562843**	**5720687**
医药工业	2288	498710	971515	103708	412567	4402513
中药工业	1038	180882	353228	42721	150276	1318174
1亿元及以上	117	328540	547664	54212	197181	2592587
医药工业	106	277852	464296	44601	167017	2320784
中药工业	11	50688	83368	9611	30164	271803
5千万—1亿元	172	245087	381334	54480	119769	1036398
医药工业	142	179620	280347	37793	88576	695026
中药工业	30	65467	100987	16687	31193	341372
3千万—5千万元	203	61059	128192	12701	57867	557727
医药工业	155	17908	61503	6100	37697	364151
中药工业	48	43151	66689	6601	20170	193576
1千万—3千万元	747	29247	154885	14843	107637	924491
医药工业	530	10515	92126	8152	69363	634945
中药工业	217	18732	62759	6691	38274	289546
5百万—1千万元	593	14360	63721	5470	41651	325065
医药工业	396	10512	41188	3532	25606	200165
中药工业	197	3848	22533	1938	16045	124900
1百万—5百万元	1020	3603	43073	4177	32408	242999
医药工业	664	3603	28767	3233	20542	161503
中药工业	356	—	14306	944	11866	81496
50万—1百万元	209	—2003	1999	241	3150	16383
医药工业	127	—721	1472	159	1789	10058
中药工业	82	—1282	527	82	1361	6325

【1996 年全部独立核算工业企业主要指标（一）⑤】

分　　组	企业单位数（个）	利润总额	利税总额	应交所得税	应交增值税	所有者权益
10 万—50 万元	188	827	3131	262	1805	13211
医药工业	123	266	1654	105	1111	6998
中药工业	65	561	1477	157	694	6213
10 万元以下	77	－1128	744	43	1375	11826
医药工业	45	－845	162	33	866	8883
中药工业	32	－283	582	10	509	2943
化学药品工业	**1521**	**293949**	**667136**	**67346**	**327369**	**3681790**
1 亿元及以上	95	262851	440761	41375	159782	2198037
5 千万—1 亿元	118	15915	76870	9921	53232	515148
3 千万—5 千万元	121	11654	46577	4521	30674	258679
1 千万—3 千万元	399	－3374	55912	6280	50525	450678
5 百万—1 千万元	289	6049	28905	2939	19179	142833
1 百万—5 百万元	380	2343	17445	2197	12281	108507
50 万—1 百万元	52	－1320	－373	38	730	3832
10 万—50 万元	47	－194	422	75	491	3298
10 万元以下	20	25	617	—	475	778
医疗器械工业	**399**	**42316**	**79609**	**4618**	**30167**	**426954**
1 亿元及以上	6	8679	13457	1828	3789	93540
5 千万—1 亿元	10	6437	11579	75	3927	72862
3 千万—5 千万元	14	9256	14025	1024	3866	79786
1 千万—3 千万元	69	11089	22131	887	9054	105056
5 百万—1 千万元	62	4703	9454	250	3819	36908
1 百万—5 百万元	136	1161	6618	448	4558	31062
50 万—1 百万元	42	458	1277	92	702	4535
10 万—50 万元	44	539	983	12	373	2722
10 万元以下	16	－6	85	2	79	483
卫生材料工业	**131**	**4825**	**15839**	**1746**	**9396**	**71568**
1 亿元及以上	2	－444	302	22	630	8196
5 千万—1 亿元	1	5023	7441	667	2132	7698
3 千万—5 千万元	4	－331	273	150	512	8971
1 千万—3 千万元	24	390	4015	464	3173	26378
5 百万—1 千万元	21	383	2017	193	1363	10471

【1996年全部独立核算工业企业主要指标（一）⑥】

分　组	企业单位数(个)	利润总额	利税总额	应交所得税	应交增值税	所有者权益
1百万—5百万元	55	－232	1388	222	1267	7781
50万—1百万元	16	158	390	22	200	1115
10万—50万元	6	－46	36	—	71	384
10万元以下	2	－76	－23	6	48	574
制药机械工业	**48**	**－843**	**2277**	**311**	**2544**	**32493**
5千万—1亿元	2	256	805	74	442	6044
3千万—5千万元	2	－649	－260	126	315	4063
1千万—3千万元	6	318	1267	34	779	12441
5百万—1千万元	12	－608	47	28	538	6215
1百万—5百万元	18	－79	419	37	401	3503
50万—1百万元	2	－36	3	3	34	220
10万—50万元	4	—	41	9	35	131
10万元以下	2	－45	－45	—	—	－124
中成药工业	**986**	**182195**	**353259**	**42532**	**149199**	**1305232**
1亿元及以上	11	50688	83368	9611	30164	271803
5千万—1亿元	30	65467	100987	16687	31193	341372
3千万—5千万元	48	43151	66689	6601	20170	193576
1千万—3千万元	213	19339	63045	6634	38010	284247
5百万—1千万元	192	4295	22732	1923	15851	121766
1百万—5百万元	341	429	14509	887	11678	78342
50万—1百万元	70	－1377	183	50	1140	5705
10万—50万元	55	470	1215	130	544	5644
10万元以下	26	－267	531	9	449	2777
中药饮片工业	**52**	**－1313**	**－31**	**189**	**1077**	**12942**
1千万—3千万元	4	－607	－286	57	264	5299
5百万—1千万元	5	－447	－199	15	194	3134
1百万—5百万元	15	－429	－203	57	188	3154
50万—1百万元	12	95	344	32	221	620
10万—50万元	10	91	262	27	150	569
10万元以下	6	－16	51	1	60	166
药用包装材料工业	**142**	**3485**	**20728**	**2384**	**14634**	**83531**

【1996年全部独立核算工业企业主要指标（一）⑦】

分　　组	企业单位数（个）	利润总额	利税总额	应交所得税	应交增值税	所有者权益
1亿元及以上	3	6766	9776	1376	2816	21011
5千万—1亿元	10	－112	4194	303	3730	22457
3千万—5千万元	13	－2022	880	279	2323	12552
1千万—3千万元	26	－1381	2965	171	3575	15614
5百万—1千万元	9	299	889	87	531	3372
1百万—5百万元	58	33	1781	163	1387	7799
50万—1百万元	10	18	142	4	95	347
10万—50万元	11	3	147	1	109	398
10万元以下	2	－119	－46	—	68	－19
其他工业	**47**	**154978**	**185926**	**27303**	**28457**	**106177**
5千万—1亿元	1	152101	179458	26753	25113	70817
3千万—5千万元	1	—	8	—	7	100
1千万—3千万元	6	3473	5836	316	2257	24778
5百万—1千万元	3	－314	－124	35	176	366
1百万—5百万元	17	377	1116	166	648	2851
50万—1百万元	5	1	33	—	28	9
10万—50万元	11	－36	25	8	32	65
10万元以下	3	－624	－426	25	196	7191
按利税总额分组	**3326**	**679592**	**1324743**	**146429**	**562843**	**5720687**
医药工业	2288	498710	971515	103708	412567	4402513
中药工业	1038	180882	353228	42721	150276	1318174
1亿元及以上	21	489588	640569	74598	140316	1393603
医药工业	13	395478	520652	55725	116194	1125695
中药工业	8	94110	119917	18873	24122	267908
5千万—1亿元	25	111655	172381	10940	55782	469932
医药工业	16	75179	108870	5231	31305	302549
中药工业	9	36476	63511	5709	24477	167383
3千万—5千万元	40	93572	147908	15743	47305	584691
医药工业	25	58716	93306	10258	29887	418878
中药工业	15	34856	54602	5485	17418	165813
1千万—3千万元	155	140613	262611	23845	104101	999879
医药工业	107	102570	188656	17610	73138	793424

【1996年全部独立核算工业企业主要指标（一）⑧】

分组	企业单位数（个）	利润总额	利税总额	应交所得税	应交增值税	所有者权益
中药工业	48	38043	73955	6235	30963	206455
5百万—1千万元	180	54533	125319	9858	60031	506344
医药工业	132	37446	91360	6394	46008	377873
中药工业	48	17087	33959	3464	14023	128471
1百万—5百万元	679	52097	153826	9587	86380	781292
医药工业	486	37242	112103	6815	63362	595455
中药工业	193	14855	41723	2772	23018	185837
50万—1百万元	369	4448	26700	1103	18721	201009
医药工业	247	2716	18032	709	12942	143573
中药工业	122	1732	8668	394	5779	57436
10万—50万元	565	637	15356	648	11770	155841
医药工业	383	562	10364	493	7772	114273
中药工业	182	75	4992	155	3998	41568
10万元以下	1292	－267551	－219927	107	38437	628096
医药工业	879	－211199	－171828	473	31959	530793
中药工业	413	－56352	－48099	－366	6478	97303
化学药品工业	**1521**	**293949**	**667136**	**67346**	**327369**	**3681790**
1亿元及以上	12	243377	341194	28972	91081	1054878
5千万—1亿元	10	39239	65585	3307	24741	196225
3千万—5千万元	20	46483	74210	8281	23981	339606
1千万—3千万元	92	85809	161175	15322	64090	709235
5百万—1千万元	96	27519	67475	4571	34592	298469
1百万—5百万元	372	27986	86721	5854	50134	475618
50万—1百万元	143	1055	10266	285	7801	92342
10万—50万元	206	217	5772	311	4386	75248
10万元以下	570	－177736	－145262	443	26563	440169
医疗器械工业	**399**	**42316**	**79609**	**4618**	**30167**	**426954**
5千万—1亿元	4	23822	27052	547	2762	80756
3千万—5千万元	3	7883	12247	1127	3549	56172
1千万—3千万元	9	13778	19634	1861	4544	66624
5百万—1千万元	17	5545	11923	608	5258	41533
1百万—5百万元	61	4955	13385	145	6772	67407
50万—1百万元	58	737	4255	191	2943	36854

【1996年全部独立核算工业企业主要指标（一）⑨】

分组	企业单位数（个）	利润总额	利税总额	应交所得税	应交增值税	所有者权益
10万—50万元	86	284	2228	117	1558	22626
10万元以下	161	－14688	－11115	22	2781	54982
卫生材料工业	**131**	**4825**	**15839**	**1746**	**9396**	**71568**
5千万—1亿元	1	5023	7441	667	2132	7698
1千万—3千万元	2	1227	2330	183	991	5369
5百万—1千万元	6	1727	4018	444	1915	12293
1百万—5百万元	17	1888	4048	340	1813	16851
50万—1百万元	17	289	1254	85	837	6392
10万—50万元	40	－181	1040	25	981	6787
10万元以下	48	－5148	－4292	2	727	16178
制药机械工业	**48**	**－843**	**2277**	**311**	**2544**	**32493**
5百万—1千万元	3	875	1580	207	578	9204
1百万—5百万元	7	473	1672	38	1005	11742
50万—1百万元	7	148	497	48	277	3232
10万—50万元	11	59	305	18	195	3997
10万元以下	20	－2398	－1777	—	489	4318
中成药工业	**986**	**182195**	**353259**	**42532**	**149199**	**1305232**
1亿元及以上	8	94110	119917	18873	24122	267908
5千万—1亿元	9	36476	63511	5709	24477	167383
3千万—5千万元	15	34856	54602	5485	17418	165813
1千万—3千万元	48	38043	73955	6235	30963	206455
5百万—1千万元	48	17087	33959	3464	14023	128471
1百万—5百万元	189	14649	41013	2719	22587	182601
50万—1百万元	112	1375	8007	302	5528	53420
10万—50万元	167	－63	4559	111	3743	39552
10万元以下	390	－54338	－46264	－366	6338	93629
中药饮片工业	**52**	**－1313**	**－31**	**189**	**1077**	**12942**
1百万—5百万元	4	206	710	53	431	3236
50万—1百万元	10	357	661	92	251	4016
10万—50万元	15	138	433	44	255	2016
10万元以下	23	－2014	－1835	—	140	－3674

【1996年全部独立核算工业企业主要指标（一）⑩】

分　　组	企业单位数（个）	利润总额	利税总额	应交所得税	应交增值税	所有者权益
药用包装材料工业	**142**	**3485**	**20728**	**2384**	**14634**	**83531**
5千万—1亿元	1	7095	8792	710	1670	17870
3千万—5千万元	1	2018	3198	666	1057	6286
1千万—3千万元	3	742	4014	244	3040	7121
5百万—1千万元	8	1171	5082	349	3057	14607
1百万—5百万元	24	1440	5337	335	3260	20334
50万—1百万元	17	310	1367	58	901	3840
10万—50万元	32	95	819	16	557	4761
10万元以下	56	−9386	−7881	6	1092	8712
其他工业	**47**	**154978**	**185926**	**27303**	**28457**	**106177**
1亿元及以上	1	152101	179458	26753	25113	70817
3千万—5千万元	1	2332	3651	184	1300	16814
1千万—3千万元	1	1014	1503	—	473	5075
5百万—1千万元	2	609	1282	215	608	1767
1百万—5百万元	5	500	940	103	378	3503
50万—1百万元	5	177	393	42	183	913
10万—50万元	8	88	200	6	95	854
10万元以下	24	−1843	−1501	—	307	6434
按职工年平均人数分组	**3326**	**679592**	**1324743**	**146429**	**562843**	**5720687**
医药工业	2288	498710	971515	103708	412567	4402513
中药工业	1038	180882	353228	42721	150276	1318174
1万人及以上	2	29632	50544	8088	18984	229370
医药工业	2	29632	50544	8088	18984	229370
5千人—1万人	7	178010	234034	32679	48670	379238
医药工业	5	172798	218555	31036	39991	325368
中药工业	2	5212	15479	1643	8679	53870
3千人—5千人	15	−1516	20685	2808	19226	281208
医药工业	15	−1516	20685	2808	19226	281208
1千人—3千人	204	147063	304635	30339	138184	1745783
医药工业	180	93745	216861	20274	106253	1422484
中药工业	24	53318	87774	10065	31931	323299
5百人—1千人	410	215356	393826	43271	159573	1312682
医药工业	301	118163	235643	22782	105822	851561
中药工业	109	97193	158183	20489	53751	461121
1百人—5百人	1687	100585	281908	25620	154717	1422116

【1996 年全部独立核算工业企业主要指标（一）⑪】

分组	企业单位数（个）	利润总额	利税总额	应交所得税	应交增值税	所有者权益
医药工业	1155	74577	197861	15988	105475	1039644
中药工业	532	26008	84047	9632	49242	382472
50 人—1 百人	566	1343	21865	2587	16606	235624
医药工业	360	1524	15259	1860	11423	169631
中药工业	206	—181	6606	727	5183	65993
10 人—50 人	402	1248	6635	450	4509	76739
医药工业	245	1910	5595	298	3073	46375
中药工业	157	—662	1040	152	1436	30364
10 人以下	33	7871	10611	587	2374	37927
医药工业	25	7877	10512	574	2320	36872
中药工业	8	—6	99	13	54	1055
化学药品工业	**1521**	**293949**	**667136**	**67346**	**327369**	**3681790**
1 万人及以上	2	29632	50544	8088	18984	229370
5 千人—1 万人	4	20697	39097	4283	14878	254551
3 千人—5 千人	14	—1587	20156	2807	18820	274381
1 千人—3 千人	145	85825	191875	17059	92137	1274171
5 百人—1 千人	223	120139	223004	21951	94358	759640
1 百人—5 百人	789	30830	121873	11335	77652	720249
50 人—1 百人	223	—1064	7944	1417	7716	121855
10 人—50 人	111	1639	3625	102	1704	25869
10 人以下	10	7838	9018	304	1120	21704
医疗器械工业	**399**	**42316**	**79609**	**4618**	**30167**	**426954**
3 千人—5 千人	1	71	529	1	406	6827
1 千人—3 千人	14	10477	19289	2244	6932	105150
5 百人—1 千人	39	—744	7104	—5	6081	61604
1 百人—5 百人	189	29532	45119	1890	13120	193941
50 人—1 百人	75	2995	6393	303	2615	40501
10 人—50 人	72	417	1447	102	883	13228
10 人以下	9	—432	—272	83	130	5703
卫生材料工业	**131**	**4825**	**15839**	**1746**	**9396**	**71568**
1 千人—3 千人	5	319	1898	68	1323	10382
5 百人—1 千人	17	—1335	416	299	1370	9849
1 百人—5 百人	63	6476	13282	1252	5969	43908
50 人—1 百人	25	—543	67	91	506	3453
10 人—50 人	19	74	343	36	229	2716

【1996年全部独立核算工业企业主要指标（一）⑫】

分组	企业单位数（个）	利润总额	利税总额	应交所得税	应交增值税	所有者权益
10人以下	2	-166	-167	—	-1	1260
制药机械工业	**48**	**-843**	**2277**	**311**	**2544**	**32493**
1千人—3千人	4	-530	473	74	813	7739
5百人—1千人	7	-78	919	157	845	12415
1百人—5百人	23	-307	536	52	681	10769
50人—1百人	12	39	268	26	174	1378
10人—50人	2	33	81	2	31	192
中成药工业	**986**	**182195**	**353259**	**42532**	**149199**	**1305232**
5千人—1万人	2	5212	15479	1643	8679	53870
1千人—3千人	24	53318	87774	10065	31931	323299
5百人—1千人	108	98043	158946	20489	53683	458737
1百人—5百人	522	26511	83958	9565	48745	377525
50人—1百人	184	-236	6041	649	4748	61533
10人—50人	140	-647	961	108	1358	29217
10人以下	6	-6	100	13	55	1051
中药饮片工业	**52**	**-1313**	**-31**	**189**	**1077**	**12942**
5百人—1千人	1	-850	-763	—	68	2384
1百人—5百人	10	-503	89	67	497	4947
50人—1百人	22	55	565	78	435	4460
10人—50人	17	-15	79	44	78	1147
10人以下	2	—	-1	—	-1	4
药用包装材料工业	**142**	**3485**	**20728**	**2384**	**14634**	**83531**
1千人—3千人	11	-1650	3832	829	4858	17949
5百人—1千人	14	149	3967	366	3004	6934
1百人—5百人	75	4583	10722	987	5326	45640
50人—1百人	15	-1	295	8	238	1415
10人—50人	24	-175	54	12	137	3595
10人以下	3	579	1858	182	1071	7998
其他工业	**47**	**154978**	**185926**	**27303**	**28457**	**106177**
5千人—1万人	1	152101	179458	26753	25113	70817
1千人—3千人	1	-696	-506	—	190	7093
5百人—1千人	1	32	233	14	164	1119
1百人—5百人	16	3463	6329	472	2727	25137
50人—1百人	10	98	292	15	174	1029
10人—50人	17	-78	45	44	89	775
10人以下	1	58	75	5	—	207

【1996年全部独立核算工业企业主要指标（二）①】

分　　组	固定资产原价	流动资产年平均余额	工业增加值	工业总产值(不变价新规定)	工业总产值(现价新规定)	工业销售产值(现价新规定)	全部职工平均人数(人)
按工业总产值（现价）分组	**6658927**	**8468535**	**3591967**	**12358752**	**11017503**	**10361676**	**1178512**
医药工业	5454088	6304844	2639740	10195559	8756954	8289262	921592
中药工业	1204839	2163691	952227	2163193	2260549	2072414	256920
1亿元及以上	3058714	4206192	2159774	6981547	6328535	6067554	356571
医药工业	2732103	3453632	1703942	6155280	5393803	5174601	313025
中药工业	326611	752560	455832	826267	934732	892953	43546
5千万—1亿元	1008995	1246130	501943	1947463	1651995	1523319	178296
医药工业	811969	878468	330709	1534705	1226594	1134891	146510
中药工业	197026	367662	171234	412758	425401	388428	31786
3千万—5千万元	569647	705616	301844	1115384	941439	859690	121408
医药工业	430961	479016	199701	875318	698729	647812	90310
中药工业	138686	226600	102143	240066	242710	211878	31098
1千万—3千万元	1130538	1322478	468122	1613548	1437612	1325410	268562
医药工业	846697	880561	312861	1171446	1006173	946802	195683
中药工业	283841	441917	155261	442102	431439	378608	72879
5百万—1千万元	400962	454199	108589	427851	397514	350444	116374
医药工业	285221	283782	63021	279911	260732	230104	81304
中药工业	115741	170417	45568	147940	136782	120340	35070
1百万—5百万元	390122	429124	68224	257591	246447	218272	111032
医药工业	275574	264166	41326	170008	162301	145500	77528
中药工业	114548	164958	26898	87583	84146	72772	33504
50万—1百万元	27293	32855	997	10528	10415	9202	10393
医药工业	17945	19928	—21	6634	6314	5763	7351
中药工业	9348	12927	1018	3894	4101	3439	3042
10万—50万元	19265	24214	—109	3239	3415	5434	7226
医药工业	11035	17899	400	2135	2242	3375	5060
中药工业	8230	6315	—509	1104	1173	2059	2166
10万元以下	53391	47727	—17417	1601	131	2351	8650
医药工业	42583	27392	—12199	122	66	414	4821
中药工业	10808	20335	—5218	1479	65	1937	3829
化学药品工业	**4610064**	**5233050**	**2090876**	**8572766**	**7188840**	**6842724**	**705116**
1亿元及以上	2565564	3091142	1383730	5282361	4587705	4459454	280336
5千万—1亿元	703397	740478	278594	1369485	1045827	959550	123650

【1996年全部独立核算工业企业主要指标（二）②】

分组	固定资产原价	流动资产年平均余额	工业增加值	工业总产值(不变价新规定)	工业总产值(现价新规定)	工业销售产值(现价新规定)	全部职工平均人数(人)
3千万—5千万元	343853	352395	158400	715805	544722	499053	67961
1千万—3千万元	607177	661543	226549	910021	747305	697478	138312
5百万—1千万元	187912	188438	30611	191152	170370	145098	45505
1百万—5百万元	167814	166922	18580	100165	89487	77445	41803
50万—1百万元	9095	8762	－207	2860	2585	2390	2372
10万—50万元	8268	13164	392	825	807	2049	2272
10万元以下	16984	10206	－5773	92	32	207	2905
医疗器械工业	**420067**	**613231**	**211467**	**773941**	**720085**	**697982**	**105465**
1亿元及以上	96981	215880	85037	373538	336382	325234	15295
5千万—1亿元	52967	77251	28009	86892	89599	87238	9441
3千万—5千万元	46324	76733	24622	95838	84023	86686	11677
1千万—3千万元	93154	111485	44496	129501	122760	116904	23668
5百万—1千万元	54490	57049	17814	48196	47349	44313	20911
1百万—5百万元	51300	54832	12036	37095	36981	34753	18424
50万—1百万元	6088	7770	328	2108	2154	1864	3275
10万—50万元	1394	2942	15	756	817	799	1862
10万元以下	17369	9289	－890	17	20	191	912
卫生材料工业	**125840**	**127797**	**55815**	**191345**	**208238**	**201481**	**36338**
1亿元及以上	19845	23495	17881	60506	63521	64113	4998
5千万—1亿元	13672	21190	10250	31034	37931	35949	4797
3千万—5千万元	8332	11635	4230	24314	22426	20045	2726
1千万—3千万元	54302	42264	16307	53730	56485	55665	12314
5百万—1千万元	11981	12361	4029	11651	14330	13388	4059
1百万—5百万元	15384	13844	3923	9836	13184	12037	6787
50万—1百万元	297	638	206	232	304	252	170
10万—50万元	203	210	－27	42	57	32	95
10万元以下	1824	2160	－984	—	—	—	392
制药机械工业	**48217**	**51180**	**20176**	**46752**	**49005**	**45482**	**14900**
5千万—1亿元	1300	5261	1542	5009	5237	5243	821
3千万—5千万元	6734	10854	1547	6849	7828	7335	2291
1千万—3千万元	27722	21942	11765	23361	23488	21765	6742
5百万—1千万元	6707	6047	2970	6093	6828	6261	2125
1百万—5百万元	4865	5814	2402	5194	5370	4575	2376

【1996年全部独立核算工业企业主要指标（二）③】

分组	固定资产原价	流动资产年平均余额	工业增加值	工业总产值(不变价新规定)	工业总产值(现价新规定)	工业销售产值(现价新规定)	全部职工平均人数(人)
50万—1百万元	656	803	−85	178	180	229	427
10万—50万元	233	459	35	68	74	74	118
中成药工业	**1190080**	**2137880**	**945118**	**2136832**	**2229964**	**2040917**	**252576**
1亿元及以上	326611	752560	455832	826267	934732	892953	43546
5千万—1亿元	197026	367662	171234	412758	425401	388428	31786
3千万—5千万元	137377	223916	101625	239518	238170	207253	30300
1千万—3千万元	278720	433053	153099	430032	419055	366938	72026
5百万—1千万元	113680	163552	42974	139458	128475	111372	34300
1百万—5百万元	110207	159590	24677	82949	79561	67313	32205
50万—1百万元	8702	11969	673	3359	3440	2788	2772
10万—50万元	7680	5784	−539	1021	1084	1967	1963
10万元以下	10077	19794	−4457	1470	46	1905	3678
中药饮片工业	**14759**	**25811**	**7109**	**26361**	**30585**	**31497**	**4344**
3千万—5千万元	1309	2684	518	548	4540	4625	798
1千万—3千万元	5121	8864	2162	12070	12384	11670	853
5百万—1千万元	2061	6865	2594	8482	8307	8968	770
1百万—5百万元	4341	5368	2221	4634	4585	5459	1299
50万—1百万元	646	958	345	535	661	651	270
10万—50万元	550	531	30	83	89	92	203
10万元以下	731	541	−761	9	19	32	151
药用包装材料工业	**219394**	**174457**	**59430**	**205204**	**213910**	**206250**	**48014**
1亿元及以上	35731	38362	22942	59952	58211	57260	6133
5千万—1亿元	40633	34288	12314	42285	48000	46911	7801
3千万—5千万元	23489	21986	9881	29238	33111	28202	4300
1千万—3千万元	59607	35822	9955	40880	41309	41173	12708
5百万—1千万元	22532	17534	5833	17412	18399	18026	8168
1百万—5百万元	29140	19133	3467	14483	13925	13767	7317
50万—1百万元	1604	1424	−372	679	673	658	908
10万—50万元	602	452	−58	269	275	245	448
10万元以下	6056	5456	−4532	6	7	8	231
其他工业	**30506**	**105129**	**201976**	**405551**	**376876**	**295343**	**11759**
1亿元及以上	13982	84753	194352	378923	347984	268540	6263
3千万—5千万元	2229	5413	1021	3274	6619	6491	1355

【1996年全部独立核算工业企业主要指标（二）④】

分　　组	固定资产原价	流动资产年平均余额	工业增加值	工业总产值(不变价新规定)	工业总产值(现价新规定)	工业销售产值(现价新规定)	全部职工平均人数(人)
1千万—3千万元	4735	7505	3789	13953	14826	13817	1939
5百万—1千万元	1599	2353	1764	5407	3456	3018	536
1百万—5百万元	7071	3621	918	3235	3354	2923	821
50万—1百万元	205	531	109	577	418	370	199
10万—50万元	335	672	43	175	212	176	265
10万元以下	350	281	−20	7	7	8	381
按固定资产原价分组	**6658927**	**8468535**	**3591967**	**12358752**	**11017503**	**10361676**	**1178512**
医药工业	5454088	6304844	2639740	10195559	8756954	8289262	921592
中药工业	1204839	2163691	952227	2163193	2260549	2072414	256920
1亿元及以上	2701504	2980308	1163208	3897225	3728168	3578935	264080
医药工业	2495118	2592084	1018393	3612026	3418001	3281093	241951
中药工业	206386	388224	144815	285199	310167	297842	22129
5千万—1亿元	1174045	1397752	731481	2450775	2113315	1949649	168346
医药工业	971042	997790	553279	2149852	1735725	1587836	143313
中药工业	203003	399962	178202	300923	377590	361813	25033
3千万—5千万元	766038	956623	372607	1541363	1242580	1262328	138848
医药工业	586195	667990	241475	1220737	914336	942704	108245
中药工业	179843	288633	131132	320626	328244	319624	30603
1千万—3千万元	1297979	1736923	698752	2495022	2148852	1974380	296128
医药工业	932224	1170612	444309	1858280	1504844	1395221	214392
中药工业	365755	566311	254443	636742	644008	579159	81736
5百万—1千万元	421614	702756	298939	1062037	917351	847620	139534
医药工业	280883	438231	170939	740206	606060	572923	95334
中药工业	140731	264525	128000	321831	311291	274697	44200
1百万—5百万元	276743	575200	251729	757809	697151	602216	133745
医药工业	175606	365430	159830	518810	464487	410312	91488
中药工业	101137	209770	91899	238999	232664	191904	42257
50万—1百万元	15520	60660	21586	70004	67103	58365	15834
医药工业	9411	33663	12211	39946	38990	34189	10336
中药工业	6109	26997	9375	30058	38113	24176	5498
10万—50万元	5255	42890	22577	55878	56208	47249	14325
医药工业	3468	28238	11322	35468	35517	30546	10668
中药工业	1787	14652	11255	20410	20691	16703	3657

【1996 年全部独立核算工业企业主要指标（二）⑤】

分　　组	固定资产原价	流动资产年平均余额	工业增加值	工业总产值（不变价新规定）	工业总产值（现价新规定）	工业销售产值（现价新规定）	全部职工平均人数（人）
10 万元以下	229	15423	31088	28639	46775	40934	7672
医药工业	141	10806	27982	20234	38994	34438	5865
中药工业	88	4617	3106	8405	7781	6496	1807
化学药品工业	**4610064**	**5233050**	**2090876**	**8572766**	**7188840**	**6842724**	**705116**
1 亿元及以上	2329963	2442433	974844	3426803	3240902	3100453	226123
5 千万—1 亿元	800852	780457	324744	1592513	1202699	1140548	112190
3 千万—5 千万元	457235	549412	201799	1103166	791271	825578	83329
1 千万—3 千万元	704635	852736	327166	1457756	1133170	1035645	155891
5 百万—1 千万元	204935	320902	118760	572635	437228	412932	64757
1 百万—5 百万元	107022	249924	105171	366860	315264	268992	48680
50 万—1 百万元	3964	15171	5844	17439	16697	14190	4221
10 万—50 万元	1401	17132	6024	20550	19463	16431	6221
10 万元以下	57	4883	26524	15044	32146	27955	3704
医疗器械工业	**420067**	**613231**	**211467**	**773941**	**720085**	**697982**	**105465**
1 亿元及以上	95639	117416	26052	136185	127523	131243	9464
5 千万—1 亿元	71321	83459	24363	132643	128613	125326	13978
3 千万—5 千万元	55764	66118	25469	57345	58638	54932	9507
1 千万—3 千万元	114717	179469	64361	243119	204693	197178	27277
5 百万—1 千万元	44361	74628	35453	103243	101424	97754	16640
1 百万—5 百万元	33969	71210	28390	76359	74886	70711	22357
50 万—1 百万元	3091	13047	3908	15489	14184	12138	3620
10 万—50 万元	1145	7228	2775	8524	8914	7557	2276
10 万元以下	60	656	696	1034	1210	1143	346
卫生材料工业	**125840**	**127797**	**55815**	**191345**	**208238**	**201481**	**36338**
1 亿元及以上	33006	9324	2529	12737	13456	14259	1382
5 千万—1 亿元	5056	9334	9433	12931	19800	18282	231
3 千万—5 千万元	13641	11306	3652	14940	17895	16110	2135
1 千万—3 千万元	44531	57211	19073	73374	77101	75373	15573
5 百万—1 千万元	14636	21529	8640	39746	41220	40568	7370
1 百万—5 百万元	13618	14950	9694	30656	30208	28934	7391
50 万—1 百万元	1139	2814	1586	4042	4924	4882	1150
10 万—50 万元	207	844	983	2581	3059	2575	684
10 万元以下	6	485	225	338	575	498	422

【1996年全部独立核算工业企业主要指标（二）⑥】

分　　组	固定资产原价	流动资产年平均余额	工业增加值	工业总产值(不变价新规定)	工业总产值(现价新规定)	工业销售产值(现价新规定)	全部职工平均人数(人)
制药机械工业	**48217**	**51180**	**20176**	**46752**	**49005**	**45482**	**14900**
5千万—1亿元	13124	10370	2309	7448	7437	6521	2724
3千万—5千万元	9189	5260	1259	4155	4220	4091	1886
1千万—3千万元	12916	16230	7263	15406	15958	14518	3784
5百万—1千万元	8760	11827	3916	10530	11428	11132	3248
1百万—5百万元	3927	6390	4805	7953	8658	7989	2569
50万—1百万元	175	400	181	278	330	335	218
10万—50万元	120	574	326	814	788	805	326
10万元以下	6	129	117	168	186	91	145
中成药工业	**1190080**	**2137880**	**945118**	**2136832**	**2229964**	**2040917**	**252576**
1亿元及以上	206386	388224	144815	285199	310167	297842	22129
5千万—1亿元	203003	399962	178202	300923	377590	361813	25033
3千万—5千万元	179843	288633	131132	320626	328244	319624	30603
1千万—3千万元	360611	559618	252730	631562	635019	569591	80550
5百万—1千万元	136734	258826	127225	317178	305996	269432	43616
1百万—5百万元	96726	204170	91596	231941	226220	185147	41085
50万—1百万元	5212	21393	6899	24402	22026	18123	4906
10万—50万元	1491	12961	9964	17542	17931	13839	3083
10万元以下	74	4093	2555	7459	6771	5506	1571
中药饮片工业	**14759**	**25811**	**7109**	**26361**	**30585**	**31497**	**4344**
1千万—3千万元	5144	6693	1713	5180	8989	9568	1186
5百万—1千万元	3997	5699	775	4653	5295	5265	584
1百万—5百万元	4411	5600	303	7058	6444	6757	1172
50万—1百万元	897	5604	2476	5656	6087	6053	592
10万—50万元	296	1691	1291	2868	2760	2864	574
10万元以下	14	524	551	946	1010	990	236
药用包装材料工业	**219394**	**174457**	**59430**	**205204**	**213910**	**206250**	**48014**
1亿元及以上	36510	22911	14968	36301	36120	35138	4982
5千万—1亿元	71441	59345	8759	49724	52312	51925	8379
3千万—5千万元	46718	35291	9249	40902	42093	41744	11333
1千万—3千万元	44413	29451	13386	38390	42796	41677	10118
5百万—1千万元	5590	7181	3192	10069	10303	6653	2771
1百万—5百万元	13620	17204	8790	26100	26124	25064	8827

【1996年全部独立核算工业企业主要指标（二）⑦】

分　　组	固定资产原价	流动资产年平均余额	工业增加值	工业总产值(不变价新规定)	工业总产值(现价新规定)	工业销售产值(现价新规定)	全部职工平均人数(人)
50万—1百万元	778	1665	389	2058	2118	2040	911
10万—50万元	321	1232	502	1427	1769	1734	541
10万元以下	3	177	195	233	275	275	152
其他工业	**30506**	**105129**	**201976**	**405551**	**376876**	**295343**	**11759**
5千万—1亿元	9248	54825	183671	354593	324864	245234	5811
3千万—5千万元	3648	603	47	229	219	249	55
1千万—3千万元	11012	35515	13060	30235	31126	30830	1749
5百万—1千万元	2601	2164	978	3983	4457	3884	548
1百万—5百万元	3450	5752	2980	10882	9347	8622	1664
50万—1百万元	264	566	303	640	737	604	216
10万—50万元	274	1228	712	1572	1524	1444	620
10万元以下	9	4476	225	3417	4602	4476	1096
按利税总额分组	**6658927**	**8468535**	**3591967**	**12358752**	**11017503**	**10361676**	**1178512**
医药工业	5454088	6304844	2639740	10195559	8756954	8289262	921592
中药工业	1204839	2163691	952227	2163193	2260549	2072414	256920
1亿元及以上	781844	1373550	861434	1709918	1869761	1728805	58854
医药工业	685824	1198185	706884	1498569	1612452	1476913	51401
中药工业	96020	175365	154550	211349	257309	251892	7453
5千万—1亿元	306321	625124	249294	774047	753067	726908	35794
医药工业	190128	270859	145283	529544	497362	484346	17590
中药工业	116193	354265	104011	244503	255705	242562	18204
3千万—5千万元	460509	605069	308442	975534	897724	844896	61282
医药工业	361643	438691	196477	776943	658037	614688	50825
中药工业	98866	166378	111965	198591	239687	230208	10457
1千万—3千万元	941171	1393516	739271	2412161	2092772	1997438	133000
医药工业	803440	1077345	520194	2017821	1655280	1596092	107443
中药工业	137731	316171	219077	394340	437492	401346	25557
5百万—1千万元	684445	794902	357857	1478919	1177817	1216362	120018
医药工业	580359	606199	280689	1295570	978389	1027771	97866
中药工业	104086	188703	77168	183349	199428	188591	22152
1百万—5百万元	1107128	1368448	571486	2418914	1935895	1794612	248147
医药工业	872191	1009249	426676	1980789	1540542	1428616	189390
中药工业	234937	359199	144810	438125	395353	365996	58757

【1996年全部独立核算工业企业主要指标（二）⑧】

分　　组	固定资产原价	流动资产年平均余额	工业增加值	工业总产值（不变价新规定）	工业总产值（现价新规定）	工业销售产值（现价新规定）	全部职工平均人数（人）
50万—1百万元	313456	386549	148283	573929	494417	442665	87550
医药工业	234254	264912	103591	433970	358453	329170	65227
中药工业	79202	121637	44692	139959	135964	113495	22323
10万—50万元	264859	343459	120022	427951	381781	337184	88578
医药工业	188711	236944	84649	314530	273056	243613	63918
中药工业	76148	106515	35373	113421	108725	93571	24660
10万元以下	1799194	1577918	235878	1587379	1414269	1272806	345289
医药工业	1537538	1202460	175297	1347823	1183383	1088053	277932
中药工业	261656	375458	60581	239556	230886	184753	67357
化学药品工业	**4610064**	**5233050**	**2090876**	**8572766**	**7188840**	**6842724**	**705116**
1亿元及以上	676576	1143360	523213	1143976	1287588	1231679	45590
5千万—1亿元	159992	204840	101792	437114	398870	386435	16058
3千万—5千万元	306914	349914	159682	673376	557227	515943	42699
1千万—3千万元	729509	927236	456753	1747927	1409091	1355483	94902
5百万—1千万元	454570	452979	224157	1069031	764670	815899	66844
1百万—5百万元	706918	826161	351786	1728754	1286946	1184672	145889
50万—1百万元	171288	170411	66902	323454	249068	225586	40124
10万—50万元	131570	162566	55690	234913	191973	172299	37978
10万元以下	1272727	995583	150901	1214221	1043407	954728	215032
医疗器械工业	**420067**	**613231**	**211467**	**773941**	**720085**	**697982**	**105465**
5千万—1亿元	14526	47346	23409	61233	61233	62556	1047
3千万—5千万元	38990	54878	22798	75129	71370	69713	5049
1千万—3千万元	56188	121853	50160	231873	205570	201393	9150
5百万—1千万元	53054	76171	21604	105525	86016	84458	12830
1百万—5百万元	71028	97756	45182	133385	130056	127892	20158
50万—1百万元	37947	63387	19340	60210	59568	55339	13941
10万—50万元	28936	41953	14730	36853	36144	30625	11868
10万元以下	119398	109887	14244	69733	70128	66006	31422
卫生材料工业	**125840**	**127797**	**55815**	**191345**	**208238**	**201481**	**36338**
5千万—1亿元	5056	9334	9433	12931	19800	18282	231
1千万—3千万元	3343	9196	4284	9697	12489	11826	853
5百万—1千万元	18518	20818	11095	54596	53809	55665	5518
1百万—5百万元	19879	19369	11138	40806	42745	40984	7498

【1996年全部独立核算工业企业主要指标（二）⑨】

分　　组	固定资产原价	流动资产年平均余额	工业增加值	工业总产值(不变价新规定)	工业总产值(现价新规定)	工业销售产值(现价新规定)	全部职工平均人数(人)
50万—1百万元	12470	13759	8183	24066	24466	22904	5400
10万—50万元	13894	18845	5980	21919	23907	21799	7856
10万元以下	52680	36476	5702	27330	31022	30021	8982
制药机械工业	**48217**	**51180**	**20176**	**46752**	**49005**	**45482**	**14900**
5百万—1千万元	12541	11733	4562	9391	9913	9224	2559
1百万—5百万元	15039	15567	6161	17107	16834	15961	4086
50万—1百万元	3137	6983	2354	5820	6515	6420	1410
10万—50万元	4152	3649	4442	6607	7281	6316	1932
10万元以下	13348	13248	2657	7827	8462	7561	4913
中成药工业	**1190080**	**2137880**	**945118**	**2136832**	**2229964**	**2040917**	**252576**
1亿元及以上	96020	175365	154550	211349	257309	251892	7453
5千万—1亿元	116193	354265	104011	244503	255705	242562	18204
3千万—5千万元	98866	166378	111965	198591	239687	230208	10457
1千万—3千万元	137731	316171	219077	394340	437492	401346	25557
5百万—1千万元	104086	188703	77168	183349	199428	188591	22152
1百万—5百万元	231435	354710	142996	433952	390991	360818	58205
50万—1百万元	75062	113720	41914	129152	125320	103187	21454
10万—50万元	73757	101719	33639	106257	101542	86402	23651
10万元以下	256930	366849	59798	235339	222490	175911	65443
中药饮片工业	**14759**	**25811**	**7109**	**26361**	**30585**	**31497**	**4344**
1百万—5百万元	3502	4489	1814	4173	4362	5178	552
50万—1百万元	4140	7917	2778	10807	10644	10308	869
10万—50万元	2391	4796	1734	7164	7183	7169	1009
10万元以下	4726	8609	783	4217	8396	8842	1914
药用包装材料工业	**219394**	**174457**	**59430**	**205204**	**213910**	**206250**	**48014**
5千万—1亿元	10554	9339	10649	18266	17459	17073	254
3千万—5千万元	13039	8755	6144	15898	16831	15989	2727
1千万—3千万元	12366	14276	6169	16534	17619	17127	2436
5百万—1千万元	39132	42081	17151	52924	57770	56574	9531
1百万—5百万元	55739	45881	10220	53992	56553	52016	10505
50万—1百万元	8645	7710	5328	14939	15360	15620	3882
10万—50万元	8939	8106	2759	10398	9676	8753	3633
10万元以下	70980	38309	1010	22253	22642	23098	15046

【1996 年全部独立核算工业企业主要指标（二）⑩】

分　　组	固定资产原价	流动资产年平均余额	工业增加值	工业总产值（不变价新规定）	工业总产值（现价新规定）	工业销售产值（现价新规定）	全部职工平均人数（人）
其他工业	**30506**	**105129**	**201976**	**405551**	**376876**	**295343**	**11759**
1 亿元及以上	9248	54825	183671	354593	324864	245234	5811
3 千万—5 千万元	2700	25144	7853	12540	12609	13043	350
1 千万—3 千万元	2034	4784	2828	11790	10511	10263	102
5 百万—1 千万元	2544	2417	2120	4103	6211	5951	584
1 百万—5 百万元	3588	4515	2189	6745	7408	7091	1254
50 万—1 百万元	767	2662	1484	5481	3476	3301	470
10 万—50 万元	1220	1825	1048	3840	4075	3821	651
10 万元以下	8405	8957	783	6459	7722	6639	2537
按职工年平均人数分组	**6658927**	**8468535**	**3591967**	**12358752**	**11017503**	**10361676**	**1178512**
医药工业	5454088	6304844	2639740	10195559	8756954	8289262	921592
中药工业	1204839	2163691	952227	2163193	2260549	2072414	256920
1 万人及以上	312163	251335	123438	350306	376811	343057	30365
医药工业	312163	251335	123438	350306	376811	343057	30365
5 千人—1 万人	281772	751924	314016	770992	752817	660585	41454
医药工业	222685	510812	285778	685429	661206	568359	30437
中药工业	59087	241112	28238	85563	91611	92226	11017
3 千人—5 千人	395058	359116	120526	500107	483922	456703	55165
医药工业	395058	359116	120526	500107	483922	456703	55165
1 千人—3 千人	1987241	2287675	880019	3709712	3025348	2910737	316292
医药工业	1776974	1922389	697418	3333210	2646828	2549782	285575
中药工业	210267	365286	182601	376502	378520	360955	30717
5 百人—1 千人	1428125	1940287	894506	2983940	2762474	2741239	278629
医药工业	1077792	1271040	565001	2317786	1997910	2008921	205009
中药工业	350333	669247	329505	666154	764564	732318	73620
1 百人—5 百人	1885686	2395280	1065905	3481032	3081395	2789928	402684
医药工业	1390351	1662785	721493	2615559	2228210	2043683	281355
中药工业	495335	732495	344412	865473	853185	746245	121329
50 人—1 百人	238297	324476	149190	406551	384757	324853	41188
医药工业	173028	215247	98038	277045	252653	216276	25951
中药工业	65269	109229	51152	129506	132104	108577	15237
10 人—50 人	71747	108106	36717	108926	103100	89815	12687
医药工业	48274	63565	21102	71883	64775	60027	7709

【1996年全部独立核算工业企业主要指标（二）⑪】

分　　组	固定资产原价	流动资产年平均余额	工业增加值	工业总产值(不变价新规定)	工业总产值(现价新规定)	工业销售产值(现价新规定)	全部职工平均人数(人)
中药工业	23473	44541	15615	37043	38325	29788	4978
10人以下	58838	50336	7650	47186	46879	44759	48
医药工业	57763	48555	6946	44234	44639	42454	26
中药工业	1075	1781	704	2952	2240	2305	22
化学药品工业	**4610064**	**5233050**	**2090876**	**8572766**	**7188840**	**6842724**	**705116**
1万人及以上	312163	251335	123438	350306	376811	343057	30365
5千人—1万人	213437	455987	102107	330836	336342	323125	24626
3千人—5千人	385764	349711	120050	499130	483066	456346	51678
1千人—3千人	1544319	1661732	622050	3007448	2320993	2228160	228487
5百人—1千人	916676	1083764	496272	2029172	1725594	1736305	153456
1百人—5百人	1069588	1225520	535455	2085459	1699411	1542946	196440
50人—1百人	121117	148332	71575	199371	179258	149304	16329
10人—50人	30096	41324	12295	45462	38467	35275	3735
10人以下	16904	15345	7634	25582	28898	28206	—
医疗器械工业	**420067**	**613231**	**211467**	**773941**	**720085**	**697982**	**105465**
3千人—5千人	9294	9405	476	977	856	357	3487
1千人—3千人	117721	152328	42838	206938	198152	194859	24389
5百人—1千人	90294	112386	37760	169361	152670	156377	25118
1百人—5百人	143854	264457	104627	316368	293639	277121	45009
50人—1百人	32074	51888	19579	58315	55032	50983	5343
10人—50人	9883	12757	4841	16865	15653	14730	2103
10人以下	16947	10010	1346	5117	4083	3555	16
卫生材料工业	**125840**	**127797**	**55815**	**191345**	**208238**	**201481**	**36338**
1千人—3千人	20541	19425	10484	39233	40184	40799	6908
5百人—1千人	25372	33227	11171	60219	57087	55234	11732
1百人—5百人	65955	61910	28422	76436	96818	93271	15436
50人—1百人	9718	5570	3948	11059	9351	7695	1666
10人—50人	2430	3559	1645	3021	3841	3627	591
10人以下	1824	4106	145	1377	957	855	5
制药机械工业	**48217**	**51180**	**20176**	**46752**	**49005**	**45482**	**14900**
1千人—3千人	19884	17676	3854	11834	12138	10880	5205
5百人—1千人	13901	15777	7569	17626	18602	18054	4273
1百人—5百人	12257	14706	7105	14261	15020	13655	4495

【1996 年全部独立核算工业企业主要指标（二）⑫】

分组	固定资产原价	流动资产年平均余额	工业增加值	工业总产值(不变价新规定)	工业总产值(现价新规定)	工业销售产值(现价新规定)	全部职工平均人数(人)
50 人—1 百人	2016	2867	1264	2673	2863	2624	867
10 人—50 人	159	154	384	358	382	269	60
中成药工业	**1190080**	**2137880**	**945118**	**2136832**	**2229964**	**2040917**	**252576**
5 千人—1 万人	59087	241112	28238	85563	91611	92226	11017
1 千人—3 千人	210267	365286	182601	376502	378520	360955	30717
5 百人—1 千人	349024	666563	328987	665606	760024	727693	72822
1 百人—5 百人	489051	723806	342626	855893	843895	736049	119968
50 人—1 百人	59686	97529	47386	116585	118709	95371	13538
10 人—50 人	21897	41857	14634	33741	35027	26337	4500
10 人以下	1068	1727	646	2942	2178	2286	14
中药饮片工业	**14759**	**25811**	**7109**	**26361**	**30585**	**31497**	**4344**
5 百人—1 千人	1309	2684	518	548	4540	4625	798
1 百人—5 百人	6284	8689	1786	9580	9290	10196	1361
50 人—1 百人	5583	11700	3766	12921	13395	13206	1699
10 人—50 人	1576	2684	981	3302	3298	3451	478
10 人以下	7	54	58	10	62	19	8
药用包装材料工业	**219394**	**174457**	**59430**	**205204**	**213910**	**206250**	**48014**
1 千人—3 千人	74509	67287	18224	65596	72023	71874	19540
5 百人—1 千人	30500	23853	11446	39174	41255	40311	9770
1 百人—5 百人	84811	57934	30483	82130	83699	78424	16862
50 人—1 百人	3179	3523	1220	3857	3934	3685	1049
10 人—50 人	4328	3189	789	2842	2851	2671	793
10 人以下	22067	18671	—2732	11605	10148	9285	—
其他工业	**30506**	**105129**	**201976**	**405551**	**376876**	**295343**	**11759**
5 千人—1 万人	9248	54825	183671	354593	324864	245234	5811
1 千人—3 千人	—	3941	—32	2161	3338	3210	1046
5 百人—1 千人	1049	2033	783	2234	2702	2640	660
1 百人—5 百人	13886	38258	15401	40905	39623	38266	3113
50 人—1 百人	4924	3067	452	1770	2215	1985	697
10 人—50 人	1378	2582	1148	3335	3581	3455	427
10 人以下	21	423	553	553	553	553	5

【1996年国有经济独立核算企业主要指标（一）①】

分组	企业单位数（个）	利润总额	利税总额	应交所得税	应交增值税	所有者权益
按工业总产值（现价）分组	**1675**	**137213**	**458687**	**57983**	**274985**	**2854748**
医药工业	1114	76707	316334	36296	204561	2324345
中药工业	561	60506	142353	21687	70424	530403
1亿元及以上	127	215481	386871	44626	149319	1819285
医药工业	114	153615	290111	27895	118791	1593922
中药工业	13	61866	96760	16731	30528	225363
5千万—1亿元	125	−2443	46668	6591	42823	331784
医药工业	102	−13872	23560	4275	32565	262195
中药工业	23	11429	23108	2316	10258	69589
3千万—5千万元	132	−2591	25518	2285	23868	185608
医药工业	100	−6137	12987	1459	16170	117782
中药工业	32	3546	12531	826	7698	67826
1千万—3千万元	452	−30921	19033	3498	41097	331427
医药工业	315	−29407	3891	2052	26809	229891
中药工业	137	−1514	15142	1446	14288	101536
5百万—1千万元	296	−14656	−1142	814	10785	105107
医药工业	173	−10597	−2650	409	6289	64910
中药工业	123	−4059	1508	405	4496	40197
1百万—5百万元	414	−19906	−12163	73	5752	69452
医药工业	239	−12454	−8301	183	2987	45851
中药工业	175	−7452	−3862	−110	2765	23601
50万—1百万元	57	−3384	−3125	3	192	2985
医药工业	32	−1487	−1338	2	96	3235
中药工业	25	−1897	−1787	1	96	−250
10万—50万元	40	−1664	−1157	15	421	3518
医药工业	23	−260	198	15	394	5134
中药工业	17	−1404	−1355	—	27	−1616
10万元以下	32	−2703	−1816	78	728	5582
医药工业	16	−2694	−2124	6	460	1425
中药工业	16	−9	308	72	268	4157
化学药品工业	**879**	**84805**	**300865**	**34554**	**184868**	**2113240**
1亿元及以上	110	148729	282817	27368	116899	1551301
5千万—1亿元	91	−17735	13318	3321	26880	230616

【1996年国有经济独立核算企业主要指标（一）②】

分组	企业单位数（个）	利润总额	利税总额	应交所得税	应交增值税	所有者权益
3千万—5千万元	87	—5210	10796	1611	13427	95661
1千万—3千万元	258	—21327	4782	1739	20926	169617
5百万—1千万元	128	—6961	—1554	366	4188	37538
1百万—5百万元	164	—9853	—7216	132	1905	26927
50万—1百万元	18	—678	—601	2	64	1273
10万—50万元	14	—222	222	15	387	4896
10万元以下	9	—1938	—1699	—	192	—4589
医疗器械工业	**131**	**—1639**	**10892**	**885**	**10290**	**139658**
1亿元及以上	2	4958	6018	505	751	35966
5千万—1亿元	5	1858	5259	546	2986	15558
3千万—5千万元	8	—721	1064	—293	1556	10976
1千万—3千万元	27	—3097	547	65	2857	34875
5百万—1千万元	31	—2214	—313	18	1566	24615
1百万—5百万元	41	—1417	—713	44	570	13383
50万—1百万元	6	—255	—236	—	—	1637
10万—50万元	7	—3	11	—	7	188
10万元以下	4	—748	—745	—	—3	2460
卫生材料工业	**38**	**292**	**3983**	**392**	**3192**	**26016**
1亿元及以上	1	81	742	22	552	4805
5千万—1亿元	4	1700	3480	339	1587	10737
1千万—3千万元	10	—938	—311	30	536	6385
5百万—1千万元	4	—242	—21	—	198	794
1百万—5百万元	14	—222	142	—	298	2159
50万—1百万元	2	—54	—42	—	7	—117
10万—50万元	2	—35	—35	—	—	50
10万元以下	1	2	28	1	14	1203
制药机械工业	**18**	**—1196**	**600**	**190**	**1476**	**18464**
5千万—1亿元	1	202	376	27	154	2827
1千万—3千万元	8	—890	469	139	1112	13488
5百万—1千万元	4	—22	161	24	147	1371
1百万—5百万元	3	—165	—101	—	51	610
50万—1百万元	2	—321	—305	—	12	168
中成药工业	**525**	**60247**	**141215**	**21540**	**69697**	**521622**

【1996 年国有经济独立核算企业主要指标（一）③】

分　　组	企业单位数（个）	利润总额	利税总额	应交所得税	应交增值税	所有者权益
1 亿元及以上	13	61866	96760	16731	30528	225363
5 千万—1 亿元	23	11429	23108	2316	10258	69589
3 千万—5 千万元	32	3546	12531	826	7698	67826
1 千万—3 千万元	132	−1679	14724	1408	14098	98726
5 百万—1 千万元	116	−4113	1247	374	4317	38655
1 百万—5 百万元	164	−7683	−4462	−188	2441	20270
50 万—1 百万元	20	−1776	−1683	1	83	−417
10 万—50 万元	14	−1344	−1308	—	16	−1807
10 万元以下	11	1	298	72	258	3417
中药饮片工业	**36**	**259**	**1138**	**147**	**727**	**8781**
1 千万—3 千万元	5	165	418	38	190	2810
5 百万—1 千万元	7	54	261	31	179	1542
1 百万—5 百万元	11	231	600	78	324	3331
50 万—1 百万元	5	−121	−104	—	13	167
10 万—50 万元	3	−60	−47	—	11	191
10 万元以下	5	−10	10	—	10	740
药用包装材料工业	**39**	**−4818**	**269**	**240**	**4296**	**18676**
1 亿元及以上	1	−153	534	—	589	1850
5 千万—1 亿元	1	103	1127	42	958	2457
3 千万—5 千万元	4	490	1633	141	997	4052
1 千万—3 千万元	10	−3075	−1701	44	1207	5160
5 百万—1 千万元	6	−1158	−923	1	190	592
1 百万—5 百万元	12	−866	−565	7	89	1902
50 万—1 百万元	3	−149	−128	—	9	312
10 万元以下	2	−10	292	5	257	2351
其他工业	**9**	**−737**	**−275**	**35**	**439**	**8291**
3 千万—5 千万元	1	−696	−506	—	190	7093
1 千万—3 千万元	2	−80	105	35	171	366
1 百万—5 百万元	5	69	152	—	74	870
50 万—1 百万元	1	−30	−26	—	4	−38
按固定资产原价分组	**1675**	**137213**	**458687**	**57983**	**274985**	**2854748**
医药工业	1114	76707	316334	36296	204561	2324345
中药工业	561	60506	142353	21687	70424	530403

【1996年国有经济独立核算企业主要指标（一）④】

分组	企业单位数（个）	利润总额	利税总额	应交所得税	应交增值税	所有者权益
1亿元及以上	72	101098	215589	23331	98458	1482761
医药工业	70	95886	200110	21688	89779	1428891
中药工业	2	5212	15479	1643	8679	53870
5千万—1亿元	101	31428	90854	18517	51907	435708
医药工业	89	−4971	35656	6385	35023	311752
中药工业	12	36399	55198	12132	16884	123956
3千万—5千万元	136	26430	69567	7453	36915	309011
医药工业	105	3011	30595	2868	23733	183162
中药工业	31	23419	38972	4585	13182	125849
1千万—3千万元	440	−11562	53324	4920	54740	395599
医药工业	308	−12294	31894	2784	36913	259340
中药工业	132	732	21430	2136	17827	136259
5百万—1千万元	313	−5030	17645	2462	19522	125846
医药工业	204	−3494	10408	1587	11943	68764
中药工业	109	−1536	7237	875	7579	57082
1百万—5百万元	458	−2565	11790	1207	11428	91242
医药工业	251	−236	7545	945	5988	60903
中药工业	207	−2329	4245	262	5440	30339
50万—1百万元	70	−1135	141	49	923	3974
医药工业	33	−88	275	22	304	1936
中药工业	37	−1047	−134	27	619	2038
10万—50万元	56	−371	128	43	391	2447
医药工业	38	−329	−23	17	245	1713
中药工业	18	−42	151	26	146	734
10万元以下	29	−1080	−351	1	701	8160
医药工业	16	−778	−126	—	633	7884
中药工业	13	−302	−225	1	68	276
化学药品工业	**879**	**84805**	**300865**	**34554**	**184868**	**2113240**
1亿元及以上	64	93963	194691	20659	86953	1386494
5千万—1亿元	80	−2794	35168	6305	32826	280153
3千万—5千万元	87	4212	27093	2447	19961	140821
1千万—3千万元	245	−8828	27467	2785	30159	199215
5百万—1千万元	162	−1318	10063	1477	9751	53516

【1996年国有经济独立核算企业主要指标（一）⑤】

分组	企业单位数（个）	利润总额	利税总额	应交所得税	应交增值税	所有者权益
1百万—5百万元	194	−199	5925	865	4596	50489
50万—1百万元	18	29	176	3	108	1525
10万—50万元	19	−326	−219	13	94	646
10万元以下	10	66	501	—	420	381
医疗器械工业	**131**	**−1639**	**10892**	**885**	**10290**	**139658**
1亿元及以上	4	4189	6891	1007	2185	40737
5千万—1亿元	5	−1114	130	75	974	20427
3千万—5千万元	8	77	2015	54	1478	28608
1千万—3千万元	35	−3203	482	−324	3103	31477
5百万—1千万元	27	−1771	−65	11	1479	10763
1百万—5百万元	29	167	1165	39	860	6270
50万—1百万元	7	−18	132	19	136	544
10万—50万元	13	42	148	4	75	815
10万元以下	3	−8	−6	—	—	17
卫生材料工业	**38**	**292**	**3983**	**392**	**3192**	**26016**
1亿元及以上	1	81	742	22	552	4805
3千万—5千万元	1	394	827	130	380	3887
1千万—3千万元	12	21	1955	212	1698	13271
5百万—1千万元	5	−17	253	8	240	1797
1百万—5百万元	10	−7	301	20	248	1537
50万—1百万元	4	−29	−6	—	22	−57
10万—50万元	4	−56	−19	—	29	235
10万元以下	1	−95	−70	—	23	541
制药机械工业	**18**	**−1196**	**600**	**190**	**1476**	**18464**
5千万—1亿元	1	25	242	—	181	2981
3千万—5千万元	2	−649	−260	126	315	4063
1千万—3千万元	4	−103	743	27	700	8443
5百万—1千万元	5	−395	−196	22	157	2038
1百万—5百万元	4	16	135	15	100	1043
50万—1百万元	1	−45	−19	—	23	44
10万元以下	1	−45	−45	—	—	−148
中成药工业	**525**	**60247**	**141215**	**21540**	**69697**	**521622**
1亿元及以上	2	5212	15479	1643	8679	53870

【1996年国有经济独立核算企业主要指标（一）⑥】

分　　组	企业单位数（个）	利润总额	利税总额	应交所得税	应交增值税	所有者权益
5千万—1亿元	12	36399	55198	12132	16884	123956
3千万—5千万元	31	23419	38972	4585	13182	125849
1千万—3千万元	130	562	21026	2079	17631	133994
5百万—1千万元	105	－1593	6977	860	7426	54045
1百万—5百万元	196	－2254	4137	226	5289	27496
50万—1百万元	27	－1090	－369	14	449	1671
10万—50万元	13	－124	13	—	99	538
10万元以下	9	－284	－218	1	58	203
中药饮片工业	**36**	**259**	**1138**	**147**	**727**	**8781**
1千万—3千万元	2	170	404	57	196	2265
5百万—1千万元	4	57	260	15	153	3037
1百万—5百万元	11	－75	108	36	151	2843
50万—1百万元	10	43	235	13	170	367
10万—50万元	5	82	138	26	47	196
10万元以下	4	－18	－7	—	10	73
药用包装材料工业	**39**	**－4818**	**269**	**240**	**4296**	**18676**
1亿元及以上	1	－2347	－2214	—	89	－3145
5千万—1亿元	3	－1088	116	5	1042	8191
3千万—5千万元	6	－1023	912	111	1592	5683
1千万—3千万元	12	－181	1247	84	1253	6934
5百万—1千万元	3	87	248	34	145	284
1百万—5百万元	11	－280	－116	6	123	836
50万—1百万元	1	3	9	—	5	－124
10万—50万元	2	11	67	—	47	17
其他工业	**9**	**－737**	**－275**	**35**	**439**	**8291**
3千万—5千万元	1	—	8	—	7	100
5百万—1千万元	2	－80	105	35	171	366
1百万—5百万元	3	67	135	—	61	728
50万—1百万元	2	－28	－17	—	10	4
10万元以下	1	－696	－506	—	190	7093
按利税总额分组	**1675**	**137213**	**458687**	**57983**	**274985**	**2854748**
医药工业	1114	76707	316334	36296	204561	2324345
中药工业	561	60506	142353	21687	70424	530403
1亿元及以上	9	143132	205880	25383	54876	818267

【1996年国有经济独立核算企业主要指标（一）⑦】

分组	企业单位数（个）	利润总额	利税总额	应交所得税	应交增值税	所有者权益
医药工业	6	99684	150769	14497	44594	702895
中药工业	3	43448	55111	10886	10282	115372
5千万—1亿元	8	29756	52248	5975	19878	155385
医药工业	4	16098	21976	1684	5422	76861
中药工业	4	13658	30272	4291	14456	78524
3千万—5千万元	16	37214	59798	6591	19474	257262
医药工业	14	32242	52308	6092	17208	241673
中药工业	2	4972	7490	499	2266	15589
1千万—3千万元	66	44519	103783	10273	50370	384443
医药工业	50	34753	81337	7236	39372	328287
中药工业	16	9766	22446	3037	10998	56156
5百万—1千万元	92	23108	65110	3906	36860	268166
医药工业	68	15038	47623	2828	28630	198718
中药工业	24	8070	17487	1078	8230	69448
1百万—5百万元	364	25520	85121	5160	51019	418854
医药工业	253	17827	60331	3356	36185	303961
中药工业	111	7693	24790	1804	14834	114893
50万—1百万元	187	1007	13198	442	10213	99235
医药工业	119	342	8460	236	6874	74740
中药工业	68	665	4738	206	3339	24495
10万—50万元	283	－39	7725	284	6215	94979
医药工业	163	90	4433	171	3454	69062
中药工业	120	－129	3292	113	2761	25917
10万元以下	650	－167004	－134176	－31	26080	358157
医药工业	437	－139367	－110903	196	22822	328148
中药工业	213	－27637	－23273	－227	3258	30009
化学药品工业	**879**	**84805**	**300865**	**34554**	**184868**	**2113240**
1亿元及以上	6	99684	150769	14497	44594	702895
5千万—1亿元	4	16098	21976	1684	5422	76861
3千万—5千万元	13	28877	48155	5587	16706	215883
1千万—3千万元	45	30318	73381	6513	36212	300120
5百万—1千万元	57	13029	40175	2374	23843	167764
1百万—5百万元	219	16116	51886	3430	30525	255524

【1996 年国有经济独立核算企业主要指标（一）⑧】

分　　组	企业单位数（个）	利润总额	利税总额	应交所得税	应交增值税	所有者权益
50 万—1 百万元	88	−7	6188	129	5233	55999
10 万—50 万元	114	41	3183	157	2494	49660
10 万元以下	333	−119351	−94848	183	19839	288534
医疗器械工业	**131**	**−1639**	**10892**	**885**	**10290**	**139658**
3 千万—5 千万元	1	3365	4153	505	502	25790
1 千万—3 千万元	2	3105	4499	498	1211	20341
5 百万—1 千万元	6	1256	4310	108	2730	15738
1 百万—5 百万元	16	603	3832	−292	2625	25455
50 万—1 百万元	19	148	1324	52	993	12209
10 万—50 万元	24	106	588	7	379	14091
10 万元以下	63	−10222	−7814	7	1850	26034
卫生材料工业	**38**	**292**	**3983**	**392**	**3192**	**26016**
1 千万—3 千万元	2	1227	2330	183	991	5369
5 百万—1 千万元	2	475	1569	152	932	8692
1 百万—5 百万元	3	105	578	34	418	2541
50 万—1 百万元	5	58	387	22	277	4211
10 万—50 万元	15	−93	343	1	352	3242
10 万元以下	11	−1480	−1224	—	222	1961
制药机械工业	**18**	**−1196**	**600**	**190**	**1476**	**18464**
5 百万—1 千万元	1	225	516	126	255	3525
1 百万—5 百万元	4	277	1189	27	766	9992
50 万—1 百万元	3	95	220	32	95	1604
10 万—50 万元	2	18	88	5	60	342
10 万元以下	8	−1811	−1413	—	300	3001
中成药工业	**525**	**60247**	**141215**	**21540**	**69697**	**521622**
1 亿元及以上	3	43448	55111	10886	10282	115372
5 千万—1 亿元	4	13658	30272	4291	14456	78524
3 千万—5 千万元	2	4972	7490	499	2266	15589
1 千万—3 千万元	16	9766	22446	3037	10998	56156
5 百万—1 千万元	24	8070	17487	1078	8230	69448
1 百万—5 百万元	108	7490	24187	1752	14496	111703
50 万—1 百万元	62	491	4355	147	3174	21565
10 万—50 万元	107	−238	2921	77	2535	24199

【1996年国有经济独立核算企业主要指标（一）⑨】

分　　组	企业单位数（个）	利润总额	利税总额	应交所得税	应交增值税	所有者权益
10万元以下	199	－27410	－23054	－227	3260	29066
中药饮片工业	**36**	**259**	**1138**	**147**	**727**	**8781**
1百万—5百万元	3	203	603	52	338	3190
50万—1百万元	6	174	383	59	165	2930
10万—50万元	13	109	371	36	226	1718
10万元以下	14	－227	－219	—	－2	943
药用包装材料工业	**39**	**－4818**	**269**	**240**	**4296**	**18676**
1千万—3千万元	1	103	1127	42	958	2457
5百万—1千万元	2	53	1053	68	870	2999
1百万—5百万元	9	509	2463	122	1699	9158
50万—1百万元	4	48	341	1	276	717
10万—50万元	7	18	193	1	135	1541
10万元以下	16	－5549	－4908	6	358	1804
其他工业	**9**	**－737**	**－275**	**35**	**439**	**8291**
1百万—5百万元	2	217	383	35	152	1291
10万—50万元	1	—	38	—	34	186
10万元以下	6	－954	－696	—	253	6814
按职工年平均人数分组	**1675**	**137213**	**458687**	**57983**	**274985**	**2854748**
医药工业	1114	76707	316334	36296	204561	2324345
中药工业	561	60506	142353	21687	70424	530403
1万人及以上	2	29632	50544	8088	18984	229370
医药工业	2	29632	50544	8088	18984	229370
5千人—1万人	6	25909	54576	5926	23557	308421
医药工业	4	20697	39097	4283	14878	254551
中药工业	2	5212	15479	1643	8679	53870
3千人—5千人	12	－8180	6169	1444	12485	208242
医药工业	12	－8180	6169	1444	12485	208242
1千人—3千人	142	39571	126718	13185	75360	959315
医药工业	133	33418	114106	11305	69732	915505
中药工业	9	6153	12612	1880	5628	43810
5百人—1千人	270	56705	144999	21296	76647	593823

【1996年国有经济独立核算企业主要指标（一）⑩】

分组	企业单位数（个）	利润总额	利税总额	应交所得税	应交增值税	所有者权益
医药工业	203	4350	57182	6056	45678	347037
中药工业	67	52355	87817	15240	30969	246786
1百人—5百人	908	−5840	68717	7010	61838	489252
医药工业	578	−4435	43493	4349	38973	320490
中药工业	330	−1405	25224	2661	22865	168762
50人—1百人	213	−1	5872	786	4704	45098
医药工业	109	1795	5110	579	2811	33375
中药工业	104	−1796	762	207	1893	11723
10人—50人	112	−350	981	115	1128	14879
医药工业	65	−337	521	59	737	9431
中药工业	47	−13	460	56	391	5448
10人以下	10	−233	111	133	282	6348
医药工业	8	−233	112	133	283	6344
中药工业	2	—	−1	—	−1	4
化学药品工业	**879**	**84805**	**300865**	**34554**	**184868**	**2113240**
1万人及以上	2	29632	50544	8088	18984	229370
5千人—1万人	4	20697	39097	4283	14878	254551
3千人—5千人	11	−8251	5640	1443	12079	201415
1千人—3千人	114	34417	107007	10185	62887	851749
5百人—1千人	159	9376	56198	5986	40789	286028
1百人—5百人	457	−2520	37508	3854	32377	251617
50人—1百人	89	1168	3861	555	2245	29407
10人—50人	40	−170	531	32	614	7928
10人以下	3	456	479	128	15	1175
医疗器械工业	**131**	**−1639**	**10892**	**885**	**10290**	**139658**
3千人—5千人	1	71	529	1	406	6827
1千人—3千人	8	3611	7822	1030	3462	43750
5百人—1千人	26	−4397	−635	−242	2951	42578
1百人—5百人	65	−803	2711	50	2950	39915
50人—1百人	12	594	1067	24	434	2865
10人—50人	15	−11	81	22	76	1007
10人以下	4	−704	−683	—	11	2716
卫生材料工业	**38**	**292**	**3983**	**392**	**3192**	**26016**

【1996年国有经济独立核算企业主要指标（一）⑪】

分　　组	企业单位数（个）	利润总额	利税总额	应交所得税	应交增值税	所有者权益
1千人—3千人	2	160	1065	48	768	6286
5百人—1千人	6	−1038	−657	2	322	3738
1百人—5百人	22	1238	3579	342	2049	15547
50人—1百人	3	−12	22	—	29	125
10人—50人	5	−56	−26	—	24	320
制药机械工业	**18**	**−1196**	**600**	**190**	**1476**	**18464**
1千人—3千人	3	−761	−90	—	552	4676
5百人—1千人	6	−49	832	157	732	11242
1百人—5百人	9	−386	−142	33	192	2546
中成药工业	**525**	**60247**	**141215**	**21540**	**69697**	**521622**
5千人—1万人	2	5212	15479	1643	8679	53870
1千人—3千人	9	6153	12612	1880	5628	43810
5百人—1千人	67	52355	87817	15240	30969	246786
1百人—5百人	324	−1663	24509	2595	22490	163915
50人—1百人	89	−1810	423	170	1622	8743
10人—50人	34	—	375	12	309	4498
中药饮片工业	**36**	**259**	**1138**	**147**	**727**	**8781**
1百人—5百人	6	258	715	66	375	4847
50人—1百人	15	14	339	37	271	2980
10人—50人	13	−13	85	44	82	950
10人以下	2	—	−1	—	−1	4
药用包装材料工业	**39**	**−4818**	**269**	**240**	**4296**	**18676**
1千人—3千人	5	−3313	−1192	42	1873	1951
5百人—1千人	6	458	1444	153	884	3451
1百人—5百人	22	−1842	−229	35	1232	10393
50人—1百人	2	−64	−22	—	37	256
10人—50人	3	−72	−48	5	13	172
10人以下	1	15	316	5	257	2453
其他工业	**9**	**−737**	**−275**	**35**	**439**	**8291**
1千人—3千人	1	−696	−506	—	190	7093
1百人—5百人	3	−122	66	35	173	472
50人—1百人	3	109	182	—	66	722
10人—50人	2	−28	−17	—	10	4

【1996年国有经济独立核算企业主要指标（二）①】

分组	固定资产原价	流动资产年平均余额	工业增加值	工业总产值（不变价新规定）	工业总产值（现价新规定）	工业销售产值（现价新规定）	全部职工平均人数（人）
按工业总产值（现价）分组	**4136713**	**4960376**	**1671732**	**6781065**	**5856602**	**5608451**	**761727**
医药工业	3515913	3788924	1268383	5807273	4834683	4659494	608675
中药工业	620800	1171452	403349	973792	1021919	948957	153052
1亿元及以上	1945758	2546501	961493	3825280	3336854	3258093	238719
医药工业	1834310	2138640	793339	3537481	2988828	2923275	219093
中药工业	111448	407861	168154	287799	348026	334818	19626
5千万—1亿元	607524	646620	249075	1065685	872778	820184	117611
医药工业	529365	529970	184684	922743	712199	673146	102760
中药工业	78159	116650	64391	142942	160579	147038	14851
3千万—5千万元	351091	418001	146114	613874	508449	475742	80245
医药工业	269290	276542	96999	475952	379093	357528	61533
中药工业	81801	141459	49115	137922	129356	118214	18712
1千万—3千万元	715561	797837	239493	918289	810831	760475	181265
医药工业	535940	532500	157829	660429	564037	534639	133495
中药工业	179621	265337	81664	257860	246794	225836	47770
5百万—1千万元	244769	272257	59079	230034	207432	184197	72023
医药工业	169526	153199	32094	137634	122052	108778	46916
中药工业	75243	119058	26985	92400	85380	75419	25107
1百万—5百万元	205907	225443	28170	121915	114708	103353	59111
医药工业	128259	118945	12773	69918	65293	58022	36484
中药工业	77648	106498	15397	51997	49415	45331	22627
50万—1百万元	12863	16718	422	4152	4301	3886	5649
医药工业	8060	10874	−158	2461	2479	2315	3981
中药工业	4803	5844	580	1691	1822	1571	1668
10万—50万元	12057	11609	248	1088	1184	2292	2867
医药工业	6570	8070	463	632	678	1636	1510
中药工业	5487	3539	−215	456	506	656	1357
10万元以下	41183	25390	−12362	748	65	229	4237
医药工业	34593	20184	−9640	23	24	155	2903
中药工业	6590	5206	−2722	725	41	74	1334
化学药品工业	**3148913**	**3406159**	**1168068**	**5505436**	**4510521**	**4346743**	**513061**
1亿元及以上	1800658	2085368	774340	3488286	2944138	2882837	213731
5千万—1亿元	483498	470568	158195	862343	637890	597844	92069

【1996年国有经济独立核算企业主要指标（二）②】

分　　组	固定资产原价	流动资产年平均余额	工业增加值	工业总产值(不变价新规定)	工业总产值(现价新规定)	工业销售产值(现价新规定)	全部职工平均人数(人)
3千万—5千万元	236655	226089	83521	433923	331670	310720	50000
1千万—3千万元	404401	411221	125177	557725	456739	431742	101210
5百万—1千万元	116498	106406	21965	107768	91578	80687	28462
1百万—5百万元	84734	88421	8525	53539	46657	40064	22954
50万—1百万元	3608	4228	—10	1428	1389	1266	1262
10万—50万元	6283	7419	450	409	445	1462	991
10万元以下	12578	6439	—4095	15	15	121	2382
医疗器械工业	**203867**	**225851**	**66514**	**159665**	**167189**	**157984**	**51119**
1亿元及以上	15198	30157	13864	24420	21569	16229	1806
5千万—1亿元	32062	31262	14238	29888	34579	36362	5592
3千万—5千万元	24613	37329	9630	28744	30630	30525	8307
1千万—3千万元	51652	62746	17826	44170	48031	45286	12737
5百万—1千万元	40579	35644	8226	22229	21471	19532	13061
1百万—5百万元	21974	16889	2850	9598	10262	9470	7537
50万—1百万元	2949	4791	—165	414	435	383	1516
10万—50万元	179	539	48	200	210	171	462
10万元以下	14661	6494	—3	2	2	26	101
卫生材料工业	**44336**	**48273**	**13699**	**50339**	**60319**	**59238**	**14393**
1亿元及以上	10580	5659	2724	12000	11513	11741	1249
5千万—1亿元	8731	16735	7599	18491	25222	24261	2792
1千万—3千万元	14693	16430	3768	16032	17663	17332	5188
5百万—1千万元	2698	2486	264	1654	2462	2335	1265
1百万—5百万元	5597	4497	247	1971	3253	3420	3348
50万—1百万元	105	194	116	168	183	146	102
10万—50万元	108	112	—35	23	23	3	57
10万元以下	1824	2160	—984	—	—	—	392
制药机械工业	**31108**	**27827**	**11239**	**26041**	**26637**	**25309**	**8834**
5千万—1亿元	1300	5261	1542	5009	5237	5243	821
1千万—3千万元	25412	17973	8420	17618	17888	16600	6017
5百万—1千万元	2155	2442	1066	2650	2632	2544	1052
1百万—5百万元	1585	1348	296	586	700	693	517
50万—1百万元	656	803	—85	178	180	229	427
中成药工业	**610588**	**1154327**	**400475**	**956239**	**1004488**	**930990**	**150639**

【1996年国有经济独立核算企业主要指标（二）③】

分组	固定资产原价	流动资产年平均余额	工业增加值	工业总产值(不变价新规定)	工业总产值(现价新规定)	工业销售产值(现价新规定)	全部职工平均人数(人)
1亿元及以上	111448	407861	168154	287799	348026	334818	19626
5千万—1亿元	78159	116650	64391	142942	160579	147038	14851
3千万—5千万元	81801	141459	49115	137922	129356	118214	18712
1千万—3千万元	176366	259727	80347	248691	238281	218021	47220
5百万—1千万元	73947	113766	26715	87225	80165	69792	24603
1百万—5百万元	73825	102110	13572	49087	46163	41266	21810
50万—1百万元	4246	5081	387	1484	1479	1235	1480
10万—50万元	4937	3008	−245	373	417	564	1154
10万元以下	5859	4665	−1961	716	22	42	1183
中药饮片工业	**10212**	**17125**	**2874**	**17553**	**17431**	**17967**	**2413**
1千万—3千万元	3255	5610	1317	9169	8513	7815	550
5百万—1千万元	1296	5292	270	5175	5215	5627	504
1百万—5百万元	3823	4388	1825	2910	3252	4065	817
50万—1百万元	557	763	193	207	343	336	188
10万—50万元	550	531	30	83	89	92	203
10万元以下	731	541	−761	9	19	32	151
药用包装材料工业	**81567**	**73038**	**7756**	**59509**	**61501**	**62273**	**19411**
1亿元及以上	7874	17456	2411	12775	11608	12468	2307
5千万—1亿元	3774	6144	3110	7012	9271	9436	1486
3千万—5千万元	8022	9183	3880	11124	13455	13073	2180
1千万—3千万元	38122	21966	1900	21854	20043	20336	7915
5百万—1千万元	7596	6221	573	3333	3909	3680	3076
1百万—5百万元	9962	6352	448	3202	2986	3047	1768
50万—1百万元	687	625	−8	203	222	225	651
10万元以下	5530	5091	−4558	6	7	8	28
其他工业	**6122**	**7776**	**1107**	**6283**	**8516**	**7947**	**1857**
3千万—5千万元	—	3941	−32	2161	3338	3210	1046
1千万—3千万元	1660	2164	738	3030	3673	3343	428
1百万—5百万元	4407	1438	407	1022	1435	1328	360
50万—1百万元	55	233	−6	70	70	66	23
按固定资产原价分组	**4136713**	**4960376**	**1671732**	**6781065**	**5856602**	**5608451**	**761727**
医药工业	3515913	3788924	1268383	5807273	4834683	4659494	608675
中药工业	620800	1171452	403349	973792	1021919	948957	153052

【1996 年国有经济独立核算企业主要指标（二）④】

分　　组	固定资产原价	流动资产年平均余额	工业增加值	工业总产值(不变价新规定)	工业总产值(现价新规定)	工业销售产值(现价新规定)	全部职工平均人数(人)
1 亿元及以上	1806568	2039829	593382	2477008	2258723	2159638	201669
医药工业	1747481	1798717	565144	2391445	2167112	2067412	190652
中药工业	59087	241112	28238	85563	91611	92226	11017
5 千万—1 亿元	687257	694502	285035	1252539	1033698	982142	111273
医药工业	605796	545541	192835	1106949	840349	796767	100359
中药工业	81461	148961	92200	145590	193349	185375	10914
3 千万—5 千万元	509097	636462	227830	978830	775749	819151	100044
医药工业	391694	446819	150416	820470	596711	649122	80051
中药工业	117403	189643	77414	158360	179038	170029	19993
1 千万—3 千万元	770486	948804	317423	1260651	1065467	999369	189570
医药工业	550177	624168	219665	962818	780427	740453	136287
中药工业	220309	324636	97758	297833	285040	258916	53283
5 百万—1 千万元	225619	338590	134499	448446	386804	357730	81182
医药工业	146136	200717	74901	303471	247034	231579	54079
中药工业	79483	137873	59598	144975	139770	126151	27103
1 百万—5 百万元	130796	255412	92255	303812	278717	239435	62021
医药工业	71068	143472	52936	189205	169507	143800	36024
中药工业	59728	111940	39319	114607	109210	95635	25997
50 万—1 百万元	5242	20211	7524	23622	21097	18019	5038
医药工业	2438	8226	2953	7285	7293	6071	2325
中药工业	2804	11985	4571	16337	13804	11948	2713
10 万—50 万元	1604	15662	6924	20886	20321	17310	5463
医药工业	1108	12932	3212	12622	12316	10521	4342
中药工业	496	2730	3712	8264	8005	6789	1121
10 万元以下	44	10904	6860	15271	16026	15657	5467
医药工业	15	8332	6321	13008	13934	13769	4556
中药工业	29	2572	539	2263	2092	1888	911
化学药品工业	**3148913**	**3406159**	**1168068**	**5505436**	**4510521**	**4346743**	**513061**
1 亿元及以上	1672629	1743818	553538	2349131	2128000	2025442	182325
5 千万—1 亿元	536830	491329	189358	1074131	810524	767962	88510
3 千万—5 千万元	326069	380584	128465	773767	540614	599423	65316
1 千万—3 千万元	439553	489420	183315	850887	656863	619350	102820
5 百万—1 千万元	115358	168425	63491	274530	213297	199047	41042

【1996年国有经济独立核算企业主要指标（二）⑤】

分　　组	固定资产原价	流动资产年平均余额	工业增加值	工业总产值(不变价新规定)	工业总产值(现价新规定)	工业销售产值(现价新规定)	全部职工平均人数(人)
1百万—5百万元	56536	113885	40481	160735	140344	117127	26018
50万—1百万元	1375	4517	1292	3649	3705	2980	986
10万—50万元	556	10393	1972	8148	7236	5611	3109
10万元以下	7	3788	6156	10458	9938	9801	2935
医疗器械工业	**203867**	**225851**	**66514**	**159665**	**167189**	**157984**	**51119**
1亿元及以上	51355	44423	10707	28177	25769	28153	5077
5千万—1亿元	38818	26131	4242	14582	13247	11607	8287
3千万—5千万元	29192	34403	13696	23165	27889	21676	5965
1千万—3千万元	56957	76357	20334	54197	58951	57940	17112
5百万—1千万元	19634	19775	8658	18712	21480	20892	8348
1百万—5百万元	7037	20304	7044	16289	15480	13842	5000
50万—1百万元	509	2636	1306	2721	2401	2022	807
10万—50万元	357	1670	409	1623	1757	1663	461
10万元以下	8	152	118	199	215	189	62
卫生材料工业	**44336**	**48273**	**13699**	**50339**	**60319**	**59238**	**14393**
1亿元及以上	10580	5659	2724	12000	11513	11741	1249
3千万—5千万元	3214	4510	1715	2676	5402	5210	370
1千万—3千万元	23584	31112	7160	26621	31987	31373	8271
5百万—1千万元	3730	3025	—27	1863	2830	2433	1624
1百万—5百万元	2820	2851	1346	4526	5386	5168	1739
50万—1百万元	272	297	68	288	403	393	188
10万—50万元	136	426	648	2241	2437	2422	572
10万元以下	—	393	65	124	361	498	380
制药机械工业	**31108**	**27827**	**11239**	**26041**	**26637**	**25309**	**8834**
5千万—1亿元	7235	3079	1350	3250	2778	2362	1021
3千万—5千万元	9189	5260	1259	4155	4220	4091	1886
1千万—3千万元	9555	12901	4113	11771	12254	11518	3200
5百万—1千万元	3692	4341	1253	2808	2777	2868	1346
1百万—5百万元	1338	2036	3131	3863	4347	4215	1110
50万—1百万元	99	152	119	128	179	184	138
10万元以下	—	58	14	66	82	71	133
中成药工业	**610588**	**1154327**	**400475**	**956239**	**1004488**	**930990**	**150639**
1亿元及以上	59087	241112	28238	85563	91611	92226	11017

【1996 年国有经济独立核算企业主要指标（二）⑥】

分　　组	固定资产原价	流动资产年平均余额	工业增加值	工业总产值(不变价新规定)	工业总产值(现价新规定)	工业销售产值(现价新规定)	全部职工平均人数(人)
5 千万—1 亿元	81461	148961	92200	145590	193349	185375	10914
3 千万—5 千万元	117403	189643	77414	158360	179038	170029	19993
1 千万—3 千万元	217536	321578	97328	294551	281941	255034	52960
5 百万—1 千万元	76211	133850	58716	141193	135618	122243	26662
1 百万—5 百万元	56455	108170	39807	110281	104892	91244	25187
50 万—1 百万元	2059	7219	3116	12222	9956	8242	2278
10 万—50 万元	354	1633	3276	6667	6506	5184	802
10 万元以下	22	2161	380	1812	1577	1413	826
中药饮片工业	**10212**	**17125**	**2874**	**17553**	**17431**	**17967**	**2413**
1 千万—3 千万元	2773	3058	430	3282	3099	3882	323
5 百万—1 千万元	3272	4023	882	3782	4152	3908	441
1 百万—5 百万元	3273	3770	—488	4326	4318	4391	810
50 万—1 百万元	745	4766	1455	4115	3848	3706	435
10 万—50 万元	142	1097	436	1597	1499	1605	319
10 万元以下	7	411	159	451	515	475	85
药用包装材料工业	**81567**	**73038**	**7756**	**59509**	**61501**	**62273**	**19411**
1 亿元及以上	12917	4817	—1825	2137	1830	2076	2001
5 千万—1 亿元	22913	25002	—2115	14986	13800	14836	2541
3 千万—5 千万元	20382	21459	5234	16478	18367	18473	6459
1 千万—3 千万元	20528	14378	4743	19342	20372	20272	4884
5 百万—1 千万元	2062	2987	788	2528	2977	2996	1291
1 百万—5 百万元	2629	3784	742	3321	3136	2645	1875
50 万—1 百万元	77	168	6	107	133	150	160
10 万—50 万元	59	443	183	610	886	825	200
其他工业	**6122**	**7776**	**1107**	**6283**	**8516**	**7947**	**1857**
3 千万—5 千万元	3648	603	47	229	219	249	55
5 百万—1 千万元	1660	2164	738	3030	3673	3343	428
1 百万—5 百万元	708	612	192	471	814	803	282
50 万—1 百万元	106	456	162	392	472	342	46
10 万元以下	—	3941	—32	2161	3338	3210	1046
按利税总额分组	**4136713**	**4960376**	**1671732**	**6781065**	**5856602**	**5608451**	**761727**
医药工业	3515913	3788924	1268383	5807273	4834683	4659494	608675
中药工业	620800	1171452	403349	973792	1021919	948957	153052
1 亿元及以上	540113	955004	363145	860485	954200	906047	42905

【1996年国有经济独立核算企业主要指标（二）⑦】

分　　组	固定资产原价	流动资产年平均余额	工业增加值	工业总产值（不变价新规定）	工业总产值（现价新规定）	工业销售产值（现价新规定）	全部职工平均人数（人）
医药工业	523178	863227	294687	788782	848020	805427	40668
中药工业	16935	91777	68458	71703	106180	100620	2237
5千万—1亿元	121243	334520	92663	320000	291712	287183	20602
医药工业	48235	60190	37691	170297	132223	126465	7447
中药工业	73008	274330	54972	149703	159489	160718	13155
3千万—5千万元	253507	275038	132943	484186	434952	402499	35146
医药工业	244119	259047	120690	473330	413415	382050	34042
中药工业	9388	15991	12253	10856	21537	20449	1104
1千万—3千万元	464484	621153	297657	1131393	949310	903587	70988
医药工业	410764	528380	225925	1002891	801036	768474	60241
中药工业	53720	92773	71732	128502	148274	135113	10747
5百万—1千万元	469051	481811	205226	928936	705963	765097	79528
医药工业	406002	360233	164235	835388	600124	664455	65548
中药工业	63049	121578	40991	93548	105839	100642	13980
1百万—5百万元	702043	823612	303279	1409630	1097990	1027920	160880
医药工业	543044	593654	223661	1160871	869849	812096	121897
中药工业	158999	229958	79618	248759	228141	215824	38983
50万—1百万元	198331	219175	74235	334471	277184	257665	52514
医药工业	155612	153446	53564	260177	205891	194075	38870
中药工业	42719	65729	20671	74294	71293	63590	13644
10万—50万元	188938	222575	63984	258149	222394	199455	55924
医药工业	130191	145166	42561	186430	152902	138247	37257
中药工业	58747	77409	21423	71719	69492	61208	18667
10万元以下	1199003	1027488	138600	1053815	922897	858998	243240
医药工业	1054768	825581	105369	929107	811223	768205	202705
中药工业	144235	201907	33231	124708	111674	90793	40535
化学药品工业	**3148913**	**3406159**	**1168068**	**5505436**	**4510521**	**4346743**	**513061**
1亿元及以上	523178	863227	294687	788782	848020	805427	40668
5千万—1亿元	48235	60190	37691	170297	132223	126465	7447
3千万—5千万元	232979	240393	116042	460344	403261	371447	32490
1千万—3千万元	386898	489348	205354	968915	760122	731981	55953
5百万—1千万元	343163	296964	142708	775780	536941	601902	52748
1百万—5百万元	472238	511358	202392	1083900	784838	728137	99701

【1996年国有经济独立核算企业主要指标（二）⑧】

分组	固定资产原价	流动资产年平均余额	工业增加值	工业总产值（不变价新规定）	工业总产值（现价新规定）	工业销售产值（现价新规定）	全部职工平均人数（人）
50万—1百万元	126691	115030	41154	222472	168225	157857	29547
10万—50万元	100035	112511	33794	163934	128758	115887	26172
10万元以下	915496	717138	94246	871012	748133	707640	168335
医疗器械工业	**203867**	**225851**	**66514**	**159665**	**167189**	**157984**	**51119**
3千万—5千万元	11140	18654	4648	12986	10154	10603	1552
1千万—3千万元	16749	23692	13177	17267	19154	15231	1949
5百万—1千万元	33016	31212	12634	27264	28608	27070	7771
1百万—5百万元	28391	38278	12517	33895	39439	39740	9443
50万—1百万元	15074	25729	7242	20290	19966	19064	5037
10万—50万元	17259	21129	5392	10421	10466	9232	4921
10万元以下	82238	67157	10904	37542	39402	37044	20446
卫生材料工业	**44336**	**48273**	**13699**	**50339**	**60319**	**59238**	**14393**
1千万—3千万元	3343	9196	4284	9697	12489	11826	853
5百万—1千万元	13794	10169	4439	14676	16915	16951	1619
1百万—5百万元	5908	6202	2103	7686	9804	9728	2782
50万—1百万元	7655	6923	2666	9188	9279	8489	2459
10万—50万元	7197	7495	－31	5697	7034	6972	4197
10万元以下	6439	8288	238	3395	4798	5272	2483
制药机械工业	**31108**	**27827**	**11239**	**26041**	**26637**	**25309**	**8834**
5百万—1千万元	4983	1586	1017	2452	2463	2589	516
1百万—5百万元	13941	13195	4960	13035	12857	12048	3522
50万—1百万元	1556	2588	1011	2132	2311	2344	594
10万—50万元	465	874	2816	3019	3382	3292	689
10万元以下	10163	9584	1435	5403	5624	5036	3513
中成药工业	**610588**	**1154327**	**400475**	**956239**	**1004488**	**930990**	**150639**
1亿元及以上	16935	91777	68458	71703	106180	100620	2237
5千万—1亿元	73008	274330	54972	149703	159489	160718	13155
3千万—5千万元	9388	15991	12253	10856	21537	20449	1104
1千万—3千万元	53720	92773	71732	128502	148274	135113	10747
5百万—1千万元	63049	121578	40991	93548	105839	100642	13980
1百万—5百万元	155530	225798	78530	245246	224439	211306	38518
50万—1百万元	40219	59819	19991	66793	64653	57036	13129
10万—50万元	56464	72975	20550	65778	63532	55332	17818

【1996 年国有经济独立核算企业主要指标（二）⑨】

分　　组	固定资产原价	流动资产年平均余额	工业增加值	工业总产值（不变价新规定）	工业总产值（现价新规定）	工业销售产值（现价新规定）	全部职工平均人数（人）
10 万元以下	142275	199286	32998	124110	110545	89774	39951
中药饮片工业	**10212**	**17125**	**2874**	**17553**	**17431**	**17967**	**2413**
1 百万—5 百万元	3469	4160	1088	3513	3702	4518	465
50 万—1 百万元	2500	5910	680	7501	6640	6554	515
10 万—50 万元	2283	4434	873	5941	5960	5876	849
10 万元以下	1960	2621	233	598	1129	1019	584
药用包装材料工业	**81567**	**73038**	**7756**	**59509**	**61501**	**62273**	**19411**
1 千万—3 千万元	3774	6144	3110	7012	9271	9436	1486
5 百万—1 千万元	11046	20302	3437	15216	15197	15943	2894
1 百万—5 百万元	21450	23140	982	19939	20344	20043	6105
50 万—1 百万元	4636	3176	1491	6095	6110	6321	1233
10 万—50 万元	4913	2962	491	3226	2812	2410	1215
10 万元以下	35748	17314	—1755	8021	7767	8120	6478
其他工业	**6122**	**7776**	**1107**	**6283**	**8516**	**7947**	**1857**
1 百万—5 百万元	1116	1481	707	2416	2567	2400	344
10 万—50 万元	322	195	99	133	450	454	63
10 万元以下	4684	6100	301	3734	5499	5093	1450
按职工年平均人数分组	**4136713**	**4960376**	**1671732**	**6781065**	**5856602**	**5608451**	**761727**
医药工业	3515913	3788924	1268383	5807273	4834683	4659494	608675
中药工业	620800	1171452	403349	973792	1021919	948957	153052
1 万人及以上	312163	251335	123438	350306	376811	343057	30365
医药工业	312163	251335	123438	350306	376811	343057	30365
5 千人—1 万人	272524	697099	130345	416399	427953	415351	35643
医药工业	213437	455987	102107	330836	336342	323125	24626
中药工业	59087	241112	28238	85563	91611	92226	11017
3 千人—5 千人	316072	261983	63430	339912	323074	304210	42813
医药工业	316072	261983	63430	339912	323074	304210	42813
1 千人—3 千人	1305005	1416340	472102	2349534	1881611	1812302	221897
医药工业	1260436	1321556	432235	2262927	1787132	1726239	211152
中药工业	44569	94784	39867	86607	94479	86063	10745
5 百人—1 千人	888482	1093786	423140	1702632	1439214	1459117	185794

【1996年国有经济独立核算企业主要指标（二）⑩】

分　组	固定资产原价	流动资产年平均余额	工业增加值	工业总产值(不变价新规定)	工业总产值(现价新规定)	工业销售产值(现价新规定)	全部职工平均人数(人)
医药工业	690650	706589	256548	1376489	1055999	1093112	139824
中药工业	197832	387197	166592	326143	383215	366005	45970
1百人—5百人	935457	1098962	419459	1499170	1288587	1171190	225510
医药工业	650746	705048	265762	1068590	882368	809039	149599
中药工业	284711	393914	153697	430580	406219	362151	75911
50人—1百人	66823	104520	34418	100916	95105	81635	15999
医药工业	38943	60912	24448	66850	60375	49433	8197
中药工业	27880	43608	9970	34066	34730	32202	7802
10人—50人	18830	23905	9513	20981	22819	20708	3691
医药工业	12116	13122	4586	10158	11216	10417	2092
中药工业	6714	10783	4927	10823	11603	10291	1599
10人以下	21357	12446	－4113	1215	1428	881	15
医药工业	21350	12392	－4171	1205	1366	862	7
中药工业	7	54	58	10	62	19	8
化学药品工业	**3148913**	**3406159**	**1168068**	**5505436**	**4510521**	**4346743**	**513061**
1万人及以上	312163	251335	123438	350306	376811	343057	30365
5千人—1万人	213437	455987	102107	330836	336342	323125	24626
3千人—5千人	306778	252578	62954	338935	322218	303853	39326
1千人—3千人	1144302	1200510	403823	2167052	1688399	1624433	182274
5百人—1千人	588533	605100	228599	1293396	966011	1005854	111007
1百人—5百人	541054	579654	224373	959733	761347	697257	117275
50人—1百人	31483	50441	19079	56545	49992	40657	6800
10人—50人	10131	9780	3422	7682	8343	7936	1388
10人以下	1032	774	273	951	1058	571	—
医疗器械工业	**203867**	**225851**	**66514**	**159665**	**167189**	**157984**	**51119**
3千人—5千人	9294	9405	476	977	856	357	3487
1千人—3千人	58202	62145	17099	42775	43630	46221	12283
5百人—1千人	65436	66293	15119	47504	51972	50357	16488
1百人—5百人	53726	71882	28250	58526	60892	52895	17601
50人—1百人	1244	7986	4706	8164	7929	6471	833
10人—50人	1136	1567	792	1465	1602	1392	420
10人以下	14829	6573	72	254	308	291	7
卫生材料工业	**44336**	**48273**	**13699**	**50339**	**60319**	**59238**	**14393**

【1996年国有经济独立核算企业主要指标（二）⑪】

分　　组	固定资产原价	流动资产年平均余额	工业增加值	工业总产值(不变价新规定)	工业总产值(现价新规定)	工业销售产值(现价新规定)	全部职工平均人数(人)
1千人—3千人	12754	8688	4324	18118	18844	18966	2818
5百人—1千人	12908	13158	2184	9090	9264	9230	4601
1百人—5百人	17878	25403	6979	22381	31105	29990	6642
50人—1百人	339	693	114	518	750	645	196
10人—50人	457	331	98	232	356	407	136
制药机械工业	**31108**	**27827**	**11239**	**26041**	**26637**	**25309**	**8834**
1千人—3千人	13995	10385	2895	7636	7479	6721	3502
5百人—1千人	13056	12214	6981	14975	15433	14878	3685
1百人—5百人	4057	5228	1363	3430	3725	3710	1647
中成药工业	**610588**	**1154327**	**400475**	**956239**	**1004488**	**930990**	**150639**
5千人—1万人	59087	241112	28238	85563	91611	92226	11017
1千人—3千人	44569	94784	39867	86607	94479	86063	10745
5百人—1千人	197832	387197	166592	326143	383215	366005	45970
1百人—5百人	279635	387730	152173	423233	399043	354323	75077
50人—1百人	24238	35210	9507	26844	27517	25218	6627
10人—50人	5227	8294	4098	7849	8623	7155	1203
中药饮片工业	**10212**	**17125**	**2874**	**17553**	**17431**	**17967**	**2413**
1百人—5百人	5076	6184	1524	7347	7176	7828	834
50人—1百人	3642	8398	463	7222	7213	6984	1175
10人—50人	1487	2489	829	2974	2980	3136	396
10人以下	7	54	58	10	62	19	8
药用包装材料工业	**81567**	**73038**	**7756**	**59509**	**61501**	**62273**	**19411**
1千人—3千人	31183	35887	4126	25185	25442	26688	9229
5百人—1千人	10717	9824	3665	11524	13319	12793	4043
1百人—5百人	32204	20508	4009	21319	21429	21647	5863
50人—1百人	1688	786	360	1094	868	805	174
10人—50人	286	988	112	387	443	340	102
10人以下	5489	5045	－4516	—	—	—	—
其他工业	**6122**	**7776**	**1107**	**6283**	**8516**	**7947**	**1857**
1千人—3千人	—	3941	－32	2161	3338	3210	1046
1百人—5百人	1827	2373	788	3201	3870	3540	571
50人—1百人	4189	1006	189	529	836	855	194
10人—50人	106	456	162	392	472	342	46

【1996年化学药品工业按产值(现价)排序前500家①】

No.	企业名称	总产值(万元)	No.	企业名称	总产值(万元)
1	华北制药集团有限责任公司	279674	39	武汉制药厂	30801
2	三九企业集团(深圳南方制药厂)	185008	40	阿斯托拉制药有限公司	30721
3	西安杨森制药有限公司	147253	41	上海中西药业股份有限公司	30488
4	广州白云山企业集团公司	130073	42	启东盖天力制药股份有限公司	30163
5	中美天津史克制药有限公司	116306	43	大连辉瑞制药有限公司	29973
6	山东新华医药集团公司	102265	44	福州抗菌素集团有限公司	29041
7	东北制药总厂	97137	45	江苏恒瑞医药集团公司	28086
8	哈尔滨制药厂	96282	46	上海华联制药有限公司	27197
9	山东鲁抗医药企业集团公司	94549	47	牡丹江制药厂	26835
10	中美上海施贵宝制药有限公司	69487	48	石家庄市华曙联合制药厂	25692
11	武汉红桃开集团股份有限公司	65327	49	浙江海门制药厂	25597
12	靖江葡萄糖厂	63140	50	浙江永宁制药厂	25035
13	上海三维制药公司	62180	51	辽宁大连制药厂	25007
14	石家庄制药集团有限公司	60518	52	东风制药有限责任公司	24908
15	河北制药(集团)有限公司	56451	53	河南省华鑫制药厂	24741
16	扬子江制药厂	53176	54	海南省海药实业股份有限公司	24549
17	齐鲁制药厂	52998	55	吉林新源玉米开发有限公司	24363
18	珠海丽珠医药(集团)有限公司	48391	56	昆山制药总厂	24134
19	张家口市制药总厂	48380	57	五洲药厂	23660
20	上海先锋药业公司	46423	58	河南东方制药厂	22772
21	河南省驻马店地区制药厂	42183	59	浙江仙居制药股份有限公司	22123
22	河南省南阳普康药业集团有限公司	42125	60	扬州制药厂	21924
23	上海新亚药业有限公司	39322	61	浙江康裕制药有限公司	21652
24	杭州民生药业集团	37691	62	四川西南药业股份有限公司	21078
25	黑龙江哈尔滨制药二厂	37409	63	赤峰制药厂	20289
26	四川制药股份有限公司	37243	64	河南省新乡华星制药厂	20281
27	浙江新昌制药股份有限公司	36837	65	浙江新昌合成化工厂	20170
28	浙江康恩贝股份有限公司	34813	66	河南省开封制药厂	19952
29	北京制药厂	34241	67	岳阳制药有限公司	19555
30	上海四药股份有限公司	33664	68	吉林制药股份有限公司	19345
31	四川长征制药股份有限公司	33305	69	广州星群(药业)股份有限公司	19265
32	上海信谊药业有限公司	32868	70	河北恒利集团制药公司	19150
33	华瑞制药有限公司	32318	71	台山市化学制药厂	18943
34	陕西省西安制药厂	32087	72	北京汽巴-嘉基制药有限公司	18748
35	石家庄市二药企业集团公司	31911	73	上海申兴制药厂	18198
36	天津市天津药业公司	31863	74	上海第一生化药业公司	18036
37	上海第六制药厂	31651	75	昆明制药厂	17594
38	四川西南合成制药总厂	31261	76	上海延安制药厂	16977

【1996年化学药品工业按产值（现价）排序前500家②】

No.	企业名称	总产值（万元）	No.	企业名称	总产值（万元）
77	秦皇岛市抚宁葡萄糖厂	16920	115	厦门星鲨实业总公司	12885
78	广州侨光制药厂	16841	116	湖南制药厂	12854
79	湖北广济药业股份有限公司	16735	117	成都制药四厂	12766
80	杭州中美华东制药有限公司	16713	118	武汉抗菌素厂	12703
81	重庆大新药业股份有限公司	16660	119	广东肇庆星湖生物化学制药厂	12663
82	北京四环制药厂	16586	120	佛山康宝顺药业有限公司	12637
88	浙江九洲制药厂	16257	121	洪城制药厂	12599
84	上海同仁药业有限公司	16227	122	南京第二制药厂	12567
85	海南省海灵制药厂	16007	123	四川蜀乐医药股份有限公司	12415
86	江西制药厂	15633	124	成都蜀阳制药厂	12215
87	淮南市第三制药厂	15568	125	山东金泰集团股份有限公司	12115
88	深圳市制药厂	15553	126	安徽省阜阳制药厂	11852
89	深圳海滨制药有限公司	15445	127	广州绿十字药业有限公司	11792
90	哈尔滨制药三厂	15141	128	汕头金石制药总厂	11720
91	湖北制药厂	15056	129	河南省平原制药厂	11662
92	赣江制药有限责任公司	15053	130	广西桂元赖氨酸有限责任公司	11659
93	三叶制药厂	14987	131	武进制药厂	11620
94	海力生集团总公司	14865	132	上海美优制药厂	11597
95	沈阳第一制药厂	14847	133	上海中华制药厂	11550
96	南京制药厂	14815	134	石家庄神威药业股份有限公司	11517
97	江苏涟水县制药厂	14694	135	苏州第六制药厂	11493
98	重庆制药六厂	14671	136	郑州市新郑制药厂	11489
99	广州光华药业股份有限公司	14567	137	江苏中策公司	11331
100	无锡第四制药厂	14477	138	重庆制药七厂	11330
101	汕头经济特区驼滨制药厂	13921	139	河南浙川制药集团有限公司	11212
102	四川卫生部成都生物制品研究所	13864	140	广东汕头红卫氨基酸厂	11197
103	石家庄市华营联合葡萄糖厂	13628	141	淮南市第六制药厂	11167
104	哈尔滨制药六厂	13555	142	青岛第二制药厂	11165
105	东北第六制药厂	13530	143	潜江市氨基酸厂	11136
106	广东省台城制药厂	13345	144	浙江绍兴制药厂	11094
107	江苏天晴制药总厂	13289	145	江苏无锡市第七制药厂	11009
108	顺德市顺峰制药厂	13157	146	湖北鹤峰县八峰民族化工制药厂	10985
109	南京金陵（集团）有限公司	13029	147	云南贝克诺顿制药有限公司	10922
110	江西东方制药厂	13019	148	石家庄市葡萄糖厂	10921
111	焦作市康力制药有限公司	13011	149	辽宁朝阳制药厂	10846
112	上海葡萄糖厂	13006	150	福建省三明制药厂	10842
113	江西国药有限责任公司	12988	151	桂林制药厂	10831
114	浙江康乐集团公司	12954	152	漯河市第二制药厂	10758

【1996年化学药品工业按产值（现价）排序前500家③】

No.	企 业 名 称	总产值（万元）	No.	企 业 名 称	总产值（万元）
153	浙江台州市东港医药化工厂	10688	191	广东省广宁县葡萄糖厂	9285
154	常熟市医药化工厂	10661	192	巴斯夫（沈阳）维生素有限公司	9249
155	江苏兴化制药厂	10598	193	四川华西医科大学制药厂	9241
156	广州何济公制药厂	10569	194	苏州第五制药厂	9187
157	烟台第二制药厂	10539	195	武汉市滨湖制药厂	9174
158	四川省长江制药厂	10504	196	湖北宜药集团有限责任公司	9039
159	淮南市抗生素药厂	10488	197	天津中国大冢制药有限公司	9036
160	沈阳抗生素厂	10484	198	辽宁丹东制药厂	8892
161	成都制药二厂	10481	199	北京第三制药厂	8780
162	上海衡山药业有限公司	10472	200	天津市中央制药厂	8749
163	常州制药厂	10432	201	郑州豫新制药股份有限公司	8707
164	河南省新谊医药（集团）公司	10422	202	河南康泰制药集团公司	8602
165	广东制药厂	10409	203	石家庄市栾城医药化工厂	8559
166	海南亚洲制药有限公司	10400	204	天津太河制药有限公司	8517
167	桂林集琦药业股份有限公司	10372	205	河南新乡制药股份有限公司	8462
168	广东石岐制药厂	10275	206	福建古田华闽抗生素有限公司	8448
169	江苏省黄海制药厂	10267	207	广州南新制药有限公司	8445
170	山西晋新制药总厂	10243	208	浙江巨化集团公司制药厂	8320
171	河北葡萄糖厂	10178	209	广州天心（药业）股份公司	8265
172	上海罗氏制药有限公司	10125	210	陕西省汉江制药厂	8254
173	广西南宁制药企业集团公司	10106	211	河南省平顶山市制药厂	8213
174	广东波迪药业有限公司	10070	212	河南省新乡市新辉制药厂	8176
175	上海旭东海普药业有限公司	10066	213	河南省固始县制药厂	8160
176	卫生部长春生物制品研究所	10031	214	河南衡阳制药厂	8140
177	苏州第四制药厂	10004	215	宁夏制药厂	8127
178	上海禾丰制药有限公司	9972	216	山东沂蒙新华制药厂	8032
179	广州明兴制药厂	9962	217	新疆制药厂	8027
180	湖北安达成药业有限公司	9853	218	杭州默沙东制药有限公司	7981
181	石家庄四药股份有限公司	9829	219	江苏南通天字味精有限公司	7956
182	北京费森尤斯医药有限公司	9725	220	沈阳东港制药有限公司	7944
183	北京第二制药厂	9724	221	上海长征制药厂	7926
184	上海第九制药厂	9598	222	长春长生实业股份有限公司	7922
185	浙江仙药集团椒江制药厂	9461	223	河南新星药业股份有限公司	7912
186	唐山市冀东制药厂	9460	224	西安京西制药厂	7891
187	山西太原制药厂	9455	225	苏州第二制药厂	7723
188	天津市氨基酸公司	9396	226	诺和诺德生物加工有限公司	7623
189	青海制药厂	9344	227	海南海富制药有限公司	7551
190	天津市力生制药厂	9317	228	安徽省淮北生化制药厂	7544

【1996 年化学药品工业按产值（现价）排序前 500 家④】

No.	企业名称	总产值（万元）	No.	企业名称	总产值（万元）
229	武汉马应龙药业股份有限公司	7538	267	镇江制药厂	6318
230	上海黄河利亚制药有限公司	7400	268	浙江瑞邦大药厂	6210
231	黑龙江省庆安制药股份有限公司	7477	269	四川省内江制药厂	6188
232	上海淮海制药厂	7470	270	广东省台山市新宁制药厂	6179
233	江苏常州第二制药厂	7444	271	广州制药厂	6162
234	苏州第三制药厂	7329	272	浙江奥托康制药股份有限公司	6158
235	广州兴华制药厂	7322	273	长春制药有限责任公司	6148
236	河南中原制药厂	7274	274	广东省博罗县制药厂	6132
237	上海集成药厂	7183	275	浙江仙药集团三分厂	6090
238	福建省古田制药厂	7179	276	浙江平湖制药厂	6073
239	山西芮城制药厂	7166	277	天津天使力联合制药公司	6045
240	武汉第四制药厂	7158	278	沈阳山之内制药有限公司	6009
241	营口市三友医药化工有限公司	7157	279	湖北中天亨迪药业有限公司	6001
242	潍坊制药二厂	7134	280	北京第六制药厂	5918
243	北京市双桥制药公司	7131	281	江苏常熟医药集团公司	5899
244	辽宁锦州制药一厂	7079	282	江西东亚制药厂	5864
245	吉林省舒兰合成药厂	7069	283	桂林市第二制药厂	5829
246	安徽联谊制药厂	7063	284	江西赣南制药厂	5806
247	上海天平制药厂	7046	285	重庆碚陵药厂	5806
248	湖北国营华中制药厂	7032	286	湖南省湘云制药厂	5794
249	济南永宁制药股份有限公司	7021	287	湖北黄石亨迪制药有限公司	5786
250	内蒙赤峰北方联合制药厂	6977	288	湖北黄石市皂素厂	5785
251	湖南洞庭制药厂	6956	289	浙江一新制药股份有限公司	5778
252	淮南市第五制药厂	6926	290	济南第二制药厂	5773
253	浙江亚峰制药厂	6896	291	黑龙江佳木斯制药厂	5697
254	山东淄川制药厂	6873	292	安徽芜湖市第三药厂	5685
255	江苏南通制药总厂	6856	293	江苏泗阳制药厂	5668
256	黑龙江哈尔滨制药四厂	6851	294	四川西南制药二厂	5643
257	大同第二制药厂	6841	295	江苏新沂县制药厂	5635
258	安徽省皖北制药厂	6827	296	安徽合肥制药厂	5607
259	台州市椒江医药化工厂	6691	297	广东永康药业股份有限公司	5607
260	兰州制药厂	6655	298	苏州中化药品有限公司	5579
261	焦作市第二制药厂	6555	299	天津市新新药业公司	5563
262	湖北天门制药厂	6500	300	广东省利民制药厂	5525
263	浙江亚东制药公司	6359	301	四平市化学制药厂	5519
264	安徽四通生物医药有限公司	6343	302	曼秀雷敦（中山）药业有限公司	5509
265	沈阳市红旗制药厂	6332	303	安徽省全椒制药厂	5488
266	安阳市九州制药厂	6331	304	广东清远新北江制药股份有限公司	5487

【1996年化学药品工业按产值（现价）排序前500家⑤】

No.	企　业　名　称	总产值（万元）	No.	企　业　名　称	总产值（万元）
305	青岛制药股份有限公司	5480	343	成都天台山制药有限公司	4671
306	浙江金华制药厂	5455	344	河南合成制药厂	4651
307	浙江宁波制药厂	5444	345	陕西省卫东实业总公司	4641
308	昆明积大制药有限公司	5400	346	四川华联制药有限公司	4638
309	黑龙江完达山制药厂	5394	347	河南省泌阳制药厂	4621
310	江西第三制药厂	5389	248	南昌扬子洲制药厂	4591
311	上海市医药公司长乐药厂	5363	349	无锡第三制药厂	4581
312	浙江湖州合成药厂	5343	350	贵州遵义第二制药厂	4501
313	福州制药厂	5303	351	河北省保定制药厂	4469
314	吉林通化神源药业有限公司	5301	352	安徽芜湖市制药厂	4455
315	武汉第二制药厂	5281	353	上海申隆制药厂	4437
316	上海九福药业公司	5273	354	广东中山市小榄制药厂	4431
317	白云山正清制药股份有限公司	5253	355	天津市中央制药二厂	4388
318	北京第四制药厂	5248	356	甘肃西北合成药厂	4381
319	上海第十五制药厂	5248	357	河北省藁城市葡萄糖厂	4380
320	广东东莞市石龙制药厂	5226	358	湖北潜江制药厂	4377
321	浙江黄岩新华医药化工厂	5224	359	广东省江门制药厂	4372
322	山西万荣制药厂	5223	360	河北承德县淀粉厂	4366
323	河南省中州制药厂	5218	361	大连金港制药有限公司	4361
324	陕西西北第二合成药厂	5159	362	江苏盐城制药厂	4360
325	浙江迪耳药业有限公司	5134	363	江苏昆山辛鹿保公司	4355
326	安徽省旌德药业有限责任公司	5129	364	福建福州梅峰制药厂	4345
327	江苏太仓市制药厂	5086	365	南京第三制药厂	4336
328	广东省罗浮山制药厂	5078	366	河南省焦作市化学制药厂	4328
329	河南中国人民解放军第九零七五工厂	5066	367	天津田边制药有限公司	4326
330	常州市第四制药厂	5063	368	大同市星火制药厂	4323
331	广东环球制药有限公司	4978	369	宁波生物化学制药厂	4320
332	广东省石龙华南制药厂	4972	370	四川协力制药有限公司	4317
333	安徽省蚌埠第一制药厂	4968	371	山西太行制药厂	4246
334	河南镇平东风制药有限公司	4936	372	河南省健达制药厂	4244
335	山东烟台中策药业有限公司	4893	373	河南省安阳豫北制药厂	4239
336	河南利华制药有限公司	4890	374	河南竹林安特制药有限公司	4236
337	泰州制药厂	4814	375	浙江开化华康制药厂	4213
338	湖北江陵县第二制药厂	4800	376	浙江民生江南制药有限公司	4174
339	成都制药一厂	4738	377	湖南省洪江市三化工厂	4108
340	苏州第一制药厂	4726	378	上海奈科明制药有限公司	4092
341	山西北方制药厂	4707	379	青岛黄海制药厂	4090
342	江苏南通神怡制药有限公司	4701	380	潍坊第五制药厂	4055

【1996年化学药品工业按产值（现价）排序前500家⑥】

No.	企业名称	总产值（万元）	No.	企业名称	总产值（万元）
381	黑龙江哈尔滨制药厂分厂	4045	419	江苏淮阴制药厂	3581
382	吉林省通化白山制药厂	4030	420	青岛鱼肝油厂	3577
383	沈阳市延风制药厂	4023	421	沈阳克达制药厂	3552
384	浙江温州市第三制药厂	4008	422	江苏江阴县制药厂	3539
385	江西珠湖制药厂	3997	423	山东省枣庄市第一制药厂	3523
386	福建厦门绿岛实业总公司	3987	424	昆明振华制药厂	3518
387	广西柳州市制药厂	3982	425	广东省新会市制药厂	3513
388	安徽蚌埠涂山制药厂	3971	426	吉化公司辽源制药有限责任公司	3493
389	北京市燕京制药厂	3966	427	河南豫中制药厂	3470
390	河南省豫东制药厂	3959	428	河南省濮阳市第二制药厂	3436
391	安徽省宣州市精方制药厂	3926	429	湖北宜昌西陵制药厂	3412
392	上海福达制药有限公司	3902	430	湖南临湘合成药厂	3406
393	安徽省皖南制药厂	3880	431	安徽省繁昌制药厂	3398
394	濮阳市制药厂	3875	432	潍坊第四制药厂	3394
395	重庆阿米卡制药有限公司	3860	433	浙江可立思安制药公司	3380
396	浙江衢州制药总厂	3855	434	扬州第三制药厂	3372
397	广东省汕头市南北制药有限公司	3850	435	唐山市利康制药厂	3360
398	宜昌市三峡制药厂	3845	436	江苏东台市制药厂	3360
399	安徽省无为制药厂	3840	437	长春市北方药厂	3355
400	青岛双龙制药有限公司	3839	438	长春市达兴药业有限公司	3344
401	河北衡水市制药厂	3822	439	宁波斯迈克制药公司	3338
402	江苏宜兴前进制药厂	3820	440	吉林松源食品公司制药厂	3315
403	厦门第二制药厂	3812	441	沈阳三生药业有限公司	3300
404	泰州微生物化学厂	3806	442	厦门市东风制药厂	3291
405	广州番禺市桥制药厂	3786	443	江苏晨牌药业有限公司	3282
406	北京天安制药股份有限公司	3774	444	吉林公主岭市红光制药厂	3278
407	湖南衡阳南岳制药厂	3733	445	贵州兴义市制药厂	3266
408	徐州第三制药厂	3723	446	鞍山市第五制药厂	3258
409	江苏金坛制药厂	3721	447	河北宏宝药业股份有限公司	3256
410	福建省闽清制药厂	3718	448	焦作市第三制药厂	3251
411	济南鲁药集团总公司	3689	449	浙江京新制药厂	3243
412	新疆和硕制药总厂	3685	450	郑州化学制药厂	3242
413	浙江华宁药业公司	3681	451	陕西西安光华制药厂	3242
414	漯河制药厂	3680	452	牡丹江温春制药厂	3227
415	浙江嘉兴药业公司	3661	453	重庆葛兰素制药有限公司	3226
416	广州百特医疗用品有限公司	3644	454	安徽华恩制药厂	3205
417	湖北昌鹤医药工业有限公司	3615	455	福建福兴制药有限公司	3200
418	山东临淄制药厂	3601	456	湖南湘泉集团药业有限公司	3199

【1996 年化学药品工业按产值（现价）排序前 500 家⑦】

No.	企　业　名　称	总产值（万元）	No.	企　业　名　称	总产值（万元）
457	湖北省汉川制药厂	3194	495	河南安阳市晨曦制药厂	2814
458	黑龙江省阎家岗制药厂	3178	496	广州东康制药厂	2793
459	南京臣功制药有限公司	3172	497	山西安特制药有限公司	2780
460	河北省平山县化工总厂	3083	498	山东泗水制药厂	2780
461	本溪第二制药厂	3079	499	山西同振药业有限公司	2775
462	定州市制药厂	3078	500	山东潍坊制药厂	2768
463	唐山市妇幼制药厂	3066			
464	南京大学制药厂	3066			
465	河南中国人民解放军第 9735 工厂	3062			
466	湖北大华制药有限公司	3059			
467	海南绿岛制药有限公司	3059			
468	扬州第二制药厂	3058			
469	浙江天台制药厂	3057			
470	江苏中国药科大学制药有限公司	3048			
471	浙江越州制药有限公司	3042			
472	浙江德恩得制药有限公司	3030			
473	海南金岛制药厂	3022			
474	北京中顺制药厂	3011			
475	安徽淮北制药厂	3005			
476	黑龙江澳利达制药有限公司	3001			
477	湖南中南制药厂	2990			
478	天津市河北制药厂	2967			
479	湖北丹江安泰激素有限责任公司	2960			
480	大同市利群制药厂	2959			
481	济南益民制药有限责任公司	2940			
482	苏州益良药业有限公司	2930			
483	天水制药厂	2890			
484	深圳中联制药厂	2878			
485	海南曼克星制药厂	2865			
486	安徽朝阳制药厂	2861			
487	常州第三制药厂	2856			
488	杭州澳亚生物技术有限公司	2852			
489	北京京航制药厂	2845			
490	江苏宝应县制药厂	2842			
491	辽宁华卫制药股份有限公司	2828			
492	山东莒南制药厂	2824			
493	浙江传奇制药有限责任公司	2821			
494	宁波天衡制药厂	2817			

【1996年化学药品工业按销售收入排序前500家①】

No.	企 业 名 称	销售收入（万元）	No.	企 业 名 称	销售收入（万元）
1	华北制药集团有限责任公司	265024	39	石家庄市二药企业集团公司	27186
2	三九企业集团（深圳南方制药厂）	160111	40	北京制药厂	27057
3	广州白云山企业集团公司	156233	41	上海华联制药有限公司	26563
4	西安杨森制药有限公司	143472	42	陕西省西安制药厂	26226
5	山东新华医药集团公司	137210	43	大连制药厂	24666
6	中美天津史克制药有限公司	117952	44	牡丹江制药厂	24492
7	哈尔滨制药厂	94198	45	上海第六制药厂	24075
8	东北制药总厂	90991	46	海南省海药实业股份有限公司	24000
9	山东鲁抗医药企业集团公司	78527	47	恒瑞医药集团公司	23584
10	珠海丽珠医药（集团）有限公司	76967	48	启乐盖天力制药股份有限公司	23461
11	石家庄制药集团有限公司	65745	49	四川长征制药股份有限公司	23231
12	中美上海施贵宝制药有限公司	62348	50	东风制药有限责任公司	23215
13	靖江葡萄糖厂	60942	51	石家庄市华曙联合制药厂	23168
14	武汉红桃开集团股份有限公司	55233	52	扬州制药厂	22358
15	上海三维制药公司	51729	53	浙江海门制药厂	22261
16	河北制药（集团）有限公司	49864	54	浙江永宁制药厂	22191
17	上海先锋药业公司	45149	55	仙居制药股份有限公司	21812
18	齐鲁制药厂	45064	56	西南药业股份有限公司	21243
19	河南省驻马店地区制药厂	41280	57	上海五洲药厂	21189
20	张家口市制药总厂	40968	58	内蒙赤峰制药厂	21061
21	昆山制药总厂	36288	59	河南省华鑫制药厂	20392
22	杭州民生药业集团	34912	60	河南省新乡华星制药厂	20281
23	河南省南阳普康药业集团有限公司	33320	61	吉林新源玉米开发有限公司	20043
24	大连辉瑞制药有限公司	32494	62	河南东方制药厂	20010
25	上海四药股份有限公司	32097	63	山东金泰集团股份有限公司	19413
26	哈尔滨制药二厂	32092	64	上海信谊药业有限公司	18987
27	上海新亚药业有限公司	31838	65	广州星群（药业）股份有限公司	18876
28	西南合成制药总厂	31827	66	上海第一生化药业公司	17977
29	上海中西药业股份有限公司	31704	67	浙江康裕制药有限公司	17921
30	新昌制药股份有限公司	31464	68	河南省开封制药厂	17811
31	天津市天津药业公司	31073	69	东北第六制药厂	17806
32	四川制药股份有限公司	30729	70	岳阳制药有限公司	17713
33	阿斯托拉制药有限公司	30416	71	上海延安制药厂	17186
34	扬子江制药厂	29657	72	卫生部成都生物制品研究所	16953
35	福州抗菌素集团有限公司	29205	73	深圳海滨制药有限公司	16946
36	浙江康恩贝股份有限公司	28893	74	昆明制药厂	16529
37	华瑞制药有限公司	28218	75	上海同仁药业有限公司	16420
38	武汉制药厂	27530	76	河北恒利集团制药公司	16230

【1996 年化学药品工业按销售收入排序前 500 家②】

No.	企业名称	销售收入（万元）	No.	企业名称	销售收入（万元）
77	杭州中美华东制药有限公司	16147	115	四川蜀乐医药股份有限公司	11522
78	吉林制药股份有限公司	16023	116	天津市力生制药厂	11485
79	秦皇岛市抚宁葡萄糖厂	15839	117	常州制药厂	11304
80	浙江九洲制药厂	15568	118	汕头经济特区驼滨制药厂	11235
81	广州侨光制药厂	15451	119	上海中华制药厂	11185
82	浙江海力生集团总公司	15258	120	辽宁朝阳制药厂	10917
83	无锡第四制药厂	15146	121	上海美优制药厂	10693
84	广州光华药业股份有限公司	14557	122	青岛第二制药厂	10663
85	重庆制药六厂	14281	123	郑州市新郑制药厂	10661
86	南京制药厂	14232	124	桂林制药厂	10627
87	重庆大新药业股份有限公司	14177	125	常熟市医药化工厂	10570
88	深圳市制药厂	14001	126	河南省平原制药厂	10557
89	海南三叶制药厂	13929	127	兴化制药厂	10537
90	江苏涟水县制药厂	13801	128	广西桂元赖氨酸有限责任公司	10530
91	江西制药厂	13743	129	广东制药厂	10526
92	哈尔滨制药六厂	13266	130	上海衡山药业有限公司	10305
93	浙江康乐集团公司	13234	131	湖北鹤峰县八峰民族化工制药厂	10279
94	上海申兴制药厂	13193	132	辽宁诺和诺德生物加工有限公司	10214
95	淮南市第三制药厂	13064	133	江西东方制药厂	10201
96	厦门星鲨实业总公司	13017	134	苏州第六制药厂	10186
97	佛山康宝顺药业有限公司	12800	135	浙江绍兴制药厂	10174
98	成都蜀阳制药厂	12797	136	武汉抗菌素厂	10137
99	沈阳第一制药厂	12714	137	江苏中策公司	10128
100	安徽省阜阳制药厂	12667	138	成都制药二厂	10127
101	湖北制药厂	12546	139	重庆制药七厂	10029
102	顺德市顺峰制药厂	12487	140	广州何济公制药厂	10005
103	赣江制药有限责任公司	12443	141	四川省长江制药厂	9935
104	广东肇庆星湖生物化学制药厂	12374	142	石家庄市华营联合葡萄糖厂	9906
105	湖南制药厂	12343	143	浙江新昌合成化工厂	9905
106	南京第二制药厂	12187	144	山西太原制药厂	9797
107	上海罗氏制药有限公司	11892	145	上海旭东海普药业有限公司	9769
108	哈尔滨制药三厂	11820	146	广东汕头红卫氨基酸厂	9714
109	广州绿十字药业有限公司	11731	147	辽宁沈阳抗生素厂	9666
110	江苏武进制药厂	11696	148	石家庄神威药业股份有限公司	9494
111	汕头金石制药总厂	11588	149	唐山市冀东制药厂	9466
112	南京金陵（集团）有限公司	11571	150	苏州第五制药厂	9406
113	江苏天晴制药总厂	11560	151	上海第九制药厂	9377
114	湖北广济药业股份有限公司	11528	152	江西国药有限责任公司	9373

【1996年化学药品工业按销售收入排序前500家③】

No.	企业名称	销售收入（万元）	No.	企业名称	销售收入（万元）
153	上海禾丰制药有限公司	9256	191	南通天字味精有限公司	7795
154	广州明兴制药厂	9251	192	上海长征制药厂	7734
155	广州天心（药业）股份公司	9214	193	卫生部长春生物制品研究所	7648
156	湖北潜江市氨基酸厂	9150	194	北京第三制药厂	7469
157	海南亚洲制药有限公司	9150	195	苏州第二制药厂	7384
158	桂林集琦药业股份有限公司	9133	196	苏州第三制药厂	7374
159	云南贝克诺顿制药有限公司	9127	197	古田华闽抗生素有限公司	7312
160	淮南市抗生素药厂	9115	198	河南淅川制药集团有限公司	7311
161	湖北安达成药业有限公司	9050	199	上海黄河利亚制药有限公司	7272
162	天津市氨基酸公司	8858	200	四川西南制药二厂	7242
163	广西南宁制药企业集团公司	8810	201	常州第二制药厂	7234
164	武汉市滨湖制药厂	8793	202	宁夏制药厂	7220
165	河北葡萄糖厂	8765	203	无锡市第七制药厂	7200
166	广东省台城制药厂	8759	204	山西芮城制药厂	7181
167	北京市双桥制药公司	8756	205	四川华西医科大学制药厂	7101
168	福建省三明制药厂	8735	206	山东淄川制药厂	7098
169	上海葡萄糖厂	8732	207	江苏省黄海制药厂	7082
170	湖北宜药集团有限责任公司	8706	208	河南省新乡市新辉制药厂	7049
171	成都制药四厂	8644	209	哈尔滨制药四厂	7041
172	广东省广宁县葡萄糖厂	8630	210	烟台第二制药厂	7040
173	淮南市第六制药厂	8619	211	辽宁巴斯夫（沈阳）维生素有限公司	7034
174	石家庄四药股份有限公司	8597	212	江苏南通制药总厂	6993
175	天津市中央制药厂	8567	213	杭州默沙东制药有限公司	6965
176	苏州第四制药厂	8492	214	浙江仙药集团椒江制药厂	6965
177	河北新乡制药股份有限公司	8492	215	吉林省舒兰合成药厂	6921
178	青海制药厂	8410	216	河南省平顶山市制药厂	6904
179	漯河市第二制药厂	8250	217	北京费森尤斯医药有限公司	6858
180	山西晋新制药总厂	8231	218	上海天平制药厂	6841
181	陕西省汉江制药厂	8185	219	河南省固始县制药厂	6841
182	天津太河制药有限公司	8135	220	福建省古田制药厂	6836
183	广东彼迪药业有限公司	8121	221	辽宁营口市三友医药化工有限公司	6792
184	郑州豫新制药股份有限公司	8092	222	湖北国营华中制药厂	6687
185	广东石岐制药厂	8038	223	台山市化学制药厂	6673
186	北京第二制药厂	7950	224	江苏镇江制药厂	6636
187	江西洪城制药厂	7920	225	新疆制药厂	6583
188	中国大冢制药有限公司	7919	226	湖南衡阳制药厂	6580
189	黑龙江佳木斯制药厂	7803	227	辽宁丹东制药厂	6562
190	石家庄市栾城医药化工厂	7799	228	赤峰北方联合制药厂	6552

【1996年化学药品工业按销售收入排序前500家④】

No.	企　业　名　称	销售收入（万元）	No.	企　业　名　称	销售收入（万元）
229	上海集成药厂	6543	267	北京第六制药厂	5452
230	山东沂蒙新华制药厂	6481	268	广州兴华制药厂	5433
231	浙江奥托康制药股份有限公司	6475	269	黑龙江省庆安制药股份有限公司	5362
232	济南永宁制药股份有限公司	6469	270	桂林市第二制药厂	5287
233	台州市椒江医药化工厂	6455	271	四平市化学制药厂	5280
234	上海淮海制药厂	6403	272	江西第三制药厂	5267
235	长春长生实业股份有限公司	6401	273	常州市第四制药厂	5257
236	武汉马应龙药业股份有限公司	6378	274	浙江仙药集团三分厂	5149
237	海南海富制药有限公司	6375	275	福州制药厂	5140
238	北京第四制药厂	6352	276	江苏泗阳制药厂	5135
239	武汉第四制药厂	6337	277	湖南洞庭制药厂	5106
240	合肥制药厂	6336	278	江苏常熟医药集团公司	5103
241	广州南新制药有限公司	6224	279	江苏新沂县制药厂	5096
242	广州制药厂	6212	280	烟台中策药业有限公司	5030
243	重庆碚陵药厂	6128	281	焦作市康力制药有限公司	4906
244	甘肃兰州制药厂	6048	282	广东省利民制药厂	4906
245	宁波制药厂	6040	283	浙江湖州合成药厂	4892
246	淮南市第五制药厂	6037	284	浙江亚东制药公司	4884
247	安徽联谊制药厂	6032	285	广东环球制药有限公司	4843
248	浙江亚峰制药厂	5984	286	海南省海灵制药厂	4831
249	潍坊制药二厂	5978	287	上海第十五制药厂	4826
250	江西东亚制药厂	5958	288	江苏泰州制药厂	4804
251	石家庄市葡萄糖厂	5953	289	浙江平湖制药厂	4789
252	黄石市皂素厂	5924	290	吉林通化神源药业有限公司	4782
253	江西赣南制药厂	5906	291	浙江迪耳药业有限公司	4773
254	台州市东港医药化工厂	5874	292	武汉第二制药厂	4767
255	焦作市第二制药厂	5857	293	苏州第一制药厂	4763
256	安徽省皖北制药厂	5806	294	安徽省蚌埠第一制药厂	4719
257	四川省内江制药厂	5780	295	青岛制药股份有限公司	4704
258	大同第二制药厂	5745	296	长春制药有限责任公司	4680
259	浙江金华制药厂	5665	297	济南第二制药厂	4633
260	安徽四通生物医药有限公司	5585	298	曼秀雷敦（中山）药业有限公司	4623
261	西安京西制药厂	5565	299	浙江瑞邦大药厂	4578
262	河南省新谊医药（集团）公司	5517	300	福州梅峰制药厂	4565
263	沈阳东港制药有限公司	5510	301	无锡第三制药厂	4553
264	安徽省全椒制药厂	5510	302	天津天使力联合制药公司	4548
265	天津市新新药业公司	5482	303	河南省中州制药厂	4533
266	河南康泰制药集团公司	5470	304	甘肃西北合成药厂	4533

【1996年化学药品工业按销售收入排序前500家⑤】

No.	企业名称	销售收入（万元）	No.	企业名称	销售收入（万元）
305	江苏昆山辛鹿保公司	4520	343	昆明振华制药厂	3904
306	浙江黄岩新华医药化工厂	4506	344	宁波生物化学制药厂	3899
307	河南镇平东风制药有限公司	4501	345	江苏盐城制药厂	3898
308	贵州遵义第二制药厂	4496	346	山西太行制药厂	3885
309	山西万荣制药厂	4463	347	厦门绿岛实业总公司	3863
310	芜湖市第三药厂	4449	348	济南鲁药集团总公司	3833
311	上海市医药公司长乐药厂	4445	349	沈阳克达制药厂	3811
312	陕西省卫东实业总公司	4434	350	温州市第三制药厂	3804
313	广东省江门制药厂	4430	351	四川华联制药有限公司	3777
314	四川西南制药一厂	4425	352	柳州市制药厂	3766
315	广东中山市小榄制药厂	4414	353	潍坊第四制药厂	3745
316	浙江一新制药股份有限公司	4413	354	黑龙江完达山制药厂	3724
317	东莞市石龙制药厂	4406	355	湖南省湘云制药厂	3721
318	成都制药一厂	4401	356	唐山市利康制药厂	3716
319	广州番禺市桥制药厂	4394	357	安阳市九州制药厂	3714
320	大连金港制药有限公司	4350	358	江苏金坛制药厂	3697
321	江苏太仓市制药厂	4326	359	河北省平山县化工总厂	3672
322	湖南白云山正清制药股份有限公司	4300	360	浙江京新制药厂	3646
323	上海九福药业公司	4258	361	北京市燕京制药厂	3640
324	河北省保定制药厂	4242	362	湖北潜江制药厂	3623
325	西北第二合成药厂	4227	363	湖南省洪江市三化工厂	3605
326	山西北方制药厂	4218	364	成都天台山制药有限公司	3584
327	福建厦门第二制药厂	4197	365	河南竹林安特制药有限公司	3549
328	广东省博罗县制药厂	4193	366	宁波斯迈克制药公司	3531
329	天津市中央制药二厂	4188	367	河南漯河制药厂	3509
330	沈阳市红旗制药厂	4183	368	河南省安阳豫北制药厂	3506
331	浙江开化华康制药厂	4165	369	江苏泰州微生物化学厂	3492
332	民生江南制药有限公司	4260	370	湖北江陵县第二制药厂	3487
333	河南利华制药有限公司	4155	371	四川协力制药有限公司	3457
334	河北承德县淀粉厂	4125	372	湖南临湘合成药厂	3448
335	南京第三制药厂	4103	373	安徽省宣州市精方制药厂	3433
336	濮阳市制药厂	4087	374	浙江华宁药业公司	3403
337	河南中国人民解放军第九零七五工厂	4079	375	江苏金湖县制药厂	3372
338	黑龙江哈尔滨制药厂分厂	4062	376	江苏江阴县制药厂	3367
339	潍坊第五制药厂	4042	377	河南新星药业股份有限公司	3366
340	青岛黄海制药厂	4014	378	安徽省无为制药厂	3359
341	安徽芜湖市制药厂	3967	379	山东临淄制药厂	3359
342	上海申隆制药厂	3939	380	河南合成制药厂	3359

【1996年化学药品工业按销售收入排序前500家⑥】

No.	企　业　名　称	销售收入（万元）	No.	企　业　名　称	销售收入（万元）
381	吉化公司辽源制药有限责任公司	3358	419	昆明积大制药有限公司	2876
382	浙江加兴药业公司	3357	420	常州第三制药厂	2874
383	江苏东台市制药厂	3355	421	安徽蚌埠涂山制药厂	2836
384	安徽省繁昌制药厂	3328	422	北京中顺制药厂	2827
385	江苏宜兴前进制药厂	3289	423	河南省健达制药厂	2821
386	大同市星火制药厂	3281	424	吉林吉辉药业有限公司	2756
387	江苏淮阴制药厂	3270	425	河南豫中制药厂	2748
388	南通神怡制药有限公司	3254	426	浙南制药厂	2745
389	厦门市东风制药厂	3224	427	江苏海安制药厂	2739
390	安徽省皖南制药厂	3222	428	淮北制药厂	2733
391	广东省新会市制药厂	3204	429	湖北省汉川制药厂	2731
392	浙江杭州澳亚生物技术有限公司	3190	430	天津市河北制药厂	2728
393	黑龙江省阎家岗制药厂	3164	431	河北定州市制药厂	2719
394	青岛鱼肝油厂	3164	432	新疆和硕制药总厂	2716
395	广州百特医疗用品有限公司	3156	433	海南金岛制药厂	2689
396	甘肃省祁连山制药厂	3152	434	郑州化学制药厂	2686
397	重庆益发制药有限公司	3145	435	青岛双龙制药有限公司	2683
398	江西珠湖制药厂	3124	436	扬州第二制药厂	2676
399	广州东康制药厂	3124	437	济南东方制药厂	2653
400	福兴制药有限公司	3119	438	中国药科大学制药有限公司	2648
401	河北衡水市制药厂	3113	439	苏州益良药业有限公司	2640
402	安徽华恩制药厂	3101	440	牡丹江温春制药厂	2622
403	湖北天门制药厂	3100	441	济南益民制药有限责任公司	2620
404	安徽朝阳制药厂	3096	442	徐州第二制药厂	2600
405	广东省石龙华南制药厂	3093	443	焦作市第三制药厂	2600
406	长春市达兴药业有限公司	3076	444	江门市恒健制药厂	2600
407	吉林松源食品公司制药厂	3048	445	浙江可立思安制药公司	2596
408	清远新北江制药股份有限公司	3043	446	四川绵竹制药厂	2582
409	广东省新兴县制药厂	3009	447	肇东华富药业有限责任公司	2575
410	陕西省黄河制药厂	2999	448	南京臣功制药有限公司	2573
411	浙江天台制药厂	2997	449	湖北昌鹤医药工业有限公司	2570
412	河南省焦作市化学制药厂	2967	450	山东莒南制药厂	2563
413	徐州第三制药厂	2937	451	浙江慈溪制药厂	2562
414	天津田边制药有限公司	2914	452	青岛第三制药厂	2558
415	沈阳市延风制药厂	2914	453	重庆葛兰素制药有限公司	2554
416	西安光华制药厂	2902	454	浙江德恩得制药有限公司	2551
417	无锡市第六制药厂	2893	455	福建省建阳制药厂	2549
418	云南滇虹天然药物厂	2885	456	湖南中南制药厂	2534

【1996年化学药品工业按销售收入排序前500家⑦】

No.	企业名称	销售收入（万元）	No.	企业名称	销售收入（万元）
457	扬州第三制药厂	2529	495	深圳长白山制药实业有限公司	2259
458	重庆阿米卡制药有限公司	2522	496	安徽省淮北生化制药厂	2252
459	江苏晨牌药业有限公司	2513	497	黑龙江肇东华星制药股份有限公司	2243
460	沈阳第五制药厂	2510	498	唐山市渤海制药厂	2237
461	湖南湘泉集团药业有限公司	2505	499	山西阳林制药有限公司	2234
462	广东珠江制药厂	2501	500	安徽省陇海制药厂	2233
463	安徽安庆制药厂	2498			
464	河南省信阳豫南制药厂	2493			
465	江西江南制药厂	2491			
466	吉林省通化白山制药厂	2483			
467	河南省天工制药厂	2481			
468	陕西省西安妇幼制药厂	2460			
469	广东省罗浮山制药厂	2438			
470	托克逊县天山联营麻黄素厂	2436			
471	黑龙江澳利达制药有限公司	2434			
472	潍坊制药三厂	2433			
473	宁波天衡制药厂	2424			
474	山东潍坊制药厂	2422			
475	河北宏宝药业股份有限公司	2404			
476	江苏省盐城市第二制药厂	2401			
477	山东德州制药厂	2398			
478	广东湛江制药厂	2396			
479	大连司威特制药有限公司	2392			
480	四川保宁制药厂	2383			
481	广东华能制药有限公司	2377			
482	南京大学制药厂	2375			
483	山东高密天达药业有限公司	2375			
484	广东省台山市新宁制药厂	2365			
485	北京萌蒂医药有限公司	2358			
486	甘肃酒泉制药厂	2353			
487	福建省闽清制药厂	2350			
488	辽宁华卫制药股份有限公司	2344			
489	广州白云山制药总厂四会分厂	2344			
490	河南省濮阳市第二制药厂	2343			
491	四川省乐山制药厂	2333			
492	山西忻州市云中制药厂	2281			
493	陕西省安康地区医药化工总厂	2280			
494	黑龙江省泰华制药厂	2264			

【1996年化学药品工业按利税总额排序前500名①】

No.	企业名称	利税总额（万元）	No.	企业名称	利税总额（万元）
1	中美天津史克制药有限公司	71786	39	浙江杭州民生药业集团	3131
2	西安杨森制药有限公司	56460	40	卫生部成都生物制品研究所	3098
3	华北制药集团有限责任公司	47056	41	华西医科大学制药厂	3067
4	三九企业集团（深圳南方制药厂）	46447	42	云南贝克诺顿制药有限公司	3041
5	珠海丽珠医药（集团）有限公司	19134	43	浙江亚峰制药厂	2995
6	武汉红桃开集团股份有限公司	17907	44	浙江杭州中美华东制药有限公司	2936
7	山东新华医药集团公司	16413	45	东北制药总厂	2933
8	山东鲁抗医药企业集团公司	13860	46	西南合成制药总厂	2854
9	华瑞制药有限公司	13784	47	广州星群（药业）股份有限公司	2837
10	广州白云山企业集团公司	12722	48	石家庄市曙联合制药厂	2833
11	扬子江制药厂	12495	49	辽宁诺和诺德生物加工有限公司	2821
12	河北制药（集团）有限公司	12129	50	广东肇庆星湖生物化学制药厂	2687
13	大连辉瑞制药有限公司	11109	51	福州抗菌素集团有限公司	2518
14	哈尔滨制药厂	9543	52	河南省南阳普康药业集团有限公司	2510
15	中美上海施贵宝制药有限公司	8939	53	昆明制药厂	2498
16	深圳海滨制药有限公司	8059	54	江苏恒瑞医药集团公司	2380
17	河北恒利集团制药公司	6368	55	浙江仙居制药股份有限公司	2369
18	海南省海药实业股份有限公司	5999	56	上海旭东海普药业有限公司	2334
19	阿斯托拉制药有限公司	5610	57	浙江康裕制药有限公司	2325
20	石家庄制药集团有限公司	5285	58	河南东方制药厂	2309
21	启东盖天力制药股份有限公司	5186	59	北京制药厂	2293
22	河南省驻马店地区制药厂	5122	60	浙江海力生集团总公司	2262
23	桂林集琦药业股份有限公司	5115	61	上海信谊药业有限公司	2226
24	南京金陵（集团）有限公司	4636	62	陕西省西安制药厂	2221
25	张家口市制药总厂	4610	63	天津市力生制药厂	2198
26	浙江海门制药厂	4602	64	上海四药股份有限公司	2177
27	四川制药股份有限公司	4286	65	石家庄市华营联合葡萄糖厂	2138
28	江西东风制药有限责任公司	4183	66	上海禾丰制药有限公司	2134
29	新昌制药股份有限公司	4105	67	海南亚洲制药有限公司	2129
30	河南省华鑫制药厂	3649	68	河南省新乡华星制药厂	2089
31	天津市天津药业公司	3635	69	顺德市顺峰制药厂	2067
32	山东金泰集团股份有限公司	3588	70	厦门星鲨实业总公司	2026
33	湖北广济药业股份有限公司	3539	71	浙江奥托康制药股份有限公司	2017
34	吉林通化神源药业有限公司	3532	72	海南三叶制药厂	2017
35	浙江康恩贝股份有限公司	3412	73	天津太河制药有限公司	1999
36	成都蜀阳制药厂	3272	74	吉林制药股份有限公司	1965
37	上海美优制药厂	3239	75	浙江永宁制药厂	1965
38	齐鲁制药厂	3178	76	河南淅川制药集团有限公司	1954

【1996年化学药品工业按利税总额排序前500名②】

No.	企　业　名　称	利税总额（万元）	No.	企　业　名　称	利税总额（万元）
77	长春长生实业股份有限公司	1932	115	上海延安制药厂	1142
78	上海华联制药有限公司	1919	116	上海黄河利亚制药有限公司	1135
79	广州光华药业股份有限公司	1914	117	重庆大新药业股份有限公司	1129
80	青海制药厂	1913	118	上海第一生化药业公司	1124
81	山东烟台中策药业有限公司	1891	119	大连制药厂	1121
82	上海罗氏制药有限公司	1875	120	上海第九制药厂	1105
83	上海中西药业股份有限公司	1828	121	吉林省通化白云山制药厂	1100
84	浙江绍兴制药厂	1808	122	上海长征制药厂	1096
85	四川长征制药股份有限公司	1806	123	广州南新制药有限公司	1083
86	上海先锋药业公司	1776	124	南京大学制药厂	1065
87	哈尔滨制药三厂	1739	125	上海同仁药业有限公司	1055
88	天津天使力联合制药公司	1685	126	扬州制药厂	1050
89	四川蜀乐医药股份有限公司	1677	127	沈阳第一制药厂	1045
90	哈尔滨制药六厂	1671	128	安徽省阜阳制药厂	1030
91	四川华联制药有限公司	1664	129	河北秦皇岛市抚宁葡萄糖厂	1022
92	成都制药二厂	1660	130	广西桂元赖氨酸有限责任公司	1008
93	赤峰制药厂	1638	131	黑龙江省庆安制药股份有限公司	999
94	浙江迪耳药业有限公司	1510	132	卫生部长春生物制品研究所	973
95	江苏天晴制药总厂	1509	133	石家庄市二药企业集团公司	957
96	杭州澳亚生物技术有限公司	1505	134	北京京航制药厂	955
97	潍坊制药二厂	1503	135	哈尔滨制药二厂	932
98	湖北鹤峰县八峰民族化工制药厂	1465	136	广州何济公制药厂	916
99	广州明兴制药厂	1450	137	昆山制药总厂	911
100	武汉马应龙药业股份有限公司	1388	138	泰州微生物化学厂	908
101	无锡第四制药厂	1347	139	海南省海灵制药厂	907
102	山西芮城制药厂	1323	140	河南省固始县制药厂	898
103	石家庄神威药业股份有限公司	1322	141	宁波天衡制药厂	894
104	天津中国大冢制药有限公司	1299	142	天津市中央制药厂	893
105	深圳市制药厂	1296	143	武汉制药厂	873
106	福州正大振华851保健品公司	1251	144	沈阳市兴齐制药厂	870
107	上海中华制药厂	1215	145	浙江康乐集团公司	855
108	广州侨光制药厂	1208	146	巴斯夫（沈阳）维生素有限公司	849
109	浙江九洲制药厂	1200	147	长春市北方药厂	847
110	北京三鸣生物工程有限公司	1177	148	黑龙江省阎家岗制药厂	841
111	湖南白云山正清制药股份有限公司	1173	149	广东清远新北江制药股份有限公司	826
112	浙江新昌合成化工厂	1171	150	长春市达兴药业有限公司	825
113	厦门市东风制药厂	1162	151	山西晋新制药总厂	824
114	上海新亚药业有限公司	1148	152	四川西南药业股份有限公司	823

【1996年化学药品工业按利税总额排序前500名③】

No.	企业名称	利税总额（万元）	No.	企业名称	利税总额（万元）
153	大连金港制药有限公司	806	191	安徽省淮北生化制药厂	638
154	广州绿十字药业有限公司	804	192	海南碧凯药业公司	638
155	常熟医药集团公司	795	193	徐州第三制药厂	632
156	辽宁朝阳制药厂	794	194	成都制药四厂	626
157	四平市化学制药厂	793	195	淮南市第六制药厂	623
158	南京臣功制药有限公司	788	196	汕头经济特区驼滨制药厂	612
159	完达山制药厂	786	197	常州市第四制药厂	611
160	哈尔滨制药四厂	781	198	北京中顺制药厂	608
161	广西南宁制药企业集团公司	769	199	广东华能制药有限公司	608
162	上海天平制药厂	759	200	常州第五制药厂	600
163	上海九福药业公司	748	201	赤峰北方联合制药厂	593
164	东亚制药厂	748	202	烟台第二制药厂	590
165	漳州无极药业有限公司	746	203	北京第四制药厂	589
166	岳阳制药有限公司	738	204	北京协和制药二厂	589
167	西施兰企业有限公司	730	205	肇东华星制药股份有限公司	588
168	广东彼迪药业有限公司	724	206	万荣制药厂	586
169	石家庄四药股份有限公司	722	207	中外合资通化方大制药有限公司	585
170	海南海富制药有限公司	722	208	肇东华富药业有限责任公司	585
171	江西东方制药厂	714	209	江苏省黄海制药厂	578
172	哈尔滨市白天鹅制药厂	708	210	上海华新生物高技术有限公司	577
173	江西制药厂	703	211	上海葡萄糖厂	573
174	郑州市新郑制药厂	702	212	哈尔滨松鹤制药厂	569
175	河南康泰制药集团公司	702	213	白求恩医药保健用品有限公司	558
176	上海衡山药业有限公司	698	214	重庆制药六厂	558
177	武汉市滨湖制药厂	697	215	焦作市第二制药厂	553
178	河北葡萄糖厂	694	216	淮南市抗生素药厂	545
179	大连司威特制药有限公司	692	217	中国药科大学制药有限公司	542
180	福建省天神微生物工程有限公司	690	218	上海福达制药有限公司	539
181	浙江一新制药股份有限公司	684	219	黑龙江澳利达制药有限公司	534
182	天津市氨基酸公司	682	220	无锡市第六制药厂	516
183	江苏涟水县制药厂	680	221	武进制药厂	514
184	桂林制药厂	680	222	陕西省康乐制药厂	512
185	海南曼克星制药厂	680	223	重庆制药七厂	507
186	吉林省舒兰合成药厂	677	224	广州天心（药业）股份公司	498
187	滇虹天然药物厂	648	225	福州梅峰制药厂	497
188	河南省新乡市新辉制药厂	647	226	赣南制药厂	495
189	宜兴前进制药厂	645	227	武汉第四制药厂	494
190	青岛第二制药厂	640	228	广东省广宁县葡萄糖厂	494

【1996年化学药品工业按利税总额排序前500名④】

No.	企 业 名 称	利税总额（万元）	No.	企 业 名 称	利税总额（万元）
229	漯河市第二制药厂	489	267	青岛黄海制药厂	394
230	常州第二制药厂	487	268	广州东康制药厂	392
231	深圳中联制药厂	480	269	安徽省蚌埠第一制药厂	390
232	新乡制药股份有限公司	479	270	济南东方制药厂	390
233	山西同振药业有限公司	477	271	安徽省陇海制药厂	388
234	杭州天力药业有限公司	476	272	鄂托克前旗扶贫麻黄素厂	383
235	兴化制药厂	468	273	湖北潜江制药厂	383
236	青岛鱼肝油厂	463	274	新疆托克逊县天山联营麻黄素厂	382
237	天津药物研究院药业有限责任公司	461	275	石家庄市葡萄糖厂	379
238	南通天字味精有限公司	460	276	上海申兴制药厂	376
239	张家口市云峰制药厂	459	277	安徽省全椒制药厂	376
240	仙药集团椒江制药厂	458	278	台州市东港医药化工厂	375
241	汕头红卫氨基酸厂	455	279	广东环球制药有限公司	375
242	河南省平顶山市制药厂	454	280	广东汕头金石制药总厂	372
243	衡阳制药厂	454	281	上海淮海制药厂	371
244	江西国药有限责任公司	451	282	湖北黄石市皂素厂	369
245	广州兴华制药厂	451	283	厦门第二制药厂	367
246	新沂县制药厂	450	284	焦作市康力制药有限公司	365
247	广东省新会市制药厂	448	285	昆明金殿制药厂	364
248	白山市浑江制药厂	443	286	昆明南疆制药厂	363
249	浙江越州制药有限公司	440	287	沈阳市延风制药厂	362
250	北京第六制药厂	437	288	河南省健达制药厂	361
251	丹东锦江制药厂	437	289	江西第三制药厂	360
252	北京市曙光制药厂	436	290	四川协力制药有限公司	360
253	湖南制药厂	434	291	南京第二制药厂	357
254	湖北中天亨迪药业有限公司	423	292	淮南市第三制药厂	351
255	四川省长江制药厂	421	293	浙江慈溪制药厂	349
256	山东淄川制药厂	420	294	辽宁中国医科大学制药厂	347
257	河南省新谊医药（集团）公司	420	295	潍坊第五制药厂	343
258	长春东方精优药业有限公司	419	296	镇平东风制药有限公司	339
259	浙江可立思安制药公司	409	297	沈阳故宫制药厂	337
260	长春高斯达生化药业股份有限公司	408	298	浙江德恩得制药有限公司	337
261	广东省利民制药厂	407	299	唐山市利康制药厂	334
262	济南永宁制药股份有限公司	403	300	北京第三制药厂	332
263	江苏中策公司	402	301	南京第三制药厂	332
264	上海第六制药厂	400	302	哈尔滨制药厂分厂	331
265	山西太行制药厂	396	303	上海集成药厂	331
266	上海市医药公司长乐药厂	395	304	南京小营制药厂	331

【1996年化学药品工业按利税总额排序前500名⑤】

No.	企业名称	利税总额（万元）	No.	企业名称	利税总额（万元）
305	山东聊城制药厂	331	343	浙江仙药集团三分厂	274
306	河南漯河制药厂	329	344	广东省石龙华南制药厂	274
307	江苏省盐城市第二制药厂	318	345	甘肃省祁连山制药厂	269
308	安徽省皖北制药厂	318	346	沈阳卫材制药有限公司	267
309	福建省闽清制药厂	316	347	沈阳药科大学制药厂	267
310	新疆温宿县麻黄素厂	315	348	安徽省繁昌制药厂	267
311	浙江亚东制药公司	314	349	江门市恒健制药厂	267
312	河南新乡市征程制药厂	313	350	北京市燕京制药厂	265
313	北京制药工业研究所实验药厂	310	351	杭州新星制药厂	261
314	沈阳志鹰制药厂	310	352	河北宏宝药业股份有限公司	260
315	山东莒南制药厂	310	353	牡丹江温春制药厂	260
316	四川成都菊乐股份有限（集团）公司	310	354	无锡第三制药厂	259
317	苏州第一制药厂	308	355	沈阳北方制药厂	257
318	杭州杭康生物药业有限公司	308	356	锦州制药一厂	257
319	湖南天龙医药化工实业有限公司	308	357	浙江万联药业公司	257
320	宁波斯迈克制药公司	307	358	广西柳州市制药厂	253
321	河北省石家庄鹿泉制药厂	306	359	民生江南制药有限公司	252
322	广州华乐制药厂	306	360	沈阳市红旗制药厂	251
323	长春市卫星制药厂	304	361	苏州第三制药厂	251
324	芜湖市第三药厂	302	362	江苏金坛制药厂	250
325	西安京西制药厂	302	363	厦门绿岛实业总公司	250
326	广东珠海市凤山制药厂	300	364	江苏盐城制药厂	249
327	黑龙江哈尔滨北方制药厂	298	365	天津田边制药有限公司	248
328	黑龙江省龙武制药厂	298	366	台山市化学制药厂	248
329	青岛华海制药厂	298	367	陕西省汉江制药厂	248
330	沈阳东新药业有限公司	296	368	安徽省无为制药厂	246
331	锦州市制药三厂	296	369	成都天台山制药有限公司	245
332	昆明振华制药厂	294	370	江苏晨牌药业有限公司	244
333	福建福兴制药有限公司	293	371	山西忻州市云中制药厂	243
334	佛山康宝顺药业有限公司	293	372	河北省平山县化工总厂	241
335	苏州益良药业有限公司	289	373	内蒙甘旗卡制药厂	241
336	河南新星药业股份有限公司	289	374	广东石岐制药厂	240
337	山西同领药业有限公司	287	375	浙江瑞邦大药厂	237
338	苏州第六制药厂	285	376	河南省三门峡市制药厂	237
339	常熟市医药化工厂	282	377	河北承德市第一制药厂	236
340	浙江温州市第三制药厂	280	378	广西桂西制药厂	236
341	湖南省洪江市三化工厂	277	379	台州市椒江医药化工厂	235
342	贵州天安药业有限公司	275	380	郑州豫新制药股份有限公司	235

【1996年化学药品工业按利税总额排序前500名⑥】

No.	企业名称	利税总额（万元）	No.	企业名称	利税总额（万元）
381	深圳南粤药业有限公司	234	419	宁波生物化学制药厂	198
382	东莞市石龙制药厂	234	420	浙江金华生化制药厂	197
383	新昌制药股份公司利民制药厂	233	421	广州白云山制药总厂四会分厂	197
384	河南濮阳市制药厂	233	422	湖南省岳阳市制药四厂	196
385	黑龙江迪龙制药有限公司	231	423	北京市双桥制药公司	195
386	青岛制药股份有限公司	231	424	贵阳制药二厂	195
387	广州番禺市桥制药厂	231	425	北京益民制药厂	194
388	长春东方先锋制药有限公司	230	426	安徽省合肥利民制药厂	193
389	河北唐山市冀东制药厂	229	427	北京协和药厂	192
390	江苏华丰营养滋补品厂	227	428	营口市第二制药厂	190
391	福建省三明制药厂	227	429	广东省台城制药厂	190
392	浙江黄岩新华医药化工厂	225	430	辽宁抚顺汇龙达药业有限公司	189
393	黑龙江佳木斯第二制药厂	224	431	吉林公主岭市制药厂	189
394	湖南正太药业有限公司	223	432	河南焦作市药用辅料厂	189
395	南京老山制药厂	220	433	黑龙江哈尔滨博利尔药业有限公司	188
396	安徽蚌埠涂山制药厂	219	434	湖北大华制药有限公司	188
397	沈阳东陵药业股份有限公司	218	435	江苏东台市制药厂	187
398	浙江平湖制药厂	218	436	福建省古田制药厂	185
399	广东省江门制药厂	218	437	广州粤华制药厂	185
400	湖南衡阳市一通制药厂	217	438	河南省安阳兴华制药厂	184
401	天津市中央制药二厂	216	439	浙江海宁强力宁制药有限责任公司	183
402	浙北制药厂	216	440	江苏吴江市制药厂	182
403	海南金岛制药厂	216	441	甘肃酒泉制药厂	181
404	北京第四制药厂分厂	213	442	中山市小榄制药厂	180
405	沈阳市康利制药厂	213	443	济南第二制药厂	179
406	吉林公主岭市红光制药厂	211	444	贵州省科晖药厂	179
407	陕西省黄河制药厂	211	445	天津市华新制药厂	178
408	辽宁华卫制药股份有限公司	210	446	浙江亚太制药厂	177
409	湖北天门制药厂	210	447	湖北潜江市氨基酸厂	176
410	桂林市第二制药厂	210	448	陕西西岳制药有限公司	174
411	北京北大维信生物科技有限公司	208	449	青岛第三制药厂	173
412	湖北丹江安泰激素有限责任公司	207	450	河南许昌华佳氨基酸有限公司	170
413	广东省新兴县制药厂	207	451	浙江湖州合成药厂	169
414	南京恒生制药厂	204	452	河南省焦作市化学制药厂	169
415	湖南洞庭制药厂	199	453	东北第六制药厂劳动服务公司	168
416	河北定州市制药厂	198	454	南京第五制药厂	168
417	内蒙图里河制药厂	198	455	济南市明水利民制药厂	168
418	鞍山市第五制药厂	198	456	四川绵竹制药厂	167

【1996年化学药品工业按利税总额排序前500名⑦】

No.	企业名称	利税总额（万元）	No.	企业名称	利税总额（万元）
457	安徽朝阳制药厂	166	495	河南省天工制药厂	140
458	湖南长沙东风制药厂	166	496	内蒙通辽制药厂	139
459	四川省德阳生化制药厂	165	497	长春市白求恩医科大学制药厂	139
460	湖南省株洲湘江制药厂	164	498	舟山康恩贝制药有限公司	139
461	安徽省宣州市精方制药厂	163	499	山东临淄制药厂	138
462	西安长城制药厂	162	500	潍坊第四制药厂	138
463	福建省建阳制药厂	160			
464	麻阳图强油脂化学总公司医药化工	160			
465	内蒙永巨制药厂	159			
466	焦作市第三制药厂	157			
467	云南植物药厂	157			
468	承德县淀粉厂	156			
469	河北邢台市人民制药厂	155			
470	山西安特制药有限公司	155			
471	沈阳市良苑制药厂	155			
472	山东德州制药厂	155			
473	北京第二制药厂	154			
474	江苏宝应县制药厂	154			
475	昆明白马制药厂	152			
476	西安光华制药厂	152			
477	黑龙江莱福制药有限公司	151			
478	福建顺顺制药联合公司	150			
479	济南东风制药厂	150			
480	河南省濮阳市第二制药厂	150			
481	浙江开化华康制药厂	149			
482	山东临清东风制药厂	149			
483	贵州凡德制药有限公司	149			
484	吉林省敦化市生物化学制药厂	147			
485	上海普康制药厂	147			
486	新疆哈密制药厂	146			
487	江苏溧阳制药厂	144			
488	辽宁锦州雄进海藻工业有限公司	143			
489	甘肃定西制药厂	142			
490	辽宁大 连南美制药有限公司	141			
491	吉林平安旅行保健用品有限公司	141			
492	淮南市第五制药厂	141			
493	江西洪城制药厂	141			
494	湖北江陵制药厂	141			

【1996年化学药品工业按固定资产（原价）排序前500家①】

No.	企业名称	固定资产（万元）	No.	企业名称	固定资产（万元）
1	华北制药集团有限责任公司	248153	39	四川制药股份有限公司	19603
2	山东新华医药集团公司	78450	40	石家庄制药集团有限公司	19597
3	黑龙江牡丹江制药厂	78165	41	大连制药厂	19545
4	东北制药总厂	64010	42	天津市天津药业公司	18992
5	三九企业集团（深圳南方制药厂）	59322	43	浙江新昌制药股份有限公司	18787
6	山东鲁抗医药企业集团公司	55294	44	上海信谊药业有限公司	18709
7	广东珠海丽珠医药（集团）有限公司	53427	45	浙江杭州民生药业集团	18676
8	广州白云山企业集团公司	50682	46	卫生部长春生物制品研究所	18433
9	吉林新源玉米开发有限公司	49139	47	沈阳第一制药厂	18359
10	哈尔滨制药厂	47185	48	沈阳东港制药有限公司	18049
11	河南省新乡华星制药厂	46586	49	上海新亚药业有限公司	17737
12	江苏靖江葡萄糖厂	46047	50	江西国药有限责任公司	17391
13	沈阳抗生素厂	38536	51	四川长征制药股份有限公司	17354
14	河北制药（集团）有限公司	31277	52	福州抗菌素集团有限公司	16615
15	陕西省西安制药厂	30741	53	广东大冢制药有限公司	16336
16	山西太原制药厂	29011	54	广西南宁制药企业集团公司	16034
17	河南省南阳普康药业集团有限公司	27849	55	江西制药厂	15863
18	江西赣江制药有限责任公司	27724	56	河南省驻马店地区制药厂	15382
19	大连辉瑞制药有限公司	27554	57	上海三维制药公司	15279
20	唐山市冀东制药厂	26657	58	武汉红桃开集团股份有限公司	15193
21	张家口市制药总厂	26282	59	湖北制药厂	15047
22	上海中西药业股份有限公司	26107	60	广州绿十字药业有限公司	14565
23	河北葡萄糖厂	25255	61	石家庄市二药企业集团公司	14534
24	湖北国营华中制药厂	25198	62	河南省开封制药厂	14520
25	中美天津史克制药有限公司	25022	63	浙江海门制药厂	14482
26	北京制药厂	23344	64	卫生部成都生物制品研究所	14472
27	内蒙赤峰制药厂	22943	65	西南合成制药总厂	14447
28	齐鲁制药厂	22707	66	河南省平原制药厂	13606
29	上海四药股份有限公司	22356	67	浙江康恩贝股份有限公司	13566
30	江西东风制药有限责任公司	21962	68	河南省新谊医药（集团）公司	13229
31	中美上海施贵宝制药有限公司	21911	69	广东制药厂	13017
32	西安杨森制药有限公司	21747	70	安徽四通生物医药有限公司	12896
33	湖南岳阳制药有限公司	21474	71	江苏昆山制药总厂	12715
34	石家庄市华曙联合制药厂	21263	72	江西洪城制药厂	12610
35	海南省海药实业股份有限公司	20834	73	杭州默沙东制药有限公司	12605
36	辽宁东北第六制药厂	20806	74	广东省广宁县葡萄糖厂	12511
37	黑龙江哈尔滨制药二厂	20355	75	辽宁朝阳制药厂	12153
38	武汉制药厂	19950	76	南京制药厂	12046

【1996年化学药品工业按固定资产（原价）排序前500家②】

No.	企　业　名　称	固定资产（万元）	No.	企　业　名　称	固定资产（万元）
77	苏州中化药品有限公司	11976	115	重庆大新药业股份有限公司	8285
78	湖北宜药集团有限责任公司	11964	116	江苏苏州第四制药厂	8254
79	西北第二合成药厂	11900	117	营口市三友医药化工有限公司	8228
80	四川西南制药一厂	11763	118	广东清远新北江制药股份有限公司	8226
81	成都蜀阳制药厂	11626	119	桂林制药厂	8211
82	天津市氨基酸公司	11483	120	汕头经济特区驼滨制药厂	7947
83	淮南市抗生素药厂	11303	121	北京第三制药厂	7934
84	吉林制药股份有限公司	11078	122	江苏南通制药总厂	7890
85	湖南制药厂	11026	123	湖南中南制药厂	7885
86	山西北方制药厂	10899	124	成都制药二厂	7865
87	济南鲁药集团总公司	10791	125	牡丹江东方药业有限公司	7810
88	浙江康裕制药有限公司	10748	126	陕西省汉江制药厂	7798
89	广东深圳海滨制药有限公司	10692	127	江苏常州制药厂	7730
90	上海华联制药有限公司	10575	128	上海第一生化药业公司	7700
91	新疆制药厂	10538	129	广东环球制药有限公司	7656
92	江苏华瑞制药有限公司	10455	130	河南省新乡市新辉制药厂	7615
93	湖南衡阳南岳制药厂	10362	131	武汉抗菌素厂	7600
94	江西黎明制药厂	10309	132	安徽省皖北制药厂	7582
95	河南安阳市九州制药厂	10195	133	杭州赛诺菲民生制药有限公司	7573
96	湖北广济药业股份有限公司	9852	134	烟台中策药业有限公司	7558
97	四川西南制药二厂	9713	135	山东金泰集团股份有限公司	7480
98	浙江绍兴制药厂	9674	136	辽宁丹东制药厂	7468
99	江苏恒瑞医药集团公司	9653	137	江西东方制药厂	7358
100	新疆华世丹制药有限公司	9428	138	重庆碚陵药厂	7319
101	广东肇庆星湖生物化学制药厂	9330	139	烟台第二制药厂	7241
102	江苏扬州制药厂	9297	140	上海五洲药厂	7176
103	黑龙江佳木斯制药厂	9086	141	四川省内江制药厂	6976
104	上海第六制药厂	9080	142	杭州中美华东制药有限公司	6927
105	台山市化学制药厂	9077	143	合肥制药厂	6923
106	桂林集琦药业股份有限公司	9035	144	河南东方制药厂	6892
107	四川西南药业股份有限公司	9021	145	秦皇岛市抚宁葡萄糖厂	6885
108	广州光华药业股份有限公司	8834	146	河南省华鑫制药厂	6862
109	石家庄市栾城医药化工厂	8733	147	哈尔滨制药三厂	6836
110	广州天心（药业）股份公司	8693	148	天津市力生制药厂	6807
111	江苏天晴制药总厂	8513	149	甘肃西北合成药厂	6805
112	扬子江制药厂	8477	150	成都制药一厂	6786
113	广州百特医疗用品有限公司	8446	151	广州侨光制药厂	6724
114	南京第二制药厂	8304	152	广州何济公制药厂	6716

【1996年化学药品工业按固定资产（原价）排序前500家③】

No.	企　业　名　称	固定资产（万元）	No.	企　业　名　称	固定资产（万元）
153	甘肃兰州制药厂	6708	191	浙江永宁制药厂	5344
154	黑龙江省阎家岗制药厂	6647	192	湖北安达成药业有限公司	5342
155	苏州第二制药厂	6639	193	山西晋新制药总厂	5296
156	广西桂元赖氨酸有限责任公司	6618	194	安徽朝阳制药厂	5296
157	河北冀南制药厂	6604	195	江苏常州第二制药厂	5263
158	海南中宝制药厂	6603	196	大同制药厂	5241
159	青海制药厂	6548	197	北京第四制药厂	5239
160	浙江金华制药厂	6498	198	江苏淮阴制药厂	5212
161	广州制药厂	6349	199	淮南市第三制药厂	5185
162	南京金陵（集团）有限公司	6347	200	天津太河制药有限公司	5170
163	新乡制药股份有限公司	6308	201	四川蜀乐医药股份有限公司	5154
164	佛山康宝顺药业有限公司	6287	202	沈阳克达制药厂	5135
165	湖北亚欧药业有限责任公司	6268	203	无锡第三制药厂	5132
166	无锡第二制药厂	6155	204	福建省三明制药厂	5112
167	天津市中国大冢制药有限公司	6125	205	河南省中州制药厂	5106
168	山东淄川制药厂	6125	206	湖北鹤峰县八峰民族化工制药厂	5103
169	南昌扬子洲制药厂	6109	207	宁波制药厂	5101
170	江苏阿斯托拉制药有限公司	6083	208	成都制药三厂	5093
171	成都制药四厂	6041	209	重庆制药六厂	5064
172	浙江海力生集团总公司	5991	210	吉林四平市华泰制药厂	5063
173	镇江制药厂	5959	211	石家庄市华营联合葡萄糖厂	5058
174	重庆葛兰素制药有限公司	5930	212	启东盖天力制药股份有限公司	5052
175	深圳市制药厂	5891	213	长春制药有限责任公司	5050
176	北京第二制药厂	5881	214	上海淮海制药厂	5046
177	吉林松源食品公司制药厂	5809	215	吉林省东辽制药厂	4994
178	四川省长江制药厂	5791	216	河南淅川制药集团有限公司	4983
179	芜湖市制药厂	5766	217	泰州制药厂	4962
180	天津市中央制药厂	5752	218	大同市星火制药厂	4940
181	河南焦作市康力制药有限公司	5749	219	常熟医药集团公司	4919
182	浙江康乐集团公司	5724	220	无锡第四制药厂	4852
183	昆明制药厂	5721	221	赤峰北方联合制药厂	4841
184	长春长生实业股份有限公司	5647	222	浙江奥托康制药股份有限公司	4808
185	内蒙通辽制药总厂	5629	223	湖南洞庭制药厂	4768
186	潍坊制药二厂	5596	224	河南省信阳制药厂	4764
187	安徽省阜阳制药厂	5567	225	山东沂蒙新华制药厂	4758
188	淮南市第六制药厂	5426	226	石家庄四药股份有限公司	4747
189	广州星群（药业）股份有限公司	5424	227	无锡市第六制药厂	4714
190	广州明兴制药厂	5383	228	曼秀雷敦（中山）药业有限公司	4707

【1996年化学药品工业按固定资产（原价）排序前500家④】

No.	企　业　名　称	固定资产（万元）	No.	企　业　名　称	固定资产（万元）
229	江苏南通天宇味精有限公司	4691	267	河南镇平东风制药有限公司	3774
230	湖北中天亨迪药业有限公司	4635	268	河南漯河制药厂	3756
231	天津市新新药业公司	4622	269	北京生物化学制药厂	3744
232	广东韶关制药厂	4618	270	山西芮城制药厂	3741
233	江苏中策公司	4595	271	湖南省湘中制药厂	3695
234	哈尔滨制药六厂	4587	272	齐齐哈尔化学制药厂	3688
235	新疆和硕制药总厂	4575	273	昆明康福制药厂	3657
236	河北石家庄市葡萄糖厂	4570	274	上海葡萄糖厂	3637
237	四川华西医科大学制药厂	4500	275	广东汕头红卫氨基酸厂	3620
238	安徽省无为制药厂	4476	276	海南制药厂	3593
239	辽宁华卫制药股份有限公司	4411	277	哈尔滨制药四厂	3551
240	大同第二制药厂	4320	278	浙江瑞邦大药厂	3551
241	北京市东风制药厂	4308	279	邵阳市制药厂	3550
242	福建古田华闽抗生素有限公司	4294	280	上海同仁药业有限公司	3549
243	内蒙呼和浩特制药厂	4281	281	苏州第一制药厂	3549
244	成都菊乐股份有限（集团）公司	4268	282	广州南新制药有限公司	3530
245	黑龙江望奎制药厂	4250	283	深圳长白山制药实业有限公司	3528
246	贵阳制药二厂	4243	284	天津田边制药有限公司	3525
247	江苏南通神怡制药有限公司	4237	285	河南省安阳市第一制药厂	3507
248	河北恒利集团制药公司	4221	286	哈尔滨市白天鹅制药厂	3491
249	浙江仙居制药股份有限公司	4177	287	苏州第五制药厂	3474
250	吉林省舒兰合成药厂	4149	288	上海中兴制药厂	3473
251	海灵制药厂	4026	289	北京市双桥制药公司	3465
252	江西第三制药厂	4024	290	北京第四制药厂分厂	3464
253	济南东方制药厂	4012	291	济南永宁制药股份有限公司	3420
254	武汉第二制药厂	4003	292	甘肃省祁连山制药厂	3420
255	浙江九洲制药厂	3957	293	海南三叶制药厂	3401
256	浙南制药厂	3952	294	江苏武进制药厂	3400
257	无锡市第七制药厂	3945	295	江苏盐城制药厂	3394
258	河北华加药业有限公司	3925	296	常州第三制药厂	3381
259	湖北省保定制药厂	3890	297	宁夏制药厂	3375
260	湖南衡阳制药厂	3866	298	厦门星鲨实业总公司	3369
261	山东省菏泽第二药厂	3863	299	江苏清江制药厂	3362
262	河南省信阳豫南制药厂	3851	300	济南第二制药厂	3353
263	武汉马应龙药业股份有限公司	3833	301	湖北宜昌市三峡制药厂	3341
264	上海中华制药厂	3797	302	广东珠江制药厂	3262
265	广东汕头金石制药总厂	3787	303	上海长征制药厂	3261
266	河北承德县淀粉厂	3776	304	石家庄神威药业股份有限公司	3243

【1996年化学药品工业按固定资产（原价）排序前500家⑤】

No.	企　业　名　称	固定资产（万元）	No.	企　业　名　称	固定资产（万元）
305	苏州第六制药厂	3233	343	北京第六制药厂	2871
306	广东珠海经济特区东吴制药有限公司	3233	344	南昌裕丰制药厂	2870
307	山东临沂制药厂	3231	345	黑龙江肇东华富药业有限责任公司	2853
308	贵州遵义第二制药厂	3226	346	青岛第二制药厂	2848
309	浙江新昌合成化工厂	3222	347	西安光华制药厂	2840
310	淮南市第五制药厂	3222	348	山东临淄制药厂	2825
311	安徽省蚌埠第一制药厂	3196	349	重庆制药七厂	2824
312	湖北黄石抗菌素厂	3190	350	吉林省通化白山制药厂	2822
313	广东彼迪药业有限公司	3180	351	黑龙江黑河药业有限公司	2802
314	天津市河北制药厂	3179	352	清远市蓝宝制药有限公司	2801
315	吉林中外合资通化方大制药有限公司	3177	353	中国中医研究院洮南制药厂	2793
316	中澳合资柳河长白山制药有限公司	3175	354	河南省平顶山市制药厂	2769
317	浙江仙药集团椒江制药厂	3121	355	青岛双龙制药有限公司	2768
318	广东省利民制药厂	3117	356	秦皇岛秦华制药厂	2754
319	江苏兴化制药厂	3114	357	浙江新昌制药股份公司利民制药厂	2748
320	河南省豫东制药厂	3113	358	北京费森尤斯医药有限公司	2741
321	广东湛江制药厂	3113	359	吉林省东方药厂	2735
322	四川广汉制药厂	3098	360	广东顺德市顺峰制药厂	2731
323	浙江开化华康制药厂	3097	361	河南豫中制药厂	2715
324	大同市利群制药厂	3093	362	福建　福州制药厂	2714
325	广州兴华制药厂	3086	363	湖南省岳阳市制药三厂	2705
326	常熟市医药化工厂	3084	364	武汉第四制药厂	2700
327	广东省江门制药厂	3076	365	江苏徐州第三制药厂	2681
328	上海先锋药业公司	3072	366	上海市医药公司长乐药厂	2663
329	沈阳第五制药厂	3063	367	郑州化学制药厂	2658
330	广东省雷州市制药厂	3050	368	沈阳市新城子制药厂	2656
331	广东石岐制药厂	3042	369	郑州市新郑制药厂	2613
332	辽宁鞍山市第五制药厂	3025	370	甘肃天水制药厂	2604
333	山东省鲁西制药厂	3019	371	广东省新兴县制药厂	2603
334	山西万荣制药厂	3001	372	甘肃酒泉制药厂	2603
335	黑龙江完达山制药厂	3001	373	广西柳州市制药厂	2589
336	贵州贵阳制药厂	2982	374	河南省周口地区第一制药厂	2588
337	烟台西苑制药厂	2919	375	山东德州制药厂	2587
338	唐山市妇幼制药厂	2908	376	吉林洮南北宝药业公司	2548
339	河南省安阳豫北制药厂	2901	377	天津华立达生物工程有限公司	2540
340	青岛制药股份有限公司	2898	378	大同云康制药厂	2520
341	江西珠湖制药厂	2897	379	福建顺顺制药联合公司	2514
342	浙江一新制药股份有限公司	2873	380	吉林通化神源药业有限公司	2502

【1996年化学药品工业按固定资产（原价）排序前500家⑥】

No.	企 业 名 称	固定资产（万元）	No.	企 业 名 称	固定资产（万元）
381	江苏海安制药厂	2493	419	江西赣南制药厂	2247
382	潍坊第四制药厂	2488	420	云南省生物制药厂	2237
383	吉林公主岭市红光制药厂	2474	421	陕西省永寿制药厂	2220
384	浙江仙药集团三分厂	2471	422	江苏华丰营养滋补品厂	2219
385	上海旭东海普药业有限公司	2468	423	西安京西制药厂	2212
386	潍坊制药三厂	2466	424	广东省博罗县制药厂	2211
387	厦门同安医药化工总公司	2453	425	河北三九太行制药有限责任公司	2207
388	河南利华制药有限公司	2453	426	河南中国人民解放军第9735工厂	2205
389	河南省安阳市益康制药厂	2453	427	湖南株洲市制药三厂	2189
390	北京协和制药二厂	2450	428	甘肃临泽葡萄糖厂	2170
391	本溪第六制药厂	2434	429	福建福州梅峰制药厂	2169
392	吉林白山市浑江制药厂	2429	430	安徽芜湖市第三药厂	2163
393	湖北黄石亨迪制药有限公司	2421	431	河南黄龙制药厂	2159
394	山东博山制药厂	2415	432	江苏晨牌药业有限公司	2155
395	安徽省全椒制药厂	2410	433	河南康泰制药集团公司	2154
396	新疆乌鲁木齐制药厂	2407	434	福州正大振华851保健品公司	2146
397	广州华乐制药厂	2400	435	云南贝克诺顿制药有限公司	2145
398	濮阳市第二制药东厂	2396	436	陕西省黄河制药厂	2135
399	山东威海新华制药厂	2394	437	沈阳故宫制药厂	2112
400	陕西省卫东实业总公司	2390	438	大连金港制药厂	2112
401	沈阳辽河制药厂	2378	439	海南天王国际制药有限公司	2112
402	天津市中央制药二厂	2365	440	湖北黄石市皂素厂	2092
403	黑龙江哈尔滨市制药九厂	2357	441	山西侯马平阳制药厂	2091
404	江西东亚制药厂	2349	442	江苏泗阳制药厂	2091
405	湖北潜江制药厂	2347	443	江苏新沂县制药厂	2088
406	江苏省黄海制药厂	2334	444	山东医科大学云门制药厂	2087
407	湖南岳阳市制药二厂	2333	445	常州市第四制药厂	2080
408	武汉市滨湖制药厂	2320	446	安徽蚌埠市安宝制药厂	2080
409	重庆益发制药有限公司	2316	447	广东省台山市新宁制药厂	2077
410	成都蓉东制药厂	2310	448	麻阳图强油脂化学总公司医药化工	2075
411	江苏金湖县制药厂	2307	449	上海美优制药厂	2061
412	上海延安制药厂	2288	450	河南省健达制药厂	2056
413	昆明红星制药厂	2285	451	开封抗生素厂	2054
414	山西太行制药厂	2275	452	沈阳东新药业有限公司	2052
415	辽宁阜新市制药厂	2274	453	辽宁锦州市制药三厂	2052
416	吉林省榆树市华威制药厂	2260	454	沈阳市管城制药厂	2051
417	桂林市第二制药厂	2259	455	广东广州粤华制药厂	2049
418	四川射洪制药厂	2251	456	贵州凯里制药厂	2049

【1996年化学药品工业按固定资产（原价）排序前500家⑦】

No.	企业名称	固定资产（万元）	No.	企业名称	固定资产（万元）
457	山东省枣庄市第一制药厂	2041	495	唐山市凤山制药厂	1846
458	沈阳市红旗制药厂	2037	496	山东莱阳市制药厂	1843
459	福建福兴制药有限公司	2029	497	黑龙江康尔药业股份有限公司	1834
460	成都锦华制药厂	2020	498	江苏涟水县制药厂	1834
461	河南新星药业股份有限公司	2009	499	湖南省湘云制药厂	1832
462	安徽省繁昌制药厂	2005	500	江苏江阴县制药厂	1830
463	长春长生基因药业股份有限公司	1998			
464	湖南益阳制药厂	1998			
465	濮阳市制药厂	1987			
466	江苏吴江市制药厂	1986			
467	唐山市利康制药厂	1983			
468	辽宁锦州黑龙制药厂	1983			
469	浙北制药厂	1981			
470	天津市华新制药厂	1969			
471	湖南临湘合成药厂	1965			
472	山东高密天达药业有限公司	1951			
473	哈尔滨松鹤制药厂	1948			
474	湖南湘泉集团药业有限公司	1948			
475	浙江湖州合成药厂	1946			
476	山东寿光制药厂	1923			
477	湖南省衡阳合成药厂	1919			
478	江西东方力可生制药有限公司	1918			
479	福建福州福益有限公司	1915			
480	山东威海太阳药业有限公司	1915			
481	吉林松源市乾安制药厂	1910			
482	青岛华海制药厂	1903			
483	唐山市第一制药厂	1897			
484	北京市向阳制药厂	1894			
485	东莞市石龙制药厂	1889			
486	安徽生物药厂	1884			
487	安徽淮北制药厂	1877			
488	湖北郧西县医药化工厂	1874			
489	湖北省五三制药厂	1874			
490	浙江京新制药厂	1871			
491	安阳市晨曦制药厂	1851			
492	河南省固始县制药厂	1851			
493	河北省平山县化工总厂	1848			
494	浙江亚东制药公司	1848			

【1996 年医疗器械工业按产值（现价）排序前 100 名①】

No.	企业名称		总产值（万元）	No.	企业名称		总产值（万元）
1	浙江	杭州西冷制冷电器有限公司	52901	26	河北	河北省霸州市长城医用设备厂	5483
2	辽宁	欧姆龙（大连）有限公司	52140	27	广东	深圳安科高技术有限公司	5045
3	江苏	江苏宏宝集团公司	48853	28	江苏	苏州医疗器械厂	4734
4	山东	惠普医疗产品（青岛）有限公司	26978	29	上海	上海医用仪表厂	4660
5	浙江	杭丽制冷设备有限公司	25915	30	上海	阿洛卡医用有限公司	4389
6	江苏	张家港市医疗器械厂	25450	31	上海	光电医用电子有限公司	4368
7	黑龙江	哈尔滨磁化器厂	19345	32	黑龙江	黑龙江东方医疗器械有限公司	4306
8	山东	威海医用高分子制品总厂	15491	33	山东	潍坊市第二医疗器械厂	4300
9	广东	深圳迈瑞电子有限公司	14300	34	福建	福光电子有限公司	4184
10	广东	珠海天年高科技国际企业公司	12363	35	广东	深圳周林生物频谱有限公司	4060
11	广东	汕头超声仪器研究所	11415	36	广东	珠海宝莱特电子有限公司	3982
12	吉林	长春市康达医用器具股份有限公司	10850	37	湖南	湖南仪器仪表总厂	3923
13	山东	淄博医用器材有限公司	10227	38	上海	上海医用核子仪器厂	3675
14	广东	广东威达医疗器械集团公司	10154	39	湖南	长沙威尔制冷设备有限公司	3665
15	江苏	丹阳光学元件厂	8573	40	上海	上海医疗器械厂	3624
16	上海	西门子医疗器械有限公司	8061	41	河南	豫丰医疗器械有限公司	3611
17	山东	山东新华医疗器械厂	7876	42	辽宁	医用材料（JMS）大连有限公司	3546
18	北京	北京万东医疗装备公司	7739	43	上海	上海齿科材料厂	3505
19	辽宁	大连 JMS 医疗器具有限公司	7668	44	上海	上海医用激光仪器厂	3501
20	江苏	无锡县医用仪表厂	7338	45	浙江	浙江双鸽集团有限公司	3478
21	吉林	长春市康达医用器具有限公司	7000	46	上海	米沙瓦医科工业有限公司	3299
22	上海	上海齿科器械厂	6406	47	上海	麦迪逊医疗器械有限公司	3182
23	上海	上海手术器械厂	6349	48	四川	绵阳电子仪器厂	3023
24	上海	上海医疗设备厂	6209	49	甘肃	解放军 6913 工厂	3008
25	天津	天津哈娜好医材有限公司	5852	50	福建	福州尼普洛有限公司	2940

【1996年医疗器械工业按产值（现价）排序前100名②】

No.		企业名称	总产值（万元）	No.		企业名称	总产值（万元）
51	上海	上海医用诊察仪器厂	2864	77	江苏	千樱医疗设备有限公司	1701
52	北京	北京医用低温设备厂	2844	78	广东	广东省新会县医疗器械厂	1679
53	上海	上海手术器械六厂	2842	79	陕西	西北医疗器械一厂	1664
54	上海	上海医疗器械五厂	2798	80	安徽	皖东高分子实业公司	1626
55	江苏	南京天宇医疗器械总公司	2737	81	上海	上海注射器厂	1610
56	北京	北京医疗器械研究所	2643	82	浙江	上虞医疗器械制造公司	1600
57	山东	高青鲁侨医用器材公司	2631	83	北京	北京医疗设备四厂	1588
58	江苏	常州市鹤寿医用器材厂	2608	84	江苏	苏州华佗医疗器械有限公司	1577
59	上海	德尔格	2589	85	四川	中国核动力研究设计院设备制造厂	1506
60	福建	闽东东方神电子有限公司	2584	86	江苏	金坛注射器厂	1500
61	山东	烟台高压氧舱厂	2410	87	陕西	西北医疗设备总厂	1482
62	山东	山东聊城鑫源铜业有限公司	2365	88	北京	北京瑞利分析仪器公司	1479
63	江苏	苏州医疗用品厂	2306	89	广西	桂林市医疗电子仪器厂	1466
64	四川	西南医用设备厂	2301	90	河北	香河金辉医用设备有限公司	1463
65	浙江	杭州西冷集团公司	2216	91	广东	广州华南医疗器械有限公司	1451
66	辽宁	丹东海华技术开发有限公司	2164	92	浙江	宁波倍的福药业公司	1442
67	上海	上海医用光学仪器厂	2140	93	江西	益康医疗器械厂	1433
68	江苏	南京欧加农制药有限公司	2132	94	上海	上海医用听诊器厂	1424
69	河南	商丘市医疗器械厂	2097	95	广东	广州裕发医用器械有限公司	1397
70	北京	北京手术器械厂	1960	96	上海	菲曼特	1353
71	浙江	杭州龙德医用器械有限公司	1926	97	广东	广东省医疗器械厂	1351
72	湖北	松滋市医疗器械厂	1925	98	浙江	临海市医疗器械厂	1317
73	江西	南昌市赣江医疗器械厂	1901	99	上海	上海医用缝合针厂	1292
74	北京	北京岛津医疗器械有限公司	1798	100	浙江	宁波戴维医疗器械公司	1288
75	上海	上海医械专机厂	1797				
76	上海	拜耳-上海齿科有限公司	1741				

【1996年医疗器械工业企业按销售收入排序前100名①】

No.	企业名称		销售收入（万元）	No.	企业名称		销售收入（万元）
1	浙江	杭州西冷制冷电器有限公司	56223	26	吉林	长春市康达医用器具有限公司	5600
2	辽宁	欧姆龙（大连）有限公司	55736	27	河北	河北省霸州市长城医用设备厂	5383
3	江苏	江苏宏宝集团公司	44263	28	浙江	浙江双鸽集团有限公司	4822
4	山东	惠普医疗产品（青岛）有限公司	25693	29	上海	光电医用电子有限公司	4739
5	浙江	杭丽制冷设备有限公司	23271	30	上海	上海医用仪表厂	4558
6	江苏	张家港市医疗器械厂	17319	31	江苏	苏州医疗器械厂	4409
7	黑龙江	哈尔滨磁化器厂	15796	32	福建	福光电子有限公司	4093
8	广东	深圳迈瑞电子有限公司	13500	33	江苏	无锡县医用仪表厂	3867
9	广东	珠海天年 高科技国际企业公司	12744	34	上海	麦迪逊医疗器械有限公司	3844
10	吉林	长春市康达医用器具股份有限公司	12367	35	上海	上海医疗器械厂	3792
11	山东	威海医用高分子制品总厂	12214	36	广东	汕头超声仪器研究所	3783
12	广东	广东威达医疗器械集团公司	11388	37	辽宁	医用材料（JMS）大连有限公司	3693
13	北京	北京万东医疗装备公司	10938	38	上海	上海医用激光仪器厂	3613
14	四川	国营涪江有线电厂	9047	39	上海	上海齿科材料厂	3505
15	山东	淄博医用器材有限公司	9004	40	上海	上海医用核子仪器厂	3390
16	广东	深圳周林生物频谱有限公司	8960	41	广东	珠海宝莱特电子有限公司	3284
17	山东	山东新华医疗器械厂	8513	42	上海	米沙瓦医科工业有限公司	3264
18	江苏	丹阳光学元件厂	8370	43	上海	阿洛卡医用有限公司	3216
19	上海	西门子医疗器械有限公司	8234	44	甘肃	解放军6913工厂	3114
20	辽宁	大连JMS医疗器具有限公司	7378	45	上海	德尔格	3047
21	广东	深圳安科高科技有限公司	6607	46	上海	上海手术器械六厂	2992
22	上海	上海齿科器械厂	6451	47	湖南	长沙威尔制冷设备有限公司	2691
23	上海	上海医疗设备厂	6234	48	上海	上海医用诊察仪器厂	2687
24	上海	上海手术器械厂	6072	49	福建	福州尼普洛有限公司	2680
25	天津	天津哈娜好医材有限公司	5909	50	湖南	湖南仪器仪表总厂	2549

【1996 年医疗器械工业企业销售收入排序前 100 名②】

No.	企业名称		销售收入（万元）	No.	企业名称		销售收入（万元）
51	河南	豫丰医疗器械有限公司	2512	77	上海	上海医械专机厂	1693
52	四川	绵阳电子仪器厂	2438	78	上海	上海注射器厂	1664
53	江苏	苏州医疗用品厂	2410	79	北京	北京医疗器械研究所	1633
54	北京	北京医用低温设备厂	2398	80	陕西	秦明医学仪器有限公司	1620
55	上海	上海医疗器械五厂	2389	81	江西	南昌市赣江医疗器械厂	1618
56	浙江	杭州西冷集团公司	2373	82	江苏	苏州华佗医疗器械有限公司	1578
57	山东	山东聊城鑫源铜业有限公司	2324	83	江苏	金坛注射器厂	1540
58	江苏	南京天宇医疗器械总公司	2299	84	广东	广东东江电子仪器厂	1516
59	山东	高青鲁侨医用器材公司	2289	85	江苏	南京欧加农制药有限公司	1462
60	江苏	常州市鹤寿医用器材厂	2259	86	北京	北京医疗设备四厂	1413
61	广东	广州华南医疗器械有限公司	2185	87	上海	拜耳-上海齿科有限公司	1408
62	上海	上海医用光学仪器厂	2097	88	上海	上海医用缝合针厂	1392
63	北京	北京瑞利分析仪器公司	2064	89	江苏	丹阳医用器械厂	1390
64	山东	潍坊市第二医疗器械厂	2060	90	江西	益康医疗器械厂	1378
65	湖北	松滋市医疗器械厂	2030	91	上海	菲曼特	1374
66	北京	北京手术器械厂	1990	92	陕西	西北医疗器械一厂	1310
67	广东	佛山市华通医疗仪器实业公司	1989	93	湖北	宜城市豪盛辰阳有限责任公司	1294
68	四川	西南医用设备厂	1960	94	江苏	千樱医疗设备有限公司	1288
69	浙江	杭州龙德医用器械有限公司	1941	95	上海	上海医用听诊器厂	1287
70	福建	闽东东方神电子有限公司	1931	96	天津	天津康乐产业有限公司	1252
71	河南	商丘市医疗器械厂	1913	97	广西	桂林市医疗电子仪器厂	1243
72	安徽	皖东高分子实业公司	1885	98	广东	广州裕发医用器械有限公司	1234
73	山东	烟台高压氧舱厂	1876	99	广东	珠海经济特区幸福注射器制造厂	1216
74	广东	广东省新会县医疗器械厂	1870	100	北京	北京市朝阳区洼里医疗器械厂	1202
75	辽宁	丹东海华技术开发有限公司	1844				
76	黑龙江	黑龙江东方医疗器械有限公司	1755				

【1996年医疗器械工业按利税总额排序前100名①】

No.	企业名称		利税总额（万元）	No.	企业名称		利税总额（万元）
1	广东	深圳周林生物频谱有限公司	8656	26	上海	阿洛卡医用有限公司	629
2	黑龙江	哈尔滨磁化器厂	7126	27	广东	深圳安科高技术有限公司	613
3	吉林	长春市康达医用器具股份有限公司	6016	28	上海	上海医疗设备厂	597
4	山东	惠普医疗产品（青岛）有限公司	5251	29	浙江	浙江双鸽集团有限公司	569
5	江苏	江苏宏宝集团公司	4808	30	山东	威海医用高分子制品总厂	549
6	广东	广东威达医疗器械集团公司	4149	31	上海	德尔格	547
7	广东	珠海天年高科技国际企业公司	3145	32	四川	绵阳电子仪器厂	518
8	浙江	杭丽制冷设备有限公司	2849	33	四川	国营涪江有线电厂	504
9	广东	深圳迈瑞电子有限公司	2762	34	上海	上海齿科器械厂	467
10	北京	北京万东医疗装备公司	2557	35	北京	北京医用低温设备厂	440
11	江苏	张家港市医疗器械厂	2305	36	江苏	无锡县医用仪表厂	429
12	山东	淄博医用器材有限公司	1955	37	陕西	秦明医学仪器有限公司	427
13	辽宁	欧姆龙（大连）有限公司	1890	38	上海	拜耳-上海齿科有限公司	405
14	广东	汕头超声仪器研究所	1860	39	浙江	杭州西冷集团公司	404
15	浙江	杭州西冷制冷电器有限公司	1557	40	上海	米沙瓦医科工业有限公司	400
16	河北	河北省霸州市长城医用设备厂	1344	41	江苏	常州市鹤寿医用器材厂	377
17	辽宁	丹东海华技术开发有限公司	988	42	上海	上海医疗器械厂	347
18	江苏	苏州医疗器械厂	867	43	福建	福光电子有限公司	336
19	江苏	丹阳光学元件厂	866	44	广东	珠海经济特区幸福注射器制造厂	319
20	黑龙江	黑龙江东方医疗器械有限公司	784	45	上海	上海手术器械六厂	311
21	山东	山东新华医疗器械厂	771	46	上海	上海齿科材料厂	306
22	福建	闽东东方神电子有限公司	763	47	安徽	定远大江医疗用品有限公司	268
23	广东	珠海宝莱特电子有限公司	741	48	辽宁	大连JMS医疗器具有限公司	265
24	上海	上海手术器械厂	696	49	上海	上海医用光学仪器厂	232
25	上海	光电医用电子有限公司	631	50	上海	上海医疗器械五厂	229

【1996年医疗器械工业按利税总额排序前100名②】

No.	企业名称		利税总额（万元）
51	河南	豫丰医疗器械有限公司	223
52	湖北	松滋市医疗器械厂	219
53	北京	北京瑞利分析仪器公司	213
54	天津	天津市医疗电子仪器公司	212
55	北京	北京市朝阳区洼里医疗器械厂	207
56	江西	南昌市赣江医疗器械厂	204
57	浙江	上海齿科医械厂宁波联营厂	198
58	山东	高青鲁侨医用器材公司	198
59	江苏	苏州华佗医疗器械有限公司	197
60	福建	福州梅生医疗设备有限公司	197
61	上海	上海医用仪表厂	196
62	浙江	宁波戴维医疗器械公司	196
63	浙江	宁波亚泰医疗器械公司	191
64	上海	麦迪逊医疗器械有限公司	185
65	湖北	宜城市豪盛辰阳有限责任公司	183
66	天津	天津康乐产业有限公司	180
67	江苏	苏州医疗用品厂	172
68	广西	桂林市医疗电子仪器厂	172
69	河南	商丘市医疗器械厂	171
70	上海	安泰分析有限公司	170
71	河北	香河金辉医用设备有限公司	155
72	江西	益康医疗器械厂	153
73	天津	天津哈娜好医材有限公司	149
74	浙江	杭州龙德医用器械有限公司	145
75	陕西	陕西省医疗仪器厂	145
76	江苏	金坛注射器厂	141
77	北京	北京市四泰新技术开发公司	133
78	安徽	皖东高分子实业公司	133
79	陕西	西北医疗器械一厂	132
80	广东	广州裕发医用器械有限公司	127
81	浙江	临海市医疗器械厂	121
82	浙江	杭州京冷医疗器械有限公司	119
83	浙江	鄞县医用仪表厂	118
84	安徽	天长市输液器厂	111
85	北京	北京医用离心机厂	110
86	上海	上海医用听诊器厂	109
87	甘肃	解放军6913工厂	108
88	湖北	武汉市武汉搪瓷二厂	107
89	福建	闽东健力士电子有限公司	104
90	浙江	嘉兴苏嘉医疗器械厂	102
91	山东	潍坊市医疗器械厂	100
92	江苏	扬州医疗器械厂	99
93	河北	河北省任县医用塑料器械厂	98
94	上海	上海医用激光仪器厂	97
95	上海	上海医用缝合针厂	97
96	江苏	南京欧加农制药有限公司	97
97	上海	埃斯埃医械塑料制品有限公司	94
98	江西	3L医用制品有限公司	94
99	浙江	慈溪仲嘉医疗器械厂	91
100	湖北	孝感市电子仪器厂	91

【1996 年医疗器械工业按企业固定资产（原价）排序前 100 名①】

No.		企业名称	固定资产（万元）	No.		企业名称	固定资产（万元）
1	江苏	江苏宏宝集团公司	26699	26	上海	上海手术器械厂	3729
2	浙江	杭州西冷制冷电器有限公司	17585	27	广东	广州华南医疗器械有限公司	3375
3	辽宁	沈阳医疗器械厂	14544	28	四川	西南医用设备厂	3255
4	山东	山东新华医疗器械厂	12980	29	陕西	西北医疗器械一厂	3164
5	北京	北京万东医疗装备公司	12691	30	上海	上海医用分析仪器厂	3012
6	广东	广东威达医疗器械集团公司	11140	31	广西	桂林市医疗电子仪器厂	2806
7	湖南	湖南仪器仪表总厂	9532	32	上海	西门子医疗器械有限公司	2775
8	四川	国营涪江有线电厂	9294	33	四川	绵阳电子仪器厂	2699
9	福建	福州尼普洛有限公司	8075	34	吉林	长春市康达医用器具股份有限公司	2696
10	江苏	南京天宇医疗器械总公司	7463	35	辽宁	医用材料（JMS）大连有限公司	2657
11	辽宁	欧姆龙（大连）有限公司	7106	36	浙江	杭州龙德医用器械有限公司	2589
12	辽宁	中国人民解放军第五七零五工厂	6949	37	湖北	武汉市医疗器械厂	2578
13	黑龙江	哈尔滨磁化器厂	6791	38	上海	上海医用诊察仪器厂	2553
14	江苏	苏州医疗器械厂	5580	39	天津	天津哈娜好医材有限公司	2537
15	山东	威海医用高分子制品总厂	5352	40	北京	北京医疗设备四厂	2392
16	江苏	张家港市医疗器械厂	5179	41	天津	天津市医疗器械厂	2336
17	辽宁	大连 JMS 医疗器具有限公司	4959	42	四川	重庆体温计厂	2259
18	河北	邢台市医用塑料器械厂	4955	43	山东	青岛电子医疗仪器厂	2239
19	浙江	杭州西冷集团公司	4521	44	河南	开封注射器厂	2237
20	山东	淄博医用器材有限公司	4359	45	广东	深圳迈瑞电子有限公司	2160
21	广东	深圳周林生物频谱有限公司	4274	46	吉林	长春市康达医用器具有限公司	2146
22	上海	米沙瓦医科工业有限公司	4238	47	北京	北京手术器械厂	2127
23.	北京	北京瑞利分析仪器公司	4078	48	四川	西南医疗器械厂	2117
24	广东	汕头超声仪器研究所	4058	49	甘肃	解放军 6913 工厂	2002
25	广东	深圳安科高技术有限公司	3787	50	天津	天津市医疗电子仪器公司	1984

【1996 年医疗器械工业按固定资产（原价）排序前 100 名②】

No.	企业名称		固定资产（万元）	No.	企业名称		固定资产（万元）
51	江苏	丹阳光学元件厂	1974	77	广东	湛江医用乳胶制品厂	1263
52	浙江	杭丽制冷设备有限公司	1940	78	贵州	贵阳医疗器械厂	1250
53	上海	上海医用核子仪器厂	1863	79	江苏	千樱医疗设备有限公司	1247
54	江西	兴柏医疗器械厂	1806	80	上海	德尔格	1246
55	四川	成都华兴医疗器械厂	1796	81	上海	拜耳-上海齿科有限公司	1193
56	福建	厦门厦瑞医疗器械有限公司	1730	82	江西	江西医疗器械厂	1187
57	上海	上海医用仪表厂	1729	83	天津	天津康乐产业有限公司	1183
58	北京	北京医疗器械研究所	1720	84	甘肃	省医疗器械厂	1152
59	上海	上海医疗器械厂	1711	85	广东	珠海天年高科技国际企业公司	1151
60	陕西	陕西省医疗仪器厂	1703	86	吉林	吉林省塑料研究所试验厂	1147
61	江苏	无锡县医用仪表厂	1617	87	江苏	常州注射器总厂	1132
62	四川	重庆医用设备厂	1596	88	辽宁	丹东海华技术开发有限公司	1129
63	河北	石家庄市东方医疗器械厂	1572	89	吉林	四平市医疗器械厂	1126
64	浙江	浙江双鸽集团有限公司	1486	90	上海	上海医疗器械五厂	1115
65	辽宁	鞍山市康福有限公司	1472	91	黑龙江	黑龙江省医疗器械厂	1111
66	山东	山东聊城鑫源铜业有限公司	1471	92	河北	河北省霸州市长城医用设备厂	1110
67	上海	上海医用激光仪器厂	1456	93	北京	北京医疗设备二厂	1096
68	河北	邢台医疗器械厂	1420	94	辽宁	丹东日飞医疗器械集团公司	1089
69	上海	菲曼特	1376	95	山东	高青鲁侨医用器材公司	1077
70	江西	赣东医用器械厂	1367	96	湖南	湖南安特电子有限公司	1042
71	广东	广东东江电子仪器厂	1358	97	江苏	扬州医疗器械厂	1034
72	上海	上海齿科器械厂	1344	98	吉林	吉林省长春医疗器械厂	1019
73	福建	福建省康乐集团公司	1331	99	山东	潍坊市第二医疗器械厂	1012
74	上海	上海医疗设备厂	1318	100	上海	上海医用光学仪器厂	991
75	北京	北京医用离心机厂	1284				
76	上海	阿洛卡医用有限公司	1277				

【1996年卫生材料工业按产值（现价）排序前50名】

No.	企业名称		总产值（万元）	No.	企业名称		总产值（万元）
1	上海	强生有限公司	19800	26	四川	重庆制药九厂	2138
2	浙江	绍兴市新建染织厂	11513	27	河南	郑州医用材料厂	2122
3	湖北	湖北省崇阳县医疗卫生用品厂	11471	28	江苏	扬州光明卫生材料厂	1950
4	湖北	仙桃市医用敷料厂	10568	29	山东	曹县纱布加工厂	1950
5	浙江	绍兴振德医用敷料有限公司	10169	30	辽宁	沈阳丹碧兰有限公司	1943
6	湖北	仙桃市卫生材料厂	7525	31	江苏	盐城市卫生材料厂	1846
7	广西	桂林天和制药厂	7421	32	浙江	杭州仁德医药有限公司	1786
8	河南	焦作市卫生材料厂	7331	33	湖北	黄州卫生材料厂	1768
9	广东	广州卫生材料厂	5402	34	湖北	仙桃市医用保健制品厂	1756
10	湖北	湖北枝江都发纺织实业总公司	5184	35	浙江	宁波医用乳胶厂	1724
11	上海	上海卫生材料厂	5068	36	湖北	黄石利丽嘉制药有限公司	1647
12	广西	侨凤卫生制品有限公司	4686	37	河北	唐山市复康制药厂	1641
13	山东	青岛泽青实业有限公司	4292	38	浙江	安吉莱康医药用品公司	1491
14	广东	广东湛江吉民药业股份有限公司	3813	39	江苏	徐州市卫生材料厂	1383
15	山东	济南卫生材料厂	3237	40	浙江	桐乡市施康制药厂	1376
16	浙江	绍兴贤德实业有限公司	3228	41	湖北	崇阳县卫生材料厂	1362
17	湖北	潜江市医用材料厂	3170	42	河南	新星制药厂卫生材料分厂	1291
18	湖北	黄石卫生材料厂	2994	43	安徽	安徽福华卫生材料有限公司	1264
19	湖北	湖北健华医药保健品公司	2817	44	山西	太原卫生材料厂	1243
20	湖北	湖北宜发卫生材料有限公司	2593	45	安徽	合肥卫生材料厂	1237
21	湖南	湖南省衡阳卫生材料厂	2590	46	黑龙江	哈尔滨卫生敷料总厂	1230
22	浙江	嘉兴康宝药业有限公司	2479	47	浙江	安吉安盛敷料有限公司	1132
23	江苏	连云港市卫生材料厂	2355	48	广西	桂林伊维药业有限公司	1103
24	湖北	湖北天恒医疗用品有限公司	2344	49	江苏	南通市医用卫生材料厂	1082
25	湖北	崇阳县东山布业有限责任公司	2139	50	安徽	天长市卫生材料厂	986

【1996 年卫生材料工业按销售收入排序前 50 名】

No.	企业名称		销售收入（万元）	No.	企业名称		销售收入（万元）
1	上海	强生有限公司	18092	26	山东	曹县纱布加工厂	1950
2	湖北	湖北省崇阳县医疗卫生用品厂	12966	27	河南	郑州医用材料厂	1828
3	浙江	绍兴市新建染织厂	10994	28	江苏	连云港市卫生材料厂	1633
4	浙江	绍兴振德医用敷料有限公司	9895	29	浙江	杭州仁德医药有限公司	1633
5	湖北	仙桃市医用敷料厂	9162	30	湖北	黄石卫生材料厂	1608
6	河南	焦作市卫生材料厂	7796	31	浙江	宁波医用乳胶厂	1596
7	湖北	仙桃市卫生材料厂	7242	32	江苏	扬州光明卫生材料厂	1586
8	广西	桂林天和制药厂	6740	33	湖北	黄州卫生材料厂	1568
9	广东	广州卫生材料厂	5229	34	湖南	湖南省衡阳卫生材料厂	1462
10	上海	上海卫生材料厂	5098	35	山西	太原卫生材料厂	1437
11	广西	侨凤卫生制品有限公司	4618	36	河北	唐山市复康制药厂	1436
12	广东	广东湛江吉民药业股份有限公司	3527	37	湖北	崇阳县卫生材料厂	1422
13	浙江	绍兴贤德实业有限公司	3167	38	黑龙江	哈尔滨卫生敷料总厂	1369
14	湖北	湖北枝江都发纺织实业总公司	3110	39	江苏	徐州市卫生材料厂	1325
15	山东	青岛泽青实业有限公司	2922	40	湖北	仙桃市医用保健制品厂	1304
16	浙江	嘉兴康宝药业有限公司	2555	41	浙江	桐乡市施康制药厂	1179
17	辽宁	沈阳丹碧兰有限公司	2507	42	安徽	合肥卫生材料厂	1155
18	湖北	湖北宜发卫生材料有限公司	2375	43	安徽	安徽福华卫生材料有限公司	1137
19	湖北	湖北健华医药保健品公司	2354	44	广西	桂林伊维药业有限公司	1125
20	四川	重庆制药九厂	2336	45	江苏	南通市医用卫生材料厂	1053
21	湖北	潜江市医用材料厂	2270	46	江西	江西卫生材料厂	1025
22	江苏	盐城市卫生材料厂	2204	47	浙江	安吉莱康医药用品公司	1003
23	湖北	湖北天恒医疗用品有限公司	2172	48	北京	北京卫生材料厂	996
24	湖北	崇阳县东山布业有限责任公司	2031	49	福建	周宁县康友卫生材料有限公司	937
25	山东	济南卫生材料厂	2000	50	湖北	武汉医用材料厂	847

【1996年卫生材料工业按利税总额排序前50名】

No.	企业名称		利税总额（万元）	No.	企业名称		利税总额（万元）
1	上海	强生有限公司	7155	26	浙江	安吉安盛敷料有限公司	98
2	上海	上海卫生材料厂	1206	27	山东	济南卫生材料厂	93
3	广西	桂林天和制药厂	1110	28	河北	河北邢台太行卫生材料厂	86
4	广东	广州卫生材料厂	805	29	山西	永济市医用卫生材料厂	85
5	浙江	绍兴市新建染织厂	709	30	湖北	仙桃市医用保健制品厂	83
6	浙江	绍兴振德医用敷料有限公司	695	31	贵州	贵阳富兴实业有限公司	83
7	湖北	仙桃市医用敷料厂	645	32	天津	天津市中西制药厂	78
8	湖北	湖北省崇阳县医疗卫生用品厂	525	33	湖北	湖北健华医药保健品公司	78
9	广西	侨凤卫生制品有限公司	510	34	四川	重庆制药九厂	78
10	浙江	杭州仁德医药有限公司	460	35	河南	郑州医用材料厂	68
11	浙江	嘉兴康宝药业有限公司	413	36	内蒙	通辽卫生材料厂	67
12	广东	广东湛江吉民药业股份有限公司	358	37	湖南	湖南省衡阳卫生材料厂	63
13	浙江	宁波医用乳胶厂	339	38	浙江	桐乡市施康制药厂	61
14	安徽	安徽福华卫生材料有限公司	339	39	河南	镇平县卫生材料厂	61
15	河南	焦作市卫生材料厂	314	40	浙江	安吉莱康医药用品公司	57
16	山东	曹县纱布加工厂	313	41	江苏	扬州光明卫生材料厂	56
17	湖北	仙桃市卫生材料厂	295	42	湖北	潜江市医用材料厂	54
18	河北	唐山市复康制药厂	161	43	河北	河北省内丘县卫生材料厂	49
19	广西	桂林伊维药业有限公司	151	44	上海	振中卫生材料加工合作社	47
20	山西	太原卫生材料厂	148	45	河北	河北省高阳县华通医用材料厂	43
21	安徽	天长市卫生材料厂	131	46	浙江	仙居卫生用品厂	42
22	浙江	绍兴贤德实业有限公司	128	47	山东	聊城市卫生材料厂	42
23	江苏	徐州市卫生材料厂	110	48	吉林	长春市新生卫生材料厂	40
24	福建	周宁县康友卫生材料有限公司	104	49	湖北	仙桃市医用材料厂	40
25	黑龙江	哈尔滨卫生敷料总厂	101	50	湖北	湖北枝江都发纺织实业总公司	37

【1996 年卫生材料工业按固定资产（原价）排序前 50 名】

No.	企业名称		固定资产（万元）	No.	企业名称		固定资产（万元）
1	辽宁	沈阳丹碧兰有限公司	22426	26	江苏	扬州光明卫生材料厂	1321
2	浙江	绍兴市新建染织厂	10580	27	江西	江西卫生材料厂	1292
3	上海	强生有限公司	5056	28	辽宁	大连德利医用材料有限公司	1291
4	辽宁	辽阳市医用氧气厂	4178	29	浙江	绍兴振德医用敷料有限公司	1291
5	广东	广州卫生材料厂	3214	30	江苏	盐城市卫生材料厂	1271
6	山东	青岛泽青实业有限公司	3172	31	湖北	黄石卫生材料厂	1264
7	湖北	仙桃市卫生材料厂	3077	32	湖北	黄州卫生材料厂	950
8	黑龙江	哈尔滨卫生敷料总厂	2859	33	山东	济南卫生材料厂	915
9	广东	广东湛江吉民药业股份有限公司	2674	34	山西	太原卫生材料厂	875
10	湖北	湖北天恒医疗用品有限公司	2634	35	湖北	仙桃市医用敷料厂	842
11	河南	郑州医用材料厂	2566	36	湖北	宜昌猴王卫生材料厂	837
12	安徽	合肥卫生材料厂	2498	37	陕西	岐山县卫生材料厂	803
13	湖南	湖南省衡阳卫生材料厂	2181	38	浙江	安吉莱康医药用品公司	781
14	河南	焦作市卫生材料厂	2174	39	河南	河南省棉麻公司卫生材料厂	781
15	浙江	杭州仁德医药有限公司	2143	40	浙江	嘉兴康宝药业有限公司	766
16	湖北	湖北省崇阳县医疗卫生用品厂	2076	41	江苏	连云港市卫生材料厂	765
17	四川	重庆制药九厂	2043	42	安徽	阜阳市卫生材料厂	700
18	湖北	湖北枝江都发纺织实业总公司	1864	43	湖南	湖南永顺卫生材料有限公司	615
19	北京	北京卫生材料厂	1824	44	湖北	武汉医用材料厂	613
20	广西	桂林天和制药厂	1802	45	河北	唐山市复康制药厂	610
21	浙江	宁波医用乳胶厂	1621	46	内蒙	通辽卫生材料厂	600
22	上海	上海卫生材料厂	1541	47	江苏	南通市医用卫生材料厂	560
23	河南	河南省周口地区豫东卫生材料厂	1533	48	湖北	潜江市医用材料厂	549
24	湖北	黄石市长征制药厂	1443	49	天津	天津市中西制药厂	545
25	湖北	湖北宜发卫生材料有限公司	1325	50	广西	侨风卫生制品有限公司	515

【1996年制药机械工业按产值（现价）排序前30名】

No.		企业名称	总产值（万元）	No.		企业名称	总产值（万元）
1	上海	上海远东制药机械总厂	5237	16	湖南	中南制药机械二厂一分厂	773
2	辽宁	辽阳制药机械股份有限公司	4659	17	河南	河南省周口制药机械厂	749
3	江苏	江苏常武干燥设备（集团）公司	3169	18	山东	蓬莱制药机械厂	713
4	湖南	中南制药机械一厂	2944	19	湖南	衡阳市制药器械厂	629
5	湖南	中南制药机械二厂	2848	20	天津	天津市中药机械厂	599
6	湖北	湖北泰丰机械股份有限公司	2809	21	辽宁	辽阳宏吉减速机有限公司	569
7	江苏	江阴瑰宝制药机械厂	2791	22	黑龙江	哈尔滨飞机制造公司	564
8	湖北	武汉第二机床厂	2778	23	湖南	浏阳市医药设备二厂	537
9	广东	惠阳机械厂	2463	24	黑龙江	黑龙江制药机械厂	534
10	四川	重庆制药机械厂	2175	25	辽宁	辽阳双联离心机公司	453
11	湖南	湖南省浏阳医药设备总厂	1898	26	吉林	吉林省扶余县三岔河医药机械厂	407
12	陕西	宝鸡制药机械厂	1757	27	浙江	宁波华东制药机械厂	395
13	北京	北京制药机械设备厂	1025	28	辽宁	辽阳双联制药设备公司	393
14	浙江	温州制药机械厂	913	29	山东	临清药物机械厂	357
15	湖北	武汉制药机械厂	812	30	辽宁	沈阳市制药机械厂	350

【1996 年制药机械工业按销售收入排序前 30 名】

No.		企业名称	销售收入（万元）	No.		企业名称	销售收入（万元）
1	辽宁	辽阳制药机械股份有限公司	4191	16	湖南	衡阳市制药器械厂	601
2	上海	上海远东制药机械总厂	3522	17	辽宁	辽阳宏吉减速机有限公司	587
3	湖南	中南制药机械一厂	3094	18	湖南	浏阳市医药设备二厂	522
4	江苏	江阴瑰宝制药机械厂	3050	19	河南	河南省周口制药机械厂	478
5	广东	惠阳机械厂	2650	20	黑龙江	黑龙江制药机械厂	462
6	四川	重庆制药机械厂	2040	21	山东	蓬莱制药机械厂	456
7	湖北	湖北泰丰机械股份有限公司	2003	22	浙江	温州制药机械厂	443
8	湖南	湖南省浏阳医药设备总厂	1703	23	辽宁	沈阳市制药机械厂	427
9	湖北	武汉第二机床厂	1485	24	辽宁	辽阳双联搪玻璃设备公司	409
10	陕西	宝鸡制药机械厂	1462	25	辽宁	辽阳双联离心机公司	395
11	江苏	江苏常武干燥设备（集团）公司	1403	26	浙江	宁波华东制药机械厂	333
12	北京	北京制药机械设备厂	999	27	广东	广州医药机械厂	309
13	湖南	中南制药机械二厂一分厂	894	28	吉林	吉林省扶余县三岔河医药机械厂	300
14	湖北	武汉制药机械厂	762	29	山东	临清药物机械厂	285
15	天津	天津市中药机械厂	661	30	江西	庐山精密铸造厂	280

【1996 年制药机械工业按利税总额排序前 30 名】

No.	企业名称		利税总额（万元）	No.	企业名称		利税总额（万元）
1	辽宁	辽阳制药机械股份有限公司	518	16	河南	河南省周口制药机械厂	57
2	广东	惠阳机械厂	505	17	辽宁	沈阳市制药机械厂	50
3	江苏	江阴瑰宝制药机械厂	498	18	辽宁	辽阳宏吉减速机有限公司	45
4	湖南	中南制药机械一厂	422	19	黑龙江	黑龙江制药机械厂	43
5	上海	上海远东制药机械总厂	367	20	湖南	中南制药机械二厂	42
6	湖北	湖北泰丰机械股份有限公司	259	21	辽宁	辽阳双联制药设备公司	27
7	湖北	武汉第二机床厂	224	22	辽宁	辽阳双联离心机公司	25
8	湖南	中南制药机械二厂一分厂	107	23	山东	临清药物机械厂	23
9	浙江	宁波华东制药机械厂	101	24	湖南	中南制药机械一厂福利综合厂	22
10	湖南	湖南省浏阳医药设备总厂	98	25	浙江	温州制药机械厂	21
11	江苏	江苏常武干燥设备（集团）公司	87	26	山东	淄博制药机械厂	16
12	湖南	浏阳市医药设备二厂	82	27	湖南	衡阳市制药器械厂	15
13	四川	成都威斯药业设备制造有限公司	79	28	四川	重庆制药机械二厂	14
14	北京	北京制药机械设备厂	74	29	四川	重庆制药机械配件厂	7
15	吉林	吉林省扶余县三岔河医药机械厂	59	30	辽宁	丹东市制药机械厂	4

【1996 年制药机械工业按固定资产（原价）排序前 30 名】

No.	企业名称		固定资产（万元）	No.	企业名称		固定资产（万元）
1	湖北	武汉第二机床厂	7235	16	湖南	衡阳市制药器械厂	753
2	辽宁	辽阳制药机械股份有限公司	5889	17	吉林	长春制药机械厂	656
3	广东	惠阳机械厂	4983	18	湖南	浏阳市医药设备二厂	651
4	陕西	宝鸡制药机械厂	4206	19	湖北	湖北泰丰机械股份有限公司	641
5	湖南	湖南省浏阳医药设备总厂	2852	20	辽宁	辽阳双联搪玻璃设备公司	598
6	四川	重庆制药机械厂	2849	21	吉林	吉林省扶余县三岔河医药机械厂	549
7	湖南	中南制药机械一厂	2554	22	北京	北京制药机械设备厂	528
8	浙江	温州制药机械厂	1692	23	江西	庐山精密铸造厂	496
9	江苏	江阴瑰宝制药机械厂	1669	24	河南	河南省周口制药机械厂	377
10	上海	上海远东制药机械总厂	1300	25	黑龙江	黑龙江制药机械厂	260
11	广东	广州医药机械厂	990	26	四川	重庆制药机械二厂	246
12	山东	蓬莱制药机械厂	913	27	湖南	中南制药机械二厂一分厂	241
13	湖北	武汉制药机械厂	867	28	湖南	衡阳市医药机械设备厂	221
14	江苏	江苏常武干燥设备（集团）公司	845	29	浙江	宁波华东制药机械厂	216
15	天津	天津市中药机械厂	769	30	湖南	中南制药机械二厂	205

【1996年中成药工业按产值（现价）排序前200名①】

No.	企业名称		总产值（万元）	No.	企业名称		总产值（万元）
1	四川	中科院成都地奥制药公司	51459	36	四川	中科院地奥制药公司广汉分厂	11507
2	上海	上海药材公司	51223	37	广西	广西源安堂制药厂	11065
3	四川	四川太极实业股份有限公司	43501	38	山东	青岛中药股份有限公司	11064
4	北京	中国北京同仁堂集团公司	40388	39	湖南	长沙神箭制药厂	10713
5	广东	广东太阳神集团有限公司	40100	40	广东	广州羊城药业股份有限公司	10324
6	浙江	正大青春宝药业有限公司	33106	41	广东	广州敬修堂（药业）股份有限公司	10274
7	贵州	贵州神奇制药有限公司	32000	42	湖北	武汉华珍医药保健品有限公司	10028
8	山东	东阿阿胶（集团）股份有限公司	31086	43	吉林	通化白雪山药业股份有限公司	9982
9	陕西	咸阳步长制药有限公司	30600	44	广东	佛山市制药一厂	9877
10	广东	深圳太太药业有限公司	29749	45	云南	云南白药股份有限公司	9851
11	吉林	中国通化东宝实业集团公司	29379	46	河南	众生制药厂	9751
12	福建	漳州片仔癀集团公司	28235	47	吉林	通化金马药业股份有限公司	9515
13	吉林	吉林省延边敖东制药厂	27145	48	福建	厦门美华制药有限公司	9326
14	江西	江中制药厂	26486	49	辽宁	沈阳金龙保健品有限公司	9294
15	四川	成都恩威制药有限公司	25287	50	广东	广州花城制药厂	9128
16	广西	桂林三金药业集团公司	24377	51	吉林	吉林省敦化华康制药厂	9117
17	湖北	武汉健民药业股份有限公司	23854	52	广西	广西玉林制药厂	8989
18	广东	惠州九惠制药有限公司	23615	53	江西	广恩和制药有限公司	8933
19	广西	广西梧州制药（集团）股份有限公司	22813	54	天津	天津六中药制药有限公司	8910
20	山东	烟台荣昌制药有限公司	21459	55	辽宁	沈阳飞龙保健品有限公司	8724
21	海南	海南养生堂药业有限公司	21164	56	广东	佛山市制药二厂	8702
22	广东	健康药业（中国）有限公司	18795	57	江西	华依制药有限公司	8655
23	广东	广州潘高寿药业股份有限公司	18560	58	甘肃	兰州佛慈制药厂	8597
24	黑龙江	哈尔滨中药二厂	18528	59	安徽	芬格欣药业（集团）公司	8534
25	河南	宛西制药厂	17807	60	广东	广东华天宝药厂	8100
26	广东	广州中药一厂	15807	61	湖南	湖南省长沙九芝堂药业集团公司	8016
27	陕西	西安三宝双喜制药厂	13300	62	浙江	杭州天目山药业股份有限公司	7985
28	广东	广州奇星药业有限公司	13288	63	云南	昆明中药厂	7954
29	浙江	浙江康莱特药业有限公司	13252	64	浙江	浙江新光制药厂	7946
30	山东	山东鲁南制药厂	12810	65	四川	四川华美制药有限公司	7872
31	陕西	中国咸阳保健品厂	12615	66	安徽	淮南市第四制药厂	7829
32	四川	泸州药业有限责任公司	12216	67	江西	汇仁制药有限公司	7819
33	广东	广州陈李济药厂	12115	68	广西	广西金嗓子制药厂	7709
34	海南	海南椰岛股份有限公司	12069	69	山东	山东福胶集团有限责任公司	7628
35	广西	广西半宙制药（集团）有限责任公司	11569	70	江苏	康缘制药有限公司	7351

【1996年中成药工业按产值（现价）排序前200名②】

No.		企业名称	总产值（万元）	No.		企业名称	总产值（万元）
71	黑龙江	哈尔滨世一堂制药厂	7326	105	贵州	贵州汉方制药有限公司	4973
72	湖南	株洲千金药业股份有限公司	7124	106	湖北	宜昌民康药业有限公司	4970
73	四川	成都康弘制药有限公司	6916	107	江西	金水宝制药有限公司	4965
74	四川	中国中医研究院中汇制药公司	6830	108	广西	广西浦北制药厂	4848
75	天津	天津达仁堂制药有限公司	6801	109	安徽	巢湖正大药业有限公司	4707
76	河北	承德市中药厂	6510	110	陕西	西安正大药业有限公司	4688
77	湖北	荆沙市津奉集团	6403	111	辽宁	本溪第三制药厂	4669
78	浙江	杭州市胡庆余堂制药厂	6329	112	江苏	苏州雷允上药业集团	4635
79	山东	青岛华钟制药有限公司	6256	113	广东	广东宏兴集团股份有限公司	4622
80	河北	河北省安国制药厂	6181	114	安徽	淮南市第一制药厂	4601
81	湖南	衡阳中药实业股份有限公司	6124	115	陕西	西安一枝刘制药有限公司	4573
82	四川	四川美大康药业有限公司	6043	116	河北	石家庄华龙药业股份有限公司	4552
83	河北	唐山市龙山药业有限公司	6018	117	辽宁	沈阳中药厂	4550
84	四川	成都迪康制药公司	6000	118	山东	山东烟台中药厂	4491
85	四川	四川光大制药有限公司	5995	119	山东	山东济南中药厂	4443
86	河南	焦作市第二中药厂	5988	120	江西	药都樟树医药集团公司	4407
87	天津	天津乐仁堂制药有限公司	5895	121	安徽	合肥神鹿集团公司	4406
88	浙江	宁波立华制药有限公司	5797	122	陕西	西安太极药业有限公司	4391
89	北京	北京中医学院实验药厂	5730	123	吉林	吉林省抚松制药厂	4383
90	江西	济生制药厂	5615	124	天津	天津隆顺榕制药有限公司	4373
91	广东	广东省梅州市梅州制药厂	5514	125	四川	重庆桐君阁药厂	4355
92	江苏	无锡中药厂	5509	126	浙江	浙江天一堂药业公司	4354
93	浙江	浙江泰康制药有限公司	5446	127	福建	厦门中药厂	4329
94	河南	河南省新乡市百泉中药厂	5426	128	广东	广州萝岗制药厂	4302
95	广东	广东省汕头制药厂	5424	129	山西	山西中药厂	4282
96	广东	深圳市同安药业有限公司	5369	130	江苏	南京同仁堂制药厂	4227
97	河南	河南羚锐制药有限公司	5335	131	四川	四川西南华神药业股份有限公司	4200
98	江西	鹿迪制药有限公司	5288	132	江西	桑海制药厂	4181
99	广西	广西桂南制药集团公司	5281	133	贵州	贵州遵义安富制药厂	4154
100	江西	绿色制药有限公司	5242	134	福建	漳州市香料总厂	4147
101	吉林	中国吉林省皇封参集团公司	5238	135	山西	山西桂龙医药有限公司	4105
102	广东	广东省中山市沙溪制药厂	5189	136	河南	河南省精忠威尔药业公司	4061
103	安徽	安徽东南药业有限责任公司	5178	137	广东	广州众胜药厂	4045
104	贵州	贵州信邦制药有限责任公司	5100	138	四川	雅安三九药业有限公司	4031

【1996年中成药工业按产值（现价）排序前200名③】

No.	企业名称		总产值（万元）	No.	企业名称		总产值（万元）
139	四川	成都中药厂	3928	170	山东	山东省泰安四维制药厂	2879
140	河南	三门峡市第二制药厂	3912	171	安徽	安徽省宿州市制药厂	2857
141	安徽	安徽省黄山制药总厂	3773	172	陕西	西安博爱制药有限责任公司	2835
142	新疆	新疆特丰制药厂	3770	173	吉林	辉南辉发制药有限公司	2825
143	辽宁	盘锦第二制药厂	3724	174	山东	山东古阿井阿胶集团公司	2824
144	湖北	武汉市东山制药厂	3700	175	广西	柳江县制药厂	2817
145	湖北	武汉市中联制药厂	3696	176	浙江	台州制药厂	2809
146	广西	桂林红会制药厂	3500	177	广西	永福县制药厂	2809
147	新疆	新疆中药厂	3468	178	天津	天津同仁堂制药厂	2808
148	广东	翁源县青云山中药厂	3442	179	吉林	吉林省四平春光总厂	2792
149	山东	山东潍坊中药厂	3414	180	浙江	浙江东方制药有限公司	2785
150	吉林	通化市康威制药厂	3384	181	广西	广西中医学院制药厂	2773
151	四川	四川天府药业股份有限公司	3369	182	陕西	安康正大制药有限公司	2766
152	浙江	杭州澳医保灵药业有限公司	3353	183	湖北	湖北午时药业有限公司	2700
153	贵州	贵州益康制药有限公司	3349	184	湖北	随州市楚天制药厂	2696
154	山东	威海市申威药业有限公司	3326	185	上海	上海静安中药制药厂	2691
155	广西	梧州市人民制药厂	3273	186	北京	北京光明中医烧伤创疡研究所	2691
156	广东	广东阳江制药厂	3270	187	江苏	南通中药厂	2690
157	吉林	吉林省柳河制药厂	3185	188	广西	柳州市中药总厂	2687
158	湖北	湖北千里马医药保健品有限公司	3136	189	辽宁	鞍山第一制药厂	2664
159	黑龙江	黑宝药业公司	3120	190	山东	威海东宝制药厂	2658
160	贵州	贵州益佰制药有限公司	3100	191	河南	河南省赊店药业有限公司	2648
161	广东	广东省惠州市中药厂	3098	192	吉林	吉林省敦化市制药厂	2609
162	贵州	遵义市长寿长乐制药保健品厂	3091	193	吉林	吉林省集安市药厂	2606
163	河南	河南省周口药胶厂	3089	194	广东	广东省兴宁市制药厂	2600
164	四川	四川省宜宾药业有限责任公司	3048	195	海南	海南省水产加工厂	2595
165	四川	四川东方制药股份有限公司	3023	196	江西	南昌制药厂	2591
166	山东	山东北方制药股份有限公司	2969	197	广西	广西半宙制药集团公司第三制药厂	2586
167	吉林	四平市塔山制药厂	2930	198	河北	邯郸制药厂	2556
168	江苏	中加西洋参天然补品有限公司	2893	199	吉林	吉林省辽源市亚东制药厂	2555
169	河南	河南省安阳第三制药厂	2887	200	江西	藤王阁制药厂	2546

【1996 年中成药工业按销售收入排序前 200 名①】

No.	企业名称		销售收入（万元）	No.	企业名称		销售收入（万元）
1	北京	中国北京同仁堂集团公司	158956	36	湖北	武汉华珍医药保健品有限公司	10020
2	上海	上海药材公司	150062	37	陕西	中国咸阳保健品厂	9916
3	四川	中科院成都地奥制药公司	45895	38	天津	天津六中药制药有限公司	9703
4	广东	广东太阳神集团有限公司	41881	39	吉林	通化金马药业股份有限公司	9619
5	四川	四川太极实业股份有限公司	37457	40	广西	广西玉林制药厂	9560
6	吉林	中国通化东宝实业集团公司	28722	41	吉林	吉林省敦化华康制药厂	9395
7	广东	深圳太太药业有限公司	28267	42	云南	云南白药股份有限公司	9340
8	浙江	正大青春宝药业有限公司	27507	43	湖南	长沙神箭制药厂	9324
9	福建	漳州片仔癀集团公司	27233	44	广东	广东华天宝药厂	9300
10	广西	桂林三金药业集团公司	26710	45	河南	众生制药厂	9231
11	贵州	贵州神奇制药有限公司	25440	46	广东	佛山市制药一厂	9226
12	江西	江中制药厂	25414	47	江西	广恩和制药有限公司	8700
13	湖北	武汉健民药业股份有限公司	25102	48	广东	佛山市制药二厂	8278
14	吉林	吉林省延边敖东制药厂	24512	49	四川	泸州药业有限责任公司	8245
15	广西	广西梧州制药（集团）股份有限公司	21211	50	湖南	湖南省长沙九芝堂药业集团公司	7739
16	陕西	咸阳步长制药有限公司	20958	51	广东	广州花城制药厂	7719
17	广东	健康药业（中国）有限公司	19855	52	安徽	淮南市第四制药厂	7610
18	海南	海南养生堂药业有限公司	17084	53	浙江	杭州天目山药业股份有限公司	7339
19	广东	广州潘高寿药业股份有限公司	16279	54	福建	厦门美华制药有限公司	7099
20	辽宁	沈阳飞龙保健品有限公司	16023	55	湖南	衡阳中药实业股份有限公司	6906
21	山东	东阿阿胶（集团）股份有限公司	15704	56	浙江	杭州市胡庆余堂制药厂	6754
22	山东	烟台荣昌制药有限公司	15672	57	甘肃	兰州佛慈制药厂	6543
23	四川	成都恩威制药有限公司	15592	58	湖北	荆沙市津奉集团	6511
24	广东	广州中药一厂	15381	59	山东	山东福胶集团有限责任公司	6275
25	黑龙江	哈尔滨中药二厂	13996	60	天津	天津达仁堂制药有限公司	6168
26	海南	海南椰岛股份有限公司	13652	61	河北	承德市中药厂	6124
27	广东	广州奇星药业有限公司	13555	62	安徽	芬格欣药业（集团）公司	6085
28	山东	山东鲁南制药厂	12243	63	湖南	株洲千金药业股份有限公司	6010
29	河南	宛西制药厂	12000	64	江苏	康缘制药有限公司	5990
30	广东	广州敬修堂（药业）股份有限公司	11254	65	山东	青岛华钟制药有限公司	5910
31	四川	中科院地奥制药公司广汉分厂	11192	66	广西	广西金嗓子制药厂	5907
32	广东	广州陈李济药厂	11056	67	河北	唐山市龙山药业有限公司	5898
33	山东	青岛中药股份有限公司	10772	68	四川	中国中医研究院中汇制药公司	5703
34	广东	广州羊城药业股份有限公司	10720	69	四川	四川美大康药业有限公司	5690
35	浙江	浙江康莱特药业有限公司	10196	70	广东	广东省汕头制药厂	5593

【1996 年中成药工业企业按销售收入排序前 200 名②】

No.		企业名称	销售收入（万元）	No.		企业名称	销售收入（万元）
71	浙江	宁波立华制药有限公司	5430	105	辽宁	沈阳康达制药厂	4078
72	四川	重庆桐君阁药厂	5430	106	江西	金水宝制药有限公司	4067
73	四川	四川光大制药有限公司	5389	107	山西	山西中药厂	4065
74	四川	成都迪康制药公司	5364	108	安徽	安徽省黄山制药总厂	4060
75	黑龙江	哈尔滨世一堂制药厂	5304	109	浙江	浙江新光制药厂	4052
76	广西	广西半宙制药（集团）有限责任公司	5262	110	山东	山东济南中药厂	4014
77	湖北	宜昌民康药业有限公司	5239	111	河南	河南省精忠威尔药业公司	4004
78	陕西	西安正大药业有限公司	5028	112	山东	山东北方制药股份有限公司	3982
79	四川	四川华美制药有限公司	5003	113	贵州	贵州汉方制药有限公司	3978
80	广西	广西桂南制药集团公司	4981	114	浙江	杭州澳医保灵药业有限公司	3954
81	江西	济生制药厂	4958	115	江苏	南京同仁堂制药厂	3714
82	云南	昆明中药厂	4938	116	浙江	浙江泰康制药有限公司	3713
83	北京	北京中医学院实验药厂	4935	117	四川	四川奇力制药有限公司	3692
84	吉林	通化白雪山药业股份有限公司	4868	118	山东	山东烟台中药厂	3651
85	四川	成都康弘制药有限公司	4853	119	广东	深圳市同安药业有限公司	3622
86	安徽	淮南市第一制药厂	4801	120	四川	阿坝藏族羌族自治州制药厂	3567
87	吉林	吉林省敦化市制药厂	4570	121	广东	惠州九惠制药有限公司	3540
88	江苏	苏州雷允上药业集团	4532	122	天津	天津乐仁堂制药有限公司	3453
89	江西	绿色制药有限公司	4481	123	江西	鹿迪制药有限公司	3442
90	福建	厦门中药厂	4462	124	上海	上海静安中药制药厂	3423
91	河南	河南羚锐制药有限公司	4441	125	湖北	武汉市中联制药厂	3416
92	江苏	无锡中药厂	4427	126	河南	河南省新乡市百泉中药厂	3382
93	天津	天津隆顺榕制药有限公司	4410	127	新疆	新疆中药厂	3336
94	广东	广州众胜药厂	4332	128	江西	桑海制药厂	3270
95	辽宁	沈阳中药厂	4308	129	广西	广西浦北制药厂	3247
96	福建	漳州市香料总厂	4283	130	广西	广西源安堂制药厂	3218
97	广东	广东省中山市沙溪制药厂	4249	131	湖北	湖北千里马医药保健品有限公司	3126
98	陕西	西安三宝双喜制药厂	4236	132	安徽	巢湖正大药业有限公司	3113
99	四川	四川西南华神药业股份有限公司	4230	133	山东	山东古阿井阿胶集团公司	3073
100	四川	四川天府药业股份有限公司	4229	134	山东	威海市申威药业有限公司	3020
101	江西	药都樟树医药集团公司	4132	135	广东	广东省梅州市梅州制药厂	3009
102	广东	广东宏兴集团股份有限公司	4117	136	广西	广西半宙制药集团公司第三制药厂	2973
103	广东	广州萝岗制药厂	4099	137	四川	成都中药厂	2940
104	安徽	合肥神鹿集团公司	4086	138	山西	山西桂龙医药有限公司	2935

【1996年中成药工业企业按销售收入排序前200名③】

No.	企业名称		销售收入（万元）	No.	企业名称		销售收入（万元）
139	新疆	天山制药工业有限公司	2925	170	广东	广东省兴宁市制药厂	2150
140	四川	四川东方制药股份有限公司	2885	171	吉林	辉南辉发制药有限公司	2147
141	山东	山东潍坊中药厂	2858	172	黑龙江	哈尔滨中药四厂	2118
142	广东	翁源县青云山中药厂	2810	173	四川	成都亨达制药厂	2109
143	江苏	中加西洋参天然补品有限公司	2714	174	山东	威海制药股份有限公司	2106
144	新疆	新疆特丰制药厂	2669	175	广西	柳州市中药总厂	2100
145	吉林	吉林省抚松制药厂	2623	176	辽宁	大连长白山制药有限公司	2083
146	广西	广西中医学院制药厂	2601	177	海南	海南省水产加工厂	2082
147	天津	天津同仁堂制药厂	2600	178	河南	禹州市制药厂	2038
148	浙江	浙江天一堂药业公司	2587	179	吉林	中国吉林省皇封参集团公司	2031
149	陕西	安康正大制药有限公司	2568	180	安徽	安徽东南药业有限责任公司	2021
150	四川	四川省宜宾药业有限责任公司	2544	181	湖南	湘潭市制药厂	2005
151	湖北	黄石市制药厂	2540	182	天津	天津市第五中药厂	2001
152	江苏	南通中药厂	2508	183	河南	河南省赊店药业有限公司	1984
153	辽宁	本溪第三制药厂	2470	184	黑龙江	黑宝药业公司	1982
154	河南	河南省周口药胶厂	2450	185	山东	山东临清中药厂	1972
155	安徽	广州白云山制药总厂亳州分厂	2413	186	吉林	辉南天泰药业股份有限公司	1969
156	河南	河南省安阳第三制药厂	2408	187	湖北	湖北省咸宁制药厂	1961
157	浙江	浙江东方制药有限公司	2404	188	辽宁	大连中药厂	1955
158	广西	桂林市临桂制药厂	2394	189	吉林	吉林省通化市制药厂	1947
159	四川	雅安三九药业有限公司	2351	190	黑龙江	哈尔滨中药三厂	1937
160	吉林	中化四平药厂	2346	191	山西	山西华康药业股份有限公司	1934
161	四川	四川省绵阳制药厂	2310	192	江西	余江制药厂	1888
162	河北	河北省安国制药厂	2275	193	广东	东莞市中亚制药厂	1887
163	江苏	江苏多宝珠保健品有限公司	2263	194	云南	云南省腾冲县制药厂	1858
164	贵州	贵州益康制药有限公司	2238	195	黑龙江	哈尔滨一洲制药有限公司	1851
165	河北	石家庄华龙药业股份有限公司	2237	196	广西	广西桂林平乐制药厂	1851
166	安徽	安徽百春制药有限公司	2209	197	广东	中山市中药厂	1850
167	河北	邯郸制药厂	2183	198	湖北	省福人制药厂	1836
168	河北	河北药都制药厂	2173	199	浙江	处洲制药厂	1824
169	福建	天安制药（厦门）有限公司	2155	200	福建	福州中药制药厂	1824

【1996年中成药工业按利税总额排序前200名①】

No.	企业名称		利税总额（万元）	No.	企业名称		利税总额（万元）
1	四川	中科院成都地奥制药公司	23464	36	甘肃	兰州佛慈制药厂	2483
2	福建	漳州片仔癀集团公司	20252	37	四川	四川华美制药有限公司	2478
3	吉林	中国通化东宝实业集团公司	20074	38	吉林	吉林省敦化华康制药厂	2358
4	广东	深圳太太药业有限公司	11750	39	广东	广州陈李济药厂	2246
5	广东	健康药业（中国）有限公司	11535	40	广东	广州敬修堂（药业）股份有限公司	2171
6	江西	江中制药厂	11300	41	广西	广西梧州制药（集团）股份有限公司	2150
7	广东	广东太阳神集团有限公司	11054	42	浙江	浙江康莱特药业有限公司	2123
8	浙江	正大青春宝药业有限公司	10324	43	河南	众生制药厂	1914
9	山东	烟台荣昌制药有限公司	9057	44	广东	佛山市制药二厂	1740
10	四川	四川太极实业股份有限公司	8585	45	四川	四川美大康药业有限公司	1696
11	北京	中国北京同仁堂集团公司	8194	46	河南	宛西制药厂	1606
12	吉林	吉林省延边敖东制药厂	7713	47	天津	天津乐仁堂制药有限公司	1513
13	上海	上海药材公司	6852	48	陕西	西安正大药业有限公司	1505
14	广西	桂林三金药业集团公司	6159	49	广东	佛山市制药一厂	1497
15	吉林	通化金马药业股份有限公司	5926	50	湖南	长沙神箭制药厂	1457
16	四川	成都恩威制药有限公司	5354	51	安徽	芬格欣药业（集团）公司	1402
17	山东	山东鲁南制药厂	5106	52	四川	成都康弘制药有限公司	1385
18	湖北	武汉健民药业股份有限公司	4654	53	贵州	贵州汉方制药有限公司	1379
19	黑龙江	哈尔滨中药二厂	4397	54	湖南	湖南省长沙九芝堂药业集团公司	1375
20	北京	北京中医学院实验药厂	4086	55	黑龙江	哈尔滨世一堂制药厂	1352
21	贵州	贵州神奇制药有限公司	4003	56	山东	山东福胶集团有限责任公司	1343
22	云南	云南白药股份有限公司	3856	57	海南	海南养生堂药业有限公司	1340
23	山东	东阿阿胶（集团）股份有限公司	3691	58	陕西	中国咸阳保健品厂	1337
24	陕西	咸阳步长制药有限公司	3645	59	广西	广西玉林制药厂	1313
25	山东	青岛中药股份有限公司	3539	60	广东	惠州九惠制药有限公司	1303
26	天津	天津六中药制药有限公司	3518	61	四川	四川光大制药有限公司	1301
27	广东	广州中药一厂	3378	62	广西	广西金嗓子制药厂	1281
28	江西	广恩和制药有限公司	3242	63	四川	四川奇力制药有限公司	1242
29	海南	海南椰岛股份有限公司	3121	64	福建	天安制药（厦门）有限公司	1237
30	广东	广州奇星药业有限公司	3093	65	广东	广州羊城药业股份有限公司	1212
31	浙江	杭州天目山药业股份有限公司	3077	66	四川	中国中医研究院中汇制药公司	1205
32	吉林	通化白雪山药业股份有限公司	2902	67	四川	成都迪康制药公司	1182
33	四川	泸州药业有限责任公司	2884	68	广东	广东华天宝药厂	1146
34	湖南	衡阳中药实业股份有限公司	2547	69	湖南	株洲千金药业股份有限公司	1137
35	广东	广州潘高寿药业股份有限公司	2539	70	福建	厦门美华制药有限公司	1123

【1996 年中成药工业按利税总额排序前 200 名②】

No.		企业名称	利税总额（万元）	No.		企业名称	利税总额（万元）
71	湖北	武汉华珍医药保健品有限公司	1123	105	四川	四川天府药业股份有限公司	690
72	江苏	康缘制药有限公司	1112	106	福建	漳州市香料总厂	684
73	云南	昆明中药厂	1108	107	湖北	湖北省福人制药厂	684
74	吉林	吉林省敦化市制药厂	1106	108	河北	承德市中药厂	670
75	陕西	西安三宝双喜制药厂	1098	109	安徽	安徽省黄山制药总厂	669
76	河北	唐山市龙山药业有限公司	1091	110	陕西	安康正大制药有限公司	649
77	辽宁	沈阳飞龙保健品有限公司	1090	111	广东	广东省汕头制药厂	622
78	四川	重庆桐君阁药厂	1055	112	广东	翁源县青云山中药厂	610
79	江西	金水宝制药有限公司	1025	113	黑龙江	铁力制药厂	605
80	黑龙江	黑龙江参美制药有限公司	1018	114	广东	广州花城制药厂	602
81	江苏	无锡中药厂	974	115	山东	山东烟台中药厂	574
82	广东	广州萝岗制药厂	956	116	山东	山东潍坊中药厂	567
83	安徽	合肥神鹿集团公司	888	117	江西	济生制药厂	566
84	辽宁	沈阳康达制药厂	865	118	上海	上海静安中药制药厂	560
85	山东	山东古阿井阿胶集团公司	857	119	浙江	杭州澳医保灵药业有限公司	559
86	浙江	宁波立华制药有限公司	848	120	广东	广东宏兴集团股份有限公司	552
87	新疆	新疆特丰制药厂	847	121	安徽	广州白云山制药总厂亳州分厂	543
88	吉林	中国吉林省皇封参集团公司	845	122	黑龙江	哈尔滨一洲制药有限公司	542
89	福建	厦门中药厂	839	123	四川	四川省宜宾药业有限责任公司	530
90	贵州	贵州安康制药有限公司	836	124	吉林	辉南辉发制药有限公司	513
91	四川	四川西南华神药业股份有限公司	829	125	四川	雅安三九药业有限公司	506
92	吉林	辉南天泰药业股份有限公司	824	126	广东	广州众胜药厂	499
93	山东	青岛华钟制药有限公司	819	127	山西	山西桂龙医药有限公司	479
94	河南	河南羚锐制药有限公司	816	128	广西	桂林红会制药厂	471
95	山东	威海东宝制药厂	807	129	山东	山东北方制药股份有限公司	468
96	广西	广西中医学院制药厂	790	130	江苏	苏州雷允上药业集团	462
97	江西	绿色制药有限公司	787	131	安徽	巢湖正大药业有限公司	450
98	四川	中科院地奥制药公司广汉分厂	787	132	四川	成都亨达制药厂	447
99	浙江	浙江新光制药厂	743	133	山东	山东济南中药厂	438
100	北京	北京宝树堂制药有限公司	708	134	广西	广西源安堂制药厂	431
101	浙江	杭州市胡庆余堂制药厂	705	135	广西	广西桂南制药集团公司	431
102	湖北	湖北回春制药厂	700	136	广西	桂林市临桂制药厂	428
103	云南	昆明宏达制药厂	699	137	河南	河南省仲景保健药业有限公司	426
104	山西	山西中药厂	696	138	新疆	新疆中药厂	424

【1996 年中成药工业按利税总额排序前 200 名③】

No.	企业名称		利税总额（万元）	No.	企业名称		利税总额（万元）
139	四川	四川东方制药股份有限公司	423	170	云南	云南省腾冲县制药厂	291
140	吉林	吉林省汪清制药厂	422	171	黑龙江	黑龙江中龙制药厂	288
141	四川	四川旭华制药有限公司	422	172	四川	成都中药厂	287
142	湖北	湖北千里马医药保健品有限公司	419	173	北京	北京市华颐中药制药厂	279
143	贵州	贵州信邦制药有限责任公司	408	174	吉林	通化东港药业有限公司	278
144	河北	河北省沧州中药厂	401	175	江苏	南通中药厂	269
145	辽宁	沈阳兴维保健品有限公司	399	176	吉林	吉林省集安市药厂	267
146	江西	桑海制药厂	399	177	浙江	处州制药厂	266
147	浙江	浙江天一堂药业公司	388	178	福建	福建省安溪神龙医药保健品公司	266
148	北京	北京长城制药厂	384	179	陕西	西安翠生药业有限公司	261
149	湖北	荆沙市津奉集团	379	180	黑龙江	哈尔滨中药四厂	260
150	河北	河北省临西县制药厂	372	181	江西	余江制药厂	260
151	山东	烟台康德尔制药有限公司	368	182	吉林	吉林省抚松制药厂	259
152	辽宁	大连中药厂	365	183	吉林	通化市永康制药厂	253
153	内蒙	赤峰丹龙中药制药有限公司	359	184	广西	广西医科大学制药厂	253
154	江苏	江苏多宝珠保健品有限公司	356	185	浙江	台州制药厂	251
155	浙江	浙江泰康制药有限公司	353	186	山东	莒南罗布麻制剂厂	247
156	湖北	黄石飞云制药有限公司	348	187	湖北	黄石市制药厂	247
157	山东	淄博市淄川区第二制药厂	347	188	广东	广东省中山市沙溪制药厂	244
158	江苏	南京同仁堂制药厂	345	189	黑龙江	哈尔滨太阳岛制药厂	243
159	广西	广西半宙制药（集团）有限责任公司	345	190	吉林	中国吉林省西洋参集团公司	239
160	河南	河南三维药业有限公司	338	191	安徽	安徽百春制药有限公司	237
161	江西	药都樟树医药集团公司	337	192	湖南	湘潭市制药厂	233
162	辽宁	沈阳中药厂	325	193	广东	中山市中药厂	232
163	河北	石家庄华龙药业股份有限公司	320	194	广西	广西医药研究所药厂	232
164	湖北	湖北省咸宁制药厂	311	195	湖北	武汉市中联制药厂	231
165	青海	青海三普制药厂	307	196	四川	阿坝藏族羌族自治州制药厂	226
166	山西	山西华康药业股份有限公司	300	197	广西	广西万通制药有限公司	222
167	河南	河南省周口药胶厂	299	198	河北	张家口市长城制药厂	221
168	陕西	陕西省榆林地区中药厂	298	199	云南	丽江制药有限公司	220
169	四川	四川济生制药有限责任公司	295	200	河南	三门峡市第二制药厂	217

【1996年中成药工业按固定资产（原价）排序前200名①】

No.		企业名称	固定资产（万元）
1	北京	中国北京同仁堂集团公司	42678
2	广东	广东太阳神集团有限公司	36540
3	吉林	中国通化东宝实业集团公司	18991
4	上海	上海药材公司	16409
5	四川	成都恩威制药有限公司	14686
6	天津	天津六中药制药有限公司	14377
7	黑龙江	哈尔滨中药二厂	13976
8	浙江	正大青春宝药业有限公司	13351
9	吉林	吉林省延边敖东制药厂	12755
10	广西	广西梧州制药（集团）股份有限公司	11674
11	广东	广州奇星药业有限公司	10949
12	广东	广州敬修堂（药业）股份有限公司	9739
13	浙江	杭州天目山药业股份有限公司	8662
14	辽宁	本溪第三制药厂	8658
15	山东	东阿阿胶（集团）股份有限公司	8604
16	湖南	湖南省长沙九芝堂药业集团公司	8397
17	四川	四川太极实业股份有限公司	7972
18	广东	广州中药一厂	7939
19	云南	云南白药股份有限公司	7428
20	山东	青岛华钟制药有限公司	7314
21	吉林	通化金马药业股份有限公司	7281
22	广东	健康药业（中国）有限公司	6699
23	山东	山东福胶集团有限责任公司	6697
24	浙江	杭州市胡庆余堂制药厂	6624
25	广西	广西半宙制药（集团）有限责任公司	6587
26	湖南	湖南骛马制药有限公司	6573
27	天津	天津达仁堂制药有限公司	6522
28	湖北	宜昌民康药业有限公司	6477
29	山东	山东鲁南制药厂	6476
30	海南	海南椰岛股份有限公司	6433
31	福建	漳州片仔癀集团公司	6172
32	江西	江中制药厂	6083
33	广西	桂林三金药业集团公司	5949
34	河南	宛西制药厂	5844
35	辽宁	沈阳飞龙保健品有限公司	5821
36	广西	广西玉林制药厂	5577
37	河南	河南三株龙都药业有限公司	5549
38	广东	广州羊城药业股份有限公司	5432
39	广东	广东宏兴集团股份有限公司	5357
40	山东	青岛中药股份有限公司	5082
41	湖南	衡阳中药实业股份有限公司	5055
42	四川	中科院成都地奥制药公司	4680
43	湖北	武汉健民药业股份有限公司	4612
44	新疆	新疆湖光制药厂	4595
45	广东	广州花城制药厂	4485
46	辽宁	大连中药厂	4305
47	河南	众生制药厂	4305
48	江苏	无锡中药厂	4226
49	吉林	吉林省东丰制药厂	4167
50	四川	四川东方制药股份有限公司	4159
51	河北	邯郸制药厂	4093
52	山东	山东济南中药厂	4013
53	河北	唐山市龙山药业有限公司	3995
54	河北	承德市中药厂	3992
55	吉林	长春市中药厂	3963
56	河南	河南省安阳第三制药厂	3936
57	四川	四川美大康药业有限公司	3925
58	广东	广东省汕头制药厂	3919
59	北京	北京温阳西洋参制药有限公司	3916
60	贵州	贵州神奇制药有限公司	3867
61	广西	广西桂南制药集团公司	3862
62	辽宁	沈阳康达制药厂	3815
63	福建	厦门中药厂	3799
64	江苏	苏州雷允上药业集团	3791
65	山东	威海市申威药业有限公司	3787
66	北京	北京长城制药厂	3771
67	山东	山东烟台中药厂	3753
68	广东	广州陈李济药厂	3694
69	广东	佛山市制药二厂	3693
70	广东	广东华天宝药厂	3637

【1996年中成药工业按固定资产（原价）排序前200名②】

No.	企业名称		固定资产（万元）	No.	企业名称		固定资产（万元）
71	四川	四川西南华神药业股份有限公司	3632	105	广东	广东省梅州市梅州制药厂	2603
72	安徽	芬格欣药业（集团）公司	3520	106	广西	广西南珠集团公司珍珠制药厂	2601
73	广东	深圳太太药业有限公司	3504	107	天津	天津乐仁堂制药有限公司	2580
74	黑龙江	哈尔滨中药三厂	3499	108	天津	天津达仁堂第二制药有限公司	2570
75	天津	天津同仁堂制药厂	3493	109	四川	阿坝藏族羌族自治州制药厂	2569
76	辽宁	辽宁省桓仁中药厂	3458	110	甘肃	兰州佛慈制药厂	2562
77	山西	山西中药厂	3449	111	广东	惠州九惠制药有限公司	2550
78	江西	药都樟树医药集团公司	3427	112	河北	石家庄华龙药业股份有限公司	2543
79	浙江	浙江东方制药有限公司	3385	113	辽宁	沈阳中药厂	2518
80	山东	威海达因海洋生物有限公司	3318	114	吉林	吉林省抚松制药厂	2509
81	湖北	荆沙市津奉集团	3285	115	广东	佛山市制药一厂	2489
82	天津	天津隆顺榕制药有限公司	3258	116	四川	四川省辰龙股份有限公司	2478
83	河南	河南省新乡市百泉中药厂	3181	117	广东	广州众胜药厂	2470
84	广东	广州萝岗制药厂	3174	118	山东	山东北方制药股份有限公司	2449
85	江西	鹿迪制药有限公司	3148	119	浙江	浙江新光制药厂	2432
86	四川	成都中药厂	3123	120	广东	广东省兴宁市制药厂	2422
87	四川	重庆桐君阁药厂	3089	121	陕西	西安正大药业有限公司	2418
88	新疆	新疆中药厂	3088	122	辽宁	鞍山第一制药厂	2388
89	湖北	武汉第五制药厂	3057	123	广东	广州山河制药厂	2385
90	四川	泸州药业有限责任公司	2959	124	广东	深圳市同安药业有限公司	2359
91	山东	山东省泰安四维制药厂	2922	125	河南	郑州市中药制药厂	2355
92	湖北	武汉市中联制药厂	2909	126	广东	广东省中山市沙溪制药厂	2346
93	湖南	长沙神箭制药厂	2859	127	浙江	杭州澳医保灵药业有限公司	2330
94	安徽	安徽省黄山制药总厂	2846	128	江苏	康缘制药有限公司	2322
95	江苏	南京同仁堂制药厂	2829	129	黑龙江	黑宝药业公司	2313
96	河南	三门峡市第二制药厂	2827	130	吉林	通化白雪山药业股份有限公司	2302
97	内蒙	内蒙古蒙药厂	2817	131	四川	四川天府药业股份有限公司	2294
98	贵州	贵州遵义安富制药厂	2816	132	辽宁	大连长白山制药有限公司	2256
99	江西	桑海制药厂	2760	133	四川	四川光大制药有限公司	2253
100	吉林	中化四平药厂	2726	134	四川	成都市雪峰制药厂	2251
101	浙江	浙江温州海鹤集团有限公司	2710	135	黑龙江	哈尔滨世一堂制药厂	2246
102	安徽	安徽省滁州制药总厂	2702	136	甘肃	兰州中药厂	2231
103	云南	昆明兴中制药厂	2615	137	河北	唐山市第三制药厂	2220
104	新疆	天山制药工业有限公司	2615	138	江西	济生制药厂	2205

【1996年中成药工业按固定资产（原价）排序前200名③】

No.		企业名称	固定资产（万元）	No.		企业名称	固定资产（万元）
139	广西	广西灵峰药业股份有限公司	2205	170	山东	威海制药股份有限公司	1741
140	广西	广西源安堂制药厂	2189	171	陕西	安康正大制药有限公司	1738
141	安徽	淮南市第一制药厂	2161	172	四川	中科院地奥制药公司广汉分厂	1735
142	安徽	巢湖正大药业有限公司	2159	173	湖北	孝感市制药厂	1734
143	江西	广恩和制药有限公司	2126	174	广西	永福县制药厂	1728
144	北京	北京市华颐中药制药厂	2125	175	河北	河北邢台制药厂	1712
145	广东	广东阳江制药厂	2071	176	河南	焦作市第二中药厂	1707
146	河南	禹州市制药厂	2063	177	广东	广东省英德制药厂	1687
147	吉林	吉林省敦化市制药厂	2058	178	湖北	随州市楚天制药厂	1675
148	湖北	武汉市东山制药厂	2026	179	陕西	西安天一制药有限责任公司	1664
149	山东	烟台荣昌制药有限公司	1987	180	浙江	台州制药厂	1659
150	福建	福州中药制药厂	1985	181	湖南	湘潭市制药厂	1657
151	河南	开封中药制药厂	1978	182	吉林	吉林省通化市制药厂	1654
152	广西	柳州市中药总厂	1966	183	安徽	淮南市第四制药厂	1641
153	辽宁	盘锦第二制药厂	1958	184	浙江	浙江天一堂药业公司	1628
154	湖北	黄石市制药厂	1957	185	云南	云南省楚雄州制药厂	1598
155	福建	厦门美华制药有限公司	1954	186	广东	深圳市药用油厂	1591
156	吉林	白山市第二制药厂	1953	187	江苏	南通中药厂	1590
157	四川	四川雅达药业股份有限公司	1932	188	山东	山东潍坊中药厂	1574
158	四川	四川省绵阳制药厂	1927	189	河北	河北省安国制药厂	1572
159	安徽	安徽省宿州市制药厂	1923	190	安徽	安庆余良卿药业有限责任公司	1570
160	安徽	合肥神鹿集团公司	1900	191	陕西	西安一枝刘制药有限公司	1546
161	吉林	通化白山制药三厂	1894	192	吉林	吉林省参业集团国利药业公司	1545
162	四川	四川济生制药有限责任公司	1854	193	山东	威海希波药业有限公司	1545
163	安徽	芜湖张恒春制药厂	1852	194	吉林	吉林省柳河三株中药有限责任公司	1536
164	广西	南宁中西药厂	1840	195	吉林	吉林省敦化华康制药厂	1534
165	辽宁	大连泛美制药有限公司	1831	196	黑龙江	佳木斯中药厂	1515
166	福建	漳州市香料总厂	1830	197	广东	罗定制药厂	1507
167	广东	翁源县青云山中药厂	1821	198	吉林	长春市人民制药厂	1500
168	山西	太原中药厂	1771	199	河北	石家庄乐仁堂药厂	1493
169	湖南	株洲千金药业股份有限公司	1756	200	吉林	吉林省安图制药厂	1493

【1996年中药饮片工业按产值（现价）排序前30名】

No.	企　业　名　称		总产值（万元）	No.	企　业　名　称		总产值（万元）
1	天津	天津市中药饮片厂	4540	16	福建	厦门明丰企业有限公司	711
2	上海	上海童涵春堂中药饮片厂	2770	17	上海	上海市静安区药材公司合作加工场	660
3	上海	上海雷允上中药饮片厂	2345	18	上海	上海长宁中药饮片厂	637
4	北京	北京市通州人卫中药材加工厂	1378	19	湖北	武汉市中药饮片厂	586
5	河南	河南灵一制药有限公司	1350	20	新疆	乌鲁木齐中药饮片厂	559
6	上海	上海佳博药业经营公司中药饮片厂	1192	21	广西	南宁市天宝堂制药厂	484
7	上海	上海市徐重道中药饮片厂	1178	22	北京	北京市双桥燕京中药饮片加工部	482
8	江苏	常州市中药饮片厂	1143	23	上海	上海南市中药合作加工场	416
9	云南	昆明天紫红药厂	1028	24	湖南	衡阳市中药饮片厂	400
10	上海	上海杨浦中药饮片厂	975	25	安徽	合肥市医药公司中药饮片厂	366
11	上海	上海吴松中药饮片厂	943	26	江西	南昌中药饮片厂	362
12	北京	北京市通县振兴中药饮片加工厂	861	27	江苏	无锡市中药饮片厂	329
13	河南	淮阳县龙岗天然活性保健品厂	860	28	广西	梧州市远东药厂	305
14	上海	上海徐汇中药饮片厂	804	29	江苏	南京中药饮片厂	304
15	上海	上海蔡同德堂中药饮片厂	711	30	四川	四川省射洪中药饮片厂	250

【1996 年中药饮片工业按销售收入排序前 30 名】

No.	企业名称		销售收入（万元）	No.	企业名称		销售收入（万元）
1	天津	天津市中药饮片厂	4630	16	北京	北京市通县振兴中药饮片加工厂	911
2	上海	上海童涵春堂中药饮片厂	4506	17	福建	福州市中药饮片厂	885
3	江苏	无锡市中药饮片厂	4464	18	河南	淮阳县龙岗天然活性保健品厂	840
4	上海	上海雷允上中药饮片厂	3489	19	湖北	武汉市中药饮片厂	803
5	上海	上海佳博药业经营公司中药饮片厂	1971	20	江苏	南京中药饮片厂	770
6	上海	上海吴松中药饮片厂	1681	21	上海	上海蔡同德堂中药饮片厂	702
7	上海	上海市徐重道中药饮片厂	1471	22	新疆	乌鲁木齐中药饮片厂	681
8	北京	北京市通州人卫中药材加工厂	1437	23	上海	上海市静安区药材公司合作加工场	564
9	上海	上海徐汇中药饮片厂	1390	24	广西	南宁市天宝堂制药厂	559
10	上海	上海杨浦中药饮片厂	1330	25	北京	北京市双桥燕京中药饮片加工部	482
11	江苏	常州市中药饮片厂	1227	26	山西	太原医药药材公司饮片厂	467
12	河南	河南灵一制药有限公司	1061	27	上海	上海南市中药合作加工场	416
13	上海	上海长宁中药饮片厂	1053	28	辽宁	沈阳中药饮片厂	402
14	云南	昆明天紫红药厂	956	29	云南	红河州中药饮片厂	362
15	福建	厦门明丰企业有限公司	931	30	安徽	合肥市医药公司中药饮片厂	361

【1996年中药饮片工业按利税总额排序前30名】

No.	企业名称		利税总额（万元）	No.	企业名称		利税总额（万元）
1	江苏	无锡市中药饮片厂	338	16	上海	上海市徐重道中药饮片厂	46
2	上海	上海雷允上中药饮片厂	127	17	北京	北京市通县振兴中药饮片加工厂	42
3	云南	昆明天紫红药厂	113	18	上海	上海杨浦中药饮片厂	42
4	上海	上海市静安区药材公司合作加工场	107	19	江苏	南京中药饮片厂	36
5	上海	上海蔡同德堂中药饮片厂	83	20	上海	上海长宁中药饮片厂	34
6	上海	上海吴松中药饮片厂	81	21	山西	太原医药药材公司饮片厂	28
7	河南	淮阳县龙岗天然活性保健品厂	77	22	福建	福州市中药饮片厂	28
8	河南	河南灵一制药有限公司	73	23	安徽	合肥市医药公司中药饮片厂	25
9	北京	北京市通州人卫中药材加工厂	65	24	江西	南昌中药饮片厂	18
10	上海	上海南市中药合作加工场	62	25	湖南	衡阳市中药饮片厂	18
11	上海	上海佳博药业经营公司中药饮片厂	55	26	广西	南宁市天宝堂制药厂	16
12	上海	上海徐汇中药饮片厂	51	27	云南	红河州中药饮片厂	15
13	辽宁	沈阳中药饮片厂	47	28	湖北	武汉市中药饮片厂	14
14	北京	北京市双桥燕京中药饮片加工部	46	29	内蒙	包头中药饮片加工厂	12
15	上海	上海童涵春堂中药饮片厂	46	30	贵州	贵州顺海中药饮片厂	6

【1996年中药饮片工业按固定资产（原价）排序前30名】

No.	企业名称		固定资产（万元）	No.	企业名称		固定资产（万元）
1	江苏	无锡市中药饮片厂	1669	16	上海	上海佳博药业经营公司中药饮片厂	263
2	天津	天津市中药饮片厂	1309	17	广西	梧州市远东药厂	252
3	上海	上海童涵春堂中药饮片厂	1104	18	湖北	武汉市中药饮片厂	237
4	河南	河南灵一制药有限公司	1062	19	青海	青海省药材公司饮片厂	233
5	上海	上海雷允上中药饮片厂	927	20	四川	四川省射洪中药饮片厂	227
6	辽宁	沈阳中药饮片厂	910	21	贵州	贵阳中药饮片厂	221
7	云南	昆明天紫红药厂	873	22	上海	上海杨浦中药饮片厂	190
8	江苏	常州市中药饮片厂	725	23	福建	厦门明丰企业有限公司	164
9	新疆	乌鲁木齐中药饮片厂	562	24	上海	上海徐汇中药饮片厂	127
10	河南	淮阳县龙岗天然活性保健品厂	495	25	吉林	长春中药饮片厂	92
11	福建	福州市中药饮片厂	491	26	上海	上海市徐重道中药饮片厂	88
12	湖南	衡阳市中药饮片厂	474	27	上海	上海长宁中药饮片厂	84
13	云南	红河州中药饮片厂	447	28	上海	上海蔡同德堂中药饮片厂	82
14	湖北	武当山中药饮片厂	306	29	贵州	铜仁饮片厂	81
15	河南	禹州市中药材饮片厂	284	30	北京	北京市通州人卫中药材加工厂	79

【1996年药用包装材料工业按产值（现价）排序前30名】

No.	企业名称		总产值（万元）	No.	企业名称		总产值（万元）
1	江苏	苏州胶囊有限公司	17459	16	上海	上海大明玻璃厂	3570
2	山东	山东药用玻璃股份有限公司	16831	17	湖北	湖北省药用橡胶厂	3527
3	安徽	来安县医药玻璃总厂	12313	18	江苏	无锡红光玻璃厂	3397
4	上海	上海玻璃厂	11608	19	广西	桂林橡胶制品厂	3368
5	吉林	吉林省延吉市玻璃总厂	9271	20	黑龙江	黑龙江省巴彦橡胶厂	3212
6	江苏	南通玻璃有限公司	9179	21	福建	三明玻璃厂	3084
7	河北	石家庄第一橡胶股份有限公司	6835	22	上海	上海海昌医用塑胶制品厂	2987
8	江苏	江苏国泰医药包装集团公司	5950	23	山东	淄博市博山美术玻璃厂	2853
9	四川	重庆北碚玻璃仪器总厂	5882	24	四川	四川省国营犍为玻璃制品厂	2848
10	四川	四川医药包装股份有限公司	5780	25	湖北	湖北华强药用包装制品厂	2548
11	安徽	芜湖华东玻璃厂	5103	26	安徽	芜湖南阳医药塑料厂	2504
12	湖北	汉川县分水药用玻璃厂	4500	27	山西	山西省榆社县胶丸厂	2466
13	山东	青岛国箭公司	4266	28	湖北	仙桃市药用包装厂	2347
14	浙江	宁波兴亚橡胶厂	3966	29	广东	广州药用包装材料厂	2192
15	河北	河北高邑医药包装有限责任公司	3589	30	河南	河南省安阳药用玻璃厂	2160

【1996年药用包装材料工业按销售收入排序前30名】

No.	企业名称		销售收入（万元）	No.	企业名称		销售收入（万元）
1	江苏	苏州胶囊有限公司	17073	16	山东	青岛国箭公司	3384
2	山东	山东药用玻璃股份有限公司	14332	17	浙江	宁波兴亚橡胶厂	3278
3	上海	上海玻璃厂	11950	18	湖北	汉川县分水药用玻璃厂	3200
4	吉林	吉林省延吉市玻璃总厂	9746	19	江苏	无锡红光玻璃厂	3130
5	江苏	南通玻璃有限公司	8508	20	黑龙江	黑龙江省巴彦橡胶厂	3072
6	四川	重庆北碚玻璃仪器总厂	7685	21	四川	四川省国营犍为玻璃制品厂	2709
7	河北	石家庄第一橡胶股份有限公司	7010	22	河南	河南省安阳药用玻璃厂	2667
8	江苏	江苏国泰医药包装集团公司	6166	23	山西	山西省榆社县胶丸厂	2600
9	四川	四川医药包装股份有限公司	5675	24	广东	广州药用包装材料厂	2513
10	安徽	芜湖华东玻璃厂	5517	25	湖北	湖北华强药用包装制品厂	2299
11	安徽	来安县医药玻璃总厂	4740	26	安徽	芜湖南阳医药塑料厂	2241
12	上海	上海大明玻璃厂	3686	27	山东	淄博市博山美术玻璃厂	2237
13	陕西	陕西省秦宝有限公司	3496	28	陕西	陕西省宝鸡医药玻璃厂	2080
14	河北	河北高邑医药包装有限责任公司	3476	29	湖北	湖北省药用橡胶厂	2036
15	福建	三明玻璃厂	3443	30	四川	四川乐山志远药用橡胶制品有限公司	1734

【1996年药用包装材料工业按利税总额排序前30名】

No.		企业名称	利税总额（万元）	No.		企业名称	利税总额（万元）
1	江苏	苏州胶囊有限公司	8783	16	江苏	江苏国泰医药包装集团公司	361
2	山东	山东药用玻璃股份有限公司	3160	17	安徽	芜湖华东玻璃厂	347
3	山西	山西省榆社县胶丸厂	1486	18	陕西	陕西省秦宝有限公司	301
4	四川	重庆北碚玻璃仪器总厂	1362	19	四川	四川省国营犍为玻璃制品厂	299
5	吉林	吉林省延吉市玻璃总厂	1112	20	江苏	无锡红光玻璃厂	290
6	安徽	来安县医药玻璃总厂	774	21	福建	三明玻璃厂	273
7	四川	四川医药包装股份有限公司	715	22	安徽	芜湖南阳医药塑料厂	263
8	湖北	汉川县分水药用玻璃厂	662	23	河南	河南省安阳药用玻璃厂	258
9	河北	石家庄第一橡胶股份有限公司	659	24	浙江	鄞县第二胶丸厂	244
10	江苏	南通玻璃有限公司	623	25	湖北	湖北华强药用包装制品厂	195
11	浙江	宁波兴亚橡胶厂	530	26	江苏	丹阳医用玻瓶包装厂	182
12	河北	河北高邑医药包装有限责任公司	511	27	安徽	国营安徽省旌德黄山胶囊厂	167
13	上海	上海玻璃厂	505	28	四川	重庆滩口玻璃厂	157
14	上海	上海大明玻璃厂	430	29	山东	青岛国箭公司	137
15	黑龙江	黑龙江省巴彦橡胶厂	383	30	浙江	衢州康恩贝塑料制品公司	132

【1996 年药用包装材料工业按固定资产（原价）排序前 30 名】

No.	企业名称		固定资产（万元）	No.	企业名称		固定资产（万元）
1	山东	山东药用玻璃股份有限公司	13039	16	山东	淄博市博山美术琉璃厂	4238
2	陕西	陕西省宝鸡医药玻璃厂	12917	17	湖北	湖北华强药用包装制品厂	3800
3	江苏	苏州胶囊有限公司	10554	18	吉林	吉林省延吉市玻璃总厂	3774
4	广东	广州药用包装材料厂	9550	19	浙江	浙江大之医药胶囊有限公司	3657
5	山东	青岛国箭公司	9177	20	辽宁	沈阳药用玻璃总厂	3585
6	河北	石家庄第一橡胶股份有限公司	8236	21	江苏	江苏国泰医药包装集团公司	3409
7	上海	上海玻璃厂	7874	22	河北	河北高邑医药包装有限责任公司	3172
8	四川	重庆北碚玻璃仪器总厂	7401	23	山东	鲁南医用玻璃总厂	3150
9	江苏	南通玻璃有限公司	6322	24	四川	四川省云阳药用胶囊厂	3104
10	四川	四川医药包装股份有限公司	6092	25	河南	河南省安阳药用玻璃厂	3033
11	广东	平康药用胶囊企业有限公司	5901	26	吉林	延吉药用玻璃厂	3018
12	陕西	陕西省秦宝有限公司	5489	27	河南	林州市大众药用玻璃厂	2845
13	安徽	芜湖华东玻璃厂	5399	28	江苏	镇江市华达胶囊有限公司	2489
14	黑龙江	美尚药用包装材料有限公司	4514	29	江苏	无锡红光玻璃厂	2403
15	安徽	来安县医药玻璃总厂	4264	30	甘肃	天水医药玻璃厂	2262

【1996年其他工业按产值（现价）排序前30名】

No.	企业名称		总产值（万元）	No.	企业名称		总产值（万元）
1	山东	济南三株药业有限公司	324864	16	河南	安阳日月神药业公司	784
2	北京	卫生部北京生物制品研究所	14241	17	江苏	苏州溶媒回收厂	753
3	广东	深圳海王药业有限公司	12609	18	陕西	西安惠安化工厂药用辅料分厂	652
4	福建	健力宝集团漳州饮料公司	10511	19	福建	福建乌龙有限公司	576
5	甘肃	临泽淀粉厂	3338	20	辽宁	沈阳罗士安装维修有限公司	553
6	天津	天津市药品包装印刷厂	3281	21	广东	清远八达春无极保健品有限公司	460
7	辽宁	沈阳市医用电器设备厂	2930	22	广西	桂林市临桂航天药用滑石粉厂	450
8	辽宁	东北制药总厂实业总公司	2702	23	福建	福建省蜂产品加工厂	402
9	浙江	湖州食品化工联合公司	2400	24	福建	福州市动物保健品厂	367
10	浙江	诸几健美珍珠粉厂	1563	25	黑龙江	哈尔滨中德食品有限公司	245
11	黑龙江	哈尔滨联合箱包有限公司	1397	26	河南	平顶山市制线厂	238
12	江苏	盐城市药物化工厂	1315	27	黑龙江	哈尔滨中一磁带厂	219
13	广东	清远市淀粉厂	1273	28	浙江	诸几台胞营养品实业总公司	201
14	辽宁	盖县华森医药保健品责任有限公司	1246	29	天津	天津市眼镜厂	197
15	浙江	诸几东方巨星珍珠制品有限公司	790	30	黑龙江	黑龙江省医用氧总公司	167

【1996年其他工业按销售收入排序前30名】

No.	企　业　名　称		销售收入（万元）	No.	企　业　名　称		销售收入（万元）
1	山东	济南三株药业有限公司	364504	16	福建	福建乌龙有限公司	554
2	福建	健力宝集团漳州饮料公司	10263	17	辽宁	沈阳罗士安装维修有限公司	553
3	广东	深圳海王药业有限公司	9291	18	广西	桂林市临桂航天药用滑石粉厂	485
4	天津	天津市药品包装印刷厂	3235	19	福建	福州市动物保健品厂	362
5	甘肃	临泽淀粉厂	3213	20	黑龙江	黑龙江省医用氧总公司	355
6	辽宁	东北制药总厂实业总公司	2653	21	湖南	长沙莲湖医用氧气厂	332
7	浙江	湖州食品化工联合公司	2521	22	福建	福建省蜂产品加工厂	276
8	辽宁	沈阳市医用电器设备厂	2490	23	浙江	诸几台胞营养品实业总公司	248
9	浙江	诸几健美珍珠粉厂	1551	24	黑龙江	哈尔滨中德食品有限公司	239
10	黑龙江	哈尔滨联合箱包有限公司	1262	25	河南	平顶山市制线厂	223
11	江苏	盐城市药物化工厂	1206	26	天津	天津市眼镜厂	193
12	广东	清远市淀粉厂	1096	27	河南	安阳日月神药业公司	184
13	江苏	苏州溶媒回收厂	753	28	辽宁	沈阳市药用纸箱厂	143
14	辽宁	盖县华森医药保健品责任有限公司	648	29	湖南	永州市医用氧气厂	131
15	浙江	诸几东方巨星珍珠制品有限公司	605	30	广东	清远八达春无极保健品有限公司	106

【1996年其他工业按利税总额排序前30名】

No.	企业名称		利税总额（万元）	No.	企业名称		利税总额（万元）
1	山东	济南三株药业有限公司	179391	16	广西	柳州市东明医用氧气厂	48
2	广东	深圳海王药业有限公司	3648	17	广西	桂林市临桂航天药用滑石粉厂	37
3	福建	健力宝集团漳州饮料公司	1502	18	浙江	诸儿台胞营养品实业总公司	29
4	辽宁	沈阳市医用电器设备厂	762	19	江苏	盐城市药物化工厂	23
5	天津	天津市药品包装印刷厂	516	20	黑龙江	哈尔滨中德食品有限公司	20
6	浙江	湖州食品化工联合公司	246	21	河南	平顶山市制线厂	17
7	辽宁	东北制药总厂实业总公司	229	22	黑龙江	哈尔滨联合箱包有限公司	14
8	浙江	诸儿健美珍珠粉厂	182	23	辽宁	沈阳市药用纸箱厂	10
9	福建	福建乌龙有限公司	137	24	福建	福建省蜂产品加工厂	9
10	黑龙江	黑龙江省医用氧总公司	136	25	黑龙江	哈尔滨中一磁带厂	8
11	江苏	苏州溶媒回收厂	94	26	广西	灵川县外搽药剂厂	6
12	浙江	诸儿东方巨星珍珠制品有限公司	85	27	福建	福州市动物保健品厂	5
13	辽宁	盖县华森医药保健品责任有限公司	82	28	四川	重庆勤俭制药厂	
14	辽宁	沈阳罗士安装维修有限公司	75	29	北京	卫生部北京生物制品研究所	
15	湖南	长沙莲湖医用氧气厂	56	30	辽宁	本溪市电器开关厂	

【1996 年其他工业按固定资产（原价）排序前 30 名】

No.	企业名称		固定资产（万元）	No.	企业名称		固定资产（万元）
1	山东	济南三株药业有限公司	9248	16	浙江	诸儿东方巨星珍珠制品有限公司	288
2	黑龙江	哈尔滨中一磁带厂	3648	17	黑龙江	黑龙江省医用氧总公司	219
3	广东	深圳海王药业有限公司	2700	18	湖南	永州市医用氧气厂	203
4	天津	天津市药品包装印刷厂	2229	19	福建	福建乌龙有限公司	194
5	福建	健力宝集团漳州饮料公司	2034	20	辽宁	星达营养食品沈阳有限公司	189
6	广东	清远八达春无极保健品有限公司	1771	21	天津	天津市眼镜厂	167
7	浙江	诸儿健美珍珠粉厂	1229	22	浙江	诸儿台胞营养品实业总公司	163
8	辽宁	东北制药总厂实业总公司	1049	23	江苏	苏州溶媒回收厂	155
9	河南	安阳日月神药业公司	941	24	辽宁	沈阳市药品容器厂	129
10	浙江	湖州食品化工联合公司	897	25	黑龙江	哈尔滨中德食品有限公司	111
11	广东	清远市淀粉厂	763	26	湖北	武汉澳利生啤饮品有限公司	109
12	江苏	盐城市药物化工厂	378	27	黑龙江	哈尔滨联合箱包有限公司	104
13	广西	桂林市临桂航天药用滑石粉厂	322	28	广东	清远力神保健品有限公司	101
14	辽宁	沈阳市医用电器设备厂	315	29	广东	清远市华丰工贸公司	55
15	湖南	长沙莲湖医用氧气厂	303	30	河南	河南省安阳市科教化学试剂厂	54

1995～1996年北京市医药工业主要经济指标

指 标 名 称	计算单位	1995年	1996年
工业企业和生产单位数	个	133.000	124.000
其中：亏损企业	个	34.000	26.000
其中：大中型企业	个	25.000	31.000
年末从业人员	人	27448.000	31816.000
固定资产投资	万元	0.000	0.000
工业总产值	万元	225929.000	226233.000
工业销售产值	万元	174045.000	212417.000
工业增加值	万元	86421.000	87915.000
主要产品产量		0.000	0.000
化学原料药总量	吨	4306.115	4699.559
其中：抗感染类	吨	1062.752	723.361
解热镇痛	吨	0.000	0.000
维生素类	吨	549.750	507.593
抗菌素分装	万瓶	54.730	62.000
针 剂	万支	7534.868	7817.865
片 剂	万片	104438.340	555288.604
胶 囊	万粒	453.200	1071.600
大输液	万瓶	463.110	9317.332
X光机	台	1427.000	0.000
手术器械	万件	37.450	44.400
主要财务指标		0.000	0.000
固定资产原价	万元	176478.000	176674.000
固定资产净价	万元	124036.000	122003.000
流动资金年末占用额	万元	0.000	0.000
产品销售收入	万元	310852.000	314943.000
产品销售税金	万元	1972.000	1471.000
亏损企业亏损额	万元	0.000	4850.000
利润总额	万元	14837.000	9856.000
利税总额	万元	50553.000	24834.000
企业留利	万元	0.000	0.000
主要财务指标分析		0.000	0.000
企业亏损面	%	29.060	25.243
百元固定资产原价实现的工业总产值（当年价）	元	124.603	128.051
百元固定资产原价实现的利税	元	28.645	14.056
流动资金周转次数	次	0.961	0.982
资金利税率	%	12.038	5.670
产品销售率	%	77.035	93.893
销售利税率	%	0.000	7.885
工业成本费用利润率	%	4.946	3.180
工业增加值率	%	38.715	38.860
人均利税	元	18254.134	7756.020
全员劳动生产率	元	31205.676	27457.135
万元产值综合能耗（折标煤：吨）	吨	0.000	0.642
平均每一职工占有的固定资产	元	63724.272	55177.863
平均每一职工创造的增加值	元	31205.676	27457.135
平均每一职工占有的企业留利	元	0.000	0.000

1995～1996年天津市医药工业主要经济指标

指标名称	计算单位	1995年	1996年
工业企业和生产单位数	个	51.000	50.000
其中：亏损企业	个	13.000	19.000
其中：大中型企业	个	22.000	27.000
年末从业人员	人	26700.000	25529.000
固定资产投资	万元	0.000	0.000
工业总产值	万元	245200.000	278762.000
工业销售产值	万元	152959.000	277119.000
工业增加值	万元	110631.000	134426.000
主要产品产量		0.000	0.000
化学原料药总量	吨	2882.067	2420.943
其中：抗感染类	吨	543.476	542.576
解热镇痛	吨	516.369	414.325
维生素类	吨	173.227	191.023
抗菌素分装	万瓶	1423.187	0.000
针剂	万支	13182.007	12328.858
片剂	万片	497589.328	469545.826
胶囊	万粒	2014.415	1764.671
大输液	万瓶	154392.450	165562.304
X光机	台	108.000	92.000
手术器械	万件	2122.888	3049.088
主要财务指标		0.000	0.000
固定资产原价	万元	134249.000	154375.000
固定资产净价	万元	95364.000	106966.000
流动资金年末占用额	万元	0.000	0.000
产品销售收入	万元	240466.000	273985.000
产品销售税金	万元	600.000	683.000
亏损企业亏损额	万元	0.000	7246.000
利润总额	万元	39228.000	61825.000
利税总额	万元	65259.000	86912.000
企业留利	万元	0.000	0.000
主要财务指标分析		0.000	0.000
企业亏损面	%	25.490	40.426
百元固定资产原价实现的工业总产值（当年价）	元	182.646	180.575
百元固定资产原价实现的利税	元	48.610	56.299
流动资金周转次数	次	1.443	1.194
资金利税率	%	25.757	25.646
产品销售率	%	62.381	99.411
销售利税率	%	0.000	31.721
工业成本费用利润率	%	18.336	26.924
工业增加值率	%	45.119	48.222
人均利税	元	24495.702	34925.457
全员劳动生产率	元	41526.594	54018.887
万元产值综合能耗（折标煤：吨）	吨	0.000	0.587
平均每一职工占有的固定资产	元	50391.877	62035.363
平均每一职工创造的增加值	元	41526.594	54018.887
平均每一职工占有的企业留利	元	0.000	0.000

1995～1996 年河北省医药工业主要经济指标

指 标 名 称	计算单位	1995 年	1996 年
工业企业和生产单位数	个	144	156.000
其中：亏损企业	个	40	42.000
其中：大中型企业	个	44	46.000
年末从业人员	人	65645	70539.000
固定资产投资	万元	0	0.000
工业总产值	万元	609192	768154.000
工业销售产值	万元	571954	714864.000
工业增加值	万元	165378	228921.000
主要产品产量		0	0.000
化学原料药总量	吨	50030	57218.297
其中：抗感染类	吨	5636	8477.890
解热镇痛	吨	94	91.182
维生素类	吨	2696	6233.461
抗菌素分装	万瓶	201725	247717.320
针　剂	万支	89806	90406.200
片　剂	万片	1139194	1408795.080
胶　囊	万粒	8365	10853.479
大输液	万瓶	184668	215371.000
X 光机	台	0	0.000
手术器械	万件	0	1167.000
主要财务指标		0	0.000
固定资产原价	万元	451964	577140.000
固定资产净价	万元	337940	439758.000
流动资金年末占用额	万元	0	0.000
产品销售收入	万元	580372	693248.000
产品销售税金	万元	3317	3104.000
亏损企业亏损额	万元	0	6544.000
利润总额	万元	42029	51797.000
利税总额	万元	90687	92657.000
企业留利	万元	0	0.000
主要财务指标分析		0	0.000
企业亏损面	%	27	26.923
百元固定资产原价实现的工业总产值（当年价）	元	134	133.097
百元固定资产原价实现的利税	元	20	16.055
流动资金周转次数	次	1	1.487
资金利税率	%	15	10.865
产品销售率	%	93	93.063
销售利税率	%	0	13.366
工业成本费用利润率	%	7	7.975
工业增加值率	%	27	29.801
人均利税	元	14162	13448.431
全员劳动生产率	元	25826	33226.073
万元产值综合能耗（折标煤：吨）	吨	0	1.241
平均每一职工占有的固定资产	元	70581	83767.308
平均每一职工创造的增加值	元	25826	33226.073
平均每一职工占有的企业留利	元	0	0.000

1995～1996年山西省医药工业主要经济指标

指标名称	计算单位	1995年	1996年
工业企业和生产单位数	个	94.000	97.000
其中：亏损企业	个	26.000	29.000
其中：大中型企业	个	10.000	10.000
年末从业人员	人	30506.000	30074.000
固定资产投资	万元	0.000	0.000
工业总产值	万元	121750.000	117467.000
工业销售产值	万元	120161.000	109239.000
工业增加值	万元	28076.000	28839.000
主要产品产量		0.000	0.000
化学原料药总量	吨	1739.481	1439.353
其中：抗感染类	吨	937.082	563.131
解热镇痛	吨	0.000	0.000
维生素类	吨	0.000	6.369
抗菌素分装	万瓶	22728.085	16749.456
针剂	万支	202297.301	226398.408
片剂	万片	853090.051	918599.460
胶囊	万粒	2869.147	3326.207
大输液	万瓶	188263.514	157572.528
X光机	台	225.000	102.000
手术器械	万件	296.000	380.700
主要财务指标		0.000	0.000
固定资产原价	万元	76716.000	111625.000
固定资产净价	万元	54201.000	84075.000
流动资金年末占用额	万元	0.000	0.000
产品销售收入	万元	109434.000	101343.000
产品销售税金	万元	760.000	559.000
亏损企业亏损额	万元	0.000	9581.000
利润总额	万元	1099.000	－6047.000
利税总额	万元	8075.000	1201.000
企业留利	万元	0.000	0.000
主要财务指标分析		0.000	0.000
企业亏损面	%	27.368	29.897
百元固定资产原价实现的工业总产值（当年价）	元	158.702	105.234
百元固定资产原价实现的利税	元	10.526	1.076
流动资金周转次数	次	1.209	0.959
资金利税率	%	5.700	0.647
产品销售率	%	98.695	92.995
销售利税率	%	0.000	1.185
工业成本费用利润率	%	1.005	－5.640
工业增加值率	%	23.060	24.551
人均利税	元	2715.016	409.660
全员劳动生产率	元	9439.849	9836.955
万元产值综合能耗（折标煤：吨）	吨	0.000	1.372
平均每一职工占有的固定资产	元	25793.827	38075.178
平均每一职工创造的增加值	元	9439.849	9836.955
平均每一职工占有的企业留利	元	0.000	0.000

1995～1996年内蒙古自治区医药工业主要经济指标

指 标 名 称	计算单位	1995年	1996年
工业企业和生产单位数	个	49.000	47.000
其中：亏损企业	个	14.000	15.000
其中：大中型企业	个	8.000	9.000
年末从业人员	人	13559.000	14582.000
固定资产投资	万元	0.000	0.000
工业总产值	万元	63189.000	60105.000
工业销售产值	万元	55130.000	58354.000
工业增加值	万元	16890.000	12434.000
主要产品产量		0.000	0.000
化学原料药总量	吨	7305.100	8347.435
其中：抗感染类	吨	1764.760	1556.370
解热镇痛	吨	27.490	26.400
维生素类	吨	0.000	0.000
抗菌素分装	万瓶	1723.000	2220.000
针 剂	万支	7198.000	6346.000
片 剂	万片	330637.000	221890.000
胶 囊	万粒	1904.000	1193.000
大输液	万瓶	20606.000	13533.060
X光机	台	0.000	0.000
手术器械	万件	0.160	0.050
主要财务指标		0.000	0.000
固定资产原价	万元	47239.000	58969.000
固定资产净价	万元	35494.000	44619.000
流动资金年末占用额	万元	0.000	0.000
产品销售收入	万元	57804.000	57310.000
产品销售税金	万元	303.000	399.000
亏损企业亏损额	万元	0.000	3141.000
利润总额	万元	−1070.000	−1530.000
利税总额	万元	3098.000	2047.000
企业留利	万元	0.000	0.000
主要财务指标分析		0.000	0.000
企业亏损面	%	29.787	34.091
百元固定资产原价实现的工业总产值（当年价）	元	130.930	101.926
百元固定资产原价实现的利税	元	6.558	3.471
流动资金周转次数	次	0.997	0.988
资金利税率	%	3.658	1.922
产品销售率	%	87.246	97.087
销售利税率	%	0.000	3.572
工业成本费用利润率	%	−1.845	−2.540
工业增加值率	%	25.327	20.687
人均利税	元	2301.293	1433.473
全员劳动生产率	元	12546.427	8707.283
万元产值综合能耗（折标煤：吨）	吨	0.000	1.863
平均每一职工占有的固定资产	元	35090.625	41294.818
平均每一职工创造的增加值	元	12546.427	8707.283
平均每一职工占有的企业留利	元	0.000	0.000

1995～1996年辽宁省医药工业主要经济指标

指　标　名　称	计算单位	1995年	1996年
工业企业和生产单位数	个	249	248.000
其中：亏损企业	个	104	113.000
其中：大中型企业	个	55	60.000
年末从业人员	人	86771	80596.000
固定资产投资	万元	0	0.000
工业总产值	万元	526322	493635.000
工业销售产值	万元	502078	453777.000
工业增加值	万元	127270	121744.000
主要产品产量		0	0.000
化学原料药总量	吨	19044	18823.666
其中：抗感染类	吨	2580	2255.247
解热镇痛	吨	1748	1005.449
维生素类	吨	5084	7521.517
抗菌素分装	万瓶	73094	64617.000
针　剂	万支	26948	23666.830
片　剂	万片	1081419	975450.414
胶　囊	万粒	4459	3748.170
大输液	万瓶	241088	220025.420
X光机	台	90	0.000
手术器械	万件	5666	6234.000
主要财务指标		0	0.000
固定资产原价	万元	468134	473494.000
固定资产净价	万元	352455	352227.000
流动资金年末占用额	万元	0	0.000
产品销售收入	万元	466306	466506.000
产品销售税金	万元	2713	2222.000
亏损企业亏损额	万元	0	29618.000
利润总额	万元	7000	−7803.000
利税总额	万元	35688	16575.000
企业留利	万元	0	0.000
主要财务指标分析		0	0.000
企业亏损面	%	43	52.074
百元固定资产原价实现的工业总产值（当年价）	元	111	104.254
百元固定资产原价实现的利税	元	7	3.501
流动资金周转次数	次	0	0.791
资金利税率	%	4	1.795
产品销售率	%	95	91.926
销售利税率	%	0	3.553
工业成本费用利润率	%	1	−1.623
工业增加值率	%	24	24.663
人均利税	元	4153	2075.169
全员劳动生产率	元	14812	15242.197
万元产值综合能耗（折标煤：吨）	吨	0	1.128
平均每一职工占有的固定资产	元	54482	59280.858
平均每一职工创造的增加值	元	14812	15242.197
平均每一职工占有的企业留利	元	0	0.000

1995～1996年吉林省医药工业主要经济指标

指 标 名 称	计算单位	1995年	1996年
工业企业和生产单位数	个	214.000	226.000
其中：亏损企业	个	109.000	106.000
其中：大中型企业	个	42.000	46.000
年末从业人员	人	69788.000	68518.000
固定资产投资	万元	0.000	0.000
工业总产值	万元	325121.000	359284.000
工业销售产值	万元	280678.000	304206.000
工业增加值	万元	102909.000	139693.000
主要产品产量		0.000	0.000
化学原料药总量	吨	11623.178	10734.218
其中：抗感染类	吨	1913.340	1470.287
解热镇痛	吨	3839.335	4179.769
维生素类	吨	580.187	541.000
抗菌素分装	万瓶	1145.000	1033.700
针 剂	万支	24800.000	18667.000
片 剂	万片	705891.000	789611.030
胶 囊	万粒	2764.000	3012.000
大输液	万瓶	51667.000	51662.600
X光机	台	0.000	0.000
手术器械	万件	1149.400	63.000
主要财务指标		0.000	0.000
固定资产原价	万元	253104.000	303478.000
固定资产净价	万元	198412.000	242167.000
流动资金年末占用额	万元	0.000	0.000
产品销售收入	万元	263332.000	291149.000
产品销售税金	万元	1833.000	2282.000
亏损企业亏损额	万元	0.000	19600.000
利润总额	万元	13668.000	28993.000
利税总额	万元	44365.000	53919.000
企业留利	万元	0.000	0.000
主要财务指标分析		0.000	0.000
企业亏损面	%	50.935	50.962
百元固定资产原价实现的工业总产值（当年价）	元	127.894	118.389
百元固定资产原价实现的利税	元	17.528	17.767
流动资金周转次数	次	0.641	0.629
资金利税率	%	7.510	7.953
产品销售率	%	86.330	84.670
销售利税率	%	0.000	18.519
工业成本费用利润率	%	5.347	10.704
工业增加值率	%	31.791	38.881
人均利税	元	6545.924	8100.203
全员劳动生产率	元	15183.917	20985.954
万元产值综合能耗（折标煤：吨）	吨	0.000	1.005
平均每一职工占有的固定资产	元	37344.744	45591.227
平均每一职工创造的增加值	元	15183.917	20985.954
平均每一职工占有的企业留利	元	0.000	0.000

1995～1996 年黑龙江省医药工业主要经济指标

指标名称	计算单位	1995 年	1996 年
工业企业和生产单位数	个	151.000	150.000
其中：亏损企业	个	55.000	50.000
其中：大中型企业	个	31.000	35.000
年末从业人员	人	51119.000	47645.000
固定资产投资	万元	0.000	0.000
工业总产值	万元	324265.000	365154.000
工业销售产值	万元	299624.000	335911.000
工业增加值	万元	73633.000	88268.000
主要产品产量		0.000	0.000
化学原料药总量	吨	38654.810	29305.607
其中：抗感染类	吨	1139.172	825.887
解热镇痛	吨	1067.253	1723.750
维生素类	吨	480.000	88.000
抗菌素分装	万瓶	120652.000	137209.600
针剂	万支	20331.050	20236.000
片剂	万片	710898.590	748359.000
胶囊	万粒	6061.000	6233.460
大输液	万瓶	66173.470	86015.250
X 光机	台	0.000	0.000
手术器械	万件	269.000	222.000
主要财务指标		0.000	0.000
固定资产原价	万元	273492.000	306514.000
固定资产净价	万元	224666.000	228961.000
流动资金年末占用额	万元	0.000	0.000
产品销售收入	万元	285652.000	317417.000
产品销售税金	万元	1847.000	2120.000
亏损企业亏损额	万元	0.000	15702.000
利润总额	万元	791.000	7869.000
利税总额	万元	22142.000	28730.000
企业留利	万元	0.000	0.000
主要财务指标分析		0.000	0.000
企业亏损面	%	42.969	37.594
百元固定资产原价实现的工业总产值（当年价）	元	114.614	119.131
百元固定资产原价实现的利税	元	8.096	9.373
流动资金周转次数	次	1.065	1.013
资金利税率	%	4.739	5.367
产品销售率	%	92.401	91.992
销售利税率	%	0.000	9.051
工业成本费用利润率	%	0.278	2.543
工业增加值率	%	22.772	24.173
人均利税	元	4460.785	6142.301
全员劳动生产率	元	14834.297	18871.168
万元产值综合能耗（折标煤：吨）	吨	0.000	1.125
平均每一职工占有的固定资产	元	55098.414	65530.850
平均每一职工创造的增加值	元	14834.297	18871.168
平均每一职工占有的企业留利	元	0.000	0.000

1995～1996年上海市医药工业主要经济指标

指 标 名 称	计算单位	1995年	1996年
工业企业和生产单位数	个	100	93.000
其中：亏损企业	个	19	11.000
其中：大中型企业	个	47	44.000
年末从业人员	人	51294	47864.000
固定资产投资	万元	0	0.000
工业总产值	万元	719608	827943.000
工业销售产值	万元	705750	914721.000
工业增加值	万元	162137	205713.000
主要产品产量		0	0.000
化学原料药总量	吨	29452	20089.895
其中：抗感染类	吨	2858	2656.773
解热镇痛	吨	917	1581.073
维生素类	吨	2618	2610.069
抗菌素分装	万瓶	32233	40119.000
针 剂	万支	123534	124378.000
片 剂	万片	1329790	1557918.000
胶 囊	万粒	1841	2144.000
大输液	万瓶	147104	175439.000
X光机	台	2798	2100.000
手术器械	万件	499	206.250
主要财务指标		0	0.000
固定资产原价	万元	224121	288709.000
固定资产净价	万元	143054	197789.000
流动资金年末占用额	万元	0	0.000
产品销售收入	万元	781910	861215.000
产品销售税金	万元	1994	2294.000
亏损企业亏损额	万元	0	3057.000
利润总额	万元	20205	29303.000
利税总额	万元	53104	65624.000
企业留利	万元	0	0.000
主要财务指标分析		0	0.000
企业亏损面	%	19	11.828
百元固定资产原价实现的工业总产值（当年价）	元	321	286.774
百元固定资产原价实现的利税	元	23	22.730
流动资金周转次数	次	1	1.359
资金利税率	%	7	8.230
产品销售率	%	98	110.481
销售利税率	%	0	7.620
工业成本费用利润率	%	2	3.388
工业增加值率	%	22	24.846
人均利税	元	10348	13666.826
全员劳动生产率	元	31595	42841.702
万元产值综合能耗（折标煤：吨）	吨	0	0.362
平均每一职工占有的固定资产	元	43673	60126.414
平均每一职工创造的增加值	元	31595	42841.702
平均每一职工占有的企业留利	元	0	0.000

1995～1996年江苏省医药工业主要经济指标

指标名称	计算单位	1995年	1996年
工业企业和生产单位数	个	184	177.000
其中：亏损企业	个	46	55.000
其中：大中型企业	个	64	66.000
年末从业人员	人	94603	90630.000
固定资产投资	万元	0	0.000
工业总产值	万元	876621	873319.000
工业销售产值	万元	835654	827149.000
工业增加值	万元	223842	233323.000
主要产品产量		0	0.000
化学原料药总量	吨	36437	38762.947
其中：抗感染类	吨	7223	6672.022
解热镇痛	吨	7158	9389.070
维生素类	吨	5966	8465.043
抗菌素分装	万瓶	18640	15543.872
针剂	万支	446742	469825.798
片剂	万片	2317475	2270132.370
胶囊	万粒	17873	19438.631
大输液	万瓶	221583	228577.969
X光机	台	934	1074.000
手术器械	万件	25347	27837.732
主要财务指标		0	0.000
固定资产原价	万元	422027	470780.000
固定资产净价	万元	313956	342671.000
流动资金年末占用额	万元	0	0.000
产品销售收入	万元	823427	808264.000
产品销售税金	万元	4944	4491.000
亏损企业亏损额	万元	0	18908.000
利润总额	万元	36221	22350.000
利税总额	万元	89522	70924.000
企业留利	万元	0	0.000
主要财务指标分析		0	0.000
企业亏损面	%	24	31.073
百元固定资产原价实现的工业总产值（当年价）	元	207	185.505
百元固定资产原价实现的利税	元	21	15.065
流动资金周转次数	次	1	1.526
资金利税率	%	12	8.253
产品销售率	%	95	94.713
销售利税率	%	0	8.775
工业成本费用利润率	%	4	2.812
工业增加值率	%	25	26.717
人均利税	元	9483	7814.197
全员劳动生产率	元	23711	25706.841
万元产值综合能耗（折标煤：吨）	吨	0	0.658
平均每一职工占有的固定资产	元	44705	51869.154
平均每一职工创造的增加值	元	23711	25706.841
平均每一职工占有的企业留利	元	0	0.000

1995～1996年浙江省医药工业主要经济指标

指标名称	计算单位	1995年	1996年
工业企业和生产单位数	个	162	182.000
其中：亏损企业	个	31	36.000
其中：大中型企业	个	49	52.000
年末从业人员	人	56392	62354.000
固定资产投资	万元	0	0.000
工业总产值	万元	696322	778925.000
工业销售产值	万元	651754	762397.000
工业增加值	万元	173759	210137.000
主要产品产量		0	0.000
化学原料药总量	吨	15617	16850.285
其中：抗感染类	吨	5971	5497.575
解热镇痛	吨	3627	4321.396
维生素类	吨	759	761.180
抗菌素分装	万瓶	6700	3253.180
针　剂	万支	68551	71591.382
片　剂	万片	1121067	1282611.504
胶　囊	万粒	7058	6788.028
大输液	万瓶	394474	427896.200
X光机	台	0	0.000
手术器械	万件	634	582.350
主要财务指标		0	0.000
固定资产原价	万元	269857	363050.000
固定资产净价	万元	210855	282631.000
流动资金年末占用额	万元	0	0.000
产品销售收入	万元	607003	687612.000
产品销售税金	万元	2533	3488.000
亏损企业亏损额/	万元	0	11495.000
利润总额	万元	42334	36911.000
利税总额	万元	81380	74557.000
企业留利	万元	0	0.000
主要财务指标分析		0	0.000
企业亏损面	%	19	20.000
百元固定资产原价实现的工业总产值（当年价）	元	253	214.550
百元固定资产原价实现的利税	元	30	20.536
流动资金周转次数	次	1	1.428
资金利税率	%	14	10.110
产品销售率	%	93	97.878
销售利税率	%	0	10.843
工业成本费用利润率	%	7	5.570
工业增加值率	%	25	26.978
人均利税	元	14594	12298.670
全员劳动生产率	元	31162	34663.480
万元产值综合能耗（折标煤：吨）	吨	0	0.399
平均每一职工占有的固定资产	元	48397	59887.500
平均每一职工创造的增加值	元	31162	34663.480
平均每一职工占有的企业留利	元	0	0.000

1995～1996年安徽省医药工业主要经济指标

指　标　名　称	计算单位	1995年	1996年
工业企业和生产单位数	个	81	91.000
其中：亏损企业	个	24	30.000
其中：大中型企业	个	22	28.000
年末从业人员	人	32234	48802.000
固定资产投资	万元	0	0.000
工业总产值	万元	238968	266414.000
工业销售产值	万元	211091	242492.000
工业增加值	万元	47813	83905.000
主要产品产量		0	0.000
化学原料药总量	吨	6622	5027.820
其中：抗感染类	吨	986	1040.210
解热镇痛	吨	2809	2854.060
维生素类	吨	1216	623.390
抗菌素分装	万瓶	14592	12470.000
针　剂	万支	139123	141367.000
片　剂	万片	2334888	2628027.000
胶　囊	万粒	9714	10012.000
大输液	万瓶	302547	390254.000
X光机	台	0	0.000
手术器械	万件	0	0.000
主要财务指标		0	0.000
固定资产原价	万元	130071	155292.000
固定资产净价	万元	102210	117393.000
流动资金年末占用额	万元	0	0.000
产品销售收入	万元	202319	218225.000
产品销售税金	万元	564	721.000
亏损企业亏损额	万元	0	16003.000
利润总额	万元	4247	－10633.000
利税总额	万元	14307	617.000
企业留利	万元	0	0.000
主要财务指标分析		0	0.000
企业亏损面	%	30	32.967
百元固定资产原价实现的工业总产值（当年价）	元	183	171.557
百元固定资产原价实现的利税	元	10	0.397
流动资金周转次数	次	1	1.389
资金利税率	%	6	0.226
产品销售率	%	88	91.021
销售利税率	%	0	0.283
工业成本费用利润率	%	2	－4.691
工业增加值率	%	20	31.494
人均利税	元	4646	178.499
全员劳动生产率	元	15527	24273.853
万元产值综合能耗（折标煤：吨）	吨	0	0.782
平均每一职工占有的固定资产	元	42240	44926.228
平均每一职工创造的增加值	元	15527	24273.853
平均每一职工占有的企业留利	元	0	0.000

1995～1996年福建省医药工业主要经济指标

指标名称	计算单位	1995年	1996年
工业企业和生产单位数	个	130.000	126.000
其中：亏损企业	个	37.000	45.000
其中：大中型企业	个	12.000	13.000
年末从业人员	人	22288.000	22045.000
固定资产投资	万元	0.000	0.000
工业总产值	万元	188950.000	216071.000
工业销售产值	万元	178483.000	201055.000
工业增加值	万元	58377.000	77918.000
主要产品产量		0.000	0.000
化学原料药总量	吨	2122.802	1859.034
其中：抗感染类	吨	1177.519	1251.242
解热镇痛	吨	13.650	13.140
维生素类	吨	42.047	65.012
抗菌素分装	万瓶	11975.620	11045.677
针剂	万支	44530.880	37521.308
片剂	万片	516451.390	468953.180
胶囊	万粒	2974.000	2864.035
大输液	万瓶	71921.220	147949.643
X光机	台	0.000	303.000
手术器械	万件	549.666	407.742
主要财务指标		0.000	0.000
固定资产原价	万元	96565.000	107067.000
固定资产净价	万元	72629.000	76340.000
流动资金年末占用额	万元	0.000	0.000
产品销售收入	万元	175370.000	203590.000
产品销售税金	万元	1290.000	1549.000
亏损企业亏损额	万元	0.000	4709.000
利润总额	万元	19541.000	23827.000
利税总额	万元	33549.000	37158.000
企业留利	万元	0.000	0.000
主要财务指标分析		0.000	0.000
企业亏损面	%	28.462	35.714
百元固定资产原价实现的工业总产值（当年价）	元	195.671	201.809
百元固定资产原价实现的利税	元	34.742	34.705
流动资金周转次数	次	1.307	1.370
资金利税率	%	16.985	16.613
产品销售率	%	94.460	93.050
销售利税率	%	0.000	18.251
工业成本费用利润率	%	12.429	13.197
工业增加值率	%	30.895	36.061
人均利税	元	15447.555	17159.878
全员劳动生产率	元	26879.547	35983.190
万元产值综合能耗（折标煤：吨）	吨	0.000	0.845
平均每一职工占有的固定资产	元	44463.118	49444.444
平均每一职工创造的增加值	元	26879.547	35983.190
平均每一职工占有的企业留利	元	0.000	0.000

1995～1996 年江西省医药工业主要经济指标

指　标　名　称	计算单位	1995 年	1996 年
工业企业和生产单位数	个	119.000	115.000
其中：亏损企业	个	41.000	51.000
其中：大中型企业	个	20.000	18.000
年末从业人员	人	39339.000	37863.000
固定资产投资	万元	0.000	0.000
工业总产值	万元	253154.000	253154.000
工业销售产值	万元	239127.000	238428.000
工业增加值	万元	196916.000	57171.000
主要产品产量		0.000	0.000
化学原料药总量	吨	14091.756	7697.158
其中：抗感染类	吨	1870.592	1585.424
解热镇痛	吨	26.736	25.900
维生素类	吨	3324.058	2011.695
抗菌素分装	万瓶	55838.000	48337.000
针　剂	万支	55231.000	51143.000
片　剂	万片	831808.000	592805.000
胶　囊	万粒	4597.000	5702.000
大输液	万瓶	38045.000	45145.000
X 光机	台	0.000	0.000
手术器械	万件	555.200	4268.400
主要财务指标		0.000	0.000
固定资产原价	万元	157334.000	199334.000
固定资产净价	万元	117488.000	148892.000
流动资金年末占用额	万元	0.000	0.000
产品销售收入	万元	229731.000	207017.000
产品销售税金	万元	1285.000	1037.000
亏损企业亏损额	万元	0.000	6254.000
利润总额	万元	14171.000	10396.000
利税总额	万元	33994.000	22982.000
企业留利	万元	0.000	0.000
主要财务指标分析		0.000	0.000
企业亏损面	%	34.454	44.737
百元固定资产原价实现的工业总产值（当年价）	元	160.902	127.000
百元固定资产原价实现的利税	元	21.606	11.529
流动资金周转次数	次	1.279	0.941
资金利税率	%	12.036	6.479
产品销售率	%	94.459	94.183
销售利税率	%	0.000	11.102
工业成本费用利润率	%	6.564	5.164
工业增加值率	%	77.785	22.583
人均利税	元	8640.199	6089.076
全员劳动生产率	元	50049.817	15147.445
万元产值综合能耗（折标煤：吨）	吨	0.000	1.235
平均每一职工占有的固定资产	元	39989.325	52813.502
平均每一职工创造的增加值	元	50049.817	15147.445
平均每一职工占有的企业留利	元	0.000	0.000

1995～1996年山东省医药工业主要经济指标

指　标　名　称	计算单位	1995年	1996年
工业企业和生产单位数	个	189	176.000
其中：亏损企业	个	60	61.000
其中：大中型企业	个	59	67.000
年末从业人员	人	89497	86915.000
固定资产投资	万元	0	0.000
工业总产值	万元	689263	1020452.000
工业销售产值	万元	656303	885634.000
工业增加值	万元	228501	391668.000
主要产品产量		0	0.000
化学原料药总量	吨	41057	33880.993
其中：抗感染类	吨	3776	4239.128
解热镇痛	吨	7884	10004.386
维生素类	吨	1076	318.200
抗菌素分装	万瓶	83854	100922.000
针　剂	万支	117107	125651.919
片　剂	万片	1745527	1912451.475
胶　囊	万粒	9077	10128.327
大输液	万瓶	68112	85046.000
X光机	台	676	218.000
手术器械	万件	42142	42248.057
主要财务指标		0	0.000
固定资产原价	万元	374005	465041.000
固定资产净价	万元	268151	336376.000
流动资金年末占用额	万元	0	0.000
产品销售收入	万元	675535	1008993.000
产品销售税金	万元	3706	5271.000
亏损企业亏损额	万元	0	14113.000
利润总额	万元	53397	196199.000
利税总额	万元	106692	260116.000
企业留利	万元	0	0.000
主要财务指标分析		0	0.000
企业亏损面	%	34	34.659
百元固定资产原价实现的工业总产值（当年价）	元	183	219.433
百元固定资产原价实现的利税	元	28	55.934
流动资金周转次数	次	1	1.838
资金利税率	%	15	31.243
产品销售率	%	95	86.788
销售利税率	%	0	25.780
工业成本费用利润率	%	8	24.062
工业增加值率	%	33	38.382
人均利税	元	12549	31513.933
全员劳动生产率	元	26876	47451.902
万元产值综合能耗（折标煤：吨）	吨	0	0.559
平均每一职工占有的固定资产	元	43990	56341.289
平均每一职工创造的增加值	元	26876	47451.902
平均每一职工占有的企业留利	元	0	0.000

1995～1996 年河南省医药工业主要经济指标

指标名称	计算单位	1995 年	1996 年
工业企业和生产单位数	个	195	193.000
其中：亏损企业	个	61	73.000
其中：大中型企业	个	53	62.000
年末从业人员	人	85532	86755.000
固定资产投资	万元	0	0.000
工业总产值	万元	531110	584455.000
工业销售产值	万元	524827	564255.000
工业增加值	万元	132876	179858.000
主要产品产量		0	0.000
化学原料药总量	吨	40191	17890.730
其中：抗感染类	吨	4178	4816.164
解热镇痛	吨	675	1101.638
维生素类	吨	139	116.716
抗菌素分装	万瓶	29719	12733.200
针　剂	万支	550353	511531.272
片　剂	万片	4172384	4678379.710
胶　囊	万粒	13139	11897.806
大输液	万瓶	318921	376869.800
X 光机	台	0	0.000
手术器械	万件	419	346.000
主要财务指标		0	0.000
固定资产原价	万元	320199	371982.000
固定资产净价	万元	258480	297622.000
流动资金年末占用额	万元	0	0.000
产品销售收入	万元	441998	453428.000
产品销售税金	万元	2719	2493.000
亏损企业亏损额	万元	0	10462.000
利润总额	万元	18781	9639.000
利税总额	万元	46075	29935.000
企业留利	万元	0	0.000
主要财务指标分析		0	0.000
企业亏损面	%	31	38.421
百元固定资产原价实现的工业总产值（当年价）	元	165	157.119
百元固定资产原价实现的利税	元	14	8.047
流动资金周转次数	次	1	1.275
资金利税率	%	8	4.847
产品销售率	%	98	96.544
销售利税率	%	0	6.602
工业成本费用利润率	%	4	2.255
工业增加值率	%	25	30.774
人均利税	元	5575	3505.228
全员劳动生产率	元	16080	21060.409
万元产值综合能耗（折标煤：吨）	吨	0	0.733
平均每一职工占有的固定资产	元	38750	43557.101
平均每一职工创造的增加值	元	16080	21060.409
平均每一职工占有的企业留利	元	0	0.000

1995～1996 年湖北省医药工业主要经济指标

指 标 名 称	计算单位	1995 年	1996 年
工业企业和生产单位数	个	194.000	192.000
其中：亏损企业	个	76.000	98.000
其中：大中型企业	个	40.000	38.000
年末从业人员	人	73686.000	72513.000
固定资产投资	万元	0.000	0.000
工业总产值	万元	371377.000	500062.000
工业销售产值	万元	342733.000	469738.000
工业增加值	万元	78425.000	148356.000
主要产品产量		0.000	0.000
化学原料药总量	吨	21721.638	9905.493
其中：抗感染类	吨	1174.661	1728.778
解热镇痛	吨	2353.122	3211.912
维生素类	吨	1292.936	840.130
抗菌素分装	万瓶	34144.430	23208.800
针 剂	万支	103960.715	86526.188
片 剂	万片	685814.878	773996.404
胶 囊	万粒	8963.628	9807.572
大输液	万瓶	88355.836	102592.521
X 光机	台	0.000	0.000
手术器械	万件	1586.880	5487.007
主要财务指标		0.000	0.000
固定资产原价	万元	237590.000	285993.000
固定资产净价	万元	172600.000	209905.000
流动资金年末占用额	万元	0.000	0.000
产品销售收入	万元	317998.000	405103.000
产品销售税金	万元	2379.000	2472.000
亏损企业亏损额	万元	0.000	13562.000
利润总额	万元	359.000	14668.000
利税总额	万元	19551.000	33709.000
企业留利	万元	0.000	0.000
主要财务指标分析		0.000	0.000
企业亏损面	%	40.426	51.852
百元固定资产原价实现的工业总产值（当年价）	元	154.505	174.851
百元固定资产原价实现的利税	元	8.229	11.787
流动资金周转次数	次	1.323	1.405
资金利税率	%	4.945	7.068
产品销售率	%	92.287	93.936
销售利税率	%	0.000	8.321
工业成本费用利润率	%	0.112	3.725
工业增加值率	%	21.330	29.668
人均利税	元	2699.296	4750.557
全员劳动生产率	元	10827.696	20907.579
万元产值综合能耗（折标煤：吨）	吨	0.000	0.632
平均每一职工占有的固定资产	元	32802.706	40304.546
平均每一职工创造的增加值	元	10827.696	20907.579
平均每一职工占有的企业留利	元	0.000	0.000

1995～1996 年湖南省医药工业主要经济指标

指标名称	计算单位	1995 年	1996 年
工业企业和生产单位数	个	125.000	137.000
其中：亏损企业	个	52.000	64.000
其中：大中型企业	个	23.000	35.000
年末从业人员	人	37290.000	40461.000
固定资产投资	万元	0.000	0.000
工业总产值	万元	187291.000	196247.000
工业销售产值	万元	172004.000	163938.000
工业增加值	万元	52586.000	72565.000
主要产品产量		0.000	0.000
化学原料药总量	吨	6606.402	9336.970
其中：抗感染类	吨	1235.687	1038.837
解热镇痛	吨	283.419	641.337
维生素类	吨	28.568	0.000
抗菌素分装	万瓶	2005.010	829.180
针　剂	万支	49874.321	84766.638
片　剂	万片	485445.814	429291.727
胶　囊	万粒	4082.605	4334.831
大输液	万瓶	21485.072	25134.310
X 光机	台	0.000	0.000
手术器械	万件	442.300	436.360
主要财务指标		0.000	0.000
固定资产原价	万元	158025.000	177771.000
固定资产净价	万元	112910.000	129001.000
流动资金年末占用额	万元	0.000	0.000
产品销售收入	万元	169289.000	161214.000
产品销售税金	万元	1273.000	1706.000
亏损企业亏损额	万元	0.000	10197.000
利润总额	万元	−2686.000	−4664.000
利税总额	万元	11802.000	6720.000
企业留利	万元	0.000	0.000
主要财务指标分析		0.000	0.000
企业亏损面	%	41.600	46.715
百元固定资产原价实现的工业总产值（当年价）	元	118.520	110.393
百元固定资产原价实现的利税	元	7.468	3.780
流动资金周转次数	次	1.205	0.979
资金利税率	%	5.307	2.453
产品销售率	%	91.838	83.537
销售利税率	%	0.000	4.168
工业成本费用利润率	%	−1.558	−2.741
工业增加值率	%	28.077	36.976
人均利税	元	3303.569	1691.119
全员劳动生产率	元	14719.664	18261.318
万元产值综合能耗（折标煤：吨）	吨	0.000	1.283
平均每一职工占有的固定资产	元	44233.730	44736.895
平均每一职工创造的增加值	元	14719.664	18261.318
平均每一职工占有的企业留利	元	0.000	0.000

1995～1996 年广东省医药工业主要经济指标

指 标 名 称	计算单位	1995 年	1996 年
工业企业和生产单位数	个	187	196.000
其中：亏损企业	个	65	71.000
其中：大中型企业	个	58	67.000
年末从业人员	人	65014	63640.000
固定资产投资	万元	0	0.000
工业总产值	万元	1057284	1199215.000
工业销售产值	万元	1018345	1132929.000
工业增加值	万元	356207	453047.000
主要产品产量		0	0.000
化学原料药总量	吨	23519	23433.194
其中：抗感染类	吨	1653	1644.347
解热镇痛	吨	773	263.255
维生素类	吨	13	0.551
抗菌素分装	万瓶	10017	13553.000
针　剂	万支	59453	61058.000
片　剂	万片	3134901	2614919.000
胶　囊	万粒	3055	3430.000
大输液	万瓶	523008	518155.000
X 光机	台	0	0.000
手术器械	万件	5445	3091.000
主要财务指标		0	0.000
固定资产原价	万元	542911	675795.000
固定资产净价	万元	428500	526912.000
流动资金年末占用额	万元	0	0.000
产品销售收入	万元	1066237	1127138.000
产品销售税金	万元	7466	6076.000
亏损企业亏损额	万元	0	21044.000
利润总额	万元	105128	114454.000
利税总额	万元	176699	187315.000
企业留利	万元	0	0.000
主要财务指标分析		0	0.000
企业亏损面	%	36	38.587
百元固定资产原价实现的工业总产值（当年价）	元	193	177.452
百元固定资产原价实现的利税	元	32	27.718
流动资金周转次数	次	0	0.902
资金利税率	%	12	10.846
产品销售率	%	96	94.473
销售利税率	%	0	16.619
工业成本费用利润率	%	10	10.784
工业增加值率	%	33	37.779
人均利税	元	27046	29018.141
全员劳动生产率	元	54522	70184.350
万元产值综合能耗（折标煤：吨）	吨	0	0.259
平均每一职工占有的固定资产	元	83100	104691.639
平均每一职工创造的增加值	元	54522	70184.350
平均每一职工占有的企业留利	元	0	0.000

1995～1996 年广西壮族自治区医药工业主要经济指标

指标名称	计算单位	1995 年	1996 年
工业企业和生产单位数	个	116.000	117.000
其中：亏损企业	个	47.000	45.000
其中：大中型企业	个	18.000	17.000
年末从业人员	人	28069.000	26786.000
固定资产投资	万元	0.000	0.000
工业总产值	万元	207387.000	227291.000
工业销售产值	万元	187223.000	215654.000
工业增加值	万元	62734.000	84339.000
主要产品产量		0.000	0.000
化学原料药总量	吨	2056.983	1327.809
其中：抗感染类	吨	0.252	0.024
解热镇痛	吨	0.359	0.612
维生素类	吨	183.978	14.001
抗菌素分装	万瓶	6856.060	8581.630
针剂	万支	12708.065	13878.760
片剂	万片	814277.715	797742.758
胶囊	万粒	1219.096	2059.305
大输液	万瓶	39696.417	57241.714
X 光机	台	0.000	0.000
手术器械	万件	0.000	0.000
主要财务指标		0.000	0.000
固定资产原价	万元	107447.000	135379.000
固定资产净价	万元	81015.000	104569.000
流动资金年末占用额	万元	0.000	0.000
产品销售收入	万元	175603.000	190372.000
产品销售税金	万元	2548.000	1215.000
亏损企业亏损额	万元	0.000	3802.000
利润总额	万元	6742.000	9671.000
利税总额	万元	22693.000	24547.000
企业留利	万元	0.000	0.000
主要财务指标分析		0.000	0.000
企业亏损面	%	43.925	41.667
百元固定资产原价实现的工业总产值（当年价）	元	191.695	167.892
百元固定资产原价实现的利税	元	21.120	18.132
流动资金周转次数	次	1.172	1.171
资金利税率	%	10.486	9.759
产品销售率	%	90.277	94.880
销售利税率	%	0.000	12.894
工业成本费用利润率	%	4.022	5.356
工业增加值率	%	30.458	37.106
人均利税	元	8327.401	9106.997
全员劳动生产率	元	23020.807	31289.976
万元产值综合能耗（折标煤：吨）	吨	0.000	0.502
平均每一职工占有的固定资产	元	39428.645	50225.940
平均每一职工创造的增加值	元	23020.807	31289.976
平均每一职工占有的企业留利	元	0.000	0.000

1995～1996 年海南省医药工业主要经济指标

指标名称	计算单位	1995 年	1996 年
工业企业和生产单位数	个	16.000	24.000
其中：亏损企业	个	5.000	9.000
其中：大中型企业	个	6.000	6.000
年末从业人员	人	3685.000	4044.000
固定资产投资	万元	0.000	0.000
工业总产值	万元	74664.000	127050.000
工业销售产值	万元	48288.000	105668.000
工业增加值	万元	19372.000	58017.000
主要产品产量		0.000	0.000
化学原料药总量	吨	298.000	28.808
其中：抗感染类	吨	0.000	28.798
解热镇痛	吨	298.000	0.000
维生素类	吨	0.000	0.010
抗菌素分装	万瓶	0.000	0.000
针剂	万支	69.230	0.000
片剂	万片	23716.000	0.000
胶囊	万粒	56.000	426.710
大输液	万瓶	39963.000	0.000
X 光机	台	0.000	0.000
手术器械	万件	0.000	0.000
主要财务指标		0.000	0.000
固定资产原价	万元	38940.000	55672.000
固定资产净价	万元	34894.000	49522.000
流动资金年末占用额	万元	0.000	0.000
产品销售收入	万元	57784.000	102668.000
产品销售税金	万元	852.000	1140.000
亏损企业亏损额	万元	0.000	2985.000
利润总额	万元	8762.000	8115.000
利税总额	万元	13352.000	15446.000
企业留利	万元	0.000	0.000
主要财务指标分析		0.000	0.000
企业亏损面	%	29.412	37.500
百元固定资产原价实现的工业总产值（当年价）	元	191.741	228.212
百元固定资产原价实现的利税	元	34.289	27.745
流动资金周转次数	次	0.786	2.341
资金利税率	%	12.838	18.317
产品销售率	%	64.674	83.170
销售利税率	%	0.000	15.045
工业成本费用利润率	%	17.397	8.351
工业增加值率	%	25.946	45.665
人均利税	元	66033.630	40916.556
全员劳动生产率	元	95806.133	153687.417
万元产值综合能耗（折标煤：吨）	吨	0.000	0.097
平均每一职工占有的固定资产	元	192581.602	147475.497
平均每一职工创造的增加值	元	95806.133	153687.417
平均每一职工占有的企业留利	元	0.000	0.000

1995～1996年四川省医药工业主要经济指标

指标名称	计算单位	1995年	1996年
工业企业和生产单位数	个	190	244.000
其中：亏损企业	个	71	93.000
其中：大中型企业	个	41	42.000
年末从业人员	人	68925	72935.000
固定资产投资	万元	0	0.000
工业总产值	万元	518910	637659.000
工业销售产值	万元	493858	584585.000
工业增加值	万元	145653	258864.000
主要产品产量		0	0.000
化学原料药总量	吨	38213	25997.858
其中：抗感染类	吨	4973	4116.764
解热镇痛	吨	852	909.459
维生素类	吨	908	620.314
抗菌素分装	万瓶	47492	40422.402
针剂	万支	95850	93872.371
片剂	万片	1965513	1853870.233
胶囊	万粒	9815	11392.528
大输液	万瓶	118776	169110.029
X光机	台	304	418.000
手术器械	万件	166	306.578
主要财务指标		0	0.000
固定资产原价	万元	286143	391092.000
固定资产净价	万元	198537	277554.000
流动资金年末占用额	万元	0	0.000
产品销售收入	万元	472337	567963.000
产品销售税金	万元	5924	4152.000
亏损企业亏损额	万元	0	23384.000
利润总额	万元	29301	32928.000
利税总额	万元	70941	73042.000
企业留利	万元	0	0.000
主要财务指标分析		0	0.000
企业亏损面	%	40	46.970
百元固定资产原价实现的工业总产值（当年价）	元	180	163.046
百元固定资产原价实现的利税	元	24	18.676
流动资金周转次数	次	1	1.202
资金利税率	%	13	10.211
产品销售率	%	95	91.677
销售利税率	%	0	12.860
工业成本费用利润率	%	6	6.202
工业增加值率	%	28	40.596
人均利税	元	10523	10191.433
全员劳动生产率	元	21606	36118.878
万元产值综合能耗（折标煤：吨）	吨	0	0.919
平均每一职工占有的固定资产	元	42446	54568.439
平均每一职工创造的增加值	元	21606	36118.878
平均每一职工占有的企业留利	元	0	0.000

1995～1996年贵州省医药工业主要经济指标

指　标　名　称	计算单位	1995年	1996年
工业企业和生产单位数	个	87.000	115.000
其中：亏损企业	个	53.000	51.000
其中：大中型企业	个	4.000	5.000
年末从业人员	人	12257.000	13717.000
固定资产投资	万元	0.000	0.000
工业总产值	万元	76794.000	104026.000
工业销售产值	万元	63724.000	80601.000
工业增加值	万元	23654.000	49743.000
主要产品产量		0.000	0.000
化学原料药总量	吨	363.631	3569.778
其中：抗感染类	吨	343.776	195.448
解热镇痛	吨	0.000	0.000
维生素类	吨	0.000	0.000
抗菌素分装	万瓶	0.000	0.000
针　剂	万支	5842.000	2798.000
片　剂	万片	92027.000	83893.000
胶　囊	万粒	2201.600	2050.850
大输液	万瓶	7761.000	9464.000
X光机	台	4.000	7.000
手术器械	万件	0.000	0.000
主要财务指标		0.000	0.000
固定资产原价	万元	31669.000	38943.000
固定资产净价	万元	24767.000	31419.000
流动资金年末占用额	万元	0.000	0.000
产品销售收入	万元	37314.000	63906.000
产品销售税金	万元	1261.000	778.000
亏损企业亏损额	万元	0.000	5355.000
利润总额	万元	－4708.000	－488.000
利税总额	万元	283.000	4677.000
企业留利	万元	0.000	0.000
主要财务指标分析		0.000	0.000
企业亏损面	%	62.353	47.222
百元固定资产原价实现的工业总产值（当年价）	元	242.433	267.124
百元固定资产原价实现的利税	元	0.894	12.010
流动资金周转次数	次	0.631	0.803
资金利税率	%	0.349	4.535
产品销售率	%	82.980	77.482
销售利税率	%	0.000	7.319
工业成本费用利润率	%	－8.088	－0.766
工业增加值率	%	30.809	47.818
人均利税	元	237.038	3545.599
全员劳动生产率	元	19812.380	37709.802
万元产值综合能耗（折标煤：吨）	吨	0.000	0.788
平均每一职工占有的固定资产	元	26525.672	29522.402
平均每一职工创造的增加值	元	19812.380	37709.802
平均每一职工占有的企业留利	元	0.000	0.000

1995～1996 年云南省医药工业主要经济指标

指 标 名 称	计算单位	1995 年	1996 年
工业企业和生产单位数	个	61.000	54.000
其中：亏损企业	个	16.000	14.000
其中：大中型企业	个	6.000	7.000
年末从业人员	人	10578.000	10415.000
固定资产投资	万元	0.000	0.000
工业总产值	万元	72949.000	95120.000
工业销售产值	万元	71240.000	88717.000
工业增加值	万元	24490.000	31599.000
主要产品产量		0.000	0.000
化学原料药总量	吨	126.326	97.417
其中：抗感染类	吨	112.670	37.000
解热镇痛	吨	0.000	2.059
维生素类	吨	0.000	0.000
抗菌素分装	万瓶	4495.790	2597.170
针　剂	万支	40208.710	43826.180
片　剂	万片	390273.938	474787.800
胶　囊	万粒	3741.760	3588.200
大输液	万瓶	5960.430	23699.690
X 光机	台	0.000	0.000
手术器械	万件	0.000	0.000
主要财务指标		0.000	0.000
固定资产原价	万元	45470.000	54955.000
固定资产净价	万元	33193.000	41521.000
流动资金年末占用额	万元	0.000	0.000
产品销售收入	万元	59281.000	83010.000
产品销售税金	万元	390.000	964.000
亏损企业亏损额	万元	0.000	1078.000
利润总额	万元	3724.000	7969.000
利税总额	万元	9781.000	14688.000
企业留利	万元	0.000	0.000
主要财务指标分析		0.000	0.000
企业亏损面	%	27.119	25.926
百元固定资产原价实现的工业总产值（当年价）	元	150.968	173.087
百元固定资产原价实现的利税	元	21.511	26.727
流动资金周转次数	次	0.986	0.999
资金利税率	%	10.908	12.159
产品销售率	%	97.657	93.269
销售利税率	%	0.000	17.694
工业成本费用利润率	%	5.965	10.493
工业增加值率	%	32.212	33.220
人均利税	元	9120.664	14286.548
全员劳动生产率	元	22836.628	30735.337
万元产值综合能耗（折标煤：吨）	吨	0.000	0.611
平均每一职工占有的固定资产	元	42400.224	53452.972
平均每一职工创造的增加值	元	22836.628	30735.337
平均每一职工占有的企业留利	元	0.000	0.000

1995～1996年陕西省医药工业主要经济指标

指标名称	计算单位	1995年	1996年
工业企业和生产单位数	个	129.000	104.000
其中：亏损企业	个	46.000	38.000
其中：大中型企业	个	19.000	18.000
年末从业人员	人	42638.000	34200.000
固定资产投资	万元	0.000	0.000
工业总产值	万元	258686.000	329298.000
工业销售产值	万元	241429.000	315745.000
工业增加值	万元	78663.000	119688.000
主要产品产量		0.000	0.000
化学原料药总量	吨	11678.238	8611.002
其中：抗感染类	吨	753.890	557.730
解热镇痛	吨	2265.300	1420.650
维生素类	吨	0.000	0.303
抗菌素分装	万瓶	4576.000	3557.000
针剂	万支	69454.700	78815.568
片剂	万片	1010981.000	1038742.566
胶囊	万粒	4759.000	5118.310
大输液	万瓶	46566.000	100545.379
X光机	台	0.000	0.000
手术器械	万件	0.000	0.000
主要财务指标		0.000	0.000
固定资产原价	万元	148704.000	151123.000
固定资产净价	万元	105113.000	105305.000
流动资金年末占用额	万元	0.000	0.000
产品销售收入	万元	240640.000	293467.000
产品销售税金	万元	800.000	881.000
亏损企业亏损额	万元	0.000	8451.000
利润总额	万元	20505.000	37316.000
利税总额	万元	44417.000	65000.000
企业留利	万元	0.000	0.000
主要财务指标分析		0.000	0.000
企业亏损面	%	35.938	42.222
百元固定资产原价实现的工业总产值（当年价）	元	173.414	217.901
百元固定资产原价实现的利税	元	29.869	43.011
流动资金周转次数	次	1.149	1.395
资金利税率	%	15.254	21.391
产品销售率	%	93.329	95.884
销售利税率	%	0.000	22.149
工业成本费用利润率	%	9.282	14.298
工业增加值率	%	30.461	36.346
人均利税	元	10629.128	19759.842
全员劳动生产率	元	18824.304	36384.861
万元产值综合能耗（折标煤：吨）	吨	0.000	4.366
平均每一职工占有的固定资产	元	35585.336	45941.024
平均每一职工创造的增加值	元	18824.304	36384.861
平均每一职工占有的企业留利	元	0.000	0.000

1995～1996 年甘肃省医药工业主要经济指标

指 标 名 称	计算单位	1995 年	1996 年
工业企业和生产单位数	个	25.000	38.000
其中：亏损企业	个	9.000	15.000
其中：大中型企业	个	5.000	11.000
年末从业人员	人	9338.000	11741.000
固定资产投资	万元	0.000	0.000
工业总产值	万元	37935.000	50347.000
工业销售产值	万元	29935.000	45721.000
工业增加值	万元	15866.000	14737.000
主要产品产量		0.000	0.000
化学原料药总量	吨	5485.920	2144.044
其中：抗感染类	吨	205.320	207.000
解热镇痛	吨	0.100	0.114
维生素类	吨	0.000	0.000
抗菌素分装	万瓶	2689.000	2509.000
针 剂	万支	11710.000	12545.000
片 剂	万片	308328.000	264914.000
胶 囊	万粒	2476.000	1956.000
大输液	万瓶	8812.000	8853.000
X 光机	台	0.000	0.000
手术器械	万件	6.000	0.000
主要财务指标		0.000	0.000
固定资产原价	万元	44158.000	46867.000
固定资产净价	万元	34628.000	36158.000
流动资金年末占用额	万元	0.000	0.000
产品销售收入	万元	35466.000	44798.000
产品销售税金	万元	182.000	1227.000
亏损企业亏损额	万元	0.000	4056.000
利润总额	万元	−916.000	−2712.000
利税总额	万元	1463.000	876.000
企业留利	万元	0.000	0.000
主要财务指标分析		0.000	0.000
企业亏损面	%	37.500	44.118
百元固定资产原价实现的工业总产值（当年价）	元	85.325	107.425
百元固定资产原价实现的利税	元	3.313	1.869
流动资金周转次数	次	1.156	1.000
资金利税率	%	2.630	1.004
产品销售率	%	78.911	90.812
销售利税率	%	0.000	1.955
工业成本费用利润率	%	−2.526	−5.719
工业增加值率	%	41.427	29.271
人均利税	元	1587.284	750.707
全员劳动生产率	元	17213.844	12629.188
万元产值综合能耗（折标煤：吨）	吨	0.000	2.219
平均每一职工占有的固定资产	元	47909.298	40163.682
平均每一职工创造的增加值	元	17213.844	12629.188
平均每一职工占有的企业留利	元	0.000	0.000

1995～1996年青海省医药工业主要经济指标

指 标 名 称	计算单位	1995年	1996年
工业企业和生产单位数	个	5.000	5.000
其中：亏损企业	个	3.000	3.000
其中：大中型企业	个	1.000	1.000
年末从业人员	人	1675.000	1687.000
固定资产投资	万元	0.000	0.000
工业总产值	万元	11011.000	11063.000
工业销售产值	万元	8913.000	9816.000
工业增加值	万元	4909.000	4853.000
主要产品产量		0.000	0.000
化学原料药总量	吨	42.701	27.558
其中：抗感染类	吨	0.000	0.000
解热镇痛	吨	0.000	0.000
维生素类	吨	0.000	0.000
抗菌素分装	万瓶	546.000	419.500
针 剂	万支	3062.000	2288.233
片 剂	万片	568.000	71814.808
胶 囊	万粒	76439.000	322.634
大输液	万瓶	0.000	243.800
X光机	台	0.000	0.000
手术器械	万件	0.000	0.000
主要财务指标		0.000	0.000
固定资产原价	万元	6683.000	8039.000
固定资产净价	万元	4444.000	5526.000
流动资金年末占用额	万元	0.000	0.000
产品销售收入	万元	10625.000	9784.000
产品销售税金	万元	133.000	117.000
亏损企业亏损额	万元	0.000	387.000
利润总额	万元	1392.000	853.000
利税总额	万元	2975.000	1862.000
企业留利	万元	0.000	0.000
主要财务指标分析		0.000	0.000
企业亏损面	%	60.000	60.000
百元固定资产原价实现的工业总产值（当年价）	元	164.761	137.617
百元固定资产原价实现的利税	元	44.516	23.162
流动资金周转次数	次	1.169	0.870
资金利税率	%	22.310	11.186
产品销售率	%	80.946	88.728
销售利税率	%	0.000	19.031
工业成本费用利润率	%	15.368	9.888
工业增加值率	%	44.583	43.867
人均利税	元	17932.489	11083.333
全员劳动生产率	元	29590.115	28886.905
万元产值综合能耗（折标煤：吨）	吨	0.000	1.272
平均每一职工占有的固定资产	元	40283.303	47851.190
平均每一职工创造的增加值	元	29590.115	28886.905
平均每一职工占有的企业留利	元	0.000	0.000

1995～1996 年宁夏回族自治区医药工业主要经济指标

指 标 名 称	计算单位	1995 年	1996 年
工业企业和生产单位数	个	8.000	7.000
其中：亏损企业	个	3.000	2.000
其中：大中型企业	个	1.000	3.000
年末从业人员	人	1694.000	2002.000
固定资产投资	万元	0.000	0.000
工业总产值	万元	8907.000	11181.000
工业销售产值	万元	8913.000	10140.000
工业增加值	万元	2318.000	2444.000
主要产品产量		0.000	0.000
化学原料药总量	吨	214.275	360.930
其中：抗感染类	吨	199.175	360.930
解热镇痛	吨	0.000	0.000
维生素类	吨	0.000	0.000
抗菌素分装	万瓶	1006.000	1701.000
针 剂	万支	4345.000	4499.000
片 剂	万片	74588.000	87062.000
胶 囊	万粒	428.000	584.000
大输液	万瓶	301.000	484.000
X 光机	台	0.000	0.000
手术器械	万件	0.000	0.000
主要财务指标		0.000	0.000
固定资产原价	万元	5986.000	6422.000
固定资产净价	万元	4149.000	4322.000
流动资金年末占用额	万元	0.000	0.000
产品销售收入	万元	8887.000	10589.000
产品销售税金	万元	52.000	38.000
亏损企业亏损额	万元	0.000	274.000
利润总额	万元	115.000	－23.000
利税总额	万元	844.000	12.000
企业留利	万元	0.000	0.000
主要财务指标分析		0.000	0.000
企业亏损面	%	37.500	28.571
百元固定资产原价实现的工业总产值（当年价）	元	148.797	174.105
百元固定资产原价实现的利税	元	14.100	0.187
流动资金周转次数	次	1.141	1.135
资金利税率	%	7.643	0.091
产品销售率	%	100.067	90.690
销售利税率	%	0.000	0.113
工业成本费用利润率	%	1.310	－0.214
工业增加值率	%	26.024	21.859
人均利税	元	5008.902	65.253
全员劳动生产率	元	13756.677	13289.831
万元产值综合能耗（折标煤：吨）	吨	0.000	2.367
平均每一职工占有的固定资产	元	35525.223	34921.153
平均每一职工创造的增加值	元	13756.677	13289.831
平均每一职工占有的企业留利	元	0.000	0.000

1995～1996 年新疆维吾尔族自治区医药工业主要经济指标

指 标 名 称	计算单位	1995 年	1996 年
工业企业和生产单位数	个	43.000	44.000
其中：亏损企业	个	8.000	15.000
其中：大中型企业	个	6.000	7.000
年末从业人员	人	6466.000	5413.000
固定资产投资	万元	0.000	0.000
工业总产值	万元	39743.000	39417.000
工业销售产值	万元	33453.000	36406.000
工业增加值	万元	10305.000	11782.000
主要产品产量		0.000	0.000
化学原料药总量	吨	595.340	568.535
其中：抗感染类	吨	331.800	291.660
解热镇痛	吨	0.000	0.000
维生素类	吨	0.000	0.000
抗菌素分装	万瓶	1762.000	3176.200
针 剂	万支	2595.684	2557.500
片 剂	万片	178313.770	145738.290
胶 囊	万粒	554.690	620.151
大输液	万瓶	3491.930	3079.450
X 光机	台	0.000	0.000
手术器械	万件	0.000	0.000
主要财务指标		0.000	0.000
固定资产原价	万元	27770.000	47352.000
固定资产净价	万元	20319.000	37234.000
流动资金年末占用额	万元	0.000	0.000
产品销售收入	万元	30842.000	34988.000
产品销售税金	万元	139.000	176.000
亏损企业亏损额	万元	0.000	2962.000
利润总额	万元	932.000	－1447.000
利税总额	万元	3232.000	879.000
企业留利	万元	0.000	0.000
主要财务指标分析		0.000	0.000
企业亏损面	%	25.000	42.857
百元固定资产原价实现的工业总产值（当年价）	元	131.170	83.243
百元固定资产原价实现的利税	元	11.638	1.856
流动资金周转次数	次	1.196	1.247
资金利税率	%	7.340	1.820
产品销售率	%	84.173	92.361
销售利税率	%	0.000	2.512
工业成本费用利润率	%	3.147	－3.888
工业增加值率	%	28.290	29.891
人均利税	元	4966.195	1629.286
全员劳动生产率	元	15834.358	21838.740
万元产值综合能耗（折标煤：吨）	吨	0.000	1.819
平均每一职工占有的固定资产	元	42670.559	87770.158
平均每一职工创造的增加值	元	15834.358	21838.740
平均每一职工占有的企业留利	元	0.000	0.000

第九部分

医药大事记

医药大事记

1月3日　国务院副总理吴邦国听取了国家医药管理局局长郑筱萸关于医药工作情况的汇报，并作了重要指示。

1月4—7日　全国医药管理局长会议在北京召开。国家经贸委主任王忠禹、副主任石万鹏、卫生部原部长钱信忠、解放军总后生产部副部长张致祥、国家中医药管理局副局长任德权、国家医药管理局原局长胡昭衡和原副局长关舟、黄开云、高惠如、原局党组成员殷俊亭、肖世坤出席了会议开幕式。国务委员彭珮云、国务院副秘书长徐志坚、国家经贸委副主任石万鹏出席了会议闭幕式。国家医药管理局局长郑筱萸、副局长石岫、戴庆骏、张鹤镛、张文周，原局长齐谋甲、原副局长金同珍、王远、李晓东参加了会议。彭珮云、王忠禹、石万鹏分别作了重要讲话。

1月8日　国家医药管理局发布了《医疗器械产品出口证明申办规定》。此《规定》自发布之日起生效。

1月8日　国家医药管理局发布了《医疗器械产品市场准入审查规定》。此《规定》自发布之日起施行。

1月10日　国务委员彭珮云听取了国家医药管理局局长郑筱萸关于医药工作的汇报。

1月11日　国家新药研究与开发协调领导小组会议在京举行，国家医药管理局副局长张鹤镛出席了会议并讲了话。

1月22日　国家医药管理局以第14号局长令发布了《制药机械管理办法》。该《办法》自1996年5月1日起执行。

2月6日　国务院召开研究有关药品回扣问题的会议。国务院副总理吴邦国主持会议，国务委员李贵鲜、彭珮云，国务院副秘书长徐志坚、张左己出席了会议。国家医药管理局局长郑筱萸参加了会议。

2月8日　首批医药商品质量管理规范达标企业授牌大会在北京召开。上海市医药公司、中国医药上海采购供应站、江苏省无锡医药股份有限公司、常州药业股份有限公司、中国医药北京采购供应站、北京市医药公司6个企业获“医药商品质量管理规范达标企业”称号。

2月12日　国家科委、卫生部、国家计生委、国家医药管理局、国家中医药管理局联合召开了“国家科技攻关（医药卫生）‘八五’成就、‘九五’计划新闻发布会”。

2月12日　国家医疗器械专家评审委员会在北京成立。全国人大常委会副委员长吴阶平、中国医科院院长巴德年等被聘为委员会名誉主任和主任。国家医药管理局局长郑筱萸、副局长石岫、戴庆骏、张鹤镛出席会议，并向与会专家发了聘书。

3月1日　中共中央政治局常委、国务院副总理朱镕基听取了郑筱萸、张文周关于医药工作情况的汇报，并作了重要指示。

3月5日　国家医药管理局发出《关于授予全国医药行业质量工作先进集体和先进个人荣誉称号的通报》。94个单位、64名同志获全国医药行业质量工作先进单位、先进个人称号。

3月11日　国务院副总理邹家华在北京会见了瑞士罗氏公司总裁安德塞·洛恩伯格及其一行。国家医药管理局局长郑筱萸、副局长戴庆骏参加了会见。

3月12日　国家医药管理局发布《医疗器械企业产品标准化工作规定》。

3月12日　国家医药管理局发布《医疗器械产品检验的若干规定》。该《规定》自发布之日起执行。

3月12日　国家医药管理局发布《医疗器械产品标签和使用说明书内容有关规定》。该《规定》自发布之日起施行。

3月27日　国务院副总理吴邦国在北京会见了古巴驻华大使一行3人，双方就医药合作问题进行了友好会谈。国家医药管理局局长郑筱萸参加了会见。

4月1日　国务院总理李鹏、副总理李岚清在广东省委书记谢非、省长卢瑞华、珠海市委书记梁广大、市长黄龙云等陪同下，到珠海丽珠医药集团公司考察。

4月5日　国家医药管理局发布《医药行业“九五”计划和2010年长远规划》。

4月5日　国家医药管理局印发了《关于表彰全国医药科技工作先进集体和先进个人的决定》。有37个先进集体和96个先进个人受表彰。

4月6日　中国医科大学和沈阳药科大学，在喜逢建校65周年之际在沈阳签订合作办学协议。双方将在不改变现有大学领导体制和投资渠道的基础上，在教学、科研、国际交流、科技产业开发、资源配置等方面进行合作。

4月10日　国务院副总理李岚清在河南省委书记李长春、省长马忠臣，省委常委、郑州市委书记王有杰的陪同下，到众生制药厂考察。

4月16日　国务院办公厅发布《关于继续整顿和规范药品生产经营秩序加强药品管理工作的通知》。

4月22—24日　’96中国国际医药大会在北京召开。国家医药管理局局长郑筱萸，卫生部副部长殷大奎，国家经贸委副秘书长张志刚出席了大会开幕式。来自国内及北美、欧洲、亚太地区制药公司、科研机构的200多名代表参加了大会。

4月4日　安徽省委书记卢荣景在省委常委、秘书长季家宏和滁州市委书记张春生等陪同下，视察了天洋药业公司。

4月23日　全国医药科技工作会议在北京隆重召开。全国人大常委会副委员长倪志福，国家经贸委副主任俞晓松，国家科委副主任邓楠，卫生部副部长孙隆春，电子部副部长吕新奎，国家外国专家局局长马俊如，中科院副院长许智宏，总后卫生部副部长傅征，卫生部原部长钱信忠，国家医药管理局局长郑筱萸、副局长石岖、戴庆骏、张鹤镛、张文周、原局长胡昭衡、齐谋甲、原副局长关舟、高惠如、黄开云、李晓东、刘永纲、王远出席了会议开幕式。会前，国务院副总理吴邦国致信郑筱萸局长，对会议作了重要指示。

4月23日　全国医疗器械博览会在京开幕。全国人大常委会副委员长王光英，卫生部原部长钱信忠，国家医药管理局局长郑筱萸，卫生部副部长曹荣桂，国家医药管理局原局长齐谋甲等同志为开幕式剪彩。

4月26日　全国医药科技工作会议闭幕。在闭幕大会上，国务委员宋健作重要讲话。国务院副秘书长徐志坚，国家经贸委党组成员韩家增等出席了闭幕大会。

4月27日　中共中央总书记、国家主席江泽民，在中央政治局委员、上海市委书记黄菊陪同下，考察了坐落在上海浦东金桥出口加工区的上海信谊药业公司。

4月26日　全国人大常务委员会副委员长铁木尔·达瓦买提在新疆自治区副主席米吉提·纳斯尔陪同下，考察了新疆制药厂、新疆中药总厂、新疆特丰制药厂等药品生产企业。

4月28日　四川省省长宋宝瑞、副省长李达昌在成都市领导的陪同下，考察了成都地奥制药公司。

4月28—29日　中国大众药物协会第二届会员大会在北京召开。会议决定：向国家有关部门申请，将“中国大众药物协会”更名为“中国非处方药物协会”。会议讨论修改了协会章程，并选举了新一届理事会，国家医药管理局局长郑筱萸任会长，副局长张鹤镛任副会长，山东新华医药集团公司总经理贺端湜任副会长，国家医药管理局原局长齐谋甲任名誉会长。

4月29日　国家医药管理局发布第15号局长令《直接接触药品的包装材料、容器生产质量管理规范（试行）》。此《规范》自发布之日起执行。

5月3日　国家医药管理局印发了《国家医药管理局GSP达标企业评定办法》。

5月8日　国家工商局、卫生部、国家医药管理局、国家中医药管理局、国务院纠风办联合印发了《关于对药品购销中给予、收受回扣等违法行为进行专项检查的工作方案》。

5月9日　国家医药管理局印发了《国家医药管理局医疗器械产品质量监督若干规定》。该《规定》自发布之日起施行。

5月10日　中华人民共和国政府和越南社会主义共和国政府医药合作协定在北京签署。国家医药管理局局长郑筱萸和越南政府医济部第一副部长黎文传代表中越双方签字。

5月12—14日　全国医药市场治理整顿工作会议在山西省临汾召开。国务委员彭珮云为会议作了书面讲话，国家医药管理局局长郑筱萸，副局长石峘，原副局长，全国政协委员刘永纲出席了会议。

5月21日　国家医药管理局印发了“贯彻《国务院办公厅关于继续整顿和规范药品生产经营秩序加强药品管理工作的通知》的通知”，部署贯彻落实《通知》工作。

5月23日　全国人大常委会副委员长李锡铭考察了石家庄第一制药集团公司的维生药业（石家庄）有限公司，并题词“争创全国VC行业第一名”。

5月26日　全国人大常委会副委员长王汉斌考察了丽珠医药集团公司，并题词勉励该公司“创名牌产品，建一流企业”。

5月31日　国家工商局、卫生部、国家医药管理局、国家中医药管理局，国务院纠风办联合召开全国整治药品回扣违法行为工作电视电话会议。国务委员彭珮云作重要讲话，国务院副秘书长徐志坚出席会议，卫生部部长陈敏章、国家工商局局长王众孚、卫生部副部长兼国家中医药管理局局长张文康、国家医药管理局副局长石岿、国务院纠风办副主任郭汝斌在北京中心会场作了书面讲话。

6月4日　江泽民总书记在河南省委书记李长春、省长马忠臣的陪同下，视察了众生制药集团。

6月6日　国家科委、国家医药管理局、总后卫生部联合发布新闻：由第一军医大学研制，达到目前国际先进水平的国产X刀系统——JX－100X刀通过国家鉴定，并获准批量生产进入市场，使我国成为世界上第三个能生产X刀的国家。

6月6日　国家医药管理局印发了《关于加强医药科学技术进步的意见》。

6月6日　中共中央政治局委员、国务院副总理吴邦国在浙江省省长万学远的陪同下，到浙江海门制药厂考察。

6月6—7日　国家医药管理局在北京召开了“全国医疗器械质量管理和通用要求标准化技术委员会成立大会暨首届第一次全体委员会议。

6月14日　国家医药管理局执业药师工作委员会正式成立，召开第一次工作会议。国家医药管理局局长郑筱萸、副局长张鹤镛分别担任正副主任并出席会议。

7月1日　国家医药管理局印发了《执业药师继续教育管理暂行办法》。

7月8日　国家主席江泽民在北京会见了美国制药研究及生产协会董事会主席、美国百时美施贵宝董事会主席兼首席执行官查礼·韩保德一行。国家医药管理局局长郑筱萸参加了会见。

7月11—12日　中美商贸联委会医药产业小组药品专业组第一次会议在北京召开。

7月17日　山东省省长李春亭视察了国家重点建设工程项目鲁抗公司千吨青霉素所属氨苄青霉素生产车间。

7月21日　中共中央政治局常委、全国人大常委会委员长乔石在辽宁省省委书记顾金池、省长闻世震、省人大常委会主任全树仁等陪同下，到东北制药总厂视察。

7月23日　国家医药管理局印发了《药品生产企业开办资格审查办法（试行）》。该《办法》自发布之日起试行。

7月31日—8月1日　国家中医药管理局、国家医药管理局、卫生部、国家工商局在广西玉林市联合召开全国首批中药材专业市场审批发证现场会。宣布安徽亳州、湖南邵东县廉桥、湖南岳阳花板桥、广州清平、广东普宁、广西玉林、重庆解放路和昆明菊花园8个中药材专业市场获得批准继续开办。

7月24日　河南省省长马忠臣、副省长张洪华、郑州市委书记王有杰带领省、市计委、经贸委、医药局、银行等部门的领导到中原制药厂现场办公。要求该厂和有关部门要面对现实，采取积极措施，尽快解决问题，抓好生产。

8月8—11日　全国医药经济座谈会在西宁召开。国家医药管理局局长郑筱萸、副局长戴庆骏、张鹤镛、张文周，青海省人大副主任王恩科、副省长贾锡太、省政协副主席班马丹增等出席会议。各省、自治区、直辖市及计划单列市、总后医药局和医药工业50强企业的代表参加了会议。郑筱萸局长作了《大力推进“两个根本性转变”，不断提高医药经济增长素质》的讲话。

8月21日　国家计委印发了《药品价格管理暂行办法》。该《办法》自1996年9月15日起执行。

8月28日　国务院总理李鹏在国务委员罗干、财政部长刘仲黎、交通部长黄镇东、水利部长钮茂生、国家计委副主任王春正以及河北省、石家庄市领导程维高、叶连松、赵金铎、丛福奎、沈志峰等陪同下，到华北制药集团公司考察。

8月28日　国务院总理李鹏题词勉励华北制药集团公司“医药质量第一，人类健康至上”。

9月2日　东北制药总厂举行庆祝建厂50周年大会。国家医药管理局原局长齐谋甲、局长郑筱萸的特派代表白慧良，辽宁省人大常委会主任全树仁、常务副主任于希岭，省政协常务副主席李国忠、副主任丛正龙等到会祝贺。会上宣读了全国人大常委会委员长乔石题词“以规模促效益，发展制药事业，增进人民健康”。

9月6日　国务院召开药品回扣专项整治工作汇报会。国务委员彭珮云主持会议，国务院副总理吴邦国、国务院副秘书长徐志坚出席会议。国家工商局、卫生部、国家医药管理局、国家中医药管理局、国务院纠风办的负责同志汇报了整治药品回扣工作情况。

9月6日　中共中央政治局委员、上海市委书记黄菊专程到上海信谊药厂长征分厂视察。

9月6日　国家医药管理局发布第16号局长令《医疗器械产品注册管理办法》。该《办法》自1997年1月1日起执行。

9月10日　国家医药管理局印发了《医药行业实施GMP“九五”计划和医药行业实施GSP“九五”计划的通知》。

9月11日　国家医药管理局印发了《药品生产企业(车间)实施GMP达标验收管理办法》。

9月12日　上海市长徐匡迪考察了上海美优制药厂。

9月13日　国家中医药管理局、国家

医药管理局、卫生部、国家工商局联合召开批准第二批中药材专业市场暨整顿中药材专业市场工作电话会议。第二批获批准的中药材专业市场为：河北安国、江西樟树、山东鄄城县舜王城、河南禹州、西安万寿路、兰州市黄河6家中药材专业市场。

9月14日　第二次全国执业药师资格考试在全国36个考点同时进行，共有7110名考生报名参加了考试。

9月18—27日　由国家工商局、卫生部、国家医药管理局、国家中医药管理局、国务院纠风办、最高人民检察院等有关部门，联合组成6个检查组、赴全国16个省、自治区，对药品回扣专项整治第一阶段工作进行了检查指导。

9月24日　江西省省长舒圣佑、常务副省长黄智权、省长助理胡长清、省政府副秘书长胡宪及省计委、经贸委、财政厅、体改委、工商银行等部门的负责同志听取了江西省医药总公司的工作汇报，对江西医药发展提出了五条要求。

10月4日　国家医药管理局局长郑筱萸在京会见了美国默沙东公司董事会主席、总裁兼首席行政执行长官高万霆先生一行。

10月4日　全国人大常委会副委员长吴阶平、卫生部部长陈敏章、副部长殷大奎、国家医药管理局局长郑筱萸出席了默沙东与卫生部国际交流中心联合举办的"保护健康，承诺社会"的欢迎宴会。

10月4日　国家医药管理局颁发了《医药商品零售企业服务规范(试行)》。在全行业开展"建设放心药店，规范服务行为"活动。

10月8日　广州医药集团有限公司正式成立。该公司下属有55家企业，拥有资产33.6亿元，经国资局授权经营净资产10亿元。

10月9日　上海罗氏制药有限公司新厂在浦东高科技园区正式落成。应邀来华访问的瑞士联邦主席德拉米拉出席了新厂开工剪彩仪式，全国人大常务委员会副委员长吴阶平、国家医药管理局局长郑筱萸到会祝贺。

10月15日　国家医药管理局党组召开扩大会议，学习传达党的十四届六中全会精神，并对全行业学习贯彻六中全会精神进行安排部署。

10月15日　中共中央政治局委员、国务院副总理姜春云在农业部部长刘江、上海市委副书记孟建柱、副市长冯国勤的陪同下，到上海信谊药厂长征分厂视察。他对该厂深度开发银杏制剂给予了高度评价。

10月26日　中国科协主席、中科院院长周光召，中国科协副主席、中国科协书记处第一书记张玉合，在河北省委副书记卢展工陪同下，考察了华北制药集团公司。

10月26—29日　全国医药行业学习贯彻十四届六中全会精神大会在京召开。中国职工思想政治工作研究会会长袁宝华、副会长赵荫华、中华全国总工会书记处书记张富有、中共中央组织部组织局局长邵忠和、国家经贸委副秘书长蒋金楚等出席了会议开幕式。国家医药管理局党组书记、局长郑筱萸作了学习贯彻六中全会精神的重要部署，副局长戴庆骏、张鹤镛、张文周以及原局领导齐谋甲、刘永纲、李晓东和各省、自治区、直辖市医药系统党政干部参加了会议。

10月28日　由国家医药管理局和中国国际贸促会北京分会共同举办的首届中国国际医药工业展览会暨技术交流会在京开幕。国家经贸委副主任石万鹏、国家医药管理局局长郑筱萸、卫生部副部长王陇德、北京市对外贸易委员会常务副主任吴玉田等出席开幕式并为展览会剪彩，郑筱萸为大会致贺辞。

10月31日　国家医药管理局党组召开贯彻党的十四届六中全会精神扩大会议，研究成立了“全国医药行业精神文明建设指导委员会”，确定了1997年行业精神文明建设工作重点。

11月4日　上海华谊（集团）公司正式成立。上海医药（集团）总公司、上海市医药管理局同时揭牌。中共中央政治局委员、上海市委书记黄菊发来贺信，市长徐匡迪、化工部部长顾秀莲、国家医药管理局局长郑筱萸、国家中医药管理局副局长任德权，市委副书记、常务副市长陈良宇、副市长蒋以任等出席了揭牌仪式。

11月8日　中共中央政治局常委、中央军委副主席刘华清在中共中央政治局委员、广东省委书记谢非，总政治部副主任周子玉，广州军区司令员陶伯钧、政委史玉孝，广东省军区政委刘远节、广东省委常委、珠海市委书记梁广大、市长黄龙云的陪同下视察了丽珠集团。

11月16日　中国药科大学举行庆祝建校60周年大会。国家经贸委、国家教委、国家科委、国家医药管理局、国家中医药管理局，江苏省委、省政府、省人大、省政协，南京市委、市政府等方面的负责人出席了大会并讲了话。党和国家领导人李鹏、乔石、李岚清、王光英、吴阶平等为该校建校60周年题词。李鹏总理的题词是：“发展祖国医药事业，培养更多优秀人才”。乔石委员长的题词是：“继承发扬李时珍精神，办好我国药科人才培养和科学研究基地”。李岚清副总理的题词是：“培养药学人才，加强新药的研究开发，为造福人民的健康事业作贡献”。全国人大常委会副委员长吴阶平的题词是：“培养高层次优秀药学人才”。全国人大常委会副委员长王光英、程思远、廖汉生，国务委员彭珮云，全国政协原副主席马文瑞、王恩茂，国家部、委、局的领导朱光亚、杨昌基、张文康、郑筱萸、石山亘、戴庆骏、张鹤镛、张文周及江苏省委书记陈焕友、省长郑斯林等也分别题词或发了贺信。

11月17日　“吴阶平医学研究奖和保罗·杨森药学研究奖”第三届颁奖会在京举行。全国人大常务委员会副委员长吴阶平、卫生部部长陈敏章、副部长殷大奎，国家医药管理局局长郑筱萸、原局长齐谋甲，保罗·杨森博士出席了颁奖会。全国47位学者获奖。

11月19日　国家医药管理局第一届优秀图书奖颁奖暨中国医药科技出版社成立十周年庆祝大会召开。全国政协副主席、民建中央副主席万国权，国家医药管理局局长郑筱萸，全国人大常委、农工民主党副主席姚峻、章师明，全国政协常委、农工民主党副主席田光涛，农工民主党副主席宋全升，国家医药管理局副局长张鹤镛到会祝贺。

11月27日　国家医药管理局、卫生部、国家工商局、监察部、国家中医药管理局联合发出坚决取缔药品集贸市场，规范中药材专业市场的通知。要求在1996年12月15日前做好关闭、取缔工作。

12月6日　国家工商局、卫生部、国家医药管理局、国家中医药管理局国务院纠风办和最高人民检察院联合召开全国整治药品回扣违法行为工作第二次电视电话会议。国务委员彭珮云作重要讲话，国务院副秘书长徐志坚及有关部门负责同志出席了会议。

12月18日　中国质量管理协会发出《关于公布1995年度全国质量效益型先进企业名单的通知》。全国共有75家企业被评为质量效益型先进企业，其中有三家医药企业，即山东鲁抗医药企业集团公司、赤峰北方联合制药厂、三九企业集团南方制药厂。

12月23日　国家医药管理局印发了《关于授予北京市医药经济技术经营公司等17个企业获“医药商品质量管理规范达标企业”称号的决定》。其余16个企业是：石家庄医药药材股份有限公司、唐山医药采购供应站、吉林市药材公司、哈尔滨市医药公司、上海市医药工业销售公司、中国医药上海化学试剂采购供应站、南京医药股份有限公司、江苏健桥医药总公司、杭州医药站股份有限公司、浙江震元股份有限公司、福州医药采购供应站、山东省医药公司、河南省医药公司、中国医药广州采购供应站、广州市医药公司、云南宣威医药采购供应站。

12月15日　中共中央政治局委员、国务院副总理吴邦国率国家老工业基地一行人，在重庆市委书记张德邻和重庆市代市长蒲海清的陪同下，到西南合成制药厂考察。

（文　思）

第 十 部 分

港、澳、台及国外医药概况

台 湾 省

【概况】

一、一般概况

台湾省包括台湾本岛、澎湖群岛及86个附属岛屿,其总面积为3.618万平方公里,其中陆地面积占99.89%,海埔新生地占0.1%。

至1996年底,台湾地区(含金门、马祖地区)总人口数为2152.54万人,较1995年增加16.8万人,年增长率为7.87%。其中台湾省为1743.25万人,占80.99%,台北市260.54万人,占12.10%,高雄市143.36万人,占6.66%,金门、马祖地区5.40万人,占0.25%。总人口中男性为1106.58万人,女性为1045.96万人。1996年出生人口总数32.55万人,出生率为15.18‰,同年死亡人数为12.25万人,死亡率为5.71‰,人口自然增长率为9.47‰。比上年降低0.43个百分点。人口密度每平方公里达595人。劳动力人口931万人,较上年增加10万人(+1.08%),其中就业人口906.8万人,失业人口为24.2万人,失业率为2.6%,比上年增加0.8个百分点。

年龄结构及教育程度,至1996年底,15岁以下人口占23.15%,15～64岁的生产年龄人口占68.99%,65岁以上人口占7.86%,显示台湾地区人口结构的老龄化呈上升趋势。台湾地区人口教育程度(1995年底)统计,大专以上程度者占17.89%,高中(职)程度者占34.93%,初中(职)程度者占17.58%,小学程度者占22.66%,自修者占0.95%,不识字者占5.99%。

二、经济发展概况

1996年,台湾省国民生产总值(GDP)为74976.77亿元(新台币,下同),约合2751.44亿美元,较上年增加8.79%,按1991年固定价格计算实际增长5.71%。同年台湾省国民所得为68653.91亿元,较上年增长8.34%,经剔除物价变动等因素后,实质国民所得为59070.65亿元,年增长率为6.08%。1996年台湾省消费者物价指数上升3.07%,比上年又有所回落。1992年至1996年台湾省国民生产总值(有所修正)与国民所得见表1。

根据台湾省海关进出口贸易统计,1996年对外贸易总值为2183.12亿美元,较上一年略增31.03亿美元(+1.44%),其中出口金额为1159.42亿美元,比上年增加42.83亿美元(+3.84%),进口金额为1023.70亿美元,比上年减少11.80亿美元(-1.14%),进出口贸易顺差135.72亿美元。截至96年底,台湾省外汇储备为880.38亿美元,较上年减少22.72亿美元。

表1 台湾省国民生产总值与国民所得

年份	国民生产总值		国民所得	人均国民生产总值		人均国民所得	
	新台币(亿元)	折合美元(百万元)	新台币(亿元)	新台币(元)	美元	新台币(元)	美元
92	53376.93	216254	49558.36	263420	10470	239934	9536
93	58745.13	226243	54311.64	286385	10852	260512	9872
94	63764.98	243934	58808.31	306846	11597	279574	10566
95	68920.46	262978	63369.83	328367	12396	298703	11276
96	74976.77	275144	68653.91	353443	12872	321174	11696

三、医疗卫生概况

至1996年底，台湾地区共有医院773家，诊所15872所，其中公立医院95家，公立诊所497所，私立医院678家，私立诊所15375所。上述医院诊所共有病床104111张，其中属于公立医院诊所的病床为40948张，占35.6%，属于私立医院诊所的病床为73975张，占64.4%。平均每万人拥有病床48.37张。

至1995年底，台湾地区共有培养医事人员的大学院校11所，专科学校11所及医事职校16所。1995学年度共有1125名医学系、271名牙医系、914名医事检验技术学系（科）、1327名药学系（科）、13485名护理助产系（科）毕业生进入社会服务。至1996年底，台湾地区各类执业医事人员共有123829人，按人口计算，平均每万人拥有执业医事人员数为57.53人，较94年增加6.97%。台湾地区1996年底医事人力见表2。

自1995年3月1日正式开办全民健康保险以来，截止1996年底，投保人数已达2004万人，占应投保人数的95.96%，保险费实收金额达3835.4亿元，保费收缴率达96.73%，政府补助款收缴率为90.02%，整体保险费收缴率为94.71%。

1996年台湾地区十大死亡原因统计显示，恶性肿瘤仍高居首位，占死亡人数的23.19%，其次为脑血管疾病（11.56%），第三位为意外事故及不良影响（10.30%），以下依次为心脏疾病，糖尿病，慢性肝病及肝硬化，肾炎、肾症候群及肾变性病，肺炎，高血压性疾病，支气管炎、肺气肿及气喘等。

表2　台湾地区医事人力（1996）

类别＼区分	执业医事人员数	每一执业医事人员服务人口数	每万人口执业医事人员数
医师	24790	868	11.52
中医师	2992	7194	1.39
牙医师	7254	2967	3.37
镶牙生	78	275967	0.04
药师	12169	1768	5.65
药剂生	7498	2871	3.48
医事检验师	4664	4615	2.17
医用放射技师（士）	1453	14814	0.68
医事检验生	370	58177	0.17
护理师	31826	676	14.79
护士	29668	726	13.78
助产士	774	27811	0.36
营养师	293	73466	0.14
总计	123829	174	57.53

【台湾省医药概况】

一、台湾省药品市场

1996年台湾省医药品消耗量约为488.934亿元，较上年增长13.03%，但此数据尚不包括政府的医疗站、特殊医疗院所及牙医诊所的药品消耗量，这些单位的用药量约为总消耗量的5%，因此实际药品市场约为514.6亿元。在整个药品市场消费结构上，开业诊所约占59.5695亿元，较上年下降3.94%，药局及药房占120.5454亿元，下降1.96%，而医院用药市场却继续大幅增加了24.72%，达308.8191亿元。1996年台湾省药品市场分类统计、销售额排行领先前20位药品及销售额排行领先前40位企业见表3、表4、表5。

表3　1996年台湾省药品市场分类统计

序号	类　　别	金额（新台币百万元）	增长率（%）
1	胃肠类药及维生素制剂	10768.62	+8.50
2	抗感染药制剂	7478.57	+4.50
3	心血管系统药制剂	6739.75	+19.90
4	呼吸系统药制剂	4709.07	+3.10
5	中枢神经系统药制剂	3492.75	18.0
6	骨骼肌肉系统药制剂	3295.84	+16.40
7	血液及造血系统药制剂	2684.18	+25.60
8	皮肤科制剂	2354.42	+14.30
9	医院点滴制剂	2253.03	+4.30
10	生殖泌尿系统及激素制剂	1457.66	+1.60

表4　1996年台湾省销售额排序前20名药品

排序	产品（商品名）	厂商	销售额（新台币百万元）	增长率（%）
1	促红细胞生成素（EPREX）	J-C	524.18	20.2
2	卡托普利（CAPOTEN）	BMS	396.74	15.2
3	依那普利（RENITEC）	MSD	386.00	29.9
4	阿替洛尔（TENORMIN）	ZNC	360.26	2.2
5	头孢唑啉（CEFAMEZIN）	FUJ	334.53	24.4
6	硝苯地平（ADALAT）	B-G	307.76	−10.8
7	雷尼替丁（ZANTAC）	GWC	303.03	−2.9
8	己酮可可碱（TRENTAL）	H/M	260.73	10.9
9	氯磺丙脲（DIAMICRON）	SVR	252.66	38.5
10	二甲双呱（GLUCOPHAGE）	LPH	249.11	26.5
11	（CERENIN）	DWS	243.62	70.8
12	奥格门汀（AUGMENTIN）	S/S	242.11	34.2

续表

排序	产品（商品名）	厂商	销售额（新台币百万元）	增长率（%）
13	西沙必利（PREPULSID）	J-C	234.45	109.8
14	头孢他啶（FORTUM）	GWC	231.03	25.1
15	法莫替丁（GASTER）	YWN	230.86	33.4
16	洛伐他汀（MEVACOR）	MSD	228.42	83.8
17	非洛地平（PLENDIL）	ATR	218.13	98.6
18	西咪替丁（TAGAMET）	S/S	208.73	−5.7
19	地尔硫䓬（HERBESSER）	TAN	197.83	4.6
20	奥美拉唑（LOSEC）	ATR	191.41	92.2

表5 1996年台湾省医药企业销售额排序

排序	中文名称	英文名称	销售额（新台币百万元）	增长率（%）
1	永信	Yuing-Shin	1471.80	14.1
2	史克-比彻姆	S・K Beecham	1428.12	5.9
3	杨森-西乐克	Jansen	1344.78	23.6
4	葛兰素-威康	Glaxo-Wellcome	1310.08	10.4
5	布迈-施贵宝	B. M. Squibb	1171.84	8.7
6	默沙东	Merck Sharp & Dohme	1169.03	25.2
7	惠氏/氰胺	Wyeth-Cyanamid	1015.21	7.7
8	拜耳集团	Bayer	898.59	18.7
9	中国化学	C. C. P. C	890.06	5.7
10	赫美龙	Hoechst Marion Roussel	876.49	16.5
11	罗氏	Roche	874.15	10.0
12	法玛西亚-普强	Pharmacia	872.68	17.5
13	山道士	Sandoz	830.52	24.5
14	藤泽	Fujisawa	804.64	19.6
15	礼莱	Lilly	792.76	3.6
16	生达	Standard	785.40	4.1
17	阿斯特拉	Astra	734.02	51.4
18	百灵佳英格翰	Boehringer Ing.	727.98	4.1
19	辉瑞	Pfizer	676.51	30.7
20	泽利卡	Zeneca	646.52	6.8
21	汽巴-嘉基	Ciba-Geigy	635.34	2.1
22	武田	Takeda	601.56	3.9
23	雅培	Abbott	600.20	21.1

续表

排序	中文名称	英文名称	销售额（新台币百万元）	增长率（%）
24	盐野义	Shionogi	587.26	8.7
25	信东	Sing-Tong	585.50	14.7
26	先灵葆雅	Schering-Plough	551.79	10.9
27	大冢	Otsuka	474.16	17.0
28	永丰	Yueng-Fong	441.34	−6.6
29	南光	Nan-Kwang	418.21	10.0
30	山之内	Yamanouchi	414.53	25.5
31	派德	Park Davis	396.46	1.9
32	三共	Sankyo	372.41	6.9
33	瑞安		348.57	10.9
34	法台		334.12	36.1
35	田边制药	Tanabe	329.97	1.0
36	卫材	Eisai	326.82	0.4
37	优良	U-Liang	318.48	−5.0
38	第一制药	Daiichi Pharma.	314.97	−1.6
39	柏林	Behring	311.87	18.1
40	先灵	Schering AG	309.31	20.1

二、台湾省制药工业概况

据统计，台湾目前共有药厂479家，其中原料药厂家182家，西药制剂厂110家，中药厂187家，以员工数分布统计，则5人以下者有108家，5～29人者215家，300人以上者仅4家，详细情况见表6。

表6　台湾药品工厂按员工统计分布

	0～4人	5～29人	30～99人	100～299人	300人以上	合计
中药	88	75	20	4	0	187
西药	11	70	20	7	2	110
原料药	9	70	83	18	2	182
合计	108	215	123	29	4	479

近几年台湾省生产药品销售值见表7，医药品进出口值见表8。

表 7　近年台湾生产药品销售值

（单位：新台币百万元）

年份	西药	中药	合计
1992	28459	3660	32119
1993	29763	4079	33842
1994	33110	3671	36781
1995	36010	3920	39930
1996	—	—	—

表 8　近几年台湾省医药进出口值

（单位：新台币百万元）

年份	进口	出口	合计
1992	7509	1207	8716
1993	8761	1068	9829
1994	10034	1229	11263
1995	11640	1184	12824
1996	14390	1415	15805

三、台湾省医药工业发展方向及发展趋势

1. 发展方向：

近期以发展高品质药品，远期以开发新药为主；建立完整的上、中、下游药物科技及开发体系；朝大型化、自动化及专业化生产发展；制定合理药价基准及采购制度；推展国际相互认证制度，建立药品品牌形象，推动海外行销，开拓国际市场；原料药发展方向为大宗原料药，精密制备技术原料药（如光学活性药物等）及合约生产产品，中药发展方向为科学化中药和中药西药剂型，制剂为新给药途径（经皮贴片，释放控制型药物）和传输控输药物（靶向制剂）。按发展阶段区分，发展的重点近期（1～3 年）是光学活性中间体和长效新剂型；中期（3～5 年）是抗感染药物、免疫抑制剂、抗癌药、心血管药、蛋白质药物针剂与喷鼻剂型；远期（5～10 年）是生物活性物质、蛋白质药物与新抗癌药物等。

2. 发展趋势：

（1）药厂将向大型化发展。据台湾经济部工业局预测，到 2002 年，台湾的药厂将从现在的约 500 家减为 400 家，但年产值将由目前的约 400 亿元发展到 1100 亿元，当局鼓励药厂以合并、并购的方式，朝大型化专业化的生产模式发展。

（2）制药工业将朝产品多样化、经营多角化及国际化发展。为适应贸易自由化的冲击及市场环境的快速变化，台湾不少药厂寻求转型，投入消费性产品市场，如健康食品、化妆品等，而以永信制药、中化制药、生达制药、优良制药、信东制药、景德制药、葡萄王公司等台资药厂与国外合作较为积极，其合作方式包括合资、直接建厂、技术授权、代理行销、出让股权、技术转移，购并等。

（3）即将成立药品物流中心，以适应医药分业及健保实施。在台湾省将有 100 个以上药品发货点。每年将带来 50～60 亿元的物流商机。

（4）随着全民健保的实施，未来药品市场的规模将扩大。据市场调查，药品需求预期在五年间每年将增加 20%。

3. 台湾省制药工业发展策略

台湾当局对新药研究开发予以资金支持，经济部工业局颁发了“主导性新产品开发辅导办法”及“鼓励民间事业开发工业新产品办法”，对列入经济部工业局新品开发计划的项目，给予计划总经费的二分之一补助款，目前已申请主导性新产品开发的制药计划见表 9。

表9　台湾经济部工业局主导性新产品计划统计（金额：新台币元）

阶段	计划名称	开发期限	开发经费	建厂经费	建厂完成日	产品上市五年内预估产值
已经开发完成	经皮吸收 Nicotine（戒烟贴剂）等新产品	91.1～93.5	1.5亿	0.5亿	92年7月	7亿
	Fluoroquinolone 原料药	92.7～95.3	0.3亿	1亿	98年1月	9.8亿
	Cefaclor 原料药	93.1～95.12	3.4亿	2.6亿	99年1月	33.6亿
	DHPG（抗生素中间体）中间体	93.7～96.6	0.9亿	2亿	99年1月	18.7亿
洽谈或送审中	Dextromethorpha. HBr（镇咳剂）原料药	96.7～99.11	0.9亿	0.5亿	2001年1月	4.2亿
	NEPA（心血管药原料）中间体	96.7～98.11	0.6亿	0.8亿	2001年1月	6.1亿
	经皮吸收避孕贴剂制药	95.7～98.6	3亿	3.2亿	99年1月	210.5亿
	紫杉醇原料药及针剂开发	96.7～99.6	0.3亿	3亿	99年1月	1.1亿
	Cyclosporin A 开发	96.11～99.10	2.2亿	2.3亿	2001年7月	4.4亿
	支气管扩张经皮吸收贴剂制药	96.7～99.6	0.6亿	0.2亿	99年7月	1.3亿
执行中	胰岛素经皮吸收贴剂制药	93.4～98.6	2.8亿	0.5亿	99年7月	44.2亿
	矽烷化剂（抗生素保护剂）	94.7～97.6	0.5亿	1亿	99年1月	9.4亿
	Naproxen 原料药	94.7～97.6	0.7亿	1.8亿	99年1月	17.3亿
	Diltiazem. HCl 原料药	95.7～98.6	0.6亿	0.4亿	2000年1月	7.3亿
	Lovastatin 原料药	95.7～98.6	0.3亿	1.5亿	2000年1月	75亿
	生物技术发酵生产广谱杀虫剂 Avermectin/Ivermectin 原料药开发研究	96.1～98.12	0.7亿	2.4亿	2000年1月	11亿
	β-胡萝卜素	96.7～99.6	0.9亿	4.4亿	2001年10月	15亿
	合计		20.2亿	28.1亿		475.9亿

台湾当局正在研究制定“产业技术研究发展法”，该法内容包括设立产业技术研究发展基金，鼓励合作研究，推广奖励本省研究成果。此外，在建立健全有关法规，建立信息系统，培养人才，重组有关公司以利国际化投资，制定合理药价基准及采购制度等均有相应策略。

香　港

【概况】

我们现在所称的香港，包括香港岛、九龙及新界三个部分，它位于珠江口之东，与深圳珠海毗邻，据最新统计，香港目前总面积为1095平方公里。

至1995年底，香港人口达630.79万人，比1994年增长2.1%。1995年香港人口出生率为11.2‰，死亡率为5.1‰，人口自然增长率为6.1‰。其人口密度达每平方公里5760人。1995年底香港劳动人口达到312.05万人，比上年增加3.2%，就业人口301.27万人，失业人口10.78万人，失业率为3.5%，劳动参与率为62.8%。

1995年香港经济继续维持增长，该年香港的本地生产总值为1390亿美元，比上年实际增长4.7%，人均生产总值22587美元。通胀率为8.7%。

对外贸易方面，1995年香港进出口贸易总额为28352.48亿港元，比1994年增长17.12%。其中香港产品出口货值为2316.57亿港元，较上年增长4.3%；转口货值11124.70亿港元，增长17.36%；进口货值14911.21亿港元，增长19.22%。1991年至1995年香港进出口贸易值见表1。

表1　香港1991年～1995年进出口贸易值　（单位：亿港元）

年份	进口总值	港产品出口	转　口	出口总值	贸易差额
1991	7789.82	2310.45	5348.41	7658.86	−130.90
1992	9552.95	2341.23	6908.29	9249.53	−303.42
1993	10725.97	2230.27	8232.24	10462.50	−266.47
1994	12507.09	2220.92	9479.21	11700.13	−806.95
1995	14911.21	2316.57	11124.70	13441.27	−1469.94

香港市民的医疗卫生服务，分别由政府医院、辅助医院、私家医院及私家医生提供。近几年香港医院病床数目及医疗注册人员分别见表2、表3。

表2　香港病床数目

医院类别	1993	1994	1995
医院管理局辖下医院	23032	23955	25000
惩教机构	858	849	773
政府诊疗所/留产所	131	84	85
私家医院	9977	3442	3484
合　计	26998	28330	29342

表3　香港医疗注册人员

人数 类别	注册总数		
	1993年	1994年	1995年
医科医生	7125	7670	8122
牙医	1575	1615	1634
牙科卫生员	111	123	133
护理科			
注册护士	23363	24564	25582
登记护士	8655	9102	9469
药剂师	875	953	995
医疗化验师	2298	2387	2568
职业化验员	559	622	668

近几年香港地区死亡原因统计显示，肿瘤均居第1位，约占总死亡人数的32%，其次是循环系统疾病，约占28%，以下为呼吸系统疾病、受伤和中毒、消化系统疾病、泌尿生殖系统疾病、传染病和寄生虫病以及内分泌、营养、新陈代谢和血液的疾病等。1994～1995年香港居民主要死亡原因统计见表4。

表4　香港居民主要死亡原因（1994～1995）

死亡原因	死亡人数	
	1994	1995
肿瘤	9449	9793
循环系统疾病	8524	8592
呼吸系统疾病	5238	5707
受伤和中毒	1718	1590
消化系统疾病	1334	1354
泌尿生殖系统疾病	1100	1141
传染病和寄生虫病	1179	1060
内分泌、营养、新陈代谢和血液的疾病	465	607
其他	1099	1050
合计总死亡人数	30106	30894

【医药概况】

香港制药厂规模一般都不大，许多工厂亦缺乏专门的研究人员和药剂师，目前全港约有300多家制药厂，雇员约2000人，这些药厂多为小型加工厂，主要生产中成药和西药制剂，生产品种有限，中成药产品多为各种丸、散、膏、丹和药油等，西药制剂包括水剂、片剂、针剂和胶囊，多是参照通行药方配制，或由外国制药厂提供药方代为配制。

香港的药厂多未实现GMP标准，故这些药厂的产品不能销往欧美等国家，只能销往第三世界国家。目前香港约有几十家西药制药厂，每年营业额仅2～3亿港元，其中80%产品在当地销售，20%产品外销非洲、南美洲和其他小国家。

香港制药行业的生产值与其他行业相比是较小的，港产中西成药的本销数量有限，销售的产品多是胃肠药、药油、止咳药和感冒药等家庭常备药品。外销方面则种类较多，其中以中成药为多，其市场以东南亚地区为主。

1995年港产成药的外销值为75.44亿港元，比上年增17.2%，成药出口较多的有：含激素成份的药剂，值0.33亿港元，青霉素及其衍生物药剂，值1.03亿港元，主要销往中国、越南、澳门等地；1995年香港进口药品总值为91.13亿港元，比上年增长15.4%，经港转口的药品总值为68.45亿元，比上年增长16.6%，自留消费的药品总值为22.68元亿港元，较上年增加12.1%。

据香港政府统计，1995年香港经营西药的进出口商有555家，员工41664人；经营医疗保健器材的进出口商有513家，员工2355人；经营西药批发的有67家，员工570人；医疗保健器材的批发商有68家，员工240人；零售方面，香港政府统计将西药与化妆品店归为一类，该类商号有1399家，员工5452人。

香港医药产品进口、出口及转口贸易统计、香港对主要国家和地区的药品贸易统计、香港进口药品的10个主要国家及转口的主要国家与地区分别见表5、表6、表7、和表8。

表5 香港医药产品进口、出口及转口贸易统计

(单位：万港元)

类别＼年份	进口额	港产品出口额	转口额
1994	789661	56469	587275
1995	911318	69996	684468

表6 香港对世界主要国家和地区的药品贸易统计 (单位：万港元)

国家或地区	进口额		港产品出口额		转口出口额	
	1994	1995	1994	1995	1994	1995
中国	166730	175884	32503	42185	312974	378742
台湾	14636	14351	989	968	38787	37525
欧共体	315947	381028	466	377	37534	33330
英国	47584	52545	28	148	2477	2105
德国	65797	88970	102	78	12087	14536
美国	54720	57487	2073	2860	19712	13092
日本	49713	61532	8	—	8457	6967
新加坡	30679	35967	3455	3787	21248	14436

表7　香港进口药品十大国家　　（单位：亿港元）

年份	中国	德国	意大利	日本	英国	美国	瑞士	法国	新加坡	西班牙
1994	16.67	6.58	6.14	4.97	5.25	5.47	5.01	3.03	3.07	3.28
1995	17.59	8.90	7.02	6.15	5.85	5.74	4.85	3.69	3.60	3.34
增减（%）	+5.5	+35.3	+14.3	+23.7	+10.8	+4.9	−3.2	+21.8	+17.3	+1.8

表8　香港药品转口主要国家与地区　　（单位：亿港元）

年份	中国	台湾	印度	澳门	泰国	马来西亚	印尼	韩国	菲律宾	新加坡
1994	31.30	3.88	2.25	1.79	1.80	1.57	1.43	1.27	1.54	1.35
1995	37.87	3.75	3.46	2.06	2.05	1.93	1.58	1.54	1.53	1.44
增减（%）	+21	−3.4	+53.8	+15.1	+13.9	+22.9	+10.5	+21.3	−0.6	+6.7

香港的药材业历史悠久，其进口的药材除大部分在本港销售外，亦有一部分转销到台湾、东南亚及美国、加拿大和日本等地。业内人士估计，香港药材进出口商、批发商和零售商约有二千多家，雇员近万名。

据香港统计处统计，1995年进口的八大类药材总值为26.48亿港元，比上年增加6.6%，转口总值为18.34亿港元，比上年下降3.7%。其中进口的人工培植和野山参349.7万公斤，值15.68亿港元，比上年增长12.3%，转口量374万公斤，值6.07亿港元，主要进口地为美国、加拿大、韩国和中国等，转口地为中国、台湾和新加坡等；当归、党参、黄芪、淮山、生地、菊花和杞子进口量为7569.8万公斤，值10.8亿港元，比上年减少0.7%，转口量为6656万公斤，值12.27亿港元，主要进口地为中国、越南和新加坡等，主要转口地为台湾、韩国和美国等。

澳　门

一、一般概况与经济发展概况

澳门位于中国大陆东南部沿海，全区包括澳门半岛及其南面的凼仔岛和路环岛。全地区总面积为23.5平方公里。据1994年统计，澳门人口总数为410531人，平均人口密度为每平方公里17469人，澳门人口中40岁以下者占74%，这是由于大量年轻移民所造成的。近几年澳门人口出生率逐年下降，1994年为15.2‰，死亡率为3.3‰，人口自然增长率为1.2%。

澳门经济近年一直保持较平稳发展的势头，1990年至1995年澳门本地生产总值（GDP）平均增长率为5.943，澳门经济增长情况见表1。

表1　澳门经济增长情况　　（单位：百万澳门元）

项目＼年份	1990	1991	1992	1993	1994	1995
GDP总值	27895.54	32118.18	30258.95	46153.88	51842.76	47200.0
人均GDP（美元）	10380	11411	13563	14926	16164	15100
GDP增长率（%）	5.03	3.32	12.14	5.04	4.93	5.2

澳门的工业结构：澳门工业以轻纺工业为主，其他还有玩具、电子、家具、制鞋、制帽、印刷、电器等，而重工业比重很小，澳门工业产品结构见表2。

表2　澳门工业产业品结构　（单位：百万澳门元）

类别＼年份	1987		1989		1991		1993	
	产值	比重（%）	产值	比重（%）	产值	比重（%）	产值	比重（%）
纺织品与成衣	8258	73.51	9517	72.13	10028	75.25	10375	72.87
玩具	1108	9.89	1339	10.15	767	5.76	598	4.19
电子制品	258	2.30	118	0.95	413	3.1	491	3.46
其他产品	1609	14.32	2219	16.85	2117	15.89	2773	19.48

澳门的工业特点是，以中小型工厂为主，规模小，分散经营；劳动密集，生产设备和技术比较落后，产值较低，但增长潜力较大；生产模式以外向型为主，产品以纺织品为主体，多数外销，以欧洲、美国市场为主，亚洲市场其次；资源奇缺，对外依赖性大，尤其依赖香港和中国大陆。1990～1994年澳门进出口贸易统计和澳门与世界主要国家和地区进出口贸易情况见表3、表4。

表3　澳门进出口贸易统计（1990～1994）　（单位：亿澳门元）

年份	出口		进口		进出口差额
	总值	年变化（%）	总值	年变化（%）	
1990	136.4	3	123.4	4	13.0
1991	133.3	−2	148.3	20	−15.0
1992	140.8	6	156.8	6	−16.0
1993	142.4	1	161.4	3	−19.0
1994	148.5	4	169.3	5	−20.0

表4　澳门与世界主要国家和地区进出口贸易统计（1994）

（单位：百万澳门元）

	出口额	进口额
欧共体	4669.93	2452.33
美　国	5522.20	1156.48
中　国	1887.33	3186.42
香　港	1660.20	5136.83
其　他	1114.23	4993.06
合　计	14853.89	16925.12

二、医疗卫生概况

澳门地区的医疗卫生组织机构包括澳门政府公立医疗卫生机构和非官方（私立）医疗卫生机构两种。据统计，1993年澳门每千居民中有医生1.32人，护士1.75人，病床2.46张。而1992年分别为1.5人，2.06人和2.55张，1991年分别为1.52人，2.03人和3.00张，呈逐年减少之势。

三、医药概况

澳门制药（西药）工业的历史很短，1979年首家西药厂立基利药厂正式投产至今，仅有18年时间，是新兴的一个工业行业。

澳门生产的西药大都是普通药品（以中、下价为多），有165种不同品种的药品，包括丸剂、片剂、针剂、液剂、胶囊等。有药膏、眼药，创新产品有狮子油、胃药等等。产品本销占小部份，外销占大部份，包括中国大陆、香港、东南亚及非洲等地区。由于是普通药品，价格廉宜，适合消费者需要，销量较佳。1982年药品产值为630万元，比1981年300多万元，增长88%。其中，销往大陆的药品270万元，比1981年增加1倍多，至于本销方面，由于市场窄小，1988年销量为165万元，比1981年增长15%。本地客户主要是社团和私人诊所、药房和医院等单位。

西药厂的生产较先进，有半自动化的，也有全自动化的，包括全自动针剂机、全自动胶囊机、全自动包装机，还有化验机、电子分析仪等等。生产效率高，且符合卫生条件。

澳门现有两家西药制造厂，根据澳门政府统计司资料数字，1990年药品出口值为8,548万元，比1989年6952万元，增加1,596万元，增长22.95%。比西药厂投产初期1982年的630万元，增长12.57倍，看来发展速度相当快。

进入90年代，持续平稳增长。

（洪晓顺）

1995/1996年世界制药工业

1. 世界药品市场
   - 1.1 1995年世界药品市场状况
   - 1.2 1995/1996年世界处方药市场
   - 1.3 1995年世界通用名药品市场
   - 1.4 1995年世界OTC药品市场
   - 1.5 世界药品市场预测
2. 1995/1996年各方面世界领先的制药公司
   - 2.1 头20家处方药销售额领先的制药公司
   - 2.2 头10家药品销售额增长最快的制药公司
   - 2.3 头10家药品利润率最高的制药公司
3. 研究与开发
   - 3.1 研究开发投入有较大幅度的增长
   - 3.2 1996年研究开发药物数领先的制药公司
   - 3.3 1996年主要的研究目标
   - 3.4 喜悦与失望
4. 1996年世界首次上市的新药
5. 专题论述
   - 5.1 药物研究中创新的模式
   - 5.2 生物技术制药工业的25年
   - 5.3 近年世界大型制药公司的合并与兼并

1. 世界药品市场

1.1 1995年世界药品市场状况

根据"Pharmaceutical Global Review 1996"所提供的数据[1]，1995年世界药品市场总额为2857.67亿美元，比上年增长11.6%，而前几年的增长率分别为：1994年，7.6%；1993年，5.1%；1992年，10.1%；1991年，13%。

按地区分，欧洲占有最大的市场份额（31.2%），取代了北美洲地位，后者占有30.1%份额。其后是日本，占有18.9%份额。增长率最高的是欧洲和拉丁美洲，分别为14.5%和12.4%，而亚洲新兴国家和地区（所谓"老虎"国家和地区）从1994年占据首位的14.5%下降为7.6%。各地区市场规模、增长率和市场份额详见下表：

地区	销售额（亿美元）	增长率（%）	世界市场份额（%）
欧洲	891	14.5	31.2
北美洲	861	8.8	30.1
日本	541	1.2	18.9
拉丁美洲	19.7	12.4	6.9
“老虎”国家和地区	19.5	7.6	6.8
其它国家	17.3	—	6.1
全球总计	2858	11.6	100

资料源：Glolal Review Services.（GRS）

说明：GRS数据系按出厂价计算的、通过所有药品销售渠道，包括零售店、药房、医院、政府机构、药店和投标生意，但不包括通过附属经销子公司、批发商等的包括处方药和非处方药的销售总额。

1.1.1 欧洲

1995年德国作为法定健康保险药品的工厂销售总额为120亿美元，比上年增长6.7%。健康保险费用中处方药消费金额为218亿美元，比上年增长7.1%。法国制药工业的工厂销售总额为220亿美元，比上年增长9%，意大利的药品销售总额为126亿美元，比上年增长0.2%，意大利的药品生产也提高到120亿美元，比上年增长6.6%。英国国家健康服务费用中药品消费增长8.2%，处方药销售额达到51亿美元（按出厂价计）。西班牙药品生产增长9.6%，达到64亿美元，而健康保险的药品消费增长12.5%达到57亿美元。

中欧和东欧国家的药品市场大致如下：

俄罗斯 药品销售额35亿美元，按出厂价则为16亿美元

乌克兰 3.1亿美元（零售价）

波兰 15亿美元（包括OTC和医院销售金额）

匈牙利 6.5亿美元（出厂价）

罗马尼亚 2.75亿美元（批发价）

捷克 6.5亿美元（处方药，零售价）

克罗地亚 3.0亿美元（出厂价）

1.1.2 北美和拉丁美洲

美国药品市场增长11.6%，达到814亿美元，仍居世界首位。加拿大药品市场增长5%，达到47亿美元。

巴西是拉丁美洲最大的，同时也是增长最快的药品市场。到1996年6月为止的一年间，拉丁美洲领先的药品市场如下表：

国家	销售额（亿美元）	增长率（%）
巴西	68.68	+24
阿根廷	36.01	−2
墨西哥	25.41	−10
哥伦比亚	10.79	—
波多黎各	5.68	+11
委内瑞拉	5.48	+4
中美6国	4.84	+4
秘鲁	4.47	+12
智利	4.24	+16
乌拉圭	2.57	+4

1.1.3 亚洲及太平洋周边国家和地区

日本药品市场仅增长1.2%，为541亿美元，但仍然是世界第二大单一药品市场。

虽然亚洲的一些新兴国家和地区总体药品市场的增长率比上年下降了许多，但仍然有显著增长。韩国药品市场比上年增长9.6%，达到46亿美元。印度1994/1995年的药品生产增长15%，达到27亿美元。巴基斯坦药品市场增长29%，达到9.08亿美元，泰国增长11.4%，达到7.48亿美元，印尼增长19.6%，达到9.88亿美元，中国台湾省增长5%，达到14亿美元。

1995年中国制药工业工厂销售额增长11%，达到90亿美元，1996年上半年原料药和制剂产值增长18.7%，达到71亿美元，

同期的制剂销售额达到52亿美元。

澳大利亚1995年下半年的健康保险药品消费增长17.1%，达到8.90亿美元，而新西兰1996年前7个月的药品帐单达到6.94亿美元。

1.1.4 非洲和中东

1995年，11个中东国家的药品销售额按出厂价计为10.28亿美元，其中土耳其占40.1%，沙特阿拉伯占20.4%，埃及占11.7%，联合酋长国占6%，黎巴嫩占5.6%。此外，以色列药品市场规模为5.3亿美元，伊朗为2.98亿美元（到1996年3月为止的财政年度），南非药品销售额为24亿美元，比上年增长7.9%。

1.2 1995/1996年世界处方药市场

1995年全球处方药市场大约是2270亿美元。其中世界领先的10个药品市场总额达1390.6亿美元，比上年增长8%，而1994年仅增长5%[2]。

1996年全球处方药总销售额未见报道，但根据IMS数据，头10大处方药市场增长7%，达到1437.91亿美元[3]。

1996年上半年的增长率曾达到8%，但是下半年又下滑到6%。

意大利在过去几年低增长和负增长之后忽然成为增长率最高(11%)的药品市场。随后是美国和英国，均增长10%，而日本的药品市场仅增长3%。

1995年1996年世界领先的十大处方药市场规模[1]详见下表：

国家	1996（亿美元）	%变化[2]	1995（亿美元）
美国	602.10	+10	546.94
日本	233.47	+3	264.40
德国	165.29	+5	165.15
法国	150.75	+2	151.96
意大利	89.66	+11	76.56
英国	68.22	+10	62.62
西班牙	51.18	+9	47.68
加拿大	37.37	+4	35.56
比利时	19.96	+6	19.88
荷兰	19.91	+1	20.77
总计	1437.91	+7	1391.52

注（1）药房销售额，不包括医院销售，但日本除外，也包括100病床以下诊所的销售额

（2）未考虑汇兑率因素

1996年，中枢神经系统药物是美国领先的治疗类别，销售额达到119.24亿美元，比上年增长16%，而心血管药物则在欧洲领先，销售额达到126.15亿美元，比上年增长4%，而在日本则是胃肠道药物以47.83亿美元占据首位。

作用于血液的药物，包括降脂药在美国和欧洲均创最高的增长率，分别创24%和15%的记录，而皮肤用药和胃肠道药物则是日本增长最快的治疗类别，均创14%的记录。

1996年北美、欧洲和日本按治疗类别分的销售额和增长情况见下表。

治疗类别	北美		欧洲[1]		日本	
	亿美元	%变化	亿美元	%变化	亿美元	%变化
心血管药物	93.62	+3	126.15	+4	35.50	+2
消化系统/代谢	103.89	+10	94.22	+5	47.83	+14
中枢神经系统	119.24	+16	71.83	+11	11.88	+4
呼吸系统	67.10	+6	58.45	+8	20.06	—

抗感染药	62.14	+13	56.50	+1	26.70	−12
作用于血液的药物	34.14	+24	22.77	+15	22.30	+6
肌肉骨骼药物	25.32	+7	28.65	+3	22.07	+2
生殖泌尿系统	40.25	+10	30.02	+6	4.75	+3
皮肤用药	30.31	+1	24.14	+1	8.15	+14
细胞抑制剂	14.18	+18	19.98	+13	5.15	−3
感觉器官药物	16.35	+4	9.14	+8	8.29	+9
激素	6.80	+14	10.47	+5	4.65	−3

(1) 欧洲 7 个领先的药品市场

1.3 通用名药品市场

推动通用名药品市场发展的因素包括：世界各国新的健康保险费用限制政策，简化的通用名药品注册手续，通用名药品形象的改善以及一批销售额领先的专利药品（总价值 250 亿美元）将于 2000 年前专利期满。

据 Nicholas Hall 公司报道[4]，1994 年通用名药品的全球销售额为 230 亿美元，相当于全球处方药市场的 11%。据该公司预测，全球通用名药品市场将以年均 14%的增长率发展（创新药品市场的年增长率为 6%），到 2000 年将达到 500 亿美元规模。

又据欧洲通用名药品协会（European Generic Association，EGA）预测[5]，到 2000 年欧盟（EU）的通用名药品将从 1995 年的 60 亿美元（占处方药总市场的份额，按数量计为 15%，按金额计为 10%）增加到 155 亿美元，而那时美国将是 160 亿美元。

根据 Datamonitor 数据[5]，1995 年一些国家通用名药品市场规模，其在本国全部药品市场中所占的比例以及到 2000 年的预测详见下表。

国家	通用名药品市场（亿美元）	占整个药品市场按数量计	份额%按金额计	2000 年预测按金额计（%）
美　国	70.0	40	11	16
加拿大	7.2	37	13	na
德　国	22.0	40	30	40
法　国	5.2	3	3	5
英　国	6.5	40	15	24
西班牙	1.1	na	2	4
意大利	3.5	na	3	5
荷　兰	na	22	13	na
丹　麦	na	60	30	na
日　本	na	8	8	12
澳大利亚	1.2	na	4	na

资料源：Dalamonitor　na＝无数据

1995年世界领先的通用名药品生产厂商的销售额（亿美元，估算值）以及其所占世界市场份额如下[6]：

公司	国家	销售额（亿美元）	市场份额（%）
Ivax	美国	10.0	6.7
Hoechst Marion Roussel	德国/美国	6.0	4.0
Ratiopharm	德国	5.5	3.7
Teva Pharmaceutical	以色列	5.0	3.3
Schein/Bayer	美国/德国	4.5	3.0
American Home Products	美国	4.0	2.7
Bristol-Myers Squibb	美国	3.5	2.3
Hexal Pharma	德国	3.0	2.0
E. Merck	德国	2.7	1.8
Stada	德国	2.2	1.5

资料源：Roland Berger and Partners.

在美国市场上，主要的独立通用名药品厂商如下[7]：

公司	1994年销售额（亿美元）	1995年销售额（亿美元）
Ivax	11.35	12.60
Teva Pharmaceuticals	5.88	6.88
Alpharma	4.69	5.21
Forest Laboratories	3.52	4.05
Mylan Laboratories	2.52	3.96
Barr Laboratories	1.09	2.00
Biocraft Laboratories	1.43	1.41
Copley Pharmaceutical	1.14	1.42
Watson Pharmaceutical	0.95	1.53
Pharmaceutical Resources	0.69	0.67

1995年上面10家公司共占处方药零售之11%。

1.4 世界OTC药品市场

根据Nicholas Hall公司的“OTC新闻

和市场报告”[8]，1995年世界OTC药品市场仅增长3.6%，达到了413亿美元（出厂价计）。前几年增长情况为：1994年，4.7%；1991、1992、1993年均为5%。

世界最大的OTC药品市场是美国和欧洲，分别占28.6%和28.2%的份额，销售额分别为118亿和116亿美元。

该报告还预测了1995～2000年各国和地区OTC药品市场的增长率。

国家或地区	1995销售额（亿美元）	2000年销售额（亿美元）	5年增长率（%）
美国	118	151	34
欧洲	116	190	62
日本	66	73	11
拉丁美洲	18	33	79
东南亚	46	91	97
全球	413	615	49

根据该报告，1995年世界前十家OTC药品生产商所占世界市场份额如下：

名次	公　司	市场份额
1	Johnson & Johnson	4.9%
2	AHP	4.3%
3	SB	3.8%
4	Warner-Lambert	3.6%
5	日本大正制药	3.4%
6	P&G	3.4%
7	Bayer	3.3%
8	Novartis	2.6%
9	BMS	2.2%
10	Roche	1.7%

这十家公司共占全球OTC市场的32.2%。据其预测，通过企业兼并和全球化活动，到2000年，世界前十家OTC生产商将占有65%的世界OTC市场份额。

另据Scrip报道[9]，1995年度（到1996年6月为止）世界OTC药品市场为482亿美元，世界领先的十家OTC生产商的排列位次也与上表稍有不同，主要是Bayer与日本大正制药对调了名次。头十家公司占有全球OTC市场的30%份额，头20家共占40%。

1.5　世界药品市场预测[10]

根据IMS药品战略小组的一份报告，2000年世界药品市场将达到3790亿美元，反映了1996～2000年间将有6.7%的综合年均增长率（CAGR）。

该报告几乎覆盖全球所有药品市场，从阿富汗到津巴布韦，大约230个国家和地区。他们对1995年世界药品市场估定为2840亿美元。

1991～1995年间，增长率最高的是东南亚市场，CAGR达到10.2%。总的说来，世界药品市场1995年增长13.6%，高于过去5年的平均水平，部分原因是由于1993～1994年间各国政府放松了对健康保险药费的控制。

1996年的增长预计会放慢，主要是由于欧洲大多数国家的政府限制药费开支的措施，包括参考价之出台。

1996～2000年，随着世界经济的好转和得益于全球性贸易协定，制药工业将获得6.7%的CAGR。

东南亚/中国将再一次继续以13%的CAGR领先。这一数字几乎是全球CAGR的一倍。IMS还预测中国药品市场在这一时期将以14.7%的CAGR增长。

虽然日本将维持其世界第二大国家药品市场地位，但其CAGR很低，仅为2.8%，其世界市场份额也将降到17.9%。究其原因，是药品价格将再次降低和从1998年起将在国民健康保险价目表中列入通用名药品。

在发达国家中，澳大利亚将经历最快的增长，CAGR可达10.5%，原因是它将受到东南亚贸易伙伴国家所发生的市场变化的影响。

下表列出世界各地区1996和2000年的市场份额和变化情况。

地区	1996 市场份额	2000 市场份额	%变化
北美	31.7%	32.4%	+0.7
欧洲	27.5%	26.4%	−1.1
日本	20.8%	17.9%	−2.9
拉丁美洲/加勒比国家	6.9%	8.1%	+1.2
东南亚/中国	5.3%	6.6%	+1.3
东欧	1.4%	1.7%	+0.3
中东	2.1%	2.0%	−0.1
非洲	1.5%	1.7%	+0.2
印度次大陆	1.3%	1.6%	+0.3
澳大利亚	1.1%	1.3%	+0.2
独联体国家	0.3%	0.3%	—
总计	100%	100%	

2. 1995年各方面世界领先的制药公司

2.1 处方药销售额领先的20家制药公司[11]

Novartis的诞生打乱了世界处方药销售额领先的制药公司的排列名次，但未能动摇头2家。Glaxo Wellcome创下126亿美元的销售记录，仍稳居世界首位。居第2位的Merck公司销售额达113亿美元，乃是得益于其合资公司Astra Merck Inc（销售额13亿美元的一半）以及它与其他公司如Pasteur Merieux（疫苗）、Du Pont（心血管药、CNS和通用名药品）等的合资企业。Novartis以106亿美元销售额(Sandoz和Ciba两家公司销售额之和）闯到了第3位。在世界4家最大的制药公司中，欧洲占了3家，而美国只有一家。

世界头20家制药公司的1995年度药品销售额、增长率、所占世界市场份、以及其药品销售额在总销售额中所占比例（%）详见表1。

表1 1995年度[1]世界头20家制药公司的处方药销售额

名次	公司	药品销售额[3]（亿美元）	%增长[4]	药品占总销售额%	世界市场份额（%）
1（1）[2]	Glaxo Wellcome（英）	125.86[5]	+7.2	100	5.54
2（2）	Merck（美）	113.14[6]	+20.1	62.4	4.98
3（—）	Novartis（瑞士）	105.71[5]	NA	48.4	4.66
4（5）	HMR（德）	84.38[5]	NA	93.9	3.72
5（3）	BMS（美）	78.10	+12.1	56.7	3.44
6（6）	Pfizer（美）	70.72	+21.7	70.6	3.12
7（4）	AHP（美）	70.05	+4.1	52.4	3.09
8（8）	Roche（瑞士）	68.00	+28.2	54.6	3.00
9（10）	J&J	62.74	+21.6	33.3	2.76
10（7）	SB（英）	60.88	+10.1	55.0	2.68
11（9）	Lilly（美）	59.92	+14.7	88.6	2.64
12（12）	Abbott	56.29	+13.7	56.2	2.48
13（14）	武田（日本）	56.21[7]	+15.7	66.0	2.48
14（11）	P&U（瑞典/美）	52.35	+1.7	75.3	2.31
15（20）	Astra（瑞典）	49.36[8]	+38.4	98.3	2.17
16（17）	RPR（美）	48.41[5]	+18.6	91.0	2.13
17（16）	Bayer（德）	46.19	+8.1	14.8	2.03
18（18）	三共（日本）	43.53[9]	+11.4	73.5	1.92
19（19）	Schering-Plough（美）	42.81	+15.3	83.9	1.89
20（21）	山之内（日本）	35.76	+17.2	81.2	1.58

注：

（1）欧美公司均按到1995年12月底为止的年度，三家日本公司均按到1996年3月为止的年度计算；（2）括号内为上一年名次；（3）按1995年平均汇率换算成美元数；（4）以上一年美元金额为基础；（5）估计的销售额。RPR包括Fisons和AIS的销售额，但不包括与Centcon合资的血液产品企业；（6）包括合资企业的销售额，但不包括Medoc的非Merck产品销售额和Medco服务收入；（7）包括OTC药品销售额；（8）包括营养产品；（9）包括诊断剂和医疗器械。

在这头20家制药公司中，美国拥有9家，欧洲7家、日本3家、瑞典/美国1家。

与上一年相比，HMR上升一位，BMS下滑2位，AHP（尽管它于1994年底收购了美国Cyanamid）、SB和P&U都下滑3位，Lilly下滑2位，并被撵出10强。Pfizer和Roche则分别巩固其第6和第8的位置。Astra上移最多，从第20位升到了第15位，而J&J、武田、RPR和山之内都上移一位。

GW占有全球处方药市场5.5%的份额，而Merck和Novartis分别占有5%和4.7%的份额。头5家公司共占有22%的全球市场份额，头10家共占有37%，头20家则共占有59%的份额。

2.2 药品销售额增长率最高的10家制药公司[11]

1995年药品销售增长率最高的头10家公司见下表：

公司	药品销售额[1]	%变化[2]
Astra	351.97亿瑞典克朗	+27.9
Pfizer	70.72亿美元	+21.7
J&J	62.74亿美元	+21.6
Merck	113.14亿美元	+20.1
RPR	48.41亿美元	+18.6
Schering-Plough	42.81亿美元	+15.3
Eli Lilly	59.92亿美元	+14.7
Abbott	56.29亿美元	+13.7
BMS	78.10亿美元	+12.1
Roche	80.41亿瑞士法郎	+10.8

注：(1) 到1995年12月为止的年度销售数字；(2) 以上年本国货币金额为基础。

Astra的增长率居世界首位，按本国货币计算的增长率为27.9%，若按美元计算则是38.4%。紧随其后的是Pfizer等8家美国公司。Roche以10.8%的增长率居第10位，如果按美元计算，其增长率则是28%。

Pfizer公司新上市的6个新产品，尤其是azithromycin（Zithromax），氨氯地平（amlodipine，Nolvasc，络活喜）和舍曲林（sertraline，zoloft）对其高增长率发挥重大作用。按Lehman Brothers公司分析，Pfizer将是2000年以前药品销售增长最快的公司。

2.3 世界药品利润率最高的10家制药公司[12]

Glaxo Wellcome是世界大型制药公司中利润率最高的，达到了33.1%，比J&J公司（33.0%）稍高一筹。另外有3家公司的利润率超过30%。所有头10家公司的利润率都超过20%。这其中，山之内公司是唯一的利润少于10亿美元的公司。

在世界药品利润率最高的头10家公司中，美国占有7家，英国、瑞典和日本各有1家。

头10家药品利润率最高的公司如下：

公司	利润[1]（亿美元）	药品销售额（亿美元）	利润率（%）
Glaxo Wellcome[2]	41.69	125.86	33.1
J&J	20.73	62.74	33.0
Astra[3]	15.59	50.21	31.0
Schering-Plough[4]	13.81	44.72	30.9
Pfizer[5]	25.48	84.09	30.3
BMS	23.00	78.10	29.4
Lilly[6]	19.82	67.64	29.3
SB[6]	16.65	66.12	25.2
Merck[7]	41.14	166.81	24.7
山之内	8.48	35.76	24.7

注：（1）指营业利润；（2）估计值；（3）包括医疗器械；（4）包括兽药；（5）包括医院用品；（6）包括保健管理，Lilly 还包括兽药；（7）包括 Medeo 的非 Merck 产品的销售额和 Medco 的健康服务收入、兽药、农作物保护剂，但不包括合资企业的销售额。

3. 研究与开发

3.1 1995 年研究开发投入有较大幅度增长

根据国际药品研究中心（CMR International）年报提供的统计数字[13]，1995 年世界药品研究开发的投入估计为 337 亿美元，比上年增长 17%。

又据 Scrip Magazine 1997 年 1 月期的报道[14]，1995 年一些合并（或兼并）的大制药公司在研究开发投资方面均名列前茅。

Glaxo Wellcome（GW）和 Novartis 是两家 R&D 投入最多的公司，其预算分别接近 19 亿和 17 亿美元，分别占其药品销售额之 15%和 16%。Roche 公司以 16.6 亿美元居第 3 位，但它仍然是 R&D 投入占药品销售额比例最高的，尽管这一比例已从过去的 24%降低到 21%。1995 年 R&D 占销售额比例高的还有 P&U 公司（18.6%）。世界头 10 家公司的 R&D 投入均超过 10 亿美元，这 10 家 R&D 费占销售额比例平均为 15.5%，（详见下表）：

公司	R&D 费用（亿美元）	药品销售额（亿美元）	%销售额
GW[1]	18.94	125.86	15.0
Novartis[1]	16.91	105.71	16.0
Roche[2]	16.60	79.19	21.2
Merck[3]	13.31	109.54	12.2
Pfizer[4]	12.95	84.09	15.4
P&U[5]	12.54	67.49	18.6
HMR[1]	12.00	89.83	13.4
AHP[6]	11.00	75.21	14.6

Lilly[7]	10.42	67.64	15.4
BMS	10.07	78.10	12.9

注：(1) 预计数字，HMR总销售额中包括精细化工产品；(2) 包括OTC药品和Genentech公司销售额；(3)包括兽药、农作物保护和特种化学品，但不包括Medco的非Merck产品和Medco服务收入以及合资企业的销售额；(4) 包括医院用品；(5) 包括人药、兽药、生物技术/生物传感器和诊断剂；(6) 包括兽药；(7) 包括兽药和保健管理。

3.2 1996年研究开发药物领先的制药公司

据Scrip Magazine报道[15]，按照研究开发化合物数排名序的头50家制药公司中，前3家公司名次与上一年比较无变化。HMR公司仍雄居榜首，GW则与P&U并列第二。然而GW公司开发的药物中自己研究出来的数目较大。

Ciba和Sandoz合并完成后，情况会有所改变，这两家公司共有196个药物在开发中，这将使新成立的Novartis公司稳坐第二交椅。

总的说来，头10家位置稍有变动。Warner-Lambert进入了前10家，从上年的第11位升到第8位，而Roche公司则从第8位降到第11位。美国国家健康研究所(NIH)从第9位升到第4位，AHP公司则从第4位下滑到第6位。Merck公司仍保持住其第5位。

头50家公司研究开发的药物总数达到3299个，其中头10家总共是1260个，占38.2%。

如仅计算自己研究出来的药物数，则头2位保持不变，HMR以145个居首，GW以113个居第二。与上年一样，Merck公司以105个化合物移到第3位，随后是NIH(97)和P&U(93)，当然，一家公司研究开发的化合物数仅能粗略反映出其研究开发的努力和潜在的最终成就，因为有许多化合物在开发的最初阶段就会被抛弃。但表中数据也确能很好表现出一家公司的内在研究开发力量以及其依赖许可证转让引进的程度。许可转让引进的化合物在大多数世界领先的制药公司的研究开发中起着很重要的作用，但在头50家公司中仅有3家，即Boehringer Mannheim、日本第一制药和Pasteur Merieux，许可转让引进的化合物数超过自己的化合物数。

头10家公司中，4家是美国公司(1995年为3家)、2家英国公司、2家瑞士公司、一家德国公司、一家瑞典/美国企业。

在这次排名中，很少戏剧性变化，而是几家公司平稳上升，几家公司缓慢下滑。移动较大的只有Novo Nordisk(去年新进入头50名的公司，现又从第39位上升到第28位)、Servier(从第44位升到第35位)和日本第一制药公司(从第50位升到第42位)。

1996年新进入头50家行列的有：Elan(与Athena Neurosciences合并后，进到第25位)、BioChem Pharma(第34位)Alza(第45位)和Pasteur Merieux(第47位)。

山之内公司仍然是日本在这方面的领先公司，并且从上年的第18位上升到第16位，而中外制药和盐野义都被排挤出头50名之外，使日本公司的总数从9家减到7家。

药物研究开发头50家公司情况如下：

名次 12/'96	(12/'95)	公司	R&D药物数	自己的药物数	许可转让引进药物数
1	(1)	Hoechst Marion Roussel	204	145	59
2	(2)	Glaxo Wellcome	143	113	30
3	(3)	Pharmacia & Upjohn	143	93	50
4	(9)	US NIH	130	97	33
5	(5)	Merck & Co	121	105	16
6	(4)	American Home Products	110	56	54
7	(6)	SmithKline Beecham	108	68	40
8	(11)	Warner-Lambert	105	75	30
9	(8)	Sandoz	99	77	22
10	(10)	Ciba	97	76	21
11	(7)	Roche	95	54	41
12	(14)	Rhone-Poulenc Rorer	89	52	37
13	(13)	Bristol-Myers Squibb	82	61	21
14	(12)	Lilly	81	55	26
15	(16)	Johnson & Johnson	73	38	35
16	(18)	山之内	72	50	22
17	(22)	Schering-Plough	71	38	33
18	(21)	Astra	69	44	25
19	(17)	Sanofi	66	43	23
20	(19)	Abbott	66	36	30
21	(24)	武田	63	51	12
22	(15)	Boehringcr Ingelheim	62	38	24
23	(20)	Pfizer	60	37	23
24	(23)	Chiron	57	39	18
25	(—)	Elan	53	44	9
26	(26)	BTG	52	45	7
27	(25)	Merck KGaA (E Merck)	50	30	20
28	(39)	Novo Nordisk	48	32	16
29	(33)	协和发酵	46	26	20
30	(34)	Bayer	45	32	13
31	(32)	Monsanto	44	31	13
32	(29)	Zeneca	43	33	10
33	(27)	藤泽	42	32	10
34	(—)	BioChem Pharma	41	33	8
35	(44)	Servier	40	38	2
36	(28)	Knoll	42	20	20
37	(35)	Akzo Nobel	39	22	17
38	(31)	卫材	38	30	8

39	(36)	三共	38	27	11
40	(37)	Schering AG	38	27	11
41	(42)	Boehringer Mannheim	37	17	20
42	(50)	第一制药	37	16	21
43	(48)	DuPont Merck	36	25	11
44	(38)	Hafslund Nycomed	34	24	10
45	(—)	Alza	33	28	5
46	(43)	Genentech	33	23	10
47	(—)	Pasteur Merieux	33	14	19
48	(40)	Pierre Fabre	32	24	8
49	(45)	Synthelabo	31	22	9
50	(46)	Scotia Pharmaceuticals	30	28	2
头50家			3299	2264	1035

3.3 1996年药物研究开发的目标

根据《Pharmaprojects》根据的年终分析[16]，1996年底共有6048个药物在积极开发之中，比上一年增加近200个，表明尽管许多大型制药公司纷纷宣布要大幅度削减其临床开发计划，但总的科研生产能力并没有受到影响。

同上年一样，神经病药物、抗癌药和抗感药仍是研究开发化合物数最多的三个治疗类别，分别达到1265，1196和1184的数字，而上一年年底的数字分别为1195、1125和1118。

研究开发中的神经病药物包括266个神经保护剂和220个记忆增强药，表明有相当的力量投入于寻找早老性痴呆、帕金森氏病、中风以及外周和中枢神经损伤等的治疗药物。

下面按化合物多少顺序列出1996年12月头17个主要治疗类别研究开发中的化合物数，括号内为上年同期的化合物数。

治疗类别	化合物数	治疗类别	化合物数
神经病药物	1265 (1195)	免疫学药物	479 (480)
抗癌药	1196 (1125)	呼吸道用药	418 (426)
抗感染药	1184 (1118)	生殖泌尿系统药物（及性激素）	387 (352)
生物技术药品	954 (915)	皮肤用药	359 (350)
肌肉与骨骼用药	769 (754)	其它各科用药	189 (168)
新配方	751 (659)	感觉器官用药	167 (177)
心血管药	726 (727)	激素（不包括性激素）	141 (132)
消化道/代谢病药物	641 (597)	抗寄生虫病药	58 (53)
血液和血凝用药	573 (591)		

如按药物作用分类，则细胞壁合成抑制剂(140个化合物)、蛋白质合成拮抗剂(140个）和环氧合酶抑制剂（113个）仍居领先地位。由于对钙拮抗剂和作用于DNA拓扑异构酶型酶的药物如喹诺酮类抗菌药和某些抗癌药研究工作的加强，这两个药物作用类别的名次均往上移动，分别以105个和103个化合物上升到第4位和第5位。已于1996年上市的新颖钙拮抗剂有日本丸子制药公司的aranidipine和富士礼生化公司的cilnidipine。接近上市的其它钙拮抗剂有Recordati公司的lercanidipine (Zanidip)。

1996年又有79家公司新加入《Pharmaprojects》(PJB出版公司的开发中药物数据库)，使药物开发的公司总数达到了911家，比1995年增加了10%。已增加69种新的作用方式，现时在190个治疗类别中共有1123种作用方式。

1996年12月在研究开发中的头20种作用方式的化合物数如下：

名次* 12/'96	(12/'95)	作用方式 (Pharmaprojects 编码)	化合物数
=1	(1)	细胞壁合成抑制剂（SY－CW－）	140
=1	(2)	蛋白质合成拮抗剂（PRT－SY－）	140
3	(3)	环氧合酶抑制剂（OX－C－）	113
4	(5)	钙通道拮抗剂（CHA－CA－）	105
5	(7)	DNA拓扑异构酶ATP水解抑制剂（TO－2－）	103
6	(6)	DNA拮抗剂（DNA－）	101
7	(=3)	血小板粘连拮抗剂（PLAT－AD－）	95
8	(8)	前列腺素合成酶抑制剂（SY－PG－）	87
9	(9)	骨形成兴奋剂（BONE＋）	79
10	(12)	DNA指令的RNA聚合酶兴奋剂（PO－DRNA＋）	74
11	(11)	DNA合成抑制剂（DNA－SYN－）	71
12	(10)	RNA指令的DNA聚合酶抑制剂（PO－RDNA－）	70
13	(15)	凝血酶抑制剂（PR－SE－T－）	69
14	(16)	雌二醇17-β-脱氢酶抑制剂（DH－HS－E＋）	68
15	(18)	雌酮磺基转移酶兴奋剂（SULF－E＋）	61
16	(=13)	花生四烯酸拮抗剂（ARACH－）	59
17	(17)	HIV蛋白酶抑制剂（PR－H－）	57
18	(=13)	RNA合成抑制剂（RNA－SYN－）	52
=18	(20)	钠通道拮抗剂（CHA－NA－）	52
20	(19)	钾通道激动剂（CHA－K＋）	48

* 有4个通用编码类别未列入本表，它们是：UN（未确定药理活性，885个化合物）、IM＋（免疫兴奋剂，433个）、NA（无合适分类，370个）和IM－（免疫抑制剂，135个）

3.4 喜悦与失望[17]

1996年值得高兴的事是某些已被认为是难治之症的新产品开发取得进展的好消息。

最引人注目的是艾滋病的治疗从完全绝望到充满希望来了一个大翻转。由于出现了一批新的药物，它们互相合并用药和/或与目前的治疗药物合并用药时显示出重大的疗效。现在人们相信，采取这种强化的治疗可使HIV病毒无限期地陷入绝境，因此，HIV阳性将不再象以前曾经认为的那样，就是死亡的判决。

已报道取得成功结果的其他疾病包括脑损伤和一系列神经变性的疾病，诸如早老性痴呆、肌萎缩性侧索硬化症和多发性硬化。过去几年中，在上述这些疾病方面已取得稳步的进展，暗示科学家终于开始了解中枢神经系统的复杂活动以及能够影响它的许多疾病，因此20世纪90年代丝毫不辜负其“大脑的十年”之称号。

当然，在这一年中也有许多不尽人意的地方，某些很有前途的药物遭到了失败。最具戏剧性的是Pfizer公司治疗关节炎的药物tenidap，因为副作用问题被FDA拒之门外，一下子从可能成为“巨型炸弹”的峰顶摔到可能是从此暗淡无光。其他倒下死去的一些很有希望的候选药物有Micro-GeneSys公司的艾滋病疫苗和Wyeth Ayerst公司的用于治疗糖尿病并发症的tolrestat。世界卫生组织的疟疾疫苗和Ciba公司的抗凝血酶药水蛭素也都遇到了问题。

与往常一样，争论是不断的。对口服避孕药的忧虑一般说来正在减少，至少在英国之外是如此。钙拮抗剂的安全性继续是一个主要话题。Merck公司的治疗良性前列腺肥大药物Proscar曾引起一场关于可能导致乳腺癌的恐慌。围绕着流产药丸米非司酮(mifepristone)也有一场不可避免的吵闹，当此药在美国接近上市的时候。

1996年，几家小型公司由于其单一产品开发的成败而使股票价值大上大下的戏剧性运动很值得注意。一个突出的例子是British Biotech，该公司的股票价格由于其抗癌药marimstat的初步结果在全年起伏，有一时期该公司的价值接近20亿英镑，而后来又回落了。有相似的股票涨价经历的英国公司有ML Labs（因一种艾滋病疫苗非常早期的正结果）；Chiroscienca（它宣布正在开发一种类似marimastat的药物）和PhytoPharm（它报道它的湿疹治疗药Zemaphyte获得正的结果）。

股票波动较大的美国公司有：Cephalon（其肌萎缩性侧索硬化症治疗药Myotrophin整年是大量争论的目标）；Protein Design Labs（当其涎腺病毒抗体出现负结果时行情下跌，到一种潜在的可用于移植的产品显示正的试验结果时才恢复原气）；和Carrington Labs（当其口服糖类药物acemannan在Ⅲ期临床试验中显示无效时，股票行情下跌）。

4. 1996年世界首次上市的新药[18]

1996年是世界首次上市新化学实体(NCEs)的一个丰收年。到1996年12月初为止已有51个NCEs首次在世界范围内上市，几乎比1995年的39个多出1/3。1994年和1993年分别上市47个和39个NCEs，而1992、1991和1990年每年均推出43个NCEs。

美国制药公司共推出17个新颖产品，居于世界首位(其中包括瑞典/美国的P&U公司)。总部或联合总部位于欧盟范围内的公司共上市26个新药。有8个NCEs是来自英国公司，7个来自日本公司，6个来自德国公司，4个来自法国公司。

在美国上市的新药一共16个，成为新药上市最多的国家，这是多年以来第一次超过日本，后者仅上市8个新药，退居第2位。英国上市7个新药，居第3位。其后依次为德国（6个），瑞士（4个），丹麦（3个）。欧盟作为一个整体共上市21个新药，居世界领先地位。

就公司而言，SB公司共推出4个新药，居全行业榜首，其新药有抗癌药topotecan，帕金森氏病药物ropinirole，抗病毒药penciclovir以及疫苗Infanrix+Hib。在1995年SB公司宣布在3年内会有13个NCEs，8个新疫苗和12个新的联合疫苗准备上市。

德国私有公司Boehringer Ingelheim上市3个NCEs而居第2位，其新药是艾滋病治疗药nevirapine，帕金森氏病治疗药talipexole和非甾体抗炎药meloxicam。

合并成立Novartis公司的两家瑞士公司Ciba和Sandoz共上市2个NCEs，即血管紧张素Ⅱ拮抗剂valsartan和抗癌药芳香酶抑制剂letrozole。1996年，这两家公司曾预言在今后3年内将有17个新产品上市（包括转让来的和新配方/新适应症的产品）。

HMR和GW两家公司也都制定NCE上市目标。HMR的目标是每年推出2个新药，而GW则拟在2000年前每年上市3个新药。1996年HMR仅有1个NCE上市，即季节性过敏性鼻炎治疗药fexofenadine，GW公司则推出两个新药即神经肌肉阻滞剂cisatracurium和速效镇痛药remifentanil，都是在麻醉时应用。

1996年推出2个NCEs的公司还有：Merck公司（蛋白酶抑制剂indinavir和甲肝疫苗Vaqta）；Zeneca公司（抗哮喘药zafirlukast和结肠直肠癌治疗药raltitrexed）；Sanofi公司（抗癌药oxaliplatin和双膦酸酯tiludronate）；Pharmacia & Upjohn公司（抗心律不齐药ibutilide和青光眼治疗药latanoprost）；Novo Nordisk公司（重组因子Ⅶa和抗癫痫药tiagabine）和Boehringer Mannheim公司（溶栓药reteplase和双膦酸酯ibandronate）。

如就满足尚未有满意药物的治疗领域的临床需要而言，RPR公司的riluzole是一个创新性NEC的例子。它是第一个能够延长肌萎缩性侧索硬化症病人生命的药物。这种疾病是一种预后很差的破坏性疾病。第二个治疗多发性硬化症的β-干扰素产品，Biogen公司的Avonex已在美国上市，皮下注射时较少有局部注射反应。

Lilly公司的olanzapine和Lundbeck公司的sertindole是一批精神分裂症治疗药物的先头者，在商业上可能取得成功。这些药物对5-羟色胺和多巴胺具有新颖的活性谱，希望比常规的药物能有更为广泛治疗作用和较少的锥体外系副作用。

今年新上市的几个抗癌药如SB公司的topotecan、Zeneca公司的raltitrexed和Ciba公司的letrozole，具有较好耐受性和/或较高疗效等优点，也必是成功的新药。

1996年上市的具有新颖作用机理的新药还有：Zeneca公司的zafirlukast，第一个在西半球上市的治疗哮喘的白三烯拮抗剂；Novo Nordisk公司的抗癫痫药tiagabine，一种GABA再摄入抑制剂；P&U公司的latanoprost，一个治疗青光眼的前列腺素衍生物；RPR公司的riluzole则是谷氨酸受体拮抗剂。

过去十来年对病毒学研究的加强，特别是受到了艾滋病流行的刺激，1996年终于结出不少果实，共有5个抗病毒新药问世：Gilead公司的治疗CMV视网膜炎的cidofovir，SB公司的治疗唇疱疹(cold sores)的penciclovir；以及3种用于HIV病的抗病毒药，即Abbott和Merck公司各自开发的蛋白酶抑制剂ritonavir和indinavir，Boehringer Ingelheim公司的非核苷逆转录酶抑制剂 nevirapine。由于日益重视 HIV/艾滋病的合并用药，这些新药将被广泛应用。

1996 年上市的 7 种生物技术药物是：Novo Nordisk 公司的因子Ⅶa，Serono 公司的 follitropin alfa（Gonal-F），Organon 公司的 follitropin bata（Puregon），Lilly 公司的 insulin lispro（Humalog），Biogen 公司的 Avonex，三井/持田公司的溶栓药 nateplase 以及 Boehringer Mannheim 公司的溶栓药 reteplase。

1996 年世界首次上市的 NCEs 见表 2。

表 2　1996 年世界首次上市的 NCEs 一览表

产　　品	开发者（国家）	活性/适应症	首次上市国家
阿拉尼地平（aranidipine，Sapresta/Bec）	大鹏/丸子（日本）	钙拮抗剂/高血压	日本
Avaxim	Pasteur Merieux Connaught（法国）	甲肝疫苗	英国
Brimonidine（Alphagan）	Allergan（美国）	α_2-激动剂/青光眼	美国
cidofovir（Vistide）	Gilead（美国）	抗病毒艾滋病人 CMV 视网膜炎	美国
西尔尼地平（cilnidipine，Cinalong/Atelec）	富士礼生化/味之素（日本）	钙拮抗剂/高血压	日本
cisatracurium besylate（Nimbex）	Glaxo Wellcome（英国）	肌肉松弛/麻醉	英国
右酮洛芬（dexketoprofen，Enantyum）	Menarini（意大利）	NSAI/镇痛，抗炎	西班牙
阿霉素脂质体（Doxil）	Sequus（美国）	细胞毒/艾滋病相关的卡波济氏肉瘤	美国
DTaP 疫苗	North American Vaccine（美国）	白喉、破伤风、无细胞百日咳疫苗	瑞典
DTaP＋脊髓灰质炎疫苗	North American Vaccine（美国）	白喉、破伤风、无细胞百日咳及脊髓灰质炎疫苗	丹麦
ctoposide 磷酸酯（Etopophos）	BMS（美国）	细胞毒/癌	美国
因子Ⅶa（NovoSeven）	Novo Nordisk（丹麦）	血友病	瑞士
fexofenadine（Allegra）	HMR（德国）	抗组胺/过敏性鼻炎	美国
follitropin alfa（Gonal-F）	Ares-Serono（瑞士）	生殖过程	瑞士
follitropin beta（Puregon）	Organon（荷兰）	生殖过程	丹麦

磷苯妥英钠 (fosphenytoin sodium, Cerebyx)	Warner-Lambert（美国）	癫痫	美国
ibandronate (Bondronat)	Boehringer Mannheim（德国）	双膦酸酯/恶性高钙血症	德国
ibutilide fumarate (Corvert)	Pharmacia & Upjohn（瑞典/美国）	抗心律不齐	美国
indinavir (Crixivan)	Merck（美国）	蛋白酶抑制剂/艾滋病	美国
Infanrix+Hib	SB（英国）	白喉、破伤风、无细胞百日咳、流感嗜血杆菌b疫苗	德国
insulin lispro (Humalog)	Lilly（美国）	糖尿病	瑞士
干扰素 beta-la (Avonex)	Biogen（美国）	免疫/多发性硬化症	美国
latanoprost (Xalatan)	Pharmacia & Upjohn（瑞典/美国）	前列腺素/青光眼	美国
letrozole (Femara)	Ciba（瑞士）	芳香酶抑制剂/乳癌	英国
loprinone (Coretec)	卫材（日本）	心脏刺激剂/急性心机能不全	日本
美洛昔康 (meloxicam, Mobic)	Boehringer Ingelheim（德国）	NSAI/骨关节炎、类风湿性关节炎	南非
nateplase (Milyzer/Tepasc)	三井东压/持田（日本）	溶栓/急性心梗	日本
nevirapine (Viramune)	Boehringer Ingelheim（德国）	逆转录酶抑制剂/艾滋病	美国
olanzapine (Zyprexa)	Lilly（美国）	$5HT_2/D_2$-拮抗剂/精神分裂症	美国
oxaliplatin (Eloxatin)	Sanofi Winthrop（法国）	烷化剂/结肠直肠癌	法国
penciclovir (Vectavir)	SB（英国）	抗病毒/唇疱疹	英国
prezatide Copper acetate (Iamin Gel)	ProCyte（美国）	创伤药/伤口愈合	美国
raltitrexed (Tomudex)	Zeneca（英国）	胸苷酸合成酶抑制剂/结肠直肠癌	英国
ramosetron (Nasea)	山之内（日本）	$5HT_3$-拮抗剂/抗呕吐	日本
remifentanil (Ultiva)	Glaxo Wellcome（英国）	mu类阿片/麻醉时镇痛剂	德国
reteplase (Rapilysin)	Boehringer Mannheim（德国）	溶栓/急性心梗	德国
riluzole (Rilutek)	RPR（法国/美国）	谷氨酸拮抗剂/运动神经元疾病	美国
ritonavir (Norvir)	Abbott（美）	蛋白酶抑制剂/艾滋病	美国

ropinirole (ReQuip)	SB (英国)	多巴胺 D_2 激动剂/帕金森氏病	英国
ropivacaine (Naropin)	Astra (瑞典)	局部麻醉药	荷兰
seratrodast (Bronica)	武田 (日本)	血栓烷 A_2 拮抗剂/哮喘	日本
sertindole (serdolect)	Lundbeck (丹麦)	$5HT_2/D_2$ 拮抗剂/精神分裂症	英国
talipexole (Domin)	Boehringer Ingelheim (德国)	α_2/D_2-激动剂/帕金森氏病	日本
tandospirone (sediel)	住友 (日本)	$5HT_{1A}$ 部分激动剂/焦虑	日本
tiagabine (Gabitril)	Novo Nordisk (丹麦)	GABA 再摄入抑制剂/癫痫	丹麦
tiludronate (Skelid)	Sanofi Winthrop (法国)	双膦酸酯/佩吉特氏病	瑞士
topotecan (Hycamtin)	SB (英国)	拓扑异构酶 I 抑制剂/卵巢癌	美国
valsartan (Diovan)	Ciba (瑞士)	血管紧张素 II 拮抗剂/高血压	德国
Vaqta	Merck (美国)	甲型肝炎疫苗	德国
zafirlukast (Accolate)	Zeneca (英国)	白三烯拮抗剂/哮喘	爱尔兰
透明质酸锌 (zinc hyaluronate, Curiosin)	Gedeon Richter (匈牙利)	创伤药/腿部溃疡	匈牙利

5. 专题论述

5.1 药物研究中创新的模式[19]

RPR 公司的主任经济师 E. Barrel 对 1975～1994 的 20 年间在七大制药大国(美、日、德、英、法、意、瑞士)上市的 1061 个新药(占这一时期全球首次上市新药数 1083 之 98%)从是否为新化学结构和能否提高治疗效益二个角度进行分类和评价:

类别	定义	药物数	比例
A	新化学结构，有增加的治疗效益	109	10.3%
B	已知化学结构，有增加的治疗效益	219	20.6%
C	新化学结构，无增加的治疗效益	150	14.1%
D	已知化学结构，无增加的治疗效益	583	54.9%

在这一等级分类中，创新性主要以能否增加治疗效益来衡量，新化学结构是次要的，但是新化学结构还具有通过发展 B 类产品而产生治疗效益的潜力。

很清楚，A类药物具有最大的创新性，而D类药物具有最小的创新性。A类药物的研究开发要困难得多，因此D类药物类比A类药物高出4倍多并不是偶然的。尽管B类药物比C类药物更具创新性，但前者与后者之比为1.5比1，这是因为具有新化学结构的C类药物在临床试验中，很可能遇到难以逆料的问题。B类药物比A类药物多一倍，说明从已知化学结构寻找新药确有很大潜力。

A类和B类药物都能增加治疗效益，应该说是达到了新药研究开发的预期目标，而C类和D类新药则都是未能达标。在所有新化学结构的新药中，42%能提供增加的治疗效益，而在已知结构的新药中，仅27%能有增加的治疗效益。新化学结构药物的研究开发就是想取得更多的潜在的治疗效益，这就说明为什么新化学结构新药能够提高治疗效益的比例高于已知结构的新药。

一个新药的重要意义可从其能否进入7个主要药品市场的渗透程度显示出来。这里，上述新药又可分为三类，即

全球性药物（进入所有7个主要药品市场），152个

国际性药物（进入4～6个主要药品市场），273个

地区性药物（进入3个以下主要药品市场），636个

进入的市场越多，其对全球药品市场的影响也就越大。

市场存在的水平呈角锥形。全球性药物以14%的份额处于锥顶，地区性药物以60%的份额位于底部，而国际性药物以26%的份额居于中部。

现在，全球性和国际性新药的渗透速度已大大加快了。国际性药物的渗透一般在5年内可以完成，而以前仅有一半的国际性药物能够达到这一速度。20年前，8个全球性药物只有1个能在5年内全球化，而现在，8个全球性药物只有1个的渗透过程超过5年。然而，尽管渗透速度大大加快了，但是能成为全球性或国际性药物的总数和比例在过去20年中分别下降了10%和20%。换句话说，较少的药物全球化或国际化了，但能够全球化和国际化的药物，则速度加快了。

如所预料，创新的水平与渗透程度之间有密切的正比关系。平均而言，高度创新的药物（A类和B类），3个中有2个能够进入4个和以上的主要药品市场，而低创新性药物（C类和D类），3个中不到一个能达到这一渗透程度。各类新药全球化和国际化程度见下表：

类别	全球化	国际化	地区性
A类	42%	29%	29%
B类	25%	36%	39%
C类	9%	24%	67%
D类	6%	21%	73%

各主要制药国家在不同时期，即最初5年（1975～1979）和最后5年（1990～1994）创制新药的比重如下表：

国家	(1975-1979)	(1990-1994)
美国	26%	31%
日本	11%	31%
英国	4%	8%
瑞士	5%	6%
法国	15%	3%
德国	14%	6%
意大利	11%	8%
比利时	6%	1%

最引人注目的变化是日本的崛起，从仅占11%的比重上升到31%，与美国并列第一。英国和瑞士的比重均有所增加。前4国合计的比重从46%增加到76%，而后4国的比重显著下降，其合计比重从46%下降为23%。

虽然日本戏剧性地增加了其新药的产出，但极少是高创新性的和对全球药品市场有重大影响的。日本推出的新药仅3%属于A类，而D类药几乎占70%。下面是日本与英国在此20年中新药创新性的比较：

	A类	B类	C类	D类
日本	3%	10%	17%	69%
英国	12%	31%	17%	41%

日本在此期间创制90多个新药，但大约80个新药仅达到地区性渗透水平，故限制了其经济效益。与此成对照的是，美国、英国和瑞士的新药大约有60%能够全球化或国际化。

CMR的"1992年世界头100家制药公司全球销售额的报告"支持了Barrel关于创新性对市场影响的观点。Barrel认为美国是最大的新药产出国，同时又是强大的创新者，理所当然能在市场中取得最大的成就。CMR的数据证明了这一点，美国公司占有全球药品市场的35%份额。日本虽然在新药产出方面与美国并列第一，但它的市场份额仅为15%，不到美国的一半。英国、德国和瑞士的新药数虽仅及日本的20～25%，而它们的全球市场份额达到了6～8%，说明他们的新药具有较高的创新含量。

Barrel认为各国的国内市场环境和定价政策对其制药工业的创新和竞争行为有决定性影响。日本的药价管理政策倾向于鼓励小增量的改进，故低创新性新药迅速发展，但结果日本的大多数新药只能在本国市场上营销。美国、英国和瑞士不喜欢低水平的创新，故推动了高创新性新药的开发。法国在后10年中，新药产出大幅度下降，而且未能推出一个全球性新药。

在欧洲，曾有人议论要用创新性分等级的尺度来决定是否应该批准一个新药的申请。这样做，照理说可以保证最具创新性的新药进入市场，而且可能使它取得补偿的资格。但是这一做法未能抓住市场竞争的本性。市场竞争有两个方面，即创新性竞争和价格竞争。药品市场既要有创新性新药的稳定供应，同时又要使这些专利药品接受来自疗效相似的C类和D类药物的价格竞争。如果市场拒绝了D类药物，则与其说是创造节约，不如说将可能增强首创者利用市场力量的能力。

最常被引证的应用创新性尺度的例子是美国FDA的药物评价与研究中心所采用的决定是否给予优先法规审查的做法。这一制度把新药按化学组成和疗效潜力进行分类，所不同者，它把增加的治疗效益分为3个水平。但是这一制度现在已经简化为两类，即"优先"和"标准"。这是因为他们认识到把创新搞得太复杂是很困难的。潜在治疗效益的评估是主观的，分的类愈多，意见不一致和错误的可能性就愈大。

创新性分等级的主观性还在于这种评价是在新药上市之前做出的，而一个新药的真实价值往往是在上市几年后才被认识的。

因此，Wells做出这样的结论[20]：被称为"创新性化学延伸"(innovative chemical extensions)的药物，有时被归类为模仿性药物(me-toos)，对于药物的创新过程具有非常重要的意义，这种创新过程有时是小步前进，有时则是大步的跳跃。

总的说，一个药物创新性含量愈高，它就可能渗透进入更多的国家市场，渗透速度也可更快。然而，创新性低的药物也可能成为全球化药品，并且应该是对于刺激竞争和产生增加的治疗效益具有重要意义。没有一个完整的具有不同水平创新性的药物系列，便有可能失去创新和价格竞争两者真实效益的危险。

5.2 生物技术制药工业的25年[21]

从第一个生物技术公司的成立（1971）到1996年，生物技术药品工业已走完25年的路程，已经创造出35个重要的治疗药物，年销售总额已超过70亿美元。生物技术药物已广泛应用于治疗癌症、多发性硬化、贫血、发育不良、糖尿病、爱滋病、肝炎、心力衰竭、血友病、囊性纤维变性和一些罕见的遗传性疾病。

现在大约有1300家生物技术公司，其中20%的公司的股票已上市。这些股票常随着一个产品有希望和失望而大起大落。在最近的3年半中就经历一次大转变。1993和1994年基本上是处于低谷，1995年下半年恢复了其活力，股票升值高于道-琼斯工业股票平均指数。

随着这一工业之逐渐成熟，生物技术公司开始分成两层。上层的公司正设法通过现有产品的杠杆作用和开发其它产品，使其技术能得社会更好的认识，并且实行兼并或投资，从而增加其股票价值。下层的公司是单一品种公司常常严重地受到市场对其技术的了解程度的影响，将经历不平坦的旅程。

面对现金危机，小型公司已转向与大型制药公司结成科研联盟。1994年共成立66个这样的联盟，成交金额为32.1亿美元。到1995年底又增加了171个合同，潜在价值为47.3亿美元。许多定向为新药发明的公司在基因组、基因疗法或组合化学等方面开发所谓平台技术（platform technologies）而与多个伙伴签订有利的协议。

5.2.1 25年大事记

1971 Cetus 公司成立

1973 Cohen 和 Boyer 用细菌构建重组 DNA

1975 生产出第一个单克隆抗体

1976 Genentech 公司成立，DNA 排列顺序被发现

1977 首次在细菌中表达人基因；开发成功读 DNA 排列顺序的方法

1978 Biogen 和 Hybritech 二公司成立；生产出重组人胰岛素

1979 Centocor 公司成立

1980 Amgen 公司成立；Genentech 公司股票首次上市；美国最高法院裁决生命结构可以专利

1981 第一个单克隆抗体诊断盒被批准上市；Chiron、Genetics Institute、Genzyme 等公司成立；基因合成机器开发成功

1982 FDA 批准第一个重组 DNA 产品，人胰岛素；大鼠基因转移给小鼠

1983 重组胰岛素上市销售；美国通过罕见病药品法令

1984 Chiron 公司克隆和顺序排列整个 HIV 基因组

1985 FDA 批准人生长激素；Cetus 公司报道聚合酶链反应（PCR）技术

1986 FDA 批准 α-干扰素，第1个重组疫苗；Eli Lilly 公司收购 Hybritech 公司

1987 FDA 批准组织血纤维溶酶原活化剂（TPA）

1988 人基因组研究项目开始起动；美国批准第一个转基因动物的专利

1989 FDA 批准红细胞生长素（EPO）

1990 人基因疗法的首次尝试，Roche 公司收购 Genentech 公司60%的股票

1991 Chiron 公司收购 Cetus 公司；FDA

批准粒细胞集落刺激因子(G-CSF);创下出售股票集资44亿美元的记录

1992 Amgen公司成为幸福杂志500家公司之一;FDA批准因子Ⅷ

1993 FDA批准β-干扰素

1994 国际贸易协定将专利期限延长到20年;产品开发的失败使投资者远离

1995 上市公司数第一次下降;制药公司与生物技术公司的联盟增加了

1996 生物技术公司股票市场达到空前高记录;有284个产品正在进行临床试验或等待批准

5.2.2 主要的生物技术药品销售额超过68亿美元

药品名称(1)	适应症	年销售额(2)(亿美元)
抗 CD_3MAb(3)	移植排斥	0.80
DNase	囊性纤维变性	1.11
EPO(4)	贫血	16.50
因子Ⅷ	血友病	2.50
G-CSF(5)	嗜中性白细胞减少症	9.36
葡萄糖脑苷脂酶	Gaucher 氏病	2.15
GM-CSF(6)	骨髓移植	0.41
GPⅡb/ⅢaMAb	血管造形术中血凝块	1.30
B型肝炎疫苗	B型肝炎	10.00
人生长激素	生长不良,肾功能不全	4.50
胰岛素	糖尿病	7.00
白间素-2	肾癌	0.40
α-干扰素	癌症,肝炎	7.00
β-干扰素	多发性硬化	2.55
γ-干扰素	肉芽肿病	0.04
TPA(7)	心脏病发作/栓塞,中风	3.00

资料源:BIO(8),PhRMA(9)分析报告

注:(1)包括各个公司的相同产品;(2)1995年实际销售额或估算金额;(3)单克隆抗体;(4)红细胞生长素;(5)粒细胞集落刺激因子;(6)粗细胞巨噬细胞集落刺激因子;(7)组织血纤维溶酶原活化剂;(8)Biotechnology Industry Organization;(9)Pharmaceutical Research & Manufacturers of America

5.3 近年大型制药公司的合并与兼并

近几年来,国际上以新药研究开发为基础的大型制药公司由于感受到经济发达国家因普遍实行国民医疗保健制度改革而对药品价格进行严格管制所产生的压力,以及国际药品市场竞争日趋剧烈的现实,为了维护其生存空间和谋求持续发展,纷纷进行重新组合,发生了多起重大的合并与兼并。从1989年到1996年十亿美元以上的重大合并与兼并交易见表3[22,23]。

制药公司的兼并与合并本来就不是什么新鲜事。实际上,现在的大型制药公司都

是通过不断地兼并中小制药公司而逐渐发展壮大的。但是大型制药公司把合并与兼并作为一种求生存、谋发展的战略却是近几年中才叫响的。

表3 近几年10亿美元以上交易的重大合并或兼并

结合的公司	新公司名称（或简称）	结合性质	交易金额（亿美元）	完成日期
SKF* （美），Beecham （英）	SB	合并	78	7/89
Bristol-Myers （美），Squibb （美）	BMS	合并	120	10/89
Merrell Dow （美），Marion Labs （美）	MMD	兼并	77	12/89
Roche （瑞士），Genentech （美）		控股60%	21	1/90
Rhone-Poulenc （法），Rorer （美）	RPR	合并	32	7/90
Merck （美），Medco （美）		垂直一体化	66	11/93
Eli Lilly （美），PCS （美）		垂直一体化	41	11/94
SB （美/英），DPS （美）		垂直一体化	23	5/94
Sanofi （法），Sterling （美）处方药业务		兼并	17	6/94
SB （美/英），Sterling （美）OTC 业务		兼并	29	11/94
Bayer （德），Sterling （美）北美洲 OTC 业务		兼并	10	11/94
Roche （瑞士），Syntex （美）		兼并	53	9/94
AHP （美），Gyanamide （美）		兼并	97	12/94
BASF （德），Boots （英）		兼并	13	12/94
Glaxo （英），Wellcome （英）	GW	兼并	142	3/95
Hoechst （德），MMD （美）	HMR	兼并	71	9/95
RPR （法/美），Fisons （英）		兼并	26	8/95
Pharmacia （瑞典），Upjohn （美）	P&U	合并	180**	11/95
Ciba-Geigy （瑞士），Sandoz （瑞士）	Novartis	合并	600**	1/96
Hoechst （德），Roussel Uclaf （德/法）		买下44%少数股	35	96
Ivax （美），Bergen Brunswig （美）		合并	32**	96
Warner-Lambert （美），Warner-Wellcome （美/英）		买下整个合资企业	10.05	96

* SKF 全名为 Smithkline & French Labs；

**合计的市场资本化金额

1991年，RPR公司总裁兼总经理R. Cawthorn在一次国际论坛会议上提出，临界质量（critical mass）是以研究与开发为基础的制药公司生存与发展必不可少的条件。所谓“临界质量”就是裂变物质在某一给定条件下恰好能维持链式核反应的最小质量，用来比喻一个制药公司必须拥有的经济实力，才能拿出足够的研究开发经费以保证源源不断地推出世界各主要药品市场的创新性新产品，也才能在全球范围内拥有强大的推销力量以确保科研投资的回收。他认为，这样的制药公司至少要占有2%的全球药品市场份额。他还说，Rhone-Poulenc与Rorer两公司之所以合并，就是因为他们都认识到各自单独进行市场竞争力量薄弱，而合在一起便在研究开发和销售等方面可长期形成必需的临界质量。

5.3.1　合并与兼并可能得到好处

一是提高了或保持了合并公司在全球药品市场中的份额（参见2.1的表1），从表中可以看出，GW、Merck、Novartis、HMR、BMS、AHP、Roche、SB、P&U、RPR等都是通过合并或兼并而提高其全球市场份额的。

二是优势互补，增强了其新产品研究开发和国际市场开拓的能力。企业的优势来自经济实力、新药研究开发本领、全球市场开拓能力，占有的地区性市场份额以及重要的产品系列。例如SKF公司有雄厚的资本和强大的全球推销能力，而Beecham则拥有强大的新产品储备，它们的结合可以取长补短，相得益彰。又如Glaxo兼并Wellcome后，全球市场地位增强了，治疗领域的覆盖面也扩大了（见表4和表5）[25]。

表4　Glaxo与Wellcome合并前后在世界各药品市场中所占份额

地　　区	Glaxo 市场份额（%）	名次	Wellcome 市场份额（%）	名次	GW 市场份额（%）	名次
欧　　洲	4.5	1	1.4	22	5.9	1
美　　国	5.7	2	2.0	16	7.7	1
日　　本	0.6	44	0.4	70	1.0	30
其他国家	3.6	2	1.4	23	5.0	—
全　　球	3.9	1	1.4	20	5.3	1

表5　Glaxo Wellcome合并前后所覆盖的治疗领域

治疗领域	Glaxo %销售额	Wellcome %销售额	GW %销售额
胃肠道	43	—	31
呼吸系统	22	—	16
抗生素	16	—	11
呕吐	7	—	5
偏头痛	4	—	3
皮肤用药	3	—	2
心血管	1	—	—
抗病毒药	—	59	17
心肺疾病	—	7	2
麻醉药	—	7	2
痛风	—	6	2

免疫抑制药	—	5	1
中枢神经系统	—	4	—
局部抗感染药	—	3	—
抗癌药	—	2	—

又如 Pharmacia 与 Upjohn 各自在欧洲和美国市场上有较强的地位，合并后可产生协同作用，可分别达到 22 亿和 18 亿美元的销售额，新公司在日本市场的有所增强，进入该市场外资制药企业前三强。新公司在六大治疗领域中的销售额都超过 5 亿美元，而在另外二个治疗领域的销售额均超过 2 亿美元[26]。再如 Novartis 的两个合伙公司在产品系列有很好互补性[27]。Sandoz 公司的重点在于免疫学和抗霉菌药物，而 Ciba 公司的重点则是心血管和风湿症药物。在中枢神经系统特别是癫痫和精神分裂症药物方面，则可互相补充。新公司成立后，其处方药销售额在欧洲居第 2 位，在北美和亚洲/非洲/澳洲均居第 6 位，在拉丁美洲则占据首位。该公司还将成为一家重点主攻生物技术和基因疗法的大型制药公司。

三是通过优化组合、精简机构、节约开支、降低成本。由于以研究开发为基础的制药公司在组织结构上大同小异，因此当两家公司合并（或兼并）时亟需进行合理化调整。通过优化组合和精简人员可节约相当可观的经营管理费用。例如 P&U 公司[28]在合理化调整过程中要关闭 40％的生产单位（56个），把生产集中于 33～40 个优势单位，预计到 2000 年可累计节约 4 亿美元。另外通过精简机构，减员 4100 人，每年可节约开支 5 亿美元。又如 GW 公司[29]通过调整与改组，1998 年后每年可节约开支 11 亿美元，其中包括精简 7500 人（占总雇员数之 12％）。又如 HMR 公司的 77 个生产制剂的工厂将关掉一半以上，在美国的 9 家工厂将关掉 5 家。二年内还将关掉在美国、意大利、法国和英国的 4 个研究单位，到 1997 年，每年能节约费用 8 亿美元[30]。下面是各个公司于合并（或兼并）后所计划精简的人员数和节约的金额。

公　司	改组费用（亿美元）	计划精简人员数	占雇员总数之％	预期每年节约金额（亿美元）	达到目标的年份	参考文献
Roche/Syntex	—	5000	7.5％	—	—	31
AHP/Cyanamide	—	8600	12％	6.5	1997	31
Glaxo/Wellcome	—	7500	12％	11	1998	29
HMR	7.5	8000	19％	12	1998	30
RPR/Fisons	1.6	2900	—	2.0	1997	32
P&U	5	4100	12％	5	1997	28
Novartis*	—	5300	10％	8.3	1998	33

* 单指保健产品部门

四是强化了新药研究开发工作。各合并公司都强调要保证其研究与开发的投入，并通过机构调整、优化组合和充分利用内部和外部资源以加强其研究开发工作。这可从各合并公司在 1996 年世界研究开发中药物数领先的公司排名榜上均列前十几名的事实得到证实（参见 3.2）。

有些公司还提出了具体的奋斗目标，如 P&U 公司[34]宣布它将停掉 20%的研究开发项目，以便集中力量和资源在以后二年内提交 27 个新药或老产品延申的申请。Novartis[35]则期望三年内推出 17 个新产品。BMS[36]的目标则是于 2000 年前提出 10 项新药申请。各合并公司还不遗余力地加强其伙伴公司在合并（或兼并）前所建立的科研战略联盟，并努力建立新的联盟[37]。所谓战略联盟，较为典型的是由大型制药公司于数年内提供数千万美元资金，资助小型技术公司进行科研上游合作，并共享研究成果。近年常见的合作课题有新药发现技术（特别是组合化学，它可以提高新化合物合成的工作效率数百倍以供新药大容量高速筛选）、基因组（藉以发现新药的先导化合物）和细胞/基因疗法。粗略计数，这种科研上游的战略联盟已经有二三百个（参见 5.2）。在这一方面最为突出的例子是 RPR 公司野心勃勃地与 14 家生物技术机构组成一个细胞和基因治疗的研究网络，并专门成立 RPR Gencell 进行协调[38]。其伙伴包括几家生物技术公司、两个参加国际人类基因组的实验室，二个肿瘤中心、几家研究所和大学有关系。他们合作的领域包括基因的发现，排列顺序的研究和基因的表达；基因转换载体的开发；细胞选择和体外细胞操作法等等。其研究重点在肿瘤学、神经系统和心血管等疾病方面。RPR 公司希望通过这一研究网，使研究成果更顺利地转化成为商品。到 1994 年底为止，RPR 已向这一研究网一共投资 3 亿美元，其中包括 1.13 亿美元用于收购 AIS 公司 37%的股票和为 Darwin Molecular 公司提供 500 万美元的基金。

5.3.2 国际社会对大型制药公司合并或兼并的反应

国际制药界和制药工业观察家对大型制药公司的合并与兼并褒贬不一。总的讲，大多数认为这是一个发展趋势，并且还要继续发展下去。有人因此而预测到 2000 年前后将仅有 15 家全球性制药公司，35 家国际性制药公司，50 家区域性制药公司和 400 家本国性制药公司[39]。

公司性质	营业额（亿美元）	公司数	中心工作
全球性公司	>70	15	广泛的创新工作
国际性公司	30～70	35	广泛或小范围的创新工作
区域性公司	10～30	50	小范围创新工作，开发工作
本国性公司	<10	400	主要是开发工作

有一些观察家对这些合并公司会不会因为合并或兼并时耗费巨资而影响其研究与开发投入产生疑虑。有人则担心巨型的合并公司可能产生官僚主义而窒息研究开发工作，并认为大未必就是好，因为历史经验已充分证明，大型制药公司的创新工作（创造性）往往不如小型公司[40]。

也有人指出，规模和市场份额对于汽车工业无疑是极其重要的，在这里，盈利率与市场份额有直接的关系。但是这种相互关系在制药工业中并不明显，例如 Eli Lilly 规模不及 GW 的一半，但两家公司 1995 年的盈利率几乎相等。又如 Merck 公司的药品销售额几乎是 Astra 公司的两倍，但后者的盈利率明显高于前者。

在这次大型制药公司合并与兼并的浪潮中，Pfizer 始终处于超然地位，显示出一种冷淡态度，而是顽强地致力于发展新产品，并计划在其畅销产品专利期满之前推出几批新产品。它满有信心地要使其药品销售额达到全球领先的地位[41]。

因此，人们比较普遍地认为，无论是否合并创新乃是所有制药公司取得发展的唯一出路[42]。

5.3.3 股票市场的反应

据 Mckean 报道[43]，在过去几年里，股票市场对制药工业的认识曾经历了几个冷热阶段。从 1993 到 1994 年中期，投资者担心新的医疗保健制度会要求医疗部门更多地采用通用名药品和最便宜的药品，因而会减少制药工业研究开发投入的收益，故使整个制药工业的市场定值受到抑制。1994 年中期以后，制药工业的市场价值开始有起色。原因有二：一是事实证明环境并不如想象的那么困难。新的药品推出后都获得很大成功，通用名药品也没能统治药品市场；二是制药工业发生了从未有过多起重大合并与兼并，就是没有参加这种合并与兼并活动的公司也纷纷进行业务的合理化改革，削减开支和推出一系列的新产品。

尽管人们对 1993 年底开始的 Merck/Medco，SB/DPS 和 Lilly/PCS 等 3 起垂直兼并的基本理论不完全清楚，但并未影响到股票市场。但是，当 Roche 于 1994 年 5 月以 53 亿美元收购 Syntex 时人们认为这是超价值收购，太吃亏了，对兼并的战略意义投下了阴影。兼并后三个月内，Roche 公司的股票价格曾一度下降了 20%，主要是因为美国投资者争先抛出，然而也是在 1994 年 Roche 公司的市场资本化值比上年增加了 93 亿美元，达到 450 亿美元（主要得益于坚挺的瑞士法郎），并在全球制药公司中名列首位。当 Glaxo 于 1995 年 1 月投标收购 Wellcome 时，股票也一度下跌了 8%，但是到 1995 年中期，其股票价格却上升 50%。下面是世界大型制药公司 1995 年 9 月的市场资本化（market capitalisation）即市场价值与上一年的对比，可以看出都有大幅度的增值[44]。

表 6 全球市场资本化领先的制药公司

公司	1995*	1994	公司	1995*	1994
Merck	710.89	448.66	Lilly	282.16	169.05
Roche	673.20	449.90	Sandoz	281.12	185.55
J&J	528.00	333.03	AHP	274.08	184.26
GW	417.82	279.64	SB	267.54	172.13
BMS	386.72	289.61	Ciba	228.94	157.85
Pfizer	363.88	217.22	Astra	214.10	144.57
Abbott	316.03	254.82	S-Plough	199.66	135.11

* 1995 年 9 月 30 日，单位：亿美元

1995 年底 Pharmacia 与 Upjohn 的合并使这两家公司的市场总值增加了 60 亿美元（上升 50%）[45]。当 1996 年初 Novartis 公司宣布成立时，Sandoz 和 Ciba-Geigy 的股票在争购声中分别涨价 20% 和 29%，相当于增值 100 多亿美元[35]。此外，投资者还争

购一些被认为可能是下一轮合并或兼并对象的公司的股票。

总的看，股票市场对大公司兼并大公司认为代价过高，不甚可取，而对于对等公司的合并，特别是强调合并则备受欢迎，认为是极好的做法。

参 考 文 献

〔1〕Scrip magazine 1997 (1), 37-38

〔2〕Scrip; 1996 (2110), 16; Mkt L. 1996 (2110); 1996, 23 (10), 15

〔3〕Scrip 1997 (2216), 17

〔4〕Scrip Magazine 1996 (6), 31

〔5〕Mkt L. 1996, 23 (48), 26

〔6〕Mkt L. 1996, 23 (37), 2

〔7〕Mkt L. 1996, 23 (42), 26

〔8〕Mkt L. 1996, 23 (40), 17

〔9〕Scrip Magazine 1997 (1), 46

〔10〕Mkt L. 1996, 23 (40), 16

〔11〕Scrip Magazine 1997 (1), 45

〔12〕Scrip Magazine 1997 (1), 46

〔13〕Scrip 1997 (2215), 14

〔14〕Scrip Magazine 1997 (1), 46

〔15〕Scrip Magazine 1997 (1), 60

〔16〕Scrip Magazine 1997 (1), 63

〔17〕Scrip Magazine 1997 (1), 52

〔18〕Scrip Magazine 1997 (1), 64－65

〔19〕Scrip Magazine 1997 (7/8), 54－56

〔20〕N. Wells, Innovative Chemical Extensions, OHE. 1988

〔21〕C&EN 1996, 74 (32), 13－15

〔22〕C&EN 1995, 73 (34), 10

〔23〕Scrip Magazine 1997 (1), 48

〔24〕Mkt L. 1991, 18 (26), 3

〔25〕Scrip Magazine 1995 (5), 18

〔26〕Scrip 1995 (2054), 6

〔27〕Mkt L. 1996, 23 (11), 19; Scrip1996 (2111), 6

〔28〕Scrip 1996 (2110), 7

〔29〕C&EN 1995, 73 (34), 12

〔30〕Scrip 1996 (2113), 8

〔31〕C&EN 1995, 73 (34), 11

〔32〕Scrip 1995 (2054), 6; 1996 (2100), 7

〔33〕Scrip 1996 (2112), 7

〔34〕Scrip 1996 (2110), 7

〔35〕Scrip 1996 (2111), 7

〔36〕 Scrip 1996 (2118/19), 9
〔37〕 Scrip Magazine 1996 (1), 45—46
〔38〕 Scrip Magazine 1995 (1), 35; C&EN 1994, 72 (48), 10
〔39〕 Scrip Magazine 1994 (6), 8
〔40〕 Scrip Magazine 1994 (7/8), 20; 1995 (5), 25
〔41〕 Scrip Magazine 1996 (1), 3
〔42〕 Mkt L. 1996, 23 (11), 35
〔43〕 Mkt L. 1996, 23 (19), 24-25
〔44〕 Scrip 1996 (2103), 15; 1995 (1998), 10
〔45〕 Mkt L. 1996, 23 (19), 25

第十一部分

1996年卫生部批准新药目录

一、西药品种

药品名称	类别	剂型	批件号	批准日期	(96)卫药证字 号	(96)卫药准字 号	(96)卫药试字 号	研究单位	生产单位
盐酸环丙沙星葡萄糖注射液	四类生产	注射液	(96) X-01 号		(96)卫药证字 X-01 号	(96)卫药准字 X-01-7 号		杭州民生制药厂	杭州民生制药厂
枸橼酸铋钾胶囊	四类生产	胶囊剂	(96) X-02 号		(96)卫药证字 X-02 号	(96)卫药准字 X-02-2 号		湖北医药工业研究所	江西大华制药厂
双氯芬酸钠滴眼液	四类生产	滴眼液	(96) X-03 号		(96)卫药证字 X-03 号	(96)卫药准字 X-03-3 号		武汉武警制药厂	武汉武警制药厂
卡铂	二类转正式生产	原料药	(96) X-04 号			(96)卫药准字 X-04-6 号			山东省济南制药厂
注射用卡铂	二类转正式生产	粉针剂	(96) X-05 号			(96)卫药准字 X-05-6 号			山东省济南制药厂
注射用氨苄青霉素/舒巴坦钠(商品名:凯兰欣)	三类生产	粉针剂	(96) X-06 号		(96)卫药证字 X-04 号	(96)卫药准字 X-06-3(1)号		哈尔滨制药厂	哈尔滨制药厂
注射用氨苄青霉素钠/舒巴坦钠(商品名:凯兰欣)	三类生产	粉针剂	(96) X-07 号		(96)卫药证字 X-04 号	(96)卫药准字 X-06-3(2)号		哈尔滨制药厂	哈尔滨制药厂
双氯芬酸钠滴眼液	四类生产	滴眼液	(96) X-08 号		(96)卫药证字 X-05 号	(96)卫药准字 X-07-4 号		沈阳市兴齐制药厂	沈阳市兴齐制药厂
马蔺子素	二类生产	原料	(96) X-09 号		(96)卫药证字 X-06 号		(96)卫药试字 X-01 号	天津市医药科技研究所	山东新华制药厂
马蔺子素胶囊(商品名:安卡)	二类生产	胶囊剂	(96) X-10 号		(96)卫药证字 X-07 号		(96)卫药试字 X-02 号	天津市医药科技研究所	山东新华制药厂

续表

药品名称	类别	剂型	批件号	批准日期	(96)卫药证字　号	(96)卫药准字　号	(96)卫药试字　号	研究单位	生产单位
曼秀雷敦薄荷膏	五类生产	软膏剂	(96) X-11号					曼秀雷敦(中山)药业有限公司	曼秀雷敦(中山)药业公司
格列吡嗪胶囊	四类生产	胶囊剂	(96) X-12号		(96)卫药证字 X-08号	(96)卫药准字 X-08-2号		新沂市制药厂、中国药科大学	新沂市制药厂
格列吡嗪胶囊(商品名:思乐克)	四类生产	胶囊剂	(96) X-13号		(96)卫药证字 X-09号	(96)卫药准字 X-09-3号		上海思高制药有限公司	上海思高制药有限公司
奥美拉唑	二类转正式生产	原料	(96) X-14号			(96)卫药准字 X-10-2号		锦州制药一厂	锦州制药一厂
奥美拉唑胶囊	二类转正式生产	胶囊剂	(96) X-15号			(96)卫药准字 X-11-2号		锦州制药一厂	锦州制药一厂
氧氟沙星软膏	四类生产	软膏剂	(96) X-16号		(96)卫药证字 X-10号	(96)卫药准字 X-12-2号		浙江得恩制药有限公司 中国医学科学院皮研所	浙江得恩制药有限公司
双氯芬酸钠缓释胶囊(商品名:迪络芬)	四类生产	胶囊剂	(96) X-17号		(96)卫药证字 X-11号	(96)卫药准字 X-13号		黑龙江省医药工业研究所 中国药科大学	黑龙江康尔药业股份有限公司
氧氟沙星软膏	四类生产	软膏剂	(96) X-18号		(96)卫药证字 X-12号	(96)卫药准字 X-34-3号		福建省沙县制药厂	福建省沙县制药厂
盐酸艾司洛尔	二类生产	原料药	(96) X-19号		(96)卫药证字 X-13号		(96)卫药试字 X-03-1号发,齐鲁制药厂 (96)卫药试字 X-04-2号发,山东医工所制药厂	山东省医药工业研究所	山东省医药工业研究所制药厂 山东齐鲁制药厂

续表

药品名称	类别	剂型	批件号	批准日期	(96)卫药证字　号	(96)卫药准字　号	(96)卫药试字　号	研究单位	生产单位
盐酸艾司洛尔注射液	二类生产	注射液	(96) X-20号		(96)卫药证字 X-14号		(96)卫药试字X-05-1号发，齐鲁制药厂 (96)卫药试字X-06-2号发，山东医工所制药厂	山东省医药工业研究所	山东省医药工业研究所制药厂 山东齐鲁制药厂
美愈伪麻胶囊(商品名：联环)	三类生产	胶囊剂	(96) X-21号		(96)卫药证字 X-15号	(96)卫药准字 X-14号		南京海光应用化学研究所 扬州制药厂	扬州制药厂
盐酸洛美沙星颗粒	四类生产	颗粒剂	(96) X-22号		(96)卫药证字 X-16号	(96)卫药准字 X-15号		中国药科大学、河南安阳市化学制药厂	河南安阳市化学制药厂
硫糖铝颗粒剂 (商品名:维宁)	四类生产	颗粒剂	(96) X-23号		(96)卫药证字 X-17号	(96)卫药准字 X-16号		河南省新乡市常乐制药厂	河南省新乡市常乐制药厂
氧氟沙星葡萄糖注射液	四类生产	注射液	(96) X-24号		(96)卫药证字 X-18号	(96)卫药准字 X-17-16号		武汉滨湖制药厂	武汉滨湖制药厂
头孢羟氨苄颗粒剂	四类生产	颗粒剂	(96) X-25号		(96)卫药证字 X-19号	(96)卫药准字 X-18号		石家庄市第一制药厂	石家庄市第一制药厂
格列吡嗪胶囊	四类生产	胶囊剂	(96) X-26号		(96)卫药证字 X-20号	(96)卫药准字 X-19-4号		南京第三制药厂	南京第三制药厂
注射用舒巴坦钠/头孢哌酮(商品名:舒普深)	三类转正式生产	粉针剂	(96) X-27号			(96)卫药准字 X-20号			辉瑞制药有限公司(大连)
洛伐他汀	四类生产	原料药	(96) X-28号		(96)卫药证字 X-21号	(96)卫药准字 X-21号		四川抗菌素工业研究所	广东清远新北制药有限公司
洛伐他汀片	四类生产	片剂	(96) X-29号		(96)卫药证字 X-22号	(96)卫药准字 X-22号		四川抗菌素工业研究所	珠海经济特区丽珠制药厂

续表

药品名称	类别	剂型	批件号	批准日期	(96)卫药证字　号	(96)卫药准字　号	(96)卫药试字　号	研究单位	生产单位
依诺沙星滴眼液(商品名:诺佳)	四类生产	滴眼液	(96)X-30号		(96)卫药证字X-23号	(96)卫药准字X-23号		武汉制药厂	武汉制药厂
特非那丁胶囊(商品名:芬林)	四类生产	胶囊剂	(96)X-31号		(96)卫药证字X-24号	(96)卫药准字X-24-2号		福建顺顺制药联合公司	福建顺顺制药联合公司
盐酸克林霉素棕榈酸酯	四类生产	原料药	(96)X-32号		(96)卫药证字X-25号	(96)卫药准字X-25号		重庆医药工业研究所	西南合成制药总厂
盐酸克林霉素棕榈酸酯颗粒剂(商品名:可尔生)	四类生产	颗粒剂	(96)X-33号		(96)卫药证字X-26号	(96)卫药准字X-26号		重庆医药工业研究所	西南合成制药总厂
盐酸洛美沙星	二类生产	原料药	(96)X-34号		(96)卫药证字X-27号		(96)卫药试字X-07-5号	湖北宜昌制药厂 华西医科大学	湖北宜昌制药厂
盐酸洛美沙星胶囊	二类生产	胶囊剂	(96)X-35号		(96)卫药证字X-28号		(96)卫药试字X-08-5号	湖北宜昌制药厂 华西医科大学	湖北宜昌制药厂
硝酸异山梨酯注射液(商品名:爱倍)	四类生产	注射剂	(96)X-36号		(96)卫药证字X-29号	(96)卫药准字X-27(1)号		山东医药工业研究所	山东齐鲁制药厂
硝酸异山梨酯注射液(商品名:爱倍)	四类生产	注射剂	(96)X-37号		(96)卫药证字X-29号	(96)卫药准字X-27(2)号		山东医药工业研究所	山东齐鲁制药厂
阿洛西林钠	四类生产	原料药	(96)X-38号		(96)卫药证字X-30号	(96)卫药准字X-28号		四川抗菌素工业研究所	浙江金华制药厂
注射用阿洛西林钠(商品名:阿乐欣)	四类生产	粉针剂	(96)X-39号		(96)卫药证字X-31号	(96)卫药准字X-29号		四川抗菌素工业研究所	浙江金华制药厂
氧氟沙星胶囊	四类生产	胶囊剂	(96)X-40号		(96)卫药证字X-32号	(96)卫药准字X-30-26号		上海禾丰制药有限公司	上海禾丰制药有限公司
罗红霉素	四类生产	原料药	(96)X-41号		(96)卫药证字X-33号	(96)卫药准字X-31-2号		大连制药厂	大连制药厂

续表

药品名称	类别	剂型	批件号	批准日期	(96)卫药证字 号	(96)卫药准字 号	(96)卫药试字 号	研究单位	生产单位
罗红霉素片	四类生产	片剂	(96) X-42号		(96)卫药证字 X-34号	(96)卫药准字 X-32-2号		大连制药厂	大连制药厂
扑尔敏控释胶囊	四类生产	胶囊剂	(96) X-43号		(96)卫药证字 X-35号	(96)卫药准字 X-33号		中国医药研究开发中心	山西医学院制药厂
硝酸毛果芸香碱片(商品名:瑞尔欣)	四类生产	片剂	(96) X-44号		(96)卫药证字 X-36号	(96)卫药准字 X-35号		北京四强医药技术研究所	吉林新星药业有限公司
异山梨醇	四类生产	原料药	(96) X-45号		(96)卫药证字 X-37号	(96)卫药准字 X-36号		山东医科大学、济南鲁平制药厂	济南鲁平制药厂
异山梨醇口服液	四类生产	口服液	(96) X-46号		(96)卫药证字 X-38号	(96)卫药准字 X-37号		山东医科大学济南鲁平制药厂	济南鲁平制药厂
果糖二磷酸钠注射液	四类生产	注射液	(96) X-47号		(96)卫药证字 X-39号	(96)卫药准字 X-38-5号		上海新亚药业公司	上海新亚药业公司
氧氟沙星注射液	四类生产	注射液	(96) X-48号		(96)卫药证字 X-40号	(96)卫药准字 X-39-26号		天津市氨基酸公司	天津市氨基酸公司
头孢羟氨片	四类生产	片剂	(96) X-49号		(96)卫药证字 X-41号	(96)卫药准字 X-40号		石家庄市第一制药厂	石家庄市第一制药厂
石杉碱甲片(商品名:双益平)	四类生产	片剂	(96) X-50号		(96)卫药证字 X-42号	(96)卫药准字 X-41-2号		浙江医科院药物所、中科院上海药物研究所、上医大红旗制药厂	上海医科大学红旗制药厂
格列吡嗪胶囊	四类生产	胶囊剂	(96) X-51号		(96)卫药证字 X-43号	(96)卫药准字 X-42-5号		天津市中央制药二厂	天津市中央制药二厂
双氯芬酸钠滴眼液(商品名:安特)	四类生产	滴眼液	(96) X-52号		(96)卫药证字 X-44号	(96)卫药准字 X-43-5号		山东省医药工业研究所	湖北省潜江市制药厂

续表

药品名称	类别	剂型	批件号	批准日期	(96)卫药证字　号	(96)卫药准字　号	(96)卫药试字　号	研究单位	生产单位
吉非罗齐胶囊(商品名:洛平)	四类生产	胶囊剂	(96)X-53号		(96)卫药证字X-45号	(96)卫药准字X-44-8号		中国医学科学院药物研究所、北京协和药厂	浙南制药厂
吉非罗齐	四类生产	原料药	(96)X-54号		(96)卫药证字X-46号	(96)卫药准字X-45-8号		中国医学科学院药物研究所	浙南制药厂
萘普生缓释胶囊(商品名:适洛特)	四类生产	胶囊剂	(96)X-55号		(96)卫药证字X-47号	(96)卫药准字X-46号		天津药物研究院、徐州第三制药厂	徐州第三制药厂
盐酸诺氟沙星	四类生产	原料药	(96)X-56号		(96)卫药证字X-48号	(96)卫药准字X-47号		沈阳军区哈尔滨制药厂	沈阳军区哈尔滨制药厂
注射用盐酸诺氟沙星	四类生产	粉针剂	(96)X-57号		(96)卫药证字X-49号	(96)卫药准字X-48号		沈阳军区哈尔滨制药厂	沈阳军区哈尔滨制药厂
氧氟沙星阴道泡腾片(商品名:奥卫特)	四类生产	泡腾片剂	(96)X-58号		(96)卫药证字X-50号	(96)卫药准字X-49号		南京海光应用化学研究所 江苏泰州微生物化学制药厂	南京海光应用化学研究所 江苏泰州微生物化学制药厂
复方甲硝唑气雾剂	三类生产	气雾剂	(96)X-59号		(96)卫药证字X-51号	(96)卫药准字X-50号		延吉市延边华丽化学研究所	延吉市延边制药厂
蒿甲醚胶丸	四类生产	软胶囊剂	(96)X-60号		(96)卫药证字X-52号	(96)卫药准字X-51号		军事医学科学院微生物流行病研究所	四川武陵山制药厂
格列吡嗪胶囊(商品名:格迪)	四类生产	胶囊剂	(96)X-61号		(96)卫药证字X-53号	(96)卫药准字X-52-6号		浙江得恩德制药有限公司	浙江得恩德制药有限公司
羟乙磷酸钠	四类生产	原料药	(96)X-62号		(96)卫药证字X-54号			华西医科大学药学院	
羟乙磷酸钠片	四类生产	片剂	(96)X-63号		(96)卫药证字X-55号			华西医科大学药学院	

续表

药品名称	类别	剂型	批件号	批准日期	(96)卫药证字　号	(96)卫药准字　号	(96)卫药试字　号	研究单位	生产单位
马吲哚	四类生产	原料药	(96) X-64 号		(96)卫药证字 X-56 号	(96)卫药准字 X-53 号		江苏省溧阳市制药厂、南京大学化学系	江苏省溧阳市制药厂、南京大学化学系
马吲哚片(商品名:美新达)	四类生产	片剂	(96) X-65 号		(96)卫药证字 X-57 号	(96)卫药准字 X-54 号		江苏省溧阳市制药厂、南京大学化学系	江苏省溧阳市制药厂、南京大学化学系
榄香烯乳注射液(5ml:25mg)	二类生产	注射乳剂	(96) X-66 号			(96)卫药准字 X-55(1)号		辽宁省大连市医药科学研究所、大连金港制药有限公司	辽宁省大连市医药科学研究所、大连金港制药有限公司
榄香烯乳注射液(20ml:0.1g)	二类生产	注射乳剂	(96) X-67 号			(96)卫药准字 X-55(2)号		辽宁省大连市医药科学研究所、大连金港制药有限公司	辽宁省大连市医药科学研究所、大连金港制药有限公司
榄香烯	二类生产	原料药	(96) X-68 号			(96)卫药准字 X-56 号		辽宁省大连市医药科学研究所、大连金港制药有限公司	辽宁省大连市医药科学研究所、大连金港制药有限公司
注射用促肝细胞生长素	一类生产	粉针剂	(96) X-69 号				(96)卫药试字 X-9-5 号	北京京航制药厂、中国人民解放军空军航空医学研究所	
盐酸曲马多片	四类转正	片剂	(96) X-70 号			(96)卫药准字 X-57 号			北京四环制药厂
利巴韦林颗粒(0.1g)(商品名:利力宁)	四类生产	颗粒剂	(96) X-71 号		(96)卫药证字 X-59 号	(96)卫药准字 X-58(1)号		南通精华医药工业研究所	江苏省兴化制药厂
利巴韦林颗粒(0.15g)(商品名:利力宁)	四类生产	颗粒剂	(96) X-72 号		(96)卫药证字 X-59 号	(96)卫药准字 X-58(2)号		南通精华医药工业研究所	江苏省兴化制药厂
氨酚伪麻胶囊	三类生产	胶囊剂	(96) X-73 号		(96)卫药证字 X-60 号	(96)卫药准字 X-59 号		长春市宽城制药厂	长春宽城制药厂

续表

药品名称	类别	剂型	批件号	批准日期	(96)卫药证字 号	(96)卫药准字 号	(96)卫药试字 号	研究单位	生产单位
碘化油颗粒剂	四类生产	颗粒剂	(96)X-74号		(96)卫药证字X-61号			河南省洛阳高科医药技术开发公司	
阿仑膦酸钠	二类生产	原料药	(96)X-75号		(96)卫药证字X-62号		(96)卫药试字X-10号	石家庄开发区康平医药高技术研究所、河北制药(集团)有限公司	河北制药(集团)有限公司
阿仑膦酸钠片	二类生产	片剂	(96)X-76号		(96)卫药证字X-63号		(96)卫药试字X-11号	石家庄开发区康平医药高技术研究所、河北制药(集团)有限公司	河北制药(集团)有限公司
阿仑膦酸钠	二类生产	原料药	(96)X-77号		(96)卫药证字X-64号			重庆医药工业研究所	
阿仑膦酸钠片	二类生产	片剂	(96)X-78号		(96)卫药证字X-66号			重庆医药工业研究所	
乳酸环丙沙星注射液	四类生产	注射液	(96)X-79号		(96)卫药证字X-66号	(96)卫药准字X-60-28号		中国药科大学制药有限公司中国药科大学	中国药科大学制药有限公司
铝碳酸镁(商品名:泰德)	四类生产	原料药	(96)X-80号		(96)卫药证字X-67号	(96)卫药准字X-61-2号		广西南宁制药企业集团公司	
铝碳酸镁片(商品名:泰德)	四类生产	片剂	(96)X-81号		(96)卫药证字X-68号	(96)卫药准字X-62-2号		广西南宁制药企业集团公司	广西南宁制药企业集团公司
铝碳酸镁混悬液(商品名:泰德)	四类生产	混悬剂	(96)X-82号		(96)卫药证字X-69号	(96)卫药准字X-63号		广西南宁制药企业集团公司	广西南宁制药企业集团公司
盐酸环丙沙星滴耳液	四类生产	滴耳剂	(96)X-83号		(96)卫药证字X-70号	(96)卫药准字X-64-9号		天津中央制药厂	天津中央制药厂

续表

药品名称	类别	剂型	批件号	批准日期	(96)卫药证字　号	(96)卫药准字　号	(96)卫药试字　号	研究单位	生产单位
盐酸左布诺洛尔	四类生产	原料药	(96) X-84 号		(96)卫药证字 X-71 号			同济医科大学药学院	
盐酸左布诺洛尔滴眼液	四类生产	滴眼液	(96) X-85 号		(96)卫药证字 X-72 号			同济医科大学药学院	
甲磺酸培氟沙星	二类转正式生产	原料药	(96) X-87 号			(96)卫药准字 X-66-2 号			太原制药厂
甲磺酸培氟沙星片	二类转正式生产	片剂	(96) X-88 号			(96)卫药准字 X-67-2 号			太原制药厂
氨力农	二类转正式生产	原料药	(96) X-89 号			(96)卫药准字 X-68-2 号			扬州中宝制药有限公司
氨力农注射液	二类转正式生产	注射剂	(96) X-90 号			(96)卫药准字 X-69 号			扬州中宝制药有限公司
阿司匹林片(50mg)(商品名:延先)	五类生产	片剂	(96) X-91 号			(96)卫药准字 X-70(1)号		沈阳延风制药厂	沈阳延风制药厂
阿司匹林片(75mg)(商品名:延先)	五类生产	片剂	(96) X-92 号			(96)卫药准字 X-70(2)号		沈阳延风制药厂	沈阳延风制药厂
阿司匹林片(50mg)	五类生产	片剂	(96) X-93 号			(96)卫药准字 X-71-2 号		佳木斯三江制药厂	佳木斯三江制药厂
阿司匹林片(75mg)	五类生产	片剂	(96) X-94 号					佳木斯三江制药厂	佳木斯三江制药厂
阿司匹林片(50mg)	五类生产	片剂	(96) X-95 号			(96)卫药准字 X-72-3(1)号 (96)卫药准字 X-72-4(1)号			沈阳医学院制药厂 海南碧凯药业公司

续表

药品名称	类别	剂型	批件号	批准日期	(96)卫药证字　号	(96)卫药准字　号	(96)卫药试字　号	研究单位	生产单位
阿司匹林片(75mg)	五类生产	片剂	(96) X-96 号			(96)卫药准字 X-72-3(2)号(发沈阳医学院) (96)卫药准字 X-72-4(2)号(发海南)			沈阳医学院制药厂、海南碧凯药业公司
洛芬伪麻片	三类生产	片剂	(96) X-97 号		(96)卫药证字 X-74 号	(96)卫药准字 X-73 号		浙江迪耳药业有限公司	浙江迪耳药业有限公司
乳酸环丙沙星注射液	四类生产	注射液	(96) X-98 号		(96)卫药证字 X-75 号	(96)卫药准字 X-74-29 号		上海禾丰制药有限公司	上海禾丰制药有限公司
氧氟沙星眼膏	四类生产	眼膏剂	(96) X-99 号		(96)卫药证字 X-76 号	(96)卫药准字 X-75-3 号		沈阳市红旗制药厂	沈阳市红旗制药厂
利巴韦林胶囊	四类生产	胶囊剂	(96) X-100 号		(96)卫药证字 X-77 号	(96)卫药准字 X-76-2 号		广东石龙华南制药厂	广东石龙华南制药厂
注射用保肝细胞生长素	一类生产	注射液	(96) X-101 号				(96)卫药试字 X-12-6 号	长春天诚药业有限公司	长春天诚药业有限公司
玻璃酸钠	二类生产	原料药	(96) X-102 号		(96)卫药证字 X-78 号		(96)卫药试字 X-13-2 号	上海麦迪克医学科技公司	上海麦迪克医学科技公司
玻璃酸钠注射液	二类生产	注射液	(96) X-103 号		(96)卫药证字 X-79 号		(96)卫药试字 X-14-3 号	上海麦迪克医学科技公司	上海麦迪克医学科技公司
氢溴酸右美沙芬缓释片(商品名:佳通)	四类生产	片剂	(96) X-104 号		(96)卫药证字 X-80 号	(96)卫药准字 X-77 号		中国药科大学、杭州民生制药厂	杭州民生制药厂
盐酸曲马多	二类转正生产	原料药	(96) X-105 号			(96)卫药准字 X-78-3 号			石家庄第一制药厂
盐酸曲马多注射液 2ml/50mg	二类生产转正	注射液	(96) X-106 号			(96)卫药准字 X-79-3(1)号			石家庄第一制药厂

续表

药品名称	类别	剂型	批件号	批准日期	(96)卫药证字　号	(96)卫药准字　号	(96)卫药试字　号	研究单位	生产单位
盐酸曲马多注射液 2ml/100mg	二类生产转正	注射液	(96)X-107 号			(96)卫药准字X-80-3(2)号			石家庄第一制药厂
阿西美辛	二类生产转正	原料药	(96)X-108 号			(96)卫药准字X-81 号			石家庄第一制药厂
阿西美辛胶囊	二类生产转正	胶囊	(96)X-109 号			(96)卫药准字X-82 号			石家庄第一制药厂
米托蒽醌	二类生产转正	原料药	(96)X-110 号			(96)卫药准字X-83 号		华西医科大学药学院	成都制药六厂
盐酸米托蒽醌注射液	二类转正式生产	注射液	(96)X-111 号			(96)卫药准字X-84 号		华西医科大学药学院	成都制药六厂
钆喷酸葡胺	二类转正式生产	原料药	(96)X-112 号			(96)卫药准字X-85-2 号			北京北陆医药化工公司
钆喷酸葡胺注射液	二类转正式生产	注射液	(96)X-113 号			(96)卫药准字X-86-2 号			北京北陆医药化工公司
盐酸洛美沙星片	二类生产	片剂	(96)X-114 号		(96)卫药证字X-81 号		(96)卫药试字X-15-3 号	中国药科大学、启东盖天力制药公司	启东盖天力制药公司
双酚伪麻糖浆(10ml)	三类生产	糖浆剂	(96)X-115 号		(96)卫药证字X-82 号	(96)卫药准字X-87(1)号		启东盖天力制药股份有限公司	启东盖天力制药股份有限公司
双酚伪麻糖浆(100ml)	三类生产	糖浆剂	(96)X-116 号		(96)卫药证字X-82 号	(96)卫药准字X-87(2)号		启东盖天力制药股份有限公司	启东盖天力制药股份有限公司
弹性火棉胶 2g/支	四类生产	胶浆剂	(96)X-117 号	96.4.4	(96)卫药证字X-83 号			同济医科大学药学院	
弹性火棉胶 5g/支	四类生产	胶浆剂	(96)X-118 号	96.4.4	(96)卫药证字X-83 号			同济医科大学药学院	

续表

药品名称	类别	剂型	批件号	批准日期	(96)卫药证字　号	(96)卫药准字　号	(96)卫药试字　号	研究单位	生产单位
弹性火棉胶 10g/支	四类生产	胶浆剂	(96) X-119 号	96.4.4	(96)卫药证字 X-83 号			同济医科大学药学院	
头孢克洛	四类生产	原料药	(96) X-120 号	96.4.4	(96)卫药证字 X-84 号	(96)卫药准字 X-88 号		广州白云山制药总厂	广州白云山制药总厂
头孢克洛片	四类生产	片剂	(96) X-121 号	96.4.4	(96)卫药证字 X-85 号	(96)卫药准字 X-89 号		广州白云山制药总厂	广州白云山制药总厂
氟康唑注射液	四类生产	注射剂	(96) X-112 号	96.4.4	(96)卫药证字 X-86 号	(96)卫药准字 X-90-3 号		浙江温州制药厂	浙江温州制药厂
甲硝唑胶浆含漱液	四类生产	胶浆溶液剂	(96) X-123 号	96.4.4	(96)卫药证字 X-87 号	(96)卫药准字 X-91 号		河南省新乡县保健用品厂	河南省新乡豫星制药厂
双分伪麻片(儿童片)(商品名:诺诺)	三类生产	片剂	(96) X-124 号	96.4.30	(96)卫药证字 X-88 号	(96)卫药准字 X-95(1)号		福建省顺顺制药联合公司	福建省顺顺制药联合公司
双分伪麻片(成人片)(商品名:诺诺)	三类生产	片剂	(96) X-125 号	96.4.30	(96)卫药证字 X-88 号	(96)卫药准字 X-95(2)号		福建省顺顺制药联合公司	福建省顺顺制药联合公司
氟康唑注射液	四类生产	注射剂	(96) X-126 号	96.4.30	(96)卫药证字 X-89 号	(96)卫药准字 X-96-3 号		南京国科新技术开发有限公司	河北省石家庄四药股份有限公司
复方氟尿嘧啶多相脂质体口服液△	五类生产	口服液	(96) X-127 号	96.4.30					沈阳管城制药厂
麦迪霉素	四类生产	原料药	(96) X-128 号	96.4.30	(96)卫药证字 X-90 号	(96)卫药准字 X-97 号		沈阳药科大学、重庆制药五厂	重庆制药五厂
麦迪霉素片	四类生产	片剂	(96) X-129 号	96.4.30	(96)卫药证字 X-91 号	(96)卫药准字 X-98 号		沈阳药科大学、重庆制药五厂	重庆制药五厂
青蒿琥酯片	五类生产	片剂	(96) X-103 号	96.4.30					广西桂林制药厂

△　代表未批准

续表

药品名称	类别	剂型	批件号	批准日期	(96)卫药证字　号	(96)卫药准字　号	(96)卫药试字　号	研究单位	生产单位
利巴韦林胶囊	四类生产	胶囊剂	(96)X-131号	96.4.30	(96)卫药证字X-92号	(96)卫药准字X-99-3号		上海天平制药厂	上海天平制药厂
盐酸米托蒽醌	二类生产	原料药	(96)X-132号	96.5.3		(96)卫药准字X-100号			浙江浙南制药厂
注射用盐酸米托蒽醌	二类生产	粉针剂	(96)X-133号	96.5.3		(96)卫药准字X-101号			浙江浙南制药厂
蒿甲醚胶囊(40mg)	五类生产	胶囊剂	(96)X-134号	96.5.6				昆明制药股份有限公司	昆明制药股份有限公司
蒿甲醚胶囊(0.1g)	五类生产	胶囊剂	(96)X-135号	96.5.6				昆明制药股份有限公司	昆明制药股份有限公司
氧氟沙星滴耳液	四类生产	滴耳液	(96)X-136号	96.5.6	(96)卫药证字X-93号	(96)卫药准字X-102-13号			广东省顺德市顺峰制药厂
醋氨已酸锌	二类生产	原料药	(96)X-137号	96.5.6	(96)卫药证字X-94号		(96)卫药试字X-17-3号	沈阳药科大学、阜新市第二制药厂	阜新市第二制药厂
醋氨已酸锌胶囊	二类生产	胶囊剂	(96)X-138号	96.5.6	(96)卫药证字X-95号		(96)卫药试字X-18-3号	沈阳药科大学、阜新市第二制药厂	阜新市第二制药厂
醋氨已酸锌片	二类生产	片剂	(96)X-139号	96.5.6	(96)卫药证字X-96号		(96)卫药试字X-19号	沈阳药科大学、阜新市第二制药厂	阜新市第二制药厂
碳酸利多卡因注射液	四类生产	注射液	(96)X-140号	96.5.6	(96)卫药证字X-97号	(96)卫药准字X-103-3(1)号		南京市鼓楼医院、江苏省泰兴市制药厂	南京市鼓楼医院、江苏省泰兴市制药厂
碳酸利多卡因注射液(不同规格)	四类生产	注射液	(96)X-141号	96.5.6	(96)卫药证字X-97号	(96)卫药准字X-103-3(2)号		南京市鼓楼医院、江苏省泰兴市制药厂	南京市鼓楼医院、江苏省泰兴市制药厂

续表

药品名称	类别	剂型	批件号	批准日期	(96)卫药证字　号	(96)卫药准字　号	(96)卫药试字　号	研究单位	生产单位
替硝唑葡萄糖注射液	四类生产	注射液	(96)X-142号	96.5.15	(96)卫药证字X-98号	(96)卫药准字X-106号(广东彼迪) (96)卫药准字X-107-2号(沈阳第一制药厂)			广东彼迪药业有限公司、沈阳第一制药厂
替哨唑葡萄糖注射液100ml	四类生产	注射剂	(96)X-143号	96.5.15	(96)卫药证字X-99号	(96)卫药准字X-108-3号		陕西星华药物研究所	西安天元制药公司
替哨唑葡萄糖注射液200ml	四类生产	注射剂	(96)X-144号	96.5.15	(96)卫药证字X-99号	(96)卫药准字X-109-3号		陕西星华药物研究所	陕西秦乐制药厂
替哨唑葡萄糖注射液(商品名:希普宁)	四类生产	注射剂	(96)X-145号	96.5.15	(96)卫药证字X-100号	(96)卫药准字X-110-5号		湖北省医药工业研究所、广州侨光制药厂	广州侨光制药厂
紫杉醇	二类生产	原料药	(96)X-146号	96.5.15	(96)卫药证字X-101号	(96)卫药准字X-111-3号		云南汉德技术发展有限公司	云南汉德技术发展有限公司
曲安西龙	四类生产	原料药	(96)X-147号	96.6.4	(96)卫药证字X-102号	(96)卫药准字X-112号		天津市天津药业公司	天津市天津药业公司
曲安西龙片(商品名:阿赛松)	四类生产	片剂	(96)X-148号	96.6.4	(96)卫药证字X-103号	(96)卫药准字X-113号		天津市天津药业公司	天津市天津药业公司
尼莫地平片(薄膜衣)(商品名:宝依恬)	四类生产	片剂	(96)X-149号	96.6.4	(96)卫药证字X-104号	(96)卫药准字X-114号		上海新药研究开发中心	上海世康特制药有限公司
氟尿嘧啶栓	四类生产	栓剂	(96)X-150号	96.6.4	(96)卫药证字X-105号	(96)卫药准字X-115号		同济医科大学药学院	武汉市鄂中制药厂
帕米磷酸二钠	二类生产	原料	(96)X-151号	96.6.5	(96)卫药证字X-106号		(96)卫药试字X-20号	上海医药工业研究院	浙江奥托康制药集团有限公司

续表

药品名称	类别	剂型	批件号	批准日期	(96)卫药证字　号	(96)卫药准字　号	(96)卫药试字　号	研究单位	生产单位
帕米磷酸二钠注射液	二类生产	注射液	(96) X-152号	96.6.5	(96)卫药证字 X-107号		(96)卫药试字 X-21号	上海医药工业研究院	浙江奥托康制药集团有限公司
帕米磷酸二钠	二类生产	原料	(96) X-153号	96.6.19	(96)卫药证字 X-108号		(96)卫药试字 X-22-2号	南京药物研究所、深圳海王药业有限公司	南京药物研究所、深圳海王药业有限公司
注射用帕米磷酸二钠(商品名:博宁)	二类生产	注射液	(96) X-154号	96.6.19	(96)卫药证字 X-109号		(96)卫药试字 X-23号	南京药物研究所、深圳海王药业有限公司	南京药物研究所、深圳海王药业有限公司
双扑伪麻片	三类生产	片剂	(96) X-155号	96.6.28	(96)卫药证字 X-110号	(96)卫药准字 X-116-4号		黑龙江省天宇药品科技开发公司、黑龙江省伊春制药厂	黑龙江省天宇药品科技开发公司、黑龙江省伊春制药厂
乳酸亚铁	四类生产	原料	(96) X-156号	96.6.28	(96)卫药证字 X-111号	(96)卫药准字 X-117号		北医大应用药物研究所、吉林省通化林海制药厂	北医大应用药物研究所、吉林省通化林海制药厂
乳酸亚铁口服液	四类生产	口服液	(96) X-157号	96.6.28	(96)卫药证字 X-112号	(96)卫药准字 X-118号		北医大应用药物研究所、吉林省通化林海制药厂	北医大应用药物研究所、吉林省通化林海制药厂
格列吡嗪胶囊	四类生产	胶囊	(96) X-158号	96.6.28	(96)卫药证字 X-113号	(96)卫药准字 X-119-7号			深圳中联制药厂
氟康唑注射液	四类生产	注射液	(96) X-159号	96.6.28	(96)卫药证字 X-114号	(96)卫药准字 X-120-5号			上海信谊药厂
水杨酸咪唑	四类生产	原料	(96) X-160号	96.6.28	(96)卫药证字 X-115号	(96)卫药准字 X-121号		湖北省医药工业研究所	武汉第三制药厂
水杨酸咪唑片(商品名:楚来)	四类生产	片剂	(96) X-161号	96.6.28	(96)卫药证字 X-116号	(96)卫药准字 X-122号		湖北省医药工业研究所	武汉第三制药厂

续表

药品名称	类别	剂型	批件号	批准日期	(96)卫药证字　号	(96)卫药准字　号	(96)卫药试字　号	研究单位	生产单位
碘络醚	四类生产	原料	(96) X-162 号	96.6.28	(96)卫药证字 X-117 号	(96)卫药准字 X-123 号		军科院微生物流行病研究所、北京医学专科学校	北京四环制药厂
碘络醚溶液	四类生产	溶液剂	(96) X-163 号	96.6.28	(96)卫药证字 X-118 号	(96)卫药准字 X-124 号		军科院微生物流行病研究所、北京医学专科学校	北京四环制药厂
盐酸普奈洛尔缓释胶囊(商品名:抗达来)	四类生产	缓释胶囊	(96) X-164 号	96.6.28	(96)卫药证字 X-119 号	(96)卫药准字 X-125 号			杭州民生制药厂
替硝唑葡萄糖注射液(商品名:普洛施)	四类生产	注射剂	(96) X-165 号	96.6.27	(96)卫药证字 X-120 号	(96)卫药准字 X-126-6 号		四川省青神县人民医院、德阳华康药业公司	德阳华康药业公司
丙戊酸镁片	五类生产	片剂	(96) X-166 号	96.6.28					湖南湘中制药厂
丙戊酸镁片	五类生产	片剂	(96) X-167 号	96.6.28					湖南湘中制药厂
氟康唑	二类生产	原料	(96) X-168 号	96.6.28			(96)卫药试字 X-24-4 号		杭州民生制药厂
氟康唑胶囊(商品名:麦尼芬)	二类生产	片剂	(96) X-169 号	96.6.28			(96)卫药试字 X-25-4 号		杭州民生制药厂
法莫替丁	二类生产	原料	(96) X-170 号	96.6.28		(96)卫药准字 X-127-5 号			湖北宜昌意腾制药有限公司
法莫替丁片	二类生产	片剂	(96) X-171 号	96.6.28		(96)卫药准字 X-128-5 号			湖北宜昌意腾制药有限公司

续表

药品名称	类别	剂型	批件号	批准日期	(96)卫药证字　号	(96)卫药准字　号	(96)卫药试字　号	研究单位	生产单位
注射用美洛西林钠	四类生产转正	粉针	(96) X-171 号	96.7.2		(96)卫药准字 X-129-(1)0.5g X-129-(2)1.0g			山东省沂蒙新华制药厂
双扑伪麻胶囊(商品名:塞普)	三类生产	胶囊	(96) X-172 号	96.7.2	(96)卫药证字 X-123 号	(96)卫药准字 X-130 号			浙江奥托康制药股份有限公司、浙江省医学科学院
布洛伪麻胶囊(商品名:得尔)	三类生产	胶囊	(96) X-173 号	96.7.2	(96)卫药证字 X-124 号	(96)卫药准字 X-131 号		贵州大为专利技术应用研究所	贵州老来福药业公司
阿齐霉素	四类生产	原料药	(96) X-174 号	96.7.4	(96)卫药证字 X-125 号	(96)卫药准字 X-132-2 号			大连辉瑞制药有限公司
阿齐霉素片 0.25g(商品名:希舒美)	四类生产	片剂	(96) X-175 号	96.7.4	(96)卫药证字 X-126 号	(96)卫药准字 X-133(1)号			大连辉瑞制药有限公司
阿齐霉素片 0.50g(商品名:希舒美)	四类生产	片剂	(96) X-176 号	96.7.4	(96)卫药证字 X-126 号	(96)卫药准字 X-133(2)号			大连辉瑞制药有限公司
盐酸曲马多片 50mg	四类生产	片剂	(96) X-177 号	96.6.28		(96)卫药准字 X-134-3(1)号			石家庄第二制药厂
盐酸曲马多片 0.1g	四类生产	片剂	(96) X-178 号	96.6.28		(96)卫药准字 X-134-3(2)号			石家庄第二制药厂
洛伐他汀	四类生产	原料药	(96) X-179 号	96.7.11	(96)卫药证字 X-127 号	(96)卫药准字 X-135-2 号			清华紫光(集团)总公司、河南省漯河市第一制药厂
洛伐他汀片(商品名:洛特)	四类生产	片剂	(96) X-180 号	96.7.11	(96)卫药证字 X-128 号	(96)卫药准字 X-136-2 号			河南省漯河市第一制药厂

续表

药品名称	类别	剂型	批件号	批准日期	(96)卫药证字 号	(96)卫药准字 号	(96)卫药试字 号	研究单位	生产单位
法莫替丁胶囊	二类生产	胶囊剂	(96) X-181 号	96.7.18		(96)卫药准字 X-137 号			上海延安制药厂
吡罗昔康凝胶	四类生产	凝胶剂	(96) X-182 号	96.7.25	(96)卫药证字 X-130 号	(96)卫药准字 X-138 号		河北省药物研究所	河北唐山长荣制药有限公司
喜树碱软膏	四类生产	软膏剂	(96) X-183 号	96.7.25	(96)卫药证字 X-131 号	(96)卫药准字 X-139 号		黄石飞云制药有限公司	黄石飞云制药有限公司
胸腺蛋白口服溶液(商品名:欣洛维)	一类生产	口服液	(96) X-184 号	96.7.25	(96)卫药证字 X-132 号		(96)卫药试字 X-26 号	中国人民解放军第四五八医院	珠海丽宝生物化学制药有限公司
替硝唑胶囊	四类生产	胶囊剂	(96) X-185 号	96.7.25	(96)卫药证字 X-133 号	(96)卫药准字 X-140(1)号		杭州杭康生物药业有限公司	杭州杭康生物药业有限公司
替硝唑胶囊	四类生产	胶囊剂	(96) X-186 号	96.7.25	(96)卫药证字 X-133 号	(96)卫药准字 X-140(2)号		杭州杭康生物药业有限公司	杭州杭康生物药业有限公司
阿昔洛韦胶囊	四类生产	胶囊剂	(96) X-187 号	96.7.25	(96)卫药证字 X-134 号	(96)卫药准字 X-141-4 号		上海第九制药厂	上海第九制药厂
洛伐他汀	四类生产	原料药	(96) X-188 号	96.8.16	(96)卫药证字 X-135 号	(96)卫药准字 X-142-3 号		温州第二制药厂	温州第二制药厂
洛伐他汀片	四类生产	片剂	(96) X-189 号	96.8.16	(96)卫药证字 X-136 号	(96)卫药准字 X-143-3 号		温州第二制药厂	温州第二制药厂
格列吡嗪胶囊	四类生产	胶囊剂	(96) X-190 号	96.9.20	(96)卫药证字 X-137 号	(96)卫药准字 X-144-8 号		浙江越州制药有限公司	浙江越州制药有限公司
赖诺普利	四类生产	原料药	(96) X-192 号	96.8.16	(96)卫药证字 X-139 号	(96)卫药准字 X-146 号		上海延安制药厂 五州药厂	五州药厂
赖诺普利片	四类生产	片剂	(96) X-193 号	96.8.16	(96)卫药证字 X-140 号	(96)卫药准字 X-147(1)号		上海延安制药厂 五州药厂	上海延安制药厂

续表

药品名称	类别	剂型	批件号	批准日期	(96)卫药证字　号	(96)卫药准字　号	(96)卫药试字　号	研究单位	生产单位
赖诺普利片	四类生产	片剂	(96) X-194 号	96.8.16	(96)卫药证字 X-140 号	(96)卫药准字 X-147(2)号		五州药厂 上海延安制药厂	上海延安制药厂
聚甲基丙烯酸乙氧乙酯气雾剂	四类生产	气雾剂	(96) X-195 号	96.8.21	(96)卫药证字 X-141 号	(96)卫药准字 X-148 号			国家医药局上海医工院上海医工院南翔制药厂
药用炭胶囊(商品名:爱西特)	四类生产	胶囊剂	(96) X-196 号	96.8.21	(96)卫药证字 X-142 号	(96)卫药准字 X-149 号		河北省保定制药厂	河北省保定制药厂
甲苯磺酸舒他西林	四类生产	原料药	(96) X-197 号	96.8.21	(96)卫药证字 X-143 号	(96)卫药准字 X-150 号		深圳海滨制药有限公司	深圳海滨制药有限公司
甲苯磺酸舒他西林片(商品名:舒氨)	四类生产	片剂	(96) X-198 号	96.8.21	(96)卫药证字 X-144 号	(96)卫药准字 X-151 号		深圳海滨制药有限公司	深圳海滨制药有限公司
替硝唑葡萄糖注射液	四类生产	注射剂	(96) X-199 号	96.8.21	(96)卫药证字 X-145 号	(96)卫药准字 X-152-7 号		浙江医科大学药学系、浙江康恩贝集团研究开发中心	舟山制药厂
法莫替丁颗粒	四类生产	颗粒剂	(96) X-200 号	96.8.16	(96)卫药证字 X-146 号	(96)卫药准字 X-153-3 号		天津中津制药厂	天津中津制药厂
苦参素注射液	五类生产	注射剂	(96) X-201 号	96.8.16		(96)卫药准字 X-154 号		北京医科大学应用药物研究所	辽宁省海洋红制药厂
盐酸环丙沙星滴眼液	四类生产	滴眼剂	(96) X-202 号	96.8.21	(96)卫药证字 X-147 号			山东省医药工业研究所、山东鲁南制药厂	
钆喷酸葡胺	二类生产	原料药	(96) X-203 号	96.8.21	(96)卫药证字 X-148 号		(96)卫药试字 X-27-3 号	上海淮海制药厂	上海淮海制药厂
钆喷酸葡胺注射液	二类生产	注射剂	(96) X-204 号	96.8.21	(96)卫药证字 X-149 号		(96)卫药试字 X-28-3(3)号	上海淮海制药厂	上海淮海制药厂
钆喷酸葡胺注射液	二类生产	注射剂	(96) X-205 号	96.8.21	(96)卫药证字 X-149 号		(96)卫药试字 X-28-3(2)号	上海淮海制药厂	上海淮海制药厂

续表

药品名称	类别	剂型	批件号	批准日期	(96)卫药证字 号	(96)卫药准字 号	(96)卫药试字 号	研究单位	生产单位
钆喷酸葡胺注射液	二类生产	注射剂	(96) X-206号	96.8.21	(96)卫药证字 X-149号		(96)卫药试字 X-28-3(1)号	上海淮海制药厂	上海淮海制药厂
单硝酸异山梨酯	四类生产	原料药	(96) X-207号	96.8.21	(96)卫药证字 X-150号	(96)卫药准字 X-155-3号		国家医药管理局天津药物研究所	上海市新亚药业公司
单硝酸异山梨酯片	四类生产	片剂	(96) X-208号	96.8.21	(96)卫药证字 X-151号	(96)卫药准字 X-156-3号		国家医药管理局天津药物研究所	上海市新亚药业公司
马来酸依那普利胶囊	四类生产	胶囊剂	(96) X-209号	96.8.21	(96)卫药证字 X-152号	(96)卫药准字 X-157号		浙江一新制药股份有限公司	浙江一新制药股份有限公司
硫酸普拉酮钠	二类生产转正	原料药	(96) X-210号	96.8.27		(96)卫药准字 X-158-2号			北京协和药厂
注射用硫酸普拉酮钠	二类生产转正	无菌冻干制剂	(96) X-211号	96.8.27		(96)卫药准字 X-159-2号 X-160-3号			北京协和药厂 珠海丽宝生物化学制药有限公司
长春西汀	四类生产	原料药	(96) X-212号	96.8.21	(96)卫药证字 X-153号	(96)卫药准字 X-161-2号		深圳南方制药厂	深圳南方制药厂
长春西汀片	四类生产	片剂	(96) X-213号	96.8.21	(96)卫药证字 X-154号	(96)卫药准字 X-162-2号		深圳南方制药厂	深圳南方制药厂
硝酸银软膏	四类生产	软膏剂	(96) X-214号	96.9.5	(96)卫药证字 X-155号	(96)卫药准字 X-163(1)号		南昌裕丰制药厂	南昌裕丰制药厂
硝酸银软膏	四类生产	软膏剂	(96) X-215号	96.9.5	(96)卫药证字 X-155号	(96)卫药准字 X-163(2)号		南昌裕丰制药厂	南昌裕丰制药厂
米索前列醇	四类生产	原料药	(96) X-216号	96.9.5	(96)卫药证字 X-156号	(96)卫药准字 X-164号		中国科学院上海有机化学研究所上海华联制药公司	上海华联制药公司

续表

药品名称	类别	剂型	批件号	批准日期	(96)卫药证字　号	(96)卫药准字　号	(96)卫药试字　号	研究单位	生产单位
米索前列醇片	四类生产	片剂	(96) X-217 号	96.9.5	(96)卫药证字 X-157 号	(96)卫药准字 X-165 号		上海华联制药公司	上海华联制药公司
环孢素胶囊(商品名:田可)	四类生产	胶囊剂	(96) X-218 号	96.9.5	(96)卫药证字 X-158 号	(96)卫药准字 X-166(1)号		华北制药集团有限责任公司	华北制药集团有限责任公司
环孢素胶囊(商品名:田可)	四类生产	胶囊剂	(96) X-219 号	96.9.5	(96)卫药证字 X-158 号	(96)卫药准字 X-166(2)号		华北制药集团有限责任公司	华北制药集团有限责任公司
替硝唑注射液(商品名:济得)	四类生产	注射剂	(96) X-220 号	96.9.5	(96)卫药证字 X-159 号	(96)卫药准字 X-167(1)号		湖北省梨园医院	湖北省广济药业股份有限公司
替硝唑注射液(商品名:济得)	四类生产	注射剂	(96) X-221 号	96.9.5	(96)卫药证字 X-159 号	(96)卫药准字 X-167(2)号		湖北省梨园医院	湖北省广济药业股份有限公司
萘普生缓释片	四类生产	缓释片	(96) X-222 号	96.9.5	(96)卫药证字 X-160 号	(96)卫药准字 X-168 号		北京医科大学药学院湖北制药厂	湖北制药厂
头孢妥仑匹酯	一类生产	原料药	(96) X-223 号	96.9.5	(96)卫药证字 X-161 号		(96)卫药试字 X-29 号	日本明治制果株式会社	汕头经济特区明治医药有限公司
头孢妥仑匹酯片	一类生产	片剂	(96) X-224 号	96.9.5	(96)卫药证字 X-162 号		(96)卫药试字 X-30 号	日本明治制果株式会社	汕头经济特区明治医药有限公司
利巴韦林胶囊	四类生产	胶囊剂	(96) X-225 号	96.9.5	(96)卫药证字 X-163 号	(96)卫药准字 X-169-4 号(发:沈阳康乐制药厂) X-170-5 号(发:上海第二军医大学朝晖制药厂三门分厂)		沈阳康乐制药厂 上海第二军医大学朝晖制药厂三门分厂	沈阳康乐制药厂 上海第二军医大学朝晖制药厂三门分厂

续表

药品名称	类别	剂型	批件号	批准日期	(96)卫药证字　号	(96)卫药准字　号	(96)卫药试字　号	研究单位	生产单位
乙酰吉他霉素	四类生产	原料药	(96) X-226 号	96.9.5	(96)卫药证字 X-164 号	(96)卫药准字 X-171-3 号平原药厂 X-172-4 号新乡市百泉中药厂		沈阳爱博医药新技术开发公司 河南平原制药厂 河南省新乡市百泉中药厂	河南平原制药厂 河南省新乡市百泉中药厂
乙酰吉他霉素颗粒	四类生产	颗粒剂	(96) X-227 号	96.9.5	(96)卫药证字 X-165 号	(96)卫药准字 X-173 平原药厂 X-174 新乡市百泉中药厂		沈阳博爱医药新技术开发公司、河南平原制药厂、河南省新乡市百泉中药厂	河南省平原制药厂 河南省新乡市百泉中药厂
盐酸环丙沙星软膏	四类生产	软膏剂	(96) X-228 号	96.9.5	(96)卫药证字 X-166 号	(96)卫药准字 X-175-8 新昌 X-176-9 慈溪		新昌制药有限公司 慈溪制药厂	新昌制药有限公司 慈溪制药厂
氟康唑注射液	二类生产	注射剂	(96) X-229 号	96.9.5	(96)卫药证字 X-167 号		(96)卫药试字 X-31-5 民生 X-32-6 康恩贝	浙江民生制药厂 康恩贝集团研究开发中心	杭州民生制药厂 康恩贝集团制药公司
复方磷酸可待因糖浆(商品名:可非)	三类生产	糖浆剂	(96) X-230 号	96.9.5	(96)卫药证字 X-168 号	(96)卫药准字 X-177 号		东北制药集团公司 沈阳第五制药厂	东北制药集团公司 沈阳第五制药厂
甲磺酸培高利特	二类生产	原料药	(96) X-231 号	96.8.16	(96)卫药证字 X-169 号		(96)卫药试字 X-33 号	国家医药管理局 天津药物研究院	天津市中央制药厂
甲磺酸培高利特片	二类生产	片剂	(96) X-232 号	96.8.16	(96)卫药证字 X-170 号		(96)卫药试字 X-34 号	国家医药管理局 天津药物研究院	天津市中央制药厂
帕米膦酸二钠	二类生产	原料药	(96) X-233 号	96.9.20	(96)卫药证字 X-171 号			合肥医工医药研究所	
注射用帕米膦酸二钠	二类生产	粉针剂	(96) X-234 号	96.9.20	(96)卫药证字 X-172 号			合肥医工医药研究所	

续表

药品名称	类别	剂型	批件号	批准日期	(96)卫药证字　号	(96)卫药准字　号	(96)卫药试字　号	研究单位	生产单位
吡罗昔康凝胶(商品名:洛尔定)	四类生产	凝胶剂	(96) X-235 号	96.9.20	(96)卫药证字 X-173 号	(96)卫药准字 X-178-2 号		武汉市第四医院、巨化集团公司制药厂	巨化集团公司制药厂
替硝唑注射液(商品名:捷洛林)	四类生产	注射剂	(96) X-236 号	96.9.20	(96)卫药证字 X-174 号	(96)卫药准字 X-179-2 号			广东九州医药研究所、北京益民制药厂
补遗品种:									
甲磺酸培氟沙星胶囊	四类生产	胶囊剂	(96) X-86 号	96.8.21	(96)卫药证字 X-73 号	(96)卫药准字 X-65 号		湖北省医药工业研究所	青岛双龙制药有限公司
吡罗昔康凝胶	四类生产	凝胶剂	(96) X-237 号	96.10.5	(96)卫药证字 X-175 号	(96)卫药准字 X-180-3 号		江苏连云港制药厂	江苏连云港制药厂
吡罗昔康凝胶	四类生产	凝胶剂	(96) X-238 号	96.10.5	(96)卫药证字 X-176 号	(96)卫药准字 X-181-4 号		湖北新远科技有限公司	湖北回春制药厂
聚甲基丙烯酸乙氧乙酯溶液	二类生产	溶液剂	F-01 号	96.10.14	F-01 号	F-01 号		上海医药工业研究院	上海医工院南翔实验药厂
酚咖片(商品名:加合百服宁)	三类生产	片剂	(96) X-239 号	96.10.5	(96)卫药证字 X-177 号	(96)卫药准字 X-182 号		中美上海施贵宝制药有限公司	中美上海施贵宝制药有限公司
鬼臼毒素	二类生产转正	原料药	(96) X-240 号	96.10.11		(96)卫药准字 X-183 号			辽宁华卫制药股份有限公司
鬼臼毒素酊	二类生产转正	酊剂	(96) X-241 号	96.10.11		(96)卫药准字 X-184(1)号			辽宁华卫制药股份有限公司
洛芬伪麻片	三类生产	片剂	(96) X-242 号	96.10.14	(96)卫药证字 X-178 号	(96)卫药准字 X-185 号		山东新华制药股份有限公司	山东新华制药股份有限公司
双氯芬酸钠缓释片(商品名:天新利德)	四类生产	片剂	(96) X-243 号	96.10.14	(96)卫药证字 X-179 号	(96)卫药准字 X-186 号		天津药物研究院天津新新药业有限公司	天津新新药业有限公司

续表

药品名称	类别	剂型	批件号	批准日期	(96)卫药证字　号	(96)卫药准字　号	(96)卫药试字　号	研究单位	生产单位
乙酰麦迪霉素	四类生产	原料药	(96)X-244号	96.10.14	(96)卫药证字X-180号	(96)卫药准字X-187号		石家庄第一制药厂	石家庄第一制药厂
乙酰麦迪霉素颗粒剂(商品名:美加欣)	四类生产	颗粒剂	(96)X-245号	96.10.14	(96)卫药证字X-181号	(96)卫药准字X-188(1)号		石家庄第一制药厂	石家庄第一制药厂
乙酰麦迪霉素颗粒剂(商品名:美加欣)	四类生产	颗粒剂	(96)X-246号	96.10.14	(96)卫药证字X-181号	(96)卫药准字X-188(2)号		石家庄第一制药厂	石家庄第一制药厂
普罗布考	四类生产	原料药	(96)X-247号	96.11.5	(96)卫药证字X-182号	(96)卫药准字X-189号		河北承德普宁制药厂	河北承德普宁制药厂
普罗布考片	四类生产	片剂	(96)X-248号	96.11.5	(96)卫药证字X-183号	(96)卫药准字X-190号		河北承德普宁制药厂	河北承德普宁制药厂
硫糖铝混悬液(商品名:迪光)	四类生产	混悬液	(96)X-249号	96.11.5	(96)卫药证字X-184号	(96)卫药准字X-191-2号		广东石龙华南制药厂	广东石龙华南制药厂
乳酸诺氟沙星	四类生产	原料药	(96)X-250号	96.9.5	(96)卫药证字X-185号	(96)卫药准字X-192-1号发:山西瑞丰药业公司 (96)卫药准字X-193-2号发:太原制药厂		山西志达医药化工研究所	山西瑞丰药业有限公司 太原制药厂
乳酸诺氟沙星注射液	四类生产	注射液	(96)X-251号	96.9.5	(96)卫药证字X-186号	(96)卫药准字X-194-1号发:山西瑞丰药业公司 (96)卫药准字X-195-2号发:太原制药厂		山西志达医药化工研究所	山西瑞丰药业有限公司 太原制药厂
盐酸洛非西定	四类生产	原料药	(96)X-252号	96.11.5	(96)卫药证字X-187号		(96)卫药试字X-35号	湖南正大药业有限公司	湖南正大药业有限公司

续表

药品名称	类别	剂型	批件号	批准日期	(96)卫药证字　号	(96)卫药准字　号	(96)卫药试字　号	研究单位	生产单位
盐酸洛非西定片	四类生产	片剂	(96) X-253号	96.11.5	(96)卫药证字 X-188号		(96)卫药试字 X-36号	湖南正大药业有限公司	湖南正大药业有限公司
盐酸米诺环素胶囊	四类转正式生产	胶囊	(96) X-254号	96.10.11		(96)卫药准字 X-196(1)号 X-196(2)号			苏州立达制药有限公司
乌苯美司	二类生产	原料药	(96) X-255号	96.11.20	(96)卫药证字 X-189号		(96)卫药试字 X-37号	四川抗菌素工业研究所	浙江康裕制药有限公司
乌苯美司胶囊	二类生产	胶囊	(96) X-256号	96.11.20	(96)卫药证字 X-190号		(96)卫药试字 X-38(1)号	四川抗菌素工业研究所	浙江康裕制药有限公司
乌苯美司胶囊	二类生产	胶囊	(96) X-257号	96.11.20	(96)卫药证字 X-190号		(96)卫药试字 X-38(2)号	四川抗菌素工业研究所	浙江康裕制药有限公司
阿法骨化醇	四类生产	原料药	(96) X-258号	96.11.26	(96)卫药证字 X-191号	(96)卫药准字 X-197-1号发:重庆制药六厂(96)卫药准字 X-198-2发上海黄山制药厂		上海药物研究所	重庆制药六厂 上海黄山制药厂
阿法骨化醇片(商品名:霜叶红　上海黄山 立庆　重庆六厂)	四类生产	片剂	(96) X-259号	96.11.26	(96)卫药证字 X-192号	(96)卫药准字 X-199-1(1)号发:重庆六厂(96)卫药准字 X-200-2(1)号发:上海黄山制药厂		上海药物研究所	重庆制药六厂 上海黄山制药厂
阿法骨化醇片(商品名:霜叶红　上海黄山 立庆　重庆六厂)	四类生产	片剂	(96) X-260号	96.11.26	(96)卫药证字 X-192号	(96)卫药准字 X-201-1(2)号发:重庆制药六厂(96)卫药准字 X-202-2(2)号发:上海黄山制药厂		上海药物研究所	重庆制药六厂 上海黄山制药厂

续表

药品名称	类别	剂型	批件号	批准日期	(96)卫药证字　号	(96)卫药准字　号	(96)卫药试字　号	研究单位	生产单位
氧氟沙星滴眼液	四类生产	滴眼液	(96)X-261号	96.11.27	(96)卫药证字X-193号	(96)卫药准字X-203-17号		山东济宁第三制药厂	山东济宁第三制药厂
联苯苄唑栓	四类生产	栓剂	(96)X-262号	96.11.27	(96)卫药证字X-194号	(96)卫药准字X-204号		广州何济公制药厂	广州何济公制药厂
氨酚伪麻片	四类生产	片剂	(96)X-263号	96.11.27	(96)卫药证字X-195号	(96)卫药准字X-205-6号发:山东维坊制药三厂(96)卫药准字X-206-7号发:沈阳克达制药厂		沈阳东方医药化工研究所 山东维坊制药三厂	山东维坊制药三厂 沈阳克达制药厂
盐酸噻氯匹定	四类生产	原料药	(96)X-264号	96.12.2	(96)卫药证字X-196号	(96)卫药准字X-207-2号		山东齐鲁制药厂	山东齐鲁制药厂
盐酸噻氯匹定片	四类生产	片剂	(96)X-265号	96.12.2	(96)卫药证字X-197号	(96)卫药准字X-208-2号		山东齐鲁制药厂	山东齐鲁制药厂
洛伐他汀	四类生产	原料药	(96)X-266号	96.12.2	(96)卫药证字X-198号	(96)卫药准字X-209-4号		青岛海洋大学	华北制药(集团)有限责任公司
洛伐他汀片	四类生产	片剂	(96)X-267号	96.12.2	(96)卫药证字X-199号	(96)卫药准字X-210-4号		青岛海洋大学	华北制药(集团)有限责任公司
单硝酸异山梨酯胶囊	四类生产	胶囊	(96)X-268号	96.12.2	(96)卫药证字X-200号	(96)卫药准字X-211号		华北制药厂第五分厂	华北制药厂第五分厂
吡罗昔康搽剂	四类生产	搽剂	(96)X-269号	96.12.2	(96)卫药证字X-201号	(96)卫药准字X-212号		辽宁省药物研究所 江门市恒健制药厂	江门市恒健制药厂
吡哌酸锌	四类生产	原料药	(96)X-270号	96.12.2	(96)卫药证字X-202号	(96)卫药准字X-213号		新乡市第二人民医院、新乡市化工研究所、新乡医学院	河南省濮阳第二制药厂

续表

药品名称	类别	剂型	批件号	批准日期	(96)卫药证字　号	(96)卫药准字　号	(96)卫药试字　号	研究单位	生产单位
吡哌酸锌软膏	四类生产	软膏剂	(96) X-271 号	96.12.2	(96)卫药证字 X-203 号	(96)卫药准字 X-214(1)号		新乡市第二人民医院、新乡市化工研究所、新乡医学院	江门市恒健制药厂
吡哌酸锌软膏	四类生产	软膏剂	(96) X-272 号	96.12.2	(96)卫药证字 X-203 号	(96)卫药准字 X-214(2)号		新乡市第二人民医院、新乡市化工研究所、新乡医学院	河南省濮阳第二制药厂
戈那瑞林	四类生产	原料药	(96) X-273 号	96.12.2	(96)卫药证字 X-204 号	(96)卫药准字 X-215 号		上海丽珠东方生物技术公司	马鞍山生化药厂
注射用戈那瑞林	四类生产	粉针剂	(96) X-274 号	96.12.2	(96)卫药证字 X-205 号	(96)卫药准字 X-216(1)号		上海丽珠东方生物技术公司	马鞍山生化药厂
注射用戈那瑞林	四类生产	粉针剂	(96) X-275 号	96.12.2	(96)卫药证字 X-205 号	(96)卫药准字 X-216(2)号		上海丽珠东方生物技术公司	马鞍山生化药厂
吲哚美辛贴膏(商品名:犹克施)	四类生产	硬膏剂	(96) X-276 号	96.12.2	(96)卫药证字 X-206 号	(96)卫药准字 X-217 号		湖北药检高等专科学校	深圳卫武光明生物制品厂
氧氟沙星软膏	四类生产	软膏剂	(96) X-277 号	96.12.2	(96)卫药证字 X-207 号	(96)卫药准字 X-218-4 号发:新昌制药有限公司(96)卫药准字 X-219-5 号发:慈溪制药厂		浙江新昌制药有限公司、慈溪制药厂	浙江新昌制药有限公司、慈溪制药厂
硫酸奈替米星	四类生产	原料药	(96) X-278 号	96.12.2	(96)卫药证字 X-208 号	(96)卫药准字 X-220-3 号发:绍兴制药厂 (96)卫药准字 X-221-4 号发:福州福兴制药厂		四川抗菌素工业研究所	浙江绍兴制药厂 福州福兴医药有限公司

续表

药品名称	类别	剂型	批件号	批准日期	(96)卫药证字　号	(96)卫药准字　号	(96)卫药试字　号	研究单位	生产单位
硫酸奈替米星注射液	四类生产	注射剂	(96) X-279 号	96.12.2	(96)卫药证字 X-209 号	(96)卫药准字 X-222-3(1)号发:绍兴制药厂 (96)卫药准字 X-223-4(1)号发:福州福兴制药厂		四川抗菌素工业研究所	浙江绍兴制药厂 福州福兴医药有限公司
硫酸奈替米星注射液	四类生产	注射剂	(96) X-280 号	96.12.2	(96)卫药证字 X-209 号	(96)卫药准字 X-222-3(2)号发:绍兴制药厂 (96)卫药准字 X-223-4(2)号发:福州福兴制药厂		四川抗菌素工业研究所	浙江绍兴制药厂 福州福兴医药有限公司
克拉霉素	四类生产	原料药	(96) X-281 号	96.12.2	(96)卫药证字 X-210 号	(96)卫药准字 X-224 发:西安制药厂 (96)卫药准字 X-225 号发:广东丽珠制药厂		四川抗菌素工业研究所 陕西西安制药厂	陕西西安制药厂 广东丽珠制药厂
克拉霉素片(商品名:利迈先)发西安制药厂	四类生产	片剂	(96) X-282 号	96.12.2	(96)卫药证字 X-211 号	(96)卫药准字 X-226 号发:西安制药厂 (96)卫药准字 X-227 号发:广东珠海丽珠制药厂		四川抗菌素工业研究所 陕西西安制药厂	陕西西安制药厂 广东丽珠制药厂
蕲蛇酶注射液	二类生产	注射液	(96) X-283 号	96.12.2	(96)卫药证字 X-212 号		(96)卫药试字 X-39(1)号	福建三明制药厂 福建医学院	福建三明制药厂
蕲蛇酶注射液	二类生产	注射液	(96) X-284 号	96.12.2	(96)卫药证字 X-212 号		(96)卫药试字 X-39(2)号	福建三明制药厂 福建医学院	福建三明制药厂

续表

药品名称	类别	剂型	批件号	批准日期	(96)卫药证字　号	(96)卫药准字　号	(96)卫药试字　号	研究单位	生产单位
盐酸洛美沙星颗粒剂	四类生产	颗粒剂	(96) X-285号	96.12.2	(96)卫药证字 X-213号	(96)卫药准字 X-228-2号发:湖南医工所 (96)卫药准字 X-229-3号发:浙江豪森制药有限公司		湖南医药工业研究所	湖南医药工业研究所制药厂 浙江豪森制药有限公司
氨酚伪麻片	三类生产	片剂	(96) X-286号	96.12.6	(96)卫药证字 X-214号	(96)卫药准字 X-231-8号		南京药物研究所	广东康美药业有限公司
环孢素胶囊(商品名:赛斯平)	四类生产	胶囊	(96) X-287号	96.12.6	(96)卫药证字 X-215号	(96)卫药准字 X-232-2(1)号		杭州中美华东制药有限公司	杭州中美华东制药有限公司
环孢素胶囊(商品名:赛斯平)	四类生产	胶囊	(96) X-288号	96.12.6	(96)卫药证字 X-215号	(96)卫药准字 X-232-2(2)号		杭州中美华东制药有限公司	杭州中美华东制药有限公司
环孢素胶囊(商品名:赛斯平)	四类生产	胶囊	(96) X-289号	96.12.6	(96)卫药证字 X-215号	(96)卫药准字 X-232-2(3)号		杭州中美华东制药有限公司	杭州中美华东制药有限公司
玻璃酸钠注射液(商品名:施沛特)	五类生产	注射液	(96) X-290号	96.12.6				山东省商业科学技术研究所	山东正大福瑞达制药有限公司
盐酸万乃洛韦	四类生产	原料药	(96) X-291号	96.12.9	(96)卫药证字 X-216号	(96)卫药准字 X-233-1号发:丽珠制药厂(96)卫药准字 X-234-2号发:四川抗菌素工业研究所制药厂		四川抗菌素工业研究所制药厂 珠海丽珠制药厂	四川抗菌素工业研究所制药厂 珠海丽珠制药厂

续表

药品名称	类别	剂型	批件号	批准日期	(96)卫药证字　号	(96)卫药准字　号	(96)卫药试字　号	研究单位	生产单位
盐酸万乃洛韦片	四类生产	片剂	(96) X-292 号	96.12.9	(96)卫药证字 X-217 号	(96)卫药准字 X-235-1 号发：丽珠制药厂(96)卫药准字 X-236-2 号发：四川抗菌素工业研究所制药厂		四川抗菌素工业研究所 珠海经济特区丽珠药厂 四川抗菌素工业研究所制药厂	四川抗菌素工业研究所制药厂 珠海经济特区丽珠药厂
氟罗沙星	二类转正式生产	原料药	(96) X-293 号	96.12.12		(96)卫药准字 X-237 号			河南省驻马店地区制药厂
氟罗沙星片	二类转正式生产	片剂	(96) X-294 号	96.12.12		(96)卫药准字 X-238 号			河南省驻马店地区制药厂
氟罗沙星胶囊	二类转正式生产	胶囊	(96) X-295 号	96.12.12		(96)卫药准字 X-239 号			河南省驻马店地区制药厂
磷酸丙吡胺缓释片	四类生产	缓释片剂	(96) X-296 号	96.12.17	(96)卫药证字 X-218 号	(96)卫药准字 X-240 号		上海医科大学药学院、朝阳制药厂	朝阳制药厂
注射用胶原酶	一类生产转正	粉针剂	(96) X-297 号	96.12.18		(96)卫药准字 X-241(1)号			鞍山市第二制药厂
注射用胶原酶	一类生产转正	粉针剂	(96) X-298 号	96.12.18		(96)卫药准字 X-241(2)号			鞍山市第二制药厂
扑美伪麻片	三类生产	片剂	(96) X-299 号	96.12.17	(96)卫药证字 X-219 号	(96)卫药准字 X-242-3 号		上海医药工业研究院 重庆制药六厂	重庆制药六厂
美扑伪麻片	三类生产	片剂	(96) X-300 号	96.12.17	(96)卫药证字 X-220 号	(96)卫药准字 X-243 号		上海医药工业研究院 重庆制药六厂	重庆制药六厂

续表

药品名称	类别	剂型	批件号	批准日期	(96)卫药证字 号	(96)卫药准字 号	(96)卫药试字 号	研究单位	生产单位
妥布霉素滴眼液	四类生产	滴眼剂	(96) X-301 号	96.12.17	(96)卫药证字 X-221 号	(96)卫药准字 X-244 号		上海信谊药厂	上海信谊药厂
氧氟沙星滴眼液	四类生产	滴眼剂	(96) X-302 号	96.12.17	(96)卫药证字 X-222 号	(96)卫药准字 X-245-17 号		济南永宁制药股份有限公司	济南永宁制药股份有限公司
复方美沙芬胶囊	三类生产	胶囊剂	(96) X-303 号	96.12.17	(96)卫药证字 X-223 号	(96)卫药准字 X-246 号		上海美优制药厂	上海美优制药厂
美扑伪麻胶囊	三类生产	胶囊剂	(96) X-304 号	96.12.17	(96)卫药证字 X-224 号	(96)卫药准字 X-247 号		哈尔滨泰华制药厂	哈尔滨泰华制药厂
阿齐霉素	四类生产	原料药	(96) X-305 号	96.12.17	(96)卫药证字 X-225 号	(96)卫药准字 X-248-2 号		石家庄第一制药厂	石家庄第一制药厂
阿齐霉素胶囊	四类生产	胶囊剂	(96) X-306 号	96.12.17	(96)卫药证字 X-226 号	(96)卫药准字 X-249-2 号			石家庄市第一制药厂
盐酸恩丹西酮(商品名:枢丹)	二类生产转正	原料药	(96) X-307 号	96.12.19		(96)卫药准字 X-250 号			宁波天衡制药厂
盐酸恩丹西酮片(商品名:枢丹)	二类生产转正	片剂	(96) X-308 号	96.12.19		(96)卫药准字 X-251 号			宁波天衡制药厂
盐酸恩丹西酮注射液(商品名:枢丹)	二类生产转正	注射剂	(96) X-309 号	96.12.19		(96)卫药准字 X-252(1)号			宁波天衡制药厂
盐酸恩丹西酮注射液(商品名:枢丹)	二类生产转正	注射液	(96) X-310 号	96.12.19		(96)卫药准字 X-252(2)号			宁波天衡制药厂
咖酚伪麻片	三类生产	片剂	(96) X-311 号	96.12.17	(96)卫药证字 X-227 号	(96)卫药准字 X-253 号		通辽制药总厂	通辽制药总厂
盐酸芦氟沙星	二类生产	原料药	(96) X-312 号	96.12.24	(96)卫药证字 X-228 号		(96)卫药试字 X-40 号	中国药科大学	武汉滨湖制药厂

续表

药品名称	类别	剂型	批件号	批准日期	(96)卫药证字　号	(96)卫药准字　号	(96)卫药试字　号	研究单位	生产单位
盐酸芦氟沙星胶囊	二类生产	胶囊剂	(96) X-313号	96.12.24	(96)卫药证字 X-229号		(96)卫药试字 X-41号	中国药科大学	武汉滨湖制药厂
盐酸芦氟沙星片	二类生产	片剂	(96) X-314号	96.12.24	(96)卫药证字 X-230号		(96)卫药试字 X-42号	中国药科大学	武汉滨湖制药厂
复方水杨酸甲酯乳膏(曼秀雷敦)	三类生产	乳膏剂	(96) X-315号	96.12.24	(96)卫药证字 X-231号	(96)卫药准字 X-254(1)号		曼秀雷敦中山药业有限公司	曼秀雷敦中山药业有限公司
复方水杨酸甲酯乳膏(曼秀雷敦)	三类生产	乳膏剂	(96) X-316号	96.12.24	(96)卫药证字 X-231号	(96)卫药准字 X-254(2)号		曼秀雷敦中山药业有限公司	曼秀雷敦中山药业有限公司
非洛地平	四类生产	原料药	(96) X-317号	96.12.24	(96)卫药证字 X-232号		(96)卫药试字 X-43-2号	中国药科大学	扬州制药厂
非洛地平片	四类生产	片剂	(96) X-318号	96.12.24	(96)卫药证字 X-233号		(96)卫药试字 X-44号	中国药科大学	扬州制药厂
非洛地平	四类生产	原料药	(96) X-319号	96.12.24	(96)卫药证字 X-234号		(96)卫药试字 X-45-3号	浙江可立思安制药公司、河北医科大学	浙江可立思安制药公司
非洛地平片	四类生产	片剂	(96) X-320号	96.12.24	(96)卫药证字 X-235号		(96)卫药试字 X-46-2(1)号	浙江可立思安制药公司、河北医科大学	浙江可立思安制药公司
非洛地平片	四类生产	片剂	(96) X-321号	96.12.24	(96)卫药证字 X-235号		(96)卫药试字 X-46-2(2)号	浙江可立思安制药公司、河北医科大学	浙江可立思安制药公司
非洛地平	四类生产	原料药	(96) X-322号	96.12.24	(96)卫药证字 X-236号		(96)卫药试字 X-47-4号	医科院药物研究所北京协和制药二厂	北京协和制药二厂
非洛地平片	四类生产	片剂	(96) X-323号	96.12.24	(96)卫药证字 X-237号		(96)卫药试字 X-48-3号	医科院药物研究所北京协和制药二厂	北京协和制药二厂
盐酸氟西汀	二类生产	原料药	(96) X-324号	96.12.31	(96)卫药证字 X-238号		(96)卫药试字 X-51-2号	上海中西药业股份有限公司	上海中西药业股份有限公司

续表

药品名称	类别	剂型	批件号	批准日期	(96)卫药证字 号	(96)卫药准字 号	(96)卫药试字 号	研究单位	生产单位
盐酸氟西汀胶囊	二类生产	胶囊剂	(96)X-325号	96.12.31	(96)卫药证字X-239号		(96)卫药试字X-52-2号	上海中西药业股份有限公司	上海中西药业股份有限公司
阿仑膦酸钠	二类生产	原料药		96.12.20			(96)卫药试字X-49-2号		海南曼克星制药厂
阿仑膦酸钠片	二类生产	胶囊剂		96.12.20			(96)卫药试字X-50-2号		海南曼克星制药厂
盐酸阿米替林注射液	四类生产	注射液	(96)X-326号	96.12.31	(96)卫药证字X-240号	(96)卫药准字X-255号		上海旭东海普药业有限公司	上海旭东海普药业有限公司
铝碳酸镁	四类生产	原料药	(96)X-327号	96.12.31	(96)卫药证字X-241号	(96)卫药准字X-256号发广东台山市新宁制药厂 X-257号发湖北黄石市第二制药厂 X-258号发安徽省药物研究所试验药厂		安徽省药物研究所	广东台山市新宁制药厂 湖北黄石市第二制药厂 安徽省药物研究所试验药厂
铝碳酸镁片(商品名:海地特)	四类生产	片剂	(96)X-328号	96.12.31	(96)卫药证字X-242号	(96)卫药准字X-259-3号发广东台山市新宁制药厂 X-260-4号发湖北黄石市第二制药厂 X-261-5号发安徽省药物研究所试验药厂		安徽省药物研究所	广东台山市新宁制药厂 湖北黄石市第二制药厂 安徽省药物研究所试验药厂
头孢氨苄缓释片(商品名:美丰)	四类生产	片剂	(96)X-191号	96.12.31	(96)卫药证字X-138号	(96)卫药准字X-145号		南京药物研究所 连云港豪森制药有限公司	连云港豪森制药有限公司

二、进口西药原料生产制剂

药品名称	类别	剂型	批件号	批准日期	(96)卫药证字　号	(96)卫药准字　号	(96)卫药试字　号	研究单位	生产单位
注射用头孢他啶	分装	粉针剂	(96)J-01号			(96)卫药准字J-01号		海南省海灵制药厂	
碘曲伦注射液	分装	注射液	(96)J-02号			(96)卫药准字J-02(1)号		先灵(广州)药业有限公司	
碘曲伦注射液	分装	注射液	(96)J-03号			(96)卫药准字J-02-(2-1)号		先灵(广州)药业有限公司	
碘曲伦注射液	分装	注射液	(96)J-04号			(96)卫药准字J-02-(2-2)号		先灵(广州)药业有限公司	
碘曲伦注射液	分装	注射液	(96)J-05号			(96)卫药准字J-02-(2-3)号		先灵(广州)药业有限公司	
碘曲伦注射液	分装	注射液	(96)J-06号			(96)卫药准字J-02-(2-4)号		先灵(广州)药业有限公司	
碘曲伦注射液	分装	注射液	(96)J-07号			(96)卫药准字J-02-(2-5)号		先灵(广州)药业有限公司	
钆喷酸葡胺注射液	分装	注射液	(96)J-08号			(96)卫药准字J-03-(1)号		先灵(广州)药业有限公司	
钆喷酸葡胺注射液	分装	注射液	(96)J-09号			(96)卫药准字J-03-(2)号		先灵(广州)药业有限公司	
钆喷酸葡胺注射液	分装	注射液	(96)J-10号			(96)卫药准字J-03-(3)号		先灵(广州)药业有限公司	
舒林酸片(商品名:奇诺力)	分装	片剂	(96)J-11号			(96)卫药准字J-04号		杭州默沙东制药有限公司	
马来酸依那普利片(商品名:悦宁定)	分装	片剂	(96)J-12号			(96)卫药准字J-05(1)号		杭州默沙东制药有限公司	

续表

药品名称	类别	剂型	批件号	批准日期	(96)卫药证字　号	(96)卫药准字　号	(96)卫药试字　号	研究单位	生产单位
马来酸依那普利片(商品名:悦宁定)	分装	片剂	(96) J-13号			(96)卫药准字 J-05(2)号		杭州默沙东制药有限公司	
马来酸依那普利片(商品名:悦宁定)	分装	片剂	(96) J-14号			(96)卫药准字 J-05(3)号		杭州默沙东制药有限公司	
盐酸尼卡地平注射剂(商品名:佩尔地平)	分装	注射剂	(96) J-15号			(96)卫药准字 J-06(1)号		沈阳山之内制药有限公司	
盐酸尼卡地平注射剂(商品名:佩尔地平)	分装	注射剂	(96) J-16号			(96)卫药准字 J-06(2)号		沈阳山之内制药有限公司	
盐酸尼卡地平胶囊(商品名:佩尔地平)	分装	胶囊	(96) J-17号			(96)卫药准字 J-07号		沈阳山之内制药有限公司	
7-甲基异炔诺酮片(商品名:利维爱)	分装	片剂	(96) J-18号			(96)卫药准字 J-08号		南京欧加农医药用品有限公司	
多维元素片(15)	分装	片剂	(96) J-19号			(96)卫药准字 J-09号		山东烟台西苑制药厂	
多维元素片(29)	分装	片剂	(96) J-20号			(96)卫药准字 J-10号		山东烟台西苑制药厂	
多维元素片(31)	分装	片剂	(96) J-21号			(96)卫药准字 J-11号		山东烟台西苑制药厂	
多维元素片(10)	分装	片剂	(96) J-22号			(96)卫药准字 J-12号		山东烟台西苑制药厂	
盐酸育享宾片	四类生产	片剂	(96) J-23号			(96)卫药准字 J-13号		福建省莆田市制药厂	福建省莆田市制药厂
普伐他汀钠片(商品名:美百乐镇)	四类生产	片剂	(96) J-24号			(96)卫药准字 J-14号		汕头经济特区鮀滨制药厂	汕头经济特区鮀滨制药厂

续表

药品名称	类别	剂型	批件号	批准日期	(96)卫药证字　号	(96)卫药准字　号	(96)卫药试字　号	研究单位	生产单位
头孢克洛胶囊(商品名:立特罗)	四类生产	胶囊剂	(96) J-25 号			(96)卫药准字 J-15-10 号		江苏无锡市第四制药厂	江苏无锡市第四制药厂
盐酸米诺环素胶囊	四类生产	胶囊剂	(96) J-26 号			(96)卫药准字 J-16-8 号		沈阳第一制药厂	沈阳第一制药厂
西沙必利片(5mg)	四类生产	片剂	(96) J-27 号			(96)卫药准字 J-16(1)号			西安杨森制药公司
西沙必利片(10mg)	四类生产	片剂	(96) J-28 号			(96)卫药准字 J-16(2)号			西安杨森制药公司
注射用头孢呋辛钠(商品名:优乐新)	四类生产	粉针剂	(96) J-29 号			(96)卫药准字 J-17 号		兰州中化药品有限公司	兰州中化药品有限公司
丙酸倍氯米松鼻喷雾剂(商品名:伯仑钠)	二类生产转正	雾剂	(96) J-30 号			(96)卫药准字 J-18 号			重庆葛来素公司
甲钴胺(商品名:弥可保)	分装	糖衣片	(96) J-31 号	96.4.5		(96)卫药准字 J-19(1)号			沈阳卫材制药有限公司
甲钴胺(商品名:弥可保)	分装	糖衣片	(96) J-32 号	96.4.5		(96)卫药准字 J-19(2)号			沈阳卫材制药有限公司
甲钴胺(商品名:弥可保)	分装	糖衣片	(96) J-33 号	96.4.5		(96)卫药准字 J-19(3)号			沈阳卫材制药有限公司
甲钴胺(商品名:弥可保)	分装	糖衣片	(96) J-34 号	96.4.5		(96)卫药准字 J-19(4)号			沈阳卫材制药有限公司
青霉素 V 钾片	分装	片剂	(96) J-35 号	96.4.12		(96)卫药准字 J-20-1 号			烟台康平制药公司
青霉素 V 钾片	分装	片剂	(96) J-36 号	96.4.12		(96)卫药准字 J-21-2 号			中美合资南昌华依制药有限公司

续表

药品名称	类别	剂型	批件号	批准日期	(96)卫药证字　号	(96)卫药准字　号	(96)卫药试字　号	研究单位	生产单位
茶碱缓释胶囊(商品名:埃斯玛隆)	分装	胶囊	(96)J-37号	96.5.10		(96)卫药准字J-22(1)号			海南普利制药有限公司
茶碱缓释胶囊(商品名:埃斯玛隆)	分装	胶囊	(96)J-38号	96.5.10		(96)卫药准字J-22(2)号			海南普利制药有限公司
茶碱缓释胶囊(商品名:埃斯玛隆)	分装	胶囊	(96)J-39号	96.5.10		(96)卫药准字J-22(3)号			海南普利制药有限公司
双氯芬酸钠缓释胶囊(商品名:诺福丁)	分装	胶囊	(96)J-40号	96.5.10		(96)卫药准字J-23号			海南普利制药有限公司
头孢克洛颗粒(商品名:希刻芬)	分装	颗粒剂	(96)J-41号	96.5.10		(96)卫药准字J-24-4号			苏州第三制药厂
注射用硫酸培洛霉素	四类生产	干粉剂	(96)J-42号	96.5.15		(96)卫药准字J-25号			天津市河北制药厂
盐酸坦索罗辛胶囊(商品名:哈乐)	分装	胶囊	(96)J-43号	96.5.10		(96)卫药准字J-26号			沈阳山之内制药有限公司
注射用法莫替丁(商品名:高舒达)	分装	粉针	(96)J-44号	96.5.10		(96)卫药准字J-27号			沈阳山之内制药有限公司
卡马西平糖浆(商品名:得理多)	分装	糖浆	(96)J-45号	96.5.10		(96)卫药准字J-28(1)号			北京汽巴-嘉基制药有限公司
卡马西平糖浆(商品名:得理多)	分装	糖浆	(96)J-46号	96.5.10		(96)卫药准字J-28(2)号			北京汽巴-嘉基制药有限公司
卡马西平控释片(商品名:得理多)	分装	控释片	(96)J-47号	96.5.10		(96)卫药准字J-29号			北京汽巴-嘉基制药有限公司
草酸萘呋胺酯缓释胶囊(商品名:耐复伦)	分装	缓释胶囊	(96)J-48号	96.5.13		(96)卫药准字J-30号			威海达因海洋生物制药有限公司

续表

药品名称	类别	剂型	批件号	批准日期	(96)卫药证字　号	(96)卫药准字　号	(96)卫药试字　号	研究单位	生产单位
维生素 A 酸(德美克 A 霜)	分装	霜剂(软膏)	(96) J-49 号	96.5.10		(96)卫药准字 J-31(1)号			山东德美克制药有限公司
维生素 A 酸(德美克 A 霜)	分装	霜剂(软膏)	(96) J-50 号	96.5.10		(96)卫药准字 J-31(2)号			山东德美克制药有限公司
头孢克洛胶囊(KEFLOR)	分装	胶囊	(96) J-51 号	96.6.5		(96)卫药准字 J-32-10 号			广州南新制药有限公司
头孢克洛颗粒(KEFLOR)	分装	颗粒	(96) J-52 号	96.6.5		(96)卫药准字 J-33-5 号			广州南新制药有限公司
混合雌激素阴道用软膏(商品名:倍美力)	分装	软膏	(96) J-53 号	96.6.5		(96)卫药准字 J-34 号			苏州立达制药有限公司
混合雌激素片(商品名:倍美力)	分装	片剂	(96) J-54 号	96.6.5		(96)卫药准字 J-35(1)号			苏州立达制药有限公司
混合雌激素片(商品名:倍美力)	分装	软膏	(96) J-55 号	96.6.5		(96)卫药准字 J-35(2)号			苏州立达制药有限公司
双氯芬酸钠缓释胶囊(商品名:诺福丁)	分装	缓释胶囊	(96) J-56 号	96.6.4		(96)卫药准字 J-36-2 号			北京第四制药厂
硝苯地平缓释片(艾克迪平)	分装	缓释片	(96) J-57 号	96.6.4		(96)卫药准字 J-37(1)号			天津药物研究院药业有限责任公司
硝苯地平缓释片(艾克迪平)	分装	缓释片	(96) J-58 号	96.6.4		(96)卫药准字 J-37(2)号			天津药物研究院药业有限责任公司
卤美他松软膏(商品名:适确得)	分装	软膏(霜剂)	(96) J-59 号	96.6.4		(96)卫药准字 J-38(1)号			北京汽巴-嘉基制药有限公司
卤美他松软膏(商品名:适确得)	分装	软膏(霜剂)	(96) J-60 号	96.6.4		(96)卫药准字 J-38(2)号			北京汽巴-嘉基制药有限公司

续表

药品名称	类别	剂型	批件号	批准日期	(96)卫药证字　号	(96)卫药准字　号	(96)卫药试字　号	研究单位	生产单位
卤美他松软膏(商品名:适确得)	分装	软膏(油膏剂)	(96)J-61号	96.6.4		(96)卫药准字J-39(1)号			北京汽巴-嘉基制药有限公司
卤美他松软膏(商品名:适确得)	分装	软膏(油膏剂)	(96)J-62号	96.6.4		(96)卫药准字J-39(2)号			北京汽巴-嘉基制药有限公司
卤美他松软膏(商品名:适确得)	分装	软膏(霜剂)	(96)J-63号	96.6.4		(96)卫药准字J-40(1)号			北京汽巴-嘉基制药有限公司
卤美他松软膏(商品名:适确得)	分装	软膏(霜剂)	(96)J-64号	96.6.4		(96)卫药准字J-40(2)号			北京汽巴-嘉基制药有限公司
硫酸亚铁缓释片	分装	片剂	(96)J-65号	96.6.4		(96)卫药准字J-41号			北京汽巴-嘉基制药有限公司
福辛普利钠片(商品名:蒙诺)	分装	片剂	(96)J-66号	96.6.5		(96)卫药准字J-42号			中美上海施贵宝制药有限公司
阿司咪唑片(原名:速力敏)	分装	片剂	(96)J-67号	96.6.5		(96)卫药准字J-43号			沈阳天仁制药有限公司
盐酸氨溴索片	分装	片剂	(96)J-68号	96.6.5		(96)卫药准字J-44号			沈阳天仁制药有限公司
复方醋酸环丙孕酮片(商品名:达莫)	分装	片剂	(96)J-69号	96.6.14		(96)卫药准字J-45号			先灵(广州)药业有限公司
盐酸地拉普利片(原商品名:压得克)	分装	片剂	(96)J-70号	96.6.14		(96)卫药准字J-46-2号			天津武田药品工业株式会社
阿扑长春胺酸乙酯片(商品名:卡兰)	分装	片剂	(96)J-71号	96.6.14		(96)卫药准字J-47-2号			天津武田药品工业株式会社
兰索拉唑胶囊(商品名:达克普隆)	分装	胶囊	(96)J-72号	96.6.14		(96)卫药准字J-48-2号			天津武田药品工业株式会社

续表

药品名称	类别	剂型	批件号	批准日期	(96)卫药证字　号	(96)卫药准字　号	(96)卫药试字　号	研究单位	生产单位
沙霉肽酶片(商品名:达先)	分装	片剂	(96) J-73 号	96.6.14		(96)卫药准字 J-49-2 号			天津武田药品工业株式会社
头孢拉定片	四类	片剂	(96) J-74 号	96.6.28		(96)卫药准字 J-50 号			广东省中山市小揽制药厂
盐酸米诺环素片	四类	片剂	(96) J-75 号	96.6.28		(96)卫药准字 J-51-6 号			天津药业公司
舍尼通片(商品名:普适泰)	分装	片剂	(96) J-76 号	96.7.4		(96)卫药准字 J-52 号			南京恒生制药厂
羟癸甲氧醌片(商品名:雅伴)	分装	糖衣片	(96) J-77 号	96.7.9		(96)卫药准字 J-53-2 号			天津武田药物有限公司
甲磺酸双氢麦角碱(商品名:培磊新)	分装	胶囊	(96) J-78 号	96.7.9		(96)卫药准字 J-54 号			杭州赛诺菲民生制药有限公司
单硝酸异山梨酯缓释胶囊(商品名:艾狄莫尼)	分装	缓释胶囊	(96) J-79 号			(96)卫药准字 J-55 号			北京第四制药厂
对乙酰氨基酚片(不同规格)(商品名:泰诺)	分装	片剂	(96) J-80 号			(96)卫药准字 J-56(1)号			上海强生制药有限公司
对乙酰氨基酚片(不同规格)(商品名:泰诺)	分装	片剂	(96) J-81 号			(96)卫药准字 J-56(2)号			上海强生制药有限公司
对乙酰氨基酚片(不同规格)(商品名:泰诺)	分装	片剂	(96) J-82 号			(96)卫药准字 J-57 号			上海强生制药有限公司
琥珀酰明胶注射液(商品名:佳乐施)	分装	注射液	(96) J-83 号			(96)卫药准字 J-58 号			沈阳贝朗制药有限公司
酚麻美敏片	分装	片剂	(96) J-84 号	96.7.25		(96)卫药准字 J-59 号			上海强生制药有限公司

续表

药品名称	类别	剂型	批件号	批准日期	(96)卫药证字　号	(96)卫药准字　号	(96)卫药试字　号	研究单位	生产单位
丙戊酸钠糖浆(商品名:德巴金)	分装	糖浆	(96) J-85号	96.7.24		(96)卫药准字 J-60号			杭州赛诺菲民生制药公司
盐酸屈他维林片	分装	片剂	(96) J-86号	96.7.24		(96)卫药准字 J-61号			杭州赛诺菲民生制药公司
5-单硝酸异山梨醇酯(商品名:盘得高)	分装	片剂	(96) J-87号	96.7.24		(96)卫药准字 J-62号			天津高达医药保健品有限公司
碳酸钙维生素 D_3 咀嚼片(不同规格)(商品名:凯思立)	分装	片剂	(96) J-88号	96.7.24		(96)卫药准字 J-63号			上海美优制药厂
碳酸钙维生素 D_3 咀嚼片(不同规格)(商品名:凯思立)	分装	片剂	(96) J-89号	96.7.24		(96)卫药准字 J-64号			上海美优制药厂
十一酸睾酮胶囊(商品名:安雄)	分装	胶囊	(96) J-90号	96.7.24		(96)卫药准字 J-65号			南京欧加农医药用品有限公司
头孢林仑新戊酯片(不同规格)(商品名:富山龙)	分装	片剂	(96) J-91号	96.7.24		(96)卫药准字 J-66(1)号			深圳海王药业有限公司
头孢林仑新戊酯片(不同规格)(商品名:富山龙)	分装	片剂	(96) J-92号			(96)卫药准字 J-66(2)号			深圳海王药业有限公司
人胰岛素(不同规格)(商品名:诺和灵)	分装	针剂	(96) J-93号	96.8.15		(96)卫药准字 J-67号			"诺和诺德(天津)生物技术有限公司
人胰岛素(不同规格)(商品名:诺和灵)	分装	针剂	(96) J-94号	96.8.15		(96)卫药准字 J-68(1)号			"诺和诺德(天津)生物技术有限公司
人胰岛素(不同规格)(商品名:诺和灵)	分装	针剂	(96) J-95号	96.8.15		(96)卫药准字 J-68(2)号			"诺和诺德(天津)生物技术有限公司

续表

药品名称	类别	剂型	批件号	批准日期	(96)卫药证字 号	(96)卫药准字 号	(96)卫药试字 号	研究单位	生产单位
人胰岛素(不同规格)(商品名:诺和灵)	分装	针剂	(96)J-96号	96.8.15		(96)卫药准字J-69号			"诺和诺德(天津)生物技术有限公司
人胰岛素(不同规格)(商品名:诺和灵)	分装	针剂	(96)J-97号	96.8.15		(96)卫药准字J-70(1)号			"诺和诺德(天津)生物技术有限公司
人胰岛素(不同规格)(商品名:诺和灵)	分装	针剂	(96)J-98号	96.8.15		(96)卫药准字J-70(2)号			"诺和诺德(天津)生物技术有限公司
人胰岛素(不同规格)(商品名:诺和灵)	分装	针剂	(96)J-99号	96.8.15		(96)卫药准字J-71(1)号			"诺和诺德(天津)生物技术有限公司
人胰岛素(不同规格)(商品名:诺和灵)	分装	针剂	(96)J-100号	96.8.15		(96)卫药准字J-70(2)号			"诺和诺德(天津)生物技术有限公司
头孢克洛颗粒	四类生产	颗粒	(96)J-101号	96.8.16		(96)卫药准字J-72-6(1)号		山东淄博新达制药有限公司	山东淄博新达制药有限公司
头孢克洛颗粒	四类生产	颗粒	(96)J-102号	96.8.16		(96)卫药准字J-72-6(2)号		山东淄博新达制药有限公司	山东淄博新达制药有限公司
头孢克洛颗粒	四类生产	颗粒	(96)J-103号	96.8.21		(96)卫药准字J-73-7号		苏州中化药品工业有限公司	苏州中化药品工业有限公司
头孢克洛颗粒	四类生产	颗粒	(96)J-104号	96.9.5		(96)卫药准字 J-74-8号浙江东方 J-75-9号沈阳康利		沈阳药科大学 浙江东方制药有限公司 沈阳市康利制药厂	浙江东方制药有限公司 沈阳市康利制药厂
注射用醋酸、亮丙瑞林(商品名:抑那通)	分装	粉针	(96)J-105号	96.9.12		(96)卫药准字J-76号			天津武田药品有限公司
异维A酸胶囊	分装	胶囊	(96)J-106号	96.9.12		(96)卫药准字J-77号			上海罗氏制药有限公司

续表

药品名称	类别	剂型	批件号	批准日期	(96)卫药证字　号	(96)卫药准字　号	(96)卫药试字　号	研究单位	生产单位
茶碱缓释片(商品名:葆乐辉)	四类生产	片剂	(96)J-107号	96.9.20			(96)卫药试字J-01号	上海先灵葆雅制药有限公司	上海先灵葆雅制药有限公司
西洛他唑片(商品名:培达)	四类生产	片剂	(96)J-108号	96.9.2		(96)卫药准字J-78号		天津大冢制药公司	
盐酸乙胺碘呋酮片(商品名:可达龙)	分装	片剂	(96)J-109号	96.10.4		(96)卫药准字J-79号			杭州赛诺菲民生制药有限公司
盐酸噻氯匹定片	分装	片剂	(96)J-110号	96.10.8		(96)卫药准字J-80-3号			杭州赛诺菲民生制药有限公司
复方乳酸溶液	分装	溶液剂	(96)J-111号	96.10.8		(96)卫药准字J-81号			杭州赛诺菲民生制药有限公司
复方丙戊酸钠缓释片(商品名:德巴金)	分装	缓释片	(96)J-112号	96.10.21		(96)卫药准字J-82号			杭州赛诺菲民生制药有限公司
醋酸钾羟孕酮注射液(商品名:狄波-普维拉)	四类生产	注射剂	(96)J-113号	96.10.28			(96)卫药试字J-02号		普强苏州制药有限公司
吲哚美辛控释片(商品名:忌施丁)	四类生产	片剂	(96)J-114号	96.10.28			(96)卫药试字J-03(1)号		北京萌蒂医药有限公司
吲哚美辛控释片(商品名:忌施丁)	四类生产	片剂	(96)J-115号	96.10.28			(96)卫药试字J-03(2)号		北京萌蒂医药有限公司
吲哚美辛控释片(商品名:忌施丁)	四类生产	片剂	(96)J-116号	96.10.28			(96)卫药试字J-03(3)号		北京萌蒂医药有限公司
复方谷酰胺颗粒剂(商品名:禄福连)	分装	颗粒剂	(96)J-117号	96.10.8		(96)卫药准字J-83号			深圳海王药业有限公司
复方龙甲粉散剂	分装	散剂	(96)J-118号	96.11.6		(96)卫药准字J-84号			武汉-健民-伟康医药有限公司

续表

药品名称	类别	剂型	批件号	批准日期	(96)卫药证字　号	(96)卫药准字　号	(96)卫药试字　号	研究单位	生产单位
阿奇霉素干混悬剂(商品名:希舒美)	四类生产	干混悬剂	(96) J-119号	96.11.21		(96)卫药准字 J-85号			大连辉瑞制药有限公司
依托酚钠酯软膏(商品名:优迈)	分装	软膏剂	(96) J-120号	96.11.21		(96)卫药准字 J-86号			拜耳医药保健有限公司
草酸萘呋胺酯缓释胶囊(商品名:耐复伦)	分装	胶囊剂	(96) J-121号	96.10.18		(96)卫药准字 J-87-2号			上海爱的发制药有限公司
草酸萘呋胺酯缓释胶囊(商品名:耐复伦)	分装	胶囊剂	(96) J-122号	96.10.18		(96)卫药准字 J-87-2号			上海爱的发制药有限公司
阿法骨化醇胶囊	分装	胶囊剂	(96) J-123号	96.10.18		(96)卫药准字 J-88-3(1)号			上海罗氏制药有限公司
阿法骨化醇胶囊	分装	胶囊剂	(96) J-124号	96.11.18		(96)卫药准字 J-88-3(2)号			上海罗氏制药有限公司
头孢克洛片	四类生产	片剂	(96) J-125号	96.11.27		(96)卫药准字 J-89号			河北制药(集团)有限公司
戊酸雌二醇片/复方戊雌二醇片(商品名:克龄蒙)	分装	片剂	(96) J-126号	96.11.29		(96)卫药准字 J-90号			先灵(广州)药业有限公司
左旋氧氟沙星片	分装	片剂	(96) J-127号	96.11.29		(96)卫药准字 J-91号			北京优尔特药业有限公司
羟苯磺酸钙胶囊(商品名:导升明)	分装	胶囊剂	(96) J-128号	96.12.5		(96)卫药准字 J-92号			海南凯健制药有限公司
兰索拉唑胶囊	四类生产	胶囊剂	(96) J-129号	96.12.6			(96)卫药试字 J-04-3(1)号		天津武田药品有限公司
兰索拉唑胶囊	四类生产	胶囊剂	(96) J-130号	96.12.6			(96)卫药试字 J-04-3(2)号		天津武田药品有限公司

续表

药品名称	类别	剂型	批件号	批准日期	(96)卫药证字　号	(96)卫药准字　号	(96)卫药试字　号	研究单位	生产单位
艾地苯醌片	四类生产	片剂	(96)J-131 号	96.12.6			(96)卫药试字 J-05-3 号		天津武田药品有限公司
氢溴酸右美沙芬颗粒剂(商品名:贝泰)	四类生产	颗粒剂	(96)J-132 号	96.12.6		(96)卫药准字 J-93 号			海南海富制药有限公司
复方阿米三嗪片(商品名:都可喜)	分装	片剂	(96)J-133 号	96.12.12		(96)卫药准字 J-94 号			上海福达制药有限公司
氯雷他定片	四类生产	片剂	(96)J-134 号	96.12.17			(96)卫药试字 J-06 号		上海先灵葆雅制药有限公司
头孢他美匹酯片(商品名:高保息)	分装	片剂	(96)J-135 号	96.12.16		(96)卫药准字 J-95(1)号			上海罗氏制药有限公司
复方倍他米松注射液	分装	注射液	(96)J-136 号	96.12.16		(96)卫药准字 J-96(1)号			上海先灵葆雅制药有限公司
注射用头孢噻肟钠(商品名:凯福隆)	分装	粉针剂	(96)J-137 号	96.12.20		(96)卫药准字 J-97-2 号			华北-赫司特药业有限公司
乙酮可可碱片(商品名:巡能泰)	分装	糖衣片剂	(96)J-138 号	96.12.20		(96)卫药准字 J-98 号			华北-赫司特药业有限公司
氟康唑胶囊(大扶康)	四类生产	胶囊剂	(96)J-139 号	96.12.24		(96)卫药准字 J-99(1)号 J-99(2)号			大连辉瑞制药有限公司
硫酸异帕米星注射液(商品名:依克沙)	分装	注射液	(96)J-140 号	96.12.24		(96)卫药准字 J-100(1)号			上海四药股份有限公司
硫酸异帕米星注射液(商品名:依克沙)	分装	注射液	(96)J-141 号	96.12.24		(96)卫药准字 J-100(2)号			上海四药股份有限公司

三、中药品种

药品名称	类别	剂型	批件号	批准日期	(96)卫药证字　号	(96)卫药准字　号	(96)卫药试字　号	研究单位	生产单位
双黄连气雾剂	四类生产	气雾剂	(96) Z-01号		(96)卫药证字 Z-01号	(96)卫药准字 Z-02号		哈尔滨医科大学临床药学药物研究所	哈尔滨制药三厂
川贝枇杷冲剂	四类生产	冲剂	(96) Z-02号		(96)卫药证字 Z-02号	(96)卫药准字 Z-03号		中国中医研究院实验药厂	中国中医研究院实验药厂
生白口服液	三类生产	口服液	(96) Z-03号		(96)卫药证字 Z-03号	(96)卫药准字 Z-04号		郑州东方药业公司	郑州东方药业公司
苓桂咳喘宁胶囊	三类生产	胶囊剂	(96) Z-04号		(96)卫药证字 Z-04号	(96)卫药准字 Z-06号		焦作市第二中药厂	焦作市第二中药厂
双黄连糖浆	四类生产	糖浆剂	(96) Z-05号		(96)卫药证字 Z-05号	(96)卫药准字 Z-07号		哈尔滨制药六厂	哈尔滨制药六厂
双黄连糖浆	四类生产	糖浆剂	(96) Z-06号		(96)卫药证字 Z-06号	(96)卫药准字 Z-08号		黑龙江康尔药业公司	黑龙江康尔药业公司
松龄血脉康胶囊	三类生产	胶囊剂	(96) Z-07号		(96)卫药证字 Z-07号	(96)卫药准字 Z-10号		成都诺伊科技实业公司	成都康弘制药有限公司
复方玄驹口服液	三类生产	口服液	(96) Z-08号		(96)卫药证字 Z-08号	(96)卫药准字 Z-11号		中国人民解放军空军航空医学研究所	河北省石家庄鹿泉制药厂
丹红化瘀口服液	二类生产	口服液	(96) Z-09号		(96)卫药证字 Z-09号	(96)卫药准字 Z-12号		成都中医学院附属医院、广州白云山制药股份有限公司中药厂	广州白云山制药股份有限公司中药厂
参苓白术口服液	四类生产	口服液	(96) Z-10号		(96)卫药证字 Z-10号	(96)卫药准字 Z-13号		内蒙古黄河制药厂	内蒙古黄河制药厂
绞股蓝总甙口服液	四类生产	口服液	(96) Z-11号		(96)卫药证字 Z-11号	(96)卫药准字 Z-14号		杭州市药物研究所制药厂	杭州市药物研究所制药厂

续表

药品名称	类别	剂型	批件号	批准日期	(96)卫药证字　号	(96)卫药准字　号	(96)卫药试字　号	研究单位	生产单位
金泰口服液	三类生产	口服液	(96) Z-12号		(96)卫药证字 Z-12号	(96)卫药准字 Z-15号		江苏连云港中药厂	江苏连云港中药厂
鞘蕊苏口服液	三类生产	口服液	(96) Z-13号		(96)卫药证字 Z-13号	(96)卫药准字 Z-16号		中科院昆明植物研究所、昆明医学院昆明兴中制药厂	昆明兴中制药厂
尿毒清颗粒	三类生产	颗粒剂	(96) Z-14号		(96)卫药证字 Z-14号		(96)卫药试字 Z-01号	南方医院	广州南方科研制药厂
克伤痛气雾剂	四类生产	气雾剂	(96) Z-15号		(96)卫药证字 Z-15号	(96)卫药准字 Z-17号		武汉市健民制药厂	武汉市健民制药厂
生脉颗粒	四类生产	颗粒剂	(96) Z-16号		(96)卫药证字 Z-16号	(96)卫药准字 Z-18号		大连长白山制药有限公司、中国中西医结合学会	
脑得生颗粒	四类生产	颗粒剂	(96) Z-17号		(96)卫药证字 Z-17号	(96)卫药准字 Z-19号		沈阳永大医药研究所	沈阳永大制药有限公司
脑得生胶囊	四类生产	胶囊剂	(96) Z-18号		(96)卫药证字 Z-18号	(96)卫药准字 Z-20号		沈阳永大医药研究所	沈阳永大制药有限公司
六味消痔片	三类生产	片剂	(96) Z-19号		(96)卫药证字 Z-19号	(96)卫药准字 Z-22号		贵州省西南肛肠杂病研究所、贵州青草堂药业有限责任公司	贵州青草堂药业有限责任公司
蠲哮片	三类生产	片剂	(96) Z-20号		(96)卫药证字 Z-20号	(96)卫药准字 Z-23号			江西江中制药厂
麻仁润肠软胶囊	四类生产	胶囊	(96) Z-21号		(96)卫药证字 Z-21号	(96)卫药准字 Z-24号			北京同仁堂制药二厂

续表

药品名称	类别	剂型	批件号	批准日期	(96)卫药证字　号	(96)卫药准字　号	(96)卫药试字　号	研究单位	生产单位
珍珠明目液	五类生产	滴眼剂	(96) Z-22 号			(96)卫药准字 Z-25 号			苏州市水产研究所珍珠实验厂
小建中胶囊	四类生产	胶囊剂	(96) Z-23 号		(96)卫药证字 Z-22 号			湖南省药学技术咨询服务中心	
新清宁胶囊	四类生产	胶囊剂	(96) Z-24 号		(96)卫药证字 Z-23 号	(96)卫药准字 Z-26 号		南京军区南京总医院	南京中山制药厂
三七伤药颗粒	四类生产	冲剂	(96) Z-25 号		(96)卫药证字 Z-24 号	(96)卫药准字 Z-27 号		内蒙古医药工业研究院	深圳蛇口海王生物工程公司长春公司
三七伤药胶囊	四类生产	胶囊剂	(96) Z-26 号		(96)卫药证字 Z-25 号			内蒙古医药工业研究院	
护肝胶囊	四类生产	胶囊剂	(96) Z-48 号	96.7.2	(96)卫药证字 Z-47 号	(96)卫药准字 Z-50 号			吉林省敦化市华康制药厂、吉林省敦化市华康生物化学制药厂
养心定悸口服液	四类生产	口服液	(96) Z-49 号	96.7.2	(96)卫药证字 Z-48 号	(96)卫药准字 Z-51 号			山东东阿阿胶(集团)有限公司
镇咳宁胶囊	四类生产	胶囊剂	(96) Z-50 号	96.7.2	(96)卫药证字 Z-49 号	(96)卫药准字 Z-52 号		成都康弘制药有限公司、成都市金牛昶泰医药研究所	
镇咳宁颗粒	四类生产	颗粒剂	(96) Z-51 号	96.7.2	(96)卫药证字 Z-50 号	(96)卫药准字 Z-53 号		成都康弘制药有限公司、成都市金牛昶泰医药研究所	
八珍胶囊	四类生产	胶囊剂	(96) Z-52 号	96.7.12	(96)卫药证字 Z-51 号	(96)卫药准字 Z-55 号		湖南省中医药研究院	广州远东制药有限公司

续表

药品名称	类别	剂型	批件号	批准日期	(96)卫药证字　号	(96)卫药准字　号	(96)卫药试字　号	研究单位	生产单位
参苟胶囊	四类生产	胶囊剂	(96)Z-53号	96.7.25	(96)卫药证字Z-52号	(96)卫药准字Z-59号		解放军空军总院	保北制药厂
鼻渊舒胶囊	四类生产	胶囊剂	(96)Z-54号	96.7.25	(96)卫药证字Z-53号	(96)卫药准字Z-60号		成都中医学院华神制药厂	成都中医学院华神制药厂
香石双解袋泡剂	三类生产	茶剂	(96)Z-55号	96.7.25	(96)卫药证字Z-54号	(96)卫药准字Z-61号		中国中医研究院西苑医院	北京市东风制药厂
脾可欣颗粒	四类生产	颗粒剂	(96)Z-56号	96.7.25	(96)卫药证字Z-55号	(96)卫药准字Z-62号		湖南省中医药研究院	江西宜春秀江制药厂
骆驼蓬碱片△	二类生产	片剂	(96)Z-57号	96.8.16				新疆库尔勒中药厂	新疆库尔勒中药厂
复方血栓通胶囊	三类生产	胶囊剂	(96)Z-58号	96.8.16	(96)卫药证字Z-56号	(96)卫药准字Z-63号		中山医科大学东莞石龙制药厂	东莞石龙制药厂
葛根芩连胶囊	四类生产	胶囊剂	(96)Z-59号	96.8.16	(96)卫药证字Z-57号	(96)卫药准字Z-64号		海南海天医药科技发展公司	华西医科大学制药厂
通心络胶囊	三类生产	胶囊剂	(96)Z-60号	96.8.21	(96)卫药证字Z-58号	(96)卫药准字Z-65号			石家庄开发区医药研究所黄帝制药厂
抗感胶囊	四类生产	胶囊剂	(96)Z-61号	96.9.5	(96)卫药证字Z-59号				内蒙包头市中药厂
乳癖消贴膏	四类生产	橡胶膏剂	(96)Z-62号	96.9.5	(96)卫药证字Z-60号	(96)卫药准字Z-68号		辽宁省药物研究所沈阳辽河制药厂	沈阳辽河制药厂
通宣理肺胶囊	四类生产	胶囊剂	(96)Z-63号	96.9.5	(96)卫药证字Z-61号	(96)卫药准字Z-69号		山东省中医药研究所、济南东方制药厂	济南东方制药厂
益心通脉颗粒	三类生产	颗粒剂	(96)Z-64号	96.9.13	(96)卫药证字Z-62号	(96)卫药准字Z-70号		北京医科大学药学院应用药物研究所	深圳海王药业有限公司

△　代表未批准生产

续表

药品名称	类别	剂型	批件号	批准日期	(96)卫药证字　号	(96)卫药准字　号	(96)卫药试字　号	研究单位	生产单位
蓝芩口服液	三类生产	口服液	(96) Z-65 号	96.9.13	(96)卫药证字 Z-63 号	(96)卫药准字 Z-71 号		山东医科大学 山东临淄制药厂	山东临淄制药厂
双黄连粉针冻干剂	四类生产	粉针剂	(96) Z-27 号	96.4.30	(96)卫药证字 Z-26 号	(96)卫药准字 Z-33 号		哈尔滨中药二厂	哈尔滨中药二厂
通脉养心口服液	四类生产	口服液	(96) Z-28 号	96.4.30	(96)卫药证字 Z-27 号	(96)卫药准字 Z-34 号		天津乐仁堂制药厂	天津乐仁堂制药厂
金蓝气雾剂	三类生产	气雾剂	(96) Z-29 号	96.4.30	(96)卫药证字 Z-28 号	(96)卫药准字 Z-35 号		吉林省中医中药研究院	鞍山市第一制药厂
参芪扶正注射液	二类生产	注射液	(96) Z-30 号	96.4.30	(96)卫药证字 Z-29 号		(96)卫药试字 Z-02 号	北京中医学院东直门医院、广东省利民制药厂	广东省利民制药厂
痔康片	三类生产	片剂	(96) Z-31 号	96.5.6	(96)卫药证字 Z-30 号	(96)卫药准字 Z-36 号		江西江中制药厂、山东省医药研究所	江西江中制药厂
结肠宁栓	四、五类生产	阴道栓	(96) Z-32 号	96.5.6	(96)卫药证字 Z-31 号	(96)卫药准字 Z-37 号		湖南省中医药研究院	长沙第二制药总厂
小建中胶囊	四类生产	胶囊剂	(96) Z-33 号	96.5.6	(96)卫药证字 Z-32 号			北京圣天祥生物技术研究所、山东东阿阿胶(集团)股份有限公司	
心通颗粒	四类生产	颗粒剂	(96) Z-34 号	96.5.6	(96)卫药证字 Z-33 号	(96)卫药准字 Z-38 号		吉林省泛华医药保健有限公司	吉林省泛华医药保健有限公司
癃闭舒胶囊	三类生产	胶囊剂	(96) Z-35 号	96.5.8	(96)卫药证字 Z-34 号	(96)卫药准字 Z-39 号		石家庄科迪药业公司	石家庄科迪药业公司
咽速康气雾剂	四类生产	气雾剂	(96) Z-36 号	96.5.15	(96)卫药证字 Z-35 号	(96)卫药准字 Z-40 号		吉林中医中药研究院	北京华顺中药制药厂

续表

药品名称	类别	剂型	批件号	批准日期	(96)卫药证字　号	(96)卫药准字　号	(96)卫药试字　号	研究单位	生产单位
皮肤康洗液	三类生产	洗剂	(96)Z-37号	96.5.14	(96)卫药证字Z-36号	(96)卫药准字Z-41号		北京家庭流动医院	北京市治中医药品公司
安胃颗粒	四类生产	颗粒剂	(96)Z-38号	96.5.15	(96)卫药证字Z-37号	(96)卫药准字Z-42号		海南海天医药科技发展公司、四川省天然药物研究所	四川华美制药有限公司
丹花口服液	三类生产	口服液	(96)Z-39号	96.6.19	(96)卫药证字Z-38号	(96)卫药准字Z-43号		山东省海洋药物科学研究所	山东省海洋药物研究所制药厂
得力生注射液	二类生产	注射剂	(96)Z-40号	96.6.19	(96)卫药证字Z-39号		(96)卫药试字Z-03号	谢邦和	北京中医药大学凯环制药厂
牛黄上清胶囊	四类生产	胶囊剂	(96)Z-41号	96.6.19	(96)卫药证字Z-40号	(96)卫药准字Z-44号		湖南省中医中药研究院	江西弋阳制药厂
绞股蓝总甙软胶囊	四类生产	胶囊剂	(96)Z-42号	96.6.19	(96)卫药证字Z-41号	(96)卫药准字Z-45号		西安市神农生化研究所	西安神迪药业有限责任公司
清金糖浆	三类生产	糖浆剂	(96)Z-43号	96.6.19	(96)卫药证字Z-42号	(96)卫药准字Z-46号		江苏省中医药研究所	江苏省徐州淮海制药厂
栓灵胶囊	四类生产	胶囊剂	(96)Z-44号	96.6.19	(96)卫药证字Z-43号	(96)卫药准字Z-47号		贵州大为专科技术应用研究所	江西余江制药厂
乌贝胶囊	四类生产	胶囊剂	(96)Z-45号	96.6.19	(96)卫药证字Z-44号	(96)卫药准字Z-48号		江西省药品科技开发部	江西临川制药厂
四逆颗粒	四类生产	颗粒剂	(96)Z-46号	96.6.28	(96)卫药证字Z-45号			北京圣天祥生物技术研究所、山东东阿阿胶(集团)股份有限公司	

续表

药品名称	类别	剂型	批件号	批准日期	(96)卫药证字 号	(96)卫药准字 号	(96)卫药试字 号	研究单位	生产单位
香砂养胃乳剂	四类生产	乳剂	(96) Z-47号	96.6.28	(96)卫药证字 Z-46号	(96)卫药准字 Z-49号		安徽药物研究所	江西永丰中药厂
利胆排石胶囊	四类生产	胶囊剂	(96) Z-66号	96.10.15	(96)卫药证字 Z-64号	(96)卫药准字 Z-72号			西安肇兴药业有限公司
双黄连片	四类生产	片剂	(96) Z-67号	96.10.15	(96)卫药证字 Z-65号	(96)卫药准字 Z-73号			陕西省白鹿制药厂
通痹胶囊	四类生产	胶囊剂	(96) Z-68号	96.10.15	(96)卫药证字 Z-66号	(96)卫药准字 Z-74号			烟台康平制药公司
参茸白风膏	四类生产	煎膏剂	(96) Z-69号	96.10.15	(96)卫药证字 Z-67号	(96)卫药准字 Z-75号		湖南中医研究院 广州陈李济制药厂	湖南中医研究院 广州陈李济制药厂
甘苓散	三类生产	散剂	(96) Z-70号	96.10.15	(96)卫药证字 Z-68号	(96)卫药准字 Z-76号		北京军区慢性骨髓炎研究所	深圳海王药业有限公司
峰胶牙泰	三类生产	酊剂	(96) Z-71号	96.10.15	(96)卫药证字 Z-69号	(96)卫药准字 Z-77号		昆明云峰制药厂	昆明云峰制药厂
金朱止泻片	三类生产	片剂	(96) Z-72号	96.10.15	(96)卫药证字 Z-70号	(96)卫药准字 Z-78号		四川东方制药股份有限公司 成都中医学院	四川东方制药股份有限公司
六味香连胶囊	四类生产	胶囊	(96) Z-73号	96.10.15	(96)卫药证字 Z-71号	(96)卫药准字 Z-79号		江西省药物研究所	江西遂川制药厂
筋骨痛消丸	三类生产	丸剂	(96) Z-74号	96.10.15	(96)卫药证字 Z-72号			河南洛阳正骨研究所	
清热化痰口服液	三类生产	口服液	(96) Z-75号	96.11.15	(96)卫药证字 Z-73号	(96)卫药准字 Z-80号		福建中医学院	北京华颐中药制药厂
急支颗粒	四类生产	颗粒剂	(96) Z-76号	96.11.15	(96)卫药证字 Z-74号	(96)卫药准字 Z-83号			四川涪陵制药厂

续表

药品名称	类别	剂型	批件号	批准日期	(96)卫药证字　号	(96)卫药准字　号	(96)卫药试字　号	研究单位	生产单位
养血清脑颗粒	三类生产	颗粒剂	(96) Z-77 号	96.11.15	(96)卫药证字 Z-75 号	(96)卫药准字 Z-84 号		解放军第二五四医院	天津天使力联合制药公司
热炎宁胶囊	四类生产	胶囊剂	(96) Z-78 号	96.11.15	(96)卫药证字 Z-76 号			辽阳市天然药物研究所 辽阳制药厂科研所	
双黄连片	四类生产	片剂	(96) Z-79 号	96.11.15	(96)卫药证字 Z-77 号	(96)卫药准字 Z-85 号		黑龙江省圣泰制药有限公司	
加味逍遥胶囊	四类生产	胶囊剂	(96) Z-80 号	96.11.15	(96)卫药证字 Z-78 号	(96)卫药准字 Z-86 号		四川宏威制药有限公司	
加味逍遥片	四类生产	片剂	(96) Z-81 号	96.11.15	(96)卫药证字 Z-79 号	(96)卫药准字 Z-87 号		四川宏威制药有限公司	
加味逍遥颗粒	四类生产	颗粒剂	(96) Z-82 号	96.11.15	(96)卫药证字 Z-80 号	(96)卫药准字 Z-88 号		四川宏威制药有限公司	
玄麦甘桔胶囊	四类生产	胶囊剂	(96) Z-83 号	96.11.15	(96)卫药证字 Z-81 号	(96)卫药准字 Z-89 号		成都诺伊科技实业公司	成都康弘制药有限公司
舒胸胶囊	四类生产	胶囊剂	(96) Z-84 号	96.11.15	(96)卫药证字 Z-82 号	(96)卫药准字 Z-90 号			江西余江制药厂
舒胸胶囊	四类生产	胶囊剂	(96) Z-85 号	96.11.15	(96)卫药证字 Z-83 号	(96)卫药准字 Z-91 号		贵州大为专利技术应用研究所	贵州独山制药厂
北豆根胶囊	四类生产	胶囊剂	(96) Z-86 号	96.11.15	(96)卫药证字 Z-84 号	(96)卫药准字 Z-92 号			黑龙江省伊春制药厂
北豆根咀嚼片	四类生产	片剂	(96) Z-87 号	96.11.15	(96)卫药证字 Z-85 号				黑龙江省天宇药品技术开发公司
北豆根胶囊	四类生产	胶囊剂	(96) Z-88 号	96.11.15	(96)卫药证字 Z-86 号			哈尔滨天工企业集团有限公司	

续表

药品名称	类别	剂型	批件号	批准日期	(96)卫药证字　号	(96)卫药准字　号	(96)卫药试字　号	研究单位	生产单位
清热解毒颗粒	四类生产	颗粒剂	(96) Z-89号	96.11.15	(96)卫药证字 Z-87号			哈尔滨市未来医药保健品研究所	
乳癣消胶片	四类生产	胶囊剂	(96) Z-90号	96.11.15	(96)卫药证字 Z-88号	(96)卫药准字 Z-94号			辽宁桓仁辽东制药厂
双丹颗粒	四类生产	颗粒剂	(96) Z-91号	96.11.27	(96)卫药证字 Z-89号	(96)卫药准字 Z-93号			济宁市中药厂曲阜分厂
苦黄注射液	二类生产转正	注射液	(96) Z-92号	96.12.3		(96)卫药准字 Z-96号			江苏常熟制药厂
五参芪苓丸	三类生产	丸剂	(96) Z-93号	96.12.4	(96)卫药证字 Z-90号			长春市振寰抗癌药物研究所	
香砂养胃胶囊	四类生产	胶囊剂	(96) Z-94号	96.12.4	(96)卫药证字 Z-91号	(96)卫药准字 Z-97号		安徽省药物研究所	沙市津奉制药厂
茵栀黄口服液△	四类生产	口服液	(96) Z-95号	96.12.4				山东省药品检验所	
一枝蒿口服液△	四类生产	口服液	(96) Z-96号	96.12.4				新疆伊犁友谊医院	
双黄连片	四类生产	片剂	(96) Z-97号	96.12.6	(96)卫药证字 Z-92号	(96)卫药准字 Z-98号			哈尔滨制药四厂
双黄连片	四类生产	片剂	(96) Z-98号	96.12.6	(96)卫药证字 Z-93号	(96)卫药准字 Z-99号		黑龙江省天宇药品科技开发公司	黑龙江省中龙制药厂
玉丹荣心丸	三类生产	丸剂	(96) Z-99号	96.12.4	(96)卫药证字 Z-94号	(96)卫药准字 Z-100号		天津达仁堂制药厂	天津达仁堂制药厂
威麦宁	二类生产	原料药	(96) Z-100号	96.12.6	(96)卫药证字 Z-95号		(96)卫药试字 Z-04号	云南曲靖地区第一人民医院、北京华颐中药制药厂	北京华颐中药制药厂

△　未批准生产

续表

药品名称	类别	剂型	批件号	批准日期	(96)卫药证字　号	(96)卫药准字　号	(96)卫药试字　号	研究单位	生产单位
威麦宁胶囊	二类生产	胶囊	(96) Z-101 号	96.12.6	(96)卫药证字 Z-96 号		(96)卫药试字 Z-05 号	云南曲靖地区第一人民医院、北京华颐中药制药厂	北京华颐中药制药厂
三七伤药胶囊	四类生产	胶囊	(96) Z-102 号	96.12.6		(96)卫药准字 Z-101 号		北京市中药科学研究所	山西省垣曲县晋海制药厂
乳块消颗粒	四类生产	颗粒剂	(96) Z-103 号	96.12.17	(96)卫药证字 Z-97 号			辽宁省卫生职工医学院	
石淋通胶囊	四类生产	胶囊剂	(96) Z-104 号	96.12.17	(96)卫药证字 Z-98 号	(96)卫药准字 Z-102 号		安徽省药物研究所	浙江亚东制药公司
建胃愈疡颗粒	四类生产	颗粒剂	(96) Z-105 号	96.12.17	(96)卫药证字 Z-99 号	(96)卫药准字 Z-103 号		湖南省医科大学中西医结合研究所	湖南湘雅制药有限公司
洋参保肺颗粒	四类生产	颗粒剂	(96) Z-106 号	96.12.17	(96)卫药证字 Z-100 号			辽阳市天然药物研究所	
精制冠心颗粒	四类生产	颗粒剂	(96) Z-107 号	96.12.17		(96)卫药准字 Z-104 号		鞍山富通医药化工研究所	河南固始县制药厂

四、生物制品

药品名称	类别	剂型	批件号	批准日期	(96)卫药证字　号	(96)卫药准字　号	(96)卫药试字　号	研究单位	生产单位
口服双岐三联活菌散剂(商品名:培菲康)	一类生产	散剂	(96) S-01 号				(96)卫药试字(沪信谊)S-01 号	上海信谊制药厂	上海信谊制药厂
冻干静脉注射用人血丙种球蛋白(1.0克/瓶)	三类生产	冻干	(96) S-02 号				(96)卫药试字(沪新兴)S-01 号	新兴上海血液制品研究所	新兴上海血液制品研究所

续表

药品名称	类别	剂型	批件号	批准日期	(96)卫药证字　号	(96)卫药准字　号	(96)卫药试字　号	研究单位	生产单位
冻干静脉注射用人血丙种球蛋白(2.5克)	三类生产	冻干	(96)S-03号				(96)卫药试字(沪新兴)S-02号	新兴上海血液制品研究所	新兴上海血液制品研究所
外用重组牛碱性成纤维细胞生长因子(融合蛋白)	一类生产	冻干制剂	(96)S-04号		(96)卫药证字S-01号			珠海东大集团生物工程公司暨南大学暨东生物工程研究所	
丙肝病毒抗体酶免测定试剂盒	四类生产		(96)S-05号		(96)卫药证字(宁军)S-01号			南京军区后勤部军事医学研究所	
金葡液	二类生产	水针	(96)S-06号		原(94)卫药证字S-08号		(96)卫药试字(浙广通)S-01号		浙江广通生物技术有限公司
人类免疫缺陷病毒(HIV)1+2型抗体酶免测定试剂盒	四类生产		(96)S-07号				(96)卫药试字(粤生技)S-01号		广东省生物技术研究所
口服双歧杆菌活菌制剂0.2克/粒(商品名:科达双岐胶囊)	一类生产	胶囊剂	(96)S-08号			(96)卫药准字(连医)S-01号		大连医学院	大连医科大学科达药业有限公司
口服双岐杆菌活菌制剂0.25克/粒(商品名:科达双岐胶囊)	一类生产	胶囊剂	(96)S-09号			(96)卫药准字(连医)S-02号		大连医学院	大连医科大学科达药业有限公司
枯草芽孢杆菌活菌制剂(10毫升/瓶)(商品名:白天鹅气雾剂)	一类生产	喷雾剂	(96)S-10号				(96)卫药试字(哈白)S-01号	中国人民解放军二二四医院	哈尔滨白天鹅制药厂

续表

药品名称	类别	剂型	批件号	批准日期	(96)卫药证字　号	(96)卫药准字　号	(96)卫药试字　号	研究单位	生产单位
枯草芽孢杆菌活菌制剂(20毫升/瓶)(商品名：白天鹅气雾剂)	一类生产	喷雾剂	(96)S-11号		(96)卫药证字S-02号		(96)卫药试字(哈白)S-02号	中国人民解放军二二四医院	哈尔滨白天鹅制药厂
枯草芽孢杆菌活菌制剂(30毫升/瓶)(商品名：白天鹅气雾剂)	一类生产	喷雾剂	(96)S-12号		(96)卫药证字S-02号		(96)卫药试字(哈白)S-03号	中国人民解放军二二四医院	哈尔滨白天鹅制药厂
人类免疫缺陷病毒(HIV)1+2型抗体酶免测定试剂盒	四类生产		(96)S-13号				(96)卫药试字(汉)S-01号	武汉生物制品研究所	
人类免疫缺陷病毒(HIV)1+2型抗体酶免测定试剂盒	四类生产		(96)S-14号				(96)卫药试字(沪荣盛)S-01号		上海荣盛生物技术有限公司
人类免疫缺陷病毒(HIV)1+2型抗体酶免测定试剂盒	四类生产		(96)S-15号			(96)卫药准字(京精华)S-01号			北京精华医学科技开发公司
人白介素-2注射液	三类生产		(96)S-16号		(96)卫药证字S-03号			南京军区后勤部军事医学研究所	
注射用基因工程干扰素α	一类转正式生产		(96)S-17号	96.4.4		(96)卫药准字(深科兴)S-01号			深圳科兴生物制品有限公司
注射用基因工程干扰素α	一类转正式生产		(96)S-18号	96.4.4		(96)卫药准字(深科兴)S-02号			深圳科兴生物制品有限公司
重组干扰素alb滴眼液	一类转正式生产	液体	(96)S-19号	96.4.5		(96)卫药准字(长)S-01号			长春生物制品研究所
注射用重组干扰素α2a	二类转正式生产	冻干制剂	(96)S-20号	96.4.5		(96)卫药准字(长)S-02号			长春生物制品研究所

续表

药品名称	类别	剂型	批件号	批准日期	(96)卫药证字　号	(96)卫药准字　号	(96)卫药试字　号	研究单位	生产单位
丙肝试剂盒	四类生产		(96)S-21 号	96.4.18		(96)卫药准字(豫瑞安)S-01 号			河南省瑞安生物技术开发公司
注射用重组干扰素 α2a	二类转正式生产	冻干制剂	(96)S-22 号	96.4.5		(96)卫药准字(长)S-01 号			长春生物制品研究所
甲肝减毒活疫苗	一类生产	液体	(96)S-23 号	96.4.30		(96)卫药准字(长)S-04 号		长春生物制品研究所	长春生物制品研究所
静脉注射用人血丙种球蛋白(商品名:伽玛莱士)50 毫升	三类生产	液体	(96)S-24 号	96.4.30			(96)卫药试字(沪莱士)S-01 号	上海莱士血制品有限公司	上海莱士血制品有限公司
静脉注射用人血丙种球蛋白(商品名:伽玛莱士)20 毫升	三类生产	液体	(96)S-25 号	96.4.30			(96)卫药试字(沪莱士)S-02 号	上海莱士血制品有限公司	上海莱士血制品有限公司
精制人白细胞干扰素栓剂	三类生产	栓剂	(96)S-26 号	96.4.30			(96)卫药试字(汉康益)S-01 号	武汉中科康益生物制药厂	武汉中科康益生物制药厂
注射用重组干扰素 α2a(商品名:贝尔芬)	二类生产	冻干粉针	(96)S-27 号	96.5.6			(96)卫药试字(琼贝尔)S-01 号		海南贝尔特药业有限公司
注射用重组干扰素 α2a(商品名:贝尔芬)	二类生产	冻干粉针	(96)S-28 号	96.5.6			(96)卫药试字(琼贝尔)S-02 号		海南贝尔特药业有限公司
治疗用绿脓杆菌菌苗(MSHA 菌毛株)	二类生产	水针剂	(96)S-29 号	96.5.14	(96)卫药证字 S-04 号			广东省宝泰企业集团公司	广东省宝泰企业集团公司
人类免疫缺陷病毒(HIV)1+2 型抗体酶免测定试剂盒	二类生产	水针剂	(96)S-30 号	96.6.27			(96)卫药试字(兰高德)S-01 号	兰州标准生物技术有限公司	高德诊断试剂厂

续表

药品名称	类别	剂型	批件号	批准日期	(96)卫药证字　号	(96)卫药准字　号	(96)卫药试字　号	研究单位	生产单位
人类免疫缺陷病毒(HIV)1＋2型抗体酶免测定试剂盒	四类生产		(96)S-31号	96.6.27		(96)卫药准字(京预科)S-01号			中国预防医学科学院科技服务公司
丙肝试剂盒	四类生产		(96)S-32号	96.6.27		(96)卫药准字(中山生)S-01号			中山市中山生物工程公司
丙肝试剂盒	四类转正式生产		(96)S-33号	96.6.27		(96)卫药准字(京高达)S-01号			北京市高达生物技术研究所
冻干口服福氏、宋内氏痢疾双价活菌苗	一类生产	冻干	(96)S-34号	96.6.28	(96)卫药证字S-05号		(96)卫药试字(兰)S-01号		兰州生物制品研究所
吸附精制百白破混合制剂	二类生产	吸附制剂	(96)S-35号	96.6.28			(96)卫药试字(汉)S-01号		武汉生物制品研究所
人源抗A抗B定型血清	四类生产	液体		96.7		(96)卫药准字(医成输)S-01号			医科院成都输血研究所
流行性腮腺炎活疫苗	冻干针剂	96.8.20					(96)卫药试字(深海)S-02号	深圳海生物工程投资股份有限公司	
组份Ⅳ人血白蛋白	三类生产	液体		96.9		(96)卫药准字(新兴)S-01号			新兴上海血液制品所
假单胞菌注射液(佳代胞)	二类生产	注射剂	(96)S-36号	96.7.10		(96)卫药准字(齐鲁)S-01号			山东齐鲁制药厂
早孕胶体金诊断试剂	四类生产		(96)S-37号	96.7.10		(96)卫药准字(长迪瑞)S-01号			长春市迪瑞检验制品有限公司
注射用抗乙肝转移因子	三类生产	冻干制剂	(96)S-38号	96.7.12	(96)卫药证字S-06号	(96)卫药准字(长高)S-01号		山东潍坊医学院	长春市高斯达药业股份有限公司

续表

药品名称	类别	剂型	批件号	批准日期	(96)卫药证字　号	(96)卫药准字　号	(96)卫药试字　号	研究单位	生产单位
人血白蛋白(低温)	三类生产	液体		96.9		(96)卫药准字(医成输)S-02号			成都输血研究所
人血白蛋白(低温)	三类生产	液体		96.9		(96)卫药准字(医成输)S-02号			成都输血研究所
注射用重组干扰素α2b	二类生产	冻干制剂	(96)S-39号	96.7.25			(96)卫药试字(津华)S-01号		天津华立达生物工程有限公司
注射用重组干扰素α2b	二类生产	冻干制剂	(96)S-40号	96.7.25			(96)卫药试字(津华)S-02号		天津华立达生物工程有限公司
注射用重组干扰素α2b	二类生产	冻干制剂	(96)S-41号	96.7.25			(96)卫药试字(津华)S-03号		天津华立达生物工程有限公司
苯丙酮尿症(PKu)筛查试剂盒	四类生产		(96)S-42号	96.7.30	(96)卫药证字S-07号			中国医科院基础所	浙江奥托康制药集团股份有限公司
抗A抗B血型定型试剂(单克隆抗体)	四类生产		(96)S-43号	96.7.30	(96)卫药证字S-08号			安徽医科大学	
乙肝基因工程疫苗	一类生产转正	吸附制剂	(96)S-44号	96.8.5		(96)卫药准字(长)S-05号			卫生部长春生物制品研究所
乙肝基因工程疫苗	一类生产转正	吸附制剂	(96)S-45号	96.8.5		(96)卫药准字(长)S-06号			卫生部长春生物制品研究所
乙肝基因工程疫苗	一类生产转正	吸附制剂	(96)S-46号	96.8.5		(96)卫药准字(长)S-06号			卫生部长春生物制品研究所
注射用重组干扰素α2b(商品名:利能)	二类生产转正	冻干制剂	(96)S-47号	96.8.15		(96)卫药准字(哈金)S-01号			哈尔滨金亚哈尔生物制品有限公司
外用重组牛碱性成纤维细胞生长因子(融合蛋白)(商品名:贝复洛)	一类生产	冻干制剂	(96)S-48号	96.8.15	(96)卫药证字S-01号		(96)卫药试字(珠东大)S-01号	暨南大学暨东生物工程研究所	珠海东大生物制药有限公司

续表

药品名称	类别	剂型	批件号	批准日期	(96)卫药证字 号	(96)卫药准字 号	(96)卫药试字 号	研究单位	生产单位
外用重组牛碱性成纤维细胞生长因子(融合蛋白)(商品名:贝复洛)	一类生产	冻干制剂	(96)S-49号	96.8.15	(96)卫药证字S-01号		(96)卫药试字(珠东大)S-02号	暨南大学暨东生物工程研究所	珠海东大生物制药有限公司
注射用重组白细胞介素-2(商品名:因特康)	二类生产	冻干制剂	(96)S-50号	96.8.16			(96)卫药试字(苏金)S-01号		江苏金利有限公司
注射用重组白细胞介素-2(商品名:因特康)	二类生产	冻干制剂	(96)S-51号	96.8.16			(96)卫药试字(苏金)S-02号		江苏金利有限公司
注射用重组白细胞介素-2(商品名:因特康)	二类生产	冻干制剂	(96)S-52号	96.8.16			(96)卫药试字(苏金)S-03号		江苏金利有限公司
注射用重组白细胞介素-2(商品名:因特康)	二类生产	冻干制剂	(96)S-53号	96.8.16			(96)卫药试字(苏金)S-04号		江苏金利有限公司
人类免疫缺陷病毒(HIV)1+2型抗体生物素标记法测定试剂盒	二类生产	冻干制剂	(96)S-54号	96.9.12			(96)卫药试字(沪飞龙)S-01号		上海飞龙医用诊断用品有限公司
甲型肝炎减毒活疫苗	一类生产	液体		96.9.18		(96)卫药准字(吉长生)S-01号			长春长生实业股份有限公司
重组人粒细胞集落制液因子注射液	二类生产	注射剂	(96)S-56号	96.10.14	(96)卫药证字S-09号		(杭九源)(96)卫药试字S-01号	杭州九源基因工程有限公司	杭州九源基因工程有限公司
重组人粒细胞集落制液因子注射液	二类生产	注射剂	(96)S-57号	96.10.14	(96)卫药证字S-09号		(96)卫药试字S-02号	杭州九源基因工程有限公司	杭州九源基因工程有限公司
重组人粒细胞集落制液因子注射液	二类生产	注射剂	(96)S-58号	96.10.14			(杭九源)(96)卫药试字S-03号	杭州九源基因工程有限公司	杭州九源基因工程有限公司
重组人红细胞生成素注射液	二类生产	注射剂	(96)S-59号	96.10.14	(96)卫药证字S-10号			南京军区军事医学研究所海南亚龙生物医学研究所	南京军区军事医学研究所海南亚龙生物医学研究所

续表

药品名称	类别	剂型	批件号	批准日期	(96)卫药证字 号	(96)卫药准字 号	(96)卫药试字 号	研究单位	生产单位
人类免疫缺陷病毒(HIV)1+2型抗体生物素标记法诊断试剂盒	四类生产		(96) S-60号	96.10.14	(深华元)(96)卫药证字S-01号		(深华元)(96)卫药试字S-01号	深圳华元医药生物工程怀合有限公司	
甲型肝炎减毒活疫苗	一类生产转正式	注射液	(96) S-61号	96.11.1		(昆)(96)卫药准字S-01号		医科院医学生物学研究所	
发色底物法测定PAI活性试剂盒	四类生产		(96) S-62号	96.10.31	(96)卫药证字S-11号			上海医科大学	
便潜血胶体金检测试剂盒	四类生产		(96) S-63号	96.10.31			(京万)(96)卫药试字S-01号	万华普曼生物工程有限公司	
红色诺卡氏细胞壁骨架(脑必佳)		冻干剂	(96) S-64号	96.12.4			(闽天神)(96)卫药试字S-01号	福建天神微生物工程有限公司	
人类白细胞抗原(HLA)-DR基因分型试剂盒	四类生产		(96) S-65号	96.11.13	(96)卫药证字S-12号			中国医学科学院基础医学研究所	
发色底物法测定t-PA活性试剂盒			(96) S-66号	96.11.12	(96)卫药证字S-13号			上海医科大学	
伤寒Vi多糖菌苗	二类生产转正	液体制剂	(96) S-67号	96.11.16		(兰)(96)卫药准字S-01号		兰州生物制品研究所	
伤寒Vi多糖菌苗	二类生产转正	液体制剂	(96) S-68号	96.11.16		(兰)(96)卫药准字S-02号		兰州生物制品研究所	
伤寒Vi多糖菌苗	二类生产转正	液体制剂	(96) S-69号	96.11.14		(汉)(96)卫药准字S-01号		武汉生物制品研究所	
伤寒Vi多糖菌苗	二类生产转正	液体制剂	(96) S-70号	96.11.14		(汉)(96)卫药准字S-02号		武汉生物制品研究所	
伤寒Vi多糖菌苗	二类生产转正	液体制剂	(96) S-71号	96.11.14		(京)(96)卫药准字S-01号		北京生物制品研究所	

续表

药品名称	类别	剂型	批件号	批准日期	(96)卫药证字 号	(96)卫药准字 号	(96)卫药试字 号	研究单位	生产单位
伤寒 Vi 多糖菌苗	二类生产转正	液体制剂	(96)S-72 号	96.11.14		(京)(96)卫药准字 S-02 号		北京生物制品研究所	
伤寒 Vi 多糖菌苗	二类生产转正	液体制剂	(96)S-73 号	96.11.14		(长)(96)卫药准字 S-07 号		长春生物制品研究所	
伤寒 Vi 多糖菌苗	二类生产转正	液体制剂	(96)S-74 号	96.11.14		(长)(96)卫药准字 S-08 号		长春生物制品研究所	
伤寒 Vi 多糖菌苗	二类生产转正	液体制剂	(96)S-75 号	96.11.14		(蓉)(96)卫药准字 S-01 号		成都生物制品研究所	
伤寒 Vi 多糖菌苗	二类生产转正	液体制剂	(96)S-76 号	96.11.14		(蓉)(96)卫药准字 S-02 号		成都生物制品研究所	
伤寒 Vi 多糖菌苗	二类生产转正	液体制剂	(96)S-77 号	96.11.14		(沪)(96)卫药准字 S-01 号		上海生物制品研究所	
伤寒 Vi 多糖菌苗	二类生产转正	液体制剂	(96)S-78 号	96.11.14		(沪)(96)卫药准字 S-02 号		上海生物制品研究所	
甲胎蛋白(AFP)酶免测定试剂盒	四类生产		(96)S-79 号		(96)卫药证字 S-14 号	(郑博赛)(96)卫药准字 S-01 号		郑州博赛生物技术研究所	
人类免疫缺陷病毒(HIV)1+2 型抗体酶免测定试剂盒	四类生产		(96)S-80 号	96.11.29	(96)卫药证字 S-15 号	(京环生化)(96)卫药准字 S-01 号		军科院基础医学研究所	北京四环生物化学研究所
吸附精制百白破混合制剂	二类生产	吸附制剂	(96)S-81 号	96.12.4	(96)卫药证字 S-18 号	(沪)(96)卫药准字 S-01 号		上海生物制品研究所	
流行性出血热灭活疫苗(Ⅱ型)	二类生产	吸附制剂	(96)S-82 号	96.12.25		(长)(96)卫药准字 S-09 号		长春生物制品研究所	

五、体外诊断试剂

药品名称	类别	剂型	批件号	批准日期	(96)卫药证字　号	(96)卫药准字　号	(96)卫药试字　号	研究单位	生产单位
总胆固醇试剂盒(酶比色法)	二类生产	液体	(96) D-01 号			(96)卫药准字 D-01-2 号			浙江省温州市东瓯生物工程公司
甘油三酯试剂盒(酶比色法)	二类生产	干粉	(96) D-02 号			(96)卫药准字 D-02-3(1)号			浙江省温州市东瓯生物工程公司
甘油三酯试剂盒(酶比色法)	二类生产	液体	(96) D-03 号			(96)卫药准字 D-03-4(1)号			浙江省温州市东瓯生物工程公司
尿酶试剂盒(酶比色法)	二类生产	液体	(96) D-04 号			(96)卫药准字 D-04-2 号			浙江省温州市东瓯生物工程公司
高密度脂蛋白胆固醇试剂盒(选择测定法)	二类生产	液体	(96) D-05 号			(96)卫药准字 D-05-2 号			浙江省温州市东瓯生物工程公司
甘油三酯试剂盒(酶比色法)	二类生产	干粉	(96) D-06 号			(96)卫药准字 D-02-3(2)号			浙江省温州市东瓯生物工程公司
甘油三酯试剂盒(酶比色法)	二类生产	液体	(96) D-07 号			(96)卫药准字 D-03-4(2)号			浙江省温州市东瓯生物工程公司
家用血糖测试系统	二类生产	固体膜	(96) D-08 号	96. 6. 21		(96)卫药准字 D-06 号			北京艾萨医疗设备有限公司
葡萄糖试剂盒	二类生产		(96) D-09 号	96. 6. 21		(96)卫药准字 D-07-20 号			上海捷门生物技术公司
总蛋白试剂盒	二类生产	液体	(96) D-010 号	96. 6. 26		(96)卫药准字 D-08-17 号			波音特生物科技(上海)有限公司
葡萄糖试剂盒	二类生产	干粉	(96) D-011 号	96. 6. 26		(96)卫药准字 D-09-21 号			上海丽珠东风生物技术有限公司

续表

药品名称	类别	剂型	批件号	批准日期	(96)卫药证字　号	(96)卫药准字　号	(96)卫药试字　号	研究单位	生产单位
尿素试剂盒	二类生产	干粉	(96) D-012 号	96.6.26		(96)卫药准字 D-10-12 号			上海丽珠东风生物技术有限公司
丙氨酸氨基转移酶试剂盒	二类生产	干粉	(96) D-013 号	96.6.26		(96)卫药准字 D-12-22 号			上海丽珠东风生物技术有限公司
葡萄糖试剂盒(氧化酶法)	二类生产	干粉	(96) D-014 号	96.6.26		(96)卫药准字 D-12-22 号			波音特生物科技(上海)有限公司
丙氨酸氨基转移酶试剂盒	二类生产	干粉	(96) D-015 号	96.6.26		(96)卫药准字 D-13-6 号			波音特生物科技(上海)有限公司
葡萄糖试剂盒	二类生产	干粉	(96) D-016 号	96.6.26		(96)卫药准字 D-14-6 号			波音特生物科技(上海)有限公司
白蛋白试剂盒	二类生产	液体	(96) D-017 号	96.6.26		(96)卫药准字 D-15-19 号			波音特生物科技(上海)有限公司
总胆固醇试剂盒(酶比色法)	二类生产	干粉	(96) D-018 号	96.7.8		(96)卫药准字 D-16-3 号			北京百泰生物技术公司
甘油三酯试剂盒(酶比色法)	二类生产	干粉	(96) D-019 号	96.7.18		(96)卫药准字 D-17-4 号			北京百泰生物技术公司
甘油三酯试剂盒(酶比色法)	二类生产	冻干	(96) D-020 号	96.7.18		(96)卫药准字 D-18-5 号			宁波市慈城生化试剂厂
总胆固醇试剂盒	二类生产	液态	(96) D-021 号	96.7.29		(96)卫药准字 D-19-4 号			宁波市慈城生化试剂厂
高密度脂蛋白胆固醇试剂盒(选择性沉淀法)	二类生产	液态	(96) D-022 号	96.7.29		(96)卫药准字 D-20-3 号			宁波市慈城生化试剂厂
天门冬氨酸氨基转移酶试剂盒(连续监测法)	二类生产	液态	(96) D-023 号	96.7.29		(96)卫药准字 D-21-2 号			宁波市慈城生化试剂厂

1996 年进口药品品种

根据有关资料整理出 1996 年度世界各国及地区的制药厂商在中国取得《进口药品注册证》的进口药品品种 438 个(不是全部注册品种),现按治疗作用类别列表提供如下:

下表英文一般名栏内带 * 的是多规格品种。

中文药名	英文一般名	英文商品名	剂型	国别	生产厂商
抗生素类抗感染药/青霉素类					
苄星青霉素	benzathine benzyl-penicillin	Ampicillin Trihyotrate	针剂	西班牙	Pharmacia Antibioticos Farma S. A. ,Spain
羟氨苄青霉素(阿莫西林)	*amoxicillin	Amoxicillin	混悬液	爱尔兰	Clonmel Healthcare Limited,Ireland
羟氨苄青霉素(阿莫西林)	amoxycilin	Amoxil	胶囊	美国	Smithkline Beecham Pharma.
阿莫西林/克拉维酸	*amoxicilllin/clavulanic acid	Amoxicillin/potassium Clavulaate	原料	斯洛文尼亚	Lek D. D. Ljubliana Pharmaceutical and CH, Slovenia
阿莫西林/克拉维酸(安美汀)	amoxicillin/clavulanic acid	Augmentin	干糖浆	新加坡	Beecham Pharmaceuticals(PTE)Ltd. ,Singapore
阿莫西林/克拉维酸(安美汀)	*amoxicillin/clavulanic acid	Augmentin	粉针剂	新加坡	Beecham Pharmaceuticals(PTE)Ltd. ,Singapore
阿莫西林/克拉维酸(安美汀)	amoxicillin/clavulanic acid	Augmentin	片剂	新加坡	Beecham Pharmaceuticals(PTE)Ltd. ,Singapore
阿莫西林三水化合物	amoxicillin trihydrate	Amoxicillin Trihydrate	原料	西班牙	Antibioticos S. A. ,Spain
氨苄青霉素/舒巴坦钠(优立新)	ampicillin/sulbactam sodium	Unasyn	针剂	德国	Pfizer Gmbh,Germany
氨苄青霉素/舒巴坦钠(优立新)	ampicillin/sulbactam sodium	Unasyn	片剂	日本	Pfizer Pharmaceuticals. ,Inc,Japan
氨苄青霉素三水酸	ampicillin trihydrate	Ampicillin Trihyodrate	原料	西班牙	Antibioticos S. A. ,Spain
巴坎西林	bacampicillin	Bacampicillin	原料	瑞典	Astra Pharmaceutical Production,Sweden
美洛西林(拜朋)	mezlocillin	Baypen	粉针剂	德国	Bayer AG. ,Germany
青霉素 V	penicillin V	Penicillin V	原料	瑞典	Gist-Brocades AB,Sweden
头孢菌素类					
倍司特克	cefmenoxime	Bestcall	针剂	日本	Takeda Chemical Industries Ltd,Japan
头孢氨苄	cephalexin	Cephalexin	原料	西班牙	Antibioticos S. A. ,Spain

第十二部分

1996年进口药品品种目录

续表

药品名称	类别	剂型	批件号	批准日期	(96)卫药证字　号	(96)卫药准字　号	(96)卫药试字　号	研究单位	生产单位
尿酸试剂盒(酶比色法)	二类生产	液态	(96) D-024 号	96.7.29		(96)卫药准字 D-22-2 号			宁波市慈城生化试剂厂
高密度脂蛋白胆固醇试剂盒	二类生产	干粉	(96) D-025 号	96.7.29		(96)卫药准字 D-23-4 号			中外合资上海长征医学科学有限公司
总胆固醇试剂盒(酶比色法)	二类生产	冻干	(96) D-026 号	96.7.29		(96)卫药准字 D-24-5 号			卫生部上海生物制品研究所
尿酸试剂盒(酶比色法)	二类生产	干粉	(96) D-027 号	96.7.23		(96)卫药准字 D-25-3(1)号			中外合资上海长征医学科学有限公司
尿酸试剂盒(酶比色法)	二类生产	干粉	(96) D-028 号	96.7.23		(96)卫药准字 D-25-3(2)号			中外合资上海长征医学科学有限公司
尿酸试剂盒(酶比色法)	二类生产	干粉	(96) D-029 号	96.7.23		(96)卫药准字 D-25-3(3)号			中外合资上海长征医学科学有限公司
天门冬氨酸氨基转移酶试剂盒	二类生产	干粉	(96) D-030 号	96.7.23		(96)卫药准字 D-26(1)号			中外合资上海长征医学科学有限公司
天门冬氨酸氨基转移酶试剂盒	二类生产	干粉	(96) D-031 号	96.7.23		(96)卫药准字 D-26(2)号			中外合资上海长征医学科学有限公司
天门冬氨酸氨基转移酶试剂盒(连续监测法)	二类生产	干粉	(96) D-032 号	96.8.15		(96)卫药准字 D-26(3)号			中外合资上海长征医学科学有限公司
甘油三酯试剂盒(酶比色法)	二类生产	干粉	(96) D-033 号	96.9.13		(96)卫药准字 D-27-5(1)号			中外合资上海长征医学科学有限公司
甘油三酯试剂盒(酶比色法)	二类生产	干粉	(96) D-034 号	96.8.15		(96)卫药准字 D-27-5(2)号			中外合资上海长征医学科学有限公司
甘油三酯试剂盒(酶比色法)	二类生产	干粉	(96) D-035 号	96.8.15		(96)卫药准字 D-27-5(3)号			中外合资上海长征医学科学有限公司

续表

药品名称	类别	剂型	批件号	批准日期	(96)卫药证字　号	(96)卫药准字　号	(96)卫药试字　号	研究单位	生产单位
总胆固醇试剂盒	二类生产	干粉	(96) D-036 号	96.9.13		(96)卫药准字 D-28-6(1)号			上海长征医学科学有限公司
总胆固醇试剂盒	二类生产	干粉	(96) D-037 号	96.9.13		(96)卫药准字 D-28-6(2)号			上海长征医学科学有限公司
总胆固醇试剂盒	二类生产	干粉	(96) D-038 号	96.9.13		(96)卫药准字 D-28-6(3)号			上海长征医学科学有限公司
总胆固醇试剂盒(酶比色法)	二类生产	液态	(96) D-39 号	96.12.16		(96)卫药准字 D-29-7 号			上海第一生化药业公司柴兴分厂
高密度脂蛋白胆固醇试剂盒(选择测定法)	二类生产	液态	(96) D-40 号	96.12.16		(96)卫药准字 D-30-5 号			上海第一生化药业公司柴兴分厂
甘油三酯试剂盒(酶比色法)	二类生产	液态	(96) D-41 号	96.12.16		(96)卫药准字 D-41-6 号			上海第一生化药业公司柴兴分厂
甘油三酯试剂盒(酶比色法)	二类生产		(96) D-42 号	96.12.16		(96)卫药准字 D-42-7 号			上海生物制品研究所
高密度脂蛋白胆固醇试剂盒(选择测定法)	二类生产	冻干	(96) D-43 号	96.12.16		(96)卫药准字 D-43-6 号			上海生物制品研究所

续表

中文药名	英文一般名	英文商品名	剂型	国别	生产厂商
头孢氨苄（一水环己烯胺头孢菌素）	cephalexin	Monohydrate Cephalexin	原料	意大利	ACS Dobfar S. P. A, Italy
头孢氨苄（一水环己烯胺孢菌素）	cephalexin	monohydrate cephalexin	原料	意大利	ACS Dobfar S. P. A, Italy
头孢氨噻醚酯（博拿）	cephpodoxime proxetil	Banan	原料	日本	Sankyo Company, Limited, Odawara Plant, Japan
头孢氨噻醚酯（博拿）	cephpodoxime proxetil	Banan	片剂	日本	Sankyo Company, Limited, Odawara Plant, Japan
头孢布坦（先力腾）	ceftibuten	Cedax	胶囊	意大利	Schering-Plough S. P. A, Italy
头孢布坦（先力腾）	ceftibuten	Cedax	粉剂	意大利	Schering-Plough S. P. A, Italy
头孢克罗（史达功 S250）	cephaclor	Cephaclor S250 Stade	口服混悬液	德国	Stada Pharmcg Gmbh, Germany
头孢克罗（克林社福）	cephaclor		干糖浆	韩国	Shin Poong Pharmaceutical Co., Ltd., Korea
头孢克罗（克林社福）	cephaclor	Cephaclor	原料	美国	Eli Lilly & Company Inc., U. S. A
头孢克罗（希刻劳）	cephaclor	Ceclor	胶囊	英国	Eli Lilly & Company Ltd., U. K.
头孢克肟（世福素）	cefixime	Cefixime	胶囊	日本	Fujisawa Pharmaceutical Co., Ltd., Japan
头孢拉定	cephadine	Cephadine	原料	韩国	Yuhan Corporation, Korea
头孢拉定	cephadine	Cephadine	原料	西班牙	Chemferm Industrial Pharmaceuticals S. A, Spain
头孢拉定（先锋六号碳酸盐）	cephadine carbonate		原料	西班牙	Chemferm Industrial Pharmaceuticals S. A, Spain
头孢拉定（先锋六号碳酸盐）	cephadine (with arginine)		原料	西班牙	Chemferm Industrial Pharmaceuticals S. A, Spain
头孢拉定（先锋六号碳酸盐）	cephadine (with arginine)		原料	意大利	ACS Dobfar S. P. A, Italy
头孢拉定（含碳酸钠）	cephadine with sodium carbonate		原料	意大利	ACS Dobfar S. P. A, Italy
头孢曲松（无菌头孢三嗪钠）	cephtrizone		原料	韩国	Chell Foods & Chemicals Inc, Korea
头孢曲松（头孢三嗪）	cephtrizone		粉剂	西班牙	Amifarma S. A., Spain
头孢特仑新戊酯（富山龙）	cephateram pivoxil	Tomiron	颗粒剂	日本	Toyama Chemical Co., Ltd., Japan
头孢替安（泛司博林）	cephotiam dihydrochloride	Pansporin	原料	日本	Takeda Chemical Co., Ltd., Japan
头孢西丁（头福仙）	cephxitin sodium	Mefoxin Vial	针剂	英国	Merck & Co Inc, U. S. A.
头孢西丁钠	cephxitin sodium		原料	英国	Merck & Co Inc, U. S. A.
头孢呋辛钠（舒贝洛）	cephuroxime sodium	Supero	针剂	意大利	Lifepharma S. R. L., Italy

续表

中文药名	英文一般名	英文商品名	剂型	国别	生产厂商
头孢呋华钠	cephuroxime sodium		原料	意大利	Lifepharma S. R. L, Italy
头孢哌酮钠	cephoperazone sodium		原料	韩国	Hanmi Pharm. Co. ,Ltd. ,Korea
头孢塞肟(凯福隆)	*cephotaxime sodium	Claforan Vial	针剂	德国	Hoechst AG. ,Germany
头孢噻肟(凯福隆)	cephotaxime sodium	Claforan Vial	原料	德国	Hoechst AG. ,Germany
头孢噻肟(凯捷)	cephotaxime sodium	Cefajet	针剂	印度	Armout Biotech Pvt. ,Ltd, Indian
四环素类					
美帕曲星(敏达思)	mepartricin sodium laurilsulfate	Montricin	肠衣片剂	意大利	SPA-Societa Prodotti Antibiotici S. P. A, Italy
盐酸大观霉素(淋必治)	spectinomycin hydrochloride	Trobicin	原料	法国	Upjohn Tour-Franklin Defense, France
盐酸大观霉素	spectinomycin hydrochloride	spectinomycin hydrochloride	原料	美国	The Upjohn Company U. S. A
盐酸大观霉素(克利宁)	spectinomycin hydrochloride	Kirin	粉针剂	塞浦路斯	Medochemie Ltd. ,Cyprus
盐酸大观霉素(高巴斯)	spectinomycin hydrochloride		针剂	意大利	Medisca S. R. I, Italy
盐酸米诺环素(美满霉素)	minocycline hydrochloride	Minocin	颗粒剂	美国	Cyanamid Co. ,U. S. A
大环内酯类					
红霉素(福爱力)	erythromycin	Eryc	胶囊	澳大利亚	F. H. Faulding & Co. ,Ltd. ,Australia
红霉素(艾狄密新)	erythromycin	Erythromycin	缓释颗粒剂	法国	Ethypharm S. A, France
红霉素琥珀酸乙酯	erythromycin ethylsuccinate		原料	美国	Abbott Laboratories, U. S. A
交沙霉素	josamycin	Josaxin	原料	日本	Japan
罗红霉素(罗力得)	roxithromycin	Rulid	片剂	法国	Usiphar, France
罗红霉素(迈克罗德)	roxithromycin		片剂	印度尼西亚	P. J. Dexa Medica, Indonesia
其他类抗生素					
克林霉素(特丽仙C)	clindamycin phosphate	Dalacin C	针剂	比利时	N. V. Upjohn S. A. ,Belgium
克林霉素(特丽仙C)	clindamycin phosphate	Dalacin C	胶囊	比利时	N. V. Upjohn S. A. ,Belgium
克林霉素	clindamycin phosphate		原料	美国	Upjohn Company U. S. A
两性霉素B	amphotericin B	Fungizone	粉针剂	美国	E. R. Squibb & Sons Limited, U. S. A.
硫酸异帕米星(依克沙霉素)	*isepamicin sulfate	Exacin	针剂	日本	Asahi Chemical Industry Co. ,Ltd. ,Japan

续表

中文药名	英文一般名	英文商品名	剂型	国别	生产厂商
酶类、生化药物及生物制品					
奥曲肽(善得定)	octreotide	Sandostatin	针剂	瑞士	Sandoz Pharma Ltd,Switzerland
胞磷胆碱	citicoline		原料	日本	Yamasa Corporation,Japan
胞磷胆碱	citicoline and its sodium salt		原料	日本	Yamasa Corporation,Japan
胞磷胆碱	citicoline		原料	意大利	Pro Bio Sint S. R. L. ,Italy
多酶片(康彼身)	multi-enzyme	Combizym	片剂	德国	Luitpold Pharma Gmbh,Germany
肌苷	inosine		原料	日本	Yamasa Corporation,Japan
链激酶	*streptokinase	Streptase	针剂	德国	Behringwerke AG,Germany
链激酶(去链吉)	streptokinase	Kabikinase Vial	粉针剂	瑞典	Pharmacia AB. ,Sweden
门冬酰胺酶	L-asparaginase	Elspar Vial	针剂	美国	Merck Sharp & Dohme Division of Merck, U. S. A
尿激酶	urokinase	Ukidan	针剂	意大利	I. F. Serono S. P. A,Italy
三磷酸腺苷二钠	adenosine disodium triphosphate		原料	日本	Yamasa Corporation,Japan
沙雷肽酶	serropeptase		原料	日本	Kohjin Co. ,Ltd. ,Japan
腺苷	adenosine		针剂	法国	Laboratories Labaz Sanofi Winthrop Indus, France
腺苷蛋氨酸(思美泰)	ademetionine F. C.	Transmetil	片剂	德国	Knoll AG
腺苷蛋氨酸(思美泰)	ademetionine F. C.	Transmetil	针剂	德国	Knoll AG
腺嘌呤	adenine		原料	日本	Yamasa Corporation,Japan
烟酰胺	nicotinamide	Rocoat	粉剂	瑞士	F. Hoffmann La Roche Inc,Switzerland
抑肽酶	aprotinin	Trasylol	溶液	德国	Bayer AG. ,Germany
生物制品					
23价肺炎球菌疫苗(纽莫法)	pneumococcal vaccine polyvalent	Pneumovax 23	针剂	美国	Merck Sharp & Dohme Ltd.
麻疹、流行性腮腺炎、风疹活病毒疫苗		MMR™	针剂	美国	Merck Sharp & Dohme Ltd.

续表

中文药名	英文一般名	英文商品名	剂型	国别	生产厂商
B 型流感嗜血杆菌疫苗(安尔宝)	hernophilus influenza vaccine type B	ACT-HIB	针剂	德国	Pasteur Merieux Connaught
重组 α-2a 干扰素(罗扰素)	*rexombinant interferon α-2a		针剂	瑞士	F. Hoffmann-La Roche & Co. , Ltd. , Company, Switzerland
干扰素重组 α-2b(干扰能)	*interferon α-2b	Interona	针剂	美国	Schering-Plough
雷诺格拉斯蒂姆(格雷诺赛特)	*lenograstim(genetical reconbination)	Granocyte	针剂	日本	Chugai Pharma. Co. ,Ltd.
人淋巴细胞性 α-干扰素(惠福仁)	*human lymphoblastoid interferon-α	Wellferon	针剂	英国	Glaxo Wellcome Operations
重组人粒细胞-巨嗜细胞集落刺激因子(生白能)	*molgramostiml	Leucomax	针剂	美国	Schering-Plough
氨基酸及蛋白质类药					
阿波莫斯			针剂	德国	Merz+co Gmgh & Co. ,Germany
谷胱甘肽	glutathione	Thioglutan	滴眼剂	日本	Santen Pharmaceutical Co. ,Ltd. ,Japan
谷胱甘肽(泰特)	*glutathione	TAD Ampoules	粉针剂	意大利	Biomedica Foscama S. R. L,Italy
胶原(解尔分思片)	native collagen	Gelfix Pad	膜剂	意大利	Euroresearch S. R. L,Italy
洛草氨酸(乐免敏)	lodoxamide		滴眼剂	比利时	S. A. Alcon-Couvreue N. V. ,Belgium
米安巴林(脱尔烦)	mianserine	Tolvon	片剂	荷兰	N. V. Organon,Netherlands
胸腺肽(日达仙)	thymosin		针剂	意大利	Sclavo S. P. A,Italy
18 种氨基酸	*18-amino acid		输液	德国	B. Braun Melsungen AG. ,Germany
18 种氨基酸	*18-amino acid		输液	法国	Clintec Technologie,France
复合氨基酸(普洛氨)	compound amino acid		针剂	日本	Fuso Pharmaceutical Industries Ltd,Japan
多糖及脂类药					
多磺酸基粉多糖(喜疗妥)	heparinoid	Hirudoid	霜剂	德国	Luitplod Pharma Gmbh,Germany
磷脂/多利维生素(易善力)	essentiale phospholipid	Essential	针剂	德国	A. Nattermann & Cie Gmbh,Germany
磷脂/多利维生素(易善力)	essentiale phospholipid	Essential	胶囊	德国	A. Nattermann & Cie Gmbh,Germany
脂肪乳(力保肪宁)	*introlipid	Lipofundin	乳剂	德国	B. Braun Lsungen AG. ,Germany
脂肪乳(力能)	introlipid		针剂	德国	Fresenius AG,Germany
肪肪乳(乐磷酸)	introlipid	Liposyn Ⅱ(20%)	乳剂	美国	Abbott Laboratories,U. S. A

续表

中文药名	英文一般名	英文商品名	剂型	国别	生产厂商
非甾体抗炎镇痛药					
阿明洛芬(必灭风)	alminoprofen	Minalfene	片剂	法国	Laboratories Du Docteur E. Bouchara, France
阿西美辛(优妥)	acemetacin	Rheustop	胶囊	德国	Bayer AG, Germany
酮咯酸(安贺拉)	ketorolac tromethamine	Artificial Tears	滴眼剂	美国	Allergan(Caribe), Inc, U. S. A
酮洛芬(苏扶伦)	ketoprofen		缓释颗粒剂	法国	Ethypharm S. A., France
酮洛芬(普菲尼德)	ketoprofen	Profenid	片剂	法国	Rhone-Poulenc Rorer Specia, France
酮洛芬(普菲尼德)	ketoprofen	Profenid	缓释片剂	法国	Rhone-Poulenc Rorer Specia, France
酮洛芬(普菲尼德)	ketoprofen	Profenid	凝胶剂	法国	Rhone-Poulenc Rorer Specia, France
酮洛芬(普菲尼德)	*ketoprofen	Oruvail SR	胶囊	英国	Rhone-Poulenc Rorer May and Baker Ltd., U. K.
依托芬那酯(优迈)	etofenamate		针剂	德国	Bayer AG., Germany
依托芬那酯(优迈)	etofenamate		霜剂	德国	Tropon, Germany
抗痛风药					
苯溴马隆(痛风利仙)	benzbromarone	Narcaricin	片剂	德国	Heumann Pharma Gmbh, Germany
别嘌呤醇	*allopurinol		片剂	澳大利亚	Alphapharm Pty Ltd., Austrilia
别嘌呤醇(洛必利)	*allopurinol		缓释颗粒剂	法国	Ethypharm S. A., France
羟乙桂胺(施力柔)	idrocilamide	Srilane	眼膏	法国	Merck Lipha
葡糖胺(维骨力)	glucosamine		胶囊	意大利	Rottapharm S. R. L-Rotta Research Laborat, Italy
抗偏头痛药					
舒马曲坦(英明格)	sumatriptan	Imigran	片剂	英国	Glaxo Operations (U. K.) Limited
麻醉药					
安氟醚(易使宁)	enflurane	Ethrane	溶液	意大利	Abbott S. P. A, Italy
七氟醚	sevoflurane	Sevofrane	溶液	日本	Maruishi Pharmaceutical Co., Ltd., Japan
异氟醚(活宁)	isoflurane	Forane	溶液	美国	Abbott Laboratories Ltd, U. K.
巴氯芬(力奥来素)	propofol	Diprivan	针剂	瑞士	Zeneca Pharmaceuticals, U. K.
卡肌宁	atracurium besilate	Tracrium	针剂	英国	The Wellcome Foundation Ltd, U. K.

续表

中文药名	英文一般名	英文商品名	剂型	国别	生产厂商
潘库溴胺(潘龙)	pancuronium bromide	Pavulon	针剂	荷兰	Organon Teknika/Akzo Nobel, Netherlands
维库溴胺(万可松)	vecuronium bromide	Nolcuron	粉针剂	荷兰	Oragnon Teknika/Akzo Nobel, Netherlands
维生素及矿物质类药					
β-胡萝卜素	*β-carotene		原料	瑞士	F. Hoffmann-La Roche & Co., Ltd., Company, Switzerland
阿法骨化醇	*alfacalcidol	Alpha D3	软胶囊	以色列	Teva Pharmaceutical Industries Ltd, Israel
维生素 AD_2 醋酸酯微囊	vitamin AD_2 acetate		原料	丹麦	BASF Health & Nutrition A/S, Denmark
维生素 AD_2 棕榈酸酯微囊	vitamin AD_2 palmitate		原料	丹麦	BASF Health & Nutrition A/S, Denmark
维生素 A 醋酸酯微囊	vitamin A acetate		原料	丹麦	BASF Health & Nutrition A/S, Denmark
维生素 A 醋酸酯	vitamin A acetate		原料	瑞士	F. Hoffmann-La Roche & Co., Ltd., Company, Switzerland
维生素 B_1	vitamin B_1	Rocoat	粉剂	瑞士	F. Hoffmann-La Roche & Co., Ltd., Company, Switzerland
维生素 B_{12}	vitamin B_{12}		原料	丹麦	BASF Health & Nutrition A/S, Denmark
维生素 B_2	vitamin B_2	Rocoat	粉剂	瑞士	F. Hoffmann-La Roche & Co., Ltd., Company, Switzerland
维生素 C	vitamin C		原料	瑞士	F. Hoffmann-La Roche & Co., Ltd., Company, Switzerland
微量元素与矿物质					
蛋白琥珀酸铁(菲普利)			口服液	意大利	Italfarmaco S. P. A, Italy
碘化钾	potassium iodide		原料	荷兰	DSM Andeno Maarssen B. V., Netherlands
碘化钠	sodium iodide		原料	荷兰	DSM Andeno Maarssen B. V., Netherlands
碘化油	iodized oil		针剂	法国	Laboratoire Guerbet, France
碘苷	idoxuridine		原料	日本	Yamasa Corporation, Japan
多糖铁复合物(力蜚能 150)	polysaccharide-ironcomplex	Niferex 150	胶囊	美国	Central Pharmaceuticals Inc., U. S. A
氯化钾(施乐凯)	polassium chloride	Slow-K	片剂	英国	Ciba Pharmaceuticals, U. K.
碳酸钙(凯思立 D_2)	*calcium carbonate	Calci Chew-D_2	咀嚼片剂	挪威	Hafslund Nycomed Pharma AS., Norway
碳酸钙(凯思立)	calcium carbonate	Calci Chew	咀嚼片剂	挪威	Hafslund Nycomed Pharma AS., Norway
安素	Ensure	Ensure	粉剂	荷兰	Abbott Laboratories B. V., Netherlands

续表

中文药名	英文一般名	英文商品名	剂型	国别	生产厂商
硫酸异帕米星	isepamicin sulfate		原料	日本	Asahi Chemical Industry Co. ,Ltd. ,Japan
妥布霉素(托百士)	tobramycin	Tobrex	滴眼剂	比利时	S. A. Alcon-Convreur N. V. ,Belgium
妥布霉素(托百士)	tobramycin	Tobrex	眼膏	比利时	S. A. Alcon-Convreur N. V. ,Belgium
非抗生素类抗感染药					
柳氮磺胺吡啶	salazosulfapyridine	Azulfidine	片剂	瑞典	Kabi Pharmacia AB,Sweden
司帕沙星	sparfloxacin	Spara	片剂	日本	Dainippon Pharmaceutical Co. ,Ltd.
司帕沙星	sparfloxacin	Spara	原料	日本	Dainippon Pharmaceutical Co. ,Ltd.
氟罗沙星	fleroxacin		原料	日本	Kyorin Pharmaceutical Co. ,Ltd. ,Okaya Plan
培氟沙星(培洛克)	pefloxacin	Peflox	片剂	印度	M/S Wockhardt Limited,Indian
对氨水杨酸(安萨克)	aminosalicylic acid		片剂	瑞士	Tillotts Pharma AG,Switzerland
帕司烟肼(力肺肺疾)	pasiniazide	Dipasic	片剂	瑞士	Geistilich-Pharma,Switzerland
利福平/异烟肼(卫非宁)	rifampicin/isoniazid	Rifinah 150	片剂	德国	Hoechst
利福平/异烟肼(卫非宁)	rifampicin/isoniazid	Rifinah 300	片剂	德国	Hoechst
利福平/异烟肼/吡嗪酰胺(卫非特)	rifampicin/isoniazid/pyrazinamide	Rifater	片剂	德国	Hoechst
抗真菌类					
氟康唑(大扶康)	fluconazole		原料	英国	Pfizer Limited,U. K.
复方达克宁	miconazole nitrate	Daktarin	霜剂	瑞士	Janssen-Cilag Pharmaceutica,Switzerland
克霉唑(凯尼丁)	clotrimazole	Canesten	阴道片剂	德国	Bayer AG,Germany
克霉唑	clotrimazole	Lamisil	原料	意大利	Fisfabbrica Italiana Sintetici S. P. A. ,Italy
特比萘芬(疗霉舒)	terbinafine	Lamisil	霜剂	瑞士	Sandoz Pharma Ltd. ,Switzerland
特比萘芬(疗霉舒)	terbinafine		片剂	瑞士	Sandoz Pharma Ltd. ,Switzerland
酮康唑(2%采乐洗剂)	ketoconazole	Triatop 2%	洗剂	比利时	Janssen Pharmaceutica N. V. ,Belgium
伊曲康唑(斯皮仁诺)	itraconazole	Sporanox	胶囊	比利时	Janssen Pharmaceutica N. V. ,Belgium
伊曲康唑(斯皮仁诺)	itraconazole	Sporanox	颗粒剂	比利时	Janssen Pharmaceutica N. V. ,Belgium
噻康唑(妥善)	tioconazole	Gyno-Trosyd	阴道霜剂	德国	Heinrich Mack Nachf,Germany
噻康唑(妥善)	tioconazole	Gyno-Trosyd	阴道片剂	德国	Heinrich Mack Nachf,Germany

续表

中文药名	英文一般名	英文商品名	剂型	国别	生产厂商
噻康唑(妥善)	tioconazole	Trosyd	霜剂	韩国	Pfizer Korea Limited
噻康唑(妥善)	tioconazole	Trosyd	原料	英国	Pfizer Limited, U. K.
抗结核类					
阿糖胞苷(爱力生)	cytarabine	Alexan	针剂	德国	Heinrich Mak Nachf, Germany
阿糖胞苷	cytarabine		原料	日本	Yamasa Corporation, Japan
阿昔洛韦(舒维疗)	*acyclovir	Zovirax	片剂	英国	Wellcome Foundation Ltd., U. K.
更昔洛韦(赛美维)	gancidovir	Cymevene	针剂	瑞士	F. Hoffmann-La Roche & Co., Ltd., Company, Switzerland
鬼臼毒素(慷定来)	podophyllotoxin	Condylox	溶液	奥地利	Hafslund Nycomed Pharma AG, Austria
疣必治	podophyllum	Podofilm	溶液	加拿大	Pharmascience Inc., Canada
硝呋拉太(麦咪诺)	nifuratel	Macmiror	片剂	意大利	Poli Industria Chimica S. P. A, Italy
地喹氯胺(利林)	dequalinium chloride	Delin	片剂	泰国	Atlantic Laboratories Corp., Ltd, Thailand
复方地喹(得益喉片)	dequaline chloride and tyrothricin	Deq Lozenqe	片剂	泰国	Atlantic Laboratories Corp., Ltd, Thailand
抗寄生虫病药					
硫酸奎宁	quinine sulfate		原料	荷兰	DSM Andeno B. V., Netherlands
盐酸奎宁	quinine hychloride		原料	荷兰	DSM Andeno B. V., Netherlands
解热镇痛药/解热止痛药					
阿斯匹林钙-脲	aspirin calcium-carbamide		原料	荷兰	DSM Andeno B. V., Netherlands
沙拉秦钠(奥柳氮)	olsalazine sodium	Dipentum	胶囊	瑞典	Pharmacia AB, Sweden
对乙酰氨基酚(泰诺)	acetaminophen	Tylenol	控释片剂	美国	Mcneil Consumer Products Company
儿童幸福伤风素	coltalin	Children's Coltalin	片剂	美国	Fortune Pharmacal Company Ltd., U. S. A
联邦伤风素			胶囊	香港	The United Laboratories Ltd, Hongkong
双氯芬酸钠	*diclofenac sodium	Diclofenac Sodium	膜剂	加拿大	Aprotex Inc., Canada
双氯芬酸钠(扶他林)	diclofenac sodium	Voltaren	乳剂	瑞士	Ciba-Geigy Limited, Switzerland
幸福伤风素	coltalin	Coltalin	片剂	香港	Fortune Pharmacal Company Ltd., Hongkong
幸福止痛素	fortolin	Fortolin	片剂	香港	Fortune Pharmacal Company Ltd., Hongkong

续表

中文药名	英文一般名	英文商品名	剂型	国别	生产厂商
肪肪乳(乐磷酸)	introlipid	Liposyn Ⅱ(10%)	乳剂	美国	Abbott Laboratories, U. S. A
核酸类药					
黄素腺嘌呤二核苷酸	flavin adenine dinucleotide		原料	日本	Yamasa Corporation, Japan
激素及调节内分泌功能药					
地塞米松	dexamethasone		原料	美国	The Upjohn Company, U. S. A
地塞米松(利美达松)	dexamethasone sodium phosphate		乳剂	日本	Green Cross Pharmaceutical Co., Ltd., Japan
曲安缩松(康宁克通-A)	triamcinolone acetonide	Kenacort-A	针剂	巴基斯坦	Bristol-Myers Squibb Pakistan Ltd.
曲安缩松(康灯乐)	triamcinolone acetonide		霜剂	英国	E. R. Squibb & Sons Limited, U. K.
乙哌立松(妙纳)	eperisone	Myonal	片剂	日本	Eisai Co., Ltd., Misato Plant, Japan
十一酸睾酮(安雄)	testosterone undecanoate	Andriol	胶囊	荷兰	N. V. Organon, Netherlands
17β-雌二醇	17β-estradiol	Oestrogel Jelly	凝胶剂	法国	Laboratories Besins-Isconesco, France
醋酸甲羟孕酮(甲孕酮)	*medroxyprogesterone acetate	Farlutal	片剂	意大利	Pharmacia S. P. A, Italy
醋酸诺美孕酮(露特尼)	nomegestrol acetate	Luteryl	片剂	摩纳哥	Laboratorie Theramex, Monaco
黄体酮	progesterone		胶囊	法国	Laboratoires Besins-Iscovesco, France
普美孕酮(消各通)	*promegestone	Surgestone	片剂	法国	Laboratoires Cassenne, France
去氧孕烯十炔雌醇(妈富隆)	desogestrel/ethinyl-estradiol	Marvelon	片剂	荷兰	N. V. Organon, Netherlands
尿促卵泡成熟激素	*urofollitorpin(FSH)	Metrodin	针剂	瑞士	Laboratoires Serono S. A., Switzerland
绝经期促性腺素	menotrophin(hMG)	Pergonal	针剂	瑞士	Laboratoires Serono S. A., Switzerland
人绒毛膜促性腺激素	chovionic gonadotrophin	Profasi	针剂	瑞士	Laboratoires Serono S. A., Switzerland
尿促性素	urogonadotropin	Humegon	粉针剂	荷兰	N. V. Organon, Netherlands
绒毛膜促性腺激素(漫热尼尔)	chovionic gonadotrophin	Pregnyl Ampoules	针剂	荷兰	N. V. Organon, Netherlands
醋酸盐生长抑素(施他宁)	somatostatin	Stilamin	针剂	瑞士	Laboratoires Swrono S. A., Switzerland
格列喹酮(糖适平)	gliquidone	Glurenorm	片剂	德国	DR Darl Thomae Gmbh, Germany
盐酸二甲双胍(迪化糖锭)	metformin hydrochloride	Diformin	片剂	澳大利亚	Alphapharm Pty Ltd, Australia
胰岛素(诺科素 R)	insulinum	Insulin Novo Ampoules	针剂	丹麦	Novo Nordisk A/S, Denmark
常规人胰岛素(优泌林 R)	human insulin	Humulin R	针剂	美国	Eli Lilly Asia., Inc

续表

中文药名	英文一般名	英文商品名	剂型	国别	生产厂商
人胰岛素(诺和灵 30R)	*biphasic isophane HM insulin	Novolin 30R	针剂	丹麦	Novo Nordisk A/S,Denmark
人胰岛素(诺和灵 30R 笔芯)	*biphasic isophane HM insulin	Novolin 30R Penfill	针剂	丹麦	Novo Nordisk A/S,Denmark
人胰岛素(诺和灵 N)	*isophane HM insulin	Novolin N	针剂	丹麦	Novo Nordisk A/S,Denmark
人胰岛素(诺和灵 N 笔芯)	isophane HM insulin	Novolin N Penfill	针剂	丹麦	Novo Nordisk A/S,Denmark
人胰岛素(诺和灵 L)	*HM insulin	Novolin L	针剂	丹麦	Novo Nordisk A/S,Denmark
人胰岛素(诺和灵 U)	*HM insulin	Novolin U	针剂	丹麦	Novo Nordisk A/S,Denmark
人胰岛素(诺和灵 R)	HM insulin	Novolin 50R	针剂	丹麦	Novo Nordisk A/S,Denmark
人胰岛素(诺和灵 R 笔芯)	recombinant human insulin		针剂	丹麦	Novo Nordisk A/S,Denmark
胰高血糖素(诺和胰高血糖素))	glucagon	Glucagon Novo	针剂	丹麦	Novo Nordisk A/S,Denmark
米索前列醇(喜克溃)	misoprostol	Cytotec	片剂	英国	Searle A Division of Monsanto P. L. C,U. K.
骨化三醇(溉纯)	calcitriol		针剂	美国	Abbott Laboratories,U. S. A
骨化三醇(罗钙全)	*calcitriol	Rocaltriol	胶囊	瑞士	F. Hoffmann-La Roche Ltd,Switzerland
健高宁	recombinant somatotropin	Genotropin	粉针剂	瑞典	Kabi Pharmacia AB. ,Sweden
降钙素(密钙息)	*calcitonin	Miacalcic	针剂	瑞士	Sandoz Pharma Ltd,Switzerland
雌二醇/醋酸炔诺酮(诺更宁)	oestradiol norethisterone acetate	Kliogest	片剂	丹麦	Novo Novdisk A/S,Denmark
复合消化酶(达吉)		Dages	胶囊	韩国	韩林制药株式会社,韩国
生长激素(诺德人体生长激素)	somatropin	Norcuropin	粉针剂	丹麦	Novo Nordisk A/S,Denmark
抗肿瘤及调节免疫功能药物					
环磷酰胺	cyclophosphamide		针剂	德国	Asta Medica AG,Germany
环磷酰胺	cyclophosphamide		片剂	德国	Asta Medica AG,Germany
环磷酰胺	cyclophosphamide		粉针剂	芬兰	Orion Corporation,Finland
顺铂(威力顺铂)	cisplatin	Cisplatin-Ebewe	针剂	奥地利	Ebewe Arzneimittel Ges M. B. H. ,Austria
氟尿嘧啶	*fluorouracil		针剂	澳大利亚	FH Faulding & Co. , Ltd. (Trading AS David BU),Australia

续表

中文药名	英文一般名	英文商品名	剂型	国别	生产厂商
甲氨喋呤	methotrexate		针剂	澳大利亚	Delta West Pty Ltd, Australia
甲氨喋呤	*methotrexate		针剂	澳大利亚	FH Faulding & Co., Ltd. (Trading AS David BU), Australia
去氧氟尿苷(氟铁龙)	doxifluridine	Furtulon	原料	瑞士	F. Hoffmann-La Roche Ltd, Switzerland
表阿霉素	*4'-epi-doxorubicin	Pharmorubicin	冻干针剂	意大利	Pharmacia S. P. A, Italy
克拉霉素(克拉仙)	clarithromycin	Klacid	片剂	美国	Abbott Laboratories Ltd, U. K.
盐酸博来霉素	bleomycin hydrochloride	Bleocin HCL	针剂	日本	Nippon Kayaku Co., Ltd., Japan
盐酸吡喃阿霉素	doxorubicin hydrochloride		原料	日本	Mercian Corporation, Japan
长春瑞宾(诺维本)	*vinoreline bitartrate	Navelbine	针剂	法国	Pierre Fabre Medicament, France
硫酸长春碱	vinblastine sulfate		针剂	澳大利亚	FH Faulding & Co., Ltd. (Trading AS David BU), Australia
硫酸长春新碱(安可平)	vincristine sulfate	Oncovin	针剂	德国	Eli Lilly Germany Ltd.
硫酸长春新碱(癌备)	vincristine sulfate	Velbe Vial	粉针剂	美国	Eli Lilly Industrial Centre, U. S. A
秋水仙碱	colchicine		片剂	法国	Usiphar, France
醋酸亮丙瑞林(抑那通)	leuprorelin acetate	Enantone	针剂	日本	Takeda
戈那瑞林(奇多克)	gonadorelin	Kryptocur	气雾剂	德国	Hoechst AG., Germany
抗变态反应药物					
阿伐斯汀(新敏乐)	acrivastine	Semprex	胶囊	英国	The Wellcome Foundation Limited, U. K.
倍他斯汀(美克乐)	betahistine hydrochloride	Microser	片剂	意大利	Prodotti Formenti S. R. L., Italy
富马酸氯马斯汀	clemastine fumaric acid		糖浆	美国	Copley Pharmaceutical Inc, U. S. A
氯雷他定(开瑞坦)	loratadine active	Clarityne Active	原料	爱尔兰	Avondale Chemical Company, Ireland
氯雷他定(克敏能)	loratacline	Clarityne	片剂	比利时	Schering-Plough Labo N. V., Belgium
盐酸依匹斯汀	epinastine hydrochloride		片剂	日本	San-A Pharmaceutical Co., Ltd., Japan
依托咪酯(宜妥利)	etomidate		乳剂	德国	B. Braun Medical Ltd, Germany
抗精神病药					
阿米三嗪/萝巴新(都可喜)	almitrine and raubasine	Duxil	片剂	法国	LES Laboratories Servier, France

续表

中文药名	英文一般名	英文商品名	剂型	国别	生产厂商
丙戊酸钠(德巴金)	valproate sodium	Depakine	糖浆	英国	Sanofi Winthrop Ltd. ,U. K.
盐酸氟西汀(百忧解)	fluoxetine hydrochloride	Prozac	胶囊	英国	Lilly Industries Limited,U. K.
氟哌噻吨(复康素)	flupentixol decunoate	Fluanxol Depot	片剂	丹麦	A/S Lundbeck Overseas,Denmark
氟哌噻吨(高抗素)	zuclopenthixol decunoate	Clopixol Depot	片剂	丹麦	A/S Lundbeck Overseas,Denmark
氟哌噻吨复方(黛安神)	flupentixol	Depixol	片剂	丹麦	H. Luridbeck A/S,Denmark
佐匹克隆(忆梦返)	zopiclone	Imovane	片剂	法国	Head Pharmacist Laboratories Theraplix,France
利培酮(维思通)	*risperidone	Risperdal	片剂	比利时	Janssen Pharmaceutical N. V. ,Belgium
西拉普利(抑平舒)	cilazapril		原料	瑞士	F. Hoffmann-La Roche Ltd. ,Switzerland
西拉普利(抑平舒)	cilazapril	Inhibace	片剂	瑞士	F. Hoffmann-La Roche Ltd. ,Switzerland
西酞普兰	citalopram hydropromide	Cipramil	片剂	丹麦	H. Lundbeck A/S,Denmark
盐酸氟西汀	fluoxetine hydrochloride		胶囊	加拿大	Apotex Inc. ,Canada
溴隐亭	bromocriptine	Serocryptin	片剂	意大利	I. F. Serono S. P. A,Italy
卡马西平(得理多)	carbamazepine	Tegretol	原料	瑞士	Ciba-Geigy Limited,Switzerland
卡马西平(得理多)	carbamazepine	Tegretol	糖浆	瑞士	Ciba-Geigy Limited,Switzerland
卡马西平(卡平)	carbamazepine	Carpine	片剂	泰国	Atlantic Laboratories Corp. Ltd. ,Thailand
拉莫三嗪(利必通)	lamotrigine	Lamictar	片剂	英国	The Wellcome Foundation Ltd. ,U. K.
氨己烯酸(喜保宁)	vigabatrin	Sabril	片剂	德国	Hoechst
卡巴胆碱(迈斯特)	carbachol	Miostat	眼溶液	美国	Alcon Laboratories,Inc,U. S. A
卡比多巴/左旋多巴(息宁)	carbidopa+levadopa	Sinemet	缓释片剂	意大利	Merck Sharp & Dohme(Italia)S. P. A. -NEOP
美多巴	levodopa/benserazide	Madopar	水溶片剂	瑞士	F. Hoffmann-La Roche Ltd,Switzerland
美多巴	levodopa/benserazide	Madopar	缓释胶囊	瑞士	F. Hoffmann-La Roche Ltd,Switzerland
左旋多巴(美多巴)	levodopa		片剂	瑞士	F. Hoffmann-La Roche Ltd,Switzerland
左旋多巴(美多巴)	levodopa		原料	瑞士	F. Hoffmann-La Roche Ltd,Switzerland
吡贝地尔(泰舒达)	piribedil/piribendyl	Trastal	片剂	法国	LES Laboratories Servier,France
茶苯海明(茶福甘)	dimenhydrinate	Travel-Gum	糖浆	奥地利	Asta Medical Arzneimittel Ges M. B. H. ,Austria
替扎尼定(松得乐)	*tizanidine	Sirdalud	片剂	瑞士	Sandoz Pharma Ltd,Switzerland
芬拉西泮(罗拉)	lorazeparn	Lora	片剂	泰国	Atlantic Caboratories Co. ,Ltd.

续表

中文药名	英文一般名	英文商品名	剂型	国别	生产厂商
呼吸系统用药物					
无水茶碱(优喘平)	anhydous theophylline	Protheo	缓释片剂	比利时	Schering-Plough Labo N. V. ,Belgium
长效茶碱	theophylline		原料	波多黎各	Schering-Plough Products Inc. ,Puerto Rico
福莫特罗(安咳通)	formaterol fumarate	Atock	原料	日本	Yamanouchi Pharmaceutical Yaizu Plant,Japan
异丙托溴铵(爱喘乐)	ipratropium bromide	Atrovent	气雾剂	德国	Boehringer Ingelheim KG,Germany
丙卡特罗(纳治良)	procaterol hydrochloride		胶囊	瑞士	F. Hoffmann-La Roche Ltd,Switzerland
非诺特罗(备劳喘)	fenoterol hydrobromide	Berotec	气雾剂	德国	Boehringer Ingelheim KG,Germany
沙丁胺醇(全特宁)	salbutamol sulfate	Ventolin	片剂	英国	Glaxo Operations U. K. Limited
沙丁胺醇(全宁碟)	salbutamol sulfate	Ventodisks	吸入剂	英国	Glaxo Operations U. K. Limited
双噻甲哌啶	tipepiden hibenzate		原料	日本	Tanabe Seiyaku Co. ,Ltd. ,Japan
二丙酸倍氯米松(安得新)	beclomethasone dipropionate	Aldecin	吸入剂	比利时	Schering-Plough Labo N. V. ,Belgium
二丙酸倍氯米松(安得新)	beclomethasone dipropionate	Aldecin	鼻喷剂	比利时	Schering-Plough Labo N. V. ,Belgium
二丙酸倍氯米松	beclomethasone dipropionate		原料	英国	Glaxo Operations U. K. Limited
二丙酸倍氯米松(必酮碟)	beclomethasone dipropionate	Becotide	吸入剂	英国	Glaxo Operations U. K. Limited
阿斯美	methoxyphenamine hydrochloride/noscapine/aminophylline/chlorpheniramine maleate	Asmeton"Strong"	胶囊	日本	Sankyo Co. ,Ltd. ,Japan
盐酸班布特罗	bambuterol hydrochloride		原料	瑞典	Astra Pharmaceutical Production,Sweden
抗酸及治溃疡病药					
法莫替丁(高舒达)	famotidine	Gaster	片剂	日本	Japan
法莫替丁(高舒达)	famotidine	Gaster	粉针剂	日本	Japan
聚二甲硅氧油(胃舒康)	dimeticone		乳剂	日本	日本橘生药品工业株式会社
乐得	roter	Roter	颗粒剂	荷兰	Crookes Healthcare B. V. ,Netherlands
罗沙替丁(乐卫顺)	*roxatidine hydrothlorid	Roxin	缓释片剂	德国	Hoechst AG. ,Germany
氢氧化铝/氢氧化镁(喜美得)	aluminum hydroxide/magnesium hydrixide		片剂	泰国	Atlantic Laboratories Corp. Ltd,Thailand
米索前列醇(喜克溃)	misoprostol	Cytotec	片剂	美国	G. D. Searle

续表

中文药名	英文一般名	英文商品名	剂型	国别	生产厂商
替普瑞酮(施维舒)	teprenone	Selbex	胶囊	日本	Eisai Kawashima Industrial Park,Japan
胃必康			片剂	日本	Inada Yakuhin Kogyo Co.,Ltd.,Japan
左卡尼汀(贝康亭)	levocarnitine	Bicarntine	针剂	希腊	Deno S. A Pharmaceutical Industry,Greece
止吐药					
格尼西酮(康泉)	granisetron	Kytril	针剂	英国	Smithkline Beecham Pharmaceuticals,U. K.
肝病辅助药					
原卟啉钠(普乐满)	protoporphyrin disodium	Prolmon	片剂	日本	Tokyo Tanabe Co.,Ltd.,Japan
利胆药					
阿嗪米特	azintamide	Azintamide	原料	韩国	Dong-Bang Chemical Co.,Ltd.,Korea
保胆健素	dyskinebyl	Dyskinebyl	胶囊	法国	Laphal Industrie,France
环戊硫酮(舒雅乐)	anethol trithione	Sialor	片剂	法国	Solvay Pharma
循环系统用药物					
甲基地高辛	metildigoxin	Lanitop	针剂	德国	Boehringer Mannheim Gmbh,Germany
安他唑啉(爱勃朗 A)	antazoline phosphate/naphazoline Hcl	Albalon	滴眼剂	爱尔兰	Allergan Pharmaceuticals(Ireland)Ltd.
二氢奎尼丁(塞利科)	dihydroquinidine chlorhydrate	Serecor	胶囊	法国	Usiphar,France
潘南金	*magnesium aspartate	Panangin	针剂	匈牙利	Chemical Works of Gedeon Richter Ltd.,Hungary
双异丙吡胺(利莫耽)	disopyramide phosphate	rythmodan	胶囊	法国	Usiphar,France
单硝酸异山梨酯(莫诺美地)	*isosorbide mononitrate	Monomack	片剂	德国	Heinrich Mack Nachf,Germany
单硝酸异山梨酯(异乐定)	isosorbide mononitrate	Elantan Long	片剂	德国	Schwarz Pharma AG,Germany
单硝酸异山梨酯(爱狄莫尼)	isosorbide mononitrate	Etimonis	缓释颗粒剂	法国	Laboratories Ehtypharm.,France
单硝酸异山梨酯(康维欣)	isosorbide mononitrate	Corangin	片剂	瑞士	Ciba-Geigy Limited,Switzerland
地尔硫草	diltiazem	Diltiazem	缓释片剂	印度	Torrent Pharmaceuticall Ltd,Indian
硝酸甘油(疗脉通)	nitroglycerin	Nitro Mack Retard	针剂	德国	Heinrich Mack Nachf,Germany
硝酸甘油(疗脉通)	nitroglycerin	Nitro Mack Retard	缓释胶囊	德国	Heinrich Mack Nachf,Germany

续表

中文药名	英文一般名	英文商品名	剂型	国别	生产厂商
硝酸甘油(永保心灵)	nitroglycerin	Nitrolingual	喷雾剂	德国	G. Pohl Boskamp Gmbh,Germany
硝酸甘油(贴保宁)	*nitroglycerin	Deponit TTS	贴剂	德国	Schwarz Pharma AG,Germany
硝酸甘油(耐安康)	*nitroglycerin		缓释胶囊	美国	Time-Cap Labs Inc,U. S. A
西尔硝酸甘油贴	nitroglycerin	Nitrodisc	缓释贴片	美国	G. D. Searle,U. S. A
硝酸甘油(夕护晓)	*nitroglycerin	Nitro-Dur	贴片	美国	Key Pharmaceutical Inc. ,U. S. A.
硝酸异山梨酯(易顺脉)	*isosorbide dinitrate	Iso Mack Retard	缓释胶囊	德国	Heinrich Mack Nachf,Germany
硝酸异山梨酯(异舒吉)	isosorbide dinitrate	Isoket	喷雾剂	德国	Schwarz Pharma AG,Germany
抗高血压病药					
福辛普利钠	fosinopril sodium		原料	爱尔兰	Bristol-Myers Squibb Swords Lwrence Lab. ,Ireland
甲氯噻嗪	methyclothiazide		原料	美国	Abbott Laboratories,U. S. A
卡托普利(开博通)	captopril		原料	波多黎各	Squibb Manufacturing Inc. ,Puerto Rico
西拉普利(抑平舒)	cilazapril	Inhibace	片剂	瑞士	R. Hoffmann-La Roche Ltd.
洛汀新	benazepril hydrochloride	Lotensin	片剂	瑞士	Ciba-Geigy Limited,Switzerland
培哚普利(雅施达)	perindopril tert-butylamine	Acertil	片剂	法国	LES Laboratoiers Swericr,France
去甲氧利血平(地舍平)	deserpidine		原料	美国	Abbott Laboratories,U. S. A
盐酸特拉唑嗪(高特灵)	terazosin hydrochloride	Hytrin	片剂	美国	Abbott Laboratories,Ltd,U. S. A
索他洛尔(舒心可)	sotalol hydrochloride		片剂	英国	Bristol-Myers Squibb Pharmaceuticals,U. K.
依那普利	enalapril maleate	Maleate	片剂	德国	Berli-Chemie AG,Germany
依那普利	*enalapril maleate		片剂	加拿大	Aprotex Inc. ,Canada
依那普利(因弗尔)	enalapril	Invoril	片剂	印度	Ranbaxy Laboratories Limited,Indian
吲哒帕胺(钠催离)	indapamide	Natrilix	片剂	法国	LES Latoratories Serier,France
奥扎格雷钠	ozagrel sodium		原料	日本	Kissei Pharmaceutical Co. ,Ltd. ,Japan
奥扎格雷钠(桔善宝)	ozagrel sodium	Xanbon	粉针剂	日本	Kissei Pharmaceutical Co. ,Ltd. ,Japan
多巴酚丁胺(独步催)	dobutamine hydrochloride	Dobutrex	针剂	法国	Lilly France S. A
二羟基麦角碱甲磺酸盐(培磊)	dihydroergotoxine mesylate	Perenan	胶囊	法国	Millot Solac Sanofi Winthrop Industrie,France
二羟基麦角碱甲磺酸盐(培磊能)	dihydroergotoxine mesylate	Perenan	缓释胶囊	韩国	Sanofi Korea Co. ,Ltd.

续表

中文药名	英文一般名	英文商品名	剂型	国别	生产厂商
抗休克血管活性药					
甲磺酰溴隐亭	bromoriptine methanesulphonate	Bromoriptine Methanesulphonate	片剂	加拿大	Apotex Inc. Canada
甲氧吡丁苯(活脑灵)	buflomedil	Fonzylane	针剂	法国	Laboratorie I,Lafon,France
甲氧吡西苯(活脑灵)	*buflomedil hydrochloride	Fonzylane	片剂	法国	Laboratorie I,Lafon,France
双氢麦角胺(舒脑宁)	dihydroergotoxine	Ischelium	缓释片剂	意大利	Polifarma S. P. A,Italy
双氢麦角胺(喜得镇)	dihydroergotoxine mesitate	Hydergine	针剂	瑞士	Sandoz Pharma Ltd,Switzerland
双氢麦角胺	dihydroergotoxine mesitate		原料	瑞士	Sandoz Pharma Ltd,Switzerland
盐酸氟桂利嗪(西比灵)	flunarizine hydrochloride	Sibelium	原料，	爱尔兰	Janssen Pharmaceutical Ltd,Ireland
盐酸氟桂利嗪(米他兰)	flunarizine hydrochloride		片剂	日本	Toyo Pharma Coy Ltd,Japan
周围血管扩张药					
氨氯地平(络活喜)	amlodipine besylate	Norvasc	原料	爱尔兰	Pfizer Pharmaceutical Production Corporation, Ireland
巨酮可可碱(潘通)	*pentoxifylline		针剂	德国	Merchle Gmbh Chem-Pharm Fabrik,Germany
尼莫地平(尼莫通)	nimodipine	Nimotop	片剂	德国	Bayer AG,Germany
尼莫地平(尼莫通)	*nimodipine	Nimotop	浸液	德国	Bayer AG,Germany
维拉帕米(异博定)	*verapamil hydrochloride	Isoptin	膜剂	德国	Knoll AG,Germany
硝苯地平(爱地平)	nifedipine	Adipine	缓释颗粒剂	法国	Laboratories Ethypharm,France
硝苯地平(艾克迪平)	nifedipine	Ecodipin	缓释片剂	瑞士	Swiss Caps,Switzerland
硝苯地平	nifedipine	nifedipine	片剂	印度	Torrent Pharmaceuticals Ltd,indian
依拉地平(导脉顺)	isradipine	Dynacire	胶囊	瑞士	Sandoz Pharma Ltd,Switzerland
己酮可可碱(巡能泰 400)	pentoxifylline	Trental 400	糖衣片	德国	Hoechst AG,Germany
己酮可可碱(巡能泰 400)	pentoxifylline	Trental 400	粉剂	德国	Hoechst AG,Germany
占替诺烟酸酯(脉栓通)	xantinol nicotinate	Vedrin	片剂	意大利	Polifarma S. P. A,Italy
占替诺烟酸酯(脉栓通)	xantinol nicotinate	Vedrin	针剂	意大利	Polifarma S. P. A,Italy
草酸萘呋胺酯(必来循宁)	naftidrofuryl	Praxilene	胶囊	法国	Lipha Sante Pharmaceutical Co. ,Ltd. ,France
草酸萘呋胺酯(必来循宁)	naftidrofuryl	Praxilene	片剂	法国	Lipha Sante Pharmaceutical Co. ,Ltd. ,France

续表

中文药名	英文一般名	英文商品名	剂型	国别	生产厂商
调节血脂药					
苯扎贝特(脂康平)	bezafibrate	Bezafibrat 400 Stada	缓释片剂	德国	Stadapharm Gmbh, Germany
吉法酯(惠加强-G)	gefarnate	Wycadon-G	片剂	日本	Seiko Eiyo Yakuhin Co. ,Ltd. ,Japan
吉非贝齐(诺衡)	gemfibrozil	Lopid	胶囊	澳大利亚	Parke-Davis Pty. ,Ltd, Australia
力平脂	*lipanthyl	Lipanthyl	胶囊	法国	Laboratories Fournier, France
洛伐他平(美降亡)	lovastatin	Meacor	片剂	西班牙	Merck Sharp & Dohme De Espana S. A. ,Spain
其他循环系统用药					
爱维治	actovegin	Actovegin	片剂	奥地利	Hafslund Nycomed Pharma AG, Austria
羟苯磺酸钙(导升明)	calcium dobesilate	Doxium	片剂	奥地利	Ebewe Arzneimitte Ges.
羟苯磺酸钙(导升明)	calcium dobesilate	Doxium	胶囊	奥地利	Ebewe Arzneimitte Ges.
羟苯磺酸钙(美多瑞)	calcium dobesilate	Medoril	胶囊	塞浦路斯	Medochemie Ltd, Cyprus
泌尿系统用药物					
盐酸黄酮哌酯(津源灵)	flavoxate hydrochloride	Genurin-Smplice	片剂	意大利	Recordati S. P. A, Italy
血液系统用药物					
低分子肝素钠	low-molecular heparin sodium		针剂	瑞典	Pharmacia AB, Sweden
华法林	warfarin sodium	Marevan	片剂	芬兰	Orion Pharmaceutica, Finland
华法林	warfarin sodium	Marevan	片剂	芬兰	Orion Corporation, Finland
华法林	warfarin sodium		片剂	美国	The Dupont Merck Pharmaceutical Company, U. S. A'
盐酸噻氯匹定	ticlopidine hydrochloride		原料	法国	Sanofi Winthrop Industie, France
盐酸噻氯匹定(抵克力得)	ticlopidine hydrochloride	Ticlid	糖衣片	法国	Sanofi Winthrop Industie, France
水、电解质及酸碱平衡调节药物					
乳果糖口服液(杜秘克 TM)	lactulose	Duphalac	液体	荷兰	Solvay Duphar B. V. ,Netherland
皮肤科用药					
阿维 A 酯(银屑灵、体可松)	*etretinate	Tigason	胶囊	瑞士	F. Hoffmann-La Roche Ltd, Switzerland
令肤适	*lactoserum lactic acid	Lactacyd	液体	法国	Clin Midy Sanofi Winthrop Industrie, France
硫化硒(潇洒)	selinium sulfide	Selsun	混悬液	美国	Abbott Laboratories, U. S. A

续表

中文药名	英文一般名	英文商品名	剂型	国别	生产厂商
氢醌(斑必治)	hydroquinone	Ultraquin	霜剂	加拿大	Canderm Pharmcal Ltd,Canada
异维A酸(保肤灵)	isotretinoin	Roaccutane	胶囊	瑞士	F. Hoffmann-La Roche Ltd,Switzerland
眼科用药					
噻吗洛尔马来酸盐(添慕宁)	*timolol maleate	Timoptol	滴眼剂	美国	Merck & Co. ,Inc,U. S. A
右旋糖酐70(泪然)	dextran 70		滴眼剂	比利时	S. A. Alcon-Convreur N. V. ,Belgium
透明脂酸钠(喜朗)	sodium hyaluronate	Healon	溶液	瑞典	Pharmacia AB,Sweden
吡诺克辛(卡林-u)	pirenoxine	Kary-Uni	滴眼剂	日本	Santen Pharmaceutical Co. ,Ltd. ,Japan
器官功能检查剂					
低渗显影葡胺钠	sodium-meglumine ioxaglate	Hexabrix Solution	针剂	法国	Laboratorie Guerbet,France
碘曲仑(伊索显)	iotrolan	Isovist Solution	针剂	德国	Schering Aktiengesellschaft,Germany
欧乃派克	*iohexol	Ominipaque Solution	针剂	挪威	Nycomed Imaging AS,Norway
硫酸钡	barium sulfate		混悬液	日本	Sakai Chemical Industry Co. ,Ltd. ,Japan
三代显	*meglumine-sodium ioitalamate	Telebrix Hystero	针剂	法国	Laboratorie Guerbet,France
其他化学药					
磷酸铝	a. uminum phosphat	Phosgel	凝胶剂	韩国	Boryung Pharm. Co. ,Ltd. ,Korea
阿可达	*pamidronate	Aredia	粉针剂	瑞士	Ciba-Gergy Limited,Switzerland
必思添	klebsiella	Biostim	胶囊	法国	Kaboratories Cassenne,France
博尔宁			胶囊	香港	香港长康堂有限公司
草木犀流浸液(消脱止-M)	melilotuo	Setus-M	片剂	日本	Seido Eiyo Yakuhin Co. ,Ltd. ,Japan
二丙酸倍他米松/倍他米松磷酸钠(得宝松)	betamethasone dipropionate/ betamethasone disodium phosphate	Diprospan	针剂	比利时	Schering-Plough Labo N. V. ,Belgium
海脉素			输液	德国	Behringwerke AG,Germany
好乐平			片剂	德国	Berlin-Chemie AG,Germany
华沙利石素	gesundheits kepsein H		胶囊	德国	F. W. Wirtz & Co. ,Germany

续表

中文药名	英文一般名	英文商品名	剂型	国别	生产厂商
佳乐施			溶液	德国	B. Braun Medical Ltd,Germany
佳乐得血	gelafundin	Gelafundin	溶液	德国	B. Braun Medical Ltd,Germany
聚苯乙烯磺酸钙(可利美特)			粉剂	日本	日本日研化学株式会社
克龄蒙	estradiol valerate/cyproterone acetate	Climen	包衣片	法国	Schering S. A. ,France
氯索洛芬(乐松)	loxoprofen		片剂	日本	Sanky Company Limited,Hiratsuka Plant,Japan
柠檬酸氢钾钠(优利通-u)			颗粒剂	德国	Madaus AG,Germany
诺果宁	*quinagolide Hcl	Norprolac	片剂	瑞士	Sandoz Pharma Ltd,Switzerland
诺雷德			针剂	英国	Zeneca Limited,U. K.
欧必宁	tropisetron hydrochloride	Navoban	针剂	瑞士	Sandoz Pharma Ltd,Switzerland
欧必宁	tropisetron hydrochloride	Navoban	胶囊	瑞士	Sandoz Pharma Ltd,Switzerland
舍思通(普适泰)			片剂	瑞典	Pharmacia-Allergon AB,Sweden
施荣露			滴眼剂	美国	Luyties Pharmaceal Co. ,U. S. A
舒立清			颗粒剂	德国	Madaus AG,Germany
舒立通			颗粒剂	德国	Madaus AG,Germany
特可考	*absorbable	Tacho Comb Gauze	创伤贴	澳大利亚	Hafslund Nycomed Pharma AG,Australia
特利加压素	terlipressin	Glypressin	针剂	德国	Ferring Arzneimittel Gmbh,Germany
类肝素(无比利)	*heparinoids	Mobilat	霜剂	德国	Luitpold Pharma Gmbh,Germany
盐酸坦索罗辛(哈乐)			原料	日本	Japan
盐酸坦索罗辛(哈乐)			胶囊	日本	Japan
治星	*		针剂	美国	Lederle Parenterals Inc,U. S. A

第十三部分

国家专利局授予医药专利一览

一九九六年度药品发明专利授权一览表

国际专利分类号	授权公告号	专利号 ZL	专利权人	发明名称	卷期号
A61K 6/00	CN 1033364C	92109996.7	吴沈梁	牙齿增白剂	12-48
A61K 7/02	CN 1033365C	89102592.8	LVMH 里尔兹经济利益集团	含黄芩素类化合物的脂质体组合物制备方法	12-48
A61K 7/06	CN 1031861C	93103784.0	王业富	红景天生发液	12-22
A61K 7/06	CN 1032347C	90100295.X	蒙才华	一种中草药制备生发剂的方法	12-30
A61K 7/16	CN 1031173C	89102837.4	加藤正俊	生物活性材料的制造方法	12-10
A61K 7/28	CN 1030962C	86102686.1	松代爱三	龋齿预防制剂的制备方法	12-06
A61K 9/02	CN 1030687C	89107343.4	沈阳铁路局中心医院	尿道给药剂型的制备方法	12-03
A61K 9/02	CN 1032818C	93112102.7	山东省化学研究所	一种含有碘化铋的聚氨酯制剂	12-38
A61K 9/06	CN 1032571C	93104666.1	山西省芮城地方国营制药厂	防治婴幼儿腹泻、厌食症-贴膏及其制备方法	12-34
A61K 9/08	CN 1033211C	92107848.X	南京金陵制药厂	脉络宁静脉注射液的工艺方法	12-45
A61K 9/08	CN 1032405C	93104701.3	云南科技创业服务中心	一种灯盏花注射液制备工艺	12-31
A61K 9/08	CN 1032675C	93110508.0	苏州长征制药厂	含有旋转酶抑制剂的稀释后供静脉注射的浓缩水溶液	12-36
A61K 9/16	CN 1032348C	90109121.9	日清制油株式会社	用于口服的稳定的免疫原组合物的制备方法	12-30
A61K 9/16	CN 1032402C	93100305.9	A·E·道布拉特沃拉斯基	可压片的药用粒化组合物及其制备方法	12-31
A61K 9/20	CN 1031862C	88108149.3	山之内欧洲有限公司	药物组合物及其制备方法	12-22
A61K 9/46	CN 1032841C	87100378.3	史密斯·克林·弗伦奇公司	制备抗酸泡腾对偶物的方法	12-39
A61K 9/50	CN 1033365C	89102592.8	LVMH 里尔兹经济利益集团	含黄芩素类化合物的脂质体组合物制备方法	12-48
A61K 9/70	CN 1032116C	89103962.7	铁 汉	病甲剥脱剂的制造方法	12-26
A61K 9/70	CN 1030598C	90101621.7	曹万兴	一种少儿止泻巾的制作方法	12-01
A61K 9/70	CN 1031744C	90106092.5	朱明歧	一种磁渗药膏的制备方法	12-19

续表

国际专利分类号	授权公告号	专利号 ZL	专利权人	发明名称	卷期号
A61K 31/10	CN 1030702C	89100484.X	弗·哈夫曼-拉罗切有限公司	芪衍生物	12-03
A61K 31/12	CN 1031992C	90107622.8	卫材株式会社	苯醌衍生物及其药用	12-24
A61K 31/12	CN 1033308C	92108284.3	陈友仁	从茶叶萃取物中提纯咖啡因的升华装置	12-47
A61K 31/13	CN 1033638C	91102294.5	默里尔多药物公司	新型α-甘露糖苷酶和岩藻糖苷酶抑制剂	12-52
A61K 31/135	CN 1030702C	89100484.X	弗·哈夫曼-拉罗切有限公司	芪衍生物	12-03
A61K 31/135	CN 1031262C	90100962.8	伊莱利利公司	环取代的2-氨基-1,2,3,4-四氢化萘和3-氨基苯并二氢吡喃	12-11
A61K 31/135	CN 1031995C	91100031.3	奥韦特有限公司	N-炔丙基-1-氨基茚满的R-对映体的制法	12-24
A61K 31/135	CN 1031639C	92107623.1	中国药科大学	一种抗高血压药物苯氧烷胺类化合物的结晶体的制备方法	12-17
A61K 31/135	CN 1033580C	92111081.2	伊莱利利公司	N-烷基-3-苯基-3-(2-烷硫基苯氧基)丙胺	12-51
A61K 31/135	CN 1032533C	92111582.2	麦克尼拉布公司	反胺苯环醇N-氧化物及其对映异构件的制备方法	12-33
A61K 31/135	CN 1033451C	92115152.7	詹森药业有限公司	α-取代的苯甲胺衍生物	12-49
A61K 31/165	CN 1031998C	90103322.7	L.拉峰试验公司	[α-(叔丁基氨基甲基)-3,4-二氯苄基]硫代乙酰胺,其制备方法及应用	12-24
A61K 31/165	CN 1031564C	92103977.8	曾尼卡有限公司	制备4-[2-(2-羟基-2-苯乙氨基)乙氧基]苯乙酸及其衍生物的方法	12-16
A61K 31/165	CN 1033451C	92115152.7	詹森药业有限公司	α-取代的苯甲胺衍生物	12-49
A61K 31/165	CN 1033142C	94117208.2	詹森药业有限公司	具有抗人体免疫缺乏病毒的药物组合物的制备方法	12-44

续表

国际专利分类号	授权公告号	专利号 ZL	专利权人	发明名称	卷期号
A61K 31/17	CN 1032116C	89103962.7	铁 汉	病甲剥脱剂的制造方法	12-26
A61K 31/19	CN 1031939C	92106667.8	山东新华制药厂	催化下分子重排制备布洛芬的工艺	12-23
A61K 31/19	CN 1032841C	87100378.3	史密斯·克林·弗伦奇公司	制备抗酸泡腾对偶物的方法	12-39
A61K 31/19	CN 1033086C	92109051.X	久光制药株式会社	苯基烷酸衍生物的制造方法	12-43
A61K 31/195	CN 1031564C	92103977.8	曾尼卡有限公司	制备 4-[2-(2-羟基-2-苯乙氨基)乙氧基]苯乙酸及其衍生物的方法	12-16
A61K 31/195	CN 1032253C	91103013.1	赫彻斯特股份公司	用作抑制脯氨酸羟化酶的药物的制备方法	12-28
A61K 31/195	CN 1033207C	93102915.5	广西南宁邕江制药厂	L-赖氨酸盐酸盐用于制备治疗颅脑外伤药物的应用	12-45
A61K 31/195	CN 1033208C	93103380.2	广西南宁邕江制药厂	L-赖氨酸盐酸在制备止血药物中的应用	12-45
A61K 31/20	CN 1033031C	90109290.8	菲迪安股份公司	改进的神经节苷脂类及其功能性衍生物的制备方法	12-42
A61K 31/20	CN 1032258C	91105815.X	曼海姆泊灵格股份公司	新的核苷磷脂衍生物的制法	12-28
A61K 31/20	CN 1032235C	92110256.9	布里斯托尔-迈尔斯斯奎布公司	卡达西叮发色团的生产方法	12-28
A61K 31/20	CN 1031285C	89104628.3	斯塔莱尔有限公司	用动物和/或植物油制备高浓度多不饱和脂肪酸或其酯的方法	12-11
A61K 31/20	CN 1031879C	92103371.0	菲索斯有限公司	腺嘌呤三磷酸类似物的制备方法	12-22
A61K 31/215	CN 1033086C	92109051.X	久光制药株式会社	苯基烷酸衍生物的制造方法	12-43
A61K 31/24	CN 1031564C	92103977.8	曾尼卡有限公司	制备 4-[2-(2-羟基-2-苯乙氨基)乙氧基]苯乙酸及其衍生物的方法	12-16
A61K 31/24	CN 1032190C	90101328.5	肯尼思·纳于基·马楚默拉	减少药物副效应的单片蜡质体的制备方法	12-27

续表

国际专利分类号	授权公告号	专利号 ZL	专利权人	发明名称	卷期号
A61K 31/245	CN 1033214C	93110022.4	沈阳金城制药厂	一种治疗胃溃疡的胃康胶囊	12-45
A61K 31/275	CN 1033209C	91107473.2	中国科学院上海植物生理研究所	芥子碱在制备具有抗辐射伤害作用的溶液中的应用	12-45
A61K 31/28	CN 1031037C	89101777.1	最高黄金独占有限公司	局部施用的金有机组合物的制备方法	12-08
A61K 31/33	CN 1030702C	89100484.X	弗·哈夫曼-拉罗切有限公司	芪衍生物	12-03
A61K 31/33	CN 1033325C	91103231.2	美国辉瑞有限公司	抗炎异羟肟酸和 N-羟基脲的制备方法	12-47
A61K 31/33	CN 1033584C	92102954.3	麦克公司	促进生长激素释放的新的苯并稠合内酰胺的制法	12-51
A61K 31/34	CN 1032135C	90107001.7	韦斯卡玛生物工业化学药物合股公司	具有粘液调节和抗局部缺血性质的 2,3-二氢-5-氧-4,6,7-三甲基苯并呋喃的 2-(RS)-衍生物的制备方法	12-26
A61K 31/34	CN 1031568C	92102602.1	美国氰胺公司	四氢-5-取代-3-亚甲基-2-呋喃甲醇的立体、对映选择合成法	12-16
A61K 31/34	CN 1033451C	92115152.7	詹森药业有限公司	α-取代的苯甲胺衍生物	12-49
A61K 31/35	CN 1031262C	90100962.8	伊莱利利公司	环取代的 2-氨基-1,2,3,4-四氢化萘和 3-氨基苯并二氢吡喃	12-11
A61K 31/35	CN 1032204C	88101707.8	阿勒根公司	具有类视网膜活性的苯基和杂二环基取代的乙炔的制备方法	12-27
A61K 31/35	CN 1033365C	89102592.8	LVMH 里尔兹经济利益集团	含黄芩素类化合物的脂质体组合物制备方法	12-48
A61K 31/38	CN 1032204C	88101707.8	阿勒根公司	具有类视网膜活性的苯基和杂二环基取代的乙炔的制备方法	12-27

续表

国际专利分类号	授权公告号	专利号 ZL	专利权人	发明名称	卷期号
A61K 31/38	CN 1032210C	89108382.0	邻位药品公司	制备用作抗高血压剂的新的取代的噻吩并吡喃的方法	12-27
A61K 31/38	CN 1032470C	89109626.4	武田药品工业株式会社	制备含硫杂环化合物的方法	12-32
A61K 31/385	CN 1031754C	92105720.2	弗·哈夫曼-拉罗切有限公司	制备二噻烷衍生物的方法	12-19
A61K 31/395	CN 1031992C	90107622.8	卫材株式会社	苯醌衍生物及其药用	12-24
A61K 31/395	CN 1033030C	89106401.X	唐化学原料公司	大环双官能螯合剂及其配合物和抗体共轭物的制备方法	12-42
A61K 31/395	CN 1033088C	92110877.X	藤泽药品工业株式会社	新的噻唑基苯并呋喃衍生物的制备方法	12-43
A61K 31/40	CN 1031618C	88109032.8	史密丝克莱恩贝克曼公司	含有氮杂螺烷作为其活性成分的组合物的制备方法	12-17
A61K 31/40	CN 1032117C	89108540.8	中国人民解放军军事医学科学院毒物药物研究所	酞丁安复方搽剂的制备方法	12-26
A61K 31/40	CN 1030890C	91107596.8	格拉克索公司	一种药物组合物的制备方法	12-06
A61K 31/40	CN 1030767C	92108826.4	三共株式会社	1-甲基碳代青霉烯衍生物的制备方法	12-04
A61K 31/40	CN 1032061C	92114620.5	万有制药株式会社	氨基烷基吡咯烷基硫代碳杂青霉烯衍生物的制备方法	12-25
A61K 31/40	CN 1033029C	90104933.6	巴斯大学	茚并吲哚化合物的制备方法	12-42
A61K 31/40	CN 1032750C	91100140.9	药制品公司	新的聚 4-氨基-2-羟基-1-甲基化合物脲基衍生物的制备方法	12-37
A61K 31/40	CN 1032202C	91101188.9	伊莱利利公司	6-取代-六氢化苯并[CD]吲哚的制备方法	12-27
A61K 31/40	CN 1032469C	91112791.7	曾尼卡有限公司	制备杂环酰胺衍生物新物理形态的方法	12-32

续表

国际专利分类号	授权公告号	专利号 ZL	专利权人	发明名称	卷期号
A61K 31/405	CN 1030701C	91103461.7	藤泽药品工业株式会社	吲哚衍生物的制备方法	12-03
A61K 31/405	CN 1031999C	91105624.6	伊莱利利公司	6-取代的四氢苯并[cd]吲哚类化合物的制备方法	12-24
A61K 31/405	CN 1030766C	91108614.5	默里尔多药物公司	5-羟色胺兴奋剂的制备方法	12-04
A61K 31/41	CN 1030915C	91105154.6	埃斯蒂维实验室股份有限公司	苯并咪唑衍生物的制备方法	12-06
A61K 31/41	CN 1032207C	89107035.4	三共株式会社	用作止痛药和消炎剂的咪唑并吡唑衍生物的制备方法	12-27
A61K 31/41	CN 1032856C	92112003.6	化学药物研究股份公司	咪唑-5-羟酸衍生物的新的缩醛的制备方法	12-39
A61K 31/415	CN 1031940C	91102043.8	赫彻斯特股份公司	取代的唑类化合物的制备方法	12-23
A61K 31/415	CN 1031404C	91104891.X	赫彻斯特股份公司	制备取代的唑类的方法	12-13
A61K 31/415	CN 1032000C	91104911.8	伊莱利利公司	吡唑烷酮类肠促胰酶肽和胃泌素拮抗剂的制备方法	12-24
A61K 31/415	CN 1031339C	92103141.6	拜尔公司	杂环取代的苯乙酸衍生物的制备方法	12-12
A61K 31/415	CN 1032841C	87100378.3	史密斯·克林·弗伦奇公司	制备抗酸泡腾对偶物的方法	12-39
A61K 31/415	CN 1032900C	89100974.4	库拉特克药品有限公司	局部应用的甲硝哒唑制剂的制备方法	12-40
A61K 31/415	CN 1032754C	90109407.2	詹森药业有限公司	免疫刺激性 6-芳基-5,6-二氢咪唑并[2,1-b]噻唑衍生物的制备方法	12-37
A61K 31/415	CN 1032856C	92112003.6	化学药物研究股份公司	咪唑-5-羧酸衍生物的新的缩醛的制备方法	12-39
A61K 31/42	CN 1031059C	89105849.4	E. R. 斯奎布父子公司	取代的杂环酰胺前列腺素类似物的制备方法	12-08
A61K 31/42	CN 1031824C	92103119.X	三共株式会社	新的噻唑烷酮和噁唑烷酮衍生物的制备方法	12-21
A61K 31/42	CN 1031619C	92112329.9	卫材株式会社	噁唑烷酮衍生物用于制备药物	12-17

续表

国际专利分类号	授权公告号	专利号 ZL	专利权人	发明名称	卷期号
A61K 31/425	CN 1031825C	91108478.9	E.R. 斯奎布父子公司	单环β-内酰胺类抗生素的杂芳酰基衍生物的制备方法	12-21
A61K 31/425	CN 1031824C	92103119.X	三共株式会社	新的噻唑烷酮和噁唑烷酮衍生物的制备方法	12-21
A61K 31/425	CN 1033639C	92113835.0	三共株式会社	含有醌基的噁唑烷化合物的制备方法	12-52
A61K 31/425	CN 1032751C	92115234.5	三共株式会社	噻唑烷化合物，其制备及其治疗用途	12-37
A61K 31/425	CN 1032309C	93104036.1	美国辉瑞有限公司	吲哚衍生物	12-29
A61K 31/435	CN 1031941C	91108649.8	杏林制药株式会社	氟代乙基喜树碱衍生物的制备方法	12-23
A61K 31/44	CN 1032136C	88107175.7	山之内制药株式会社	双氢吡啶-3,5-双羧酸酯衍生物的制备方法	12-26
A61K 31/44	CN 1031570C	90100900.8	藤泽药品工业株式会社	吡唑并吡啶化合物的制备方法	12-16
A61K 31/44	CN 1031403C	90101997.6	詹森药业有限公司	羟基烷基呋喃基衍生物的制备方法	12-13
A61K 31/44	CN 1031404C	91104891.X	赫彻斯特股份公司	制备取代的唑类的方法	12-13
A61K 31/44	CN 1031709C	92105975.2	杜法尔国际研究公司	新的3-取代的3,4-脱氢哌啶衍生物及其盐的制备方法	12-18
A61K 31/44	CN 1032205C	89101104.8	E·R·斯奎布父子公司	制备嘌呤基和嘧啶基羟基羟甲基取代的环丁烷类的方法	12-27
A61K 31/44	CN 1032203C	89109399.0	拜尔公司	制备取代2-吡啶酮和吡啶-2-硫酮的方法	12-27
A61K 31/44	CN 1032534C	91104523.6	石原产业株式会社	二氨基三氟甲基吡啶衍生物的制备方法	12-33
A61K 31/44	CN 1033509C	91110656.1	史密丝克莱恩比彻姆公司	一种新的制备喜树碱衍生物的方法	12-50
A61K 31/44	CN 1033453C	92115344.9	三共株式会社	吡啶基噻唑烷羧酸酰胺衍生物的制备方法	12-49
A61K 31/445	CN 1031618C	88109032.8	史密丝克莱恩贝克曼公司	含有氮杂螺烷作为其活性成分的组合物的制备方法	12-17

续表

国际专利分类号	授权公告号	专利号 ZL	专利权人	发明名称	卷期号
A61K 31/445	CN 1033454C	92101908.4	詹森药业有限公司	4-[(2-苯并噻唑基)甲氨基]-α-[(3,4-二氟苯氧基)甲基]-1-哌啶乙醇的制备方法	12-49
A61K 31/445	CN 1032650C	92111220.3	泰隆茂株式会社	硫脲衍生物的制备方法	12-35
A61K 31/47	CN 1030687C	89107343.4	沈阳铁路局中心医院	尿道给药剂型的制备方法	12-03
A61K 31/47	CN 1031266C	90101081.2	曾尼卡有限公司	含氮的六元或十元杂环的制法	12-11
A61K 31/47	CN 1032204C	88101707.8	阿勒根公司	具有类视网膜活性的苯基和杂二环基取代的乙炔的制备方法	12-27
A61K 31/47	CN 1033325C	91103231.2	美国辉瑞有限公司	抗炎异羟肟酸和 N-羟基脲的制备方法	12-47
A61K 31/47	CN 1032360C	91107511.9	中国药科大学	四氢小檗碱季铵化合物的制备方法	12-30
A61K 31/47	CN 1033451C	92115152.7	詹森药业有限公司	α-取代的苯甲胺衍生物	12-49
A61K 31/495	CN 1031266C	90101081.2	曾尼卡有限公司	含氮的六元或十元杂环的制法	12-11
A61K 31/495	CN 1030915C	91105154.6	埃斯蒂维实验室股份有限公司	苯并咪唑衍生物的制备方法	12-06
A61K 31/495	CN 1030986C	92105314.2	弗·哈夫曼-拉罗切有限公司	制备吡咯并吡嗪的方法	12-06
A61K 31/495	CN 1033327C	92103991.3	东丽株式会社	三环三唑并衍生物的制造方法	12-47
A61K 31/495	CN 1032901C	93108018.5	阿泼洛发公司	5,10-亚甲四氢叶酸-环糊精包合物	12-40
A61K 31/495	CN 1032675C	93110508.0	苏州长征制药厂	含有旋转酶抑制剂的稀释后供静脉注射的浓缩水溶液	12-36
A61K 31/495	CN 1033641C	93117311.6	美国辉瑞有限公司	5-(2-(4-(1,2-苯并异噻唑-3-基)-1-哌嗪基)乙基)-6-氯-1,3-二氢-2H-吲哚-2-酮盐酸盐-水合物	12-52
A61K 31/50	CN 1032361C	90100414.6	武田药品工业株式会社	咪唑并哒嗪化合物的制备方法	12-30

续表

国际专利分类号	授权公告号	专利号 ZL	专利权人	发明名称	卷期号
A61K 31/505	CN 1031403C	90101997.6	詹森药业有限公司	羟基烷基呋喃基衍生物的制备方法	12-13
A61K 31/505	CN 1030608C	90110125.7	普林斯顿大学托管委员会	N-(吡咯并[2,3-d]嘧啶-3-基酰基)-谷氨酸衍生物的制备方法的制备方法	12-01
A61K 31/505	CN 1030768C	91109738.4	大塚制药株式会社	嘧啶衍生物成药用盐的制备方法	12-04
A61K 31/505	CN 1032205C	89101104.8	E·R·斯奎布父子公司	制备嘌呤基和嘧啶基羟基羟甲基取代的环丁烷类的方法	12-27
A61K 31/505	CN 1033640C	90100612.2	生物化学药物公司	有抗病毒性能的取代1,3-氧硫杂烷的制备方法	12-52
A61K 31/505	CN 1032858C	91105803.6	中外制药株式会社	新颖的甲氨蝶呤衍生物的制造方法	12-39
A61K 31/505	CN 1033585C	92101158.X	埃吉斯药物工厂	1,2,4-三唑并(1,5-α)嘧啶衍生物的制法	12-51
A61K 31/505	CN 1033644C	93100378.4	瑞安大药厂股份有限公司	3-取代甲基-2,3-二氢咪唑并[1,2-c]喹唑啉衍生物,其制备与用途	12-52
A61K 31/51	CN 1033390C	92110750.1	武田药品工业株式会社	β-型盐酸硫胺素(维生素 B_1)晶体的制备	12-48
A61K 31/52	CN 1031055C	89100296.0	明尼苏达州立大学董事会	二脱氧二脱氢碳环核苷的制备方法	12-08
A61K 31/52	CN 1031056C	89102516.2	邻位药品公司	6-取代的嘌呤基哌嗪衍生物的制备方法	12-08
A61K 31/52	CN 1031403C	90101997.6	詹森药业有限公司	羟基烷基呋喃基衍生物的制备方法	12-13
A61K 31/52	CN 1031641C	90102240.3	比彻姆-伍尔芬公司	8-取代黄嘌呤的制备方法	12-17
A61K 31/52	CN 1033640C	90100612.2	生物化学药物公司	有抗病毒性能的取代1,3-氧硫杂烷的制备方法	12-52
A61K 31/52	CN 1032190C	90101328.5	肯尼思·纳于基·马楚默拉	减少药物副效应的单片蜡质体的制备方法	12-27
A61K 31/52	CN 1032815C	91101892.1	默里尔多药物公司	选择性腺苷受体剂的制备方法	12-38

续表

国际专利分类号	授权公告号	专利号 ZL	专利权人	发明名称	卷期号
A61K 31/54	CN 1032752C	93102234.7	河南省医药工业研究所	4-羟基-2-甲基-N-2-啶基-2H-1,2-苯并噻嗪-3-甲酰胺-1,1-二氧的衍生物及其制备方法	12-37
A61K 31/545	CN 1030657C	86102034.0	武田药品工业株式会社	抗菌化合物的生产方法	12-02
A61K 31/545	CN 1032292C	88104983.2	藤泽药品工业株式会社	新的头孢烯化合物的水溶性抗生素组合物的制备方法	12-29
A61K 31/55	CN 1033582C	91109753.8	埃吉斯药物工厂	一种制备新的 5H-苯并二氮杂衍生物的方法	12-51
A61K 31/55	CN 1033586C	92105040.2	詹森药业有限公司	咪唑并[2,1-b][3]苯并吖庚因衍生物的制备方法	12-51
A61K 31/55	CN 1033453C	92115344.9	三共株式会社	吡啶基噻唑烷羧酸酰胺衍生物的制备方法	12-49
A61K 31/56	CN 1030921C	91105275.5	默里尔多药物公司	制备 Δ^4-甾类化合物的方法	12-06
A61K 31/56	CN 1031574C	91105278.X	默里尔多药物公司	制备 4-氨基-△4,6-甾类化合物的方法	12-16
A61K 31/56	CN 1033033C	88102162.8	孕先灵公司	具有孕甾酮拮抗活性的 11β,19-桥接甾族合物的制备方法	12-42
A61K 31/56	CN 1033456C	92107315.1	王学斌	环维黄杨星的提取方法	12-49
A61K 31/565	CN 1031060C	89104490.6	法马西亚制药公司	新颖酯类的制造方法	12-08
A61K 31/565	CN 1031061C	90110332.2	先灵公司	14α,172α-桥亚乙基-16α-羟基-雌三烯的制备方法	12-08
A61K 31/565	CN 1032787C	87108176.8	伊莱利利公司	协同处理法	12-38
A61K 31/57	CN 1031574C	91105278.X	默里尔多药物公司	制备 4-氨基-△4,6-甾类化合物的方法	12-16
A61K 31/575	CN 1032756C	93103255.5	大兴安岭地区医药联合开发公司	以禽胆为原料制取熊脱氧胆酸的方法	12-37
A61K 31/58	CN 1031942C	88106811.X	鲁索-艾克勒夫公司	新的药用甾体的制备方法	12-23

续表

国际专利分类号	授权公告号	专利号 ZL	专利权人	发明名称	卷期号
A61K 31/58	CN 1030920C	91108910.1	先灵公司	孕二烯酮糠酸酯-水合物的制备方法	12-06
A61K 31/59	CN 1031705C	90108993.1	舍林股份公司	24-加碳-维生素-D-衍生物的制备方法	12-18
A61K 31/59	CN 1032255C	91108032.5	伦纳公司	新的 1α-羟基维生素 D_4 及其新的中间体和类似物	12-28
A61K 31/59	CN 1032256C	92100866.X	伦纳公司	1α,24 二羟维生素 D_2 的制备及其应用方法	12-28
A61K 31/65	CN 1031862C	88108149.3	山之内欧洲有限公司	药物组合物及其制备方法	12-22
A61K 31/65	CN 1033087C	93107916.0	美国氰胺公司	新颖的 7-(取代)-8-(取代)-9-[(取代的甘氨酰)酰氨基]-6-去甲基-6-去氧四环素	12-43
A61K 31/675	CN 1031713C	91104477.9	默里尔多药物公司	9-嘌呤基膦酸衍生物的制备方法	12-18
A61K 31/675	CN 1031826C	92105346.0	厄普约翰公司	吡唑并嘧啶二膦酸酯化合物在制备治疗炎症的药物中的应用	12-21
A61K 31/675	CN 1030658C	92105452.1	ASTA 药物股份公司	十八烷基-[2-(N-甲基哌啶子基)-乙基]-磷酸酯的制备方法	12-02
A61K 31/675	CN 1031827C	92114364.8	阿斯特拉公司	取代的苯并咪唑的制备方法	12-21
A61K 31/70	CN 1031037C	89101777.1	最高黄金独占有限公司	局部施用的金有机组合物的制备方法	12-08
A61K 31/70	CN 1031192C	91103091.3	阿美那里尼工业股份公司	3′-脱氨-4′-脱氧-4′-氨基-8-氟蒽环苷类的制备方法	12-10
A61K 31/70	CN 1030611C	92103160.2	伊莱利利公司	形式Ⅱ地红霉素的制备方法	12-01
A61K 31/70	CN 1031878C	92108867.1	法米塔利亚·卡洛·埃巴有限责任公司	蒽环苷的制备方法	12-22
A61K 31/70	CN 1030610C	92111350.1	布里斯托尔-迈尔斯斯奎布公司	制备结晶的鬼臼乙叉甙 4′-磷酸酯二乙醇化物的新方法	12-01

续表

国际专利分类号	授权公告号	专利号 ZL	专利权人	发明名称	卷期号
A61K 31/70	CN 1030987C	92114888.7	万有制药株式会社	吲哚并吡咯并咔唑衍生物的制备方法	12-06
A61K 31/70	CN 1030964C	93109317.1	美国辉瑞有限公司	用于制备具有减少苦味的阿扎利得组合物的方法	12-06
A61K 31/70	CN 1033638C	91102294.5	默里尔多药物公司	新型α-甘露糖苷酶和岩藻糖苷酶抑制剂	12-52
A61K 31/70	CN 1033227C	92113067.8	三共株式会社	具有抗肿瘤活性的嘧啶核苷衍生物的制备方法	12-45
A61K 31/70	CN 1033646C	93100166.8	卡利化学股份公司	4,13-二氧双环[8.2.1]十三烯酮衍生物及其药物组合物	12-52
A61K 31/70	CN 1032755C	93111041.6	大连医学院	从人体胎盘中提取核酸的方法	12-37
A61K 31/70	CN 1033273C	93114446.9	鲁索-艾克勒夫公司	新型红霉素衍生物及其制备方法和作为药物的用途	12-46
A61K 31/705	CN 1031643C	92109745.X	哈里埃有限公司	新苷类化合物的制备方法	12-17
A61K 31/71	CN 1033645C	91101710.0	普利瓦药物、化学、食品和化妆品工业公司	竹桃霉素肟类,其制法和应用	12-52
A61K 31/715	CN 1032842C	90103496.7	(部际)联合科学技术综合企业	角膜保护质的制取方法	12-39
A61K 31/785	CN 1030687C	89107343.4	沈阳铁路局中心医院	尿道给药剂型的制备方法	12-03
A61K 33/00	CN 1032841C	87100378.3	史密斯·克林·弗伦奇公司	制备抗酸泡腾对偶物的方法	12-39
A61K 33/02	CN 1031267C	87102304.0	赫彻斯特股份公司	具有抗痴功效的血管紧张素转化酶抑制剂的制备方法	12-11
A61K 33/04	CN 1032899C	92113732.X	陈光裕	一种暗疮面膜	12-40
A61K 33/06	CN 1032899C	92113732.X	陈光裕	一种暗疮面膜	12-40
A61K 33/08	CN 1031184C	93119767.8	中国科学院化工冶金研究所	等离子体制备超细纳米级氧化钙的方法	12-10

续表

国际专利分类号	授权公告号	专利号 ZL	专利权人	发明名称	卷期号
A61K 33/18	CN 1031620C	93102791.8	刘振宪	咽炎含片及其制造方法	12-17
A61K 33/22	CN 1032899C	92113732.X	陈光裕	一种暗疮面膜	12-40
A61K 35/02	CN 1031173C	89102837.4	加藤正俊	生物活性材料的制造方法	12-10
A61K 35/02	CN 1030891C	91106107.X	董国英	含多种微量元素的抗癌口服药物配制方法	12-06
A61K 35/02	CN 1031620C	93102791.8	刘振宪	咽炎含片及其制造方法	12-17
A61K 35/28	CN 1031687C	92113517.3	中国人民解放军第三〇九医院	从猪脾中提取转移因子的方法	12-18
A61K 35/37	CN 1030641C	90106071.2	刘兴志	消除人体内结石的药物制造方法	12-02
A61K 35/37	CN 1031620C	93102791.8	刘振宪	咽炎含片及其制造方法	12-17
A61K 35/407	CN 1032693C	93120999.4	中国人民解放军第四五八医院	促肝细胞生长素	12-36
A61K 35/413	CN 1031620C	93102791.8	刘振宪	咽炎含片及其制造方法	12-17
A61K 35/413	CN 1032756C	93103255.5	大兴安岭地区医药联合开发公司	以禽胆为原料制取熊脱氧胆酸的方法	12-37
A61K 35/54	CN 1032788C	90106639.7	王 群	瑞生宁乳的制法	12-38
A61K 35/55	CN 1032347C	90100295.X	蒙才华	一种中草药制备生发剂的方法	12-30
A61K 35/56	CN 1030641C	90106071.2	刘兴志	消除人体内结石的药物制造方法	12-02
A61K 35/56	CN 1031487C	91108415.0	柏钟扩	天然植物型润肤液及其制作方法	12-15
A61K 35/56	CN 1031620C	93102791.8	刘振宪	咽炎含片及其制造方法	12-17
A61K 35/56	CN 1032732C	92110537.1	贾文成	高营养对虾钙片的制造方法	12-37
A61K 35/56	CN 1032951C	95190005.6	海南养生堂药业有限公司	龟和鳖的组合物及其制备方法	12-41
A61K 35/58	CN 1031781C	90108331.3	董士锋	一种强力溶栓胶囊的制作	12-20
A61K 35/58	CN 1031815C	92113871.7	史宝印	一种治疗红斑狼疮的药物的制备方法	12-21
A61K 35/58	CN 1030818C	93100740.2	郭来旺	蚂蚁丸及其制造方法	12-05

续表

国际专利分类号	授权公告号	专利号 ZL	专利权人	发明名称	卷期号
A61K 35/60	CN 1033214C	93110022.4	沈阳金城制药厂	一种治疗胃溃疡的胃康胶囊	12-45
A61K 35/62	CN 1031781C	90108331.3	董士锋	一种强力溶栓胶囊的制作	12-20
A61K 35/64	CN 1030641C	90106071.2	刘兴志	消除人体内结石的药物制造方法	12-02
A61K 35/64	CN 1030818C	93100740.2	郭来旺	蚂蚁丸及其制造方法	12-05
A61K 35/66	CN 1032925C	89108821.0	王万和	蚯蚓的酶工程技术	12-40
A61K 35/70	CN 1033043C	86108977.4	格鲁波莱佩蒂特公司	糖苷配基抗菌素 A40926 的制备方法	12-42
A61K 35/74	CN 1031948C	89107873.8	格鲁波莱佩蒂特公司	抗生素 GE2270 的制备方法	12-23
A61K 35/78	CN 1030598C	90101621.7	曹万兴	一种少儿止泻巾的制作方法	12-01
A61K 35/78	CN 1030641C	90106071.2	刘兴志	消除人体内结石的药物制造方法	12-02
A61K 35/78	CN 1031261C	91106269.6	中国科学院大连化学物理研究所	一种薏苡仁酯的提取方法	12-11
A61K 35/78	CN 1031816C	91106739.6	国家重点星火培训基地湖南省石门特早熟蜜柑培训中心	药物保健褥	12-21
A61K 35/78	CN 1031318C	91107254.3	四川涪陵制药厂	藿香正气液体口服制剂的制备方法	12-12
A61K 35/78	CN 1031487C	91108415.0	柏钟扩	天然植物型润肤液及其制作方法	12-15
A61K 35/78	CN 1032154C	92102831.8	张笑平	药物保健卫生纸的制备方法	12-26
A61K 35/78	CN 1030892C	92103783.X	王 寒	从甘薯叶提取有效成分的方法	12-06
A61K 35/78	CN 1031744C	90106092.5	朱明岐	一种磁渗药膏的制备方法	12-19
A61K 35/78	CN 1031781C	90108331.3	董士锋	一种强力溶栓胶囊的制作	12-20
A61K 35/78	CN 1031743C	91100206.5	太原日化实验厂	一种康洁洗剂的制作方法	12-19
A61K 35/78	CN 1031857C	92105382.7	王福寿	五味中草药罐头食品的制作方法	12-22
A61K 35/78	CN 1032141C	92108707.1	白诚本	一种沙棘系列滋补酒的配制方法	12-26

续表

国际专利分类号	授权公告号	专利号 ZL	专　利　权　人	发　明　名　称	卷　期　号
A61K 35/78	CN 1031205C	92110146.5	贾金铃	还阳参酒的制备方法	12-10
A61K 35/78	CN 1031915C	92110554.1	淮南市科技实验厂	亮菌糖浆的生产方法	12-23
A61K 35/78	CN 1031815C	92113871.7	史宝印	一种治疗红斑狼疮的药物的制备方法	12-21
A61K 35/78	CN 1031287C	92115146.2	赣州市种子管理站	苦瓜清凉饮料系列产品加工方法	12-11
A61K 35/78	CN 1030818C	93100740.2	郭来旺	蚂蚁丸及其制造方法	12-05
A61K 35/78	CN 1031782C	93100934.0	罗振英	人参和西洋参口嚼片的生产方法	12-20
A61K 35/78	CN 1030819C	93101083.7	翁维健	一种止鼾的药物	12-05
A61K 35/78	CN 1030963C	93102233.9	韦克仪	一种治疗痹症的外用药液	12-06
A61K 35/78	CN 1031620C	93102791.8	刘振宪	咽炎含片及其制造方法	12-17
A61K 35/78	CN 1031310C	93103004.8	江西省机电化工科技开发总公司	一种防醉酒保健食品组合物	12-12
A61K 35/78	CN 1031243C	93106579.8	郭念筠	治疗白癜风的药物	12-11
A61K 35/78	CN 1031175C	93106631.X	彭栋珍	一种药物型妇女卫生巾及其制造方法	12-10
A61K 35/78	CN 1031174C	93108642.6	中国人民解放军第三军医大学	一种抗菌、灭菌洗液及其制备方法和应用	12-10
A61K 35/78	CN 1031779C	93108968.9	江百芝	抗炎保健皮蛋及其制备方法	12-20
A61K 35/78	CN 1031688C	93109716.9	高学泰	一种治疗颈椎病的药物及其制备方法	12-18
A61K 35/78	CN 1031689C	93117543.7	高学泰	一种治疗腰椎骨质增生性疾病的药物	12-18
A61K 35/78	CN 1031923C	93117565.8	陈立胜	沿吉抗癌口服剂	12-23
A61K 35/78	CN 1033365C	89102592.8	LVMH 里尔兹经济利益集团	含黄芩素类化合物的脂质体组合物制备方法	12-48
A61K 35/78	CN 1032347C	90100295.X	蒙才华	一种中草药制备生发剂的方法	12-30
A61K 35/78	CN 1032620C	91101770.4	李亦武	润肠茶的配制	12-35
A61K 35/78	CN 1033210C	91107259.4	四川涪陵制药厂	补肾防喘片的制备方法	12-45

续表

国际专利分类号	授权公告号	专利号 ZL	专利权人	发明名称	卷期号
A61K 35/78	CN 1033366C	92100799.X	龚枫砰	一种药物健肺衣的制作方法	12-48
A61K 35/78	CN 1032924C	92102471.1	重庆啤酒厂	格罗蒙啤酒酿制方法	12-40
A61K 35/78	CN 1033456C	92107315.1	王学斌	环维黄杨星的提取方法	12-49
A61K 35/78	CN 1033211C	92107848.X	南京金陵制药厂	脉络宁静脉注射液的工艺方法	12-45
A61K 35/78	CN 1032899C	92113732.X	陈光裕	一种暗疮面膜	12-40
A61K 35/78	CN 1033421C	92114421.0	何名富	一种药物牙膏的制备方法	12-49
A61K 35/78	CN 1033212C	93100041.6	北京师范大学	松针降糖口服液	12-45
A61K 35/78	CN 1032403C	93100120.X	秦元贵	中药奇可力制剂及其制备方法	12-31
A61K 35/78	CN 1032622C	93101118.3	王来运	伸筋活络丹液	12-35
A61K 35/78	CN 1033213C	93103246.6	王云飞	复方冬凌草含片	12-45
A61K 35/78	CN 1032404C	93103901.0	房敬陇	一种粉刺治疗乳及其生产方法	12-31
A61K 35/78	CN 1032571C	93104666.1	山西省芮城地方国营制药厂	防治婴幼儿腹泻、厌食症-贴膏及其制备方法	12-34
A61K 35/78	CN 1032405C	93104701.3	云南科技创业服务中心	一种灯盏花注射液制备工艺	12-31
A61K 35/78	CN 1033214C	93110022.4	沈阳金城制药厂	一种治疗胃溃疡的胃康胶囊	12-45
A61K 35/78	CN 1032733C	93118059.7	王刚生	一种除脚臭喷散剂	12-37
A61K 35/78	CN 1033552C	94115330.4	王国武	苦荞麦精疗效保健食品生产方法	12-51
A61K 37/48	CN 1032190C	90101328.5	肯尼思·纳于基·马楚默拉	减少药物副效应的单片蜡质体的制备方法	12-27
A61K 37/48	CN 1032406C	93114571.6	迟斌元	一种含凝血酶的药物组合物	12-31
A61K 38/00	CN 1032425C	88103725.7	南方十字生物技术有限公司	活性态蛋白质之生产	12-31
A61K 38/02	CN 1031465C	85109132.6	先灵生物技术公司	编码表现有人粒细胞巨口噬细胞和嗜伊红细胞生长因子活性多之肽 cDNA 克隆	12-14

续表

国际专利分类号	授权公告号	专利号 ZL	专 利 权 人	发 明 名 称	卷 期 号
A61K 38/02	CN 1032315C	87100465.8	默克有限公司	在酵母中生产乙型肝炎病毒蛋白质的方法	12-29
A61K 38/04	CN 1030703C	89104205.9	默里尔多药物公司	神经激肽 A 的拮抗剂的制备方法	12-03
A61K 38/04	CN 1031344C	89109713.9	理查德奇特昂凡昔的古阿脱	抑制 T-淋巴细胞成熟和巨噬细胞活性的新颖肽的制备方法	12-12
A61K 38/05	CN 1030922C	91109117.3	藤泽药品工业株式会社	新氨基酸衍生物的制备方法	12-06
A61K 38/14	CN 1032426C	88101111.8	伊莱利利公司	糖肽回收工艺	12-31
A61K 38/17	CN 1033330C	93119818.6	美国辉瑞有限公司	从无声杆捕鸟蛛中得到的阻断钙通道的多肽	12-47
A61K 38/21	CN 1033035C	91103687.3	先灵公司	制备干扰素 α-2 晶体的方法	12-42
A61K 38/24	CN 1031714C	88103966.7	切萨雷·西罗诺公司研究院	纯化的促卵泡激素的制备方法	12-18
A61K 38/25	CN 1032787C	87108176.8	伊莱利利公司	协同处理法	12-38
A61K 38/25	CN 1032425C	88103725.7	南方十字生物技术有限公司	活性态蛋白质之生产	12-31
A61K 38/27	CN 1031038C	89106684.5	孟山都公司	生物活性多肽的延迟释放	12-08
A61K 38/42	CN 1032471C	88103596.3	加拿大国防部	稳定的血红蛋白的制备方法	12-32
A61K 38/43	CN 1031205C	92110146.5	贾金铃	还阳参酒的制备方法	12-10
A61K 38/44	CN 1030718C	86106774.6	斯比克姆股份有限公司	一种超氧化物歧化酶	12-03
A61K 38/46	CN 1032142C	86102644.6	津莫吉尼蒂克斯公司	在哺乳动物细胞内表达因子Ⅶ活性的方法	12-26
A61K 38/47	CN 1032019C	87102725.9	澳州生物科技公司	生物合成灭活素的方法	12-24
A61K 38/55	CN 1030999C	88100146.5	拜尔公司	胰蛋白酶抑制剂的制备方法	12-06
A61K 38/55	CN 1031880C	89108935.7	默里多尔药物公司	肽酶底物的新型类似物的制备方法	12-22
A61K 39/00	CN 1031039C	88101481.8	墨尔本皇家技术研究院	猪痢疾疫苗	12-08
A61K 39/00	CN 1032348C	90109121.9	日清制油株式会社	用于口服的稳定的免疫原组合物的制备方法	12-30

续表

国际专利分类号	授权公告号	专利号 ZL	专利权人	发明名称	卷期号
A61K 39/02	CN 1032236C	91105793.5	研究发展基金会	对弱疫苗抗原提供胸腺相关帮助的脂质体的制备方法	12-28
A61K 39/10	CN 1033003C	87104279.7	罗纳德 D·塞库拉	类毒素制备的新方法	12-42
A61K 39/17	CN 1030642C	89102850.1	湖北省生物制品厂	雏鸡新城疫、鸡痘二联活疫苗的制造方法	12-02
A61K 39/17	CN 1033215C	89108848.2	张炳团	抗肿瘤生物制剂的制造方法	12-45
A61K 39/275	CN 1030642C	89102850.1	湖北省生物制品厂	雏鸡新城疫、鸡痘二联活疫苗的制造方法	12-02
A61K 39/29	CN 1032315C	87100465.8	默克有限公司	在酵母中生产乙型肝炎病毒蛋白质的方法	12-29
A61K 39/295	CN 1030642C	89102850.1	湖北省生物制品厂	雏鸡新城疫、鸡痘二联活疫苗的制造方法	12-02
A61K 39/395	CN 1031759C	88103992.6	科特公司	生产对嗜中性白细胞和嗜曙红细胞的共同抗原决定簇区域特异的单克隆抗体的方法	12-19
A61K 39/395	CN 1032190C	90101328.5	肯尼思·纳于基·马楚默拉	减少药物副效应的单片蜡质体的制备方法	12-27
A61K 45/00	CN 1032190C	90101328.5	肯尼思·纳于基·马楚默拉	减少药物副效应的单片蜡质体的制备方法	12-27
A61K 45/08	CN 1032841C	87100378.3	史密斯·克林·弗伦奇公司	制备抗酸泡腾对偶物的方法	12-39
A61K 47/00	CN 1032236C	91105793.5	研究发展基金会	对弱疫苗抗原提供胸腺相关帮助的脂质体的制备方法	12-28
A61K 47/02	CN 1030964C	93109317.1	美国辉瑞有限公司	用于制备具有减少苦味的阿扎利得组合物的方法	12-06
A61K 47/12	CN 1030964C	93109317.1	美国辉瑞有限公司	用于制备具有减少苦味的阿扎利得组合物的方法	12-06
A61K 47/24	CN 1032190C	90101328.5	肯尼思·纳于基·马楚默拉	减少药物副效应的单片蜡质体的制备方法	12-27
A61K 47/30	CN 1032406C	93114571.6	迟斌元	一种含凝血酶的药物组合物	12-31

续表

国际专利分类号	授权公告号	专利号 ZL	专利权人	发明名称	卷期号
A61K 47/36	CN 1032402C	93100305.9	A·E·道布拉特沃拉斯基	可压片的药用粒化组合物及其制备方法	12-31
A61K 47/38	CN 1031862C	88108149.3	山之内欧洲有限公司	药物组合物及其制备方法	12-22
A61K 47/40	CN 1032901C	93108018.5	阿泼洛发公司	5,10-亚甲四氢叶酸-环糊精包合物	12-40
A61K 47/44	CN 1032571C	93104666.1	山西省芮城地方国营制药厂	防治婴幼儿腹泻、厌食症-贴膏及其制备方法	12-34
A61K 47/48	CN 1032190C	90101328.5	肯尼思·纳于基·马楚默拉	减少药物副效应的单片蜡质体的制备方法	12-27
A61K 51/02	CN 1033143C	91104343.8	陶氏化学公司	放射性药物制剂的制备方法	12-44
C07C 43/29	CN 1032854C	93115162.7	山东新华制药厂	制备间苯氧基溴苄的方法	12-39
C07C 45/00	CN 1031131C	92108127.8	西南合成制药厂	一种6-甲氧基萘甲醛的制备方法	12-09
C07C 47/20	CN 1033577C	92109831.6	东北制药总厂	烯醇与烯基醚反应制备不饱和羰基化合物的方法	12-51
C07C 47/21	CN 1033577C	92109831.6	东北制药总厂	烯醇与烯基醚反应制备不饱和羰基化合物的方法	12-51
C07C 47/445	CN 1031131C	92108127.8	西南合成制药厂	一种6-甲氧基萘甲醛的制备方法	12-09
C07C 49/20	CN 1033577C	92109831.6	东北制药总厂	烯醇与烯基醚反应制备不饱和羰基化合物的方法	12-51
C07C 49/203	CN 1033577C	92109831.6	东北制药总厂	烯醇与烯基醚反应制备不饱和羰基化合物的方法	12-51
C07C 50/06	CN 1031992C	90107622.8	卫材株式会社	苯醌衍生物及其药用	12-24
C07C 51/43	CN 1031562C	92106327.X	东北制药总厂	低温制备高含量甲酸方法	12-16
C07C 53/02	CN 1031562C	92106327.X	东北制药总厂	低温制备高含量甲酸方法	12-16
C07C 57/30	CN 1033044C	89101540.X	罗纳·布朗克制药公司	旋光2-芳基烷酸的制备方法	12-42

续表

国际专利分类号	授权公告号	专利号 ZL	专利权人	发明名称	卷期号
C07C 57/30	CN 1031939C	92106667.8	山东新华制药厂	催化下分子重排制备布洛芬的工艺	12-23
C07C 59/06	CN 1031638C	92104616.2	陈道埙	合成羟基乙酸的新工艺	12-17
C07C 59/105	CN 1031704C	92104516.6	云南省香料研究开发中心	紫胶桐酸的制备方法	12-18
C07C 59/13	CN 1032134C	91102985.0	埃吉斯药物工厂	2,2-二甲基-5-(2,5-二甲基苯氧基)戊酸	12-26
C07C 59/54	CN 1033086C	92109051.X	久光制药株式会社	苯基烷酸衍生物的制造方法	12-43
C07C 59/56	CN 1033086C	92109051.X	久光制药株式会社	苯基烷酸衍生物的制造方法	12-43
C07C 59/86	CN 1033086C	92109051.X	久光制药株式会社	苯基烷酸衍生物的制造方法	12-43
C07C 59/88	CN 1033086C	92109051.X	久光制药株式会社	苯基烷酸衍生物的制造方法	12-43
C07C 67/48	CN 1031261C	91106269.6	中国科学院大连化学物理研究	一种薏苡仁酯的提取方法	12-11
C07C 69/63	CN 1032134C	91102985.0	埃吉斯药物工厂	2,2 二甲基-5-(2,5-二甲基苯氧基)戊酸的制备方法	12-26
C07C 69/73	CN 1033086C	92109051.X	久光制药株式会社	苯基烷酸衍生物的制造方法	12-43
C07C 211/42	CN 1030702C	89100484.X	弗·哈夫曼-拉罗切有限公司	芪衍生物	12-03
C07C 211/42	CN 1031995C	91100031.3	奥韦特有限公司	N-炔丙基-1-氨基茚满的 R-对映体的制法	12-24
C07C 211/52	CN 1033451C	92115152.7	詹森药业有限公司	α-取代的苯甲胺衍生物	12-49
C07C 215/42	CN 1033638C	91102294.5	默里尔多药物公司	新型 α-甘露糖苷酶和岩藻糖苷酶抑制剂	12-52
C07C 217/54	CN 1031639C	92107623.1	中国药科大学	一种抗高血压药物苯氧烷胺类化合物的结晶体的制备方法	12-17
C07C 225/22	CN 1033451C	92115152.7	詹森药业有限公司	α-取代的苯甲胺衍生物	12-49
C07C 233/47	CN 1032253C	91103013.1	赫彻斯特股份公司	用作抑制脯氨酸羟化酶的药物的制备方法	12-28
C07C 233/57	CN 1031051C	89106909.7	美国辉瑞有限公司	环烷基取代的戊二酰胺衍生物的制备	12-08

续表

国际专利分类号	授权公告号	专利号 ZL	专利权人	发明名称	卷期号
C07C 235/74	CN 1032253C	91103013.1	赫彻斯特股份公司	用作抑制脯氨酸羟化酶的药物的制备方法	12-28
C07C 237/20	CN 1033451C	92115152.7	詹森药业有限公司	α-取代的苯甲胺衍生物	12-49
C07C 237/26	CN 1033087C	93107916.0	美国氰胺公司	新颖的 7-(取代)-8-(取代)-9-[(取代的甘氨酰)酰氨基]-6-去甲基-6-去氧四环素	12-43
C07C 237/30	CN 1033142C	94117208.2	詹森药业有限公司	具有抗人体免疫缺乏病毒的药物组合物的制备方法	12-44
C07C 237/38	CN 1033142C	94117208.2	詹森药业有限公司	具有抗人体免疫缺乏病毒的药物组合物的制备方法	12-44
C07C 255/39	CN 1031996C	86101380.8	奇诺英药物化学工厂有限公司	多种异物体活性组分制备方法	12-24
C07C 255/42	CN 1033451C	92115152.7	詹森药业有限公司	α-取代的苯甲胺衍生物	12-49
C07C 255/50	CN 1031052C	89108784.2	理查德·R·蒂德威尔	治疗和预防卡氏肺囊虫肺炎和其它疾病的方法及所用的化合物和配方	12-08
C07C 255/65	CN 1033389C	90106545.5	国际壳牌研究有限公司	生物杀伤组合物	12-48
C07C 257/18	CN 1031052C	89108784.2	理查德·R·蒂德威尔	治疗和预防卡氏肺囊虫肺炎和其它疾病的方法及所用的化合物和配方	12-08
C07C 275/64	CN 1033325C	91103231.2	美国辉瑞有限公司	抗炎异羟肟酸和N-羟基脲的制备方法	12-47
C07C 291/04	CN 1032533C	92111582.2	麦克尼拉布公司	反胺苯环醇N-氧化物及其对映异构件的制备方法	12-33
C07C 291/08	CN 1033389C	90106545.5	国际壳牌研究有限公司	生物杀伤组合物	12-48
C07C 303/16	CN 1031751C	93110559.5	南京药物研究所	无三废高纯度二甲基二硫和甲烷磺酸合成工艺	12-19

续表

国际专利分类号	授权公告号	专利号 ZL	专利权人	发明名称	卷期号
C07C 309/04	CN 1031751C	93110559.5	南京药物研究所	无三废高纯度二甲基二硫和甲烷磺酸合成工艺	12-19
C07C 311/37	CN 1031639C	92107623.1	中国药科大学	一种抗高血压药物苯氧烷胺类化合物的结晶体的制备方法	12-17
C07C 317/02	CN 1033087C	93107916.0	美国氰胺公司	新颖的 7-(取代)-8-(取代)-9-[(取代的甘氨酰)酰氨基]-6-去甲基-6-去氧四环素	12-43
C07C 319/14	CN 1031751C	93110559.5	南京药物研究所	无三废高纯度二甲基二硫和甲烷磺酸合成工艺	12-19
C07C 321/14	CN 1031751C	93110559.5	南京药物研究所	无三废高纯度二甲基二硫和甲烷磺酸合成工艺	12-19
C07C 323/19	CN 1030702C	89100484.X	弗·哈夫曼-拉罗切有限公司	芪衍生物	12-03
C07C 323/25	CN 1031997C	90107077.7	日本触媒化学工业株式会社	粒状半胱胺盐酸盐及其制造方法	12-24
C07C 323/26	CN 1031998C	90103322.7	L·拉峰试验公司	[α-(叔丁基氨基甲基)-3,4-二氯苄基]硫代乙酰胺,其制备方法及应用	12-24
C07C 323/31	CN 1031262C	90100962.8	伊莱利利公司	环取代的 2-氨基-1,2,3,4-四氢化萘和 3-氨基苯并二氢吡喃	12-11
C07C 323/32	CN 1030702C	89100484.X	弗·哈夫曼-拉罗切有限公司	芪衍生物	12-03
C07C 323/59	CN 1032253C	91103013.1	赫彻斯特股份公司	用作抑制脯氨酸羟化酶的药物的制备方法	12-28
C07C 331/04	CN 1033209C	91107473.2	中国科学院上海植物生理研究所	芥子碱在制备具有抗辐射伤害作用的溶液中的应用	12-45
C07C 401/00	CN 1031705C	90108993.1	舍林股份公司	24-加碳-维生素-D-衍生物的制备方法	12-18

续表

国际专利分类号	授权公告号	专利号 ZL	专利权人	发明名称	卷期号
C07C 401/00	CN 1032255C	91108032.5	伦纳公司	新的 1α-羟基维生素 D4 及其新的中间体和类似物	12-28
C07C 401/00	CN 1032256C	92100866.X	伦纳公司	1α,24 二羟维生素 D_2 的制备及其应用方法	12-28
C07D 205/04	CN 1033087C	93107916.0	美国氰胺公司	新颖的 7-(取代)-8-(取代)-9-[(取代的甘氨酰)酰氨基]-6-去甲基-6-去氧四环素	12-43
C07D 205/12	CN 1033087C	93107916.0	美国氰胺公司	新颖的 7-(取代)-8-(取代)-9-[(取代的甘氨酰)酰氨基]-6-去甲基-6-去氧四环素	12-43
C07D 205/08	CN 1033087C	93107916.0	美国氰胺公司	新颖的 7-(取代)-8-(取代)-9-[(取代的甘氨酰)酰氨基]-6-去甲基-6-去氧四环素	12-43
C07D 207/325	CN 1030702C	89100484.X	弗·哈夫曼-拉罗切有限公司	芪衍生物	12-03
C07D 207/327	CN 1033087C	93107916.0	美国氰胺公司	新颖的 7-(取代)-8-(取代)-9-[(取代的甘氨酰)酰氨基]-6-去甲基-6-去氧四环素	12-43
C07D 209/10	CN 1030701C	91103461.7	藤泽药品工业株式会社	吲哚衍生物的制备方法	12-03
C07D 209/12	CN 1030701C	91103461.7	藤泽药品工业株式会社	吲哚衍生物的制备方法	12-03
C07D 209/14	CN 1030701C	91103461.7	藤泽药品工业株式会社	吲哚衍生物的制备方法	12-03
C07D 209/16	CN 1030890C	91107596.8	格拉克索公司	一种药物组合物的制备方法	12-06
C07D 209/16	CN 1030766C	91108614.5	默里尔多药物公司	5-羟色胺兴奋剂的制备方法	12-04
C07D 209/18	CN 1030766C	91108614.5	默里尔多药物公司	5-羟色胺兴奋剂的制备方法	12-04
C07D 209/20	CN 1030766C	91108614.5	默里尔多药物公司	5-羟色胺兴奋剂的制备方法	12-04
C07D 209/54	CN 1031618C	88109032.8	史密丝克莱恩贝克曼公司	含有氮杂螺烷作为其活性成分的组合物的制备方法	12-17

续表

国际专利分类号	授权公告号	专利号 ZL	专 利 权 人	发 明 名 称	卷 期 号
C07D 209/56	CN 1031618C	88109032.8	史密丝克莱恩贝克曼公司	含有氮杂螺烷作为其活性成分的组合物的制备方法	12-17
C07D 209/70	CN 1033029C	90104933.6	巴斯大学	苊并吲哚化合物的制备方法	12-42
C07D 209/90	CN 1031999C	91105624.6	伊莱利利公司	6-取代的四氢苯并[cd]吲哚类化合物的制备方法	12-24
C07D 209/90	CN 1032202C	91101188.9	伊莱利利公司	6-取代-六氢化苯并[CD]吲哚的制备方法	12-27
C07D 211/22	CN 1032209C	90103712.5	美国辉瑞有限公司	抗局部缺血剂 2-哌啶子基-1-链烷醇衍生物的制备方法	12-27
C07D 211/32	CN 1032209C	90103712.5	美国辉瑞有限公司	抗局部缺血剂 2-哌啶子基-1-链烷醇衍生物的制备方法	12-27
C07D 211/34	CN 1033087C	93107916.0	美国氰胺公司	新颖的 7-(取代)-8-(取代)-9-[(取代的甘氨酰)酰氨基]-6-去甲基-6-去氧四环素	12-43
C07D 211/90	CN 1032648C	88109031.X	菲泽有限公司	一种血小板活化因子拮抗剂的制备方法	12-35
C07D 213/06	CN 1030702C	89100484.X	弗·哈夫曼-拉罗切有限公司	芪衍生物	12-03
C07D 213/24	CN 1031992C	90107622.8	卫材株式会社	苯醌衍生物及其药用	12-24
C07D 213/64	CN 1032203C	89109399.0	拜尔公司	制备取代 2-吡啶酮和吡啶-2-硫酮的方法	12-27
C07D 213/70	CN 1032203C	89109399.0	拜尔公司	制备取代 2-吡啶酮和吡啶-2-硫酮的方法	12-27
C07D 215/06	CN 1032204C	88101707.8	阿勒根公司	具有类视网膜活性的苯基和杂二环基取代的乙炔的制备方法	12-27
C07D 215/06	CN 1033451C	92115152.7	詹森药业有限公司	α-取代的苯甲胺衍生物	12-49
C07D 215/12	CN 1033325C	91103231.2	美国辉瑞有限公司	抗炎异羟肟酸和 N-羟基脲的制备方法	12-47

续表

国际专利分类号	授权公告号	专利号 ZL	专 利 权 人	发 明 名 称	卷 期 号
C07D 215/14	CN 1032204C	88101707.8	阿勒根公司	具有类视网膜活性的苯基和杂二环基取代的乙炔的制备方法	12-27
C07D 215/16	CN 1033325C	91103231.2	美国辉瑞有限公司	抗炎异羟肟酸和N-羟基脲的制备方法	12-47
C07D 215/56	CN 1031710C	88101941.0	奇诺英药物化学工厂有限公司	喹啉羧酸硼酸酐的制法	12-18
C07D 215/56	CN 1031190C	89109448.2	奇诺英药物化学工厂有限公司	喹啉羧酸衍生物的制备方法	12-10
C07D 215/56	CN 1031795C	91104666.6	杏林制药株式会社	8-烷氧基喹啉酮羧酸硼复合体及其盐及制备方法	12-20
C07D 215/60	CN 1031263C	89100472.6	伊莱利利公司	具有杀真菌活性的喹啉化合物的制备方法	12-11
C07D 219/08	CN 1032649C	91101914.6	赫彻斯特-柔斯尔药物有限公司	含羧基的吖啶的还原方法	12-35
C07D 221/06	CN 1032649C	91101914.6	赫彻斯特-柔斯尔药物有限公司	含羧基的吖啶的还原方法	12-35
C07D 227/10	CN 1033584C	92102954.3	麦克公司	促进生长激素释放的新的苯并稠合内酰胺的制法	12-51
C07D 227/00	CN 1033142C	94117208.2	詹森药业有限公司	具有抗人体免疫缺乏病毒的药物组合物的制备方法	12-44
C07D 227/10	CN 1033584C	92102954.3	麦克公司	促进生长激素释放的新的苯并稠合内酰胺的制法	12-51
C07D 231/08	CN 1032000C	91104911.8	伊莱利利公司	吡唑烷酮类肠促胰酶肽和胃泌素拮抗剂的制备方法	12-24
C07D 233/22	CN 1031052C	89108784.2	理查德·R·蒂德威尔	治疗和预防卡氏肺囊虫肺炎和其它疾病的方法及所用的化合物和配方	12-08
C07D 233/38	CN 1032308C	89109175.0	田边制药株式会社	制备旋光性2-氧代咪唑烷衍生物的方法	12-29

续表

国际专利分类号	授权公告号	专利号 ZL	专利权人	发明名称	卷期号
C07D 233/56	CN 1032690C	93118117.8	盐野义制药株式会社	咪唑的制备	12-36
C07D 233/64	CN 1031567C	87106249.6	格德昂·理查德化学工厂股份公司	甲氰咪胍变体A的制备方法	12-16
C07D 233/64	CN 1033087C	93107916.0	美国氰胺公司	新颖的7-(取代)-8-(取代)-9-[(取代的甘氨酰)酰氨基]-6-去甲基-6-去氧四环素	12-43
C07D 233/64	CN 1032690C	93118117.8	盐野义制药株式会社	咪唑的制备	12-36
C07D 239/46	CN 1031054C	89101971.5	E·R·斯奎布父子公司	制备双(羟甲基)环丁基嘌呤和嘧啶的方法	12-08
C07D 239/46	CN 1030916C	91110831.9	E·R·斯奎布父子公司	制备羟甲基(亚甲基环戊基)嘌呤和嘧啶的方法	12-06
C07D 239/54	CN 1031054C	89101971.5	E·R·斯奎布父子公司	制备双(羟甲基)环丁基嘌呤和嘧啶的方法	12-08
C07D 239/54	CN 1031343C	91104951.7	美国氰胺公司	脱氧核苷的制备方法	12-12
C07D 239/88	CN 1033451C	92115152.7	詹森药业有限公司	α-取代的苯甲胺衍生物	12-49
C07D 241/06	CN 1032535C	92110026.4	河北省药物研究所	N-(四氢呋喃-2-甲酰)哌嗪的制备法	12-33
C07D 243/10	CN 1033582C	91109753.8	埃吉斯药物工厂	一种制备新的5H-苯并二氮杂草衍生物的方法	12-51
C07D 251/30	CN 1032184C	90103339.1	帝国化学工业公司	杀真菌剂及其制备方法	12-27
C07D 253/07	CN 1032184C	90103339.1	帝国化学工业公司	杀真菌剂及其制备方法	12-27
C07D 257/02	CN 1033030C	89106401.X	唐化学原料公司	大环双官能螯合剂及其配合物和抗体共轭物的制备方法	12-42
C07D 265/02	CN 1033087C	93107916.0	美国氰胺公司	新颖的7-(取代)-8-(取代)-9-[(取代的甘氨酰)酰氨基]-6-去甲基-6-去氧四环素	12-43
C07D 265/30	CN 1033087C	93107916.0	美国氰胺公司	新颖的7-(取代)-8-(取代)-9-[(取代的甘氨酰)酰氨基]-6-去甲基-6-去氧四环素	12-43

续表

国际专利分类号	授权公告号	专利号 ZL	专利权人	发明名称	卷期号
C07D 277/22	CN 1031992C	90107622.8	卫材株式会社	苯醌衍生物及其药用	12-24
C07D 277/34	CN 1033639C	92113835.0	三共株式会社	含有醌基的噻唑烷化合物的制备方法	12-52
C07D 277/34	CN 1032751C	92115234.5	三共株式会社	噻唑烷化合物,其制备及其治疗用途	12-37
C07D 279/10	CN 1030702C	89100484.X	弗·哈夫曼-拉罗切有限公司	芪衍生物	12-03
C07D 281/00	CN 1031342C	91111039.9	田边制药株式会社	1,5-苯并硫氮杂草盐酸盐的制备方法	12-12
C07D 281/10	CN 1031708C	90102552.6	田边制药株式会社	1,5-苯硫氮杂草衍生物的制备方法	12-18
C07D 285/14	CN 1033354C	92108687.3	希巴-盖吉股份公司	7-取代的苯并-1,2,3-噻二唑衍生物的组合物	12-48
C07D 285/14	CN 1033299C	92108697.0	希巴-盖吉股份公司	使植物对病害具有免疫力的方法	12-47
C07D 295/08	CN 1030702C	89100484.X	弗·哈夫曼-拉罗切有限公司	芪衍生物	12-03
C07D 295/14	CN 1031992C	90107622.8	卫材株式会社	苯醌衍生物及其药用	12-24
C07D 307/24	CN 1032535C	92110026.4	河北省药物研究所	N-(四氢呋喃-2-甲酰)哌嗪的制备法	12-33
C07D 307/62	CN 1031569C	89108425.8	恩考工程库尔公司	L-抗坏血酸钠制法	12-16
C07D 307/79	CN 1033451C	92115152.7	詹森药业有限公司	α-取代的苯甲胺衍生物	12-49
C07D 307/80	CN 1032135C	90107001.7	韦斯卡玛生物工业化学药物合股公司	具有粘液调节和抗局部缺血性质的 2,3-二氢-5-氧-4,6,7-三甲基苯并呋喃的 2-(RS)-衍生物的制备方法	12-26
C07D 311/04	CN 1033325C	91103231.2	美国辉瑞有限公司	抗炎异羟肟酸和 N-羟基脲的制备方法	12-47
C07D 311/74	CN 1032204C	88101707.8	阿勒根公司	具有类视网膜活性的苯基和杂二环基取代的乙炔的制备方法	12-27
C07D 311/92	CN 1033583C	91105008.6	赫彻斯特股份公司	制备福司可林的 6-(取代氨基丙酰基)衍生物的方法	12-51

续表

国际专利分类号	授权公告号	专利号 ZL	专 利 权 人	发 明 名 称	卷 期 号
C07D 317/66	CN 1032650C	92111220.3	泰隆茂株式会社	硫脲衍生物的制备方法	12-35
C07D 319/16	CN 1033084C	92111629.2	瑞士隆萨股份公司	取代的乙烯基苯的生产方法	12-43
C07D 319/18	CN 1032650C	92111220.3	泰隆茂株式会社	硫脲衍生物的制备方法	12-35
C07D 323/16	CN 1030702C	89100484.X	弗·哈夫曼-拉罗切有限公司	芪衍生物	12-03
C07D 333/06	CN 1031992C	90107622.8	卫材株式会社	苯醌衍生物及其药用	12-24
C07D 335/02	CN 1033057C	88106979.5	希巴-盖吉股份公司	彩色录像材料及其制备方法	12-42
C07D 335/06	CN 1032204C	88101707.8	阿勒根公司	具有类视网膜活性的苯基和杂二环基取代的乙炔的制备方法	12-27
C07D 335/06	CN 1032470C	89109626.4	武田药品工业株式会社	制备含硫杂环化合物的方法	12-32
C07D 337/08	CN 1032470C	89109626.4	武田药品工业株式会社	制备含硫杂环化合物的方法	12-32
C07D 401/04	CN 1031795C	91104666.6	杏林制药株式会社	8-烷氧基喹啉酮羰酸硼复合体及其盐及制备方法	12-20
C07D 401/04	CN 1033325C	91103231.2	美国辉瑞有限公司	抗炎异羟肟酸和N-羟基脲的制备方法	12-47
C07D 401/04	CN 1033087C	93107916.0	美国氰胺公司	新颖的 7-(取代)-8-(取代)-9-[(取代的甘氨酰)酰氨基]-6-去甲基-6-去氧四环素	12-43
C07D 401/04	CN 1032690C	93118117.8	盐野义制药株式会社	咪唑的制备	12-36
C07D 401/06	CN 1031264C	91103558.3	默里尔多药物公司	1-3-二氢-4-吡啶酰基-2H-咪唑-2-酮类化合物的制备	12-11
C07D 401/06	CN 1032648C	88109031.X	菲泽有限公司	一种血小板活化因子拮抗剂的制备方法	12-35
C07D 401/10	CN 1033584C	92102954.3	麦克公司	促进生长激素释放的新的苯并稠合内酰胺的制法	12-51
C07D 401/12	CN 1032136C	88107175.7	山之内制药株式会社	双氢吡啶-3,5-双羧酸酯衍生物的制备方法	12-26

续表

国际专利分类号	授权公告号	专利号 ZL	专利权人	发明名称	卷期号
C07D 401/12	CN 1031265C	89108779.6	武田药品工业株式会社	含四氢化嘧啶的控制害虫组合物	12-11
C07D 401/12	CN 1032184C	90103339.1	帝国化学工业公司	杀真菌剂及其制备方法	12-27
C07D 401/14	CN 1031265C	89108779.6	武田药品工业株式会社	含四氢化嘧啶的控制害虫组合物	12-11
C07D 401/14	CN 1032916C	90108716.5	布里斯托尔-迈尔斯斯奎布公司	1-[[1-[2-(三氟甲基)-4-嘧啶基]-4-哌啶基]甲基]-2-吡咯烷酮的大规模制备方法	12-40
C07D 403/06	CN 1031618C	88109032.8	史密丝克莱恩贝克曼公司	含有氮杂螺烷作为其活性成分的组合物的制备方法	12-17
C07D 403/10	CN 1033584C	92102954.3	麦克公司	促进生长激素释放的新的苯并稠合内酰胺的制法	12-51
C07D 403/10	CN 1032856C	92112003.6	化学药物研究股份公司	咪唑-5-羧酸衍生物的新的缩醛的制备方法	12-39
C07D 405/04	CN 1033325C	91103231.2	美国辉瑞有限公司	抗炎异羟肟酸和N-羟基脲的制备方法	12-47
C07D 405/06	CN 1032203C	89109399.0	拜尔公司	制备取代2-吡啶酮和吡啶-2-硫酮的方法	12-27
C07D 405/06	CN 1032690C	93118117.8	盐野义制药株式会社	咪唑的制备	12-36
C07D 409/04	CN 1033325C	91103231.2	美国辉瑞有限公司	抗炎异羟肟酸和N-羟基脲的制备方法	12-47
C07D 409/06	CN 1032209C	90103712.5	美国辉瑞有限公司	抗局部缺血剂2-呱啶子基-1-链烷醇衍生物的制备方法	12-27
C07D 411/04	CN 1033640C	90100612.2	生物化学药物公司	有抗病毒性能的取代1,3-氧硫杂烷的制备方法	12-52
C07D 413/04	CN 1032000C	91104911.8	伊莱利利公司	吡唑烷酮类肠促胰酶肽和胃泌素拮抗剂的制备方法	12-24
C07D 413/04	CN 1031619C	92112329.9	卫材株式会社	噁唑烷酮衍生物用于制备药物	12-17

续表

国际专利分类号	授权公告号	专利号 ZL	专利权人	发明名称	卷期号
C07D 413/14	CN 1032309C	93104036.1	美国辉瑞有限公司	吲哚衍生物	12-29
C07D 415/00	CN 1033390C	92110750.1	武田药品工业株式会社	β-型盐酸硫胺素(维生素 B1)晶体的制备	12-48
C07D 417/04	CN 1033088C	92110877.X	藤泽药品工业株式会社	新的噻唑基苯并呋喃衍生物的制备方法	12-43
C07D 417/04	CN 1032000C	91104911.8	伊莱利利公司	吡唑烷酮类肠促胰酶肽和胃泌素拮抗剂的制备方法	12-24
C07D 417/06	CN 1033089C	93106669.7	美国辉瑞有限公司	制备芳基哌嗪基-杂环化合物的方法	12-43
C07D 417/10	CN 1033584C	92102954.3	麦克公司	促进生长激素释放的新的苯并稠合内酰胺的制法	12-51
C07D 417/12	CN 1033454C	92101908.4	詹森药业有限公司	4-[(2-苯并噻唑基)甲氨基]-α-[(3,4-二氟苯氧基)甲基]-1-哌啶乙醇的制备方法	12-49
C07D 417/12	CN 1032752C	93102234.7	河南省医药工业研究所	4-羟基-2-甲基-N-2-啶基-2H-1,2-苯并噻嗪-3-甲酰胺-1,1-二氧的衍生物及其制备方法	12-37
C07D 417/12	CN 1033641C	93117311.6	美国辉瑞有限公司	5-(2-(4-(1,2-苯并异噻唑-3-基)-1-哌嗪基)乙基)-6-氯-1,3-二氢-2H-吲哚-2-酮盐酸盐-水合物	12-52
C07D 417/14	CN 1031825C	91108478.9	E·R·斯奎布父子公司	单环β-内酰胺类抗生素的杂芳酰基衍生物的制备方法	12-21
C07D 417/14	CN 1032648C	88109031.X	菲泽有限公司	一种血小板活化因子拮抗剂的制备方法	12-35
C07D 417/14	CN 1032309C	93104036.1	美国辉瑞有限公司	吲哚衍生物	12-29
C07D 455/03	CN 1032360C	91107511.9	中国药科大学	四氢小檗碱季铵化合物的制备方法	12-30
C07D 471/04	CN 1030656C	88106325.8	武田药品工业株式公社	制备磺酰脲衍生物的方法	12-02

续表

国际专利分类号	授权公告号	专利号 ZL	专利权人	发明名称	卷期号
C07D 471/04	CN 1031132C	91108934.9	马理昂默里尔多公司	碳环腺苷类似物的制备方法	12-09
C07D 471/04	CN 1031570C	90100900.8	藤泽药品工业株式会社	吡唑并吡啶化合物的制备方法	12-16
C07D 471/04	CN 1031403C	90101997.6	詹森药业有限公司	羟基烷基呋喃基衍生物的制备方法	12-13
C07D 471/04	CN 1031053C	91100034.8	美国辉瑞有限公司	氮杂羟基吲哚衍生物的制备方法	12-08
C07D 471/04	CN 1031940C	91102043.8	赫彻斯特股份公司	取代的唑类化合物的制备方法	12-23
C07D 471/04	CN 1032648C	88109031.X	菲泽有限公司	一种血小板活化因子拮抗剂的制备方法	12-35
C07D 471/04	CN 1032205C	89101104.8	E·R·斯奎布父子公司	制备嘌呤基和嘧啶基羟基羟甲基取代的环丁烷类的方法	12-27
C07D 471/04	CN 1033391C	92110560.6	舍林股份公司	新的-β-咔啉衍生物的制备方法	12-48
C07D 471/06	CN 1032208C	90101141.X	卡利药物化学股份公司	新的药用酰胺及其盐的制备方法	12-27
C07D 473/00	CN 1031054C	89101971.5	E·R·斯奎布父子公司	制备双(羟甲基)环丁基嘌呤和嘧啶的方法	12-08
C07D 473/00	CN 1031403C	90101997.6	詹森药业有限公司	羟基烷基呋喃基衍生物的制备方法	12-13
C07D 473/00	CN 1031132C	91108934.9	马理昂默里尔多公司	碳环腺苷类似物的制备方法	12-09
C07D 473/00	CN 1031879C	92103371.0	菲索斯有限公司	腺嘌呤三磷酸类似物的制备方法	12-22
C07D 473/02	CN 1031055C	89100296.0	明尼苏达州立大学董事会	二脱氧二脱氢碳环核苷的制备方法	12-08
C07D 473/16	CN 1031055C	89100296.0	明尼苏达州立大学董事会	二脱氧二脱氢碳环核苷的制备方法	12-08
C07D 473/18	CN 1031055C	89100296.0	明尼苏达州立大学董事会	二脱氧二脱氢碳环核苷的制备方法	12-08
C07D 473/18	CN 1030916C	91110831.9	E·R·斯奎布父子公司	制备羟甲基(亚甲基环戊基)嘌呤和嘧啶的方法	12-06
C07D 473/26	CN 1031056C	89102516.2	邻位药品公司	6-取代的嘌呤基哌嗪衍生物的制备方法	12-08
C07D 473/26	CN 1031642C	91103957.0	邻位药品公司	6-取代的嘌呤基哌嗪衍生物的制备方法	12-17

续表

国际专利分类号	授权公告号	专利号 ZL	专利权人	发明名称	卷期号
C07D 473/00	CN 1033640C	90100612.2	生物化学药物公司	有抗病毒性能的取代1,3-氧硫杂烷的制备方法	12-52
C07D 473/02	CN 1032205C	89101104.8	E·R·斯奎布父子公司	制备嘌呤基和嘧啶基羟基羟甲基取代的环丁烷类的方法	12-27
C07D 473/02	CN 1033326C	91102896.X	邻位药品公司	6-取代的嘌呤基哌嗪衍生物的旋光异构体的制备方法	12-47
C07D 473/06	CN 1032815C	91101892.1	默里尔多药物公司	选择性腺苷受体剂的制备方法	12-38
C07D 473/12	CN 1032753C	93108755.4	煤炭科学研究总院合肥研究所	从茶叶中提取咖啡因的方法	12-37
C07D 473/18	CN 1032205C	89101104.8	E·R·斯奎布父子公司	制备嘌呤基和嘧啶基羟基羟甲基取代的环丁烷类的方法	12-27
C07D 473/26	CN 1033326C	91102896.X	邻位药品公司	6-取代的嘌呤基哌嗪衍生物的旋光异构体的制备方法	12-47
C07D 475/04	CN 1032206C	89104352.7	爱泼洛瓦股份公司	制备四氢叶酸盐的方法	12-27
C07D 475/08	CN 1032858C	91105803.6	中外制药株式会社	新颖的甲氨蝶呤衍生物的制造方法	12-39
C07D 477/00	CN 1030604C	91101470.5	格拉克索公司意大利分公司	三环碳代青霉烯类化合物的制备方法	12-01
C07D 477/00	CN 1030917C	91109093.2	格拉克索公司意大利分公司	缩合的碳代青霉烯衍生物的制备方法	12-06
C07D 477/00	CN 1030918C	92104130.6	布里斯托尔-迈尔斯斯奎布公司	4-取代烷基碳青霉烯类抗菌素的制法	12-06
C07D 477/00	CN 1030767C	92108826.4	三共株式会社	1-甲基碳代青霉烯衍生物的制备方法	12-04
C07D 477/00	CN 1032061C	92114620.5	万有制药株式会社	氨基烷基吡咯烷基硫代碳杂青霉烯衍生物的制备方法	12-25
C07D 477/00	CN 1033455C	91108869.5	田边制药株式会社	1-甲基碳代青霉烯衍生物的制备方法	12-49

续表

国际专利分类号	授权公告号	专利号 ZL	专利权人	发明名称	卷期号
C07D 477/00	CN 1032257C	92111069.3	盐野义制药株式会社	吡咯烷硫基碳代青霉烯衍生物的生产方法	12-28
C07D 477/06	CN 1031571C	91109631.0	布里斯托尔-米尔斯·斯奎布公司	碳代青霉烯衍生物的烯丙基酯的脱保护方法	12-16
C07D 487/04	CN 1030605C	89102512.X	邻位药品公司	4-取代吡唑[3,4-d]嘧啶衍生物的制备方法	12-01
C07D 487/04	CN 1030607C	90109208.8	三共株式会社	具有抗过敏症和抗气喘活性的新的四环化合物的制备方法	12-01
C07D 487/04	CN 1030656C	88106325.8	武田药品工业株式会社	制备磺酰脲衍生物的方法	12-02
C07D 487/04	CN 1030768C	91109738.4	大冢制药株式会社	嘧啶衍生物成药用盐的制备方法	12-04
C07D 487/04	CN 1031057C	88108697.5	弗·哈夫曼-拉罗切有限公司	制备三唑[4,3-a][1,4]苯并二氮杂草和噻吩并[3,2-f][1,2,4]三唑并[43-9][1,4]二氮杂草的方法	12-08
C07D 487/04	CN 1031133C	92110311.5	山之内制药株式会社	吡唑并三唑衍生物的制备方法	12-09
C07D 487/04	CN 1032003C	90104432.6	武田药品工业株式会社	制备吡咯并嘧啶类化合物的方法	12-24
C07D 487/04	CN 1032205C	89101104.8	E·R·斯奎布父子公司	制备嘌呤基和嘧啶基羟基羟甲基取代的环丁烷类的方法	12-27
C07D 487/04	CN 1032207C	89107035.4	三共株式会社	用作止痛药和消炎剂的咪唑并吡唑衍生物的制备方法	12-27
C07D 487/04	CN 1032361C	90100414.6	武田药品工业株式会社	咪唑并哒嗪化合物的制备方法	12-30
C07D 487/04	CN 1033585C	92101158.X	埃吉斯药物工厂	1,2,4-三唑并(1,5-α)嘧啶衍生物的制法	12-51
C07D 487/04	CN 1033327C	92103991.3	东丽株式会社	三环三唑并衍生物的制造方法	12-47
C07D 487/04	CN 1033586C	92105040.2	詹森药业有限公司	咪唑并[2,1-b][3]苯并吖庚因衍生物的制备方法	12-51

续表

国际专利分类号	授权公告号	专利号 ZL	专利权人	发明名称	卷期号
C07D 487/04	CN 1033642C	92111373.0	道伊兰科公司	取代的 N-芳基-1,2,4-三唑并嘧啶-2-磺酰胺的制备方法	12-52
C07D 487/04	CN 1033644C	93100378.4	瑞安大药厂股份有限公司	3-取代甲基-2,3-二氢咪唑并[1,2-c]喹唑啉衍生物,其制备与用途	12-52
C07D 487/06	CN 1031058C	89101474.8	詹森药业有限公司	制备抗病毒用四氢咪唑并苯并二氮杂草酮类化合物的方法	12-08
C07D 487/06	CN 1032208C	90101141.X	卡利药物化学股份公司	新的药用酰胺及其盐的制备方法	12-27
C07D 487/08	CN 1032209C	90103712.5	美国辉瑞有限公司	抗局部缺血剂 2-哌啶子基-1-链烷醇衍生物的制备方法	12-27
C07D 487/08	CN 1033087C	93107916.0	美国氰胺公司	新颖的 7-(取代)-8-(取代)-9-[(取代的甘氨酰)酰氨基]-6-去甲基-6-去氧四环素	12-43
C07D 487/14	CN 1033587C	92104830.0	詹森药业有限公司	咪唑并[1,2-a][吡咯并,噻吩并或呋喃并][3,2-a]吖庚因衍生物的制备方法	12-51
C07D 487/22	CN 1032588C	93117212.8	山西大学	mcso-四苯基卟啉类化合物的制备方法	12-34
C07D 487/22	CN 1032589C	94112189.5	中国人民解放军第二军医大学	二氢卟吩 C_6 金属络合物及其合成方法	12-34
C07D 487/22	CN 1032590C	94112190.9	中国人民解放军第二军医大学	二氢卟吩 E6 醚衍生物及其合成方法	12-34
C07D 491/048	CN 1031461C	85106365.9	默克专利股份有限公司	外销旋半酯析分工艺	12-14
C07D 491/14	CN 1033587C	92104830.0	詹森药业有限公司	咪唑并[1,2-a][吡咯并,噻吩并或呋喃并][3,2-a]吖庚因衍生物的制备方法	12-51
C07D 491/147	CN 1031941C	91108649.8	杏林制药株式会社	氟代乙基喜树碱衍生物的制备方法	12-23
C07D 491/22	CN 1031941C	91108649.8	杏林制药株式会社	氟代乙基喜树碱衍生物的制备方法	12-23

续表

国际专利分类号	授权公告号	专利号 ZL	专　利　权　人	发　明　名　称	卷　期　号
C07D 493/08	CN 1031059C	89105849.4	E·R·斯奎布父子公司	取代的杂环酰胺前列腺素类似物的制备方法	12-08
C07D 493/08	CN 1033274C	93112358.5	中国科学院上海有机化学研究所	甾体青蒿素	12-46
C07D 493/10	CN 1033583C	91105008.6	赫彻斯特股份公司	制备福司可林的 6-(取代氨基丙酰基)衍生物的方法	12-51
C07D 493/18	CN 1033588C	93106143.1	广州市医药工业研究所	超临界流体萃取法提取青蒿素的新工艺	12-51
C07D 493/22	CN 1033509C	91110656.1	史密丝克莱恩比彻姆公司	一种新的制备喜树碱衍生物的方法	12-50
C07D 495/04	CN 1032210C	89108382.0	邻位药品公司	制备用作抗高血压剂的新的取代的噻吩并吡喃的方法	12-27
C07D 495/14	CN 1033587C	92104830.0	詹森药业有限公司	咪唑并[1,2-a][吡咯并,噻吩并或呋喃并][3,2-a]吖庚因衍生物的制备方法	12-51
C07D 498/06	CN 1032208C	90101141.X	卡利药物化学股份公司	新的药用酰胺及其盐的制备方法	12-27
C07D 498/08	CN 1033163C	92106014.9	东北制药总厂	异丁基哌嗪力复霉素的制备方法	12-44
C07D 501/02	CN 1031571C	91109631.0	布里斯托尔-米尔斯·斯奎布公司	碳代青霉烯衍生物的烯丙基酯的脱保护方法	12-16
C07D 501/18	CN 1033164C	93115726.9	东北制药总厂	7-氨基头孢霉烷酸的精制方法	12-44
C07D 501/56	CN 1030657C	86102034.0	武田药品工业株式会社	抗菌化合物的生产方法	12-02
C07D 501/56	CN 1032292C	88104983.2	藤泽药品工业株式会社	新的头孢烯化合物的水溶性抗生素组合物的制备方法	12-29
C07D 513/04	CN 1030656C	88106325.8	武田药品工业株式会社	制备磺酰脲衍生物的方法	12-02
C07D 513/04	CN 1032648C	88109031.X	菲泽有限公司	一种血小板活化因子拮抗剂的制备方法	12-35
C07D 513/04	CN 1032754C	90109407.2	詹森药业有限公司	免疫刺激性 6-芳基-5,6-二氢咪唑并[2,1-b]噻唑衍生物的制备方法	12-37

续表

国际专利分类号	授权公告号	专利号 ZL	专　利　权　人	发　明　名　称	卷　期　号
C07D　513/04	CN　1033088C	92110877. X	藤泽药品工业株式会社	新的噻唑基苯并呋喃衍生物的制备方法	12-43
C07D　513/06	CN　1032208C	90101141. X	卡利药物化学股份公司	新的药用酰胺及其盐的制备方法	12-27
C07D　519/00	CN　1032208C	90101141. X	卡利药物化学股份公司	新的药用酰胺及其盐的制备方法	12-27
C07D　519/04	CN　1033329C	90101770. 1	三井石油化学工业株式会社	二元吲哚生物碱的制备方法	12-47
C07F　5/00	CN　1033143C	91104343. 8	陶氏化学公司	放射性药物制剂的制备方法	12-44
C07F　5/02	CN　1031710C	88101941. 0	奇诺英药物化学工厂有限公司	喹啉羧酸硼酸酐的制法	12-18
C07F　5/04	CN　1031795C	91104666. 6	杏林制药株式会社	8-烷氧基喹啉酮羰酸硼复合体及其盐及制备方法	12-20
C07F　7/18	CN　1032203C	89109399. 0	拜尔公司	制备取代 2-吡啶酮和吡啶-2-硫酮的方法	12-27
C07F　9/38	CN　1033143C	91104343. 8	陶氏化学公司	放射性药物制剂的制备方法	12-44
C07F　9/50	CN　1031828C	93102336. X	阿默森国际有限公司	一种带有锝-99m 的阳离子配合物的制造方法	12-21
C07F　9/50	CN　1032538C	93106100. 8	赫彻斯特股份公司	磺化 2,2′-双(二苯膦甲基)-1,1′-联萘及其制备方法	12-33
C07F　9/59	CN　1030658C	92105452. 1	ASTA 药物股份公司	十八烷基-[2-(N-甲基哌啶子基)-乙基]-磷酸酯的制备方法	12-02
C07F　9/655	CN　1032539C	93108823. 2	BASF 公司	L-抗坏血酸 2-磷酸钙的制备	12-33
C07F　9/6561	CN　1031713C	91104477. 9	默里尔多药物公司	9-嘌呤基膦酸衍生物的制备方法	12-18
C07F　9/6561	CN　1031826C	92105346. 0	厄普约翰公司	吡唑并嘧啶二膦酸酯化合物在制备治疗炎症的药物中的应用	12-21
C07F　9/656	CN　1031827C	92114364. 8	阿斯特拉公司	取代的苯并咪唑的制备方法	12-21

续表

国际专利分类号	授权公告号	专利号 ZL	专利权人	发明名称	卷期号
C07F9 9/6574	CN 1033028C	87101182.4	鲁索-艾克勒夫公司	制备新的 2,2-二甲基环丙烷甲酸衍生物的方法	12-42
C07F 13/00	CN 1031828C	93102336.X	阿默森国际有限公司	一种带有锝-99m 的阳离子配合物的制造方法	12-21
C07F 17/00	CN 1032008C	91104485.X	陶氏化学公司	加聚催化剂的制备方法	12-24
C07G 11/00	CN 1033043C	86108977.4	格鲁波莱佩蒂特公司	糖苷配基抗菌素 A40926 的制备方法	12-42
C07H 1/02	CN 1033272C	93108510.1	武田药品工业株式会社	5′-核苷酸的生产方法	12-46
C07H 1/06	CN 1031405C	91100593.5	杭州市粮油科学研究设计所	一种肌苷的分离方法	12-13
C07H 1/08	CN 1031687C	92113517.3	中国人民解放军第三〇九医院	从猪脾中提取转移因子的方法	12-18
C07H 1/08	CN 1032755C	931111041.6	大连医学院	从人体胎盘中提取核酸的方法	12-37
C07H 1/08	CN 1032651C	93117563.1	袁斯鸣	甜菊糖甙的精制方法	12-35
C07H 5/06	CN 1033638C	91102294.5	默里尔多药物公司	新型 α-甘露糖苷酶和岩藻糖苷酶抑制剂	12-52
C07H 15/04	CN 1031572C	89106277.7	陈 方	甲基葡萄糖苷的连续制造方法及其装置	12-16
C07H 15/04	CN 1031573C	91111414.9	天津市界面与胶体科学研究所	烷基葡糖苷的直接合成法	12-16
C07H 15/10	CN 1033031C	90109290.8	菲迪安股份公司	改进的神经节苷脂类及其功能性衍生物的制备方法	12-42
C07H 15/252	CN 1031192C	91103091.3	阿美那里尼工业股份公司	3′-脱氨-4′-脱氧-4′-氨基-8-氟蒽环苷类的制备方法	12-10
C07H 15/252	CN 1031878C	92108867.1	法米塔利亚·卡洛·埃巴有限责任公司	蒽环苷的制备方法	12-22
C07H 17/00	CN 1032235C	92110256.9	布里斯托尔-迈尔斯斯奎布公司	卡达西叮发色团的生产方法	12-28

续表

国际专利分类号	授权公告号	专利号 ZL	专利权人	发明名称	卷期号
C07H 17/04	CN 1030610C	92111350.1	布里斯托尔-迈尔斯斯奎布公司	制备结晶的鬼臼乙叉甙 4'-磷酸酯二乙醇化物的新方法	12-01
C07H 17/04	CN 1033589C	93106360.4	日本化药株式会社	鬼臼乙叉甙磷酸酯的制备方法	12-51
C07H 17/08	CN 1030659C	91107980.7	普利瓦药物	10,11,12,13-四氢-脱碳霉糖泰乐菌素衍生物的制备方法	12-02
C07H 17/08	CN 1030611C	92103160.2	伊莱利利公司	形式Ⅱ地红霉素的制备方法	12-01
C07H 17/08	CN 1033645C	91101710.0	普利瓦药物、化学、食品和化妆品工业公司	竹桃霉素肟类,其制法和应用	12-52
C07H 17/08	CN 1033646C	93100166.8	卡利化学股份公司	4,13-二氧双环[8,2,1]十三烯酮衍生物及其药物组合物	12-52
C07H 17/08	CN 1033273C	93114446.9	鲁索-艾克勒夫公司	新型红霉素衍生物及其制备方法和作为药物的用途	12-46
C07H 19/044	CN 1030987C	92114888.7	万有制药株式会社	吲哚并吡咯并咔唑衍生物的制备方法	12-06
C07H 19/06	CN 1031343C	91104951.7	美国氰胺公司	脱氧核苷的制备方法	12-12
C07H 19/073	CN 1033227C	92113067.8	三共株式会社	具有抗肿瘤活性的嘧啶核苷衍生物的制备方法	12-45
C07H 19/10	CN 1032258C	91105815.X	曼海姆泊灵格股份公司	新的核苷磷脂衍生物的制法	12-28
C07H 19/10	CN 1033272C	93108510.1	武田药品工业株式会社	5'-核苷酸的生产方法	12-46
C07H 19/16	CN 1031405C	91100593.5	杭州市粮油科学研究设计所	一种肌苷的分离方法	12-13
C07H 19/20	CN 1031879C	92103371.0	菲索期有限公司	腺嘌呤三磷酸类似物的制备方法	12-22
C07H 19/20	CN 1032258C	91105815.X	曼海姆泊灵格股份公司	新的核苷磷脂衍生物的制法	12-28
C07H 19/20	CN 1033272C	93108510.1	武田药品工业株式会社	5'-核苷酸的生产方法	12-46

续表

国际专利分类号	授权公告号	专利号 ZL	专利权人	发明名称	卷期号
C07H 21/04	CN 1032755C	93111041.6	大连医学院	从人体胎盘中提取核酸的方法	12-37
C07J 3/00	CN 1031574C	91105278.X	默里尔多药物公司	制备 4-氨基-Δ4,6-甾类化合物的方法	12-16
C07J 3/00	CN 1033032C	89104356.X	默里尔多药物公司	19-取代孕酮衍生物的制备方法	12-42
C07J 5/00	CN 1032211C	89102092.6	鲁塞尔-乌克拉夫有限公司	9α-羟基-17-亚甲基甾类的制备方法	12-27
C07J 7/00	CN 1031574C	91105278.X	默里尔多药物公司	制备 4-氨基-Δ4,6-甾类化合物的方法	12-16
C07J 9/00	CN 1031508C	88105554.9	中国科学院上海药物研究所	合成表油菜内酯及其类似物的方法	12-15
C07J 9/00	CN 1031574C	91105278.X	默里尔多药物公司	制备 4-氨基-△4,6-甾类化合物的方法	12-16
C07J 9/00	CN 1031643C	92109745.X	哈里埃有限公司	新苷类化合物的制备方法	12-17
C07J 9/00	CN 1033560C	92104725.8	南开大学	皂甙选择性吸附树脂的合成与应用	12-51
C07J 9/00	CN 1032756C	93103255.5	大兴安岭地区医药联合开发公司	以禽胆为原料制取熊脱氧胆酸的方法	12-37
C07J 13/00	CN 1032211C	89102092.6	鲁塞尔-乌克拉夫有限公司	9α-羟基-17-亚甲基甾类的制备方法	12-27
C07J 17/00	CN 1030920C	91108910.1	先灵公司	孕二烯酮糠酸酯-水合物的制备方法	12-06
C07J 21/00	CN 1031942C	88106811.X	鲁索-艾克勒夫公司	新的药用甾体的制备方法	12-23
C07J 31/00	CN 1031942C	88106811.X	鲁索-艾克勒夫公司	新的药用甾体的制备方法	12-23
C07J 41/00	CN 1031942C	88106811.X	鲁索-艾克勒夫公司	新的药用甾体的制备方法	12-23
C07J 41/00	CN 1031060C	89104490.6	法马西亚制药公司	新颖酯类的制造方法	12-08
C07J 41/00	CN 1030921C	91105275.5	默里尔多药物公司	制备 Δ^4-甾类化合物的方法	12-06
C07J 41/00	CN 1032211C	89102092.6	鲁塞尔-乌克拉夫有限公司	9α-羟基-17-亚甲基甾类的制备方法	12-27
C07J 41/00	CN 1033456C	92107315.1	王学斌	环维黄杨星的提取方法	12-49
C07J 43/00	CN 1031060C	89104490.6	法马西亚制药公司	新颖酯类的制造方法	12-08
C07J 53/00	CN 1031061C	90110332.2	先灵公司	14α,172α-桥亚乙基-16α-羟基-雌三烯的制备方法	12-08

续表

国际专利分类号	授权公告号	专利号 ZL	专利权人	发明名称	卷期号
C07J 53/00	CN 1033033C	88102162.8	孕先灵公司	具有孕甾酮拮抗活性的 11β,19-桥接甾族合物的制备方法	12-42
C07J 53/00	CN 1033456C	92107315.1	王学斌	环维黄杨星的提取方法	12-49
C07J 63/00	CN 1031508C	88105554.9	中国科学院上海药物研究所	合成表油菜内酯及其类似物的方法	12-15
C07J 63/00	CN 1033033C	88102162.8	孕先灵公司	具有孕甾酮拮抗活性的 11β,19-桥接甾族合物的制备方法	12-42
C07J 71/00	CN 1033033C	88102162.8	孕先灵公司	具有孕甾酮拮抗活性的 11β,19-桥接甾族合物的制备方法	12-42
C07J 71/00	CN 1033274C	93112358.5	中国科学院上海有机化学研究所	甾体青蒿素	12-46
C07J 73/00	CN 1031508C	88105554.9	中国科学院上海药物研究所	合成表油菜内酯及其类似物的方法	12-15
C07K 1/00	CN 1030988C	88102311.6	伊莱利利公司	人结晶胰岛素原及其生产方法	12-06
C07K 1/14	CN 1031577C	91108119.4	南京大学	从废人尿液中提取尿胰蛋白酶抑制剂和集落刺	12-16
C07K 1/14	CN 1031687C	92113517.3	中国人民解放军第三〇九医院	从猪脾中提取转移因子的方法	12-18
C07K 1/16	CN 1031714C	88103966.7	切萨雷·西罗诺公司研究院	纯化的促卵泡激素的制备方法	12-18
C07K 1/16	CN 1032425C	88103725.7	南方十字生物技术有限公司	活性态蛋白质之生产	12-31
C07K 1/18	CN 1031943C	88107266.4	先灵公司	蛋白质纯化方法	12-23
C07K 1/18	CN 1032426C	88101111.8	伊莱利利公司	糖肽回收工艺	12-31
C07K 5/04	CN 1031344C	89109713.9	理查德奇特昂凡昔的古阿脱	抑制 T-淋巴细胞成熟和巨噬细胞活性的新颖肽的制备方法	12-12
C07K 5/06	CN 1031267C	87102304.0	赫彻斯特股份公司	具有抗痴功效的血管紧张素转化酶抑制剂的制备方法	12-11

续表

国际专利分类号	授权公告号	专利号 ZL	专利权人	发明名称	卷期号
C07K 5/06	CN 1031880C	89108935.7	默里多尔药物公司	肽酶底物的新型类似物的制备方法	12-22
C07K 5/06	CN 1030922C	91109117.3	藤泽药品工业株式会社	新氨基酸衍生物的制备方法	12-06
C07K 5/06	CN 1032212C	89101760.7	三井东压化学株式会社	N-被护 α-L-天冬氨酰-L-苯丙氨酸甲酯的制备方法	12-27
C07K 5/06	CN 1033584C	92102954.3	麦克公司	促进生长激素释放的新的苯并稠合内酰胺的制法	12-51
C07K 7/00	CN 1030703C	89104205.9	默里尔多药物公司	神经激肽 A 的拮抗剂的制备方法	12-03
C07K 7/06	CN 1031344C	89109713.9	理查德奇特昂凡昔的古阿脱	抑制 T-淋巴细胞成熟和巨噬细胞活性的新颖肽的制备方法	12-12
C07K 7/08	CN 1031193C	88106207.3	生化学工业株式会社	新型多肽的制造方法	12-10
C07K 9/00	CN 1032426C	88101111.8	伊莱利利公司	糖肽回收工艺	12-31
C07K 14/02	CN 1032315C	87100465.8	默克有限公司	在酵母中生产乙型肝炎病毒蛋白质的方法	12-29
C07K 14/235	CN 1033003C	87104279.7	罗纳德 D·塞库拉	类毒素制备的新方法	12-42
C07K 14/36	CN 1033043C	86108977.4	格鲁波莱佩蒂特公司	糖苷配基抗菌素 A40926 的制备方法	12-42
C07K 14/435	CN 1032427C	93104722.6	湖南师范大学	虎纹捕鸟蜘蛛毒素及其制备方法	12-31
C07K 14/435	CN 1033330C	93119818.6	美国辉瑞有限公司	从无声杆捕鸟蛛中得到的阻断钙通道的多肽	12-47
C07K 14/475	CN 1032693C	93120999.4	中国人民解放军第四五八医院	促肝细胞生长素	12-36
C07K 14/52	CN 1031893C	88100913.X	武田药品工业株式会社	碱性成纤维细胞生长因子的突变蛋白，DNA 及其应用	12-22
C07K 14/54	CN 1033034C	91103942.2	先灵公司	生产结晶白细胞介素-4 的方法	12-42
C07K 14/56	CN 1033035C	91103687.3	先灵公司	制备干扰素 α-2 晶体的方法	12-42

续表

国际专利分类号	授权公告号	专利号 ZL	专利权人	发明名称	卷期号
C07K 14/59	CN 1031714C	88103966.7	切萨雷·西罗诺公司研究院	纯化的促卵泡激素的制备方法	12-18
C07K 14/62	CN 1030988C	88102311.6	伊莱利利公司	人结晶胰岛素原及其生产方法	12-06
C07K 14/655	CN 1031038C	89106684.5	孟山都公司	生物活性多肽的延迟释放	12-08
C07K 14/68	CN 1031242C	88104090.8	大学专利有限公司	化妆品组合物	12-11
C07K 14/745	CN 1032142C	86102644.6	津莫吉尼蒂克斯公司	在哺乳动物细胞内表达因子Ⅷ活性的方法	12-26
C07K 14/805	CN 1032471C	88103596.3	加拿大国防部	稳定的血红蛋白的制备方法	12-32
C07K 14/81	CN 1032019C	87102725.9	澳州生物科技公司	生物合成灭活素的方法	12-24
C08B 37/00	CN 1031715C	91110846.7	巴勇舸	从胡麻种子中提取胡麻胶的方法	12-18
C08B 37/02	CN 1031194C	93110973.6	化学工业部晨光化工研究院成都分院	球状交联葡甘露聚糖的制备方法	12-10
C08B 37/16	CN 1031591C	90110111.7	陕西省微生物研究所	β-环状糊精生产工艺	12-16
C12N 1/14	CN 1030747C	91104845.6	三井东压化学株式会社	德斯霉(Drechslcra)菌属新菌株及其含有该菌株的杂草控制剂和杂草控制混合制剂	12-04
C12N 1/20	CN 1030616C	90101212.2	味之素株式会社	发酵生产 L-赖氨酸的方法	12-01
C12N 5/10	CN 1032142C	86102644.6	津莫吉尼蒂克斯公司	在哺乳动物细胞内表达因子Ⅷ活性的方法	12-26
C12N 7/00	CN 1033215C	89108848.2	张炳团	抗肿瘤生物制剂的制造方法	12-45
C12N 9/02	CN 1030718C	86106774.6	斯比克姆股份有限公司	一种超氧化物歧化酶	12-03
C12N 9/24	CN 1030962C	86102686.1	松代爱三	龋齿预防制剂的制备方法	12-06
C12N 15/00	CN 1033172C	86108637.6	阿切尔丹尼尔斯密德兰公司	用酵母高效生产核黄素	12-44
C12N 15/06	CN 1031759C	88103992.6	科特公司	生产对嗜中性白细胞和嗜曙红细胞的共同抗原决定簇区域特异的单克隆抗体的方法	12-19
C12N 15/09	CN 1031411C	90106025.9	中国医学科学院医药生物技术研究所	一种利用基因重组技术制造丙酰螺旋霉素的方法	12-13

续表

国际专利分类号	授权公告号	专利号 ZL	专利权人	发明名称	卷期号
C12N 15/12	CN 1031892C	88103118.6	UCB 公司	人前脱脂蛋白 A-I 的表达	12-22
C12N 15/15	CN 1030999C	88100146.5	拜尔公司	胰蛋白酶抑制剂的制备方法	12-06
C12N 15/16	CN 1031892C	88103118.6	UCB 公司	人前脱脂蛋白 A-I 的表达	12-22
C12N 15/19	CN 1031893C	88100913.X	武田药品工业株式会社	碱性成纤维细胞生长因子的突变蛋白,DNA及其应用	12-22
C12N 15/20	CN 1031759C	88103992.6	科特公司	生产对嗜中性白细胞和嗜曙红细胞的共同抗原决定簇区域特异的单克隆抗体的方法	12-19
C12N 15/27	CN 1031465C	85109132.6	先灵生物技术公司	编码表现有人粒细胞巨口噬细胞和嗜伊红细胞生长因子活性多之肽 cDNA 克隆	12-14
C12N 15/27	CN 1031943C	88107266.4	先灵公司	蛋白质纯化方法	12-23
C12N 15/51	CN 1032315C	87100465.8	默克有限公司	在酵母中生产乙型肝炎病毒蛋白质的方法	12-29
C12N 15/53	CN 1030718C	86106774.6	斯比克姆股份有限公司	一种超氧化物歧化酶	12-03
C12N 15/57	CN 1032142C	86102644.6	津莫吉尼蒂克斯公司	在哺乳动物细胞内表达因子Ⅶ活性的方法	12-26
C12N 15/58	CN 1032019C	87102725.9	澳州生物科技公司	生物合成灭活素的方法	12-24
C12N 15/63	CN 1031893C	88100913.X	武田药品工业株式会社	碱性成纤维细胞生长因子的突变蛋白,DNA及其应用	12-22
C12N 15/63	CN 1031892C	88103118.6	UCB 公司	人前脱脂蛋白 A-I 的表达	12-22
C12N 15/65	CN 1032762C	86107784.9	第一制药株式会社	生产肽的方法	12-37
C12N 15/66	CN 1031465C	85109132.6	先灵生物技术公司	编码表现有人粒细胞巨口噬细胞和嗜伊红细胞生长因子活性多之肽 cDNA 克隆	12-14
C12N 15/67	CN 1032762C	86107784.9	第一制药株式会社	生产肽的方法	12-37

续表

国际专利分类号	授权公告号	专利号 ZL	专利权人	发明名称	卷期号
C12N 15/86	CN 1032762C	86107784.9	第一制药株式会社	生产肽的方法	12-37
C12P 1/00	CN 1032925C	89108821.0	王万和	蚯蚓的酶工程技术	12-40
C12P 1/00	CN 1032593C	91100778.4	李新建	由固体珍珠制备液体珍珠的方法	12-34
C12P 1/04	CN 1031948C	89107873.8	格鲁波莱佩蒂特公司	抗生素 GE2270 的制备方法	12-23
C12P 1/06	CN 1033043C	86108977.4	格鲁波莱佩蒂特公司	糖苷配基抗菌素 A40926 的制备方法	12-42
C12P 7/40	CN 1033044C	89101540.X	罗纳·布朗克制药公司	旋光 2-芳基烷酸的制备方法	12-42
C12P 7/48	CN 1033463C	92110021.3	宁夏盐池县柠檬酸厂	利用小麦粉生产柠檬酸的方法	12-49
C12P 13/04	CN 1032868C	90106417.3	辽宁师范大学	一种复合酶解蚕蛹蛋白的方法	12-39
C12P 13/08	CN 1030616C	90101212.2	味之素株式会社	发酵生产 L-赖氨酸的方法	12-01
C12P 13/24	CN 1033651C	92111645.4	协和发酵工业株式会社	反式-2-羟基脯氨酸的制备方法	12-52
C12P 17/04	CN 1033520C	91100074.7	清华大学	赤霉素发酵滤液的溶剂萃取法浓缩工艺	12-50
C12P 19/18	CN 1031591C	90110111.7	陕西省微生物研究所	β-环状糊精生产工艺	12-16
C12P 19/26	CN 1030839C	88108235.X	日本新药株式会社	1-去氧麦诺吉利霉素的制法	12-05
C12P 19/56	CN 1033591C	92105913.2	布里斯托尔-迈尔斯斯奎布公司	普拉迪霉素类抗生素的生产方法	12-51
C12P 19/62	CN 1031411C	90106025.9	中国医学科学院医药生物技术研究所	一种利用基因重组技术制造丙酰螺旋霉素的方法	12-13
C12P 21/02	CN 1032142C	86102644.6	津莫吉尼蒂克斯公司	在哺乳动物细胞内表达因子Ⅶ活性的方法	12-26
C12P 21/02	CN 1032019C	87102725.9	澳州生物科技公司	生物合成灭活素的方法	12-24
C12P 21/02	CN 1031893C	88100913.X	武田药品工业株式会社	碱性成纤维细胞生长因子的突变蛋白，DNA及其应用	12-22
C12P 21/02	CN 1031892C	88103118.6	UCB 公司	人前脱脂蛋白 A-I 的表达	12-22

续表

国际专利分类号	授权公告号	专利号 ZL	专利权人	发明名称	卷期号
C12P 21/02	CN 1032762C	86107784.9	第一制药株式会社	生产肽的方法	12-37
C12P 21/02	CN 1032315C	87100465.8	默克有限公司	在酵母中生产乙型肝炎病毒蛋白质的方法	12-29
C12P 21/02	CN 1032425C	88103725.7	南方十字生物技术有限公司	活性态蛋白质之生产	12-31
C12P 25/00	CN 1033172C	86108637.6	阿切尔丹尼尔斯密德兰公司	用酵母高效生产核黄素	12-44
C12P 41/00	CN 1033044C	89101540.X	罗纳·布朗克制药公司	旋光 2-芳基烷酸的制备方法	12-42

（冯秀丽）

附　录

公费医疗用药品种

附录　公费医疗用药品种

西　药　品　种

第一类　抗感染药物

一、抗微生物药物

（一）抗生素

1. 青霉素类

001　青霉素（苄青霉素）（钠、钾）注射剂　benzylpenicillin (penicillin G)

002　青霉素V片剂　phenoxymethylpenicillin (penicillin V)

003　普鲁卡因青霉素注射剂　procaine benzylpenicillin

004　苄星青霉素注射剂　benzathine benzylpenicillin

005　苯唑西林（苯唑青霉素）（钠）注射剂　Oxacillin

006　氯唑西林（邻氯青霉素）注射剂　Cloxacillin

007　氨苄西林（氨苄青霉素）（钠）注射剂　Ampicillin

008　阿莫西林（羟氨苄青霉素）（钠）胶囊　Amoxicillin

009　哌拉西林（氧哌嗪青霉素）（钠）注射剂　piperacillin

010　氨苄西林-舒巴坦（舒他西林、优力新、舒氨新）（钠）注射剂　ampicillin-sulbactam

011　阿莫西林-克拉维酸钾（安灭菌）注射剂、片剂　amoxicillin-potassium calavulanic acid

2. 头孢菌素类

012　头孢氨苄（先锋霉素Ⅳ、头孢Ⅳ）胶囊　cefalexin

013　头孢拉定（先锋霉素Ⅵ、头孢Ⅵ）片剂　cefradine

014　头孢唑啉（钠）注射剂　cefazolin

015　头孢呋辛（头孢呋肟、西力欣）（钠）注射剂〔进口〕　cefuroxime

016　头孢噻肟（钠）注射剂　cefotaxime

017　头孢他定（复达欣、凯复定）注射剂　ceftazidime

3. 氨基糖甙类

018　庆大霉素（硫酸盐）片剂、注射剂　gentamicin

019　妥布霉素（妥布拉霉素）（硫酸盐）注射剂　tobramycin

020　丁胺卡那霉素（阿米卡星）（硫酸盐）注射剂　amikacin

021　大观霉素（淋必治）（盐酸盐）注射剂〔进口〕　spectinomycin

4. 四环素类

022　四环素（盐酸盐）片剂　tetracycline

023　土霉素（盐酸盐）片剂　oxytetracycline

024　多西环素（脱氧土霉素、强力霉素）片剂、胶囊　doxycycline

5. 氯霉素类

025　氯霉素（琥珀酸盐）片剂、胶囊、注射剂　chloramphenicol

6. 大环内酯类

026 红霉素(乳糖酸盐)片剂、注射剂	erythromycin
027 麦白霉素片剂、胶囊	meleumycin
7. 其它抗生素类	
028 去甲万古霉素(盐酸盐)注射剂	norvancomycin
029 克林霉素(氯洁霉素)(盐酸盐)胶囊、注射剂	clindamycin
030 磷霉素注射剂	fosfomycin
031 多粘菌素 E(粘菌素)片剂、注射剂〔进口〕	colistin
(二) 合成抗菌药	
032 磺胺嘧啶片剂、注射剂	sulfadizine
033 甲氧苄啶(甲氧苄氨嘧啶)片剂、注射剂	trimethoprim
034 复方磺胺甲基异噁唑(复方新诺明、SMZ Co)片剂、注射剂	sulfamethoxazole composite
035 吡哌酸片剂	pipemidic acid
036 诺氟沙星(氟哌酸)片剂、胶囊	norfloxacin
037 环丙沙星(环丙氟哌酸、环福星)片剂、注射剂	ciprofloxacin
038 氧氟沙星(氟嗪酸)片剂	ofloxacin
039 小檗碱(黄连素)(盐酸盐)片剂	berberine
(三) 抗结核病药	
040 异烟肼片剂、注射剂	isoniazid
041 链霉素(盐酸盐)注射剂	streptomycin
042 利福平胶囊、胶丸	rifampicin
043 利福喷汀片剂、胶囊	rifapentine
044 乙胺丁醇(盐酸盐)片剂	ethambutol
045 对氨基水杨酸钠注射剂	sodium para-amino-salicylate
046 吡嗪酰胺片剂	pyrazinamide
047 丙硫异烟胺片剂	protionamide
(四) 抗麻风病药	
048 氨苯砜片剂	dapsone
049 醋氨苯砜注射剂	acedapsone
050 氯法齐明胶囊	clofazimine
(五) 抗真菌药	
051 氟康唑片剂、注射剂	fluconazole
052 酮康唑(里素劳)片剂	ketoconazole
053 咪康唑(达克宁、霉克唑)注射剂、软膏、阴道栓剂、片剂	miconazole
054 氟孢嘧啶片剂、注射剂、胶囊	flucytosine
055 两性霉素 B 注射剂	amphotericin B
056 制霉素片剂	nysfungin
(六) 抗病毒药	
057 阿昔洛韦(无环鸟苷、三氮唑核苷、病毒唑)注射剂、片剂	acielovir
058 利巴韦林注射剂、片剂、滴眼剂	ribavirin

059　阿糖腺苷(单磷酸盐)注射剂　vidarabine

二、抗寄生虫药物

(一)抗疟疾病药

060　青蒿琥酯片剂注射剂　artesunate
061　氯喹(磷酸盐)片剂、注射剂　chloroquine
062　乙胺嘧啶片剂、膜剂　pyrimethamine
063　哌喹(磷酸盐)片剂　piperaquine
064　咯萘啶(疟乃停)(磷酸盐)肠溶片、注射剂　malaridine
065　奎宁(磷酸盐、盐酸盐)片剂、注射剂　quinine
066　磺胺多辛片剂　sulfadoxine
067　伯氨喹(磷酸盐)片剂　primaquine

(二)抗阿米巴虫病药、抗滴虫病药

068　双碘喹啉片剂　diiodohydroxyquinoline
069　依米丁(盐酸盐)注射剂　emetine
070　甲硝唑(灭滴灵)片剂、泡腾片、注射剂、栓剂　metronidazole
071　巴龙霉素(盐酸盐)片剂　paromomycin

(三)抗里热病药

072　喷他脒片剂、注射剂　pentamidine
073　葡萄糖酸锑钾片剂、注射剂　sodium stibogluconate

(四)抗肠道蠕虫病药

074　甲苯咪唑(甲苯达唑、安乐士)片剂　mebendazole
075　阿苯哒唑(丙硫咪唑、肠虫清)片剂　albendazole
076　左旋咪唑片剂、糖浆　levamisole
077　噻嘧啶(双羟萘酸噻嘧啶、抗虫灵)片剂、软膏　pyantel
078　哌嗪(驱蛔灵)(枸橼酸盐)片剂、糖浆　piperazine
079　氯硝柳胺(灭绦灵)胶囊　niclosamide

(五)其它抗寄生虫药

080　吡喹酮片剂　praziquantel
081　硫氯酚(硫双二氯酚、别丁)片剂、胶囊　bithionol
082　乙胺嗪(海群生)(枸橼酸盐)片剂　diethylcarbamazine

第二类　心血管类药物

一、抗心绞痛药

083　硝酸甘油片剂、注射剂、贴片、气雾剂　nitroglycerin
084　硝酸异山梨酯(消心痛)片剂、注射剂、缓释片　isosorbide dinitrate
085　单硝酸异山梨醇酯(异乐定)片剂　isosorbide mononitrate
086　硝苯地平(心痛定、硝苯啶)片剂、缓释片、胶囊　nifedipine
087　地尔硫䓬(恬尔心、硫氮䓬酮)(盐酸盐)片剂、缓释片　diltiazem

二、抗心律失常药

088　奎尼丁(硫酸盐)片剂　quinidine
089　普鲁卡因胺(盐酸盐)注射剂　procainamide

090 丙吡胺(双异丙吡胺、异脉停、吡二丙胺)(盐酸盐)片剂、胶囊〔进口〕 disopyramide
091 安博律定(茚丙胺)片剂 aprindine
092 美西律(慢心律)(盐酸盐)片剂 mexiletine
093 乙吗噻嗪(莫雷西嗪)片剂 moracizine
094 普罗帕酮(心律平)(盐酸盐)片剂、注射剂 propafenone
095 普萘洛尔(心得安)(盐酸盐)片剂、注射剂 propranol
096 阿替洛安(氨酰心安)片剂 atenolol
097 美托洛尔(美多心安)(酒石酸盐)片剂、注射剂 metoprolol
098 溴苄铵托西酸盐注射剂 bretylium tosilate
099 胺碘酮(乙胺碘呋酮)(盐酸盐)片剂、注射剂 amiodarone
100 维拉帕米(盐酸盐)片剂 verapamil

三、抗高血压药

101 可乐定(盐酸盐)片剂 clonidine
102 甲基多巴片剂 methyldopa
103 利血平注射剂 reserpine
104 哌唑嗪片剂 prazosin
105 酚妥拉明(利其丁)(甲磺酸盐)注射剂〔进口〕 phentolamine
106 酚苄明片剂 phenoxybenzamine
107 卡托普利(开博通、巯甲丙脯酸)片剂 captopril
108 依那普利(悦宁定、苯丁酯脯酸)片剂〔进口〕 enalapril
109 吲哒帕胺(寿比山)片剂 indapamide
110 米诺地尔(长压安、敏乐啶)片剂 minoxidil
111 双肼屈嗪(双肼苯达嗪、血压达静)(硫酸盐)片剂 dihydralazine
112 二氮嗪(降压嗪、氯甲苯噻嗪)注射剂 diazoxide
113 硝普钠注射剂 sodium nitroprusside
114 尼群地平片剂 nitrendipine

四、抗心力衰竭药

115 洋地黄毒甙片剂 digitoxin
116 地高辛片剂、注射剂 digoxin
117 毛花甙C注射剂 lanatoside C
118 去乙酰毛花甙(去乙酰毛花甙丙、(西地兰))注射剂 deslanoside
119 毒毛花甙K注射剂 strophanthin K

五、抗休克药

120 异丙肾上腺素(盐酸盐)注射剂 isoprenaline
121 肾上腺素(盐酸盐)注射剂 epinephrine
122 多巴胺(盐酸盐)注射剂 dopamine
123 多巴酚丁胺(盐酸盐)注射剂 dobutamine
124 间羟胺(重酒石酸阿拉明盐)注射剂 metaraminol
125 去甲肾上腺素(重酒石酸盐)注射剂 norepinephrine
126 甲氧明(甲氧胺)(盐酸盐)注射剂 methoxamine
127 苯福林(去氧肾上腺素)(盐酸盐)注射剂 phenylephrine

六、调血脂药

128	吉非贝齐(吉非罗齐、诺衡)胶囊〔进口〕	gemfibrozil
129	阿西莫司片剂	acipimox
130	非诺贝特(立平脂)片剂	fenofibrate

七、抗血小板药

131	双嘧达莫(潘生丁)片剂、注射剂	dipyridamole

八、抗凝、溶栓药

132	华法令片剂	warfarin
133	醋硝香豆素片剂	acenocoumarol
134	肝素注射剂	heparin
135	尿激酶注射剂	urokinase
136	链激酶注射剂〔进口〕	streptokinase

九、其他药品

137	阿司匹林(乙酰水杨酸)片剂	aspirin
138	阿托品(硫酸盐)注射剂	atropine
139	三磷腺苷注射剂	adenosine triphosphate (ATP)
140	利多卡因(盐酸盐)注射剂	lidocaine
141	硫酸镁注射剂	magnesium sulfate
142	苯妥英钠(大伦丁)注射剂	sodium phenytoin
143	氯化钾片剂、缓释片、注射剂	potassium chloride
144	氢氯噻嗪(双氢克尿塞)片剂	hydrochlorothiazide
145	氨苯喋啶片剂	triamterene
146	门冬氨酸钾镁片剂、注射剂	potassium magnesium aspartate
147	呋塞米(呋喃苯胺酸、速尿)片剂、注射剂	furosemide
148	布美他尼(丁尿胺)片剂	bumetanide
149	螺内酯(安体舒通)片剂	spironolactone
150	山莨菪碱(654-2)(氢溴酸盐)注射剂	anisodamine
151	阿米洛利片剂	amiloride
152	罂粟碱(帕帕非林)(盐酸盐)注射剂	papaverine

第三类　呼吸系统药物

一、祛痰药

153	溴已新(必漱平)(盐酸盐)片剂、注射剂	bromhexine
154	乙酰半胱胺酸喷雾剂、片剂	acetylcysteine
155	氯化铵合剂	ammonium chloride
156	α-糜蛋白酶注射剂	chymotrypsin

二、镇咳药

157	喷托维林(咳必清)(枸橼酸盐)片剂	pentoxyverine
158	右美沙芬(复方美沙芬)(氢溴酸盐)片剂	dextromethorphan
159	苯丙哌林(咳快好)(磷酸盐)片剂、胶囊	benproperine
160	可待因(磷酸盐)片剂、注射剂	codeine

161	复方甘草合剂(含阿片)片剂、合剂	glycyrrhizae compound
162	阿桔片(含阿片)片剂	platycoai compositae

三、平喘药

163	沙丁胺醇(舒喘宁、喘乐宁)(硫酸盐)片剂(缓释、控释)注射剂、喷雾剂	salbutamol
164	特布他林(博利康尼、喘康速)(硫酸盐)片剂、注射剂、喷雾剂	terbutaline
165	克仑特罗(氨哮素、克喘素、双氯醇胺)(盐酸盐)片剂、膜剂、栓剂	clenbuterol
166	氯丙那林(氯喘通、氯喘、邻氯喘息定)(盐酸盐)片剂	clorprenaline
167	丙卡特罗(美喘清)(盐酸盐)片剂	procaterol
168	氨茶碱片剂(控释、缓释)、注射剂	aminophylline
169	茶碱片剂(缓释、控释)	theophylline
170	复方茶碱片剂	theophylline compound
171	二羟丙茶碱(喘定)片剂、注射剂	diprophylline
172	酮替芬片剂	ketotifen
173	去氯羟嗪(盐酸盐)片剂	decloxizine
174	色甘酸钠喷雾剂、粉雾剂	disodium cromoglycate
175	倍氯米松(必咳松、安德欣)喷雾剂、气雾剂	beclomethasone

四、呼吸兴奋药

176	尼可刹米(可拉明)注射剂	nikethamide
177	洛贝林(山梗茶碱)注射液	lobeline

第四类　消化系统药物

一、抗酸、治疗胃炎及消化性溃疡药

178	碳酸氢钠片剂	sodium bicarbonate
179	胶体次枸橼酸铋(枸橼酸铋钾、得乐、迪乐)片剂、胶囊、冲剂	colloidal bismuth subcitrate
180	胶体果胶铋(维敏胶囊)胶囊	bismuthi pectinum colioidale
181	复方次硝酸铋(胃得乐、胃速乐、乐得胃)片剂	bismuth subnitrate compound
182	硫糖铝片剂、胶囊	sucralfate
183	西咪替丁(甲氰咪胍)片剂、注射剂、胶囊	cimetidine
184	雷尼替丁(盐酸盐)片剂、注射剂、胶囊	rdnitidine
185	法莫替丁片剂、注射剂	famotidine
186	奥美拉唑(奥克,洛赛克)胶囊、注射剂	omeprazole
187	复方氢氧化铝(胃舒平)片剂	aluminium hydroxide compound
188	麦滋林-S颗粒颗粒剂〔进口〕	marzulene-s gnanules

二、胃肠解痉及胃动力药

189	溴丙胺太林(溴化丙胺太林、普鲁本辛)片剂	propantheline bromide
190	丁溴东莨菪碱注射剂、胶囊	scopolamine butylbromide
191	山莨菪碱(654-2)(氢溴酸盐)片剂	anisodamine
192	颠茄片、浸膏、酊剂	belladonna

193	阿托品(硫酸盐)片剂	atropine
194	甲氧氯普胺(胃复安)片剂、注射剂	metoclopramide
195	阿朴吗啡(盐酸盐)注射剂	apomorphine

三、肠道用药

196	柳氮磺胺吡啶片剂、栓剂	sulfasalazine

四、泻药

197	硫酸镁粉剂	magnesium sulfate
198	酚酞(果导)片剂	phenolphthalein
199	甘油栓剂	glycerol
200	开塞露溶液剂	enema glycerine
201	蓖麻油液体剂	castor dil
202	液体石腊液体剂	liquid puraffin

五、止泻药

203	地芬诺酯(苯乙哌啶、复方苯乙哌啶)(盐酸盐)片剂	diphenoxylate
204	复方樟脑酊酊剂	tincture camphor compound

六、肝胆疾病辅助药物

205	谷氨酸钠注射剂	sodium glutamate
206	谷氨酸钾注射剂	potassium glutamate
207	精氨酸(盐酸盐)注射剂	arginine
208	复合支链氨基酸(3-复合结晶支链氨基酸)注射剂、胶囊〔进口〕	branched-chain amino acid
209	联苯双酯滴丸、片剂	bifendate
210	水飞蓟素(益肝灵)片剂	silymarin
211	葡醛内酯(肝太乐)片剂、注射剂	glucurolactone
212	乳果糖糖浆	lactulose
213	苯丙醇胶丸	phenylpropanol
214	去氢胆酸片剂	dehydrocholic acid
215	熊去氧胆酸片剂、胶囊	ursodeoxycholic acid
216	鱼肝油酸钠5%溶液剂	sodium morrhuate

七、酶及菌制剂

217	胃蛋白酶片剂、溶液剂	pepsin
218	胰酶片剂	pancreatin
219	乳酶生片剂	lactasin
220	干酵母(酵母)片剂	saccharomyces siccum
221	多酶片片剂	multiemzyme

八、其他药品

222	口服补液盐散剂	oral rehydration salt
223	东莨菪碱(氢溴酸盐)帖片、注射剂	scopolamine
224	二甲硅油片剂	dimethicone
225	凝血酶无菌粉剂	thrombin
226	垂体后叶素(必妥生、催生针)注射剂	pituitrin

227 英脱利匹特注射剂〔特〕 intralipid
228 复合氨基酸注射剂、胶囊〔特〕 amino acids compound
229 水乐维他注射剂〔特〕 soluuit
230 维他利匹特注射剂〔特〕 vitalipid
231 安特美注射剂〔特〕 addamel

第五类 神经系统药物

一、中枢神经兴奋药

232 甲氯芬酯(氯酯醒)(盐酸盐)片剂 meciofenoxate
233 胞磷胆碱(胞二磷胆碱)注射剂 citicoline

二、镇痛药

234 吗啡(盐酸盐)片剂、注射剂 morphine
235 纳洛酮注射剂 naloxone
236 派替啶(度冷丁)(盐酸盐)片剂、注射剂 pethidine
237 强痛定(盐酸盐)片剂、注射剂 butycinnamyl pyrazirum
238 四氢帕马丁(延胡索乙素)片剂、注射剂 tetrahydropalmatine
239 苯噻啶(BC105)片剂 pizotifen
240 氨酚待因(博那痛)片剂 amfendaiyin
241 麦角胺咖啡因片剂 ergotamine et caffeine
242 去痛片(索米痛)片剂 amidopyrini et paracetamdi compositae
243 安痛定片剂、注射剂 antondine
244 吲哚美辛(消炎痛)片剂 indomethacin
245 吡罗昔康(炎痛喜康)片剂 piroxicam

三、抗震颤麻痹药

246 苯海索(安坦)(盐酸盐)片剂 trihexyphenidyl
247 溴隐亭(保乳调)(甲磺酸盐)片剂〔进口〕 bromocriptine
248 金刚烷胺(盐酸盐)片剂、胶囊 amantadine
249 多巴丝肼(美多巴)胶囊、片剂 levodopa benserazide
250 卡比多巴-左旋多巴片剂 carbidopa-levodopa
251 卡比多巴片剂 carbidopa

四、植物神经及神经肌肉接头药

252 甲基硫酸新斯的明注射剂 neostigmine methylsulfate
253 溴新斯的明(溴化新斯的明)片剂 neostigmine bromide
254 溴吡斯的明片剂 pyridostigmine bromide
255 依酚氯铵(腾喜龙)注射剂〔进口〕 edrophonium chloride

五、脑血管病治疗药

256 桂利嗪(脑益嗪、氯桂嗪)片剂、注射剂、胶囊 cinnarizine
257 氟桂利嗪(盐酸盐)胶囊 flunarizine
258 倍他司汀(培他啶)(盐酸盐)片剂、注射剂 betahistine
259 右旋糖酐 40(低分子右旋糖酐 40)注射剂 dextran 40
260 羟乙基淀粉注射剂 hetastarch
261 吡拉西坦(吡乙酰胺脑复康)片剂 piracetam

262　20%甘露醇注射剂　20%mannitol
263　二氢麦角碱(舒脑宁、喜得镇)(甲磺酸盐)片剂〔进口〕　dihydroergotoxine
264　罂粟碱(盐酸盐)片剂　papaerine

六、镇静催眠药

265　苯巴比妥(鲁米那)片剂、注射剂　phenobarbital
266　异戊巴比妥(阿米妥钠)注射剂　amobarbital

七、抗癫痫药

267　苯妥英钠片剂　sodium phenytoin
268　朴米酮片剂　primidone
269　丙戊酸钠片剂、糖浆　sodium alproate
270　卡马西平片剂　carbamazepine

八、其他药品

271　青霉胺片剂　penicilamine
272　硫酸锌片剂　zinc sulfate

第六类　精神系统药物

一、抗精神病药

273　氯丙嗪(冬眠灵)(盐酸盐)片剂、注射剂　chlorpromazine
274　奋乃静片剂、注射剂　perphenazine
275　氟奋乃静(盐酸盐)片剂、注射剂　fluphenazine
276　三氟拉嗪(盐酸盐)片剂　trifluoperazine
277　硫利达嗪(盐酸盐)片剂　thioridazine
278　氟哌啶醇(乳酸盐)片剂、注射剂　haloperidol
279　氯普噻吨(泰尔登)(盐酸盐)片剂、注射剂　chlorprothixene
280　氯氮平片剂　clozapine
281　舒必利片剂、注射剂　sulpiride

二、长效抗精神病药

282　氟奋乃静癸酸酯注射剂　fluphenazine
283　哌泊塞嗪棕榈酸酯注射剂　pipotiazine palmitate
284　五氟利多片剂　penfluridol

三、抗焦虑药

285　地西泮(安定)片剂、注射剂、膜剂　diazepam
286　奥沙西泮(去甲羟安定、舒宁)片剂　oxazepam
287　硝西泮(硝基安定)片剂　nitrazepam
288　艾司唑仑(舒乐安定)片剂　estazolam
289　氟西泮(氟安定)(盐酸盐)胶囊　flurazepam
290　羟嗪(安泰乐)(盐酸盐)片剂　hydroxyzine
291　三唑仑片剂　triazolam
292　阿普唑仑(佳静安定、佳乐定)片剂　alprazolam
293　氯硝西泮(氯硝安定)片剂、注射剂　clonazepam

四、抗情感障碍药

294 碳酸锂片剂 lithium carbonate
295 米帕明(丙咪嗪)(盐酸盐)片剂 imipramine
296 阿米替林(盐酸盐)片剂 amitriptyline
297 多塞平(多虑平)(盐酸盐)片剂 doxepin
298 氯米帕明(氯丙咪嗪)片剂、注射剂 clomipramine

五、催眠药

299 司可巴比妥(速可眠)胶囊 secobarbital

六、其他药品

300 东莨菪碱(氢溴酸)片剂 scopolamine
301 硫喷妥钠注射剂 thiopental sodium
302 谷维素片剂 oryzanol

第七类　皮肤病药物

一、清洁消毒药

303 硼酸散剂、软膏、溶液剂 boric acid

二、抗微生物药

304 新霉素(硫酸盐)软膏 neomycin
305 依沙吖啶(利凡诺)溶液剂 ethacridine
306 过氧苯甲酰软膏、凝胶 benzoyl peroxide
307 甲紫溶液剂 methylrosaniline chloride
308 头孢曲松(头孢三嗪)注射剂〔进口〕 ceftriaxone
309 克霉唑霜剂、栓剂 clotrimazole
310 制霉菌素栓剂 nystatin
311 灰黄霉素片剂 griseofulvin
312 十一烯酸溶液剂、软膏 undecylenic acid
313 酮康唑(康特霜)霜剂、软膏 kotoconazole
314 联苯苄唑霜剂、软膏、溶液剂 bifonazole
315 二硫化硒(希尔生)洗剂 selenium

三、抗病毒药

316 鬼臼毒素(疣脱欣)酊剂 podophyllotoxin

四、抗寄生虫药

317 克罗米通霜剂 cortamition
318 升华硫(硫磺软膏)软膏、霜剂 sulfur sublimatum
319 硫代硫酸钠注射剂 sodium thiosulfate
320 丙体-六六六(γ-六六六) 霜剂 gamma hexachlorocyclohexane

五、皮质类固醇(激素)类

321 氢化可的松(醋酸酯)软膏、霜剂 hydrocortisone
322 地塞米松(去炎舒松、曲安缩松)(醋酸酯)注射剂、软膏 dexamethasone
323 氟轻松(氟西奈德)软膏、霜剂 fluocinolone acetonide
324 哈西奈德(氯氟舒松、哈西缩松)霜剂、软膏、溶液剂 halcinonide acetonide

325 氯倍他索(恩肤霜)软膏、霜剂 clobetasol
326 倍氯米松(丙酸酯)霜剂、软膏 beclomethasone
327 甲泼尼龙(甲强龙)注射剂〔进口〕 methylprednisolone

六、角质促成剂

328 煤焦油溶液剂、软膏 coal tar
329 糠馏油糊剂 pityrol
330 黑豆馏油糊剂、软膏 black bean tar
331 地恩酚(蒽林)软膏 dithranol

七、止痒药

332 樟脑醑剂、软膏、酊剂 camphor

八、抗组胺药

333 赛庚啶(盐酸盐)片剂 cyproheptadine
334 曲吡那敏(派立苯)片剂、注射剂 tripelennamine
335 氯雷他定(克敏能)片剂〔进口〕 loratadine
336 苯海拉明(盐酸盐)片剂、注射剂 diphenhydramin

九、其他药品

337 维A酸霜剂、片剂 tretinoin
338 氟尿嘧啶(5-氟尿嘧啶)霜剂、软膏 fluorouracil
339 甲氧沙林(β-甲氧补骨脂素)片剂、溶液剂 methoxsalen
340 氨溶液 ammonium solution
341 尿素软膏 urea
342 葡萄糖酸钙注射剂 calcium gluconate
343 乌洛托品(反应停)片剂 methenamine
344 沙利度胺片剂 thalidomide
345 雷公藤多甙片剂 glucosidorum tripterygll totorum
346 二氧化钛霜剂 titanium dioxide
347 炉甘石洗剂 calamine

第八类　口腔病用药

348 碘化油 iodized oil
349 氯已啶(洗必泰、口泰)(葡萄糖酸盐)5%溶液 chlorhexidine
350 亚甲蓝注射剂 methylthioninum chloride

第九类　耳鼻喉用药

一、抗感染药

351 氯已啶(洗必泰)(葡萄糖酸盐)含片 chlorhexidine
352 度米芬含片 domiphen bromide
353 溶菌酶含片 lysozyme
354 克霉唑片剂 clotrimazole
355 氧氟沙星(氟嗪酸)滴耳剂 ofloxacin

二、消毒防腐药

356	依沙吖啶(利凡诺)溶液	ethacridine
357	过氧化氢溶液(双氧水)3%溶液	liquor hydrogen peroxide

三、抗组胺药

358	茶苯海明(乘晕宁)片剂	dimenhydrinate
359	马来那敏(扑尔敏)片剂	chlorphenamine maleate
360	特非那定片剂	terfenadine

四、其他药品

361	鱼肝油酸钠注射剂	sodium morrhuate
362	玻璃酸酶(透明质酸酶)注射剂	hyaluronidase
363	复方硼砂漱口片片剂	dobell's
364	鱼肝油滴剂	cod-liver oil

第十类 眼 科 类

一、抗感染类

365	氯霉素滴眼剂	chloramphenicol
366	红霉素眼膏	erythromycin
367	庆大霉素(硫酸盐)滴眼剂	gentamicin
368	利福平滴眼剂、眼膏	rifampicin
369	磺胺醋酰(钠盐)眼膏剂	sulfacetamide
370	四环素可的松眼膏	tetracycline & cortisone
371	磺胺嘧啶眼膏	sulfadiazine
372	诺氟沙星眼膏剂	norfloxacin
373	利巴韦林(病毒唑、三氮唑核苷)眼膏	ribavirin
374	阿昔洛韦(无环鸟苷)(钠盐)滴眼剂、眼膏	aciclovir
375	氧氟沙星(氟嗪酸)滴眼剂、眼膏	ofloxacin
376	咪康唑眼膏	miconazole
377	羟苄唑眼膏剂	hydrobenzole

二、抗青光眼药

378	匹鲁卡品(毛果芸香碱)(硝酸盐)滴眼剂、注射剂	pilocarpine
379	毒扁豆碱(水杨酸盐)注射剂、眼膏	physostigmine
380	双氯非那胺(双氯磺酰胺)片剂	diclofenamide
381	乙酰唑胺(醋氮酰胺 diamox)片剂	acetazolamide
382	可乐定(盐酸盐)滴眼剂	clonidine
383	噻吗洛尔(噻吗心安)(马来酸盐)滴眼剂	timolol

三、散瞳药

384	后马托平(氢溴酸盐)眼膏	homatropine
385	东莨菪碱(氢溴酸盐)眼膏	scopolamine
386	复方托吡卡胺(复方托品酰胺)滴眼剂	tropicamide compound

四、其他药品

387	硫酸锌滴眼剂	zinc sulfate
388	色甘酸钠滴眼剂	disodium cromoglicate

389　地塞米松(氟美松)(磷酸盐)滴眼剂　dexamethasone
390　氢化可的松眼膏　hydrocortisone
391　氯化氨基汞(白降汞)眼膏　aminomercuric chloride
392　妥拉唑啉(妥拉苏林)(盐酸盐)注射剂　tolazoline
393　可的松(醋酸盐)滴眼剂、眼膏　cortisone
394　白内停滴眼剂　bernetinum natricum
395　普罗碘铵(安妥碘)注射剂　prolonium iodidum

五、辅助用药

396　荧光素钠注射剂　fluorescein sodium
397　透明质酸钠(进口)注射剂　sodium hyaluronate
398　血栓通注射剂
399　氨肽碘注射剂

第十一类　肿　瘤　类

一、烷化剂

400　氮芥(盐酸盐)注射剂　chlormethine
401　环磷酰胺片剂、注射剂　cyclophosphamide
402　异环磷酰胺注射剂　ifosfamide
403　甲酰溶肉瘤素片剂　formylmerphalan
404　甘磷酰芥片剂　glyciphosphoramide
405　美法仑(米尔法兰)〔进口〕片剂　melphalan
406　卡莫司汀(卡氮芥)胶囊　carmustine
407　洛莫司汀(环已亚硝脲)胶囊　lomustine
408　司莫司汀(甲环亚硝脲)胶囊　semustine
409　消卡芥(消瘤芥)注射剂　nitrocaphane
410　六甲嘧胺片剂、胶囊　altretamine
411　苯丁酸氮芥(瘤可宁)纸型片　chlorambucil
412　塞替派注射剂　thiotepa
413　白消安(马利兰)片剂　busulfan

二、抗代谢药

414　甲氨喋呤片剂、注射剂　methotrexate
415　巯嘌呤片剂　mercaptopurine
416　氟尿嘧啶片剂、胶囊、注射剂　fluorouracil
417　替加氟(喃氟啶)片剂、注射剂、栓剂　tegafue
418　阿糖胞苷(盐酸盐)注射剂　cytarabine
419　羟基脲片剂、胶囊　hydroxycarbamide

三、抗肿瘤抗生素类药

420　放线菌素D(更生霉素)注射剂　dactinomycin
421　丝裂霉素注射剂　mitomycin
422　平阳霉素(盐酸盐)注射剂　pingyangmycin
423　柔红霉素(盐酸盐)注射剂　daunorubicin
424　阿霉素(盐酸盐)注射剂　doxorubicin

425　阿克拉霉素A(盐酸盐)注射剂　aclacinomycin

四、抗肿瘤植物药

426　长春碱(长春花碱)(硫酸盐)注射剂　vinblastine
427　长春新碱(硫酸盐)注射剂　vincristine
428　依托泊甙(足叶乙甙、鬼臼乙叉甙,VP16)胶囊、注射剂　etoposide
429　高三尖杉酯碱注射剂　homoharringtonine
430　羟喜树碱注射剂　hydroxycamptothecin
431　替尼泊甙(鬼臼噻吩甙)〔进口〕注射剂　teniposide

五、抗肿瘤激素类

432　他莫昔芬(三苯氧胺)片剂　tamoxifen
433　氨鲁米特(导眠能)片剂　aminoglutethimide
434　甲羟孕酮醋酸酯(安宫黄体酮)(醋酸盐)片剂　medroxyprogesterone acetate

六、其他药品

435　丙卡巴肼(甲基苄肼)(盐酸盐)〔进口〕片剂　procarbazine
436　达卡巴嗪(氮烯咪胺)注射剂　dacarbazine
437　顺铂注射剂　cisplatin
438　卡铂注射剂　carboplatin
439　左旋门冬酰氢酶〔特〕粉针剂　L-asparaginase
440　亚叶酸钙注射剂　calciun folinate
441　米托蒽醌(甲酰四氢叶酸钙)注射剂　mitoxantrone
442　恩丹西酮注射剂、片剂　ondansetron
443　美司钠粉针剂　mesna
444　环胞菌素A〔进口〕粉针剂　cyclosporin A
445　干扰素溶液、注射剂　interferon
446　香菇多糖(能治难)〔特〕〔进口〕注射剂　lentinan
447　炔雌醇片剂　ethinylestradiol

第十二类　麻醉药及辅助用药

一、全身麻醉药

(一)吸入麻醉药

448　恩氟烷〔进口〕溶液　enflurane
449　异氟烷〔进口〕溶液　isoflurane
450　七氟烷〔进口〕溶液　sevoflurane
451　氧化亚氮气体　nitrous oxide

(二)静脉麻醉药

452　氯胺酮注射剂　ketamine
453　羟丁酸钠注射剂　sodium oxybate
454　异丙酚〔进口〕注射剂　propofol

二、局部麻醉药

455　普鲁卡因注射剂　procaine
456　利多卡因注射剂　lidocaine

457 布比卡因注射剂 bupivacaine
458 丁卡因注射剂 tetracaine

三、全麻用骨骼肌松弛药

459 氯化琥珀胆碱注射剂 suxamethonium chloride
460 泮库溴铵〔进口〕注射剂 pancuronium bromide
461 苯磺酸阿曲库铵〔进口〕注射剂 atracurium besilate
462 维库溴铵〔进口〕注射剂 vecuronium bromide

四、其他

463 氟哌利多注射剂 droperidol
464 麻黄碱注射剂 ephedrine
465 乌拉地尔〔进口〕〔特〕注射剂 urapidil

第十三类 镇痛、解热、抗风湿、抗炎药

一、镇痛药

466 芬太尼注射剂 fentanyl

二、解热止痛抗炎药

467 复方阿司匹林片剂 compound aspirin
468 吲哚美辛胶囊、栓剂 indometacin
469 吡罗昔康胶囊 piroxicam
470 布洛芬片剂、缓释胶囊 ibuprofen
471 萘普生片剂、胶囊 naproxen
472 舒林酸片剂、胶囊 sulindac
473 复方苯丙醇胺片剂、缓释胶囊 compound hydrochloride
474 对乙酰氨基酚片剂、胶囊、注射剂 phenylpropanolamine paracetamol

三、慢作用抗类风湿药

475 金诺芬片剂 auranofin
476 双氯芬酸片剂、乳胶剂 diclofenac
477 硫唑嘌呤片剂 azathioprine

四、抗痛风药

478 丙磺舒片剂 probenecid
479 别嘌醇片剂 allopurinol
480 秋水仙碱片剂 colchicine

第十四类 泌尿系统类药

一、利尿药

481 布美他尼注射剂 bumetanide

二、尿路平滑肌松弛剂

482 黄酮哌酯〔特〕片剂 flavoxate
483 特拉唑嗪〔特〕片剂 terazosin

三、前列腺激素调节药

484　非那甾胺〔特〕片剂　finasteride

第十五类　影响血液及造血系统类药

一、止血药

485　维生素 K_1 注射剂、片剂　vitamin k_1 = phytomenadione
486　鱼精蛋白注射剂　protamine
487　凝血酶原复合物(因子 Ⅱ Ⅶ Ⅸ Ⅹ)注射剂　prothrombin complex(factor Ⅱ Ⅶ Ⅸ Ⅹ)
488　氨甲环酸注射剂、片剂　tranexamic acid

二、抗凝血药

489　低分子肝素〔进口〕注射剂、溶液剂　low molecular heparin
490　噻氯吡啶〔进口〕片剂　ticlopidine Hcl

三、抗贫血药

491　硫酸亚铁片剂　ferrous sulfate
492　富马酸亚铁片剂　ferrous fumarate
493　山梨醇铁注射剂　iron sorbitex
494　叶酸注射剂、片剂　folic acid
495　亚叶酸钙注射剂　calcium folinate
496　红细胞生成素〔进口〕〔特〕注射剂　erythropoiein(epoetin alfa)
497　司坦唑醇片剂　stanozolol
498　丙酸睾酮注射剂　testosterone propionate

四、促白细胞生成素

499　粒细胞集落刺激因子注射剂　granulocyte colo

五、血容量扩充剂

500　右旋糖酐 70 注射剂　dextran70

第十六类　妇 产 科 类 药

一、子宫收缩药及引产药

501　缩宫素注射剂　oxytocin
502　麦角新碱注射剂　ergometrine

二、激素类药物

(一) 雌性激素

503　苯甲酸雌二醇注射剂　estradiol benzoate
504　已烯雌酚注射剂、片剂　diethylstilbestrol
505　尼尔雌醇片剂　nilestriol

(二) 孕激素

506　黄体酮注射剂、胶囊　progesterone
507　醋酸甲地孕酮片剂　megestrol acetate
508　炔诺酮片剂　norethisterone
509　已酸羟孕酮注射剂　hydroxyprogesterone caproate
510　普拉睾酮钠注射剂　sodium prasterone
511　醋酸甲羟孕酮注射剂　medroxyprogesterone acetate

（三）雄性激素

512 甲睾酮片剂 methyltestosterone

513 达那唑胶囊 danazol

514 绒促性素注射剂 chorionic gonadotrophin

515 氯米芬片剂、胶囊 clomifene

三、抗感染药

516 制霉菌素阴道泡腾片 nysfungin

517 克林霉素霜剂 clindamycin

518 氯已定阴道冲洗剂 chlorhexidine

519 高锰酸钾散剂 potassium permanganate

四、其他

520 氟芬那酸胶囊 flufenamic acid

521 肼屈嗪注射剂 hydralazine

第十七类 生物制品类药

一、菌苗、毒素及血清类

（一）菌苗类

522 旧结核菌素注射剂 old tuberculin

（二）抗毒素及免疫血清

523 精制白喉抗毒素注射剂 purified diphtheria antitoxin

524 精制破伤风抗毒素注射剂 purified tetanus antitoxin

525 多价精制气性坏疽抗毒素注射剂 mixed purified gasgangrene antitoxin

526 精制肉毒抗毒素注射剂 purified butulinsm antitoxin

527 精制抗炭疽血清注射剂 purified anthrax antiserum

第十八类 抗过敏抗变态反应类药

一、抗组胺药

528 异丙嗪注射剂、片剂 promethazine

529 西替利嗪片剂 cetirizine

第十九类 激素及内分泌类药

一、下丘脑垂体激素

530 促皮质素注射剂 corticotrophin

531 加压素注射剂、气雾剂 tannate

532 绒促性素注射剂 chorionic gonadotrophin

二、肾上腺激素

533 氢化可的松注射剂、片剂 hydrocortisone

534 泼尼松龙片剂、注射剂 prednisolone

535 地塞米松片剂、注射剂 dexamethasone

536 可的松片剂 cortisone

537 泼尼松片剂 prednisone

三、甲状腺激素及抗甲状腺药

538 复方碘口服溶液溶液剂 compound iodine oral solution
539 甲状腺片片剂 thyroid tablet
540 丙硫氧嘧啶片剂 propylthiouracil
541 甲巯咪唑片剂 thiamazole

四、雄性激素及同化激素

542 苯丙酸诺龙注射剂 nandrolone phenpropionate
543 十一酸睾酮注射剂 testosterone undecanoate

五、降血糖药及胰岛素

544 胰岛素〔进口〕〔特〕注射剂 insulin
545 苯乙双胍片剂 phenformin
546 格列齐特片剂 gliclazide
547 二甲双胍片剂 metformin
548 格列喹酮片剂 gliquidone
549 格列本脲片剂 glibenclamide
550 格列吡嗪片剂 glipizide

六、影响骨代谢药

551 碳酸钙片剂 calcium carbonate
552 降钙素〔进口〕〔特〕注射剂、气雾剂 calcitonin

第二十类 消毒防腐药

553 乙醇溶液 alcohol
554 氯已定散剂、软膏 chlorhexidine
555 碘酊溶液 iodine tincture
556 度米芬散剂、滴丸 domiphen bromide
557 高锰酸钾片剂 potassium permanganate

第二十一类 维生素及肠内肠外营养用药

一、维生素类

558 维生素 B_1 片剂、注射剂 Vitamin B_1(thiamine)
559 维生素 B_2 片剂、注射剂 VitaminB_2(riboflavin)
560 烟酰胺片剂、注射剂 nicotinamide
561 维生素 B_4 片剂 Vitamin B_4(adenine)
562 维生素 B_6 片剂、注射剂 Vitamin B_6(pyridoxine)
563 维生素 B_{12}注射剂 vitamin B_{12}(cyanocobalamin)
564 腺苷钴胺片剂、注射剂 cobamamide
565 维生素 C 注射剂、片剂 vitamin C(ascorbic acid)
566 维生素 D_2 注射剂、胶丸 vitamin D_2(ergocalciferol)
567 维生素 D_3 注射剂 vitamin D_3(colecalciferol)
568 亚硫酸氢钠甲萘醌注射剂、片剂 menadione sodiumbisulfite
569 甲萘氢醌片剂 menadiol

570 烟酸注射剂、片剂 nicotinic acid

二、肠内营养制剂

571 肠内营养剂(爱伦多)〔进口〕〔特〕散剂 elental

572 肠内营养剂(维多粉)〔进口〕〔特〕散剂 vital

三、氨基酸类

573 静脉注射复方氨基酸(17)〔特〕注射剂 amino acid mixed solution(17)

574 静脉注射复方氨基酸(18F)〔特〕注射剂 amino acid mixed solution(18F)

575 静脉注射复方氨基酸(3H)〔特〕注射剂 amino acid mixed solution(3H)

576 静脉注射复方肾病用氨基酸〔特〕注射剂 amino acid for kedney disease

577 静脉注射复方氨基酸〔特〕注射剂 amino acid mixed solution

578 谷光甘肽〔特〕注射剂 glutathione

第二十二类 调节水电解质及酸碱平衡用药

579 腹膜透析液注射剂 peritoneal dialysis

580 氯化钠注射剂 sodium chloride injection

581 浓氯化钠注射剂 sodium chloride concentrated injection

582 葡萄糖氯化钠注射剂 glucose and sodium chloride injection

583 乳酸钠林格注射剂 compound sodium lactate and ringer's injection

584 甘油磷酸钠注射剂 sodium glycerophosphas

585 乳酸钠葡萄糖注射剂 sodium lactate and glucose injection

586 葡萄糖注射剂(5%,10%) glucose

587 乳酸钙片剂 calcium lactate

588 葡萄糖酸钙片剂 calcium gluconate

589 氯化钾片剂、缓释片、颗粒剂 potassium chloride

590 复合磷酸氢钾注射剂 compound patassium dihydrogen phosphate

591 葡萄糖酸锌片剂、胶囊 zinc gluconate

第二十三类 烧 伤 用 药

592 磺胺嘧啶锌软膏、散剂 sulfadiazine zinc

593 磺胺嘧啶银散剂 sulfadiazine silver

第二十四类 诊 断 用 药 类

一、影像诊断用药(X MRI US)

594 碘化油注射剂 iodized oil

595 碘苯酯注射剂 iophendylatum

596 碘番酸片剂 iopanoic acid

597 硫酸钡干混悬剂 barium sulfate

598 碘海醇溶液剂 iohexol

599 碘普罗胺溶液剂 iopromide

600 泛影葡胺注射剂 meglumine amidotrizoate

601	复方泛影葡胺注射剂	diatrizoate meglumine and diatrizoate sodium
602	钆喷酸葡胺注射剂	gadopentetate dimeglumine

二、器官功能检查及其他诊断剂

603	碳酸氢钠注射剂	sodium ricarbonate pentazastrin

第二十五类 解 毒 药 类

一、重金属，类金属中毒解毒药

（一）依地酸类络合物

604	依地酸钙钠注射剂	calcium disodium edetate

（二）二巯基化合物

605	二巯丁二酸胶囊剂	dimercapto succinic acid
606	二巯丁二钠粉针剂	sodium dimercapto succinate
607	去铁胺〔进口〕注射剂	desfrrioxamine
608	青霉胺胶囊剂	penicillamine

二、氰化物中毒的解毒剂

609	亚硝酸异戊酯吸入剂	amyl nitrite

三、有机磷酸酯类解毒药及其他解毒药

610	碘解磷定注射剂	pralidoxime iodide
611	药用碳片剂	modicinal charcoal
612	碳酸氢钠注射剂	sodium bicarbonate
613	贝美格注射剂	bemegride
614	氟马西尼注射剂	flumazenil
615	精制抗蝮蛇毒血清注射剂	purified antivenene agkistrondon halys
616	精制抗银环蛇毒血清注射剂	purified antivenene bungaru nulticinotus
617	精制抗五步蛇毒血清注射剂	purified antivenene agkistrondon

第二十六类 一 类 新 药

618	卡前列甲酯栓栓剂	suppositories methyl carprost
619	地衣牙胞杆菌活菌制剂胶囊	bacillus cicheniformis capsules

中 成 药 品 种

一、二画

001 乙肝宁冲剂
002 乙肝清热解毒冲剂
003 二至丸
004 二陈丸
005 二妙丸
006 十灰散(丸)
007 十全大补丸
008 十香止痛丸
009 十香返生丸
010 十滴水
011 七厘散
012 九一提毒散
013 九分散

十五画以上

各省、市、自治区、地方增加药物

北京市公费医疗用药报销范围增加部分

西　药　品　种

阿伐斯汀
阿卡波糖
阿尼西坦
阿奇霉素
阿斯匹林
阿托品/异丙嗪
安贝氯胺
巴氯芬
苯那普利
苯溴马隆
表阿霉素
丙酸睾酮
玻璃酸钠/氯霉素滴眼剂
长春瑞宾
赤芝孢子粉
川芎嗪
地衣芽胞杆菌
丁酸氢化可的松
短菌苗棒状杆菌
多潘立酮
二巯基丙磺酸钠
复方阿米洛利
复方倍他米松
复方雌激素
复方丹参
复方对乙酰氨基酚
复方莪术油
复方曲安奈德
复方双氯芬酸
复方抗利尿激素
复合维生素B
酚磺乙胺
呋喃唑酮
氟哌啶醇癸酸酯
氟西汀
钙泊三醇
更昔洛韦
谷胱甘肽
α-骨化醇
骨化三醇
1,6-果糖二磷酸钠
核糖核酸
琥珀酸明胶
琥泊酸亚铁
琥乙红霉素
环吡酮胺
环丙沙星
混和雌激素
假单胞菌
甲基异炔酮
加兰他敏
甲硝唑
交沙霉素
金霉素眼膏
聚甲酚磺醛
卡前列甲酯
卡替洛尔
糠酸莫美他松
可愈糖浆
兰索拉索
榄香烯
劳拉西泮
利血生
林可霉素
硫代硫酸钠
硫酸奈替米星
卤美松
洛伐他汀
罗红霉素
洛哌丁胺
氯苯息定
氯化淀粉酶
氯磷定
氯美扎酮
马普替林
麦迪霉素胃溶片
咪达唑仑
米诺环素
米非司酮
米索前列醇
咪康唑
免疫核糖核酸
奈丁美酮
尼莫地平
浓缩第八因子
哌醋甲酯
普鲁碘铵

强地松龙
巯鸟嘌呤
去甲斑蝥素
曲克芦丁
曲匹布通(舒胆通)
炔雌醇
人血丙种球蛋白
人血白蛋白
绒促性素
乳酸菌素
噻氯吡啶
鲨肝醇
蛇凝血素酶
肾上腺色腙
生长抑素
舒巴坦/头孢哌酮
双氯非那胺
双歧三联活菌(培菲康)
替加氟/氟尿嘧啶
头孢克洛
头孢羟氨苄
头孢曲松
妥布霉素
维生素 E
维生素 E 烟酸酯
维生素 K_3
维生素 K_4
西拉普利
西沙必利
辛伐他汀
新霉素(含复方)
新速效感冒片
胸腺肽
溴化异丙托品
血栓通
亚胺培南/西司他丁
亚甲蓝
亚硝酸钠
益康唑
伊曲康唑
伊托米酯
乙酰胺
乙酰螺旋霉素胃溶片
乙酰水杨酸钙脲
一叶秋碱
吲哚美辛/氨基葡萄糖
幼牛血提取物眼膏
右旋糖酐铁
鱼石脂软膏
增效联磺片
脂肪乳
紫杉醇
左布诺洛尔
左旋甲状腺素

中 成 药 品 种

二 画

二母宁嗽丸
七制香附丸
九气拈痛丸
八宝坤顺丸
人参再造丸
*人参(洋参)保肺丸

三 画

三金片
三蛇胆陈皮末
大黄苏打丸
*大活络丸
*川黄口服液
川贝枇杷糖浆、冲剂*膏剂
小洛络丹、丸
小散毒膏

四 画

*太极通天液
天麻(含全天麻胶囊)丸
止(治)咳川贝枇杷露
止嗽定喘丸、口服液
牛黄宁宫片
牛黄降压丸
牛黄清宫丸
牛黄清火丸
牛黄清胃丸
牛黄清热散
牛黄解毒(含康氏)软胶囊
气管炎咳嗽痰喘丸
心可舒片
心血宁片
丹七片
丹参酮胶囊
双料喉风散
双黄连口服液、冲剂、注射剂
六味安消胶囊
分清止淋丸
风湿液
月月舒冲剂

五 画

正天丸
*正红花油
正骨紫金丸、丹
正柴胡饮冲剂
*乐脉颗粒
四消丸、片
生化丸
生脉饮口服液
生肌散
白癜风胶囊
甘利欣胶囊
甘露解热口服液

灭澳灵片
平肝舒络丸
瓜霜退热灵胶囊
冬凌草片
皮肤病血毒丸
*皮肤康洗液

六　画

地奥心血康胶囊
西黄〔特〕丸、胶囊
西黄清醒丸
*再造丸
百令胶囊△
当归苦参(归参)丸
*血脂康胶囊
安坤冲剂
安脑丸
安神补心丸、胶囊
妇血宁片
芎菊上清丸、冲剂
华陀再造丸

七　画

辛芳鼻炎胶囊
护肝片
抗骨质增生丸
抗病毒冲剂、口服液
抗感灵片
抗宫炎片
沈阳红药片
补心气口服液
尿感宁冲剂
鸡骨草胶囊
克银丸
医痫丸

八　画

鱼腥草素片
肾炎康复片
肾骨胶囊
固本益肠片
固本咳喘丸、片
金不换膏
金果饮口服液
金果含片
金钱草冲剂
金匮肾气丸
*金水宝胶囊△
金利油胶囊
乳癖消片
乳块消片
板兰根冲剂
坤宝丸
枣仁安神液
降糖舒胶囊
*参麦注射液
参芍片
垂盆草冲剂
栀子金花丸

九　画

亮菌合剂
茵栀黄注射液、口服液、冲剂
茵莲清肝合剂(含茵陈五岭丸)
急支糖浆
咽速康气雾剂
复方大青叶合剂
复方双花口服液
胆乐片、胶囊
养胃舒胶囊
活胃散
活血通脉胶囊、片
施普瑞胶囊△
祛痰灵口服液
除痰止嗽丸
盆腔炎冲剂
胃苏冲剂

十　画

热毒清片
烧伤药膏
脑血康口服液
脑得生片
益肾蠲痹丸
消炎利胆片
消栓口服液
消银片
消渴丸
通塞脉片
通便灵胶囊
健民咽喉片
健步强身丸
健脾益肾(扶正冲剂)冲剂
眩晕宁冲剂

十一画

黄氏响声丸
银黄(含复方)口服液
清肺抑火丸
清胃黄连丸
清热解毒片、口服液
清眩丸、片
清瘟解毒丸、片、膏
梅花点舌丸、丹
康妇消炎栓
羚羊清肺丸、散
羚翘解毒丸、片、冲剂
偏瘫复原丸

十二画

强力天麻杜仲胶囊
强力宁注射液
强肾片
散风活络丸
紫雪散
“701”跌打镇痛膏
舒肝和胃丸
寒痛乐
喉症丸
温胃舒冲剂、胶囊
滋补肝肾冲剂
疏风定痛丸
镇阳固精丸
渴乐宁胶囊
蛲虫膏
蛤蚧定喘丸、胶囊

朝阳丹

十三画

感冒退热冲剂
感冒清热冲剂
感冒软胶囊
感冒灵片
锡类散
愈风宁心片

十四画

鼻炎康
鼻渊舒口服液
赛金化毒散
鲜竹沥
熊胆眼药水

十五画以上

澳泰乐冲剂
橘红(含止咳)口服液
藏青果冲剂、含片
醒消丸
醒脑静注射剂
麝香壮骨膏
麝香保心丸
摩罗丹
镇脑宁胶囊

注：* 费用需个人部分负担；△ 危重病人、抢救住院病人所用药品或限制使用药品。

天津市公费医疗用药报销范围增加部分

A 群脑膜炎球菌多糖菌苗
β-甲基地高辛
阿米三嗪-萝巴新联合制剂
阿司咪唑
艾司洛尔
氨力农
安痛定
巴龙霉素
巴曲酶
百咳灵
苯扎溴铵
苯溴马隆
本芴醇
布氏菌素
醋谷胺
促肝细胞生长素
促性腺激素释放激素激动剂
达那唑
地芬尼多
碘〔131I〕化钠
碘克沙酸葡胺钠
碘曲仑
冻干黄热病活疫苗
冻干卡介苗
冻干流行性腮腺炎活疫苗
冻干流行性乙型脑炎灭活疫苗
冻干麻疹活疫苗
冻干人用布氏菌病活疫苗
冻干鼠疫活疫苗
多潘立酮
多沙普论
二甲弗林
二氢埃托啡
二氧丙嗪
法莫替丁
酚酞
氟烷
福尔可定
复方氨基酸（小儿用）
复方长效炔诺孕酮
复方电解质葡萄糖 R4A
复方庚炔诺酮
复合维生素 B
钙尔奇 D
甘油果糖输液
高锝〔99mTc〕酸钠
钩端螺旋体菌苗
骨化三醇
谷氨酸
过氧乙酸
核糖核酸
肌苷
脊髓灰质炎活疫苗
甲醛溶液
甲异靛
胶体磷〔32P〕酸铬
结核菌素纯蛋白衍化物
结合雌激素
金葡液
精制抗狂犬病血清
聚肌胞
聚甲酚磺醛
抗淋巴细胞球蛋白（抗胸腺球蛋白）
抗血友病球旦白（因子Ⅷ）
劳拉西泮
利托君
磷〔32P〕酸钠
磷酸氢钙
邻碘〔131I〕马尿酸钠
流行性乙型脑炎灭活疫苗
氯美扎酮
氯噻吨癸酸酯
洛伐他汀
洛哌丁胺
马普替林
米非司酮
莫匹罗星

钠石灰
尿促性素
尿囊素
破伤风免疫球蛋白
葡萄糖酸亚铁
普鲁卡因青霉素
青蒿素
氢氧化铝
曲马多
曲尼司特
去氢胆酸
去氧皮质酮
壬苯醇醚
人胎盘丙种球蛋白
人血白蛋白
人血丙种球蛋白
人用狂犬病疫苗
伤寒菌苗
生长激素
双氢奎尼丁
梭基司坦
炭疽活疫苗
替勃龙
天花粉蛋白
微量元素注射剂
维生素 A
维生素 E
戊二醛
吸附百白破混合制剂
吸附精制白喉类毒素
吸附精制白喉破伤风二联类毒素
吸附精制破伤风类毒素
血卟啉
依托咪酯
伊曲康唑
乙型肝炎丙种球蛋白
乙型肝炎血源疫苗
抑肽酶
异丙托溴铵
鱼石脂
藻酸双酯钠
左旋甲状腺素
蒿甲醚
哌醋甲酯
咪达唑仑
咪色林
琥乙红霉素
枸橼酸镓〔^{87}Ga〕
锝〔^{99m}Tc〕甲氧异腈
锝〔^{99m}Tc〕喷替酸盐
锝〔^{99m}Tc〕双半胱氨酸
锝〔^{99m}Tc〕双半胱乙酯
锝〔^{99m}Tc〕亚甲基二膦酸盐
锝〔^{99m}Tc〕依替菲宁
锝〔^{99m}Tc〕植酸盐

山西省公费医疗用药报销范围增加部分

6-氨基己酸
α-葡萄糖苷酶抑制剂
爱肌松
氨酞素
安络血
安痛定
必通滴
表阿霉素
达那唑
多潘立酮
多沙普论
多系集落刺激因子
法莫替丁
非普拉宗
酚酞
肝灵素
感冒通
缓退瘤
甲基硫氧嘧啶
健脑片
交沙霉素
抗淋巴细胞球蛋白（抗胸腺球蛋白）
口宝嗽口液
立止血
氯化钙
氯化筒箭毒碱
马普替林
米非司酮
莫匹罗星
尼莫地平
纽白卡因
培菲康
培哚普利
普鲁卡因青霉素
前列康
曲克芦丁
曲马多
去氢胆酸
人血丙种球蛋白
生长抑素
双唑泰栓
泰比利
维生素 E
笑氮
熊胆舒喉片
依托咪酯
胰激肽释放酶
右旋糖酐铁
鱼石脂
止血敏
琥乙红霉素

辽宁省公费医疗用药报销范围增加部分

6-氨基己酸
A 群脑膜炎球菌多糖菌苗
β-甲基地高辛
阿米三嗪-萝巴新联合制剂
阿司咪唑
艾司洛尔
爱肌松
氨力农
氨曲南
氨己酸
氨吡酮
安络血
安乃近
安尿通
安素
安痛定
巴龙霉素
巴曲酶
百咳灵
苯磺酸氨氯地平
苯扎溴铵
苯溴马隆
本芴醇
表阿霉素
丙谷胺
布氏菌素
长春花硷酰胺
醋谷胺
促肝细胞生长素
促性腺激素释放激素激动剂
达那唑
胆影葡胺
地芬尼多
碘〔^{131}I〕化钠
碘克沙酸葡胺钠
碘曲仑
碘酸钾
碘酞葡胺

丁硼
冻干黄热病活疫苗
冻干卡介苗
冻干流行性腮腺炎活疫苗
冻干流行性乙型脑炎灭活疫苗
冻干麻疹活疫苗
冻干人用布氏菌病活疫苗
冻干鼠疫活疫苗
多潘立酮
多沙普论
二甲弗林
二氢埃托啡
二氧丙嗪
二巯基丙醇
法莫替丁
酚酞
氟烷
福尔可定
辅酶 Q10
辅酶维生素
复方氨基酸（小儿用）
复方长效炔诺孕酮
复方电解质葡萄糖 R4A
复方甘油
复方庚炔诺酮
复方降压片
复方康纳乐
复方铝酸铋
复方胃粘膜素
复合维生素 B
腹蛇抗栓酶
妇宁康
钙尔奇 D
甘油果糖输液
肝必复
感冒通
高锝〔^{99m}Tc〕酸钠
钩端螺旋体菌苗

骨化三醇
谷氨酸
过氧乙酸
核糖核酸
环扁桃酯
肌苷
急救盒
脊髓灰质炎活疫苗
甲苯磺丁脲
甲醛溶液
甲烯土霉素
甲氧氟烷
甲异靛
甲喹酮
胶体磷〔^{32}P〕酸铬
交沙霉素
结核菌素纯蛋白衍化物
结合雌激素
解氟灵
金葡液
精制抗狂犬病血清
聚肌胞
聚甲酚磺醛
卷曲霉素
卡林-Uni
卡那霉素
康活素
抗淋巴细胞球蛋白（抗胸腺球蛋白）
抗血友病球旦白（因子Ⅷ）
刻拉霉素
快克
萘丁美酮
劳拉西泮
利托君
林可霉素
磷〔^{32}P〕酸钠
磷酸氢钙

邻碘〔^{32}I〕马尿酸钠
流行性乙型脑炎灭活疫苗
柳氨酚
柳胺苄心定
六合氨基酸
氯化筒箭毒碱
氯磷定
氯美扎酮
氯唑沙宗
氯噻吨癸酸酯
罗红霉素
洛伐他汀
洛哌丁胺
玛特钠
马洛替酯
马普替林
吗啉胍
美满霉素
米非司酮
莫匹罗星
钠石灰
脑清
脑通
尼莫地平
尿促性素
尿囊素
派库溴铵
培哚普利
皮康霜
皮炎平
破伤风免疫球蛋白
葡萄糖酸亚铁
普鲁卡因青霉素
强力宁
青蒿素
氢氧化铝
曲马多
曲尼司特
去氢胆酸
去炎松尿素
去氧皮质酮
壬苯醇醚
人胎盘丙种球蛋白
人血白蛋白
人血丙种球蛋白
人用狂犬病疫苗
色羟丙钠
沙灯特罗
伤寒菌苗
生长激素
施他宁
舒巴坦钠-头孢哌酮钠
舒胆灵
双氢奎尼丁
双唑泰栓
思密达
速效伤风胶囊
梭基司坦
泰比利
酞丁胺
炭疽活疫苗
替勃龙
替卡西林-克拉维酸钾
天花粉蛋白
头孢克罗
头孢哌酮
微量元素注射剂
唯安林
维酶素
维生素 A
维生素 E
维生素 K_4
戊二醛
西沙必利
吸附百白破混合制剂
吸附精制白喉类毒素
吸附精制白喉破伤风二联类毒素
吸附精制破伤风类毒素
洗必泰痱子粉
消脱痔
小牛胸腺肽
小诺霉素
泻痢停
血卟啉
烟酸肌醇酯
依托咪酯
伊曲康唑
乙醚
乙型肝炎丙种球蛋白
乙型肝炎血源疫苗
乙酰螺旋霉素
抑肽酶
异丙托溴铵
右旋糖酐铁
鱼石脂
孕三烯酮
藻酸双酯钠
止血敏
卓那普利
左旋甲状腺素
蒿甲醚
呋喃硫胺
呋喃妥因
呋喃唑酮
吡硫醇
哌醋甲酯
咪达唑仑
咪色林
溴麦角隐亭
溴米因
琥乙红霉素
枸橼酸镓〔^{87}Ga〕
锝〔^{99m}Tc〕甲氧异腈
锝〔^{99m}Tc〕喷替酸盐
锝〔^{99m}Tc〕双半胱氨酸
锝〔^{99m}Tc〕双半胱乙酯
锝〔^{99m}Tc〕亚甲基二膦酸盐
锝〔^{99m}Tc〕依替菲宁
锝〔^{99m}Tc〕植酸盐
疱疹净
羟乙基芦丁
鲨肝醇

黑龙江省公费医疗用药报销范围增加部分

6-氨基已酸
阿司咪唑
艾立克
安乃近
巴氯芬
百咳灵
苯磺酸氨氯地平
肠炎灵
丁硼
丁维钙片
泛硫乙胺
肺宝三效片
辅酶Q10
复方降压片
复方铝酸铋
腹蛇抗栓酶
钙素母片
甘油果糖输液
肝得健胶囊
肝胃气痛片
骨化三醇
活性钙
肌苷
咳特灵
林可霉素
磷酸氢钙
氯化钙
罗红霉素
洛哌丁胺
马普替林
慢咽舒宁
莫匹罗星
帕罗西丁
普非尼德
强力宁
强力痰灵片
人血白蛋白
人血丙种球蛋白
山梨醇
生长激素
舒巴坦钠-头孢哌酮钠
速效伤风胶囊
替卡西林-克拉维酸钾
头孢哌酮
维生素E
维生素E烟酸酯
维生素K_4
维他钙
西司他丁
细胞色素C注射液
小牛胸腺肽
泻痢停
辛伐他丁
牙痛安胶囊
盐酸溴环已胺醇片
伊曲康唑
乙酰螺旋霉素
增效联磺片
止血敏
左卡巴斯汀
呋喃妥因
呋喃唑酮
溴米因
琥乙红霉素
鲨肝醇

上海市公费医疗用药报销范围增加部分

6-氨基已酸
8号止血粉
b-七叶皂苷钠
α-细辛脑
β-甲基地高辛
γ-氨酪酸
阿伐斯汀
阿片酊
阿司咪唑
氨甲酰胆碱
氨力农
氨糖美辛
安络血
安钠咖
安乃近
安他唑啉
安泰乐
安痛定
巴龙霉素
巴氯芬
巴曲酶
白斑疯药水
百咳灵
拜糖平
膀胱灵
促肾康
贝诺酯
倍他米松
苯丙氨酯
苯丙胺
苯磺酸氨氯地平
苯甲醇
苯扎贝特
苯溴马隆
本芴醇
鼻通

必舒膏
便塞停
表阿霉素
丙磺酮
丙戊酸镁
博来霉素
常药降压片
醋谷胺
促菌生
达那唑
大黄碳酸氢钠
大蒜素
丹皮酚
胆影葡胺
敌咳
地巴唑
地诺前列酮
碘必乐
碘含片
碘卡明葡胺
定喘止咳
冻疮未溃膏
冻疮未溃水
冻干卡介苗
短棒状杆菌菌苗
多潘立酮
多沙普论
多烯康胶丸
多粘菌素 B
恩肤霜
二甲弗林
二磷酸果糖
二氢埃托啡
二氧丙嗪
二巯基丙磺酸钠
法莫替丁
反应停
泛硫乙胺
泛酸钙片
泛影钠
非洛地平
芬布芬
酚酞
粉尘螨
肤疾宁贴膏
氟脲嘧啶脱氧核苷
福尔可定
辅酶 A
辅酶 Q10
复方阿米洛利
复方阿魏酸钠
复方氨基比林
复方苯甲酸软膏
复方穿心莲内酯
复方电解质葡萄糖 MG3 注射
液 MG3
复方电解质葡萄糖 R4A
复方甘油
复方甘油磷酸钠
复方降压片
复方康纳乐
复方硫乳膏
复方路丁片
复方氯化钠
复方柠檬烯
复方硼砂
复方乳酸钠山梨醇
复方适确得霜
复方碳酸氢钠
复方亚油酸乙酯
复方鱼肝油软膏
复方咪康唑软膏
复合维生素 B
腹蛇抗栓酶
甘草酸二铵
甘草甜素片
感冒灵
感冒通
高能要素合剂
高血糖素
骨化三醇
核酪
核糖核酸
核糖霉素
合成鱼腥草素片
葫芦素片
环胞苷
缓退瘤
黄芩甙
磺胺脒
活性钙
火烫药膏
积雪甙
肌苷
加兰他敏
甲苯磺丁脲
甲基硫氧嘧啶
甲基烟酰胺
甲喹吩嗪
甲胂酸钠
甲砜霉素
降甲树脂
交沙霉素
疥宁膏
金霉素
九维他冻干针
聚肌胞
聚维酮碘
卡那霉素
康复新滴剂
抗淋巴细胞球蛋白
（抗胸腺球蛋白）
抗血友病球旦白（因子Ⅷ）
咳舒
咳特灵
克感敏
萘丁美酮
兰索拉唑
兰油膏
乐胃片
利血生
立止血
林可霉素
硫汞白斑擦剂
硫鸟嘌呤
硫酸长春地辛

柳氨酚
柳胺苄心定
氯苯那敏
氯化钙
氯烯雌酚醚
氯唑沙宗
罗氏散利通
洛丁新
洛伐他汀
洛哌丁胺
马普替林
吗啡阿托品
麦迪霉素
麦尔登
美斯的明片
美息伪麻
米非司酮
莫匹罗星
脑活素
能量合剂
尼莫地平
尿促性素
牛磺酸
帕罗西丁
皮康霜
匹莫林
扑感敏
葡萄糖酸亚铁
普非尼德
普鲁卡因青霉素
普鲁卡因肾上腺素
气管炎菌苗
千金藤啶碱片
强力安喘通
强力宁
氢氧化铝
氢溴酸高乌甲素
清凉含片
曲马多
曲尼司特
去氢胆酸
去氢甲睾酮

去炎松尿素
全血
人血白蛋白
人血丙种球蛋白
乳酸菌素
乳酸钠
瑞培林
三合激素
三尖杉酯碱
沙雷肽酶
生长抑素
士的宁
视明露
舒胆通
双苯哌丙酮
双氢奎尼丁
双氢速变固醇液
双嘧啶
水杨酸软膏
思密达
四季润喉片
苏菲咳
泰比利
酞丁胺
替卡西林-克拉维酸钾
天达盖福润
天花粉蛋白
通泰
酮洛芬
头孢替安
头孢哌酮
头孢噻吩
脱氧核苷酸钠
万古霉素
维胺酯
维丁胶性钙
维生素 A
维生素 E
维生素 K_4
维铁控释片
胃舒宁片
无极膏

五肽胃泌素
西地碘
西拉普利
西纳梅脱
西沙必利
矽炭银片
吸收性明胶海绵
细胞色素 C 注射液
纤维蛋白
消炎眼药水
消痔灵
小儿化痰止咳
小儿化痰止咳糖浆
小儿速效退热
小儿退热栓
小儿增食乐
小牛胸腺肽
小诺霉素
锌布颗粒
辛伐他丁
信宁咳
醒脑静
胸腺因子 D
血活素眼膏
牙痛水
牙周宁
亚胺培南-西司他丁
盐酸阿可拉霉素
盐酸溴环已胺醇片
盐酸氟西汀
盐酸左旋萘酮心安
盐酸羟甲唑啉
眼宁 ETO
氧化淀粉
氧化锌软膏
依诺沙星
依托咪酯
胰蛋白酶
乙基西梭霉素
乙醚
乙型肝炎丙种球蛋白
乙酰螺旋霉素

乙酰麦迪霉素
抑肽酶
益康唑软膏
益利循片
异丙托溴铵
异泛影葡铵
异维A酸胶丸
右旋糖酐铁
鱼石脂
愈咳
藻酸双酯钠
镇痛定
止痛喷雾剂
止痛消炎膏
止血敏
痔疮锭
痔疮膏
痔疮宁栓
治裂膏
注射用水
转移因子
足爽粉
组织胺丙种球蛋白
左旋多巴
左旋甲状腺素
苄达明
茜草双酯
呋麻
呋喃硫胺
呋喃妥因
呋喃唑酮
吡硫醇
吲哚拉新
哌醋甲酯
哌普嗪棕榈酸酯
咪达唑仑
溴醋己烷雌酚
溴甲阿托平
琥乙红霉素
琥珀氯霉素
琥珀酸亚铁
枸橼酸钠
疖病菌苗
疱疹净
羟甲基烟酰胺
羟甲香豆素
羟乙茶碱
羧苄青霉素
鲨肝醇

江苏省公费医疗用药报销范围增加部分

6-氨基己酸
“409”血浆增量剂
β-甲基地高辛
γ-氨酪酸
阿方那特
阿卡明
阿莫西林-氟氯西林
阿尼西坦
阿司咪唑
氨非咖
氨甲酰胆碱
氨力农
氨硫脲
氨酞素
氨糖美辛
安达血平
安瘤乳
安络血
安钠咖
安乃近
安尿通
安痛定
安妥明
安依痛
巴龙霉素
白斑疯药水
白敬宇眼膏
白葡菌止咳片
剥甲硬膏
薄荷喉症片
薄荷炉甘石洗剂
保太松
贝诺酯
倍他米松
苯丙氨酯
苯丙胺
苯氧布洛芬钙
苯氧乙醇
苯溴马隆
鼻通
必舒膏
便塞停
表阿霉素
丙谷胺
丙戊酸镁
丙戊酰胺
丙亚胺
丙氧氨酚复方片
丙氧无环鸟苷
常药降压片
长春花硷酰胺
长春西汀
川芎嗪
醇呋喃西林麻黄素
雌三醇
次碳酸铋
醋谷胺
醋柳碘酊
醋酸酒精
促甲状腺激素
促菌生
达克罗宁薄荷霜
达那唑

大黄碳酸氢钠
大蒜素
胆影葡胺
弹性酶
蛋白卡胆列甲酯
滴鼻净
狄奥宁
地巴唑
地芬尼多
碘含片
碘化钾
碘卡明葡胺
靛玉红
丁哌卡因
冻疮膏
冻干卡介苗
冻干人抗血友病球蛋白
多抗甲素注射液
多潘立酮
多烯康胶丸
多粘菌素 B
二甲弗林
二磷酸果糖
二氢埃托啡
二硝基氯苯丙酮液
二巯基丙醇
法莫替丁
反应停
泛酸钙片
泛影钠
芬氟拉明
酚甘油
酚红
酚酞
肤疾宁贴膏
氟烷
氟脲嘧啶脱氧核苷
服止宁
辅酶 A
辅酶 Q10
副醛
复方阿米洛利
复方氨基比林
复方氨基嘌呤
复方安息香酊
复方薄荷喷雾剂
复方苯甲酸软膏
复方长效炔诺孕酮
复方碘甘油
复方氟脲嘧啶
复方氟脲嘧啶多相脂质体
复方甘油
复方庚炔诺酮
复方降压片
复方康纳乐
复方奎宁
复方硫磺洗剂
复方路丁片
复方氯丙嗪
复方氯化钠
复方氯霉素洗剂
复方硼砂
复方普鲁卡因
复方升汞酯
复方土槿皮酊
复方硝酸甘油
复合维生素 B
腹蛇抗栓酶
甘草酸二铵
甘草甜素片
甘草锌
甘露醇烟酸酯
甘油盐水
肝乐
肝铁糖衣片
高血糖素
汞撒利
核酪
核糖核酸
核糖霉素
核苷酸
合成鱼腥草素片
葫芦素片
华蟾素
环胞苷
环扁桃酯
环丝氨酸
环戊甲噻嗪
黄氧化汞
黄芩甙
磺胺二甲嘧啶
磺胺脒
肌醇
肌苷
鸡眼膏
加兰他敏
甲苯磺丁脲
甲磺酸加贝酯
甲基斑蝥胺
甲烯土霉素
甲喹酮
甲砜霉素
降压乐
降压灵
交沙霉素
洁霉素
疥宁膏
鲸标软膏
聚肌胞
卡巴坤
卡那霉素
卡氏搽剂
糠鱼锌油
抗炎松
可卡因
克感敏
克咳敏
克矽平
萘丁美酮
兰油膏
劳拉西泮
利胆酸
利福定
利尿酸
利血生
亮菌甲素

林可霉素
邻碘〔131I〕马尿酸钠
硫汞白斑擦剂
硫鸟嘌呤
硫酸软骨素 A
柳氨酚
颅痛定
氯苯丁嗪
氯苯那敏
氯化钙
氯化筒箭毒碱
氯磺丙脲
氯磷定
氯美扎酮
氯灭酸
氯烯雌酚醚
氯乙烷
氯唑沙宗
罗氏散利通
洛伐他汀
洛美沙星
洛哌丁胺
马洛替酯
吗啡阿托品
吗乙苯吡酮
吗啉胍
麦迪霉素
麦尔登
脉导敏
慢咽舒宁
美满霉素
美斯的明片
米非司酮
纳多洛尔
能量合剂
尼卡地平
尼可地尔
尼莫地平
尿囊素
尿通
牛胆酸钠
牛磺酸

帕罗西丁
硼酸甘油
皮康霜
皮炎平
平衡电解质注射液
葡萄糖酸亚铁
普鲁卡因青霉素
普鲁卡因肾上腺素
齐墩果
前列腺素 E_1
强力宁
氢氧化铝
氢溴酸高乌甲素
曲克芦丁
曲尼司特
去氢胆酸
去氢甲睾酮
去氧皮质酮
壬苯醇醚
人胎盘组织液
乳酸钠
乳酸心可定
瑞培林
三合激素
三溴片
色羟丙钠
沙灯特罗
舒胆灵
舒胆通
双复磷
双氢奎尼丁
双嘧啶
水合氯醛
水杨酸钠
水杨酸软膏
四季润喉片
松节油
速效伤风胶囊
梭基司坦
泰比利
泰尔登
酞丁胺

酞磺噻唑
酮洛芬
头孢哌酮
透明质酸酶
托哌松
脱氧核苷酸钠
微量元素注射剂
维丙胺
维丁胶性钙
维生素 A
维生素 E
维生素 K_4
维生素 P
维他钙
胃乐宁
五肽胃泌素
西利宾胺
西纳梅脱
西梭霉素
矽炭银片
吸收性明胶海绵
稀盐酸
细胞色素 C 注射液
纤维蛋白
硝酸戊四醇酯
硝酸银
消胆胺
小牛胸腺肽
小诺霉素
锌氧淀粉
锌氧油
亚胺培南-西司他丁
烟胺羟丙茶碱
烟酸肌醇酯
盐酸小檗胺
眼宁 ETO
氧化聚明胶
氧化镁
痒若乐民
叶绿素铜钠
依诺沙星
依托咪酯

胰蛋白酶
胰激肽释放酶
乙基西梭霉素
乙醚
乙酰螺旋霉素
乙酰麦迪霉素
抑肽酶
异丙托溴铵
异泛影葡胺
优福定
优散痛
油酸多相脂质体
右旋糖酐铁
鱼石脂
鱼石脂炉甘石洗剂
月见草油
藻酸双酯钠
止咳糖浆
止血敏
治障宁
柱晶白霉素
注射用水
转移因子
灼伤气雾剂
组织胺
左旋多巴
左旋甲状腺素
苄达明
茜草双酯
蒿甲醚
呋喃硫胺
呋喃妥因
呋喃唑酮
吡硫醇
吡硫霉净霜
吲噌拉新
哌醋甲酯
哌仑西平
咪达唑仑
溴化钙
溴甲阿托平
琥乙红霉素
琥珀酸亚铁
胍乙啶
胱氨酸
疱疹净
羟苯磺胺
羟甲基烟酰胺
羧甲基淀粉
羧甲司坦
酰胺吡咯烷酮
鲨肝醇
鞣酸蛋白

浙江省公费医疗用药报销范围增加部分

6-氨基已酸
α-细辛脑
β-甲基地高辛
γ-氨酪酸
阿卡明
阿莫西林-氟氯西林
阿尼西坦
阿片酊
阿司咪唑
氨甲酰胆碱
氨曲南
氨酞素
氨已酸
氨吡酮
氨喋呤
安达血平
安痢平
安络血
安钠咖
安纳素栓
安乃近
安尿通
安他唑啉
安泰乐
安侬痛
巴龙霉素
巴氯芬
膀胱灵
薄荷喉症片
保尔佳
保太松
倍他米松
苯丙氨酯
苯甲醇
苯氧布洛芬钙
苯异妥英
苯扎贝特
苯扎溴铵
苯唑卡因软膏
苯溴酮
鼻通
必舒膏
必通滴
便塞停
表阿霉素
丙碘酮
丙谷胺
丙缓脉灵
丙硫硫胺
丙氧无环鸟苷
菠萝蛋白酶
博来霉素
常药降压片
超氧化物歧化酶
创可贴
雌三醇
次碳酸铋
醋谷胺
醋酸酒精
促甲状腺激素释放激素

达那唑
大黄碳酸氢钠
大脑组织液
大蒜素
胆影葡胺
弹性酶
滴耳油
敌咳
地巴唑
地芬尼多
碘必乐
碘含片
碘卡明葡胺
碘曲仑
碘酞葡胺
靛胭脂
定喘止咳
冻疮未溃水
毒毛旋花子素 K.G
短棒状杆菌菌苗
多潘立酮
多烯康胶丸
多粘菌素 B
二甲弗林
二磷酸果糖
二氯散
二氢埃托啡
二巯基丙醇
二巯基丙磺酸钠
法莫替丁
反应停
泛酸钙片
泛影钠
芬氟拉明
酚甘油
酚红
酚酞
酚嘧啶
粉尘螨
风痛灵擦剂
肤疾宁贴膏
氟脑静
氟烷
氟硝安定
氟脲嘧啶脱氧核苷
服止宁
辅酶 A
辅酶 Q10
复方阿米洛利
复方薄荷喷雾剂
复方鼻炎膏
复方碘甘油
复方氟脲嘧啶多相脂质体
复方甘油
复方甘油磷酸钠
复方降压片
复方胶态磷酸铝
复方康纳乐
复方奎宁
复方路丁片
复方氯化钠
复方罗布麻片
复方硼砂
复方普鲁卡因
复方鱼肝油软膏
复方苄丝拉肼
复合维生素 B
复诺新滴鼻剂
盖天力
甘草流浸膏
肝乐
高血糖素
更血停
谷氨酸
光明眼药膏
好得快气雾剂
核酪
核糖霉素
葫芦素片
环胞苷
环扁桃酯
环常绿黄杨碱 D
环磷腺苷
环戊甲噻嗪
黄体生成素释放因子
黄氧化汞
磺胺醋酰病毒灵
磺胺二甲嘧啶
磺胺甲基异恶唑
磺胺脒
磺溴酞钠
活性钙
火烫药膏
肌安松
肌醇
肌苷
鸡眼膏
吉他霉素
加兰他敏
甲苯磺丁脲
甲泛葡胺
甲基斑螯胺
甲基硫氧嘧啶
甲氧氟烷
假单孢杆菌
降压灵
交沙霉素
脚癣一次净
解氟灵
疥得治软膏
金霉素
聚肌胞
聚维酮碘
卡比马唑
卡可地钠
卡莫氟
卡那霉素
康洛素
康泉
抗敏止痒水
抗血友病球旦白（因子Ⅷ）
抗炎松
咳舒
克感敏
克脑迷
克念菌素

消石素
消痔宁
小儿化痰止咳
小儿化痰止咳糖浆
小儿速效感冒灵
小儿退热滴鼻液
小牛胸腺肽
小诺霉素
辛伐他丁
辛可卡因
癣净
血活素眼膏
牙痛水
牙周宁
雅胆子油乳
雅皓乳膏
亚硝酸钠
烟酸肌醇酯
盐酸多沙普仑
盐酸小檗碱
眼宁 ETO
氧化镁
一叶秋硷
依诺沙星
依托咪酯
胰蛋白酶
胰激肽释放酶
乙基西梭霉素
乙醚
乙双吗啉
乙亚胺
乙琥胺
乙酰螺旋霉素
乙酰胂胺
抑肽酶
易咳嗪
益多脂
益康唑软膏
异泛影葡胺
右旋糖酐铁
鱼石脂
玉树油
愈咳
月见草油
孕三烯酮
藻酸双酯钠
樟脑磺酸钠
止咳糖浆
止痛消炎膏
止血敏
痔疮宁栓
治裂膏
治障宁
中性蛋白酶
注射用水
足爽粉
组织胺
左旋多巴
左旋甲状腺素
茜草双酯
蒿甲醚
呋麻
呋喃硫胺
呋喃妥因
呋喃唑酮
吡硫醇
吡硫霉净霜
吡乙酰胺
吡唑甲氢龙
吲噌拉新
哌醇啶
哌醋甲酯
咪达唑仑
喹碘方
噻吩嘧啶
溴红汞溶液
溴甲阿托平
琥珀氯霉素
枸橼酸钠
枸橼酸铁铵
胱氨酸
疱疹净
耵聍水
蝮蛇抗毒素
羟甲基淀粉
羟甲基烟酰胺
羟甲香豆素
羟乙基芦丁
羧苄青霉素
鲨肝醇

安徽省公费医疗用药报销范围增加部分

A 群脑膜炎球菌多糖菌苗
β-甲基地高辛
阿米三嗪-萝巴新联合制剂
阿尼西坦
阿司咪唑
艾司洛尔
氨力农
氨曲南
氨塞肟唑
安痛定
巴龙霉素
巴曲酶
百喘朋
百咳灵
保尔佳
苯磺酸氨氯地平
苯扎溴铵
苯溴马隆
本芴醇
便塞停
布氏菌素
醋谷胺
促肝细胞生长素
促性腺激素释放激素激动剂

达那唑
大脑组织液
地芬尼多
碘〔^{131}I〕化钠
碘含片
碘克沙酸葡胺钠
碘曲仑
冻干黄热病活疫苗
冻干卡介苗
冻干流行性腮腺炎活疫苗
冻干流行性乙型脑炎灭活疫苗
冻干麻疹活疫苗
冻干人用布氏菌病活疫苗
冻干鼠疫活疫苗
多潘立酮
多沙普论
二甲弗林
二氢埃托啡
二氧丙嗪
二巯基丙磺酸钠
法莫替丁
酚酞
氟烷
福尔可定
辅酶Q10
复方氨基酸（小儿用）
复方长效炔诺孕酮
复方电解质葡萄糖R4A
复方甘油
复方庚炔诺酮
复方适确得霜
复方亚油酸乙酯
复合维生素B
腹蛇抗栓酶
钙尔奇D
甘草酸单胺
甘油果糖输液
肝得健胶囊
感冒通
高锝〔^{99m}Tc〕酸钠
钩端螺旋体菌苗
骨化三醇
谷氨酸
过氧乙酸
核糖核酸
华蟾素
肌苷
脊髓灰质炎活疫苗
加兰他敏
甲醛溶液
甲异靛
甲喹吩嗪
胶体磷〔^{32}P〕酸铬
角膜宁
结核菌素纯蛋白衍化物
结合雌激素
金霉素
金葡液
精制抗狂犬病血清
聚肌胞
聚甲酚磺醛
卡林-Uni
卡那霉素
康齿宁
抗淋巴细胞球蛋白（抗胸腺球蛋白）
抗血友病球旦白（因子Ⅷ）
口腔炎喷雾剂
劳拉西泮
丽珠肠乐
利托君
磷〔^{32}P〕酸钠
磷酸氢钙
邻碘〔^{131}I〕马尿酸钠
流行性乙型脑炎灭活疫苗
氯美扎酮
氯噻吨癸酸酯
洛伐他汀
洛哌丁胺
马普替林
美满霉素
米非司酮
莫匹罗星
钠石灰
尼莫地平
尿促性素
尿囊素
牛胆酸钠
培菲康
培哚普利
破伤风免疫球蛋白
葡萄糖酸亚铁
普鲁卡因青霉素
脐带球蛋白
青蒿素
氢氧化铝
曲马多
曲尼司特
去氢胆酸
去氧皮质酮
壬苯醇醚
人胎盘丙种球蛋白
人血白蛋白
人血丙种球蛋白
人用狂犬病疫苗
赛洛唑啉
伤寒菌苗
生长激素
生长抑素
施维舒
舒巴坦纳-头孢哌酮纳
双氢奎尼丁
速效伤风胶囊
梭基司坦
泰比利
酞丁胺
炭疽活疫苗
特比萘芬
替勃龙
天花粉蛋白
头孢克罗
头孢哌酮
微量元素注射剂
维生素A
维生素E
戊二醛

西沙必利
吸附百白破混合制剂
吸附精制白喉类毒素
吸附精制白喉破伤风二联类毒素
吸附精制破伤风类毒素
吸收性止血绫
细胞色素C注射液
消蒙眼膏
小牛胸腺肽
血卟啉
牙痛灵
牙痛水
亚胺培南-西司他丁
烟酸肌醇酯
盐酸苯丙烯啶
眼宁ETO
依托咪酯
伊曲康唑
乙型肝炎丙种球蛋白
乙型肝炎血源疫苗
乙氧硬化醇
乙酰螺旋霉素
抑肽酶
益多脂
异丙托溴铵
异长春花碱
优福定
鱼石脂
藻酸双酯钠
转移因子
紫杉醇
左卡巴斯汀
左旋甲状腺素
蒿甲醚
吡诺克辛
哌醋甲酯
咪达唑仑
咪色林
琥乙红霉素
枸橼酸镓〔^{87}Ga〕
锝〔^{99m}Tc〕甲氧异腈
锝〔^{99m}Tc〕喷替酸盐
锝〔^{99m}Tc〕双半胱氨酸
锝〔^{99m}Tc〕双半胱乙酯
锝〔^{99m}Tc〕亚甲基二膦酸盐
锝〔^{99m}Tc〕依替菲宁
锝〔^{99m}Tc〕植酸盐
羟甲香豆素

福建省公费医疗用药报销范围增加部分

A群脑膜炎球菌多糖菌苗
b-七叶皂苷钠
β-甲基地高辛
阿米三嗪-萝巴新联合制剂
阿司咪唑
艾司洛尔
氨力农
氨曲南
氨塞肟唑
安痛定
奥丹西隆
巴龙霉素
巴曲酶
百咳灵
拜糖平
保胆健素
苯磺酸氨氯地平
苯扎溴铵
苯溴马隆
本芴醇
丙酮缩去炎舒松
不饱和脂肪酸
布氏菌素
醋谷胺
促肝细胞生长素
促性腺激素释放激素激动剂
达那唑
地芬尼多
碘〔^{131}I〕化钠
碘克沙酸葡胺钠
碘曲仑
冻干黄热病活疫苗
冻干卡介苗
冻干流行性腮腺炎活疫苗
冻干流行性乙型脑炎灭活疫苗
冻干麻疹活疫苗
冻干人用布氏菌病活疫苗
冻干鼠疫活疫苗
多潘立酮
多沙普论
二甲弗林
二氢埃托啡
二氧丙嗪
法莫替丁
酚酞
氟烷
福尔可定
复方氨基葡萄糖
复方氨基酸（小儿用）
复方长效炔诺孕酮
复方地喹氯胺
复方电解质葡萄糖R4A
复方庚炔诺酮
复合维生素B
钙尔奇D
甘油果糖输液
高锝〔^{99m}Tc〕酸钠
葛根素
格雷西隆
钩端螺旋体菌苗
骨化三醇
谷氨酸
过氧乙酸

核糖核酸
缓退瘤
活性钙
肌苷
脊髓灰质炎活疫苗
甲醛溶液
甲异靛
胶体磷〔^{32}P〕酸铬
结核菌素纯蛋白衍化物
结合雌激素
金葡液
精制抗狂犬病血清
聚肌胞
聚甲酚磺醛
抗淋巴细胞球蛋白（抗胸腺球蛋白）
抗胃腺癌免疫核糖核酸
抗血友病球旦白（因子Ⅷ）
劳拉西泮
丽珠肠乐
利托君
磷〔^{32}P〕酸钠
磷酸氢钙
邻碘〔^{131}I〕马尿酸钠
流行性乙型脑炎灭活疫苗
氯美扎酮
氯噻吨癸酸酯
罗红霉素
洛丁新
洛伐他汀
洛哌丁胺
马普替林
米非司酮
明胶类血浆代用品
莫匹罗星
钠石灰
尼莫地平
尿促性素
尿囊素
培噌普利
破伤风免疫球蛋白
葡萄糖酸亚铁
普伐他汀钠
普鲁卡因青霉素
青蒿素
氢氧化铝
曲马多
曲尼司特
去氢胆酸
去氧皮质酮
壬苯醇醚
人脾免疫核糖核酸
人胎盘丙种球蛋白
人血白蛋白
人血丙种球蛋白
人用狂犬病疫苗
伤寒菌苗
生长激素
生长抑素
舒巴坦钠-头孢哌酮钠
双氢奎尼丁
梭基司坦
炭疽活疫苗
替勃龙
替卡西林-克拉维酸钾
天花粉蛋白
头孢克罗
头孢哌酮
微量元素注射剂
维生素 A
维生素 E
无极膏
戊二醛
西沙必利
吸附百白破混合制剂
吸附精制白喉类毒素
吸附精制白喉破伤风二联类毒素
吸附精制破伤风类毒素
喜疗妥膏
辛伐他丁
血活素眼膏
血脉素
血卟啉
亚胺培南-西司他丁
盐酸溴环已胺醇片
盐酸氟西汀
依托咪酯
伊曲康唑
乙型肝炎丙种球蛋白
乙型肝炎血源疫苗
抑肽酶
异丙托溴铵
鱼石脂
孕三烯酮
藻酸双酯钠
左卡巴斯汀
左旋甲状腺素
蒿甲醚
吡咯吡胺
哌醋甲酯
咪达唑仑
咪色林
琥乙红霉素
枸橼酸镓〔^{87}Ga〕
锝〔^{99m}Tc〕甲氧异腈
锝〔^{99m}Tc〕喷替酸盐
锝〔^{99m}Tc〕双半胱氨酸
锝〔^{99m}Tc〕双半胱乙酯
锝〔^{99m}Tc〕亚甲基二膦酸盐
锝〔^{99m}Tc〕依替菲宁
锝〔^{99m}Tc〕植酸盐
蚓激霉

江西省公费医疗用药报销范围增加部分

A 群脑膜炎球菌多糖菌苗
β-甲基地高辛
阿米三嗪-萝巴新联合制剂
阿尼西坦
阿司咪唑
艾司洛尔
氨力农
氨塞肟唑
安痛定
巴龙霉素
巴曲酶
百咳灵
拜糖平
苯扎溴铵
苯溴马隆
本芴醇
布氏菌素
常药降压片
醋谷胺
醋柳黄酮
促肝细胞生长素
促性腺激素释放激素激动剂
达那唑
大蒜素
地芬尼多
碘〔^{131}I〕化钠
碘克沙酸葡胺钠
碘曲仑
冻干黄热病活疫苗
冻干卡介苗
冻干流行性腮腺炎活疫苗
冻干流行性乙型脑炎灭活疫苗
冻干麻疹活疫苗
冻干人用布氏菌病活疫苗
冻干鼠疫活疫苗
多潘立酮
多沙普论
二甲弗林
二氢埃托啡
二氧丙嗪
法莫替丁
酚酞
氟烷
福尔可定
复方氨基酸（小儿用）
复方长效炔诺孕酮
复方穿心莲内酯
复方电解质葡萄糖 R4A
复方庚炔诺酮
复方降压片
复合维生素 B
钙尔奇 D
甘油果糖输液
肝得健胶囊
高锝〔^{99m}Tc〕酸钠
汞撒利
钩端螺旋体菌苗
骨化三醇
谷氨酸
过氧乙酸
核糖核酸
葫芦素片
磺胺脒
肌苷
脊髓灰质炎活疫苗
甲醛溶液
甲异靛
甲喹吩嗪
胶体磷〔^{32}P〕酸铬
结核菌素纯蛋白衍化物
结合雌激素
金葡液
精制抗狂犬病血清
聚肌胞
聚甲酚磺醛
卡林-Uni
抗淋巴细胞球蛋白（抗胸腺球蛋白）
抗血友病球旦白（因子Ⅷ）
可立克
劳拉西泮
利托君
磷〔^{32}P〕酸钠
磷酸氢钙
邻碘〔^{131}I〕马尿酸钠
流行性乙型脑炎灭活疫苗
氯美扎酮
氯乙烷
氯噻吨癸酸酯
洛伐他汀
洛哌丁胺
马普替林
麦迪霉素
米非司酮
莫匹罗星
钠石灰
尿促性素
尿囊素
破伤风免疫球蛋白
葡萄糖酸亚铁
普鲁卡因青霉素
青蒿素
氢氧化铝
曲马多
曲尼司特
去氢胆酸
去氧皮质酮
壬苯醇醚
人胎盘丙种球蛋白
人血白蛋白
人血丙种球蛋白
人用狂犬病疫苗
伤寒菌苗
生长激素

双氢奎尼丁
梭基司坦
炭疽活疫苗
糖酐酯
替勃龙
天花粉蛋白
头孢西丁
头孢哌酮
微量元素注射剂
维生素 A
维生素 E
戊二醛
吸附百白破混合制剂
吸附精制白喉类毒素
吸附精制白喉破伤风二联类毒素
吸附精制破伤风类毒素
小诺霉素
辛伐他丁
血卟啉
亚胺培南-西司他丁
盐酸溴环已胺醇片
依诺沙星
依托咪酯
伊曲康唑
乙型肝炎丙种球蛋白
乙型肝炎血源疫苗
乙酰螺旋霉素
抑肽酶
异丙托溴铵
鱼石脂
藻酸双酯钠
增效联磺片
左旋甲状腺素
蒿甲醚
哌醋甲酯
咪达唑仑
咪色林
琥乙红霉素
枸橼酸镓〔^{87}Ga〕
锝〔^{99m}Tc〕甲氧异腈
锝〔^{99m}Tc〕喷替酸盐
锝〔^{99m}Tc〕双半胱氨酸
锝〔^{99m}Tc〕双半胱乙酯
锝〔^{99m}Tc〕亚甲基二膦酸盐
锝〔^{99m}Tc〕依替菲宁
锝〔^{99m}Tc〕植酸盐
蚓激霉

山东省公费医疗用药报销范围增加部分

A 群脑膜炎球菌多糖菌苗
β-甲基地高辛
γ-氨酪酸
阿米三嗪-萝巴新联合制剂
阿莫西林-氟氯西林
阿尼西坦
阿司咪唑
艾司洛尔
氨力农
安痛定
巴龙霉素
巴曲酶
白葡菌止咳片
百咳灵
苯丙胺
苯扎溴铵
苯溴马隆
本芴醇
必麦森
表阿霉素
丙谷胺
布氏菌素
川芎嗪
醋谷胺
促肝细胞生长素
促性腺激素释放激素激动剂
达那唑
弹性酶
地芬尼多
碘〔^{131}I〕化钠
碘克沙酸葡胺钠
碘曲仑
丁香罗勒
冻干黄热病活疫苗
冻干卡介苗
冻干流行性腮腺炎活疫苗
冻干流行性乙型脑炎灭活疫苗
冻干麻疹活疫苗
冻干人用布氏菌病活疫苗
冻干鼠疫活疫苗
多潘立酮
多沙普论
多烯康胶丸
二甲弗林
二磷酸果糖
二氢埃托啡
二氧丙嗪
法莫替丁
非普拉宗
酚酞
氟烷
氟羟强的松龙
福尔可定
辅酶 A
辅酶 Q10
复方氨基酸（小儿用）
复方长效炔诺孕酮
复方电解质葡萄糖 R4A
复方庚炔诺酮
复方降压片
复方罗布麻片
复合维生素 B
腹蛇抗栓酶
钙尔奇 D
甘糖脂
甘油果糖输液

高锝〔^{99m}Tc〕酸钠
葛根素
钩端螺旋体菌苗
骨化三醇
谷氨酸
过氧乙酸
海普林
核糖核酸
肌苷
脊髓灰质炎活疫苗
加兰他敏
甲醛溶液
甲异靛
假单孢杆菌
健疗霜
胶体磷〔^{32}P〕酸铬
结核菌素纯蛋白衍化物
结合雌激素
金葡液
精制抗狂犬病血清
聚肌胞
聚甲酚磺醛
卡巴胆碱
抗淋巴细胞球蛋白（抗胸腺球蛋白）
抗血友病球旦白（因子Ⅷ）
劳拉西泮
丽珠肠乐
利托君
力克舒
林可霉素
磷〔^{32}P〕酸钠
磷酸氢钙
邻碘〔^{131}I〕马尿酸钠
流行性乙型脑炎灭活疫苗
氯苯那敏
氯美扎酮
氯唑沙宗
氯噻吨癸酸酯
洛丁新
洛伐他汀

洛哌丁胺
马普替林
美息伪麻
米非司酮
莫匹罗星
钠石灰
尼克
尼莫地平
尿促性素
尿囊素
皮康霜
皮炎平
破伤风免疫球蛋白
葡萄糖酸亚铁
普非尼德
普鲁卡因青霉素
齐墩果
青蒿素
氢氧化铝
曲克芦丁
曲马多
曲尼司特
去氢胆酸
去氧皮质酮
壬苯醇醚
人胎盘丙种球蛋白
人血白蛋白
人血丙种球蛋白
人用狂犬病疫苗
沙雷肽酶
伤寒菌苗
生长激素
生长抑素
双氢奎尼丁
梭基司坦
炭疽活疫苗
特比萘芬
替勃龙
天达盖福润
天花粉蛋白

头孢哌酮
微量元素注射剂
维生素 A
维生素 E
戊二醛
西沙必利
吸附百白破混合制剂
吸附精制白喉类毒素
吸附精制白喉破伤风二联类毒素
吸附精制破伤风类毒素
辛伐他丁
血卟啉
依托咪酯
伊曲康唑
乙基西梭霉素
乙型肝炎丙种球蛋白
乙型肝炎血源疫苗
抑肽酶
异丙托溴铵
鱼石脂
月见草油
藻酸双酯钠
中性蛋白酶
左旋甲状腺素
蒿甲醚
吡硫醇
哌醋甲酯
咪达唑仑
咪色林
琥乙红霉素
枸橼酸镓〔^{87}Ga〕
锝〔^{99m}Tc〕甲氧异腈
锝〔^{99m}Tc〕喷替酸盐
锝〔^{99m}Tc〕双半胱氨酸
锝〔^{99m}Tc〕双半胱乙酯
锝〔^{99m}Tc〕亚甲基二膦酸盐
锝〔^{99m}Tc〕依替菲宁
锝〔^{99m}Tc〕植酸盐
蚓激霉

河南省公费医疗用药报销范围增加部分

139-3 油酸多脂体
6-氨基己酸
A 群脑膜炎球菌多糖菌苗
β-甲基地高辛
γ-氨酪酸
阿卡明
阿米三嗪-萝巴新联合制剂
阿司咪唑
艾司洛尔
爱茂尔
氨非咖
氨甲酰胆碱
氨力农
氨曲南
氨塞肟唑
氨吡酮
氨喋呤
安律博宁
安络血
安他唑啉
安痛定
巴龙霉素
巴曲酶
百咳灵
拜糖平
膀胱灵
保尔佳
倍他米松
苯丙氨酯
苯磺酸氨氯地平
苯异妥英
苯扎溴铵
苯溴马隆
本芴醇
鼻舒适片
鼻通
必麦森
便塞停
表阿霉素
丙碘酮
丙谷胺
丙氧氨酚复方片
博来霉素
布氏菌素
常药降压片
肠润通片
雌三醇
次碳酸铋
醋谷胺
促肝细胞生长素
促菌生
促性腺激素释放激素激动剂
达那唑
大黄碳酸氢钠
胆舒胶囊
胆通片
胆影葡胺
弹性酶
得宝松
地芬尼多
碘〔^{131}I〕化钠
碘必乐
碘克沙酸葡胺钠
碘曲仑
丁丙诺啡
冻干黄热病活疫苗
冻干卡介苗
冻干流行性腮腺炎活疫苗
冻干流行性乙型脑炎灭活疫苗
冻干麻疹活疫苗
冻干人用布氏菌病活疫苗
冻干鼠疫活疫苗
多潘立酮
多沙普论
多烯康胶丸
二甲弗林
二磷酸果糖
二氢埃托啡
二氧丙嗪
二巯基丙磺酸钠
法莫替丁
泛影钠
非洛地平
芬布芬
酚酞
风痛宁
肤疾宁贴膏
肤炎宁搽剂
氟拉明
氟烷
氟脲嘧啶脱氧核苷
福尔可定
复方氨基比林
复方氨基酸（小儿用）
复方苯甲酸软膏
复方鼻炎膏
复方长效炔诺孕酮
复方电解质葡萄糖 R4A
复方甘油磷酸钠
复方庚炔诺酮
复方合锌鱼石脂油膏
复方降压片
复方康纳乐
复方路丁片
复方氯喘片
复方普鲁卡因
复方乳酸钠山梨醇
复方鱼肝油软膏
复合维生素 B
妇炎栓
钙尔奇 D
盖天力
甘草甜素片
甘油果糖输液

肝得健胶囊
肝乐宁片
肝灵素
肝血宝
感冒通
高锝〔^{99m}Tc〕酸钠
钩端螺旋体菌苗
骨化三醇
谷氨酸
过氧乙酸
核糖核酸
核糖霉素
葫芦素片
环胞苷
环吡酮胺
缓退瘤
火烫药膏
肌苷
鸡眼膏
脊髓灰质炎活疫苗
加兰他敏
甲苯磺丁脲
甲基地高辛
甲醛溶液
甲异靛
胶体磷〔^{32}P〕酸铬
交沙霉素
结核菌素纯蛋白衍化物
结合雌激素
金葡液
精制抗狂犬病血清
聚肌胞
聚甲酚磺醛
卡林-Uni
卡那霉素
抗菌治针
抗淋巴细胞球蛋白（抗胸腺球蛋白）
抗血友病球旦白（因子Ⅷ）
咳特灵
克感敏
口泰含漱剂

萘丁美酮
兰油膏
劳拉西泮
利肝乐
利托君
利血生
力克舒
联邦止咳露
林可霉素
磷〔^{32}P〕酸钠
磷酸氢钙
邻碘〔^{131}I〕马尿酸钠
硫鸟嘌呤
硫酸软骨素 A
流行性乙型脑炎灭活疫苗
柳胺苄心定
颅痛定
氯磺丙脲
氯甲双磷酸钠
氯磷定
氯美扎酮
氯烯雌酚醚
氯唑沙宗
氯噻吨癸酸酯
罗氏散利通
洛丁新
洛伐他汀
洛哌丁胺
玛特钠
马洛替酯
马普替林
吗啡阿托品注射液
吗啉胍
美沙酮
美息伪麻
米非司酮
莫匹罗星
钠石灰
纳多洛尔
尿促性素
尿囊素
牛胆酸钠

呕必停
皮炎平
破伤风免疫球蛋白
葡萄糖酸亚铁
普非尼德
普鲁卡因青霉素
普鲁卡因肾上腺素
普米克
强力痰灵片
青蒿素
氢氧化铝
氢溴酸高乌甲素
曲马多
曲尼司特
去氢胆酸
去氢甲睾酮
去炎松尿素
去氧皮质酮
壬苯醇醚
人胎盘丙种球蛋白
人血白蛋白
人血丙种球蛋白
人用狂犬病疫苗
三合激素
伤寒菌苗
肾上腺皮质激素及促肾上腺皮质激素
生长激素
生长抑素
施尔康
舒胆通
舒丽启能片
双苯哌丙酮
双氢奎尼丁
水杨酸软膏
思密达
梭基司坦
酞丁胺
炭疽活疫苗
糖酐酯
特比萘芬
替勃龙

天花粉蛋白
酮洛芬胶囊
痛力克
头孢羟氨苄
头孢地嗪
头孢替安
头孢西丁
头孢哌酮
头孢噻吩
脱氧核苷酸钠
微量元素注射剂
维丁胶性钙
维康霜剂
维酶素
维生素 A
维生素 E
维生素 K_4
维压静
胃舒宁片
五肽胃泌素
戊二醛
戊四氮
西沙必利
吸附百白破混合制剂
吸附精制白喉类毒素
吸附精制白喉破伤风二联类毒素
吸附精制破伤风类毒素
吸收性明胶海绵
息克平片
消疮灵
小诺霉素
辛伐他丁

心可宁
血卟啉
牙周宁
亚胺培南-西司他丁
烟酸肌醇酯
烟酰胺
盐酸阿可拉霉素
盐酸溴环已胺醇片
盐酸小檗碱
延胡索乙素
氧化锌软膏
依诺沙星
依托咪酯
伊曲康唑
胰激肽释放酶
乙基西梭霉素
乙醚
乙型肝炎丙种球蛋白
乙型肝炎血源疫苗
乙酰螺旋霉素
抑肽酶
益胃平片
异丙托溴铵
异泛影葡胺
右旋糖酐铁
鱼石脂
月见草油
藻酸双酯钠
镇痛定
止痛喷雾剂
止血敏
痔疮锭

痔疮膏
治裂膏
治障宁
左旋甲状腺素
茜草双酯
萘福津
蒿甲醚
呋喃妥因
呋喃唑酮
吡硫醇
哌醋甲酯
咪达唑仑
咪色林
溴化钙
琥乙红霉素
琥珀氯霉素
枸橼酸钠
枸橼酸镓〔^{87}Ga〕
胱氨酸
锝〔^{99m}Tc〕甲氧异腈
锝〔^{99m}Tc〕喷替酸盐
锝〔^{99m}Tc〕双半胱氨酸
锝〔^{99m}Tc〕双半胱乙酯
锝〔^{99m}Tc〕亚甲基二膦酸盐
锝〔^{99m}Tc〕依替菲宁
锝〔^{99m}Tc〕植酸盐
疱疹净
羟甲基烟酰胺
羧苄青霉素
鲨肝醇
鞣酸蛋白

湖南省公费医疗用药报销范围增加部分

21 金维他
6-氨基已酸
b-七叶皂苷钠
α-氢麦角隐亭
β-甲基地高辛
γ-氨酪酸

阿卡明
阿米三嗪-萝巴新联合制剂
阿尼西坦
阿片酊
阿司咪唑
艾司莫洛（尔）

爱索尔
氨非咖
氨甲酰胆碱
氨力农
氨氯青霉素
氨曲南

复方铝酸铋
复方氯丙嗪
复方氯化钠
复方罗布麻片
复方柠檬烯
复方硼砂
复方乳酸钠山梨醇
复方适确得霜
复方洗必泰
复方亚油酸乙酯
复方鱼肝油软膏
复合维生素 B
腹蛇抗栓酶
妇炎康
妇炎栓
甘草甜素片
甘草锌
甘露醇烟酸酯
肝必复
肝乐宁片
肝血宝
感冒灵
感冒通
高能要素合剂
高血糖素
葛根素
更年康
骨化三醇
谷氨酸
冠心舒
光明眼药膏
国光洁霖
核葵
核酪
核糖霉素
合成鱼腥草素片
葫芦素片
虎耳草素片
护前列
环胞苷
环常绿黄杨碱 D
环磷腺苷
环腺苷酸葡
环佐星
黄芩甙
磺胺二甲嘧啶
磺胺脒
活性钙
火烫药膏
积雪甙
肌苷
鸡眼膏
吉他霉素
加兰他敏
甲苯磺丁脲
甲丙氨酯
甲泛葡胺
甲基硫氧嘧啶
甲帕霉素
甲烯土霉素
甲氧吡丁苯
甲喹吩嗪
甲喹酮
甲胂酸钠
甲砜霉素
降甲树脂
降糖舒
交沙霉素
脚癣一次净
洁口净
洁身纯
解氟灵
疥宁膏
金克槐耳
近视灵眼药水
九维他冻干针
救心丹
聚肌胞
聚维酮碘
卡林-Uni
卡那霉素
开马君片
康尔心
康夫丽尔
康复新滴剂
抗血友病球旦白（因子Ⅷ）
抗炎松
抗乙肝免疫核糖核酸
抗郁新
咳舒
可华舒
克感敏
克咳敏
克脑迷
克呱宁
口泰含漱剂
快克
萘丁美酮
赖氨匹林
兰油膏
乐脉颗粒
丽珠肠乐
利福定
利福霉素
利眠宁
利血生
立止血
林可霉素
硫汞白斑擦剂
硫鸟嘌呤
硫酸长春地辛
硫噻嗪
柳氨酚
柳胺苄心定
颅痛定
氯苯丁嗪
氯苯那敏
氯化筒箭毒碱
氯磺丙脲
氯磷定
氯美扎酮
氯灭酸
氯烯雌酚醚
氯唑沙宗
氯噻吨癸酸酯
罗红霉素

罗氏散利通
洛丁新
洛美沙星
洛哌丁胺
马洛替酯
马普替林
吗啡阿托品
吗特灵
吗乙苯吡酮
吗啉胍
麦迪霉素
美沙酮
美斯的明片
米非司酮
密环菌
明胶类血浆代用品
莫匹罗星
木糖醇
纳多洛尔
男康
脑活素
脑通
脑血康
尼卡地平
尼可地尔
尼莫地平
尿通
牛胆酸钠
牛磺酸
帕罗西丁
怕歌斯风湿乐
培菲康
培高利特
培哚普利
皮康霜
皮炎平
匹莫林
扑感敏
葡萄糖酸亚铁
普伐他汀钠
普鲁卡因肾上腺素
齐墩果

气管炎菌苗
前列康
前列腺素 E_1
强力安喘通
强力宁
强力痰灵片
强力痔根断
青蒿素
氢化可的松琥珀酸钠
氢氧化铝
氢溴酸高乌甲素
清凉含片
曲马多
曲尼司特
去甲斑蝥素
去氢胆酸
去氢甲睾酮
去炎松尿素
全血
人脾免疫核糖核酸
人胎盘组织液
人胎盘酯多糖
人血白蛋白
人血丙种球蛋白
人用狂犬病疫苗
乳酸菌素
乳酸钠
瑞培林
三氟噻吨
三合激素
三甲双酮
三尖杉酯碱
三溴片
沙雷肽酶
伤寒菌苗
肾灵
生长抑素
升白安
施尔康
施维舒
湿气灵
士的宁

室安卡因
视明露
舒巴坦钠-头孢哌酮钠
舒胆灵
舒胆通
双苯哌丙酮
双氢速变固醇液
双嘧啶
水合氯醛
水杨酸软膏
四季润喉片
苏菲咳
素高捷疗
泰比利
泰尔登
酞丁胺
酞磺噻唑
痰咳净
炭疽活疫苗
糖酐酯
替卡西林-克拉维酸钾
替硝唑
天达盖福润
天花粉蛋白
天麻素
酮洛芬
头孢羟氨苄
头孢克罗
头孢克肟
头孢替安
头孢西丁
头孢哌酮
头孢噻吩
脱氧核苷酸钠
妥开利
万古霉素
唯安林
维胺酯
维丁胶性钙
维康霜剂
维酶素
维生素 A

维生素 E
维生素 E 烟酸酯
维生素 K_4
维铁控释片
胃膜素
胃仙-U
无极膏
五醋三胺
五肽胃泌素
戊巴比妥
戊烷咪
西地碘
西纳梅脱
西沙必利
矽炭银片
吸收性明胶海绵
烯丙吗啡
细胞色素 C 注射液
夏天无眼药水
先锋美他醇
纤维蛋白
香港脚癣药水
硝苯呋海英
消虐益肝片
消石素
消脱痔
消炎眼药水
消痔灵
小诺霉素
泻痢停
辛伐他丁
辛可卡因
醒脑静
癣净
血安定
血活素眼膏
血即停
牙痛水
牙周宁
雅胆子油乳
亚胺培南-西司他丁
亚硝酸钠
烟酸肌醇酯
盐酸溴环己胺醇片
延胡索乙素
氧化淀粉
氧化锌软膏
依诺沙星
依托咪酯
伊曲康唑
胰蛋白酶
胰激肽释放酶
乙基西梭霉素
乙醚
乙琥胺
乙酰螺旋霉素
乙酰麦迪霉素
乙酰水杨酸钙脲
抑肽酶
益多脂
益利循片
异丙肼
异泛影葡胺
因息顿
优福定
优克隆
油酸多相脂质体
右旋糖酐铁
鱼石脂
玉树油
育享宾
月见草油
藻酸双酸钠
珍视明
止痛喷雾剂
止痛消炎膏
止血敏
痔安素
痔疮膏
治裂膏
治障宁
助应素
注射用水
足光粉
足爽粉
组织胺丙种球蛋白
左卡巴斯汀
左旋多巴
左旋甲状腺素
巯乙胺
芫花贴膜药
苄达明
苄托品
茜草双酯
萘福津
呋麻
呋喃妥因
呋喃唑酮
吡硫醇
吡硫霉净霜
吲哚拉新
哌醋甲酯
哌普嗪棕榈酸酯
哌咪清
咪达唑仑
咪唑酸乙酯
噻吩嘧啶
噻康唑
噻吗灵
溴安定
溴醋己烷雌酚
溴化钙
溴甲阿托平
溴哌利多
琥乙红霉素
琥珀氯霉素
枸橼酸钠
胱氨酸
钆喷酸二葡甲胺
疱疹净
蛔激霉
羟基安定
羟甲基烟酰胺
羟甲香豆素
羟乙苯碱
羟乙基芦丁

羟乙基乙烯二胺三液酸
羧苄青霉素
酰胺吡酮
鲨肝醇

广西壮族自治区公费医疗用药报销范围增加部分

6-氨基已酸
T4
Ⅷ、Ⅸ因子浓缩剂
α-细辛脑
γ-氨酪酸
阿芬太尼
阿米三嗪-萝巴新联合制剂
阿司咪唑
氨联吡啶酮
氨酞素
氨酰胆碱
安络血
安钠咖
安痛定
巴索洛尔
薄荷脑
倍他米松
苯扎溴铵
苯琥胺
丙谷胺
丙硫硫胺
丙酮缩去炎舒松
菠萝蛋白酶
不饱和脂肪酸
川芎嗪
次碳酸铋
醋酸去炎松
达那唑
胆影葡胺
地巴唑
碘〔^{131}I〕化钠
碘化钾
碘卡明葡胺
多潘立酮
多烯康胶丸
二甲弗林
二氢埃托啡
二巯基丙醇
二巯基丙磺酸钠
法莫替丁
泛酸钙片
酚红
酚酞
肤疾宁贴膏
辅酶A
复方路丁片
复方氯喘通片
复方氯化钠
复合维生素B
腹蛇抗栓酶
富马泽尼
甘草流浸膏
甘草甜素片
肝安
感冒通
高血糖素
骨宁
谷氨酸
葫芦素片
环胞苷
环丝氨酸
磺胺脒
活性钙
肌苷
鸡眼膏
加兰他敏
甲苯磺丁脲
甲磺灭脓
甲基硫氧嘧啶
甲基强的松龙
交沙霉素
角膜宁
解磷
疥得治软膏
金霉素
聚肌胞
卷曲霉素
卡巴胆碱
卡那霉素
克矽平
利福定
立止血
硫酸美芬丁胺
硫酸软骨素A
柳胺苄心定
颅痛定
氯苯丁嗪
氯化钙
氯化筒箭毒碱
氯甲双磷酸钠
氯磷定
氯唑沙宗
洛哌丁胺
吗啉胍
麦迪霉素
钠石灰
尼莫地平
尿促性素
皮康霜
皮炎宁
平衡电解质注射液
葡萄糖酸亚铁
普鲁卡因青霉素
齐墩果
千金藤啶碱片
前列腺素E_1
强力宁
清凉含片

曲马多
去氢胆酸
去炎松尿素
去氧皮质酮
全血
人胎盘酯多糖
人血白蛋白
乳酸钠
润舒
三合激素
肾安
升白安
双苯哌丙酮
双复磷
双氢速变固醇液
双唑泰栓
水杨酸软膏
速效伤风胶囊
泰比利
头孢哌酮
透明质酸酶
维丙胺
维丁胶性钙
维生素 A
维生素 E
维生素 K_4
胃仙-U
西地碘
吸收性明胶海绵
息喘灵
细胞色素 C 注射液
纤维蛋白
消疲灵
小牛胸腺肽
辛伐他丁
牙周宁
烟酸肌醇酯
盐酸多沙普仑
依托咪酯
伊曲康唑
乙酰螺旋霉素
异烟腙
藻酸双酯钠
止血敏
柱晶白霉素
注射用水
组织胺
左旋多巴
左旋甲状腺素
呋喃硫胺
呋喃妥因
呋喃西林
呋喃唑酮
吡硫醇
咪达唑仑
枸橼酸钠
胍乙啶
胱氨酸
疱疹净
羟苯磺胺
羟甲基烟酰胺
羟萘心安
羧苄青霉素
鲨肝醇

海南省公费医疗用药报销范围增加部分

6-氨基己酸
氨非咖
氨糖美辛
安络血
安乃近
安尿通
安痛定
巴龙霉素
保肾康
保太松
贝诺酯
倍他米松
苯丙氨酯
苯溴马隆
雌三醇
达那唑
丹皮酚
地诺前列酮
冻干卡介苗
二磷酸果糖
法莫替丁
泛酸钙片
芬布芬
酚酞
辅酶 A
复方氨基比林
复方电解质葡萄糖 MG3
复方电解质葡萄糖 R4A
复方甘油
复方路丁片
复方氯化钠
复方乳酸钠山梨醇
复合维生素 B
腹蛇抗栓酶
妇炎栓
肝血宝
感冒灵
感冒通
高能要素合剂
骨化三醇
肌苷
甲苯磺丁脲
甲基硫氧嘧啶
降甲树脂
抗炎松
克感敏
萘丁美酮
利血生

氯化钙
氯烯雌酚醚
罗氏散利通
米非司酮
能量合剂
牛磺酸
扑感敏
葡萄糖酸亚铁
普鲁卡因青霉素
千金藤啶碱片
氢化可的松琥珀酸钠
氢溴酸高乌甲素
去氢胆酸
去氢甲睾酮
全血
人胎盘组织液
人胎盘酯多糖
乳酸钠
瑞培林
三合激素
替卡西林-克拉维酸钾
天花粉
天花粉蛋白
酮洛芬
透明质酸酶
脱氧核苷酸钠
维丁胶性钙
维生素 A
维生素 E
维生素 K_4
吸收性明胶海绵
细胞色素 C 注射液
纤维蛋白粘合剂
小儿速效退热
小儿退热栓
小牛胸腺肽
氧化淀粉
胰蛋白酶
抑肽酶
右旋糖酐氨基酸
右旋糖酐铁
止血敏
苄达明
茜草双酯
呋喃硫胺
吲哚拉新
溴醋己烷雌酚
枸橼酸钠
疖病菌苗
鲨肝醇

四川省公费医疗用药报销范围增加部分

阿米三嗪-萝巴新联合制剂
阿莫西林-氟氯西林
阿司咪唑
安痛定
巴龙霉素
表阿霉素
多潘立酮
二甲弗林
法莫替丁
酚酞
复方胶态磷酸铝
洛伐他汀
美满霉素
莫匹罗星
脑通
尼莫地平
培哚普利
普鲁卡因青霉素
去氢胆酸
头孢克罗
头孢西丁
头孢哌酮
西沙必利
亚胺培南-西司他丁
伊曲康唑
琥乙红霉素
羧甲司坦

贵州省公费医疗用药报销范围增加部分

6-氨基己酸
A 群脑膜炎球菌多糖菌苗
β-甲基地高辛
γ-氨酪酸
阿伐斯汀
阿米三嗪-萝巴新联合制剂
阿司咪唑
艾司洛尔
氨力农
氨硫脲
安络血
安钠咖
安乃近
安痛定
安妥明
巴龙霉素
巴曲酶
白细胞介素-Ⅱ
百咳灵
拜糖平
薄芝
保尔佳
贝诺酯
苯磺酸氨氯地平

苯扎溴铵
苯溴马隆
本芴醇
必通滴
便塞停
表阿霉素
丙谷胺
菠萝蛋白酶
布氏菌素
雌三醇
次碳酸铋
醋谷胺
促肝细胞生长素
促性腺激素释放激素激动剂
达那唑
大黄碳酸氢钠
大脑组织液
胆通片
胆影葡胺
地巴唑
地芬尼多
碘〔^{131}I〕化钠
碘卡明葡胺
碘克沙酸葡胺钠
碘曲仑
冻干黄热病活疫苗
冻干卡介苗
冻干流行性腮腺炎活疫苗
冻干流行性乙型脑炎灭活疫苗
冻干麻疹活疫苗
冻干人用布氏菌病活疫苗
冻干鼠疫活疫苗
毒敏克
多抗甲素注射液
多潘立酮
多沙普论
多烯康胶丸
二甲弗林
二磷酸果糖
二氢埃托啡
二氧丙嗪
二巯基丙磺酸钠
法莫替丁
菲迪克糖浆
肺宝三效片
酚酞
氟烷
福尔可定
辅酶A
辅酶Q10
复方氨基酸（小儿用）
复方长效炔诺孕酮
复方电解质葡萄糖R4A
复方甘油
复方庚炔诺酮
复方胶态磷酸铝
复方路丁片
复合维生素B
腹蛇抗栓酶
钙尔奇D
甘油果糖输液
肝勃宁
肝得健胶囊
感冒喷雾剂
高锝〔^{99m}Tc〕酸钠
钩端螺旋体菌苗
骨化三醇
骨折愈合刺激素
谷氨酸
过氧乙酸
哈伯因
核酪
核糖核酸
护前列
华蟾素
黄氧化汞
活脑灵
活性钙
肌苷
鸡眼膏
吉他霉素
脊髓灰质炎活疫苗
佳苏仑
甲苯磺丁脲
甲氟哌酸
甲磺酸加贝酯
甲基纤维素
甲醛溶液
甲异靛
胶体磷〔^{32}P〕酸铬
结核菌素纯蛋白衍化物
结核清
结合雌激素
解尔分思胶原片
金霉素
金葡液
精制抗狂犬病血清
聚肌胞
聚甲酚磺醛
卷曲霉素
卡林-Uni
卡莫氟
卡那霉素
康复新滴剂
抗癌免疫核糖核酸系列
抗淋巴细胞球蛋白（抗胸腺球蛋白）
抗血友病球蛋白（因子Ⅷ）
抗乙肝特异性转移因子
克感敏
克敏
克脑迷
劳拉西泮
乐息平
丽珠肠乐
利石素
利托君
立止血
林可霉素
磷〔^{32}P〕酸钠
磷酸雌二醇氮芥
磷酸氢钙
邻碘〔^{131}I〕马尿酸钠
硫酸长春地辛
流行性乙型脑炎灭活疫苗
颅痛定

氯苯丁嗪
氯化钙
氯美扎酮
氯唑沙宗
氯噻吨癸酸酯
洛伐他汀
洛哌丁胺
马普替林
吗啉胍
美满霉素
米非司酮
莫匹罗星
钠石灰
脑活素
能全素
尼莫地平
尿促性素
尿囊素
尿通
帕罗西丁
培高利特
皮康霜
皮炎宁
皮炎平
平安感冒液
破伤风免疫球蛋白
葡萄糖酸亚铁
普鲁卡因青霉素
齐墩果
气管炎菌苗
前列康
前列平
前列腺素 E_1
强力安喘通
青蒿素
氢氧化铝
曲马多
曲尼司特
去氢胆酸
去纤酶
去炎松尿素
去氧皮质酮
壬苯醇醚
人胎盘丙种球蛋白
人血白蛋白
人血丙种球蛋白
人用狂犬病疫苗
乳酸菌素
乳酸钠
三合激素
伤寒菌苗
肾安
生长激素
生长抑素
士的宁
舒巴坦钠-头孢哌酮钠
舒胆通
双氢奎尼丁
素高捷疗
速效跌打膏
梭基司坦
泰比利
炭疽活疫苗
替勃龙
替硝唑
天花粉蛋白
头孢地嗪
头孢克肟
头孢西丁
头孢哌酮
头孢唑肟
微量元素注射剂
维酶素
维生素 A
维生素 E
胃仙-U
无极膏
戊二醛
西地碘
西沙必利
西维尔
吸附百白破混合制剂
吸附精制白喉类毒素
吸附精制白喉破伤风二联类毒素
吸附精制破伤风类毒素
吸收性明胶海绵
细胞色素 C 注射液
小牛胸腺肽
泻痢停
辛伐他丁
心达康
血卟啉
牙周康
雅胆子油乳
亚胺培南-西司他丁
烟酸肌醇酯
盐酸溴环己胺醇片
眼宁 ETO
氧化淀粉
痒若乐民
一叶秋硷
依托咪酯
伊曲康唑
乙双吗啉
乙型肝炎丙种球蛋白
乙型肝炎血源疫苗
乙酰螺旋霉素
抑肽酶
意比舒
益康唑软膏
异丙托溴铵
优福定
鱼石脂
孕三烯酮
藻酸双酯钠
止血敏
止血纤维
左卡巴斯汀
左旋多巴
左旋甲状腺素
蒿甲醚
呋喃妥因
呋喃唑酮
吲哚拉新
哌醋甲酯
咪达唑仑

咪色林
琥乙红霉素
枸橼酸钠
枸橼酸镓〔^{87}Ga〕
胱氨酸
锝〔^{99m}Tc〕甲氧异腈
锝〔^{99m}Tc〕喷替酸盐
锝〔^{99m}Tc〕双半胱氨酸
锝〔^{99m}Tc〕双半胱乙酯
锝〔^{99m}Tc〕亚甲基二膦酸盐
锝〔^{99m}Tc〕依替菲宁
锝〔^{99m}Tc〕植酸盐
疱疹净
蚓激霉
羟乙基芦丁
酰胺吡酮

云南省公费医疗用药报销范围增加部分

阿齐霉素
阿司咪唑
氨塞肟唑
安络血
安乃近
安痛定
巴氯芬
巴曲酶
拜糖平
邦迪牌辣椒痛可贴
倍他米松
苯溴马隆
丙硫硫胺
不饱和脂肪酸
布氏菌素
长春花硷酰胺
创可贴
促甲状腺激素
达那唑
胆影葡胺
碘〔^{131}I〕化钠
碘酞葡胺
靛胭脂
多潘立酮
二甲弗林
二巯基丙醇
法莫替丁
泛影钠
酚红
酚酞
氟氯西林钠
复方长效炔诺孕酮
复方碘甘油
复方庚炔诺酮
复方路丁片
复方铝酸铋
复方氯化钠
复方硼砂
复方头孢氨苄
复方岩白菜素
复合维生素B
肝得健胶囊
刚果红
合成鱼腥草素片
环吡酮胺
肌苷
加兰他敏
甲苯磺丁脲
甲氟哌酸
甲喹吩嗪
交沙霉素
菌必清
康泉
抗乙肝免疫核糖核酸
抗肿瘤免疫核糖核酸
克感敏
克痛宁
乐息平
利血生
立止血
亮菌甲素
颅痛定
氯化筒箭毒碱
氯磷定
氯乙烷
氯唑沙宗
洛丁新
洛哌丁胺
马普替林
美满霉素
米非司酮
莫匹罗星
尼莫地平
呕必停
扑感敏
葡甘聚糖
葡萄糖酸亚铁
普鲁卡因青霉素
普鲁卡因肾上腺素
去氢胆酸
去氢甲睾酮
去纤酶
全血
壬苯醇醚
人血白蛋白
乳酸菌素
生长抑素
舒胆通
思密达
素高捷疗
速效伤风胶囊
胎盘白蛋白
特比萘芬
替卡西林-克拉维酸钾
天花粉蛋白
天麻素

头孢地嗪
头孢克罗
头孢西丁
头孢哌酮
头孢唑肟
托吡卡胺
维丁胶性钙
维酶素
维生素 A
维生素 E
维生素 P
五肽胃泌素
西沙必利
小牛胸腺肽
辛伐他丁
血活素眼膏
亚胺培南-西司他丁
亚硝酸钠
盐酸氟西汀
伊曲康唑
乙酰螺旋霉素
异泛影葡胺
止血敏
竹红菌素
柱晶白霉素
注射用水
组织胺
左卡巴斯汀
左旋多巴
蒿甲醚
噻吗灵
琥乙红霉素

陕西省公费医疗用药报销范围增加部分

阿司咪唑
安痛定
巴龙霉素
达那唑
多潘立酮
法莫替丁
酚酞
复方气管炎片
聚维酮碘
洛哌丁胺
男康
普鲁卡因青霉素
强力解毒敏
去氢胆酸
辛伐他丁

甘肃省公费医疗用药报销范围增加部分

阿司咪唑
创可贴
多潘立酮
洛哌丁胺
皮炎平
氢溴酸高乌甲素
生长抑素
头孢西丁
西沙必利
辛伐他丁
亚胺培南-西司他丁
伊曲康唑
琥乙红霉素
蚓激霉

青海省公费医疗用药报销范围增加部分

A 群脑膜炎球菌多糖菌苗
β-甲基地高辛
阿米三嗪-萝巴新联合制剂
阿司咪唑
艾司洛尔
氨力农
安痛定
巴龙霉素
巴曲酶
百咳灵
苯扎溴铵
苯溴马隆
本芴醇
布氏菌素
醋谷胺
促肝细胞生长素
促性腺激素释放激素激动剂
达那唑
地芬尼多
碘〔^{131}I〕化钠
碘克沙酸葡胺钠
碘曲仑
冻干黄热病活疫苗
冻干卡介苗
冻干流行性腮腺炎活疫苗
冻干流行性乙型脑炎灭活疫苗
冻干麻疹活疫苗

冻干人用布氏菌病活疫苗
冻干鼠疫活疫苗
多潘立酮
多沙普论
二甲弗林
二氢埃托啡
二氧丙嗪
法莫替丁
酚酞
氟烷
福尔可定
复方氨基酸（小儿用）
复方长效炔诺孕酮
复方电解质葡萄糖 R4A
复方庚炔诺酮
复方氯化钠
复合维生素 B
钙尔奇 D
甘油果糖输液
高锝〔^{99m}Tc〕酸钠
钩端螺旋体菌苗
骨化三醇
谷氨酸
过氧乙酸
核糖核酸
肌苷
脊髓灰质炎活疫苗
甲醛溶液
甲异靛
胶体磷〔^{32}P〕酸铬
结核菌素纯蛋白衍化物
结合雌激素
金葡液
精制抗狂犬病血清
聚肌胞
聚甲酚磺醛
抗淋巴细胞球蛋白（抗胸腺球蛋白）
抗血友病球蛋白（因子Ⅷ）
劳拉西泮
利托君
磷〔^{32}P〕酸钠
磷酸氢钙
邻碘〔^{131}I〕马尿酸钠
流行性乙型脑炎灭活疫苗
氯美扎酮
氯噻吨癸酸酯
洛伐他汀
洛哌丁胺
马普替林
米非司酮
莫匹罗星
钠石灰
尿促性素
尿囊素
破伤风免疫球蛋白
葡萄糖酸亚铁
普鲁卡因青霉素
青蒿素
氢氧化铝
曲马多
曲尼司特
去氢胆酸
去氧皮质酮
壬苯醇醚
人胎盘丙种球蛋白
人血白蛋白
人血丙种球蛋白
人用狂犬病疫苗
伤寒菌苗
生长激素
双氢奎尼丁
梭基司坦
炭疽活疫苗
替勃龙
天花粉蛋白
微量元素注射剂
维生素 A
维生素 E
戊二醛
吸附百白破混合制剂
吸附精制白喉类毒素
吸附精制白喉破伤风二联类毒素
吸附精制破伤风类毒素
血卟啉
依托咪酯
伊曲康唑
乙型肝炎丙种球蛋白
乙型肝炎血源疫苗
抑肽酶
异丙托溴铵
鱼石脂
藻酸双酯钠
注射用水
左旋甲状腺素
蒿甲醚
哌醋甲酯
咪达唑仑
咪色林
琥乙红霉素
枸橼酸镓〔^{87}Ga〕
锝〔^{99m}Tc〕甲氧异腈
锝〔^{99m}Tc〕喷替酸盐
锝〔^{99m}Tc〕双半胱氨酸
锝〔^{99m}Tc〕双半胱乙酯
锝〔^{99m}Tc〕亚甲基二膦酸盐
锝〔^{99m}Tc〕依替菲宁
锝〔^{99m}Tc〕植酸盐

新疆维吾尔自治区公费医疗用药报销范围增加部分

安痛定
巴龙霉素
苯磺酸氨氯地平
表阿霉素
达那唑
大蒜素
多潘立酮
二氧丙嗪

法莫替丁
酚酞
甲氟哌酸
金富康
洛哌丁胺
脑通
普鲁卡因青霉素
去氢胆酸

水合氯醛
松馏油
胃优乐
西沙必利
岩白菜素
伊曲康唑
银杏叶制剂

登记证号：（京）075号

图书在版编目（CIP）数据

中国医药年鉴 1997年卷/中国医药年鉴编委会编.—北京：中国医药科技出版社，1997.12
ISBN 7-5067-1750-6

Ⅰ.中… Ⅱ.中… Ⅲ.医药保健事业-中国-1997-年鉴
Ⅳ.R 199.2-54

中国版本图书馆CIP数据核字（97）第26868号

责任编辑：董 晔
封面设计：郑玉水

中国医药科技出版社 出版
（北京西直门外北礼士路甲38号）
（邮政编码100810）
本社激光照排室 排版
北京昌平精工印刷厂 印刷
全国各地新华书店 经销
*
开本787×1092mm 1/16 印张55 插页8
字数1375千字 印数1—3000
1997年12月第1版 1997年12月第1次印刷
广告经营许可证：京西工商广字第0158号

定价：180.00元